Heinrich Rauser, Erika Rauser

Unter Mitarbeit von Benjamin Möhlmeier, Heinz Möhlmeier

Steuerlehre

Veranlagungsjahr 2020

47. Auflage

Bestellnummer 4497

Winklers
westermann

Die in diesem Produkt gemachten Angaben zu Unternehmen (Namen, Internet- und E-Mail-Adressen, Handelsregistereintragungen, Bankverbindungen, Steuer-, Telefon- und Faxnummern und alle weiteren Angaben) sind i. d. R. fiktiv, d. h., sie stehen in keinem Zusammenhang mit einem real existierenden Unternehmen in der dargestellten oder einer ähnlichen Form. Dies gilt auch für alle Kunden, Lieferanten und sonstigen Geschäftspartner der Unternehmen wie z. B. Kreditinstitute, Versicherungsunternehmen und andere Dienstleistungsunternehmen. Ausschließlich zum Zwecke der Authentizität werden die Namen real existierender Unternehmen und z. B. im Fall von Kreditinstituten auch deren IBANs und BICs verwendet.

Die in diesem Werk aufgeführten Internetadressen sind auf dem Stand zum Zeitpunkt der Drucklegung. Die ständige Aktualität der Adressen kann vonseiten des Verlages nicht gewährleistet werden. Darüber hinaus übernimmt der Verlag keine Verantwortung für die Inhalte dieser Seiten.

BiBox westermann

inkl. E-Book

Dieses Lehrwerk ist auch als BiBox erhältlich. In unserem Webshop unter www.westermann.de finden Sie hierzu unter der Bestellnummer des Ihnen vorliegenden Bandes weiterführende Informationen zum passenden digitalen Schulbuch.

service@westermann.de
www.westermann.de

Bildungshaus Schulbuchverlage Westermann Schroedel Diesterweg Schöningh Winklers GmbH, Postfach 33 20, 38023 Braunschweig

ISBN 978-3-8045-**4497**-0

westermann GRUPPE

Liebe Leserin, lieber Leser,

„Steuerreformen dienen dazu, die Steuerzahler so zu entlasten, dass sich die Staatskasse dabei füllt.“ (Wolfram Weidner *1925, dt. Journalist)

Was hier wie ein Widerspruch und vor allem im Jahr einer Bundestagswahl wie ein Wahlversprechen klingt, könnte tatsächlich Wirklichkeit werden.

Dieses Lehrbuch vereint alle steuerlichen Lernabschnitte des Rahmenlehrplans für Steuerfachangestellte. Eine große Anzahl Aufgaben und handlungsorientierter Übungsmöglichkeiten, viele Beispiele und Übersichten führen in die Inhalte ein, sorgen für das Festigen des Erlernten und bereiten somit sehr gut auf Klausuren und Prüfungen vor.

Das Layout des Buches schafft eine sehr gute Übersicht über die vielen inhaltlichen Details, die im Rahmen der Ausbildung **eingeübt** werden sollen.

Das Lehrbuch eignet sich sehr gut für die Ausbildung zur und zum Steuerfachangestellten, kann aber auch ein hilfreicher Begleiter durch das BWL- oder Jura-Studium sein. Auch angehende Bilanzbuchhalterinnen und -buchhalter finden die Schwerpunkte ihrer Fortbildung in einzelnen Kapiteln wieder. Zur Vorbereitung auf die Fortbildung zur Steuerfachwirtin bzw. zum Steuerfachwirt können mithilfe des Lehrbuches die erforderlichen Grundlagen systematisch wiederholt werden.

Denn es gilt:

„Wir behalten von unsern Studien am Ende doch nur das, was wir praktisch anwenden.“ (Johann Wolfgang von Goethe)

So wünschen wir Ihnen viel Erfolg und Freude bei der Arbeit mit diesem Lehrbuch.

Frühjahr 2020 Autoren und Verlag

1 **Allgemeines Steuerrecht** ... 11
1.1 Warum müssen wir Steuern und andere öffentlichrechtliche Abgaben zahlen? ... 11
1.2 Staat und Gesetz: Wesen und Aufgaben ... 12
1.3 Grundzüge der Steuergesetzgebung ... 13
1.3.1 Steuergesetze, Verordnungen und Richtlinien ... 13
1.3.2 Öffentlich-rechtliche Abgaben ... 16
1.3.3 Einteilung der Steuern ... 18
1.4 Die Verwaltung der Steuern ... 21
1.5 Hilfeleistung in Steuersachen ... 25

2 **Abgabenordnung und Finanzgerichtsordnung** ... 29
2.1 Zuständigkeit der Finanzbehörden ... 29
2.1.1 Wohnsitzfinanzamt ... 31
2.1.2 Finanzamt der Geschäftsleitung (Geschäftsleitungsfinanzamt) ... 31
2.1.3 Betriebsfinanzamt ... 32
2.1.4 Lagefinanzamt ... 32
2.1.5 Tätigkeitsfinanzamt ... 33
2.1.6 Finanzamt der Verwaltung (Verwaltungsfinanzamt) ... 33
2.2 Der Verwaltungsakt ... 35
2.2.1 Die Form des Verwaltungsaktes ... 36
2.2.2 Arten der Verwaltungsakte ... 36
2.2.3 Bekanntgabe und Wirksamkeit eines Verwaltungsaktes ... 38
2.2.4 Berichtigung und Aufhebung von Steuerbescheiden ... 39
2.3 Das Rechtsbehelfsverfahren ... 44
2.3.1 Das außergerichtliche Rechtsbehelfsverfahren ... 44
2.3.2 Das gerichtliche Rechtsbehelfsverfahren ... 46
2.4 Fristen und Termine ... 48
2.4.1 Begriffliche Abgrenzung ... 48
2.4.2 Wiedereinsetzung in den vorigen Stand ... 50
2.4.3 Die Fristberechnung ... 50
2.4.4 Die Folgen eines Fristversäumnisses ... 53
2.4.5 Verzinsung von Steuernachforderungen und Steuererstattungen (§ 233a AO) ... 55
2.5 Die Verjährung ... 57
2.6 Steuerstraftaten und Steuerordnungswidrigkeiten ... 61
2.7 Die Buchführungs- und Aufzeichnungspflicht ... 63
2.7.1 Die Aufbewahrungspflicht ... 64
2.7.2 Ordnungsmäßigkeit der Buchführung und der Aufzeichnungen ... 65
2.7.3 Die Außenprüfung ... 66
2.7.4 Stundung, Erlass, Niederschlagung ... 66

3 **Umsatzsteuer** ... 77
3.1 Das Wesen der Umsatzsteuer und ihre rechtlichen Grundlagen ... 77
3.1.1 Das System der Umsatzsteuer ... 78
3.1.2 Was unterliegt der Umsatzsteuer? ... 79
3.2 Steuerbare Leistungen im Sinne des § 1 Abs. 1 Nr. 1 UStG ... 81
3.2.1 Unternehmer und Unternehmen im Sinne des Umsatzsteuerrechts ... 81
3.2.2 Rahmen des Unternehmens ... 83
3.2.3.1 Entgeltliche Lieferungen ... 84
3.2.3 Leistungen ... 84
3.2.3.2 Entgeltliche sonstige Leistung ... 85
3.2.4 Inland, Ausland, Gemeinschaftsgebiet, Drittlandsgebiet ... 87
3.2.5 Entgelt ... 89
3.2.6 Ort der Leistung ... 92
3.2.6.1 Ort der Lieferung ... 93
3.2.6.2 Ort der sonstigen Leistung ... 95
3.2.7 Unentgeltliche Leistungen ... 102
3.2.7.1 Unentgeltliche Lieferungen ... 102
3.2.7.2 Unentgeltliche sonstige Leistungen nach § 3 Abs. 9a UStG ... 106
3.3 Einfuhr ... 116
3.4 Innergemeinschaftlicher Erwerb ... 117
3.4.1 Innergemeinschaftlicher Erwerb von Gegenständen ... 117
3.4.2 Innergemeinschaftlicher Erwerb in Form von Verbringen ... 118
3.4.3 Ort des innergemeinschaftlichen Erwerbs ... 118
3.4.4 Sonderregelung für die Besteuerung von neuen Fahrzeugen ... 119
3.4.5 Die Erwerbsschwelle ... 120
3.4.6 Das Reihengeschäft ... 122
3.4.7 Das innergemeinschaftliche Dreiecksgeschäft ... 127
3.4.8 Werklieferung, Werkleistung ... 129
3.5 Steuerbefreiungen ... 137
3.5.1 Steuerfreie Umsätze, die den Vorsteuerabzug nicht ausschließen ... 137
3.5.1.1 Ausfuhrlieferungen ... 138
3.5.1.2 Lohnveredelungen an Gegenständen der Ausfuhr ... 141

3.5.1.3 Innergemeinschaftliche Lieferungen .. 143
3.5.1.4 Umsätze für die Seeschifffahrt und für die Luftfahrt 145
3.5.1.5 Grenzüberschreitende Beförderungen und Leistungen bei der Ausfuhr, Einfuhr und Durchfuhr 146
3.5.1.6 Versandhandel, Lieferschwelle (§ 3c UStG) 146
3.5.2 Steuerfreie Umsätze, die den Vorsteuerabzug ausschließen 148
3.5.3 Verzicht auf Steuerbefreiungen (Option nach § 9 UStG) 150
3.6 Bemessungsgrundlage 155
3.6.1 Bemessungsgrundlage für entgeltliche Leistungen 155
3.6.1.1 Durchlaufende Posten 156
3.6.1.2 Entgelt seitens eines Dritten (Zusatzentgelt) 156
3.6.1.3 Bemessungsgrundlage der Leistung beim Handeln im eigenen oder im fremden Namen 156
3.6.1.4 Differenzbesteuerung für Umsätze mit gebrauchten Gegenständen 158
3.6.2 Bemessungsgrundlage für unentgeltliche Leistungen 161
3.6.2.1 Bemessungsgrundlage für unentgeltliche 161
3.6.2.2 Pauschalierung von Sachentnahmen . 162
3.6.2.3 Bemessungsgrundlage für unentgeltliche sonstige Leistungen nach § 3 Abs. 9a Nr. 1 UStG 163
3.6.2.4 Bemessungsgrundlage für unentgeltliche sonstige Leistungen nach § 3 Abs. 9a Nr. 2 UStG 165
3.6.2.5 Bemessungsgrundlage für Leistungen an Arbeitnehmer ohne besonders berechnetes Entgelt 166
3.6.3 Bemessungsgrundlage für entgeltliche, aber verbilligte Lieferungen und sonstige Leistungen 169
3.7 Entstehung der Umsatzsteuer 173
3.8 Steuersätze 175
3.8.1 Allgemeiner Steuersatz 175
3.8.2 Ermäßigter Steuersatz 175
3.8.3 Durchschnittssätze für land- und forstwirtschaftliche Betriebe (§ 24 UStG) 177
3.9 Vorsteuerabzug 179
3.9.1 Wer ist zum Vorsteuerabzug berechtigt? 179
3.9.2 Welche Vorsteuern sind abziehbar? ... 180
3.9.3 Vorsteuerabzug in besonderen Fällen . 182
3.9.3.1 Vorsteuerabzug bei Kleinbetragsrechnungen 183
3.9.3.2 Vorsteuerabzug bei Reisekosten 183
3.9.3.3 Vorsteuerabzug nach Durchschnittssätzen 184
3.9.4 Nicht abziehbare Vorsteuerbeträge ... 186
3.9.4.1 Nicht abzugsfähige Betriebsausgaben und Umzugskosten 186
3.9.4.2 Ausschluss vom Vorsteuerabzug bei steuerbefreiten und nicht steuerbaren Umsätzen 186
3.9.5 Aufteilung der Vorsteuerbeträge 188
3.9.5.1 In voller Höhe abziehbare Vorsteuerbeträge 188
3.9.5.2 In voller Höhe nicht abziehbare Vorsteuerbeträge 189
3.9.5.3 Aufzuteilende Vorsteuern 189
3.9.5.4 Einkommensteuerliche Behandlung der nicht abzugsfähigen Vorsteuer 191
3.9.6 Berichtigung des Vorsteuerabzugs 192
3.9.6.1 Vorsteuerberichtigung beim Anlagevermögen 192
3.9.6.2 Vorsteuerberichtigung beim Umlaufvermögen 193
3.10 Trennung der Entgelte 201
3.11 Besteuerung der Kleinunternehmer .. 204
3.11.1 Verzicht auf die Erhebung der Umsatzsteuer nach § 19 Abs. 1 UStG... 205
3.11.2 Option der Kleinunternehmer für die Normalbesteuerung 206
3.11.3 Gesamtumsatz im Sinne des § 19 Abs. 3 UStG 207
3.12 Änderung der Bemessungsgrundlage. 209
3.13 Ausstellung von Rechnungen 212
3.13.1 Rechnungen über Umsätze, die verschiedenen Steuersätzen unterliegen . 216
3.13.2 Kleinbetragsrechnungen 216
3.13.3 Unberechtigte Rechnungserteilung mit gesondertem Steuerausweis 216
3.13.4 Unrichtiger Steuerausweis 217
3.13.5 Fahrausweise als Rechnungen 218
3.14 Besteuerung des Leistungsempfängers (Reverse-Charge-Verfahren) 220
3.15 Durchführung der Besteuerung 223
3.15.1 Umsatzsteuer-Voranmeldung und Umsatzsteuer-Erklärung 223
3.15.2 Zusammenfassende Meldung 225

3.15.3 Umsatzsteuer-Jahreserklärung und Besteuerungszeitraum 225
3.15.4 Aufzeichnungspflichten (§ 22 UStG) ... 226
3.15.4.1 Aufzeichnungen zur Feststellung des Umsatzes 227
3.15.4.2 Aufzeichnungen zur Feststellung der abziehbaren Vorsteuer 227
3.15.4.3 Aufzeichnungen nach der Bruttomethode 227
3.15.5 Die Fiskalvertretung 228
3.15.5.1 Zulässigkeit der Fiskalvertretung 228
3.15.5.2 Rechte und Pflichten des Fiskalvertreters 228
3.15.5.3 Umsatzsteuerliche Behandlung der Fiskalvertretung 229
3.16 Gesamtwiederholung zur Umsatzsteuer 230

4 Einkommensteuer 237
4.1 Wesen der Einkommensteuer 237
4.2 Wer unterliegt der Einkommensteuer? 237
4.2.1 Unbeschränkte Einkommensteuerpflicht 238
4.2.2 Beschränkte Einkommensteuerpflicht 241
4.3 Bemessungsgrundlage und Begriffsbestimmungen 243
4.3.1 Einnahmen 243
4.3.2 Einkunftsart, Einkünfte und Summe der Einkünfte 245
4.3.2.1 Gewinneinkünfte 246
4.3.2.2 Überschusseinkünfte 248
4.3.3 Gesamtbetrag der Einkünfte 252
4.3.4 Einkommen 256
4.3.5 Zu versteuerndes Einkommen 256
4.4 Die Einkunftsarten im Einzelnen 259
4.4.1 Einkünfte aus Land- und Forstwirtschaft 259
4.4.2 Einkünfte aus Gewerbebetrieb 260
4.4.2.1 Was gehört zu den Einkünften aus Gewerbebetrieb? 261
4.4.2.2 Veräußerungsgewinne als Einkünfte aus Gewerbebetrieb 263
4.4.2.3 Abgrenzung der Land- und Forstwirtschaft von der gewerblichen Tätigkeit . 266
4.4.3 Einkünfte aus selbstständiger Arbeit .. 270
4.4.4 Einkünfte aus nichtselbstständiger Arbeit 271
4.4.5 Einkünfte aus Kapitalvermögen 279
4.4.5.1 Gewinnanteile als Einkünfte aus Kapitalvermögen 279
4.4.5.2 Zinsen und ähnliche Bezüge als Einkünfte aus Kapitalvermögen 285
4.4.5.3 Kapitalertragsteuer (§ 43 EStG) 285
4.4.5.4 Einnahmen und Werbungskosten bei den Einkünften aus Kapitalvermögen und Sparer-Pauschbetrag 285
4.4.5.5 Zeitpunkt des Zufließens der Kapitalerträge 288
4.4.6 Einkünfte aus Vermietung und Verpachtung 292
4.4.6.1 Ermittlung der Einkünfte aus Vermietung und Verpachtung 293
4.4.6.2 Die Absetzung für Abnutzung (AfA) bei Gebäuden 297
4.4.7 Sonstige Einkünfte 307
4.4.7.1 Einkünfte aus wiederkehrenden Bezügen 308
4.4.7.2 Einkünfte aus Unterhaltsleistungen ... 309
4.4.7.3 Einkünfte aus privaten Veräußerungsgeschäften 310
4.4.7.4 Einkünfte aus Leistungen 312
4.5 Gewinnermittlungsarten 316
4.5.1 Gewinnermittlung durch Betriebsvermögensvergleich 316
4.5.1.1 Buchführungspflicht 317
4.5.1.2 Gewinnermittlung nach § 4 Abs. 1 EStG 318
4.5.1.3 Gewinnermittlung nach § 5 EStG 318
4.5.1.4 Unterschied zwischen dem Betriebsvermögensvergleich nach § 4 Abs. 1 und § 5 EStG 319
4.5.2 Gewinnermittlung durch die Überschussrechnung nach § 4 Abs. 3 EStG 322
4.5.2.1 Betriebseinnahmen 323
4.5.2.2 Betriebsausgaben 324
4.5.3 Ermittlung des Gewinns aus Land- und Forstwirtschaft nach Durchschnittssätzen 331
4.5.4 Das Betriebsvermögen im Einkommensteuerrecht 332
4.5.4.1 Notwendiges Betriebsvermögen 332
4.5.4.2 Notwendiges Privatvermögen 333
4.5.4.3 Gewillkürtes Betriebsvermögen 333
4.5.5 Bewertung des Betriebsvermögens ... 336
4.5.5.1 Bewertung der Wirtschaftsgüter des Anlagevermögens, die der Abnutzung unterliegen 336

4.5.5.2 Zugehörigkeit von Grundstücken und Grundstücksteilen zum Betriebsvermögen ... 341
4.5.6 Absetzung für Abnutzung (AfA) ... 344
4.5.6.1 Die AfA bei beweglichen Wirtschaftsgütern ... 344
4.5.6.2 Die AfA bei unbeweglichen Wirtschaftsgütern, die keine Gebäude oder Gebäudeteile sind, und bei immateriellen Wirtschaftsgütern ... 351
4.5.7 Bewertung der Wirtschaftsgüter des nicht abnutzbaren Anlagevermögens und des Umlaufvermögens ... 354
4.5.7.1 Bewertung des nicht abnutzbaren Anlagevermögens ... 354
4.5.7.2 Bewertung des Umlaufvermögens ... 355
4.5.7.3 Bewertung der Entnahmen ... 357
4.5.7.4 Bewertung der Einlagen ... 358
4.5.8 Abschreibung selbstständig nutzbarer Wirtschaftsgüter des Anlagevermögens ... 361
4.5.8.1 Wirtschaftsgüter bis einschließlich 800,00 € (§ 6 Abs. 2 EStG) ... 361
4.5.8.2 Wirtschaftsgüter von 250,00 € bis 1.000,00 € (§ 6 Abs. 2a EStG) ... 362
4.5.8.3 Zusammenfassung ... 362
4.5.9 Übertragung stiller Reserven bei Ersatzbeschaffung ... 364
4.5.10 Berücksichtigung von Zuschüssen bei der Bewertung von Anlagegütern ... 365
4.5.11 Bewertung der Verbindlichkeiten ... 366
4.5.12 Bewertungsverfahren ... 368
4.5.13 Bilanzierungsgrundsätze ... 372
4.5.14 Bilanzberichtigung ... 375
4.6 Sonderausgaben ... 377
4.6.1 Vorsorgeaufwendungen ... 378
4.6.1.1 Die abzugsfähigen Höchstbeträge für Vorsorgeaufwendungen ... 381
4.6.1.2 Zusätzliche Altersvorsorge ... 398
4.6.2 Übrige Sonderausgaben ... 401
4.6.3 Der Abzug von Spenden ... 407
4.6.4 Sonderausgaben-Pauschbetrag ... 411
4.6.5 Verlustausgleich nach § 2 Abs. 3 EStG . 411
4.6.6 Verlustabzug ... 412
4.7 Einkommensteuerliche Berücksichtigung der Kinder ... 416
4.7.1 Zu berücksichtigende Kinder ... 417
4.7.2 Freibeträge für Kinder ... 421
4.7.3 Kindergeld ... 425
4.7.4 Entlastungsbetrag für Alleinerziehende (§ 24b EStG) ... 426
4.7.5 Kinderbetreuungskosten ... 428
4.8 Außergewöhnliche Belastung ... 430
4.8.1 Außergewöhnliche Belastung mit zumutbarer Belastung ... 431
4.8.2 Außergewöhnliche Belastung ohne zumutbare Belastung ... 434
4.8.2.1 Aufwendungen für den typischen Unterhalt und eine etwaige Berufsausbildung einer Person ... 434
4.8.2.2 Der Ausbildungsfreibetrag nach § 33a Abs. 2 EStG ... 436
4.8.2.3 Pauschbeträge für Behinderte, Hinterbliebene und Pflegepersonen .. 437
4.9 Außerordentliche Einkünfte ... 443
4.9.1 Versteuerung nach der „Fünftelregelung“ ... 443
4.9.2 Versteuerung mit dem ermäßigten Steuersatz ... 445
4.10 Ermittlung der tariflichen Einkommensteuer ... 447
4.10.1 Grundtarif (Einkommensteuer-Grundtabelle) ... 447
4.10.2 Splittingtarif (Einkommensteuer-Splittingtabelle) ... 448
4.10.3 Progressionsvorbehalt ... 449
4.10.4 Steuerermäßigung bei den Einkünften aus Gewerbebetrieb ... 450
4.11 Die Veranlagung zur Einkommensteuer ... 452
4.11.1 Die Einzelveranlagung ... 453
4.11.2 Die Veranlagung von Ehegatten ... 453
4.11.2.1 Die Einzelveranlagung von Ehegatten (§ 26a EStG) ... 454
4.11.2.2 Die Zusammenveranlagung (§ 26b EStG) ... 454
4.11.2.3 Welche Veranlagungsart ist für Ehegatten/Lebenspartner die günstigste? ... 454
4.11.2.4 Gesonderte und einheitliche Feststellung der Einkünfte ... 454
4.12 Die Veranlagung von Arbeitnehmern (§ 46 EStG) ... 457
4.12.1 Zwangs- und Antragsveranlagung ... 457
4.12.2 Härteausgleich für Arbeitnehmer, die veranlagt werden ... 459
4.13 Erhebung der Einkommensteuer ... 462
4.13.1 Entstehung der Einkommensteuer ... 462

4.13.2 Einkommensteuer-Vorauszahlungen .. 462
4.13.3 Tilgung der Einkommensteuer 462
4.14 Steuerermäßigungen für haushaltsnahe Beschäftigungen und Handwerkerleistungen 464
4.14.1 Haushaltsnahe Beschäftigungen, Dienst- und Pflegeleistungen 464
4.14.2 Handwerkerleistungen 465
4.14.3 Förderung energetischer Gebäudemodernisierungen 465
4.15 Gesamtwiederholung zur Einkommensteuer 467

5 Lohnsteuer 481
5.1 Lohnsteuerabzugsverfahren 481
5.1.1 Elektronische Lohnsteuerabzugsmerkmale 481
5.1.2 Steuerklassen 482
5.1.3 Kinderfreibeträge 485
5.1.4 Freibetrag beim Lohnsteuerabzug 486
5.1.5 Vereinfachte Eintragung von Freibeträgen 488
5.1.6 Berechnung der Lohnsteuer durch Tarifformel 490
5.2 Erhebung der Lohnsteuer 490
5.2.1 Besteuerung des Nettolohns 490
5.2.2 Anmeldung und Abführung der Lohnsteuer 491
5.2.3 Pauschalierung der Lohnsteuer für Aushilfskräfte und geringfügig Beschäftigte im betrieblichen Bereich 492
5.2.4 Pauschalierung der Lohnsteuer für geringfügig Beschäftigte im privaten Bereich 494
5.3 Lohnsteuerjahresausgleich durch den Arbeitgeber 495
5.4 Antragsveranlagung statt Lohnsteuerjahresausgleich 495

6 Körperschaftsteuer 499
6.1 Wesen der Körperschaftsteuer 499
6.2 Steuerpflicht 500
6.3 Steuerbefreiungen 503
6.4 Was unterliegt der Körperschaftsteuer? 504
6.4.1 Körperschaftsteuerliches Einkommen 504
6.4.2 Veranlagungszeitraum und abweichendes Wirtschaftsjahr 504
6.4.3 Ermittlung des zu versteuernden Einkommens 505
6.4.3.1 Schema der Einkommensermittlung .. 505
6.4.3.2 Anpassung an steuerliche Ansatz- und Bewertungsvorschriften 505
6.4.3.3 Steuerfreie inländische und ausländische Erträge 506
6.4.3.4 Steuerfreie Beteiligungserträge 506
6.4.3.5 Nichtabzugsfähige Betriebsausgaben und nichtabziehbare Aufwendungen .. 506
6.4.3.6 Verdeckte Gewinnausschüttungen 508
6.4.3.7 Verdeckte Einlagen 509
6.4.3.8 Spenden 509
6.4.3.9 Verlustabzug 510
6.4.3.10 Freibeträge 510
6.5 Der Körperschaftsteuertarif 512
6.5.1 Der Körperschaftsteuersatz 512
6.5.2 Das Steuerbilanzkapital 512
6.5.3 Das steuerliche Einlagekonto 513
6.5.4 Veranlagung und Erhebung der Körperschaftsteuer 514
6.6 Organschaft 515
6.7 Gesamtwiederholung zur Körperschaftsteuer 518

7 Gewerbesteuer 523
7.1 Begriff, Verwaltung, Zuständigkeit ... 523
7.2 Steuergegenstand 525
7.2.1 Der Gewerbebetrieb 525
7.2.2 Die Arten des Gewerbebetriebs 527
7.2.3 Die Formen des Gewerbebetriebs 527
7.3 Die Steuerpflicht 531
7.3.1 Beginn der Steuerpflicht 531
7.3.2 Ende der Steuerpflicht 531
7.4 Steuerschuldner und Steuergläubiger 533
7.5 Steuerbefreiungen 533
7.6 Die Besteuerungsgrundlagen 534
7.6.1 Hinzurechnungen 535
7.6.2 Kürzungen 536
7.6.3 Steuermesszahl und Steuermessbetrag nach dem Gewerbeertrag 539
7.7 Steuererklärungspflicht und Erhebung der Gewerbesteuer 542
7.8 Beginn oder Beendigung der Steuerpflicht im Laufe des Erhebungszeitraums 545
7.8.1 Steuermessbetrag bei abweichendem Wirtschaftsjahr 547
7.8.2 Steuermessbetrag bei Umstellung des Wirtschaftsjahres 548

7.9 Zerlegung des Steuermessbetrags 550
7.10 Gewerbesteuerrückstellung 552
7.11 Rechtsbehelfe bei der Gewerbesteuer 554
7.12 Gesamtwiederholung zur Gewerbesteuer 555

8 Bewertungsgesetz 561
8.1 Gliederung des Bewertungsgesetzes (bis 31.12.2024) 561
8.2 Wirtschaftliche Einheit 562
8.3 Bewertungsmaßstäbe 562
8.4 Einheitswertfeststellung (bis Ende 2024) 567
8.4.1 Hauptfeststellung, Nachfeststellung und Fortschreibung 567
8.4.2 Gesonderte und einheitliche Feststellung der Einheitswerte 570
8.4.3 Aufhebung des Einheitswerts 571
8.4.4 Die Einheitsbewertung des Grundbesitzes 571
8.4.5 Anwendung der Einheitswerte des Grundbesitzes vom 1. Jan. 1964 (bis Ende 2024) 572
8.5 Vermögensarten 573
8.5.1 Land- und forstwirtschaftliches Vermögen 573
8.5.2 Grundvermögen 574
8.5.3 Betriebsvermögen 574
8.6 Bedarfsbewertung des Grundbesitzes 577
8.7 Neufassung der Bewertungsregeln durch das Grundsteuer-Reformgesetz (GrSRefG) 582

Sachwortverzeichnis 585
Abkürzungsverzeichnis 596
Bildquellenverzeichnis 597

KAPITEL 1

Allgemeines Steuerrecht

- Steuern und andere Abgaben
- Staat und Gesetz: Wesen und Aufgaben
- Steuergesetzgebung
- Verwaltung der Steuern
- Hilfeleistung in Steuersachen

1 Allgemeines Steuerrecht

1.1 Warum müssen wir Steuern und andere öffentlich-rechtliche Abgaben zahlen?

Die Antwort auf diese Frage ist einfach: Damit der Staat – das sind der Bund, die Länder und die Gemeinden – seine Ausgaben bestreiten kann. Die Ausgaben des Staates nennt man **öffentliche Ausgaben**. Sie erwachsen dem Staat beispielsweise durch den Bau und die Unterhaltung von Schulen, Krankenhäusern und Straßen, durch die Unterhaltung einer Polizei zum Schutze der Bevölkerung im Inneren sowie einer Bundeswehr für den Fall der Verteidigung und durch viele andere staatliche Einrichtungen.

Einnahmequellen des Staates

Es liegt auf der Hand: Den öffentlichen Ausgaben müssen, wie aus dem auf der rechten Seite abgedruckten Bundeshaushalt zu ersehen ist, **öffentliche Einnahmen** gegenüberstehen; denn Ausgaben können nur bestritten werden, wenn auch entsprechende Einnahmen vorhanden sind.

Dem Staat stehen folgende Einnahmequellen zur Verfügung:

- öffentlich-rechtliche Abgaben, z. B. Steuern, steuerliche Nebenleistungen, Gebühren, Beiträge,
- Erwerbseinkünfte aus öffentlichen Unternehmen, z. B. aus öffentlichen Versorgungsbetrieben, und
- Anleihen (Aufnahme öffentlicher Kredite).

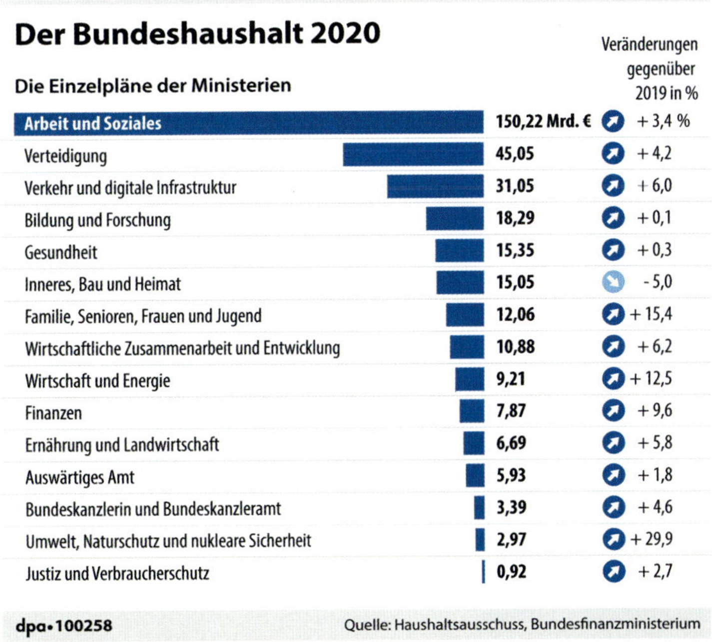

1.2 Staat und Gesetz: Wesen und Aufgaben

Der Mensch hat als gesellschaftliches Wesen das Bedürfnis, einer Gemeinschaft anzugehören. Schon bei seiner Geburt wird er in die Familiengemeinschaft aufgenommen. Er wird Mitglied einer Gemeinde und Bürger eines Staates.

Der **Staat** ist gesellschaftlich betrachtet die größte Gemeinschaft der Menschen eines Landes. Er hat die Aufgabe, alle übrigen Gemeinschaften, in denen der Mensch lebt (z. B. Familie, Schule, Religionsgemeinschaft, Berufsverband), vor Störungen von innen und außen zu schützen. Daraus ergibt sich, dass der Staat für Ordnung und Sicherheit zu sorgen hat.

Wir leben in einer pluralistischen Gesellschaft, d. h. in einer Gesellschaft, in der zahlreiche konkurrierende Interessengruppen und Ideologien nebeneinander bestehen, die oft grundverschiedene, zum Teil sogar gegensätzliche Ziele verfolgen.

Daraus ergibt sich für den Staat neben der Aufgabe, für Ordnung und Sicherheit zu sorgen, als zusätzliche Aufgabe der Interessenausgleich zwischen unterschiedlichen Interessengruppen. Auch dafür schafft der Staat einen rechtlichen Rahmen.

Darüber hinaus fallen dem Staat noch weitere Aufgaben zu, z. B. die Förderung von Bildung und Wissenschaft, die Hilfe für bedrohte Wirtschaftszweige oder die Erhaltung der Währungsstabilität in Krisenzeiten.

Wenn der Staat seine Aufgaben erfüllen soll, muss er mit Staatsgewalt, d. h. mit Herrschaftsgewalt, ausgestattet sein. Er muss befähigt sein gegen jeden, notfalls mit Gewalt, einzuschreiten, der das geordnete Zusammenleben der Bürger stört.

Zur Staatsgewalt gehört in erster Linie das Recht, Gesetze zu erlassen und deren Einhaltung (notfalls mit Gewalt) durchzusetzen.

Gewaltenteilung und Föderalismus

Die Bundesrepublik Deutschland ist ein **demokratischer Staat**. Nach Art. 20 Abs. 2 des Grundgesetzes (GG) geht alle Staatsgewalt vom Volk aus. Das Volk übt diese Macht durch freie Wahlen aus.

Um einen Machtmissbrauch einzelner Personen oder Gruppen zu verhindern, werden die **drei Hauptaufgaben der Staatsgewalt** von drei voneinander unabhängigen Staatsorganen wahrgenommen, und zwar

- von der **gesetzgebenden Gewalt (Legislative)**,
- von der **vollziehenden Gewalt (Exekutive)** und
- von der **richterlichen Gewalt (Judikative)**.

Die Bundesrepublik Deutschland ist darüber hinaus ein **föderalistischer Staat**, ein Bundesstaat. Das ist das Gegenstück zum Einheitsstaat. In einem Einheitsstaat werden die Geschicke eines ganzen Volkes von einer zentralen Stelle aus gelenkt. Der Föderalismus ist eine politische Idee, nach der innerhalb eines Bundesstaates den einzelnen Gliedstaaten eine gewisse Selbstständigkeit gewährt wird.

Durch den Föderalismus werden den Bundesländern sowohl eine gewisse Mitwirkung als auch eine gewisse Selbstständigkeit gegenüber dem Bund in der Ausübung wichtiger Aufgaben der Staatsgewalt, z. B. in der Gesetzgebung, eingeräumt.

Wesen und Aufgabe eines Gesetzes

Gesetze sind notwendige allgemeine Regeln, die der Staat aufstellt, um Ordnung und Sicherheit zu gewährleisten. Ohne Gesetze gibt es keine Ordnung und keine Sicherheit in einem Staat und es gibt auch keinen gerechten Interessenausgleich der verschiedenen Interessengruppen einer Gemeinschaft.

Rechtlich gesehen ist das Gesetz eine Rechtsnorm (§ 4 AO). **Rechtsnormen** sind die einzelnen Vorschriften der Rechtsordnung. Die Gesamtheit dieser einzelnen Vorschriften der

Rechtsordnung bezeichnet man auch als Recht im objektiven Sinne.

Ein Gesetz behandelt stets nur ganz bestimmte Tatbestände. Nur wenn diese Tatbestände gegeben sind, kommt das Gesetz zur Anwendung. So behandelt z. B. das Umsatzsteuergesetz die Lieferungen eines Unternehmers im Inland. Liegen solche Lieferungen vor, so kommt das Umsatzsteuergesetz zur Anwendung.

Ein Gesetz hat die Aufgabe, die Pflichten und die Rechte der Bürger hinsichtlich der dort behandelten Tatbestände zu bestimmen. Bürger, Verwaltung und Richter sind an das Gesetz gebunden.

1.3 Grundzüge der Steuergesetzgebung

1.3.1 Steuergesetze, Verordnungen und Richtlinien

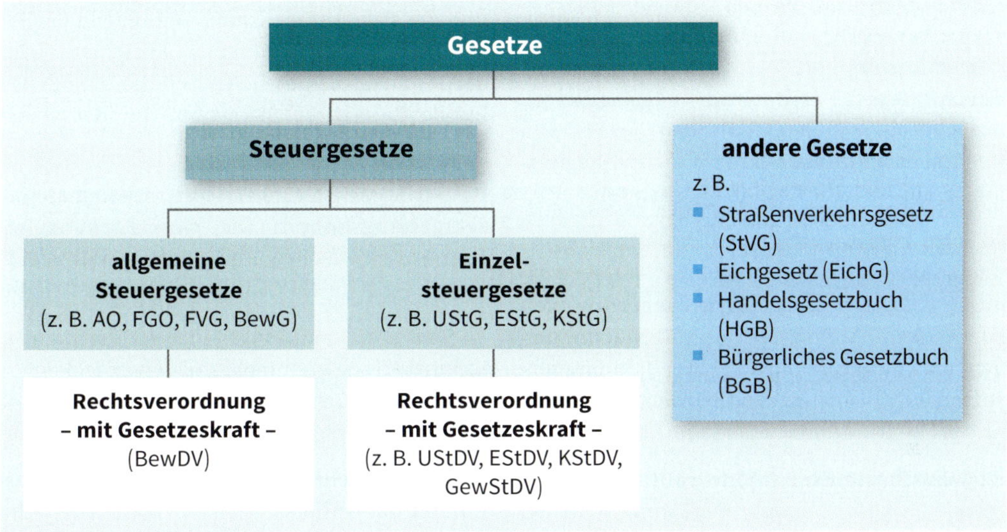

Der Begriff „Steuergesetz" ist nicht so weitgehend wie der Begriff „Gesetz". **Steuergesetze** sind Gesetze, die nur steuerliche Tatbestände betreffen. Deshalb stellt das Steuerrecht nur einen Teil unseres Rechts im objektiven Sinne dar.

Die Steuergesetze, wie z.B. das Umsatzsteuergesetz (UStG) oder das Einkommensteuergesetz (EStG), sind förmliche Steuergesetze, weil sie nach einem förmlichen Gesetzgebungsverfahren von den gesetzgebenden Körperschaften (Bundestag mit Zustimmung des Bundesrates) beschlossen werden.

Im **Steuerrecht** unterscheiden wir

a) allgemeine Steuergesetze
- AO (Abgabenordnung)
- FGO (Finanzgerichtsordnung)
- FVG (Finanzverwaltungsgesetz)
- BewG (Bewertungsgesetz)

b) Einzelsteuergesetze
- UStG (Umsatzsteuergesetz)
- EStG (Einkommensteuergesetz)
- KStG (Körperschaftsteuergesetz)
- GewStG (Gewerbesteuergesetz)
- ErbStG (Erbschaftsteuergesetz)

Abgabenordnung und Bewertungsgesetz sind allgemeine Steuergesetze, weil sie grundlegende Bestimmungen enthalten, die für alle Steuern oder zumindest für eine bestimmte Anzahl von Steuern allgemein gelten. So enthält z.B. die AO in den §§ 149 bis 153 Bestimmungen über Steuererklärungen, die für alle Steuern, z.B. Umsatzsteuer, Einkommensteuer usw., gelten. Das BewG enthält z.B. in § 19 ff. Bestimmungen über die Einheitsbewertung, die für die Einkommensteuer, Grundsteuer, Gewerbesteuer und Erbschaftsteuer von Bedeutung sind.

→

Durch die Bestimmungen der allgemeinen Steuergesetze werden die Einzelsteuergesetze entlastet.

Ergänzend zu den förmlichen Steuergesetzen (s. o.) gibt es Rechtsverordnungen, z. B. die Umsatzsteuer-Durchführungsverordnung (UStDV) oder die Einkommensteuer-Durchführungsverordnung (EStDV). Diese kommen aber **nicht** in einem förmlichen Gesetzgebungsverfahren zustande.

Vielmehr werden nach Art. 80 GG
- die Bundesregierung,
- ein Bundesminister oder
- eine Landesregierung (nicht aber ein Landesminister)

durch Gesetz ermächtigt, Rechtsverordnungen zu erlassen. Für den Erlass von **Rechtsverordnungen** ist also nicht die **Legislative**, sondern die **Exekutive** zuständig.

So wird z. B. in § 51 EStG (förmliches Gesetz) die Bundesregierung **ermächtigt**, mit Zustimmung des Bundesrates **Rechtsverordnungen** zu erlassen. Aufgrund dieser Ermächtigung hat die Bundesregierung die Einkommensteuer-Durchführungsverordnung (EStDV) erlassen.

Rechtsverordnungen sind wie alle übrigen Gesetze
- für die angesprochenen Personen,
- für die Verwaltungsbehörden und
- für die Gerichte

in vollem Umfang verbindlich.

Die **Richtlinien zu den Steuergesetzen** (z. B. die EStR, die GewStR, die LStR) sind keine Rechtsnormen im Sinne des § 4 AO und daher auch keine Steuergesetze. Sie sind allgemeine Verwaltungsvorschriften, die lediglich als Verwaltungsanweisungen vorgesetzter Finanzbehörden an nachgeordnete Finanzbehörden gelten. Sie sind deshalb nur für die nachgeordneten Finanzbehörden, nicht aber für die Gerichte bindend. Das Gleiche gilt für BMF-Schreiben sowie für Erlasse und Verfügungen der Landesfinanzbehörden.

Die **allgemeinen Verwaltungsvorschriften** auf dem Gebiet des Steuerrechts werden von der Bundesregierung, d. h. vom Bundesminister der Finanzen, erlassen. Sie bedürfen der Zustimmung des Bundesrates, soweit die Verwaltung der Steuern den Landesfinanzbehörden oder Gemeinden obliegt (Art. 108 Abs. 7 GG).

Zur Klärung steuerrechtlicher Fragen dienen nicht nur die förmlichen Steuergesetze und die Durchführungsverordnungen. Auch die Richtlinien werden häufig herangezogen. Bestehen dann noch Zweifel, so wird auf Kommentare, BMF-Schreiben, Erlasse, Verfügungen, Fachzeitschriften, Fachbücher und auf die Rechtsprechung zurückgegriffen. Zur Rechtsprechung gehören die Urteile der Finanzgerichte und des Bundesfinanzhofs. Die Urteile der Finanzgerichte werden in den „Entscheidungen der Finanzgerichte" (EFG) und die Urteile des Bundesfinanzhofs (BFH) im Bundessteuerblatt, Teil II veröffentlicht.

Das Recht, Gesetze zu erlassen, nennt man **Gesetzgebungshoheit**. Die **Gesetzgebungsbefugnis** ist zwischen Bund und Ländern aufgeteilt (Art. 70 ff. GG). Das gilt auch für die Steuergesetzgebung.

Es wird allgemein unterschieden zwischen
- ausschließlicher Gesetzgebung und
- konkurrierender Gesetzgebung.

Bei der **ausschließlichen Gesetzgebung** des Bundes hat grundsätzlich der Bund allein die Befugnis zur Gesetzgebung. Die Länder haben sie nur, wenn und soweit sie hierzu in einem Bundesgesetz ausdrücklich dazu ermächtigt werden (Art. 71 GG).

Von **konkurrierender Gesetzgebung** spricht man, wenn die Länder zur Gesetzgebung befugt sind, solange und soweit der Bund von seinem Gesetzgebungsrecht keinen Gebrauch macht (Art. 72 Abs. 1 GG).

Macht der Bund jedoch von seinem Recht Gebrauch und erlässt er ein einschlägiges Gesetz, so verliert das Landesgesetz seine Gültigkeit, denn: **Bundesrecht bricht Landesrecht**.

Auf dem Gebiet der Steuergesetzgebung hat der Bund die ausschließliche Gesetzgebung über die **Zölle und Finanzmonopole** (Art. 105 Abs. 1 GG). Zölle sind Steuern im Sinne der Abgabenordnung (§ 3 Abs. 3 AO). Ein Finanzmonopol (in Deutschland nur noch eines, das

Branntweinmonopol) dagegen ist zwar keine Steuer im Sinne der Steuergesetze, es ist aber gemäß Art. 105 Abs. 1 GG in die Steuergesetzgebung einbezogen.

Neben der ausschließlichen Gesetzgebung über Zölle und Finanzmonopole hat der Bund die konkurrierende Gesetzgebung über die übrigen Steuern, wenn ihm das Aufkommen dieser Steuern ganz oder zum Teil zusteht oder ein Bedürfnis nach bundesgesetzlicher Regelung besteht (Art. 105 Abs. 2 GG). Das trifft z. B. zu für die Umsatzsteuer, die Einkommensteuer, die Körperschaftsteuer und die Gewerbesteuer.

Bundesgesetze über Steuern, die den Ländern oder den Gemeinden ganz oder zum Teil zufließen, bedürfen der Zustimmung des Bundesrates (Art. 105 Abs. 3 GG). Ohne diese Zustimmung können sie nicht in Kraft treten. Man nennt diese Gesetze **Zustimmungsgesetze**. Dazu gehören im Wesentlichen die Steuergesetze. Vom Bundestag erlassene Gesetze, die nicht an die Zustimmung des Bundesrates gebunden sind, bezeichnet man als „einfache Gesetze".

Die Länder haben die ausschließliche Gesetzgebung über die örtlichen Verbrauch- und Aufwandsteuern, solange und soweit sie nicht bundesgesetzlich geregelten Steuern gleichartig sind (Art. 105 Abs. 2a GG). Aufwandsteuern sind Steuern, die auf bestimmte Arten der Einkommensverwendung erhoben werden. So haben die Länder das ausschließliche Gesetzgebungsrecht z.B. für die Hundesteuer und die Vergnügungsteuer.

AUFGABEN

1. Warum müssen wir Steuern zahlen?
2. Wie nennt man die Ausgaben des Staates?
3. Wodurch erwachsen dem Staat beispielsweise Ausgaben? Nennen Sie fünf Beispiele.
4. Recherchieren Sie: Welche Einnahmequellen stehen dem Staat zur Verfügung?
5. Was versteht man unter einer pluralistischen Gesellschaft?
6. Welche Aufgaben hat der Staat in unserer pluralistischen Gesellschaft?
7. Was versteht man unter Staatsgewalt?
8. Was sind Gesetze?
9. Wann liegen Steuergesetze vor?
10. Welcher Unterschied besteht zwischen einem förmlichen Gesetz, wie z. B. dem EStG, und einer Rechtsverordnung, wie z. B. der EStDV?
11. Für wen sind die Gesetze einschließlich der Rechtsverordnungen bindend?
12. Von wem werden die Richtlinien, z. B. die EStR, erlassen?
13. Für wen sind die Richtlinien, z. B. die EStR, bindend?
14. Warum werden die AO und das BewG als allgemeine Steuergesetze bezeichnet?
15. Von welchen Staatsorganen werden die drei Hauptaufgaben der Staatsgewalt in Deutschland wahrgenommen?
16. Wie wirkt sich der Föderalismus in Deutschland aus?
17. Wie ist die Gesetzgebungsbefugnis geregelt?
18. Erklären Sie die konkurrierende Gesetzgebung.
19. Erläutern Sie die ausschließliche Gesetzgebung des Bundes auf dem Gebiet der Steuergesetzgebung.
20. Erläutern Sie die ausschließliche Gesetzgebung der Länder im Steuerrecht.
21. Wann sprechen wir von Aufwandsteuern?
22. Was sind Zustimmungsgesetze?

1.3.2 Öffentlich-rechtliche Abgaben

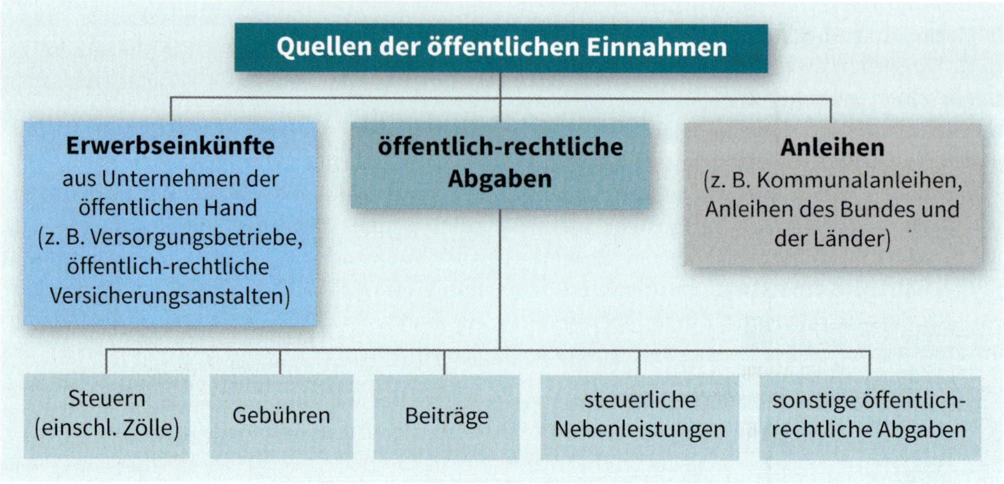

Öffentlich-rechtliche Abgaben sind die wichtigste Einnahmequelle des Staates. Zu ihnen gehören in erster Linie die Steuern.

Steuern

Steuern sind nach § 3 Abs. 1 AO Geldleistungen, die nicht eine Gegenleistung für eine besondere Leistung darstellen und von einem öffentlich-rechtlichen Gemeinwesen zur Erzielung von Einnahmen allen auferlegt werden, bei denen der Tatbestand zutrifft, an den das Gesetz die Leistungspflicht knüpft. Zölle und Abschöpfungen (Abgaben im Rahmen der EU-Agrarpolitik) sind Steuern im Sinne der AO.

Diese Begriffsbestimmung enthält mehrere Begriffsmerkmale. Nur wenn sämtliche nachstehend aufgeführten Merkmale gegeben sind, handelt es sich um Steuern.

Die Merkmale, die gegeben sein müssen, sind:

❶ Es muss sich um **Geldleistungen** handeln, wie z.B. bei der Umsatzsteuer, Einkommensteuer, Gewerbesteuer, Lohnsteuer.

❷ Die Geldleistungen dürfen **keine Gegenleistung für eine besondere Leistung** darstellen. Sie dürfen z.B. nicht das Entgelt für eine Stromlieferung darstellen. Die Gegenleistung des Staates erfolgt an die Allgemeinheit und nicht an den einzelnen Steuerzahler für die jeweilige Geldleistung.

❸ Die Geldleistungen müssen **von einem öffentlich-rechtlichen Gemeinwesen zur Erzielung von Einnahmen auferlegt** werden. Öffentlich-rechtliche Gemeinwesen sind z.B. der Bund, die Länder, die Gemeinden und die Religionsgesellschaften des öffentlichen Rechts.

❹ Die Geldleistungen müssen allen auferlegt werden, bei denen der **Tatbestand** zutrifft, an den das Gesetz die Leistungspflicht knüpft. Der Tatbestand ist beispielsweise bei demjenigen gegeben, der einen steuerpflichtigen Umsatz ausführt oder steuerpflichtigen Arbeitslohn bezieht.

Gebühren und Beiträge

Auch Gebühren und Beiträge sind – wie die Steuern – öffentlich-rechtliche Abgaben. Sie unterscheiden sich aber von den Steuern insbesondere dadurch, dass sie das Entgelt für eine Gegenleistung darstellen.

Gebühren sind Abgaben, die als Entgelt für bestimmte Dienstleistungen oder für andere Leistungen einer öffentlichen Einrichtung zu entrichten sind.

Wir unterscheiden zwischen

- **Verwaltungsgebühren**, z.B. die Gebühr für die Ausstellung eines Reisepasses, die Gebühr für die Zulassung eines Kraftfahrzeuges, und

- **Benutzungsgebühren**, z. B. die Müllabfuhrgebühr, die Gebühren für die Benutzung von Badeanstalten, für den Bezug von Gas und Strom.

Beiträge sind Abgaben, die zur Deckung der Kosten öffentlicher Einrichtungen abzuführen sind. Sie stellen zwar auch, wie die Gebühren, das Entgelt für eine öffentliche Leistung dar, ein direkter zeitlicher Zusammenhang zwischen Entgelt und öffentlicher Leistung besteht jedoch nicht. Sie werden sogar, im Gegensatz zu den Gebühren, auch dann erhoben, wenn der Beitragspflichtige die öffentliche Leistung nicht in Anspruch nimmt. Beiträge sind z. B. Kurtaxen, Steuerberaterkammerbeiträge, Sozialversicherungsbeiträge der Arbeitnehmer, der Arbeitgeberanteil an der Sozialversicherung oder die Straßenanliegerbeiträge.

Steuerliche Nebenleistungen

Steuerliche Nebenleistungen[1]

Arten	**Verspätungszuschlag** § 152 AO	**Verzinsung** § 233 ff. AO	**Säumniszuschlag** § 240 AO	**Zwangsmittel** § 328 ff. AO
Begriff	Erhebung bei einer Abgabe nicht binnen 14 Monaten nach Ablauf des Kalenderjahres	Verzinsung von Ansprüchen aus dem Steuerschuldverhältnis, soweit gesetzlich vorgeschrieben	Erhebung, wenn die Steuer nicht bis zum Ablauf des Fälligkeitstages entrichtet wird	Erzwingung eines Tun, Dulden oder Unterlassen des Steuerpflichtigen
Voraussetzungen	– Verpflichtung zur Abgabe einer Steuererklärung – Fristüberschreitung – schuldhaftes Versäumnis	– Erstattung oder Nachforderung von Steuern (§ 233a AO) – Stundung einer Steuerschuld (§ 234 AO) – Hinterziehung von Steuern (§ 235 AO) – Aussetzung der Vollziehung (§ 237 AO)	– Steuer oder zurückzuzahlende Steuervergütung ist fällig – Fälligkeitstag wird überschritten – keine Erhebung bei einer Säumnis von drei Tagen (Schonfrist)	– Finanzbefehl der Finanzbehörde liegt vor – Anordnung wird nicht befolgt – erfolglose Mahnung des Steuerpflichtigen – erfolglose Androhung von Zwangsgeld mit Fristsetzung
Höhe	– 0,25 % der Steuernachzahlung (mind. 25,00 €) pro Monat, max. 25.000,00 €, – bei gesondert festzustellenden Einkünften 0,0625 % der positiven Summe der festgestellten Einkünfte (mind. 25,00 €), – für Erklärungen zur Festsetzung des Gewerbesteuermessbetrags und der Zerlegungserklärungen 25,00 € pro angefangenen Monat, – für vierteljährlich oder monatlich abzugebende Steueranmeldungen (Lohnsteuer, Umsatzsteuer) steht die Höhe im Ermessen des Finanzamtes.	– 0,5 % der auf volle 50,00 € abgerundeten Steuer für jeden vollen Monat des Zinslaufs (§ 238 AO)	– 1 % der auf volle 50,00 € abgerundeten Steuer für jeden angefangenen Monat der Säumnis	– höchstens 25.000,00 € für das einzelne Zwangsgeld
Besonderheit	– keine Ermessensentscheidung – selbstständiger Verwaltungsakt	– keine Ermessensentscheidung, die Verzinsung ist gesetzlich vorgeschrieben – Billigkeitsmaßnahmen möglich bei Nachforderungs- und Stundungszinsen	– Säumniszuschläge werden nicht festgesetzt, sie entstehen kraft Gesetzes, sie sind verwirkt (verwirklicht) durch die Tatsache der Säumnis – keine Schonfrist bei Bar- und Scheckzahlungen	– Ermessensentscheidung – Begrenzung von 25.000,00 € gilt für jede einzelne Androhung; das Zwangsgeld zur Erzwingung einer Anordnung kann dann 25.000,00 € überschreiten

1 Weitere Ausführungen dazu siehe unter Kapitel 2.4.4 (Abgabenordnung).

Zu den öffentlich-rechtlichen Abgaben gehören auch die **Steuerlichen Nebenleistungen** nach § 3 Abs. 4 AO:

- Verzögerungsgelder (§ 146 Abs. 2b AO),
- Verspätungszuschläge (§ 152 AO),
- Verzinsung (§§ 233 bis 239 AO),
- Säumniszuschläge (§ 240 AO),
- Zwangsmittel (§ 328 ff. AO),
- Kosten (§§ 89, 178, 178a und 337 bis 345 AO),
- Zinsen auf Einfuhr- und Ausfuhrabgaben, Verspätungsgelder (§ 22a Abs. 5 EStG).

Ein Anwendungsfall:

Ein **Verspätungszuschlag** kann festgesetzt werden, wenn eine Steuererklärung nicht fristgemäß abgegeben wird. Wird eine Steuer nicht bis zum Ablauf des Fälligkeitstages gezahlt, so ist ein Säumniszuschlag zu entrichten. Bei einer Säumnis bis zu drei Tagen (Schonfrist) entfällt der Säumniszuschlag (§ 240 Abs. 3 AO – außer bei Scheckzahlungen (§ 224 Abs. 2 Nr. 1 AO).

Kosten entstehen als steuerliche Nebenleistung in der Regel für „Service-Leistungen" der Finanzverwaltung, z. B. bei der Erteilung einer verbindlichen Auskunft (§ 89 AO) oder im Vollstreckungsverfahren (§§ 337–345 AO).

Sonstige öffentlich-rechtliche Abgaben

Zu den sonstigen öffentlich-rechtlichen Abgaben gehören z. B. die Geldstrafen und Bußgelder. Hier wird im Wesentlichen nicht der Zweck verfolgt, Einnahmen zu erzielen, sondern einen Gesetzesverstoß zu sühnen.

AUFGABEN

1. Was sind Steuern?
2. Welcher Unterschied besteht zwischen Gebühren und Beiträgen?
3. Welche steuerlichen Nebenleistungen kennen Sie?
4. Wann liegen sonstige öffentlich-rechtliche Abgaben vor?

1.3.3 Einteilung der Steuern

Steuerarten

Einteilung der Steuern

❶ nach der Auswirkung beim Steuerschuldner
- **direkte Steuern** (z. B. LSt, ESt)
- **indirekte Steuern** (z. B. USt, Zölle)

❷ nach der Verwaltungspraxis
- **Besitzsteuern** (z. B. ESt, KSt, ErbSt)
- **Verbrauchsteuern** (z. B. TabakSt, BierSt)
- **Verkehrsteuern** (z. B. USt, GrESt)
- **Realsteuern** (z. B. GewSt, GrSt)
- **Zölle**

❸ je nachdem, wem die Steuern zustehen
- **Bundessteuern** (z. B. Zölle, KfzSt)
- **Landessteuern** (z. B. GrESt)
- **Gemeindesteuern** (z. B. GewSt, GrSt)
- **Gemeinschaftsteuern** (z. B. USt, ESt, KSt)

Die Steuern können nach verschiedenen Gesichtspunkten eingeteilt werden.

❶ Einteilung nach ihrer wirtschaftlichen Auswirkung

Hiernach unterscheiden wir
- direkte Steuern und
- indirekte Steuern.

Bei den **direkten Steuern** muss die Person, die die Steuer nach dem Gesetz zu entrichten hat, sie auch selbst wirtschaftlich tragen. In einem solchen Fall sind also Steuerschuldner und Steuerträger ein und dieselbe Person. Das ist z. B. der Fall bei der Lohnsteuer und der Einkommensteuer.

Bei **indirekten Steuern** dagegen sind Steuerschuldner und Steuerträger nicht identisch, weil die Steuer vom Schuldner auf eine andere Person abgewälzt werden kann. Zu den indirekten Steuern gehören z. B. die Umsatzsteuer und die Zölle.

Beispiele

a) Vom Gehalt eines Angestellten wird Lohnsteuer in Höhe von 250,00 € einbehalten und an das Finanzamt abgeführt. Hier handelt es sich um eine direkte Steuer. Der Angestellte ist zugleich Steuerschuldner und Steuerträger. Er kann die Steuer nicht auf einen anderen abwälzen.

Der Arbeitgeber haftet zwar für die Steuer, wenn er sie nicht einbehält und an das Finanzamt abführt. Das ändert aber nichts an der Tatsache, dass der Arbeitnehmer allein die Lohnsteuer zu tragen hat.

b) Ein Klempner führt bei einem Kunden eine Reparatur aus und stellt ein Entgelt von 100,00 € zuzüglich 19 % Umsatzsteuer, also 119,00 €, in Rechnung. Die Umsatzsteuer von 19,00 €, die der Klempner dem Finanzamt schuldet, ist eine indirekte Steuer, weil sie nicht vom Steuerschuldner, sondern von einem anderen, und zwar vom Kunden, getragen wird.

❷ Einteilung der Steuern in der Verwaltungspraxis

In der deutschen Verwaltungspraxis werden die Steuern wie folgt eingeteilt:

- **Besitzsteuern:**
  Hierunter fallen die Steuern vom Einkommen, z. B. Einkommensteuer, Kirchensteuer, Körperschaftsteuer, und die Steuern vom Vermögen, z. B. Grundsteuer.
- **Verkehrsteuern:**
  Durch sie werden rechtliche oder wirtschaftliche Akte oder Vorgänge besteuert, z. B. die Lieferung einer Ware oder der Verkauf eines Grundstücks. Dazu gehören z. B. die Umsatzsteuer, die Grunderwerbsteuer, die Versicherungsteuer.
- **Realsteuern:**
  Bei diesen Steuern steht die Belastung bestimmter Gegenstände, z. B. eines Grundstücks, im Vordergrund. Nach § 3 Abs. 2 AO gehören dazu nur die Gewerbesteuer und die Grundsteuer.
- **Zölle:**
  Sie werden bei Warenbewegungen über die Grenze erhoben. Wir unterscheiden Einfuhrzölle und Ausfuhrzölle.
- **Verbrauchsteuern:**
  Das sind grundsätzlich alle Steuern, die den Verbrauch im engeren Sinne belasten. Dazu gehören z. B. die Tabaksteuer, die Mineralölsteuer, die Getränkesteuer, die Biersteuer, die Kaffeesteuer. Auch die Einfuhrumsatzsteuer ist eine Verbrauchsteuer (§ 21 Abs. 1 UStG).

❸ Einteilung der Steuern je nachdem, wem sie nach Art. 106 GG zustehen

Nach der **Ertragshoheit** unterscheiden wir
- Bundessteuern,
- Landessteuern,
- Gemeindesteuern und
- Gemeinschaftsteuern.

Bundessteuern sind Steuern, die nur dem Bund zustehen. Dazu gehören z.B. die Zölle, die Kraftfahrzeugsteuer und die Verbrauchsteuern mit Ausnahme der Biersteuer. Diese Verbrauchsteuer steht nicht dem Bund, sondern den Ländern zu (Art. 106 Abs. 2 Nr. 5 GG).

Landessteuern sind Steuern, die nur den Ländern zustehen. Dazu gehören z. B. die Grunderwerbsteuer, die Biersteuer (s. o.).

Gemeindesteuern sind Steuern, die nur den Gemeinden zustehen. Dazu gehören z.B. die Gewerbesteuer, die Grundsteuer, die Hundesteuer.

Gemeinschaftsteuern sind Steuern, die zu gewissen Prozentanteilen sowohl dem Bund als auch den Ländern und – wie es bei der Einkommensteuer der Fall ist – auch den Gemeinden zustehen. Dazu gehören die Umsatzsteuer, die Einkommensteuer, die Kapitalertragsteuer und die Körperschaftsteuer.

Nach Art. 140 GG sind auch die Religionsgesellschaften als Körperschaften des öffentlichen Rechts berechtigt, eine Steuer, und zwar die Kirchensteuer, zu erheben.

Abzugsfähige und nicht abzugsfähige Steuern

Steuern, die mit **Einkünften** im Sinne des Einkommensteuergesetzes **in wirtschaftlichem Zusammenhang** stehen, sind normalerweise bei der Ermittlung dieser Einkünfte abzugsfähig.

Beispiel

Der Eigentümer eines Vierfamilienhauses in München kann die gezahlte Grundsteuer bei der Ermittlung der Einkünfte aus Vermietung und Verpachtung abziehen, weil die gezahlte Grundsteuer mit diesen Einkünften in wirtschaftlichem Zusammenhang steht.

Zu den **abzugsfähigen** Steuern gehören grundsätzlich solche Steuern, die von Gegenständen (z.B. Grundstücken) oder von Vorgängen (z.B. Lieferungen) ausgehen. Man nennt diese Steuern auch Sachsteuern oder Objektsteuern im weiteren Sinne, weil sie sowohl die Realsteuern (z.B. die Grundsteuer) als auch die Verkehrsteuern (z.B. Umsatzsteuer) umfassen.

Zu den **nicht abzugsfähigen** Steuern zählen vor allem die Personensteuern (Subjektsteuern). Durch sie werden einzelne Personen nach sachlichen Merkmalen (z. B. Einkommen) grundsätzlich unter Berücksichtigung persönlicher und familiärer Verhältnisse (z.B. Alter, Familienstand) besteuert. Personensteuern sind nicht abzugsfähig, weil sie die private Lebensführung der Steuerpflichtigen betreffen. Dazu gehören z.B. die Einkommensteuer und die Kirchensteuer. Auch die Körperschaftsteuer ist eine Personensteuer. Durch sie wird das Einkommen der juristischen Personen, z.B. das einer Aktiengesellschaft, besteuert.

Die Gewerbesteuer (als Realsteuer) ist nach § 4 Abs. 5b EStG keine Betriebsausgabe und deshalb nicht abzugsfähig.

AUFGABEN

1. Welcher Unterschied besteht zwischen direkten Steuern und indirekten Steuern?
2. Wie werden die Steuern in der deutschen Verwaltungspraxis eingeteilt?
3. Welcher Unterschied besteht zwischen Besitzsteuern und Verkehrsteuern?
4. Welche Steuern nennt man Realsteuern?
5. Welche Steuern stehen a) dem Bund, b) den Ländern und c) den Gemeinden zu?
6. Erläutern Sie den Begriff „Objektsteuern“.
7. Erläutern Sie den Begriff „Personensteuern“.
8. Warum sind Personensteuern bei der Ermittlung von Einkünften nicht abzugsfähig?

1.4 Die Verwaltung der Steuern

Das Recht einer Körperschaft (z. B. Bund, Land), Gesetze zu erlassen, wird als **Gesetzgebungshoheit** und das Recht, Steuern zu erheben, als **Ertragshoheit** bezeichnet. Das Recht, Steuern zu verwalten, wird als **Verwaltungshoheit** bezeichnet.

Die Verwaltungshoheit ist in Art. 108 GG geregelt. Danach obliegt sie sowohl den Bundesfinanzbehörden als auch den Landesfinanzbehörden. Für die den Gemeinden allein zufließenden Steuern kann die Verwaltung dieser Steuern ganz oder zum Teil den Gemeinden übertragen werden.

Eine derartige Aufteilung der Befugnisse und Aufgaben auf Bundes- und Landesfinanzbehörden ist notwendig, um die mit der Besteuerung verbundene Massenarbeit ordnungsgemäß bewältigen zu können. Eine klare Abgrenzung der Zuständigkeit der einzelnen Finanzbehörden ist dafür unerlässlich.

Steuerverwaltungshoheit

a) des Bundes:	b) der Länder:
▪ Zölle	▪ Umsatzsteuer
▪ Finanzmonopole	▪ Einkommensteuer
▪ Abgaben an die EU	▪ Körperschaftsteuer
▪ Verbrauchsteuern	▪ Gewerbesteuer
	▪ Erbschaftsteuer

Behörden, Finanzbehörden

Behörde ist jede Stelle, die Aufgaben der öffentlichen Verwaltung wahrnimmt (§ 6 Abs. 1 AO).

Die **Finanzbehörden** sind im Gegensatz zu anderen Verwaltungsbehörden im Grundgesetz besonders erwähnt. In Art. 108 Abs. 1 und 2 GG ist bestimmt, dass der Aufbau der Finanzbehörden durch ein Bundesgesetz geregelt wird. Aufgrund dieser Vorschrift ist das **Finanzverwaltungsgesetz** (FVG) ergangen. Danach unterscheiden wir:

- Bundesfinanzbehörden (§ 1 FVG) und
- Landesfinanzbehörden (§ 2 FVG).

❶ Bundesfinanzbehörden (vierstufig)

Bundesfinanzbehörden sind

1. als oberste Behörde: das Bundesfinanzministerium;
2. als Oberbehörden oder obere Behörden: z. B. das Bundesamt für Finanzen, die Bundesschuldenverwaltung, die Bundesmonopolverwaltung für Branntwein;
3. als Mittelbehörden oder mittlere Behörden: die Oberfinanzdirektionen;
4. als örtliche Behörden oder untere Behörden: z. B. die Hauptzollämter, die Zollfahndungsämter.

Zum **Aufgabenbereich des Bundesfinanzministeriums**, an dessen Spitze der Bundesminister der Finanzen steht, gehören z. B.:

- die oberste Leitung der Finanzverwaltung im Bundesgebiet;
- die Verwaltung der Zölle, der Abgaben an die EU und der bundesgesetzlich geregelten Verbrauchsteuern. Auch die Einfuhrumsatzsteuer gehört dazu. Sie ist nach § 21 Abs. 1 UStG eine Verbrauchsteuer;
- die Vorbereitung von Entwürfen von Steuergesetzen bzw. Steueränderungsgesetzen;
- das Erlassen von Richtlinien zu den einzelnen Steuergesetzen, allerdings nur mit Zustimmung des Bundesrats (z. B. Einkommensteuer-Richtlinien).

Zum **Aufgabengebiet des Bundesamts für Finanzen** gehören nach § 5 FVG z. B.:

- die Mitwirkung an Außenprüfungen, die durch Landesfinanzbehörden (z. B. Oberfinanzdirektion oder Finanzamt) durchgeführt werden;
- die Erstattung von deutschen Abzugsteuern (z. B. Kapitalertragsteuer) aufgrund von Abkommen zur Vermeidung der Doppelbesteuerung;
- die Vergabe der Umsatzsteuer-Identifikationsnummern.

→

Die **Oberfinanzdirektionen** erfüllen eine Doppelfunktion. Sie sind Bundes- und Landesbehörden zugleich. Sie stehen nach § 8 FVG

- mit ihrer Zoll- und Verbrauchsteuerabteilung im Dienste der Finanzverwaltung des Bundes und
- mit ihrer Besitz- und Verkehrsteuerabteilung im Dienste der Finanzverwaltung des Landes.

Die Oberfinanzdirektion ist als Bundesbehörde in ihrem Bezirk die unmittelbare Aufsichtsbehörde der Hauptzollämter und als Landesbehörde die unmittelbare Aufsichtsbehörde der Finanzämter. Sie wird von einem Oberfinanzpräsidenten geleitet, der sowohl Bundes- als auch Landesbeamter ist (§ 9 FVG). Er bekommt sein Gehalt je zur Hälfte vom Bund und vom Land.

Es gibt Oberfinanzdirektionen, die in anderen Städten ihres Bezirks Nebenstellen errichten, die dort nur Landesaufgaben zu erfüllen haben. Zum Beispiel unterhält die Oberfinanzdirektion Hannover in Oldenburg eine Nebenstelle ihrer Besitz- und Verkehrsteuerabteilung, die dort nur Landesaufgaben wahrnimmt.

Die **Hauptzollämter** verwalten als örtliche bzw. untere Behörden die Zölle und die bundesgesetzlich geregelten Verbrauchsteuern einschließlich der Einfuhrumsatzsteuer und der Biersteuer (§ 12 FVG).

❷ Landesfinanzbehörden (dreistufig)

Landesfinanzbehörden sind
1. als oberste Behörden: die Landesfinanzministerien;
2. als Mittelbehörden oder mittlere Behörden: die Oberfinanzdirektionen (siehe oben);
3. als örtliche Behörden oder untere Behörden: die Finanzämter.

Durch Gesetz oder durch Rechtsverordnung der zuständigen Landesregierung kann neben den erwähnten Landesbehörden ein Rechenzentrum der Landesfinanzverwaltung als Oberbehörde eingerichtet werden (§ 2 Abs. 2 FVG).

Finanzbehörden in Deutschland

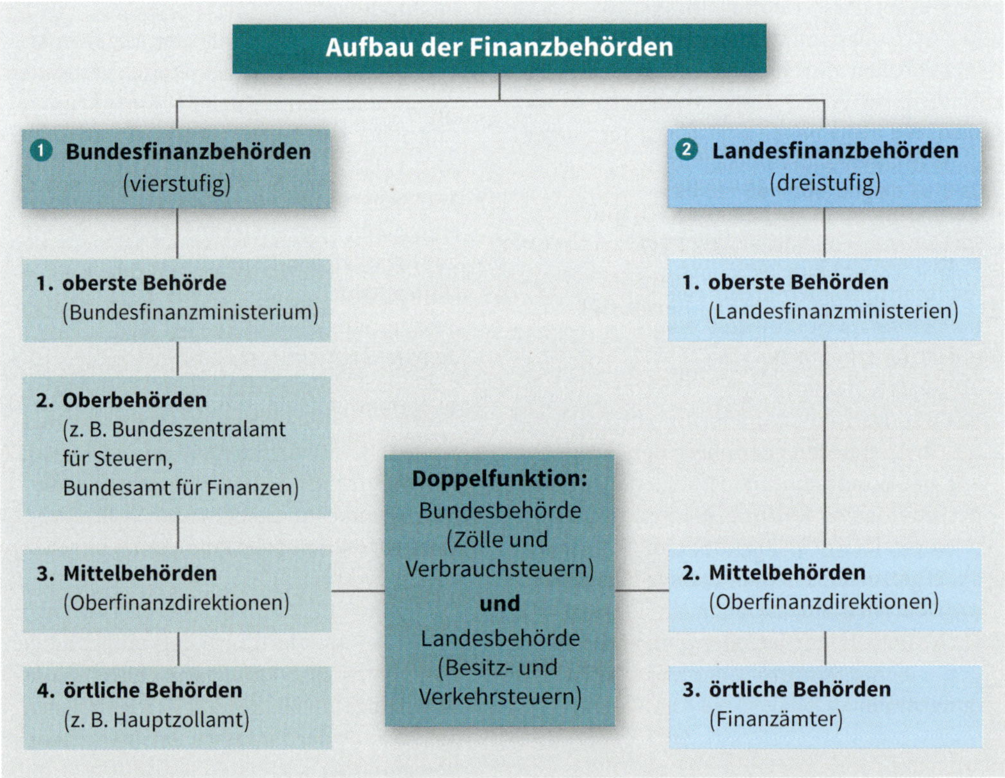

Den **Landesfinanzministerien** obliegt die oberste Leitung in der Verwaltung des weitaus größten Teils der Steuern. Dazu gehören auch die Gemeinschaftsteuern (Umsatzsteuer, Einkommensteuer, Körperschaftsteuer). Hinsichtlich der Gemeinschaftsteuern handeln die Landesfinanzbehörden zum Teil im Auftrag des Bundes.

Die **Finanzämter** sind als örtliche Landesbehörden grundsätzlich für die Verwaltung der Steuern mit Ausnahme der Zölle und der bundesgesetzlich geregelten Verbrauchsteuern (§ 12 FVG) zuständig.

Soweit Gemeindesteuern von den Gemeinden selbst verwaltet werden, sind dafür die Steuerämter der Gemeinden zuständig. Dort werden z. B. die Grundsteuer, die Getränkesteuer, die Zweitwohnungsteuer, die Vergnügungsteuer und die Hundesteuer verwaltet. Bei der Verwaltung der Gewerbesteuer, die ebenfalls eine Gemeindesteuer ist, leisten die Finanzämter erhebliche Amtshilfe, zu der sie verpflichtet sind. Oftmals wird von den Finanzämtern das gesamte Verfahren einschließlich der Erhebung der Gewerbesteuer übernommen.

Aufgabe der Finanzämter

Die Aufgabe der Finanzämter als örtliche Landesbehörden besteht nicht nur in der Verwaltung der den Ländern allein zufließenden Steuern (z. B. Kraftfahrzeugsteuer, Grunderwerbsteuer). Sie sind darüber hinaus auch im Auftrag des Bundes tätig, wenn es um die Verwaltung der Steuern geht, die zum Teil (z. B. die Umsatzsteuer und die Einkommensteuer) dem Bund zufließen.

Wenn von Verwaltung der Steuern als Aufgabe der Finanzämter gesprochen wird, ist damit im Wesentlichen die **Durchführung des Besteuerungsverfahrens** gemeint. Dazu gehört neben der Aufgabe, die Besteuerungsgrundlagen zutreffend zu ermitteln, auch die Pflicht, die Steuer in richtiger Höhe festzusetzen. Im Rahmen dieser Zuständigkeit haben die Finanzämter eine ganze Reihe von Arbeiten zu bewältigen, wie z. B. Erfassung der Steuerpflichtigen, Prüfung der Steuererklärungen, Steuerfestsetzung, Steuererhebung und Beitreibung.

Organisation der Finanzämter

Die sachliche und personelle Gliederung der Finanzämter ist durch die Geschäftsordnung für die Finanzämter (FAGO 2010) geregelt. Danach gliedert sich das Finanzamt in Sachgebiete, die jeweils einem Sachgebietsleiter unterstellt sind. Die Sachgebiete sind in Arbeitsgebiete (Bezirke) aufgeteilt. Hauptsächlich handelt es sich um Veranlagungsbezirke (VBZ). Gleichartige Aufgaben des Finanzamts werden unter der Bezeichnung „Stelle“ zusammengefasst, z. B. Rechtsbehelfsstelle, Bewertungsstelle oder Körperschaftsteuerstelle. Eine Stelle, z. B. die Einkommensteuerstelle, erstreckt sich in der Regel über mehrere Sachgebiete. Leiter des Finanzamts ist der Vorsteher.

Beispiel für die Geschäftsverteilung eines Finanzamtes

Sachgebiet I	Sachgebiet II	Sachgebiet III	Sachgebiet IV	Sachgebiet V	Sachgebiet VI–X
Anton (LRD), Vorsteher als Leiter des Finanzamts	Dr. Bert (RD), Ständiger Vertreter des Vorstehers	Caesar (RD), Vertreter des ständigen Vertreters	Deckel (RD), Hauptsachgebietsleiter AO	Emil (STOAR), Hauptsachgebietsleiter ESt	N. N., Hauptsachgebietsleiter KSt, USt
alle Stellen	Rechtsbehelfsstelle	Betriebsprüfungsstelle	Rechtsbehelfsstelle	Einkommensteuerstelle	– Körperschaftsteuerstelle – Umsatzsteuerstelle – Vollstreckung – Kasse – Ausbildung Bezirke
Organisation der Zuständigkeiten, Verwaltung und Haushalt	Bezirke RBBZ 1 RBBZ 2 …	Betriebsprüfer 1 2 3 …	RBBZ 8 RBBZ 9 … Bezirke	VBZ 1 VBZ 2 Bezirke	
– Geschäftsstellenleiter – Sachbearbeiter – Mitarbeiter	– Hauptsachbearbeiter – Sachbearbeiter – Mitarbeiter	– Hauptsachbearbeiter – Sachbearbeiter – Mitarbeiter	– Hauptsachbearbeiter – Sachbearbeiter – Mitarbeiter	– Hauptsachbearbeiter – Sachbearbeiter – Mitarbeiter	– Hauptsachbearbeiter – Sachbearbeiter – Mitarbeiter

LRD = Leitender Regierungsdirektor; RD = Regierungsdirektor; STOAR = Steueroberamtsrat; RBBZ = Rechtsbehelfsbezirk; VBZ = Veranlagungsbezirk

AUFGABEN

1. Wem obliegt die Verwaltung der Steuern nach Art. 108 GG?
2. Welche Behörden sind Bundesfinanzbehörden?
3. Welche Aufgaben hat das Bundesamt für Finanzen?
4. Welche Behörden sind Landesfinanzbehörden?
5. Inwiefern erfüllen die Oberfinanzdirektionen eine Doppelfunktion?
6. Welche Steuern werden von den Steuerämtern der Gemeinden verwaltet? (Nennen Sie vier Beispiele.)
7. Inwieweit sind die Finanzämter im Auftrage des Bundes tätig?

1.5 Hilfeleistung in Steuersachen

Wesen und Durchführungsgebote

Eine Hilfeleistung in Steuersachen umfasst nach § 1 Steuerberatungsgesetz (StBerG) z. B. die Hilfe

- in Angelegenheiten, die Steuern und Vergütungen betreffen, soweit diese durch Bundesfinanzbehörden oder durch Landesfinanzbehörden verwaltet werden,
- in Angelegenheiten, die die Realsteuern betreffen (siehe Kap. 1.3.3),
- bei der Führung von Büchern und Aufzeichnungen sowie bei der Erstellung von Abschlüssen, die für die Besteuerung von Bedeutung sind.

Eine Hilfeleistung in Steuersachen darf geschäftsmäßig nur von Personen und Vereinigungen ausgeübt werden, die hierzu befugt sind. Das gilt ohne Unterschied für hauptberufliche, nebenberufliche, entgeltliche und unentgeltliche Tätigkeit (§ 2 StBerG).

Zur unbeschränkten geschäftsmäßigen Hilfeleistung in Steuersachen sind nach § 3 StBerG befugt:

- Steuerberater, Steuerbevollmächtigte und Steuerberatungsgesellschaften,
- Rechtsanwälte, Wirtschaftsprüfer, Wirtschaftsprüfungsgesellschaften, vereidigte Buchprüfer und Buchprüfungsgesellschaften.

Zur beschränkten geschäftsmäßigen Hilfeleistung in Steuersachen sind nach § 4 StBerG z. B. befugt:

- Patentanwälte im Rahmen ihrer Befugnis nach der Patentanwaltsordnung,
- Arbeitgeber, soweit sie für ihre Arbeitnehmer Hilfe in Steuersachen leisten,
- Lohnsteuerhilfevereine, soweit sie für ihre Mitglieder Hilfe in Steuersachen leisten.

Andere als die in den §§ 3 und 4 StBerG bezeichneten Personen und Vereinigungen dürfen nicht geschäftsmäßig Hilfe in Steuersachen leisten. Ausgenommen von diesem Verbot sind nach § 6 StBerG aber z. B.:

- die unentgeltliche Hilfeleistung in Steuersachen für Angehörige (§ 15 AO),
- die Durchführung mechanischer Arbeitsgänge bei der Führung von Büchern und Aufzeichnungen, die für die Besteuerung von Bedeutung sind, z. B. das Buchen laufender Geschäftsfälle; hierzu gehören nicht das Kontieren von Belegen und das Erteilen von Buchungsanweisungen bzw. die Erstellung der USt-Voranmeldungen.

Die laufende Lohnabrechnung einschließlich das Fertigen der LSt-Voranmeldungen, soweit diese Tätigkeiten verantwortlich durch Personen erbracht werden, die nach Bestehen der Abschlussprüfung in einem kaufmännischen Ausbildungsberuf oder nach Erwerb einer gleichwertigen Vorbildung mindestens drei Jahre auf dem Gebiet des Buchhaltungswesens in einem Umfang von mindestens 16 Wochenstunden praktisch tätig waren.

Rechte und Pflichten der Angehörigen eines steuerberatenden Berufs

Steuerberater und **Steuerbevollmächtigte** haben ihren Beruf unabhängig, eigenverantwortlich, gewissenhaft, verschwiegen und unter Verzicht auf berufswidrige Werbung auszuüben (§ 57 Abs. 1 StBerG).

Sie dürfen nach § 58 StBerG auch tätig werden

- als Angestellte anderer Steuerberater, Steuerbevollmächtigter oder einer Steuerberatungsgesellschaft,
- als Angestellte von Rechtsanwälten und Wirtschaftsprüfern und
- als Angestellte von Lohnsteuerhilfevereinen.

Mit dem Beruf eines Steuerberaters oder eines Steuerbevollmächtigten ist neben der freiberuflichen Tätigkeit vereinbar:

- die Tätigkeit eines Lehrers an wissenschaftlichen Hochschulen oder Fachhochschulen,
- eine freie schriftstellerische Tätigkeit sowie eine freie Vortrags- und Lehrtätigkeit.

Mit dem Beruf eines Steuerberaters oder eines Steuerbevollmächtigten nicht vereinbar ist eine gewerbliche Tätigkeit (Ausnahme: Syndikus-Steuerberater).

Steuerberater und Steuerbevollmächtigte haben ihre Mitarbeiter, die nicht selbst Steuerberater oder Steuerbevollmächtigte sind, in schriftlicher Form zur Verschwiegenheit zu verpflichten (§ 62 StBerG).

AUFGABEN

1. Wer ist unbeschränkt zur geschäftsmäßigen Hilfeleistung in Steuersachen befugt?
2. Wer ist beschränkt zur geschäftsmäßigen Hilfeleistung in Steuersachen befugt?
3. Welche Ausnahmen vom Verbot der unbefugten Hilfeleistung in Steuersachen kennen Sie?
4. Welche Tätigkeit ist mit dem Beruf eines Steuerberaters oder eines Steuerbevollmächtigten nicht vereinbar?

VERTIEFENDE ÜBUNGEN

alle Übungen (1 bis 6) zum Allgemeinen Steuerrecht

1. Ordnen Sie nach folgendem Lösungsschema die unten aufgeführten Vorschriften in die entsprechenden Spalten unter Angabe der laufenden Nummer ein[1].

Lfd. Nr.	förmliches Gesetz	Rechtsverordnung	für die Gerichte nicht bindend	Steuergesetz	allgemeines Steuergesetz	Einzelsteuergesetz	Verwaltungsvorschrift
1. …							

1. UStG
2. UStDV
3. EStG
4. EStR
5. GewStG
6. BewG
7. BMF-Schreiben
8. LStR
9. EStDV
10. AO

2. Beantworten Sie die nachstehenden Fragen Nr. 1 bis 6, indem Sie zu jeder Frage den bzw. die entsprechenden Buchstaben – a) bis j) – wählen.

1. Was für ein Staat ist die Bundesrepublik Deutschland?
2. Bei welcher Gesetzgebung kann der Grundsatz „Bundesrecht bricht Landesrecht“ zur Anwendung kommen?
3. Über welche Steuern hat der Bund die ausschließliche Gesetzgebung?
4. Welche Steuern sind Aufwandsteuern?
5. Über welche Steuern hat der Bund die konkurrierende Gesetzgebung?
6. Über welche Steuern haben die Länder die ausschließliche Gesetzgebung?

a) Körperschaftsteuer
b) Einheitsstaat
c) Vergnügungsteuer
d) konkurrierende Gesetzgebung
e) föderalistischer Staat
f) Gewerbesteuer
g) Zölle
h) Einkommensteuer
i) Hundesteuer
j) Umsatzsteuer

3. Ordnen Sie die im Folgenden aufgeführten Vorgänge nach folgendem Lösungsschema. Tragen Sie die laufende Nummer in die entsprechende Spalte ein.

Lfd. Nr.	Steuern	Gebühren	Beiträge	steuerliche Nebenleistungen
1. …				

1 Bitte schreiben Sie nicht in das Lehrbuch, wenn es nicht Ihr Eigentum ist.

1. Wir zahlen für die Ausstellung eines Reisepasses 26,00 €.
2. Der Arbeitgeber führt den Arbeitgeberanteil an der Sozialversicherung seiner Arbeitnehmer an die AOK ab.
3. Der Arbeitgeber führt den vom Arbeitslohn seiner Arbeitnehmer einbehaltenen Arbeitnehmeranteil an der Sozialversicherung an die AOK ab.
4. Ein Unternehmer zahlt wegen verspäteter Abgabe seiner Steuererklärungen einen Verspätungszuschlag.
5. Wir zahlen an die Kurverwaltung eines Kurortes eine Kurtaxe.
6. Wir bezahlen 3,00 € am Parkscheinautomat der Gemeinde.
7. Wir zahlen für die Müllabfuhr an die Gemeinde 120,00 €.
8. Wir haben Ware eingeführt und zahlen dafür an das Zollamt Einfuhrzoll.
9. Für die Zulassung eines Pkw leisten wir eine Zahlung von 35,00 €.
10. Für die Eintrittskarte zu einer öffentlichen Badeanstalt zahlen wir 4,00 €.
11. Wegen verspäteter Entrichtung der Umsatzsteuervorauszahlung zahlt ein Unternehmer einen Säumniszuschlag.

4. Ordnen Sie nach folgendem Schema die unten aufgeführten Steuern in die entsprechenden Spalten unter Angabe der laufenden Nummer ein.

Lfd. Nr.	direkte Steuer	indirekte Steuer	Besitzsteuer	Verkehrsteuer	Realsteuer	Verbrauchsteuer	Bundessteuer	Landessteuer	Gemeindesteuer	Gemeinschaftsteuer	Personensteuer
1. …											

1. Umsatzsteuer
2. Einkommensteuer
3. Zölle
4. Erbschaftsteuer
5. Biersteuer
6. Grundsteuer
7. Branntweinsteuer
8. Kraftfahrzeugsteuer
9. Körperschaftsteuer
10. Gewerbesteuer
11. Grunderwerbsteuer
12. Tabaksteuer

5. Ordnen Sie den unten aufgeführten Behörden (1. bis 9.) die entsprechende Ebene a) bis h) zu.

1. Finanzamt Achern (Baden-Württemberg)
2. Hauptzollamt Lörrach
3. Bayerisches Staatsministerium der Finanzen in München
4. Bundesministerium der Finanzen in Berlin
5. Bundesamt für Finanzen
6. Oberfinanzdirektion Rheinland
7. Besitz- und Verkehrsteuerabteilung der Oberfinanzdirektion Hannover in Oldenburg
8. Steueramt Bremen
9. Finanzamt Bremen-Mitte

a) örtliche Landesfinanzbehörde
b) Gemeindebehörde
c) oberste Bundesfinanzbehörde
d) mittlere Landesfinanzbehörde
e) Landesfinanz- und Bundesfinanzbehörde zugleich
f) örtliche Bundesfinanzbehörde
g) oberste Landesfinanzbehörde
h) obere Bundesfinanzbehörde

6. Stellen Sie fest, welche der drei Behörden Finanzamt, Hauptzollamt sowie Steueramt der Gemeinde die nachstehend aufgeführten Steuern verwaltet.

1. Einfuhrumsatzsteuer
2. Vergnügungsteuer
3. Umsatzsteuer
4. Kraftfahrzeugsteuer
5. Hundesteuer
6. Tabaksteuer
7. Biersteuer
8. Körperschaftsteuer
9. Einkommensteuer
10. Getränkesteuer
11. Grundsteuer
12. Schenkungsteuer

KAPITEL 2
Abgabenordnung und Finanzgerichtsordnung

- Zuständigkeit der Finanzbehörden
- Verwaltungsakt
- Rechtsbehelfsverfahren
- Fristen und Termine
- Verjährung
- Steuerstraftaten und -ordnungswidrigkeiten
- Buchführungs- und Aufzeichnungspflicht

2 Abgabenordnung und Finanzgerichtsordnung

Die **Abgabenordnung (AO)** ist ein Gesetz, das für alle Steuern und für alle steuerlichen Nebenleistungen gilt. Dieses Gesetz enthält Begriffsbestimmungen, die grundsätzlich für alle Steuergesetze gelten. Die Abgabenordnung ist deshalb ein **allgemeines Steuergesetz**.

Die Abgabenordnung ist in folgende neun Teile gegliedert:

- 1. Einleitende Vorschriften
- 2. Steuerschuldrecht
- 3. Allgemeine Verfahrensvorschriften
- 4. Durchführung der Besteuerung
- 5. Erhebungsverfahren
- 6. Vollstreckung
- 7. Außergerichtliches Rechtsbehelfsverfahren
- 8. Straf- und Bußgeldvorschriften, Straf- und Bußgeldverfahren
- 9. Schlussvorschriften

Die **Finanzgerichtsordnung (FGO)** ist ein Gesetz, in dem das gerichtliche Rechtsbehelfsverfahren dargestellt wird.
(siehe dazu auch Kap. 2.3.2)

2.1 Zuständigkeit der Finanzbehörden

Darunter versteht man das Recht und die Pflicht der Finanzbehörden, die ihnen vom Gesetzgeber zugewiesenen Aufgaben zur Durchführung der Besteuerung wahrzunehmen.

Wir unterscheiden zwischen

- sachlicher Zuständigkeit und
- örtlicher Zuständigkeit.

Die **sachliche Zuständigkeit** regelt nach dem Gesetz über die Finanzverwaltung (FVG) bestimmte Arten von Aufgaben **ohne örtliche Abgrenzung**. So sind z.B. die Finanzämter für die Durchführung der Veranlagungen zur Einkommensteuer zuständig (§ 17 FVG).

Die **örtliche Zuständigkeit** ist auf einen räumlichen Bereich begrenzt. Das Finanzamt Bremen West z.B. ist bei der Durchführung von Veranlagungen zur Einkommensteuer grundsätzlich nur für die Steuerpflichtigen zuständig, die ihren Wohnsitz oder ihren gewöhnlichen Aufenthalt in dem örtlichen Bezirk dieses Finanzamtes haben.

Für die Feststellung der örtlichen Zuständigkeit der Finanzämter können

- der Wohnsitz des Steuerpflichtigen,
- der Ort der Geschäftsleitung,
- der Ort der Betriebsstätte,
- die Lage eines Gegenstandes, z. B. eines Grundstücks,
- der Ort der freiberuflichen Tätigkeit oder
- der Ort der Verwaltung von Einkünften aus gemeinsamem Vermögen

als Anhalt dienen.

Dementsprechend wird unterschieden zwischen der örtlichen Zuständigkeit

- des Wohnsitzfinanzamts (§ 19 Abs. 1 Satz 1 AO),
- des Finanzamtes der Geschäftsleitung (§ 20 AO),
- des Lagefinanzamts (§ 18 Abs. 1 Nr. 1 AO),
- des Betriebsfinanzamts (§ 18 Abs. 1 Nr. 2 AO),
- des Tätigkeitsfinanzamts (§ 18 Abs. 1 Nr. 3 AO) und
- des Finanzamts der Verwaltung (§ 18 Abs. 1 Nr. 4 AO).

Erläuterungen dazu finden Sie in den folgenden Unterkapiteln.

Örtliche Zuständigkeit der Finanzämter

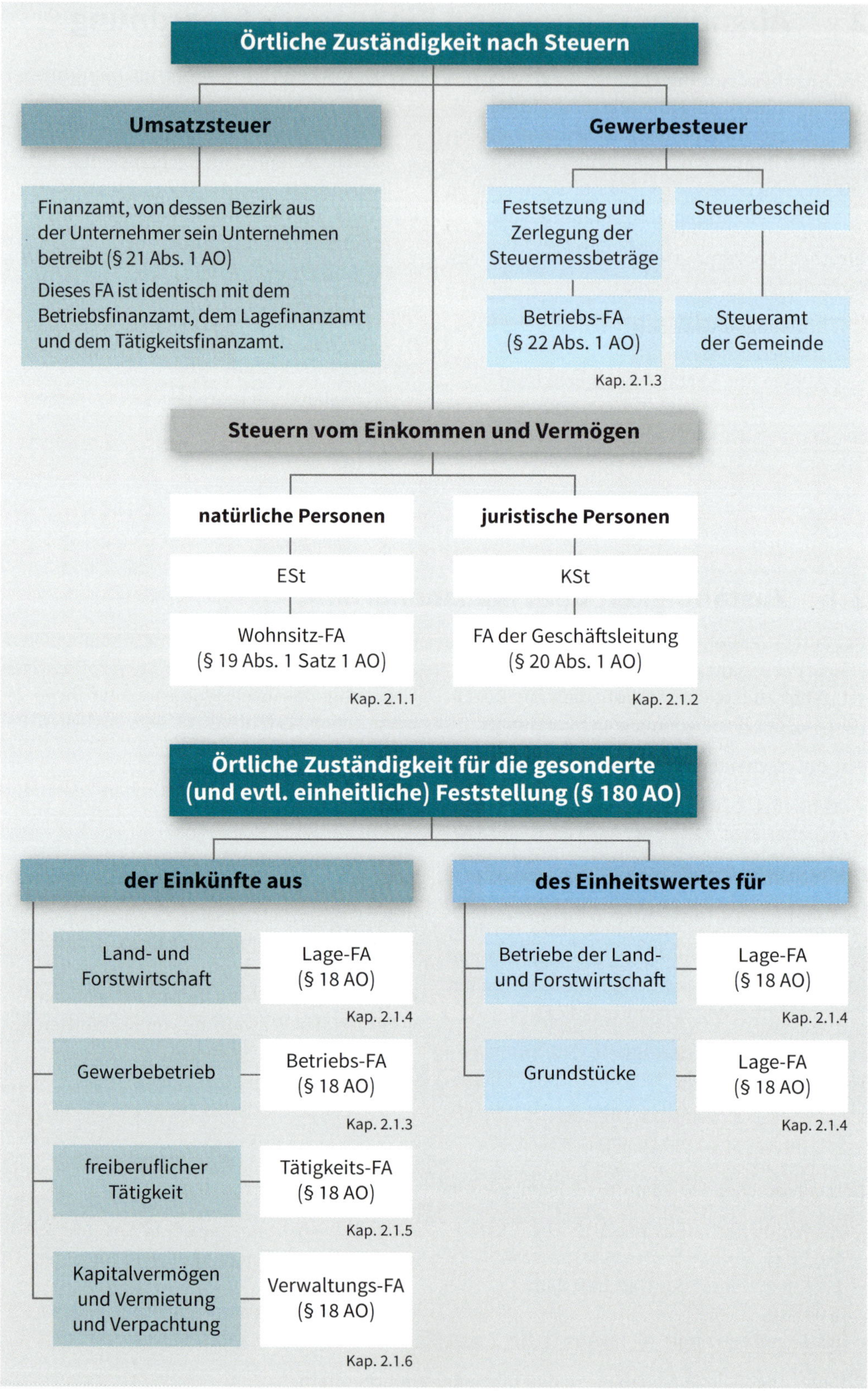

2.1.1 Wohnsitzfinanzamt

Das **Wohnsitzfinanzamt** ist das Finanzamt, in dessen Bezirk der Steuerpflichtige seinen Wohnsitz oder – in Ermangelung eines Wohnsitzes – seinen gewöhnlichen Aufenthalt hat. Bei mehrfachem Wohnsitz im Inland ist der Wohnsitz maßgebend, an dem sich der Steuerpflichtige vorwiegend aufhält. Bei einem verheirateten Steuerpflichtigen, der von seinem Ehegatten nicht dauernd getrennt lebt, ist der Wohnsitz maßgebend, an dem sich die Familie vorwiegend aufhält (§ 19 Abs. 1 Satz 2 AO). (Wegen der Begriffe „Wohnsitz“ und „gewöhnlicher Aufenthalt“ siehe Kap. 4.2.1.)

Das Wohnsitzfinanzamt ist bei natürlichen Personen zuständig für die Einkommensteuer.

Beispiele

a) Ein Autohändler hat seinen Wohnsitz in Bautzen.
Das Finanzamt Bautzen ist sein Wohnsitzfinanzamt, weil er seinen Wohnsitz im Bezirk dieses Finanzamts hat. Das Finanzamt Bautzen ist örtlich zuständig für die Einkommensteuer des Autohändlers.

b) Ein Schauspieler aus Wien ist aufgrund eines Jahresvertrages beim Hansa-Theater in Hamburg tätig. Er hat in der Hamburger Innenstadt eine Wohnung bezogen.
Nach vier Monaten muss der Schauspieler seine Arbeit in Hamburg jedoch krankheitshalber aufgeben und nach Wien zurückkehren.
Der Schauspieler hat seinen gewöhnlichen Aufenthalt in Hamburg dadurch begründet, dass er sich dort nicht nur vorübergehend aufgehalten hat; denn er hatte vor, in Hamburg mindestens ein Jahr lang zu wohnen und zu arbeiten.
Das Finanzamt Hamburg-Mitte ist deshalb sein Wohnsitzfinanzamt. Es ist örtlich zuständig für die Einkommensteuer des Österreichers.

2.1.2 Finanzamt der Geschäftsleitung (Geschäftsleitungsfinanzamt)

Das **Finanzamt der Geschäftsleitung** ist das Finanzamt, in dessen Bezirk sich die Geschäftsleitung befindet (§ 20 Abs. 1 AO). Es ist bei juristischen Personen örtlich zuständig für die Körperschaftsteuer.

Beispiel

A und B, beide wohnhaft in Bückeburg, gründen eine GmbH, deren Geschäftsleitung sich in Minden befindet.

Das Finanzamt Minden ist das Finanzamt der Geschäftsleitung. Es ist örtlich zuständig für die Körperschaftsteuer der GmbH.

2.1.3 Betriebsfinanzamt

Das **Betriebsfinanzamt** ist das Finanzamt, in dessen Bezirk sich bei einem inländischen Betrieb die Geschäftsleitung befindet. Bei einem ausländischen Betrieb, der im Inland eine Betriebsstätte hat, ist das Betriebsfinanzamt das Finanzamt, in dessen Bezirk sich die Betriebsstätte befindet (§ 18 Abs. 1 Nr. 2 AO).

Das Betriebsfinanzamt unterscheidet sich begrifflich nicht vom Finanzamt der Geschäftsleitung. Die Begriffe finden jedoch eine unterschiedliche Verwendung. So wird der Begriff „Finanzamt der Geschäftsleitung" grundsätzlich nur im Zusammenhang mit der Besteuerung juristischer Personen verwendet, was bei dem Begriff „Betriebsfinanzamt" nicht der Fall ist.

Das Betriebsfinanzamt ist örtlich zuständig z. B. für

- die gesonderte Feststellung von Einkünften bei Gewerbebetrieben (§ 18 Abs. 1 Nr. 2 i. V. m. § 180 Abs. 1 Nr. 2 AO),
- die Umsatzsteuer (§ 21 AO) und
- den Erlass von Gewerbesteuermessbescheiden und Gewerbesteuerzerlegungsbescheiden (§ 22 Abs. 1 AO).

Wegen des Begriffs „gesonderte und einheitliche Feststellung von Einkünften" beachten Sie bitte auch Kap. 4.11.2.4.

Beispiele

a) Ines Lux, wohnhaft in Hanau, betreibt ein Damenmodegeschäft in Frankfurt/Main, wo auch die Geschäftsleitung ist.
Das Finanzamt Frankfurt/Main ist das Betriebsfinanzamt, weil sich dort die Geschäftsleitung befindet. Es ist örtlich zuständig für die Umsatzsteuer, den Gewerbesteuermessbescheid und die gesonderte Feststellung des Gewinns aus Gewerbebetrieb.

b) Sachverhalt wie im Beispiel a), jedoch mit dem Unterschied, dass nicht eine Einzelunternehmerin, sondern eine GmbH mit Sitz und Geschäftsleitung in Frankfurt/Main das Modegeschäft betreibt:
Da es sich um eine juristische Person handelt, wird hier der Begriff „Finanzamt der Geschäftsleitung" anstatt des Begriffs „Betriebsfinanzamt" verwendet. Das Finanzamt der Geschäftsleitung ist örtlich zuständig auch für die Körperschaftsteuer der GmbH.

2.1.4 Lagefinanzamt

Das **Lagefinanzamt** ist das Finanzamt, in dessen Bezirk der die Steuerpflicht auslösende Gegenstand, z. B. ein Grundstück oder ein land- und forstwirtschaftlicher Betrieb, gelegen ist. Erstreckt sich der Gegenstand auf die Bezirke mehrerer Finanzämter, so ist Lagefinanzamt das Finanzamt, in dessen Bezirk der wertvollste Teil liegt (§ 18 Abs. 1 Nr. 1 AO). Das Lagefinanzamt ist örtlich zuständig z. B. für

- die gesonderte Feststellung der Einkünfte aus Land- und Forstwirtschaft (§ 18 Abs. 1 Nr. 1 i. V. m. § 180 Abs. 1 Nr. 2 AO),
- die Feststellung der Einheitswerte für den Grundbesitz (§ 18 Abs. 1 Nr. 1 i. V. m. § 180 Abs. 1 Nr. 1 AO),
- die Festsetzung und Zerlegung der Steuermessbeträge bei der Grundsteuer (§ 22 Abs. 1 AO).

Grundbesitz im obigen Sinne sind Betriebe der Land- und Forstwirtschaft, Grundstücke und Betriebsgrundstücke (§ 19 Abs. 1 Nr. 1 BewG).

Beispiel

Stefanie Mahrenholz, wohnhaft in Weinheim, ist Eigentümerin eines Mietwohngrundstücks in Heidelberg. Das Finanzamt Heidelberg ist das Lagefinanzamt, weil sich das Grundstück im Bezirk dieses Finanzamts befindet. Es ist örtlich zuständig für die Feststellung des Einheitswertes des Grundstücks.

449732

2.1.5 Tätigkeitsfinanzamt

Das **Tätigkeitsfinanzamt** ist das Finanzamt, von dessen Bezirk aus eine freiberufliche Tätigkeit vorwiegend ausgeübt wird (§ 18 Abs. 1 Nr. 3 AO). In der Regel ist dies das Finanzamt, in dessen Bezirk der Freiberufler sein Büro bzw. seine Praxis unterhält. Es ist örtlich zuständig für die gesonderte Feststellung von Einkünften aus freiberuflicher Tätigkeit, wenn der Wohnsitz des Steuerpflichtigen und der Ort (bzw. Bezirk) seiner freiberuflichen Tätigkeit nicht identisch sind und diese Orte im Bereich verschiedener Finanzämter liegen.

Beispiel

Die Steuerberaterin Marita Hannich, wohnhaft in Bensheim, betreibt ihre Praxis in Darmstadt. Das Finanzamt Bensheim ist das Wohnsitzfinanzamt und das Finanzamt Darmstadt ist das Tätigkeitsfinanzamt.

Das Tätigkeitsfinanzamt ist örtlich zuständig für die Umsatzsteuer und die Ermittlung des Gewinns aus selbstständiger Arbeit. Da aber der Wohnsitz und der Tätigkeitsort im Bereich verschiedener Finanzämter liegen, muss das Finanzamt Darmstadt die Einkünfte aus selbstständiger Arbeit gesondert feststellen und sie dem Finanzamt Bensheim mitteilen, damit dort beim Wohnsitzfinanzamt die Veranlagung zur Einkommensteuer durchgeführt werden kann.

Fallen der Wohnsitz und der Ort des Betriebs auseinander, so ist für die gesonderte Feststellung der Einkünfte bei land- und forstwirtschaftlichen Betrieben das Lagefinanzamt und bei Gewerbebetrieben das Betriebsfinanzamt örtlich zuständig.

Nach § 21 AO ist für die Umsatzsteuer das Finanzamt zuständig, von dessen Bezirk aus der Unternehmer sein Unternehmen ganz oder vorwiegend betreibt. Bei freiberuflich Tätigen wird es als Tätigkeitsfinanzamt bezeichnet, bei Land- und Forstwirten als Lagefinanzamt und bei Gewerbetreibenden als Betriebsfinanzamt.

2.1.6 Finanzamt der Verwaltung (Verwaltungsfinanzamt)

Bei einer Beteiligung mehrerer Personen an Einkünften, die keine Einkünfte aus Land- und Forstwirtschaft, aus Gewerbebetrieb oder aus freiberuflicher Tätigkeit sind, ist für die gesonderte Feststellung der Einkünfte örtlich das Finanzamt zuständig, von dessen Bezirk die Verwaltung dieser Einkünfte ausgeht (§ 18 Abs. 1 Nr. 4 i. V. m. § 180 Abs. 1 Nr. 2 Buchstabe a AO). Dieses Finanzamt wird als **Finanzamt der Verwaltung** bezeichnet.

Beispiele

a) Erich Hagen, wohnhaft in Bad Tölz (Bayern), ist dort als kaufmännischer Angestellter tätig. Er ist Eigentümer eines Mietwohngrundstücks in Lindau am Bodensee. Die Einkünfte aus Vermietung und Verpachtung daraus haben im vorigen Jahr 4.000,00 € betragen. Aus diesem Grunde wird er zur Einkommensteuer veranlagt. Wohnsitzfinanzamt ist das Finanzamt Bad Tölz. Es ist zuständig für die Veranlagung zur Einkommensteuer. Das Finanzamt Lindau ist das Lagefinanzamt für das Mietwohngrundstück. Es ist zuständig für die Feststellung des Einheitswertes des Grundstücks und für die Festsetzung des Grundsteuermessbetrags. Für die Festsetzung der Grundsteuer ist nicht das Finanzamt, sondern das Steueramt der Gemeinde Lindau zuständig.

   Das Wohnsitzfinanzamt Bad Tölz ermittelt auch die Einkünfte aus Vermietung und Verpachtung aus dem Grundstück in Lindau. Eine gesonderte Feststellung dieser Einkünfte findet nicht statt. Sie wäre jedoch vom Finanzamt Lindau vorzunehmen, wenn es sich dabei nicht um Einkünfte aus Vermietung und Verpachtung, sondern um Einkünfte aus Land- und Forstwirtschaft, aus Gewerbebetrieb oder aus freiberuflicher Tätigkeit handeln würde, oder wenn an den Einkünften aus dem Grundstück in Lindau mehrere Personen beteiligt wären (§ 180 Abs. 1 Nr. 2 AO).

→

Beispiele (Fortsetzung)

b) Günter Fuchs, wohnhaft in Bad Tölz, ist Inhaber einer Möbelfabrik in Lindau am Bodensee. Außerdem ist er als Kommanditist an einer KG in Ravensburg beteiligt.

Das Wohnsitzfinanzamt Bad Tölz ist für die Veranlagung zur Einkommensteuer zuständig. Für die Veranlagung zur Umsatzsteuer, für den Erlass von Gewerbesteuermessbescheiden und evtl. Gewerbesteuerzerlegungsbescheiden für die Möbelfabrik ist das Betriebsfinanzamt Lindau zuständig. Das Betriebsfinanzamt ist aber in diesem Fall für die gesonderte Feststellung des Gewinns aus Gewerbebetrieb der Möbelfabrik zuständig, weil es sich um Einkünfte aus Gewerbebetrieb handelt und das Wohnsitzfinanzamt und das Betriebsfinanzamt nicht identisch sind (§ 18 Abs. 1 Nr. 2 AO).

Das Betriebsfinanzamt Ravensburg ist für die Umsatzsteuer, Gewerbesteuermessbescheid usw. der KG zuständig. Es ist aber im Unterschied zum Betriebsfinanzamt Lindau nicht nur für die gesonderte Gewinnfeststellung, sondern für die gesonderte und einheitliche Gewinnfeststellung (siehe 4.12.2.5) örtlich zuständig, weil an den Einkünften der KG mehrere Personen beteiligt sind, und diese Einkünfte diesen Personen steuerlich zuzurechnen sind (§§ 180 Abs. 1 Nr. 2 Buchstabe a und 179 Abs. 2 AO).

AUFGABEN

1. Welcher Unterschied besteht zwischen der sachlichen und der örtlichen Zuständigkeit der Finanzbehörden?
2. Wofür ist das Wohnsitzfinanzamt bei natürlichen Personen örtlich zuständig?
3. Welches Finanzamt ist das Betriebsfinanzamt?
4. Wofür ist das Betriebsfinanzamt örtlich zuständig?
5. In welchem Zusammenhang wird der Begriff „Finanzamt der Geschäftsleitung" grundsätzlich verwendet?
6. Wofür ist das Lagefinanzamt örtlich zuständig?
7. Welches Finanzamt ist in der Regel das Tätigkeitsfinanzamt?
8. Wofür ist das Tätigkeitsfinanzamt zuständig?
9. Welches Finanzamt wird als Finanzamt der Verwaltung bezeichnet?
10. Wofür ist das Verwaltungsfinanzamt zuständig?
11. Welche Besonderheit gilt nach § 19 Abs. 3 AO für den Fall, dass zum Bereich einer Gemeinde mehrere Finanzämter gehören und ein Steuerpflichtiger dort in einem Bezirk wohnt und in einem anderen ein Gewerbe betreibt?

2.2 Der Verwaltungsakt

Verwaltungsakt (Form, Art, Bekanntgabe, Wirksamkeit)

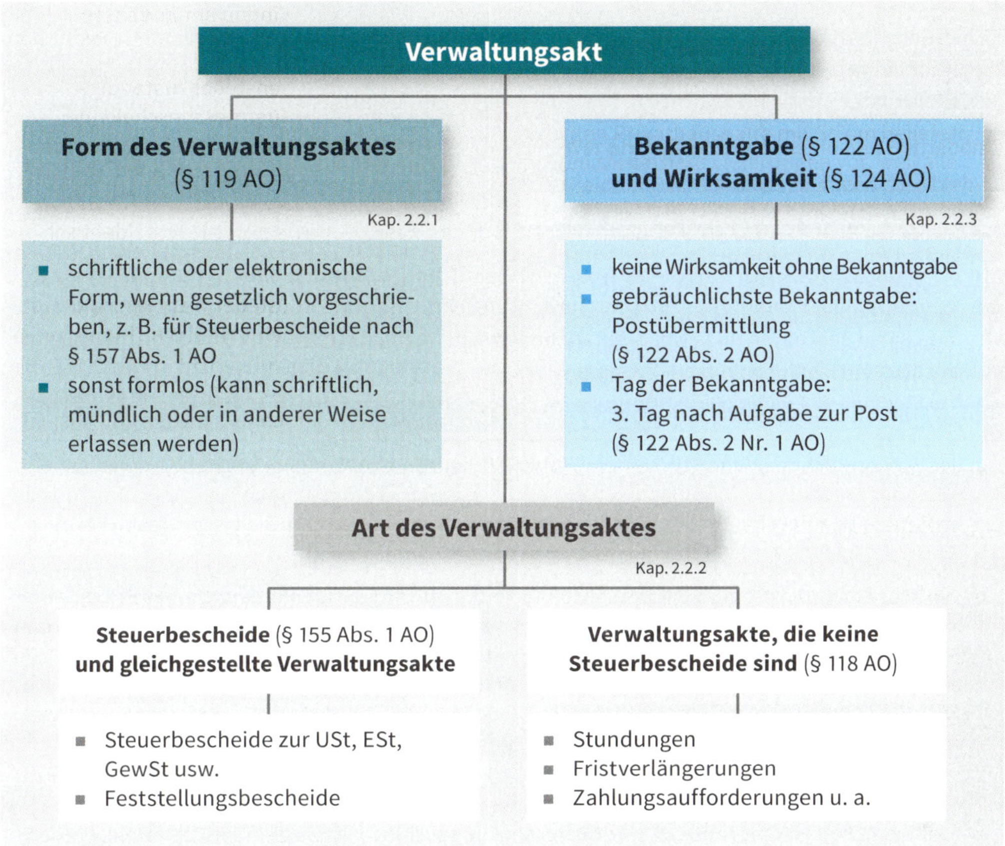

Die Finanzbehörden sind staatliche Verwaltungsbehörden. Sie erfüllen ihre Aufgaben durch Verwaltungsakte im Sinne der Abgabenordnung. Ein **Verwaltungsakt** ist nach § 118 Satz 1 AO jede Verfügung, Entscheidung oder jede andere hoheitliche Maßnahme, die eine Behörde zur Regelung eines Einzelfalls auf dem Gebiet des öffentlichen Rechts trifft und die auf unmittelbare Rechtswirkung nach außen gerichtet ist.

Für den Begriff „Verwaltungsakt" im Sinne der Abgabenordnung müssen demnach die folgenden Tatbestandsmerkmale gegeben sein:

- Es muss sich um eine **hoheitliche Maßnahme** einer Behörde handeln;
- die hoheitliche Maßnahme muss **zur Regelung eines Einzelfalls**
- auf dem **Gebiet des Steuerrechts** getroffen sein;
- die hoheitliche Maßnahme muss auf unmittelbare **Rechtswirkung nach außen** gerichtet sein.

Beispiel

Das Finanzamt Düsseldorf-Mitte gibt dem Antrag eines Steuerpflichtigen statt, die Einkommensteuervorauszahlung für einen Monat zu stunden.

Die Entscheidung des Finanzamts Düsseldorf-Mitte, dem Stundungsantrag zu entsprechen, ist eine hoheitliche Maßnahme einer Finanzbehörde.

Sie wurde zur Regelung eines Einzelfalls auf dem Gebiet des Steuerrechts getroffen, und zwar zur Regelung der Zahlungsverpflichtung eines Steuerpflichtigen.

Die Entscheidung hat eine unmittelbare Rechtswirkung nach außen. Sie berührt den Steuerpflichtigen in seiner Pflicht auf Zahlung und in seinem Recht auf Stundung.

→

Die Verwaltungsbehörden gehören zur ausführenden Gewalt. Gerichtsurteile sind keine Verwaltungsakte, weil die Gerichte zur richterlichen Gewalt (Judikative) gehören.

Hoheitliche Maßnahmen einer Behörde auf dem Gebiet des Steuerrechts werden mit Recht häufig als Steuerverwaltungsakte bezeichnet. Die Abgabenordnung betrachtet als Verwaltungsakte jedoch nur hoheitliche Maßnahmen, die von einer Finanzbehörde ausgehen. Deshalb verwendet sie den Begriff „Steuerverwaltungsakt“ nicht.

2.2.1 Die Form des Verwaltungsaktes

Ein Verwaltungsakt kann nach § 119 Abs. 2 AO schriftlich, mündlich oder in anderer Weise (z. B. durch schlüssiges Verhalten) erlassen werden. Verwaltungsakte sind nur insoweit an eine bestimmte Form gebunden, als eine gesetzliche Vorschrift die Einhaltung einer bestimmten Form vorschreibt. Im Übrigen sind sie formlos.

Beispiele

a) Ein Steuerpflichtiger wird von seinem Wohnsitzfinanzamt zur Einkommensteuer veranlagt. Über das Ergebnis der Veranlagung bekommt er einen Einkommensteuerbescheid. Das Finanzamt muss den Bescheid schriftlich erteilen, weil § 157 Abs. 1 Satz 1 AO die schriftliche Form dieses Bescheids vorschreibt.

b) Ein Arbeitnehmer, der zur Einkommensteuer veranlagt wird, bittet das Finanzamt mit Schreiben vom 10. Juli d. J., die Frist zur Abgabe der Einkommensteuererklärung für den vorangegangenen Veranlagungszeitraum, die am 31. Juli d. J. abläuft, bis zum 1. September d. J. zu verlängern. Der zuständige Beamte des Finanzamts teilt dem Steuerpflichtigen am 15. Juli d. J. telefonisch mit, dass dem Antrag entsprochen wurde.

Die telefonische Mitteilung des Finanzamts, also die Entscheidung über den Antrag des Steuerpflichtigen, ist ein Verwaltungsakt im Sinne der Abgabenordnung. Da der Gesetzgeber für diesen Verwaltungsakt (Genehmigung der Fristverlängerung) keine bestimmte Form vorgeschrieben hat, ist er formlos, d. h., er kann sowohl schriftlich als auch mündlich erteilt werden.

c) Ein Steuerberater beantragt, die Frist zur Abgabe der Einkommensteuererklärung eines Mandanten um zwei Monate zu verlängern. Er erklärt in seinem Schreiben an das Finanzamt, dass er den Antrag als genehmigt ansehen wird, wenn keine gegenteilige Antwort eingeht.
Wird der Antrag vom zuständigen Bearbeiter abgelegt, ohne schriftlich oder mündlich beantwortet zu werden, gilt er als stillschweigend genehmigt.
Diese stillschweigende Genehmigung stellt einen Verwaltungsakt dar, der durch schlüssiges Verhalten des Finanzamts erlassen worden ist.

Ein mündlicher Verwaltungsakt ist schriftlich zu bestätigen, wenn hieran ein berechtigtes Interesse besteht und der Betroffene dies unverzüglich, d. h. ohne schuldhaftes Verzögern, verlangt (§ 119 Abs. 2 Satz 2 AO).

2.2.2 Arten der Verwaltungsakte

Verwaltungsakte können eingeteilt werden in

- begünstigende Verwaltungsakte und
- belastende Verwaltungsakte.

Ein **begünstigender Verwaltungsakt** ist ein Verwaltungsakt, durch den ein Recht oder ein rechtlich erheblicher Vorteil begründet oder bestätigt wird (§ 130 Abs. 2 AO).

Dazu gehören z. B.

- Fristverlängerungen (§ 109 AO),
- Stundungen (§ 222 AO),
- Aussetzung der Vollziehung (§ 361 AO),
- Genehmigung der Istversteuerung (§ 20 UStG),
- Eintragung eines Freibetrags auf der Lohnsteuerkarte (§ 39a EStG).

Durch einen **belastenden Verwaltungsakt** wird dem Steuerpflichtigen eine Verpflichtung auferlegt, z.B. die Verpflichtung, eine Steuernachzahlung zu leisten.

Belastende Verwaltungsakte sind z.B.

- Steuerbescheide (§ 155 Abs. 1 AO),
- Säumniszuschläge (§ 240 AO),
- Verspätungszuschläge (§ 152 AO),
- Pfändungen (§ 281 AO).

Die folgende Einteilung **entspricht mehr der steuerlichen Praxis:**

- Steuerbescheide (§ 155 Abs. 1 AO) und den Steuerbescheiden gleichgestellte Verwaltungsakte (Feststellungsbescheide s. u.) und
- Verwaltungsakte, die keine Steuerbescheide sind (§ 118 AO).

Steuerbescheide sind Verwaltungsakte, in denen in der Regel ein bestimmter Betrag als Steuerschuld gegenüber dem Steuerschuldner festgesetzt wird.

Dem Steuerpflichtigen sind grundsätzlich schriftliche Steuerbescheide zuzustellen, z.B. für die Einkommensteuer, Gewerbesteuer, Körperschaftsteuer (§ 155 Abs. 1 i. V. m. § 157 Abs. 1 AO).

Schriftliche Steuerbescheide müssen nach § 157 Abs. 1 AO enthalten:

- die festgesetzte Steuer nach Art und Betrag;
- den Namen dessen, der die Steuer schuldet.

Zusätzlich ist nach § 157 Abs. 1 Satz 3 AO eine Belehrung darüber beizufügen, welcher Rechtsbehelf gegen den Bescheid zulässig ist und innerhalb welcher Frist er einzulegen ist.

Fehlt einem Steuerbescheid die Rechtsbehelfsbelehrung oder ist sie unrichtig erteilt, wird die Rechtsmittelfrist nicht in Lauf gesetzt. Der Steuerbescheid kann dann noch binnen eines Jahres nach Bekanntgabe angefochten werden (§ 356 Abs. 2 AO).

Weicht die Finanzbehörde von der vom Steuerpflichtigen selbst in einer Steueranmeldung berechneten Steuer ab, so ist eine Festsetzung der Steuer nach § 155 AO erforderlich (§ 167 AO). Das bedeutet, dass die Steuer, z.B. die Umsatzsteuer, durch einen schriftlichen Steuerbescheid festzusetzen ist.

Feststellungsbescheide sind Verwaltungsakte, durch die lediglich die Besteuerungsgrundlagen festgestellt werden. Die so festgestellten Besteuerungsgrundlagen werden dann der Steuerfestsetzung in den Steuerbescheiden zugrunde gelegt. Feststellungsbescheide bilden mit der Steuerfestsetzung keine Einheit. Sie sind deshalb selbstständig durch Rechtsbehelfe anfechtbar.

Durch Feststellungsbescheide werden nach § 180 Abs. 1 AO insbesondere festgestellt:

- die Einheitswerte nach Maßgabe des Bewertungsgesetzes;
- die einkommensteuerpflichtigen und körperschaftsteuerpflichtigen Einkünfte, wenn an den Einkünften mehrere Personen beteiligt und die Einkünfte diesen Personen steuerlich zuzurechnen sind (siehe auch 4.11.2.4).

Beispiel

An den Einkünften einer KG sind als Gesellschafter die GmbH A und die natürliche Person B beteiligt. Die Einkünfte sind gesondert und einheitlich festzustellen, weil mehrere Personen an den Einkünften beteiligt sind (§§ 179 Abs. 2 und 180 Abs. 1 AO). Darüber ergeht ein Feststellungsbescheid, aus dem lediglich hervorgeht, wie viel Euro die Einkünfte der KG insgesamt betragen (gesonderte Feststellung) und wie viel Euro davon jeweils auf die Gesellschafter A und B entfallen (einheitliche Feststellung).

Die Steuerfestsetzungen werden für A und B in den Steuerbescheiden vorgenommen.

Der Feststellungsbescheid bildet daher mit den Steuerfestsetzungen keine Einheit. Er ist deshalb selbstständig anfechtbar.

Die anteiligen Einkünfte unterliegen bei der GmbH (als juristische Person) der Körperschaftsteuer, beim Gesellschafter B unterliegen sie der Einkommensteuer.

AUFGABEN

1. Welche Tatbestandsmerkmale müssen für den Begriff „Verwaltungsakt" im Sinne der Abgabenordnung gegeben sein?
2. Warum ist das Urteil eines Gerichtes kein Verwaltungsakt?
3. Ist der Verwaltungsakt formgebunden?
4. Wie können Verwaltungsakte eingeteilt werden?
5. Zu welcher Art von Verwaltungsakten gehört der Steuerbescheid?
6. Welche Merkmale müssen schriftliche Steuerbescheide enthalten?
7. Wodurch unterscheidet sich der Feststellungsbescheid vom Steuerbescheid?

2.2.3 Bekanntgabe und Wirksamkeit eines Verwaltungsaktes

Ein Verwaltungsakt wird gegenüber demjenigen,

- für den er bestimmt ist oder
- der von ihm betroffen wird,

in dem Zeitpunkt wirksam, in dem er ihm bekannt gegeben wird (§ 124 Abs. 1 Satz 1 AO).

Ohne Bekanntgabe wird der Verwaltungsakt nicht wirksam. Er wird mit dem Inhalt wirksam, mit dem er bekannt gegeben wird (§ 124 Abs. 1 Satz 2 AO).

> Übung 11, Seite 69

Bis zur Bekanntgabe ist der Verwaltungsakt unwirksam und er kann ohne Weiteres jederzeit rückgängig gemacht oder geändert werden.

Weicht der Akteninhalt vom erlassenen Verwaltungsakt ab, wird der Verwaltungsakt mit dem bekannt gegebenen Inhalt wirksam.

Ein Verwaltungsakt kann schriftlich, elektronisch, mündlich oder in anderer Weise erlassen werden. Ein mündlicher Verwaltungsakt ist schriftlich zu bestätigen, wenn hieran ein berechtigtes Interesse besteht und der Betreffende dies unverzüglich verlangt (§ 119 Abs. 2 AO).

Verwaltungsakte werden in der Regel bekannt gegeben

- durch Postübermittlung (§ 122 Abs. 2 AO),
- elektronisch (§ 122 Abs. 2a AO) oder
- durch öffentliche Bekanntgabe (§ 122 Abs. 3 und 4 AO).

Wird der Verwaltungsakt **durch Postübermittlung** bekannt gegeben, so gilt er bei einer Übermittlung im Geltungsbereich der AO grundsätzlich mit dem dritten Tage nach Aufgabe zur Post (als gewöhnlicher Brief) als bekannt gegeben. Der dritte Tag nach Aufgabe zur Post gilt auch dann als Tag der Bekanntgabe (Zugangsvermutung), wenn z. B.

- der Empfänger von dem Schriftstück erst später Kenntnis bekommt, weil er z. B. verreist war,
- der Verwaltungsakt tatsächlich schon früher, z. B. schon am nächsten Tag, zugegangen ist.

Fällt jedoch der dritte Tag nach Aufgabe zur Post auf einen Samstag, Sonntag oder gesetzlichen Feiertag, so gilt der Verwaltungsakt erst am nächstfolgenden Werktag als bekannt gegeben (Abschnitt 78 Nr. 2 AEAO).

Beispiel

Das Finanzamt gibt den Einkommensteuerbescheid des Steuerpflichtigen am Mittwoch zur Post. Die Bekanntgabe kann nicht vor dem folgenden Montag sein, da der dritte Tag nach Aufgabe zur Post ein Samstag ist. Gegebenenfalls ist die Bekanntgabe erst am nächstfolgenden Werktag, wenn der Montag ein gesetzlicher Feiertag ist.

Bei einer Postübermittlung an einen Empfänger außerhalb des Geltungsbereichs der AO gilt der Verwaltungakt erst einen Monat nach Aufgabe zur Post als bekannt gegeben (§ 122 Abs. 2 Nr. 2 AO).

Wird der Verwaltungsakt **elektronisch** übermittelt, so gilt er drei Tage, nachdem die Finanzverwaltung eine elektronische Benachrichtigung über die Bereitstellung der Daten abgesendet hat, als bekannt gegeben.

Die **öffentliche Bekanntgabe** ist nur möglich als öffentliche Zustellung nach § 15 Verwaltungszustellungsgesetz (VwZG). Der Verwaltungsakt kann danach nur öffentlich zugestellt werden (Aushang im Finanzamt), wenn der Aufenthaltsort des Empfängers unbekannt oder die Zustellung aus anderen Gründen undurchführbar ist bzw. keinen Erfolg verspricht (z. B. Zustellung im Ausland bei unbekannter Anschrift).

Nach § 122a AO können Steuerbescheide nach **Bereitstellung zum Datenabruf elektronisch beim Finanzamt** abgerufen werden. Die Bereitstellung wird dem Steuerpflichtigen per Mail mitgeteilt, sodass dann der Steuerbescheid am dritten Tag nach Versand der Benachrichtigung als bekanntgegeben gilt.

2.2.4 Berichtigung und Aufhebung von Steuerbescheiden

Verwaltungsakt (Berichtigung)

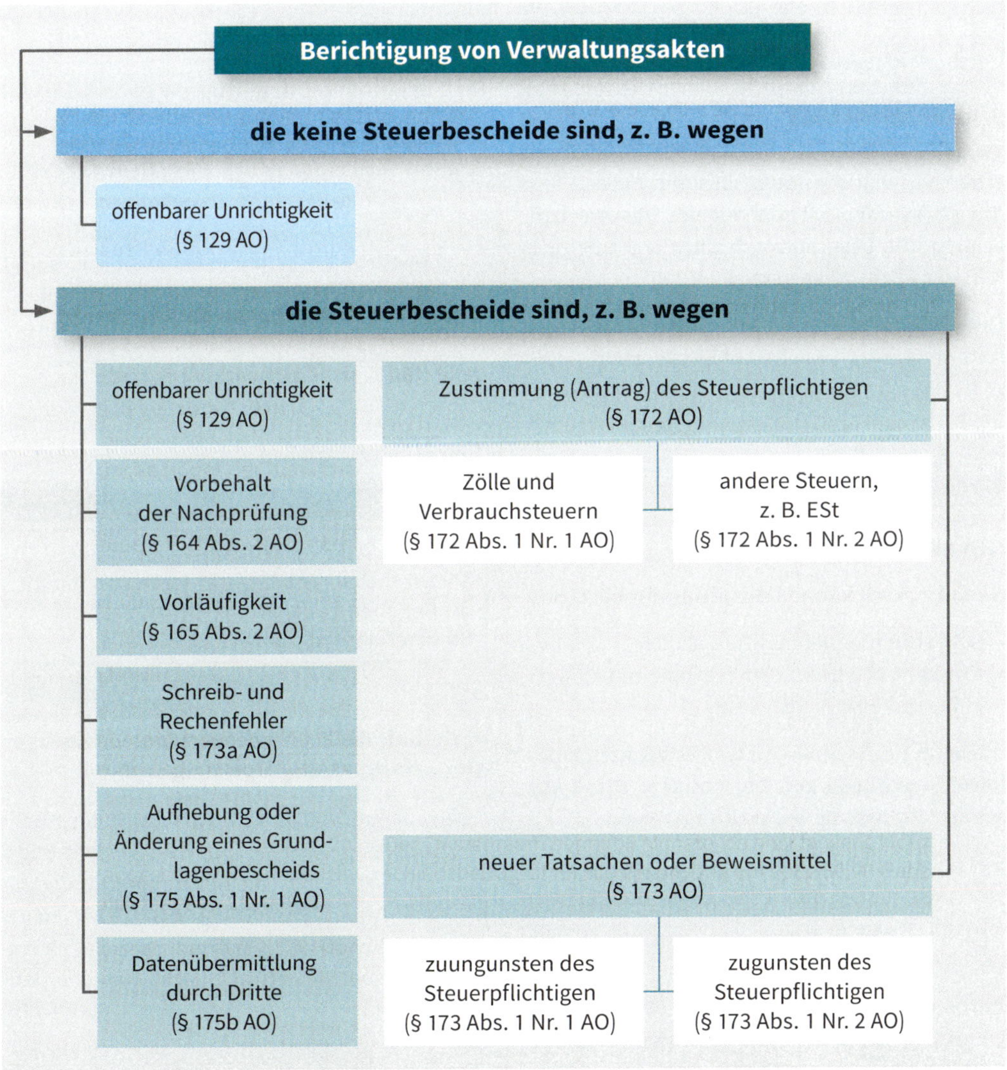

Bei Korrekturen von Steuerbescheiden und Steuerfestsetzungen spricht die Abgabenordnung von Aufhebung und Änderung (siehe dazu §§ 164 Abs. 2, 172 und 173 AO). **Aufhebung** liegt vor, wenn der Steuerbescheid ersatzlos wegfällt. Bei einer **Änderung** wird der Inhalt nur teilweise korrigiert. Sowohl die Aufhebung als auch die Änderung sind aber letzten Endes einer Berichtigung gleichzusetzen.

Änderung von Verwaltungsakten im Rechtsbehelfsverfahren

Innerhalb der Einspruchsfrist (ein Monat nach Bekanntgabe) kann ein Verwaltungsakt, der sachliche Streitfragen enthält, durch Rechtsbehelf (z. B. Einspruch, Klage beim Finanzgericht) angefochten werden.

Nach Ablauf der Einspruchsfrist ist ein Verwaltungsakt grundsätzlich unanfechtbar, d. h., er ist bestandskräftig. Der Unterschied zwischen **Wirksamkeit und Bestandskraft** eines Verwaltungsaktes besteht darin, dass die Wirksamkeit schon mit der Bekanntgabe eintritt, die Bestandskraft aber erst nach Ablauf der Rechtsbehelfsfrist.

Die Bestandskraft eines Verwaltungsaktes tritt auch durch Rechtsbehelfsverzicht (§ 354 AO) oder durch Rücknahme eines eingelegten Rechtsbehelfs nach Ablauf der Rechtsbehelfsfrist (§ 362 AO) ein.

Offenbare Unrichtigkeit

Nach § 129 AO können die **Finanzbehörden**

- Schreibfehler, Rechenfehler oder
- ähnliche offenbare Unrichtigkeiten (Unachtsamkeit/Flüchtigkeit),

die beim Erlass eines Verwaltungsaktes unterlaufen sind, jederzeit berichtigen. Diese Vorschrift gilt für alle Verwaltungsakte.

Bei Steuerbescheiden jedoch können offenbare Unrichtigkeiten nur innerhalb der Festsetzungsfrist (siehe Kap. 2.5) berichtigt werden (§ 169 Abs. 1 Satz 2 AO).

Enthält ein Steuerbescheid eine offenbare Unrichtigkeit im Sinne des § 129 AO, so endet die Festsetzungsfrist insoweit nicht vor Ablauf eines Jahres nach Bekanntgabe dieses Steuerbescheids („Ablaufhemmung", § 171 Abs. 2 AO). Das bedeutet, dass die Finanzbehörde für die Berichtigung eine Frist von mindestens einem Jahr ab Bekanntgabe des fehlerhaften Steuerbescheids zur Verfügung hat.
Es muss sich grundsätzlich um **Fehler** bzw. Unrichtigkeiten der **Finanzbehörde** handeln. Schreibfehler, Rechenfehler und ähnliche Unrichtigkeiten des **Steuerpflichtigen** können **nur** im **Rechtsbehelfsverfahren** berichtigt werden. Wenn die Finanzbehörde allerdings einen offensichtlichen Fehler des Steuerpflichtigen übernimmt, wird dieser Übernahmefehler zu einem Fehler der Behörde und damit zur offenbaren Unrichtigkeit nach § 129 AO.

Bei berechtigtem Interesse des Betroffenen ist die Finanzbehörde nach § 129 Satz 2 AO verpflichtet, den Verwaltungsakt (Bescheid) zu berichtigen.

Eine **offenbare Unrichtigkeit** nach § 129 AO **liegt allerdings nicht vor**,

- wenn der Fehler in der Tatsachenwürdigung oder der Rechtsanwendung des Finanzamts besteht, z. B. der zuständige Sachbearbeiter geht von steuerbaren Tatbeständen aus, die in Wirklichkeit nicht vorliegen, er legt das Gesetz falsch aus oder er unterliegt einem Rechtsirrtum usw.,
  oder
- der Fehler beruht auf mangelnder Sachaufklärung bzw. Tatsachen werden nicht beachtet.

Beispiel

Der zuständige Sachbearbeiter prüft den Sachverhalt nicht weiter, sondern übernimmt die Angaben des Steuerpflichtigen aus der Steuererklärung trotz eigener Zweifel.

Vorbehalt der Nachprüfung und vorläufige Steuerfestsetzung

Ist eine Steuer **unter dem Vorbehalt der Nachprüfung** festgesetzt, so kann der Verwaltungsakt (die Steuerfestsetzung) vollumfänglich bis zum Ablauf der Festsetzungsfrist (siehe Kap. 2.5) durch das Finanzamt oder durch Antrag des Steuerpflichtigen aufgehoben oder teilweise geändert werden (§ 164 Abs. 2 Satz 1 AO). Mit Ablauf der normalen Festsetzungsfrist (vier Jahre) entfällt der Vorbehalt der Nachprüfung und die Steuerfestsetzung ist endgültig. Sie könnte dann nur noch geändert werden, wenn später festgestellt wird, dass z. B. Steuern hinterzogen worden sind und die Festsetzungsfrist von zehn Jahren für hinterzogene Steuern nicht abgelaufen ist (§§ 169 Abs. 2 Satz 2 und 173 Abs. 1 Nr. 1 AO).

Von der Steuerfestsetzung unter dem Vorbehalt der Nachprüfung ist die **vorläufige Steuerfestsetzung** zu unterscheiden:
Eine Steuer ist nach § 165 Abs. 1 AO vorläufig festzusetzen, soweit (punktuell) ungewiss ist, ob die Voraussetzungen für die Entstehung der Steuer eingetreten sind. Nur insoweit kann das Finanzamt die Steuer vorläufig festsetzen.

Beispiel

Ein Steuerpflichtiger erklärt Einkünfte aus Vermietung und Verpachtung aus einem Dreifamilienhaus. Diese Einkünfte sind noch ungewiss, weil dem Steuerpflichtigen das Eigentum an dem Haus in einem Erbschaftsprozess streitig gemacht wird.

Das Finanzamt kann die Veranlagung vorläufig durchführen. Die Vorläufigkeit muss sich aber auf die Einkünfte aus dem Dreifamilienhaus beschränken.

Nach Wegfall der Ungewissheit kann das Finanzamt den Steuerbescheid ändern oder, wenn keine Änderung erforderlich ist, für endgültig erklären (§ 165 Abs. 2 AO).

Der Unterschied zwischen einer vorläufigen Steuerfestsetzung und einer Steuerfestsetzung unter Vorbehalt der Nachprüfung besteht darin, dass sich die vorläufige Steuerfestsetzung immer nur auf einen ganz bestimmten Punkt bezieht, für den Ungewissheit besteht, während der Vorbehalt nach § 164 AO nicht nur einen Teil des Steuerbescheids, sondern stets die gesamte Steuerfestsetzung umfasst.

Aufhebung oder Änderung von Steuerbescheiden nach § 172 AO

Ein Steuerbescheid, der andere Steuern als Zölle und Verbrauchsteuern betrifft, darf nach § 172 Abs. 1 Nr. 2 Buchstabe a AO aufgehoben oder geändert werden, soweit der Steuerpflichtige zustimmt oder seinem Antrag der Sache nach entsprochen wird.

Dies gilt jedoch zugunsten des Steuerpflichtigen nur vor Ablauf der Einspruchsfrist. Nach Ablauf der Einspruchsfrist kann ein solcher Steuerbescheid nur noch zuungunsten des Steuerpflichtigen nach § 172 Abs. 1 Satz 1 Nr. 2 Buchstabe a AO berichtigt werden.

Steuerbescheide über Zölle und Verbrauchsteuern können jederzeit aufgehoben oder geändert werden, auch wenn sie bereits bestandskräftig sind (§ 172 Abs. 1 Nr. 1 AO). Dabei ist zu beachten, dass bei diesen Steuern die Festsetzungsfrist nur ein Jahr beträgt (§ 169 Abs. 2 Nr. 1 AO).

Ein Steuerbescheid, ganz gleich, ob er nur Zölle und Verbrauchsteuern betrifft oder andere Steuern, darf nach § 172 Abs. 1 Satz 1 AO nur aufgehoben oder geändert werden, soweit er nicht vorläufig oder unter dem Vorbehalt der Nachprüfung ergangen ist.

Große Bedeutung hat die Vorschrift des § 172 Abs. 1 Nr. 2 Buchstabe a AO bei der Erledigung von Rechtsbehelfen. So kann z. B. der Einspruch eines Steuerpflichtigen dadurch erledigt werden, dass seinem Antrag gem. § 172 Abs. 1 Nr. 2 Buchstabe a AO der Sache nach entsprochen wird. Das bedeutet, dass die Finanzbehörde dem Einspruch des Steuerpflichtigen abhilft, ohne dass es einer Einspruchsentscheidung bedarf. Gibt sie dem Einspruch nur zum Teil statt, so bedarf es einer Einspruchsentscheidung nur insoweit, als die Finanzbehörde dem Einspruch nicht abhilft (§ 367 Abs. 2 Satz 3 AO).

Innerhalb der Einspruchsfrist kann der Steuerpflichtige nach § 172 Abs. 1 Nr. 2 Buchstabe a AO auch den Antrag auf schlichte Änderung seines Steuerbescheids stellen. Damit vermeidet er den Einspruch und die Möglichkeit der Finanzverwaltung, seine Steuerfestsetzung zu „verbösern“, weil der Bescheid selbst nach wie vor bestandskräftig bleibt. Der Nachteil des Antrags auf schlichte Änderung ist, dass dabei die „Aussetzung der Vollziehung“ nicht möglich ist. Der Steuerpflichtige muss daher auch den strittigen Teil seiner Steuerschuld bezahlen und abwarten, wie über seinen Antrag entschieden wird.

Nach § 172 Abs. 1 Nr. 2 Buchstabe c AO darf ferner ein Steuerbescheid aufgehoben oder geändert werden, soweit er durch unlautere Mittel,

z. B. arglistige Täuschung, Drohung oder Bestechung, erwirkt worden ist.

Aufhebung oder Änderung von Steuerbescheiden nach § 173 AO

Nach § 173 Abs. 1 AO sind Steuerbescheide aufzuheben oder zu ändern, wenn Tatsachen oder Beweismittel nachträglich bekannt werden, die entweder zu einer höheren oder zu einer niedrigeren Steuer führen.

Im Zeitpunkt der Berichtigung darf die Festsetzungsfrist (§ 169 AO) noch nicht abgelaufen sein.

Dabei ist zu beachten, dass durch eine Außenprüfung das Ende der Festsetzungsfrist hinausgeschoben werden kann (§ 171 Abs. 4 AO).

Bei einer Berichtigung eines Steuerbescheids zugunsten des Steuerpflichtigen ist Voraussetzung, dass den Steuerpflichtigen kein grobes Verschulden trifft, wenn die Tatsachen und Beweismittel, die zu einer niedrigeren Steuer führen, erst nachträglich bekannt werden.

Unter **Tatsachen** sind z. B. Vorgänge zu verstehen, die den gesetzlichen Tatbestand einer steuerlichen Vorschrift begründen, z. B. nicht gebuchte Betriebseinnahmen.

Als **Beweismittel** gelten nach § 92 AO unter anderem Urkunden, Akten, Sachverständigengutachten.

Nachträglich bekannt geworden sind alle Tatsachen und Beweismittel, die bereits im Zeitpunkt der Steuerfestsetzung vorlagen, der Finanzbehörde aber erst danach bekannt geworden sind.
Eine Änderung des Steuerbescheids ist nur insoweit zulässig, als die neuen Tatsachen und Beweismittel reichen. Der Steuerfall darf also nicht insgesamt neu aufgerollt werden.

Steuerbescheide, die aufgrund einer Außenprüfung ergangen sind, können nach § 173 Abs. 2 AO nur aufgehoben oder geändert werden, wenn eine Steuerhinterziehung oder eine leichtfertige Steuerverkürzung vorliegt.

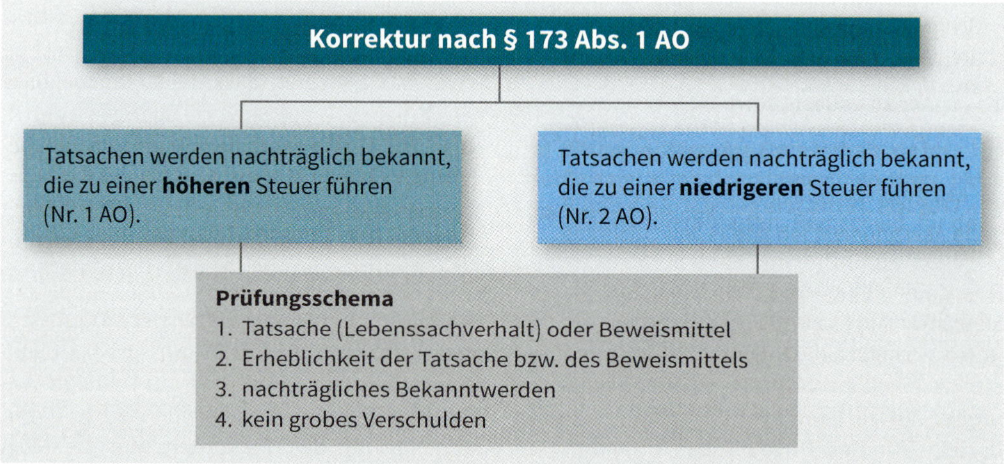

Änderung von Steuerbescheiden auf Grund von Grundlagenbescheiden und bei rückwirkenden Ereignissen nach § 175 AO

Ein Steuerbescheid ist aufzuheben oder zu ändern, soweit ein Grundlagenbescheid, dem Bindungswirkung zu diesem Steuerbescheid zukommt, aufgehoben oder geändert wird (§ 175 Abs. 1 Nr. 1 AO).

Grundlagenbescheide sind hauptsächlich Feststellungsbescheide über Einheitswerte oder Einkünfte (gesonderte Feststellungen) und Steuermessbescheide. Aber auch Verwaltungsakte von anderen Behörden gelten als Grundlagenbescheid, wie z.B. der Bescheid des Versorgungsamtes über die Feststellung einer Schwerbehinderung.

Das Ende der Festsetzungsfrist wird durch § 171 Abs. 10 AO um zwei Jahre nach Bekanntgabe des Grundlagenbescheids hinausgeschoben.

Beispiel

Die gesonderte und einheitliche Gewinnfeststellung der A & B OHG für das Jahr 2016 ist durch eine Betriebsprüfung im Jahr 2020 geändert und mit Bescheid vom 12. Aug. 2020 (Bekanntgabe) neu festgesetzt worden. Da die Gewinnfeststellung aus 2016 Besteuerungsgrundlage der Einkommensteuerbescheide 2016 für Anton und Berta A und B war – Grundlagenbescheid –, müssen nun auch die Einkommensteuerbescheide 2016 von Anton und Berta A und B nach § 175 Abs. 1 Nr. 1 AO geändert werden. Für die Änderung hat die Finanzverwaltung nach § 171 Abs. 10 AO zwei Jahre Zeit, also bis zum Ablauf der Festsetzungsverjährung am 12. Aug. 2022.

Korrektur von Steuerbescheiden aufgrund von Schreib- und Rechenfehlern

Nach § 173a AO ist ein Steuerbescheid aufzuheben oder zu ändern, wenn dem Steuerpflichtigen bei seiner Steuererklärung Schreib- und Rechenfehler unterlaufen und diese dazu führen, dass rechtserhebliche Tatsachen der Finanzverwaltung unzutreffend mitgeteilt wurden. Das schlichte Vergessen eines Übertrags selbst ermittelter Besteuerungsgrundlagen in die Erklärung ist kein Schreib- oder Rechenfehler, sondern eine nachträglich bekanntgewordene Tatsache, die unter den Bedingungen des § 173a AO zu einer Änderung führen kann.

Korrektur von Steuerbescheiden bei Datenübermittlung von Dritten

Nach § 175b AO sind Steuerbescheide aufzuheben oder zu ändern, soweit die von einem Dritten (zum Beispiel Krankenkasse) elektronisch übermittelten Daten nicht oder nicht vollständig berücksichtigt wurden. Das gilt auch, wenn die Daten zu Lasten des Steuerpflichtigen unrichtig sind.

Änderung und Berichtigung von Steuerbescheiden: Bagatellgrenze

Nach der Kleinbetragsverordnung werden Steuerbescheide sowie eine Umsatzsteuervoranmeldung oder -erklärung nur geändert oder berichtigt, wenn die Abweichung von der bisherigen Festsetzung bzw. angemeldeten Steuer zugunsten des Steuerpflichtigen mindestens 10,00 € oder zuungunsten mindestens 25,00 € beträgt. Ein Gewerbesteuermessbescheid wir nur geändert oder berichtigt, wenn die Abweichung zugunsten des Steuerpflichtigen mindestens 2,00 € und zuungunsten mindestens 5,00 € beträgt.

AUFGABEN

1. Innerhalb welcher Frist kann ein Verwaltungsakt, der sachliche Unrichtigkeiten enthält, angefochten werden?
2. Wann beginnt die Rechtsbehelfsfrist für einen Rechtsbehelf gegen einen Verwaltungsakt nach der Abgabenordnung zu laufen?
3. Welcher Unterschied besteht zwischen Wirksamkeit und Bestandskraft eines Verwaltungsaktes?
4. Zu welchem Zeitpunkt wird ein Verwaltungsakt wirksam?
5. Beschreiben Sie die Bekanntgabe von schriftlichen Verwaltungsakten.
6. Inwieweit darf ein Steuerbescheid nach § 172 Abs. 1 Nr. 2 Buchstabe c AO aufgehoben oder geändert werden?
7. Beschreiben Sie die Berichtigung von Steuerbescheiden, wenn neue Tatsachen und Beweismittel nachträglich bekannt werden.
8. Wann wird eine Steuerfestsetzung, die unter dem Vorbehalt der Nachprüfung erfolgt ist, endgültig?
9. Welcher Unterschied besteht zwischen einer vorläufigen Steuerfestsetzung und einer Steuerfestsetzung unter dem Vorbehalt der Nachprüfung?

2.3 Das Rechtsbehelfsverfahren

Das Rechtsbehelfsverfahren dient dem Rechtsschutz des Steuerpflichtigen; er kann damit Maßnahmen und Entscheidungen der Finanzbehörden auf ihre Rechtmäßigkeit überprüfen lassen. Über einen Rechtsbehelf kann der Sache nach erst entschieden werden, wenn feststeht, dass der eingelegte Rechtsbehelf zulässig ist. Ist er nicht zulässig, weil er z.B. nicht fristgerecht eingelegt worden ist, wird er als unzulässig verworfen (§ 358 AO), auch wenn er der Sache nach begründet ist.

Wir unterscheiden zwei **Arten von Rechtsbehelfsverfahren:**

- außergerichtliches Rechtsbehelfsverfahren und
- gerichtliches Rechtsbehelfsverfahren.

2.3.1 Das außergerichtliche Rechtsbehelfsverfahren

Rechtsbehelfe (außergerichtlich)

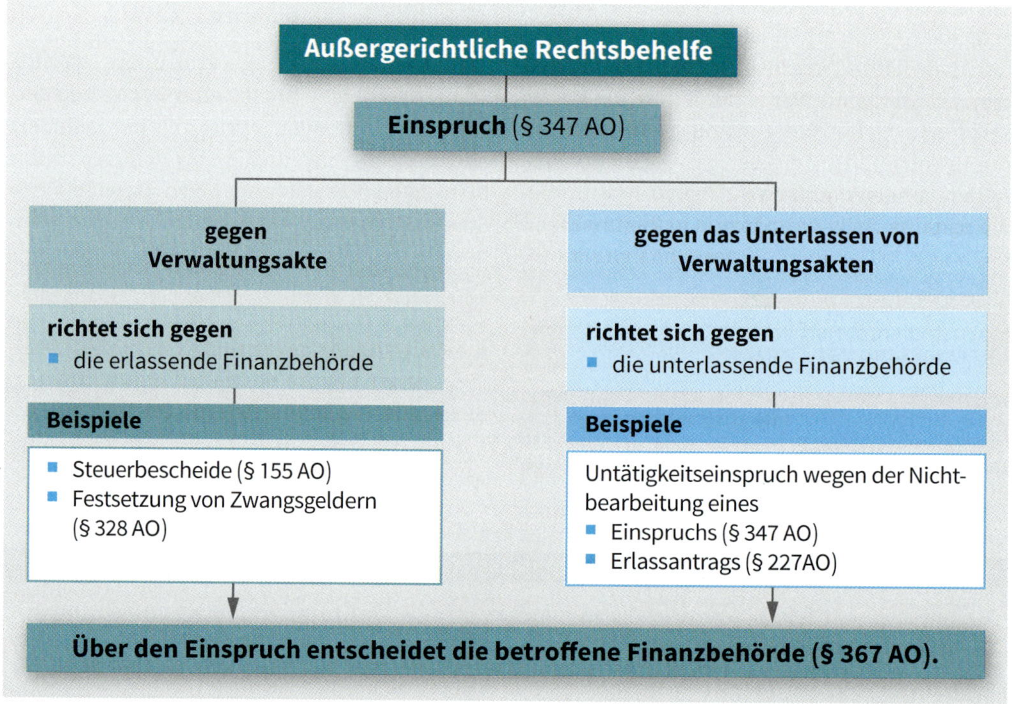

Dieses Verfahren ist ein **Verwaltungsverfahren**, das dem gerichtlichen Verfahren vorausgeht. Deshalb sind hier die Vorschriften der AO maßgebend. Das Verfahren hat den Sinn, den Finanzbehörden die Möglichkeit zu geben, ihre Entscheidung noch einmal zu überprüfen, bevor eventuell ein gerichtliches Verfahren eingeleitet wird.

Das Rechtsmittel im außergerichtlichen Rechtsbehelfsverfahren ist der Einspruch nach § 347 AO. Der Einspruch ist unter anderem statthaft

- gegen Verwaltungsakte der Finanzbehörde (§ 347 Abs. 1 Nr. 1 AO),
- in Verfahrensangelegenheiten (§ 347 Abs. 1 Nr. 2 AO) und
- gegen das Unterlassen eines Verwaltungsaktes der Finanzbehörde (§ 347 Abs. 1 Satz 2 AO).

Der Einspruch ist nicht möglich gegen Einspruchsentscheidungen (siehe auch Kap. 2.3.2, Klage) und gegen Verwaltungsakte der obersten Finanzbehörden des Bundes und der Länder (§ 348 AO).
Empfänger des Einspruchs, der nach § 357 Abs. 1 AO schriftlich oder elektronisch einzulegen ist (oder zur Niederschrift zu erklären),

449744

ist grundsätzlich die Finanzbehörde, deren Maßnahme angefochten wird (§ 357 Abs. 2 AO) oder die eine Maßnahme unterlassen hat (Untätigkeitseinspruch). In beiden Fällen muss der Steuerpflichtige beschwert sein. **Beschwert** ist, wer durch einen Verwaltungsakt oder durch das Unterlassen eines Verwaltungsaktes in seinen Rechten verletzt ist (§ 350 AO). Über den Einspruch entscheidet die betroffene Finanzbehörde (Einspruchsentscheidung).

Die Verwaltungsakte, die hauptsächlich durch den Einspruch angefochten werden, sind Steuerbescheide (§ 155 AO) mit Ausnahme der Bescheide, die durch die Gemeinde erteilt werden, z. B. Gewerbesteuerbescheide. Besteuerungsgrundlage der Gewerbe- oder Grundsteuer sind Messbeträge, die in Steuermessbescheiden der Finanzverwaltung festgesetzt werden. Die Festsetzungen der Steuermessbeträge nach § 184 AO sind allerdings Verwaltungsakte, gegen die der Steuerpflichtige Einspruch einlegen kann.

Beispiel

Der Studienrat Herbert Nordbruch bekommt seinen Einkommensteuerbescheid und stellt fest, dass die Aufwendungen für die Klassenfahrt nicht als Werbungskosten anerkannt worden sind. Dagegen legt er Einspruch ein. Der Steuerpflichtige ist dazu berechtigt, die Kosten als Werbungskosten abzuziehen, weil er glaubt, in seinem Recht verletzt zu sein.

Der Einspruch ist innerhalb eines Monats nach Bekanntgabe des Verwaltungsaktes einzulegen (§ 355 Abs. 1 AO).

Beispiel

Ute Abt, Hagen, hat ihren Einkommensteuerbescheid erhalten. Tag der Bekanntgabe: 16. Mai. Gegen diesen Bescheid will sie Einspruch einlegen. Die Einspruchsfrist endet am 16. Juni um 24:00 Uhr. Bis zu diesem Zeitpunkt muss der Einspruch beim Finanzamt eingetroffen sein. Kommt er erst später dort an, wird er als unzulässig verworfen (§ 358 AO).

Ist Einspruch eingelegt, kann der angefochtene Verwaltungsakt auch zum Nachteil des Steuerpflichtigen geändert werden. Diese sogenannte **Verböserung** kann nur vorgenommen werden, wenn der Steuerpflichtige vorher dazu gehört worden ist (§ 367 Abs. 2 Satz 2 AO). Der Steuerpflichtige hat dann die Möglichkeit, den Einspruch zurückzunehmen (§ 362 Abs. 1 AO). Tut er das, dann bleibt der Verwaltungsakt bestehen.

Beispiel

Lars Buchholz legt gegen seinen Einkommensteuerbescheid form- und fristgerecht Einspruch ein, weil das Finanzamt die Sonderausgaben um 500,00 € zu niedrig angesetzt hat. Das Finanzamt stellt fest, dass der Einspruch zwar begründet ist, dass aber die Werbungskosten um 1.200,00 € zu hoch angesetzt worden sind.

Das Finanzamt weist den Steuerpflichtigen darauf hin, dass eine Berichtigung des Einkommensteuerbescheids nur zu seinem Nachteil erfolgen kann. Daraufhin zieht Buchholz seinen Einspruch zurück. Damit entzieht er dem Finanzamt die Möglichkeit, den Steuerfall erneut in vollem Umfang zu überprüfen.

Hat die Finanzbehörde über einen gestellten Antrag des Steuerpflichtigen nicht innerhalb angemessener Zeit entschieden, so kann nach § 347 Abs. 1 Satz 2 **Untätigkeitseinspruch** eingelegt werden. Die angemessene Zeit braucht auf keinen Fall länger als sechs Monate zu sein, da nach der 6-Monats-Frist schon Untätigkeitsklage nach § 46 Abs. 1 Satz 2 FGO erhoben werden kann.

Beispiel

Der Steuerpflichtige Werner Kauser hat gegen seinen Einkommensteuerbescheid für 2019 fristgerecht und begründet, am 20. März 2020 Einspruch eingelegt, weil die Finanzverwaltung bei der Ermittlung der Einkünfte aus Vermietung und Verpachtung Werbungskosten in Höhe von 12.500,00 € nicht anerkannt hat. Als er sich im Juli 2020 bei seiner zuständigen Veranlagungsstelle telefonisch erkundigt, wird ihm mitgeteilt, dass der Sachbearbeiter längere Zeit krank war und jetzt im Urlaub sei. Als ihm auf eine weitere telefonische Anfrage im Aug. 2020 mitgeteilt wird, sein Einspruch sei auf dem Weg zur Rechtsbehelfsstelle, legt Kauser mit Schreiben vom 2. Sept. 2020 Untätigkeitseinspruch ein.

Der Einspruch ist kostenfrei.

AUFGABEN

1. Welche zwei Arten von Rechtsbehelfsverfahren gibt es?
2. Welchen Sinn hat das außergerichtliche Rechtsbehelfsverfahren?
3. Wogegen kann der Einspruch nach § 348 Abs. 1 AO z. B. eingelegt werden?
4. Wer entscheidet über den Einspruch?

2.3.2 Das gerichtliche Rechtsbehelfsverfahren

Rechtsbehelfe (gerichtlich)

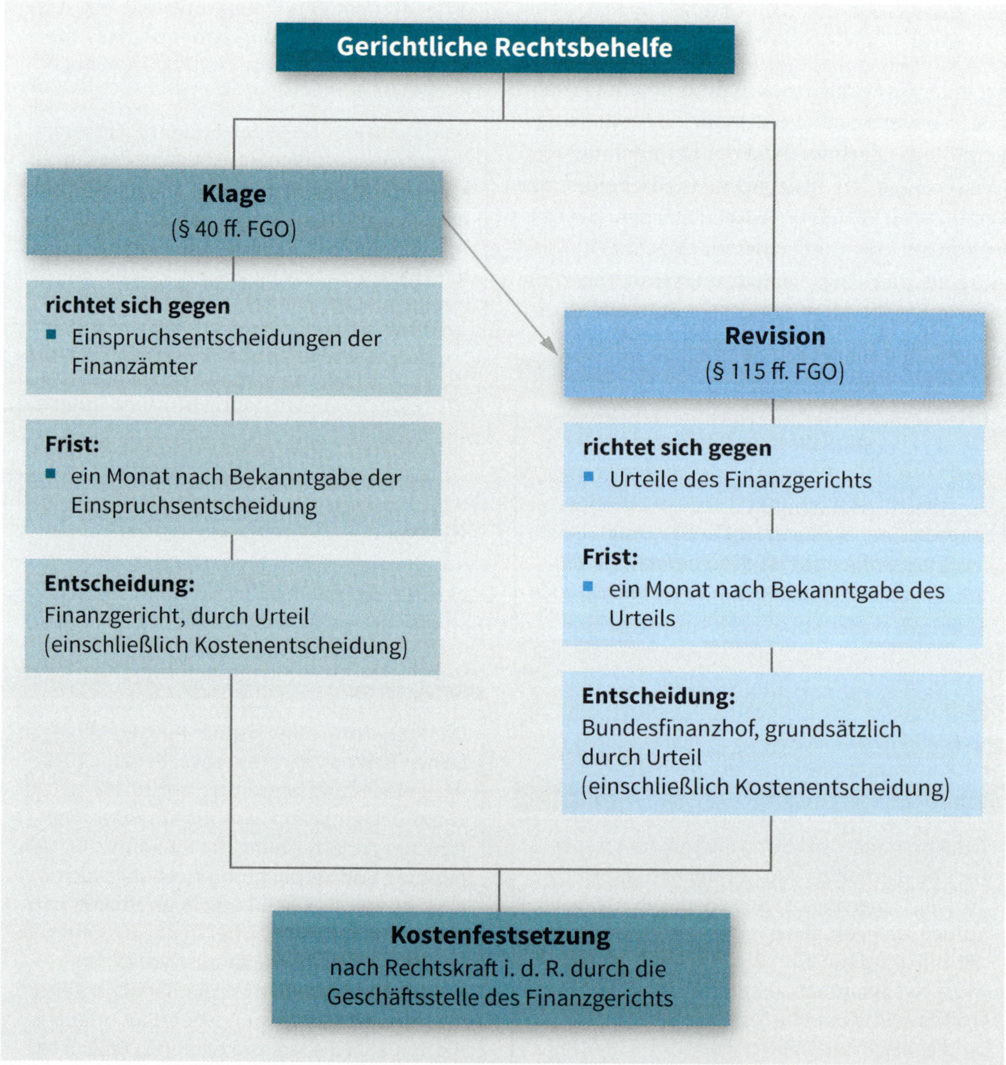

Ist der Steuerpflichtige mit seinem Rechtsbehelf im außergerichtlichen Verfahren ganz oder teilweise erfolglos geblieben, kann er gegen den Verwaltungsakt der Finanzbehörde gerichtlich vorgehen.

Gerichtliche Rechtsbehelfe sind vor allem

- die Klage beim Finanzgericht (§ 40 ff. FGO) und
- die Revision beim Bundesfinanzhof (§ 115 ff. FGO).

Hier sind die Vorschriften der Finanzgerichtsordnung maßgebend.

- **Die Klage**
  Sie ist beim zuständigen Finanzgericht schriftlich zu erheben (§ 64 Abs. 1 FGO).
  Die Frist für die Einreichung der Klage beträgt einen Monat nach Bekanntgabe der Entscheidung über den außergerichtlichen Einspruch (§ 47 Abs. 1 Satz 1 FGO).
  Das Finanzgericht entscheidet über den Streitgegenstand durch Urteil (§ 95 FGO). Außerdem hat es im Urteil zu entscheiden, wer die Kosten des Verfahrens zu tragen hat (§ 143 Abs. 1 FGO).

  Die Finanzgerichte sind die erste Instanz der Finanzgerichtsbarkeit der Bundesländer (§ 35 FGO). Örtlich zuständig ist das Finanzgericht, in dessen Bezirk die Finanzbehörde ihren Sitz hat, gegen die sich die Klage richtet (§ 38 Abs. 1 AO).

  Die Finanzgerichte sind in Senate eingeteilt. Diese entscheiden in der Besetzung mit drei Richtern und zwei ehrenamtlichen Richtern, soweit nicht ein Einzelrichter entscheidet (§ 5 Abs. 3 Satz 1 FGO).

- **Die Revision**
  Gegen das Urteil eines Finanzgerichts können sowohl der Steuerpflichtige als auch die Finanzbehörde beim Bundesfinanzhof (BFH) Revision einlegen, wenn das Finanzgericht die Revision zugelassen hat (§ 115 Abs. 1 FGO). Es hat die Revision zuzulassen, wenn die Rechtssache von grundsätzlicher Bedeutung ist oder wenn das Urteil des Finanzgerichts von einer Entscheidung des BFH abweicht oder ein Verfahrensmangel vorliegt (§ 115 Abs. 2 FGO).

  Die Revision ist innerhalb eines Monats nach Zustellung des Urteils schriftlich bei der Geschäftsstelle des Finanzgerichts einzulegen und innerhalb eines weiteren Monats zu begründen (§ 120 Abs. 1 Satz 1 FGO). Das Finanzgericht gibt die Revision weiter.

  Der BFH hat seinen Sitz in München. Er ist die zweite und letzte Instanz in der Finanzgerichtsbarkeit und für das ganze Bundesgebiet zuständig. Die Entscheidung des BFH ist endgültig.
  Der BFH ist – wie die Finanzgerichte – in Senate eingeteilt. Diese entscheiden grundsätzlich in der Besetzung von fünf Richtern (§ 10 Abs. 2 und 3 FGO). Beim BFH gibt es auch einen Großen Senat. Er besteht aus dem Präsidenten und sechs Richtern. Der Große Senat entscheidet, wenn ein Senat von der Entscheidung eines anderen Senats oder des Großen Senats abweicht (§ 11 Abs. 2 FGO).

AUFGABEN

1. Welche Rechtsbehelfe gehören zum gerichtlichen Rechtsbehelfsverfahren?
2. Wodurch entscheidet das Finanzgericht über den Streitgegenstand?
3. Welches Finanzgericht ist örtlich zuständig?
4. Wer kann wogegen Revision einlegen?
5. Innerhalb welcher Frist und wo kann Revision eingelegt werden?

2.4 Fristen und Termine

2.4.1 Begriffliche Abgrenzung

Fristen

- **Tagesfristen** ....(z. B. die Schonfrist nach § 240 Abs. 3 AO)
- **Wochenfristen** ....(z. B. die Beschwerdefrist an den Bundesfinanzhof nach § 129 Abs. 1 FGO)
- **Monatsfristen** .....(z. B. die Einspruchsfrist nach § 355 AO)
- **Jahresfristen** ......(z. B. die Verjährungsfrist nach § 228 AO)

behördliche Fristen
(z. B. die Frist zur Vorlage von Belegen beim Finanzamt)

gesetzliche Fristen
(z. B. Einspruchsfristen, Fristen zur Abgabe von Steuererklärungen)

verlängerungsfähige Fristen
- alle behördlichen Fristen
- verlängerungsfähige gesetzliche Fristen (z. B. Steuererklärungsfristen)

nicht verlängerungsfähige gesetzliche Fristen – Ausschlussfristen –
(z. B. Einspruchsfristen)

Wiedereinsetzung in den vorigen Stand möglich
(§ 110 AO)

Die **Frist** ist ein **Zeitraum**, vor dessen Ablauf grundsätzlich eine bestimmte Handlung notwendig ist, um die Frist nicht zu versäumen. Die Fristversäumnis zieht bestimmte Rechtsfolgen nach sich.

Beispiel

Dem Buchhändler Jochen Schrader wird sein Einkommensteuerbescheid am 17. Okt. 2020 bekannt gegeben.
Gegen den Bescheid will Schrader nun Einspruch einlegen.

Das muss der Steuerpflichtige innerhalb eines Monats tun, um die Einspruchsfrist nicht zu versäumen. Dieser Zeitraum von einem Monat ist eine Frist im Sinne des § 108 AO.

Der **Termin** ist ein ganz bestimmter **Zeitpunkt**, an dem sich etwas ereignen soll.

Frist = Zeitraum
Termin = Zeitpunkt

Beispiel

Peter Hintze wird vom Finanzamt aufgefordert, am Freitag, dem 7. Juni 2020, um 10:00 Uhr beim Finanzamt zu erscheinen, um über eingereichte Belege nähere Auskunft zu geben.

Hier handelt es sich nicht um einen Zeitraum, sondern um einen Zeitpunkt, an dem etwas geschehen soll. Dieser Zeitpunkt ist ein Termin im Sinne des § 108 Abs. 5 AO.

Für die Beurteilung der Frage, ob eine Frist oder ein Termin gegeben ist, ist nicht immer der eigentliche Sinn dieser Begriffe im täglichen Sprachgebrauch maßgebend.

So handelt es sich z. B. bei einem „Zahlungstermin" nicht um einen Termin im eigentlichen Sinne, sondern um den letzten Tag einer Frist, und zwar einer Zahlungsfrist. Hier ist kein Termin, sondern eine Frist gegeben, weil die Zahlung nicht unbedingt am letzten Tag zu erfolgen hat, sondern jederzeit vorher geleistet werden kann.

Die Fristen haben im Steuerrecht eine weitaus größere Bedeutung als die Termine.

Die Fristen können eingeteilt werden in

- **gesetzliche Fristen:** Sie sind im Allgemeinen in gesetzlichen Vorschriften von vornherein festgelegt, wie z. B. die Frist zur Abgabe der Umsatzsteuer-Voranmeldung nach § 18 Abs. 1 UStG, die Frist zur Leistung der Einkommensteuerabschlusszahlung nach § 36 Abs. 4 EStG, die Frist von sieben Monaten zur Abgabe der Jahressteuererklärungen nach § 149 Abs. 2 AO oder die Rechtsbehelfsfrist nach § 355 AO, und
- **behördliche Fristen:** Sie sind Fristen, die von den Finanzbehörden von Fall zu Fall gesetzt werden, wie z. B. die vom Finanzamt gesetzte Frist zur Vorlage von Belegen.

Die behördlichen Fristen können stets verlängert werden (§ 109 Abs. 1 Satz 1 AO).
Die Verlängerung der Frist liegt im Ermessen der Behörde.

Beispiel

Das Finanzamt fordert einen Steuerpflichtigen mit Schreiben vom 2. Mai d. J. auf, die Belege über die geltend gemachten Werbungskosten bei den Einkünften aus Vermietung und Verpachtung bis zum 12. Mai d. J. vorzulegen.

Hierbei handelt es sich um eine behördliche Frist, weil sie von der Behörde nach eigenem Gutdünken festgelegt wird. Diese Frist kann ohne Weiteres verlängert werden (§ 109 Abs. 1 Satz 1 AO). Die Verlängerung liegt im Ermessen der Behörde.

Gesetzliche Fristen sind nicht verlängerbar. Von dieser grundsätzlichen Regelung ausgenommen sind gesetzliche Fristen, die kraft Gesetzes verlängerbar sind, wie z. B. Steuererklärungsfristen (§ 109 Abs. 1 AO) oder Stundungsfristen für Zahlungen (§ 222 AO).

Beispiele

a) Auf Antrag eines Gewerbetreibenden stundet das Finanzamt die am 18. Okt. d. J. fällige Einkommensteuer-Abschlusszahlung von 30.000,00 € bis zum 15. Nov. d. J.

   Bei dem Fälligkeitstag vom 18. Okt. d. J. handelt es sich um eine gesetzliche Frist, weil die Zahlungsfrist der Einkommensteuer-Abschlusszahlung in § 36 Abs. 4 Satz 1 EStG festgelegt ist. Sie beträgt danach grundsätzlich einen Monat nach Bekanntgabe des Bescheids.
   Diese gesetzliche Frist kann durch Stundung verlängert werden. Es ist also eine verlängerungsfähige gesetzliche Frist.

b) Der Apothekerin Christiane Horn ist ihr Einkommensteuerbescheid am 7. Juni d. J. bekannt gegeben worden. Sie will gegen den Bescheid Einspruch einlegen. Die Rechtsbehelfsfrist von einem Monat endet am 7. Juli d. J. Sie ist in § 355 Abs. 1 Satz 1 AO festgelegt. Deshalb ist die Einspruchsfrist eine gesetzliche Frist. Sie ist eine Ausschlussfrist, weil eine Verlängerung ausgeschlossen ist. Bei Versäumnis besteht aber die Möglichkeit der Wiedereinsetzung in den vorigen Stand.

2.4.2 Wiedereinsetzung in den vorigen Stand

Die **Wiedereinsetzung in den vorigen Stand** nach § 110 AO kommt grundsätzlich nur in Betracht für gesetzliche Fristen, die ohne Verschulden versäumt worden sind, die aber nicht aufgrund einer besonderen Vorschrift verlängert werden können. Das kann z. B. eine schuldlos versäumte Rechtsbehelfsfrist sein.

Durch die Wiedereinsetzung in den vorigen Stand wird der betroffene Steuerpflichtige so gestellt, als hätte er die Frist nicht versäumt. Der Betroffene hat auf die Wiedereinsetzung in den vorigen Stand einen Rechtsanspruch, d. h., sie muss gewährt werden, wenn die folgenden Voraussetzungen gegeben sind:

- Es muss eine gesetzliche Frist versäumt worden sein, die nicht verlängert werden kann (Ausschlussfrist), z. B. Einspruchsfrist nach § 355 AO.
- Es muss sich um ein unverschuldetes Fristversäumnis handeln. Arbeitsüberlastung und Geschäftsreisen entschuldigen eine Fristversäumnis nicht. Eine schwere Krankheit kann die Wiedereinsetzung in den vorigen Stand rechtfertigen. Das Verschulden des Vertreters (z. B. des Steuerberaters des Steuerpflichtigen) wird dem Steuerpflichtigen zugerechnet.
- Der Antrag auf Wiedereinsetzung ist innerhalb eines Monats nach Wegfall des Hindernisses zu stellen (§ 110 Abs. 2 Satz 1 AO).
- Die versäumte Rechtshandlung ist innerhalb der Antragsfrist nachzuholen (§ 110 Abs. 2 Satz 3 AO).

> Übung 25, Seite 71

Beispiel

Ein Steuerpflichtiger hat es versäumt, gegen seinen Einkommensteuerbescheid vor Ablauf der Einspruchsfrist am 20. Nov. Einspruch einzulegen, weil er vom 10. Nov. bis 31. Dez. des betreffenden Jahres infolge eines Unfalls schwer krank im Krankenhaus gelegen hat.

Der Steuerpflichtige hat die Frist unverschuldet versäumt. Das Hindernis ist am 31. Dez. weggefallen. Er hat danach einen Monat Zeit, den Antrag auf Wiedereinsetzung in den vorigen Stand beim Finanzamt zu stellen und die versäumte Handlung nachzuholen.

Über den Antrag auf Wiedereinsetzung entscheidet die Finanzbehörde, die über die versäumte Handlung zu befinden hat (§ 110 Abs. 4 AO).

Ein Jahr nach Ablauf der versäumten Frist kann die Wiedereinsetzung in den vorigen Stand grundsätzlich nicht mehr gewährt werden, es sei denn, die Fristversäumnis ist auf höhere Gewalt, z. B. Überschwemmung, Brand, zurückzuführen (§ 110 Abs. 3 AO und § 56 Abs. 3 FGO).

2.4.3 Die Fristberechnung

Für die Berechnung von Fristen für steuerliche Zwecke sind nicht nur die Vorschriften der Abgabenordnung, sondern auch die einschlägigen Vorschriften des Bürgerlichen Gesetzbuches zu beachten (§ 108 Abs. 1 AO).

Um feststellen zu können, wann eine Frist endet, muss man wissen, wann sie beginnt. Dann ist das Ende der Frist leicht festzustellen.

Fast alle steuerlich bedeutsamen Fristen beginnen nicht an dem Tag, an dem das Ereignis eingetreten ist, das die Frist in Lauf gesetzt hat, sondern an dem darauf folgenden Tag um 00:00 Uhr.

Diese Fristen nennt man **Ereignisfristen**. Bei ihrer Berechnung wird also der Tag, an dem das Ereignis eingetreten ist, nicht mitgezählt.

Handelt es sich bei einer solchen Frist um eine **Monatsfrist**, wie z. B. bei der Einspruchsfrist im außergerichtlichen Verfahren (§ 355 AO), so endet die Frist mit Ablauf des Tages, der die gleiche Zahl hat wie der Ereignistag (§ 188 Abs. 2 BGB).

Für den Fristbeginn ist es ohne Bedeutung, ob er auf einen Samstag, Sonntag oder Feiertag fällt.

Beispiel

Das Finanzamt hat den Einkommensteuerbescheid eines Steuerpflichtigen am Dienstag, dem 24. März, mit einfachem Brief zur Post gegeben. Der Steuerpflichtige will Einspruch einlegen.

Der Bescheid gilt mit dem dritten Tag nach der Aufgabe zur Post (also am Freitag, dem 27. März) als bekannt gegeben (§ 122 Abs. 2 Nr. 1 AO). Die Einspruchsfrist beginnt am darauf folgenden Tag, am 28. März, um 00:00 Uhr. Dass dies ein Samstag ist, ist für den Beginn der Frist ohne Bedeutung. Da es sich bei der Einspruchsfrist um eine Monatsfrist handelt, endet sie mit Ablauf des Tages, der die gleiche Zahl hat wie der Tag der Bekanntgabe, also am 27. April, um 24:00 Uhr. Bis dahin muss der Einspruch beim Finanzamt eingegangen sein.

Fehlt bei einer Frist von einem oder mehreren Monaten in dem letzten Monat der für den Fristablauf maßgebende Tag, so endet die Frist mit Ablauf des letzten Tages dieses letzten Monats (§ 188 Abs. 3 BGB).

Beispiel

a) Ein Einkommensteuerbescheid gilt am 31. März als bekannt gegeben. Die Einspruchsfrist endet am 30. April, weil es den 31. April nicht gibt.

b) Ein Einkommensteuerbescheid gilt am 31. Jan. als bekannt gegeben. Die Einspruchsfrist beginnt am darauf folgenden Tag, also am 1. Febr., und endet am 28. Febr. (in einem Schaltjahr am 29. Febr.), weil es den 31. Febr. nicht gibt.

Wochenfristen, die durch ein Ereignis ausgelöst werden und deshalb nicht am Ereignistag, sondern am darauf folgenden Tag beginnen, enden mit Ablauf des Tages, der die gleiche Wochentagsbezeichnung hat wie der Ereignistag (§ 188 Abs. 2 BGB).

Tagesfristen sind meistens Ereignisfristen. Sie beginnen nach dem Tag des Ereignisses und enden am letzten Tag der Frist um 24:00 Uhr. So beginnt z. B. die Schonfrist von drei Tagen nach § 240 Abs. 3 AO am Tag nach Ablauf der Zahlungsfrist und endet am dritten Tag der Schonfrist.

Fällt das Ende einer Frist auf einen Samstag, gesetzlichen Feiertag oder Sonntag, endet die Frist erst mit dem Ablauf des nächstfolgenden Werktages (§ 108 Abs. 3 AO). Dadurch soll verhindert werden, dass die Frist verkürzt wird, denn der Steuerpflichtige müsste sonst schon früher tätig werden.

Beispiele

a) Das Finanzamt hat die Einkommensteuervorauszahlungen mit Vorauszahlungsbescheid vom 29. März – wir nehmen an, dass das ein Montag ist – neu festgesetzt. Gegen diesen Bescheid will der Steuerpflichtige Einspruch einlegen (§ 348 Abs. 1 AO).

Grundsätzlich stellt das Datum eines Verwaltungsaktes zugleich den Tag der Aufgabe zur Post dar. Der Bescheid gilt also am Donnerstag, dem 1. April, als bekannt gegeben. Die Einspruchsfrist beginnt am 2. April und endet an dem Tag des nächsten Monats, der die gleiche Zahl hat wie der Tag der Bekanntgabe; der 1. Mai. Dieser Tag ist ein gesetzlicher Feiertag. Deshalb endet die Einspruchsfrist erst am nächstfolgenden Werktag, am 2. Mai, um 24:00 Uhr, wenn dies kein Samstag oder Sonntag ist. Bis zu diesem Zeitpunkt muss der Einspruch beim Finanzamt eingegangen sein.

b) Die Einkommensteuerabschlusszahlung eines Steuerpflichtigen ist spätestens am 20. Nov. zu leisten. Der 20. Nov. ist – Annahme! – ein Samstag. Frage ist nun: Bis wann muss die Zahlung mittels Überweisung erfolgt sein, wenn der Steuerpflichtige die Schonfrist von drei Tagen nach § 240 Abs. 3 AO voll ausnutzen will?

Da der 20. Nov. ein Samstag ist, endet die Zahlungsfrist am nächstfolgenden Werktag, am 22. Nov., um 24:00 Uhr. Die Schonfrist beginnt (als Ereignisfrist) am darauf folgenden Tag, am Dienstag, dem 23. Nov., um 00:00 Uhr. Letzter Tag der dreitägigen Frist ist der 25. Nov. Bis zu diesem Zeitpunkt muss die Zahlung (Gutschrift auf dem Konto) erfolgt sein.

Auch die **Jahresfristen** sind im Steuerrecht von Bedeutung, so z. B. die Festsetzungsfrist nach § 169 Abs. 2 AO oder die Verjährungsfrist von fünf Jahren nach § 228 AO (Zahlungsverjährung).

Die **Berechnung des Lebensalters** ist eine Fristberechnung im Sinne des Bürgerlichen Gesetzbuches. Bei dieser Berechnung ist jedoch nach § 187 Abs. 2 BGB der Tag der Geburt mitzuzählen. Der Beginn des Tages der Geburt ist für den Anfang der Frist maßgebend **(Beginnfrist)**.

Eine Lösung wie bei den Ereignisfristen, wonach der Tag des Ereignisses nach § 187 Abs. 1 BGB nicht mitzählt und die Frist erst am nächstfolgenden Tag beginnt, ist hier nicht denkbar.
Es ist nicht möglich, den Tag der Geburt als nicht vorhanden anzusehen und außer Ansatz zu lassen.

Die Berechnung des Lebensalters ist steuerlich z. B. von Bedeutung

- bei der Berücksichtigung von Kindern (§ 32 Abs. 3–5 EStG),
- bei der Gewährung des Altersentlastungsbetrags (§ 24a EStG).

Beispiel

Die Tochter eines Steuerpflichtigen wurde am 1. Jan. 2002 geboren. Am 31. Dez. 2019 hatte sie das 18. Lebensjahr vollendet. Zu Beginn des Jahres 2020 war sie bereits 18 Jahre alt, sodass sie bei der Veranlagung des Steuerpflichtigen zur Einkommensteuer für den Veranlagungszeitraum 2020 nach § 32 Abs. 5 EStG nicht mehr berücksichtigt werden kann, wenn nicht die Voraussetzungen des § 32 Abs. 4 und 5 EStG (Berufsausbildung usw.) gegeben sind.

Wäre die Tochter des Steuerpflichtigen nicht am 1. Jan., sondern am 2. Jan. 2002 geboren, dann hätte sie das 18. Lebensjahr erst mit Ablauf des 1. Jan. 2020 vollendet. Zu Beginn des Veranlagungszeitraums 2020 wäre sie dann noch nicht 18 Jahre alt gewesen und sie könnte deshalb bei der Veranlagung des Steuerpflichtigen für den Monat Jan. 2020 berücksichtigt werden.

AUFGABEN

1. Unterscheiden Sie Fristen und Termine.
2. Wann liegen gesetzliche Fristen vor?
3. Was sind behördliche Fristen?
4. Was versteht man unter einer Ausschlussfrist?
5. Für welche Fristen kommt die Wiedereinsetzung in den vorigen Stand in Betracht?
6. Welche Voraussetzungen müssen für die Wiedereinsetzung in den vorigen Stand gegeben sein?
7. Wann beginnen fast alle steuerlich bedeutsamen Fristen?
8. Wie wirkt es sich auf die Fristberechnung aus, wenn der Fristbeginn auf einen Sonnabend, Sonntag oder Feiertag fällt?
9. An welchem Tag endet eine Monatsfrist, wie z. B. die Rechtsbehelfsfrist?
10. Wie ist bei der Berechnung des Lebensalters eines Steuerpflichtigen hinsichtlich des Tages der Geburt zu verfahren?

2.4.4 Die Folgen eines Fristversäumnisses

Steuererklärungen sind vor Ablauf der vom Gesetzgeber oder durch Verwaltungsanweisung bestimmten Frist abzugeben. Das Finanzamt kann die Steuererklärungsfrist verlängern (§ 109 Abs. 1 AO).

Wird die Steuererklärung nicht binnen 14 Monaten nach Ablauf des Kalenderjahres oder bei einer Vorabanforderung bis zu dem festgelegten Zeitpunkt abgegeben, ist (Verpflichtung) ein **Verspätungszuschlag** durch das Finanzamt festzusetzen.

Der Zuschlag beträgt 0,25 % der Steuernachzahlung (mind. 25,00 €) pro Monat, max. 25.000,00 €. Dies gilt nicht, wenn das Finanzamt die Abgabefrist verlängert hat, die Steuer auf 0,00 € festgesetzt wurde oder sich eine Steuererstattung ergibt.

Bei gesondert festzustellenden Einkünften beträgt der Verspätungszuschlag 0,0625 % der positiven Summe der festgestellten Einkünfte (mind. 25,00 €).

Für Erklärungen zur Festsetzung des Gewerbesteuermessbetrags und der Zerlegungserklärungen beträgt der Verspätungszuschlag 25,00 € pro angefangenen Monat.

Für vierteljährlich oder monatlich abzugebende Steueranmeldungen (Lohnsteuer, Umsatzsteuer) steht die Höhe im Ermessen des Finanzamtes.

Wird ein Steuerbescheid aufgehoben, geändert oder berichtigt, so ist auch der Verspätungszuschlag nach § 152 Abs. 12 AO entsprechend anzupassen.

Ist die Steuererklärungsfrist aus Verschulden des gesetzlichen Vertreters oder des Bevollmächtigten des Steuerpflichtigen (z. B. des Steuerberaters) versäumt worden, so ist dieses Verschulden dem Erklärungspflichtigen zuzurechnen. Der Zuschlag ist gegen den Steuerpflichtigen selbst und nicht gegen seinen Vertreter oder Bevollmächtigten festzusetzen, weil der Verspätungszuschlag einen Zuschlag zur Steuer darstellt.

Wird die Frist zur Abgabe der Lohnsteuer-Anmeldung überschritten, wird der Verspätungszuschlag nicht gegen den eigentlichen Steuerschuldner, den Arbeitnehmer, sondern gegen den Arbeitgeber festgesetzt, weil nur der Arbeitgeber und nicht der Arbeitnehmer verpflichtet ist, eine Lohnsteuer-Anmeldung abzugeben.

Eine Steuer ist fällig, wenn sie der Steuerpflichtige bis zu einem Fälligkeitszeitpunkt (Fälligkeitstag) zu entrichten hat. Wird dieser Fälligkeitszeitpunkt überschritten, d.h., wird die Steuer nicht bis zum Ablauf der Fälligkeitsfrist entrichtet, so ist dadurch ein **Säumniszuschlag** verwirkt (verwirklicht), d.h., er entsteht kraft Gesetzes allein durch die Tatsache der Fälligkeitsüberschreitung. Er beträgt für jeden angefangenen Monat der Säumnis 1 % des rückständigen Steuerbetrags (§ 240 Abs. 1 AO).

Für die Berechnung des Säumniszuschlags wird der rückständige Steuerbetrag auf volle 50,00 € abgerundet. Dabei werden mehrere Steuerbeträge nur dann zusammengerechnet, wenn sie dieselbe Steuerart betreffen und an demselben Tag fällig geworden sind. Durch die Abrundung entfällt der Säumniszuschlag, wenn der rückständige Steuerbetrag weniger als 50,00 € beträgt.

Nach § 240 Abs. 3 AO wird ein Säumniszuschlag bei einer Säumnis bis zu drei Tagen nicht erhoben **(Schonfrist)**. Bei Barzahlung und Zahlung mit Scheck wird keine Schonfrist gewährt. Bei der Scheckzahlung ist weiter zu beachten, dass der Scheck spätestens drei Tage vor Fälligkeit der Zahlung beim Finanzamt vorliegen muss, sonst gilt die Zahlung als nicht rechtzeitig geleistet (→ Säumniszuschlag entsteht).

Beispiel

In einem Einkommensteuerbescheid wird der Steuerpflichtige aufgefordert (Leistungsgebot), die Abschlusszahlung von 3.834,00 € bis zum 18. Sept. zu leisten.

Der Steuerpflichtige zahlt den Gesamtbetrag mittels Überweisung jedoch erst
a) am 21. Sept., b) am 18. Okt., c) am 19. Okt.

zu a): Die Zahlung ist innerhalb der Schonfrist erfolgt. Ein Säumniszuschlag wird nicht erhoben.

Beispiel (Forsetzung)

zu b): Der erste Säumnismonat beginnt am 19. Sept. und endet am 18. Okt. um 24:00 Uhr. Die Zahlung ist im ersten Säumnismonat geleistet. Der Säumniszuschlag beträgt 1 % von 3.800,00 € = 38,00 €.

zu c): Der zweite Säumnismonat beginnt am 19. Okt. und endet am 18. Nov. um 24:00 Uhr. Die Zahlung ist im zweiten Säumnismonat erfolgt. Der Säumniszuschlag beträgt 2 % von 3.800,00 € = 76,00 €.

Die Schonfrist bedeutet keine Verlängerung der Zahlungsfrist.

Ist ein Steuerpflichtiger nicht in der Lage, eine Zahlungsfrist einzuhalten, hat er die Möglichkeit, eine Steuerstundung zu beantragen. Das bedeutet, dass das Finanzamt die Fälligkeit des Steueranspruchs in die Zukunft verschiebt. Das ist nur auf Antrag (**Stundungsantrag**, § 222 AO) und unter bestimmten Voraussetzungen möglich. Wird dem Stundungsantrag entsprochen, so werden für die Dauer der Stundung Zinsen erhoben (§ 234 Abs. 1 AO). Auf die Zinsen kann ganz oder teilweise verzichtet werden, wenn deren Erhebung nach Lage des Einzelfalls unbillig wäre (§ 234 Abs. 2 AO). Hinterzogene Steuern sind ebenfalls zu verzinsen. Die Zinsen betragen für jeden Monat 0,5 % (§ 238 Abs. 1 Satz 1 AO). Sie sind von dem Tag an, an dem der Zinslauf beginnt, nur für volle Monate zu zahlen.
Für die Berechnung der Zinsen wird der zu verzinsende Betrag jeder Steuerart auf den nächsten durch 50,00 € teilbaren Betrag abgerundet (§ 238 Abs. 2 AO).
Zinsen werden nur dann festgesetzt, wenn sie mindestens 10,00 € betragen und sind auf volle Euro abzurunden (§ 239 Abs. 2 AO). Nachforderungszinsen (siehe auch Kap. 2.4.5) nach § 233a AO werden auf die Hinterziehungszinsen angerechnet.

Zwangsgelder können ebenfalls eine Folge von Fristversäumnis sein. Weigert sich ein Steuerpflichtiger im Rahmen seiner Mitwirkungspflicht im Besteuerungsverfahren, eine von der Finanzbehörde geforderte Handlung vorzunehmen, kann die Finanzbehörde den Steuerpflichtigen durch Festsetzung eines Zwangsgeldes nach § 328 Abs. 1 AO dazu zwingen.

Das einzelne Zwangsgeld darf 25.000,00 € nicht übersteigen (§ 329 AO). Das Zwangsgeld muss schriftlich angedroht werden.

Geschuldete Steuern sind bis zum Ablauf der Zahlungsfrist an die Finanzkasse abzuführen, wenn die Zahlungsfrist nicht durch Stundung oder Zahlungsaufschub verlängert worden ist. Erfolgt die Zahlung nicht rechtzeitig, so kann das Finanzamt zur Sicherung des Steueranspruchs

- die **Vollstreckung in das bewegliche Vermögen** (z.B. bewegliche Sachen, Forderungen) durch Pfändung und anschließende Verwertung oder
- die **Vollstreckung in das unbewegliche Vermögen** (z.B. Grundstücke) durch Eintragung einer Sicherungshypothek oder Zwangsversteigerung

betreiben (§ 249 ff. AO).
Die Kosten der Vollstreckung hat der Vollstreckungsschuldner, also der Steuerpflichtige, zu tragen (§ 337 Abs. 1 AO).

AUFGABEN

1. Welchen Steuerpflichtigen kann ein Verspätungszuschlag auferlegt werden?
2. Gegen wen wird der Verspätungszuschlag festgesetzt, wenn eine Lohnsteueranmeldung verspätet abgegeben wird?
3. Wann ist ein Säumniszuschlag verwirkt?
4. Wie wird der Säumniszuschlag errechnet?
5. Bei welcher Säumnis wird ein Säumniszuschlag nach § 240 Abs. 3 AO nicht erhoben?
6. Wie werden Stundungszinsen berechnet?
7. Unter welcher Voraussetzung werden Zwangsgelder festgesetzt?
8. Wem fallen die Kosten der Vollstreckung zur Last?

2.4.5 Verzinsung von Steuernachforderungen und Steuererstattungen (§ 233a AO)

Führt die Festsetzung von bestimmten Steuern zu einer **Steuernachforderung** oder zu einer **Steuererstattung**, so sind diese nach § 233a AO zu verzinsen.

Hierbei handelt es sich um Erklärungssteuern, die erst festgesetzt und erhoben werden können, nachdem die Erklärung eingereicht wurde. Mit der Verzinsung wollte der Gesetzgeber einen Ausgleich schaffen. Der Steuerpflichtige, der seine Steuererklärung erst sehr spät bei der Finanzverwaltung einreicht, soll dadurch keine Finanzierungsvorteile haben und der Steuerpflichtige soll nicht benachteiligt werden, dessen Steuererklärung nicht zügig von der Finanzverwaltung bearbeitet wird.

Anspruchsgrundlage und Zinslauf

Verzinst werden nach § 233a Abs. 1 Satz 1 AO nur die Einkommen-, Körperschaft-, Umsatz- und Gewerbesteuer. Steuervorauszahlungen, Steuerabzugsbeträge und steuerliche Nebenleistungen werden nicht verzinst.

Der Zinslauf bei der sogenannten Vollverzinsung beginnt allerdings nicht mit der Entstehung des Anspruchs (Ablauf des Kalenderjahres, in dem die Steuer entstanden ist), sondern nach einer Karenzzeit von 15 Monaten, in der Regel zum 1. April.

Der Zinszeitraum endet mit dem Ablauf des Tages, an dem die Steuerfestsetzung wirksam wird, bei Steuerbescheiden mit der Bekanntgabe, § 233a Abs. 2 AO. Der Bekanntgabe steht bei Anmeldungssteuern (Umsatzsteuer) der Tag des Eingangs der Steueranmeldung gleich.

Berechnung der Zinsen

Maßgebende Bemessungsgrundlage für die Berechnung der Zinsen ist immer der Unterschiedsbetrag. Dieser Unterschiedsbetrag wird nach § 233a Abs. 3 AO wie folgt ermittelt:

Zinsberechnung

Festgesetzte Steuer
- anzurechnende Steuerabzugsbeträge (z. B. Lohnsteuer und Kapitalertragsteuer)
- anzurechnende Körperschaftsteuer
- festgesetzte Vorauszahlungen (fristgerecht gezahlt)

= Unterschiedsbetrag

Die Zinsberechnung erfolgt nach § 238 AO (siehe auch Kap. 2.4.4). Die Zinsen werden nach § 239 Abs. 2 AO nur dann festgesetzt, wenn sie mindestens 10,00 € betragen.

Beispiele

a) Der Steuerpflichtige Müller erhält am Mittwoch, dem 25. Okt. 2020 seinen Einkommensteuerbescheid für das Jahr 2018 mit Postdatum 17. Okt. 2020. Die Einkommensteuer wurde mit 32.362,00 € festgesetzt. Seine Einkommensteuervorauszahlungen in Höhe von 40.000,00 € hatte Müller im Jahr 2018 fristgerecht überwiesen.

Berechnung:

festgesetzte Steuer =	32.362,00 €	
– Vorauszahlungen =	40.000,00 €	
Unterschiedsbetrag =	–7.638,00 €	(Erstattung)

Der Zinslauf beginnt 15 Monate nach Entstehung der Steuer, also am 1. April 2020. Er endet mit der Bekanntgabe am 20. Okt. 2020. Der Zinszeitraum beträgt 6 Monate, da angefangene Monate nicht angesetzt werden. Der Unterschiedsbetrag ist für die Verzinsung auf volle 50,00 € abzurunden, also hier auf 7.600,00 €.

Der Zinssatz beträgt 0,5 %/Monat, also 6 · 0,5 % = 3 %.
Demnach betragen die Erstattungszinsen: 7.600,00 € · 3 % = 228,00 €.

→

Beispiele (Fortsetzung)

b) Wie Beispiel a), nur hat der Steuerpflichtige Müller die Vorauszahlung für das vierte Quartal, fällig am 10. Dez. 2019, in Höhe von 10.000,00 € nicht geleistet. Die Vorauszahlung wurde zwar festgesetzt, ist aber nicht geleistet worden. Deshalb kann sie nicht verzinst werden.

Berechnung:

festgesetzte Steuer =	32.362,00 €	
– Vorauszahlungen =	30.000,00 €	
Unterschiedsbetrag =	2.362,00 €	(Nachforderung)

Nach Abrundung des Unterschiedsbetrags auf volle 50,00 € betragen die Nachforderungszinsen: 2.350,00 € · 3 % = 70,00 €.

c) Wie Beispiel a), nur hat der Steuerpflichtige Müller die vierte Vorauszahlung nicht fristgerecht, sondern zu spät geleistet, und zwar zum 1. Juni 2020. Da die Vorauszahlungen festgesetzt waren und alle in der Karenzzeit vor Beginn des Zinslaufes der Finanzverwaltung zugeflossen sind, ist der Unterschiedsbetrag wie in Beispiel a) zu ermitteln.

Die Erstattungszinsen sind mit 228,00 € festzusetzen.

Wird der Unterschiedsbetrag durch rückwirkende Ereignisse nach § 175 Abs. 1 Satz 1 Nr. 2 und nach § 175 Abs. 2 AO oder durch den Verlustrücktrag nach § 10d Abs. 1 EStG hervorgerufen oder beeinflusst, so beginnt der Zinslauf erst 15 Monate (siehe aber auch § 233a Abs. 2 Satz 2 AO) nach Ablauf des Kalenderjahres, in dem das rückwirkende Ereignis eingetreten oder der Verlust entstanden ist, § 233a Abs. 2a AO. Damit will der Gesetzgeber sicherstellen, dass Liquiditätsvorteile oder Liquiditätsnachteile erst dann verzinst werden, wenn sie eingetreten sind, und nicht wie bisher nach der üblichen Karenzzeit von 15 Monaten nach Entstehung der Steuer, gemäß § 233a Abs. 2 AO. Das gilt nicht bei nachträglicher Gewinnerhöhung wegen des Investitionsabzugsbetrags (siehe auch Kap. 4.5.6.1).

In einer Festsetzung können mehrere Änderungsgründe berücksichtigt werden und damit zu mehreren zinsrelevanten Teil-Unterschiedsbeträgen führen. Die berücksichtigten Änderungsgründe können sich sowohl mindernd (Verlustrücktrag) als auch erhöhend („Neue Tatsachen“, „Rückwirkendes Ereignis“) auswirken.

Beispiel

Die Steuerpflichtige Tatjana Andrä erhält ihren Steuerbescheid für 2018 mit Poststempel vom 12. Mai 2020. Sie bekommt eine Steuererstattung von 2.045,66 €. Abgerundet auf den nächsten durch 50,00 € teilbaren Betrag ergeben sich als zu verzinsender Betrag 2.000,00 €.

Die Verzinsung beginnt 15 Monate nach Ablauf des Kalenderjahres 2018, also am 1. April 2020. Sie endet mit der Bekanntgabe am 15. Mai 2020. Die Verzinsung erfolgt also für einen vollen Kalendermonat (= April).

Das Finanzamt überweist Frau Andrä zusätzlich zu der Steuererstattung für den Monat April 2020 Zinsen in Höhe von 10,00 € (= 0,5 % von 2.000,00 €). Der Mai ist kein „voller“ Monat und zählt deshalb nicht.

Erhält Frau Andrä den Steuerbescheid dagegen erst am 30. Mai 2020 (zur Post gegeben am 29. Mai 2020), gilt er am 1. Juni 2020 als bekannt gegeben. Dann muss das Finanzamt auch für den Mai 0,5 % Zinsen zahlen, da es sich bei dem Monat Mai nun um einen vollen Kalendermonat handelt.

2.5 Die Verjährung

Festsetzungs- und Zahlungsverjährung

Verjährung

Festsetzungsverjährung

Dauer der Festsetzungsfrist:
(§ 169 Abs. 2 AO)

- ein Jahr für Zölle und Verbrauchsteuern
- vier Jahre für alle übrigen Steuern
- fünf Jahre für leichtfertig verkürzte Steuern
- zehn Jahre für hinterzogene Steuern

Beginn der Frist:

- für Zölle, Verbrauchsteuern: mit Ablauf des Kalenderjahres, in dem die Steuern entstanden sind (§ 170 Abs. 1 AO)
- für andere Steuern, z. B. USt, ESt, KSt: **Hinausschiebung** des Beginns der Festsetzungsfrist bis zu drei Jahren (**Anlaufhemmung** nach § 170 Abs. 2 Nr. 1 AO)

Ende der Frist:
nach Ablauf der Dauer (siehe oben)

- **Ablaufhemmung** = Hinausschieben des Endes der Frist, z. B. durch Außenprüfung möglich (§ 171 Abs. 4 AO)

Rechtsfolge:

Nach Ablauf der Frist ist Steuerfestsetzung, Aufhebung oder Änderung der Steuer nicht mehr möglich.

Zahlungsverjährung

Dauer der Zahlungsfrist:
(§ 228 Satz 2 AO)

- fünf Jahre

Beginn der Frist:

- **Grundsatz:** nach Ablauf des Kalenderjahres, in dem der Anspruch erstmals fällig war (§ 229 Abs. 1 Satz 1 AO)
- **Ausnahme:** nach Ablauf des Kalenderjahres, in dem die Steuerfestsetzung **wirksam** geworden ist (**Anlaufhemmung** nach § 229 Abs. 1 Satz 2 AO)

Ende der Frist:
nach Ablauf der Dauer (siehe oben)

- **Ablaufhemmung** wegen höherer Gewalt möglich (§ 230 AO)
- Unterbrechung, z. B. durch Mahnung möglich (§ 231 AO)

Rechtsfolge:

Nach Ablauf der Frist erlischt der Zahlungsanspruch.

Nach der Abgabenordnung ist zu unterscheiden zwischen

- der Festsetzungsverjährung (§§ 169–171 AO) und
- der Zahlungsverjährung (§§ 228–232 AO).

Festsetzungsverjährung

Die Steuerfestsetzung allgemein muss innerhalb einer Frist, der Festsetzungsfrist, erfolgen. Ist diese Frist abgelaufen, ist eine Steuerfestsetzung nicht mehr zulässig (§ 169 Abs. 1 AO). Es liegt dann Festsetzungsverjährung vor.

Die **Festsetzungsfrist** beträgt nach § 169 Abs. 2 AO

- für Zölle und Verbrauchsteuern ein Jahr (dazu zählt auch die Einfuhrumsatzsteuer, nach § 21 Abs. 1 UStG eine Verbrauchsteuer),
- für alle übrigen Steuern (z. B. Umsatzsteuer, Einkommensteuer) vier Jahre,
- für leichtfertig verkürzte Steuern (§ 378 AO) fünf Jahre,
- für hinterzogene Steuern (§ 370 AO) zehn Jahre.

Die **Festsetzungsfrist** beginnt nach § 170 Abs. 1 AO grundsätzlich **mit Ablauf des Kalenderjahres**, in dem die Steuer entstanden ist. Das gilt insbesondere für Zölle und Verbrauchsteuern. Die Steuer entsteht, sobald der Tatbestand verwirklicht ist, an den das Gesetz die Steuer knüpft (siehe auch die Kapitel 3.7 und 4.13.1).

Beispiel

Rolf Kant, München, hat am 15. Mai d. J. aus den USA Ware eingeführt. Die Einfuhrumsatzsteuer und der Einfuhrzoll sind deshalb am 15. Mai d. J. entstanden. Die Festsetzungsfrist von einem Jahr beginnt nach dem 31.12. 24:00 Uhr und endet am 31. Dez. des nächsten Jahres. Die Zollbehörde hat das Recht, innerhalb dieser Frist die Einfuhrumsatzsteuer und den Einfuhrzoll festzusetzen. Nach Ablauf der Festsetzungsfrist ist eine Festsetzung bzw. eine Änderung der Festsetzung grundsätzlich nicht mehr möglich **(Festsetzungsverjährung)**.

Ist eine Steuererklärung oder Steueranmeldung (Jahressteueranmeldung) abzugeben, gleichgültig,

- ob aufgrund einer gesetzlichen Vorschrift (§ 149 Abs. 1 Satz 1 AO), z. B. nach § 18 Abs. 3 Satz 1 UStG oder nach § 25 Abs. 3 Satz 1 EStG,
- oder, weil der Steuerpflichtige von der Finanzbehörde zur Abgabe einer Steuererklärung aufgefordert worden ist (§ 149 Abs. 1 Satz 2 AO),

beginnt nach § 170 Abs. 2 Nr. 1 AO die **Festsetzungsfrist nicht mit Ablauf des Kalenderjahres**, in dem die Steuer entstanden ist, sondern grundsätzlich mit Ablauf des Kalenderjahres, in dem die Steuererklärung oder die Steueranmeldung eingereicht wird, spätestens jedoch mit Ablauf des dritten Kalenderjahres, das auf das Kalenderjahr folgt, in dem die Steuer entstanden ist **(Anlaufhemmung)**.

Durch die Anlaufhemmung wird der Beginn der Festsetzungsfrist im Höchstfall um drei Jahre hinausgeschoben. Diese Regelung ist für die Steuerverwaltung sehr wichtig, weil für fast alle Steuerarten Steuererklärungen abzugeben sind.

Beispiele

a) Manfred Rump, Koblenz, reicht seine Einkommensteuererklärung für das Jahr 2014 am 31. Mai 2015 ein.

Die Einkommensteuer entsteht nach § 36 Abs. 1 EStG mit Ablauf des Veranlagungszeitraums, hier also mit Ablauf des 31. Dez. 2014 um 24:00 Uhr. Hier kommt § 170 Abs. 2 Nr. 1 AO zur Anwendung.

Die Festsetzungsfrist beginnt in diesem Fall nicht nach Ablauf des Kalenderjahres, in dem die Steuer entstanden ist, also nicht am 1. Jan. 2015, sondern – durch die Anlaufhemmung – nach Ablauf des Kalenderjahres, in dem die Steuererklärung eingereicht wird, also am 1. Jan. 2016 um 00:00 Uhr. Sie endet nach vier Jahren am 31. Dez. 2019 um 24:00 Uhr.

b) Wir betrachten den Sachverhalt wie im Beispiel a) mit dem Unterschied, dass Rump die Erklärung erst am 31. Mai 2017 einreicht, weil er erst der Meinung war, er sei nicht zur Abgabe einer Erklärung verpflichtet. Ein Verschulden trifft ihn nicht.

Die Festsetzungsfrist beginnt nach § 170 Abs. 2 Nr. 1 AO zwar mit Ablauf des Kalenderjahres, in dem die Steuererklärung eingereicht wird, spätestens jedoch mit Ablauf des dritten Kalenderjahres, das auf das Kalenderjahr folgt, in dem die Steuer entstanden ist.

Die Steuer ist mit Ablauf des 31. Dez. 2014 entstanden. Spätestens drei Jahre danach beginnt die Festsetzungsfrist, also am 1. Jan. 2018 um 00:00 Uhr. Sie endet nach vier Jahren am 31. Dez. 2021 um 24:00 Uhr.

Würde den Steuerpflichtigen wegen der verspäteten Abgabe der Steuererklärung ein Verschulden treffen, so müsste geprüft werden, ob die Verjährungsfrist fünf Jahre (Steuerverkürzung) oder zehn Jahre (Steuerhinterziehung) beträgt.

Die **Frist** ist nach § 169 Abs. 1 Satz 3 AO **gewahrt**, wenn vor Ablauf der Festsetzungsfrist

- der Steuerbescheid den Bereich der für die Steuerfestsetzung zuständigen Finanzbehörde verlassen hat oder
- bei öffentlicher Zustellung der Steuerbescheid ausgehängt wird.

Bei einer öffentlichen Zustellung wird das zuzustellende Schriftstück (z.B. der Steuerbescheid) von der Behörde, die es zuzustellen hat, grundsätzlich an einer Stelle ausgehängt, die für Bekanntmachungen bestimmt ist. Das Schriftstück gilt dann, wenn es keine Ladung enthält, zwei Wochen nach dem Tag des Aushängens als zugestellt.

Hemmung der Festsetzungsverjährung

Die Festsetzungsfrist wird gehemmt, d.h., sie läuft nicht ab, solange der Hemmungsgrund besteht (**Ablaufhemmung** § 171 AO). So läuft die Festsetzungsfrist nicht ab, solange z.B. die Steuerfestsetzung wegen höherer Gewalt innerhalb der letzten sechs Monate des Fristlaufs nicht erfolgen kann (§ 171 Abs. 1 AO).

Ist beim Erlass eines Steuerbescheids eine offenbare Unrichtigkeit unterlaufen, so endet die Festsetzungsfrist insoweit nicht vor Ablauf eines Jahres nach Bekanntgabe dieses Steuerbescheids. Das Gleiche gilt in den Fällen des § 173a AO bei der elektronischen Übermittlung von Daten Dritter (§ 171 Abs. 2 Satz 2 AO).

Wird vor Ablauf der Festsetzungsfrist mit einer Außenprüfung begonnen, so läuft die Festsetzungsfrist für die Steuern, auf die sich die Außenprüfung erstreckt, ebenfalls nicht ab, bevor die aufgrund der Außenprüfung zu erlassenden Steuerbescheide unanfechtbar geworden sind. Ein Steuerbescheid ist unanfechtbar, wenn er mit Rechtsbehelfen nicht mehr angreifbar ist. Hat die Prüfung zu keiner Änderung der Besteuerungsgrundlagen geführt, so läuft die Festsetzungsfrist erst ab, wenn drei Monate nach Bekanntgabe einer entsprechenden schriftlichen Mitteilung nach § 202 Abs. 1 Satz 3 AO an den Steuerpflichtigen verstrichen sind (§ 171 Abs. 4 Satz 1 AO).

Zahlungsverjährung

Hier geht es darum, dass Ansprüche aus einem Steuerschuldverhältnis grundsätzlich verjähren, wenn die Verjährungsfrist von fünf Jahren abgelaufen ist (§ 228 Satz 2 AO). Durch die Zahlungsverjährung erlischt der Zahlungsanspruch. Die Verjährung beginnt mit Ablauf des Kalenderjahres, in dem der Anspruch erstmals fällig geworden ist (§ 229 Abs. 1 Satz 1 AO).

Beispiel

Die Einkommensteuer-Vorauszahlung eines Steuerpflichtigen für das zweite Kalendervierteljahr 2015 wird nach § 37 Abs. 1 EStG erstmals am 10. Juni 2015 fällig. Die Verjährungsfrist beginnt mit Ablauf des Kalenderjahres 2015, also am 1. Jan. 2016 um 00:00 Uhr, und endet am 31. Dez. 2020 um 24:00 Uhr.

Die Verjährungsfrist beginnt jedoch nicht vor Ablauf des Kalenderjahres, in dem die Festsetzung eines Anspruchs aus dem Steuerschuldverhältnis wirksam geworden ist, aus dem sich der Anspruch ergibt; eine Steueranmeldung steht einer Steuerfestsetzung gleich (§ 229 Abs. 1 Satz 2 AO).

Diese Regelung gilt für Steuern, die kraft Gesetzes fällig werden, ohne dass eine Steuerfestsetzung stattgefunden hat oder eine Steueranmeldung vorliegt.

Dazu gehören neben einigen Verbrauchsteuern die Umsatzsteuer und die Lohnsteuer. (Beachten Sie dazu § 18 Abs. 1 letzter Satz UStG und wegen der fälligen Lohnsteuer § 41a Abs. 1 Nr. 2 EStG.) Bei Umsatz- und Lohnsteuer kann die Finanzbehörde den Zahlungsanspruch trotz der Fälligkeit erst nach erfolgter Steuerfestsetzung bzw. Steueranmeldung geltend machen. Deshalb beginnt die Zahlungsverjährung erst mit Ablauf des Kalenderjahres, in dem die Festsetzung wirksam geworden ist. (Beachten Sie dazu auch das Beispiel auf der folgenden Seite.)

Beispiel

Die Umsatzsteuer-Vorauszahlung eines Unternehmers für das dritte Kalendervierteljahr d. J. von 3.200,00 € ist am 10. Okt. d. J. fällig gewesen. Die entsprechende Umsatzsteuer-Voranmeldung reicht der Unternehmer aber erst am 10. Jan. des nächsten Jahres mit der Voranmeldung für das vierte Kalendervierteljahr ein.

Die Verjährungsfrist von fünf Jahren für die Vorauszahlung von 3.200,00 € beginnt nicht mit Ablauf dieses Jahres, sondern mit Ablauf des nächsten Jahres, weil die Umsatzsteuer-Voranmeldung (Steueranmeldung) erst im nächsten Kalenderjahr wirksam geworden ist.

Hemmung der Zahlungsverjährung

Bei der Zahlungsverjährung gibt es nach § 230 AO nur einen Fall der Hemmung, und zwar ist diese Verjährung gehemmt, solange der Anspruch wegen höherer Gewalt innerhalb der letzten sechs Monate der Verjährungsfrist nicht verfolgt werden kann.

Wird bei einer Zahlungsverjährung der Ablauf hinausgeschoben, so spricht man – wie bei der Festsetzungsverjährung – von einer **Ablaufhemmung**.

Die Zahlungsverjährung wird nach § 231 Abs. 1 AO unterbrochen z. B. durch:

- schriftliche Geltendmachung des Anspruchs (Zahlungserinnerung),
- Zahlungsaufschub,
- Stundung,
- Aussetzung der Vollziehung,
- Anmeldung im Insolvenzverfahren,
- Ermittlungen der Finanzbehörde nach dem Wohnsitz oder dem Aufenthaltsort des Steuerpflichtigen.

Mit Ablauf des Kalenderjahres, in dem die Unterbrechung geendet hat, beginnt eine neue Verjährungsfrist (§ 231 Abs. 3 AO).

Der Unterschied zwischen Unterbrechung und Hemmung der Verjährung besteht darin, dass bei einer Unterbrechung die Verjährungsfrist erneut zu laufen beginnt, während sie bei einer Hemmung lediglich nicht weiterläuft, gewissermaßen eingefroren wird, solange die Hemmung andauert.

AUFGABEN

1. Welche zwei Arten der Verjährung gibt es gemäß Abgabenordnung?
2. Unter welcher Voraussetzung liegt eine Festsetzungsverjährung vor?
3. Welche Festsetzungsfristen gibt es nach § 169 Abs. 2 AO?
4. Wann beginnt die Festsetzungsfrist?
5. Unter welcher Voraussetzung ist die Festsetzungsfrist gewahrt?
6. Welche Rechtsfolgen hat die Zahlungsverjährung?
7. Wann beginnt und wann endet die Zahlungsverjährung?
8. Wann läuft die Festsetzungsfrist ab, wenn vor Ablauf der Festsetzungsfrist mit einer Außenprüfung begonnen wurde?
9. Durch welche Tatbestände kann der Ablauf der Festsetzungsfrist nach § 171 Abs. 1–4 AO gehemmt werden?
10. Welcher Unterschied besteht zwischen Unterbrechung und Hemmung der Verjährung?

449760

2.6 Steuerstraftaten und Steuerordnungswidrigkeiten

Steuerliche Zuwiderhandlungen

Steuerstraftaten (§ 369 ff. AO) **sind z. B.**	**Folge:**
Steuerhinterziehung (§ 370 Abs. 1 AO)	**Freiheitsstrafe bis 5 Jahre** oder **Geldstrafe;** in **schweren** Fällen: Freiheitsstrafe **bis 10 Jahre**
Versuch der Steuerhinterziehung (§ 370 Abs. 2 AO)	das gleiche Strafmaß wie bei der Steuerhinterziehung
gewerbsmäßiger Schmuggel (§ 373 AO)	**Freiheitsstrafe 3 Monate bis 5 Jahre**
Steuerhehlerei (§ 374 AO)	**Freiheitsstrafe bis 5 Jahre**
bei **Steuerhinterziehung Selbstanzeige** möglich (§ 371 AO)	**Straffreiheit**

Steuerordnungswidrigkeiten (§ 377 ff. AO) **sind z. B.**	**Folge:**
leichtfertige Steuerverkürzung (§ 378 AO)	**Geldbuße bis zu 50.000,00 €**
Steuergefährdung (§ 379 AO)	**Geldbuße bis zu 5.000,00 €**
bei **leichtfertiger Steuerverkürzung Selbstanzeige** möglich (§ 378 Abs. 3 AO)	**Bußgeldfreiheit**

Die steuerlichen Zuwiderhandlungen können eingeteilt werden in:

- Steuerstraftaten (Zollstraftaten) und
- Steuerordnungswidrigkeiten (Zollordnungswidrigkeiten).

Steuerstraftaten im Sinne der Abgabenordnung sind strafbare Verletzungen von Pflichten, die die Steuergesetze im Interesse der Besteuerung auferlegen. Steuerstraftaten sind z. B.:

- die **Steuerhinterziehung**. Sie liegt beispielsweise vor, wenn ein Steuerpflichtiger
  - den Finanzbehörden über steuerlich erhebliche Tatsachen unrichtige oder unvollständige Angaben macht oder
  - die Finanzbehörden pflichtwidrig über steuerlich erhebliche Tatsachen in Unkenntnis lässt.

  Die Steuerhinterziehung wird mit Freiheitsstrafe bis zu fünf Jahren oder mit Geldstrafe geahndet (§370 Abs. 1 AO).
  In besonders schweren Fällen der Steuerhinterziehung wird eine Freiheitsstrafe von sechs Monaten bis zu zehn Jahren verhängt (§ 370 Abs. 3 AO).
- der **Versuch der Steuerhinterziehung**. Auch der Versuch ist strafbar. Das Strafmaß ist das gleiche wie bei der Steuerhinterziehung (§ 370 Abs. 2 AO).
- der **gewerbsmäßige Schmuggel**. Dieser ist gegeben, wenn z.B. gewerbsmäßig Eingangsabgaben, wie Einfuhrumsatzsteuer, Einfuhrzoll, hinterzogen werden.
  Der Schmuggel wird mit Freiheitsstrafe von drei Monaten bis zu fünf Jahren bestraft (§373 Abs. 1 AO).

- die **Steuerhehlerei**. Sie liegt vor, wenn jemand unversteuerte Gegenstände ankauft oder einem Dritten verschafft, sie absetzt oder abzusetzen hilft, um sich oder einen Dritten zu bereichern. Die Steuerhehlerei wird mit Freiheitsstrafe bis zu fünf Jahren bestraft (§ 374 AO).

Im Falle einer Steuerhinterziehung kann der Steuerpflichtige nach § 371 AO Selbstanzeige bei der Finanzbehörde erstatten, d. h., er muss dann in vollem Umfange unrichtige oder unvollständige Angaben berichtigen oder unterlassene Angaben ergänzen oder nachholen. Insoweit wird der Steuerpflichtige straffrei. Die **Straffreiheit** tritt nach § 371 Abs. 2 AO grundsätzlich nur ein, wenn die Selbstanzeige erfolgt,

- bevor dem Täter oder seinem Vertreter eine Prüfungsanordnung nach § 196 AO bekanntgeworden ist oder
- bevor ein Amtsträger der Finanzbehörde zur steuerlichen Prüfung oder zur Ermittlung einer Steuerstraftat oder einer Steuerordnungswidrigkeit erschienen ist oder
- bevor dem Täter oder seinem Vertreter die Einleitung des Straf- oder Bußgeldverfahrens wegen der Tat bekannt gegeben worden ist oder
- bevor die Tat ganz oder zum Teil bereits entdeckt war oder
- ein Amtsträger der Finanzbehörde zu einer USt-Nachschau nach § 27b UStG, eine LSt-Nachschau nach § 42g EStG oder einer Nachschau nach anderen steuerlichen Vorschriften erschienen ist.

Steuerordnungswidrigkeiten sind Zuwiderhandlungen, die nach den Steuergesetzen mit Geldbuße geahndet werden können (§ 377 Abs. 1 AO), z. B.:

- die **leichtfertige Steuerverkürzung**. Diese Ordnungswidrigkeit begeht, wer
  - als Steuerpflichtiger oder als Bevollmächtigter eines Steuerpflichtigen, z. B. als Steuerberater, über steuerlich erhebliche Tatsachen unrichtige oder unvollständige Angaben leichtfertig macht oder
  - die Finanzbehörde pflichtwidrig über steuerlich erhebliche Tatsachen leichtfertig in Unkenntnis lässt (§ 378 Abs. 1 AO).

  Die leichtfertige Steuerverkürzung kann mit einer Geldbuße bis zu 50.000,00 € geahndet werden (§ 378 Abs. 2 AO);
- die **Steuergefährdung**. Sie ist gegeben, wenn jemand vorsätzlich oder leichtfertig
  - Belege ausstellt, die unrichtig sind, oder
  - buchungs- oder aufzeichnungspflichtige Vorgänge nicht oder unrichtig bucht oder buchen lässt

  und dadurch ermöglicht, Steuern zu verkürzen oder nicht gerechtfertigte Steuervorteile zu erlangen (§ 379 Abs. 1 AO). Die Steuergefährdung liegt also im Vorfeld der Steuerverkürzung. Diese soll erst durch die Steuergefährdung ermöglicht werden.
  Die Steuergefährdung dient als Hilfeleistung zur Steuerverkürzung. Sie wird mit einer Geldbuße bis zu 5.000,00 € geahndet.
  Bei einer leichtfertigen Steuerverkürzung wird eine Geldbuße nicht festgesetzt, wenn der Täter rechtzeitig unrichtige Angaben berichtigt oder unterlassene Angaben nachholt (§ 378 Abs. 3 AO).

AUFGABEN

1. Welcher Unterschied besteht zwischen Steuerstraftaten und Steuerordnungswidrigkeiten?
2. Welche Steuerstraftaten kennen Sie?
3. Welche Strafen sind für Steuerhinterziehung vorgesehen?
4. Unter welcher Voraussetzung liegt Steuerhehlerei vor?
5. Wie wirkt sich die Selbstanzeige bei Steuerhinterziehung aus?
6. Was sind Steuerordnungswidrigkeiten?
7. Welcher Unterschied besteht zwischen Steuerverkürzung und Steuergefährdung?
8. Welches Strafmaß kann bei Steuerordnungswidrigkeiten verhängt werden?
9. Unter welcher Voraussetzung wird bei einer leichtfertigen Steuerverkürzung eine Geldbuße nicht festgesetzt?

2.7 Die Buchführungs- und Aufzeichnungspflicht

Nach § 140 AO hat jeder, der nach anderen Gesetzen als den Steuergesetzen verpflichtet ist, Bücher und Aufzeichnungen zu führen, die für die Besteuerung von Bedeutung sind, die Verpflichtungen, die ihm nach den anderen Gesetzen obliegen auch für die Besteuerung zu erfüllen (abgeleitete Buchführungspflicht). Unter die **Buchführungs- und Aufzeichnungspflicht** nach anderen Gesetzen in diesem Sinne fallen z. B. die Buchführungs- und Aufzeichnungspflichten, die sich ergeben

- für **Kaufleute** nach §§ 238 bis 245, 257 bis 263 HGB,
- für **Aktiengesellschaften** nach § 91 AktG und
- für **Gesellschaften mit beschränkter Haftung** nach § 41 GmbHG.

Nach §§ 241a, 242 Abs. 4 HGB sind Einzelkaufleute von der Buchführungspflicht befreit, wenn sie an zwei aufeinander folgenden Abschlussstichtagen nicht mehr als jeweils 600.000,00 € Umsatz und jeweils 60.000,00 € Jahresüberschuss erzielt haben.

Land- und Forstwirte sowie Gewerbetreibende, die nicht unter die Buchführungs- und Aufzeichnungspflicht nach § 140 AO fallen, sind nach § 141 Abs. 1 AO verpflichtet, Bücher zu führen, wenn sie nach den Feststellungen der Finanzbehörde für den einzelnen Betrieb entweder

- Umsätze einschließlich der steuerfreien Umsätze, ausgenommen die Umsätze nach § 4 Nr. 8 bis 10 UStG, von mehr als 600.000,00 € im Kalenderjahr oder
- einen Wirtschaftswert der selbst bewirtschafteten land- und forstwirtschaftlichen Flächen von mehr als 25.000,00 € oder
- einen Gewinn aus Gewerbebetrieb von mehr als 60.000,00 € im Wirtschaftsjahr oder
- einen Gewinn aus Land- und Forstwirtschaft von mehr als 60.000,00 € im Kalenderjahr

gehabt haben. Der Gewinn ist um erhöhte Absetzungen und Sonderabschreibungen zu erhöhen (§ 7a Abs. 6 EStG).

Werden Land- und Forstwirte zur Buchführung verpflichtet oder führen sie freiwillig Bücher, so ermitteln sie ihren Gewinn durch Betriebsvermögensvergleich nach § 4 Abs. 1 EStG, Gewerbetreibende durch Betriebsvermögensvergleich nach § 5 Abs. 1 EStG.

Die **Buchführungspflicht nach § 141 Abs. 1 AO** (originäre Buchführungspflicht) ist vom Beginn des Wirtschaftsjahres an zu erfüllen, das auf die Bekanntgabe der Mitteilung folgt, durch die die Finanzbehörde auf den Beginn dieser Verpflichtung hingewiesen hat. Die Verpflichtung endet mit Ablauf des Wirtschaftsjahres, das auf das Wirtschaftsjahr folgt, in dem die Finanzbehörde feststellt, dass die Voraussetzungen für die Buchführungspflicht nicht mehr vorliegen (§ 141 Abs. 2 AO).

Die freiberuflich Tätigen – Rechtsanwälte, Ärzte, Steuerberater, Wirtschaftsprüfer und andere selbstständig Tätige im Sinne des § 18 EStG – sind weder nach § 140 noch nach § 141 AO zur Buchführung verpflichtet. Diese Steuerpflichtigen ermitteln den Gewinn nur dann gemäß **§ 4 Abs. 1 EStG** nach dem **Vermögensvergleich**, wenn sie freiwillig Bücher führen und regelmäßig Abschlüsse machen. Dies wird aber nur selten der Fall sein. Grundsätzlich wird bei diesen Steuerpflichtigen der Überschuss der Betriebseinnahmen über die Betriebsausgaben nach § 4 Abs. 3 EStG als Gewinn angesetzt.

Nach § 60 Abs. 4 EStDV ist bei Gewinnermittlung nach § 4 Abs. 3 EStG (**Einnahmeüberschussrechnung,** Anlage EÜR) der Steuererklärung eine **Gewinnermittlung nach amtlich vorgeschriebenem** Datensatz durch Datenfernübertragung zu übermitteln. Auf Antrag kann die Finanzbehörde der Abgabe auf einem amtlich vorgeschriebenen Vordruck zustimmen.

Diese Vorschrift steht im Zusammenhang mit der Anhebung der Buchführungspflichtgrenzen nach § 141 AO. Sie soll die Einnahmeüberschussrechnung als Gewinnermittlung standardisieren, sowie die Erklärungs- und Auskunftspflichten des Steuerpflichtigen erleichtern und so zur Steuervereinfachung beitragen.

AUFGABEN

1. Was versteht man unter abgeleiteter Buchführungspflicht im Sinne des § 140 AO?
2. Welche Werte müssen nach § 141 Abs. 1 AO für die sogenannte originäre Buchführungspflicht von Gewerbetreibenden überschritten werden?
3. Wie steht es mit der Buchführungspflicht der freiberuflich Tätigen?

2.7.1 Die Aufbewahrungspflicht

Die Aufbewahrungspflicht der Steuerpflichtigen ergibt sich aus § 147 AO und § 147a AO.

Die **Aufbewahrungsfrist** beträgt nach § 147 Abs. 3 AO (siehe auch § 14b UStG)

- für Buchungsbelege, Bücher und Aufzeichnungen, Inventare, Jahresabschlüsse, Lageberichte, Eröffnungsbilanzen sowie für die zu ihrem Verständnis erforderlichen Arbeitsanweisungen und sonstigen Organisationsunterlagen, wie z. B. Vermerke und Erläuterungen zu den Umbuchungen anlässlich eines Jahresabschlusses, **zehn Jahre**,
- für die übrigen in § 147 Abs. 1 AO aufgeführten Unterlagen, z. B. empfangene Geschäftsbriefe und sonstige Unterlagen, soweit sie für die Besteuerung von Bedeutung sind, **sechs Jahre**.

Die Bilanzen müssen im Original aufbewahrt werden. Die übrigen Unterlagen, Bücher, Geschäftsbriefe usw. können nach § 147 Abs. 2 AO auch als Wiedergabe auf einem Bildträger oder auf anderen Datenträgern aufbewahrt werden, wenn sichergestellt ist, dass die Wiedergabe oder die Daten

- mit den empfangenen Handels- oder Geschäftsbriefen und den Buchungsbelegen bildlich und mit den anderen Unterlagen, z. B. Büchern, inhaltlich übereinstimmen, wenn sie lesbar gemacht werden,
- während der Dauer der Aufbewahrungspflicht verfügbar sind und jederzeit innerhalb angemessener Frist lesbar gemacht werden können, und
- mit einem Datenverarbeitungssystem erstellte Dokumente im Rahmen der Außenprüfung mit diesem System die Daten zu nutzen und/oder nach dem Vorgaben der Finanzbehörde die Daten in einem entsprechenden Datenformat auf einem maschinell verwertbaren Datenträger zur Verfügung gestellt zu bekommen.

Bei empfangenen Lieferscheinen, die keine Buchungsbelege nach § 147 Abs. 1 Nr. 4 AO sind, endet die Aufbewahrungsfrist mit Erhalt der Rechnung; für abgesandte Lieferscheine mit Versand der Rechnung (§ 147 Abs. 3 S. 3 u. 4 AO).

Die Aufbewahrungsfrist beginnt mit dem Schluss des Kalenderjahres, in dem die letzte Eintragung in das Buch gemacht, die Bilanz einschließlich Gewinn- und Verlustrechnung aufgestellt, die Handelskorrespondenz empfangen oder abgesandt worden ist (§ 147 Abs. 4 AO).

Beispiel

Mit dem Schluss des Kalenderjahres 2020 läuft die Aufbewahrungsfrist für die folgenden Bücher und Unterlagen ab:

- Bücher, in die die letzte Eintragung vor dem 1. Jan. 2011 vorgenommen worden ist;
- Bilanzen einschließlich Gewinn- und Verlustrechnungen, die vor dem 1. Jan. 2011 aufgestellt worden sind;
- Handelskorrespondenz, die vor dem 1. Jan. 2015 empfangen oder abgesandt worden ist.

Nach § 147a AO unterliegen Steuerpflichtige auch mit ihren Überschusseinkunftsarten der Aufbewahrungspflicht, wenn diese Einkünfte mehr als 500.000,00 € im Kalenderjahr betragen haben. Die Dauer der Aufbewahrungspflicht beträgt sechs Jahre und beginnt mit dem Kalenderjahr, das auf das Kalenderjahr folgt, in dem die Summe der positiven Einkünfte aus Einkünften nach § 2 Abs. 1 Nr. 4 bis 7 EStG mehr als 500.000,00 € beträgt.

449764

2.7.2 Ordnungsmäßigkeit der Buchführung und der Aufzeichnungen

Die Buchführung muss so beschaffen sein, dass sie einem sachverständigen Dritten, z. B. Betriebsprüfer und Steuerberater, innerhalb angemessener Zeit einen Überblick

- über die Geschäftsvorfälle und
- über die Vermögenslage

des Unternehmens vermitteln kann. Die Geschäftsvorfälle müssen sich in ihrer Entstehung und Abwicklung verfolgen lassen (§ 145 Abs. 1 AO).

Die Aufzeichnungen sind so vorzunehmen, dass der Zweck, den sie für die Besteuerung erfüllen sollen, erreicht wird (§ 145 Abs. 2 AO).

Außer diesen allgemeinen Anforderungen an Buchführung und Aufzeichnungen sind auch die in § 146 AO aufgeführten Ordnungsvorschriften zu beachten.

Es handelt sich im Wesentlichen um die folgenden **Vorschriften**:

- Die Buchungen und die Aufzeichnungen sind einzeln, vollständig, richtig, zeitgerecht und geordnet vorzunehmen. Die Pflicht zur Einzelaufzeichnung entfällt aus Zumutbarkeitsgründen beim Verkauf von Waren an eine Vielzahl von nicht bekannten Personen gegen Barzahlung. Es sei denn, dass der Steuerpflichtige ein elektronisches Aufzeichnungssystem im Sinne des § 146a AO verwendet (§ 146 Abs. 1 AO).
- Eine Buchung oder eine Aufzeichnung darf nicht so verändert werden, dass der ursprüngliche Inhalt nicht mehr feststellbar ist (§ 146 Abs. 4 AO).
- Die Bücher und die Aufzeichnungen sind im Geltungsbereich der Bundesrepublik Deutschland zu führen (§ 146 Abs. 2 Satz 1 AO).
- Abweichend von § 146 Abs. 2 Satz 1 AO kann die zuständige Finanzbehörde bewilligen, dass elektronische Bücher in einem Mitgliedstaat der Europäischen Union geführt und aufbewahrt werden (§ 146 Abs. 2a Satz 1 AO).

Durch die fortschreitende Entwicklung im Bereich der Datenverarbeitung mit ihren Auswirkungen auf maschinelle Buchführungstechniken und -systeme ist es erforderlich, die Überprüfbarkeit der papierlosen Buchführungswerke sicherzustellen. Deshalb müssen die Daten im Datenverarbeitungssystem nach § 146 Abs. 5 Satz 2 AO jederzeit verfügbar sein, unverzüglich lesbar gemacht und maschinell ausgewertet werden können. Dies gilt nach § 147 Abs. 2 Nr. 2 AO für die gesamte Dauer der Aufbewahrungspflicht. Die Aufbewahrung der ausgedruckten Daten ist weiterhin zulässig, aber grundsätzlich nicht ausreichend.

Sind die Buchführungsunterlagen mithilfe eines Datenverarbeitungssystems erstellt worden, hat die Finanzbehörde das Recht, Einsicht in die gespeicherten Daten zu nehmen und das Datenverarbeitungssystem zur Prüfung dieser Unterlagen zu nutzen (§ 147 Abs. 6 Satz 1 AO). Die Finanzbehörde kann auch verlangen, dass die Daten maschinell ausgewertet oder ihr die gespeicherten Unterlagen auf verwertbaren Datenträgern zur Verfügung gestellt werden; die Kosten sind vom Steuerpflichtigen zu tragen (§ 147 Abs. 6 Satz 2 und 3 AO). Allerdings stehen diese Rechte der Finanzbehörde nur im Rahmen der steuerlichen Außenprüfung (siehe auch Kap. 2.7.3) zu. Im Fall der Auslagerung von aufzeichnungs- und aufbewahrungspflichtigen Daten in ein anderes Datenverarbeitungssystem ist es ausreichend, wenn nach Ablauf des fünften Kalenderjahres, das auf die Umstellung oder Auslagerung folgt, diese Daten ausschließlich auf einem maschinell lesbaren und maschinell auswertbaren Datenträger vorgehalten werden (§ 147 Abs. 6 S. 5 AO).

Sind die Ordnungsvorschriften für Buchführung und Aufzeichnung nicht beachtet worden, hat die Finanzbehörde zu prüfen, ob

- vorsätzlich begangene Steuerverfehlungen, z. B. Steuerhinterziehung nach § 370 AO, oder
- fahrlässige Steuerverfehlungen, z. B. leichtfertige Steuerverkürzungen nach § 378 AO oder Steuergefährdung nach § 379 AO,

vorliegen. Bei einer vorsätzlichen Steuerverfehlung kann ein Strafverfahren, bei einer fahrlässigen Steuerverfehlung ein Bußgeldverfahren eingeleitet werden.

2.7.3 Die Außenprüfung

Die **Außenprüfung (Betriebsprüfung)** dient der Ermittlung der Besteuerungsgrundlagen in einem bestimmten Steuerfall. Sie findet in der Regel in den Räumlichkeiten des zu prüfenden Unternehmens statt.

Die Außenprüfung ist **ohne Einschränkung zulässig bei** Steuerpflichtigen,

- die einen Gewerbebetrieb oder
- einen land- und forstwirtschaftlichen Betrieb unterhalten, oder
- die freiberuflich tätig sind (§ 193 Abs. 1 AO).

Bei allen anderen Steuerpflichtigen ist eine Außenprüfung nur in Ausnahmefällen zulässig.

Für Zwecke der Außenprüfung werden die Betriebe eingeteilt in Großbetriebe (G), Mittelbetriebe (M), Kleinbetriebe (K) und Kleinstbetriebe (Kst).

Die Entscheidung, ob und in welchem Umfang eine Außenprüfung stattfindet, liegt im Ermessen der Finanzbehörde (§ 196 AO). Die Auswertung vorhandener und die Ausstellung neuer Kontrollmitteilungen ist zulässig.

Die Außenprüfung erstreckt sich grundsätzlich auf alle Steuerarten mit Ausnahme der Lohnsteuer. Die Lohnsteuer wird regelmäßig von Lohnsteuerprüfern der Finanzverwaltung geprüft.

Fragen bezüglich der Umsatzsteuer, die sich z. B. aufgrund der abgegebenen Umsatzsteuer-Voranmeldungen ergeben und für deren Erledigung eine kurzfristig angesetzte Prüfung zweckmäßig erscheint, werden von Umsatzsteuer-Sonderprüfern von Fall zu Fall im Betrieb geklärt.

2.7.4 Stundung, Erlass, Niederschlagung

Die Finanzbehörden können nach § 222 AO Ansprüche aus dem Steuerschuldverhältnis, das sind Steuern und sonstige Geldleistungen, ganz oder teilweise stunden, wenn

- ihre Einziehung mit erheblichen Härten für den Steuerpflichtigen verbunden und
- der Anspruch durch die Stundung nicht gefährdet ist.

Die **Stundung** liegt im Ermessen des Finanzamts. Gegen die Ablehnung eines Stundungsantrags kann Einspruch eingelegt werden. Über den Einspruch entscheidet das Finanzamt mit klagefähiger Einspruchsentscheidung, falls dem Antrag nicht entsprochen wird.

Nach § 227 AO können Ansprüche aus dem Steuerschuldverhältnis im Einzelfall ganz oder zum Teil erlassen werden, wenn ihre Einziehung nach Lage des Einzelfalls unbillig wäre.

Die Einziehung des Anspruchs aus dem Steuerschuldverhältnis ist z. B. unbillig, wenn sie die wirtschaftliche Existenz des Steuerpflichtigen gefährden würde. Durch den **Erlass** verzichtet der Steuergläubiger endgültig auf seinen Anspruch (§ 47 AO).

Vom Erlass ist die **Niederschlagung** (§ 261 AO) zu unterscheiden. Durch sie erlischt – im Gegensatz zum Erlass – der Steueranspruch nicht. Die Niederschlagung ist eine innerdienstliche Maßnahme, durch die der Steueranspruch vorläufig nicht geltend gemacht wird, weil die Beitreibung keinen Erfolg verspricht oder weil die Kosten der Beitreibung im Verhältnis zum Steueranspruch zu hoch sind. Der Steueranspruch kann vom Steuergläubiger zu einem späteren Zeitpunkt wieder geltend gemacht werden.

Stundung →	Der Fälligkeitszeitpunkt wird hinausgeschoben.
Erlass →	Auf den Steueranspruch wird endgültig verzichtet. Der Steueranspruch erlischt.
Niederschlagung →	Der Steueranspruch wird vorläufig nicht geltend gemacht. Der Steueranspruch erlischt nicht.

AUFGABEN

1. Wie viele Jahre beträgt die Aufbewahrungsfrist
   a) für Bücher und Bilanzen,
   b) für Geschäftsbriefe?
2. Wann beginnt die Aufbewahrungsfrist?
3. Wie muss die Buchführung beschaffen sein?
4. Welche Folgen können sich für den Steuerpflichtigen ergeben, wenn die Ordnungsvorschriften nach § 146 AO nicht beachtet worden sind?
5. Bei welchen Steuerpflichtigen ist die Außenprüfung ohne Einschränkung zulässig?
6. Wie werden die Betriebe für Zwecke der Außenprüfung eingeteilt?
7. Welche Fragen hat der Umsatzsteuer-Sonderprüfer zu klären?
8. Wer prüft die Lohnsteuer in den Betrieben?
9. Welcher Rechtsbehelf ist gegen die Ablehnung eines Stundungsantrags zulässig?
10. Unter welcher Voraussetzung können Steuern nach § 227 AO erlassen werden?
11. Welcher Unterschied besteht zwischen dem Erlass einer Steuer und der Niederschlagung nach § 261 AO?

VERTIEFENDE ÜBUNGEN

Übungen 1 bis 6: Zuständigkeit

1. **Welches Finanzamt ist für die Sachverhalte a) bis f) örtlich zuständig?**

   Ralf Bayer bewohnt in Ludwigshafen sein eigenes Einfamilienhaus. In Mannheim betreibt er auf eigenem Betriebsgrundstück ein Speditionsunternehmen.

   a) Feststellung des Einheitswertes des Einfamilienhauses,
   b) Feststellung des Einheitswertes des Betriebsgrundstücks,
   c) Umsatzsteuer,
   d) Einkommensteuer,
   e) gesonderte Feststellung der Einkünfte aus Gewerbebetrieb und
   f) Gewerbesteuer bzw. Gewerbesteuermessbescheid.

2. **Nennen Sie das jeweils örtlich zuständige Finanzamt mit Angabe der entsprechenden Vorschrift:**

   a) Umsatzsteuer einer Steuerberaterin,
   b) Einheitswert des Zweifamilienhauses eines Privatmannes,
   c) Körperschaftsteuer einer AG,
   d) Einkommensteuer eines Rechtsanwalts,
   e) Umsatzsteuer eines Klempners.

3. **Welche Finanzämter sind örtlich zuständig?**

   Lisa Haferkorn bewohnt eine Wohnung ihres Dreifamilienhauses in Bad Driburg. Zwei Wohnungen sind vermietet. Die Steuerpflichtige ist an einem Mietwohngrundstück in Bielefeld beteiligt. Außerdem ist sie an der Textilwarengroßhandlung Haferkorn & Co. OHG beteiligt, die auf eigenem Betriebsgrundstück in Paderborn betrieben wird. Sie hat aus den Häusern in Bad Driburg und Bielefeld Einkünfte aus Vermietung und Verpachtung und von der OHG Einkünfte aus Gewerbebetrieb erzielt.

4. **Welche Finanzämter sind für die Eheleute Mathes örtlich zuständig?**

   Klaus Mathes bewohnt mit seiner Ehefrau in Detmold eine Wohnung eines Zweifamilienhauses, das beiden Ehegatten je zur Hälfte gehört. Die zweite Wohnung ist vermietet. Die Ehegatten werden zusammen veranlagt. Der Ehemann betreibt in Paderborn ein Hotel (Gewerbebetrieb) als Einzelfirma. Er ist außerdem an einer Grundstücksgemeinschaft beteiligt. Die Grundstücksgemeinschaft, an der nur natürliche Personen beteiligt sind, ist Eigentümerin von drei Mietwohngrundstücken in Ahlen, Lippstadt und Köln, die vermietet sind. Das Verwaltungsbüro der Grundstücksgemeinschaft befindet sich in Ahlen. Die Ehefrau ist Teilhaberin einer OHG in Hamm.

5. **Welche Finanzämter sind für die Eheleute Bolten örtlich zuständig?**

   a) Peter Bolten und seine Ehefrau Maria wohnen in einem Einfamilienhaus in Düsseldorf-Angermund (Finanzamt Düsseldorf-Nord). Peter Bolten betreibt eine Rechtsanwaltspraxis in Düsseldorf-Eller (Finanzamt Düsseldorf-Süd). Maria Bolten ist Hausfrau.

→

Übungen 7 bis 20: Verwaltungsakt

b) Wie a), aber Maria Bolten ist Steuerberaterin und betreibt in Düsseldorf (Finanzamt Düsseldorf-Altstadt) eine Steuerberaterpraxis.

Lösungshinweis: §§ 19 Abs. 3 und 25 AO.

6. Nennen Sie unter Angabe der betreffenden Gesetzesstelle die örtliche Zuständigkeit der Finanzbehörde für

a) die Festsetzung der Umsatzsteuer,
b) die Festsetzung der Gewerbesteuermessbeträge der GmbH,
c) die Körperschaftsteuer der GmbH und
d) die Anrechnung der Kapitalertragsteuer im einkommensteuerlichen Festsetzungsverfahren für den Gesellschafter Karl Lang.

Die Maschinen- & Apparatebau GmbH mit den Gesellschaftern Karl Lang, wohnhaft in Mülheim an der Ruhr (Finanzamt Mülheim), und Ludger Kurz, wohnhaft in Krefeld-Uerdingen (Finanzamt Krefeld), betreibt in Duisburg-Rheinhausen (Finanzamt Duisburg-West) ihren Herstellungsbetrieb.

Laut Gesellschafterbeschluss wurde am 3. Jan. der Rechtsanwalt Peter Kraus, der seine Praxis in Düsseldorf (Finanzamt Düsseldorf-Altstadt) betreibt, zum alleinigen Geschäftsführer der GmbH bestimmt, weil Karl Lang sich aus Altersgründen aus der Geschäftsleitung zurückgezogen hat. Der Rechtsanwalt Peter Kraus betreibt die Geschäftsleitung von seiner Praxis aus.

7. Liegen in den Fällen 1 bis 3 Verwaltungsakte vor?

Begründen Sie bitte Ihre Antwort.

Fall 1:
Der Steuerberater einer Süßwarenfabrik in Oranienburg hat beim dortigen Finanzamt telefonisch beantragt, die Frist zur Abgabe einer Umsatzsteuer-Voranmeldung um zehn Tage zu verlängern. Der zuständige Beamte hat dem Antrag am Telefon entsprochen.

Fall 2:
Der Schmuckhändler Timo Stein hat beim Finanzamt Ansbach schriftlich beantragt, den Verspätungszuschlag von 200,00 € wegen verspäteter Abgabe der Einkommensteuer-Erklärung zurückzunehmen. Das Finanzamt hat dem Antrag schriftlich entsprochen.

Fall 3:
Ein kaufmännischer Angestellter bekommt von der Kraftfahrzeugstelle seines Finanzamts eine Mahnung über die rückständige Kfz-Steuer von 290,00 €.

8. Worüber ergehen im Folgenden Feststellungsbescheide? Worüber ergehen die Steuerbescheide? Welche Finanzämter sind dafür örtlich zuständig?

Die Einkünfte aus einem Mietwohngrundstück in Schweinfurt haben im vorigen Jahr 58.000,00 € betragen. Davon entfallen 29.000,00 € auf A, wohnhaft in Hanau, und 29.000,00 € auf B, wohnhaft in Fulda.

9. Liegt in den folgenden Fällen ein Verwaltungsakt vor?

Lösen Sie die Aufgabe mithilfe einer Tabelle nach dem unten gezeigten Muster[1]. Falls Sie sich gegen den Verwaltungsakt entscheiden, begründen Sie dies durch das fehlende Merkmal.

Lfd. Nr.	Tatbestand	ja	nein	fehlendes Merkmal
1	Erteilung einer Steuernummer			
2	Ablehnung eines Stundungsantrags			
3	Schreiben an die örtliche Tageszeitung, dass das FA eine Woche für den Publikumsverkehr geschlossen ist			
4	Bescheid mit Steuerfestsetzung unter Vorbehalt der Nachprüfung			
5	Bekanntgabe der Abgabetermine für die Einkommensteuererklärung in der Tageszeitung			
6	Der Vorsteher des Finanzamts bestellt Eintrittskarten vom Phantasialand für den Betriebsausflug.			
7	Der Bearbeiter gewährt dem Steuerpflichtigen Kranz Fristverlängerung.			
8	Das Finanzgericht weist die Klage des Steuerpflichtigen Jansen ab.			

1 Bitte schreiben Sie nicht in das Buch, wenn es nicht Ihr Eigentum ist.

449768

10. Stellen Sie in den folgenden Fällen fest, ob eine Korrektur der (materiell) bestandskräftigen Steuerfestsetzung möglich ist.

Benennen Sie die jeweilige Rechtsgrundlage und begründen Sie Ihre Ansicht.

Fall 1:
Der Sachbearbeiter der Veranlagungsstelle Schön vermerkt in der Steuerakte und den Erläuterungen zum Einkommensteuerbescheid des Steuerpflichtigen Winter, dass bestimmte Werbungskosten nicht berücksichtigt werden können, da der entsprechende Belegnachweis fehlt. Bei der Veranlagung zur Einkommensteuer jedoch erfasst Herr Schön die ungekürzten Werbungskosten des Herrn Winter, setzt die Einkommensteuer entsprechend im Bescheid fest und sendet diesen mit der Post an Winter.

Fall 2:
Schön (aus Fall 1) hat bei den Einkünften aus Vermietung und Verpachtung ungeprüft den falschen AfA-Ansatz des Steuerpflichtigen Sommer übernommen. Sommer hatte den Abschreibungsprozentsatz des Vorjahres beibehalten, obwohl sich dieser nach § 7 Abs. 5 Nr. 3 EStG geändert hat.

Fall 3:
Der Steuerpflichtige Herbst hat in seiner Einkommensteuererklärung Einnahmen aus Vermietung und Verpachtung in Höhe von 20.000,00 € erklärt. Tatsächlich hat er nur Einnahmen in Höhe von 18.000,00 € bezogen. Der Fehler beruht auf einem Rechenfehler von Herrn Herbst, der ihm bei der Addition der Einnahmen auf der „Anlage V“ unterlaufen ist. Sachbearbeiter Schön (aus Fall 1) hat entsprechend der Erklärung des Herrn Herbst die Einkommensteuer im Bescheid festgesetzt.

Fall 4:
Der Steuerpflichtige May hat in seiner Einkommensteuererklärung Einnahmen aus Vermietung und Verpachtung in Höhe von 20.000,00 € erklärt. Tatsächlich hat er nur Einnahmen in Höhe von 18.000,00 € bezogen. May ist bei der Addition seiner Mieteinnahmen ein Fehler unterlaufen. Die entsprechende Aufstellung hat er nicht mit eingereicht. Herr Schön (aus Fall 1) hat entsprechend der Erklärung des Herrn May die Einkommensteuer im Bescheid festgesetzt.

11. Wann ist der Einkommensteuerbescheid in den Fällen 1 und 2 wirksam geworden?

Fall 1:
Das Finanzamt hat den Einkommensteuerbescheid eines Steuerpflichtigen am Freitag, dem 11. April, zur Post gegeben. Der 14. April ist ein Feiertag.

Fall 2:
Wir setzen den Sachverhalt wie in Fall 1 voraus, aber mit dem Hinweis, dass der Steuerpflichtige verreist war und den Einkommensteuerbescheid erst am 20. April aus dem Briefkasten geholt hat.

12. Nach welcher Vorschrift kann im folgenden Fall der Einkommensteuerbescheid geändert werden?

Ein Gewerbetreibender in Düren bekommt vom Finanzamt seinen Einkommensteuerbescheid mit dem Vermerk „unter Vorbehalt der Nachprüfung“. Er bittet das Finanzamt, den Einkommensteuerbescheid zu ändern, weil er bei der Gewinnermittlung einen Erstattungsbetrag seiner privaten Krankenkasse von 1.000,00 € versehentlich als Betriebseinnahme angesetzt hat.

13. Kann der Einkommensteuerbescheid im folgenden Fall noch geändert werden?
Begründen Sie bitte Ihre Antwort.

Unterstellt sei der Sachverhalt wie in Aufgabe 12, aber mit dem Unterschied, dass der Einkommensteuerbescheid ohne den Vermerk „unter Vorbehalt der Nachprüfung“ ergangen ist und dass der Steuerpflichtige den Änderungsantrag nach Ablauf der Einspruchsfrist (ein Monat nach Bekanntgabe) gestellt hat.

14. Prüfen Sie, ob in den Fällen a) und b) eine Korrektur der Steuerbescheide möglich ist.

Der Steuerpflichtige Meurer erhielt 2014 den Einkommensteuerbescheid über die Einkommensteuerfestsetzung 2013 drei Monate nach Abgabe seiner Steuererklärung. Die Einkommensteuerfestsetzung erging unter dem Vorbehalt der Nachprüfung nach § 164 Abs. 1 AO. Nach einer Durchsuchung der Hausbank von Meurer durch die Steuerfahndung wird der Finanzverwaltung 2020 bekannt, dass Meurer Einnahmen aus Kapitalvermögen vorsätzlich in seiner Erklärung von 2013 nicht angegeben hat.

→

Übungen 21 bis 24: Rechtsbehelfsverfahren

Ist eine Korrektur der Einkommensteuerfestsetzung im Jahr 2020 noch möglich?

15. Beraten Sie den Mandanten.

Infolge eines Rechtsirrtums bei den Einkünften aus Gewerbebetrieb hat die Veranlagungsstelle des Mandanten Held die Einkommensteuer des Jahres 2017 im Jahr 2019 um 5.480,00 € zu niedrig festgesetzt. Einem neuen Sachbearbeiter fällt dieser Fehler Mitte 2020 auf. Er ändert den Einkommensteuerbescheid nach § 129 AO ab und stellt den geänderten Bescheid dem Mandanten zu.

16. Beraten Sie Ihren Mandanten hinsichtlich des Bescheides für 2018.

Im März 2020 bringt Ihnen der Mandant Melzig seine Einkommensteuerunterlagen zur Anfertigung der Erklärung 2019. Bei der Durchsicht der Unterlagen stellen Sie fest, dass Melzig sich bei der Erklärung für 2018 in der Anlage V (Einkünfte aus Vermietung und Verpachtung) bei der Addition der Werbungskosten verrechnet hatte. Dadurch waren die Werbungskosten mit 1.220,00 € zu niedrig angesetzt worden, was eine entsprechende Steigerung der Einkünfte im Einkommensteuerbescheid 2018, zugegangen im Sept. 2019, zur Folge hatte. Die Berechnungen lagen der Steuererklärung bei.

17. Kann der Einkommensteuerbescheid von Jansen noch geändert werden und wenn ja, in welchem Umfang?

Der Steuerpflichtige Jansen hat den Einkommensteuerbescheid für 2019 erhalten. Kurz vor Ablauf der Einspruchsfrist am 18. März 2020, 24:00 Uhr, fällt ihm auf, dass die Finanzverwaltung Werbungskosten in Höhe von 2.350,00 € bei den Einkünften aus nichtselbstständiger Arbeit im Veranlagungsverfahren nicht anerkannt hat. Herr Jansen ruft noch am am selben Tag seine Veranlagungsstelle an und bittet um Anerkennung seiner Werbungskosten. Der Sachbearbeiter im Finanzamt notiert sich den Sachverhalt.

Am 23. März 2020 stellt Jansen seinen Antrag nun auch schriftlich und beantragt gleichzeitig die Gewährung von zusätzlichen Werbungskosten bei den Einkünften aus Vermietung und Verpachtung, weil er Belege über Heizkosten erst jetzt gefunden hat.

18. Können Sie Herrn Hut helfen? Wenn ja, nach welchen Rechtsvorschriften und mit welcher Begründung?

Mandant Hut hat seinen Einkommensteuerbescheid in die Praxis mitgebracht. In diesem wurde die Einkommensteuer für 2019 mit 0,00 € festgesetzt. Sie stellen fest, dass die Einspruchsfrist seit einer Woche abgelaufen ist. Herr Hut hat auch sein Sparbuch mitgebracht, das er erst gestern bei seinem Kreditinstitut vorgelegt hatte. Dabei sind ihm die Zinsen für 2019 in Höhe von 8.000,00 € berechnet, aber nach Abzug von 2.000,00 € Abgeltungssteuer und 110,00 € Solidaritätszuschlag nur 5.890,00 € gutgeschrieben worden, weil Hut im Jahr 2019 keinen Freistellungsauftrag bei seinem Kreditinstitut gestellt hatte.

Nach Ihren Berechnungen hätte unter Angabe der Zinsen in der Erklärung die Einkommensteuer auf 420,00 € festgesetzt werden müssen. Nach Anrechnung der Abzugssteuern von 2.110,00 € hätte Hut noch 1.690,00 € von der Finanzverwaltung erstattet bekommen.

19. Beraten Sie den Mandanten Alt.

Der Mandant Alt legt Ihnen seinen zwei Monate alten unanfechtbaren Einkommensteuerbescheid von 2019 vor, in dem bei der Festsetzung ein Grad der Behinderung von 50 % antragsgemäß berücksichtigt wurde. Gleichzeitig hat Alt einen Bescheid des Versorgungsamtes mitgebracht, in dem der Grad der Behinderung ab 2019 auf 75 % erhöht wurde. Alt hatte die 2019er-Erklärung einfach vom Vorjahr abgeschrieben und nicht mehr an die Erhöhung gedacht.

20. Ist gegen die folgenden Verwaltungsakte der Einspruch zulässig?

1. Gewerbesteuerbescheid
2. Gewerbesteuermessbescheid
3. Ablehnung eines Stundungsantrags
4. Einkommensteuervorauszahlungsbescheid
5. Grundsteuerbescheid

21. Ist der Rechtsbehelf wirksam eingelegt?

a) Ein Gewerbetreibender legt form- und fristgerecht gegen den Gewerbesteuerbescheid des Stadtsteueramtes Einspruch ein, weil bei der Ermittlung des Gewerbeertrags der Verlust des Vorjahres nicht berücksichtigt wurde.

b) Ulrich Weisenborn hat seinen Einkommensteuerbescheid am 15. Juli d. J. erhalten. Am 18. Juli d. J. ruft er den zuständigen Sachbearbeiter beim Finanzamt an und erklärt, dass er gegen diesen Bescheid Einspruch einlegen wird. Der Finanzbeamte vermerkt dies in der Steuerakte.

22. a) **Welchen Rechtsbehelf kann der Steuerpflichtige bis zu welchem Zeitpunkt einlegen?**

b) **Wer entscheidet über den Rechtsbehelf und wie steht es mit einer Abhilfe?**

Der Klempner Peter Hinrichsen, Kiel, hat seinen Einkommensteuerbescheid für das vorige Jahr, den das Finanzamt am 16. Okt. d. J. zur Post gegeben hatte, am Donnerstag, dem 18. Okt. d. J., erhalten. Er stellt fest, dass das Finanzamt die Werbungskosten bei den Einkünften aus Vermietung und Verpachtung um 3.000,00 € gekürzt und einen Verspätungszuschlag von 280,00 € wegen verspäteter Abgabe der Einkommensteuer-Erklärung festgesetzt hat.

23. Stellen Sie in den folgenden Fällen begründet fest, ob der Einspruch des Steuerpflichtigen Norbert Jung fristgerecht erfolgte bzw. Aussicht auf Erfolg hat.

Fall 1:
Nach einem fünfwöchigen Aufenthalt in der Südsee findet der Kunstmaler Norbert Jung aus Bremen bei der Durchsicht seiner Post am 6. Mai 2020 seinen Steuerbescheid über die Einkommensteuer 2019. In der Steuerfestsetzung des Bescheides mit dem Poststempel 28. März 2020 sind Betriebsausgaben in Höhe von 8.960,00 € gekürzt worden, woraus sich eine Steuernachzahlung von 3.852,00 € ergibt. Gleichzeitig sind 494,00 € Nachforderungszinsen nach § 233a AO angesetzt worden.

Noch am 6. Mai 2020 legt Jung bei dem zuständigen Finanzamt Einspruch ein. (Annahme: Der 30. April 2020 ist ein Sonntag.)

Fall 2:
Gegeben sind die Bedingungen wie in Fall 1, aber der Südseeaufenthalt hat lediglich drei Wochen gedauert.

24. Welchen Rechtsbehelf kann der Steuerpflichtige in den folgenden Fällen wo und bis wann einlegen?

Fall 1:
Der Einspruch des Handelsvertreters Michaelsen ist vom Finanzamt abgelehnt worden. Die Einspruchsentscheidung ist ihm am 23. Juni d. J. bekannt gegeben worden.

Fall 2:
Die Klage des Handelsvertreters Michaelsen (Fall 1) ist abgewiesen worden. Die Revision ist zugelassen. Das Urteil ist dem Steuerpflichtigen am 27. Aug. d. J. zugestellt worden.

Übungen 25 bis 33: Fristen und Termine

25. Fall 1:
Handelt es sich um eine Frist oder um einen Termin?

Der Geschäftsführer Andreas Klingebiel hat seinen Einkommensteuerbescheid für das vorige Jahr am 25. Juli d. J. erhalten. Darin wird er aufgefordert, spätestens am 27. Aug. d. J. 6.500,00 € als Einkommensteuerabschlusszahlung an die Finanzkasse zu zahlen.

Fall 2:

a) **Innerhalb welcher Frist kann der Steuerpflichtige Einspruch einlegen?**

b) **Kann die Frist verlängert werden?**

Ein Gewerbetreibender, der seine Umsatzsteuer-Voranmeldungen monatlich beim Finanzamt abzugeben hat, hat seine Umsatzsteuer-Voranmeldung für Mai d. J. verspätet eingereicht. Das Finanzamt hat gegen ihn mit Schreiben vom 30. Juni d. J. (Tag der Aufgabe zur Post) einen Verspätungszuschlag von 260,00 € festgesetzt (§ 152 AO). Dagegen will der Steuerpflichtige Einspruch einlegen.

Fall 3:
Kann der Steuerpflichtige trotz Fristversäumnisses noch wirksam Einspruch einlegen?

Ein Gebrauchtwagenhändler hat seinen Einkommensteuerbescheid für das vorige Jahr am 8. Aug. d. J. erhalten (Aufgabe am 5. Aug.). Am 31. Aug. ist der Steuerpflichtige schwer erkrankt ins Krankenhaus eingeliefert worden. Am 15. Sept. d. J. wurde er als gesund entlassen. Danach hat sich der Steuerpflichtige entschlossen, gegen den Bescheid Einspruch einzulegen.

Allgemeiner Hinweis zur Fristberechnung: Wenn nicht anders erwähnt, endet – unabhängig vom tatsächlichen Wochentag – keine Fristberechnung an einem Samstag, Sonn- oder Feiertag.

→

26. Handelt es sich in den nachstehend aufgeführten Fällen um

a) gesetzliche Fristen,
b) behördliche Fristen,
c) verlängerungsfähige Fristen,
d) Ausschlussfristen?

Fall 1:
Das Finanzamt fordert mit Schreiben vom 19. Okt. einen Steuerpflichtigen auf, insgesamt vier Fragen im Zusammenhang mit seiner Einkommensteuererklärung innerhalb von acht Tagen zu beantworten.

Fall 2:
Ein Steuerpflichtiger hat seine Einkommensteuererklärung für das vorangegangene Kalenderjahr bis zum 31. Juli d. J. beim Finanzamt einzureichen.

Fall 3:
Das Finanzamt hat den Umsatzsteuerbescheid eines Unternehmers am Dienstag, dem 7. Sept., zur Post gegeben. Die Nachzahlung beträgt 560,00 €. Nach § 18 Abs. 4 Satz 2 UStG ist der Betrag einen Monat nach Bekanntgabe des Bescheids fällig.

Fall 4:
Der Steuerpflichtige (Fall 3) will die Schonfrist nach § 240 Abs. 3 AO ausnutzen.

Fall 5:
Das Finanzamt hat einem Steuerpflichtigen den Einkommensteuerbescheid mit Datum vom Montag, dem 9. Aug., mit einfachem Brief zugesandt. Der Steuerpflichtige will gegen den Steuerbescheid Einspruch einlegen.

27. Wann beginnen und wann enden die in Aufgabe 26 aufgeführten Fristen?

28. Ist ein Säumniszuschlag bei den Zahlungen zu a), b) und c) verwirkt?

Die Umsatzsteuer-Vorauszahlung für den Monat Sept. von 9.873,00 € ist am 10. Okt. fällig. Dieser Tag ist ein Sonntag. Der Steuerpflichtige zahlt den Gesamtbetrag durch Überweisung erst
a) am 11. Okt., b) am 14. Okt.,
c) am 14. Nov.

29. 1. Prüfen Sie, ob die Finanzverwaltung berechtigt ist, einen Säumniszuschlag zu erheben, wenn

a) die GmbH durch Verrechnungsscheck zahlt, der am 10. Nov. d. J. bei dem zuständigen Finanzamt eingereicht wird oder
b) die GmbH durch Verrechnungsscheck zahlt, der am 14. Nov. d. J. bei dem zuständigen Finanzamt eingereicht wird oder
c) die GmbH die Körperschaftsteuer überweist und die Gutschrift am 18. Nov. d. J. auf dem Konto des Finanzamtes Olpe eingegangen ist.

2. Ermitteln Sie in den Fällen 1. a)–1. c) gegebenenfalls die Höhe des Säumniszuschlags.

Die Maschinen- und Apparatebau GmbH, Olpe, hat am 12. Okt. d. J. den Körperschaftsteuerbescheid des Vorjahres mit einer Steuerfestsetzung über 44.885,00 € erhalten. Der Betrag ist zu zahlen bis Mittwoch, den 13. Nov. d. J.

30. Prüfen Sie, ob das Finanzamt berechtigt ist, einen Säumniszuschlag zu erheben und ermitteln Sie gegebenenfalls die Höhe in Prozent und Euro, falls Ernst

a) die fällige Umsatzsteuer in Höhe von 4.887,60 € mit gleichem Datum auf ein Konto des Finanzamts überwiesen hat. Die Gutschrift erfolgte auf dem Konto des Finanzamts am 16. Febr.
b) am 16. Febr. persönlich einen Verrechnungsscheck über die fällige Umsatzsteuer in Höhe von 4.887,60 € in den Hausbriefkasten des Finanzamts eingeworfen hat.

Der Mandant Peter Ernst hat seine Umsatzsteuer-Voranmeldung für den Monat Jan. am Mittwoch, den 10. Febr. beim zuständigen Finanzamt eingereicht.

31. Prüfen Sie, ob Kohl mit steuerlichen Nebenleistungen zu rechnen hat, und ermitteln Sie gegebenenfalls die Höhe der steuerlichen Nebenleistung.

Der Handelsvertreter Michael Kohl, Köln, hatte seine Einkommensteuererklärung für 2017 erst im Mai 2019 innerhalb der gewährten Fristverlängerung beim Finanzamt eingereicht.

Die Einkommensteuer 2017 wurde im Bescheid vom 14. März 2020 mit 56.635,00 € festgesetzt. Die für 2017 festgesetzten Vorauszahlungen in Höhe von 73.480,00 € hat Kohl 2017 geleistet.

32. Ermitteln Sie in einer übersichtlichen Berechnung unter Angabe der Gesetzesgrundlagen die Erstattungs- bzw. Nachforderungszinsen nach § 233a AO.

Der GmbH-Geschäftsführer Michael Frantzen München, erhält am 9. Aug. 2020 seinen Einkommensteuerbescheid für den Veranlagungszeitraum 2018, Aufgabe zur Post am 8. August 2020. In dem Bescheid wurden folgende Festsetzungen getroffen:

- festgesetzte Einkommensteuer 2018 .... 45.045,00 €
- geleistete Einkommensteuervorauszahlungen 2018 ..... 10.000,00 €
- gezahlte Lohnsteuer 2018 .. 29.750,00 €

33. Ermitteln Sie für den Mandanten Jansen unter Angabe der Gesetzesgrundlagen die Erstattungs- bzw. Nachforderungszinsen nach § 233a AO.

Der Mandant Manfred Jansen erhält am 9. Juli 2020 seinen Einkommensteuerbescheid für den Veranlagungszeitraum 2016, Aufgabe zur Post am 7. Juli 2020. In dem Bescheid wurden folgende Festsetzungen getroffen:

- festgesetzte Einkommensteuer 2016 .... 15.108,00 €
- geleistete Einkommensteuervorauszahlungen 2016 ...... 1.160,00 €
- gezahlte Lohnsteuer 2016 ... 16.722,00 €

34. Fall 1:
Wann läuft die Festsetzungsfrist für die Einfuhrumsatzsteuer?

Marita Ahlring betreibt in München ein Schmuckgeschäft. Sie hat am 18. Juni 2019 Modeschmuck aus Brasilien eingeführt.

Fall 2:
Wann beginnt die Festsetzungsfrist und wann läuft sie ab?

Der Silberwarenhersteller Urban Hofmeister, Ulm, hat seine Umsatz-, Einkommen- und Gewerbesteuer-Erklärung 2014 nach Fristverlängerungen am 1. Juni 2016 beim Finanzamt eingereicht.

35. Wann beginnt und wann endet
- in Fall 1 die Festsetzungsfrist und
- in den Fällen 2 und 3 die Zahlungsverjährung?

Fall 1:
Ein Unternehmer in Hannover, der seine Umsätze nach vereinbarten Entgelten versteuert, reicht seine Umsatzsteuererklärung für 2014 aufgrund einer genehmigten Fristverlängerung am 20. Juni 2016 beim Finanzamt ein. Das Finanzamt hat Steuerhinterziehung festgestellt.

Fall 2:
Die Gewerbesteuervorauszahlung eines Gewerbetreibenden in Reutlingen in Höhe von 6.000,00 € für das vierte Quartal 2016 wird am 15. Nov. 2016 fällig.

Fall 3:
Die für Nov. 2016 vom Arbeitslohn der Arbeitnehmer eines Betriebs in Heidelberg einbehaltene Lohnsteuer in Höhe von 7.800,00 € war am 10. Dez. 2016 fällig. Die Lohnsteueranmeldung ist jedoch erst am 11. Jan. 2017 eingereicht worden.

36. Fall 1:
Ist die Steuerpflichtige buchführungspflichtig, wenn sie im Handelsregister
a) eingetragen ist,
b) nicht eingetragen ist?

Ute Fabrizius betreibt in Jena ein Lederwarengeschäft.

Fall 2:
Ist der Steuerpflichtige buchführungspflichtig?

Hans Wendland betreibt in Bad Kissingen ein Süßwarengeschäft. Im Handelsregister ist er nicht eingetragen. Sein Gewinn hat im vorigen Jahr 65.000,00 € betragen. In den Jahren davor lag er zwischen 10.000,00 und 20.000,00 €. Der Gewinn wurde nach § 4 Abs. 3 EStG ermittelt.

Fall 3:
Ist der Zahnarzt buchführungspflichtig?

Der Zahnarzt Dr. Jörg Köster hat im vorigen Jahr aus seiner freiberuflichen Tätigkeit einen Gewinn von 400.000,00 € erzielt.

37. a) Überprüfen Sie, ob die Festsetzungsfrist abgelaufen ist.
b) Wer ist Schuldner der Mehrsteuern und der Hinterziehungszinsen?
c) Wie sind a) und b) zu lösen, wenn die nicht erklärten Kapitaleinkünfte der Finanzverwaltung erst im Juni 2020 aufgefallen wären?

Die Eheleute Hansen, Mainz, hatten in der Einkommensteuererklärung für den Veranlagungszeitraum 2015 die Zusammenveranlagung nach § 26 EStG beantragt und im Mai 2016 beim zuständigen Finanzamt Mainz-Süd eingereicht. Peter Hansen hatte die Erklärung ausgefüllt und Maria Hansen hatte die Erklärung mit unterschrieben.

→

Übungen 34 und 35: Verjährung

Übung 36: Buchführungs-/Aufzeichnungspflicht

Übungen 37 bis 45: gemischte Übungen

Der Einkommensteuerbescheid für 2015 ging im Juni 2016 mit der Festsetzung einer Steuerschuld von 2.148,00 € zur Post. Die Steuern wurden fristgerecht überwiesen. Im Jahr 2017 wurde die Ehe der Hansens geschieden und Peter Hansen lebt seit 2018 in Privatinsolvenz.
Bei der Aufarbeitung von Belegen aus einer Bankdurchsuchung in Frankfurt stellte die Steuerfahndung Düsseldorf im Jahr 2020 fest, dass Peter Hansen in der Erklärung von 2015 seine Kapitaleinkünfte aus Luxemburg (18.000,00 €) nicht erklärt hatte. Das Finanzamt Mainz-Süd änderte die Einkommensteuerfestsetzung der Eheleute Hansen für 2015 und gab den geänderten Bescheid am 14. Nov. 2020 durch Postzustellungsurkunde mit einer Mehrsteuer von 7.145,00 € und Hinterziehungszinsen von 1.846,00 € bekannt.

38. **Untersuchen Sie ob und ggf. bis wann Herr Ginnen gegen diesen Bescheid Einspruch einlegen kann.**

Der Steuerpflichtige Ginnen erhält am Donnerstag, den 14. Mai seinen Einkommensteuerbescheid mittels gewöhnlichem Brief. Der Bescheid ist datiert auf den 13. Mai. Da das zuständige Finanzamt Werbungskosten bei den Einkünften aus Vermietung und Verpachtung nicht anerkannt hat, möchte Ginnen gegen diesen Bescheid nach seinem Urlaub am 16. Juni Einspruch einlegen.
Auf dem Weg zum Finanzamt wird Ginnen bei einem Verkehrsunfall schwer verletzt. Am Montag, 20. Juli, wird er aus dem Krankenhaus entlassen.

39. **a) Ist der Einspruch fristgerecht eingelegt worden?**
b) Wann beginnt und wann endet die Festsetzungsverjährung für die Einkommensteuer 2016 des Herrn Kraus im nachfolgenden Sachverhalt?
c) Wann läuft die Zahlungsverjährung im nachfolgenden Sachverhalt ab?

Der Handelsvertreter Kraus, Remscheid, erhält am Montag, dem 6. Febr. 2020, seinen Einkommensteuerbescheid, Postdatum 3. Febr. 2020, für den Veranlagungszeitraum 2016.
Das Finanzamt Remscheid hat die Einkommensteuer von 22.780,00 € unter dem Vorbehalt der Nachprüfung nach § 164 AO aufgrund einer Schätzung festgesetzt, da Kraus trotz Mahnung und Zwangsgeld seine Einkommensteuererklärung für 2016 nicht abgegeben hatte.
Am 21. März 2020 legt sein Steuerberater Einspruch gegen den Einkommensteuerbescheid ein. Gleichzeitig reicht er die Einkommensteuererklärung mit der Gewinn- und Verlustrechnung 2016 nach.

40. **Ermitteln Sie den Beginn und das Ende der Festsetzungsverjährung jeweils für die alternativen Zeitpunkte der Einreichung (a–d) der Jahreserklärung.**

Bitte begründen Sie Ihre Ergebnisse.

Die Steuerpflichtige Karin Klein, Essen, hat ihre Einkommensteuererklärung für den Veranlagungszeitraum 2013 beim zuständigen Finanzamt Essen-Ost an folgenden Zeitpunkten eingereicht:

a) am 30. Nov. 2014, alternativ
b) am 6. Okt. 2015,
c) am 16. März 2016 und
d) am 4. Jan. 2017.

41. **a) Mit welchen steuerlichen Nebenleistungen muss Herr Meisen rechnen?**
b) Ermitteln Sie gegebenenfalls die Höhe der steuerlichen Nebenleistung. (Eventuell erforderliche Fristberechnungen sind detailliert und begründet darzustellen.)

Die Umsatzsteuerabschlusszahlung des Großhändlers Meisen, Remscheid, für den Veranlagungszeitraum 2017 war zum 26. Okt. 2019 in Höhe von 18.789,00 € fällig. Die Überweisung des Betrages wurde am 27. Dez. 2019 (Montag) dem Konto des Finanzamtes Remscheid gutgeschrieben.

42. **Prüfen Sie, ob das Finanzamt Kiel steuerliche Nebenleistungen ansetzen wird und ermitteln Sie gegebenenfalls deren Höhe.**

Der gewerbetreibende eingetragene Kaufmann Ernst, Kiel, hat seine Umsatzsteuer-Voranmeldung für den Monat Sept. am Dienstag, den 10. Okt. d. J. beim Finanzamt Kiel eingereicht.

a) Die fällige Umsatzsteuer in Höhe von 7.331,40 € hat er mit gleichem Datum auf das Konto des Finanzamtes überwiesen. Die Gutschrift auf dem Konto des Finanzamtes erfolgte am 13. Okt. d. J.

b) Ernst hat am 13. Okt. d. J. persönlich in der Umsatzsteuer-Voranmeldungsstelle des Finanzamtes Kiel einen Verrechnungsscheck seiner Hausbank über die fällige Umsatzsteuer in Höhe von 7.331,40 € abgegeben.

43. a) Überprüfen Sie die Steuerfestsetzung im Dez. 2019 und die Höhe der steuerlichen Nebenleistungen.

b) Beraten Sie den Mandanten Flanz, der Ihnen am 22. Febr. 2020 den gesamten Fall geschildert hat.

c) wie b), aber der Mandant Flanz hat Sie erst am 24. Febr. 2020 aufgesucht.

Johannes Flanz, Düsseldorf, hat am 31. Mai 2015 seine Einkommensteuererklärung für den Veranlagungszeitraum 2014 beim zuständigen Finanzamt Düsseldorf-Süd abgegeben.
Infolge einer längeren Krankheit des zuständigen Sachbearbeiters blieb die Erklärung des Herrn Flanz unbearbeitet. Erst nachdem ein neuer Sachbearbeiter den Veranlagungsbezirk übernommen hatte und die Altfälle aufarbeitete, wurde Johannes Flanz für 2014 veranlagt. Im Steuerbescheid für 2014, der am 1. Dez. 2019 (Donnerstag) zur Post ging, wurde eine Steuernachzahlung für 2014 in Höhe von 2.846,00 € zuzüglich 630,00 € Nachforderungszinsen im Sinne des § 233a AO festgesetzt.
Am 13. Jan. 2020 erhielt Herr Flanz eine Mahnung der Finanzverwaltung im automatisierten Verfahren über die rückständige Einkommensteuer einschließlich Nachforderungszinsen und zuzüglich 28,00 € Säumniszuschlag. Noch am gleichen Tag ruft Flanz beim Sachbearbeiter des Einkommensteuerbezirks an und erklärt diesem, den Einkommensteuerbescheid 2014 nie erhalten zu haben.
Der Finanzbeamte fertigt daraufhin manuell am 13. Jan. 2020 (Freitag) einen neuen Einkommensteuerbescheid für 2014 an mit Einkommensteuerschuld 2.846,00 € und Nachforderungszinsen in Höhe von 630,00 €. Der Bescheid wird am 20. Jan. – Datum der Postzustellungsurkunde – bekannt gegeben.

44. Kann der Einkommensteuerbescheid 2017 im Jahr 2020 noch geändert werden?

Petra Huber ist Rechtsanwältin und erledigt ihre Steuererklärung über ELSTERonline. Ihre Einkommensteuererklärung für das Jahr 2017 gab sie digital am 16. April 2018 über die Onlineplattform ab, ohne die Belege einreichen zu müssen und erhält eine entsprechende Bestätigung. Darin hatte sie Einnahmen aus der Lehrtätigkeit an einer Volkshochschule in Höhe von 2.300,00 € angegeben. Das Finanzamt hatte aufgrund ihrer Angaben den Einkommensteuerbescheid für 2017 am 19. Juli 2018 erstellt. Im Rahmen einer Außenprüfung im Jahr 2020 fällt dem Betriebsprüfer die Honorarmitteilung der Volkshochschule über ein Honorar von 3.200,00 € in die Hand und leitet eine Kopie an den zuständigen Sachbearbeiter des Finanzamtes von Frau Huber weiter. Ihm fällt die abweichende Erklärung auf und geht von einem Schreibfehler (Zahlendreher) von Frau Huber aus.

45. a) Wie wird sich das Wohnsitzfinanzamt von Herrn Sauber verhalten?

b) Wann endet die Festsetzungsfrist für den ESt-Bescheid 2017 von Herrn Sauber?

Stefan Sauber ist zu 50 % an der Sauber & Schön KG beteiligt. Das Finanzamt setzt die Einkommensteuer 2016 von Sauber mit Bescheid vom 2. Mai 2017 auf 20.000,00 € fest. Sauber hatte die Steuererklärung am 1. März 2017 eingereicht. Den Gewinnanteil aus der Beteiligung berücksichtigte das Finanzamt dabei mit dem Vorjahreswert von 15.000,00 €. Mit Bescheid vom 1. Juli 2020 (=Tag der Bekanntgabe) stellt das für die KG zuständige Betriebsfinanzamt den Gewinn der KG auf 40.000,00 € und den Gewinnanteil für Sauber auf 20.000,00 € fest.

KAPITEL 3

Umsatzsteuer

- Wesen der Umsatzsteuer
- Steuerbare Leistungen
- Einfuhr
- Innergemeinschaftlicher Erwerb
- Steuerbefreiungen
- Bemessungsgrundlage
- Entstehung der Umsatzsteuer
- Steuersätze
- Vorsteuerabzug
- Trennung der Entgelte
- Besteuerung der Kleinunternehmer
- Änderung der Bemessungsgrundlage
- Rechnungsausstellung
- Besteuerung des Leistungsempfängers
- Durchführung der Besteuerung

3 Umsatzsteuer

Die Umsatzsteuer ist eine der wichtigsten Einnahmequellen des Staates. Sie fließt sowohl dem Bund als auch den Ländern zu.

3.1 Das Wesen der Umsatzsteuer und ihre rechtlichen Grundlagen

Die Umsatzsteuer ist eine **Gemeinschaftsteuer**, weil sie sowohl dem Bund als auch den Ländern zufließt.
Die Umsatzsteuer ist eine **Verkehrsteuer**, weil sie insbesondere wirtschaftliche Verkehrsvorgänge, z. B. Lieferungen von Waren, erfasst. Sie ist eine **indirekte Steuer**, weil sie auf den Abnehmer der Leistung abgewälzt wird. Gesetzlicher Steuerschuldner und wirtschaftlicher Träger (Steuerträger) der Umsatzsteuer sind verschiedene Personen.

Beispiel

Ein Einzelhändler in Hamburg liefert einer Hausfrau einen Kühlschrank.

Nettoverkaufspreis	500,00 €
+ 19 % Umsatzsteuer	**95,00 €**
Bruttoverkaufspreis,	595,00 €

von der Hausfrau gezahlt.

Der Einzelhändler ist verpflichtet, die Umsatzsteuer von 95,00 € an das Finanzamt abzuführen. Er trägt die Umsatzsteuer aber nicht selbst, sondern wälzt sie auf den Abnehmer, in diesem Fall auf die Hausfrau, ab.

Damit ist der Einzelhändler zwar gesetzlicher Steuerschuldner, die Hausfrau aber ist wirtschaftlicher Träger der Umsatzsteuer.

Die Rechtsgrundlagen der Umsatzsteuer sind das **Umsatzsteuergesetz (UStG)** und die **Umsatzsteuer-Durchführungsverordnung (UStDV)**.

Der Anwendungserlass zur Umsatzsteuer (UStAE) gibt die Auffassung der Finanzverwaltung wieder und soll die bundeseinheitliche Anwendung des Umsatzsteuerrechts gewährleisten.

Zur Klärung umsatzsteuerrechtlicher Fragen werden auch Schreiben des Bundesministeriums der Finanzen (BMF) und Erlasse der Länderministerien sowie Verfügungen der Oberfinanzdirektionen (OFD) herangezogen.

Die Verwaltung der Umsatzsteuer obliegt nach Art. 108 Abs. 2 und 3 GG den Landesfinanzbehörden.[1]

1 Allerdings sind die Bundesfinanzbehörden für die Verwaltung der Zölle und der Einfuhrumsatzsteuer zuständig (vgl. Art. 108 Abs. 1).

3.1.1 Das System der Umsatzsteuer

Die Umsatzsteuer ist eine **Allphasen-Steuer**, weil sie auf allen Wirtschaftsstufen (Hersteller, Großhändler, Einzelhändler) erhoben wird. Sie ist aber eine Allphasen-Nettoumsatzsteuer, weil sie vom Nettoumsatz (ohne Umsatzsteuer) berechnet wird. Die Umsatzsteuer bleibt bei der Kalkulation außer Ansatz. Dadurch ist sie wettbewerbsneutral.

Durch die Anwendung des Steuersatzes auf den steuerpflichtigen Nettoumsatz (z. B. auf den Nettoverkaufspreis eines Fernsehgeräts, vgl. Beispiel) ergibt sich die **Umsatzsteuerschuld** im Sinne des § 13 UStG (die **Traglast**). Von dieser Umsatzsteuerschuld kann der Unternehmer grundsätzlich die Umsatzsteuer, die ihm sein Vorlieferer in Rechnung gestellt hat, als **Vorsteuer** abziehen.

Der **Vorsteuerabzug** nach § 15 UStG ist der Kernpunkt des Systems der Nettoumsatzsteuer. Dadurch wird erreicht, dass der Unternehmer letzten Endes nur die Umsatzsteuer (Zahllast) an das Finanzamt abzuführen hat, die auf den von ihm geschaffenen **Mehrwert** (Wertschöpfung) entfällt; daher auch der Begriff „Mehrwertsteuer".

Beispiel

Der Urerzeuger A liefert im Inland Rohmaterial zum Nettoverkaufspreis (also ohne Umsatzsteuer) von 380,00 € an den Hersteller B. Dieser verwendet das Material für die Herstellung eines Fernsehgeräts. B liefert das Gerät an Großhändler C zum Nettoverkaufspreis von 1.000,00 €. C liefert das Gerät an den Einzelhändler D zum Nettoverkaufspreis von 1.200,00 €. D liefert es an den Endverbraucher E für netto 1.700,00 €. Die Umsatzsteuer beträgt 19 %.

Die Unternehmer A, B, C und D haben nur die Umsatzsteuer (als Zahllast) an das Finanzamt abzuführen, die auf den von ihnen geschaffenen Mehrwert entfällt.

Angaben in €	Urerzeuger A	Hersteller B	Großhändler C	Einzelhändler D
Nettoverkaufspreis	380,00	1.000,00	1.200,00	1.700,00
+ 19 % Umsatzsteuer	72,20	190,00	228,00	323,00
Bruttoverkaufspreis	452,20	1.190,00	1.428,00	2.023,00
Umsatzsteuerschuld (Traglast)	72,20	190,00	228,00	323,00
– Vorsteuer	0,00	72,20	190,00	228,00
Zahllast	72,20	117,80	38,00	95,00
Nettoverkaufspreis	380,00	1.000,00	1.200,00	1.700,00
– Nettoeinkaufspreis	0,00	380,00	1.000,00	1.200,00
Mehrwert (Wertschöpfung)	380,00	620,00	200,00	500,00
davon 19 % ≙ Zahllast	72,20	117,80	38,00	95,00

Das Fernsehgerät ist auf vier verschiedenen Wirtschaftsstufen versteuert worden. Die Umsatzsteuerbelastung beträgt insgesamt 323,00 € (72,20 € + 117,80 € + 38,00 € + 95,00 €). Sie wird immer von dem getragen, an den die letzte steuerpflichtige Lieferung erfolgt ist. Das ist in diesem Fall der Endverbraucher E.

Man unterscheidet

- **steuerbare Umsätze**, z. B. die Lieferung eines Buches durch einen Buchhändler (Unternehmer) in Düsseldorf an einen Kunden gegen Barzahlung, und
- **nicht steuerbare Umsätze**, z. B. wenn der Buchhändler als Privatmann (also nicht als Unternehmer) sein gebrauchtes Schlafzimmer an einen Interessenten gegen Barzahlung liefert.

Die nicht steuerbaren Umsätze werden nicht von der Umsatzsteuer erfasst. Deshalb entsteht bei diesen Umsätzen keine Umsatzsteuer.

Die steuerbaren Umsätze sind entweder steuerfrei oder steuerpflichtig. Bei steuerfreien Umsätzen entsteht ebenfalls keine Umsatzsteuer.

Übersteigt die abziehbare Vorsteuer die Umsatzsteuerschuld (Traglast), ergibt sich keine Zahllast, sondern ein **Erstattungsanspruch**.

449778

Entstehung der Umsatzsteuer

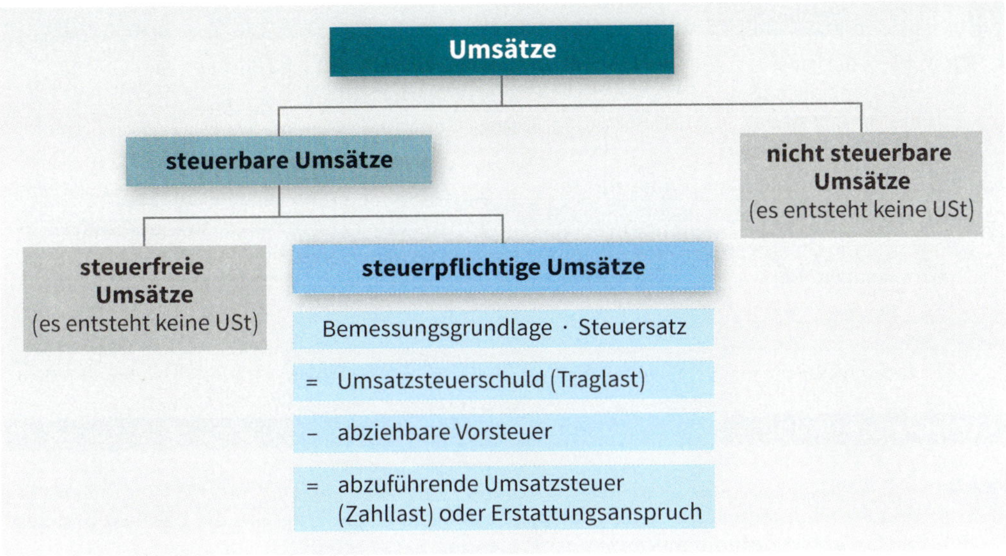

3.1.2 Was unterliegt der Umsatzsteuer?

Der Umsatzsteuer unterliegen die folgenden Umsätze:

- nach § 1 Abs. 1 Nr. 1 UStG die Lieferungen und sonstigen Leistungen, die ein Unternehmer im Inland gegen Entgelt im Rahmen seines Unternehmens ausführt;
- unentgeltliche Lieferungen nach § 3 Abs. 1b UStG und unentgeltliche sonstige Leistungen nach § 3 Abs. 9a UStG;
- nach § 1 Abs. 1 Nr. 4 UStG die Einfuhr von Gegenständen im Inland;
- nach § 1 Abs. 1 Nr. 5 UStG der innergemeinschaftliche Erwerb im Inland gegen Entgelt.

Die Umsätze im Rahmen einer Geschäftsveräußerung (Geschäftsveräußerung im Ganzen) an einen anderen Unternehmer für dessen Unternehmen unterliegen **nicht** mehr der Umsatzsteuer (§ 1 Abs. 1a UStG). Sie sind nicht steuerbar, auch wenn sie im Inland ausgeführt werden.

Steuerbare Umsätze

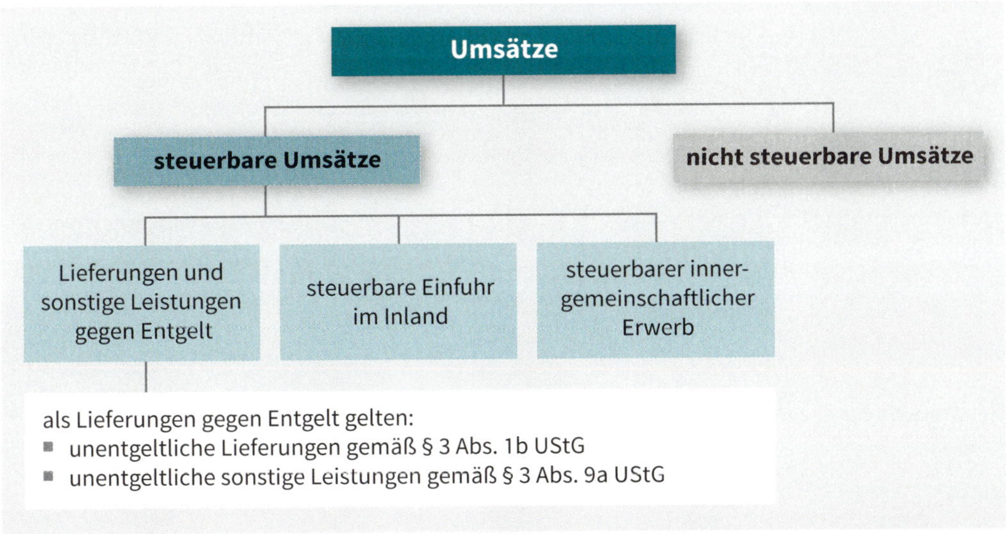

AUFGABEN

1. Warum ist die Umsatzsteuer
   a) eine Gemeinschaftsteuer,
   b) eine Verkehrsteuer,
   c) eine indirekte Steuer?
2. Warum ist der Anwendungserlass zur Umsatzsteuer für die Gerichte nicht bindend?
3. Warum ist die Umsatzsteuer eine Nettoumsatzsteuer?
4. Warum wirkt die Umsatzsteuer wettbewerbsneutral?
5. Wodurch ergibt sich die Umsatzsteuerschuld (die Traglast)?
6. Wodurch ergibt sich die Zahllast?
7. Bei welchen Umsätzen entsteht keine Umsatzsteuer?

VERTIEFENDE ÜBUNG

Übung zu Traglast, Vorsteuer, Zahllast

Fall 1:

a) Ermitteln Sie nach dem Schema des Beispiels auf Seite 78 die Traglast, die Zahllast und den Mehrwert (Wertschöpfung) aus dem nachfolgenden Sachverhalt.

b) Wie hoch ist die Umsatzsteuerbelastung insgesamt und wer trägt sie?

Der Urerzeuger A (Inland) liefert Rohstoffe für 1.000,00 € netto, d. h. ohne Umsatzsteuer, an den Hersteller B. A hat keinen Vorlieferer. Deshalb fällt keine Vorsteuer an. B fertigt aus den Rohstoffen Ware und liefert diese für netto 2.000,00 € an den Großhändler C. Dieser verkauft die Ware für netto 2.400,00 € an den Einzelhändler D, der sie schließlich für netto 3.300,00 € an den Endverbraucher E verkauft. Die Umsatzsteuer beträgt 19 %.

Fall 2:

a) Ermitteln Sie nach dem Schema des Beispiels auf Seite 78 die Umsatzsteuerschuld nach § 13 UStG (Traglast), die Vorsteuer, die Zahllast bzw. den Erstattungsanspruch und den jeweiligen Mehrwert (Wertschöpfung) bzw. den Minderwert.

b) Wie hoch ist die Umsatzsteuerbelastung insgesamt und wer trägt sie?

Der Urerzeuger A (Inland) liefert Rohstoffe für 2.000,00 € netto, d. h. ohne Umsatzsteuer, an den Hersteller B. A hat keinen Vorlieferer. Deshalb fällt keine Vorsteuer an. B fertigt aus den Rohstoffen einen Wohnzimmerschrank und liefert diesen für netto 4.200,00 € an den Großhändler C. Dieser liefert den Schrank für netto 5.000,00 € an den Einzelhändler D. Im Lager des Einzelhändlers ist der Wohnzimmerschrank durch Wassereinbruch beschädigt worden. D verkauft ihn deshalb für 3.800,00 € an den Endverbraucher E. Die Umsatzsteuer beträgt 19 %.

3.2 Steuerbare Leistungen im Sinne des § 1 Abs. 1 Nr. 1 UStG

Steuerbar sind gemäß § 1 Abs. 1 Nr. 1 UStG

- Lieferungen und sonstige Leistungen,
- die ein Unternehmer
- im Rahmen seines Unternehmens
- im Inland
- gegen Entgelt

ausgeführt hat.

Fehlt eines dieser Tatbestandsmerkmale, liegt ein nicht steuerbarer Umsatz vor.

Beispiele

a) Eine Brauerei in München unterhält in Basel (Schweiz) ein Auslieferungslager und beliefert von dort aus ihre Kunden in der Schweiz.
Die Lieferungen sind nicht steuerbar, weil sie nicht im Inland ausgeführt werden.

b) Ein kaufmännischer Angestellter in Berlin verkauft seinen gebrauchten Pkw an eine Kollegin.
Die Lieferung ist nicht steuerbar, weil der kaufmännische Angestellte kein Unternehmer ist.

c) Ein Arzt behandelt einen Patienten unentgeltlich. Die sonstige Leistung des Arztes ist nicht steuerbar, weil sie nicht gegen Entgelt ausgeführt wurde.

d) Der Inhaber eines Juweliergeschäfts in Stuttgart liefert seinen gebrauchten Wohnzimmerschrank an einen Gebrauchtwarenhändler gegen Barzahlung.
Die Lieferung ist nicht steuerbar, weil sie nicht im Rahmen des Unternehmens ausgeführt wurde; sie liegt im persönlichen Lebensbereich des Inhabers des Geschäfts.

3.2.1 Unternehmer und Unternehmen im Sinne des Umsatzsteuerrechts

Unternehmer nach § 2 Abs. 1 UStG

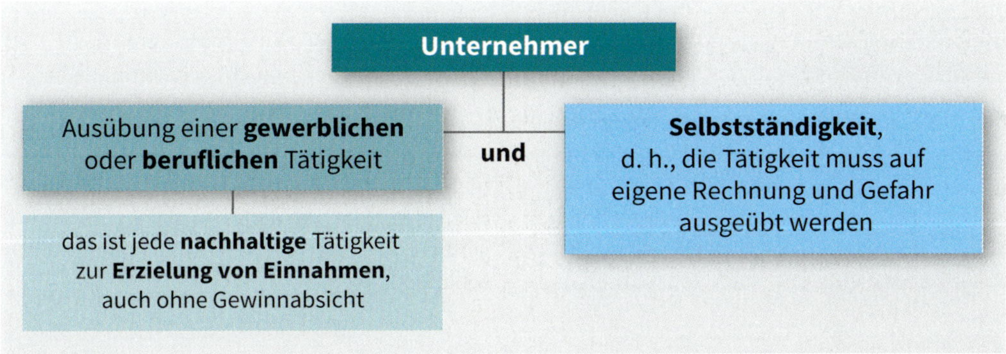

Unternehmer ist, wer eine gewerbliche oder berufliche Tätigkeit selbstständig ausübt (§ 2 Abs. 1 UStG).

Gewerblich oder beruflich ist jede nachhaltige Tätigkeit zur Erzielung von Einnahmen, auch wenn die Absicht, Gewinn zu erzielen, fehlt (§ 2 Abs. 1 UStG).

Eine Tätigkeit ist im Sinne des Steuerrechts nachhaltig, wenn sie mit der Absicht der fortlaufenden Wiederholung ausgeübt wird.

Eine selbstständige Tätigkeit liegt vor, wenn sie auf eigene Rechnung und Gefahr, also auf eigenes Risiko, ausgeübt wird.

Beispiele

a) Ein Lebensmitteleinzelhändler liefert an seine Kunden laufend verschiedene Waren. Der Händler übt seine Tätigkeit nachhaltig zur Erzielung von Einnahmen aus, und er übt sie selbstständig, d. h. auf eigenes Risiko, aus. Dadurch ist er Unternehmer im Sinne des Umsatzsteuerrechts. Ob er die Absicht hat, Gewinn zu erzielen oder nicht, ist ohne Bedeutung.

→

Der beim Lebensmitteleinzelhändler angestellte Verkäufer ist dagegen kein Unternehmer. Er übt seine Tätigkeit zwar auch nachhaltig zur Erzielung von Einnahmen aus, er übt sie aber nicht selbstständig aus, sondern als Arbeitnehmer auf Rechnung und Gefahr seines Arbeitgebers.

b) Der Eigentümer eines Mehrfamilienhauses vermietet Wohnungen an verschiedene Mieter. Auch er ist insoweit, als er Wohnungen vermietet, Unternehmer. Seine nachhaltige Tätigkeit zur Erzielung von Einnahmen, die auch hier selbstständig ausgeübt wird, besteht in der Vermietung der Wohnungen.

c) Ein kaufmännischer Angestellter befasst sich in seiner Freizeit mit dem Handel von Kraftfahrzeugen. Er kauft laufend gebrauchte Pkw und verkauft diese an verschiedene Abnehmer. Der Angestellte ist als Arbeitnehmer zwar nicht selbstständig tätig, er übt aber daneben den Kfz-Handel nachhaltig zur Erzielung von Einnahmen selbstständig aus und ist insoweit Unternehmer im Sinne des Umsatzsteuerrechts. Anders wäre der Fall zu beurteilen, wenn der Angestellte lediglich seinen eigenen **gebrauchten** Pkw verkauft. In diesem Fall würde er die Tätigkeit (Verkauf des Kraftwagens) nicht nachhaltig ausüben und könnte deshalb nicht als Unternehmer angesehen werden (Ausnahme: Lieferung von **neuen** Fahrzeugen nach § 2a UStG).

Juristische Personen des öffentlichen Rechts (z.B. Stadtgemeinde Hannover, Steuerberaterkammer Stuttgart) üben in der Regel nur eine hoheitliche Tätigkeit aus. Sie sind insoweit keine Unternehmer und unterliegen nicht der Umsatzsteuer.
Soweit sie aber eine gewerbliche oder berufliche Tätigkeit im Sinne des § 2 Abs. 1 Satz 3 UStG ausüben, z.B. eine Kantine betreiben, sind sie unternehmerisch tätig und insoweit umsatzsteuerpflichtig.

Das **Unternehmen** umfasst die gesamte gewerbliche oder berufliche Tätigkeit des Unternehmers. Ein Unternehmer kann zwar mehrere Betriebe, aber immer nur ein Unternehmen haben. Hat er mehrere Betriebe, so stellt das Unternehmen eine Unternehmenseinheit dar.

Beispiel

Philipp Stengel betreibt in Hannover, Breite Straße 12, eine Gastwirtschaft. Auf einem freien Platz an der nächsten Straßenecke betreibt er außerdem den Handel mit gebrauchten Kraftfahrzeugen. Das Unternehmen des Steuerpflichtigen umfasst sowohl die Gastwirtschaft als auch den Kraftfahrzeughandel. Das Unternehmen stellt deshalb eine Unternehmenseinheit dar. Für beide Betriebe zusammen braucht er daher nur eine Umsatzsteuer-Voranmeldung und nur eine Umsatzsteuer-Erklärung abzugeben.

Nicht zum Unternehmen gehört der private Bereich des Unternehmers. Beispiel: Ein Unternehmer verkauft seinen im Privatvermögen gehaltenen Pkw.

Unternehmen

Das Unternehmen
(= die Unternehmenseinheit)

umfasst die
gesamte gewerbliche oder berufliche Tätigkeit
des Unternehmers

Folge:

- **Zusammenrechnung aller Umsätze**
- Umsätze zwischen den Betrieben sind **nicht steuerbare Innenumsätze**
- nur **eine** Steuernummer, **eine** USt-Voranmeldung, **eine** USt-Erklärung

3.2.2 Rahmen des Unternehmens

Der **Rahmen des Unternehmens** umfasst den geschäftlichen Bereich des Unternehmers. Dazu zählen nicht nur die Grundgeschäfte, die den eigentlichen Gegenstand der Betätigung bilden, sondern auch die Hilfsgeschäfte und Nebengeschäfte (siehe unten).

Der Rahmen des Unternehmens ist von Bedeutung, weil alle Umsätze im Sinne des § 1 Abs. 1 Nr. 1 UStG nur dann steuerbar sind, wenn sie unter anderem im Rahmen des Unternehmens ausgeführt werden.

Bei einem **Einzelunternehmer** ist es verhältnismäßig einfach festzustellen, wie weit der Rahmen seines Unternehmens reicht, weil er als natürliche Person einen privaten Lebensbereich (Privatwohnung, Familie, Verwandte, Freunde usw.) und einen geschäftlichen (unternehmerischen) Tätigkeitsbereich hat.

Beispiel

Ein Fahrradhändler in Dresden verkauft Fahrräder an seine Kundschaft. Außerdem verkauft er sein gebrauchtes Schlafzimmer an einen Altwarenhändler.

Der Verkauf von Fahrrädern erfolgt im Rahmen des Unternehmens. Er ist steuerbar.

Der Verkauf des gebrauchten Schlafzimmers fällt nicht in den Rahmen des Unternehmens, weil er zum privaten Lebensbereich des Händlers gehört. Er ist deshalb nicht steuerbar.

Die sogenannten **Erwerbsgesellschaften**, z. B. OHG, KG, AG und GmbH, sind grundsätzlich nur unternehmerisch tätig. Deshalb fällt durchweg jeder Vorgang, der bei ihnen vorkommt, in den Rahmen des Unternehmens.

Juristische Personen des öffentlichen Rechts (z. B. die Stadtgemeinde Bremen) sind im Rahmen ihrer „Betriebe gewerblicher Art“ (§ 1 Abs. 1 Nr. 6 und § 4 KStG i. V. m. § 2 Abs. 3 Satz 1 UStG) unternehmerisch tätig. Nur insoweit werden die Umsätze im Rahmen des Unternehmens ausgeführt.

Beispiel

Die Stadtgemeinde Bremen betreibt ein Elektrizitätswerk, ist also unternehmerisch tätig. Werden Privathaushalte mit Strom beliefert, liegen steuerbare Lieferungen vor, weil alle Tatbestandsmerkmale nach § 1 Abs. 1 Nr. 1 UStG gegeben sind.

Durch die Anbindung an den körperschaftsteuerlichen Begriff des Betriebs gewerblicher Art unterliegt insbesondere die vermögensverwaltende Tätigkeit der öffentlichen Hand, die nach Körperschaftsteuerrecht bis auf wenige Ausnahmen keinen Betrieb gewerblicher Art darstellt, nicht der Umsatzbesteuerung. Auch mechanische oder bürotechnische Vor- bzw. Nebenarbeiten waren umsatzsteuerlich grundsätzlich nicht relevant, obwohl die entsprechenden Teilaufgaben auch von Dritten erledigt werden könnten. Ebenso unterlagen Beistandsleistungen weder der Körperschaftsteuer noch der Umsatzsteuer.

Die oben geschilderte Verwaltungspraxis hat der BFH in seinem Urteil vom 10. Nov. 2011 (V R 41/10) verworfen und die entgeltliche Überlassung einer Sporthalle durch eine Kommune an eine andere Kommune als unternehmerische Tätigkeit angesehen. Es lag demzufolge ein steuerbarer Umsatz vor. Gleichgelagerte Fälle sind auch nach Neuregelung genauso zu behandeln, wie bei der derzeit geltenden Rechtslage im Sinne der BFH-Rechtsprechung.

Die Neuschaffung des § 2b UStG zieht nach sich, dass einige wesentliche Besteuerungsprivilegien der öffentlichen Hand aufgehoben wurden. Demzufolge wird jede Tätigkeit von juristischen Personen des öffentlichen Rechts auf privatrechtlicher Grundlage als unternehmerisch eingestuft.

Ideelle Personenvereinigungen (z. B. Sportvereine) werden nur insoweit unternehmerisch tätig, als sie Sonderleistungen (z. B. Trainerstunden) gegen Sonderleistungsentgelt bewirken oder eine Kantine betreiben. Hinsichtlich der Tätigkeit, die nur der Erfüllung der satzungsgemäßen, im Interesse aller Mitglieder liegenden Zwecke dient, liegt keine unternehmerische Tätigkeit vor.

Beispiel

Die Mitglieder eines Turnvereins in Chemnitz nehmen an den Veranstaltungen des Vereins (Gymnastik usw.) aufgrund ihrer satzungsgemäßen Mitgliedsbeiträge teil. Einigen Mitgliedern erteilt der Verein gegen ein gesondert berechnetes Entgelt Tennistrainerstunden.

Nur die Trainerstunden werden als Sonderleistungen gegen Sonderleistungsentgelt im Rahmen des Unternehmens ausgeführt. Sie sind als „unechte Mitgliederbeiträge“ steuerbar. Im Übrigen liegen nicht steuerbare Vorgänge vor.

Hilfsgeschäfte sind Geschäfte, die der Geschäftsbetrieb des Unternehmens üblicherweise mit sich bringt. Es sind Leistungen, die im Rahmen des Unternehmens ausgeführt werden (z. B. Verkauf von gebrauchtem Inventar).

Auch **Nebengeschäfte** gehören zum Rahmen des Unternehmens. Sie fallen nicht üblicherweise an, sind aber durch das Grundgeschäft veranlasst (z. B. Dozententätigkeit eines Steuerberaters für die Kammer im berufsbegleitenden Unterricht).

3.2.3 Leistungen

Wir kennen die Begriffe „Lieferungen“ und „Leistungen“ aus betriebswirtschaftlicher Sicht. Diese Begriffe gibt es im Umsatzsteuerrecht nicht nebengeordnet, sondern über- bzw. untergeordnet. Dem Oberbegriff „Leistungen“ sind die Begriffe „Lieferungen“ und „sonstige Leistungen“ untergeordnet.

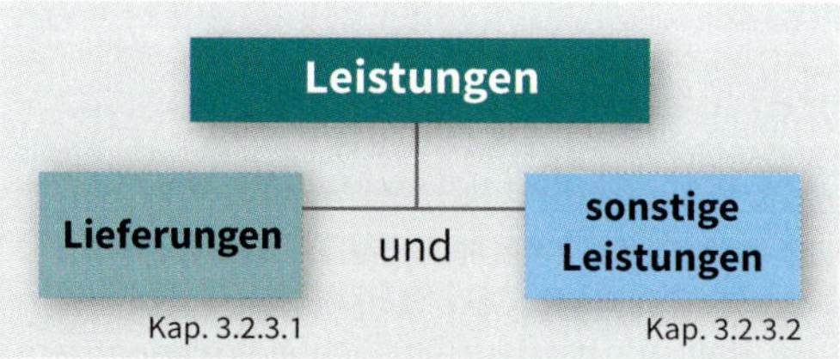

3.2.3.1 Entgeltliche Lieferungen

Lieferung im Sinne des Umsatzsteuerrechts ist jede Leistung, durch die der Unternehmer dem Abnehmer die Verfügungsmacht über einen Gegenstand verschafft (§ 3 Abs. 1 UStG). Als Gegenstände gelten hier nicht nur körperliche Gegenstände (z. B. Möbel), sondern auch andere Wirtschaftsgüter, die wie Sachen umgesetzt werden (z. B. Strom, Gas). Keine Gegenstände sind Rechte. Sie können daher nicht geliefert werden.

Der Unternehmer kann dem Abnehmer die Verfügungsmacht über den Liefergegenstand z. B. wie folgt verschaffen:

	Beispiele
▪ Der Unternehmer verschafft dem Abnehmer die Verfügungsmacht selbst.	Der Einzelhändler übergibt der Kundin im Geschäft die gekaufte Kaffeemaschine.
▪ Der Unternehmer beauftragt seinen Lieferer, dem Abnehmer die Verfügungsmacht zu verschaffen.	Der Einzelhändler hat die verkaufte Kaffeemaschine nicht auf Lager. Er beauftragt den Großhändler, sie direkt an die Kundin zu übersenden.
▪ Der Unternehmer verschafft die Verfügungsmacht über den Liefergegenstand einem Dritten im Auftrag des Abnehmers.	Der Kunde beauftragt den Einzelhändler, das gekaufte Fernsehgerät an seinen Schwiegersohn zu senden.

Nach dem bürgerlichen Recht erfolgt die Verschaffung der Verfügungsmacht durch die Übertragung des Eigentums (§ 929 BGB). Die Verschaffung der Verfügungsmacht im Sinne des Umsatzsteuerrechts ist anders geregelt. Sie ist bereits dann erfolgt, wenn der Abnehmer bereits wirtschaftlicher Eigentümer ist, obwohl er noch nicht das bürgerlich-rechtliche Eigentum erlangt hat (Lieferung unter Eigentumsvorbehalt).

Beispiel

Ein Kraftfahrzeughändler in Chemnitz liefert dort einen Pkw an eine Rechtsanwaltsfachangestellte. Es wird vereinbart, dass der Kaufpreis in neun Monatsraten zu zahlen ist und der Händler bis zur vollständigen Bezahlung Eigentümer des Fahrzeugs bleibt.

Obwohl die Rechtsanwaltsfachangestellte das bürgerlich-rechtliche Eigentum an dem Pkw noch nicht erlangt hat, ist die Verschaffung der Verfügungsmacht im Sinne des UStG mit Übergabe des Pkw erfolgt; denn sie kann über den Pkw wie ein Eigentümer bestimmen. Deshalb liegt eine Lieferung im Sinne des UStG vor.

3.2.3.2 Entgeltliche sonstige Leistung

Alle anderen Leistungen eines Unternehmers, die nicht Lieferungen sind, sind sonstige Leistungen. Sie können auch in einem Tun, Unterlassen oder im Dulden einer Handlung oder eines Zustandes bestehen (§ 3 Abs. 9 UStG).

Beispiele

a) Ein Arzt (Unternehmer) untersucht einen Patienten.

Es ist offensichtlich, dass diese Leistung des Arztes keine Lieferung darstellt, weil kein Gegenstand der Lieferung gegeben ist. Es handelt sich daher um eine sonstige Leistung.

b) Der Eigentümer eines Zweifamilienhauses vermietet eine Wohnung. Eine Lieferung ist nicht gegeben.

Es liegt eine sonstige Leistung vor, die darin besteht, dass der Eigentümer des Hauses, der als Vermieter Unternehmer ist, dem Mieter eine Wohnung zur Nutzung zur Verfügung stellt, um Einnahmen zu erzielen. Er duldet also die Nutzung.

c) Ein Handelsvertreter gestattet einem anderen Handelsvertreter aufgrund einer vertraglichen Vereinbarung die Bereisung einiger Ortschaften seines Reisebezirks.

Dieses Dulden einer Handlung stellt eine sonstige Leistung dar.

Einheitliche Leistung

Der Umsatzsteuer unterliegt der einzelne Umsatz, d. h. die einzelne selbstständige Leistung (Leistungseinheit) des Unternehmers.

Bei Lieferungen wird die Leistungseinheit durch die Art des einzelnen Liefergegenstandes bestimmt. Werden auf eine Bestellung verschiedenartige Gegenstände mit einer Rechnung geliefert, so liegen so viele einzelne Umsätze (Leistungseinheiten) vor, wie verschiedenartige Gegenstände geliefert werden.

Beispiel

Ein Großhändler liefert auf telefonische Bestellung eines Einzelhändlers mit einer Rechnung 30 Pakete Waschpulver und 5 Kartons Schokolade. Zwei Lieferungen liegen vor, da zwei Arten von Liefergegenständen gegeben sind.

Bei sonstigen Leistungen wird die Leistungseinheit durch den Auftrag des Leistungsempfängers bestimmt.

Beispiel

Der Eigentümer eines Zweifamilienhauses beauftragt einen Klempner, die Dachrinne seines Hauses zu reparieren. Alles, was der Klempner unternimmt, um die Reparatur auftragsgemäß auszuführen (Reinigung der Dachrinne, Feststellung und Beseitigung der schadhaften Stellen), gehört zur einheitlichen sonstigen Leistung. Sie wird durch den Reparaturauftrag des Eigentümers bestimmt.

Aus Gründen der wirtschaftlichen Betrachtungsweise dürfen einheitliche Leistungen nicht aufgeteilt werden (Abschn. 3.10 Abs. 3 UStAE).

Beispiel

Ein kaufmännischer Angestellter erteilt einem Bauunternehmer den Auftrag, ihm ein schlüsselfertiges Einfamilienhaus zu errichten.

Die einheitliche Leistung des Bauunternehmers besteht in der Lieferung des schlüsselfertigen Hauses. Die Leistung des Bauunternehmers darf beispielsweise nicht aufgeteilt werden in eine Lieferung und eine sonstige Leistung, weil der Auftrag auf die Übergabe eines schlüsselfertigen Hauses und nicht auf die Lieferung von Baumaterial und die Ausführung handwerklicher Arbeiten ausgerichtet ist.

Nebenleistung

Setzt sich eine einheitliche Leistung aus einer Hauptleistung und einer üblichen Nebenleistung zusammen, so gilt grundsätzlich der von der Rechtsprechung aufgestellte Grundsatz: **Die Nebenleistung teilt umsatzsteuerrechtlich das Schicksal der Hauptleistung.**

Beispiel

Ein Großhändler liefert einem Einzelhändler Ware und stellt ihm neben dem Preis der Ware die Transportkosten und die Verpackung in Rechnung.

Der auslösende Umsatz ist hier die Warenlieferung. Das ist die Hauptleistung. Die Beförderung und die Verpackung sind übliche Nebenleistungen. Sie teilen das Schicksal der Hauptleistung, d. h., unterliegt die Hauptleistung dem ermäßigten Steuersatz, so unterliegen auch die Nebenleistungen diesem Steuersatz; ist die Hauptleistung steuerfrei, so sind auch die Nebenleistungen steuerfrei.

Teilleistungen

Teilleistungen liegen vor, wenn für bestimmte Teile einer wirtschaftlich teilbaren Leistung das Entgelt gesondert vereinbart wird (§ 13 Abs. 1 Nr. 1 Buchstabe a Satz 3 UStG).

Beispiel

Ein Gastwirt in Bremen beauftragt einen Malermeister in Bremen, die Räume seiner Gastwirtschaft und seine Wohnung in der Stadtmitte zu tapezieren.

Die Tapeten hat der Gastwirt selbst beschafft. Für das Tapezieren der Wohnung und der Gastwirtschaft ist das Entgelt jeweils gesondert vereinbart worden.

Die Leistung des Malermeisters (sonstige Leistung) besteht aus zwei Teilleistungen, weil sie wirtschaftlich teilbar ist und weil für jede Teilleistung das Entgelt gesondert vereinbart worden ist.

AUFGABEN

1. Was unterliegt der Umsatzsteuer?
2. Was umfasst der Begriff „Leistungen" im Sinne des Umsatzsteuerrechts?
3. Was ist eine Lieferung?
4. Auf welche Weise kann ein Unternehmer dem Abnehmer die Verfügungsmacht über den Liefergegenstand verschaffen? Nennen Sie drei Beispiele.
5. Was sind sonstige Leistungen?
6. Wodurch wird die Leistungseinheit bestimmt:
   a) bei Lieferungen, b) bei sonstigen Leistungen?
7. Erläutern Sie den Grundsatz: Die Nebenleistung teilt das Schicksal der Hauptleistung.
8. Unter welchen Voraussetzungen liegen umsatzsteuerrechtlich Teilleistungen vor?

449786

3.2.4 Inland, Ausland, Gemeinschaftsgebiet, Drittlandsgebiet

Inland ist nach § 1 Abs. 2 Satz 1 UStG das Gebiet der Bundesrepublik Deutschland mit den folgenden Ausnahmen:

- das von der Schweiz umgebene Gebiet der **Gemeinde Büsingen** am Hochrhein;
- die **Insel Helgoland**;
- die **Freizonen** des Kontrolltyps I nach § 1 Abs. 1 Satz 1 des Zollverwaltungsgesetzes (Freihäfen). Dazu gehören Bremerhaven und Cuxhaven.
- das **Zwölfseemeilengebiet**: Das sind die Gewässer und Watten zwischen der Hoheitsgrenze und der Strandlinie.
- **deutsche Schiffe** und **deutsche Luftfahrzeuge** in Gebieten, die zu keinem Zollgebiet gehören.

Diese als Ausnahmen aufgeführten Gebiete gehören weder zum Inland noch zum „übrigen Gemeinschaftsgebiet“. Sie gehören zum **Drittlandsgebiet**.

Als **Ausland** wird das Gebiet bezeichnet, das nicht zum Inland gehört (§ 1 Abs. 2 Satz 2 UStG).

Für den Bodensee gilt eine besondere Regelung. Dort läuft die umsatzsteuerliche Grenze durch die Mitte des Sees.

Ausland

Gemeinschaftsgebiet	Drittlandsgebiet
Das Gemeinschaftsgebiet im Sinne dieses Gesetzes umfasst das Inland nach § 1 Abs. 2 S. 1 UStG und die Gebiete der übrigen Mitgliedstaaten der Europäischen Union (§ 1 Abs. 2a S. 1 UStG). Zum übrigen Gemeinschaftsgebiet gehören: Belgien, Bulgarien, Dänemark, Estland, Finnland, Frankreich, Griechenland, Irland, Italien, Kroatien, Lettland, Litauen, Luxemburg, Malta, Niederlande, Österreich, Polen, Portugal, Rumänien, Schweden, Slowakei, Slowenien, Spanien, Tschechien, Ungarn und Zypern.	**Dazu gehören:** 1. alle Staaten, die **nicht** Mitglied der EU sind, z. B. USA, Schweiz, Großbritannien seit dem 01.02.2020; 2. deutsche Hoheitsgebiete, die **nicht zum Inland** gehören, z. B. Insel Helgoland, Freihäfen; 3. Gebiete der übrigen Mitgliedstaaten der EU, die nicht zum Inland dieser Staaten gehören, z. B. der Vatikan in Italien, Freihäfen in Frankreich.

Wird ein Umsatz im Inland ausgeführt, so kommt es für die Besteuerung **nicht** darauf an, ob der Unternehmer deutscher Staatsangehöriger ist, seinen Wohnsitz oder Sitz im Inland hat, im Inland eine Betriebsstätte unterhält, die Rechnung erteilt oder die Zahlung empfängt (§ 1 Abs. 2 Satz 3 UStG).

Beispiel

Ein Gärtnereibetrieb in Slubice (Polen) verkauft seine Erzeugnisse auf dem Wochenmarkt in Frankfurt/Oder (Inland).

Die Lieferungen sind steuerbar, weil sie im Inland ausgeführt werden. Dass der Gärtnereibetrieb seinen Sitz im übrigen Gemeinschaftsgebiet hat, ist ohne Bedeutung.

Inland: grundsätzlich steuerbare Umsätze

Ausland: nicht steuerbare Umsätze

Umsätze in Freihäfen und im Zwölfseemeilengebiet

Ein **Freihafen** ist Teilgebiet eines Hafens, in dem Zölle und Einfuhrumsatzsteuer nicht erhoben werden. Unter dem Begriff **„Zwölfseemeilengebiet"** ist das Gebiet der Gewässer und Watten zu verstehen, das zwischen der jeweiligen Strandlinie und der Hoheitsgrenze liegt.

Grundsätzlich sind Umsätze, die in einem Freihafen oder im Zwölfseemeilengebiet ausgeführt werden, nicht steuerbar, weil diese Gebiete nicht zum Inland gehören.

Beispiel

Ein Cuxhavener Stauereibetrieb verkauft einen gebrauchten Gabelstapler an einen Nachbarbetrieb. Die Übergabe des Liefergegenstandes an den Abnehmer erfolgt im Cuxhavener Freihafen. Die Lieferung ist nicht steuerbar, weil sie nicht im Inland ausgeführt wurde.

Bestimmte Umsätze, die in Freihäfen oder im Zwölfseemeilengebiet bewirkt werden, sind aber wie Umsätze im Inland zu behandeln (§ 1 Abs. 3 Nr. 1–5 und 7 UStG).

Diese Regelung stellt eine Ausnahme dar, weil sie von dem Grundsatz, dass nur Umsätze im Inland steuerbar sind, abweicht. Es handelt sich dabei insbesondere um:

- Lieferungen von Gegenständen, die zum Gebrauch oder Verbrauch in den bezeichneten Gebieten bestimmt sind, wenn die Lieferungen nicht für das Unternehmen des Abnehmers ausgeführt werden;
- sonstige Leistungen im Freihafen oder im Zwölfseemeilengebiet, die nicht für das Unternehmen des Auftraggebers ausgeführt werden;
- unentgeltliche Leistungen (§ 3 Abs. 1b und § 3 Abs. 9a UStG).

Die hier dargestellte Regelung verfolgt den Zweck, den Letztverbrauch in den Freihäfen und im Zwölfseemeilengebiet – wie den Letztverbrauch im Inland – der Umsatzsteuer zu unterwerfen. Sie dient daher der Gleichmäßigkeit der Besteuerung.

Beispiele

a) Günther Jahn betreibt im Freihafen Cuxhaven ein Speiselokal. Er gibt täglich Speisen und Getränke an Arbeiter und Angestellte zum Verzehr an Ort und Stelle in seinem Lokal ab. Obwohl die sonstigen Leistungen nicht im Inland ausgeführt werden, sind sie steuerbar, weil die Speisen und Getränke zum Verbrauch im Freihafen bestimmt sind und die sonstigen Leistungen nicht für das Unternehmen der Abnehmer ausgeführt werden.

b) Jahn entnimmt aus seinem Betrieb Speisen für seinen Haushalt. Es liegt ein steuerbarer Umsatz vor, weil hier eine unentgeltliche Lieferung nach § 3 Abs. 1b Nr. 1 i. V. m. § 1 Abs. 3 Nr. 3 UStG vorliegt (die Entnahme im Freihafen).

c) Jahn liefert 50 Portionen Mittagessen an einen Kantinenbetrieb mit Sitz im Freihafen Cuxhaven. Dieser beköstigt damit seine Gäste aus dem Hafengebiet.
Hier liegt ein nicht steuerbarer Umsatz vor. Das Essen ist zwar auch zum Verbrauch im Freihafen bestimmt, die Lieferung erfolgt aber für das Unternehmen des Abnehmers (des Kantinenwirts) und nicht direkt an die Arbeiter und Angestellten. Die Lieferungen des Kantinenwirts an seine Gäste dagegen sind steuerbar (wie im Beispiel a).

Leistungen nach UStG

Leistungen

im Inland

Sie sind **steuerbar** (§ 1 Abs. 1 Nr. 1 UStG), **wenn** sie

1. von einem **Unternehmer**
2. im **Rahmen seines Unternehmens**
3. im **Inland**
4. gegen **Entgelt**

ausgeführt werden.

Entgelt ist nicht Voraussetzung bei Lieferungen nach § 3 Abs. 1b UStG und sonstigen Leistungen nach § 3 Abs. 9a UStG.

im Freihafen

Sie sind **steuerbar** (§ 1 Abs. 3 Nr. 1–5 und 7 UStG), **wenn** sie

1. von einem **Unternehmer**
2. im **Rahmen seines Unternehmens**
3. **nicht für das Unternehmen** des Auftraggebers
4. im **Freihafen**
5. gegen **Entgelt**

ausgeführt werden.

Bei Lieferung von Gegenständen ist es Voraussetzung, dass sie im Freihafen gebraucht oder verbraucht werden.

Entgelt ist nicht Voraussetzung bei Lieferungen nach § 3 Abs. 1b UStG und sonstigen Leistungen nach § 3 Abs. 9a UStG.

AUFGABEN

1. Was ist unter Inland zu verstehen?
2. Was sind Freihäfen? Nennen Sie drei Beispiele.
3. Welche Gebiete gehören zum Ausland?
4. Gehören die Freihäfen zum „übrigen Gemeinschaftsgebiet“ oder zum Drittlandsgebiet?
5. Welche Umsätze, die in Freihäfen oder im Zwölfseemeilengebiet bewirkt werden, sind wie Umsätze im Inland zu behandeln?

3.2.5 Entgelt

Formen des Entgelts

- **Geld** (Barzahlung, Überweisung, Scheck, Wechsel)
- **Lieferung gegen Lieferung** (Tausch)
- **sonstige Leistung gegen Lieferung oder sonstige Leistung** (tauschähnlicher Umsatz)

Lieferungen und sonstige Leistungen, die ein Unternehmer im Rahmen seines Unternehmens im Inland ausführt, sind grundsätzlich nur dann steuerbar, wenn sie gegen Entgelt ausgeführt werden (§ 1 Abs. 1 Satz 1 UStG).

Entgelt ist alles, was der Leistungsempfänger aufwendet, um die Leistung (Lieferung oder sonstige Leistung) zu erhalten, jedoch abzüglich der Umsatzsteuer (§ 10 Abs. 1 Satz 2 UStG).

Die Umsatzsteuer gehört nicht zum Entgelt, weil der Unternehmer sie nach § 13a Abs. 1 Nr. 1 UStG dem Finanzamt schuldet (Traglast siehe Kap. 3.1.1).

Beispiel

Ein Sportfachgeschäft in Leipzig liefert der Steuerfachangestellten Ines Hoffmann ein Paar Langlaufskier zum Preis von 238,00 € einschließlich 19 % Umsatzsteuer.

Das Entgelt beträgt 200,00 € (238,00 € – 38,00 € Umsatzsteuer).

Bei Lieferungen und sonstigen Leistungen gegen Entgelt findet ein Leistungsaustausch statt. Auf der einen Seite steht die Leistung des Unternehmers an den Empfänger. Das kann eine Lieferung oder eine sonstige Leistung sein. Auf der anderen Seite steht die Gegenleistung des Empfängers. Sie ist das Entgelt.

Leistung
- Lieferung oder
- sonstige Leistung

← **Leistungsaustausch** →

Gegenleistung
- Entgelt

Das Entgelt für eine Lieferung oder sonstige Leistung besteht in der Regel in der **Zahlung eines Betrags**, wie in Beispiel 1 (siehe unten).

Das Entgelt für eine Lieferung kann auch in einer Lieferung (Gegenlieferung) bestehen. In diesem Fall liegt ein **Tausch** vor (§ 3 Abs. 12 Satz 1 UStG), wie in Beispiel 2.

Beispiel 1

Zahlung: Der Händler A liefert eine Polstergarnitur gegen Zahlung an den Abnehmer B.

A → **Leistung des Händlers** (Lieferung) → B

B → **Gegenleistung des Abnehmers** (Zahlung) → A

Beispiel 2

Tausch: Ein Weinhändler liefert an einen Lebensmittelhändler Spirituosen und erhält dafür Lebensmittel.

Das Entgelt für eine sonstige Leistung kann in einer Lieferung oder auch in einer sonstigen Leistung bestehen (**tauschähnlicher Umsatz** – § 3 Abs. 12 Satz 2 UStG), wie in Beispiel 3.

Beispiel 3

Tauschähnlicher Umsatz: Ein Klempnermeister repariert bei einem Baustoffhändler die Wasserleitung (sonstige Leistung) und erhält dafür drei Sack Zement. Das Entgelt für die Leistung des Klempnermeisters besteht in einer Lieferung.

An einem Tausch oder tauschähnlichen Umsatz im Sinne des § 3 Abs. 12 UStG sind grundsätzlich zwei Unternehmer beteiligt. Sind die gegenseitigen Leistungen (Lieferungen oder sonstigen Leistungen) von gleichem Wert, so hat jeder Unternehmer den gleichen Betrag als Entgelt anzusetzen (§ 10 Abs. 2 Satz 2 UStG), wie in Beispiel 4.

Beispiel 4

Ein Klempner repariert bei einem Zimmereibetrieb die Dachrinne und berechnet dafür ein Entgelt von 60,00 €. Der Zimmereibetrieb repariert dafür bei dem Klempner eine Holztreppe und berechnet ebenfalls netto, d. h. ohne Umsatzsteuer, 60,00 €.
Jeder Unternehmer hat den gleichen Betrag von 60,00 € als Entgelt für seine Reparaturleistung (sonstige Leistung) anzusetzen.

Eine **Leistung im Sinne des Umsatzsteuerrechts** ist grundsätzlich nur dann steuerbar, wenn ein **Leistungsaustausch** stattgefunden hat.

Das **gilt nicht für die unentgeltlichen Leistungen** nach § 3 Abs. 1b und § 3 Abs. 9a UStG. Diese unentgeltlichen Leistungen (Lieferungen und sonstige Leistungen) sind auch dann steuerbar, wenn kein Leistungsaustausch stattfindet.

Ein **Leistungsaustausch** setzt voraus:

- eine Leistung (Lieferung oder sonstige Leistung) und eine Gegenleistung (Entgelt),
- zwei verschiedene Personen oder Parteien, zwischen denen der Leistungsaustausch stattfindet (sonst Innenumsatz/Organschaft), und
- einen inneren wirtschaftlichen Zusammenhang zwischen Leistung und Gegenleistung. Dieser innere Zusammenhang ist gegeben, wenn eine Leistung ausgeführt wird, um eine Gegenleistung (Entgelt) dafür zu erhalten (Abschnitt 1.1 UStAE).

Steht einer Leistung keine Gegenleistung, also kein Entgelt, gegenüber, so ist der Vorgang in der Regel nicht steuerbar (vgl. Beispiele: Schenkung oder echter Schadenersatz).

Beispiel

Ein Händler schenkt seinem Sportverein zwölf Flaschen Wein. Die Schenkung ist kein Leistungsaustausch.

Fehlt es an der zweiten Person und sind Leistender und Leistungsempfänger identisch, dann findet kein Leistungsaustausch statt, sondern ein **nicht steuerbarer Innenumsatz**.

Beispiel

Der Lebensmitteleinzelhändler Rolf Bergmann betreibt in Freiburg ein Haupt- und ein Filialgeschäft. Das Hauptgeschäft versorgt die Filiale mit Waren.

Da ein Unternehmer umsatzsteuerlich nur ein Unternehmen haben kann (siehe 3.2.1), verlässt die Leistung des Hauptgeschäfts nicht das Unternehmen Bergmann. Daher liegt ein nicht steuerbarer Innenumsatz vor.

Der innere Zusammenhang zwischen Leistung und Gegenleistung fehlt beim echten Schadenersatz.

Der **Schadenersatz** stellt kein Entgelt dar. Der Schädiger zahlt nicht, weil er eine Lieferung oder sonstige Leistung vom Geschädigten erhält, sondern weil er einen Schaden verursacht hat.

Der echte Schadenersatz ist nicht steuerbar.

Beispiel

A hat den Pkw des B schuldhaft beschädigt. B fordert von A einen Geldbetrag von 2.000,00 € für die Beseitigung des Schadens. A zahlt an B 2.000,00 €, und B beseitigt den Schaden selbst in eigener Werkstatt.

Die Reparaturleistung des B stellt keinen steuerbaren Umsatz dar, weil es sich bei der geleisteten Zahlung an B um einen echten Schadenersatz handelt, der kein Entgelt darstellt.

Würde jedoch der Schädiger A dem Geschädigten B den Auftrag erteilen, den Pkw in der eigenen Werkstatt zu reparieren und dann den berechneten Preis bezahlen, dann läge ein Leistungsaustausch (sogenannter unechter Schadenersatz) vor, der steuerbar wäre.

Kein Leistungsaustausch ist ferner zwischen der satzungsgemäßen Leistung eines Vereins, z. B. eines Turnvereins, und den Mitgliedsbeiträgen gegeben. Der innere Zusammenhang zwischen Leistung und Gegenleistung fehlt. Der Verein stellt seine Einrichtung nicht dem einzelnen Mitglied gegen Beitragszahlung zur Verfügung, sondern der Gesamtheit der Mitglieder.

Auch bei Aufmerksamkeiten eines Unternehmers an seine Arbeitnehmer, z. B. bei einem Geburtstagsgeschenk im Wert bis zu 60,00 €, ist kein Leistungsaustausch gegeben. Diese Vorgänge sind deshalb nicht steuerbar (Abschn. 1.8 Abs. 2 Satz 7 und Abs. 3 Sätze 1 und 2 UStAE).

Fehlender Leistungsaustausch

Kein Leistungsaustausch

- **Grundsätzlich:** nicht steuerbar
  - echter **Schadenersatz**
  - **satzungsmäßige Leistungen** eines Vereins gegen Mitgliedsbeiträge
  - **Aufmerksamkeiten** des Unternehmers an seine Arbeitnehmer
- **Ausnahmen:** steuerbar, ohne Leistungsaustausch
  - **unentgeltliche Lieferungen** nach § 3 Abs. 1b UStG
  - **unentgeltliche sonstige Leistungen** nach § 3 Abs. 9a UStG

> **Übung 8, Seite 110 f.**

AUFGABEN

1. Was ist Entgelt?
2. Warum gehört die Umsatzsteuer nicht zum Entgelt?
3. Was versteht man unter einem Tausch im Sinne des Umsatzsteuerrechts?
4. Was versteht man unter einem tauschähnlichen Umsatz?
5. Was setzt ein Leistungsaustausch voraus?
6. In welchen Fällen ist der innere Zusammenhang zwischen Leistung und Gegenleistung gegeben?
7. Warum ist bei einem echten Schadenersatz kein Leistungsaustausch gegeben?

3.2.6 Ort der Leistung

Ort bewegter und unbewegter Lieferungen

Ort der Lieferung (§ 3 Abs. 6 und 7 UStG)

- **bewegte Lieferung**
  - **Beförderungslieferung**
    - Der **Unternehmer** befördert den Gegenstand zum Abnehmer **oder**
    - der **Abnehmer** holt den Gegenstand ab.
    - **Ort der Lieferung:** bei Beförderungsbeginn
  - **Versendungslieferung**
    - Ein **selbstständiger Dritter** befördert den Gegenstand im Auftrag des
      - Unternehmers oder
      - Abnehmers.
    - **Ort der Lieferung:** bei Übergabe an den Beauftragten
- **unbewegte Lieferung**
  - **Lieferungsgegenstand** wird **nicht befördert, weil**
    - er schon im Besitz des Erwerbers ist
    - Werklieferung mit Montage beim Erwerber,
    - Grundstückskauf usw.
  - **Ort der Lieferung:** wo der Gegenstand sich befindet

Die **Feststellung des Ortes einer Leistung** (Lieferung oder sonstige Leistung und des innergemeinschaftlichen Erwerbs ist notwendig (vgl. folgende Kapitel), weil grundsätzlich nur Lieferungen, sonstige Leistungen und innergemeinschaftliche Erwerbe, die im Inland ausgeführt werden, steuerbar sind (§ 1 Abs. 1 Nr. 1 und 5; § 3 Abs. 1b und Abs. 9a UStG).

3.2.6.1 Ort der Lieferung

Lieferungen werden eingeteilt in:

- „bewegte Lieferungen“, d. h. mit Bewegung des Lieferungsgegenstandes, und
- „unbewegte Lieferungen“, d. h. ohne Bewegung des Lieferungsgegenstandes.

Eine **bewegte Lieferung** liegt vor, wenn der Gegenstand der Lieferung durch Beförderungs- oder Versendungslieferung fortbewegt wird.

Eine **unbewegte Lieferung** liegt vor, wenn der Gegenstand der Lieferung nicht fortbewegt wird.

Nach § 3 Abs. 6 UStG liegt eine **Beförderungslieferung** immer dann vor, wenn der Gegenstand der Lieferung

- vom liefernden Unternehmer selbst oder
- vom Abnehmer (Leistungsempfänger) oder
- vom einem unselbstständigen Erfüllungsgehilfen (z. B. Angestellten) befördert wird.

Die Lieferung gilt dort als ausgeführt, wo die Beförderung beginnt, am Ort der Lieferung. Befördern meint jede Fortbewegung eines Gegenstandes. Dabei ist es gleich, wie der Gegenstand fortbewegt wird oder wer ihn fortbewegt.

Der **Zeitpunkt der Lieferung** bestimmt sich nach dem zivilrechtlichen Gefahrenübergang (siehe § 446 und § 929 BGB). Sie erfolgt grundsätzlich bei Übergabe an den Abnehmer.

Beispiele

a) Eine Werkzeugfabrik liefert mit eigenem Lkw Werkzeuge aus ihrem Lager in Freiburg direkt an einen Abnehmer in Zug (Schweiz). Es liegt eine Beförderungslieferung im Sinne des Umsatzsteuerrechts vor, weil der Unternehmer bzw. sein Angestellter die Werkzeuge zum Abnehmer befördert. Ort der Lieferung ist Freiburg, weil dort die Beförderung beginnt. Die Lieferung ist steuerbar. Der Zeitpunkt der Lieferung richtet sich nach dem Gefahrenübergang bzw. nach der Eigentumsübertragung. Der ist bei der Übergabe in Zug an den Abnehmer.

b) Ein Kunde aus Basel holt Werkzeuge im Lager der Werkzeugfabrik in Freiburg ab und transportiert sie mit eigenem Lkw nach Polen. Auch hier liegt eine Beförderungslieferung vor, weil der Abnehmer die Werkzeuge befördert. Der Ort der Lieferung liegt wieder in Freiburg, wo die Beförderung beginnt. Danach ist die Lieferung steuerbar.

c) Die Werkzeugfabrik (siehe a) unterhält in Bern (Schweiz) ein Auslieferungslager, zu dem sie laufend von Freiburg mit eigenem Fahrzeug Werkzeuge befördert. Die Berner Kunden werden dann vom Auslieferungslager in Bern ebenfalls mit dem Fahrzeug des Fabrikanten beliefert. Ort dieser Lieferung ist Bern (also Ausland), weil erst dort die Beförderung des Lieferungsgegenstandes an den Abnehmer beginnt. Die Lieferungen an die Berner Abnehmer sind daher nicht steuerbar, weil sie nicht im Inland ausgeführt werden. Die Beförderung von Freiburg nach Bern stellt dagegen ein Verbringen der Ware zur eigenen Verfügung des Unternehmers dar (innerbetrieblicher Vorgang = Innenumsatz).

Eine **Versendungslieferung** (§ 3 Abs. 6 Satz 3 UStG) liegt immer dann vor, wenn der Gegenstand der Lieferung

- im Auftrag des Unternehmers oder Abnehmers
- von einem **selbstständigen** Dritten

befördert wird.

Dies wird in der Regel ein Frachtführer (z. B. Transportunternehmer), ein Verfrachter (z. B. Reeder) oder ein Spediteur sein, der die Beförderung besorgt. Der **Ort der Lieferung** liegt dort, wo die Versendung beginnt, und die Lieferung gilt grundsätzlich mit der Übergabe an den Frachtführer als ausgeführt. Geht der Lieferungsgegenstand auf dem Transport unter, ist über den zivilrechtlichen Gefahrenübergang (§ 447 BGB) zu prüfen, ob überhaupt eine Lieferung vorliegt.

Beispiele

a) Ein Unternehmer übergibt einem Spediteur in Leipzig Ware mit dem Auftrag, die Beförderung dieser Ware zu seinem Abnehmer in Kairo (Ägypten) zu organisieren. Die Lieferung gilt mit der Übergabe der Ware an den Spediteur als ausgeführt. Der Ort der Lieferung ist somit Leipzig. Sie ist steuerbar.

b) Wie a), doch wird die Ware auf dem Transport nach Kairo durch einen Unfall vernichtet. Da die Gefahr nach § 446 BGB erst mit der Übergabe an den Abnehmer übergeht, hat der Unternehmer nicht geliefert. Der Vorgang ist nicht steuerbar, da kein Leistungsaustausch vorliegt.

c) Der Abnehmer in Kairo beauftragt den Spediteur, die Warenbeförderung zu besorgen. Auch hier ist der Ort der Lieferung Leipzig, weil der Unternehmer in Leipzig die Ware dem Frachtführer des Spediteurs übergibt.

d) Wie c), doch wird die Ware auf dem Transport nach Kairo durch einen Unfall vernichtet. Hier hat der Abnehmer den Spediteur beauftragt. Damit ist die Gefahr des Untergangs der Ware bei der Übergabe an den Frachtführer übergegangen und die Lieferung gilt als ausgeführt. Der Ort der Lieferung ist Leipzig. Sie ist steuerbar.

Die unbewegte Lieferung ohne Bewegung des Liefergegenstandes wird nach § 3 Abs. 7 UStG dort ausgeführt, wo sich der Gegenstand zur Zeit der Verschaffung der Verfügungsmacht befindet. Sie ist häufig durch die Natur des Lieferungsgegenstandes bedingt, z. B. wenn der Lieferungsgegenstand schon im Besitz des Erwerbers ist, bei einem Grundstückskauf oder bei Verschaffung der Verfügungsmacht durch Übergabe von Konossement, Ladeschein oder Lagerschein.

Beispiele

a) Steuerberater Kroll, Hamburg, hat einen Fotokopierer von der Print-Medien GmbH, Bremen, gemietet. Nach sechs Monaten Mietzeit entschließt er sich, den Kopierer von der GmbH zu kaufen. Es liegt weder Befördern noch Versenden vor, da sich der Lieferungsgegenstand schon beim Leistungsempfänger Kroll befindet. Ort der Lieferung ist Hamburg. Die Lieferung ist steuerbar.

b) Die Kaffeerösterei König, Düsseldorf, kauft 2 000 kg Kaffee „Kolumbien Hochland" von einem Importeur in Hannover. Die Lieferung erfolgt mittels Übergabe des Lagerscheins in Hannover, der Kaffee befindet sich in einem Lager des Freihafens Cuxhaven. Der Ort der Lieferung ist nach § 3 Abs. 7 UStG der Freihafen Cuxhaven. Die Lieferung ist nicht steuerbar.

Die Grundsätze zur Bestimmung des Ortes der Lieferung für bewegte Lieferungen erfahren bei Einfuhren aus dem Drittlandsgebiet in einen Mitgliedstaat der Europäischen Union gem. § 3 Abs. 8 UStG eine wesentliche Einschränkung (siehe hierzu Kap. 3.3).

Der Ort der Lieferung nach § 3 Abs. 6 und 7 UStG gilt grundsätzlich auch für die innergemeinschaftliche Lieferung (siehe Kap. 3.5.1.3). Ausnahmen, wie das Reihengeschäft und innergemeinschaftliches Dreiecksgeschäft, werden in Kap. 3.4.7 behandelt. Informationen zum innergemeinschaftlichen Versandhandel befinden sich in Kap. 3.5.1.6.

AUFGABEN

1. Schildern Sie den Unterschied zwischen „Befördern" und „Versenden" im Umsatzsteuerrecht.
2. Bestimmen Sie den Ort der Lieferung im Falle einer „bewegten Lieferung".
3. Wo ist der Ort der Lieferung im Falle einer „unbewegten Lieferung"?

3.2.6.2 Ort der sonstigen Leistung

Sonstige Leistung

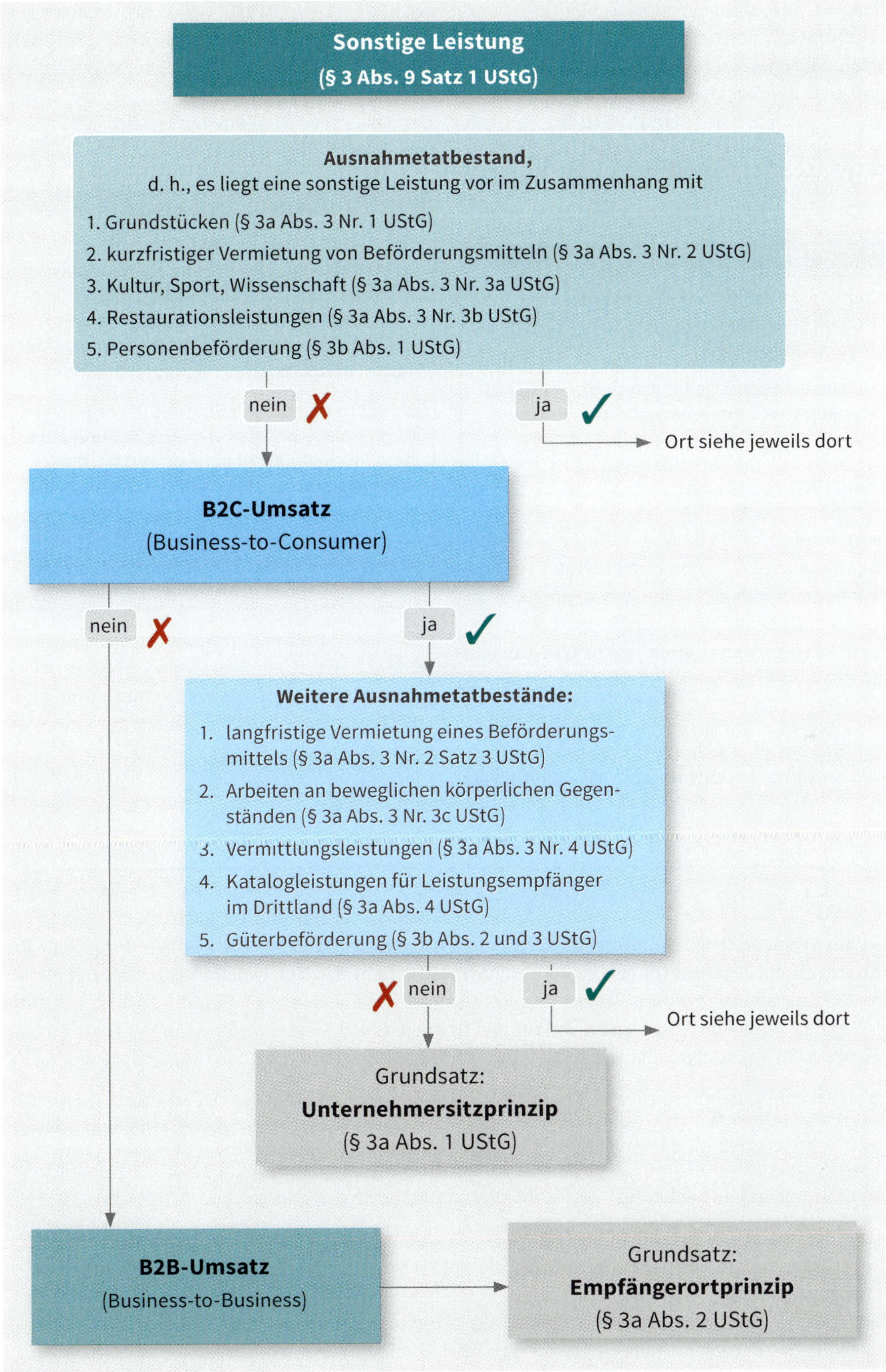

Grundsätzlich wird eine sonstige Leistung an dem Ort ausgeführt, von dem aus der Unternehmer sein Unternehmen betreibt (§ 3a Abs. 1 Satz 1 UStG). Das ist im Allgemeinen der Ort, an dem sich der Sitz des Unternehmens befindet (Sitzort des Unternehmers). Wird die sonstige Leistung von einer Betriebsstätte ausgeführt, so gilt die Betriebsstätte als Ort der sonstigen Leistung (§ 3a Abs. 1 Satz 2 UStG).

Beispiel

Der Frisör F aus Frankfurt schneidet der Kundin K aus Kopenhagen in seinem Salon in Frankfurt die Haare.

Es liegt eine sonstige Leistung vor. Der Ort ist Frankfurt, weil der Unternehmer F von dort aus sein Unternehmen betreibt (§ 3a Abs. 1 Satz 1 UStG). Die sonstige Leistung ist in Deutschland steuerbar.

Der Grundsatz des § 3a Abs. 1 UStG gilt für sonstige Leistungen, die ein Unternehmer für eine Privatperson oder für die Privatsphäre eines anderen Unternehmers ausführt. Einen solchen Umsatz nennt man auch **B2C-Umsatz** (Business-to-Consumer).

Eine sonstige Leistung, die ein Unternehmer an einen anderen Unternehmer für dessen Unternehmen ausführt, bezeichnet man als **B2B-Umsatz** (Business-to-Business). In diesem Fall gilt grundsätzlich § 3a Abs. 2 UStG: Ort dieser sonstigen Leistung ist dort, wo der Leistungsempfänger (!) sein Unternehmen betreibt. Wird die sonstige Leistung an eine Betriebsstätte ausgeführt, ist stattdessen der Ort der Betriebsstätte maßgeblich (§ 3a Abs. 2 Satz 2 UStG).

Beispiel

Eine Autovermietung mit Sitz in Görlitz vermietet einen Pkw an einen Unternehmer aus Polen für eine sechswöchige Reise durch Deutschland. Der polnische Unternehmer besucht seine deutschen Handelspartner und bespricht mit ihnen die Verkaufskonditionen.

Es liegt mit der Vermietung des Pkw eine sonstige Leistung vor. Obwohl die Autovermietung ihren Sitz in Deutschland hat, ist der Ort der sonstigen Leistung in Polen. Die Leistung wird an einen Unternehmer für dessen Unternehmen erbracht, deshalb gilt als Leistungsort der Ort des Leistungsempfängers. Die Leistung ist in Deutschland nicht steuerbar.

Der Sitzort des Leistungsempfängers gilt ebenfalls als Ort einer sonstigen Leistung, wenn der Leistungsempfänger eine nicht unternehmerisch tätige juristische Person mit einer USt-IdNr. ist (§ 3a Abs. 2 Satz 3 UStG).

Der Grundsatz zur Bestimmung des Ortes einer sonstigen Leistung, wie er oben dargestellt ist, kann zu einem Ergebnis führen, das wirtschaftlich nicht befriedigt, weil unberücksichtigt bleibt, wo der Leistungserfolg zum Tragen kommt. Deshalb ist in § 3a Abs. 3–8 und § 3b Abs. 1–3 UStG eine ganze Reihe von Ausnahmen von diesem Grundsatz mit Sonderregelungen zur Bestimmung des Ortes der sonstigen Leistung vorgesehen, unabhängig davon, wer Leistungsempfänger ist.

Ist eine dieser Ausnahmen der §§ 3a und 3b UStG gegeben, so ist nicht der Ort, von dem aus der Unternehmer sein Unternehmen betreibt (Sitzort des Unternehmers), bzw. der Ort der Betriebsstätte für die Bestimmung des Ortes der sonstigen Leistung maßgebend.

Es gilt vielmehr – je nachdem, welcher Ausnahmefall vorliegt – entweder

- der Ort, wo das Grundstück liegt (❶ Lageort), oder
- der Ort, von dem aus der Unternehmer die kurzfristige Vermietung ausführt (❷ Vermietungsort), oder
- der Ort, wo der Unternehmer tätig wird (❸ Tätigkeitsort), oder
- der Ort, wo der vermittelte Umsatz ausgeführt wird (❹ Vermittlungsort).

❶ Lageort als Ort der sonstigen Leistung

Für sonstige Leistungen im Zusammenhang mit einem Grundstück gilt die Sonderregelung, dass die Leistungen dort ausgeführt werden, wo das Grundstück liegt (**Lageort**, § 3a Abs. 3 Nr. 1 UStG). Zum Grundstück in diesem Sinne gehören neben dem Grund und Boden auch Gebäude und Betriebsvorrichtungen (z. B. ein Lastenaufzug in einem Lagerhaus).

Zu den sonstigen Leistungen, die im Zusammenhang mit einem Grundstück ausgeführt werden, gehören vor allem

- die Vermietung und Verpachtung von Grundstücken,
- sonstige Leistungen, die mit der Veräußerung oder dem Erwerb von Grundstücken im Zusammenhang stehen,
- sonstige Leistungen, die der Erschließung von Grundstücken oder der Vorbereitung oder Ausführung von Bauleistungen dienen. Auch die Reparaturleistungen gehören dazu.

Beispiele

a) Alle drei Wohnungen eines Dreifamilienhauses in Berlin sind an Dauermieter vermietet. Der Eigentümer des Grundstücks hat seinen Wohnsitz in Salzburg (Österreich). Die sonstigen Leistungen (Vermietungsleistungen) werden in Berlin ausgeführt, weil sich das Grundstück dort befindet. Sie sind deshalb steuerbar.

b) Ein Grundstücksmakler mit Sitz in Stuttgart hat den Verkauf eines Fabrikgebäudes vermittelt, das sich in Zürich (Schweiz) befindet. Hier liegt eine sonstige Leistung (Vermittlungsleistung) vor, die mit der Veräußerung und dem Erwerb eines Grundstücks im Zusammenhang steht. Sie wird im Ausland ausgeführt, weil dort das Grundstück liegt. Sie ist deshalb nicht steuerbar.

c) Eine Reparaturwerkstatt in der Bremer Innenstadt hat den Lastenaufzug eines Lagerhauses in der Freizone Bremerhaven repariert. Die Reparatur bestand darin, dass einige Teile des Aufzugs ausgebaut, gereinigt, gefettet und dann wieder eingebaut wurden. Es handelt sich um eine sonstige Leistung im Zusammenhang mit einem Grundstück. Sie ist dort ausgeführt, wo das Grundstück liegt. Da der Freihafen Bremerhaven zum umsatzsteuerlichen Ausland gehört, ist die sonstige Leistung (Reparaturleistung) nicht steuerbar.

❷ Vermietungsort als Ort der sonstigen Leistung

Vermietet ein Unternehmer ein Beförderungsmittel für **kurze Zeit**, gilt als Ort der Vermietung der Ort, an dem der Unternehmer dem Empfänger das Beförderungsmittel tatsächlich zur Verfügung stellt (**Vermietungsort**, § 3a Abs. 3 Nr. 2 UStG). Als kurze Zeit im Sinne dieser Vorschrift gilt bei Wasserfahrzeugen ein ununterbrochener Zeitraum von nicht mehr als 90 Tagen, bei anderen Beförderungsmitteln ein ununterbrochener Zeitraum von nicht mehr als 30 Tagen (§ 3a Abs. 3 Nr. 2 Satz 2 UStG).

Beispiele

a) Eine Autovermietung mit Sitz in Görlitz (Deutschland) vermietet einer Familie aus Polen ein Wohnmobil für einen zweiwöchigen Urlaub in Deutschland.
Es liegt eine sonstige Leistung vor in Form einer kurzfristigen Vermietung eines Beförderungsmittels. Der Ort ist Görlitz, weil der Unternehmer dem Empfänger das Wohnmobil dort zur Verfügung stellt. Die sonstige Leistung ist in Deutschland steuerbar.

b) Eine Autovermietung mit Sitz in Görlitz vermietet einen Pkw an einen Unternehmer aus Polen für eine zweiwöchige Reise durch Deutschland. Der polnische Unternehmer besucht seine deutschen Handelspartner und bespricht mit ihnen die Verkaufskonditionen.
Es liegt mit der Vermietung des Pkw eine sonstige Leistung in Form einer kurzfristigen Vermietung eines Beförderungsmittels vor. Der Ort ist Görlitz, weil der Unternehmer dem Empfänger den Pkw dort zur Verfügung stellt. Die sonstige Leistung ist in Deutschland steuerbar.

❸ Tätigkeitsort als Ort der sonstigen Leistung

Die folgenden in § 3a Abs. 3 Nr. 3 UStG und § 3b Abs. 2 UStG aufgeführten sonstigen Leistungen werden dort ausgeführt, wo sie vom Unternehmer tatsächlich erbracht werden (**Tätigkeitsort**), sofern der **Leistungsempfänger Nichtunternehmer** ist (sonst gilt § 3 Abs. 2 UStG).

> Übung 16, Seite 113

Dazu zählen:

- kulturelle, künstlerische, wissenschaftliche, unterrichtende, sportliche, unterhaltende und ähnliche Leistungen einschließlich der Leistungen der jeweiligen Veranstalter;
- Abgabe von Speisen und Getränken zum Verzehr an Ort und Stelle;
- Werkleistungen an beweglichen körperlichen Gegenständen und die Begutachtung dieser Gegenstände;
- Beladen, Entladen, Umschlagen und ähnliche mit der Beförderung eines Gegenstandes im Zusammenhang stehende Leistungen (§ 3b Abs. 2 UStG).

Wird eine der vorstehend bezeichneten sonstigen Leistungen ausschließlich oder zum wesentlichen Teil im Inland ausgeführt, so ist sie steuerbar. Wird sie im Ausland ausgeführt, ist sie nicht steuerbar.

Bei der Beurteilung der Frage, wo der Unternehmer zum wesentlichen Teil tätig wird, ist darauf abzustellen, wo der Unternehmer die für den Einzelfall typische Haupttätigkeit entfaltet.

Beispiele

a) Fernsehtechniker Hertz betreibt in Bad Reichenhall eine Reparaturwerkstatt. Er repariert in der Wohnung eines Kunden in Salzburg (Österreich) ein Fernsehgerät. Die sonstige Leistung (Werkleistung) von Hertz wird ausschließlich in Österreich ausgeführt. Sie ist deshalb im Inland nicht steuerbar.

b) Der Salzburger Radio- und Fernsehhändler Nockerl gibt defekte Fernsehgeräte an Hertz (siehe a) zur Reparatur nach Bad Reichenhall. Nach der Reparatur werden die Fernsehgeräte in Salzburg von Nockerl verkauft. Obwohl Hertz im Inland tätig wird, gilt als Ort der sonstigen Leistung Österreich, weil Nockerl ein österreichischer Unternehmer ist. Deshalb ist sie nicht steuerbar.

> **Übung 18, Seite 114**

❹ Vermittlungsort als Ort der sonstigen Leistung

Hier gilt Folgendes:

Eine Vermittlungsleistung wird grundsätzlich an dem Ort erbracht, an dem der vermittelte Umsatz ausgeführt wird (**Vermittlungsort**, § 3a Abs. 3 Nr. 4 Satz 1 UStG); es sei denn, der Umsatz wird erbracht für einen Empfänger, der Unternehmer ist, für dessen Unternehmen die Leistung ausgeführt wird oder für eine nicht unternehmerisch tätige juristische Person, der eine USt-IdNr. erteilt worden ist.

Sie gilt nicht in Zusammenhang mit Grundstücken.

Beispiel

Ein Galerist aus Düsseldorf vermittelt für eine Privatperson aus Neuss den Verkauf eines wertvollen alten Gemäldes an einen Sammler in Berlin.

Der Empfänger der Vermittlungsleistung ist weder ein Unternehmer, für dessen Unternehmen die Leistung ausgeführt wird, noch eine nicht unternehmerisch tätige juristische Person, der eine USt-IdNr. erteilt worden ist. Deshalb gilt als Ort der Vermittlungsleistung der Ort des vermittelten Umsatzes. Hierbei handelt es sich um eine Lieferung von Neuss nach Berlin. Ort der Lieferung ist nach § 3 Abs. 6 UStG Neuss. Deshalb ist der Ort der Vermittlungsleistung ebenfalls Neuss nach § 3a Abs. 3 Nr. 4 UStG.

> **Übung 18, Seite 114**

Sitzort bzw. Wohnsitz des Leistungsempfängers als Ort der sonstigen Leistung

§ 3a Abs. 4 Satz 1 UStG gilt für die in § 3a Abs. 4 Satz 2 UStG aufgeführten sonstigen Leistungen. Dazu gehören z. B.:

- die Einräumung, Übertragung und Wahrnehmung von Patenten, Urheberrechten, Warenzeichenrechten und ähnlichen Rechten;

- die sonstigen Leistungen, die der Werbung dienen;
- die sonstigen Leistungen aus der Tätigkeit als Rechtsanwalt, Steuerberater, Wirtschaftsprüfer, Dolmetscher, Übersetzer, Sachverständiger, Ingenieur und Aufsichtsratsmitglied sowie die rechtliche, wirtschaftliche und technische Beratung durch andere Unternehmer;
- die Datenverarbeitung;
- die Gestellung von Personal;
- die Überlassung von gewerblichen Verfahren und Erfahrungen;
- der Verzicht, ganz oder teilweise eine gewerbliche oder berufliche Tätigkeit auszuüben;
- die Vermietung beweglicher körperlicher Gegenstände, ausgenommen Beförderungsmittel.

Für diese sonstigen Leistungen ist die Vorschrift des § 3a Abs. 4 Satz 1 UStG maßgebend. Danach ist es von Bedeutung, ob der **Empfänger der sonstigen Leistung** ein **Nichtunternehmer** ist, der seinen Wohnsitz im **Drittland** hat.

Ist der Empfänger einer der in § 3a Abs. 4 UStG bezeichneten sonstigen Leistungen **kein Unternehmer** und hat er seinen Wohnsitz oder Sitz im **Drittlandsgebiet**, so wird die sonstige Leistung grundsätzlich an seinem Wohnsitz oder Sitz ausgeführt.

Beispiel

Ein Rechtsanwalt in Augsburg berät in seinem Büro einen Bankangestellten mit Wohnsitz in Bern (Schweiz) in einer Erbschaftsangelegenheit. Der Empfänger der sonstigen Leistung, der kein Unternehmer ist, hat seinen Wohnsitz im Drittlandsgebiet (= Ausland). Die sonstige Leistung des Anwalts wird deshalb am Wohnsitz des Angestellten, also im Ausland, ausgeführt. Sie ist nicht steuerbar.

Ist der Empfänger einer der in § 3a Abs. 4 Satz 2 UStG bezeichneten sonstigen Leistungen **kein Unternehmer** und hat er seinen Wohnsitz oder Sitz im **Gemeinschaftsgebiet**, so gilt nicht § 3a Abs. 4 UStG, sondern der allgemeine Grundsatz nach § 3a Abs. 1 UStG, wonach die sonstige Leistung an dem Ort ausgeführt wird, von dem aus der Unternehmer sein Unternehmen betreibt.

Hätte der Bankangestellte im obigen Beispiel seinen Wohnsitz nicht in der Schweiz, sondern in einem Land des übrigen Gemeinschaftsgebiets (siehe Kap. 3.2.4), z. B. in Italien, so wäre die sonstige Leistung des Anwalts steuerbar, weil sie im Inland ausgeführt würde, und zwar in Augsburg, da der Anwalt von dort aus seine Kanzlei (sein Unternehmen) betreibt.

Eine Besonderheit gilt bei **auf elektronischem Weg erbrachten Leistungen.**

Zu diesen Leistungen gehören z. B. die Bereitstellung von Websites, die Fernwartung von Programmen, Software und deren Aktualisierung sowie die Bereitstellung von Bildern, Texten oder Datenbanken, von Musik, Spielen und Filmen und Fernunterrichtsleistungen.

Das sogenannte „Mini-One-Stop-Shop-Verfahren“ (MOSS) erleichtert die Besteuerung der oben stehenden Umsätze.

Das Verfahren richtet sich an vornehmlich an Unternehmer, die entsprechende Leistungen an Privatpersonen erbringen.

Um an der Sonderregelung teilzunehmen, müssen Unternehmer ihre Teilnahme an der Sonderregelung auf elektronischem Weg bei dem Bundeszentralamt für Steuern beantragen.

In Deutschland lautet die offizielle Abkürzung für die zentrale Anlaufstelle KEA („Kleine einzige Anmeldestelle“). Diese ist dem Bundeszentralamt für Steuern (BzSt) angegliedert. Bei dieser Stelle registrieren sich Unternehmen, die elektronische Dienstleistungen für Privatpersonen im EU-Ausland erbringen. Der MOSS (die KEA in Deutschland) führt für den Unternehmer die Steuer im Empfängerland ab.

Dafür melden die Unternehmen ihre Umsätze im Privatkundengeschäft im EU-Ausland an die KEA. Die Mitteilungen müssen quartalsweise, spätestens am 20. Tag nach Quartalsende, elektronisch dem Bundeszentralamt für Steuern übermittelt werden.

Beispiel

Der Rentner Rüstig aus Köln lädt gegen Gebühr aus dem Internet die „Personal Firewall" (Software zum Schutz vor Angriffen aus dem Internet) eines russischen Internetdienstleisters mit Sitz in Moskau auf seinen heimischen PC. Die Software wird gegen Gebühr über das Internet in regelmäßigen Abständen aktualisiert.

Der Ort der sonstigen Leistung ist im Inland (Köln), da Rüstig kein Unternehmer ist, im Gemeinschaftsgebiet ansässig ist und der leistende Unternehmer im Drittland ansässig ist. Die Gebühren sind in Deutschland steuerbar.

> **Übung 19, Seite 114**

Beförderungsort als Ort der sonstigen Leistung

Eine weitere Sonderregelung gilt für Beförderungsleistungen. Eine **Beförderungsleistung einer Person** wird grundsätzlich dort ausgeführt, wo die Beförderung bewirkt wird (§ 3b Abs. 1 Satz 1 und 2 UStG).

Beispiel

Ein Reiseverkehrsunternehmer aus Basel (Ausland) befördert einen Kegelclub im Inland, und zwar von Freiburg nach Heidelberg. Die Beförderungsleistung ist steuerbar, weil sie ausschließlich im Inland bewirkt wird.

Beim **grenzüberschreitenden Beförderungsverkehr**, der sich sowohl auf das Inland als auch auf das Ausland erstreckt, ist nur der im Inland ausgeführte Teil der Beförderungsleistung steuerbar (§ 3b Abs. 1 Satz 2 UStG). Bei kurzen Beförderungsstrecken (bis 30 km), die inländische und ausländische Streckenanteile (bis 10 km) haben, unterbleibt die Aufteilung und die gesamte Beförderung ist entweder steuerbar oder nicht steuerbar (§ 3b Abs. 1 Satz 4 UStG).

Bei grenzüberschreitenden Beförderungen von Gegenständen und bei Beförderungen im internationalen Eisenbahnfrachtverkehr ist diese Vorschrift ohne Bedeutung, weil diese Beförderungen nach § 4 Nr. 3 Buchstabe a UStG umsatzsteuerfrei sind.

Die Aufteilung des Entgelts erfolgt im Allgemeinen nach den gefahrenen Streckenanteilen.

Beispiel

Ein Reiseverkehrsunternehmen in München befördert eine Gruppe von 40 Studenten von München nach Prag (Tschechien) und zurück. Soweit die Beförderungsleistung im Inland ausgeführt wird, ist sie steuerbar.

Durch die Verwirklichung des Europäischen Binnenmarktes ist auch auf dem Gebiet der Güterbeförderung ein neuer Umsatzsteuer-Tatbestand eingeführt worden: die **innergemeinschaftliche Beförderung eines Gegenstandes**.

Eine innergemeinschaftliche Beförderung eines Gegenstandes liegt nach § 3b Abs. 3 Satz 1 UStG vor, wenn die Beförderung in dem Gebiet eines Mitgliedstaates beginnt (Abgangsort) und im Gebiet eines anderen Mitgliedstaates endet (Ankunftsort). Sie wird dort ausgeführt, wo die Beförderung des Gegenstandes beginnt, wenn der Leistungsempfänger weder Unternehmer ist, für dessen Unternehmen die Leistung ausgeführt wird, noch eine nicht unternehmerisch tätige juristische Person, der eine USt-IdNr. erteilt worden ist.

Von der Steuerbefreiung der grenzüberschreitenden Beförderung von Gegenständen nach § 4 Nr. 3 Buchstabe a UStG ist die innergemeinschaftliche Beförderung eines Gegenstandes ausgenommen. Sie ist also steuerpflichtig, wenn sie im Inland bewirkt wird.

Güterbeförderung und Nebenleistungen

a) nicht-innergemeinschaftlich

- Güterbeförderung B[1] → B: Empfängerort (§ 3a Abs. 2 UStG)
- Güterbeförderung B → C: Ort = zurückgelegte Strecke (§ 3b Abs. 1 Satz 3 UStG)
- Nebenleistung B → B: Empfängerort (§ 3a Abs. 2 UStG)
- Nebenleistung B → C: Tätigkeitsort (§ 3b Abs. 2 UStG)

1 B = Business/Unternehmer, C = Consumer/Privatperson

b) innergemeinschaftlich:

- Güterbeförderung B → B: Empfängerort (§ 3a Abs. 2 UStG)
- Güterbeförderung B → C: Beginn der Beförderung (§ 3b Abs.3 UStG)
- Nebenleistung B → B: Empfängerort (§ 3a Abs. 2 UStG)
- Nebenleistung B → C: Tätigkeitsort (§ 3b Abs. 2 UStG)

Beispiele

a) Ein Transportunternehmen in Augsburg befördert im Auftrag einer Privatperson in Leipzig ein Klavier von München nach Bern (Schweiz).
Hier liegt zwar eine grenzüberschreitende, aber keine innergemeinschaftliche Beförderung von Gegenständen vor, weil die Beförderung nicht in einem Mitgliedstaat der EU endet, sondern im Drittlandsgebiet. Die Beförderungsleistung wird dort ausgeführt, wo die Beförderung bewirkt wird.
Soweit sie im Inland ausgeführt wird, ist sie steuerbar, aber nach § 4 Nr. 3 Buchstabe a UStG steuerfrei.

b) Sachverhalt wie im Beispiel a), aber das Klavier wird von München nach Rotterdam (Niederlande) befördert.
Es liegt eine innergemeinschaftliche Beförderung von Gegenständen vor, weil die Beförderung in einem Mitgliedstaat beginnt und in einem anderen Mitgliedstaat endet. Sie wird nach § 3b Abs. 3 UStG dort ausgeführt, wo die Beförderung beginnt, in München. Die Beförderungsleistung ist deshalb steuerbar. Sie ist auch steuerpflichtig, weil sie von der Steuerbefreiung der grenzüberschreitenden Beförderung von Gegenständen nach § 4 Nr. 3 Buchstabe a UStG nicht betroffen ist.

c) Ein Transportunternehmer in Augsburg befördert im Auftrag einer Motorenfabrik in Rotterdam (Niederlande) technische Geräte von München nach Rotterdam.
Hier liegt eine innergemeinschaftliche Beförderung von Gegenständen vor. Sie wird aber nicht dort ausgeführt, wo die Beförderung beginnt, sondern nach § 3a Abs. 2 UStG in dem anderen Mitgliedstaat, von dem aus der Leistungsempfänger als Unternehmer sein Unternehmen betreibt. Das sind die Niederlande. Die Beförderungsleistung ist im EU-Ausland ausgeführt worden. In Deutschland ist die Beförderungsleistung deshalb nicht steuerbar, in den Niederlanden ist sie steuerbar.

> **Übung 17, Seite 114**

Besorgung einer sonstigen Leistung

Besorgt ein Unternehmer für Rechnung eines anderen im eigenen Namen eine sonstige Leistung, so sind die für die besorgte Leistung geltenden Vorschriften auf die Besorgungsleistung entsprechend anzuwenden (§ 3 Abs. 11 UStG).

Beispiel

Ein Spediteur in München besorgt im eigenen Namen für Rechnung seines Auftraggebers die Beförderung einer Ware von Salzburg nach Wien.

Die besorgte Beförderungsleistung ist nicht steuerbar, da sie ausschließlich im Ausland (Österreich) ausgeführt wird. Auch die Besorgungsleistung des Spediteurs ist nicht steuerbar, obwohl sie im Inland erfolgt ist.

Die Vorschrift des § 3 Abs. 11 UStG ist nur anwendbar, wenn der Unternehmer die sonstige Leistung für Rechnung eines anderen, aber im eigenen Namen besorgt. Erbringt er eine sonstige Leistung im fremden Namen und für fremde Rechnung, so liegt keine Besorgungsleistung im Sinne des § 3 Abs. 11 UStG vor, sondern eine Vermittlungsleistung, für die grundsätzlich § 3a Abs. 3 Nr. 4 oder § 3a Abs. 2 UStG anzuwenden sind.

AUFGABEN

1. Wo befindet sich grundsätzlich der Ort der sonstigen Leistung (§ 3a Abs. 1 und 2 UStG)?
2. Warum ist in § 3a Abs. 3–7 UStG und § 3b Abs. 1–3 UStG eine Reihe von Ausnahmen von dem Grundsatz nach § 3a Abs. 1 UStG mit Sonderregelungen zur Bestimmung des Ortes einer sonstigen Leistung vorgesehen?
3. Um welche Ausnahmen (siehe Nr. 2) handelt es sich hierbei im Wesentlichen?
4. Wo ist der Ort einer sonstigen Leistung, die mit einem Grundstück im Zusammenhang steht?
5. Welche sonstigen Leistungen stehen mit einem Grundstück im Zusammenhang?
6. Wo wird grundsätzlich eine Beförderungsleistung ausgeführt?
7. Unter welchen Voraussetzungen liegt eine innergemeinschaftliche Beförderung vor?
8. Wo wird die innergemeinschaftliche Beförderung eines Gegenstandes ausgeführt?
9. An welchem Ort wird eine Vermittlungsleistung nach § 3a Abs. 3 Nr. 4 UStG erbracht?
10. Wo wird die Vermittlung einer innergemeinschaftlichen Beförderung eines Gegenstandes ausgeführt?
11. Welche sonstigen Leistungen kennen Sie, die in § 3a Abs. 4 UStG aufgeführt sind?
12. Wo liegt der Ort dieser sonstigen Leistungen (siehe Nr. 11)?
13. Wo liegt der Ort einer Besorgungsleistung?
14. Wo ist der Ort der sonstigen Leistung bei der Vermietung beweglicher körperlicher Gegenstände?
15. Wo befindet sich der Ort der sonstigen Leistung bei der Vermietung von Beförderungsmitteln?

3.2.7 Unentgeltliche Leistungen

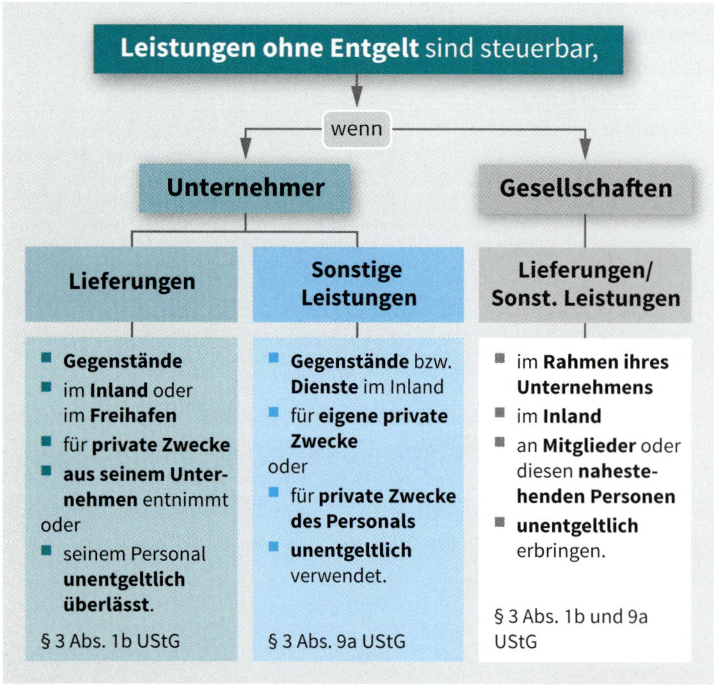

Eine der Voraussetzungen für die Steuerbarkeit von Leistungen ist grundsätzlich, dass die Leistung durch eine Gegenleistung, das „Entgelt“, entgolten wird. Bei unentgeltlichen Wertabgaben des Unternehmers für unternehmensfremde Zwecke wird diese Regelung durchbrochen.

3.2.7.1 Unentgeltliche Lieferungen

Die Vorschrift des § 3 Abs. 1b UStG macht die dort aufgeführten unentgeltlichen Lieferungen fiktiv entgeltlich, d. h., obwohl die Lieferungen eigentlich unentgeltlich sind, sind sie dennoch steuerbar und normalerweise auch steuerpflichtig. Auf diese Weise wird z. B. der Eigenverbrauch eines Unternehmens wie bei jedem Endverbraucher der Umsatzsteuer unterworfen.

Die drei Tatbestände des § 3 Abs. 1b UStG sind die Gegenstandsentnahme für die Privatsphäre des Unternehmers, seiner Arbeitnehmer und sonstige.

❶ Gegenstandsentnahme als unentgeltliche Lieferungen nach § 3 Abs. 1b Nr. 1 UStG

Nach § 3 Abs. 1b Nr. 1 UStG sind Tatbestände als Lieferungen gegen Entgelt zu behandeln, wenn folgende Tatbestandsmerkmale vorliegen:

- die Entnahme eines Gegenstandes
- durch einen Unternehmer
- aus einem Unternehmen
- für Zwecke, die außerhalb des Unternehmens liegen.

Voraussetzung ist, dass der Gegenstand oder seine Bestandteile zum vollen oder teilweisen Vorsteuerabzug berechtigt haben, § 3 Abs. 1b Satz 2 UStG.

Sind diese Voraussetzungen nicht alle erfüllt, unterliegt die Entnahme nicht der Umsatzsteuer.

Beispiele

a) Der Lebensmitteleinzelhändler Klein entnimmt aus seinem Geschäft in Bremen Lebensmittel für seine Familie. Es ist offensichtlich, dass die Entnahme für den privaten Lebensbereich des Steuerpflichtigen und daher für unternehmensfremde Zwecke erfolgt ist. Diese wird wie eine Lieferung gegen Entgelt behandelt.

b) Klein entnimmt der Ladenkasse 1.500,00 €, um seine Kegeltour zu finanzieren. Sicherlich handelt es sich bei dem Kegelausflug um einen unternehmensfremden Zweck. Gleichwohl ist die Entnahme des Geldes keine steuerbare Gegenstandsentnahme, weil Geld nicht als Lieferungsgegenstand im allgemeinen Wirtschaftsverkehr behandelt wird.

Eine **Gegenstandsentnahme** ist immer eine nicht betrieblich veranlasste Wertabgabe des Unternehmers für unternehmensfremde Zwecke.

Bei einem **Einzelunternehmer** ist es verhältnismäßig einfach festzustellen, ob die Entnahme des Gegenstandes für unternehmensfremde Zwecke erfolgt ist, weil der Einzelunternehmer neben dem unternehmerischen (betrieblichen) Bereich auch einen privaten Bereich hat (Familie, Verwandte, Freunde).
Bei einer **Erwerbsgesellschaft**, z. B. GmbH, die ja keine Familie usw. und daher auch keinen privaten Bereich hat, ist die Frage, ob die Entnahme für unternehmensfremde Zwecke erfolgt ist, nach der wirtschaftlichen Auswirkung und der Zielsetzung des Vorgangs zu beurteilen.

Beispiele

a) Der Gesellschafter einer GmbH (Einmann-GmbH) entnimmt aus dem Lebensmittelgeschäft der GmbH Lebensmittel für seine Familie. Unternehmer ist hier die GmbH als juristische Person (nicht der Gesellschafter). Eine Entnahme für den privaten Lebensbereich der GmbH ist nicht möglich, weil es bei einer GmbH keinen privaten, sondern nur einen unternehmerischen Bereich gibt. Es ist jedoch offensichtlich, dass auch in diesem Fall eine Wertabgabe für unternehmensfremde Zwecke gegeben ist. Deshalb wird auch diese Wertabgabe im UStG wie eine entgeltliche Lieferung behandelt.

b) Ein Gesellschafter einer OHG in Rostock, die sich mit dem Handel von Fernseh- und Radiogeräten befasst, hat aus dem Lagerbestand des Unternehmens ein Fernsehgerät für seinen Haushalt entnommen, ohne dafür ein Entgelt aufzuwenden. Es liegt eine steuerbare unentgeltliche Lieferung vor, weil eine Wertabgabe (die Abgabe eines Fernsehgeräts) für unternehmensfremde Zwecke im Inland stattgefunden hat.

Der Entnahmevorgang setzt auch voraus, dass der entnommene Gegenstand Teil des Unternehmensvermögens gewesen ist, bevor er die unternehmerische Sphäre verlässt und in die private Sphäre gelangt. Ein Gegenstand verlässt nicht die unternehmerische Sphäre, wenn er von einem Betrieb des Unternehmers in einen anderen Betrieb desselben Unternehmers verlagert wird (Innenumsatz), auch wenn die Betriebe als wirtschaftliche Einheiten gesondert geführt werden (siehe auch Grundsatz der Unternehmenseinheit).

Voraussetzung für die Steuerbarkeit der unentgeltlichen Lieferung ist, dass der entnommene Gegenstand ganz oder teilweise bei der Anschaffung oder Herstellung zum Vorsteuerabzug berechtigt hat und mindestens zu 10 % unternehmerisch genutzt wurde. Bei einer Nutzung kleiner als 10 % gehört er zum notwendigen Privatvermögen und ein Vorsteuerabzug ist nicht möglich.

Beispiele

a) Der Unternehmer Held kauft einen gebrauchten Pkw von einem Gebrauchtwagenhändler für 20.000,00 € zuzüglich 19 % Umsatzsteuer von 3.800,00 €. Held nutzt den Pkw ausschließlich betrieblich und macht den Vorsteuerabzug geltend. Sechs Monate später entnimmt er den Pkw zum Tagespreis von 18.000,00 €. Die Entnahme ist als unentgeltliche Lieferung zu behandeln und steuerbar und steuerpflichtig.

b) Wie a), nur hat Held den Pkw von einem Privatmann ohne in Rechnung gestellte Umsatzsteuer erworben. Die Entnahme ist nicht steuerbar, da Held bei der Anschaffung keinen Vorsteuerabzug hatte.

War der Steuerpflichtige für den später entnommenen Gegenstand bei der Anschaffung bzw. Herstellung nicht vorsteuerabzugsberechtigt, aber für die später darin eingegangenen neuen Bestandteile, so werden nur die neuen Bestandteile anteilig der Besteuerung unterworfen (als unentgeltliche Lieferung). Jedoch lediglich dann, wenn sich der vorsteuerabzugsberechtigte Einbau der Bestandteile im Entnahmezeitpunkt noch als werterhöhend erweist. Bestandteile stehen in einem einheitlichen Nutzungs- und Funktionszusammenhang mit dem Gegenstand. Keine neuen Bestandteile sind Ersatz- bzw. Verschleißteile (Abschn. 3.3 Abs. 2 UStAE).

❷ Unentgeltliche Sachzuwendungen an Personal

Nach § 3 Abs. 1b Nr. 2 UStG sind Tatbestände wie eine steuerbare Lieferung zu behandeln, wenn folgende Tatbestandsmerkmale vorliegen:

- unentgeltliche Zuwendung eines Gegenstandes
- durch einen Unternehmer
- an sein Personal für dessen privaten Bedarf,
- sofern keine Aufmerksamkeiten vorliegen und
- der Gegenstand oder seine Bestandteile zum Vorsteuerabzug berechtigt haben.

Beispiel

Ein Möbelgroßhändler in Minden schenkt seinem Verkaufsleiter zum Geburtstag einen Fernsehsessel, weil der Angestellte oft unbezahlte Überstunden gemacht hat. Der Einkaufspreis des Sessels hat 980,00 € betragen. Hier liegt eine Lieferung des Unternehmers an den Arbeitnehmer vor, die steuerbar ist, weil sie aus unternehmerischen Gründen (geleistete unbezahlte Überstunden) unentgeltlich ausgeführt worden ist. Außerdem hat der Fernsehsessel bei der Anschaffung dem Vorsteuerabzug unterlegen.

Aufmerksamkeiten (Blumen, Pralinen usw.), die aus besonderem Anlass (z. B. Geburtstag) gewährt werden, fallen nicht darunter, wenn der Wert der einzelnen **Sachzuwendung 60,00 € brutto nicht übersteigt** (Abschn. 1.8 Abs. 2 Satz 7 und Abs. 3 Sätze 1 und 2 UStAE und R 73 Abs. 1 LStR). Sie unterliegen als Annehmlichkeiten weder der Umsatzsteuer noch der Lohnsteuer. Nicht steuerbar sind auch Zuwendungen an Arbeitnehmer im Rahmen einer Betriebsveranstaltung (z. B. Betriebsausflug), wenn der Wert der bei solchen Veranstaltungen (maximal zwei im Jahr) üblichen Zuwendungen (z. B. Speisen und Getränke) 110,00 € je teilnehmenden Arbeitnehmer nicht übersteigt (§ 19 Abs. 1 Nr. 1a EStG).

Unentgeltlich ist eine Sachzuwendung nur dann, wenn der Leistungsempfänger, der Arbeitnehmer, kein Entgelt dafür aufwendet. So ist z. B. der Personalkauf in Kaufhäusern oder der Jahreswagenverkauf weiterhin als Lieferung gegen Entgelt zu behandeln. Die Gegenleistung kann auch in der anteiligen Arbeitsleistung des Arbeitnehmers bestehen.

❸ Andere unentgeltliche Zuwendungen

Nach § 3 Abs. 1b Nr. 3 UStG werden auch andere unentgeltliche Zuwendungen von Gegenständen wie eine Lieferung gegen Entgelt besteuert, wenn folgende Tatbestandsmerkmale gegeben sind:

- jede andere unentgeltliche Zuwendung
- eines Gegenstandes

- ausgenommen Geschenke von geringem Wert und Warenmuster für Zwecke des Unternehmens.

Die Zuwendung des Gegenstandes muss also aus unternehmerischen Gründen (z. B. zu Werbezwecken, zur Verkaufsförderung oder zur Imagepflege) erfolgt sein. Hierunter fallen z. B. Sachspenden an Vereine, Warenabgaben anlässlich von Preisausschreiben oder Verlosungen zu Werbezwecken.

Die Steuerbarkeit entfällt nicht, wenn der Empfänger die Gegenstände in seinem Unternehmen verwendet. Ausgenommen von der Besteuerung werden lediglich Geschenke von geringem Wert. Das sind weiterhin **Geschenke bis 35,00 €** (ohne Umsatzsteuer) je Empfänger im Laufe des Kalenderjahres (siehe auch § 4 Abs. 5 Nr. 1 EStG) oder die Abgabe von Warenmustern. **Geschenke an Kunden über 35,00 €** sind schon deshalb von der Umsatzbesteuerung ausgenommen, weil der Vorsteuerabzug hier nicht möglich ist, denn sie fallen unter das **Abzugsverbot** nach § 15 Abs. 1a UStG i. V. m. § 4 Abs. 5 EStG.

Auch Geschenke und andere unternehmerisch veranlasste Warenabgaben werden nur besteuert, wenn die Anschaffungs- oder Herstellungskosten des abgegebenen Gegenstandes oder seine Bestandteile mit Umsatzsteuer belastet waren und der Unternehmer hinsichtlich dieser Steuer entweder zum vollen oder zumindest teilweisen Vorsteuerabzug berechtigt war.

Beispiele

a) Der Unternehmer Maas, München, führt anlässlich des zehnjährigen Bestehens seines Unternehmens in München ein Preisausschreiben durch, bei dem die Teilnehmer Hi-Fi-Anlagen im Wert von 300,00 € bis 800,00 € gewinnen können.

Bei der Übergabe der Geräte an die Gewinner liegt eine steuerbare unentgeltliche Zuwendung von Gegenständen vor, die wie eine entgeltliche Lieferung zu behandeln ist. Voraussetzung ist, dass die Geräte aus dem Warenbestand des Maas stammen und bei der Anschaffung zum Vorsteuerabzug berechtigt haben.

b) Dem Betreiber einer großen Diskothek, für die Maas die Beschallungsanlage geliefert hatte, schenkt Maas zum Geburtstag eine Anlage im Wert von 500,00 €.

Die unentgeltliche Zuwendung ist nicht steuerbar, da Maas nach § 15 Abs. 1a Nr. 1 UStG nicht zum Vorsteuerabzug berechtigt ist. Sollte Maas im Zeitpunkt des Erwerbs den Vorsteuerabzug vorgenommen haben, so ist dieser im Zeitpunkt der Hingabe des Geschenks nach § 17 Abs. 2 Nr. 5 UStG zu berichtigen (siehe auch Abschn. 15.6 Abs. 5 UStAE).

Ort der unentgeltlichen Lieferung

Die speziellen Regelungen zur Ortsbestimmung für unentgeltliche Lieferungen werden ersatzlos aufgehoben (vorher § 3f UStG). Somit erfolgt die Ortsbestimmung wie bei normalen (entgeltlichen) Lieferungen (siehe Kap. 3.2.6.1 Ort der Lieferung).

> **Übung 20, Seite 114 f.**

Grundsätzlich können nur Gegenstandsentnahmen im Inland steuerbar sein. Im Interesse einer gleichmäßigen Besteuerung des Letztverbrauchs hat der Gesetzgeber jedoch bestimmt, dass auch Gegenstandsentnahmen in den Freihäfen und im Zwölfseemeilengebiet (umsatzsteuerrechtliches Ausland) als unentgeltliche Lieferungen steuerbar sind (§ 1 Abs. 3 Nr. 3 UStG). Beachten Sie dazu auch Kapitel 3.2.5.

Beispiel

Ein Tabakwarenhändler entnimmt aus seinem Geschäft, das sich in der Freizone Bremerhaven befindet, für sich Tabakwaren.

Es liegt ein steuerbarer Eigenverbrauch vor, obwohl die Entnahme im Freihafen, also nicht im Inland, erfolgt ist.

AUFGABEN

1. Aus welchen Gründen hat der Gesetzgeber bestimmt, dass die Gegenstandsentnahme im Inland der Umsatzsteuer unterliegt?
2. Unter welchen Voraussetzungen ist eine Gegenstandsentnahme als unentgeltliche Lieferung steuerbar?
3. Wo liegt der Ort der unentgeltlichen Lieferung?
4. Warum ist die Vorsteuerabzugsberechtigung Voraussetzung für die unentgeltliche Lieferung?
5. Was verstehen Sie unter einer Aufmerksamkeit bei unentgeltlichen Lieferungen an Arbeitnehmer?
6. Welche anderen unentgeltlichen Zuwendungen kennen Sie?

3.2.7.2 Unentgeltliche sonstige Leistungen nach § 3 Abs. 9a UStG

Der § 3 Abs. 9a UStG trennt zwischen Verwendung eines Gegenstandes für private Zwecke bzw. der Überlassung des Gegenstandes an Personal (§ 3 Abs. 9a Nr. 1 UStG) und anderen sonstigen Leistungen (§ 3 Abs. 9a Nr. 2 UStG) (in der Hauptsache Personalgestellung).

Der Grund für diese Trennung ist die unterschiedliche Behandlung der Vorleistung hinsichtlich des Vorsteuerabzuges.

❶ Private Verwendung von betrieblichen Gegenständen

Die private Nutzung von betrieblichen Gegenständen ist nach § 3 Abs. 9a Nr. 1 UStG steuerbar, wenn folgende Tatbestandsmerkmale gegeben sind:

- Verwendung eines dem Unternehmen zugeordneten Gegenstands,
- der zum vollen oder teilweisen Vorsteuerabzug berechtigt hat,
- durch den Unternehmer
- für Zwecke, die außerhalb des Unternehmens liegen oder
- für den privaten Bedarf des Personals,
- sofern keine Aufmerksamkeiten vorliegen.

Die Steuerbarkeit kommt nur in Betracht, wenn unternehmerische Gegenstände für nichtunternehmerische Zwecke verwendet werden.

Gegenstände können schon dem umsatzsteuerlichen Unternehmen voll zugeordnet werden, wenn sie zu mindestens 10 % unternehmerisch genutzt werden, siehe auch § 15 Abs. 1 Satz 2 UStG. Außerdem muss bei der Anschaffung oder Herstellung der verwendeten Gegenstände der volle oder teilweise Vorsteuerabzug möglich gewesen sein.

Der Hauptfall der privaten Nutzung eines betrieblichen Gegenstandes ist die **private Pkw-Nutzung** eines betrieblichen Pkw durch den Unternehmer bzw. den Gesellschafter (oder auch durch Dritte mit Einwilligung des Unternehmers).

Treffen die oben genannten Voraussetzungen zu, dann ist die private Pkw-Nutzung als unentgeltliche sonstige Leistung (Wertabgabe) nach § 3 Abs. 9a Nr. 1 UStG steuerbar.

Hat der Unternehmer den Pkw ohne Vorsteuerabzugsberechtigung erworben, z. B. von einem Nichtunternehmer oder von einem Kleinunternehmer nach § 19 Abs. 1 UStG, und nimmt er aus den laufenden Unterhaltskosten des Pkw den Vorsteuerabzug vor, dann muss er die nichtunternehmerische Nutzung ebenfalls nach § 9a Abs. 1 UStG als unentgeltliche Leistung versteuern.

Beispiele

a) Der Unternehmer Ernst, Hamburg, kauft am 1. März d. J. einen neuen betrieblichen Pkw für 30.000,00 € zuzüglich 5.700,00 € USt. Der Pkw soll zu 30 % privat genutzt werden. Die Anschaffung berechtigt voll zum Vorsteuerabzug nach § 15 Abs. 1 Nr. 1 UStG ebenso wie der Betrieb des Fahrzeuges. Die Verwendung des betrieblichen Gegenstandes für unternehmensfremde Zwecke ist als unentgeltliche Wertabgabe nach § 3 Abs. 9a Satz 1 UStG steuerbar.

b) Ernst (siehe a)) überlässt den betrieblichen Pkw seinem Sohn Max, um nach Berlin zu fahren, wo Max ein Studium aufnimmt. Allerdings bringt Max den Pkw nicht wie abgesprochen nach Hamburg zurück, sondern behält den Pkw in Berlin. Dadurch ist der betriebliche Pkw dauerhaft aus dem Unternehmen des Herrn Ernst ausgeschieden und es liegt keine Wertabgabe nach § 3 Abs. 9a Nr. 1 UStG vor, sondern eine steuerbare unentgeltliche Lieferung nach § 3 Abs. 1b Nr. 1 UStG.

Bei der Verwendung anderer unternehmerischer Gegenstände für unternehmensfremde Zwecke liegt anteilsmäßig in Höhe des privaten Nutzungsanteils eine unentgeltliche sonstige Leistung nach § 3 Abs. 9 UStG vor. Grundsätzlich kommen hier alle Tatbestände in Betracht, die, falls an Dritte ausgeführt, eine sonstige Leistung nach § 3 Abs. 9 UStG wären. Die Regeln der unentgeltlichen sonstigen Leistungen des Unternehmers nach § 3 Abs. 9a Nr. 1 UStG gelten analog für Leistungen der Gesellschaften an ihre Mitglieder bzw. an nahestehende Personen dieser Mitglieder.

Die Verwendung von betrieblichen Gegenständen für den privaten Bedarf der Arbeitnehmer wird umsatzsteuerlich als unentgeltliche sonstige Leistung (Wertabgabe) nach § 3 Abs. 9a Nr. 1 UStG behandelt, wenn sie dafür kein besonders berechnetes Entgelt aufwenden. Allerdings muss zunächst geprüft werden, ob nicht doch eine Gegenleistung des Arbeitnehmers durch seine Arbeitsleistung gegeben ist als tauschähnlicher Umsatz. So wird grundsätzlich eine steuerbare Leistung nach § 1 Abs. 1 Nr. 1 Satz 1 UStG angenommen, wenn dem Arbeitnehmer der sog. „Firmenwagen" auf Dauer zum privaten Gebrauch überlassen wird (Bemessungsgrundlage siehe Kap. 3.6.2.3). Das Gleiche gilt für Gesellschafter-Geschäftsführer, denen die GmbH einen betrieblichen Pkw dauerhaft zur privaten Nutzung überlässt.

Besteuert wird auch hier lediglich die Verwendung der Gegenstände, deren Anschaffungs- oder Herstellungskosten mit Umsatzsteuer belastet waren und bei denen der Unternehmer hinsichtlich dieser Steuer entweder zum vollen oder zumindest teilweisen Vorsteuerabzug berechtigt war.

Weiter ist bei diesen sonstigen Leistungen zu prüfen, ob keine Aufmerksamkeit vorliegt. Dabei ist wieder die Wertgrenze von 60,00 € zu beachten. Eine unentgeltliche sonstige Leistung an Arbeitnehmer liegt nicht vor, wenn dieser Nutzungswert nicht überschritten wird.

Beispiel

Der Gerüstbauunternehmer Peters, Berlin, überlässt seinem Geschäftsführer Heinrichs unentgeltlich Gerüste zum Einrüsten seines Einfamilienhauses zwecks Erneuerung der Außenfassade. Einem dritten Auftraggeber hätte Peters dafür 2.000,00 € in Rechnung gestellt.

Der Vorgang ist als unentgeltliche sonstige Leistung an Personal nach § 3 Abs. 9a Nr. 1 UStG steuerbar, weil die unentgeltliche Überlassung für den privaten Bedarf des Angestellten erfolgt, der Gegenstand (Gerüstmaterial) bei der Anschaffung zum Vorsteuerabzug berechtigte und weil keine Aufmerksamkeit vorliegt, denn die Wertgrenze von 60,00 € wird überschritten.

→

❷ Andere unentgeltliche sonstige Leistungen

Nach § 3 Abs. 9a Nr. 2 UStG sind alle anderen – nicht bereits unter § 3 Abs. 9a Nr. 1 UStG fallenden – unentgeltlichen Dienstleistungen für nichtunternehmerische Zwecke des Unternehmers oder für den privaten Bedarf seines Personals steuerbar, wenn folgende Tatbestandsmerkmale gegeben sind:

- unentgeltliche Erbringung einer anderen sonstigen Leistung
- durch den Unternehmer für Zwecke, die außerhalb des Unternehmens liegen, oder
- für den privaten Bedarf des Personals, sofern keine Aufmerksamkeiten vorliegen.

Zu den sonstigen Leistungen für nichtunternehmerische Zwecke gehört die Erbringung reiner Dienstleistungen, z. B. der Einsatz betrieblicher Arbeitskräfte für den Haushalt des Unternehmers, also Entnahme von sonstigen Leistungen oder Nutzungsentnahme. Aber auch die Verwendung unternehmerischer Gegenstände für nichtunternehmerische Zwecke gehört dazu, wenn hierbei ein nicht unwesentlicher Dienstleistungsanteil hinzukommt, z. B. die Überlassung eines unternehmerischen Kfz nebst Fahrer an das Personal für dessen Privatfahrten.

Beispiele

a) Bauunternehmer Peters, Nürnberg, lässt von seinen Arbeitnehmern die Garage seines Einfamilienhausgrundstückes (zu eigenen Wohnzwecken genutzt) verputzen. Der Tatbestand ist steuerbar nach § 3 Abs. 9a Nr. 2 UStG.

b) Bauunternehmer Peters überlässt seinem Geschäftsführer Becker unentgeltlich einen Bautrupp, der Bauschäden an Beckers Wohnhaus repariert, § 3 Abs. 9a Nr. 2 UStG.

c) Bauunternehmer Peters benutzt einen betrieblichen Bagger nebst Baggerführer zur Errichtung eines Swimmingpools auf seinem Privatgrundstück, § 3 Abs. 9a Nr. 2 UStG.

Ort der unentgeltlichen sonstigen Leistung

Die speziellen Regelungen zur Ortsbestimmung für unentgeltliche sonstige Leistungen werden ersatzlos aufgehoben (vorher § 3f UStG). Der Ort der Nutzungsentnahme richtet sich also nach dem Ort der allgemeinen sonstigen Leistung (§ 3a UStG).

4497108

AUFGABEN

1. Welche zwei grundsätzlichen Arten der unentgeltlichen Leistung kennen Sie?
2. Wo ist der Ort der unentgeltlichen Leistung?
3. Warum wird bei der unentgeltlichen sonstigen Leistung in zwei Arten unterschieden?

VERTIEFENDE ÜBUNGEN

Übungen 1 und 2:
Unternehmer

Übungen 3 und 4:
Lieferungen, sonstige Leistungen

1. **Welche Personen sind in den nachstehend aufgeführten Fällen 1 bis 6 Unternehmer im Sinne des § 2 Abs. 1 UStG?**

   Fall 1:
   Ralf Berger, Mainz, ist als Autoschlosser bei einer Autoreparaturwerkstatt tätig.

   Seinen Privatwagen repariert er in seiner Freizeit selbst. Die Autoersatzteile bezieht er von dem Autohändler Robert Schulz.

   Fall 2:
   Anna Bayer hat alle Wohnungen ihres Vierfamilienhauses in Bonn vermietet.

   Fall 3:
   Frank Lüders ist als Steuerfachangestellter bei einem Steuerberater in Köln tätig. In seiner Freizeit erstellt er jedes Jahr unentgeltlich die Einkommensteuererklärungen seiner Eltern und seiner Schwiegereltern.

   Fall 4:
   Die fünfjährige Anita Franzen erbt von ihrem Großvater eine Druckerei, die als Einzelunternehmen geführt wird. Anitas Vater Udo, der schon zu Lebzeiten des Großvaters als Geschäftsführer in der Druckerei angestellt war, übt diese Tätigkeit weiter aus. Als Anitas gesetzlichem Vertreter wird ihm ein Ergänzungspfleger des Vormundschaftsgerichtes zur Seite gestellt, bis Anita das 18. Lebensjahr vollendet. Vater und Ergänzungspfleger entscheiden sich, das Unternehmen weiterzuführen.

   Fall 5:
   Der eingetragene Verein „Bekämpfung des Rauchertodes durch Aufklärung“ verteilt kostenlos eine Aufklärungsschrift über die Gefahren des Nikotinkonsums an rauchende Passanten. Die Herstellungskosten der Broschüre betragen 10,00 €.

   Fall 6:
   Der Verein (siehe Fall 5) hält im Auftrag der AOK entgeltlich Kurse ab zu dem Thema „Wie ich Nichtraucher werde“.

2. **a) Wer ist in den nachstehenden Fällen Unternehmer im Sinne des § 2 Abs. 1 UStG?**
   b) Bestimmen Sie den Unternehmensumfang.

   Fall 1:
   Michael Gottschalk betreibt in Bonn ein Hotel und in Heidelberg einen Kfz-Handel.

   Fall 2:
   Susanne Maybohm ist Eigentümerin eines Sechsfamilienhauses in Bochum. Alle Wohnungen sind vermietet. Frau Maybohm betreibt in Düsseldorf ein Damenmodegeschäft.

   Fall 3:
   Gerhard Teschke betreibt in Wismar ein Baugeschäft. Seine Ehefrau Gudrun Teschke ist Eigentümerin eines Zweifamilienhauses in Köln, das vermietet ist.

3. **In welchen Fällen handelt es sich a) um Lieferungen, b) um sonstige Leistungen?**

   Fall 1:
   Ein Kaufhaus in Rostock verkauft einen Staubsauger an eine Kundin.

   Fall 2:
   Ein Elektrizitätswerk in Duisburg liefert Strom an eine Klinik.

   Fall 3:
   Eine Heißmangel in Münster mangelt die Bettwäsche eines Kunden.

   Fall 4:
   Eine Kiesbaggerei in Köln verkauft Kies an ein Bauunternehmen.

   Fall 5:
   Eine Spedition in München gestattet einer Schokoladenfabrik, am Giebel ihres Betriebsgebäudes eine Reklame für Süßwaren anzubringen.

4. **In welchen Fällen handelt es sich um**
   a) steuerbare Lieferungen,
   b) steuerbare sonstige Leistungen?

→

Übungen 5 und 6: Inland/Ausland

Übung 7: Freihafen

Übungen 8 und 9: Leistungsaustausch

Fall 1:
Ein Rechtsanwalt berät in seinem Büro im Inland einen Mandanten gegen Entgelt.

Fall 2:
Ein Buchhalter beschäftigt sich in seiner Freizeit mit dem An- und Verkauf von gebrauchten Kraftfahrzeugen. Im vorigen Jahr hat er 14 Fahrzeuge für insgesamt 50.000,00 € im Inland verkauft.

Fall 3:
Ein Schuhwarengeschäft hat an eine Hausfrau ein Paar Sportschuhe für 130,00 € im Inland geliefert.

Fall 4:
Eine Möbelgroßhandlung hat ein Unternehmen gegen Entgelt erlaubt, am Giebel ihres Betriebsgebäudes im Inland ein Reklameschild anzubringen.

Fall 5:
Ein Autohändler in Ulm verkauft Autozubehör für 1.200,00 €.

5. **Gehören die nachstehend aufgeführten Gebiete umsatzsteuerrechtlich zum**
   a) Inland,
   b) Gemeinschaftsgebiet oder
   c) Drittlandsgebiet?

1. Messegelände Hannover
2. München
3. Freihafen Rotterdam (Holland)
4. Büsingen am Hochrhein
5. Insel Helgoland
6. deutsche Seeschiffe im Mittelmeer
7. Freihafen Cuxhaven
8. Paris

6. **In welchen Fällen sind die Umsätze**
   a) im Inland,
   b) im Ausland getätigt worden?

Fall 1:
Ein Reifenhändler hat in seinem Betrieb in Tübingen einem Bankangestellten vier Autoreifen für 600,00 € geliefert.

Fall 2:
Eine Klempnerei auf der Insel Helgoland hat dort die Dachrinne eines Hotels für 130,00 € gereinigt.

Fall 3:
Ein Samenhändler aus Österreich hat auf dem Großmarkt in München an verschiedene Gärtnereien Blumensamen gegen Entgelt geliefert.

Fall 4:
Ein deutsches Seeschiff hat auf einer Fahrt nach den USA auf hoher See Spirituosen an Fahrgäste für 1.000,00 € verkauft.

7. **Prüfen Sie, ob in den nachstehenden Fällen steuerbare Umsätze vorliegen, obwohl sie im Ausland getätigt worden sind.**
   Begründen Sie Ihre Antwort bitte jeweils.

Fall 1:
Ein Lebensmitteleinzelhändler mit Sitz im Cuxhavener Freihafen hat dort an Arbeiter und Angestellte Lebensmittel für 500,00 € zum Verzehr im Freihafen geliefert.

Fall 2:
Ein Gastwirt im Cuxhavener Freihafen hat dort aus seiner Gastwirtschaft Lebensmittel und Getränke im Wert von 150,00 € für seinen Privathaushalt entnommen.

Fall 3:
Ein Betrieb mit Sitz im Cuxhavener Freihafen hat dort an einen Nachbarbetrieb einen gebrauchten Pkw für 4.000,00 € verkauft. Die Übergabe des Liefergegenstandes ist im Freihafen erfolgt.

Fall 4:
Der Gastwirt (siehe Fall 2) hat Getränke an Arbeiter zum Verzehr in ihren Betrieben im Freihafen geliefert.

8. **Liegt in den nachstehenden Fällen ein Leistungsaustausch vor?**
   Begründen Sie Ihre Antwort bitte jeweils.

Fall 1:
Ein Autohändler in Halle liefert einem Handelsvertreter einen neuen Kombiwagen gegen einen Verrechnungsscheck.

Fall 2:
Ralf Büsing zahlt als Mitglied eines Turnvereins in Braunschweig einen Monatsbeitrag von 10,00 €. Dafür kann er an den verschiedenen vom Verein allen Mitgliedern angebotenen Sportarten teilnehmen.

Fall 3:
Büsing (siehe Fall 2) isst zweimal in der Woche abends in der Kantine des Turnvereins gegen Barzahlung.

Fall 4:
Ein Buchhalter hat mit seinem Pkw durch eigenes Verschulden den Geschäftswagen eines Holzhändlers in Karlsruhe schwer beschädigt. Die Versicherung des Buchhalters zahlt zur Abgeltung des Schadens aufgrund eines Gutachtens an den Holzhändler 7.000,00 €. Der Holzhändler verkauft den Wagen als Unfallwagen an einen Schlossergesellen für 2.000,00 € zuzüglich 19 % Umsatzsteuer gegen Barzahlung.

Fall 5:
Der Einzelunternehmer Josef Holz betreibt eine Schreinerei und fertigt die Einbauschränke für eine vermietete Eigentumswohnung an, die seiner Frau Inge gehört. Einem Dritten hätte Holz 1.130,50 € (950,00 € + 180,50 €) in Rechnung gestellt. Inge Holz, die einen Möbelhandel betreibt, liefert an die Schreinerei einen Schreibtisch zum Ladenpreis von 1.392,00 €.

Fall 6:
Wie Fall 5, nur Inge Holz ist Hausfrau, liefert keinen Schreibtisch und die Eigentumswohnung gehört den Ehegatten gemeinsam.

9. **a) Liegt in den folgenden Fällen ein Leistungsaustausch vor?**
b) Wie viel Euro beträgt das Entgelt?

Fall 1:
Eine Kfz-Reparaturwerkstatt repariert den Geschäftswagen eines Steuerberaters und berechnet dafür 714,00 € (600,00 € + 114,00 € Umsatzsteuer).

Fall 2:
Ein Tapetengeschäft liefert an einen Baustoffhändler Tapeten für netto 120,00 € und bekommt dafür Steinplatten im gleichen Wert für einen Fußweg zum Geschäft.

Fall 3:
Das Hauptgeschäft eines Möbelhändlers in Rostock beliefert eine Filiale des Möbelhändlers in Warnemünde mit Möbeln im Wert von 5.000,00 €.

Fall 4:
Der Glasermeister Leu ersetzt im Auftrag seines Nachbarn Peter Benger die Scheibe seines eigenen Schlafzimmerfensters, weil Max Benger, der Sohn des Nachbarn, die Scheibe des Leu beim Ballspielen zerbrochen hatte. Leu erhält von Peter Benger dafür 450,00 €. Einem normalen Kunden hätte Leu dafür 680,00 € in Rechnung gestellt.

Fall 5:
Der Antiquitätenhändler Preiss verursacht schuldhaft einen Verkehrsunfall mit einem Lieferwagen der Spedition „Fahr-Schnell-GmbH". Der Geschäftsführer fordert zur Behebung des unstrittig entstandenen Schadens eine Zahlung von 580,00 €, die Preiss unverzüglich überweist.

Fall 6:
Wie Fall 5, aber der Schaden wird von dem GmbH-eigenen Reparaturbetrieb behoben und die GmbH berechnet Preiss dafür 580,00 €.

Übung 10: Steuerbarkeit

10. **a) Welche Vorgänge sind nicht steuerbar?**
b) Welche Beträge stellen Entgelt für steuerbare Lieferungen dar?
c) Welche Beträge stellen Entgelt für steuerbare sonstige Leistungen dar?

Verwenden Sie bitte das folgende Lösungsschema.

Nr. des Falls	Nicht steuerbare Vorgänge (Nr. des Falls)	Steuerbare Lieferungen (in €)	Steuerbare sonstige Leistungen (in €)
1 2			

Fall 1:
Ein Steuerberater in Münster hat die Einkommensteuererklärung seines Nachbarn unentgeltlich fertiggestellt.

Fall 2:
Ein Unternehmen für Heizungsbau in Dessau hat die Heizungsanlage des dortigen Finanzamts gereinigt und dafür 300,00 € zuzüglich 19 % Umsatzsteuer, insgesamt 357,00 €, berechnet.

Fall 3:
Eine Großbäckerei in Ravensburg hat eine gebrauchte Buchungsmaschine für netto 700,00 € an einen Abnehmer in Friedrichshafen verkauft.

Fall 4:
Ein Malereibetrieb in Duisburg hat in einer Möbelfabrik in Mülheim/Ruhr Malerarbeiten ausgeführt und dafür netto 4.200,00 € berechnet. Die Möbelfabrik hat ihrerseits an den Malereibetrieb einen gebrauchten Pkw für netto 3.200,00 € geliefert. Nach Verrechnung hat die Möbelfabrik eine Baraufgabe von netto 1.000,00 € geleistet.

Fall 5:
Ein Hausbesitzer vermietet eine Eigentumswohnung in Bonn mit Monatsmiete in Höhe von 500,00 € netto und gegen eine einmalige Mietzahlung für drei Jahre in Höhe von netto 1.800,00 €.

→

Übungen 11 bis 14: Steuerbarkeit

Fall 6:
Der 30-jährige Heribert Reich erbt von seinem verstorbenen Vater ein Maschinenbauunternehmen. Wert des Betriebsvermögens laut Erbschaftsteuerstelle des zuständigen Finanzamtes: 3,5 Millionen Euro.

Fall 7:
Nachdem Kevin Stöhr mit seiner Wasseraufbereitungsanlage den Wettbewerb „Jugend forscht" gewonnen hatte, ließ er seine Erfindung zum Patent anmelden und verkaufte das Patentrecht im Ganzen für 100.000,00 € an eine deutsche Verwertungsgesellschaft.

Fall 8:
Die Kfz-Werkstatt Franken GmbH baute bei einem Kunden eine neue Lichtmaschine für 290,00 € ein, die sich nach dem Einbau als fehlerhaft erwies. Der Zubehörlieferant lieferte eine Ersatzlichtmaschine, Wert 140,00 €, im Austausch und schrieb dem Konto der Franken GmbH 60,00 € Einbaukosten gut.

11. **a) Welche Vorgänge sind nicht steuerbar?**
b) Welche Beträge stellen Entgelt für steuerbare Lieferungen dar?
c) Welche Beträge stellen Entgelt für steuerbare sonstige Leistungen dar?

Verwenden Sie bitte das Lösungsschema der Übungsaufgabe 10.

Fall 1:
Die Stadtgemeinde Bonn betreibt ein Elektrizitätswerk zur Belieferung der Privathaushalte, der Privatbetriebe, der Stadtverwaltung, der öffentlichen Schulen usw. mit Strom. Ein Handelsvertreter hat im vorigen Jahr von dem Elektrizitätswerk Strom für netto 1.100,00 € bezogen.

Fall 2:
Ein Turnverein in Hagen hat zur Erfüllung seiner satzungsmäßigen Aufgaben im vorigen Jahr Mitgliedsbeiträge in Höhe von 60.000,00 € vereinnahmt.

Fall 3:
Der Turnverein (siehe Fall 2) unterhält in Hagen eine Kantine. Er hat dort im vorigen Jahr Getränke, Süßwaren, Speisen usw. für netto 10.000,00 € verkauft.

Fall 4:
Eine Holzhandlung in Rostock liefert einem Tischlermeister Material für netto 290,00 €. Der Tischlermeister repariert dafür die Fenster der Holzhandlung und berechnet netto 320,00 €. Unmittelbar danach liefert die Holzhandlung erneut Material für netto 30,00 € an den Tischlermeister. Da beide Unternehmer miteinander verrechnen, erfolgen keine Zahlungen.

12. **Welche Vorgänge sind nicht steuerbar? Begründen Sie Ihre Antwort bitte jeweils.**

Fall 1:
Ein Lebensmitteleinzelhändler in Nürnberg schenkt seiner Kassiererin zum Geburtstag einen Blumenstrauß im Wert von 25,00 €.

Fall 2:
Der Pkw des Arbeiters A in Potsdam ist von dem Autofahrer B bei einem Verkehrsunfall beschädigt worden. B hat den Unfall verschuldet. Deshalb zahlt seine Versicherung an A 4.000,00 € als Schadenersatz. A lässt den Wagen nicht reparieren, sondern verkauft ihn an eine Angestellte für 2.000,00 €.

Fall 3:
Ein Lederwarenhändler betreibt in Bochum und in Duisburg je ein Einzelhandelsgeschäft. Im vorigen Monat hat der Duisburger Betrieb Lederwaren im Wert von 1.700,00 € an das Geschäft in Bochum geliefert.

Fall 4:
Die Holzmaschinenbau GmbH verkaufte dem Sägewerk Stiller eine neue Gattersäge für 33.200,00 €, Lieferzeit sechs Monate. Laut Kaufvertrag hat Stiller bei Nichtabnahme der Säge 11.900,00 € Vertragsstrafe zu zahlen, damit die GmbH diese für einen evtl. Neukunden umbauen kann. Stiller nahm die Maschine nicht ab und zahlte 11.900,00 €.

Fall 5:
Der Exporteur Linner verkaufte fünf Textilmaschinen an einen taiwanischen Abnehmer für 150.000,00 € FAS (frei Längsseite Seeschiff). Der Abnehmer aus Taiwan versicherte den Transport bei Lloyd's in London. Die Maschinen wurden im Container von einem deutschen Frachtführer über Rotterdam nach Taiwan geliefert. Das Containerschiff ging in einem Atlantiksturm unter. Der Abnehmer zahlte an Linner 150.000,00 € und erhielt von Lloyd's die Versicherungssumme von 160.000,00 €

13. **a) Um welche Lieferungsart handelt es sich?**
b) Wo ist der Ort der Lieferung?
c) Ist die Lieferung steuerbar?

Begründen Sie jeweils Ihre Antwort.

Fall 1:
Die Lüneburger Motorenfabrik GmbH liefert in Lüneburg dem Sohn eines ihrer Gesellschafter ein Motorrad zum üblichen Verkaufspreis. Der Sohn hat das Motorrad selbst in der Fabrik abgeholt.

Fall 2:
Eine Maschinenfabrik in Karlsruhe liefert mit eigenem Lkw eine elektronische Werkbank an eine Dreherei in Basel für netto 80.000,00 €.

Fall 3:
Ein Cateringunternehmen auf der Insel Helgoland verkauft Speisen und Getränke an Hotels.

Fall 4:
Eine Supermarktkette in Chemnitz unterhält dort mehrere Zweiggeschäfte. Diese werden teilweise vom Hauptgeschäft mit Ware beliefert. Die Beförderung dieser Ware vom Hauptlager in Chemnitz zu den Filialen wird von einem Transportunternehmer durchgeführt.

Fall 5:
Eine Autofabrik in Köln liefert Autoersatzteile an einen Großhändler in Berlin. Die Ersatzteile werden im Auftrag der Fabrik durch einen Transportunternehmer von Köln nach Berlin befördert.

Fall 6:
Die Autofabrik (siehe Fall 5) unterhält in Istanbul (Türkei) ein Auslieferungslager mit Ersatzteilen. Von diesem Auslieferungslager beliefert sie mit eigenem Lkw die Großhändler in der Türkei.

Fall 7:
Die „Print-Medien GmbH“, Bremen, hat sich entschlossen, das Vermietungsgeschäft von Kopierern aufzugeben. Sie verkauft folgende Kopierer an ein Konkurrenzunternehmen in Hamburg, indem sie ihren Herausgabeanspruch an den Käufer abtritt.

a) Kopierer A befindet sich bei einem Steuerberater in Hamburg.
b) Kopierer B befindet sich bei einem Rechtsanwalt für Seerecht auf Helgoland.

Fall 8:
Der Immobilienmakler Hänse, Düsseldorf, verkauft an die Stahl AG, Solingen, ein Grundstück in Remscheid.

Fall 9:
Der Importeur Reider, Cuxhaven, verkauft eine Schiffsladung Bananen an die Südfrüchte-Handel GmbH, Hamburg, mittels Übergabe von Fracht- und Ladescheinen. Das Bananenschiff ist noch auf See, Höhe Westirland.

14. Liegen in den folgenden Fällen

a) steuerbare Umsätze oder
b) nicht steuerbare Umsätze vor?

Begründen Sie bitte Ihre Antwort.

Fall 1:
Ein Imbissstand verkauft Speisen und Getränke zum Verzehr an Ort und Stelle im Cuxhavener Freihafen.

Fall 2:
Ein Küchenbetrieb im Cuxhavener Freihafen beliefert eine ebenfalls dort ansässige Kantine mit Speisen zum Weiterverkauf.

15. Wo ist der Ort der Lieferung?

Fall 1:
Eine Hausfrau aus Zevenaar (Niederlande) fährt mit eigenem Pkw nach Emmerich (Inland), macht dort ihre Einkäufe und fährt wieder nach Hause.

Fall 2:
Eine Tischlerei in Hamburg liefert für einen Neubau auf Helgoland Fenster und Türen gegen Entgelt. Die Tischlerei übergibt die Gegenstände in Hamburg einem Spediteur mit dem Auftrag, sie zum Abnehmer auf der Insel Helgoland befördern zu lassen.

Fall 3:
Ein Unternehmer in Kleve (Inland) liefert per Bahn Gemüsekonserven an einen Lebensmittelgroßhändler in Erfurt gegen Entgelt.

16. Liegen in den folgenden Fällen steuerbare sonstige Leistungen vor?

Begründen Sie bitte Ihre Antwort.

Fall 1:
Alle Wohnungen eines Sechsfamilienhauses in Kassel sind an Dauermieter vermietet. Der Eigentümer des Grundstücks hat seinen Wohnsitz in Berlin.

Fall 2:
Ein Architekturbüro mit Sitz in Osnabrück hat dort für einen Auftraggeber in Münster die Pläne für die Errichtung eines Hotels auf der Insel Helgoland gegen Entgelt gefertigt.

Fall 3:
Ein Geschäftsmann in Zürich (Schweiz) ist Eigentümer eines Ferienhauses in Cuxhaven an der Nordsee (Inland). Er hat das Ferienhaus an verschiedene Feriengäste aus der Schweiz vermietet. Die Mieter haben die Miete auf das Bankkonto des Vermieters in der Schweiz eingezahlt.

→

Übung 15:
Ort der Lieferung

Übungen 16 bis 19:
Sonstige Leistungen

Übung 20: Unentgeltliche Lieferungen

17. Liegen steuerbare sonstige Leistungen oder nicht steuerbare Vorgänge vor? Bitte begründen Sie Ihre Antwort.

Fall 1:
Ein Transportunternehmer in Basel (Schweiz) hat im Auftrag eines Unternehmens in München Ersatzteile von München nach Stuttgart gegen Entgelt befördert.

Fall 2:
Ein Transportunternehmen in Freiburg (Inland) hat im Auftrag einer Privatperson in Karlsruhe einen Schrank von Paris nach Stuttgart gegen Entgelt befördert.

Fall 3:
Ein Transportunternehmer aus Bautzen (Inland) befördert für eine Privatperson ein Klavier von Kiew (Ukraine) nach Dresden gegen Entgelt.

Fall 4:
Ein Transportunternehmen in Duisburg befördert im Auftrag eines Exportunternehmens in Essen Küchengeräte von Duisburg nach Brüssel (Belgien) gegen Entgelt.

18. Wo ist in den nachstehenden Fällen der Ort der sonstigen Leistung?

Fall 1:
Der Inhaber einer Autoreparaturwerkstatt in Trier (Inland) führt ausschließlich in Luxemburg (EU-Ausland) eine Pkw-Reparatur einer Privatperson gegen Entgelt aus. Hauptstoffe werden dabei nicht verwendet.

Fall 2:
Ein italienischer Opernsänger bereitet sich in Rom auf eine Auslandstournee vor. Er tritt gegen hohe Gagen in mehreren deutschen Städten auf.

Fall 3:
Ein Unternehmer in Potsdam vermittelt für einen Unternehmer in Amsterdam die Lieferung einer Ware von Amsterdam nach St. Petersburg (Russland). Die Ware wird per Schiff nach St. Petersburg versendet.

Fall 4:
Ein Unternehmer in Heidelberg vermittelt im Auftrag einer Autofabrik in Stuttgart die Beförderung von Ersatzteilen von Stuttgart nach Mailand. Die Warenbeförderung wird von einem Tübinger Unternehmer durchgeführt.

19. Wo ist in den nachstehenden Fällen der Ort der sonstigen Leistung?

Fall 1:
Ein Rechtsanwalt, der seine Praxis in Tübingen (Inland) betreibt, hat einen kaufmännischen Angestellten mit Wohnsitz in Paris (Frankreich) vor einem Gericht in Tübingen in einem Zivilprozess gegen ein Honorar von 4.000,00 € vertreten.

Fall 2:
Sachverhalt wie in Fall 1, aber mit dem Unterschied, dass der kaufmännische Angestellte seinen Wohnsitz nicht in Paris, sondern in Chur (Schweiz) hat.

Fall 3:
Sachverhalt wie in Fall 1, aber mit dem Unterschied, dass der Rechtsanwalt nicht einen kaufmännischen Angestellten, sondern einen Unternehmer mit Sitz in Paris vor dem Gericht in Tübingen vertritt.

Fall 4:
Der von der Tübinger Universität angestellte Dozent Klemm bezieht von einem wissenschaftlichen Verlag mit Sitz in Baltimore (USA) per Download über das Internet ein Software-Programm zur Lösung physikalischer Probleme (keine Standardsoftware). Der Verlag berechnet 239,00 US-$, die er über die Kreditkarte des Klemm abrechnet.

Fall 5:
Wie Fall 4, nur ist Klemm kein Dozent, sondern selbstständiger Fachjournalist und Buchautor, der das Programm für sein neues Fachbuch benötigt.

20. Liegt eine steuerbare unentgeltliche Lieferung vor? Bitte begründen Sie Ihre Antwort.

Fall 1:
Ein Möbelhändler hat aus seinem Ladengeschäft in Chemnitz einen Couchtisch für sein Wohnzimmer entnommen.

Fall 2:
Ein Büromaschinenhändler hat aus seinem Geschäft in Aachen eine Schreibmaschine für seine Tochter, die in Nancy (Frankreich) verheiratet ist, entnommen. Der Händler hat die Schreibmaschine bei einer Reise nach Frankreich im eigenen Pkw mitgenommen und in Nancy seiner Tochter geschenkt.

Fall 3:
Horst Kühn betreibt in Nürnberg eine Fahrradfabrik. In Groningen (Holland) unterhält er ein Auslieferungslager. Kühn hat auf einer Geschäftsreise aus dem Lager ein Fahrrad entnommen und seiner Tochter, die in Holland verheiratet ist, dort geschenkt.

Fall 4:
Karl Stöver betreibt auf der Insel Helgoland ein Lebensmitteleinzelhandelsgeschäft.

Er hat aus diesem Geschäft verschiedene Waren (Lebensmittel, Getränke usw.) für seinen Privathaushalt entnommen.

Fall 5:
Bauunternehmer Peters, Köln, besucht anlässlich einer Geschäftsreise in Holland seinen in Amsterdam studierenden Sohn mit einem ausschließlich betrieblich genutzten zwei Jahre alten Pkw. Peters schenkt spontan dem Sohn in Amsterdam den Betriebs-Pkw und fährt mit dem Zug zurück.

Fall 6:
Der Schmuckeinzelhändler Herbert Kremer schenkt seiner langjährigen Angestellten zum Geburtstag einen Radiowecker mit einem Ladenauszeichnungspreis von 49,99 € und einem Einkaufspreis von 24,00 €.

Fall 7:
Die Weihnachtsfeier am 13. Dez. für seine 35 Angestellten richtete der Elektrogroßhändler Peter Porst in den eigenen Geschäftsräumen aus. Essen und Getränke wurden von einem Catering-Unternehmen gegen Rechnung über 4.140,00 € zuzüglich 786,60 € Umsatzsteuer geliefert.

Fall 8:
Dem Verkäufer Werner Olsen, der einen Kundenumsatz von 27.500,00 € im vorigen Monat erzielt hat, hat sein Arbeitgeber, Peter Porst, eine Stereo-Anlage zum Einkaufspreis von 610,00 € geschenkt. Werner Olsen gibt die Anlage seiner Tochter zum Abitur.

Fall 9:
Der selbstständige Fliesenleger Oskar König, Kommanditist der Fliesengroßhandlung Norbert Knabber KG überlässt der KG ohne besonders berechnetes Entgelt, einschließlich aller Fahrzeugpapiere, einen Klein-Lkw zum Ausliefern von Fliesen. Der Klein-Lkw hat einen Zeitwert von 2.000,00 €.

Fall 10:
Die „Katen-Brauerei" überlässt ihren Mitarbeitern Getränke aus dem Brauereivertrieb im Wert von 30,00 € monatlich unentgeltlich als privaten „Haustrunk".

21. Ist der folgende Tatbestand steuerbar? Bitte begründen Sie Ihre Ansicht anhand des Gesetzes.

Übung 21: **Unentgeltliche sonstige Leistung**

Fall 1:
Der Straßenbauunternehmer Jürgen Höfer hat in Passau ein Einfamilienhaus für eigene Wohnzwecke errichtet. Er hat dabei einen Lkw und Baugeräte seines Betriebs zur Herstellung der Baugrube und eines Zufahrtsweges sowie zur Planierung des Grundstücks verwendet.

Fall 2:
Der Holzhändler Weißkirch, Lüneburg, hat zum Jahreswechsel guten Kunden im Inland je eine Stoppuhr im Wert von 30,00 € geschenkt. Andere Geschenke haben die Kunden von ihm nicht erhalten.

22. a) Um welche Art der unentgeltlichen Leistung handelt es sich?
b) Ist die Leistung steuerbar? Begründen Sie Ihre Ansicht anhand des Gesetzes.

Übung 22: **Unentgeltliche Leistung**

Fall 1:
Der Möbelhändler Tillmann, Trier, schenkt seiner Frau zum Geburtstag eine Blumenbank im Wert von 200,00 € aus seinem betrieblichen Lager.

Fall 2:
Der Juwelier Bonnen, Berlin, schenkt seiner Angestellten zum Geburtstag ein Brillantcollier im Wert von 2.300,00 €.

Fall 3:
Bootsbauer Eckert, Chieming am See, schenkt dem Segelverein S.C.C. 1952 e. V. ein Segelboot für die Jugendabteilung im Wert von 3.800,00 €. Das Boot wurde von Eckert selbst gebaut. Eckert ist vorsteuerabzugsberechtigt. Die Segel haben die Werbeaufschrift „Bootsbau Eckert".

Fall 4:
Der Unternehmer Franzen, Dortmund, hat einen Pkw für umgerechnet 25.000,00 € zuzüglich 19 % Umsatzsteuer gekauft, den er zu 25 % privat nutzt. Franzen hat den Vorsteuerabzug in Anspruch genommen.

Fall 5:
Der Radio- und Fernsehhändler Müller, Dortmund, lässt durch seine Mitarbeiter an seinem Einfamilienhaus eine Satellitenanlage anbringen. Wert der Anlage einschließlich acht Monteurstunden: 800,00 €.

Fall 6:
Wie Fall 5, jedoch wird die Anlage an einem Mietwohnobjekt angebracht mit vier fremdvermieteten Wohnungen. (Lösungshinweis: § 2 Abs. 1 Satz 2; § 15 Abs. 2 Nr. 1 i. V. m. § 4 Nr. 12a und § 9 Abs. 1 UStG).

3.3 Einfuhr

Nach § 1 Abs. 1 Nr. 4 UStG unterliegt der Umsatzsteuer die Einfuhr von Gegenständen im Inland oder in den österreichischen Gemeinden Jungholz und Mittelberg (Zollanschlüsse). Die steuerbare Einfuhr im zollrechtlichen Versandverfahren ist nicht gegeben, z. B. bei der Durchfuhr (Transithandel) oder bei der Grenzüberschreitung im zollverblombten Lkw oder Waggon.

Aus Zweckmäßigkeitsgründen wird die Einfuhrumsatzsteuer von der Zollverwaltung und nicht von der Finanzverwaltung erhoben. Unter Zollgebiet ist das Inland zu verstehen.

Gebiet der Bundesrepublik Deutschland
- Gebiete, die nach § 1 Abs. 2 Satz 1 UStG nicht zum Inland gehören

= Inland

Mit der Verwirklichung des Europäischen Binnenmarktes seit 1. Jan. 1993 sind die Grenzkontrollen zwischen den Staaten der Europäischen Union weggefallen. Es ist ein Gemeinschaftsgebiet entstanden, in dem es unter den Mitgliedstaaten weder Einfuhren noch Ausfuhren gibt. Einfuhren sind deshalb nur noch aus Drittländern und Ausfuhren nur noch in Drittländer möglich.

Sonderfall der Lieferung nach § 3 Abs. 8 UStG

Bei der Einfuhr eines Gegenstandes aus dem Drittlandsgebiet liegt der Ort der Beförderungslieferung oder der Versendungslieferung – abweichend von § 3 Abs. 6 UStG – im Inland, wenn der Gegenstand der Lieferung aus dem Drittland in das Inland befördert oder versendet wird und der Lieferer oder sein Beauftragter Schuldner der Einfuhrumsatzsteuer ist (§ 3 Abs. 8 UStG).

Die Änderung stellt klar, dass sich der Lieferort nur dann ins Inland verlagert, wenn der aus dem Drittlandsgebiet liefernde Unternehmer oder sein Beauftragter Schuldner der Einfuhrumsatzsteuer ist. Die Beförderung oder Versendung kann dabei vom Lieferer, vom Abnehmer oder von einem beauftragten Dritten durchgeführt werden.

Beispiele

a) Ein Küchenhersteller in Basel (Schweiz) liefert mit eigenem Fahrzeug Einbauküchen an einen Abnehmer in Nürnberg mit der Lieferkondition „verzollt und versteuert“. An der Grenze entrichtet er die Einfuhrumsatzsteuer als Zollbeteiligter.

   Es liegt eine Beförderungslieferung aus dem Drittlandsgebiet in das Inland vor. Die Lieferung ist nach § 3 Abs. 8 UStG als im Inland ausgeführt anzusehen, weil der Lieferer Schuldner der bei der Einfuhr zu entrichtenden Einfuhrumsatzsteuer ist. Die Lieferung ist deshalb steuerbar. Folge ist, dass der Küchenhersteller diese Lieferung der deutschen Umsatzsteuer zu unterwerfen hat und dem deutschen Abnehmer die Umsatzsteuer gesondert in Rechnung stellen kann. Die Einfuhrumsatzsteuer kann der Küchenhersteller als Vorsteuer geltend machen.

b) Sachverhalt wie in a), aber mit dem Unterschied, dass der Abnehmer in Nürnberg die Einfuhrumsatzsteuer schuldet und er die Einbauküchen selbst befördert.

   Hier liegt eine Beförderungslieferung vor, denn auch der Abnehmer führt eine Beförderungslieferung aus, wenn er den Liefergegenstand abholt. Der Sonderfall nach § 3 Abs. 8 UStG liegt jedoch nicht vor, weil der Lieferer aus Basel nicht Schuldner der Einfuhrumsatzsteuer ist. Ort der Lieferung ist Basel. Die Lieferung ist nicht steuerbar. Steuerbar ist lediglich die Einfuhr.

3.4 Innergemeinschaftlicher Erwerb

Seit der Verwirklichung des Europäischen Binnenmarktes ist eine Einfuhr aus einem anderen Mitgliedstaat der EU nicht mehr möglich, weil die Umsatzsteuer-Grenzen weggefallen sind. An die Stelle der Einfuhr ist der **innergemeinschaftliche Erwerb** im Inland getreten.

Das sind Lieferungen zwischen regelbesteuerten (vorsteuerabzugsberechtigten) Unternehmern in der EU. Diese Lieferungen unterliegen als innergemeinschaftlicher Erwerb gegen Entgelt im **Bestimmungsland** der Umsatzsteuer (Erwerbsteuer).

3.4.1 Innergemeinschaftlicher Erwerb von Gegenständen

Der innergemeinschaftliche Erwerb gegen Entgelt ist steuerbar, wenn im Wesentlichen die folgenden Voraussetzungen erfüllt sind (§ 1 Abs. 1 Nr. 5 i. V. m. § 1a Abs. 1 UStG):

- Der Gegenstand gelangt bei einer Lieferung an den Abnehmer aus dem Gebiet eines Mitgliedstaates in das Gebiet eines anderen Mitgliedstaates;
- die Lieferung muss von einem regelbesteuerten Unternehmer im Rahmen seines Unternehmens gegen Entgelt ausgeführt werden;
- der Abnehmer (Erwerber) muss ein regelbesteuerter Unternehmer sein, der den Gegenstand für sein Unternehmen erworben hat.

Dem innergemeinschaftlichen Erwerb im Inland geht also grundsätzlich eine innergemeinschaftliche Lieferung (eines Unternehmens aus dem übrigen Gemeinschaftsgebiet) voraus.

Beispiele

a) Der Elektronikgroßhändler Santes aus Straßburg (Frankreich) liefert auf Bestellung an den deutschen Einzelhändler Pauels in Kehl (Deutschland) PC-Zubehörteile für 12.000,00 €. Beide Unternehmer verwenden ihre jeweilige nationale USt-IdNr. Santes weist in seiner Rechnung auf die Steuerfreiheit der Lieferung hin.

   Santes führt eine Lieferung aus, die nach französischem Umsatzsteuerrecht eine steuerfreie innergemeinschaftliche Lieferung ist, Pauels muss den Erwerb des Lieferungsgegenstandes der Umsatzsteuer unterwerfen. Die Erwerbsteuer von 12.000,00 € · 19 % = 2.280,00 € ist grundsätzlich im gleichen Moment wieder als Vorsteuer abzugsfähig. Pauels erwächst insoweit keine Belastung.

b) Der Krefelder Krawattenfabrikant Benger kauft von dem Mailänder Stoffhersteller Bruni Krawattenstoffe für 20.000,00 €. Beide Unternehmer verwenden ihre nationale USt-IdNr. und in der Rechnung an den Abnehmer wird auf die Steuerfreiheit hingewiesen. Die Stoffe werden von Benger in Italien abgeholt und über die Schweiz nach Deutschland gebracht.

   Auch der Transport über das Drittland Schweiz ändert nichts daran, dass für Bruni eine italienische steuerbefreite innergemeinschaftliche Lieferung und für Benger ein deutscher innergemeinschaftlicher Erwerb vorliegt. Entscheidend ist, dass die Lieferung in einem EU-Land beginnt und in einem anderen EU-Land, im Inland endet. Die Beförderungslieferung über die Schweiz (Durchfuhr) spielt also keine Rolle.

3.4.2 Innergemeinschaftlicher Erwerb in Form von Verbringen

Innergemeinschaftlicher Erwerb gegen Entgelt in Form von Verbringen liegt nach § 1a Abs. 2 UStG vor, wenn

- der Unternehmer
- einen Gegenstand seines Unternehmens
- aus dem übrigen Gemeinschaftsgebiet zu seiner Verfügung in das Inland befördert oder versendet und
- dies nicht nur zur vorübergehenden Verwendung erfolgt.
- Der Unternehmer gilt als Erwerber.

In der Regel liegt hier die **innerbetriebliche Verlagerung** eines unternehmerischen Gegenstandes von einer Betriebsstätte in die andere vor. Die Verwendung ist nicht vorübergehend (also endgültig), wenn der Gegenstand im Inland verarbeitet, verbraucht oder unverändert weiterverkauft wird. Auch wenn der Gegenstand in das Anlagevermögen der inländischen Betriebsstätte übernommen wird, liegt endgültige Verwendung vor.

Vorübergehend ist die Verwendung z. B., wenn der Gegenstand bei Reparaturen oder als Berufsausrüstung eingesetzt oder zu Werbezwecken benutzt wird. Allerdings wird die vorübergehende Verwendung beim Überschreiten von bestimmten Fristen zur endgültigen Verwendung (z. B. sechs Monate bei Straßenfahrzeugen oder 24 Monate bei Berufsausrüstung). Dann liegt wieder ein innergemeinschaftlicher Erwerb für den Unternehmer vor, der den Gegenstand in das Inland verbracht hatte.

Beispiele

a) Ein Bauunternehmer aus Venlo (Niederlande) führt auch Bauaufträge in Deutschland aus und unterhält in Brüggen (Inland) ein Bauhoflager. Für einen Hausbau in Niederkrüchten (Inland) befördert er einen Baukran von Venlo in sein Lager nach Brüggen. Nachdem der Rohbau fertiggestellt ist, wird der Baukran wieder in die Niederlande zurückgebracht. Hier liegt kein innergemeinschaftlicher Erwerb in Form von Verbringen vor, da die Verwendung nur vorübergehend im Inland erfolgte.

b) Wie a), aber als nach achtmonatiger Bauzeit der Rohbau fertiggestellt ist, verkauft der Unternehmer den Baukran an einen Kollegen aus Moers, der den Baukran mit eigenem Lkw in Niederkrüchten abholt. Der Bauunternehmer führt damit zwei steuerbare Umsätze aus: Einen innergemeinschaftlichen Erwerb in Form von Verbringen, da innerhalb seines Unternehmens die Bewegung eines Lieferungsgegenstandes erfolgt ist, mit nunmehr endgültiger Verwendung, auch wenn diese Bewegung vor acht Monaten erfolgte. Und gleichzeitig eine Lieferung, da er einem Abnehmer die Verfügungsmacht an einem Lieferungsgegenstand verschafft.

3.4.3 Ort des innergemeinschaftlichen Erwerbs

Nach § 3d Satz 1 UStG wird der innergemeinschaftliche Erwerb in dem Gebiet des Mitgliedstaates bewirkt, in dem sich der Gegenstand **am Ende der Beförderung oder Versendung** befindet.

Beispiel

Ein regelbesteuerter Unternehmer in Utrecht (Niederlande) versendet im Rahmen seines Unternehmens per Eisenbahn eine Maschine an einen regelbesteuerten Unternehmer für dessen Unternehmen in Leipzig gegen Entgelt. Es liegt ein innergemeinschaftlicher Erwerb gegen Entgelt vor, weil alle Voraussetzungen des § 1a Abs. 1 UStG erfüllt sind.

Der Ort dieses innergemeinschaftlichen Erwerbs ist Leipzig, weil dort die Versendung endet. Der Umsatz ist deshalb steuerbar; und zwar auch, wenn der Leipziger Unternehmer die Maschine in Utrecht abholen würde. Dann endet die Beförderung in Leipzig.

3.4.4 Sonderregelung für die Besteuerung von neuen Fahrzeugen

Um den Mitgliedstaaten durch die Einführung des Europäischen Binnenmarktes Einnahmeausfälle zu ersparen, wird der innergemeinschaftliche Erwerb von neuen Fahrzeugen grundsätzlich im **Bestimmungsland** besteuert.

Bei Lieferungen von neuen Fahrzeugen zwischen regelbesteuerten Unternehmern (mit USt-IdNr.) aus einem Mitgliedstaat in einen anderen gilt die allgemeine Regelung für die Besteuerung des innergemeinschaftlichen Erwerbs. Es liegt also keine Besonderheit vor. Wenn der Lieferer des neuen Fahrzeugs ein Nichtunternehmer ist, z.B. ein Privatmann, wird dieser nach § 2a UStG wie ein Unternehmer im Sinne des § 2 UStG behandelt.

Nach § 2a UStG wird wie ein Unternehmer behandelt, wer als Nichtunternehmer (z. B. Privatmann) im Inland ein neues Fahrzeug liefert, das bei der Lieferung in das übrige Gemeinschaftsgebiet gelangt.

Als Fahrzeuge in diesem Sinne gelten (neben bestimmten Booten und Flugzeugen) die motorisierten Landfahrzeuge mit einem Hubraum über 48 cm³ (z. B. Pkw, Motorrad), die der privaten Personen- und Güterbeförderung (nicht aber der gewerblichen) dienen (§ 1b Abs. 2 UStG).

Ein Landfahrzeug gilt nach § 1b Abs. 3 UStG als neues Fahrzeug,

- wenn es nicht mehr als 6 000 km zurückgelegt hat oder
- wenn seine erste Inbetriebnahme im Zeitpunkt des Erwerbs nicht mehr als sechs Monate zurückliegt.

Beispiel

Eine Hausfrau in Aachen hat am 3. Mai einen neuen Pkw mit einem Hubraum von 1 200 cm³ angeschafft. Erstzulassung zwei Tage später, am 5. Mai. Am 10. Juli hat sie in einem Preisausschreiben einen größeren neuen Pkw gewonnen. Deshalb hat sie den kleineren Pkw, der inzwischen 5 500 km gefahren worden ist, am 24. Juli an einen Holländer verkauft. Dieser hat den Wagen gleich nach Amsterdam mitgenommen.

Die Hausfrau ist zwar kein Unternehmer im Sinne des § 2 UStG, sie ist aber nach § 2a UStG für diese Lieferung wie ein Unternehmer zu behandeln. Die Voraussetzungen dafür sind erfüllt: Die Aachenerin hat im Inland ein neues Fahrzeug im Sinne des § 1b Abs. 3 UStG geliefert, das bei Lieferung in das übrige Gemeinschaftsgebiet gelangt ist. Diese Lieferung ist allerdings nach § 4 Nr. 1b UStG als innergemeinschaftliche Lieferung steuerfrei.

Ist jedoch der Erwerber eines neuen Fahrzeugs ein Nichtunternehmer, so kommt nach § 1b Abs. 1 UStG die Sonderregelung für die Besteuerung des innergemeinschaftlichen Erwerbs neuer Fahrzeuge zur Anwendung (Fahrzeugeinzelbesteuerung). Nach dieser Sonderregelung gilt der Erwerb eines neuen Fahrzeugs auch dann als innergemeinschaftlicher Erwerb im Sinne des § 1a Abs. 1 Nr. 1 UStG, wenn der Erwerber eine Privatperson ist oder, falls er Unternehmer ist, das neue Fahrzeug für private Zwecke erworben hat (§ 1b Abs. 1 UStG).

Erfolgt der innergemeinschaftliche Erwerb im Inland gegen Entgelt, so ist der Umsatz steuerbar und auch steuerpflichtig (§ 1 Abs. 1 Nr. 5 UStG).
(Beispiele siehe folgende Seite)

Beispiele

a) Ein Unternehmer in Paris hat einen neuen Pkw durch einen Frachtführer an einen Privatmann in München gegen Entgelt geliefert.
Es liegt ein innergemeinschaftlicher Erwerb im Sinne des § 1a Abs. 1 Nr. 1 UStG vor, obwohl der Erwerber kein Unternehmer ist (§ 1b Abs. 1 UStG).
Der Ort des innergemeinschaftlichen Erwerbs ist München, weil dort die Versendung endet (§ 3d Satz 1 UStG). Der Umsatz ist deshalb steuerbar und auch steuerpflichtig (§ 1 Abs. 1 Nr. 5 UStG).

b) Sachverhalt wie im Beispiel a) mit dem Unterschied, dass der Lieferer aus Paris nicht Unternehmer, sondern Privatmann ist. Auch in diesem Fall liegt ein steuerbarer und steuerpflichtiger innergemeinschaftlicher Erwerb im Sinne des § 1a Abs. 1 Nr. 1 UStG vor, weil der französische Privatmann (aufgrund einer Vorschrift des französischen Rechts, die dem § 2a des deutschen UStG entspricht) für diese Fahrzeuglieferung wie ein Unternehmer zu behandeln ist (siehe auch 3.2.1).

Um die Besteuerung des innergemeinschaftlichen Erwerbs eines neuen Fahrzeugs in jedem Fall sicherzustellen, also auch dann, wenn der Erwerber eine Privatperson ist, werden den Zulassungsstellen durch den § 18 Abs. 10 UStG eine ganze Reihe von Pflichten auferlegt. Dadurch soll erreicht werden, dass die Besteuerung dieses innergemeinschaftlichen Erwerbs schon bei der Zulassung des neuen Fahrzeugs sichergestellt wird.

> **Übung 1, Seite 131**

3.4.5 Die Erwerbsschwelle

Bei den Unternehmern, die in § 1a Abs. 3 Nr. 1 UStG aufgeführt sind (siehe unten), liegt ein innergemeinschaftlicher Erwerb nur dann vor,

- wenn bei ihnen der Gesamtbetrag der Entgelte für ihre innergemeinschaftlichen Erwerbe aus allen anderen Mitgliedstaaten den Betrag von 12.500,00 € im vorangegangenen Kalenderjahr überstiegen hat und im laufenden Kalenderjahr voraussichtlich übersteigen wird (**Erwerbsschwelle**) oder
- wenn es sich bei den erworbenen Gütern um neue Fahrzeuge (siehe Kap. 3.4.4) oder um verbrauchsteuerpflichtige Waren, z. B. Mineralöl, Alkohol, Tabakwaren, handelt (§ 1a Abs. 5 UStG). Beim Erwerb dieser Güter im innergemeinschaftlichen Handel liegt immer ein innergemeinschaftlicher Erwerb vor. Deshalb braucht hier die Erwerbsschwelle nicht beachtet zu werden.

Zu den Unternehmern (**Schwellenerwerber**), für die die Erwerbsschwelle gilt, gehören vor allem:

- Unternehmer, die nur steuerfreie Umsätze ausführen, die den Vorsteuerabzug ausschließen, z. B. Wohnungsvermieter, Ärzte (§ 1a Abs. 3 Nr. 1a UStG);
- Kleinunternehmer, bei denen Umsatzsteuer nach § 19 Abs. 1 UStG nicht erhoben wird (§ 1a Abs. 3 Nr. 1b UStG);
- Land- und Forstwirte, die ihre Umsätze nach Durchschnittssätzen gem. § 24 UStG versteuern (§ 1a Abs. 3 Nr. 1c UStG);
- juristische Personen, die nicht Unternehmer sind, z. B. Stadt, Gemeinde, oder die den Gegenstand nicht für ihr Unternehmen erwerben (§ 1a Abs. 3 Nr. 1d UStG).

Wird bei diesen Unternehmern (Halbunternehmer) die Erwerbsschwelle (§ 1a Abs. 3 Nr. 2 UStG) nicht überschritten, so hat der Lieferer die Ware im Ursprungsland (in dem anderen Mitgliedstaat) der Umsatzsteuer zu unterwerfen, während der Erwerb im Inland, also im Bestimmungsland, nicht der Umsatzsteuer unterliegt.

Ist der Abnehmer eine **Privatperson**, erfolgt **keine Prüfung** der Erwerbsschwelle.

Der Erwerber hat nach § 1a Abs. 4 UStG die Möglichkeit, für die Besteuerung des Erwerbs im Bestimmungsland zu optieren. Als Folge wird er wie ein Unternehmer behandelt, d. h., er erfüllt die Voraussetzung eines innergemeinschaftlichen Erwerbs. Er wird nur optieren, wenn die Option für ihn von Vorteil ist. Die Option bindet den Unternehmer für mindestens zwei Jahre. Wird der Erwerb im Bestimmungsland besteuert, dann hat das zur Folge, dass die Lieferung im Ursprungsland steuerfrei ist.

Wird die Erwerbsschwelle im Inland überschritten, so hat der Erwerber (sog. Schwellenerwerber) seine innergemeinschaftlichen Erwerbe zu versteuern, während die innergemeinschaftlichen Lieferungen an ihn in den anderen Mitgliedstaaten (aufgrund einer Vorschrift, die dem § 4 Nr. 1 Buchstabe b UStG entspricht) steuerfrei sind. Sowohl bei der Option als auch bei Überschreiten der Erwerbsschwelle ist es wichtig, dass der Erwerber dem Lieferer beim Einkauf seine USt-IdNr. angibt. Für den Lieferer ist das der Beweis dafür, dass er an einen Unternehmer für dessen Unternehmen liefert und die Steuerfreiheit in Anspruch nehmen kann.

Beispiele

a) Ein Arzt in Kiel (Inland) führt nur steuerfreie Umsätze aus, die den Vorsteuerabzug ausschließen. Er hat von einem Hersteller in Kopenhagen (EU-Ausland) ein medizinisches Gerät für seine Praxis zum Entgelt von 12.500,00 € erworben. Andere Güter hat der Arzt aus dem EU-Ausland auch im Vorjahr nicht bezogen.

Ein innergemeinschaftlicher Erwerb liegt nicht vor, weil der Arzt ein Unternehmer ist, der nur steuerfreie Umsätze ausführt, die den Vorsteuerabzug ausschließen (§ 1a Abs. 3 Nr. 1 Buchstabe a UStG), und die Erwerbsschwelle nicht überschritten wird (§ 1a Abs. 3 Nr. 2 UStG). Das bedeutet, dass der Hersteller die Lieferung des Gerätes in Dänemark der dänischen Umsatzsteuer unterwerfen muss, während der Arzt in Kiel den Erwerb nicht zu versteuern hat.

Der Arzt kann aber nach § 1a Abs. 4 UStG für die Besteuerung des Erwerbs des medizinischen Gerätes optieren. Wahrscheinlich wird er das tun, denn die Option ist für ihn von Vorteil, weil der Regelsteuersatz der dänischen Umsatzsteuer 25 % beträgt. Bei Option müsste der Arzt das Gerät in Kiel mit 19 % der Umsatzsteuer unterwerfen, während die Lieferung des Herstellers als innergemeinschaftliche Lieferung (nach einer dänischen Vorschrift, die dem deutschen § 4 Nr. 1 Buchstabe b UStG entspricht) steuerfrei wäre. Bei Option würde der Arzt demnach ein Gerät erwerben, das nicht mit 25 % Umsatzsteuer, sondern nur mit 19 % Umsatzsteuer belastet ist. Darin läge für den Arzt der Vorteil einer Option für die Besteuerung.

b) Sachverhalt wie im Beispiel a), aber mit dem Unterschied, dass das Entgelt für das Gerät 20.000,00 € betragen hat.

Die Erwerbsbesteuerung kann unterbleiben, wenn zu Beginn des Kalenderjahres nicht zu erwarten war, dass die Erwerbsschwelle überschritten wird. Im Folgejahr sind dann alle Lieferungen aus dem EU-Ausland der Erwerbsteuer zu unterwerfen.

AUFGABEN

1. Wer erhebt die Einfuhrumsatzsteuer?
2. Weshalb sind nur noch aus Drittländern Einfuhren möglich?
3. Unter welcher Voraussetzung liegt bei der Einfuhr der Ort der Lieferung im Inland?
4. Was ist ein innergemeinschaftlicher Erwerb?
5. Was verstehen Sie unter „Verbringen“?
6. Was wissen Sie über den innergemeinschaftlichen Erwerb eines neuen Fahrzeugs?
7. Erläutern Sie die Bezeichnungen „Schwellenerwerber“ und „Halbunternehmer“.

3.4.6 Das Reihengeschäft

Reihengeschäft, Art und Ort der Lieferung

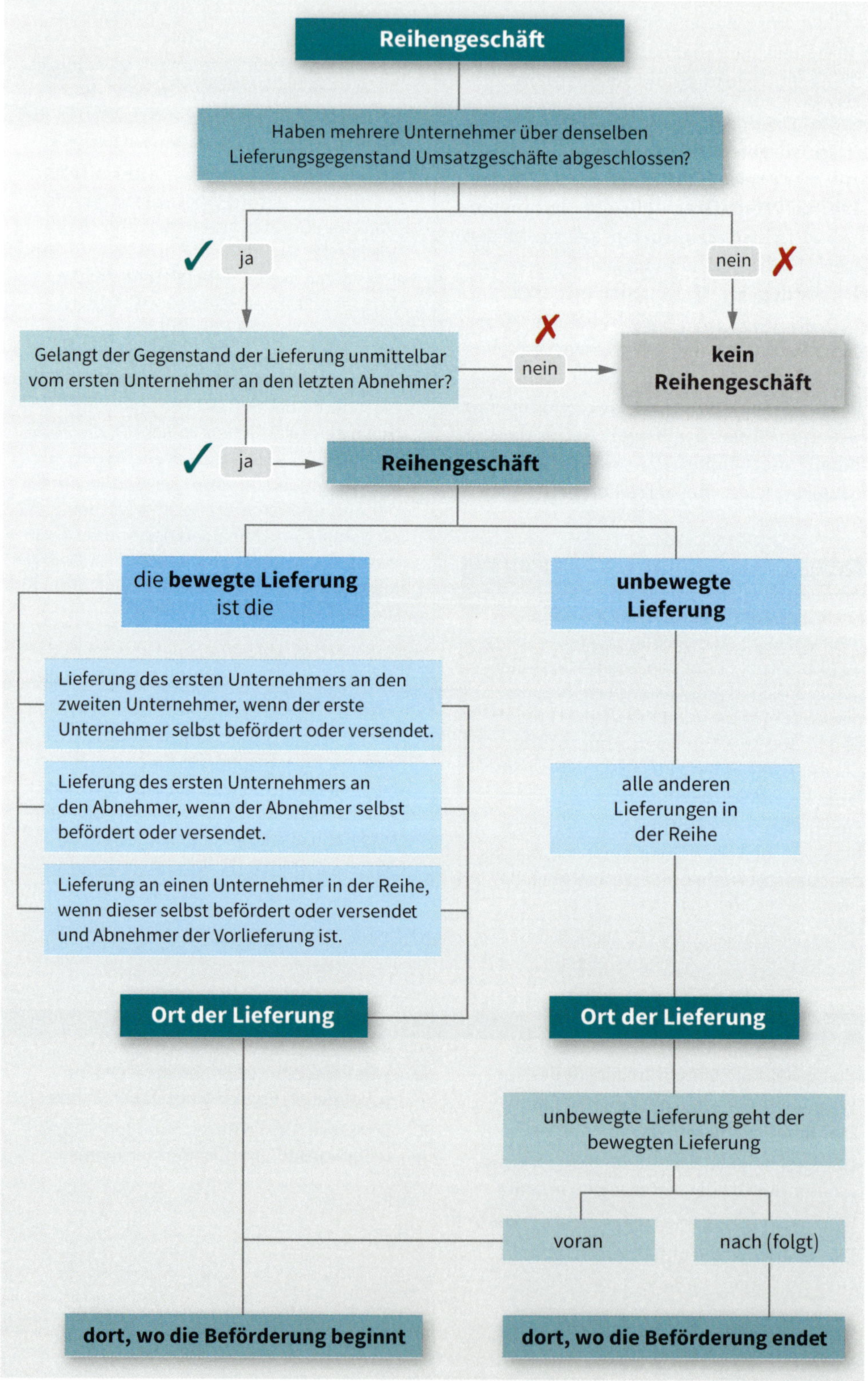

Das **Reihengeschäft** wird in § 3 Abs. 6a UStG geregelt.

Wenn **mehrere Unternehmer** über **denselben Gegenstand Liefergeschäfte** abschließen und der Gegenstand bei der **Beförderung oder Versendung** unmittelbar vom **ersten Unternehmer** an den **letzten Abnehmer** gelangt, handelt es sich um ein sogenanntes **Reihengeschäft**.

Im Rahmen eines Reihengeschäfts ist die Beförderung oder Versendung des Gegenstands nur einer der Lieferungen zuzuordnen (§ 3 Abs. 6a Satz 1 UStG). Die „besondere Beförderungs- oder Versendungslieferung" ist unter bestimmten Bedingungen steuerfrei (Ausfuhrlieferung oder innergemeinschaftliche Lieferung).

Aus Vereinfachungsgründen unterscheiden wir zunächst drei Grundfälle:

1. Wenn der Gegenstand der Lieferung durch den **ersten Unternehmer** (in der Reihe) befördert oder versendet wird, ist die Beförderung oder Versendung **seiner Lieferung** zuzuordnen (§ 3 Abs. 6a Satz 2 UStG).
2. Wenn hingegen der Gegenstand durch den **letzten Abnehmer** (in der Reihe) befördert oder versendet wird, ist **ihm** die Beförderung oder Versendung der Lieferung zuzuordnen (§ 3 Abs. 6a Satz 3 UStG).
3. Befördert oder versendet ein in der **Mitte stehender Unternehmer** (Zwischenhändler) den Gegenstand der Lieferung, wird ihm grundsätzlich die Beförderung oder Versendung der Lieferung zugeordnet – es sein denn, er weist nach, dass er (Zwischenhändler) den Gegenstand als Lieferant befördert oder versendet hat (§ 3 Abs. 6a Satz 4 UStG).

Beispiel

Der Einzelhändler Klein (K) aus Neuss bestellt bei dem Großhändler Groß (G) aus Düsseldorf Waren. G hat diese nicht auf Lager und gibt die Bestellung an Großhändler Mertens (M), Mönchengladbach, weiter. M seinerseits bestellt die Ware beim Hersteller Faber (F) in Köln. F befördert die Ware mit eigenem Lkw direkt zu K nach Neuss.

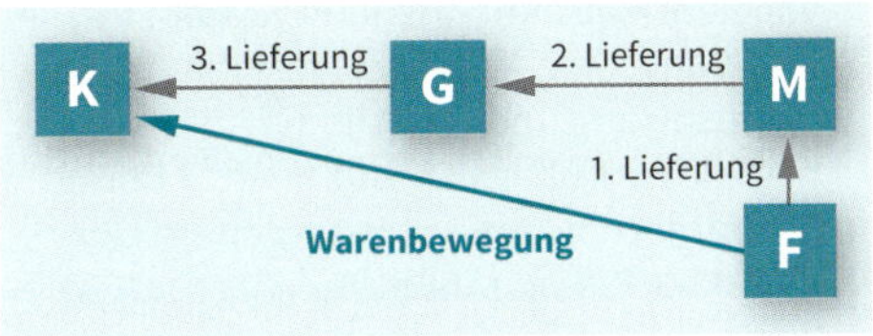

Im Beispiel liegt ein **Reihengeschäft** vor, da mehrere Unternehmer, K, G, M und F, über denselben Gegenstand (Waren) Umsatzgeschäfte abschließen und der Gegenstand im Rahmen einer Beförderung oder Versendung unmittelbar vom ersten Unternehmer F in der Reihe an den Abnehmer K gelangt. Dabei ist es unerheblich, ob die Beförderung oder Versendung von einem Lieferer oder von einem Abnehmer bewirkt wird (F, M, G oder K). Umsatzsteuerlich liegen so viele Lieferungen wie Umsatzgeschäfte innerhalb der Reihe vor. Die Lieferungen finden sowohl zeitlich als auch räumlich gedanklich hintereinander statt und können unterschiedliche Lieferorte und verschiedene Lieferzeitpunkte haben.

Da nur eine Warenbewegung stattfindet, kann auch nur eine dieser Lieferungen die Beförderungs- oder Versendungslieferung, also eine **bewegte Lieferung** sein. Die Entscheidung richtet sich nach dem zivilrechtlichen Erfüllungsgeschäft. Alle übrigen Lieferungen in der Reihe sind Lieferungen ohne Warenbewegung, also **unbewegte Lieferungen**.

Für die bewegte Lieferung richtet sich der Ort der Lieferung nach § 3 Abs. 6a Satz 2 i. V. m. Abs. 6 Satz 1 UStG. Er liegt dort, wo die Beförderung bzw. Versendung beginnt. Für die unbewegten Lieferungen richtet sich der Ort der Lieferung nach § 3 Abs. 7 UStG.

Geht die unbewegte Lieferung der Lieferung mit Warenbewegung voran, ist der Ort der Lieferung dort, wo die Beförderung oder Versendung beginnt (§ 3 Abs. 7 Satz 2 Nr. 1). Folgt die unbewegte der bewegten Lieferung, dann ist ihr Ort dort, wo die Beförderung oder Versendung endet (§ 3 Abs. 7 Satz 2 Nr. 2).

Beispiele

a) Der Winzer Nolten (N) aus Neustadt kauft von dem Maschinenhändler Kramer (K), Karlsruhe, eine Abfüllanlage. K hat diese nicht vorrätig und bestellt die Abfüllanlage bei seinem Kollegen Franz (F) in Freiburg. F befördert die Anlage mit eigenem Lkw direkt nach Neustadt zu N.

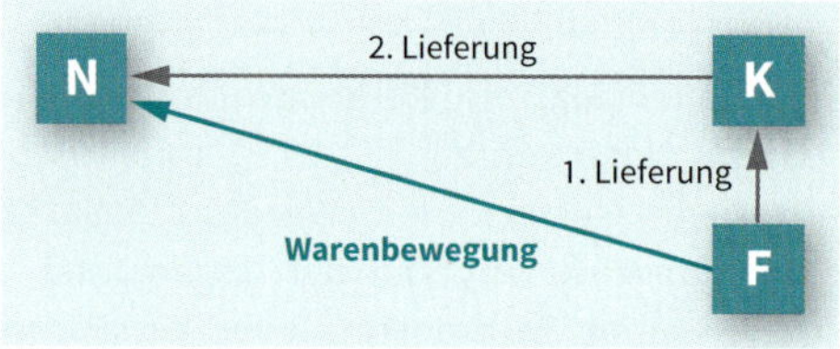

1. Es liegt ein Reihengeschäft vor, da die Unternehmer N, K und F über denselben Gegenstand (Abfüllanlage) Umsatzgeschäfte abschließen und der Gegenstand im Rahmen einer Beförderung oder Versendung unmittelbar vom ersten Unternehmer F in der Kette an den Abnehmer N gelangt.
2. Es werden nacheinander zwei Lieferungen ausgeführt, und zwar F an K und K an N.
3. Da der erste Unternehmer (F) in der Reihe den Gegenstand befördert, ist seiner Lieferung (F an K) die Beförderung oder Versendung als bewegte Lieferung zuzuordnen, denn durch die Beförderung erfüllt F seinen Vertrag mit K. Die Lieferung (K an N) ist demnach die unbewegte Lieferung.
4. Für die bewegte Lieferung liegt der Ort der Lieferung nach § 3 Abs. 6a Satz 2 i. V. m. Abs. 6 Satz 1 UStG in Freiburg (F), bei Beginn der Beförderung.
5. Der Ort der unbewegten Lieferung K an N liegt gemäß § 3 Abs. 7 Satz 2 Nr. 2 UStG am Ende der Beförderung in Neustadt, da die unbewegte Lieferung der (bewegten) Beförderungslieferung folgt.

b) Wie a), nur holt N die Abfüllanlage mit seinem eigenen Lkw in Freiburg (F) ab und befördert die Anlage selbst nach Neustadt (N).

1. Wie a)
2. Wie a)
3. Da der letzte Abnehmer N die Anlage befördert, ist die Beförderungslieferung der Lieferung K an N zuzuordnen (denn nur mit K steht N in Vertragsbeziehungen). Demnach ist hier die 2. Lieferung (K an N) die bewegte Lieferung und die 1. Lieferung (F an K) die unbewegte Lieferung.
4. Der Ort der bewegten Lieferung (K an N) liegt nach § 3 Abs. 6a Satz 3 i. V. m. Abs. 6 Satz 1 UStG bei Beförderungsbeginn in Freiburg.
5. Der Ort der unbewegten Lieferung (F an K) liegt ebenfalls in Freiburg (F) bei Beginn der Beförderung, da diese Lieferung der Beförderungslieferung vorangeht, § 3 Abs. 7 Satz 2 Nr. 1 UStG.

Entscheidend für die Festlegung der Lieferorte innerhalb des Reihengeschäftes ist also die **Zuordnung der bewegten Lieferung**. Dabei gelten folgende **Grundsätze**:

- Befördert oder versendet der erste Unternehmer in der Reihe den Lieferungsgegenstand, dann ist seiner Lieferung die bewegte Lieferung zuzuordnen,
- befördert oder versendet der letzte Abnehmer in der Reihe den Gegenstand der Lieferung, ist die bewegte Lieferung der Lieferung des letzten Lieferers an den Abnehmer zuzuordnen, und
- befördert oder versendet ein Unternehmer in der Reihe, der gleichzeitig Abnehmer und Lieferer ist, so gilt er nach § 3 Abs. 6a Satz 4 UStG als Abnehmer (Zwischenhändler), d.h., die bewegte Lieferung wird der Lieferung an ihn zugeordnet.
  Es sei denn, er weist nach, dass er den Gegenstand als Lieferer befördert oder versendet hat.

Der Ort der Lieferung wird jedoch umsatzsteuerlich erst wirklich bedeutsam, wenn ausländische Unternehmer an dem Reihengeschäft beteiligt sind (siehe folgende Beispiele).

Beispiele

a) Der Ofensetzer Rososki (R) aus Rosenheim (Deutschland) bestellt bei dem Natursteinvertrieb Trebing (T) in Traunstein (Deutschland) Formkacheln für einen Kachelofen. T hat die Kacheln nicht vorrätig und bestellt sie beim Hersteller Sinter (S) in Salzburg (Österreich). Die Unternehmer verwenden ihre jeweilige nationale USt-IdNr.

S aus Salzburg befördert die Kacheln mit eigenem Lkw von Salzburg zum Abnehmer nach R.

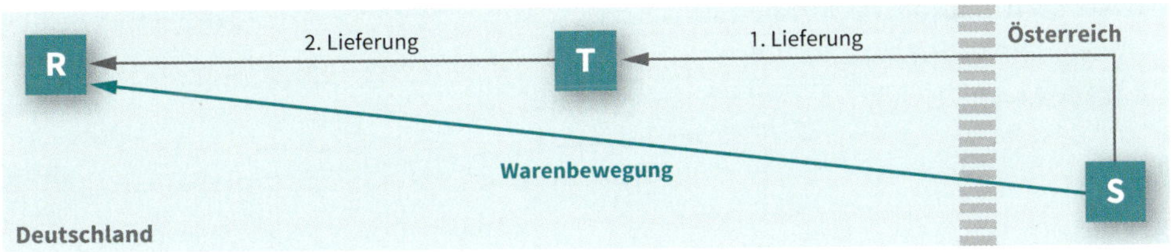

1. Es liegt ein Reihengeschäft vor, da mehrere Unternehmer (R, T und S) über denselben Gegenstand (Kacheln) Umsatzgeschäfte abschließen und der Gegenstand im Rahmen einer Beförderung oder Versendung unmittelbar vom ersten Unternehmer S in der Reihe an den Abnehmer R gelangt.
2. Es werden nacheinander zwei Lieferungen ausgeführt, und zwar S an T und T an R.
3. Da der erste Unternehmer (S) in der Reihe den Gegenstand befördert, ist seiner Lieferung (S an T) die Beförderung oder Versendung als bewegte Lieferung zuzuordnen. (Es ist auch unerheblich, ob T die Beförderung veranlasst, solange T als Abnehmer der Vorlieferung auftritt.) Die Lieferung T an R ist demnach die unbewegte Lieferung.
4. Für die bewegte Lieferung liegt der Ort der Lieferung nach § 3 Abs. 6a Satz 2 i. V. m. Abs. 6 Satz 1 UStG in Österreich, bei Beginn der Beförderung. Die Lieferung ist nach österreichischem Steuerrecht zu beurteilen.
5. Der Ort der unbewegten Lieferung (T an R) liegt gemäß § 3 Abs. 7 Satz 2 Nr. 2 am Ende der Beförderung in Rosenheim, da die unbewegte Lieferung der Beförderungslieferung folgt.
6. Nach § 1a Abs. 1 Nr. 1 UStG i. V. m. § 3d UStG liegt für T gleichzeitig ein innergemeinschaftlicher Erwerb vor, weil die innergemeinschaftliche Warenbewegung in Deutschland endet (unter der Voraussetzung, dass S seine Beförderungslieferung dem österreichischen Steuerrecht unterworfen hat).

b) Wie a), nur R holt die Kacheln mit eigenem Lkw in Österreich (Salzburg) von S ab und befördert sie nach Deutschland (Rosenheim) zu R.

1. Wie a)
2. Wie a)
3. Die bewegte Lieferung ist der zweiten Lieferung (T an R) zuzuordnen, da der letzte Abnehmer den Gegenstand der Lieferung befördert.
4. Der Ort der bewegten Lieferung liegt nach § 3 Abs. 6a Satz 3 i. V. m. Abs. 6 Satz 1 UStG in Salzburg bei Beförderungsbeginn. T muss sich also in Salzburg steuerlich registrieren lassen. Dies setzt voraus, dass T eine USt-IdNr. gegenüber dem leistenden Unternehmer S bis zum Beginn der Beförderung verwendet, die ihm vom Mitgliedstaat des Beginns der Beförderung erteilt wurde (§ 3 Abs. 6a Satz 5 UStG)
5. Die unbewegte Lieferung (S an T) geht der bewegten Lieferung voran. Nach § 3 Abs. 7 Satz 2 Nr. 1 UStG ist der Ort der Lieferung ebenfalls bei Beförderungsbeginn bei S in Salzburg (Österreich). Diese Lieferung ist also ebenfalls nach österreichischem Steuerrecht zu beurteilen.

Wird der Lieferungsgegenstand beim Reihengeschäft in das übrige Gemeinschaftsgebiet befördert oder versendet, kann auch nur eine innergemeinschaftliche Lieferung nach 6a UStG bewirkt werden. Das ist die Beförderungs- bzw. bewegte Lieferung. Nur diese ist nach § 4 Nr. 1b UStG steuerbefreit. Endet die Warenbewegung im Inland, so kann nur der Unternehmer einen innergemeinschaftlichen Erwerb nach § 1 Abs. 1 Nr. 5 i. V. m. § 1a UStG tätigen, an den die innergemeinschaftliche Lieferung (bewegte Lieferung) ausgeführt wird.

Beispiele

a) Der Maschinenbaufabrikant Friere (F) aus Paris bestellt bei dem Maschinenhändler Berton (B) in Brüssel eine computergesteuerte Drehbank. B kauft die Maschine bei dem Maschinengroßhändler Anders (A) in Aachen. A gibt die Bestellung an den Hersteller Kronen (K) in Köln weiter. Alle beteiligten Unternehmer verwenden ihre jeweilige nationale USt-IdNr. Mit der Beförderung der Drehbank nach Paris beauftragt K einen Kölner Frachtführer.

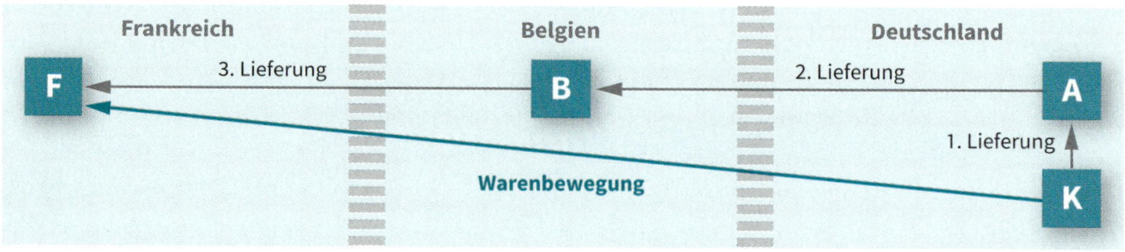

1. Es liegt ein Reihengeschäft vor, da mehrere Unternehmer (F, B, A und K) über denselben Gegenstand (Drehbank) Umsatzgeschäfte abschließen und der Gegenstand im Rahmen einer Beförderung oder Versendung unmittelbar vom ersten Unternehmer K in der Reihe an den Abnehmer F gelangt.
2. Es werden nacheinander drei Lieferungen ausgeführt, und zwar K an A, A an B und B an F.
3. Der A (Deutschland) als erster Abnehmer muss sich im Bestimmungsland Frankreich (F) registrieren lassen. Das Gleiche trifft ebenfalls für B (Belgien) als zweiter Abnehmer zu.
4. Der erste Unternehmer K (Deutschland) führt eine bewegte Lieferung an A (Deutschland) aus (§ 3 Abs. 6a Satz 2 i. V. m. Abs. 6 UStG). Die Lieferung ist steuerbefreit nach § 4 Nr. 1b i. V. m. § 6a UStG (innergemeinschaftliche Lieferung).
5. Die Lieferungen A an B und B an F sind ruhende Lieferungen (§ 3 Abs. 7 Satz 2 Nr. 2 UStG). Die Lieferungen sind in Frankreich steuerpflichtig.
6. A (Deutschland) hat einen innergemeinschaftlichen Erwerb mit Vorsteuerabzugsberechtigung. A fakturiert mit 20 % französischer Umsatzsteuer mit französischer USt-IdNr. an B und zahlt die französische Umsatzteuer an das französische Finanzamt.
7. B (Belgien) tritt mit seiner französischen USt-IdNr. gegenüber A (Deutschland) und F (Frankreich) auf. Die in der Eingangsrechnung von A enthaltene französische Umsatzsteuer kann er als Vorsteuer geltend machen. Die Ausgangsrechnung von B wird mit 20 % französische Umsatzeuer an F ausgestellt, weil er seine französische USt-IdNr. verwendet.
8. F behandelt die in Rechnung gestellte französische Umsatzsteuer als Vorsteuer.

b) wie a), jedoch verwendet A (Deutschland, erster Abnehmer = Zwischenhändler) seine deutsche USt-IdNr. und teilt diese vor Beginn der Beförderung (bzw. Versendung) dem K (Deutschland, Lieferer) mit.

1. Die Lieferungen von K an A und B an F sind ruhende Lieferungen (§ 3 Abs. 7 UStG).
2. Die Lieferung von A an B ist die bewegte Lieferung unter Verwendung der deutschen USt-IdNr. gegenüber K (§ 3 Abs. 6a Satz 4, 2. Halbsatz und Satz 5 UStG).
3. K versteuert die Lieferung an A mit der deutschen USt von 19 %.
4. A führt eine innergemeinschaftliche Lieferung nach § 4 Nr. 1b i. V .m. § 6a UStG aus. Gleichzeitig liegt ab hier (A an B, B an F) ein Dreiecksgeschäft nach § 25 b UStG vor (vgl. Kap. 3.4.7). In der Ausgangsrechnung gibt er seine deutsche USt-IdNr. und die belgische USt-IdNr. an.
5. B fakturiert im Rahmen des Dreiecksgeschäfts die Rechnung ohne Umsatzsteuer mit dem Hinweis auf der Rechnung „Dreiecksgeschäft nach § 25b UStG“ und mit Angabe der belgischen und französischen USt-IdNr.
6. F hat nach französischen Steuersätzen die Umsatzsteuer zu berechnen und einerseits als Steuerbeträge nach § 25b Abs. 2 UStG und andererseits als Vorsteuer aus innergemeinschaftlichen Dreiecksgeschäften nach § 25b Abs. 5 UStG in der Umsatzsteuer-Voranmeldung in Frankreich zu erfassen.

3.4.7 Das innergemeinschaftliche Dreiecksgeschäft

Das innergemeinschaftliche Dreiecksgeschäft ist als Vereinfachungsregel zum Reihengeschäft nach § 3 Abs. 6a und Abs. 7 UStG gedacht. Das Dreiecksgeschäft nach § 25b Abs. 1 UStG liegt vor, wenn

❶ drei Unternehmer (erster Lieferer, erster Abnehmer und letzter Abnehmer) über denselben Gegenstand Umsatzgeschäfte abschließen und der Gegenstand der Lieferungen unmittelbar vom ersten Lieferer an den letzten Abnehmer gelangt,
❷ die Unternehmer in jeweils verschiedenen Mitgliedstaaten umsatzsteuerlich erfasst werden,
❸ der Gegenstand aus einem Mitgliedstaat in das Gebiet des anderen gelangt und
❹ der Gegenstand durch den ersten Lieferer oder ersten Abnehmer befördert oder versendet wird.

Der Vorteil der Regelung nach § 25b UStG liegt darin, dass sich keiner der am Dreiecksgeschäft beteiligten Unternehmer in einem anderen Mitgliedsstaat umsatzsteuerlich registrieren muss. Bei Nichtbestehen der Vereinfachungsregelung muss sich der erste Abnehmer im Land des Bestellers (Bestimmungsland) umsatzsteuerlich registrieren und umsatzsteuerliche Voranmeldungen bzw. Jahreserklärungen abgeben.

Beispiele

a) Der Hersteller Arnou (A) aus Frankreich, verkauft an den Exporteur Brieere (B) aus Belgien, eine Kaltsäge, die dieser an den Maschinenhändler Cran (C), Deutschland, weiterverkauft. Die Kaltsäge wird direkt von A mit eigenem Lkw zu C transportiert. Die beteiligten Unternehmer verwenden ihre jeweilige nationale USt-IdNr.

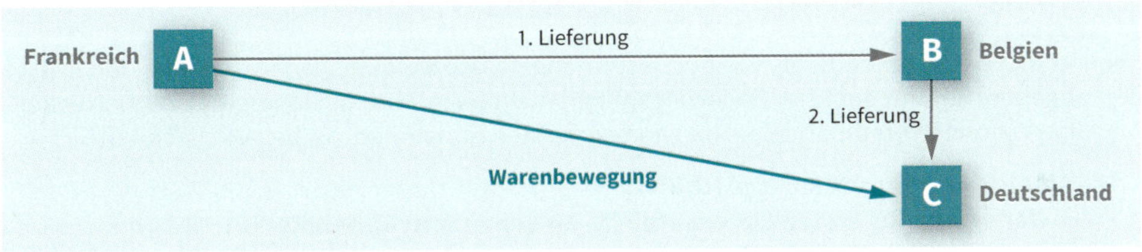

Es liegt ein innergemeinschaftliches Dreiecksgeschäft nach § 25b Abs. 1 UStG vor, weil ❶ drei Unternehmer (A,B,C), die ❷ in drei verschiedenen Mitgliedstaaten steuerlich erfasst sind, über denselben Lieferungsgegenstand Umsatzgeschäfte abschließen und ❸ der Gegenstand von einem Mitgliedstaat in das Gebiet eines anderen Mitgliedstaates gelangt. Dabei ❹ befördert oder versendet der erste Unternehmer (A) direkt an den letzten Abnehmer (C).

Rechtsfolge
Die Steuerschuld des ersten Abnehmers B geht auf den letzten Abnehmer C über (Reverse-Charge-Verfahren = Umkehrung der Steuerschuldnerschaft). In Belgien erfolgt somit keine Besteuerung und die umsatzsteuerliche Registrierung des ersten Abnehmers B (Belgien) im Bestimmungsland C (Deutschland) wird vermieden.

Ohne diese Vereinfachungsregelung hätte der erste Abnehmer B im Bestimmungsland C einen innergemeinschaftlichen Erwerb (mit Vorsteuerabzug) und eine steuerpflichtige (Inlands-)Lieferung zu melden.

Ein Dreiecksgeschäft liegt nicht vor, wenn
- zwei der Beteiligten mit der USt-IdNr. des selben Mitgliedsstaates auftreten,
- der Transport vom letzten Abnehmer (C) veranlasst wird bzw. eine Abholung durch ihn vorliegt (dann liegt ein Reihengeschäft vor),
- grundsätzlich mehr als drei Unternehmer an dem Reihengeschäft beteiligt sind.

Wesentliche Voraussetzungen für ein Dreiecksgeschäft:
- Es müssen drei Unternehmer (A, B, C) über denselben Gegenstand Umsatzgeschäfte abschließen (§ 25b Abs.1 Nr. 1 UStG).

→

- Der Gegenstand muss unmittelbar vom ersten Lieferanten (A) an den letzten Abnehmer (C) gelangen (§ 25b Abs.1 Nr. 1 UStG).
- Die am Dreiecksgeschäft beteiligten Unternehmer (A, B, C) müssen in drei verschiedenen Mitgliedsstaaten registriert sein und folglich mit der USt-IdNr. verschiedener Mitgliedsstaaten auftreten. Dabei kommt es nicht auf die Ansässigkeit in einem Mitgliedsstaat an. Aus diesem Grund können auch Unternehmer aus einem Drittland beteiligt sein (§ 25b Abs.1 Nr. 2 UStG).
- Die Warenbewegung findet zwischen zwei Mitgliedsstaaten vom ersten Lieferanten (A) zum letzten Abnehmer (C) statt (§ 25b Abs.1 Nr. 3 UStG).
- Der Gegenstand der Lieferung muss durch den ersten Lieferanten (A) oder den ersten Abnehmer (B) befördert oder versendet werden (§ 25b Abs.1 Nr. 4 UStG).
- Mit Ausnahme des letzten Abnehmers müssen die Beteiligten Unternehmer sein. Der letzte Abnehmer kann auch eine juristische Person sein, die nicht Unternehmer ist oder den Gegenstand nicht für ihr Unternehmen erwirbt (§ 25b Abs. 1 Satz 2 UStG).
- Der erste Abnehmer (B) darf nicht im Bestimmungsland (C) ansässig sein (§ 25b Abs. 2 Nr. 2 UStG).
- Der erste Abnehmer (B) muss gegenüber dem Lieferanten (A) und dem letzten Abnehmer (C) mit ein und derselben USt-IdNr. auftreten, wobei diese nicht aus dem Land verwendet werden darf, in dem die Beförderung oder Versendung beginnt oder endet (§ 25b Abs. 2 Nr. 2 UStG).
- Die Rechnung des ersten Abnehmers (B) an den letzten Abnehmer (C) i. S. d. § 14a Abs. 7 UStG muss einen ausdrücklichen Hinweis auf das Vorliegen eines innergemeinschaftlichen Dreiecksgeschäftes enthalten und auf das Reverse-Charge-Verfahren an den letzten Abnehmer (C) hinweisen (§ 25b Abs. 2 Nr. 3 UStG).
- Die Rechnung des ersten Abnehmers (B) an den letzten Abnehmer (C) muss die USt-IdNr. aufweisen, unter der der erste Abnehmer (B) im Dreiecksgeschäft auftritt und die USt-IdNr. des letzten Abnehmers (C) (§ 25b Abs. 2 Nr. 3 UStG).
- Der letzte Abnehmer (C) muss im Bestimmungsland des Liefergegenstandes (Deutschland) registriert sein (§ 25b Abs. 2 Nr. 4 UStG).
- Der erste Abnehmer (B) muss eine zusammengefasste Meldung nach § 18a Abs. 7 Nr. 4 UStG abgeben. Kommt er dieser Erklärungspflicht nicht nach, wird ein innergemeinschaftlicher Erwerb (ohne Vorsteuerabzug) im Land des ersten Abnehmers (B) bewirkt (§ 3d UStG).

Die Abwicklung des Dreiecksgeschäfts:

- Die **Rechnung des ersten Lieferanten (A) an den ersten Abnehmer (B)** wird ohne Umsatzsteuer ausgestellt und enthält den Vermerk „Innergemeinschaftliche Lieferung nach § 4 Nr. 1 Buchstabe b i. V. m § 6a UStG“.
  - Der erste Lieferant (A) behandelt das Geschäft sowohl in der Umsatzsteuer-Voranmeldung (USt-VA) mit der Kennziffer (KZ) 41 als auch in der Zusammengefassten Meldung (ZM) so, als würde die Ware zum ersten Abnehmer (B) geliefert werden. Also gibt es keinen Hinweis auf ein Dreiecksgeschäft und auch keinen Hinweis auf das Land oder die USt-IdNr. des letzten Abnehmers (C).
  - Wenn der Innergemeinschaftliche Erwerb des ersten Abnehmers (B) nach § 25b Abs. 3 UStG im Rahmen des Dreiecksgeschäfts als besteuert gilt, sind für diese Eingangsrechnung keine Eintragungen in der USt-VA vorzunehmen.
- Die **Rechnung des ersten Abnehmers (B) an den letzten Abnehmer (C)** wird ebenfalls ohne Umsatzsteuer ausgestellt und enthält den Vermerk „Innergemeinschaftliches Dreiecksgeschäft nach § 25b UStG“.
  - Der erste Abnehmer (B) nimmt eine Lieferung vor, bei der die Steuerschuld nach dem Reverse-Charge-Verfahren auf den Empfänger übergeht. Dennoch sind die Bemessungsgrundlagen in der USt-VA (KZ 42) sowie in der ZM als Dreiecksgeschäft zu berücksichtigen.
  - Der letzte Abnehmer (C) weist die Lieferung in der KZ 69 der USt-VA für die auf ihn übergangene Umsatzsteuerschuld des ersten Abnehmers (B) aus und ggf. auch in der KZ 66 (Berechtigung zum Vorsteuerabzug).

AUFGABEN

1. Unter welchen Voraussetzungen liegt ein umsatzsteuerliches Reihengeschäft vor?
2. Welche Arten von Lieferungen können bei einem Reihengeschäft vorkommen?
3. Wo liegt der Ort der bewegten Lieferung?
4. Wo liegen die Orte der unbewegten Lieferungen?
5. Unter welchen Voraussetzungen liegt ein innergemeinschaftliches Dreiecksgeschäft vor?
6. Wer schuldet die Steuer für die Lieferung vom mittleren Unternehmer an den letzten Abnehmer?
7. Wird diese geschuldete Steuer tatsächlich an das Finanzamt abgeführt?
8. Wie wird der innergemeinschaftliche Erwerb des ersten Abnehmers versteuert?

3.4.8 Werklieferung, Werkleistung

Lieferungen und sonstige Leistungen

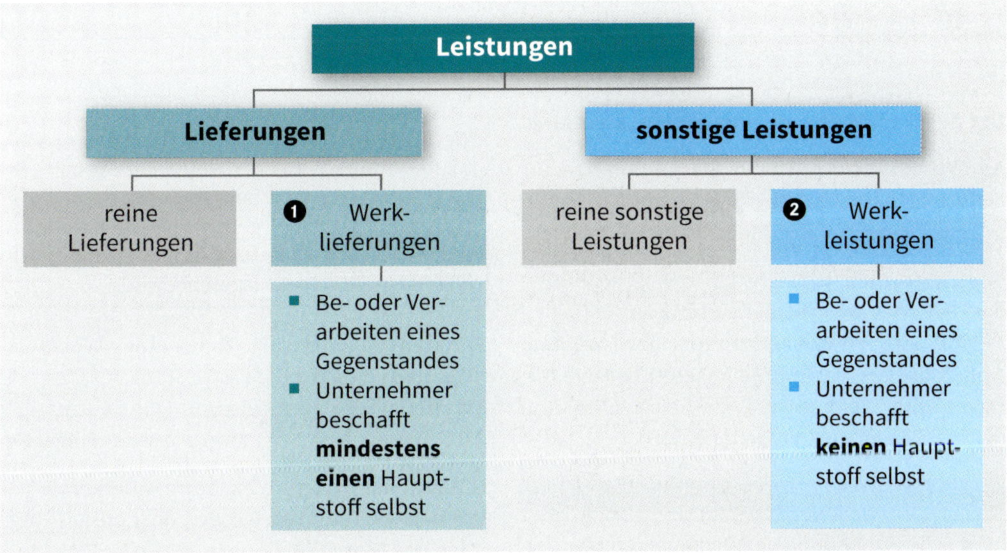

Manche Umsätze sind nicht eindeutig Lieferungen oder eindeutig sonstige Leistungen, sondern Mischformen. Da die Ortsbestimmung eines Umsatzes aber davon abhängig ist, ob er „mehr" Lieferung oder „mehr" sonstige Leistung ist, muss es für die Unterscheidung bei den Mischformen Kriterien geben. Überwiegt der Lieferungsanteil, liegt eine Werklieferung vor. Überwiegt der Leistungsanteil, liegt eine Werkleistung vor.

Eine **Werklieferung** ❶ liegt vor, wenn der Unternehmer die Bearbeitung oder Verarbeitung eines Gegenstandes übernommen hat und hierbei Hauptstoffe verwendet, die er ganz oder auch nur zum Teil selbst beschafft hat (§ 3 Abs. 4 UStG).

Verwendet der Unternehmer zur Be- oder Verarbeitung dagegen nur Nebensachen (z. B. Zutaten), die er selbst beschafft hat, oder setzt er zur Be- oder Verarbeitung nur sein Handwerkszeug ein, während der Hauptstoff vom Auftraggeber beschafft wird, so liegt eine **Werkleistung** ❷ vor (Abschn. 3.8 Abs. 1 Satz 3 UStAE).

Beispiele

a) Ein Kunde lässt bei einem Tischlermeister einen Wohnzimmerschrank anfertigen. Das Material (Holz usw.) hat der Handwerker selbst beschafft.
Eine reine Lieferung, z. B. eine Holzlieferung, liegt hier nicht vor. Eine sonstige Leistung ist nicht gegeben, denn der Unternehmer (Tischlermeister) hat es übernommen, aus von ihm beschafftem Material ein Werk (Wohnzimmerschrank) herzustellen. Es liegt daher eine Werklieferung vor. Gegenstand der Werklieferung ist in diesem Beispiel der fertiggestellte Wohnzimmerschrank.

b) Ein Autofahrer lässt den Motor seines Pkw in einer Reparaturwerkstatt überholen. Hierbei verwendet die Werkstatt nur Nebensachen (z. B. Dichtungen, Reinigungsmittel). Es liegt eine Werkleistung vor.

c) Der Eigentümer eines Einfamilienhauses lässt die Gartenterrasse seines Hauses von einem Bauunternehmer mit Waschbetonplatten neu belegen. Das Material (Platten und Sand) hat der Auftraggeber selbst beschafft. Der Handwerker hat lediglich sein eigenes Handwerkszeug benutzt. Es liegt eine Werkleistung vor.

Ort der Werklieferung und der Werkleistung

Auf Werklieferungen sind die Grundsätze für Lieferungen und auf Werkleistungen die Grundsätze für sonstige Leistungen anzuwenden.

Das trifft auch hinsichtlich der Feststellung des Ortes der jeweiligen Leistung zu:
Der **Ort der Werklieferung** ist dort, wo dem Abnehmer die Verfügungsmacht über das fertiggestellte Werk, also über den Gegenstand der Werklieferung, verschafft wird.

Beispiel

Ein Schweizer Kunde beauftragt ein Unternehmen aus Stuttgart, einen Fahrstuhl zu liefern und in ein Geschäftshaus in Luzern (Schweiz) einzubauen. Das Stuttgarter Unternehmen befördert den Fahrstuhl mit eigenem Fahrzeug von Stuttgart nach Luzern und baut den Fahrstuhl dort in das Haus ein.

Es liegt eine einheitliche Leistung vor, die nicht zerlegt werden darf in eine Lieferung (Lieferung des Fahrstuhls) und eine sonstige Leistung (Einbau des Fahrstuhls). Es handelt sich um eine Werklieferung. Gegenstand der Werklieferung ist der betriebsfertig eingebaute Fahrstuhl. Ort der Werklieferung ist Luzern, weil dort der betriebsfertig eingebaute Fahrstuhl übergeben wird (Verfügungsmacht). Die Werklieferung ist nicht steuerbar, weil sie im Ausland ausgeführt wird.

Für die Feststellung des **Ortes einer Werkleistung** sind – wie für die Feststellung des Ortes einer reinen sonstigen Leistung – die §§ 3a und 3b UStG maßgebend. Danach gilt z. B. das Folgende:

- Werkleistungen im Zusammenhang mit einem Grundstück werden dort ausgeführt, wo das Grundstück liegt (§ 3a Abs. 3 Nr. 1 UStG), und
- Werkleistungen an beweglichen körperlichen Gegenständen werden dort ausgeführt, wo der Unternehmer jeweils ausschließlich oder zum wesentlichen Teil tätig wird (§ 3a Abs. 3 Nr. 3 Buchstabe c UStG), wenn der Empfänger weder ein Unternehmer ist, für dessen Unternehmen die Leistung ausgeführt wird, noch eine unternehmerisch tätige juristische Person mit USt-IdNr.

4497130

Beispiele

a) Eine Tischlerei aus Weil (Inland) repariert die Fenster eines Hauses in Basel (Schweiz). Dabei ist zu beachten, dass die Fenster Bestandteile des Hauses sind. Die Werkleistung wird in Basel, also im Ausland, ausgeführt, weil dort das Grundstück liegt. Sie ist deshalb nicht steuerbar.

b) Die Tischlerei (siehe oben) repariert im Auftrag eines privaten Kunden aus Basel dessen ausziehbaren Esstisch. Sie holt den Tisch in Basel ab und bringt ihn nach durchgeführter Reparatur in Weil wieder nach Basel zurück. Dort wird die Tischplatte auf Wunsch der Hausfrau nochmals etwas nachpoliert. Für die Reparatur stellt die Tischlerei ein Entgelt von 180,00 € und für den Transport 30,00 € in Rechnung. Es handelt sich um eine Werkleistung an einem beweglichen körperlichen Gegenstand. Sie wird im Inland ausgeführt, weil der Unternehmer, die Tischlerei, dort zum wesentlichen Teil tätig wird. Die Werkleistung ist deshalb steuerbar.

Die Reparatur und die Beförderung bilden eine einheitliche Leistung. Dabei ist die Hauptleistung die Reparaturleistung. Die Beförderungsleistung ist eine Nebenleistung der Hauptleistung. Umsatzsteuerlich teilt sie das Schicksal der Hauptleistung. Es liegt daher lediglich eine Reparaturleistung vor. Eine Beförderungsleistung ist nicht gegeben.

AUFGABEN

1. Worin liegt der Unterschied zwischen einer Werklieferung und einer Werkleistung?
2. Wo ist der Ort einer Werklieferung?
3. Welche Vorschriften sind für die Feststellung des Ortes einer Werkleistung maßgebend?
4. Wo werden Werkleistungen im Zusammenhang mit einem Grundstück ausgeführt?
5. Wo werden Werkleistungen an beweglichen körperlichen Gegenständen ausgeführt?

VERTIEFENDE ÜBUNGEN

gemischte Übungen (auch zur Gesamtwiederholung)

1. **Beurteilen Sie umsatzsteuerrechtlich die folgenden Fälle.**

Fall 1:
Eine Wäschefabrik in Bern (Schweiz) liefert mit eigenem Lkw Bettwäsche an ein Kaufhaus in Dresden mit der Lieferkondition „verzollt und versteuert".

Fall 2:
Eine Metallwarenfabrik in Metz (Frankreich) versendet per Eisenbahn Metallwaren an einen Großhändler in Kaiserslautern gegen Entgelt.

Fall 3:
Ein Privatmann in Apeldoorn (Niederlande) hat sein gebrauchtes Klavier an einen Händler in Münster gegen Entgelt geliefert. Der Händler hat das Klavier mit eigenem Fahrzeug in Apeldoorn abgeholt.

Fall 4:
Sachverhalt wie in Fall 3, aber mit dem Unterschied, dass nicht ein gebrauchtes Klavier, sondern ein neuer Pkw im Sinne des § 1b Abs. 3 UStG (siehe Kap. 3.4.4) geliefert worden ist.

Fall 5:
Ein Arzt in Halle führt nur steuerfreie Umsätze im Sinne des § 4 Nr. 14 UStG aus. Er hat im Vorjahr von einem Hersteller in Varese (Italien) ein medizinisches Gerät für seine Praxis für ein Entgelt von 13.000,00 € erworben. In diesem Jahr hat er von dem Hersteller in Varese ein zweites medizinisches Gerät für ein Entgelt von 8.000,00 € erworben. Andere Gegenstände hat der Arzt aus dem EU-Ausland nicht bezogen.

→

Fall 6:
Ein Transportunternehmer in Dresden befördert im Auftrag einer Rentnerin aus Heidelberg Porzellan von der Ferienwohnung in Meißen nach Mallorca.

Fall 7:
Ein Transportunternehmer in Ulm befördert im Auftrag eines Unternehmers in Turin (Italien) Autoersatzteile von Turin zu einem Händler in München.

Fall 8:
Ein Transportunternehmer in Rosenheim befördert einen Schrank für einen Studenten von Davos (Schweiz) nach Mailand (Italien).

Fall 9:
Die belgische Unternehmerin Charly Elken aus Antwerpen versendet im Sept. d. J. an die Tennisabteilung des KHTC e. V. in Köln (Kleinunternehmer) einen Bodenbelag für die Tennishalle des Vereins für 8.000,00 € netto. Der Verein hat die Erwerbsschwelle nicht überschritten und auch nicht für die Erwerbsbesteuerung optiert. Charly hat im vorigen Jahr die deutsche Lieferschwelle nicht überschritten und wird sie im laufenden Jahr auch nicht überschreiten.

Fall 10:
Beraten Sie den Mandanten KHTC aus Fall 9. Bedenken Sie dabei, dass die BTW (belasting over de toegevoegde waarde) in Belgien 21 % beträgt.

---

2. **a) Wo ist der Ort der Lieferung oder des innergemeinschaftlichen Erwerbs?**

b) Wo ist in den Fällen, in denen sonstige Leistungen vorliegen, der Ort der sonstigen Leistung?

c) Welche Umsätze sind steuerbar?

d) Welche Umsätze sind nicht steuerbar?

Zur Beantwortung dieser Fragen verwenden Sie bitte das folgende Lösungsschema:

Nr. des Falles	Ort der Lieferung oder des innergem. Erwerbs a)	Ort der sonstigen Leistung b)	Steuerbare Umsätze (in €) c)	Nicht steuerbare Beträge (in €) d)
1 2 …				

Die Beträge sind netto, d. h. ohne Umsatzsteuer, angegeben.

Fall 1:
Ein Lebensmitteleinzelhändler hat einer Kundin in seinem Ladengeschäft in Wismar Lebensmittel für ein Entgelt von 30,00 € geliefert.

Fall 2:
Ein Gebäudereinigungsunternehmen in Mainz hat die Außenwände des Hauses eines Kunden in Wiesbaden gereinigt und dafür 600,00 € berechnet.

Fall 3:
Ein Bankangestellter mit Wohnsitz in Darmstadt hat seinen gebrauchten Wohnzimmerschrank für 200,00 € verkauft.

Fall 4:
Ein Möbelfabrikant in Como (Italien) hat mit eigenem Lkw Kleinmöbel an ein Kaufhaus in Tübingen für umgerechnet 30.000,00 € geliefert.

Fall 5:
Ein Tabakwarenhändler hat in seinem Ladengeschäft auf der Insel Helgoland an verschiedene Kunden (Arbeiter und Angestellte) Tabakwaren für 190,00 € geliefert.

Fall 6:
Die Fluggesellschaft Dorian-Air betreibt ein Luftfahrtunternehmen mit Sitz in Düsseldorf und bietet unter anderem Flüge von Düsseldorf nach Madrid an. Während eines Fluges verkaufte die Dorian-Air in eigenem Namen und für eigene Rechnung Parfüm und andere Gegenstände für insgesamt 8.270,00 € an die Fluggäste. Der Umsatz wurde je zur Hälfte über deutschem Hoheitsgebiet und über französischem bzw. spanischem Hoheitsgebiet erzielt.

Fall 7:
Die Fakir AG mit Sitz in Dortmund liefert im Voranmeldungszeitraum für 1,2 Mio. € Gas über das Erdgasnetz an die Stadtwerke Bielefeld, die das Gas gewerbsmäßig weiterverkaufen.

3. **a) Wo ist der Ort der Leistung?**
b) Welche Umsätze sind steuerbar?
c) Welche Umsätze sind nicht steuerbar?

Die Beträge sind netto, d. h. ohne Umsatzsteuer, angegeben.

Fall 1:
Ein Steuerberater hat in seiner Praxis in Krefeld einen technischen Angestellten mit Wohnsitz in Venlo (Holland) in einer persönlichen steuerlichen Angelegenheit gegen ein Honorar von 150,00 € beraten.

Fall 2:
Ein Steuerberater hat in seiner Praxis in Lörrach (Inland) einen Angestellten mit Wohnsitz in Basel (Schweiz) gegen Honorar von 100,00 € beraten.

Fall 3:
Ein Hamburger Transportunternehmen hat im Auftrag eines Unternehmers aus Hamburg Autoersatzteile von Hamburg nach Rom (Italien) für ein Entgelt von 1.800,00 € befördert. Von der zurückgelegten Strecke von 1 800 km entfielen 800 km auf das Inland und 1 000 km auf das Ausland.

4. **a) Wo ist der Ort der Lieferung?**
b) Wo ist der Ort der sonstigen Leistung?
c) Welche Umsätze sind steuerbar?
d) Welche Umsätze sind nicht steuerbar?

Die Beträge sind netto, d. h. ohne Umsatzsteuer, angegeben.

Fall 1:
Ein Unternehmer in Rosenheim vermittelt für einen polnischen Unternehmer die Lieferung einer Ware von Danzig (Polen) nach Warschau (Polen); Provision: 1.500,00 €.

Fall 2:
Ein Unternehmer in Potsdam vermittelt die Beförderung einer Truhe von Leipzig nach Brüssel (Belgien) und berechnet dem privaten Auftraggeber für die Vermittlung der Beförderung 300,00 €. Die Ware wird nach Brüssel versendet.

Fall 3:
Ein Gemüsehändler in München ist Eigentümer eines Einfamilienhauses in Basel (Schweiz). Er hat dieses Haus im letzten Jahr für eine Jahresmiete von umgerechnet 12.000,00 € vermietet.

Fall 4:
Die Kluth & Wittich OHG betreibt in Würzburg eine Teppichfabrik. Im vorigen Monat haben die Gesellschafter Kluth und Wittich je einen Teppich im Wert von je 1.500,00 € für ihre Privathaushalte unentgeltlich aus dem Lager der OHG entnommen.

5. **Sind die folgenden Umsätze steuerbar?**

Fall 1:
Der Inhaber eines Lampengeschäfts in Halle (Inland) hat aus seinem Geschäft drei Lampen für seinen Privathaushalt entnommen.

Fall 2:
Eine Tuchfabrik in Meppen (Inland) hat mit eigenem Fahrzeug selbst hergestellte Ware an einen regelbesteuerten Händler in Winschoten (Niederlande) geliefert.

Fall 3:
Der Feinkosthändler Gustav Ganter in Freiburg im Breisgau kauft von der Berner Großkäserei Müsli 450 kg feinsten Schweizer Käse. Vereinbarungsgemäß werden die Käsesorten im eigenen Kühlwagen der Käserei Müsli von Bern nach Freiburg geliefert. Müsli ließ die Käsesorten in den freien Verkehr überführen und entrichtete dementsprechend die deutsche Einfuhrumsatzsteuer nach der Lieferkondition: verzollt und versteuert.

6. **a) Welche Umsätze sind steuerbar?**
b) Welche Umsätze sind nicht steuerbar?

Die Beträge sind netto, d. h. ohne Umsatzsteuer, angegeben.

Fall 1:
Ein Straßenbauunternehmer in Freiburg (Inland) vermietet einen Bagger an einen Tiefbauunternehmer mit Sitz in Basel (Ausland) gegen ein Entgelt von 1.000,00 €.

Fall 2:
Ein Mietwagengeschäft in Lörrach (Inland) vermietet einen Lkw an einen Baustoffhändler in Zürich (Schweiz) gegen ein Entgelt von 1.500,00 €. Der Lkw wird sowohl in der Schweiz als auch in Deutschland eingesetzt.

Fall 3:
Der Maler- und Anstreicherbetrieb Strunz in Freiburg führt Malerarbeiten für die schweizer Wohnungsbaugesellschaft Zwingli an einem Mietwohnhaus in Basel (Schweiz) aus, für die Strunz 16.350,00 € berechnet.

→

Übungen 7 bis 10: Reihengeschäft, Dreiecksgesellschaft

ab Übung 11: gemischte Übungen

Fall 4:
Der Steuerfachangestellte Renken aus Konstanz hat während eines Winterurlaubs in der Schweiz einen Verkehrsunfall verschuldet. Renken wird gegen Berechnung von 420,00 € von dem Konstanzer Rechtsanwalt Pasch vor dem zuständigen Gericht in Zürich (Schweiz) vertreten.

7. Stellen Sie in den folgenden Sachverhalten begründet fest,

a) welcher Unternehmer die bewegte Lieferung und welcher Unternehmer die unbewegten Lieferungen ausführt, und
b) wo der jeweilige Ort der Lieferung ist.

Fall 1:
Die Apparatebau GmbH, Duisburg, kauft bei der Claesen KG in Celle eine Spezialmaschine. Die Claesen KG bestellt die Maschine bei dem Maschinengroßhändler Beeren in Bochum. Dieser ordert die Maschine bei Maschinenbauer Diel in Aachen. Diel befördert die Maschine mit eigenem Lkw direkt an die Apparatebau GmbH in Duisburg.

Fall 2:
Wie Fall 1, nur dass der Maschinengroßhändler Beeren die Maschine von Aachen nach Duisburg befördert und durch die Lieferbedingungen als Lieferant auftritt.

8. Stellen Sie in den folgenden Sachverhalten fest,

a) ob ein innergemeinschaftliches Dreiecksgeschäft vorliegt, und
b) welche steuerbaren Tatbestände in Deutschland verwirklicht sind.

Fall 1:
Der portugiesische Exporteur Pepe verkauft an den spanischen Weinhändler Sepez 200 Flaschen Sherry. Sepez verkauft den Sherry an den Hamburger Weinversand Dinum. Der Wein wird von Pepe im Auftrag des Sepez per Bahnfracht direkt an den Dinum Weinversand versendet.

Fall 2:
Der Hamburger Weinversand Dinum kauft bei dem Schweizer Weinhändler Tessin 400 Flaschen italienischen Wein. Tessin wiederum kauft den bestellten Wein bei dem italienischen Weingut Eugenei und beauftragt das Weingut Eugenei, den Wein direkt an den Weinversand Dinum zu versenden.

Soweit in einem Mitgliedstaat ansässig, verwenden die Unternehmer ihre jeweilige nationale USt-IdNr.

9. a) Fertigen Sie eine Skizze über die einzelnen Umsatzgeschäfte und über den Weg an, den die Maschine nimmt.
b) Beurteilen Sie diese Geschäfte aus umsatzsteuerlicher Sicht.

Der Unternehmer Deriksen aus Kopenhagen (Dänemark) bestellt bei dem Maschinenhändler Cronen in Kiel (Deutschland) eine Papierveredelungsmaschine. Cronen gibt die Bestellung an den Maschinengroßhändler Bechteren in Utrecht (Niederlande) weiter. Der wiederum bestellt die Maschine beim Hersteller Alzer AG in Hannover (Deutschland). Die Alzer AG versendet die Maschine direkt nach Dänemark zu Deriksen. Alle Unternehmer verwenden bei Auftrags- und Rechnungserteilung ihre jeweilige nationale USt-IdNr.

10. a) Prüfen Sie, ob die Voraussetzungen des § 25b UStG in diesem Sachverhalt gegeben sind und
b) zeigen Sie gegebenenfalls die umsatzsteuerlichen Folgen auf.

Der Duisburger Stahlhändler Ginnen kauft bei einem Stahlgroßhandel in Roermond (Niederlande) 40 t Edelstahlbleche. Der Großhändler in Roermond bestellt die Bleche bei dem Hersteller Hoogoven in den Niederlanden mit der Weisung, die Bleche direkt an Ginnen in Duisburg zu liefern.

Bei seiner Bestellung an Hoogoven und seiner Rechnungserteilung an Ginnen hat der Großhändler aus Roermond seine belgische USt-IdNr. verwendet. Daneben hat er auch keine Umsatzsteuer in seiner Rechnung an Ginnen ausgewiesen. Die Unternehmer Ginnen und Hoogoven verwenden ihre jeweilige nationale USt-IdNr.

11. Liegen Lieferungen oder Werklieferungen vor? Begründen Sie Ihre Antwort.

Fall 1:
Gerhard Schindler, Inhaber eines Sportgeschäfts in Bottrop, hat dort an verschiedene Abnehmer Sportartikel geliefert.

Fall 2:
Der Postbeamte Patrick Horn hat den Klempnermeister Karl Bach beauftragt, im Badezimmer seiner Wohnung in Freiburg ein neues Waschbecken anzubringen. Horn

hat das Waschbecken im Ladengeschäft des Klempners ausgesucht. Dieser hat es dann mit eigenem Fahrzeug von seinem Geschäft zum Abnehmer befördert und dort im Badezimmer installiert. Der Klempner hat 200,00 € für das Becken und 50,00 € Arbeitslohn berechnet.

Fall 3:
Eine Möbelfabrik in Stade hat die von einem Möbelhändler in Auftrag gegebenen Polstergarnituren aus eigenem Material hergestellt und an den Händler geliefert.

Fall 4:
Der Prokurist Manfred Schuhmann, Kiel, hat bei dem Schneidermeister Zwirn, Rendsburg, einen Maßanzug bestellt. Den Stoff hat der Prokurist anderweitig selbst beschafft. Der Schneidermeister hat das weitere Material (Futter, Knöpfe usw.) gestellt und die Arbeit geleistet. Er hat dafür bei Übergabe des fertiggestellten Anzugs ein Entgelt von 300,00 € berechnet.

Fall 5:
Der Bademeister Peter Bamm hat den Bauunternehmer Sebastian Mattes, Leverkusen, beauftragt, ihm in Köln, Drosselgasse 10, den Rohbau eines Einfamilienhauses zu errichten. Mattes hat die Baustoffe für seinen Auftraggeber bei dem Baustoffhändler Jupp Kreft, Leverkusen, bestellt. Der Baustoffhändler hat das Baumaterial geliefert und die Rechnung auf den Namen Bamm ausgestellt. Nach Fertigstellung des Rohbaus hat Bamm von Mattes eine Rechnung über die ausgeführten Arbeiten erhalten.

12. Wie sind die folgenden Fälle umsatzsteuerrechtlich zu beurteilen?

Fall 1:
Ein Transportunternehmer in Hamburg hat im Auftrag eines Unternehmens aus Hamburg Marzipan von Lübeck nach Kopenhagen (Dänemark) befördert.

Fall 2:
Sachverhalt wie in Fall 1, aber mit dem Unterschied, dass das Hamburger Transportunternehmen das Marzipan im Auftrag eines Händlers aus Kopenhagen von Lübeck nach Kopenhagen befördert hat.

Betrachten Sie die Fälle auf der nächsten Seite und verwenden Sie das gegebene Lösungsschema zur Beantwortung folgender Fragen.

13. a) **Wo befindet sich der Ort bei Werklieferungen?**
b) **Wo befindet sich der Ort bei sonstigen Leistungen (und Werkleistungen)?**
c) **Welche Umsätze sind steuerbar?**
d) **Welche Leistung stellt eine unentgeltliche Leistung dar?**
e) **Welche Umsätze sind nicht steuerbar?**

Nr. des Falls	Ort der Werklieferung a)	Ort der sonstigen Leistung b)	Steuerbare Umsätze (in €) c)	Unentg. Leistg. (in €) d)	Nicht steuerbare Beträge (in €) e)
1 2 usw.					

Die Beträge sind netto, d. h. ohne Umsatzsteuer, angegeben.

Fall 1:
Der Buchhalter Jürgen Berg hat den Bauunternehmer Manfred Giese, Hamburg, beauftragt, ihm auf der Insel Helgoland ein schlüsselfertiges Einfamilienhaus zu errichten. Der Bauunternehmer hat das Baumaterial aus seinem Bestand entnommen und nach Fertigstellung des Hauses dem Auftraggeber 200.000,00 € berechnet.

Fall 2:
Der Transportunternehmer Helmut Wischhusen, Cottbus, stellt seinen Eltern einen Möbelwagen seines Betriebs für ihren Umzug von Köln nach Cottbus unentgeltlich zur Verfügung. Die ihm dadurch entstandenen Nettokosten haben 250,00 € betragen.

Fall 3:
Der Büromaschinenhändler Haas hat seine gebrauchte Registrierkasse in Reutlingen

→

an den Altwarenhändler Egon Wendt für 120,00 € verkauft.

Fall 4:
Die Maschinenfabrik Fuchs, Dortmund, hat die Lieferung einer betriebsfertigen Maschinenanlage zur Herstellung von Zahnrädern für Bergbahnen an ein Unternehmen aus der Schweiz für umgerechnet 190.000,00 € übernommen. Sie hat zu diesem Zweck die Maschine und die Montageteile mit eigenem Fahrzeug von Dortmund nach Zürich befördert und dort die Anlage mit eigenem Personal betriebsfertig montiert.

Zur Beantwortung der folgenden Fragen verwenden Sie bitte ein vergleichbares Schema wie bei Übungsaufgabe 13.

14 a) **Wo ist in den Fällen einer Werklieferung der Ort der Werklieferung?**
b) **Wo ist der Ort der sonstigen Leistung (auch bei Werkleistungen)?**
c) **Welche Umsätze sind steuerbar?**
d) **Welche Umsätze sind nicht steuerbar?**

Die Beträge sind netto, d. h. ohne Umsatzsteuer, angegeben.

Fall 1:
Die Kohl Klavierbau GmbH, Offenburg, hat im Auftrag der Rentnerin Gerda Stamm, Straßburg (Frankreich), ein Klavier für umgerechnet 1.500,00 € generalüberholt. Kohl hat das Klavier mit eigenem Lkw in Straßburg abgeholt und die Reparatur in Offenburg ausgeführt. Dabei sind nur Nebensachen, d. h. keine Hauptstoffe, verwendet worden. Nach erfolgter Generalüberholung hat Kohl das Klavier wieder nach Straßburg befördert und dort der Rentnerin übergeben.

Fall 2:
Der Elektromeister Hubert Klemp unterhält im Keller seines Zweifamilienhauses in Osnabrück eine Reparaturwerkstatt. Eine Wohnung seines Hauses hat er vermietet. Im vorigen Monat hat Klemp in der Wohnung seines Mieters eine elektrische Leitung verlegt und die Vorrichtung für eine Leuchtstoffröhre angebracht. Klemp hat das verwendete Material (Vorrichtung, Leuchtstoffröhre und Nebensachen) aus seiner Werkstatt entnommen und dem Mieter nach ausgeführter Arbeit 58,00 € Arbeitslohn und 30,00 € für Material berechnet.

Fall 3:
Hubert Klemp (siehe Fall 2) hat von seinem Mieter 400,00 € Miete für den laufenden Monat vereinnahmt.

Fall 4:
Christian Schäfer ist Eigentümer eines Vierfamilienhauses auf der Insel Helgoland. Drei Wohnungen sind an Dauermieter vermietet. Eine Wohnung bewohnt Schäfer mit seiner Familie selbst. Im vorigen Monat hat die Miete für die vermieteten Wohnungen zusammen 2.000,00 € und der Mietwert der selbst bewohnten Wohnung 900,00 € betragen.

3.5 Steuerbefreiungen

Steuerfreie Umsätze

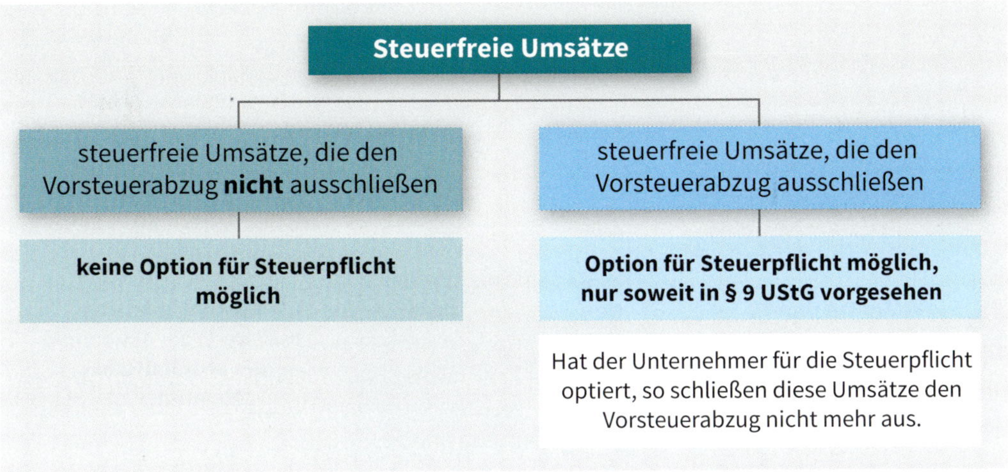

Die steuerfreien Umsätze sind in § 4 UStG aufgeführt. Die dort angegebenen Steuerbefreiungen können aufgegliedert werden in:

- steuerfreie Umsätze, die den Vorsteuerabzug nicht ausschließen (siehe Kap. 3.5.1),
- steuerfreie Umsätze, die den Vorsteuerabzug ausschließen (siehe Kap. 3.5.2), und
- steuerfreie Umsätze, bei denen der Unternehmer für die Steuerpflicht optieren kann (siehe Kap. 3.5.3).

3.5.1 Steuerfreie Umsätze, die den Vorsteuerabzug nicht ausschließen

Zu den steuerfreien Umsätzen, die den Vorsteuerabzug nicht ausschließen, gehören nach § 15 Abs. 3 UStG vor allem die steuerfreien Umsätze nach § 4 Nr. 1–7 UStG. Im Wesentlichen handelt es sich dabei um:

- Ausfuhrlieferungen (§ 4 Nr. 1 Buchstabe a i. V. m. § 6 UStG);
- Lohnveredelungen an Gegenständen der Ausfuhr (§ 4 Nr. 1 Buchstabe a i. V. m. § 7 UStG);
- innergemeinschaftliche Lieferungen (§ 4 Nr. 1 Buchstabe b i. V. m. § 6a UStG);
- Umsätze für die Seeschifffahrt und für die Luftfahrt (§ 4 Nr. 2 i. V. m. § 8 UStG);
- grenzüberschreitende Beförderungen von Gegenständen und die Beförderungen im internationalen Eisenbahnfrachtverkehr usw. (§ 4 Nr. 3 Buchstabe a UStG). Die innergemeinschaftliche Beförderung von Gegenständen nach § 3b Abs. 3 UStG fällt nicht unter die Steuerbefreiung nach § 4 Nr. 3 Buchstabe a UStG;
- die Vermittlung
  - der oben aufgeführten steuerfreien Umsätze (Ausfuhrlieferungen usw.) und
  - der Umsätze, die ausschließlich im Drittlandsgebiet bewirkt werden (§ 4 Nr. 5 UStG).

In den folgenden Unterkapiteln werden diese Umsätze näher erläutert.

3.5.1.1 Ausfuhrlieferungen

Ausfuhrlieferung – Unternehmer und Abnehmer

Eine Ausfuhrlieferung (§ 4 Nr. 1 Buchstabe a UStG) liegt nach § 6 Abs. 1 UStG vor, wenn bei einer Lieferung entweder

- der Unternehmer den Gegenstand der Lieferung in das Drittlandsgebiet – ausgenommen die Freihäfen und das Zwölfseemeilengebiet – befördert oder versendet hat
  oder
- der Abnehmer den Gegenstand der Lieferung in das Drittlandsgebiet – ausgenommen die Freihäfen und das Zwölfseemeilengebiet – befördert oder versendet hat und ein ausländischer Abnehmer ist
  oder
- der Unternehmer oder der Abnehmer den Gegenstand der Lieferung in einen Freihafen oder in das Zwölfseemeilengebiet befördert oder versendet hat und der Abnehmer
  - ein Unternehmer ist, der den Gegenstand für sein Unternehmen erworben hat, oder
  - ein ausländischer Abnehmer, aber kein Unternehmer ist und der Gegenstand in das übrige Drittlandsgebiet gelangt.

Als **übriges Drittlandsgebiet** in diesem Sinne ist das Drittlandsgebiet ohne die Freihäfen und das Zwölfseemeilengebiet zu verstehen.

Lieferungen an private Abnehmer, die im Freihafen oder im Zwölfseemeilengebiet ansässig sind, sind demnach keine Ausfuhrlieferungen im Sinne des § 4 Nr. 1 Buchstabe a UStG.

Der Gegenstand der Lieferung kann nach § 6 Abs. 1 Satz 2 UStG durch Beauftragte vor der Ausfuhr bearbeitet oder verarbeitet worden sein.

Die obigen Voraussetzungen für das Vorliegen einer Ausfuhrlieferung sowie eine eventuell erfolgte Be- oder Verarbeitung des Liefergegenstandes müssen vom Unternehmer nachgewiesen sein (§ 6 Abs. 4 UStG).

Beispiele

a) Eine Fabrik in Dresden hat an eine Chemnitzer Baugesellschaft Heizkörper geliefert. Die Fabrik hat die Heizkörper mit eigenem Fahrzeug zu einer Baustelle des Chemnitzer Unternehmens in Minsk (Drittlandsgebiet) befördert. Eine Ausfuhrlieferung liegt vor, obwohl der Abnehmer (die Baugesellschaft) seinen Sitz im Inland hat (§ 6 Abs. 1 Nr. 1 UStG).
Eine Ausfuhrlieferung wäre auch dann gegeben, wenn die Fabrik die Heizkörper in das Drittlandsgebiet nicht befördert, sondern versendet hätte.

b) Eine Motorenfabrik in Berlin hat einen Elektromotor an einen ausländischen Abnehmer in Smolensk (Drittlandsgebiet) geliefert. Der Abnehmer hat den Motor mit eigenem Fahrzeug in Berlin abgeholt und nach Smolensk befördert. Es liegt eine Ausfuhrlieferung nach § 6 Abs. 1 Nr. 2 UStG vor, weil der Abnehmer den Gegenstand in das Drittlandsgebiet befördert hat und ein ausländischer Abnehmer ist.

c) Sachverhalt wie im Beispiel b), aber mit dem Unterschied, dass der Elektromotor von einer Hafenspedition mit Sitz in der Bremerhavener Innenstadt für ihre Nebenstelle im Bremerhavener Freihafen erworben wurde. Die Fabrik hat den Motor mit eigenem Fahrzeug in den Freihafen befördert.
Es liegt eine Ausfuhrlieferung nach § 6 Abs. 1 Nr. 3 Buchstabe a UStG vor, weil die Fabrik den Liefergegenstand in den Freihafen befördert hat und der Abnehmer ein Unternehmer ist, der den Gegenstand für Zwecke seines Unternehmens erworben hat. Dabei ist es ganz gleich, wo die Hafenspedition ihren Sitz hat, im Inland oder im Ausland.

d) Eine Hausfrau in St. Petersburg (Drittlandsgebiet) hat in einem Kaufhaus in Cuxhaven (Inland) eine Waschmaschine gekauft. Das Kaufhaus hat die Waschmaschine mit eigenem Fahrzeug in den Cuxhavener Freihafen befördert und dort der Hausfrau übergeben. Die Hausfrau hat das Gerät dann von dort aus in ihre Heimat versendet, wo ihr die Waschmaschine ausgeliefert worden ist.
Es liegt eine Ausfuhrlieferung nach § 6 Abs. 1 Nr. 3 Buchstabe b UStG vor, weil der Unternehmer den Gegenstand in den Freihafen befördert hat, der Abnehmer ein ausländischer, aber kein Unternehmer ist und der Gegenstand in das Drittlandsgebiet gelangt ist.

Ausländischer Abnehmer (§ 6 Abs. 2 UStG) ist

- ein Abnehmer, der seinen Wohnort oder Sitz im Ausland – ausgenommen die Freihäfen und das Zwölfseemeilengebiet – hat oder
- eine Zweigniederlassung eines im Inland oder in einem Freihafen oder im Zwölfseemeilengebiet ansässigen Unternehmers, wenn die Zweigniederlassung ihren Sitz im Ausland – ausgenommen die Freihäfen und das Zwölfseemeilengebiet – und das Umsatzgeschäft im eigenen Namen abgeschlossen hat.

Demzufolge sind Abnehmer mit Wohnort oder mit Sitz in einem Freihafen oder im Zwölfseemeilengebiet keine ausländischen Abnehmer.

Abnehmer mit wechselndem Aufenthalt, z.B.

- deutsche Auslandsbeamte, die ihren Wohnort im staatsrechtlichen Ausland haben,
- deutsche Botschaften, Gesandtschaften und Konsulate mit Sitz im Ausland und
- ausländische Touristen, die sich vorübergehend im Inland aufhalten,

sind grundsätzlich ausländische Abnehmer (Abschnitt 6.3 Abs. 3 UStAE).

Ausländische Botschaften, Gesandtschaften und Konsulate und ausländische Diplomaten, die in der Bundesrepublik Deutschland akkreditiert sind, sind keine ausländischen Abnehmer (Abschnitt 6.3 Abs. 3 Nr. 2 UStAE).

Wohnort im Sinne des § 6 Abs. 2 UStG ist der Ort, an dem der Abnehmer für längere Zeit eine Wohnung genommen hat und der als örtlicher Mittelpunkt seines Lebens anzusehen ist. Der Begriff „Wohnort" bezieht sich auf natürliche Personen, der Begriff „Sitz" dagegen meistens auf juristische Personen (z. B. AG, GmbH) und auf Personenvereinigungen (z. B. OHG, KG).

Beispiele

a) Ein Unternehmer in Aachen hat an einen Abnehmer in Basel (Schweiz) einen Geschenkkarton Printen geliefert. Er hat den Liefergegenstand an den Abnehmer versendet.
Der Abnehmer ist ein ausländischer Abnehmer, weil er seinen Wohnort im Ausland hat.

b) Ein Unternehmer in Bremen hat einem Stauereibetrieb mit Sitz in Bremerhaven eine Dezimalwaage geliefert.
Der Stauereibetrieb ist kein ausländischer Abnehmer, weil er seinen Sitz im Freihafen hat.

c) Ein Unternehmer in Berlin hat an einen Abnehmer mit Wohnort auf der Insel Helgoland eine Ziehharmonika geliefert. Der Unternehmer hat den Gegenstand der Lieferung an den Abnehmer versendet.
Der Abnehmer ist ein ausländischer Abnehmer, weil er seinen Wohnort im umsatzsteuerlichen Ausland hat.

d) Eine Großhandlung in Duisburg unterhält in Moskau eine Zweigniederlassung. Die Zweigniederlassung hat von einer Fabrik in Regensburg Gartengeräte im eigenen Namen bezogen. Sie hat die Geräte dort abgeholt und nach Moskau (Russland) befördert.
Die Zweigniederlassung ist ausländischer Abnehmer, weil sie ihren Sitz im Ausland hat und das Umsatzgeschäft im eigenen Namen abgeschlossen hat.

AUFGABEN

1. In welchen Paragrafen des UStG sind die Steuerbefreiungen aufgeführt?
2. In welche Gruppen können die Steuerbefreiungen aufgegliedert werden?
3. Welche steuerfreien Umsätze schließen den Vorsteuerabzug nicht aus?
4. Was versteht man unter einer Ausfuhrlieferung?
5. Wer ist ausländischer Abnehmer im Sinne des Umsatzsteuerrechts?

4497140

3.5.1.2 Lohnveredelungen an Gegenständen der Ausfuhr

Lohnveredelung an Gegenständen der Ausfuhr

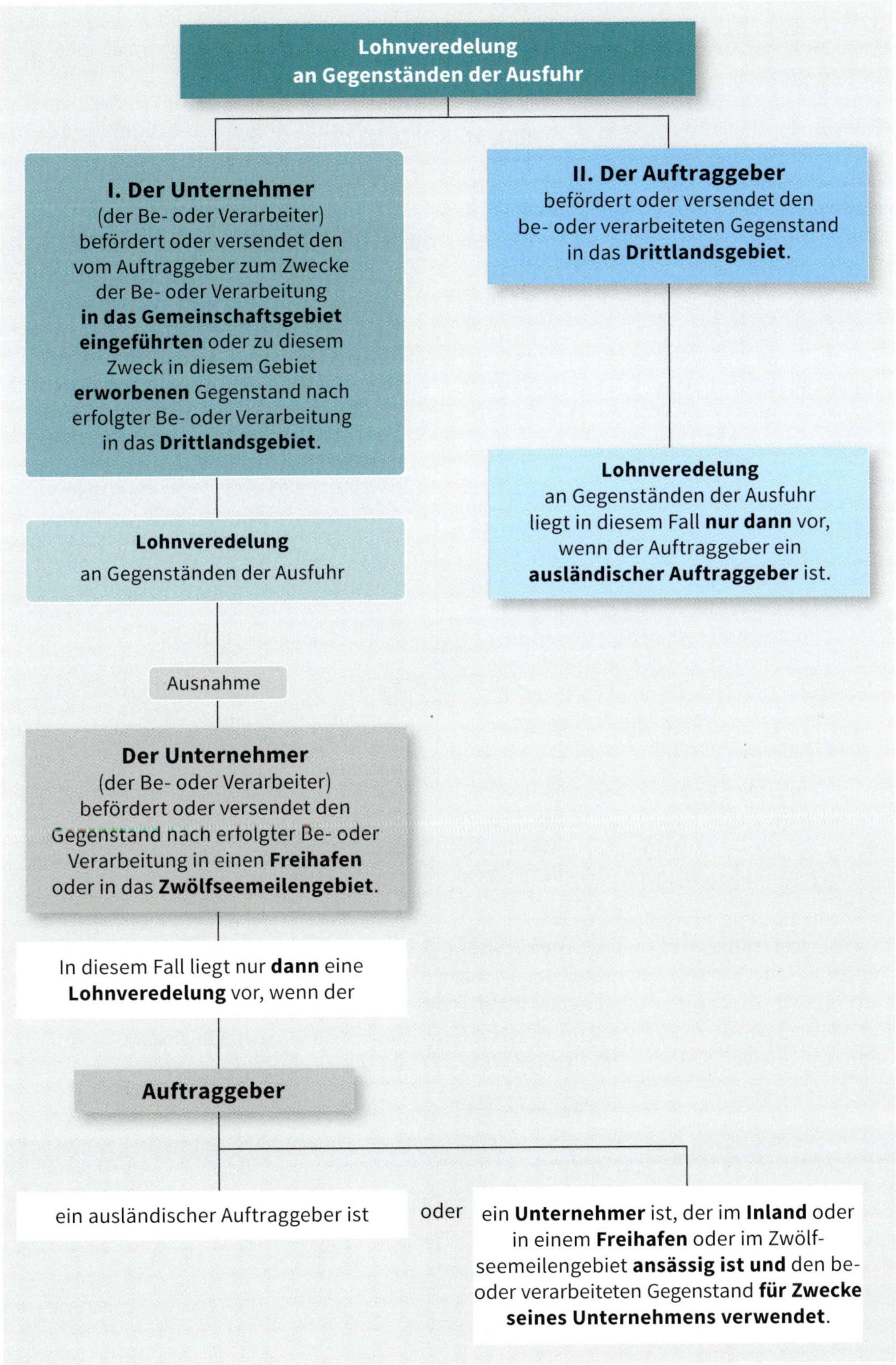

Eine **steuerfreie Lohnveredelung** im Sinne des § 4 Nr. 1 Buchstabe a UStG liegt nach § 7 Abs. 1 UStG vor, wenn bei einer Bearbeitung oder Verarbeitung eines Gegenstandes

- der Auftraggeber den Gegenstand entweder zum Zweck der Bearbeitung oder Verarbeitung in das Gemeinschaftsgebiet eingeführt oder zu diesem Zweck in diesem Gebiet erworben hat, und
- der Unternehmer den bearbeiteten oder verarbeiteten Gegenstand in das Drittlandsgebiet – ausgenommen die Freihäfen und das Zwölfseemeilengebiet – befördert oder versendet hat oder
- der Auftraggeber den bearbeiteten oder verarbeiteten Gegenstand in das Drittlandsgebiet befördert oder versendet hat und ein ausländischer Auftraggeber ist oder
- der Unternehmer den bearbeiteten oder verarbeiteten Gegenstand in einen Freihafen oder in das Dreiseemeilengebiet befördert oder versendet hat und der Auftraggeber entweder
  - ein ausländischer Auftraggeber ist oder
  - ein Unternehmer ist, der im Inland oder in einem Freihafen oder im Zwölfseemeilengebiet ansässig ist und den be- oder verarbeiteten Gegenstand für Zwecke seines Unternehmens verwendet.

Ein ausländischer Auftraggeber im Sinne des § 7 Abs. 1 Nr. 2 und 3 UStG ist ein Auftraggeber, der die für den ausländischen Abnehmer geforderten Voraussetzungen (§ 6 Abs. 2 UStG) erfüllt.

Die Steuerbefreiung wird in den Fällen, in denen der be- oder verarbeitete Gegenstand vom Auftraggeber in das Drittlandsgebiet befördert oder versendet wird, auch dann gewährt, wenn der Auftraggeber nicht im Drittlandsgebiet, sondern im übrigen Gemeinschaftsgebiet ansässig ist.

Die obigen Voraussetzungen für das Vorliegen einer Lohnveredelung sowie die Be- oder Verarbeitung des Gegenstandes der Ausfuhr müssen vom Unternehmer nachgewiesen sein (§ 7 Abs. 4 UStG). Als Lohnveredelung ist jede Be- oder Verarbeitung eines Gegenstandes anzusehen.

Beispiele

a) Der Teppichgroßhändler E. Baerli in Basel (Schweiz) hat von der Spinnerei Berg & Co. KG, Stuttgart, Wollgarne gekauft. Er hat die Weberei Peter Roos in München beauftragt, daraus Teppiche herzustellen. Nach Fertigstellung hat Baerli die Teppiche mit eigenem Fahrzeug in München abgeholt und nach Prag befördert.
Hier liegt eine Lohnveredelung im Sinne des § 7 Abs. 1 UStG vor. Baerli ist ein ausländischer Auftraggeber, weil er seinen Sitz in der Schweiz hat. Er wäre auch dann ein ausländischer Auftraggeber, wenn er seinen Sitz im übrigen Gemeinschaftsgebiet (z. B. in Frankreich) hätte.
Die Weberei Roos ist der Veredeler. Sie kann für ihre Leistung, die Herstellung der Teppiche, die Steuerfreiheit nach § 4 Nr. 1 Buchstabe a i. V. m. § 7 UStG in Anspruch nehmen.

b) Ein Unternehmer mit Sitz in Antalya exportiert Wollgarn aus der Türkei in die Bundesrepublik Deutschland und lässt es in München zu Wolldecken verarbeiten.
Der Münchner Unternehmer versendet die fertiggestellten Decken an seinen Auftraggeber in Antalya.
Lohnveredeler ist der Münchner Unternehmer. Er kann für seine Leistung die Steuerfreiheit nach § 4 Nr. 1 Buchstabe a i. V. m. § 7 UStG in Anspruch nehmen.

AUFGABEN

1. Unter welchen Voraussetzungen liegt eine Lohnveredelung an Gegenständen der Ausfuhr vor?
2. Wer ist ein ausländischer Auftraggeber im Sinne des § 7 Abs. 2 UStG?

4497142

3.5.1.3 Innergemeinschaftliche Lieferungen

Eine innergemeinschaftliche Lieferung, die nach § 4 Nr. 1 Buchstabe b UStG steuerfrei ist, liegt nach § 6a Abs. 1 UStG grundsätzlich vor, wenn im Wesentlichen die folgenden **Voraussetzungen** erfüllt sind:

- Der Unternehmer oder der Abnehmer hat den Gegenstand der Lieferung in das übrige Gemeinschaftsgebiet befördert oder versendet;
- der Abnehmer ist ein Unternehmer, der den Gegenstand für sein Unternehmen bezogen hat. Das gilt nicht für den Erwerber eines neuen Fahrzeugs, denn dieser Erwerber kann auch eine Privatperson sein (siehe Kap. 3.4.3);
- der Erwerb des Gegenstandes der Lieferung unterliegt beim Abnehmer in einem anderen Mitgliedstaat (als innergemeinschaftlicher Erwerb) der Umsatzsteuer.

Allerdings werden die Regelungen zur Steuerbefreiung bei innergemeinschaftlichen Lieferungen ab 2020 verschärft.

Neben den bereits bestehenden Voraussetzungen (s. o.) müssen zwei weitere erfüllt werden:

- der leistende Unternehmer muss im Zeitpunkt der Leistungserbringung eine gültige USt-IdNr. vom Leistungsempfänger verwenden;
- der leistende Unternehmer muss die zusammenfassende Meldung ordnungsgemäß erklären.

Diese beiden Bedingungen sind materielle Voraussetzungen für die Steuerbefreiung innergemeinschaftlicher Lieferungen. Bei Nichteinhaltung unterliegen die Lieferungen der Umsatzsteuer.

In seiner Rechnung über die innergemeinschaftliche Lieferung hat der Unternehmer sowohl die USt-IdNr. des Abnehmers als auch seine eigene USt-IdNr. anzugeben (§ 14a Abs. 2 UStG).

Die Lieferung eines Kleinunternehmers (§ 19 UStG) an einen Abnehmer in einem anderen Mitgliedstaat ist keine innergemeinschaftliche Lieferung im Sinne des § 6a UStG.

Eine innergemeinschaftliche Lieferung in Form von **Verbringen** liegt nach § 3 Abs. 1a UStG vor, wenn

- der Unternehmer
- einen Gegenstand seines Unternehmens
- aus dem Inland in das übrige Gemeinschaftsgebiet zu seiner Verfügung verbringt (befördert oder versendet) und
- dies nicht nur zur vorübergehenden Verwendung erfolgt.

In der Regel liegt hier die **innerbetriebliche Verlagerung** eines unternehmerischen Gegenstandes von einer Betriebsstätte in die andere vor. Die Verwendung ist nicht vorübergehend (also endgültig), wenn der Gegenstand im Bestimmungsmitgliedstaat verarbeitet, verbraucht oder unverändert weiterverkauft wird. Auch wenn der Gegenstand in das Anlagevermögen der ausländischen Betriebsstätte übernommen wird, liegt endgültige Verwendung vor (siehe auch innergemeinschaftlicher Erwerb, Kap. 3.4.2).

Vorübergehend ist die Verwendung z. B., wenn der Gegenstand bei Reparaturen oder als Berufsausrüstung eingesetzt oder zu Werbezwecken benutzt wird.

Beispiel

Der Elektronikgroßhändler Grosser, Duisburg, beliefert auch eine Reihe von Einzelhändlern in Nordholland. Er unterhält deshalb in Eindhoven (Niederlande) ein Auslieferungslager. Er befördert mit eigenem Lkw Elektronikeinzelteile von seinem Duisburger Betrieb in das Lager in Eindhoven.

Grosser führt mit dieser Beförderung – „Verbringen“– eine Lieferung gegen Entgelt nach § 3 Abs. 1a UStG aus. Der Ort der Lieferung ist in Duisburg, § 3 Abs. 6 Satz 1 UStG. Es handelt sich bei dieser Lieferung um eine innergemeinschaftliche Lieferung nach § 6a Abs. 2 UStG, die gemäß § 4 Nr. 1 Buchstabe b UStG steuerfrei ist. In den Niederlanden führt Grosser dementsprechend einen niederländischen innergemeinschaftlichen Erwerb aus, der bei der niederländischen Finanzverwaltung anzumelden ist.

Konsignationslagerregelung

Ab 2020 greift eine neue unionsweite Vereinfachungsregelung für Lagersachverhalte. In Deutschland wird diese Regelung im neuen § 6b UStG umgesetzt. Dieser sieht grundsätzlich vor, dass Lagersachverhalte bei Entnahme der Ware als steuerfreie innergemeinschaftliche Lieferungen an den Kunden behandelt werden, wenn bestimmte Kriterien erfüllt sind. Insbesondere muss der Erwerber vorab feststehen und seine USt-IdNr. aufgezeichnet werden. Außerdem darf der Lieferant im Bestimmungsland weder seinen Sitz noch seine Geschäftsleitung oder eine Betriebsstätte haben. Des Weiteren muss die Ware innerhalb von zwölf Monaten entnommen oder zurückgeschickt werden. Die damit verbundenen Aufzeichnungs- und Meldepflichten sind in dem neuen § 22 Abs. 4f und Abs. 4g UStG berücksichtigt. Wird ein Kriterium nicht erfüllt, liegt ein steuerbares innergemeinschaftliches Verbringen vor.

Nachweispflicht Gelangensbestätigung

Für die Inanspruchnahme der Steuerbefreiung bedarf es nach den gesetzlichen Vorgaben eines Nachweises, dass die Waren in das übrige EU-Ausland exportiert worden sind. Die Regelungen über die zu erbringenden Nachweise befinden sich für Versendungs- oder Beförderungsfälle in § 17a und b UStDV und für den daneben zu erbringenden buchmäßigen Nachweis der innergemeinschaftlichen Lieferung in § 17c UStDV.[1]

- Dieser Nachweis ist zu erbringen durch
  - das Doppel einer Rechnung (§§ 17a Abs. 2 Nr. 1 und 17b UStDV), insbesondere durch die sogenannte Gelangensbestätigung §§ 17a Abs. 2 Nr. 2 und 17b UStDV) und
  - den Buchnachweis (§ 17c UStDV).

Bei der **Gelangensbestätigung** handelt es sich um die Bestätigung des Abnehmers gegenüber seinem Lieferanten, dass die gelieferte Ware tatsächlich in einem anderen Mitgliedstaat der Europäischen Union angekommen ist. Der Abnehmer muss den Verbleib der Ware mit seiner Unterschrift bestätigen.

Der Beleg muss die folgenden Angaben enthalten:

- den Namen und die Unterschrift des Abnehmers,
- die Menge des Gegenstands der Lieferung und die handelsübliche Bezeichnung einschließlich der Fahrzeug-Identifikationsnummer bei Fahrzeugen,
- im Fall der Beförderung oder Versendung durch den Abnehmer den Ort und den Monat des Erhalts des Gegenstands im übrigen Gemeinschaftsgebiet und im Fall der Beförderung des Gegenstands durch den Abnehmer den Ort und den Monat des Endes der Beförderung des Gegenstands im übrigen Gemeinschaftsgebiet,
- das Ausstellungsdatum der Bestätigung und
- die Unterschrift des Abnehmers oder eines von ihm zur Abnahme Beauftragten. Bei der elektronischen Übermittlung der Gelangensbestätigung ist die Unterschrift nicht erforderlich, sofern erkennbar ist, dass die elektronische Übermittlung im Verfügungsbereich des Abnehmers oder Beauftragten begonnen hat (Mail aufbewahren!).

Wichtig ist, dass sich aus der Gelangensbestätigung der Bestimmungsort ergibt, an dem der Abnehmer die Ware in einem anderen EU-Mitgliedstaat in Empfang genommen hat. Bei der Ortsangabe muss unterschieden werden, ob der Lieferant oder der Abnehmer die Warenbewegung vorgenommen oder beauftragt hat. Denn wenn der Lieferant die Ware befördert hat, muss sich aus der Bestätigung auch das Ende der Beförderung ergeben (nach Ort und Tag).

Folgende Erleichterungen gelten für die Gelangensbestätigung:

- Die Gelangensbestätigung ist nicht zwingende Voraussetzung für den belegmäßigen Nachweis, sondern der Nachweis ist „**insbesondere** durch die Gelangensbestätigung" zu führen. Als Alternativen kommen in Betracht: Frachtbrief, Konnossement, Bescheinigung des Spediteurs.
- Die Angaben für die Gelangensbestätigung müssen sich nicht zwingend aus **einem** Beleg ergeben.

1 In § 17a UStDV sind neue Belegnachweise aufgeführt, wobei die anderen Nachweise bestehen bleiben (vgl. § 17b UStDV).

- Die Gelangensbestätigung muss nicht nach amtlichem Vordruck erstellt werden.
- Die Gelangensbestätigung kann elektronisch übertragen werden. Es können Sammelbestätigungen (monatsweise, maximal quartalsweise) erstellt werden.
- Bei Versendung kann der Nachweis durch einen Versendungsbeleg geführt werden, der vom Auftraggeber des Frachtführers **und** vom Abnehmer unterschrieben ist.

Soweit die Ware durch einen fremden Dritten transportiert, also versendet wird, erkennt die Finanzverwaltung auch andere Nachweise als Alternative zur Gelangensbestätigung an:

Versendungsbelege, insbesondere in der Form **handelsrechtlicher Frachtbriefe**, werden anerkannt, soweit sie vom Auftraggeber des Frachtführers unterzeichnet sind und die Unterschrift des Empfängers als Bestätigung des Erhalts des Gegenstands der Lieferung enthalten.

Wenn der deutsche Lieferer einen Spediteur beauftragt, ist als Alternative die **Spediteursbescheinigung** als Nachweisdokument zulässig. Die Bescheinigung muss sich allerdings nicht nur auf die beabsichtigte Lieferung, sondern auch auf den bereits ausgeführten Transport beziehen. Auch die Spediteursbescheinigung kann elektronisch übermittelt werden.

Wenn der ausländische Abnehmer den Spediteur beauftragt, soll eine Spediteursbescheinigung über den **nur beabsichtigten Transport** ins übrige Gemeinschaftsgebiet ausreichen, wenn zusätzlich der Nachweis der Bezahlung des Liefergegenstands über ein Bankkonto des Abnehmers erfolgt. Bei Zweifeln weist die Finanzverwaltung für diesen Fall darauf hin, dass auch hier eine Gelangensbestätigung gefordert werden kann.

Bei „**Tracking and Tracing**“ (Sendungsverfolgung) wird der Sendungsverlauf vom Kurierdienst elektronisch überwacht und dokumentiert. Hier reicht als Nachweis die schriftliche oder elektronische **Auftragserteilung**, sowie ein vom Kurierdienst erstelltes **Protokoll**, das den Transport lückenlos bis zur Abgabe beim Empfänger nachweist, aus.

Bei **Postsendungen** genügt eine **Empfangsbescheinigung** eines Postdienstleisters über die Entgegennahme der an den Abnehmer adressierten Sendung und der Nachweis über die Bezahlung der Lieferung.

Die größten Schwierigkeiten werden sich wohl ergeben, wenn der Kunde die Ware selbst abholt. Hier ist anders als bislang nun ein erst **nachträglich** ausstellbarer Beleg des Abnehmers über die tatsächlich erfolgte Grenzüberschreitung der Ware erforderlich.

3.5.1.4 Umsätze für die Seeschifffahrt und für die Luftfahrt

Umsätze für die Seeschifffahrt und für die Luftfahrt sind von der Umsatzsteuer befreit (§ 4 Nr. 2 UStG).

Umsätze für die **Seeschifffahrt** sind nach § 8 Abs. 1 UStG z. B.:

- die Lieferungen, Umbauten, Instandsetzungen und Wartungen sowie die Vercharterungen und Vermietungen von Wasserfahrzeugen für die Seeschifffahrt, wenn die Wasserfahrzeuge dem Erwerb durch die Seeschifffahrt oder der Rettung Schiffbrüchiger zu dienen bestimmt sind;
- die Lieferungen von Gegenständen, die zur Ausrüstung der oben bezeichneten Wasserfahrzeuge bestimmt sind;
- die Lieferungen von Gegenständen, die zur Versorgung der oben bezeichneten Wasserfahrzeuge bestimmt sind (z. B. Lebensmittel, Getränke). Nicht befreit sind Lieferungen von Bordproviant für Wasserfahrzeuge der Küstenfischerei;
- die Lieferungen von Gegenständen, die zur Versorgung von Kriegsschiffen bestimmt sind, wenn auf den Fahrten ein Hafen oder ein Ankerplatz im Ausland angelaufen werden soll.

Umsätze für die **Luftfahrt** sind nach § 8 Abs. 2 UStG z. B.:

- die Lieferungen, Umbauten, Instandsetzungen und die Wartungen sowie die Vercharterungen und Vermietungen von

Luftfahrzeugen, die zur Verwendung durch Unternehmer bestimmt sind, wenn die Unternehmer im entgeltlichen Luftverkehr überwiegend grenzüberschreitende Beförderungen oder Beförderungen auf ausschließlich im Ausland gelegenen Strecken durchführen;
- die Lieferungen von Gegenständen, die zur Ausrüstung der oben bezeichneten Luftfahrzeuge bestimmt sind;
- die Lieferungen von Gegenständen, die zur Versorgung der oben bezeichneten Luftfahrzeuge bestimmt sind.

Nimmt ein Unternehmer die Steuerfreiheit nach § 4 Nr. 2 UStG für die oben bezeichneten Umsätze in Anspruch, so muss er die Voraussetzungen dafür in einer leicht nachprüfbaren Form, z. B. durch Aufzeichnungen oder Belege, nachweisen (§ 8 Abs. 3 UStG).

Beispiele

a) Ein Lebensmittelgroßhändler in Bremen liefert Lebensmittel und Getränke an ein Seeschiff einer Hamburger Reederei. Er befördert die Ware mit eigenem Fahrzeug zum Liegeplatz des Schiffes im Bremer Industriehafen (Inland) und übergibt sie dort gegen Quittung dem Kapitän des Schiffes. Hier liegt ein Umsatz für die Seeschifffahrt vor.
Aus der Rechnung an die Reederei geht hervor, dass es sich um Gegenstände der Versorgung (z. B. Mehl, Zucker) handelt. Aus der Quittung des Kapitäns, die den Stempel des Schiffes enthalten muss, ergibt sich, dass die Gegenstände für ein Seeschiff bestimmt sind. Damit ist der Nachweis erbracht, dass die Voraussetzungen für die Inanspruchnahme der Steuerfreiheit nach § 4 Nr. 2 UStG gegeben sind.

b) Ein Unternehmer in Darmstadt beliefert die Maschinen ausländischer Fluggesellschaften mit Proviant für ihre Flüge von Frankfurt am Main nach Übersee. Die Lieferungen des Darmstädter Unternehmers sind steuerfrei (§ 4 Nr. 2 i. V. m. § 8 Abs. 2 UStG).

> **Übung 4, Seite 152**

3.5.1.5 Grenzüberschreitende Beförderungen und Leistungen bei der Ausfuhr, Einfuhr und Durchfuhr

Durch die Steuerbefreiung der grenzüberschreitenden Beförderungen von Gegenständen nach § 4 Nr. 3 Buchstabe a UStG wird die Entlastung der Beförderung von Waren sowie anderer Leistungen erreicht, die sich unmittelbar auf Gegenstände der Ausfuhr beziehen, oder die sich auf eingeführte Gegenstände beziehen, die im externen Versandverfahren in das Drittlandsgebiet befördert werden.

Die Steuerbefreiung der grenzüberschreitenden Beförderungen gilt für Gegenstände. Hierunter fallen auch Beförderungsmittel, z. B. Kraftfahrzeuge, Luftfahrzeuge, Eisenbahn, Schiffe usw. Für die innergemeinschaftliche Beförderung von Gegenständen (siehe Kap. 3.2.6.2) gilt die Steuerbefreiung nach § 4 Nr. 3 UStG nicht.

Wird eine sonstige Leistung von einem Unternehmer im eigenen Namen, aber für Rechnung eines anderen besorgt, so teilt die Besorgungsleistung umsatzsteuerlich das Schicksal der besorgten Leistung (§ 3 Abs. 11 UStG).

Beispiel

Ein Spediteur in Dessau besorgt im eigenen Namen, aber für Rechnung seines Auftraggebers eine grenzüberschreitende Beförderung von Gegenständen, die nach § 4 Nr. 3 Buchstabe a UStG steuerfrei ist.

Da die grenzüberschreitende Beförderung steuerfrei ist, ist auch die Besorgungsleistung des Spediteurs steuerfrei, obwohl sie im Inland (in Dessau) ausgeführt wird.

3.5.1.6 Versandhandel, Lieferschwelle (§ 3c UStG)

Die Vorschrift des § 3c UStG stellt für den Versandhandel eine Übergangsregelung aufgrund des Europäischen Binnenmarktes dar. Dieses Thema wird daher hier im Anschluss an die innergemeinschaftliche Lieferung behandelt, auch wenn die Steuerbefreiung nach § 4 UStG für den Versandhandel nicht in Betracht kommt.

Vom **Versandhandel** werden bekanntlich vornehmlich Privatpersonen beliefert. Da aber bei diesem Abnehmerkreis eine Erwerbsbesteuerung im Bestimmungsland nicht möglich ist und die meisten Mitgliedstaaten der EU sich aus haushaltspolitischen Gründen für die Besteuerung im Bestimmungsland entschieden haben, ist die Sonderregelung nach § 3c UStG geschaffen worden.

Nach dieser Vorschrift befindet sich der Ort der Lieferung (im Gegensatz zu § 3 Abs. 6 UStG) dort, wo die Beförderung oder Versendung des Gegenstandes endet (§ 3c Abs. 1 UStG), wenn im Wesentlichen die folgenden Voraussetzungen gegeben sind:

- Der Lieferer muss den Gegenstand der Lieferung befördern oder versenden,
- der Liefergegenstand gelangt aus einem Mitgliedstaat in einen anderen Mitgliedstaat (§ 3c Abs. 1 UStG),
- der Abnehmer ist eine Privatperson (§ 3c Abs. 2 Nr. 1 UStG), oder der Abnehmer ist
  a) ein Unternehmer, der nur steuerfreie Umsätze ausführt, die zum Ausschluss des Vorsteuerabzugs führen, oder
  b) ein Kleinunternehmer, der nach dem Recht des für die Besteuerung zuständigen Mitgliedstaates von der Steuer befreit ist, oder
  c) ein pauschalierender Land- und Forstwirt oder
  d) eine juristische Person, die nicht Unternehmer ist oder die den Gegenstand nicht für ihr Unternehmen erwirbt,
- und der Lieferer die im anderen Mitgliedstaat maßgebliche Lieferschwelle im laufenden Kalenderjahr überschreitet und im vorangegangenen Kalenderjahr überschritten hat (§ 3c Abs. 3 UStG).

Voraussetzung bei den oben unter a) bis d) aufgeführten „Halbunternehmern“ ist, dass sie weder die Erwerbsschwelle gemäß § 1a Abs. 3 Nr. 2 UStG überschreiten noch auf ihre Anwendung verzichtet haben.
Beides würde bedeuten, dass sie nicht mehr wie Privatpersonen, sondern wie Unternehmer behandelt würden. Folglich hätten sie einen innergemeinschaftlichen Erwerb zu versteuern. Der Lieferer würde eine steuerfreie innergemeinschaftliche Lieferung tätigen.

Die **Lieferschwellen** der EU-Länder sind unterschiedlich. Für Deutschland beträgt sie 100.000,00 € (§ 3c Abs. 3 Nr. 1 UStG).

Durch die Verlagerung des Ortes der Lieferung nach § 3c UStG aus dem Ursprungsland in das Bestimmungsland wird die Lieferung im Bestimmungsland steuerbar. Sie unterliegt grundsätzlich dort der Umsatzsteuer, und zwar zu dem Steuersatz des Bestimmungslandes. Steuerschuldner ist der Lieferer aus dem Ursprungsland.

In **Abholfällen** findet § 3c UStG keine Anwendung. Auch auf die Lieferung neuer Fahrzeuge ist diese Vorschrift nicht anwendbar (§ 3c Abs. 5 Satz 1 UStG).

Nach § 3c Abs. 4 UStG kann der Lieferer auf die Anwendung der Lieferschwelle verzichten (Option für die Besteuerung im Bestimmungsland, obwohl die Lieferschwelle nicht überschritten ist). Die Option bindet den Steuerpflichtigen für zwei Jahre.

Beispiele

a) Eine kaufmännische Angestellte in Achern (Inland) fährt nach Straßburg (Frankreich), kauft sich dort ein Abendkleid und nimmt es auf der Rückreise mit nach Deutschland.
Die Lieferung ist in Frankreich steuerbar und steuerpflichtig. § 3c UStG kommt nicht zur Anwendung (Abholfall).

b) Ein Versandhaus in Frankreich hat in einem Jahr per Post Haushaltsgeräte im Wert von 90.000,00 € an Privathaushalte in Deutschland und im Wert von 95.000,00 € an Privathaushalte in Belgien geliefert. Bei der Prüfung, ob die Lieferschwelle überschritten ist, kommt es nur auf die Lieferungen in den jeweiligen Mitgliedstaat an, also im vorliegenden Fall auf die Lieferungen nach Deutschland. Mit 90.000,00 € ist die Lieferschwelle von 100.000,00 € nicht überschritten. Die Vorschrift des § 3c UStG kommt daher nicht zur Anwendung. Die Haushaltsgeräte sind in Frankreich zu versteuern, „kleiner Versandhandel“.
Das Versandhaus hat aber die Möglichkeit, auf die Anwendung der Lieferschwelle zu verzichten und für die Besteuerung im Bestimmungsland, also in Deutschland, zu optieren.

Bei einer Option würde § 3c Abs. 1 UStG zur Anwendung kommen. Der Ort der Lieferungen nach Deutschland befände sich dann nicht in Frankreich, sondern in Deutschland. Das Versandhaus müsste die Lieferungen in Deutschland mit 19 % versteuern und nicht in Frankreich mit 19,6 %. Zu diesem Zweck müsste sich das Versandhaus an ein deutsches Finanzamt (Kehl) wenden. Die Lieferungen wären dann in Frankreich nicht steuerbar, „großer Versandhandel“.

c) Eine Gerätefabrik in Italien hat mit eigenem Fahrzeug ein medizinisches Gerät für ein Entgelt von 15.000,00 € an eine Ärztin in Rostock und ein medizinisches Gerät für ein Entgelt von 9.000,00 € an einen Arzt in Brandenburg geliefert. Die Fabrik hat noch andere Geräte an vorsteuerabzugsberechtigte Unternehmer in Deutschland geliefert und dadurch die für Deutschland geltende Lieferschwelle von 100.000,00 € überschritten.

Hinsichtlich der Lieferung an die Rostocker Ärztin findet § 3c UStG keine Anwendung, weil die Erwerbsschwelle von 12.500,00 € (wie im Vorjahr) überschritten ist. Für die Gerätefabrik liegt eine innergemeinschaftliche Lieferung in Italien vor. Sie ist nach einer italienischen Vorschrift, die dem deutschen § 4 Nr. 1 Buchstabe b UStG entspricht, steuerfrei. Die Rostocker Ärztin hat einen innergemeinschaftlichen Erwerb im Inland (§ 3d UStG) getätigt, der nach § 1 Abs. 1 Nr. 5 UStG steuerpflichtig ist.
Der Brandenburger Arzt hat die Erwerbsschwelle nicht überschritten. Hier findet § 3c UStG Anwendung. Der Ort dieser Lieferung befindet sich in Brandenburg, weil dort die Beförderung geendet hat. Die italienische Gerätefabrik hat diese Lieferung in Brandenburg zu versteuern, und zwar mit 19 %. Dafür muss sich die Fabrik an ein deutsches Finanzamt wenden.

AUFGABEN

1. Welche Umsätze sind nach § 4 Nr. 2 UStG von der Umsatzsteuer befreit?
2. Welche Umsätze kennen Sie, die als Umsätze für die Seeschifffahrt nach § 8 Abs. 1 UStG anzusehen sind?
3. Welche Umsätze kennen Sie, die als Umsätze für die Luftfahrt nach § 8 Abs. 2 UStG anzusehen sind?
4. Welche Leistungen sind nach § 4 Nr. 3 Buchstabe a UStG steuerfrei?
5. Erläutern Sie die Besorgung einer sonstigen Leistung nach § 3 Abs. 11 UStG.
6. Unter welchen Voraussetzungen liegt eine innergemeinschaftliche Lieferung vor?
7. Wo befindet sich der Ort der Lieferung nach § 3c Abs. 1 UStG?
8. Um was für eine Lieferung muss es sich dabei handeln (siehe Nr. 7)?
9. Um welche Abnehmer handelt es sich in § 3c UStG?
10. Definieren Sie den Begriff „Lieferschwelle“.

3.5.2 Steuerfreie Umsätze, die den Vorsteuerabzug ausschließen

Hierbei handelt es sich um Umsätze, die nach § 4 Nr. 8–29 UStG steuerfrei sind. Dazu gehören z. B.:

- Umsätze im Geld- und Kapitalverkehr (z. B. Gewährung und Vermittlung von Krediten) und die Umsätze von Wertpapieren (§ 4 Nr. 8 UStG), ausgenommen die Verwahrung und Verwaltung von Wertpapieren (Depotgeschäft);
- die Umsätze, die unter das Grunderwerbsteuergesetz fallen, z. B. der Verkauf eines Mietwohngrundstücks (§ 4 Nr. 9 Buchstabe a UStG);
- die Leistungen aufgrund eines Versicherungsverhältnisses im Sinne des Versicherungsgesetzes, z. B. die Zahlung der Versicherungsbeiträge (§ 4 Nr. 10 Buchstabe a UStG);
- die Umsätze aus der Tätigkeit als Bausparkassenvertreter, Versicherungsvertreter und Versicherungsmakler (§ 4 Nr. 11 UStG);
- die Vermietung und Verpachtung von Grundstücken (§ 4 Nr. 12 Buchstabe a UStG) mit Ausnahme der kurzfristigen Vermietung (z. B. Beherbergung von Fremden im Hotelgewerbe, § 4 Nr. 12 Satz 2 UStG);

- die Umsätze aus der Tätigkeit (Hilfeleistung mit therapeutischem Ziel) als Arzt, Zahnarzt, Heilpraktiker oder Krankengymnast (§ 4 Nr. 14 UStG);
- die Umsätze der Blinden, die nicht mehr als zwei Arbeitnehmer beschäftigen (§ 4 Nr. 19 UStG);
- die Leistungen des Deutschen Jugendherbergswerks (§ 4 Nr. 24 UStG);
- die ehrenamtliche Tätigkeit (§ 4 Nr. 26 UStG).

Beispiel

Der Eigentümer eines Mietwohngrundstücks hat alle Wohnungen seines Hauses vermietet. Die Mieteinnahmen sind nach § 4 Nr. 12 Buchstabe a UStG steuerfrei. Im vorigen Jahr hat der Steuerpflichtige für eine Dachreparatur 3.000,00 € + 570,00 € Umsatzsteuer = insgesamt 3.570,00 € gezahlt.

Er kann die ihm vom Dachdecker gesondert in Rechnung gestellte Umsatzsteuer nicht als Vorsteuer abziehen, weil die Steuerfreiheit nach § 4 Nr. 12 Buchstabe a UStG den Vorsteuerabzug ausschließt.

Durch die Steuerbefreiungen nach § 4 Nr. 9 Buchstabe a UStG (Umsätze, die unter das Grunderwerbsteuergesetz fallen) und nach § 4 Nr. 10 Buchstabe a UStG (Leistungen aufgrund eines Versicherungsverhältnisses) wird der Zweck verfolgt, Doppelbesteuerungen zu vermeiden, wie sie sich z. B. bei der Veräußerung eines Geschäftsgrundstücks (Umsatzsteuer und Grunderwerbsteuer) ergeben könnten.

Gesondert zu beachten sind steuerfreie Umsätze nach § 4 Nr. 28 UStG.

Steuerfrei ist sowohl die entgeltliche Lieferung von Gegenständen nach § 1 Abs. 1 UStG als auch die unentgeltliche Lieferung von Gegenständen nach § 3 Abs. 1b UStG, wenn

- für die gelieferten oder entnommenen Gegenstände der Vorsteuerabzug nach § 15 Abs. 1a Nr. 1 UStG ausgeschlossen ist oder
- der Unternehmer die gelieferten oder entnommenen Gegenstände ausschließlich für eine nach § 4 Nr. 8-27 und Nr. 29 UStG steuerfreie Tätigkeit verwendet hat.

Beispiel

a) Dr. med. Klein in Fürth verkauft ein gebrauchtes Bestrahlungsgerät, das er ausschließlich in seiner Arztpraxis verwendet hat. Die Lieferung ist nach § 4 Nr. 28 UStG steuerfrei, weil der Arzt das Gerät ausschließlich für eine nach § 4 Nr. 14 UStG steuerfreie Tätigkeit verwendet hat.

b) Dr. Klein schenkt seinen betrieblichen Pkw, den er zu 25 % privat genutzt hat, seinem Sohn. Es liegt keine unentgeltliche Lieferung nach § 3 Abs. 1b Nr. 1 UStG vor. Der Vorgang ist nicht steuerbar, weil der Arzt den Pkw ausschließlich zu steuerfreien Umsätzen verwendet hat und dadurch der Vorsteuerabzug bei der Anschaffung ausgeschlossen war (§ 15 Abs. 2 Nr. 1 i. V. m. § 3 Abs. 1b Satz 2 UStG).

Unter die Steuerbefreiung nach § 4 Nr. 28 UStG fallen nicht Dienstleistungen im Sinne des § 3 Abs. 9a Nr. 2 UStG (Personalgestellung), die von Unternehmern mit ausschließlich steuerfreien Umsätzen nach § 4 Nr. 8-27 und Nr. 29 UStG ausgeführt werden.

Beispiel

Dr. Klein lässt von einer Angestellten seiner Praxis zweimal in der Woche sein privates Einfamilienhaus putzen. Der Tatbestand ist steuerbar nach § 3 Abs. 9a Nr. 2 UStG als Erbringung einer unentgeltlichen anderen sonstigen Leistung. Die sonstige Leistung ist auch steuerpflichtig, weil die Steuerbefreiung nach § 4 Nr. 28 UStG nicht zutrifft.

AUFGABEN

1. Welche steuerfreien Umsätze kennen Sie, die den Vorsteuerabzug ausschließen?
2. Aus welchen Gründen wird durch die Befreiungsvorschrift nach § 4 Nr. 9 Buchstabe a UStG eine Doppelbesteuerung vermieden?
3. Welche Umsätze sind nach § 4 Nr. 29 UStG steuerfrei?

3.5.3 Verzicht auf Steuerbefreiungen (Option nach § 9 UStG)

Option nach § 9 UStG

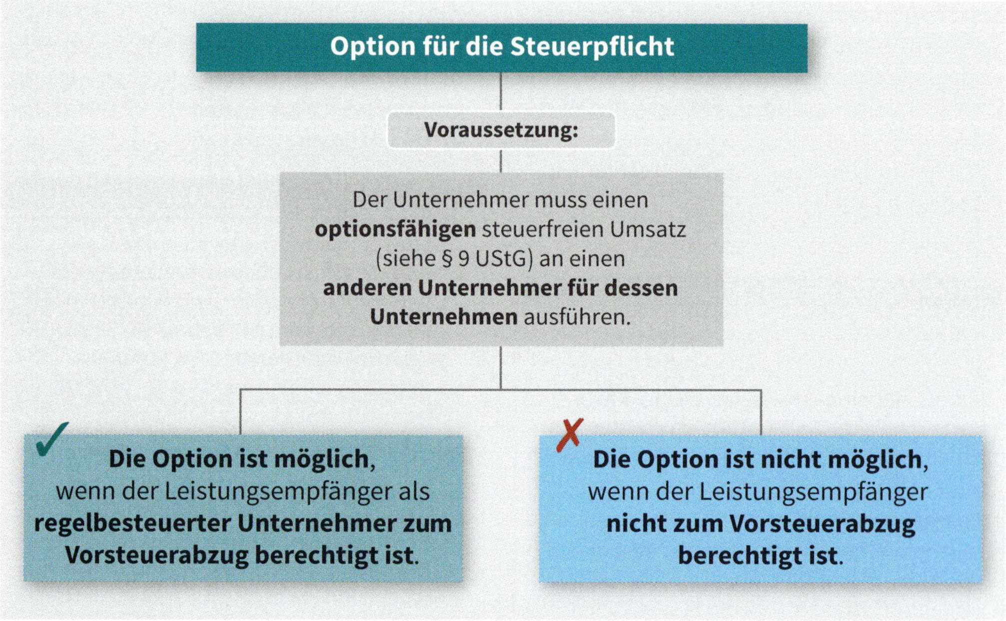

Nach § 9 Abs. 1 UStG kann der Unternehmer einen Umsatz, der

- nach § 4 Nr. 8 Buchstaben a–g und k UStG (Umsätze im Geld- und Kapitalverkehr),
- nach § 4 Nr. 9 Buchstabe a UStG (Umsätze, die unter das Grunderwerbsteuergesetz fallen),
- nach § 4 Nr. 12 UStG (die Vermietung und Verpachtung von Grundstücken usw.),
- nach § 4 Nr. 13 (Leistungen im Zusammenhang mit Wohnungseigentum) oder
- nach § 4 Nr. 19 (Umsätze der Blinden)

steuerfrei ist, als steuerpflichtig behandeln (**Option**), wenn der Umsatz an einen anderen Unternehmer für dessen Unternehmen ausgeführt wird. Die Erklärung zur Option ist nur bis zur formellen Bestandskraft der jeweiligen Jahressteuerfestsetzung zulässig und an keine Form gebunden (Abschn. 9.1 Abs. 3 Satz 1 und 5 UStAE).

Lediglich für die Option bei Veräußerung von Grundstücken fordert § 9 Abs. 3 Satz 2 UStG als Formvorschrift die Erklärung im Notarvertrag.

Durch die Option für die Steuerpflicht ist der Unternehmer zum Vorsteuerabzug berechtigt.

Um einer ungerechtfertigten Inanspruchnahme des Vorsteuerabzugs bei der Vermietung und Verpachtung von Grundstücken vorzubeugen, hat der Gesetzgeber die Option für die Steuerpflicht auf zweifache Art eingeschränkt:

1. Bei Gebäuden, die nach dem 31. Dez. 1993 fertiggestellt worden sind bzw. fertiggestellt werden, ist der Verzicht auf die Steuerbefreiung nur zulässig, soweit der Leistungsempfänger das Grundstück ausschließlich für Umsätze verwendet oder zu verwenden beabsichtigt, die den Vorsteuerabzug nicht ausschließen. Der Unternehmer hat die Voraussetzungen nachzuweisen (§ 9 Abs. 2 UStG).

Beispiel

Gerold Schmidt errichtet in Ulm ein Gebäude, das er nach Fertigstellung am 10. Mai 1995 an das Städtische Krankenhaus in Ulm vermietet. In dem Gebäude ist die Augenklinik untergebracht. Die Mieteinnahmen sind nach § 4 Nr. 12 Buchstabe a UStG steuerfrei.

Unternehmer Schmidt kann nicht für die Steuerpflicht dieser Umsätze optieren, weil das Gebäude für steuerfreie Umsätze verwendet wird, die den Vorsteuerabzug ausschließen.

❷ Bei Gebäuden, die vor dem 1. Jan. 1994 fertiggestellt worden sind, ist der Verzicht auf die Steuerbefreiung nur zulässig, soweit der Unternehmer nachweist, dass das Grundstück weder Wohnzwecken noch anderen nichtunternehmerischen Zwecken (z. B. behördlichen Zwecken) dient (§ 9 Abs. 2 UStG a. F.).

Trotz der oben (in ❶ und ❷) dargestellten Einschränkungen nach § 9 Abs. 2 UStG ist der Verzicht auf die Steuerbefreiung bei sogenannten „Altgebäuden" nach § 27 Abs. 2 UStG zulässig (Baubeginn vor dem 11. Nov. 1993).

Der Unternehmer kann sich nach Abschn. 9.1 Abs. 1 Satz 2 UStAE bei jedem einzelnen Umsatz für die Steuerpflicht entscheiden (**Einzeloption**). Auch ein einmaliger Vorgang, z. B. die Veräußerung eines Geschäftsgrundstücks, kann dafür in Betracht kommen. Ein besonderer Antrag oder eine Erklärung gegenüber dem Finanzamt ist dafür nicht erforderlich. Aus den Aufzeichnungen des Unternehmers muss jedoch ersichtlich sein, welche steuerfreien Umsätze als steuerpflichtig behandelt worden sind.

Ist der leistende Unternehmer ein Kleinunternehmer, bei dem auf die Erhebung der Umsatzsteuer kraft Gesetzes verzichtet wird, so kann dieser nur dann nach § 9 UStG für die Steuerpflicht optieren, wenn er dem Finanzamt erklärt, dass er nach § 19 Abs. 2 UStG auf die Anwendung des § 19 Abs. 1 UStG verzichtet.

Für Land- und Forstwirte, die ihre Umsätze gemäß § 24 UStG nach Durchschnittssätzen versteuern, ist eine Option nach § 9 UStG nicht möglich (Abschn. 9.1 Abs. 2 UStAE).

Beispiel

Der Schmuckhändler Jürgen Neske ist Eigentümer eines gemischt genutzten Grundstücks in Duisburg. Baubeginn 1. Okt. 1995, Baujahr 1996. Das Grundstück wird wie folgt genutzt:

a) Im Erdgeschoss des Gebäudes befinden sich die Geschäftsräume des Schmuckhändlers.
b) Im 1. Stock betreibt ein Friseur sein Gewerbe.
c) Im 2. Stock befinden sich die Praxisräume eines Arztes.
d) Der 3. Stock besteht aus zwei gleichwertigen Wohnungen. Eine Wohnung wird von Neske selbst bewohnt. Die zweite Wohnung ist an einen Polizeibeamten vermietet.

Die Vermietung von Grundstücken ist nach § 4 Nr. 12 Buchstabe a UStG steuerfrei. **Inwieweit ist im vorliegenden Fall ein Verzicht auf die Steuerbefreiung zulässig?**

Zu a): Zum Unternehmen des Jürgen Neske gehört sowohl der Schmuckverkauf als auch die Vermietung des gemischt genutzten Grundstücks. Die Nutzung der Räume im Erdgeschoss für eigenbetriebliche Zwecke ist deshalb ein nicht steuerbarer unternehmensinterner Vorgang (Innenumsatz, der jedoch analog zu § 9 Abs. 2 UStG zum Vorsteuerabzug berechtigt).

Zu b): Der 1. Stock ist an einen Unternehmer für dessen Unternehmen vermietet (§ 9 Abs. 1 UStG). Da das Gebäude nach dem 31. Dez. 1993 fertiggestellt worden ist, ist der Verzicht auf Steuerbefreiung nur zulässig, wenn der Leistungsempfänger (der Friseur) die Räume ausschließlich für Umsätze verwendet, die den Vorsteuerabzug nicht ausschließen (§ 9 Abs. 2 UStG). Das ist hier der Fall. Deshalb ist der Verzicht zulässig.

Zu c): Auch der 2. Stock ist an einen Unternehmer für dessen Unternehmen vermietet. Der Verzicht auf die Steuerbefreiung der Mieteinnahmen ist aber nicht zulässig, weil der Arzt die Räume zur Erzielung von Umsätzen verwendet, die nach § 4 Nr. 14 UStG steuerfrei sind und deshalb den Vorsteuerabzug ausschließen. Auch die Übergangsregel nach § 27 Abs. 2 Nr. 3 UStG greift nicht, da mit dem Bau des Gebäudes nach dem 10. Nov. 1993 begonnen wurde und damit kein sogenanntes Altgebäude vorliegt.

Zu d): Bei der Wohnung im 3. Stock ist eine Option nicht möglich, weil der Beamte kein Unternehmer ist. Die Nutzung der Wohnung für private Zwecke ist nicht steuerbar.

AUFGABEN

1. Welche steuerfreien Umsätze kann der Unternehmer als steuerpflichtig behandeln?
2. Inwieweit ist der Verzicht auf Steuerbefreiung zulässig, wenn das Gebäude a) nach dem 31. Dez. 1993 und b) vor dem 1. Jan. 1994 fertiggestellt worden ist?
3. Was versteht man im Zusammenhang mit § 9 UStG unter einer „Einzeloption"?

VERTIEFENDE ÜBUNGEN

Übungen 1 bis 3: Ausfuhrlieferungen

Übungen 4 bis 8: Steuerfreiheit, Steuerpflicht

1. **Liegen in den folgenden Fällen Ausfuhrlieferungen vor?**

Fall 1:
Eine Haushaltsgerätefabrik in Dresden hat mit eigenem Lkw Waschmaschinen an ein Kaufhaus in Minsk (Weißrussland) geliefert.

Fall 2:
Sachverhalt wie in Fall 1, aber mit dem Unterschied, dass das Kaufhaus in Minsk die Waschmaschinen mit eigenem Lkw in Dresden abgeholt hat.

Fall 3:
Ein Möbelhändler in der Bremer Innenstadt hat mit eigenem Lkw Tische und Stühle an ein Speiselokal mit Sitz im Freihafen Bremerhaven zur Verwendung im Lokal geliefert.

Fall 4:
Ein Privatmann aus Basel (Schweiz) kauft bei einem Gebrauchtwagenhändler in Freiburg (Inland) einen zwei Jahre alten Pkw für 30.000,00 €, holt diesen persönlich ab und bringt ihn nach Basel.

Fall 5:
Ein Baumaschinenhändler aus Kehl (Inland) verkauft einen Baukran an ein Bauunternehmen in Straßburg (Frankreich).

Fall 6:
Ein Kunsthändler aus New York kauft bei einem Hamburger Galeristen eine Plastik für ein Museum in Baltimore.

2. **Beurteilen Sie die folgenden Sachverhalte hinsichtlich ihrer Umsatzsteuerpflicht.**

Fall 1:
Der Bootsbaubetrieb Daroski (D) aus St. Petersburg (Russland) kauft bei dem Berliner Maschinenhändler Berns (B) eine Blechschere für 20.000,00 €. Berns bestellt die Blechschere beim Hersteller Fricke (F) in Frankfurt (Oder). Berns vereinbart mit Daroski, dass dieser den Lieferungsgegenstand mit eigenem Lkw bei Fricke in Frankfurt abholt. Eventuell erforderliche Nachweise gelten als erbracht.

Fall 2:
Wie Fall 1, nur Berns (als Abnehmer) beauftragt einen Frachtführer, die Blechschere zum Abnehmer Daroski von Frankfurt nach St. Petersburg zu befördern.

3. **Sind die Leistungen steuerbar und steuerpflichtig oder steuerfrei? Bitte begründen Sie Ihre Antwort.**

Der Düsseldorfer Wollstoffhändler Zwickel kauft bei dem australischen Exporteur Thomsen Schafswolle, die dieser, laut Kaufvertrag, mit den Lieferkonditionen verzollt und versteuert, direkt an die Mönchengladbacher Kammgarnspinnerei Kronen GmbH liefern soll.

Die Kronen GmbH wäscht und verspinnt die Wolle und liefert sie im Auftrag des Zwickel an den Konfektionär Murak in Tunesien, der die versponnene Wolle bei Zwickel bestellt hatte.

4. **Sind die Umsätze in den folgenden Fällen nach § 4 Nr. 2 UStG steuerfrei?**

Fall 1:
Eine Schiffsausrüstungsunternehmen in der Bremer Innenstadt beliefert einen Seenotrettungskreuzer der Deutschen Gesellschaft zur Rettung Schiffbrüchiger mit Lebensmitteln, Getränken und Putzmitteln. Sie befördert die Ware mit eigenem Fahrzeug zum Liegeplatz des Schiffes im Überseehafen Bremen und übergibt sie dort dem Kapitän des Schiffes.

Fall 2:
Sachverhalt wie in Fall 1, aber mit dem Unterschied, dass ein Schiff beliefert wird, das ausschließlich für Hafenrundfahrten in Bremen eingesetzt wird.

Fall 3:
Ein Unternehmen in Frankfurt (Main) beliefert dort ein Flugzeug der Lufthansa mit Lebensmitteln und Getränken. Das Flugzeug führt grenzüberschreitende Flüge durch.

Übungen 9 und 10: Option

5. **Sind die Umsätze steuerpflichtig oder steuerfrei? Welche Vorschrift des Umsatzsteuergesetzes kommt jeweils zur Anwendung?**

Fall 1:
Eine Werkzeugfabrik in Nürnberg hat Werkzeuge an ein Karosseriebauunternehmen in Paris geliefert. Die Fabrik hat die Werkzeuge per Bahn nach Paris versendet.

Fall 2:
Ein Versandhaus in den Niederlanden hat im vorigen Jahr Textilien zum Entgelt von 125.000,00 € per Post an Privathaushalte in Deutschland geliefert.

6. **Sind die Umsätze in den folgenden Fällen steuerpflichtig oder steuerfrei?**

Fall 1:
Ein Transportunternehmer in Duisburg befördert im Auftrag eines Unternehmens aus Düsseldorf Ware von Düsseldorf nach Amsterdam (Niederlande).

Fall 2:
Eine Maschinenfabrik in Dortmund liefert mit eigenem Lkw Ersatzteile für Holzbearbeitungsmaschinen an ein Sägewerk in Frankreich. Beide Unternehmer verwenden ihre jeweilige nationale USt-IdNr.

Fall 3:
Ein Versandhaus in Luxemburg hat Waren des täglichen Bedarfs an Privatpersonen in Deutschland per Post versendet. Dabei ist die Lieferschwelle für Deutschland überschritten worden.

7. **In welchen Fällen sind die Umsätze**
   a) steuerfrei nach § 4 Nr. 28 UStG,
   b) steuerpflichtig?

Fall 1:
Ein Gemüsehändler in Köln nutzt seinen Geschäftswagen zu 25 % privat.

Fall 2:
Eine freiberuflich tätige Krankengymnastin in Riesa nutzt ihren Pkw zu 70 % beruflich und zu 30 % privat.

Fall 3:
Die Krankengymnastin (siehe Fall 2) verkauft ihren gebrauchten Pkw an eine Privatperson.

8. **Bestimmen Sie in den folgenden Sachverhalten**
   a) die Art der ausgeführten Leistung,
   b) den Ort der Leistung und
   c) gegebenenfalls die Steuerbefreiung mit der entsprechenden Gesetzesgrundlage.

Jeweils erforderliche Beleg- bzw. Buchnachweise liegen vor.

Fall 1:
Ein Kaufmann aus Köln kauft von einer Bauträgergesellschaft in Sinzig ein Einfamilienhaus für private Wohnzwecke.

Fall 2:
Ein Wohnungsbauunternehmen vermietet in Bremen drei Miethäuser zu Wohnzwecken.

Fall 3:
Das Hotel Garni in Düsseldorf vermietet Einzelzimmer an Hotelgäste, vorwiegend an Handelsreisende und Messebesucher.

Fall 4:
Ein Maschinenbauunternehmen in Karlsruhe liefert mit eigenem Lkw an einen niederländischen Abnehmer in Rotterdam eine Maschinenanlage. Die Unternehmer verwenden ihre nationale USt-IdNr.

Fall 5:
Die D-Bank gibt einem Steuerfachangestellten ein Darlehen zum Kauf eines Pkw.

Fall 6:
Ein Bausparkassenvertreter vermittelt einem Bausparer ein Darlehen zur Zwischenfinanzierung eines Bausparkredites.

Fall 7:
Ein Edelstein- und Schmuckhändler aus Idar-Oberstein lässt in Deutschland gekaufte Halbedelsteine in Idar-Oberstein (Inland) bearbeiten und dann zu seiner Betriebsstätte in Zug (Schweiz) versenden.

Fall 8:
Ein blinder Krankengymnast, der fünf Angestellte beschäftigt, hat mit seiner Praxis im vorigen Kalenderjahr 300.000,00 € Einnahmen erzielt.

9. **Wie viel Euro betragen im abgelaufenen Geschäftsjahr**
   a) die steuerfreien Umsätze,
   b) die steuerpflichtigen Umsätze?

Diedrich Wichmann betreibt in Bochum einen Farbengroßhandel. Er ist auch Eigentümer eines 1997 errichteten gemischt genutzten Grundstücks in Duisburg. Baubeginn 1. Sept. 1996. Soweit es zulässig ist, hat er nach § 9 UStG auf die Steuerbefreiung der Mieteinnahmen verzichtet.

→

Aus den Büchern und Unterlagen ergibt sich für das Geschäftsjahr Folgendes:

1. für den Großhandel:
   a) Lieferungen an Abnehmer im Inland zum Entgelt von .... 480.000,00 €
   b) Ausfuhrlieferungen (§ 6 Abs. 1 UStG) zum Entgelt von .... 135.000,00 €
   c) entstandene Kosten durch private Kfz-Nutzung (Altfahrzeug, ohne Kfz-Steuer und Kfz-Versicherung) .... 6.000,00 €
2. für das gemischt genutzte Grundstück:
   a) Im Erdgeschoss befinden sich die Geschäfts- und Lagerräume einer Klempnerei. Die Jahresmiete hat 42.000,00 € (netto) betragen.
   b) Im ersten Stock sind die Praxis eines Steuerberaters (Jahresmiete 12.800,00 €) und die Praxis eines Arztes (Jahresmiete 18.200,00 €) untergebracht.
   c) Im zweiten Stock befinden sich zwei gleichwertige Wohnungen. Die eine bewohnt der Steuerberater, der seine Praxis im 1. Stock betreibt. Die Jahresmiete hat 13.200,00 € (netto) betragen. Die zweite Wohnung hat Wichmann seinen Eltern für Wohnzwecke unentgeltlich zur Verfügung gestellt.

10. Wie viel Euro betragen im abgelaufenen Geschäftsjahr

a) die nicht steuerbaren Umsätze,
b) die steuerbaren Umsätze,
c) die steuerfreien Umsätze,
d) die steuerpflichtigen Umsätze?

Bernd Roßmann ist Eigentümer eines Geschäftsgrundstücks in Basel (Schweiz) und eines gemischt genutzten Grundstücks in Freudenstadt (Inland). Das Gebäude in Freudenstadt ist am 2. Jan. 1997 fertiggestellt und am Tag darauf bezogen worden. Baubeginn 1. März 1996. Soweit es zulässig ist, hat Roßmann für die Steuerpflicht der steuerfreien Umsätze nach § 9 UStG optiert.

Aus den Aufzeichnungen und Belegen ergibt sich für das Geschäftsjahr Folgendes:

1. für das Grundstück in Basel:
   a) Das Erdgeschoss ist an ein Schuhwarengeschäft vermietet. Die Jahresmiete hat (umgerechnet) 18.000,00 € betragen.
   b) Der erste Stock ist an eine Schweizer Anwaltsgemeinschaft vermietet. Die Jahresmiete hat 14.000,00 € betragen.
   c) Der größte Teil des zweiten Stocks dient als Büro- und Lagerraum des Schuhgeschäfts vom Erdgeschoss. Die Jahresmiete hat 6.000,00 € betragen. Der übrige Teil der zweiten Etage ist für Wohnzwecke an ein Ehepaar für eine Jahresmiete von 4.000,00 € vermietet.
2. für das Grundstück in Freudenstadt:
   a) Das Erdgeschoss ist an ein Sporthaus vermietet. Die Jahresmiete hat 16.000,00 € (netto) betragen.
   b) Im ersten Stock ist ein Uhrengroßhandel untergebracht. Die jährliche Miete hat 12.000,00 € (netto) betragen.
   c) Im zweiten Stock befindet sich die Praxis eines orthopädischen Arztes. Die Jahresmiete hat 11.500,00 € (netto) betragen.
   d) Im dritten Stock befinden sich zwei gleichwertige Wohnungen. Die eine bewohnt Roßmann mit seiner Familie. Die andere ist für Wohnzwecke an eine Familie vermietet. Die monatliche Miete von 450,00 € ist pünktlich gezahlt worden.

3.6 Bemessungsgrundlage

3.6.1 Bemessungsgrundlage für entgeltliche Leistungen

Entgelt

Bemessungsgrundlage

Entgelt

Beim Tausch und beim tauschähnlichen Umsatz ist der **übliche Preis der Gegenleistung (Gemeiner Wert)** als **Entgelt** anzusetzen.

Entgeltliche Umsätze sind Lieferungen, sonstige Leistungen und der innergemeinschaftliche Erwerb. Bemessungsgrundlage für diese Umsätze ist das Entgelt (§ 10 Abs. 1 Satz 1 UStG).

Oft enthält ein Betrag sowohl das Entgelt als auch die Umsatzsteuer (Bruttobetrag), wie das z. B. bei der Tageseinnahme eines Einzelhändlers der Fall ist.

Aus dem Bruttobetrag kann das **Entgelt** (der Nettobetrag) mithilfe der Prozentrechnung mit vermehrtem Grundwert (auf Hundert) herausgerechnet werden. Der Unterschied zwischen Bruttobetrag und Nettobetrag stellt die **Umsatzsteuer** dar.

Beispiel

Die Tageseinnahme eines Haushaltwarengeschäfts beträgt 45.996,32 €. Die Umsatzsteuer beträgt 19 %. Das Entgelt errechnet sich wie folgt:

119 % = 45.996,32

100 % = x $\quad x = \frac{45.996,32 \cdot 100}{119} = 38.652,37$ €

Tageseinnahme ....119 % = 45.996,32 €
(Bruttobetrag) (vermehrter Grundwert)

Entgelt (Nettobetrag) .. 100 % = 38.652,37 €
(Grundwert)

Werte in fremder Währung sind auf Euro nach den amtlichen Kursen umzurechnen. Das Bundesministerium der Finanzen gibt die Durchschnittskurse öffentlich bekannt. Maßgebend sind die **Durchschnittskurse** für den Monat, in dem die Leistung ausgeführt oder das Entgelt oder ein Teil des Entgelts vor Ausführung der Leistung vereinnahmt wird.

Das Finanzamt kann die Umrechnung nach dem Tageskurs – durch Bankmitteilung oder Kurszettel nachzuweisen – gestatten (§ 16 Abs. 6 UStG).

Beim Tausch und bei tauschähnlichen Umsätzen gilt der Wert jedes Umsatzes als Entgelt für den anderen Umsatz (§ 10 Abs. 2 Satz 2 UStG). Das ist der gemeine Wert. Der gemeine Wert entspricht dem Verkehrswert.

Erfolgt bei einem Tausch oder tauschähnlichen Umsatz eine **Baraufgabe,** so ist das Entgelt für die Leistung des einen Unternehmers um die Baraufgabe höher als das Entgelt für die Leistung des anderen Unternehmers.

Beispiel

Ein Klempner repariert bei einem Zimmereibetrieb die Dachrinne und berechnet dafür ein Entgelt von 60,00 €. Der Zimmereibetrieb repariert dafür bei dem Klempner eine Holztreppe und berechnet dafür netto 200,00 €. Die Baraufgabe, die der Klempner zu leisten hat, beträgt netto 140,00 €. Um diesen Betrag ist das Entgelt für die Reparaturleistung des Zimmereibetriebs höher als das Entgelt für die Leistung des Klempners.

3.6.1.1 Durchlaufende Posten

Nicht zum Entgelt gehören neben der Umsatzsteuer auch die durchlaufenden Posten. Das sind Beträge, die der Unternehmer im Namen und für Rechnung eines anderen vereinnahmt und verausgabt (§ 10 Abs. 1 Satz 5 UStG).

Beispiel

Ein Mandant zahlt seinem Anwalt 100,00 € Gerichtskosten. Dieser gibt den Betrag an das Gericht weiter.

Der Anwalt hat den Betrag von seinem Mandanten im Namen und für Rechnung des Gerichts vereinnahmt und im Namen und für Rechnung des Mandanten an das Gericht verausgabt. Bei der Bemessung des Umsatzes bleiben die 100,00 € unberücksichtigt.

3.6.1.2 Entgelt seitens eines Dritten (Zusatzentgelt)

Zum Entgelt gehört auch, was ein anderer als der Empfänger der Leistung dem Unternehmer für die Lieferung oder sonstige Leistung gewährt (siehe § 10 Abs. 1 Satz 3 UStG).

Beispiel

Die Arbeitnehmer einer Reederei in Bremen nehmen ihr Mittagessen regelmäßig in einer Gaststätte in der Innenstadt gegen Zahlung eines Entgelts von 1,50 € je Mahlzeit ein. Der Gastwirt erhält außer diesem Betrag von den Arbeitnehmern einen Gutschein über 3,50 € je Mahlzeit. Die Gutscheine legt er der Reederei monatlich vor und bekommt den Gegenwert auf sein Konto überwiesen.

Zum Entgelt für die Mahlzeit gehört nicht nur der vom Arbeitnehmer gezahlte Betrag von 1,50 €, sondern auch der von der Reederei zusätzlich gezahlte Betrag von 3,50 €. Dieser Betrag stellt ein Entgelt seitens eines Dritten dar.

AUFGABEN

1. Was gehört nicht zum Entgelt?
2. Was sind durchlaufende Posten?
3. Was gehört außer dem, was der Empfänger der Leistung aufwendet, zum Entgelt?

3.6.1.3 Bemessungsgrundlage der Leistung beim Handeln im eigenen oder im fremden Namen

Im Allgemeinen handelt der Unternehmer im eigenen Namen und für eigene Rechnung. In diesem Fall ist er **Eigenhändler**. Bemessungsgrundlage für seine Lieferung ist das Verkaufsentgelt der gelieferten Ware.

Beispiel

Ein Radio- und Fernsehhändler in Aschaffenburg liefert ein Fernsehgerät an einen kaufmännischen Angestellten zum Entgelt von 800,00 € auf Ratenzahlung. Bemessungsgrundlage ist das Verkaufsentgelt von 800,00 €. Das Risiko für dieses Umsatzgeschäft trägt der Händler, weil er es für eigene Rechnung getätigt hat.

Abweichend von dem Grundsatz, dass der Unternehmer im Allgemeinen im eigenen Namen und für eigene Rechnung auftritt, gibt es einige Ausnahmen. Dazu gehören der Handelsvertreter, der Handelsmakler und der Kommissionär. Sie werden im Folgenden näher erläutert.

Handelsvertreter ist, wer als selbstständiger Gewerbetreibender ständig damit beauftragt ist, für einen anderen Unternehmer Geschäfte zu vermitteln oder in dessen Namen abzuschließen.

Der Handelsvertreter handelt im fremden Namen und für fremde Rechnung. Für die Ausübung seiner Tätigkeit bekommt er in der Regel eine Provision, die das Entgelt für eine sonstige Leistung darstellt. Bei einem vermittelten Lieferungsgeschäft entstehen Rechtsbeziehungen zwischen dem Lieferer und dem Abnehmer und zwischen dem Lieferer und dem Handelsvertreter, aber nicht zwischen dem Handelsvertreter und dem Abnehmer.

Auch der **Handelsmakler** handelt wie der Handelsvertreter im fremden Namen und für fremde Rechnung, übernimmt aber nur die Vermittlung des Geschäfts.

Beide, der Handelsvertreter und der Handelsmakler, sind umsatzsteuerrechtlich als Agenten anzusehen. Sie haben nur die Provision der Umsatzsteuer zu unterwerfen. Diese darf aber den Umsatz des Unternehmers, in dessen Namen der Agent aufgetreten ist, nicht mindern.

Beispiel

Ein Vertreter in Tübingen, der Unternehmer im Sinne des Umsatzsteuerrechts ist, verkauft Staubsauger an Privathaushalte im Namen und für Rechnung des Herstellers Spengler, Stuttgart.

Der Vertreter händigt jedem Käufer eine Rechnung und einen Garantieschein des Herstellers Spengler aus. Damit ist nach außen (gegenüber den Abnehmern) kundgetan, dass die Verkäufe im Namen des ausliefernden Herstellers erfolgen. Diese muss als Eigenhändler das gesamte Entgelt der Umsatzsteuer unterwerfen.

Der (Handels-)Vertreter tritt als Agent auf. Er führt sonstige Leistungen (Vermittlungsleistungen) aus. Als Entgelt bekommt er eine Provision, die aber das Entgelt des Herstellers Spengler nicht mindern darf.

Zwischen dem Unternehmen Spengler und dem Vertreter sind Rechtsbeziehungen entstanden, nicht aber zwischen dem Vertreter und den Abnehmern.

Handelsvertreter

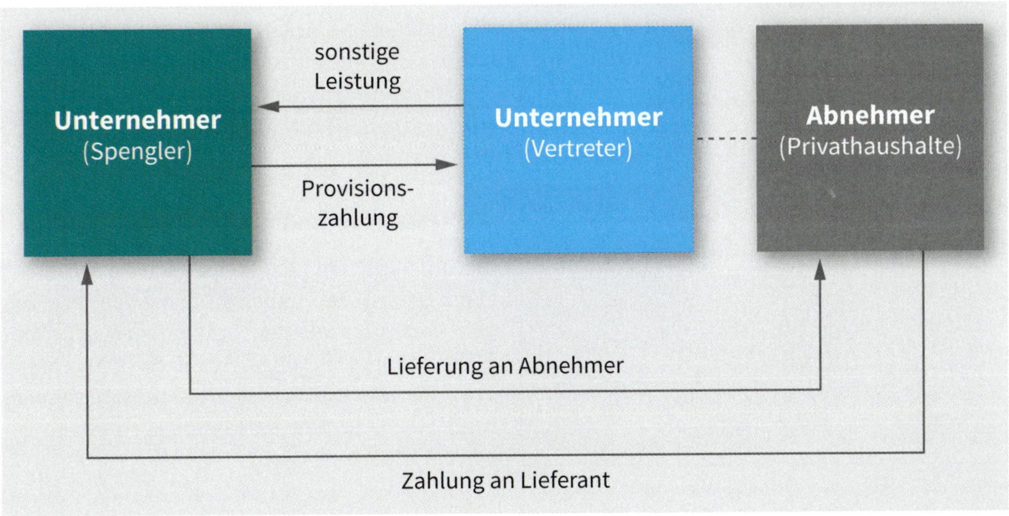

Der **Kommissionär** handelt im eigenen Namen, aber für fremde Rechnung. Er ist umsatzsteuerrechtlich als Eigenhändler anzusehen (§ 3 Abs. 3 UStG).

Beispiel

Ein kaufmännischer Angestellter übergibt einem Altwarenhändler sein gebrauchtes Schifferklavier mit der Bitte, es zu verkaufen (Verkaufskommission). Der Händler soll laut Vereinbarung von dem erzielten Preis eine Provision von 20 % erhalten.

Nach der Rechtsprechung des Bundesfinanzhofs handelt derjenige, der im eigenen Laden Waren vertreibt, im eigenen Namen. Der Händler tritt gegenüber dem Käufer als Lieferer und nicht als Vermittler auf. Danach handelt der Altwarenhändler im eigenen Namen, aber für fremde Rechnung, und zwar für Rechnung seines Auftraggebers.

Der Händler hat als Kommissionär nach erfolgtem Verkauf nicht nur seine Provision, sondern wie ein Eigenhändler das gesamte Entgelt als Bemessungsgrundlage für seinen Umsatz anzusetzen, weil zwischen ihm und dem Käufer Rechtsbeziehungen entstanden sind.

Im Falle einer Verkaufskommission sind grundsätzlich zwei Lieferungen gegeben:

1. Lieferung des Auftraggebers, des Kommittenten, an den Kommissionär und
2. Lieferung des Kommissionärs an einen Dritten.

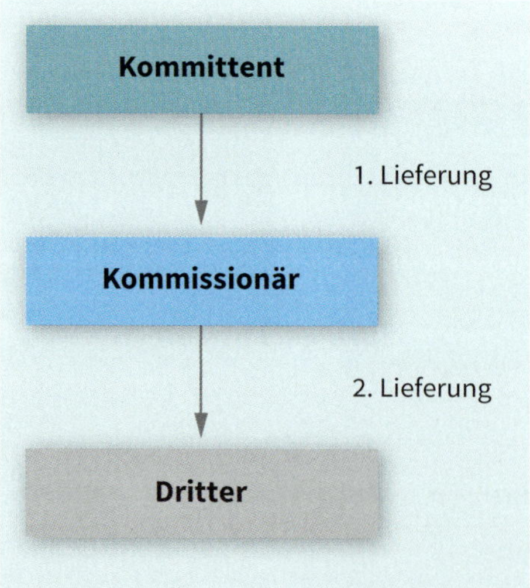

3.6.1.4 Differenzbesteuerung für Umsätze mit gebrauchten Gegenständen

Die Differenzbesteuerung gilt für alle gebrauchten beweglichen Gegenstände, mit Ausnahme der Edelsteine und Edelmetalle (§ 25a Abs. 1 UStG).

Die Differenzbesteuerung ist nur für **Wiederverkäufer** vorgesehen (§ 25a Abs. 1 Nr. 1 UStG). Das sind Unternehmer, die gewerbsmäßig mit den oben angegebenen Gegenständen handeln oder solche Gegenstände im eigenen Namen versteigern. Weitere Voraussetzungen für die Differenzbesteuerung sind,

- dass die Gegenstände an den Wiederverkäufer im Gemeinschaftsgebiet geliefert wurden und
- dass für die Lieferung an den Wiederverkäufer keine Umsatzsteuer angefallen ist oder
- dass für die Lieferung an den Wiederverkäufer die Differenzbesteuerung vorgenommen wurde.

Für die Lieferung an den Wiederverkäufer ist keine Umsatzsteuer angefallen, wenn sie z. B. ausgeführt wurde

- von einer Privatperson als nicht steuerbare Lieferung (z. B. ein Angestellter liefert sein gebrauchtes Fernsehgerät) oder
- von einem Unternehmer als steuerfreie Lieferung (z. B. ein Arzt liefert ein gebrauchtes Bestrahlungsgerät steuerfrei nach § 4 Nr. 28 UStG) oder
- von einem Unternehmer im nichtunternehmerischen Bereich (z. B. ein Bauunternehmer liefert sein gebrauchtes Schlafzimmer) oder
- von einem Kleinunternehmer, der § 19 UStG anwendet.

Bemessungsgrundlage

Bei entgeltlichen Lieferungen wird der Umsatz nach dem Differenzbetrag bemessen, um den der Verkaufspreis den Einkaufspreis für den Gegenstand übersteigt. Aus dem Differenzbetrag ist die Umsatzsteuer herauszurechnen, weil sie nicht zur Bemessungsgrundlage gehört (§ 25a Abs. 3 UStG).

Beispiele

a) Ein Gebrauchtwagenhändler in Halle hat von einer Privatperson für 19.000,00 € einen gebrauchten Pkw erworben und für 22.000,00 € verkauft.
Die Bemessungsgrundlage errechnet sich wie folgt:
Differenzbetrag zwischen dem Verkaufs- und dem Einkaufspreis = 3.000,00 €, minus die darin enthaltene Umsatzsteuer 478,99 = 2.521,01 € (Bemessungsgrundlage). Der Händler hat für die Lieferung des Pkw 478,99 € Umsatzsteuer (19 % von 2.521,01 €) an das Finanzamt abzuführen.

b) Der Gebrauchtwagenhändler Leo Schmitz, Köln, verkauft an den Kunden Müller (Nichtunternehmer) einen neuen Pkw zum Verkaufspreis von 35.700,00 € (30.000,00 € zuzüglich 19 % Umsatzsteuer). Laut Kaufvertrag nimmt Schmitz das gebrauchte Fahrzeug des Müller mit 17.000,00 €, gleichzeitig gemeiner Wert des Fahrzeugs, in Zahlung. Müller hat den Restbetrag von 18.700,00 € in bar zu bezahlen.
Noch im gleichen Monat verkauft Schmitz das Gebrauchtfahrzeug an einen Privatkunden in Köln gegen eine Barzahlung von 20.000,00 €. Bei der Lieferung des Gebrauchtwagens wendet Schmitz die Differenzbesteuerung an.
Da die Gegenleistung des Leistungsempfängers aus einer Lieferung besteht, liegt ein Tausch vor, und da gleichzeitig noch Geld zugezahlt werden muss, wird dieser Vorgang als **Tausch mit Baraufgabe** bezeichnet.

1. **Bemessungsgrundlage für den Verkauf des Neufahrzeugs:**

	Barzahlung des Müller	18.700,00 €
+	gemeiner Wert des Gebrauchtfahrzeugs	17.000,00 €
		35.700,00 €
–	darin enthaltene Umsatzsteuer (19 %)	– 5.700,00 €
=	Bemessungsgrundlage für den Neuwagen	30.000,00 €

2. **Bemessungsgrundlage für den Gebrauchtwagen nach § 25a Abs. 3 Nr. 1 UStG:**

	Verkaufspreis	20.000,00 €
–	Anrechnungswert des Gebrauchtfahrzeugs	– 17.000,00 €
	Differenz	3.000,00 €
–	darin enthaltene Umsatzsteuer (19 %)	– 478,99 €
=	**Bemessungsgrundlage für die Differenzbesteuerung**	**2.521,01 €**

Wendet der Wiederverkäufer die Differenzbesteuerung an, so ist er nicht berechtigt, die Steuer in der Rechnung gesondert auszuweisen, auch dann nicht, wenn er an einen zum Vorsteuerabzug berechtigten Unternehmer liefert (§ 25a Abs. 6 UStG).

Der Wiederverkäufer kann unter den Voraussetzungen des § 25a Abs. 8 UStG bei jeder Lieferung auf die Differenzbesteuerung verzichten und die **Regelbesteuerung** anwenden.

Bei unentgeltlichen Lieferungen nach § 3 Abs. 1b UStG kommt eine Differenzbesteuerung im Normalfall nicht in Betracht, weil die Berechtigung zum vollen oder teilweisen Vorsteuerabzug Voraussetzung für die Steuerbarkeit ist, § 3 Abs. 1b Satz 2 UStG (siehe auch Abschn. 25 a.1 Abs. 9 UStAE).

Besonderheiten bei Kunstgegenständen und Antiquitäten

Nach § 25a Abs. 2 UStG kann der Wiederverkäufer spätestens mit der Abgabe der ersten Voranmeldung eines Kalenderjahres gegenüber dem Finanzamt erklären, dass er die Differenzbesteuerung auch auf folgende Gegenstände anwenden will:

- Kunstgegenstände, Sammlungsstücke oder Antiquitäten, die er selbst eingeführt hat oder
- Kunstgegenstände, für die die Lieferung an ihn selbst steuerpflichtig war (z. B. Ankauf vom Künstler selbst oder von einem anderen Unternehmer, der kein Wiederverkäufer ist).

In der Erklärung müssen die Gegenstände bezeichnet werden, auf die sich die Differenzbesteuerung erstreckt.

Bei Ausübung der Option gilt eine Bindungspflicht für mindestens zwei Kalenderjahre (§ 25a Abs. 2 Satz 2 UStG) und der Vorsteuerabzug für diese Gegenstände ist ausgeschlossen.

Wird ein Gebrauchsgegenstand durch den Wiederverkäufer nach § 1 Abs. 1 Nr. 1 Satz 1 UStG geliefert, ist als Bemessungsgrundlage der Betrag anzusetzen, um den der Verkaufspreis den Einkaufspreis für den Gegenstand übersteigt. Die in dem Unterschiedsbetrag enthaltene Umsatzsteuer ist herauszurechnen (§ 25a Abs. 3 Satz 1 UStG).

Beispiel 1

Ein Kunsthändler kauft ein altes Gemälde von einer Privatperson an für 1.000,00 €. Er verkauft dieses Gemälde für 7.000,00 €. Die Umsatzsteuer errechnet sich wie folgt:

$$(7.000,00\text{ €} - 1.000,00\text{ €}) \cdot \frac{19}{119} = 957,98\text{ €}$$

Da dem gewerblichen Kunsthandel durch die Änderung beim Steuersatz Nachteile entstehen werden, soll zukünftig als Alternative zur oben genannten Methode die Anwendung einer **Pauschalmarge** zugelassen sein. Diese darf jedoch nur angewendet werden, wenn der Einkaufspreis unbedeutend ist und für den Kunstgegenstand auch nicht genau ermittelt werden kann. Unter diesen Bedingungen gilt für die Berechnung der Bemessungsgrundlage, dass die Pauschalmarge mindestens 30 % des Verkaufspreises beträgt, woraus die Umsatzsteuer herauszurechnen ist.

Beispiel 2

Wie Beispiel 1, jedoch lässt sich der Einkaufspreis des Gemäldes nicht genau ermitteln. Der Händler hat eine gesamte Kunstsammlung gekauft und der Einkaufspreis sei mit 1.000,00 € unbedeutend.

Die Bemessungsgrundlage beträgt 30 % von 7.000,00 € = 2.100,00 €.

$$(2.100,00\text{ €}) \cdot \frac{19}{119} = 335,29\text{ €}$$

Die Umsatzsteuer beträgt nur noch etwas mehr als ein Drittel des Betrags im Vergleich zur Nicht-Anwendung der Pauschalmarge.

AUFGABEN

1. Was ist die Bemessungsgrundlage für eine Lieferung, wenn der Unternehmer im eigenen Namen und für eigene Rechnung auftritt?
2. Welcher Unterschied besteht umsatzsteuerrechtlich zwischen einem Handelsvertreter und einem Kommissionär?
3. Für welche Steuerpflichtigen ist die Sonderregelung in der Besteuerung von gebrauchten Gegenständen nach § 25a UStG vorgesehen?
4. Was ist nach dieser Sonderregelung (siehe Nr. 3) bei entgeltlichen Lieferungen als Bemessungsgrundlage anzusetzen?
5. Welche Voraussetzungen müssen für die Anwendung der Sonderregelung (siehe Nr. 3) erfüllt sein?

3.6.2 Bemessungsgrundlage für unentgeltliche Leistungen

Wir unterscheiden nach § 3 Abs. 1b UStG und § 3 Abs. 9a UStG zwei Gruppen von unentgeltlichen Leistungen (siehe folgende Kapitel):

- unentgeltliche Lieferungen und
- unentgeltliche sonstige Leistungen.

Bei den unentgeltlichen sonstigen Leistungen, § 3 Abs. 9a UStG, wird unterschieden zwischen unentgeltlichen sonstigen Leistungen nach Nr. 1, deren Vorleistungen ganz oder teilweise zum Vorsteuerabzug berechtigten, und denen nach Nr. 2, deren Vorleistungen nicht zum Vorsteuerabzug berechtigten (in der Hauptsache Personalgestellung). Die Umsatzsteuer gehört auch hier nicht zur Bemessungsgrundlage.

3.6.2.1 Bemessungsgrundlage für unentgeltliche Lieferungen

Zu den unentgeltlichen Lieferungen gehören nach § 3 Abs. 1b UStG die

- Gegenstandsentnahmen des Unternehmers,
- die Sachzuwendungen an Arbeitnehmer und die
- anderen unentgeltlichen Zuwendungen.

Die **Bemessungsgrundlage** nach § 10 Abs. 4 Nr. 1 UStG richtet sich in allen drei Fällen nach dem

- **Einkaufspreis** zuzüglich der Nebenkosten für den entnommenen oder zugewendeten Gegenstand (oder für einen gleichartigen Gegenstand) oder
- nach den **Selbstkosten**, wenn ein Einkaufspreis nicht vorliegt (z. B. bei selbst hergestellten Gegenständen die Wiederherstellungskosten),

jeweils **zum Zeitpunkt der Entnahme oder Zuwendung**.

Das gilt nicht nur für Gewerbetreibende, Land- und Forstwirte und selbstständig Tätige, sondern für alle Unternehmer, also z. B. auch für Unternehmer mit Einkünften aus Vermietung und Verpachtung.

Die Umsatzsteuer gehört nicht zur Bemessungsgrundlage (§ 10 Abs. 4 Satz 2 UStG), sodass es sich stets um **Nettoeinkaufspreise** bzw. **Nettoselbstkosten** handelt.

Beispiele

a) Die Inhaberin einer Boutique in Berlin hat ein Kleid aus ihrem Geschäft entnommen und ihrer Tochter zum Geburtstag geschenkt. Der Einkaufspreis des Kleides hat zum Zeitpunkt der Entnahme 100,00 € (ohne Umsatzsteuer) betragen. Die Steuerpflichtige hat bei Anschaffung dieses Kleides den Vorsteuerabzug geltend gemacht. Die unentgeltliche Lieferung ist nach § 3 Abs. 1b Nr. 1 UStG steuerbar. Da der Vorgang nicht steuerbefreit ist, ist er auch steuerpflichtig. Als Bemessungsgrundlage ist nach § 10 Abs. 4 Nr. 1 UStG der Einkaufspreis von 100,00 € anzusetzen.

b) Wie a), jedoch konnte die Inhaberin bei der Anschaffung des Kleides keine Vorsteuer geltend machen, da sie das Kleid von einer Kleinunternehmerin (§ 19 Abs. 1 UStG) erworben hatte. Die unentgeltliche Lieferung (Entnahme des Kleides für Zwecke außerhalb des Unternehmens) ist nicht steuerbar nach § 3 Abs. 1b UStG, da die Voraussetzung der Vorsteuerabzugsberechtigung (bei der Anschaffung) fehlt, § 3 Abs. 1b Satz 2 UStG.

c) Ein Steuerberater in Leipzig hat vor zwei Jahren von einer Privatperson einen gebrauchten Pkw für seine Praxis für 10.000,00 € angeschafft. Im vorigen Jahr hat er eine Standheizung für ein Entgelt von 2.030,00 € einbauen lassen. Die darauf entfallene Umsatzsteuer hat er als Vorsteuer geltend gemacht. In diesem Jahr hat der Steuerberater den Pkw aus seiner Praxis entnommen und seinem Sohn, der in Berlin studiert, geschenkt. Der aktuelle Einkaufspreis zum Zeitpunkt der Entnahme beträgt unstrittig 6.000,00 €, woran die eingebaute Standheizung einen Anteil von 1.000,00 € haben soll.

Die Entnahme des Pkw selbst ist nicht steuerbar, da der Steuerberater aus der Anschaffung keinen Vorsteuerabzug hatte. Allerdings hat er einen Bestandteil einbauen lassen, wobei er die Vorsteuer hierfür geltend gemacht hat. Dieser Bestandteil hat zum Zeitpunkt der Entnahme noch einen Wert von 1.000,00 €. Dieser Anteil ist steuerbar und steuerpflichtig, Bemessungsgrundlage sind 1.000,00 €.

→

d) Ein Fahrradeinzelhändler in Düsseldorf schenkt seinem Verkäufer zum Geburtstag ein Mountainbike aus dem betrieblichen Lager, weil der Angestellte oft unbezahlte Überstunden gemacht hat. Das Mountainbike hat bei der Anschaffung dem Vorsteuerabzug unterlegen. Der Einkaufspreis des Mountainbikes beträgt zum Zeitpunkt der Zuwendung 300,00 €.
Hier liegt eine unentgeltliche Lieferung des Unternehmers gemäß § 3 Abs. 1b Nr. 2 UStG vor (Sachzuwendung an Arbeitnehmer), die steuerbar ist, weil sie aus unternehmerischen Gründen (geleistete unbezahlte Überstunden) unentgeltlich ausgeführt worden ist und bei der Anschaffung mit Vorsteuer behaftet war. Die Bemessungsgrundlage ist nach § 10 Abs. 4 Nr. 1 UStG der Einkaufspreis zum Zeitpunkt der Zuwendung, also 300,00 €.

e) Der Unternehmer Maas, München, führt anlässlich des zehnjährigen Bestehens seines Unternehmens in München ein Preisausschreiben durch, bei dem die Teilnehmer Hi-Fi-Anlagen gewinnen können. Die Anlagen mit einem aktuellen Einkaufspreis von 400,00 € nimmt Maas aus seinem Lager, bei der Anschaffung wurde der Vorsteuerabzug geltend gemacht.
Die Übergabe der Geräte an die Gewinner ist nach § 3 Abs. 1b Nr. 3 UStG als unentgeltliche Lieferung steuerbar. Die Bemessungsgrundlage beträgt nach § 10 Abs. 4 Nr. 1 UStG 400,00 €.

> **Übung 5, Seite 171, Fälle 1 und 2**

3.6.2.2 Pauschalierung von Sachentnahmen

Von der Finanzverwaltung (Oberfinanzdirektionen) werden zur Steuervereinfachung Pauschbeträge für Sachentnahmen (unentgeltliche Wertabgaben) bei bestimmten Gewerbezweigen festgesetzt. Diese beruhen auf Erfahrungswerten und bieten dem Steuerpflichtigen die Möglichkeit, die Warenentnahmen monatlich pauschal zu erfassen. Damit entbinden sie ihn von der Aufzeichnung einer Vielzahl von Einzelentnahmen.

Die Pauschbeträge sind Jahreswerte für eine Person. Für Kinder vom zweiten bis zum vollendeten zwölften Lebensjahr ist die Hälfte des jeweiligen Wertes anzusetzen. Tabakwaren sind in den Pauschbeträgen nicht enthalten. Soweit diese entnommen werden, sind die Pauschbeträge entsprechend zu erhöhen (Schätzung). Bei gemischten Betrieben (Metzgerei oder Bäckerei mit Lebensmittelangebot oder Gastwirtschaft) ist der jeweils höhere Pauschbetrag der entsprechenden Gewerbeklasse anzusetzen.

Die **im Jahr 2020 geltenden Pauschbeträge** für unentgeltliche Wertabgaben (Sachentnahmen) lauten:

	Gewerbezweig	Jahreswert für eine Person ohne Umsatzsteuer (in €)		
		Steuersatz 7 %	Steuersatz 19 %	insgesamt
1	Bäckerei	1.218,00	406,00	1.624,00
2	Fleischerei/Metzgerei	891,00	865,00	1.756,00
3	Gaststätten aller Art a) mit Abgabe von kalten Speisen	1.126,00	1.087,00	2.213,00
	b) mit Abgabe von kalten und warmen Speisen	1.689,00	1.768,00	3.457,00
4	Getränkeeinzelhandel	105,00	302,00	407,00
5	Café und Konditorei	1.179,00	642,00	1.821,00
6	Milch, Milcherzeugnisse, Fettwaren und Eier (Einzelhandel)	590,00	79,00	669,00
7	Nahrungs- und Genussmittel (Einzelhandel)	1.140,00	681,00	1.821,00
8	Obst, Gemüse, Südfrüchte und Kartoffeln (Einzelhandel)	275,00	236,00	511,00

3.6.2.3 Bemessungsgrundlage für unentgeltliche sonstige Leistungen nach § 3 Abs. 9a Nr. 1 UStG

Bemessungsgrundlage für die unentgeltlichen sonstigen Leistungen nach § 3 Abs. 9a Nr. 1 UStG – Verwendung eines unternehmerischen Gegenstandes, der zum vollen oder teilweisen Vorsteuerabzug berechtigt hat, für nichtunternehmerische Zwecke oder den privaten Bedarf seines Personals – sind grundsätzlich die angefallenen Ausgaben des Unternehmers für die Erbringung dieser sonstigen Leistungen (§ 10 Abs. 4 Nr. 2 UStG). Dazu gehören auch die Anschaffungs- oder Herstellungskosten der (für die Wertabgabe) verwendeten Wirtschaftsgüter. Bei Anschaffungs- oder Herstellungskosten ab 500,00 € sind diese gleichmäßig auf einen Zeitraum zu verteilen, der dem für das verwendete Wirtschaftsgut maßgeblichen Berichtigungszeitraum nach § 15a UStG entspricht; also bei Gebäuden auf zehn Jahre und bei anderen Wirtschaftsgütern auf fünf Jahre.

Ausgaben, die nicht zum vollen oder teilweisen Vorsteuerabzug berechtigt haben (z. B. Kfz-Steuer, Kfz-Versicherung, Rundfunkgebühren für das Autoradio), sind aus der Bemessungsgrundlage auszuscheiden. Allerdings gehören die nach § 15 UStG abziehbaren Vorsteuerbeträge nicht zu den Ausgaben im Sinne des § 10 Abs. 4 Nr. 2 UStG.

Als unentgeltliche sonstige Leistung nach § 3 Abs. 9a Nr. 1 UStG kommt hauptsächlich die **private Nutzung eines betrieblichen Fahrzeugs** in Betracht. Der Unternehmer kann beim Kauf und Betrieb eines betrieblichen Fahrzeugs, das er zu mindestens 10 % unternehmerisch nutzt, den vollen Vorsteuerabzug in Anspruch nehmen. Konnte der Unternehmer bei der Anschaffung eines dem Unternehmen zugeordneten Fahrzeugs keinen Vorsteuerabzug vornehmen (z. B. Erwerb von einem Nichtunternehmer), dann kann er den Pkw dennoch in voller Höhe seinem Unternehmen zuordnen und für z. B. Tankkosten, die durch die Verwendung des Fahrzeugs anfallen, aus Vereinfachungsgründen unter den Voraussetzungen des § 15 UStG den Vorsteuerabzug in voller Höhe geltend machen. In diesem Fall wird nur der unternehmensfremde (private) Anteil der Tankkosten der Wertabgabenbesteuerung nach § 3 Abs. 9a Nr. 1 UStG unterworfen (vgl. Abschn. 15.2c Abs. 2 Satz 6 UStAE).

Als Grundlage zur Ermittlung der entstandenen Ausgaben im Sinne des § 10 Abs. 4 Nr. 2 UStG hat der Unternehmer die Wahl zwischen **drei Methoden**:

1. Ermittelt der Unternehmer für Ertragsteuerzwecke den Wert der Nutzungsentnahme nach der sogenannten **1-%-Regelung** (siehe unten Beispiel a)) des § 6 Abs. 1 Nr. 4 Satz 2 EStG (nur möglich, wenn die betriebliche Nutzung überwiegt), kann er von diesem Wert aus Vereinfachungsgründen bei der Bemessungsgrundlage für die Besteuerung der nichtunternehmerischen Nutzung ausgehen. Für die nicht mit Vorsteuern belasteten Ausgaben kann er einen pauschalen Abschlag von 20 % vornehmen. Der ermittelte Betrag ist ein sogenannter **Nettowert**, auf den die Umsatzsteuer mit dem allgemeinen Steuersatz aufzuschlagen ist.

2. Bei der **Fahrtenbuchregelung** (siehe unten, Beispiel b)) setzt der Unternehmer für Ertragsteuerzwecke die private Nutzung mit den auf die Privatfahrten entfallenden Aufwendungen an, indem er die für das Fahrzeug insgesamt entstehenden Aufwendungen durch Belege und das Verhältnis der privaten zu den übrigen Fahrten durch ein ordnungsgemäßes Fahrtenbuch nachweist (§ 6 Abs. 1 Nr. 4 Satz 3 EStG). Von diesem Wert ist auch bei der Bemessungsgrundlage für die Besteuerung der nichtunternehmerischen Nutzung auszugehen. Aus den Gesamtaufwendungen sind für Umsatzsteuerzwecke die nicht mit Vorsteuern belasteten Kosten in der belegmäßig nachgewiesenen Höhe auszuscheiden.

3. Macht der Unternehmer von der 1-%-Regelung keinen Gebrauch oder werden die pauschalen Wertansätze durch die sogenannte Kostendeckelung auf die nachgewiesenen tatsächlichen Kosten begrenzt und wird kein ordnungsgemäßes Fahrtenbuch geführt, ist der private Nutzungsanteil für Umsatzsteuerzwecke anhand geeigneter Unterlagen im Wege einer **sachgerechten**

Schätzung (siehe Beispiel c)) zu ermitteln. Liegen keine geeigneten Unterlagen für eine Schätzung vor, ist der private Nutzungsanteil mit mindestens 50 % zu schätzen, soweit sich aus den besonderen Verhältnissen des Einzelfalls nichts Gegenteiliges ergibt. Aus den Gesamtaufwendungen sind die nicht mit Vorsteuern belasteten Kosten in der anhand von Belegen nachgewiesenen Höhe auszuscheiden.

Die Fahrten des Unternehmers zwischen Wohnung und Betriebsstätte sowie Familienheimfahrten wegen einer aus betrieblichem Anlass begründeten doppelten Haushaltsführung sind der unternehmerischen Nutzung des Fahrzeugs zuzurechnen. Es ist keine Vorsteuerkürzung nach § 15 Abs. 1a UStG vorzunehmen.

Beispiele

a) Der Steuerberater Kohler, München, hat im Jahr 2019 einen Pkw angeschafft und den Vorsteuerabzug aus der Anschaffung geltend gemacht. Der Listenpreis im Zeitpunkt der Anschaffung betrug 30.667,00 € zuzüglich 1.045,78 € Sonderausstattung, jeweils ohne Umsatzsteuer. Die Anschaffungskosten betrugen 50.000,00 €. Kohler benutzt den betrieblichen Pkw auch für private Fahrten, außerdem fährt er im Jahr an 20 Tagen pro Monat zu seiner Praxis, die 10 km von der Wohnung entfernt liegt. Ein Fahrtenbuch führt Kohler nicht. Er ermittelt die einkommensteuerliche Entnahme nach § 6 Abs. 1 Nr. 4 Satz 2 EStG mit der sogenannten 1-%-Regelung.

Die einkommensteuerrechtliche Entnahme ist umsatzsteuerrechtlich eine steuerbare unentgeltliche sonstige Leistung (Wertabgabe) nach § 3 Abs. 9a Nr. 1 UStG. Da die sonstigen Leistungen des Steuerberaters nicht nach § 4 UStG befreit sind, ist die unentgeltliche sonstige Leistung auch steuerpflichtig. Die Bemessungsgrundlage leitet sich aus der 1-%-Regelung ab, der Steuersatz beträgt 19 %.

Listenpreis im Zeitpunkt der Erstzulassung	30.667,00 €
Sonderausstattung	1.045,78 €
Umsatzsteuer hierauf (19 %)	6.025,42 €
insgesamt	37.738,20 €
Pauschalierungswert (runden auf volle 100)	37.700,00 €
Pauschalierung mit 1 % von 37.700,00 €	
= ertragsteuerlicher Wert nach § 6 Abs. 1 Nr. 4 EStG	377,00 €
– 20 % Vorkosten (nicht mit Vorsteuern behaftet)	– 75,40 €
= umsatzsteuerliche Bemessungsgrundlage/Monat	301,60 €
für 12 Monate beträgt die Bemessungsgrundlage	3.619,20 €
Umsatzsteuer 19 %	687,65 €

Die Fahrten zwischen Wohnung und Praxis sind nicht umsatzsteuerbar.

b) Wie a), aber der Steuerberater hat im Veranlagungszeitraum ein Fahrtenbuch mit unstrittigen Aufzeichnungen geführt. Danach betrug die Gesamtfahrleistung im betreffenden Jahr 30 000 km. Davon fuhr er 6 000 km privat im Inland und 500 km im Ausland (Urlaub). Folgende Kosten wurden aufgezeichnet:

Kfz-Steuern und Versicherungen (nicht mit Vorsteuern behaftet) 1.325,00 €, Inspektions- und Reparaturkosten 1.580,00 €, Treibstoff- und Pflegekosten 3.100,00 €, AfA 10.000,00 €.

Die private Nutzung ist als unentgeltliche sonstige Leistung steuerbar nach § 3 Abs. 9a Nr. 1 UStG.

		Anteile in %
Gesamtfahrleistung im Veranlagungszeitraum	30 000 km	100
unternehmerisch (einschließlich Fahrten Wohnung Betrieb)	23 500 km	78,333
privat (einschließlich Ausland)	6 500 km	21,667

		Betrieb 78,333 %	Privat 21,667 %
nicht mit Vorsteuern behaftete Kosten	1.325,00 €	1.037,91 €	287,09 €
mit Vorsteuern behaftete Kosten	14.680,00 €	11.499,28 €	3.180,72 €
Gesamtkosten	16.005,00 €	12.537,19 €	3.467,81 €
umsatzsteuerliche Bemessungsgrundlage			3.180,72 €
Umsatzsteuer 19 %			604,34 €

c) Wie b), doch der Steuerberater führt kein Fahrtenbuch und schätzt den Anteil der privaten Nutzung auf unstrittig 25 %. Die Bemessungsgrundlage für die Umsatzsteuer kann wie folgt ermittelt werden:

		Betrieb 75 %	Privat 25 %
nicht mit Vorsteuern behaftete Kosten	1.325,00 €	993,75 €	331,25 €
mit Vorsteuern behaftete Kosten	4.680,00 €	3.510,00 €	1.170,00 €
Gesamtkosten	6.005,00 €	4.503,75 €	1.501,25 €
umsatzsteuerliche Bemessungsgrundlage			1.170,00 €
Umsatzsteuer 19 %			222,30 €

Die private Nutzung des betrieblichen Telefonanschlusses stellt keine steuerbare unentgeltliche Wertabgabe dar, weil die private Nutzung des betrieblichen Telefons im Privatbereich erfolgt. Das bedeutet, dass der Unternehmer die ihm von der Telefongesellschaft berechneten Gebühren aufteilen muss in abziehbare und nicht abziehbare Kosten. Wird das betriebliche Telefon z. B. zu 25 % privat genutzt, so ist die Telefonrechnung aufzuteilen in 75 % abziehbare und 25 % nicht abziehbare Gebühren. Die auf den abziehbaren Betrag entfallende Umsatzsteuer ist als Vorsteuer abzugsfähig.

> **Übung 6, Seite 171, Fälle 3 und 4**

3.6.2.4 Bemessungsgrundlage für unentgeltliche sonstige Leistungen nach § 3 Abs. 9a Nr. 2 UStG

Die Bemessungsgrundlage für die Erbringung einer anderen sonstigen Leistung (Dienstleistung) für unternehmensfremde Zwecke oder für den privaten Bedarf des Personals sind nach § 10 Abs. 4 Nr. 3 UStG die bei der Ausführung dieser Leistung entstandenen Ausgaben einschließlich der Ausgaben, die nicht mit Vorsteuer behaftet waren.

Beispiele

a) Der Bauunternehmer Krause, Hamburg, lässt einmal in der Woche von einem betrieblichen Arbeitnehmer den Rasen auf seinem privaten Einfamilienhausgrundstück schneiden. Der Personalkostenanteil beträgt monatlich 520,00 €.

Bei dieser Personalgestellung handelt es sich um eine sonstige unentgeltliche Leistung nach § 3 Abs. 9a Nr. 2 UStG. Die Bemessungsgrundlage sind die Ausgaben nach § 10 Abs. 4 Nr. 3 UStG, also monatlich 520,00 €, obwohl die Personalkosten nicht zum Vorsteuerabzug berechtigen.

→

b) Der Bauunternehmer Krause, Hamburg, lässt von einem Bautrupp seines Betriebs eine Garage an sein selbst genutztes Einfamilienhaus anbauen. Das Baumaterial wird von Krause privat in einem regionalen Baumarkt erworben. An Maschinenkosten einschl. AfA fielen 900,00 € an und der Personalkostenanteil für den Bautrupp beträgt 11.600,00 €. Die Maschinen sind mit Vorsteuern behaftet, die Personalausgaben nicht.

Bei dem Vorgang handelt es sich um eine andere sonstige unentgeltliche Leistung, nach § 3 Abs. 9a Nr. 2 UStG, weil der Unternehmer im Inland für unternehmensfremde (private) Zwecke eine Leistung mit wesentlichem Dienstleistungsanteil entnimmt (Werkleistungsentnahme). Die Bemessungsgrundlage nach § 10 Abs. 4 Nr. 2 UStG umfasst alle Ausgaben, die bei der Ausführung dieser Leistung entstanden sind, auch Personalkosten, die nicht mit Vorsteuer behaftet sind, also 12.500,00 €.

3.6.2.5 Bemessungsgrundlage für Leistungen an Arbeitnehmer ohne besonders berechnetes Entgelt

Für unentgeltliche Leistungen des Unternehmers an seine Arbeitnehmer, die nach § 3 Abs. 1b Nr. 2 und § 3 Abs. 9a Nr. 1 UStG der Umsatzsteuer unterliegen, gilt Folgendes:

- Die Bemessungsgrundlage für unentgeltliche Lieferungen, d. h. für **Sachzuwendungen**, ist so zu ermitteln wie bei der Entnahme des Gegenstandes durch den Unternehmer (§ 10 Abs. 4 Nr. 1 UStG). Die Ausführungen unter 3.6.2.1 gelten hier sinngemäß.
- Die Bemessungsgrundlage für **unentgeltliche sonstige Leistungen** sind die entstandenen Ausgaben, § 10 Abs. 4 Nr. 2 UStG. Aus der Bemessungsgrundlage sind solche Ausgaben auszuscheiden, die nicht zum vollen oder teilweisen Vorsteuerabzug berechtigt haben.
  Die Fahrzeugüberlassung an Arbeitnehmer ist nur dann unentgeltlich, wenn die private Nutzung so gering ist, dass sie für die Gehaltsbemessung keine Rolle spielt. Das trifft dann zu, wenn das Fahrzeug nur gelegentlich an nicht mehr als fünf Kalendertagen im Kalendermonat für private Zwecke überlassen wird.
  Die Bemessungsgrundlage kann anhand des Einzelnachweises der Kosten für die Überlassung des Fahrzeugs ermittelt werden (Fahrtenbuch). Dabei sind die nicht mit Vorsteuer belasteten Kosten auszuscheiden. Daneben ist die Pauschalierung zulässig mit 0,001 % des Listenpreises (einschließlich der Sonderausstattung und der Umsatzsteuer) für jeden Fahrtkilometer bei der Nutzung für private Zwecke und für Fahrten zwischen Wohnung und erster Tätigkeitsstätte. Der ermittelte Wert ist ein Bruttowert, aus dem die Umsatzsteuer herauszurechnen ist.
- Von entgeltlicher Fahrzeugüberlassung wird ausgegangen, wenn dem Arbeitnehmer das Fahrzeug an mehr als fünf Kalendertagen im Monat für private Zwecke überlassen wird. Dann spielt die Fahrzeugüberlassung bei der Gehaltsfestsetzung eine Rolle und sie wird zum Lohnbestandteil. Umsatzsteuerlich liegt insoweit ein **tauschähnlicher Umsatz** vor. Die Gegenleistung des Arbeitnehmers für die Überlassung des Fahrzeugs ist der Verzicht auf Barlohn.

  Diese Gegenleistung kann anhand der Gesamtkosten anteilig geschätzt werden oder durch die Vertragsparteien festgesetzt werden, wobei dann wieder die Mindestbemessungsgrundlage zu beachten ist. Der private Nutzungswert kann auch mithilfe eines ordnungsgemäßen Fahrtenbuchs anhand der durch Belege nachgewiesenen Gesamtkosten ermittelt werden. Die so ermittelten Werte sind Nettowerte, auf die die Umsatzsteuer mit dem allgemeinen Steuersatz aufzuschlagen ist.

  Aus Vereinfachungsgründen kann für die umsatzsteuerliche Bemessungsgrundlage auch weiterhin von den lohnsteuerlichen Werten ausgegangen werden (Pauschalierung mit 1 % (für Elektro- und Hybridelektrofahrzeuge 0,5 % des inländischen Listenpreises) des Listenpreises pro Kalendermonat für die private Nutzung; 0,03 % des Listenpreises pro Entfernungskilometer für Fahrten zwischen Wohnung und erster Tätigkeitsstätte für jeden Kalendermonat und 0,002 % des Listenpreises pro Entfernungskilometer bei Familienheimfahrten im Rahmen einer doppelten Haushaltsführung, siehe auch § 8 Abs. 2 EStG). Der ermittelte Gesamtwert stellt einen Bruttowert dar, aus dem die Umsatzsteuer herauszurechnen ist.

Bei allen ermittelten Werten für die entgeltliche Fahrzeugüberlassung ist die Berücksichtigung für nicht mit Vorsteuer belastete Kosten (z. B. durch einen Abschlag von 20 %) unzulässig.

Beispiele

a) Dem angestellten Geschäftsführer einer Baustoffgroßhandlung wurde im Mai 2019 ein betrieblicher Pkw an fünf Kalendertagen für Privatfahrten und Fahrten zwischen Wohnung und erster Tätigkeitsstätte zur Verfügung gestellt, weil sein eigenes Fahrzeug in Reparatur war. Der Geschäftsführer hat das Fahrzeug mit einem Kilometerstand von 48 580 km übernommen und mit 48 900 km zurückgegeben. Der Listenpreis des überlassenen Pkw betrug 2017 einschließlich der Sonderausstattung und der Umsatzsteuer 32.339,21 €.

Bruttolistenpreis	32.339,21 €
Pauschalierungswert (runden auf volle 100,00 €)	32.300,00 €
gefahrene km = 48 900 – 48 580 = 320 km	
Pauschalierung mit 0,001 % von 32.300,00 € = 0,323 €/km	103,36 €
abzüglich Umsatzsteuer (103,36 € : 119 · 19)	– 16,50 €
Sachbezug (lohnsteuerlich) netto	**86,86 €**

b) Wie a), nur wird dem Geschäftsführer das Fahrzeug im Mai 2019 dauernd zur privaten Nutzung und für Fahrten zwischen seiner Wohung und der Betriebsstätte (30 Entfernungskilometer) überlassen. Ein Fahrtenbuch wird nicht vorgelegt.

Die Bemessungsgrundlage ist dann wie folgt zu ermitteln:

Bruttolistenpreis	32.339,21 €
Pauschalierungswert (runden auf volle 100,00 €)	32.300,00 €
1. für die allgemeine Privatnutzung 1 % von 32.300,00 € je Monat	323,00 €
2. zuzüglich Fahrten zwischen Wohnung und erster Tätigkeitsstätte 0,03 % von 32.300,00 € · 30 km · 1 Monat	290,70 €
= Bruttowert der sonstigen Leistung	613,70 €
die **darin enthaltene Umsatzsteuer** beträgt (613,70 € : 119 · 19)	**97,98 €**

Hinweis: Der Bruttowert der sonstigen Leistung gehört als Sachbezug jeweils zu den Einkünften aus nichtselbstständiger Arbeit des Geschäftsführers. Er kann allerdings die Entfernungspauschale in Höhe von 135,00 € als Werbungskosten geltend machen (30 km · 0,30 € · 15 Tage). Pauschaliert der Arbeitgeber die Lohnsteuer für die Fahrten zwischen Wohnung und erster Tätigkeitsstätte nach § 40a Abs. 2 Satz 2 EStG, entfällt jedoch der Abzug der Entfernungspauschale für den Arbeitnehmer.

Umsatzsteuer bei der Fahrzeugüberlassung an Arbeitnehmer

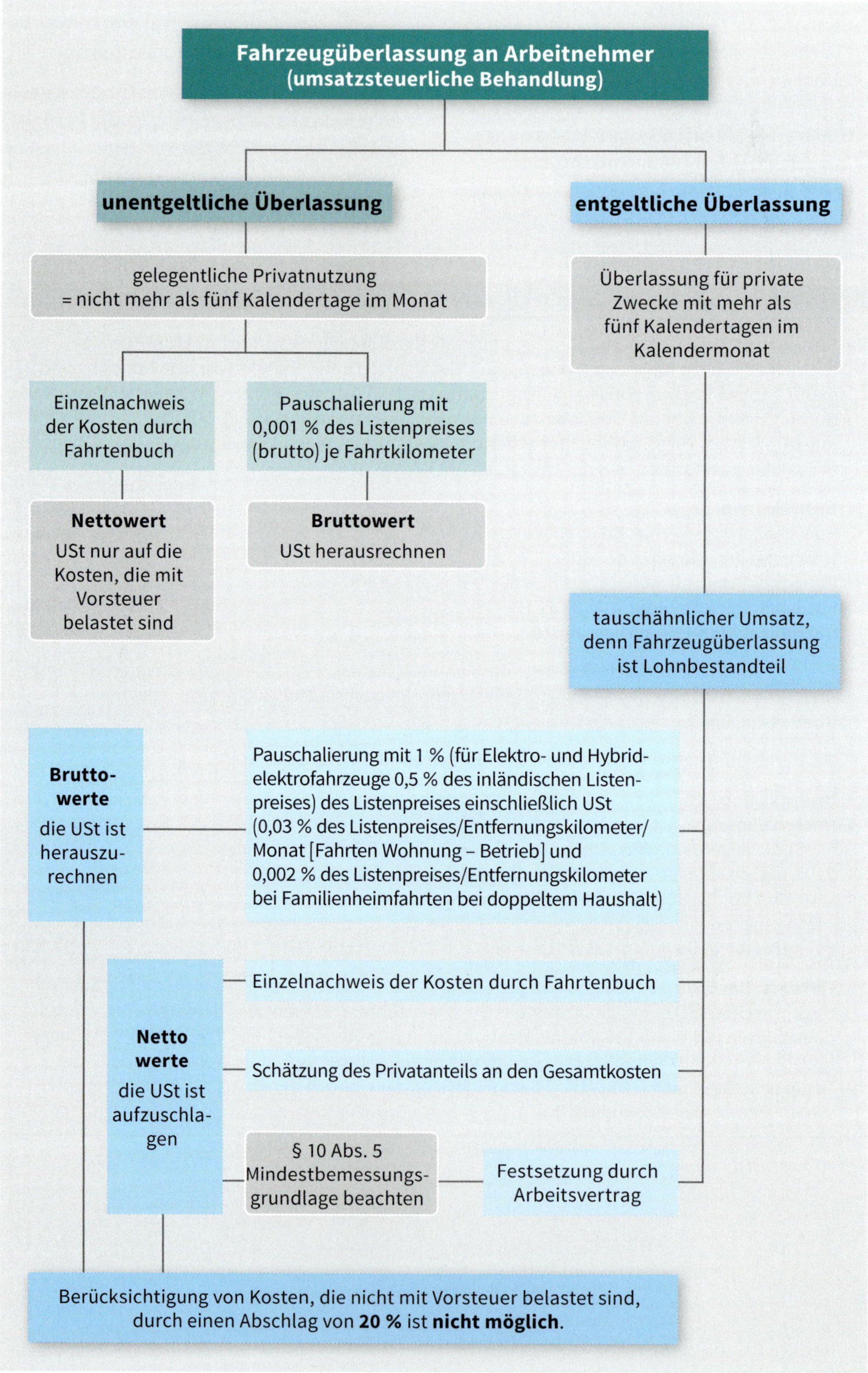

3.6.3 Bemessungsgrundlage für entgeltliche, aber verbilligte Lieferungen und sonstige Leistungen

Entgelt bei verbilligten Lieferungen und sonstigen Leistungen

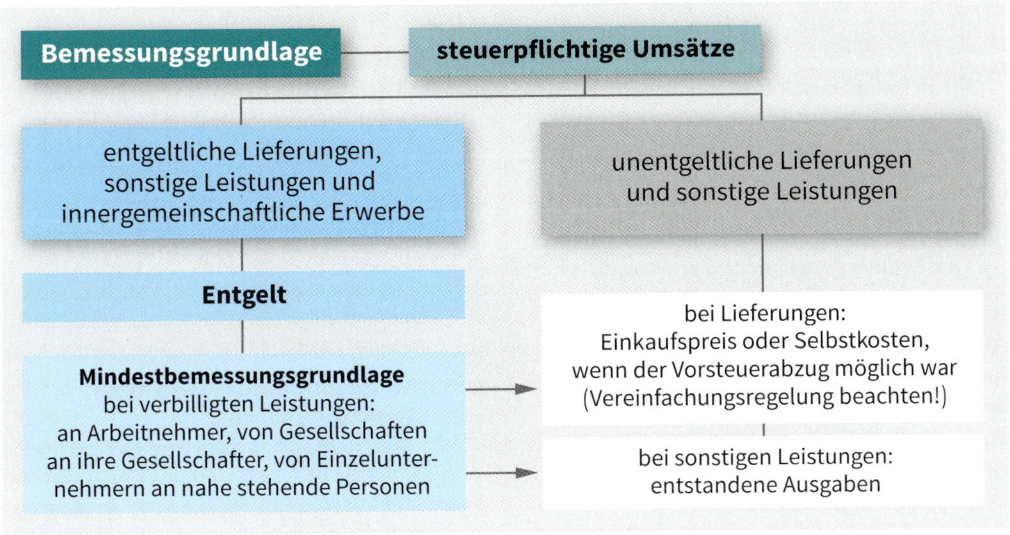

Führt ein Unternehmer entgeltliche, aber verbilligte Lieferungen und sonstige Leistungen aus, und zwar

- an seine Arbeitnehmer oder deren Angehörige (§ 10 Abs. 5 Nr. 2 UStG),
- als Gesellschaft (z. B. GmbH, OHG, KG) an die Gesellschafter oder diesen nahestehende Personen (§ 10 Abs. 5 Nr. 1 UStG),
- als Einzelunternehmer an ihm nahestehende Personen (§ 10 Abs. 5 Nr. 1 UStG),

so ist für diese Umsätze nach §10 Abs. 5 i. V. m. Abs. 4 UStG als **Mindestbemessungsgrundlage** anzusetzen:

- der Einkaufspreis zuzüglich der Nebenkosten (ohne Umsatzsteuer) für den Gegenstand oder mangels eines Einkaufspreises die Selbstkosten, jeweils zum Zeitpunkt des Umsatzes;
- die bei der Ausführung dieser Umstände entstandenen Ausgaben, ggf. nur soweit sie zum vollen oder teilweisen Vorsteuerabzug berechtigt haben.

In beiden Fällen gilt jedoch: Liegt das gezahlte Entgelt unter dem in § 10 Abs. 4 UStG genannten Wert, ist als Bemessungsgrundlage maximal das marktübliche Entgelt anzusetzen.

Die Mindestbemessungsgrundlage ist immer dann anzusetzen, wenn sie das berechnete Entgelt übersteigt.

Beispiel

Ein Bauunternehmer lässt auf dem Neubau seines Poliers Maurerarbeiten ausführen und berechnet ihm ein Entgelt von 10.000,00 €. Die dem Bauunternehmer entstandenen Kosten betragen 12.000,00 €.

Für die sonstige Leistung des Bauunternehmers sind als Mindestbemessungsgrundlage 12.000,00 € anzusetzen, weil dieser Betrag das berechnete Entgelt übersteigt.

AUFGABEN

1. Wonach wird die unentgeltliche Lieferung grundsätzlich bemessen?
2. Was ist Bemessungsgrundlage für die unentgeltliche sonstige Leistung?
3. Welche Kosten sind aus der Bemessungsgrundlage für die unentgeltliche sonstige Leistung auszuscheiden?
4. Was dient als Bemessungsgrundlage, wenn eine GmbH einen selbst hergestellten Gegenstand an einen ihrer Arbeitnehmer liefert und dieser dafür kein besonders berechnetes Entgelt aufwendet?

VERTIEFENDE ÜBUNGEN

Übung 1: Unentgeltliche Leistungen

Übungen 2 bis 8: gemischte Übungen

1. Beurteilen Sie umsatzsteuerrechtlich die folgenden Fälle.

Fall 1:
Uwe Meinken ist Inhaber einer Fahrradfabrik in Stuttgart. Er entnimmt aus seinem Betrieb ein Fahrrad und schenkt es seiner Tochter zum Geburtstag.

Fall 2:
Meinken (siehe Fall 1) entnimmt aus seinem Auslieferungslager in Zürich (Schweiz) ein Fahrrad und schenkt es seinem Neffen.

Fall 3:
Thomas Schmidt betreibt in Freiburg im Breisgau einen Gemüse- und Früchtehandel. Er hat seinen betrieblichen Kombiwagen für eine zehntägige Privatreise in Deutschland und der Schweiz verwendet.

Fall 4:
Der Geschäftsführer einer Metallwarenfabrik in München bewirtet mehrere Geschäftsfreunde in einem Lokal in München. Von den ordnungsgemäß nachgewiesenen Bewirtungsaufwendungen von 750,00 € hat das Finanzamt 250,00 € als unangemessen gestrichen.

Fall 5:
Sachverhalt wie in Fall 4, jedoch mit dem Unterschied, dass die Bewirtung in der Schweiz stattgefunden hat.

2. a) Welche Beträge sind durchlaufende Posten?
b) Wer muss welche Beträge der Umsatzsteuer unterwerfen?

Die Beträge sind netto, d. h. ohne Umsatzsteuer, angegeben.

Fall 1:
Max Grunert unterhält in Magdeburg eine Tankstelle der Mineralölgesellschaft Sphinx AG. An der Tankstelle ist ein Schild mit dem Hinweis angebracht, dass der Verkauf von Treib- und Schmierstoffen im Namen und für Rechnung der AG erfolgt. Der Tankstellenhalter Grunert bekommt aus diesen Verkäufen eine Provision von 10 %.

Der Verkauf von Autozubehörteilen, Autoputzmitteln usw. und die Wagenpflege werden vom Tankstelleninhaber im eigenen Namen ausgeführt. Im vorigen Monat hat Grunert aus dem Verkauf von Treib- und Schmierstoffen 50.000,00 € vereinnahmt und nach Abzug seiner Provision von 5.000,00 € den Unterschiedsbetrag von 45.000,00 € an die Mineralölgesellschaft überwiesen. Aus dem Verkauf von Autozubehörteilen usw. hat er 1.000,00 € vereinnahmt.

Fall 2:
Der Rechtsanwalt Hans Keller, Freiburg im Breisgau, hat einen Schweizer Studenten aus Genf vor einem Freiburger Gericht in einem Strafprozess vertreten. Der Rechtsanwalt hat zu Beginn des Prozesses von seinem Mandanten einen vom Gericht geforderten Kostenvorschuss von 180,00 € vereinnahmt und an das Gericht abgeführt. Der Mandant hat außerdem 200,00 € als Vorschuss auf das zu zahlende Honorar an den Anwalt in bar gezahlt.

3. a) Welcher Unternehmer tritt als Kommissionär auf?
b) Welche Beträge stellen steuerbares Entgelt dar, und welcher Betrag ist nicht steuerbar?

Die Beträge sind netto, d. h. ohne Umsatzsteuer, angegeben.

Fall 1:
Der Buchhalter Uwe Lenz, Remscheid, hat seine gebrauchte Ziehharmonika dem Altwarenhändler Wolfgang Siebert, Wuppertal, für 250,00 € zum Kauf angeboten. Siebert hat sich bereit erklärt, die Ziehharmonika seinen Kunden anzubieten unter der Voraussetzung, dass er von dem erzielten Preis nur 70 % an Lenz abführt und den Rest von 30 % für sich behält. Die Ziehharmonika ist an einen Kunden mit Zustimmung des Auftraggebers Lenz zum Preis von 240,00 € gegen bar verkauft worden. Davon hat Lenz 168,00 € erhalten.

Fall 2:
Hans Schuhmacher unterhält in Bochum ein Speiselokal. Er hat mit dem benachbarten Unternehmen vereinbart, den Angestellten an Arbeitstagen Mittagessen anzubieten gegen Zahlung von 2,00 € und Aushändigung eines Gutscheins über 4,00 € je Person und Mahlzeit. Die Gutscheine kann der Wirt jederzeit an der Geschäftskasse des benachbarten Unternehmens zur Einlösung vorlegen. Im vorigen Monat hat Schuhmacher für das Mittagessen von den Angestellten 1.600,00 € und von dem Unternehmen 3.200,00 € vereinnahmt.

4. Wie viel Euro beträgt die Bemessungsgrundlage nach § 25a Abs. 3 UStG?

Fall 1:
Ein Gebrauchtwarenhändler in Ulm hat einen gebrauchten Orientteppich von einer

Privatperson für 2.500,00 € gekauft und für 3.400,00 € verkauft.

Fall 2:
Sachverhalt wie in Fall 1 mit dem Unterschied, dass der Händler den Teppich nicht wieder verkauft, sondern ihn aus seinem Geschäft für seine Privatwohnung entnommen hat. Im Zeitpunkt der Entnahme hätte er für den Teppich auf dem freien Markt einen Einkaufspreis von 2.800,00 € zahlen müssen.

5. Beurteilen Sie umsatzsteuerrechtlich die folgenden Fälle.

Fall 1:
Jan Seidenreich ist Inhaber eines Konfektionsbetriebs für Damenoberbekleidung in Stuttgart. Er hat aus seinem Unternehmen den Stoff für ein Damenkostüm entnommen und seiner Schwester Margrit, die in Ulm eine Damenschneiderei unterhält, geschenkt. Der Einkaufspreis des entnommenen Stoffs beträgt netto 140,00 €.

Fall 2:
Seidenreich (siehe Fall 1) hat im vorigen Jahr für seinen Betrieb einen gebrauchten Pkw von einer Privatperson in Stuttgart für 10.000,00 € angeschafft. Verbesserungen, z. B. Reparaturen, hat Seidenreich an dem Fahrzeug nicht ausführen lassen. In diesem Jahr hat er den Pkw aus dem Betrieb entnommen und seiner Tochter, die in München studiert, geschenkt. Der Einkaufspreis des Fahrzeugs betrug zum Zeitpunkt der Entnahme 7.000,00 € (ohne Umsatzsteuer).

Fall 3:
Boris Schmidt betreibt in Erfurt ein Porzellanwarengeschäft. Er hat 2019 für sein Geschäft einen Pkw angeschafft, den er auch privat nutzt. Er fährt damit an 20 Tagen im Monat zum Betrieb, der 15 km von der Wohnung entfernt liegt. Die Bemessungsgrundlage für die Entnahme ermittelt er nach der 1-%-Regelung.

Listenpreis im Zeitpunkt der Erstzulassung	32.500,00 €
Sonderausstattung	886,00 €
Umsatzsteuer (19 %)	6.344,00 €
Listenpreis insgesamt	39.730,00 €

Fall 4:
Sachverhalt wie in Fall 3 mit dem Unterschied, dass Schmidt die auf die Privatfahrten entfallenden Kfz-Aufwendungen in Höhe von 4.400,00 € durch ein ordnungsgemäß geführtes Fahrtenbuch nachgewiesen hat. In dem Betrag von 4.400,00 € sind die anteilige Kfz-Steuer und Kfz-Versicherung mit insgesamt 400,00 € enthalten.

6. a) Liegen steuerbare oder nicht steuerbare Vorgänge vor?
b) Was ist Bemessungsgrundlage für die Umsatzsteuer?

Fall 1:
Walter Kamp betreibt auf der Insel Helgoland eine Gastwirtschaft. Er hat aus seinem Unternehmen Spirituosen mit Einkaufspreis von netto 85,00 € für private Zwecke entnommen.

Fall 2:
Rudolf Döring ist Geschäftsführer der Schuhwarengroßhandlung Waller & Co., Würzburg. Für die täglichen Fahrten zwischen Wohnung und erster Tätigkeitsstätte (Entfernung 10 km) verwendet er seinen eigenen privaten Pkw.

Fall 3:
Die Haushaltsgerätefabrik Hambrock & Co. GmbH, Dortmund, hat ihrer Geschäftsführerin zum Geburtstag eine Waschmaschine geschenkt. Die Selbstkosten der Maschine haben 500,00 € betragen.

Fall 4:
Die GmbH (siehe Fall 3) hat ihrer Buchhalterin einen Geschirrspüler zum Entgelt von 400,00 € geliefert. Die Selbstkosten haben 600,00 € und das marktübliche Entgelt 500,00 € betragen.

7. Stellen Sie begründet in den folgenden Aktivitäten des Antiquitätenhändlers Anton Alt e.K., Köln, der nur Umsätze zum Regelsteuersatz ausführt,
a) die Steuerbarkeit,
b) die Steuerpflichtigkeit und
c) die Bemessungsgrundlage des jeweiligen Umsatzes fest.

Fall 1:
Alt verkauft an eine Kundin ein Armband aus böhmischen Granaten zum Preis von 1.999,00 €.

Fall 2:
Alt hat im Kundenauftrag eine flämische Truhe aus dem 17. Jahrhundert von einem Kollegen in Köln gekauft. Er stellt dem Kunden Fröhlich folgende Rechnung aus:

1 flämische Truhe	3.000,00 €
vorgelegte Transportkosten (wie vereinbart) von Fröhlich zu tragen	230,00 €
zuzüglich 19 % Umsatzsteuer	570,00 €
	3.800,00 €

→

Fall 3:
Der Klempnermeister Rohrig hat bei Alt ein WC im Ladenlokal repariert. Alt überlässt Rohrig als Bezahlung eine Armbanduhr, die im Schaufenster mit 149,90 € ausgezeichnet ist. Rohrig hätte einem anderen Kunden laut Stundenzettel 99,00 € einschließlich 19 % Umsatzsteuer für die WC-Reparatur berechnet.

Fall 4:
Alt kauft beim Autohändler Neesgen einen neuen Pkw zum Kaufpreis von netto 80.000,00 € (einschließlich Sonderausstattung). Alt gibt seinen alten, betrieblichen Pkw in Zahlung und überweist noch 40.000,00 € an Neesgen.

Fall 5:
Alt schenkt seiner Ehefrau ein Collier zum Hochzeitstag. Das Collier entnahm er seinem Ladenlokal, wo es mit 5.800,00 € ausgezeichnet war. Das Collier hatte Alt zum Preis von 1.000,00 € stark beschädigt gekauft und dann in seiner Werkstatt von einem angestellten Goldschmied reparieren lassen. Dabei fielen zusätzlich noch an:

Lohnkosten einschließlich aller Lohnnebenkosten	480,00 €
Materialkosten (Gold/Edelsteine)	1.300,00 €
Gemeinkostenanteil der Werkstatt für die Reparatur	120,00 €

Fall 6:
Alt schenkt seiner Verkäuferin wegen hervorragender Verdienste eine antike Brosche.

Einkaufspreis (netto)	1.000,00 €
Verkaufspreis (brutto)	1.999,00 €
Wiederbeschaffungskosten (netto)	950,00 €

Fall 7:
Einer guten Kundin schenkt Alt zum Weihnachtsfest einen silbernen Bilderrahmen, der im Einkauf 70,00 € gekostet hat und im Laden mit 149,00 € ausgezeichnet ist. Der aktuelle Einkaufspreis zum Jahresende beträgt 75,00 € ohne Umsatzsteuer, das marktübliche Entgelt 125,00 €.

Fall 8:
Seiner Verkäuferin überlässt er den selben Bilderrahmen zum Vorzugspreis von 50,00 €, weil diese den Rahmen ihrer Mutter zu Weihnachten schenken will.

8. Stellen Sie begründet dar, welche steuerbaren Vorgänge vorliegen und wie hoch die jeweilige Bemessungsgrundlage ist.

Fall 1:
Der selbstständige Elektrikermeister Kabel, Hamburg, lässt auf einem privaten Grundstück durch einen Rohbauunternehmer ein Einfamilienhaus für sich und seine Familie errichten. Nach Fertigstellung des Rohbaus führt er die Elektroinstallationsarbeiten mit seinem Betrieb selbst aus. Das Material zum Einkaufspreis von 6.000,00 € entnimmt er dem betrieblichen Lager. An Lohnkosten für seine Arbeitnehmer fallen 2.200,00 € an, durch seine eigene Mitarbeit erspart er Arbeitslohn von 1.800,00 €. Einem Kunden hätte er für das gesamte Gewerk laut betrieblicher Kosten- und Leistungsrechnung 13.400,00 € zuzüglich 19 % Umsatzsteuer in Rechnung stellen müssen.

Fall 2:
Nach Fertigstellung des Hauses bezieht Kabel (siehe Fall 1) über seinen Betrieb für die Küche des privaten Einfamilienhauses einen Kühlschrank von General Electric zum Listeneinkaufspreis von 2.000,00 €, abzüglich 30 % Wiederverkäuferrabatt, zuzüglich 19 % Umsatzsteuer. Seine Buchhaltung erfasst den Vorgang mit:

Privat	an Entnahme	
1.666,00 €	von Gegenständen	1.400,00 €
	und Umsatzsteuer	266,00 €

Einem Kunden hätte Kabel 2.999,00 € zuzüglich 19 % Umsatzsteuer in Rechnung gestellt.

Fall 3:
Kabel aus Fall 1 benutzt den betrieblichen Pkw unstrittig zu 20 % für Privatfahrten.

Der Pkw wurde im März 2019 von einem Kfz-Händler angeschafft, der Vorsteuerabzug wurde voll in Anspruch genommen. Im Jahr fielen folgende als betrieblicher Aufwand erfasste Kosten an:

AfA 5.300,00 €, Steuer und Versicherung 1.100,00 €, sonstige Betriebskosten 4.200,00 €, Reparaturkosten aus einem Unfall auf der Kegeltour des Kegelclubs „Lustige Neune“ 2.320,00 €. Die gesamte Jahresleistung betrug 30 000 km.

Fall 4:
Die Maschinenbau GmbH, Bremen, verkauft ihrem Gesellschafter Schwacke einen gebrauchten betrieblichen Pkw zum Preis von 30.000,00 € zuzüglich 19 % Umsatzsteuer. In der Preisliste für Wiederverkäufer ist der Verkaufspreis des Pkw mit 42.000,00 € verzeichnet, in der ADAC-Gebrauchtwagenpreisliste mit 48.000,00 € und das marktübliche Entgelt liegt etwa bei 55.000,00 €.

3.7 Entstehung der Umsatzsteuer

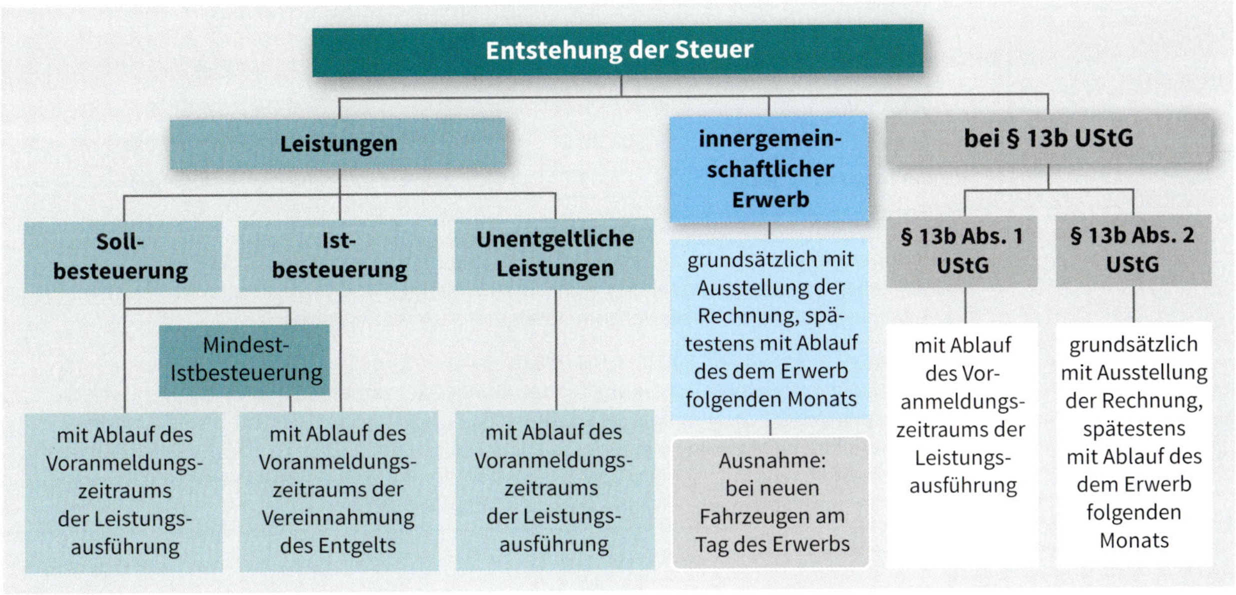

Die Steuer entsteht nach § 13 UStG:

- für **Lieferungen** und **sonstige Leistungen**
  - bei der **Besteuerung nach vereinbarten Entgelten (Sollbesteuerung)** mit Ablauf des Voranmeldungszeitraums, in dem die Leistungen ausgeführt worden sind. Wird das Entgelt (oder ein Teil des Entgelts) vereinnahmt, bevor die Leistung ausgeführt worden ist (Anzahlungen, Vorauszahlungen, Abschlagszahlungen), so entsteht insoweit die Steuer mit Ablauf des Voranmeldungszeitraums, in dem das Entgelt vereinnahmt worden ist **(Mindest-Istbesteuerung)**;
  - bei der **Besteuerung nach vereinnahmten Entgelten (Istbesteuerung)**[1] mit Ablauf des Voranmeldungszeitraums, in dem die Entgelte vereinnahmt worden sind;
- für **unentgeltliche Leistungen** nach § 3 Abs. 1b und 9a UStG mit Ablauf des Voranmeldungszeitraums, in dem diese Leistungen ausgeführt worden sind;
- für den **innergemeinschaftlichen Erwerb im Sinne des § 1a UStG** (siehe 3.3.4) mit Ausstellung der Rechnung, spätestens jedoch mit Ablauf des dem Erwerb folgenden Monats (§ 13 Abs. 1 Nr. 6 UStG);
- für den **innergemeinschaftlichen Erwerb von neuen Fahrzeugen im Sinne des § 1b UStG** am Tag des Erwerbs (§ 13 Abs. 1 Nr. 7 UStG);

Für die **Umsatzsteuer nach § 13b UStG** siehe auch Kapitel 3.14.

Beispiele

a) Ein Bauunternehmer in Darmstadt, der monatlich Umsatzsteuer-Voranmeldungen abzugeben hat und seine Umsätze nach vereinbarten Entgelten versteuert, hat auf dem Gelände einer Fabrik in Offenbach den Rohbau einer Werkhalle für brutto 107.100,00 € (90.000,00 € + 17.100,00 € Umsatzsteuer) errichtet. Die Arbeiten haben fünf Monate gedauert. Am 15. Okt. ist der fertiggestellte Rohbau übergeben worden. Die Zahlung ist am 12. Nov. erfolgt. Hier liegt eine Werklieferung

1 Die Istbesteuerung ist möglich bei einem Jahresumsatz bis 600.000,00 € (§ 20 Abs. 1 Nr. UStG).

→

vor, die im Zeitpunkt der Übergabe als ausgeführt galt. Die Steuer war demnach mit Ablauf des Voranmeldungszeitraums Okt. entstanden und der Umsatz musste in der Voranmeldung für Okt., die bis zum 10. Nov. abzugeben war, angemeldet und versteuert werden.

b) Sachverhalt wie in a) mit dem Unterschied, dass das Entgelt wie folgt gezahlt worden ist:

Anzahlung am 15. Juni	5.355,00 €	(4.500,00 € + 855,00 € Umsatzsteuer)
Zahlung am 15. Okt.	52.360,00 €	(44.000,00 € + 8.360,00 € Umsatzsteuer)
Restzahlung am 30. Dez.	49.385,00 €	(41.500,00 € + 7.885,00 € Umsatzsteuer)
insgesamt	107.100,00 €	

Der Bauunternehmer musste das am 15. Juni vereinnahmte Entgelt von 4.500,00 € in seiner Umsatzsteuer-Voranmeldung für den Monat Juni anmelden und versteuern, weil die Steuer für die Anzahlung mit Ablauf dieses Voranmeldungszeitraums entstanden ist.

Das restliche Entgelt von 85.500,00 € (44.000,00 € + 41.500,00 €) musste der Bauunternehmer in seiner Umsatzsteuer-Voranmeldung für den Monat Okt. anmelden und versteuern, weil die Werklieferung in dem Voranmeldungszeitraum Okt. ausgeführt worden ist. Deshalb ist die Steuer mit Ablauf dieses Voranmeldungszeitraums entstanden. Dass brutto 49.385,00 € erst am 30. Dez. eingegangen sind, ist ohne Bedeutung, weil der Bauunternehmer seine Umsätze nach vereinbarten und nicht nach vereinnahmten Entgelten versteuert.

AUFGABEN

1. Wann entsteht die Steuer für Lieferungen und sonstige Leistungen bei der
   a) Sollbesteuerung,
   b) Istbesteuerung,
   c) Mindest-Istbesteuerung?

2. Wann entsteht die Steuer bei unentgeltlichen Leistungen?

3. Wann entsteht die Steuer beim innergemeinschaftlichen Erwerb
   a) grundsätzlich,
   b) beim Erwerb neuer Fahrzeuge?

VERTIEFENDE ÜBUNG

Übungen zur Umsatzsteuer-Voranmeldung

Welche Beträge sind in welchen Voranmeldungszeiträumen in der Umsatzsteuer-Voranmeldung zu erfassen

a) im Fall der Sollbesteuerung und
b) im Fall der Istbesteuerung?

Ein Heizungsleger in Bochum, der monatlich Voranmeldungen abzugeben hat (Monatszahler), hat im Dez. v. J. von einer Kommanditgesellschaft den Auftrag erhalten, in ein Geschäftshaus in Herne eine neue Heizungsanlage für 119.000,00 € (100.000,00 € + 19.000,00 € Umsatzsteuer) einzubauen. Die Arbeiten sind in den Sommermonaten dieses Jahres ausgeführt worden und die Heizungsanlage ist am 10. Aug. d. J. betriebsfertig übergeben worden. Die Umsatzsteuer beträgt 19 %.

Die KG hat die folgenden Zahlungen geleistet:

Anzahlung am 15. Juni d. J.	35.700,00 €	(30.000,00 € + 5.700,00 € Umsatzsteuer)
Abschlagszahlung am 30. Juni d. J.	11.305,00 €	(9.500,00 € + 1.805,00 € Umsatzsteuer)
Abschlagszahlung am 10. Juli d. J.	11.305,00 €	(9.500,00 € + 1.805,00 € Umsatzsteuer)
Abschlagszahlung am 15. Juli d. J.	11.900,00 €	(10.000,00 € + 1.900,00 € Umsatzsteuer)
Abschlagszahlung am 30. Juli d. J.	10.710,00 €	(9.000,00 € + 1.710,00 € Umsatzsteuer)
Zahlung bei Übergabe am 30. Aug. d. J.	32.130,00 €	(27.000,00 € + 5.130,00 € Umsatzsteuer)
Restzahlung am 20. Dez. d. J.	5.950,00 €	(5.000,00 € + 950,00 € Umsatzsteuer)
	119.000,00 €	

3.8 Steuersätze

Steuersätze

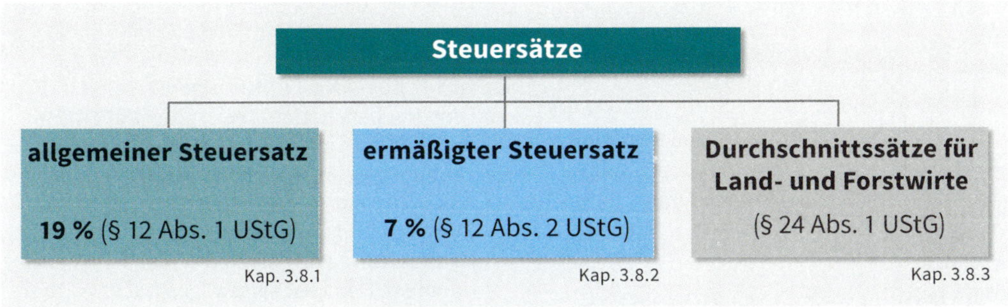

Durch Anwendung der Steuersätze auf die Bemessungsgrundlage ergibt sich die Umsatzsteuerschuld im Sinne des § 13 Abs. 1 und 2 UStG (Traglast).

Umsatzsteuer

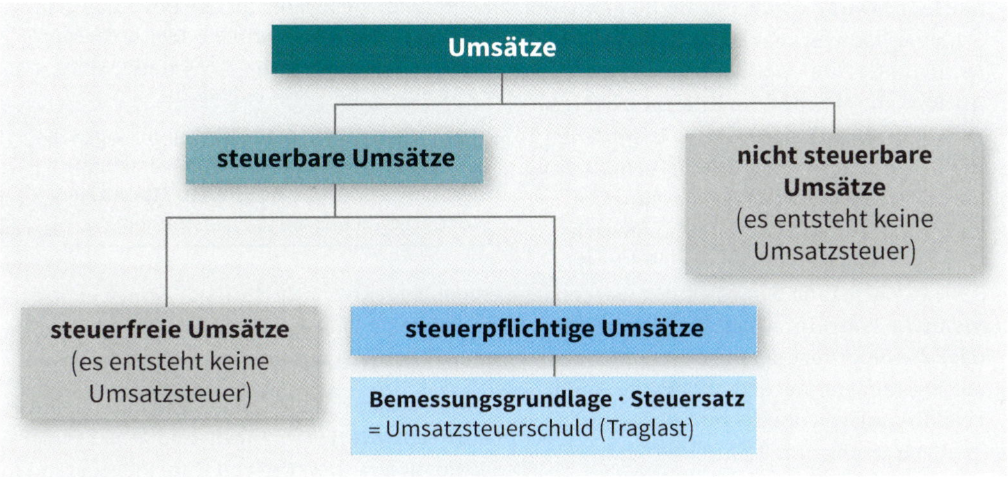

3.8.1 Allgemeiner Steuersatz

Der allgemeine Steuersatz beträgt für jeden steuerpflichtigen Umsatz 19 % der Bemessungsgrundlage (§ 12 Abs. 1 UStG). Dieser Steuersatz ist immer dann anzuwenden, wenn nicht der ermäßigte Steuersatz oder der Durchschnittssteuersatz für Land- und Forstwirte anzuwenden ist.

3.8.2 Ermäßigter Steuersatz

Der ermäßigte Steuersatz beträgt 7 % für die in § 12 Abs. 2 UStG näher bezeichneten Umsätze. Dem ermäßigten Steuersatz unterliegen z. B.:

- die Lieferungen (auch unentgeltliche), die Einfuhr und der innergemeinschaftliche Erwerb der in der Anlage 2 zu § 12 Abs. 2 Nr. 1 UStG bezeichneten Gegenstände. Dazu gehören z. B.
  - alle Lebensmittel mit Ausnahme von Kaviar, Langusten, Hummer, Austern und Schnecken,
  - Wasser, Milch, Milchgetränke mit einem Milchanteil von mindestens 75 % (andere Getränke sind nicht begünstigt),
  - Kaffee, Tee, Gewürze,
  - Monatshygieneartikel,
  - Fahrstühle und ähnliche Fahrzeuge für Kranke und Körperbehinderte;

→

- die Vermietung der in der Anlage 2 zu § 12 Abs. 2 Nr. 1 UStG bezeichneten Gegenstände (§ 12 Abs. 2 Nr. 2 UStG), z. B. Krankenfahrzeuge;
- die Leistungen (auch unentgeltliche) aus der Tätigkeit als Zahntechniker sowie die Lieferung von Zahnprothesen und kieferorthopädischen Apparaten durch Zahnärzte, soweit sie der Unternehmer hergestellt oder wiederhergestellt hat (§ 12 Abs. 2 Nr. 6 UStG);
- die Leistungen der Theater, Orchester, Chöre sowie die Veranstaltung von Theatervorführungen und Konzerten durch andere Unternehmer (§ 12 Abs. 2 Nr. 7 UStG);
- die Beförderung von Personen im gesamten Schienenbahnverkehr nach § 12 Abs. 2 Nr. 10 UStG;
  Ab 2020 entfällt also die Kilometerbegrenzung. Für Rabatt-Karten (z. B. Bahncards) wird zukünftig auch die Steuerermäßigung gewährt. Bei anderen Verkehrsmitteln (z. B. Oberleitungsomnibussen) müssen weitere Voraussetzungen nach § 12 Abs. 2 Nr. 10 Buchstabe b UStG erfüllt werden. Wenn die Fahrt innerhalb der Gemeinde oder die Beförderungsstrecke nicht mehr als 50 Kilometer beträgt, wird eine Steuerermäßigung gewährt.
- die Vermietung von Wohn- und Schlafräumen, die ein Unternehmer zur kurzfristigen Beherbergung von Fremden bereithält, sowie die kurzfristige Vermietung von Campingflächen.

Grundsätzlich unterliegt die Lieferung von Speisen und Getränken (teilweise) dem ermäßigten Steuersatz von 7 %. Die Abgabe von Speisen und Getränken zum Verzehr an Ort und Stelle ist allerdings keine Lieferung, sondern eine sonstige Leistung. Damit ist auch die Entnahme von Speisen, die vom Unternehmer oder ihm nahe stehenden Personen unentgeltlich im Geschäftslokal verspeist werden, nicht mit dem ermäßigten Steuersatz begünstigt.

Beispiel

Ein Bäckermeister in Jena (Inland) betreibt dort ein Ladengeschäft und ein Café. Er hat im Ladengeschäft Waren, die in der Anlage zu § 12 Abs. 2 Nr. 1 UStG aufgeführt sind (z. B. Brot, Kuchen, Kaffee, Tee), „über die Straße" verkauft. Im Café hat er Kuchen, Kaffee und Tee zum Verzehr an Ort und Stelle verkauft. Außerdem hat er aus seinem Unternehmen (Geschäft und Café) Brot, Brötchen, Kuchen, Kaffee und Tee für seinen Privathaushalt entnommen. Den Geschäftswagen hat er zu 20 % privat genutzt.

Dem ermäßigten Steuersatz unterliegen die Lieferungen im Ladengeschäft und die entnommenen Waren für den Privathaushalt (unentgeltliche Lieferungen), weil es sich um Gegenstände handelt, die in der Anlage zu § 12 Abs. 2 Nr. 1 UStG aufgeführt sind.

Dem allgemeinen Steuersatz unterliegen die sonstigen Leistungen im Café (Verzehr an Ort und Stelle) und die private Kfz-Nutzung (unentgeltliche sonstige Leistungen).

Nach § 12 Abs. 2 Nr. 12 UStG ist der ermäßigte Steuersatz auf die Einfuhr von Kunstgegenständen und Sammlungsstücken anwendbar.

Die Anwendung des ermäßigten Steuersatzes auch auf die Lieferungen und innergemeinschaftlichen Erwerbe von Kunstgegenständen ist in § 12 Abs. 2 Nr. 13 UStG geregelt. Danach ist die Steuerermäßigung auf die Lieferungen und innergemeinschaftlichen Erwerbe von Kunstgegenständen anwendbar, wenn der Gegenstand vom Urheber selbst bzw. seinem Rechtsnachfolger oder – bei Vorliegen weiterer Voraussetzungen – von einem Unternehmer geliefert wird, der kein Wiederverkäufer ist. Die Umsätze des gewerblichen Kunsthandels (z. B. Galeristen oder Kunsthändler) sind von der Umsatzsteuerermäßigung ausgeschlossen. Nach § 12 Abs. 2 Nr. 14 UStG erfolgt bei E-Books, E-Papers und ähnlichen Produkten grundsätzlich eine Steuerermäßigung auf 7 %.

4497176

3.8.3 Durchschnittssätze für land- und forstwirtschaftliche Betriebe (§ 24 UStG)

Für die Besteuerung der land- und forstwirtschaftlichen Betriebe sind aus Gründen der Vereinfachung Durchschnittssätze für Steuer und Vorsteuer festgesetzt worden. Beide Beträge, Umsatzsteuer und Vorsteuer, stimmen in der Regel überein, sodass – abgesehen von den Ausnahmen, die aus der nachstehenden Aufstellung ersichtlich sind – weder eine Zahllast noch ein Vorsteuerguthaben entstehen kann. Dabei werden eventuelle Kürzungsbeträge wie Vorsteuern behandelt.

Die Durchschnittssätze betragen nach § 24 Abs. 1 UStG:

- für Lieferungen (einschließlich unentgeltliche Lieferungen) von forstwirtschaftlichen Erzeugnissen, ausgenommen Sägewerkserzeugnisse (z. B. Rund-, Schicht- und Abfallholz),

	%
Umsatzsteuer	5,5
Vorsteuer	5,5
Zahllast	0

- für Lieferungen (einschließlich unentgeltliche Lieferungen) von den in der Anlage zum UStG aufgeführten Sägewerkserzeugnissen (z. B. Schnittholzabfälle), für sonstige Leistungen eines land- oder forstwirtschaftlichen Betriebs (z. B. Lohnfuhren) und für Hilfsumsätze (z. B. Verkauf eines gebrauchten Traktors)

Umsatzsteuer	10,7
Vorsteuer	10,7
Zahllast	0

- für Lieferungen (einschließlich unentgeltliche Lieferungen; ausgenommen Ausfuhrlieferungen und Umsätze im Ausland) der in der Anlage zum UStG nicht aufgeführten Sägewerkserzeugnisse (z. B. Kanthölzer, Bretter, Leisten, Bohlen)

Umsatzsteuer	19,0
Vorsteuer	10,7
Zahllast	8,3

- für Lieferungen (einschließlich unentgeltliche Lieferungen; ausgenommen Ausfuhrlieferungen und Umsätze im Ausland) alkoholischer Flüssigkeiten (z. B. reiner Alkohol) und der in der Anlage zum UStG nicht aufgeführten Getränke (z. B. Wein, Traubensaft, Frucht- und Gemüsesäfte)

Umsatzsteuer	19,0
Vorsteuer	10,7
Zahllast	8,3

- für Ausfuhrlieferungen und für im Ausland bewirkte Umsätze
  a) der in der Anlage zum UStG nicht aufgeführten Sägewerkserzeugnisse (z. B. Kanthölzer, Bretter)

Umsatzsteuer	10,7
Vorsteuer	10,7
Zahllast	0

  b) alkoholischer Flüssigkeiten (z. B. reiner Alkohol) und der in der Anlage zum UStG nicht aufgeführten Getränke (z. B. Wein, Traubensaft, Frucht- und Gemüsesäfte)

Umsatzsteuer	10,7
Vorsteuer	10,7
Zahllast	0

- grundsätzlich für alle übrigen Umsätze im Rahmen eines land- oder forstwirtschaftlichen Betriebs, für die die obigen Steuersätze nicht in Betracht kommen.
  Darunter fallen insbesondere die Umsätze der wichtigsten landwirtschaftlichen Erzeugnisse (z. B. Getreide, Vieh, Milch, Obst, Gemüse, Fleisch, Eier).

Umsatzsteuer	10,7
Vorsteuer	10,7
Zahllast	0

Der Unternehmer kann spätestens bis zum 10. Tage eines Kalenderjahres dem Finanzamt erklären, dass seine Umsätze vom Beginn des vorangegangenen Kalenderjahres an nicht nach Durchschnittssätzen gem. § 24 Abs. 1–3 UStG, sondern nach allgemeinen Vorschriften des UStG besteuert werden sollen (Option nach § 24 Abs. 4 UStG).

Die Optionserklärung bindet den Unternehmer für mindestens fünf Jahre. Die Erklärung ist nicht an eine bestimmte Form gebunden. Es genügt, wenn der Unternehmer in der ersten Voranmeldung des Kalenderjahres die Vorauszahlung nach den allgemeinen Vorschriften des UStG berechnet.

AUFGABEN

1. Welche Steuersätze kennen Sie?
2. Welche Umsätze unterliegen z. B. dem ermäßigten Steuersatz nach § 12 Abs. 2 UStG? Nennen Sie fünf Beispiele.
3. Wie werden die Umsätze der land- und forstwirtschaftlichen Betriebe besteuert?

VERTIEFENDE ÜBUNG

Übungen zu den Steuersätzen

Welche Beträge sind in den folgenden Fällen mit 7 % und welche mit 19 % Umsatzsteuer zu versteuern?

Fall 1:
Der Gemüsegroßhändler Wilhelm Riedel hat in der vorigen Woche auf dem Hamburger Großmarkt folgende Verkäufe getätigt:

Kartoffeln für netto	1.500,00 €
Karotten für netto	450,00 €
Pilze für netto	600,00 €
Tomaten für netto	1.400,00 €
trockene ausgelöste Erbsen und Bohnen für netto	4.100,00 €
insgesamt	8.050,00 €

Fall 2:
Der Fischgroßhändler Emil Krebs, Bremerhaven, hat am letzten Freitag folgende Verkäufe an verschiedene Abnehmer im Inland getätigt:

Forellen für netto	200,00 €
Aale für netto	400,00 €
Karpfen für netto	350,00 €
Heringe für netto	120,00 €
Schellfisch für netto	330,00 €
Heilbutt für netto	100,00 €
Zierfische für netto	120,00 €
Langusten für netto	180,00 €
Krabben für netto	300,00 €
insgesamt	2.100,00 €

Fall 3:

1. Ein Bäcker liefert Brot und Kuchen an eine Kantine in Heidelberg.
2. Der Bäcker liefert in seinem Café Kuchen und Kaffee zum Verzehr an Ort und Stelle.
3. Der Bäcker lässt sich von seinem Personal in seinem Café mit Kuchen und Kaffee zum Verzehr an Ort und Stelle bedienen.
4. Ein Milchgeschäft liefert Milch und Butter an Hausfrauen.
5. Der Inhaber des Milchgeschäfts (siehe Nr. 4) entnimmt Milch und Butter für seinen Privathaushalt.
6. Der Inhaber des Milchgeschäfts verwendet seinen betrieblichen Kombiwagen für private Zwecke.
7. Ein Steuerberater berät einen Mandanten gegen Honorar.
8. Ein Taxifahrer macht mit einem Fahrgast aus Amerika eine Besichtigungsfahrt im Stadtgebiet von Stuttgart. Die zurückgelegte Strecke beträgt 80 km.
9. Ein Fahrgast lässt sich von einem Mietwagen in Düsseldorf vom Hotel zum Hauptbahnhof befördern. Zurückgelegte Strecke: 20 km.
10. Ein Taxifahrer befördert einen Fahrgast von Bad Reichenhall nach Berchtesgaden. Die zurückgelegte Strecke beträgt 32 km.

3.9 Vorsteuerabzug

Vorsteuerabzug

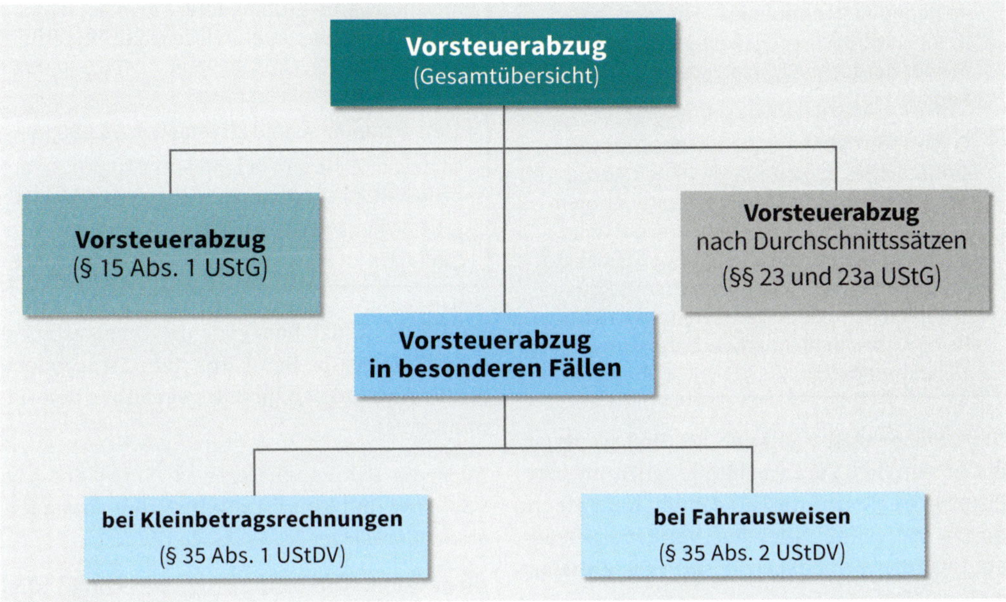

Zahllast

Der Vorsteuerabzug ist das **Kernstück der Mehrwertbesteuerung**. Der Vorsteuerabzug bewirkt, dass eine Kumulation, eine Anhäufung der Steuer, nicht eintritt.

Der Unternehmer kann nach § 15 Abs. 1 UStG unter bestimmten Voraussetzungen die ihm von anderen Unternehmern gesondert in Rechnung gestellte Umsatzsteuer und die von ihm gezahlte Umsatzsteuer für den innergemeinschaftlichen Erwerb **(Erwerbsteuer)** als **Vorsteuer** von seiner Umsatzsteuerschuld (Traglast) abziehen.

Steuerpflichtige Umsätze

	Bemessungsgrundlage · Steuersatz
=	**Steuerschuld (Traglast)**
–	**abziehbare Vorsteuer**
=	**abzuführende Umsatzsteuer (Zahllast)**

3.9.1 Wer ist zum Vorsteuerabzug berechtigt?

Nur ein Unternehmer ist zum Vorsteuerabzug berechtigt (§ 15 Abs. 1 UStG). Dabei ist es ohne Bedeutung, ob er im Inland seinen Sitz oder eine Betriebsstätte hat oder ob er im Inland Umsätze tätigt oder ob er ausschließlich nicht steuerbare Umsätze bewirkt (Abschn. 15.1 Abs. 2 UStAE).

Beispiele

a) Ein Drogist, der auf Helgoland (umsatzsteuerrechtliches Ausland) ein Ladengeschäft betreibt, tätigt nur nicht steuerbare Umsätze.

Der Unternehmer ist aber zum Vorsteuerabzug berechtigt, obwohl er im Inland weder seinen Sitz hat noch Umsätze tätigt.

→

b) Dem Inhaber einer Möbelfabrik aus Warschau (Polen) sind auf einer Geschäftsreise im Inland Aufwendungen – Fahrtkosten (Bahn) und Bewirtungskosten – entstanden, die der deutschen Umsatzsteuer unterlegen haben.

Er ist Unternehmer im Sinne des Umsatzsteuerrechts. Er kann deshalb den Abzug der im Inland angefallenen Vorsteuer beim Finanzamt geltend machen, obwohl er im Inland weder seinen Sitz hat noch Umsätze tätigt und obwohl die Geschäftsreise ausschließlich mit dem Gewerbebetrieb in Polen, also mit nicht steuerbaren Umsätzen, zusammenhängt.

Der Unternehmer zieht von der Umsatzsteuer, die er für den Voranmeldungszeitraum bzw. Besteuerungszeitraum errechnet hat, die in diesen Zeitraum fallenden Vorsteuerbeträge ab. Der Unterschiedsbetrag stellt die **Zahllast** dar.

Beispiel

Ein Schuhwareneinzelhändler hat im letzten Kalenderjahr (Besteuerungszeitraum) einen

steuerpflichtigen Umsatz von . .	400.000,00 €
erzielt. Davon Umsatzsteuer	
= Umsatzsteuerschuld (Traglast)	76.000,00 €
– in diesen Zeitraum fallende abzugsfähige Vorsteuer	42.000,00 €
abzuführende Umsatzsteuer (Zahllast)	34.000,00 €

Ist die Vorsteuer höher als die Umsatzsteuerschuld, so ergibt sich keine Zahllast, sondern ein **Erstattungsanspruch** gegenüber dem Finanzamt.

Auch die Fahrzeuglieferer im Sinne des § 2a UStG sind (mit Einschränkung) zum Vorsteuerabzug berechtigt (§ 15 Abs. 4a UStG).

Nicht zum Vorsteuerabzug berechtigt sind Kleinunternehmer, wenn die geschuldete Umsatzsteuer nach § 19 Abs. 1 UStG nicht erhoben wird (Abschn. 15.1 Abs. 4 UStAE).

> **Übung 1, Seite 194, Fälle 1 und 2**

Abziehbare Vorsteuer

3.9.2 Welche Vorsteuern sind abziehbar?

Der Unternehmer kann als Vorsteuer abziehen

nach § 15 Abs. 1 Nr. 1 UStG:
die in Rechnungen **gesondert** ausgewiesene Umsatzsteuer für Leistungen, die von anderen Unternehmern für sein Unternehmen **ausgeführt** worden sind.

Ausnahmen:
bei Kleinbetragsrechnungen, Fahrausweisen und Reisekosten ohne gesonderten Umsatzsteuer-Ausweis; bei Anzahlungen ohne Ausführen der Leistung, aber mit gesondertem Umsatzsteuer-Ausweis und mit erfolgter Zahlung

nach § 15 Abs. 1 Nr. 2 UStG:
die **entstandene Einfuhrumsatzsteuer** für Gegenstände, die für sein Unternehmen aus **Drittländern** eingeführt worden sind.

nach § 15 Abs. 1 Nr. 3 UStG:
die Umsatzsteuer für den **innergemeinschaftlichen Erwerb von Gegenständen** für sein Unternehmen, wenn der innergemeinschaftliche Erwerb nach § 3d Satz 1 UStG im Inland bewirkt wird (die sogenannte **Erwerbsteuer**).

nach § 15 Abs. 1 Nr. 4 UStG:
die Umsatzsteuer des Leistungsempfängers für Leistungen nach § 13b UStG.

Der abzugsberechtigte Unternehmer kann nach § 15 Abs. 1 UStG im Wesentlichen die folgenden Vorsteuerbeträge abziehen[1]:

- die ihm von anderen Unternehmern gesondert in Rechnung gestellte **Umsatzsteuer** für Lieferungen und sonstige Leistungen, die für sein Unternehmen ausgeführt worden sind;
- die entrichtete **Einfuhrumsatzsteuer** für Gegenstände, die für sein Unternehmen in das Inland eingeführt worden sind oder die er zur Ausführung steuerbarer Umsätze in Freihäfen oder im Zwölfseemeilengebiet verwendet;
- die Umsatzsteuer für den innergemeinschaftlichen Erwerb von Gegenständen für sein Unternehmen (§ 15 Abs. 1 Nr. 3 UStG), die sogenannte **Erwerbsteuer**;
- die Steuer für Leistungen im Sinne des § 13b Abs. 1 und 2 UStG, die für sein Unternehmen ausgeführt worden sind.

Der erworbene oder eingeführte Lieferungsgegenstand muss zu mindestens 10 % für das Unternehmen genutzt werden. Damit ist auch im Umsatzsteuerrecht eine Zuordnung von Gegenständen zum umsatzsteuerrechtlichen Unternehmen, die unter 10 % unternehmerisch genutzt werden, nicht möglich.

Maßgebend für die Geltendmachung des Vorsteuerabzugs bei gesondert in Rechnung gestellten Steuern ist grundsätzlich der **Zeitpunkt des Rechnungseingangs** für bereits ausgeführte Lieferungen und sonstige Leistungen.

Wird bei einer **Anzahlung** die Steuer gesondert in Rechnung gestellt, so ist sie als Vorsteuer bereits dann abziehbar, wenn die Rechnung vorliegt und die Zahlung geleistet ist, also nicht erst dann, wenn die Leistung ausgeführt ist (§ 15 Abs. 1 Nr. 1 Satz 2 UStG). Für den Abzug der Einfuhrumsatzsteuer ist dagegen grundsätzlich der Zeitpunkt der Zahlung maßgebend. Im Falle eines Zahlungsaufschubs jedoch kann die Einfuhrumsatzsteuer bereits von der Steuer für den Voranmeldungs- bzw. Besteuerungszeitraum abgesetzt werden, der dem Kalendermonat vorausgeht, in dem die Einfuhrumsatzsteuer zu entrichten ist.

Beispiel

a) Ein Möbelhändler in Heidelberg hat einem Autohändler für dessen Geschäftsräume Möbel gegen spätere Zahlung geliefert. Die Umsatzsteuer ist in der Rechnung gesondert ausgewiesen. Der Autohändler kann die Vorsteuer abziehen, und zwar in dem Voranmeldungszeitraum, in dem die Rechnung eingegangen ist. Dass die Rechnung erst später bezahlt wird, ist für den Vorsteuerabzug ohne Bedeutung. Voraussetzung ist allerdings, dass die Leistung (Lieferung der Möbel) bereits ausgeführt ist.

b) Ein kaufmännischer Angestellter in Bonn hat seinen gebrauchten Pkw an das Unternehmen Renke & Co. verkauft:

1 Pkw Fabrikat Alldag C	15.000,00 €
zuzüglich 19 % Umsatzsteuer	2.850,00 €
	17.850,00 €

Das Unternehmen Renke & Co. kann die gesondert in Rechnung gestellte Umsatzsteuer nicht als Vorsteuer abziehen, weil der Lieferant kein Unternehmer ist. Der kaufmännische Angestellte ist aber nach § 14c Abs. 2 UStG verpflichtet, die Umsatzsteuer an das Finanzamt abzuführen, weil er als Nichtunternehmer unberechtigt Umsatzsteuer gesondert ausgewiesen hat. (Wenn allerdings kein Vorsteuerabzug erfolgte oder die zu Unrecht abgezogene Vorsteuer wieder in die Steuerkasse zurückgezahlt wurde, ist aus Billigkeitsgründen eine Berichtigung der Rechnung analog zu § 14c Abs. 2 Satz 3 UStG zuzulassen.)

c) Eine Stuhlfabrik in Osnabrück hat im Okt. v. J. bei der Maschinenbau GmbH Düsseldorf eine Holzverarbeitungsmaschine für ein Entgelt von 20.000,00 € bestellt. Die Anzahlungsrechnung am 27. Okt. v. J.:

Nettoanzahlung	8.000,00 €
+ 19 % Umsatzsteuer	1.520,00 €
	9.520,00 €

Die Stuhlfabrik hat die Anzahlung am 2. Nov. v. J. geleistet. Die Lieferung der Maschine ist am 15. Dez. v. J. erfolgt.
Die Stuhlfabrik kann den Vorsteuerabzug in ihrer Umsatzsteuer-Voranmeldung für Nov. v. J. geltend machen, weil die Umsatzsteuer gesondert in Rechnung gestellt und die Zahlung im Nov. v. J. geleistet worden ist. Bei Anzahlungen ist es ohne Bedeutung, wann die Leistung ausgeführt wird.

1 Außerdem kann der Unternehmer die nach § 13a Abs. 1 Nr. 6 geschuldete Steuer für Umsätze abziehen, die für sein Unternehmen ausgeführt worden sind (§ 15 Abs. 1 Nr. 5 UStG).

Die Umsatzsteuer für den innergemeinschaftlichen Erwerb (die Erwerbsteuer) und für die Umsatzsteuer nach § 13b UStG (Wechsel der Steuerschuldnerschaft) kann der Unternehmer als Vorsteuer abziehen, sobald sie entstanden ist (→ betragsidentisch und zeitgleich).

Dadurch kann er den Vorsteuerabzug in derselben Umsatzsteuer-Voranmeldung oder Umsatzsteuer-Jahreserklärung in Anspruch nehmen, in der er die Erwerbsteuer erklärt. Eine Rechnung über den innergemeinschaftlichen Erwerb braucht für den Vorsteuerabzug nicht vorzuliegen.

Beispiel

Eine Maschinenfabrik in Metz (Frankreich) hat eine Holzbearbeitungsmaschine zum Entgelt von 50.000,00 € an eine Möbelfabrik in Münster versendet.
Rechnungseingang: 15. Mai d. J.

Es liegt ein steuerpflichtiger innergemeinschaftlicher Erwerb vor. Die Möbelfabrik hat den Erwerb in ihrer Umsatzsteuer-Voranmeldung für Mai d. J. mit 19 % = 9.500,00 € zu versteuern. In derselben Umsatzsteuer-Voranmeldung kann sie aber die Erwerbsteuer von 9.500,00 € als Vorsteuer abziehen.

Bei der Lieferung vertretbarer Sachen – das sind bewegliche Gegenstände, die nach Zahl, Maß oder Gewicht gehandelt werden – und bei sonstigen Leistungen ist die Vorsteuer nach dem Verwendungszweck in abziehbare und nicht abziehbare aufzuteilen.

Beispiele

a) Ein Großhändler in Ulm hat 100 m^2 Auslegeware an einen Steuerberater geliefert und die Umsatzsteuer gesondert in Rechnung gestellt. Von der Auslegeware waren 60 m^2 für die Praxisräume und 40 m^2 für die Wohnräume des Steuerberaters bestimmt. Von der in Rechnung gestellten Umsatzsteuer sind 60 % als Vorsteuer abziehbar. 40 % sind nicht abziehbar, weil insoweit die Lieferung nicht für das Unternehmen erfolgt ist.

b) Ein Fußbodenleger hat die 100 m^2 Auslegeware (siehe a)) verlegt und die Umsatzsteuer in seiner Rechnung gesondert ausgewiesen. Der Steuerberater kann 60 % der Umsatzsteuer als Vorsteuer abziehen. 40 % sind nicht abziehbar, weil die sonstige Leistung insoweit nicht für sein Unternehmen ausgeführt wurde.

> Übung 1, Seite 194, Fälle 3 bis 5

AUFGABEN

1. Was bewirkt der Vorsteuerabzug?
2. Wer ist zum Vorsteuerabzug berechtigt?
3. Wie wird die Zahllast errechnet?
4. In welchen Fällen entsteht ein Erstattungsanspruch?
5. Welcher Zeitpunkt ist grundsätzlich für den Vorsteuerabzug maßgebend bei gesondert in Rechnung gestellter Umsatzsteuer?
6. Wann ist die Vorsteuer abziehbar, wenn bei einer Anzahlung die Umsatzsteuer gesondert in Rechnung gestellt wurde?
7. Wie ist hinsichtlich der Vorsteuer zu verfahren, wenn vertretbare Sachen sowohl für das Unternehmen als auch für private Zwecke geliefert werden?

3.9.3 Vorsteuerabzug in besonderen Fällen

Hierbei handelt es sich im Wesentlichen um den Vorsteuerabzug bei Kleinbetragsrechnungen und bei Fahrausweisen.

3.9.3.1 Vorsteuerabzug bei Kleinbetragsrechnungen

Bei Kleinbetragsrechnungen kann der Unternehmer den Vorsteuerabzug vornehmen, wenn er den Rechnungsbetrag in Entgelt und Steuerbetrag aufteilt (§ 35 Abs. 1 UStDV). Eine Kleinbetragsrechnung im Sinne des Umsatzsteuerrechts liegt vor, wenn der Gesamtbetrag (Entgelt zuzüglich Steuer) 250,00 € nicht übersteigt und die Rechnung statt des Steuerbetrages den Steuersatz enthält (§ 33 UStDV), siehe dazu auch Kap. 3.13.2.

In diesem Fall ist aus dem Bruttopreis die Steuer herauszurechnen.

Aus Vereinfachungsgründen ist es zulässig, dass auf einen Voranmeldungszeitraum entfallende Kleinbetragsrechnungen für die Herausrechnung der Steuer zusammengefasst werden, soweit derselbe Steuersatz anzuwenden ist.

3.9.3.2 Vorsteuerabzug bei Reisekosten

Da in Fahrausweisen im Personenverkehr die Umsatzsteuer grundsätzlich nicht gesondert ausgewiesen ist, kann der Unternehmer für Zwecke des Vorsteuerabzugs – ähnlich wie bei Kleinbetragsrechnungen – die Vorsteuer aus dem Bruttobetrag (ohne Rücksicht auf dessen Höhe) herausrechnen, wenn die Beförderungsleistung im Inland für sein Unternehmen ausgeführt worden ist.

Auf Fahrausweisen der Eisenbahnen, die dem öffentlichen Verkehr dienen, kann anstelle des Steuersatzes die Tarifentfernung angegeben werden (§ 34 Abs. 1 Satz 2 UStDV), siehe dazu auch Kap. 3.13.2.

Bei der Errechnung der **Vorsteuer aus Fahrausweisen** ist grundsätzlich der ermäßigte Steuersatz anzuwenden, wenn kein Steuersatz angegeben ist, siehe dazu auch Kap. 3.8.2.

Belege über die Benutzung von Taxen und Mietwagen sind keine Fahrausweise im Sinne des § 34 UStDV (Abschn. 15.5 Abs. 7 UStAE).

Wird durch das Beförderungsunternehmen eine Rechnung im Sinne des § 14 UStG erstellt, so muss als Leistungsempfänger des Beförderungsunternehmers der vorsteuerabzugsberechtigte Unternehmer ausgewiesen sein und nicht der Arbeitnehmer. Beim Vorsteuerabzug aus Fahrausweisen (vergleiche §§ 34, 35 UStDV, Abschn. 15.5 UStAE) ist diese Voraussetzung aus Vereinfachungsgründen nicht zu prüfen (siehe auch BMF-Schreiben vom 5. Nov. 1999 unter IV D 1 – S 7314 – 48/99 – S. 5).

Bei **Übernachtungs- und Verpflegungskosten** gilt Folgendes:

- Bei Übernachtungen des Unternehmers hinsichtlich einer Geschäftsreise oder des Arbeitnehmers auf einer Dienstreise kann der Vorsteuerabzug in Anspruch genommen werden. Voraussetzung für den Vorsteuerabzug ist jedoch, dass die Rechnung auf den Namen des Unternehmers als Leistungsempfänger ausgestellt ist. Grundsätzlich gilt dies auch für Rechnungen bis zu einem Gesamtbetrag von 250,00 €.
- Bei Kleinbetragsrechnungen im Sinne des § 33 UStDV (Entgelt und Steuerbetrag in einer Summe und Steuersatz), kann der Vorsteuerabzug auch in Anspruch genommen werden, wenn der Unternehmer in der Rechnung nicht bezeichnet ist.
- Aus Verpflegungskosten des Unternehmers anlässlich einer Geschäftsreise kann dieser den Vorsteuerabzug voll in Anspruch nehmen (ohne Begrenzung auf die einkommensteuerlich abzugsfähigen Verpflegungsmehraufwendungen), wenn Rechnungen mit gesondertem Umsatzsteuerausweis auf den Namen des Unternehmers ausgestellt bzw. die Kosten durch Kleinbetragsrechnungen im Sinne des § 33 UStDV belegt sind.
- Erstattet der Arbeitgeber Verpflegungsaufwendungen, die dem Arbeitnehmer entstanden sind, so kann hieraus kein Vorsteuerabzug in Anspruch genommen werden. Nur, wenn der Arbeitnehmer Verpflegungs-

→

leistungen erhält, die der Arbeitgeber empfängt und in voller Höhe trägt, kann der Arbeitgeber den Vorsteuerabzug hieraus in Anspruch nehmen. Auch hier ist wieder Voraussetzung, dass die Rechnung auf den Namen des Unternehmers ausgestellt ist oder eine Kleinbetragsrechnung vorliegt.

Beispiel

Bauunternehmer Peters, Köln, macht mit seinem Bauingenieur eine Geschäftsreise nach Dresden. Peters bezahlt alle Ausgaben für sich und seinen Angestellten. Nach der Geschäftsreise rechnet Peters folgende Reisekosten mit der Buchhaltung ab:

	netto	USt
Fahrtkosten laut DB-Rechnung	450,00 €	85,50 €
Übernachtungskosten	300,00 €	21,00 €
Verpflegungskosten	200,00 €	38,00 €
		144,50 €

Die vorgelegten Belege entsprechen den Anforderungen nach § 14 UStG und sind auf Peters ausgestellt. Fahrtkosten und Übernachtungskosten werden von der Buchhaltung voll erstattet und die Verpflegungskosten nach Pauschbeträgen im Sinne des § 4 Abs. 5 Nr. 5 EStG.[1]

Abzugsfähig sind die gesamten Vorsteuerbeträge in Höhe von 144,50 €.

3.9.3.3 Vorsteuerabzug nach Durchschnittssätzen

Vorsteuerabzug nach allgemeinen Durchschnittssätzen (§ 23 UStG)

Unternehmer,

- die nicht verpflichtet, sind Bücher zu führen und aufgrund jährlicher Bestandsaufnahmen regelmäßig Abschlüsse zu machen (§ 23 Abs. 1 UStG) und
- deren Umsatz im Sinne des § 69 Abs. 2 UStDV im vorangegangenen Kalenderjahr 61.356,00 € nicht überstiegen hat (§ 69 Abs. 2 und 3 UStDV),

können auf Antrag

- entweder sämtliche Vorsteuerbeträge (Vollpauschalierung)
- oder einen Teil der Vorsteuerbeträge (Teilpauschalierung)

nach Durchschnittssätzen berechnen.

In der Anlage zu den §§ 69 und 70 UStDV sind die Berufs- und Gewerbezweige aufgeführt, für die die abziehbaren Vorsteuerbeträge nach Durchschnittssätzen berechnet werden können.

In Abschnitt A dieser Anlage sind die Berufs- und Gewerbezweige aufgeführt, für die eine **Vollpauschalierung** zulässig ist. Die Vollpauschalierung besteht darin, dass die abziehbare Vorsteuer durch Anwendung eines Prozentsatzes vom Umsatz errechnet wird. Ein weiterer Vorsteuerabzug ist bei der Vollpauschalierung ausgeschlossen (§ 70 Abs. 1 Satz 2 UStDV). Der Prozentsatz ist in der erwähnten Anlage bei dem jeweiligen Berufs- und Gewerbezweig angegeben.

So beträgt z. B. die abziehbare Vorsteuer

- bei dem Gewerbezweig Bäckerei 5,4 % des Umsatzes,
- bei dem Gewerbezweig Bau- und Möbeltischlerei 9,0 % des Umsatzes,
- bei dem Gewerbezweig Elektroinstallation 9,1 % des Umsatzes.

Umsatz in diesem Sinne ist der Umsatz, den der Unternehmer im Rahmen des betreffenden Berufs- oder Gewerbezweiges (z. B. im Rahmen der Bäckerei oder der Bau- und Möbeltischlerei) im Inland erzielt. Nicht dazu gehören der innergemeinschaftliche Erwerb, die Einfuhr, die Umsätze im Geld- und Kreditverkehr (§ 4 Nr. 8 UStG), die Umsätze, die unter das Grunderwerbsteuergesetz fallen (§ 4 Nr. 9a UStG), die Umsätze im Versicherungswesen (§ 4 Nr. 10 UStG) und die Schulleistungen (§ 4 Nr. 21 UStG).

Die Durchschnittssätze sind Erfahrungssätze. Sie müssen zu einer Vorsteuer führen, die nicht wesentlich von dem Betrag abweicht, der sich ohne Anwendung der Durchschnittssätze ergeben würde (§ 23 Abs. 2 UStG).

1 Zu beachten ist, dass der Vorsteuerabzug nur bei tatsächlich angefallen Verpflegungskosten anzuwenden ist, sofern Belege vorliegen. Ein Vorsteuerabzug bei Reisekosten nach Pauschbeträgen ist nicht möglich (BFH-Urteil v. 07.07.2005, V R 4/03).

In Abschnitt B der Anlage zu den §§ 69 und 70 UStDV sind die Berufs- und Gewerbezweige aufgeführt, für die eine **Teilpauschalierung** infrage kommt. Die Teilpauschalierung besteht darin, dass neben den nach Durchschnittssätzen ermittelten abziehbaren Vorsteuerbeträgen noch weitere Vorsteuern abgezogen werden können, wenn dafür die Voraussetzungen des § 15 UStG erfüllt sind. So können z. B. zusätzlich nach § 70 Abs. 2 UStDV abgezogen werden:

- die Vorsteuern für Gegenstände, die der Unternehmer zur Weiterveräußerung erworben oder eingeführt hat, oder
- die Vorsteuern für Instandsetzungen von Gebäuden.

Beispiele

a) Ein Elektroinstallateur in Hildesheim hat im vorigen Kalenderjahr einen Umsatz im Sinne des § 69 Abs. 2 UStDV von 30.000,00 € erzielt. Im Jahr davor hat sein Umsatz 61.356,00 € nicht überstiegen. Die abziehbare Vorsteuer aus der Tätigkeit als Elektroinstallateur beträgt für das vorige Kalenderjahr 9,1 % von 30.000,00 € = 2.730,00 € (siehe Abschn. A der Anlage zu §§ 69 und 70 UStDV). Damit sind alle Vorsteuern aus dieser Tätigkeit abgegolten (Vollpauschalierung).

b) Ein freiberuflich tätiger Architekt in Unna hat im vorigen Kalenderjahr aus dieser Tätigkeit einen Umsatz im Sinne des § 69 Abs. 2 UStDV von 45.000,00 € erzielt. Im Jahr davor hat sein Umsatz 61.356,00 € nicht überstiegen. Der Architekt hat im vorigen Jahr in seinen Büroräumen Instandsetzungsarbeiten durchführen lassen und dafür brutto 595,00 € bezahlt. In der Rechnung ist die Umsatzsteuer mit 95,00 € gesondert ausgewiesen.

Architekten sind in Abschnitt B der oben erwähnten Anlage aufgeführt. Für sie ist eine Teilpauschalierung zum Durchschnittssatz von 1,9 % des Umsatzes vorgesehen. Die abziehbare Vorsteuer aus der Tätigkeit als Architekt ist wie folgt zu berechnen:

1,9 % von 45.000,00 €	855,00 €
zuzüglich Vorsteuer für Instandsetzung eines Gebäudes	95,00 €
abziehbare Vorsteuer	950,00 €

Vorsteuerabzug nach Durchschnittssätzen für Vereine (§ 23a UStG)

Vereine,

- die nicht verpflichtet sind, Bücher zu führen und aufgrund jährlicher Bestandsaufnahmen regelmäßig Abschlüsse zu machen (§ 23a Abs. 1 UStG), und
- deren steuerpflichtiger Umsatz, mit Ausnahme der Einfuhr und des innergemeinschaftlichen Erwerbs, im vorangegangenen Kalenderjahr 35.000,00 € nicht überstiegen hat (§ 23a Abs. 2 UStG),

können auf Antrag 7 % ihres steuerpflichtigen Umsatzes, mit Ausnahme der Einfuhr und des innergemeinschaftlichen Erwerbs, als Vorsteuer abziehen.

Ein weiterer Vorsteuerabzug ist ausgeschlossen. Die Entscheidung für den Durchschnittssatz von 7 % bindet den Unternehmer für mindestens fünf Kalenderjahre (§ 23a Abs. 3 Satz 2 UStG).

AUFGABEN

1. Welche Unternehmer können auf Antrag die Vorsteuerbeträge nach allgemeinen Durchschnittssätzen (§ 23 UStG) berechnen?
2. Worin besteht die Vollpauschalierung der Vorsteuer?
3. Worin besteht die Teilpauschalierung der Vorsteuer?
4. Erläutern Sie die Vorsteuerpauschalierung bei Vereinen.

3.9.4 Nicht abziehbare Vorsteuerbeträge

Die nicht abziehbaren Vorsteuerbeträge können in **zwei Gruppen** unterteilt werden.

In der ersten Gruppe (§ 15 Abs. 1a UStG) sind die Vorsteuern nicht abzugsfähig, weil sie auf nicht streng betrieblich verursachten Vorleistungen des Unternehmers beruhen – sog. Repräsentationsaufwendungen – oder weil sie kaum von den Aufwendungen der privaten Lebensführung zu trennen sind – z. B. Umzugskosten von Arbeitnehmern.

In der zweiten Gruppe (§ 15 Abs. 2 UStG) wird der Vorsteuerabzug grundsätzlich nicht zugelassen, um die Systemgerechtigkeit in der Umsatzsteuer zu gewährleisten. Denn wenn der letzte Umsatz in einer Umsatzkette steuerfrei oder nicht steuerbar ist und alle Unternehmer in der Kette bis auf den letzten Abnehmer den Vorsteuerabzug geltend machen können, dann fällt die Umsatzsteuer in dieser Kette aus. Für diesen letzten steuerbefreiten – oder nicht steuerbaren Umsatz muss der Abzug der Steuer auf die Vorleistung, also der Vorsteuerabzug, ebenfalls entfallen, um die Steuereinnahme zu gewährleisten.

3.9.4.1 Nicht abzugsfähige Betriebsausgaben und Umzugskosten

Nach § 15 Abs. 1a UStG sind die Vorsteuerbeträge nicht abziehbar, die auf folgende Aufwendungen entfallen:

- nicht abzugsfähige Betriebsausgaben nach § 4 Abs. 5 Satz 1 Nr. 1 bis 4 und 7 EStG und private Lebenshaltungskosten nach § 12 Nr. 1 EStG.

Für die nach § 4 Abs. 5 Nr. 2 EStG nicht abziehbaren Bewirtungsaufwendungen (30%iger Eigenanteil der Bewirtungskosten) ist § 15 Abs. 1a UStG nicht anzuwenden. Die angemessenen Bewirtungskosten berechtigen voll zum Vorsteuerabzug.

Beispiel

Bauunternehmer Peters, Köln, macht aus einem Geschäftsessen mit Kunden angemessene Aufwendungen von 400,00 € zuzüglich 76,00 € Umsatzsteuer geltend (die belegmäßigen Anforderungen sind erfüllt).

70 % der angemessenen Aufwendungen sind als Betriebsausgaben abzugsfähig (§ 4 Abs. 5 Satz 1 Nr. 2 EStG). Das sind 280,00 € mit einem Vorsteueranteil von 53,20 €. Die Vorsteuer kann allerdings in vollem Umfang mit 76,00 € abgezogen werden.

Die Aufwendungen für (Werbe-)Geschenke bis 35,00 € je Empfänger im Laufe des Kalenderjahres berechtigen weiterhin zum Vorsteuerabzug, eine Versteuerung als unentgeltliche Lieferung nach § 3 Abs. 1b Satz 1 Nr. 3 UStG entfällt wegen Geringwertigkeit.

Wenn die belegmäßigen Voraussetzungen erfüllt sind, können die Vorsteuerbeträge aus Reisekosten auch abgezogen werden. Das gilt auch für Fahrt- und Reisekosten des Personals, soweit der Unternehmer Leistungsempfänger (nachgewiesen durch Rechnungsausweis) ist.

3.9.4.2 Ausschluss vom Vorsteuerabzug bei steuerbefreiten und nicht steuerbaren Umsätzen

Durch den Vorsteuerabzug soll die Kumulation der Umsatzsteuer grundsätzlich verhindert werden.

Deshalb ist in § 15 Abs. 2 UStG bestimmt, dass die Steuer für Lieferungen, die Einfuhr und den innergemeinschaftlichen Erwerb von Gegenständen sowie für sonstige Leistungen vom Vorsteuerabzug ausgeschlossen ist, wenn der Unternehmer die empfangenen Gegenstände bzw. sonstigen Leistungen zur Ausführung z. B. der folgenden Umsätze verwendet:

- steuerfreie Umsätze und
- Umsätze im Ausland, die steuerfrei wären, wenn sie im Inland ausgeführt würden, und
- unentgeltliche Leistungen, die steuerfrei wären, wenn sie gegen Entgelt ausgeführt würden.

Beispiele

a) Alle drei Wohnungen eines Dreifamilienhauses in Hildesheim sind an Dauermieter vermietet. Die Mieteinnahmen sind nach § 4 Nr. 12 Buchstabe a UStG steuerfrei. In diesem Jahr sind an dem Haus folgende Reparaturen ausgeführt worden:

Ein Dachdecker hat das Dach repariert (Werkleistung) und ein Heizungsleger hat einen neuen Heizkessel eingebaut (Werklieferung). Beide haben die Umsatzsteuer in ihren Rechnungen gesondert ausgewiesen.

Der Hauseigentümer kann die ihm in Rechnung gestellte Umsatzsteuer nicht als Vorsteuer beim Finanzamt geltend machen, weil er die an ihn ausgeführte Werkleistung und auch die Werklieferung zur Ausführung steuerfreier Umsätze verwendet hat.

b) Eine in Wien freiberuflich tätige Hebamme nimmt an einem Fortbildungslehrgang in Dortmund teil. Dadurch entstehen ihr Aufwendungen im Inland, über die Belege mit gesondertem Ausweis der Umsatzsteuer vorhanden sind.

Diese Umsatzsteuer kann die Hebamme nicht als Vorsteuer geltend machen, weil sie mit Umsätzen im Ausland im Zusammenhang steht, die nach § 4 Nr. 14 UStG steuerfrei wären, wenn sie im Inland ausgeführt würden.

c) Der Eigentümer eines Mietwohngrundstücks in Hanau ersetzt die veraltete Haustür und die veralteten Fenster durch neue. Er bezieht sowohl die Haustür als auch die Fenster von einem Hersteller in Straßburg (Frankreich) zum Entgelt von 60.000,00 € und hat nach § 1a Abs. 4 UStG zur Erwerbsteuer optiert.

Es liegt daher steuerpflichtiger innergemeinschaftlicher Erwerb vor (§ 1a Abs. 1 i. V. m. § 1 Abs. 1 Nr. 5 UStG). Die Steuer für diesen innergemeinschaftlichen Erwerb (die sog. Erwerbsteuer) kann der Hauseigentümer nicht als Vorsteuer abziehen, weil er die Gegenstände (Haustür usw.) zur Ausführung steuerfreier Umsätze verwendet (die Mieteinnahmen sind nach § 4 Nr. 12 UStG steuerfrei).

Abweichungen von der oben dargestellten Bestimmung des § 15 Abs. 2 UStG

In § 15 Abs. 3 UStG sind Ausnahmen vom oben dargestellten Grundsatz über den Ausschluss vom Vorsteuerabzug vorgesehen. Nach § 15 Abs. 3 Nr. 1 Buchstabe a UStG tritt der Ausschluss vom Vorsteuerabzug z. B. nicht ein für steuerfreie Umsätze nach § 4 Nr. 1–7 UStG, sogenannte „echte Steuerbefreiungen“ (Ausfuhrlieferungen, Lohnveredelungen an Gegenständen der Ausfuhr, innergemeinschaftliche Lieferungen, Umsätze für die Seeschifffahrt und die Luftfahrt usw.).

Der Ausschluss vom Vorsteuerabzug tritt ebenfalls nicht ein für Umsätze im Ausland, die nach § 4 Nr. 1–7 UStG steuerfrei wären, wenn sie im Inland ausgeführt würden (§ 15 Abs. 2 Nr. 2 i. V. m. § 15 Abs. 3 Nr. 2 Buchstabe a UStG).

Beispiele

a) Ein Unternehmer in Weimar hat im eigenen Betrieb hergestellte Fahrräder an einen Abnehmer in Arnheim (Niederlande) geliefert. Die Fahrräder sind mit der Eisenbahn nach Arnheim versendet worden.

Es liegt eine innergemeinschaftliche Lieferung vor, die gemäß § 4 Nr. 1 Buchstabe b UStG steuerfrei ist. Ein Ausschluss vom Vorsteuerabzug tritt aber nicht ein (§ 15 Abs. 3 Nr. 1 Buchstabe a UStG). Das bedeutet, dass der Fahrradhersteller die ihm von anderen Unternehmern berechnete Umsatzsteuer, z. B. für die Lieferung von Material zur Fahrradherstellung, als Vorsteuer abziehen kann, obwohl die Lieferung der Fahrräder steuerfrei ist.

b) Ein Unternehmer in Hamburg hat eine Waschmaschine an einen Abnehmer auf der Insel Helgoland (ausländischer Abnehmer) per Schiff geliefert.

Ein Ausschluss vom Vorsteuerabzug tritt, wie im Beispiel a), nicht ein.

→

c) Eine Autoreifenfabrik in Hannover unterhält in Zürich (Schweiz) ein Auslieferungslager, zu dem sie laufend Ware mit eigenem Fahrzeug befördert. Die Abnehmer in der Schweiz werden ausnahmslos vom Auslieferungslager beliefert.

Es liegen nicht steuerbare Lieferungen im Ausland vor, die aber als Ausfuhrlieferungen steuerfrei wären, wenn sie im Inland ausgeführt würden. Ein Ausschluss vom Vorsteuerabzug tritt deshalb nicht ein (§ 15 Abs. 3 Nr. 2 Buchstabe a UStG).

Durch die Befreiung der Ausfuhrlieferungen usw. von der Umsatzsteuer hat der Gesetzgeber das Ziel verfolgt, die Wettbewerbsfähigkeit der deutschen Unternehmer gegenüber denen im Drittlandsgebiet zu stärken. Damit aber die Leistungen der deutschen Unternehmer völlig unbelastet bleiben, ist der Vorsteuerabzug trotz Inanspruchnahme der Steuerfreiheit zulässig.

> **Übung 7, Seite 197**

3.9.5 Aufteilung der Vorsteuerbeträge

Wir unterscheiden:

- in voller Höhe abziehbare Vorsteuerbeträge (siehe folgendes Unterkapitel),
- in voller Höhe nicht abziehbare Vorsteuerbeträge (siehe Kap. 3.9.5.2) und
- zum Teil abziehbare und zum Teil nicht abziehbare (aufzuteilende) Vorsteuerbeträge (siehe Kap. 3.9.5.3).

3.9.5.1 In voller Höhe abziehbare Vorsteuerbeträge

Ein Unternehmer kann die Vorsteuer in voller Höhe abziehen, wenn er nur Umsätze tätigt, die den Vorsteuerabzug nicht ausschließen (Abzugsumsätze).

Zu den **Abzugsumsätzen** gehören nach § 15 Abs. 1 und 3 UStG im Wesentlichen:

- alle nach § 1 Abs. 1 Nr. 1 und Nr. 5 UStG steuerpflichtigen Umsätze, also auch die unentgeltlichen Leistungen und der innergemeinschaftliche Erwerb,
- die nach § 4 Nr. 1–7 UStG steuerfreien Umsätze, z. B. Ausfuhrlieferungen,
- Umsätze, auf deren Steuerfreiheit nach § 9 UStG verzichtet worden ist,
- im Ausland getätigte nicht steuerbare Umsätze, die entweder steuerpflichtig oder nach § 4 Nr. 1–7 UStG steuerfrei wären, wenn sie im Inland getätigt würden,
- im Inland getätigte nicht steuerbare Umsätze (Innenumsätze), auf deren Steuerfreiheit der Unternehmer verzichten könnte, wenn sie steuerbar wären; z. B. die Nutzung von eigenen Geschäftsräumen im eigenen Haus.

Beispiele

a) Eine Autoreparaturwerkstatt in Würzburg tätigt dort ausschließlich steuerpflichtige Umsätze. Die Vorsteuer hat im vorigen Jahr 21.000,00 € betragen. Sie ist in voller Höhe abziehbar.

b) Jürgen Sievers, Wilhelmshaven, tätigt steu erpflichtige Lieferungen an Abnehmer im Inland und steuerfreie Ausfuhrlieferungen nach Übersee. Die Vorsteuer hat im vorigen Jahr insgesamt 67.520,00 € betragen.

Sievers kann die Vorsteuer in voller Höhe abziehen, weil es sich auch bei den Ausfuhrlieferungen um Umsätze handelt, die den Vorsteuerabzug nach § 15 Abs. 3 Nr. 1 Buchstabe a UStG nicht ausschließen (Abzugsumsätze).

c) Ein Bauunternehmer in Freiburg errichtet im Inland und in der Schweiz Rohbauten. Die Vorsteuer hat im vorigen Jahr insgesamt 86.570,00 € betragen. Der Unternehmer kann die Vorsteuer in voller Höhe abziehen, weil auch die nicht steuerbaren Umsätze in der Schweiz Abzugsumsätze sind; denn sie wären steuerpflichtig, wenn sie im Inland ausgeführt würden.

3.9.5.2 In voller Höhe nicht abziehbare Vorsteuerbeträge

Die Vorsteuer ist in voller Höhe nicht abziehbar, wenn der Unternehmer nur Umsätze tätigt, die den Vorsteuerabzug ausschließen (Ausschlussumsätze).

Zu den **Ausschlussumsätzen** gehören nach § 15 Abs. 2 UStG:

- die nach § 4 Nr. 8-29 UStG steuerfreien Umsätze, soweit nicht nach § 9 UStG auf die Steuerbefreiung verzichtet worden ist,
- im Ausland getätigte nicht steuerbare Umsätze, die nach § 4 Nr. 8–29 UStG steuerfrei wären, wenn sie im Inland getätigt würden,
- unentgeltliche nicht steuerbare Leistungen, die nach § 4 Nr. 8–29 UStG steuerfrei wären, wenn sie gegen Entgelt ausgeführt würden.

Beispiele

a) Ein Arzt in Schwerin hat im vorigen Besteuerungszeitraum außer den Umsätzen aus seiner Tätigkeit als Arzt keine weiteren Umsätze getätigt.

Bei den Umsätzen aus der Arztpraxis handelt es sich um steuerfreie Umsätze nach § 4 Nr. 14 UStG, die den Vorsteuerabzug ausschließen (Ausschlussumsätze). Deshalb sind die Vorsteuerbeträge, die andere Unternehmer dem Arzt in Rechnung gestellt haben, in voller Höhe nicht abziehbar.

b) Ein österreichischer Arzt, der in Wien eine Praxis unterhält, hat an einem Ärztekongress in Tübingen teilgenommen. Dadurch sind ihm in der Bundesrepublik Deutschland Aufwendungen (Fahrkosten, Übernachtungskosten usw.) entstanden, die mit Umsatzsteuer belastet sind. Diese Umsatzsteuer kann der Arzt nicht als Vorsteuer geltend machen, weil er nur Ausschlussumsätze getätigt hat; denn die im Ausland getätigten nicht steuerbaren Umsätze wären nach § 4 Nr. 14 UStG steuerfrei, wenn sie im Inland ausgeführt würden.

> **Übung 8, Seite 197 f.**

3.9.5.3 Aufzuteilende Vorsteuern

Aufteilung der Vorsteuer

Aufgrund der Aufzeichnungspflicht (§ 22 UStG) des Unternehmers ergibt sich im Allgemeinen aus der Buchführung bzw. aus den Aufzeichnungen,

- welche Vorsteuern ausschließlich Abzugsumsätzen zuzurechnen und deshalb in voller Höhe abziehbar sind,

und

→

- welche Vorsteuern ausschließlich Ausschlussumsätzen zuzurechnen und deshalb in voller Höhe nicht abziehbar sind.

Die übrigen Vorsteuern, die zum Teil Abzugsumsätzen und zum Teil Ausschlussumsätzen, also gemischten Umsätzen, zuzurechnen sind, müssen in abziehbare und nicht abziehbare Vorsteuerbeträge aufgeteilt werden.

Diese Aufteilung kann nach drei Methoden vorgenommen werden:

1. Nach § 15 Abs. 4 Satz 1 UStG ist die Aufteilung der Vorsteuerbeträge nach ihrer wirtschaftlichen Zuordnung vorzunehmen.
2. Bei diesem Verfahren der wirtschaftlichen Zuordnung ist es nach § 15 Abs. 4 Satz 2 UStG zulässig, dass der Unternehmer die nicht abziehbaren Vorsteuerbeträge im Wege einer sachgerechten Schätzung ermittelt. Als sachgerechte Schätzung gilt das Verhältnis der Nutzungsflächen. Bei Erhaltungsaufwendungen kann sich die Aufteilung alternativ danach richten, für welchen Nutzungsbereich die Aufwendungen angefallen sind. (15.17 (5) UStAE, BFH-Urteil vom 10.08.2016).
3. Jedoch ist die Ermittlung des nicht abziehbaren Teils der Vorsteuerbeträge nach dem Verhältnis der Umsätze, die den Vorsteuerabzug ausschließen, zu den Umsätzen, die zum Vorsteuerabzug berechtigen, nur zulässig, wenn keine andere wirtschaftliche Zurechnung möglich ist, § 15 Abs. 4 Satz 3 UStG.

Beispiele

a) Eine Dachpfannenfabrik in Köln hat in einem Besteuerungszeitraum außer den Umsätzen aus steuerpflichtigen Leistungen der Fabrik auch Umsätze aus der Vermietung von Werkswohnungen erzielt.

Bei der Vermietung von Wohnungen handelt es sich um steuerfreie Umsätze nach § 4 Nr. 12 Buchstabe a UStG, die den Vorsteuerabzug ausschließen. Nach der betrieblichen Kostenrechnung der Fabrik haben die auf die Werkswohnungen entfallenden Verwaltungsgemeinkosten rund $\frac{1}{25}$ der gesamten Verwaltungsgemeinkosten betragen.

Vorsteuer insgesamt, angenommen		50.000,00	
davon sind wirtschaftlich zuzurechnen ausschließlich:			
den steuerpflichtigen Umsätzen	45.000,00		45.000,00 €
den steuerfreien Umsätzen (nicht abziehbar)	3.000,00	48.000,00	
sowohl steuerpflichtigen als auch steuerfreien Umsätzen zuzurechnen		2.000,00	
davon abziehbar $\frac{24}{25}$		1.920,00	1.920,00 €
nicht abziehbar $\frac{1}{25}$		80,00	
abziehbar insgesamt			46.920,00 €

b) Der Eigentümer eines Dreifamilienhauses in München hat eine Wohnung von 100 m² an einen Steuerberater für Bürozwecke vermietet. Auf die Steuerbefreiung ist nach § 9 UStG verzichtet worden, sodass die Miete aus dieser Wohnung umsatzsteuerpflichtig ist. Zwei Wohnungen mit einer Fläche von insgesamt 200 m² sind an Nichtunternehmer umsatzsteuerfrei (§ 4 Nr. 12 Buchstabe a UStG) vermietet.

Für den Hausanstrich und eine Dachreparatur sind dem Eigentümer 1.500,00 € Umsatzsteuer gesondert in Rechnung gestellt worden. Soweit diese Umsatzsteuer auf die steuerfrei vermieteten Wohnungen entfällt, ist sie nicht als Vorsteuer abziehbar.

Die Vorsteuer ist anhand der Flächenmaße wie folgt aufzuteilen:

Vorsteuer insgesamt	1.500,00 €
davon entfallen $\frac{2}{3}$ auf die steuerfrei vermieteten Räume von 200 m²	1.000,00 €
die restliche Vorsteuer von	500,00 €
ist abziehbar.	

> **Übung 9 u. 10, Seite 198**

3.9.5.4 Einkommensteuerliche Behandlung der nicht abzugsfähigen Vorsteuer

Die nach § 15 UStG abziehbare Vorsteuer gehört nach § 9b Abs. 1 Satz 1 EStG nicht zu den Anschaffungs- oder Herstellungskosten des Wirtschaftsguts, auf dessen Anschaffung oder Herstellung sie entfällt.

Im Umkehrschluss bedeutet dies, dass die nach § 15 UStG nicht abziehbare Vorsteuer zu den Anschaffungs- oder Herstellungskosten des betreffenden Wirtschaftsguts gehört. Das gilt sowohl für Wirtschaftsgüter des Anlagevermögens als auch des Umlaufvermögens.

Nicht abziehbare Vorsteuerbeträge aus laufenden Aufwendungen (z. B. Fahrzeugkosten) sind sofort abzugsfähige Betriebsausgaben.

Wird die Vorsteuer nach § 15a UStG berichtigt, so sind Erstattungen als Betriebseinnahmen oder Einnahmen zu erfassen, wenn sie im Rahmen einer der sieben Einkunftsarten bezogen werden. Nachzahlungen sind als Betriebsausgaben oder Werbungskosten erfolgswirksam zu erfassen, wenn sie durch den Betrieb veranlasst sind oder der Erwerbung, Sicherung und Erhaltung von Einnahmen dienen (§ 9b Abs. 2 EStG). Die Anschaffungs- oder Herstellungskosten bleiben davon unberührt.

Beispiele

a) Ein Heizungsbauunternehmen in Bochum erwirbt einen Schreibtisch für netto 2.000,00 € zuzüglich 380,00 € Umsatzsteuer, die in der Rechnung gesondert ausgewiesen ist.

Die zu aktivierenden Anschaffungskosten betragen 2.000,00 €. Der Betrag von 380,00 € kann als abziehbare Vorsteuer von der Umsatzsteuerschuld des Heizungsbauunternehmens abgezogen werden.

b) Der Schreibtisch (aus Beispiel a)) wird nicht von einem Heizungsbauunternehmen, sondern von einem Arzt in Dresden erworben, der ihn ausschließlich zur Ausübung seiner freiberuflichen Tätigkeit als Arzt benutzt. Er kann die ihm gesondert in Rechnung gestellte Umsatzsteuer von 380,00 € nicht als Vorsteuer beim Finanzamt geltend machen, weil er den Schreibtisch zur Erzielung von Umsätzen verwendet, die nach § 4 Nr. 14 UStG steuerfrei sind und deshalb den Vorsteuerabzug ausschließen. Die Anschaffungskosten betragen 2.380,00 €.

c) Eine KG in Bremerhaven erwirbt eine Büromaschine für netto 5.000,00 € zuzüglich 950,00 € Umsatzsteuer. Die zum Ausschluss vom Vorsteuerabzug führenden Umsätze (Vermietung von Wohnungen) betragen 30 % des Gesamtumsatzes.

Von der Vorsteuer in Höhe von 950,00 € sind 70 % = 665,00 € abziehbar und 30 % = 285,00 € nicht abziehbar.

Der nicht abziehbare Teil in Höhe von 285,00 € muss den Anschaffungskosten hinzugerechnet werden. Die Büromaschine ist demnach mit 5.285,00 € zu aktivieren.

3.9.6 Berichtigung des Vorsteuerabzugs

Grundsätzlich kann der Unternehmer die Umsatzsteuer, die ihm von anderen Unternehmern für Vorleistungen berechnet wird, als Vorsteuer abziehen, wenn die Voraussetzungen des § 15 UStG im Zeitpunkt des Leistungseingangs erfüllt sind. Dabei sind ausschließlich die Erkenntnisse im Zeitpunkt des Leistungsbezuges zugrunde zu legen. Ändern sich allerdings die für den ursprünglichen Vorsteuerabzug maßgebenden Verhältnisse, so ist der Vorsteuerabzug nach § 15a UStG zu berichtigen. Eine Änderung der Verhältnisse im Sinne des § 15a UStG liegt vor, wenn sich im Berichtigungszeitraum ein höherer oder niedrigerer Vorsteuerabzug ergäbe, als er ursprünglich zulässig war.

Die **Höhe der Berichtigung** richtet sich bei Wirtschaftsgütern, die nicht nur einmalig zur Ausführung von Umsätzen verwendet werden (Anlagevermögen) danach, wie lange die Eingangsleistungen ihrer ursprünglichen Verwendungsabsicht nach im Berichtigungszeitraum verwendet worden sind.

Der **Berichtigungszeitraum** (§ 15a Abs. 1 UStG) beträgt bei Grundstücken einschließlich wesentlicher Bestandteile zehn Jahre und bei anderen Wirtschaftsgütern fünf Jahre seit Beginn der erstmaligen Verwendung. Die Berichtigungsvorschrift gilt auch für Gegenstände, die in ein Wirtschaftsgut nachträglich eingehen (§ 15a Abs. 3 UStG), ebenso für nachträgliche Anschaffungs- bzw. Herstellungskosten (§ 15a Abs. 6 UStG).

Betroffen von der Vorsteuerberichtigung sind auch sonstige Leistungen, die unmittelbar an einem Wirtschaftsgut ausgeführt werden, z. B. Fassadenreinigungen an einem Gebäude oder die Neulackierung eines Kraftfahrzeugs (§ 15a Abs. 3 UStG). Es kommt dabei nicht darauf an, ob die sonstige Leistung zu einer Werterhöhung des Wirtschaftsguts führt. Sind diese Leistungen jedoch bereits im Zeitpunkt des Leistungsbezuges wirtschaftlich verbraucht, unterliegen sie nicht der Berichtigungspflicht (z. B. Reinigungsleistungen oder die laufende Gartenpflege).

Bei Wirtschaftsgütern, die nur einmalig zur Ausführung von Umsätzen verwendet werden (z. B. der Verkauf von Umlaufvermögen), ist die Vorsteuerberichtigung nach § 15a Abs. 2 UStG in dem Voranmeldungszeitraum vorzunehmen, in dem das Wirtschaftsgut verwendet (z. B. verkauft) wird.

Werden sonstige Leistungen nicht an einem bestimmten Wirtschaftsgut ausgeführt, wie z. B. Beratungsleistungen für ein Unternehmenskonzept, Miet- und Lizenzzahlungen und die maßgebenden Verhältnisse für den Vorsteuerabzug ändern sich später, ist der Vorsteuerabzug nach § 15a Absatz 4 UStG zu berichtigen.

Die Berichtigung im Sinne des § 15a UStG ist nicht vorzunehmen, wenn die ursprüngliche auf die Anschaffung oder Herstellung entfallende Vorsteuer 1.000,00 € nicht übersteigt (§ 44 Abs. 1 UStDV). Wenn allerdings der Betrag, um den der Vorsteuerabzug bei einem Wirtschaftsgut für das Kalenderjahr zu berichtigen ist, 6.000,00 € nicht übersteigt, ist die Berichtigung nach § 44 Abs. 3 UStDV (erst) im Rahmen der Steuerfestsetzung für den Besteuerungszeitraum durchzuführen, in dem sich die Verhältnisse verändert haben. Wenn der Berichtigungsbetrag 6.000,00 € jedoch übersteigt, hat die Berichtigung bereits in der betreffenden Umsatzsteuer-Voranmeldung zu erfolgen.

3.9.6.1 Vorsteuerberichtigung beim Anlagevermögen

Der Berichtigungszeitraum bei Wirtschaftsgütern, die nicht nur einmalig zur Erzielung von Umsätzen verwendet werden, beginnt im Zeitpunkt der erstmaligen Verwendung. Bei Gebäuden jedoch, besonders bei ihrer Herstellung, wird der Zeitpunkt der Vorsteuerabzugsberechtigung, also der Leistungsbezug für die einzelnen Gewerke und der Zeitpunkt der erstmaligen Verwendung, in der Regel auseinanderfallen. Maßgebend für den Vorsteuerabzug ist dann die Verwendungsabsicht, die belegt bzw. glaubhaft gemacht werden muss, z. B. durch Zeitungsinserate, Maklerauftrag, Schriftwechsel mit Inserenten usw. Führt die Berichtigung nach § 15a UStG zu einem erstmaligen Vorsteuerabzug, weil dieser beim Leistungsbezug nach § 15 Abs. 2 und 3 UStG ausgeschlossen war, dürfen nur die Vorsteuerbeträge angesetzt werden, für die die allgemeinen Voraussetzungen des § 15 Abs. 1 UStG vorliegen.

Bei der Berichtigung des Vorsteuerabzugs ist von den gesamten Vorsteuerbeträgen auszugehen, die auf die Anschaffung oder Herstellung des Wirtschaftsgutes entfallen.

Beispiel

Die Stahlhandel AG, die selbst nur vorsteuerabzugsberechtigte Umsätze ausführt, hat in den Jahren 2009 und 2010 ein Bürogebäude errichtet, das sie seit 2011 als Verwaltungsgebäude selbst zu 100 % nutzt. Die im Zusammenhang mit der Herstellung des Gebäudes insgesamt in Rechnung gestellte Vorsteuer beträgt 400.000,00 € und wurde während der Investitionsphase von der Stahlhandel AG beim Vorsteuerabzug geltend gemacht. In den Jahren 2012 und 2013 vermietet die Stahlhandel AG 40 % des Bürogebäudes umsatzsteuerfrei an die Lebensversicherung Boni AG und ab dem Jahr 2014 weitere 20 %, also insgesamt 60 %, an die Boni AG. Im Jahr der erstmaligen Verwendung 2011 haben sich die für den Vorsteuerabzug maßgebenden Verhältnisse nicht geändert, insofern ergibt sich kein Berichtigungsbedarf nach § 15a UStG. Ab dem Jahr 2012 verändern sich allerdings die maßgebenden Verhältnisse und der ursprüngliche Vorsteuerabzug ist zu berichtigen. Die Berichtigung erfolgt verteilt über den gesamten Berichtigungszeitraum von zehn Jahren, von 2011 bis 2020.

Vorsteuerberichtigung:

Vorsteuer 400.000,00 € : 10 Jahre =	40.000,00 €/Jahr
Jahr 2011 = 0 % von 40.000,00 € nicht abzugsfähig	0,00 €
Jahr 2012 = 40 % von 40.000,00 € nicht abzugsfähig	16.000,00 €
Jahr 2013 = 40 % von 40.000,00 € nicht abzugsfähig	16.000,00 €
Jahr 2014 = 60 % von 40.000,00 € nicht abzugsfähig	24.000,00 €
. . .	
Jahr 2020 = 60 % von 40.000,00 € nicht abzugsfähig	24.000,00 €
Bis zum Jahr 2020 hat die Stahlhandel AG an Vorsteuern zurückzuzahlen	200.000,00 €

(7 · 24.000,00 € + 2 · 16.000,00 €).

3.9.6.2 Vorsteuerberichtigung beim Umlaufvermögen

Die Berichtigung nach § 15a Abs. 2 UStG unterliegt keinem Berichtigungszeitraum. Eine Vorsteuerberichtigung erfolgt im Zeitpunkt der tatsächlichen Verwendung, wenn diese von der ursprünglichen Verwendungsabsicht beim Erwerb abweicht. Es ist unbeachtlich, wann die tatsächliche Verwendung erfolgt. Die Berichtigung ist für den Voranmeldungszeitraum bzw. das Kalenderjahr vorzunehmen, in dem das Berichtigungsobjekt abweichend von der ursprünglichen Verwendungsabsicht verwendet wird.

Beispiel

Die Senner Bauträger GmbH, München, erwirbt am 1. Mai 2019 ein Grundstück zum Preis von 2.000.000,00 € netto. Der Verkäufer des Grundstücks hat auf die Steuerbefreiung im Notarvertrag verzichtet (§ 9 Abs. 3 Satz 2 UStG). Die GmbH möchte das Grundstück unter Verzicht auf die Steuerbefreiung nach § 4 Nr. 9 Buchstabe a UStG weiterveräußern, sodass sie die von ihr geschuldete Umsatzsteuer in Höhe von 380.000,00 € nach § 15 Abs. 1 Satz 1 Nr. 4 i. V. m. § 13b Abs. 1 Satz 1 Nr. 3 UStG als Vorsteuer abzieht.

Am 1. Mai 2020 veräußert die GmbH das Grundstück entgegen der ursprünglichen Planung an die Stadt München, die darauf eine Schule errichten möchte, sodass die Veräußerung des Grundstücks nicht nach § 9 Abs. 1 UStG als steuerpflichtig behandelt werden kann und nach § 4 Nr. 9 Buchstabe a UStG endgültig steuerbefreit ist.

Die tatsächliche steuerfreie Veräußerung schließt gemäß § 15 Abs. 2 UStG den Vorsteuerabzug aus und führt damit zu einer Änderung der Verhältnisse im Vergleich zu den für den ursprünglichen Vorsteuerabzug maßgebenden Verhältnissen. Da das Grundstück nur einmalig zur Ausführung eines Umsatzes verwendet wird, ist der gesamte ursprüngliche Vorsteuerabzug in Höhe von 380.000,00 € gemäß § 15a Abs. 2 UStG im Zeitpunkt der Verwendung für den Besteuerungszeitraum der Veräußerung zu berichtigen. Der Vorsteuerbetrag ist demnach für den Monat Mai 2020 zurückzuzahlen.

AUFGABEN

1. Welche Umsätze führen grundsätzlich zum Ausschluss vom Vorsteuerabzug?
2. Welche steuerfreien Umsätze kennen Sie, die nicht zum Ausschluss vom Vorsteuerabzug führen?
3. Welche nicht steuerbaren Umsätze führen zum Ausschluss vom Vorsteuerabzug?
4. Welche nicht steuerbaren Umsätze führen nicht zum Ausschluss vom Vorsteuerabzug?
5. Welche Umsätze berechtigen zum Vorsteuerabzug in voller Höhe?
6. Wie können Vorsteuern, die gemischten Umsätzen zuzurechnen sind, in abziehbare und nicht abziehbare Vorsteuerbeträge aufgeteilt werden?
7. Wie ist die Vorsteuer, die auf ein Wirtschaftsgut entfällt, einkommensteuerlich zu behandeln, wenn sie in vollem Umfang nicht abziehbar ist?
8. Wie ist die Vorsteuer, die auf ein Wirtschaftsgut entfällt, einkommensteuerlich zu behandeln, wenn sie zum Teil abziehbar und zum Teil nicht abziehbar ist?
9. Unter welchen Voraussetzungen muss die Vorsteuer nach § 15a UStG berichtigt werden?

VERTIEFENDE ÜBUNGEN

Übungen 1 und 2: Vorsteuerabzug

1. **Fall 1:**
Ist der Händler zum Vorsteuerabzug berechtigt?
Einem Autohändler, der seinen Sitz in Basel (Schweiz) hat und der nur nicht steuerbare Umsätze ausführt, sind auf einer Geschäftsreise nach München Aufwendungen, wie Benzinkosten und Bewirtungskosten, entstanden, die der deutschen Umsatzsteuer unterlegen haben.

Fall 2:
Wie hoch ist der Erstattungsanspruch an das Finanzamt?
Die Umsatzsteuerschuld eines Selbstbedienungsmarktes in Leipzig hat im vorigen Monat 70.000,00 € betragen. Aufgrund besonders umfangreicher Einkäufe im vorigen Monat hat die abzugsfähige Vorsteuer 73.200,00 € betragen.

Fall 3:
Wie hoch ist die abzuführende Umsatzsteuer (Zahllast) für das vorige Jahr?
Ein Lederwarengeschäft in Berlin hat im vorigen Kalenderjahr steuerpflichtige Umsätze in Höhe von 1.450.000,00 € erzielt. Im gleichen Zeitraum hat das Geschäft Einkäufe für netto 800.000,00 € getätigt. Für Einkäufe in Höhe von netto 100.000,00 € sind die Rechnungen erst in diesem Jahr eingegangen. Die Umsatzsteuer beträgt 19 %. Sie ist in den Einkaufsrechnungen gesondert ausgewiesen.

Fall 4:
Welcher Betrag kann als Vorsteuer abgezogen werden?
Ein Kaufhaus in München bezieht Textilien von einer Fabrik in Mailand (Italien) zum Entgelt von 20.000,00 €, Rechnungseingang ist der 20. Aug. d. J.

Fall 5:
Wie hoch ist die abziehbare Vorsteuer?
Ein Blumenhändler in Regensburg kauft 10 000 l Heizöl. Davon sind 4 000 l (= 40 %) für sein Geschäft und 6 000 l (= 60 %) für seine Privatwohnung bestimmt. Die Umsatzsteuer ist mit 640,00 € in der Rechnung gesondert ausgewiesen.

2. **a) Wie hoch ist die abziehbare Vorsteuer?**
b) In welchem Voranmeldungszeitraum ist sie abziehbar?

Fall 1:
Eine Spielwarenfabrik in Erfurt hat Ende Febr. d. J. an ein Kaufhaus in Eisenach Ware für brutto 23.800,00 € mit einem Lieferschein geliefert. In der dem Kaufhaus zugestellten Rechnung vom 10. März d. J. ist die Umsatzsteuer mit 3.800,00 € gesondert ausgewiesen. Die Rechnung ist Mitte April bezahlt worden. Das Kaufhaus gibt seine Voranmeldungen monatlich ab (Monatszahler).

Fall 2:
Der Heizungsleger Wilhelm Bohnert, Augsburg, hat im vorigen Jahr im Neubau der Impex GmbH die Heizungsanlage eingebaut. Er hat der GmbH Ende Sept. v. J. eine Anzahlungsrechnung über brutto 17.850,00 € zugestellt. Die Umsatzsteuer ist darin mit 2.850,00 € gesondert ausgewiesen. Die

Übung 3: Umsatzsteuer-Voranmeldung

GmbH, die ihre Voranmeldungen monatlich abgibt, hat diese Rechnung im Okt. v. J. beglichen.

Nach Fertigstellung der Heizungsanlage hat Bohnert der GmbH im Nov. v. J. die Schlussrechnung über den Restbetrag von 19.040,00 € zugestellt. Die Umsatzsteuer von 3.040,00 € ist auch hier gesondert ausgewiesen. Die GmbH hat die Rechnung am 1. Dez. v. J. beglichen.

3. Wie hoch ist die Umsatzsteuervorauszahlung des Sigmund Krüger für den letzten Voranmeldungszeitraum?

Bei der Lösung dieser Aufgabe verwenden Sie bitte das nachfolgende Lösungsschema A. (Wegen Anwendung des ermäßigten Steuersatzes wird auf Anlage 1 zu § 12 Abs. 2 Nr. 1 UStG hingewiesen.)

Lösungsschema A

Lfd. Nr.	steuerbare Lieferungen (auch Werklieferungen) (in €)	steuerbare sonstige Leistungen (in €)	unentgeltliche Leistungen (in €)	nicht steuerbar (in €)	steuerfrei mit Vorsteuerabzug (§ ... UStG) (in €)	steuerfrei ohne Vorsteuerabzug (§ ... UStG) (in €)	Vorsteuer (in €)	steuerfrei mit 19 % (in €)	mit 7 % (in €)
1. 2. ...									
Summen									

19 % von	=	.... €
7 % von	=	.... €
Umsatzsteuer		.... €
Vorsteuer insgesamt................................		
davon abziehbar		.... €
Umsatzsteuer-Vorauszahlung = Zahllast		.... €
Überschuss der Vorsteuer (Vorsteuerüberhang)	–	.... €

Krüger betreibt in Halle eine Fahrradfabrik, in der auch Fahrstühle für Kranke (Rollstühle) hergestellt werden. Er versteuert seine Umsätze nach vereinbarten Entgelten. Seine Voranmeldungen gibt er monatlich ab. Für den vorigen Monat ergibt sich aus den Büchern und Belegen Folgendes:

1. Lieferungen von Fahrrädern an verschiedene Einzelhandelsgeschäfte im Inland zum Entgelt von 93.800,00 €;
2. Lieferungen von Fahrstühlen für Kranke an verschiedene Einzelhandelsgeschäfte im Inland zum Entgelt von 13.400,00 €;
3. Lieferung von zehn Fahrstühlen für Kranke an ein Krankenhaus in Zürich (Schweiz) zum Entgelt von 12.000,00 €. Die Fahrstühle sind mit eigenem Fahrzeug vom Schweizer Krankenhaus in Halle abgeholt worden;
4. Lieferung von zwölf Fahrrädern an ein Einzelhandelsgeschäft in Kiew (Ukraine) zum Entgelt von 2.800,00 €. Der Lieferer Krüger hat die Fahrräder mit eigenem Fahrzeug nach Kiew befördert und dort dem Abnehmer übergeben;
5. ausgeführter Wartungsdienst für Privatleute in eigener Werkstatt ohne Verwendung von Hauptstoffen zum Entgelt von 1.410,00 €;
6. die auf die private Kfz-Nutzung entfallenden Aufwendungen werden durch ein ordnungsgemäß geführtes Fahrtenbuch nachgewiesen. Danach betragen diese Aufwendungen 20 % der Kfz-Kosten. Die Kfz-Kosten einschließlich AfA haben im letzten Voranmeldungszeitraum 1.620,00 € betragen. Darin sind die Kfz-Steuer und die Kfz-Versicherung mit insgesamt 120,00 € enthalten;
7. von der Steuer, die der Fahrradfabrik von anderen Unternehmern für Lieferungen und sonstige Leistungen gesondert oder in Kleinbetragsrechnungen in Rechnung gestellt worden ist, sind 15.834,00 € als Vorsteuer abziehbar;
8. entrichtete Einfuhrumsatzsteuer laut Quittungen: 386,00 €.

→

Übungen 4 und 5: Umsatzsteuer-Abschlusszahlung

4. Wie hoch ist die Abschlusszahlung der Gerber & Co. KG für das vorangegangene Kalenderjahr?

Bei der Lösung dieser Aufgabe verwenden Sie bitte das folgende Lösungsschema B.

Lösungsschema B

Lfd. Nr.	steuerbare Lieferungen (auch Werklieferungen) (in €)	steuerbare sonstige Leistungen (in €)	unentgeltliche Leistungen (in €)	nicht steuerbar (in €)	steuerfrei mit Vorsteuerabzug (§ … UStG) (in €)	steuerfrei ohne Vorsteuerabzug (§ … UStG) (in €)	Vorsteuer (in €)	steuerfrei mit 19 % (in €)	steuerfrei mit 7 % (in €)
1. 2. …									
Summen									

19 % von .... = ... €
7 % von .... = ... €
Umsatzsteuer[1] .... €
Vorsteuer insgesamt[1] ....
davon abziehbar[2] .... €
verbleibende Umsatzsteuer = Zahllast .... €
Überschuss der Vorsteuer (Vorsteuerüberhang) .... €
Vorauszahlungssoll aufgrund der Umsatzsteuer-Voranmeldungen
(einschließlich eventueller Sondervorauszahlung) .... €
noch an die Finanzkasse zu entrichten
(Abschlusszahlung) .... €
Erstattungsanspruch (Überzahlung) .... – .... €

Die Gerber & Co. KG betreibt in Reutlingen eine Gartengerätefabrik. Die KG versteuert ihre Umsätze nach vereinbarten Entgelten und liefert unter deutscher USt-IdNr. Für das vorige Kalenderjahr ergibt sich aus den Büchern und Unterlagen Folgendes:

1. Lieferungen von Gartengeräten an verschiedene Abnehmer im Inland zum Entgelt von 1.200.000,00 €;
2. für Privatleute ausgeführte Reparaturen an Gartengeräten in eigener Werkstatt zum Entgelt von 1.820,00 €. Hauptstoffe sind nicht verwendet worden;
3. Lieferung von Rasenmähern an einen Händler in Maastricht (Niederlande) zum Entgelt von 18.000,00 €. Die Fabrik hat die Rasenmäher mit eigenem Fahrzeug von Reutlingen nach Maastricht befördert und dort dem Abnehmer übergeben.
4. Die Fabrik hat von einem Hersteller in Straßburg (Frankreich) eine Maschine zur Herstellung von Gartengeräten zum Entgelt von 30.000,00 € bezogen. Sie hat die Maschine mit eigenem Fahrzeug in Straßburg abgeholt.
5. Die KG hat einem Mitarbeiter einen Rasenmäher unentgeltlich überlassen. Der Verkaufspreis (inkl. 19 % USt) betrug 178,00 €, die Wiederbeschaffungskosten 120,00 €.
6. Die der Fabrik von anderen Unternehmern für Lieferungen und sonstige Leistungen gesondert in Rechnung gestellte und in Kleinbetragsrechnungen berechnete Umsatzsteuer hat 80.000,00 € betragen.
7. Die für eingeführte Gegenstände entrichtete deutsche Einfuhrumsatzsteuer hat 2.112,00 € betragen.
8. Aufgrund der Umsatzsteuer-Voranmeldungen sind für das vorangegangene Kalenderjahr Umsatzsteuervorauszahlungen in Höhe von 146.256,00 € zum Soll gestellt und geleistet worden.

1 Umsatzsteuer- und Vorsteuerbeträge, die auf Entgelterhöhungen und Entgeltminderungen entfallen, sind zu berücksichtigen.
2 eventuell auf gesondertem Blatt errechnen

Übungen 6 bis 11: Vorsteuerabzug

5. Wie hoch ist die Umsatzsteuer-Vorauszahlung des Heizungslegers Horst Meiners für den vorigen Voranmeldungszeitraum?

Bei der Lösung dieser Aufgabe verwenden Sie bitte das Lösungsschema A (Aufgabe 3).

Meiners betreibt in der Hamburger Innenstadt einen Heizungsbaubetrieb. Er versteuert seine Umsätze nach vereinbarten Entgelten. Seine Umsatzsteuer-Voranmeldungen muss er monatlich beim Finanzamt einreichen. Für den vorigen Monat ergibt sich aus den Büchern und Belegen Folgendes:

Fall 1:
Einbau von Heizungsanlagen in Einfamilienhäuser im Inland für ein Entgelt von 58.000,00 €;

Fall 2:
Einbau einer Heizungsanlage in das eigengenutzte Einfamilienhaus des Heizungslegers Horst Meiners in einem Hamburger Vorort. Das dafür verwendete Material, Einkaufspreis netto 6.000,00 €, hat Meiners seinem Materiallager entnommen. Der Lohnaufwand hat 3.000,00 € betragen. Außerdem sind dem Betrieb durch die Ausführung der Arbeiten in dem Einfamilienhaus Beförderungskosten und anteilige Verwaltungsgemeinkosten von insgesamt 1.000,00 € entstanden;

Fall 3:
Meiners hat die Heizungsanlage seines eigenen Heizungsbaubetriebs repariert. Dabei sind einige Heizkörper ausgewechselt worden. Dem Betrieb sind dadurch Kosten in Höhe von 3.200,00 € entstanden;

Fall 4:
abzugsfähige Vorsteuer: 5.194,88 €

6. Ermitteln Sie die abziehbare Vorsteuer.

Fall 1:
Ein nicht buchführungspflichtiger Bau- und Möbeltischler in Baden-Baden hat im vorigen Jahr einen Umsatz im Sinne des § 69 Abs. 2 UStDV von 44.500,00 € erzielt. Im Jahr davor hat sein Umsatz 61.356,00 € betragen. Er hat beim Finanzamt beantragt, die abziehbare Vorsteuer nach Durchschnittssätzen zu ermitteln.

Fall 2:
Ein Sportverein in Rostock hat im vorigen Jahr aus dem Verkauf von Getränken einen Umsatz von 30.678,00 € erzielt. Er hat beim Finanzamt beantragt, die Vorsteuer nach Durchschnittssätzen nach § 23a UStG zu ermitteln.

7. Ist die in den folgenden Fällen gesondert ausgewiesene Umsatzsteuer bzw. die gezahlte Einfuhrumsatzsteuer als Vorsteuer abziehbar?
Bitte begründen Sie Ihre Antwort.

Fall 1:
Ein Arzt, der in Basel (Schweiz) eine Praxis betreibt, hat an einem Ärztekongress in München teilgenommen. Dadurch sind ihm im Inland Aufwendungen entstanden, über die Belege vorhanden sind, in denen die Umsatzsteuer mit 81,00 € gesondert ausgewiesen ist.

Fall 2:
Ein Arzt in Magdeburg, der ausschließlich steuerfreie Umsätze nach § 4 Nr. 14 UStG tätigt, hat von einem Unternehmen in Metz (Frankreich) ein Röntgengerät für ein Entgelt von 55.000,00 € erworben.

Fall 3:
Alle vier Wohnungen eines Vierfamilienhauses in Frankfurt (Oder) sind an Dauermieter vermietet. Die Mieteinnahmen sind nach § 4 Nr. 12 UStG steuerfrei. Der Eigentümer hat die schadhaften Fenster durch neue ersetzt. Die neuen Fenster hat er aus Kiew (Ukraine) eingeführt und dafür 600,00 € Einfuhrumsatzsteuer gezahlt.

Fall 4:
Eine Metallwarenfabrik in Potsdam hat selbst hergestellte Sportgeräte an einen Abnehmer in Brasilien geliefert. Die Geräte sind per Schiff nach Brasilien versendet worden.

Fall 5:
Eine Baugerätefabrik in München hat einen Bagger an ein Straßenbauunternehmen in Como (Italien) geliefert. Der Bagger ist per Bahn nach Como versendet worden.

8. Ermitteln Sie in den folgenden Fällen die abzugsfähige Vorsteuer.

Fall 1:
Ein Exportunternehmen in Würzburg hat im vorigen Jahr neben Ausfuhrlieferungen nach Südamerika dort auch nicht steuerbare Umsätze getätigt. Bei diesen Umsätzen handelt es sich um Lieferungen, die das Exportunternehmen von ihrem Auslieferungslager in Rio de Janeiro mit eigenem Lkw in Brasilien ausgeführt hat. Die Vorsteuer hat im vorigen Jahr insgesamt 209.850,00 € betragen. →

Fall 2:
Eine Bank in Düsseldorf tätigt nur steuerfreie Umsätze nach § 4 Nr. 8 UStG. Die von ihrer Filiale in Zürich (Schweiz) getätigten Umsätze sind nicht steuerbar, weil sie im Ausland ausgeführt werden. Die Bank hat im vorigen Monat für die Zentrale und die Filiale Einrichtungsgegenstände im Inland angeschafft. Von der in den Rechnungen gesondert ausgewiesenen Umsatzsteuer entfallen auf die Einkäufe für die Zentrale 10.000,00 € und für die Filiale 5.000,00 €.

Fall 3:
Der Inhaber einer Klempnerei in Lörrach (Inland) war im vorigen Besteuerungszeitraum (= Kalenderjahr) ausschließlich in Basel (Schweiz) tätig, wo er nur nicht steuerbare Umsätze (Werklieferungen und sonstige Leistungen) ausgeführt hat. Neben den Umsätzen aus dem Handwerksbetrieb hat der Klempner im vorigen Jahr Mieteinnahmen aus der Vermietung eines Mietwohngrundstücks in Lörrach gehabt, die nach § 4 Nr. 12 Buchstabe a UStG steuerfrei sind.

Dem Klempner sind in dem angegebenen Zeitraum Vorsteuerbeträge für Leistungen an ihn im Inland (z. B. Materiallieferungen, Reparaturen am Mietwohngrundstück, Wartung von Fahrzeugen und Geräten) von insgesamt 20.000,00 € in Rechnung gestellt worden. Davon entfallen auf den Handwerksbetrieb 19.000,00 € und auf das Mietwohngrundstück 1.000,00 €. Vorsteuern, die sowohl auf den Handwerksbetrieb als auch auf das Mietwohngrundstück entfallen, sind nicht vorhanden.

9. Ermitteln Sie die abzugsfähige Vorsteuer. Soweit eine Aufteilung der Vorsteuer vorzunehmen ist, ist diese übersichtlich darzustellen.

Eine Elektrogerätefabrik in Hamburg, die in ihrem Betriebsgebäude auch Wohnungen an Nichtunternehmer steuerfrei (§ 4 Nr. 12 Buchstabe a UStG) vermietet, macht für den vorigen Besteuerungszeitraum Vorsteuern von insgesamt 280.730,00 € geltend.

Davon sind zuzurechnen:

a) den im Inland ausgeführten steuerpflichtigen Leistungen	261.610,00 €
b) den steuerfreien Ausfuhrlieferungen	10.110,00 €
c) den steuerfreien Vermietungen	1.010,00 €
	272.730,00 €

Die restlichen Vorsteuern betreffen die Kosten der allgemeinen Verwaltung, wie z. B. die Kosten für Büromaterial, Büromöbel usw.

Nach der betrieblichen Kostenrechnung entfallen auf die steuerfreie Vermietung von Wohnungen rund 4 % der gesamten Verwaltungsgemeinkosten.

10. In welcher Höhe ist die Vorsteuer abziehbar?

Bitte begründen Sie Ihre Antwort.

Georg Schäfer betreibt in Zwickau den Handel mit Graviermaschinen. Er hat im vorigen Jahr die folgenden Umsätze getätigt:

a) steuerpflichtige Umsätze in Höhe von ...	1.692.000,00 €
b) steuerpflichtige unentgeltliche Leistungen (private Kfz-Nutzung)	8.000,00 €
c) steuerfreie innergemeinschaftliche Lieferungen (Ort der Lieferung ist Zwickau)	200.000,00 €
d) nicht steuerbare Lieferungen, ausgeführt von seinem Auslieferungslager in Danzig an Abnehmer in Polen ..	100.000,00 €
	2.000.000,00 €

Die Vorsteuer hat im vorigen Jahr insgesamt betragen: 182.000,00 €.

11. Ermitteln Sie für den Mandanten Peter Franken die abzugsfähige Vorsteuer.

Bitte begründen Sie Ihre Berechnung anhand des Gesetzes.

Franken besitzt in München ein mehrgeschossiges Wohngeschäftshaus (Baujahr 1999), das wie folgt genutzt wird:

	m²	Nutzung/ Mieter	Netto-Miete ohne USt/Monat in €
EG	120	Textilhandlung Palazzi-Moden-GmbH	3.000,00
1. OG	120	Arztpraxis für Allgemeinmedizin Dr. med. Bein	2.400,00
2. OG	90	Rechtsanwaltskanzlei Hartmut Lersch	1.800,00
	30	Gästewohnung Palazzi-Moden-GmbH	500,00
3. OG	120	Wohnung Rechtsanwalt Hartmut Lersch	1.800,00

Die Palazzi Moden GmbH überlässt die Gästewohnung unentgeltlich den Einkäufern ihrer Kunden, die in München keine Unterkunft erhalten haben.

Franken hat auf die Umsatzsteuerbefreiung verzichtet, soweit dies nach § 9 UStG möglich ist.

Franken hat folgende Leistungen von anderen Unternehmern, die durch ordnungsgemäße Belege nachgewiesen sind, in Anspruch genommen:

Beleg	Leistungen	Rechnungsbetrag in €	USt in €
1	Allgemein-Energieversorgung.....	500,00	95,00
2	Fenstererneuerung 2. OG......	15.000,00	2.850,00
3	Fenstererneuerung 3. OG......	15.000,00	2.850,00
4	Eindeckung des gesamten Daches	30.000,00	5.700,00

12. Wie hoch ist die zu entrichtende Umsatzsteuer (Zahllast) des Steuerpflichtigen Friedrich Till?

Till betreibt in Solingen eine Zimmerei. Er versteuert seine Umsätze nach vereinbarten Entgelten. Aus seinen Büchern und Unterlagen ergibt sich Folgendes:

1. Ausgeführte Zimmererarbeiten an Neubauten in Düsseldorf für verschiedene Auftraggeber für brutto 476.000,00 € (400.000,00 € + 76.000,00 € Umsatzsteuer). Von den 476.000,00 € sind 44.776,00 € erst am 5. Jan. eingegangen.
2. Anschaffung eines neuen Lkw am Anfang des Jahres für 47.600,00 € (40.000,00 € + 7.600,00 € Umsatzsteuer). Dabei ist ein gebrauchter Lieferwagen für 9.520,00 € (8.000,00 € + 1.520,00 € Umsatzsteuer) in Zahlung gegeben worden.
3. Im Sept. hat Till im Auftrag der Süßwarenfabrik Arnold Drews, Düsseldorf, den Dachstuhl für ein Auslieferungslager in Basel (Schweiz) errichtet. Till hat das Material aus seinem Lager in Solingen entnommen, mit eigenem Fahrzeug nach Basel befördert, dort den Dachstuhl fertiggestellt und dem Auftraggeber Drews 12.000,00 € für das Material und 6.000,00 € für die Arbeit, insgesamt also 18.000,00 € netto, berechnet.
4. Till hat seinen betrieblichen Pkw zu 25 % für private Zwecke genutzt (durch Fahrtenbuch nachgewiesen). Die Aufwendungen für den Pkw haben (ohne AfA) 2.700,00 € betragen. Darin sind die Kfz-Steuer und die Kfz-Versicherung mit 600,00 € enthalten. Die AfA hat 2.600,00 € betragen.
5. Von anderen Unternehmern wurde für Lieferungen und sonstige Leistungen an den Unternehmer Till abziehbare Vorsteuer in Höhe von 58.604,00 € gesondert in Rechnung gestellt. In diesem Betrag sind die Vorsteuerbeträge, die sich aus den obigen Sachverhalten ergeben, nicht enthalten.
6. Entrichtete Einfuhrumsatzsteuer: 464,00 €

13. a) Hat die Richter & Co. KG für das Sägewerk und die Möbelfabrik getrennte Umsatzsteuer-Voranmeldungen abzugeben?
Bitte begründen Sie Ihre Antwort.

b) Wie hoch ist die Zahllast bzw. der Erstattungsanspruch der KG für den letzten Voranmeldungszeitraum?

Wegen des ermäßigten Steuersatzes beachten Sie bitte Anlage 1 zu § 12 Abs. 2 UStG. (Soweit Steuerfreiheit in Betracht kommt, ist davon auszugehen, dass die Voraussetzungen dafür erfüllt sind.)

Die Richter & Co. KG betreibt in Pforzheim ein Sägewerk und in Karlsruhe eine Möbelfabrik. Außerdem unterhält sie in Hamburg ein Auslieferungslager der Möbelfabrik. Sie ist Monatszahler und versteuert ihre Umsätze nach vereinbarten Entgelten. Für den vorigen Monat ergibt sich aus den Büchern und Unterlagen der KG Folgendes:

1. Das Sägewerk hat Bretter und Furniere an verschiedene Abnehmer im Inland zum Entgelt von 58.570,00 € geliefert.
2. Das Sägewerk hat Holzabfälle und Sägespäne an eine landwirtschaftliche Einkaufsgenossenschaft in Tübingen zum Entgelt von 2.855,00 € geliefert.
3. Das Sägewerk hat der Möbelfabrik Bretter und Furniere geliefert und dafür 3.240,00 € berechnet.
4. Die Möbelfabrik hat an verschiedene Abnehmer im Inland Möbel zum Entgelt von 48.330,00 € geliefert.
5. Lieferung von Möbeln an ein Einzelhandelsgeschäft in Frauenfeld (Schweiz)

→

Übung 12: Zahllast

Übung 13: Umsatzsteuer-Überhang

Übungen 14 und 15: Vorsteuerabzug

zum Entgelt von 6.475,00 €. Die Richter & Co. KG hat die Möbel mit eigenem Fahrzeug von Karlsruhe nach Bern befördert und dem Abnehmer für die Beförderungsleistung zusätzlich 400,00 € berechnet. Von diesem Betrag entfallen 100,00 € auf die Beförderungsstrecke in der Schweiz.

6. Die Richter & Co. KG hat zwei Wohnungen ihres Geschäftshauses in Karlsruhe an zwei ihrer Angestellten vermietet. Die Mieteinnahmen haben 900,00 € betragen.
7. Lieferung von Wandschränken an eine Cuxhavener Reederei für ein Schiff zum Entgelt von 2.210,00 €. Die Schränke sind mit dem Fahrzeug des Cuxhavener Auslieferungslagers vom Auslieferungslager in der Innenstadt in den Freihafen befördert und dort dem Kapitän des Seeschiffes übergeben worden.
8. Die Möbelfabrik in Karlsruhe hat einem Kunden zur Kindstaufe eine Wiege im Wert (netto, ohne Umsatzsteuer) von 305,00 € und 50,00 € in bar geschenkt.
9. Von 15.049,57 € Vorsteuer entfallen 36,00 € auf die steuerfreie Vermietung der zwei Wohnungen (siehe Nr. 6).
10. Gezahlte Einfuhrumsatzsteuer: 1.486,33 €

14. Stellen Sie begründet dar, wie hoch die jeweilige Bemessungsgrundlage und der Vorsteuerabzug ist.

Fall 1:
Der selbstständige Antiquitätenhändler Alt, Bremen, kauft im April beim Kfz-Händler Ehren einen neuen betrieblichen Pkw für 41.000,00 € zuzüglich 7.790,00 € Umsatzsteuer. Er gibt seinen alten betrieblichen Pkw in Zahlung und zahlt zum Ausgleich der Rechnung von Ehren noch 23.502,50 € per Verrechnungsscheck. Den betrieblichen Pkw nutzt Alt unstrittig zu 25 % für private Fahrten und zu 75 % betrieblich.

Fall 2:
Alt (aus Fall 1), der monatlich die Umsatzsteuer anmeldet, weist im Mai folgende Kfz-Ausgaben nach: Treibstoffkosten 190,00 € zuzüglich 19 % Umsatzsteuer und Pflege 24,00 € zuzüglich 19 % Umsatzsteuer.

Daneben sind folgende Jahresausgaben ohne Umsatzsteuer zu berücksichtigen:

Absetzung für die Abnutzung 5.125,00 €, Steuern 900,00 € und Versicherungen einschließlich Vollkasko 1.875,00 €.

Fall 3:
Alt (aus Fall 1) flog im Juni geschäftlich von Bremen nach Berlin. Das Flugticket kostete 240,00 € zuzüglich 19 % Umsatzsteuer. An Übernachtungskosten fielen an 225,00 € zuzüglich 7 % Umsatzsteuer und an Verpflegungsausgaben 63,50 € zuzüglich 19 % Umsatzsteuer. Die Belege liegen vor und erfüllen die Anforderungen des § 14 UStG. Für zwei Taxifahrten innerhalb Berlins verauslagte er 47,00 €. Die Belege des Taxiunternehmens quittieren die Zahlung ohne gesonderten Ausweis der Umsatzsteuer, aber mit dem Zusatz einschließlich 7 % Umsatzsteuer.

15. Ermitteln Sie für den Mandanten Werner Jäger, Handelsvertreter, Frankfurt (Oder), die zu berichtigende Vorsteuer nach § 15a UStG.

Fall 1:
Werner Jäger hat im Dez. 2016 einen betrieblichen Pkw erworben und seitdem ausschließlich für unternehmerische Zwecke genutzt. Die auf die Anschaffung entfallende Umsatzsteuer in Höhe von 4.800,00 € hat er im Voranmeldungszeitraum Dez. 2016 als Vorsteuerabzug geltend gemacht. Ab Febr. 2020 überlässt er den Pkw seinem Sohn Dieter, der in Berlin studiert.

Fall 2:
Jäger (aus Fall 1) kaufte am 1. Mai 2017 einen Pkw von einer Privatperson zu einem Preis von 50.000,00 € für eigengewerbliche Zwecke. Am 1. Juli 2019 ließ Jäger in einer Vertragswerkstatt eine Inspektion durchführen (200,00 € zuzüglich 38,00 € Umsatzsteuer), in den dafür vorgesehenen Standardschacht ein Autoradio einbauen (1.500,00 € zuzüglich 285,00 € Umsatzsteuer) und den Pkw neu lackieren (7.500,00 € zuzüglich 1.425,00 € Umsatzsteuer). Jäger machte diese Vorsteuerbeträge ebenso wie den Vorsteuerabzug aus den laufenden Kosten nach § 15 Abs. 1 UStG geltend. Am 31. Dez. 2019 schenkt Jäger den Pkw seiner Tochter Maria zur Hochzeit.

Fall 3:
Jäger hatte im März 2012 ein neues zweigeschossiges Bürogebäude von einem Bauträger erworben. Die Vorsteuern in Höhe von 54.000,00 € hat er geltend gemacht. Im Juni 2020 veräußert er das Gebäude an eine Praxisgemeinschaft von Ärzten (Humanmediziner), die das Gebäude als Ärztehaus nutzen wollen.

3.10 Trennung der Entgelte

Aus den Aufzeichnungen des Unternehmers muss ersichtlich sein, wie sich die Entgelte auf die steuerpflichtigen Umsätze, getrennt nach Steuersätzen, und auf die steuerfreien Umsätze verteilen (§ 22 Abs. 2 Nr. 1 Satz 2 und Nr. 2 Satz 2 UStG). Vielen Unternehmern ist eine Trennung der Entgelte nach Steuersätzen nicht möglich und auch nicht zumutbar. Aus diesem Grund ist es nach § 63 Abs. 4 UStDV zulässig, dass die Finanzämter diesen Unternehmen auf Antrag gestatten, die Entgelte nachträglich unter Berücksichtigung des Wareneingangs oder nach anderen Merkmalen zu trennen.

Der Unternehmer kann eine erleichterte Trennung der Entgelte grundsätzlich nur nach vorheriger Genehmigung durch das Finanzamt vornehmen. Es ist aber auch zulässig, dass eine vom Unternehmer in der Vergangenheit ohne Genehmigung des Finanzamts vorgenommene erleichterte Trennung der Entgelte aus Billigkeitsgründen nachträglich anerkannt wird, wenn das angewandte Verfahren bei rechtzeitiger Beantragung hätte zugelassen werden können.

Großhändlern ist in vielen Fällen eine Trennung der Entgelte anhand der Belege für den Warenausgang zuzumuten. Einzelhändlern ohne Registrierkasse mit Speichern und Handwerkern kann dies jedoch in der Regel nicht zugemutet werden. Deshalb sind für Handel und Handwerk die nachstehend aufgeführten **drei Verfahren** zur erleichterten Trennung der Entgelte vorgesehen.

Hinzurechnung der tatsächlichen oder üblichen Aufschläge

Die erworbenen Waren, die dem ermäßigten Steuersatz unterliegen, sind auf dem Wareneinkaufskonto getrennt von den übrigen Waren, die nach dem allgemeinen Steuersatz zu versteuern sind, aufzuzeichnen. Auf der Grundlage der Wareneingänge sind entweder die Umsätze der Waren, die dem allgemeinen Steuersatz unterliegen, oder die steuerermäßigten Umsätze rechnerisch zu ermitteln. Zu diesem Zweck ist im Wareneingangsbuch oder auf dem Wareneinkaufskonto neben der Spalte „Einkaufsentgelt“ eine zusätzliche Spalte mit der Bezeichnung „Verkaufsentgelt“ einzurichten. Die Waren der Gruppe, für die die zusätzliche Spalte „Verkaufsentgelt“ geführt wird, sind grundsätzlich einzeln und mit genauer handelsüblicher Bezeichnung einzutragen.

Bei der Aufzeichnung des Wareneingangs sind aufgrund der tatsächlichen oder üblichen Aufschlagsätze die tatsächlichen bzw. voraussichtlichen Verkaufsentgelte (ohne Umsatzsteuer) zu errechnen und in die dafür vorgesehene Spalte einzutragen.

Die Summe der so errechneten und eingetragenen Verkaufsentgelte für einen Voranmeldungszeitraum bildet den Umsatz an begünstigten oder nicht begünstigten Waren. Zieht man diese Summe nach Hinzurechnung der Steuer von der Summe der im Voranmeldungszeitraum vereinbarten bzw. vereinnahmten Entgelte zuzüglich Steuer ab, so stellt der Unterschiedsbetrag die Summe der übrigen Entgelte zuzüglich der Steuer nach dem anderen Steuersatz dar (Abschn. 22.6 Abs. 8–12 UStAE).

Beispiel

Ein Lebensmittelhändler, der seine Umsätze nach vereinnahmten Entgelten versteuert, zeichnet im Wareneingangsbuch die eingekaufte Ware, deren Weiterlieferung dem Steuersatz von 19 % unterliegt, und die eingekaufte Ware, deren Weiterlieferung dem Steuersatz von 7 % unterliegt, in zwei getrennten Spalten auf. Neben der Wareneingangsspalte der 19%igen Ware führt er eine zusätzliche Spalte, in die die errechneten Verkaufsentgelte dieser Ware eingetragen werden. Für den letzten Voranmeldungszeitraum ergeben sich folgende Zahlen:

vereinnahmte Entgelte zuzüglich Steuer insgesamt	21.379,55 €
– Bruttoverkaufspreis der 19%igen Ware lt. Wareneingangsbuch (nach Hinzurechnung der Steuer)	7.140,00 €
Entgelt zzgl. Steuer der 7%igen Ware...	14.239,55 €

Die Trennung der Entgelte ist für diesen Voranmeldungszeitraum wie folgt vorzunehmen:

	19 %	7 %
Entgelt zuzüglich Steuer	7.140,00	14.239,55 €
– Steuer (herausrechnen)	1.140,00	931,56 €
Entgelt	6.000,00	13.307,99 €

Gewogener Durchschnittsaufschlag

Auch bei diesem Verfahren sind die erworbenen Waren getrennt nach den beiden Steuersätzen aufzuzeichnen. Für die Warengruppe, für die vom Wareneingang her der Umsatz ermittelt werden soll, ist ein gewogener Durchschnittsaufschlag nach den tatsächlichen Verhältnissen eines Kalendervierteljahres rechnerisch festzustellen. Dieser Durchschnittsaufschlagsatz ist – sofern sich die Struktur des Unternehmens nicht ändert – für die Dauer von fünf Jahren anzuwenden (Abschn. 22.6 Abs. 13 und 14 UStAE).

Beispiele

a) Ermittlung des gewogenen Durchschnittsaufschlagsatzes

Nach den Aufzeichnungen des Lebensmitteleinzelhändlers Hans Borchers ergeben sich am Schluss eines Kalendervierteljahres folgende Zahlen:

19%ige Wareneingänge (Entgelt zuzüglich Steuer)	6.898,47 €
Bruttoverkaufspreis	8.278,16 €
Bruttoaufschlag	1.379,69 €

Der gewogene Durchschnittsaufschlag beträgt hiernach für die nicht begünstigten Waren für das betreffende Kalendervierteljahr 20 %.

6.898,47 € = 100 %
1.379,69 € = x %

$$x = \frac{100 \cdot 1.379,69\ €}{6.898,47\ €} = 20\ \%$$

Mit Zustimmung des Finanzamtes kann der Lebensmitteleinzelhändler den Durchschnittsaufschlagsatz von 20 % für die Dauer von fünf Jahren anwenden, wenn sich die Struktur seines Unternehmens in der Zwischenzeit nicht ändert.

b) Trennung der Entgelte nach dem gewogenen Durchschnittsaufschlagsatz

Aus den Aufzeichnungen des Lebensmitteleinzelhändlers Borchers ergeben sich für den darauffolgenden Voranmeldungszeitraum folgende Zahlen:

vereinnahmte Bruttoverkaufspreise (Verkaufsentgelte zuzüglich Steuer) insgesamt 28.000,00 €,
Wareneingänge der 19%igen Waren (Einkaufsentgelte zuzüglich Steuer) 9.000,00 €.

Die **Trennung der Entgelte** ist wie folgt durchzuführen:

Bruttoverkaufspreise insgesamt		28.000,00 €
Wareneingänge der 19%igen Waren	9.000,00	
+ Aufschlag 20 %	1.800,00	
Bruttoverkaufspreise der 19%igen Waren	10.800,00	10.800,00 €
Bruttoverkaufspreise der 7%igen Waren		17.200,00 €
Bruttoverkaufspreise der nicht begünstigten Waren		10.800,00 €
darin enthalten 15,97 % Steuer (19 %)		1.724,37 €
Entgelt der 19%igen Verkäufe		9.075,63 €
Bruttoverkaufspreise der begünstigten Waren		17.200,00 €
darin enthalten 6,54 % Steuer (7 %)		1.124,88 €
Entgelt der 7%igen Verkäufe		16.075,12 €

Die Trennung der Entgelte kann nach diesem Verfahren auch dann vorgenommen werden, wenn der Unternehmer seine Wareneingänge und seine Verkaufserlöse nicht brutto, sondern netto aufzeichnet. Das Ergebnis bleibt gleich, egal, ob mit Brutto- oder Nettobeträgen gerechnet wird. Der gewogene Durchschnittsaufschlag wird dann eben unter Zugrundelegung der Nettobeträge statt der Bruttobeträge ermittelt.

Tatsächliche Verkaufsentgelte bei Filialunternehmen

Bei diesem Verfahren können die Verkaufsentgelte im Zeitpunkt der Auslieferung an den Zweigbetrieb gesondert aufgezeichnet werden. Dadurch erübrigt sich die getrennte Aufzeichnung der Wareneingänge (Abschn. 22.6 Abs. 15 UStAE).

AUFGABEN

1. Was muss aus den Aufzeichnungen hinsichtlich der Entgelte hervorgehen?
2. Welche Verfahren zur erleichterten Trennung der Entgelte kann das Finanzamt auf Antrag für Handel und Handwerk zulassen?
3. Wie soll verfahren werden, wenn die Trennung der Entgelte vom Wareneingang her unter Hinzurechnung der tatsächlichen oder üblichen Aufschläge durchgeführt werden soll?
4. Wie soll verfahren werden, wenn die Trennung der Entgelte vom Wareneingang her unter Anwendung eines gewogenen Durchschnittsaufschlags
   a) nach Bruttoaufzeichnungen und
   b) nach Nettoaufzeichnungen

   durchgeführt werden soll?

VERTIEFENDE ÜBUNGEN

Übungen zur Trennung der Entgelte

1. **a) Nach welchem Verfahren ist die Trennung der Entgelte vorzunehmen?**

   b) Wie viel Euro betragen jeweils das Entgelt und die Umsatzsteuer?

   Wilhelm Hagedorn, Lebensmittelgroß- und -einzelhändler in Freudenstadt, versteuert seine Umsätze nach vereinbarten Entgelten. Da auch Lieferungen im Einzelhandel ausgeführt werden, wird die Trennung der Entgelte mit Genehmigung des Finanzamts nachträglich unter Berücksichtigung des Wareneingangs vorgenommen. Zu diesem Zweck hat der Steuerpflichtige die 19%igen und 7%igen Waren auf getrennten Wareneinkaufskonten gebucht. Für die 7%igen Waren hat er außerdem in einer besonderen Spalte auch die voraussichtlichen Verkaufsentgelte ohne Umsatzsteuer eingetragen. Für den letzten Besteuerungszeitraum ergibt sich Folgendes:

   a) vereinbarte Entgelte zuzüglich Umsatzsteuer insgesamt .... 409.406,00 €
   b) Verkaufsentgelte der 7%igen Waren (ohne Umsatzsteuer) ...... 305.400,00 €

2. **Wie ist die Trennung der Entgelte rechnerisch durchzuführen und wie viel Euro betragen jeweils das Entgelt und die Umsatzsteuer?**

   Das Finanzamt hat sich damit einverstanden erklärt, dass der Lebensmitteleinzelhändler Kühnert, Bonn, die Trennung der Entgelte durch rechnerische Ermittlung der nicht begünstigten Umsätze (19 % Umsatzsteuer) aufgrund der Wareneingänge unter Hinzurechnung eines gewogenen Durchschnittsaufschlags von 20 % vornimmt. Aus den Aufzeichnungen ergeben sich für einen Voranmeldungszeitraum folgende Beträge:

   a) Gesamtbetrag der vereinbarten Entgelte zuzüglich Umsatzsteuer 123.151,00 €
   b) Gesamtbetrag der Wareneingänge, netto (ohne Umsatzsteuer), der nicht begünstigten Waren .... 20.000,00 €

3.11 Besteuerung der Kleinunternehmer

Kleinunternehmer nach UStG

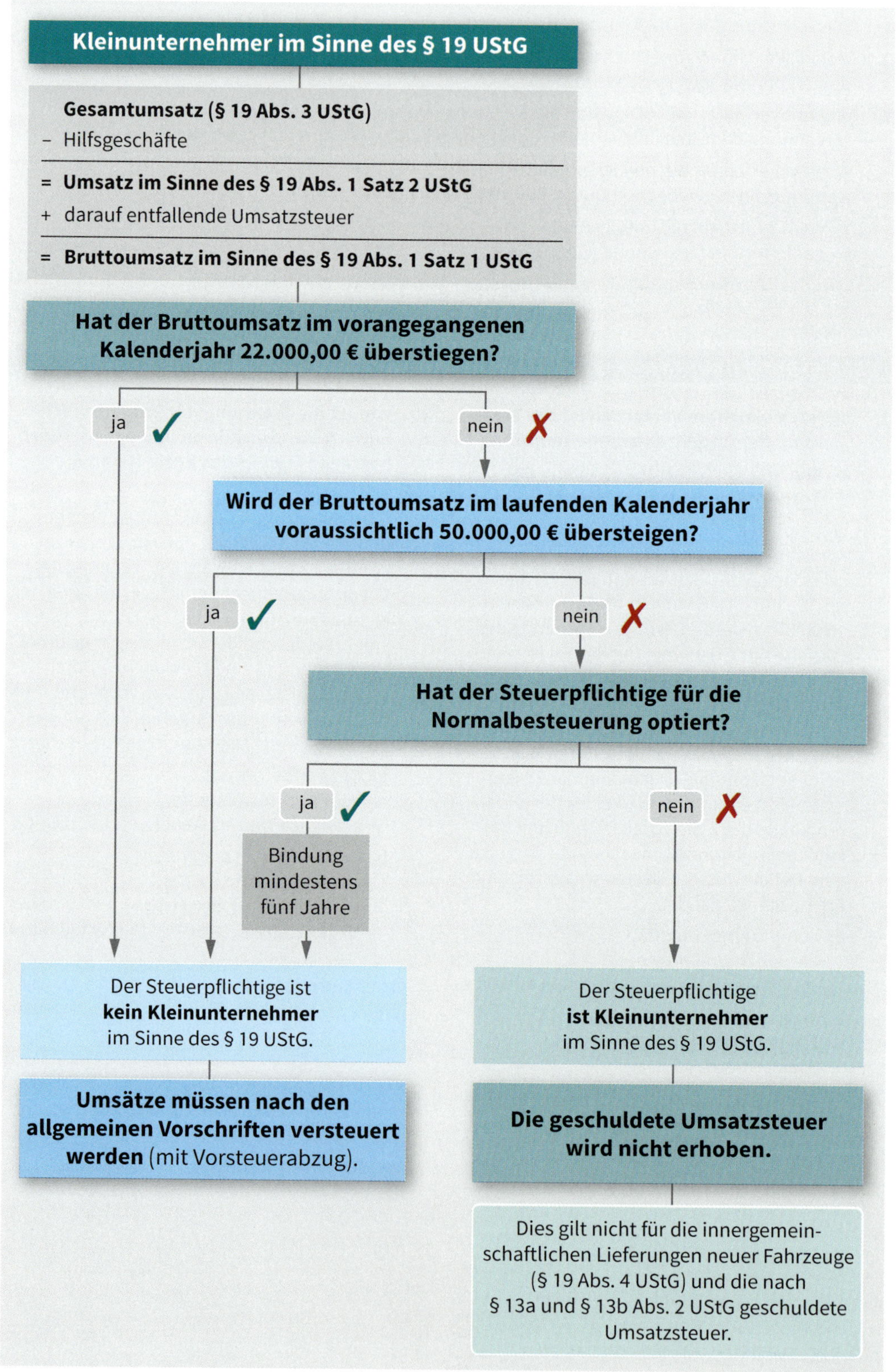

Für die Besteuerung der Unternehmer mit niedrigem Gesamtumsatz (sogenannte Kleinunternehmer) ist die Sonderregelung nach § 19 UStG maßgebend.

3.11.1 Verzicht auf die Erhebung der Umsatzsteuer nach § 19 Abs. 1 UStG

Das Finanzamt verzichtet von Amts wegen, d.h. ohne Antrag, bei Unternehmern, die im Inland oder in den Freihäfen ansässig sind, auf die Erhebung der Umsatzsteuer, wenn der in § 19 Abs. 1 Satz 2 UStG bezeichnete Umsatz zuzüglich der darauf entfallenden Steuer (der Bruttoumsatz)

- im vorangegangenen Kalenderjahr 17.500,00 € nicht überstiegen hat und
- im laufenden Kalenderjahr 50.000,00 € voraussichtlich nicht übersteigen wird.

Die Steuer für die Einfuhr von Gegenständen (Einfuhrumsatzsteuer) nach § 1 Abs. 1 Nr. 4 UStG hat der Kleinunternehmer hingegen abzuführen (Abschn. 19.1 Abs. 1 Satz 3 UStAE).

Unter Umsatz im Sinne des § 19 Abs. 1 Satz 2 UStG ist der nach vereinnahmten Entgelten (brutto) bemessene Gesamtumsatz im Sinne des § 19 Abs. 3 UStG (siehe dazu auch Kap. 3.11.3), gekürzt um die darin enthaltenen Umsätze von Wirtschaftsgütern des Anlagevermögens (Hilfsgeschäfte), zu verstehen.

Gesamtumsatz
nach § 19 Abs. 3 UStG

– Hilfsgeschäfte

= **Umsatz**
nach § 19 Abs. 1 **Satz 2** UStG

+ darauf entfallende Umsatzsteuer

= **Bruttoumsatz**
nach § 19 Abs. 1 Satz 1 UStG

Beispiel

Hella Schulze betreibt in Hildesheim eine Schneiderwerkstatt. Im vorigen Jahr fielen an:

vereinnahmte Entgelte für ausgeführte Arbeiten	13.000,00 €
vereinnahmte Entgelte aus Inventarverkäufen (Hilfsgeschäfte)	500,00 €
Gesamtumsatz im Sinne des § 19 Abs. 3 UStG	13.500,00 €
– Entgelt für Hilfsgeschäfte	500,00 €
Umsatz im Sinne des § 19 Abs. 1 Satz 2 UStG	13.000,00 €
zuzüglich 19 % Umsatzsteuer	2.470,00 €
Bruttoumsatz nach § 19 Abs. 1 Satz 1 UStG (maßgebend für die Grenzen von 22.000,00 € und 50.000,00 €)	15.470,00 €

Der Bruttoumsatz wird im laufenden Jahr ungefähr 18.000,00 € betragen.

Die Schneiderin ist im laufenden Jahr Kleinunternehmerin im Sinne des § 19 Abs. 1 UStG, weil ihr Umsatz im Sinne des § 19 Abs. 1 Satz 2 UStG zuzüglich der darauf entfallenden Umsatzsteuer im Vorjahr 22.000,00 € nicht überstiegen hat und im laufenden Kalenderjahr 50.000,00 € nicht übersteigen wird. Umsatzsteuer wird deshalb nicht erhoben.

Bei der Prüfung der Frage, ob die Grenzen von 22.000,00 € und 50.000,00 € überschritten sind oder nicht, kann sowohl von den Nettobeträgen (wie im obigen Beispiel) als auch von den Bruttobeträgen (wie im folgenden Beispiel) ausgegangen werden.

Beispiel

Vereinnahmt (siehe obiges Beispiel) 13.000,00 € + 19 % Umsatzsteuer	15.470,00 €
Hilfsgeschäfte 200,00 € + 19 % Umsatzsteuer	238,00 €
	15.708,00 €
– Einnahmen aus Inventarverkäufen (Hilfsgeschäfte)	238,00 €
maßgebender Betrag	15.470,00 €

Hat der Unternehmer seine unternehmerische Tätigkeit während des laufenden Kalenderjahres begonnen, so ist auf einen voraussichtlichen Gesamtumsatz des laufenden Jahres von 22.000,00 € abzustellen. Die Umsatzgrenze von 50.000,00 € ist unbeachtlich. Der tatsächlich erzielte Gesamtumsatz ist in einen Jahresgesamtumsatz umzurechnen (Abschn. 19.1 Abs. 4 UStAE). Dabei sind angefangene Kalendermonate bei der Umrechnung zugunsten des Unternehmers als volle Kalendermonate zu behandeln.

Beispiel

Ein Frührentner hat am 2. April d. J. in München einen Würstchenstand eröffnet. In der Zeit vom 2. April bis 30. Juni d. J. hat er aus dem Würstchenverkauf 4.224,50 € (3.550,00 € + 674,50 € Umsatzsteuer) vereinnahmt.

Die Umrechnung wird wie folgt vorgenommen: In drei Monaten hat der Gesamtumsatz 3.550,00 € betragen. Demnach beträgt der voraussichtliche Jahresgesamtumsatz:

$3.550,00\ € \cdot \frac{12}{3}$	14.200,00 €

Hilfsgeschäfte sind nicht vorhanden, daher kein Abzug.

Der voraussichtliche Umsatz im Sinne des § 19 Abs. 1 Satz 2 UStG beträgt demnach	14.200,00 €
zuzüglich 19 % Umsatzsteuer	2.698,00 €
maßgebender Betrag (§ 19 Abs. 1 Satz 1 UStG)	16.898,00 €

Dieser Betrag übersteigt die Grenze von 22.000,00 € nicht. Die Umsatzsteuer wird deshalb für das laufende Jahr nicht erhoben.

> **Übung 1, Seite 208**

Nach § 19 Abs. 1 Satz 4 UStG verzichtet der Staat nicht auf die Umsatzsteuererhebung der geschuldeten Steuer im Abzugsverfahren nach § 13b Abs. 2 UStG, bei unberechtigtem Steuerausweis in Rechnungen nach § 13 Abs. 4 UStG und als letzter Abnehmer im Dreiecksgeschäft nach § 25b Abs. 2 UStG. Dies gilt auch für die innergemeinschaftliche Lieferung neuer Fahrzeuge (§ 19 Abs. 4 UStG).

Ein Vorsteuerabzug ist bei Kleinunternehmern nicht zulässig. Das gilt auch für vom Kleinunternehmer gezahlte Einfuhrumsatzsteuer. Ein Verzicht auf die Steuerbefreiung (§ 9 UStG) ist ebenfalls nicht zulässig (§ 19 Abs. 1 Satz 4 UStG).

3.11.2 Option der Kleinunternehmer für die Normalbesteuerung

Der Kleinunternehmer kann dem Finanzamt erklären, dass er auf die Anwendung des § 19 Abs. 1 UStG, wonach keine Umsatzsteuer erhoben wird, verzichtet und für die Normalbesteuerung (Regelbesteuerung) optiert (§ 19 Abs. 2 UStG). Die Erklärung ist an keine Form gebunden. Es genügt, wenn der Kleinunternehmer eine Umsatzsteuer-Voranmeldung oder die Umsatzsteuer-Jahreserklärung abgibt und darin die Umsatzsteuer nach den allgemeinen Vorschriften des Umsatzsteuergesetzes berechnet.

Die Optionserklärung ist fristgebunden. Sie muss dem Finanzamt bis zur Unanfechtbarkeit der Steuerfestsetzung vorliegen.

Nach Eintritt der Unanfechtbarkeit der Steuerfestsetzung bindet die Erklärung den Unternehmer mindestens für fünf Kalenderjahre. Sie kann nur mit Wirkung vom Beginn eines Kalenderjahres an widerrufen werden.

Hat ein Unternehmer für die Normalbesteuerung (Regelbesteuerung) optiert, so ist er berechtigt,

- die Umsatzsteuer in seinen Rechnungen gesondert auszuweisen und den Vorsteuerabzug in Anspruch zu nehmen und
- für die Steuerpflicht steuerfreier Umsätze zu optieren (§ 9 UStG).

Der Kleinunternehmer wird sich immer dann für die Normalbesteuerung (Regelbesteuerung) entscheiden, wenn er dies für vorteilhaft hält. Das kann z. B. der Fall sein, wenn bei ihm hohe Vorsteuerbeträge anfallen, die er abziehen möchte, oder wenn die Empfänger seiner Leistungen zum Vorsteuerabzug berechtigt sind.

Beispiel

Ein Handelsvertreter in Tübingen ist bis 2018 beim Finanzamt als Kleinunternehmer im Sinne des § 19 Abs. 1 UStG geführt worden. Für 2019 hat er für die Regelbesteuerung optiert, weil er Anfang d. J. einen neuen Pkw als Geschäftswagen angeschafft hat und deshalb den Vorsteuerabzug geltend machen möchte.

Im Jahr 2019 haben der steuerpflichtige Umsatz 13.000,00 € und die abziehbare Vorsteuer 2.770,00 € betragen.

Berechnung des Vorsteuerguthabens:

steuerpflichtiger Umsatz	13.000,00 €
Umsatzsteuer 19 % (Traglast)	2.470,00 €
abziehbare Vorsteuer	2.770,00 €
Vorsteuerguthaben (Erstattungsanspruch)	300,00 €

3.11.3 Gesamtumsatz im Sinne des § 19 Abs. 3 UStG

Dieser Gesamtumsatz ist maßgebend für die Anwendung des § 19 Abs. 1 UStG (Nichterhebung der Umsatzsteuer).

Gemeint ist nicht der „gesamte Umsatz" eines Kleinunternehmers. **Gesamtumsatz** ist vielmehr ein Begriff, den der Gesetzgeber in § 19 Abs. 3 UStG wie folgt bestimmt hat:

Summe der vom Unternehmer ausgeführten steuerbaren Umsätze im Sinne des § 1 Abs. 1 Nr. 1 UStG, und zwar:

- steuerbare Lieferungen und sonstige Leistungen (einschließlich unentgeltlicher Leistungen),
- Umsätze, die steuerfrei sind
  - nach § 4 Nr. 8 Buchstabe i UStG, z. B. der Verkauf von Briefmarken zum aufgedruckten Wert,
  - nach § 4 Nr. 9 Buchstabe b UStG, z. B. Umsätze, die der Lotteriesteuer unterliegen,
  - nach § 4 Nr. 11–29 UStG, z. B. Umsätze der Ärzte, die nach § 4 Nr. 14 UStG steuerfrei sind,
- Umsätze, die Hilfsumsätze darstellen und steuerfrei sind,
  - nach § 4 Nr. 8 Buchstaben a–h UStG, z. B. die Gewährung von Krediten,
  - nach § 4 Nr. 9 Buchstabe a UStG, das sind Umsätze, die unter das Grunderwerbsteuergesetz fallen, und
  - nach § 4 Nr. 10 UStG, das sind Leistungen, die unter das Versicherungsteuergesetz fallen,

= **Gesamtumsatz im Sinne des § 19 Abs. 3 UStG.**

Soweit der Unternehmer die Steuer nach vereinnahmten Entgelten berechnet (§ 13 Abs. 1 Nr. 1 Buchstabe a Satz 4 und 5 oder § 20 UStG), ist auch der Gesamtumsatz nach diesen Entgelten zu berechnen (§ 19 Abs. 3 Satz 2 UStG).

Hilfsumsätze sind Umsätze, die nicht zum eigentlichen Gegenstand des Unternehmens gehören. Bei Banken, bei Versicherungsunternehmen und bei Grundstückshandelsunternehmen sind die oben aufgeführten (nach § 4 Nr. 8, 9 und 10 UStG steuerfreien) Umsätze nur dann bei der Ermittlung des Gesamtumsatzes abzuziehen, wenn es sich um Hilfsumsätze handelt.

Beispiel

Ein Arzt, der in Bochum als Internist eine Praxis betreibt, hat im vorigen Kalenderjahr die folgenden steuerbaren Umsätze erzielt:

Honorare aus der Tätigkeit als Arzt	200.000,00 €
Honorar als Autor eines Fachbuchs (ohne Umsatzsteuer)	9.000,00 €

Der Gesamtumsatz ist wie folgt zu errechnen:

Summe der steuerbaren Umsätze: (§ 1 Abs. 1 Nr. 1 UStG)	209.000,00 €
abzüglich steuerfreier Umsatz nach § 4 Nr. 14 UStG	200.000,00 €
Gesamtumsatz im Sinne des § 19 Abs. 3 UStG	9.000,00 €

Nicht zum Gesamtumsatz gehören Umsätze aus einer Geschäftsveräußerung im Ganzen an einen anderen Unternehmer für dessen Unternehmen, weil diese Umsätze nicht steuerbar sind.

AUFGABEN

1. Welche Steuervergünstigungen sieht § 19 UStG für Kleinunternehmer vor?
2. Welche Voraussetzungen führen zum Steuerverzicht nach § 19 Abs. 1 UStG?
3. Was ist unter Umsatz im Sinne des § 19 Abs. 1 Satz 2 UStG zu verstehen?
4. Was bedeutet es, dass § 19 Abs. 1 UStG nicht für die innergemeinschaftlichen Lieferungen von neuen Fahrzeugen gilt?
5. Erläutern Sie die Option der Kleinunternehmer für die Normalbesteuerung.
6. Was versteht man unter Gesamtumsatz im Sinne des § 19 Abs. 3 UStG?

VERTIEFENDE ÜBUNGEN

Übungen zu Kleinunternehmern

1. **Fall 1:**
In welchen Jahren ist der Steuerpflichtige ein Kleinunternehmer?

Der pensionierte Finanzbeamte Jürgen Schmidt, Peine, ist als Steuerberater zugelassen. Er hat die folgenden Bruttoumsätze im Sinne des § 19 Abs. 1 Satz 1 UStG erzielt:

2018 13.400,00 € **2019** 17.900,00 €

Fall 2:

a) **Wie hoch sind die Bruttoumsätze im Sinne des § 19 Abs. 1 Satz 1 UStG für 2018 und 2019?**

b) **Ist die Steuerpflichtige in den Jahren 2018/19/20 Kleinunternehmerin im Sinne des § 19 Abs. 1 UStG?**

Die Verkäuferin Iris Lankenau ist in ihrer Freizeit als Designerin in der Damenmode in Nürnberg selbstständig tätig. Folgende Vereinnahmungen liegen vor:

	2018	**2019**
für steuerpflichtige Leistungen	16.362,50 €	22.650,00 €
davon aus Inventarverkäufen	89,25 €	51,00 €

Im Jahr 2017 hat der Bruttoumsatz im Sinne des § 19 Abs. 1 Satz 1 UStG 12.500,00 € betragen. Im Jahr 2020 wird er voraussichtlich 17.900,00 € betragen.

Fall 3:
Wie hoch ist der Bruttoumsatz im Sinne des § 19 Abs. 1 Satz 1 UStG?

Eine Hausfrau in Berlin stellt Seidenblumengestecke und -kränze in ihrer Wohnung her und verkauft diese seit dem 10. Juni d. J. an Blumengeschäfte. In der Zeit vom 10. Juni bis 31. Aug. d. J. hat sie aus dem Verkauf 2.750,00 € vereinnahmt.

Fall 4:
Kommt § 19 Abs. 1 UStG für 2020 zur Anwendung?

Maria Baumann, Herne, ist seit einigen Jahren als Grundstücksmaklerin selbstständig tätig. Aus ihren Aufzeichnungen und Unterlagen ergibt sich für 2019 Folgendes:

a) vereinnahmte Maklerprovision (einschließlich 19 % Umsatzsteuer)	21.420,00 €
b) Verkauf eines gebrauchten Aktenschrankes gegen bar, brutto	232,00 €
c) Private Kfz-Nutzung einschließlich Umsatzsteuer	690,00 €
insgesamt	22.342,00 €

Im Jahr 2020 wird der Umsatz im Sinne des § 19 Abs. 1 Satz 2 UStG zuzüglich Umsatzsteuer voraussichtlich 18.000,00 € betragen.

2. **Ermitteln Sie begründet die Höhe der geschuldeten Umsatzsteuer in den folgenden Sachverhalten.**

a) Trebing, Trier, ist Kleinunternehmer gemäß § 19 Abs. 1 UStG. Während seines Urlaubs in Spanien im Sommer 2020 erwirbt er vom spanischen Weinhändler Lopez mit Sitz in Malaga 20 Flaschen Wein für sein Unternehmen in Trier für umgerechnet 240,00 €. Trebing nimmt den Wein im eigenen Pkw mit nach Trier.

b) Trebing (aus a) fährt im Okt. 2020 mit dem Zug nach Dänemark und erwirbt dort von dem dänischen Kfz-Händler Örensen einen neuen Pkw für 15.500,00 €. Trebing überführt den Pkw persönlich nach Trier.

3.12 Änderung der Bemessungsgrundlage

Das vom Unternehmer mit dem Abnehmer der Lieferung oder Empfänger der sonstigen Leistung vereinbarte Entgelt kann sich nachträglich ändern. Es können Erhöhungen oder Minderungen des Entgelts eintreten.

Entgelterhöhungen können sich z. B. ergeben durch:

- Preiszuschläge,
- Weiterberechnung von entstandenen Spesen.

Berechnete Verzugszinsen sind nicht als Entgelterhöhung, sondern als Schadenersatz zu behandeln (A 10.1 Abs. 3 Satz 9 UStAE).

Entgeltminderungen können sich z. B. ergeben durch:

- Preisnachlässe infolge einer Mängelrüge,
- Warenrücksendung infolge einer Mängelrüge,
- Uneinbringlichkeit des Entgelts,
- Skontoabzug (sowohl Liefererskonto als auch Kundenskonto),
- Gewährung eines Kundenbonus.

Die Entgelterhöhung wie auch die Entgeltminderung stellen eine **Änderung der Bemessungsgrundlage** dar. Hat sich die Bemessungsgrundlage für einen steuerpflichtigen Umsatz geändert, so haben

- der Unternehmer, der diesen Umsatz ausgeführt hat, den dafür geschuldeten Steuerbetrag und
- der Unternehmer, an den dieser Umsatz ausgeführt worden ist, den dafür in Anspruch genommenen Vorsteuerabzug

entsprechend zu berichtigen (§ 17 Abs. 1 UStG). Das gilt sinngemäß auch für den innergemeinschaftlichen Erwerb. Wird eine steuerpflichtige Lieferung, sonstige Leistung oder ein steuerpflichtiger innergemeinschaftlicher Erwerb rückgängig gemacht, so sind die Umsatzsteuer und die Vorsteuer ebenfalls zu berichtigen (§ 17 Abs. 2 Nr. 3 UStG). Die **Berichtigungen** sind für den Besteuerungszeitraum vorzunehmen, in dem die Änderung des Entgelts eingetreten ist. Berichtigungen, die sich aus Aufwendungen des § 15 Abs. 1a Nr. 1 UStG (nicht abzugsfähige Betriebsausgaben) ergeben, sind in dem Besteuerungszeitraum vorzunehmen, in dem diese Aufwendungen getätigt werden, § 17 Abs. 2 Nr. 5 i. V. m. § 17 Abs. 1 Satz 3 UStG.

Beispiel

Ein Großhändler in München, der seine Umsätze nach vereinbarten Entgelten versteuert, hat im Dez. vorigen Jahres für 3.570,00 € (3.000,00 € + 570,00 € Umsatzsteuer) Ware an einen Händler in Rosenheim geliefert. Die Rechnung ist im Jan. dieses Jahres zugestellt worden. Aufgrund einer Mängelrüge schickt der Einzelhändler einen Warenposten für 476,00 € (400,00 € + 76,00 € Umsatzsteuer) im Febr. dieses Jahres an den Lieferer zurück. Für beide Unternehmer ist der Kalendermonat Voranmeldungszeitraum.

Für den Großhändler ist die Steuerschuld von 570,00 € im Dez. vorigen Jahres entstanden, weil er die Lieferung im Dez. ausgeführt hat.

Der Einzelhändler ist berechtigt, die Vorsteuer von 570,00 € in seiner Voranmeldung für Jan. dieses Jahres abzuziehen, weil die Rechnung für die bereits ausgeführte Lieferung bei ihm erst im Jan. eingegangen ist.

Durch die Warenrücksendung im Febr. dieses Jahres ist eine Änderung der Bemessungsgrundlage, und zwar eine Entgeltminderung von 400,00 €, eingetreten. Auf diese Entgeltminderung entfällt eine Steuer von 76,00 €.

Durch die Warenrücksendung ergeben sich nach § 17 Abs. 1 UStG folgende umsatzsteuerliche Auswirkungen:

- Der Großhändler setzt in seiner Voranmeldung für Febr. dieses Jahres den Minderungsbetrag von 400,00 € von den vereinbarten Entgelten dieses Voranmeldungszeitraums ab.
- Der Einzelhändler kürzt in seiner Voranmeldung für Febr. dieses Jahres seinen Vorsteuerabzug um den Steuerbetrag von 76,00 €.

Dadurch wird erreicht, dass sich die Zahllast des Großhändlers im Febr. dieses Jahres um 76,00 € vermindert und die Zahllast des Einzelhändlers sich im Febr. dieses Jahres um 76,00 € erhöht.

Sind Umsatzsteuer und Vorsteuer berichtigt worden, weil das vereinbarte Entgelt für eine steuerpflichtige Lieferung, sonstige Leistung oder einen steuerpflichtigen innergemeinschaftlichen Erwerb uneinbringlich geworden ist, und wird das Entgelt nachträglich wider Erwarten doch vereinnahmt, so sind Steuerbetrag und Vorsteuerabzug erneut zu berichtigen (§ 17 Abs. 2 Nr. 1 UStG).

Ist die Einfuhrumsatzsteuer, die als Vorsteuer abgezogen worden ist, ermäßigt, erlassen oder erstattet worden, so ist der Vorsteuerabzug entsprechend zu berichtigen.

Beispiel

Ein russischer Unternehmer in Moskau hat eine Ware an einen Unternehmer in Gera geliefert. Der Abnehmer hat im Dez. vorigen Jahres 250,00 € Einfuhrumsatzsteuer entrichtet. Im Januar dieses Jahres ist sie auf 200,00 € ermäßigt worden.

Der Abnehmer in Gera war berechtigt, die entrichtete Einfuhrumsatzsteuer von 250,00 € im Dez. vorigen Jahres als Vorsteuer abzuziehen, weil die Ware für sein Unternehmen eingeführt worden ist. Er war aber auch verpflichtet, den Vorsteuerabzug im Jan. dieses Jahres um 50,00 € zu mindern, weil die Einfuhrumsatzsteuer um diesen Betrag ermäßigt worden ist.

AUFGABEN

1. Wodurch können sich beispielsweise Entgelterhöhungen ergeben?
2. Wodurch können sich beispielsweise Entgeltminderungen ergeben?
3. Inwiefern müssen der Lieferant und der Abnehmer der Lieferung handeln, wenn sich die Bemessungsgrundlage für einen steuerpflichtigen Umsatz geändert hat?
4. Wie ist hinsichtlich der Umsatzsteuer und der Vorsteuer zu verfahren, wenn eine steuerpflichtige Lieferung, sonstige Leistung oder ein steuerpflichtiger innergemeinschaftlicher Erwerb rückgängig gemacht wird?
5. Für welchen Zeitraum sind Berichtigungen vorzunehmen, wenn eine Änderung des Entgelts eintritt?
6. Welchen Einfluss hat eine Berichtigung wegen einer Entgeltminderung auf die Zahllast des Lieferanten und auf die des Abnehmers der Lieferung?

VERTIEFENDE ÜBUNGEN

Übungen 1 und 2: Bemessungsgrundlage

1. **a) Um welchen Betrag ändert sich die Bemessungsgrundlage?**
   b) In welcher Umsatzsteuer-Voranmeldung ist die Änderung zu berücksichtigen?

Fall 1:
Der Textilgroßhändler Stefan Brink, Stuttgart, versteuert seine Umsätze nach vereinbarten Entgelten. Er hat im Sept. v. J. an ein Hotel in Ulm Wäsche geliefert und dafür 11.900,00 € (10.000,00 € + 1.900,00 € Umsatzsteuer) berechnet. Beide Unternehmer geben ihre Umsatzsteuer-Voranmeldungen monatlich ab. Aufgrund einer Mängelrüge gewährt der Großhändler dem Hotel im Jan. d. J. einen Preisnachlass von 595,00 € (500,00 € + 95,00 € Umsatzsteuer).

Fall 2:
Der Klempner Rolf Hildebrandt, Ulm, versteuert seine Umsätze nach vereinbarten Entgelten. Seine Umsatzsteuer-Voranmeldungen gibt er monatlich ab. Er hat im April v. J. für ein Baugeschäft in Stuttgart Arbeiten ausgeführt und dafür 5.950,00 € (5.000,00 € + 950,00 € Umsatzsteuer) berechnet. Das Baugeschäft hat Insolvenz angemeldet. Nach Abschluss des Verfahrens sind im Dez. d. J. 1.190,00 € eingegangen. Der Rest ist endgültig ausgefallen.

4497210

Übungen 3 und 4: Umsatzsteuer-Abschlusszahlung

2. a) Um wie viel Euro ändert sich die Bemessungsgrundlage?

b) Welche umsatzsteuerlichen Auswirkungen ergeben sich daraus für die beteiligten Unternehmer, wenn diese ihre Umsätze nach vereinbarten Entgelten versteuern und monatlich Umsatzsteuer-Voranmeldungen abgeben?

Fall 1:
Eine Autofabrik in München hat mit Rechnung vom 25. Jan. d. J. einen Lkw für 35.700,00 € (30.000,00 € + 5.700,00 € Umsatzsteuer) an den Kfz-Händler Günther Hoffmann, Augsburg, geliefert. Zahlungsbedingungen: innerhalb 8 Tagen mit 2 % Skonto, 30 Tage ohne Abzug. Hoffmann hat am 1. Febr. nach Abzug von 2 % Skonto 34.986,00 € überwiesen.

Fall 2:
Sachverhalt wie in Fall 1, aber mit dem Unterschied, dass Hoffmann die Rechnung nicht bereits am 1. Febr., sondern zwei Monate später beglichen hat. Die Autofabrik hat Hoffmann 200,00 € Verzugszinsen berechnet.

3. Wie hoch ist die Umsatzsteuer-Nachzahlung der Motorenfabrik Hartmut Munck, Industriestraße 20, Bremen, für das vorige Jahr?

Bei der Lösung dieser Aufgabe verwenden Sie bitte das Lösungsschema B (siehe Übung 4 auf S. 196). Soweit kein besonderer Hinweis erfolgt, beträgt die Umsatzsteuer 19 %.

Aus den Büchern und Unterlagen der Motorenfabrik ergibt sich für das vorige Jahr Folgendes:

1. Lieferungen auf Ziel von im eigenen Werk auftragsgemäß hergestellten Maschinen und Motoren für netto 1.412.000,00 € an diverse Abnehmer im Inland;
2. Reparatur eines Elektromotors in Frankreich für netto 800,00 € im Auftrag eines französischen Unternehmens mit Sitz in Paris. Bei der Reparatur sind wesentliche Teile des Motors geliefert und ausgewechselt worden;
3. Lieferung eines selbst hergestellten Elektromotors für netto 5.000,00 € an einen Unternehmer in Danzig (Polen). Der Abnehmer hat den Motor mit eigenem Fahrzeug in Bremen abgeholt (polnische USt-IdNr. liegt vor);
4. die anteiligen Kosten für die private Kfz-Nutzung einschließlich AfA haben laut Nachweis mit Fahrtenbuch 9.100,00 € betragen. Darin sind die Kfz-Steuer und die Kfz-Versicherung mit insgesamt 1.100,00 € enthalten. Von den 9.100,00 € entfallen 1.000,00 € auf die private Kfz-Nutzung bei einer Urlaubsreise in die Schweiz;
5. der Eigentümer eines Sägewerks in Hannover hat einen Elektromotor vom Steuerpflichtigen für netto 1.200,00 € gegen Barzahlung bezogen. Der Abnehmer hat den Motor mit eigenem Fahrzeug in Bremen abgeholt;
6. der Steuerpflichtige hat eine gebrauchte Schreibmaschine aus seinem Büro entnommen und seiner Tochter in Bremen geschenkt. Der Einkaufspreis zum Zeitpunkt der Entnahme (§ 10 Abs. 4 Nr. 1 UStG) hat 300,00 € betragen;
7. Summe der Eingangsrechnungen für Rohstoffe usw., netto . 410.000,00 €
   Rechnung des Steuerberaters, netto .... 7.000,00 €
   im vorigen Jahr gezahlte Einfuhrumsatzsteuer ...... 600,00 €
   sonstige Vorsteuern .... 13.691,00 €
   Taxifahrten in Bremen, netto 200,00 €
8. endgültiger Ausfall einer Forderung an einen Kunden in Augsburg, brutto 3.570,00 €. Das Insolvenzverfahren ist im Dez. v. J. abgeschlossen worden.
9. gewährte Kundenskonti, netto .... 4.000,00 €
10. in Anspruch genommene Liefererskonti, netto ...... 3.300,00 €
11. Das Vorauszahlungssoll hat aufgrund der abgegebenen Umsatzsteuer-Voranmeldungen für das vorige Jahr 175.759,00 € betragen.

3.13 Ausstellung von Rechnungen

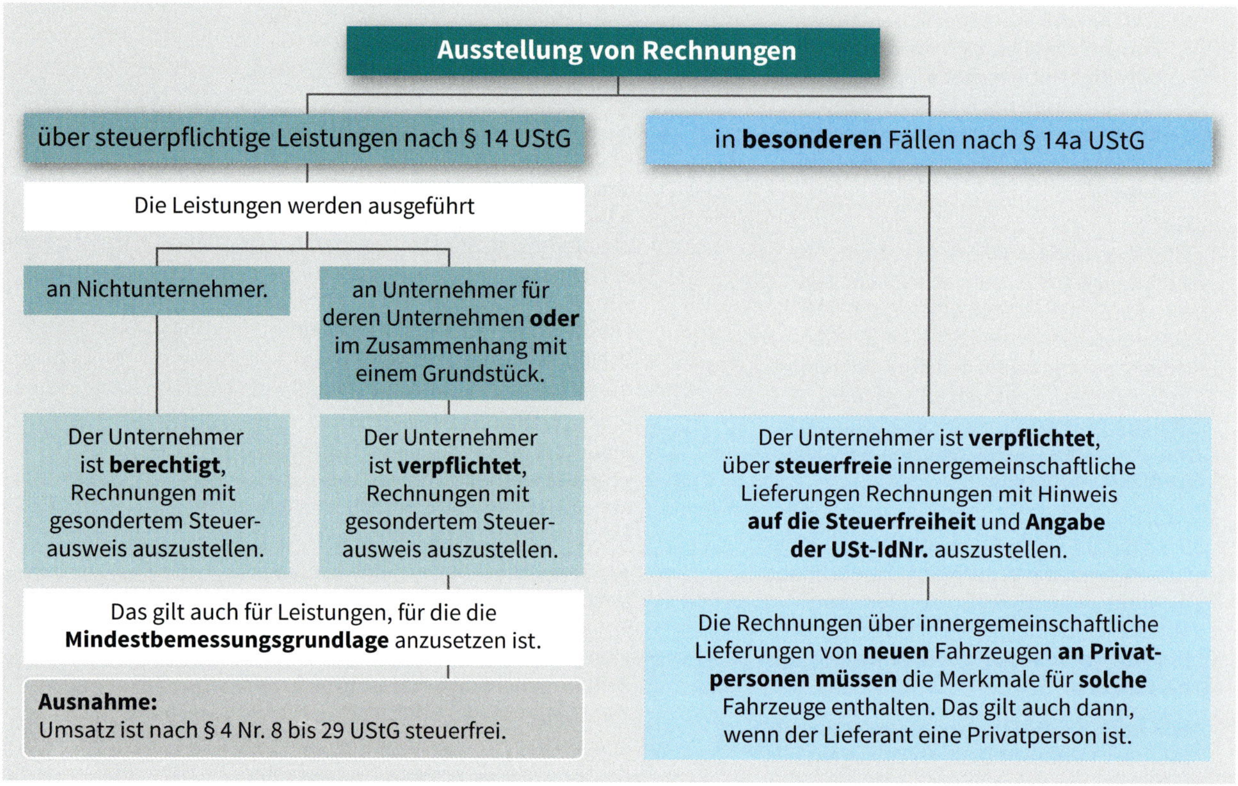

Nach § 14 Abs. 4 UStG müssen Rechnungen im Allgemeinen folgende Angaben enthalten:

- Namen und Anschrift des leistenden Unternehmers;
- Namen und Anschrift des Leistungsempfängers;
- Steuernummer des leistenden Unternehmers oder die ihm vom Bundesamt für Finanzen erteilte USt-IdNr.;
- das Ausstellungsdatum;
- Rechnungsnummer des Ausstellers;
- die Menge und die handelsübliche Bezeichnung der gelieferten Gegenstände oder den Umfang und die Art der sonstigen Leistung;
- den Zeitpunkt der Lieferung oder sonstigen Leistung oder der Vereinnahmung des Entgelts oder Teilentgelts bei Anzahlungsrechnungen;
- das Entgelt (sowie im Voraus vereinbarte Entgeltminderung);
- Steuersatz sowie Steuerbetrag bzw. Hinweis auf eventuelle Steuerbefreiung;
- in den Fällen des § 14b Abs. 1 Satz 5 UStG einen Hinweis auf die Aufbewahrungspflicht des Leistungsempfängers;
- in den Fällen der Ausstellung der Rechnung durch den Leistungsempfänger oder durch einen von ihm beauftragten Dritten gemäß § 14 Abs. 2 Satz 2 UStG die Angabe „Gutschrift“.

Wenn der Unternehmer eine Lieferung oder sonstige Leistung im Zusammenhang mit einem Grundstück ausführt, muss er nach § 14 Abs. 2 Nr. 1 UStG innerhalb von sechs Monaten nach Ausführung der Leistung eine Rechnung gemäß § 14 Abs. 4 UStG ausstellen. Dabei spielt es keine Rolle, ob der Leistungsempfänger Unternehmer ist oder nicht.

Bei Leistungen, die nicht im Zusammenhang mit einem Grundstück ausgeführt werden (§ 14 Abs. 2 Nr. 2 UStG), muss er nur eine Rechnung gemäß § 14 Abs. 4 UStG ausstellen, wenn er an einen anderen Unternehmer für dessen Unternehmen oder an eine juristische Person, die nicht Unternehmer ist, leistet. Eine Verpflichtung zur Austellung einer Rechnung besteht nicht, wenn der Umsatz nach § 4 Nr. 8 bis 29 UStG steuerfrei ist.

Wenn die Rechnung nicht alle Angaben nach §§ 14 Abs. 4 oder 14a UStG enthält oder Angaben falsch sind, kann die Rechnung berichtigt werden; siehe auch § 31 UStDV.

Beispiele

a) Ein Klempner, der seine Umsätze nach den allgemeinen Grundsätzen des Umsatzsteuergesetzes versteuert (Regelbesteuerung), führt an dem selbst bewohnten Einfamilienhaus eines kaufmännischen Angestellten in Leipzig eine Reparatur aus.

Der Klempner ist nach § 14 Abs. 2 Satz 1 Nr. 1 UStG verpflichtet, dem kaufmännischen Angestellten eine Rechnung mit gesondertem Ausweis der Steuer auszustellen.

b) Ein selbstständiger Kfz-Meister mit Regelbesteuerung, repariert den betrieblichen Pkw eines Steuerberaters gegen ein Entgelt von 150,00 €.

Der Kfz-Meister ist verpflichtet, über die ausgeführte sonstige Leistung eine Rechnung mit gesondertem Steuerausweis auszustellen, weil diese sonstige Leistung steuerpflichtig ist und der Umsatz an einen Unternehmer für dessen Unternehmen ausgeführt worden ist.

Der gesonderte Ausweis der Steuer kann wie folgt vorgenommen werden:

Entgelt für die ausgeführte Reparatur	150,00 €
+ 19 % Umsatzsteuer	28,50 €
Gesamtrechnungsbetrag	178,50 €

Vereinnahmt der Unternehmer das Entgelt oder einen Teil des Entgelts (z. B. als Anzahlung oder Abschlagszahlung) für eine noch nicht ausgeführte steuerpflichtige Lieferung oder sonstige Leistung, gilt § 14 Abs. 4 UStG sinngemäß mit allen Pflichtangaben, (§ 14 Abs. 5 Satz 1 UStG). Steht der Zeitpunkt der Leistung bei Vorschussrechnungen noch nicht fest, ist diese Angabe entbehrlich.

Ist das tatsächlich vereinbarte Entgelt niedriger als die Mindestbemessungsgrundlage nach § 10 Abs. 5 UStG, so ist der Unternehmer nach § 14 Abs. 4 Satz 2 UStG berechtigt bzw. auf Verlangen des Leistungsempfängers verpflichtet, in seinen Rechnungen sowohl die Mindestbemessungsgrundlage als auch den darauf entfallenden Steuerbetrag anzugeben.

Dadurch wird erreicht, dass die vom leistenden Unternehmer geschuldete Umsatzsteuer vom Leistungsempfänger auch als Vorsteuer abgezogen werden kann, was dem System der Mehrwertsteuer entspricht.

Das ist aber nur bei Leistungen für das Unternehmen eines anderen Unternehmers von Bedeutung, weil nur bei diesen Leistungen der Vorsteuerabzug möglich ist.

Die Vorschrift des § 14 Abs. 4 Satz 2 UStG kommt daher insbesondere in Betracht

- bei verbilligten Lieferungen und sonstigen Leistungen
  - von Gesellschaften usw. an ihre Gesellschafter usw., wenn diese ihrerseits unternehmerisch tätig sind,
  - von Einzelunternehmern an ihnen nahe stehende Personen, wenn diese ebenfalls unternehmerisch tätig sind, und
- bei der Vermietung von gewerblichen Räumen zwischen Ehegatten oder Verwandten, wenn die sog. Kostenmiete die tatsächliche Miete übersteigt.

› **Übung 1, Seite 219**

Die Vereinfachung der elektronischen Rechnungsstellung

Eine Rechnungsstellung kann auch elektronisch erfolgen. Dabei müssen jedoch besondere Aufzeichnungspflichten erfüllt werden.

Eine elektronische Rechnung ist eine Rechnung, die in einem elektronischen Format ausgestellt und empfangen wird (etwa per E-Mail, PDF- oder Textdateianhang). Auch elektronische Rechnungen werden für den Vorsteuerabzug anerkannt, wenn sowohl die Echtheit der Herkunft als auch die Unversehrtheit ihres Inhalts gewährleistet sind. Die Echtheit der Herkunft ist gewährleistet, wenn die Identität des

Ausstellers sichergestellt ist. Die Unversehrtheit des Inhalts wird gewährleistet, wenn die nach dem Umsatzsteuergesetz erforderlichen Pflichtangaben während der Übermittlung der Rechnung nicht geändert worden sind.

Für den Unternehmer bedeutet das die zwingende Einführung eines innerbetrieblichen Kontrollverfahrens, das Echtheit und Unversehrtheit sicherstellt. Dieses Kontrollverfahren muss kein „technisches" Verfahren sein. Es reicht zum Beispiel auch ein manueller Abgleich der Rechnung mit der Bestellung, der aber dokumentiert werden muss. Darüber hinaus sind elektronische Rechnungen zwingend elektronisch auf Datenträgern (nur einmal beschreibbare CDs und DVDs) aufzubewahren. Eine Aufbewahrung als Papierausdruck ist nicht zulässig. Ein solcher „Medienbruch" würde eventuell zum Versagen des Vorsteuerabzugs führen.

Ausstellung von Rechnungen in besonderen Fällen

Gutschrift
Als Gutschrift bezeichnet das Umsatzsteuergesetz eine Rechnung, die vom Leistungsempfänger ausgestellt wird. Hierunter fallen z. B. Provisionsabrechnungen, da es hier für den Empfänger der Rechnung einfacher ist, die zur Abrechnung erforderlichen Informationen zu beschaffen (z. B. die vermittelten Umsätze).

Ausschließlich solche Gutschriften sind mit der Bezeichnung „Gutschrift" zu versehen (Inhaltspflicht).

Innergemeinschaftliche sonstige Leistung
Eine innergemeinschaftliche sonstige Leistung ist die sonstige Leistung des Unternehmers aus einem Mitgliedstaat an einen Unternehmer aus einem anderen Mitgliedstaat.

Beispiel

Ein Steuerberater aus Neuss berät Unternehmer in Belgien in Fragen deutscher Rechnungsvorschriften. Der Ort der sonstigen Leistung für diesen B2B-Fall richtet sich nach § 3a Abs. 2 UStG und liegt in Belgien.

Die Steuerschuldnerschaft wechselt vom leistungserbringenden Steuerberater auf den leistungsempfangenden Belgier.

Die Steuerschuldnerschaft muss zwingend in der Formulierung „Steuerschuldnerschaft des Leistungsempfängers" (Inhaltspflicht) auf der Rechnung ausgewiesen werden, ebenso wie die USt-IdNr. des Leistungsempfängers.

Des Weiteren ist eine innergemeinschaftliche sonstige Leistung zwingend bis zum 15. des Folgemonats der Leistungsausführung abzurechnen (Ausstellungspflicht).

Innergemeinschaftliche Lieferung
Führt der Unternehmer innergemeinschaftliche steuerfreie Lieferungen aus (§ 6a UStG), so ist er zur Ausstellung von Rechnungen verpflichtet, in denen er auf die Steuerfreiheit hinweist. Außerdem sind die USt-IdNr. des Unternehmers und die des Leistungsempfängers anzugeben (§ 14a Abs. 1 UStG).

Durch diese Regelung soll sichergestellt werden, dass der innergemeinschaftliche Erwerb im Bestimmungsland besteuert wird.

Hier gilt ebenfalls die Rechnungserteilungsfrist bis zum 15. des Folgemonats, in dem der Umsatz ausgeführt worden ist (Ausstellungspflicht).

Sonstige Leistung nach § 13b UStG (Reverse-Charge-Verfahren)
Hierzu gehören z. B. die Veräußerung von Grundstücken (Option) oder Bauleistungen.

Auch hier gilt die Vorschrift, mit dem Wortlaut „Steuerschuldnerschaft des Leistungsempfängers" auf den Wechsel der Steuerschuldnerschaft hinzuweisen (Inhaltspflicht).

Siehe dazu auch Kap. 3.14

Reiseleistungen
Auf der Rechnung muss die Formulierung „Sonderregelung für Reisebüros“ ausgewiesen werden (Inhaltspflicht).

Differenzbesteuerung
Auf der Rechnung muss eine der Formulierungen „Gebrauchtgegenstände/Sonderregelung“, „Kunstgegenstände/Sonderregelung“ oder „Sammlungsstücke und Antiquitäten/Sonderregelung“ ausgewiesen werden (Inhaltspflicht).

Anwendung nationalen Rechts bei der Rechnungserteilung
Nach Art. 219a Nr. 1 MwStSystRL richtet sich das maßgeblich anzuwendende Recht für die Rechnungsstellung nach den Vorschriften des Mitgliedstaates, in dem der Umsatz ausgeführt wird.

Wenn aber der leistende Unternehmer in diesem Staat nicht ansässig ist und die Umsatzsteuer vom Leistungsempfänger geschuldet wird, richtet sich die Rechnungsstellung nach dem Ansässigkeitsstaat des leistenden Unternehmers.

Beispiele

a) Ein IT-Unternehmen aus Spanien erbringt eine Beratungsleistung an ein deutsches Unternehmen.

Ort dieser B2B-Leistung ist nach § 3a Abs. 2 UStG Deutschland. Die Leistung ist in Deutschland steuerbar und steuerpflichtig, die Steuerschuldnerschaft wechselt auf das deutsche Unternehmen. Die Anforderungen an die vom spanischen Unternehmen auszustellende Rechnung richten sich nach spanischem Recht. Das gilt nicht, wenn der deutsche Leistungsempfänger mittels einer Gutschrift abrechnet.

b) Im umgekehrten Fall, ein deutsches IT-Unternehmen berät ein spanisches Unternehmen, richten sich die Rechnungsvorschriften nach deutschem Recht. Auf der Rechnung ist dann in deutscher Sprache die Formulierung „Steuerschuldnerschaft des Leistungsempfängers“ auszuweisen.

Innergemeinschaftliche Beförderung eines Gegenstands und Vermittlungsleistungen
Führt der Unternehmer im Inland eine innergemeinschaftliche Beförderung eines Gegenstands (§ 3b Abs. 3 Satz 2 UStG) oder eine Vermittlungsleistung (§ 3a Abs. 2 Nr. 4 UStG) aus, so ist er zur Ausstellung einer Rechnung mit gesondertem Steuerausweis verpflichtet. Außerdem sind die USt-IdNr. des Unternehmers und die des Leistungsempfängers anzugeben (§ 14a Abs. 1 UStG).

Innergemeinschaftliche Lieferungen von neuen Fahrzeugen
Die Rechnungen über die innergemeinschaftlichen Lieferungen von neuen Fahrzeugen an Privatpersonen müssen die Merkmale für solche Fahrzeuge nach § 1b Abs. 2 und 3 UStG enthalten.

Das gilt auch, wenn das neue Fahrzeug von einer Privatperson geliefert wird, die nach § 2a UStG für diese Lieferung wie ein Unternehmer zu behandeln ist (§ 14a Abs. 4 UStG).

> **Übung 1, Seite 219, Fälle 3 und 4**

3.13.1 Rechnungen über Umsätze, die verschiedenen Steuersätzen unterliegen

In diesen Fällen sind die Entgelte und Steuerbeträge nach Steuersätzen zu trennen.

Beispiel

	Entgelt	19 %	7 %
Waschpulver ...	300,00 €	57,00 €	0,00 €
Fleischwaren ...	1.000,00 €	0,00 €	70,00 €
	1.300,00 €		
+ Umsatzsteuer .	127,00 €		
Gesamtrechnung .	1.427,00 €		

Wird der Steuerbetrag durch Maschinen automatisch ermittelt und durch diese in der Rechnung angegeben, so ist der Ausweis des Steuerbetrages in einer Summe zulässig, wenn für die einzelnen Posten der Rechnung der Steuersatz angegeben ist (§ 32 UStDV).

3.13.2 Kleinbetragsrechnungen

In der Praxis ist es kaum durchführbar, dass jede Rechnung die in § 14 Abs. 4 UStG geforderten Angaben enthält (siehe auch Kap. 3.9.3.1). Deshalb ist es nach § 33 UStDV zulässig, dass Rechnungen, deren Gesamtumfang 250,00 € nicht übersteigt, abweichend von § 14 Abs. 4 UStG nur folgende Angaben enthalten:

- Name und Anschrift des leistenden Unternehmers;
- Ausstellungsdatum der Rechnung;
- die Menge und die Art der gelieferten Gegenstände oder die Art und den Umfang der sonstigen Leistung;
- Entgelt und Steuerbetrag in einer Summe;
- Steuersatz oder Hinweis auf Steuerbefreiung.

3.13.3 Unberechtigte Rechnungserteilung mit gesondertem Steuerausweis

Wer in einer Rechnung einen Steuerbetrag gesondert ausweist, obwohl er eine Lieferung oder sonstige Leistung nicht ausführt oder zum gesonderten Ausweis der Steuer nicht berechtigt ist, schuldet diesen Betrag, auch wenn er nicht Unternehmer ist (§ 14c Abs. 2 UStG). Eine Berichtigungsmöglichkeit ergibt sich unmittelbar aus § 14c Abs. 2 Satz 3 UStG, wenn das Steueraufkommen nicht gefährdet ist, d. h., wenn die Vorsteuer vom Leistungsempfänger nicht abgezogen oder an das Finanzamt zurückgezahlt wurde.

Ob der **Empfänger** der Leistung **zum Vorsteuerabzug berechtigt ist oder nicht**, richtet sich ausschließlich nach **§ 15 UStG**.

Beispiele

a) Ein Kleinunternehmer repariert das Schaufenster eines Kaufhauses und erteilt trotz der Nichtberechtigung eine Rechnung mit gesondertem Steuerausweis.
Der Kleinunternehmer schuldet die Umsatzsteuer nach § 14c Abs. 2 UStG und muss den gesondert in Rechnung gestellten Steuerbetrag an das Finanzamt abführen. Das Kaufhaus kann die berechnete Umsatzsteuer nicht als Vorsteuer abziehen.

b) Ein Nichtunternehmer liefert seinen gebrauchten Pkw an einen Kfz-Händler und erteilt eine Rechnung mit gesondertem Steuerausweis.
Der Nichtunternehmer muss den gesondert in Rechnung gestellten Steuerbetrag nach § 14c Abs. 2 UStG an das Finanzamt abführen. Der Händler ist aber zum Vorsteuerabzug nicht berechtigt, weil die Lieferung an ihn nicht von einem „anderen Unternehmer" ausgeführt worden ist (§ 15 Abs. 1 UStG).

3.13.4 Unrichtiger Steuerausweis

Hat ein Unternehmer in einer Rechnung für eine Lieferung oder sonstige Leistung einen höheren Steuerbetrag gesondert ausgewiesen, als er nach dem Umsatzsteuergesetz hätte ausweisen müssen, so schuldet er nach § 14c Abs. 1 UStG diesen höheren Steuerbetrag. Der Unternehmer hat hierbei die Möglichkeit, den Steuerbetrag gegenüber dem Leistungsempfänger durch eine berichtigte Rechnung zu korrigieren. Eine Besonderheit gilt es bei sogenannten Nettopreisvereinbarungen zu beachten, bei denen der Leistungsempfänger einen Rückzahlungsanspruch hat. Hier verlangt die Finanzverwaltung für die Korrektur der Umsatzsteuer, dass der leistende Unternehmer den bereits vereinnahmten **Mehrbetrag** bereits an den Leistungsempfänger **zurückgezahlt** hat (siehe BMF-Schreiben vom 7. Okt. 2015, BStBl 2015 I S. 782). Hat ein Unternehmer einen zu niedrigen Steuerbetrag ausgewiesen, so muss die Berichtigung dem Leistungsempfänger schriftlich zugehen. Sonst darf er nur den zu niedrig ausgewiesenen Steuerbetrag als Vorsteuer abziehen. Die Berichtigung ist an keine Form und an keine Frist gebunden.

Die Vorschrift des § 14 Abs. 2 UStG kommt nur für Regelbesteuerung unterliegende Unternehmen in Betracht. Kleinunternehmer, bei denen gemäß § 19 Abs. 1 UStG auf die Erhebung der Umsatzsteuer verzichtet wird, fallen nicht darunter, weil sie zum gesonderten Steuerausweis nicht berechtigt sind. Für sie kommt § 14c Abs. 2 UStG zur Anwendung.

Beispiel

Ein Großhändler in Heidelberg führt eine mit 19 % zu versteuernde Lieferung zum Entgelt von 8.000,00 € aus und erteilt dem Lieferungsempfänger folgende Rechnung:

Warenwert	8.000,00 €
Umsatzsteuer 19 %	2.280,00 €
Rechnungsbetrag	10.280,00 €

Die Umsatzsteuer ist versehentlich mit 2.280,00 € statt mit 1.520,00 € in Rechnung gestellt. Nach § 12 Abs. 1 UStG schuldet der Großhändler die Umsatzsteuer von 1.520,00 €. Nach § 14c Abs. 1 UStG schuldet er aber auch den Mehrbetrag von 760,00 € so lange, bis eine Berichtigung der Rechnung erfolgt, die dem Leistungsempfänger schriftlich zugehen muss. Dieser kann aus der unrichtigen Rechnung nur die Vorsteuer abziehen, die gesetzlich für den ausgeführten Umsatz geschuldet wird und nicht den Mehrbetrag, den der leistende Unternehmer nach § 14c Abs. 1 UStG schuldet.

Weist ein Unternehmer, der der Regelbesteuerung unterliegt, in seiner Rechnung einen Steuerbetrag aus, der zu niedrig ist, so schuldet er nicht diesen niedrigeren Betrag, sondern den sich nach dem Gesetz ergebenden höheren Steuerbetrag. Der Leistungsempfänger darf den richtigen höheren Steuerbetrag erst dann als Vorsteuer geltend machen, wenn eine schriftliche Berichtigung der Rechnung erfolgt ist.

Arten des Steuerausweises

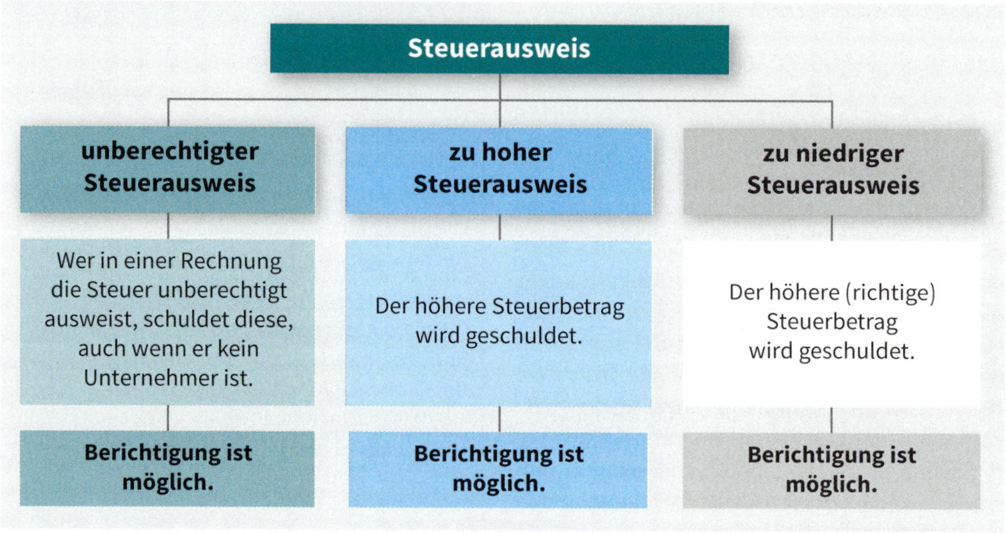

> **Übung 2, Seite 219**

3.13.5 Fahrausweise als Rechnungen

Fahrausweise, die für die Beförderung von Personen ausgegeben werden, gelten nach § 34 Abs. 1 UStDV als Rechnungen im Sinne des § 14 Abs. 1 UStG, wenn sie mindestens folgende Angaben enthalten:

- den Namen und die Anschrift des Unternehmers, der die Beförderung ausführt. Diese Anforderung ist erfüllt, wenn sich aufgrund der in dem Fahrausweis aufgenommenen Bezeichnung der Name und die Anschrift des leistenden Unternehmers eindeutig feststellen lassen;
- das Entgelt und den Steuerbetrag in einer Summe;
- den Steuersatz, wenn die Beförderungsleistung nicht dem ermäßigten Steuersatz nach § 12 Abs. 2 Nr. 10 UStG unterliegt.

Da in Fahrausweisen die Umsatzsteuer grundsätzlich nicht gesondert ausgewiesen ist, muss sie vom Unternehmer für Zwecke des Vorsteuerabzugs – ähnlich wie bei den Kleinbetragsrechnungen – aus dem Bruttobetrag herausgerechnet werden, wenn die Beförderungsleistung im Inland für sein Unternehmen ausgeführt worden ist.

Auf Fahrausweisen der Deutschen Bahn AG genügt es, wenn anstelle des Steuersatzes die Tarifentfernung angegeben ist.

Beispiele

Auf einer Fahrkarte der Deutschen Bahn AG sind der Fahrpreis mit 180,00 € und die Tarifentfernung mit 900 km angegeben. Der Steuersatz ist nicht angegeben.

Die Fahrkarte gilt als Rechnung im Sinne des § 14 Abs. 1 UStG. Im Fahrpreis ist die Umsatzsteuer mit 7 % = 11,78 € enthalten (Herausrechnung 7/107 von 180,00 €).

AUFGABEN

1. In welchen Fällen ist der Unternehmer verpflichtet, Rechnungen mit gesondertem Steuerausweis auszustellen?
2. Welche Angaben müssen Rechnungen nach § 14 Abs. 4 UStG im Allgemeinen enthalten?
3. Welche Angaben müssen Kleinbetragsrechnungen mindestens enthalten?
4. Wie wird der unberechtigte Steuerausweis in einer Rechnung behandelt?
5. Wie wird der unrichtige Steuerausweis in einer Rechnung behandelt?
6. Welche Angaben müssen Fahrausweise enthalten, um als Rechnungen im Sinne des § 14 Abs. 1 UStG zu gelten?

VERTIEFENDE ÜBUNGEN

Übung 1: Ausstellen von Rechnungen

Übung 2: Ausweis der Umsatzsteuer

1. **Ist in den Fällen 1 und 2 die Umsatzsteuer richtig ausgewiesen?**

   Kann sie gegebenenfalls berichtigt werden?

   In welcher Höhe wird sie geschuldet, wenn sie nicht berichtigt wird und welchen Vorsteuerabzug kann der Leistungsempfänger geltend machen?

Fall 1:
Der Getränkehändler Seifert, Köln, unterliegt der Sollversteuerung und gibt monatlich Umsatzsteuervoranmeldungen ab. Er beliefert die Gaststätte Türmchen mit 20 Flaschen Wein. Er berechnet dem Inhaber (Rechnungsauszug):

20 Flaschen Riesling à 7,00 €	140,00 €
zuzüglich 19 % Umsatzsteuer	36,60 €
insgesamt	176,60 €

Fall 2:
Seifert (aus Fall 1) beliefert das Restaurant Königskrone mit 10 Kästen Mineralwasser mit folgender Rechnung (Rechnungsauszug):

10 Kästen 0,2 l Königsbrunn à 8,00 €	80,00 €
zuzüglich 7 % Umsatzsteuer	5,60 €
insgesamt	85,60 €

Fall 3:

a) **Welchen Betrag hat die KG in ihrer Rechnung als Bemessungsgrundlage anzusetzen?**

b) **Muss die Umsatzsteuer gesondert ausgewiesen werden?**

Die Fernseh-Köster KG, Erfurt, hat ein Fernsehgerät an den Sohn eines Gesellschafters für ein Entgelt von 800,00 € geliefert. Der Sohn, der in Weimar ein Hotel betreibt, hat das Gerät für betriebliche Zwecke gekauft. Der Einkaufspreis des Geräts hat 1.000,00 € netto betragen. Die Umsatzsteuer beträgt 19 %.

Fall 4:
Welchen Hinweis und welche Angaben muss die Rechnung der Maschinenfabrik gem. § 14a UStG enthalten?

Die Maschinenfabrik Funk GmbH, Augsburg, hat eine Maschine an eine Autofabrik in Turin (Italien) für ein Entgelt von 100.000,00 € geliefert.

2. a) **Welchen Umsatzsteuerbetrag schuldet der Unternehmer?**

   b) **Welchen Betrag kann der Abnehmer als Vorsteuer geltend machen?**

Fall 1:
Der Büromaschinenhändler Heiko Eibs in Wilhelmshaven hat an einen Steuerberater für dessen Büro eine Büromaschine für ein Entgelt von 6.000,00 € geliefert. Die Umsatzsteuer beträgt 19 %. In der Rechnung hat der Händler die Umsatzsteuer aus Versehen mit 1.040,00 € statt mit 1.140,00 € gesondert ausgewiesen.

Fall 2:
Sachverhalt wie in Fall 1, aber mit dem Unterschied, dass der Büromaschinenhändler die Umsatzsteuer versehentlich mit 1.600,00 € statt mit 1.140,00 € gesondert ausgewiesen hat.

Fall 3:
Ein kaufmännischer Angestellter hat einen gebrauchten Perserteppich an einen Teppichhändler in Hamburg für 3.570,00 € verkauft. Er stellt dem Teppichhändler eine Rechnung aus, in der die Umsatzsteuer gesondert ausgewiesen ist, obwohl der Angestellte als Nichtunternehmer dazu nicht berechtigt ist:

Nettopreis des Teppichs	3.000,00 €
zuzüglich 19 % Umsatzsteuer	570,00 €
insgesamt	3.570,00 €

3.14 Besteuerung des Leistungsempfängers (Reverse-Charge-Verfahren)

Leistungsempfänger als Steuerschuldner nach § 13b UStG

Der Unternehmer schuldet die Umsatzsteuer für die folgenden steuerpflichtigen Umsätze, die an ihn ausgeführt werden:

Werklieferungen und sonstige Leistungen **im Ausland ansässiger Unternehmer**	**Bauleistungen** inländischer Unternehmer und Leistungsempfänger führt selbst Bauleistungen aus (Ausnahme: Planung und Überwachung)	**Lieferungen** sicherungsübereigneter Gegenstände außerhalb des Insolvenzverfahrens	**Umsätze,** die unter das Grunderwerbsteuergesetz (GrEStG) fallen	**Lieferungen** von **Gas** und **Elektrizität im Ausland ansässiger Unternehmer**	**Reinigung** von **Gebäuden** und **Gebäudeteilen**	**Lieferung** von **Gold** oder **Mobilfunkgeräten**
Lieferungen der Bau-, Montage und anderer Handwerksbetriebe; sonstige Leistungen der Architekten, Künstler, Berufssportler, Handelsvertreter usw.	z. B.: Einbau von Fenstern, Türen, Aufzügen, Ladeneinrichtungen und Erhaltungsaufwendungen mit netto > 500,00 €	z. B.: der Sicherungsnehmer verkauft den übereigneten Gegenstand, weil der Sicherungsgeber zahlungsunfähig ist	Diese müssen nach § 9 UStG (notariell erklärt) als steuerpflichtig behandelt worden sein.	Lieferungen erfolgen nach § 3g UStG; Ort der Leistung ist der Empfängerort		

Nach § 13b UStG wird der Leistungsempfänger zum Steuerschuldner, wenn er Unternehmer oder eine juristische Person des öffentlichen Rechts ist und folgende Leistungen nach § 13b Abs. 2 Satz 1 Nr. 1–11 UStG in Anspruch nimmt:

- Werklieferungen und sonstige Leistungen eines im Ausland ansässigen Unternehmers;
- Lieferung sicherungsübereigneter Gegenstände;
- Umsätze, die unter das Grunderwerbsteuergesetz fallen;
- Werklieferungen und sonstige Leistungen, die der Herstellung, Instandhaltung, Änderung oder Beseitigung von Bauwerken dienen (Bauleistungen), mit Ausnahme von Planungs- und Überwachungsleistungen;
- Lieferungen von Gas und Elektrizität im Ausland ansässiger Unternehmer;
- Übertragung von Berechtigungen nach § 3 Abs. 4 des Treibhausgas-Emissionshandelsgesetzes[1];
- Lieferungen der in der Anlage 3 bezeichneten Gegenstände;
- Reinigen von Gebäuden und Gebäudeteilen;
- Lieferungen von Gold mit einem Feingehalt von mindestens 325 Tausendstel;
- Lieferungen von Mobilfunkgeräten, Tablet-Computern, Spielekonsolen und integrierten Schaltkreisen;
- Lieferungen der in der Anlage 4 bezeichneten Gegenstände.

1 Ab 2020 wird die bestehende Regelung nach §13b Abs. 2 Nr. 6 UStG ergänzt durch die Übertragung von Gas- und Elektrizitätszertifikaten.

4497220

Als im Ausland ansässig gilt auch der im Gemeinschaftsgebiet ansässige Unternehmer, nicht jedoch Unternehmer mit Sitz in Helgoland oder den in § 1 Abs. 3 UStG bezeichneten Zollfreigebieten (§ 13b Abs. 7 UStG).

Das Berechnungsverfahren ist daher auch auf innergemeinschaftliche sonstige Leistungen anwendbar. Werklieferungen als bewegte Lieferungen sind von dem Verfahren ausgeschlossen, wenn die Umsatzsteuer beim innergemeinschaftlichen Erwerb bzw. als Einfuhrumsatzsteuer bei der Einfuhr aus dem Drittlandsgebiet erhoben wird. Insofern kommen also nur unbewegte Werklieferungen in Betracht (Montagewerklieferungen).

Bei sogenannten „Mischumsätzen des Leistungsempfängers“ ist es unerheblich, ob die Leistung für unternehmerische oder private Zwecke bezogen wird. Denn nach § 13b Abs. 5 Satz 6 UStG schuldet der Leistungsempfänger auch dann die Steuer, wenn die Leistung für den nichtunternehmerischen Bereich bezogen wird.

Allerdings muss bei Bauleistungen der Leistungsempfänger auch selbst Bauleistungen nach § 13b Abs. 2 Satz 1 Nr. 4 UStG ausführen, damit er als Leistungsempfänger zum Steuerschuldner wird. Dies muss er dem leistenden Unternehmer durch Vorlage des Formulars USt 1 TG nachweisen.

Die Umsatzsteuer des Leistungsempfängers entsteht nach § 13b Abs. 2 UStG mit Ausstellung der Rechnung, spätestens jedoch mit Ablauf des der Ausführung der Leistung folgenden Kalendermonats. Bei Zahlungen vor Leistung, mit Ablauf des Voranmeldungszeitraumes in dem das Entgelt oder Teilentgelt gezahlt wurde (§ 13b Abs. 2 Satz 2 UStG).

Die nach § 13b Abs. 2 UStG entstandene und an das Finanzamt abzuführende Umsatzsteuer für Leistungen, die für sein Unternehmen ausgeführt worden sind, kann der Unternehmer nach § 15 Abs. 1 Nr. 4 UStG wieder als Vorsteuer von seiner Umsatzsteuer-Traglast abziehen, wenn alle Voraussetzungen erfüllt sind, siehe auch § 14a Abs. 4 und 5 UStG.

Der Vorsteuerabzug des Leistungsempfängers scheidet aus, soweit der Leistungsempfänger die Leistung für den nichtunternehmerischen Bereich bezogen hat.

Entsteht die Steuerschuld nach § 13b UStG bei Kleinunternehmern oder pauschalversteuernden Landwirten, so können diese für solche Leistungen keinen Vorsteuerabzug geltend machen (§ 13b Abs. 8 UStG). Auch Unternehmer, die steuerfreie „Ausschlussumsätze“ nach § 15 Abs. 2 und 3 UStG tätigen, können keinen Vorsteuerabzug geltend machen.

Beispiel

Ein Schornsteinbauunternehmen mit Sitz in Frankreich hat im Auftrag einer Fabrik in Aachen einen Industrieschornstein gebaut (Werklieferung) und dafür 100.000,00 € berechnet. Die Umsatzsteuer ist in der Rechnung nicht auszuweisen.

Der Aachener Leistungsempfänger ist verpflichtet, von dem Rechnungsbetrag von 100.000,00 € die Umsatzsteuer von 19.000,00 € zu berechnen, beim Finanzamt anzumelden und abzuführen. Er ist aber auch berechtigt, die Umsatzsteuer von 19.000,00 € als Vorsteuer betragsidentisch und zeitgleich geltend zu machen.

AUFGABEN

1. Warum ist der Leistungsempfänger nach § 13b UStG verpflichtet, die Umsatzsteuer von der Gegenleistung zu berechnen und an das Finanzamt abzuführen?
2. Warum sind Lieferungen von diesem Verfahren (siehe Nr. 1) ausgeschlossen?

VERTIEFENDE ÜBUNG

Übungen zur Besteuerung des Leistungsempfängers

Erläutern Sie begründet anhand des Umsatzsteuergesetzes, wer in den Fällen 1–6 die Umsatzsteuer schuldet und in welcher Höhe sie geschuldet wird.

Fall 1:
Der in Leverkusen ansässige Bauunternehmer Bohle hat den Auftrag erhalten, in Köln ein Geschäftshaus zu errichten. Lieferung und Einbau der Fenster lässt Bohle von seinem niederländischen Subunternehmer van Elten aus Venlo (Niederlande) für 40.000,00 € ausführen.

Fall 2:
Der in Frankreich ansässige Architekt L'amour plant für den in Bergisch Gladbach ansässigen Unternehmer Freitag die Errichtung eines Gebäudes in Köln. Freitag zahlt an L'amour 8.500,00 €.

Fall 3:
Für den Unternehmer Kracht in Bonn finanziert die D-Bank in Köln die Anschaffung eines Pkw. Bis zur Rückzahlung des Darlehens lässt sich die D-Bank den Pkw zur Sicherheit übereignen. Da Kracht seinen Zahlungsverpflichtungen nicht nachkommt, verwertet die D-Bank den Pkw durch Veräußerung an den privaten Abnehmer Mohren für 12.000,00 €.

Fall 4:
Der in Colmar (Frankreich) ansässige Gutachter Le'Clerk erstellt für den Unternehmer Ganter aus Freiburg im Breisgau ein technisches Gutachten über eine Abfüllanlage. Le'Clerk berechnet 2.000,00 €.

Fall 5:
Der Bauunternehmer Listig aus Frankfurt (Oder) erhält den Auftrag zur Errichtung eines schlüsselfertigen Einfamilienhauses. Den Dachstuhl lässt er sich von dem polnischen Zimmermann Vasserski im Juni erstellen, der auch das notwendige Bauholz dazu liefert. Vasserski berechnet Listig am 16. Aug. d. J. nach vorheriger Absprache 10.000,00 €.

Fall 6:
Der Einzelhändler Günther Groß aus Frankfurt (Oder) ist Eigentümer des von seiner Tante ererbten unbebauten Grundstücks „Elbeweg 5" in Frankfurt (Oder), das seit dem Erbanfall nichtunternehmerisch genutzt wurde.

Groß beauftragte den polnischen Bauunternehmer Pjetonski aus Lodz (Polen), das Grundstück mit einem Einfamilienhaus zur ausschließlichen Nutzung für eigene Wohnzwecke in Fertigbauweise zu bebauen.

Groß zahlte an den Bauunternehmer entsprechend dem Baufortschritt am 10. und 20. Sept. d. J. je 40.000,00 € netto ohne Umsatzsteuer. Die Bauabnahme erfolgte einvernehmlich am 30. Okt. d. J.

Die vereinbarte Schlussrate über 60.000,00 € netto ohne Umsatzsteuer überwies Groß am 3. Dez. auf ein Konto des Bauunternehmers.

Rechnungen über die Errichtung des Einfamilienhauses wurden weder von Pjetonski noch von Groß erteilt.

3.15 Durchführung der Besteuerung

3.15.1 Umsatzsteuer-Voranmeldung und Umsatzsteuer-Erklärung

Sowohl die Umsatzsteuer-Voranmeldung als auch die Umsatzsteuer-Erklärung sind Steueranmeldungen im Sinne der AO, weil der Steuerpflichtige die Steuer darin selbst zu berechnen hat (§ 150 Abs. 1 Satz 2 AO).

Der Unternehmer hat bis zum 10. Tag nach Ablauf jedes Voranmeldungszeitraums eine Umsatzsteuer-Voranmeldung nach amtlich vorgeschriebenem Datensatz durch Datenfernübertragung an das Finanzamt zu übermitteln, in der er die Steuer für den Voranmeldungszeitraum (Vorauszahlung) selbst zu berechnen hat (§ 18 Abs. 1 UStG).

Voranmeldungszeitraum ist in der Regel das Kalendervierteljahr (§ 18 Abs. 2 Satz 1 UStG).

Beträgt die abzuführende Steuer für das vorangegangene Kalenderjahr

- mehr als 7.500,00 € ist nicht das Kalendervierteljahr, sondern der Kalendermonat Voranmeldungszeitraum (§ 18 Abs. 2 Satz 2 UStG);
- nicht mehr als 1.000,00 €, kann das Finanzamt den Unternehmer von der Verpflichtung zur Abgabe der Voranmeldung befreien (§ 18 Abs. 2 Satz 3 UStG).

Beispiel

Umsatz eines Unternehmens im vorigen Jahr 300.000,00 €, davon USt	47.250,00 €
– Vorsteuer, d. h. von anderen Unternehmern in Rechnung gestellte USt (§ 15 Abs. 1 Nr. 1 UStG)	41.250,00 €
abzuführende USt für das vorige Jahr (Zahllast)	6.000,00 €

Für dieses Jahr sind Umsatzsteuer-Voranmeldungen vierteljährlich abzugeben, weil die abzuführende Umsatzsteuer im vorigen Jahr nicht mehr als 7.500,00 € betragen hat.

Der Unternehmer kann anstelle des Kalendervierteljahres den Kalendermonat als Voranmeldungszeitraum wählen, wenn sich für das vorangegangene Kalenderjahr ein Überschuss zu seinen Gunsten von mehr als 7.500,00 € ergibt. Die Ausübung des Wahlrechts bindet den Unternehmer für dieses Kalenderjahr (§ 18 Abs. 2a UStG).

Hat der Unternehmer im Laufe des Kalenderjahres seine berufliche oder gewerbliche Tätigkeit aufgenommen, so ist nach § 18 Abs. 2 Satz 4 UStG im laufenden und folgenden Kalenderjahr Voranmeldungszeitraum jeweils der Kalendermonat.

Beispiel

Betriebseröffnung am 1. Juli 2019
Erzielter Umsatz im Jahr 2019

200.000,00 €, davon 19 % Umsatzsteuer	38.000,00 €
– abziehbare Vorsteuer	33.000,00 €
abzuführende Umsatzsteuer für das vorige Jahr, Zahllast	5.000,00 €

Für 2019 und 2020 sind die Umsatzsteuer-Voranmeldungen monatlich abzugeben, weil der Unternehmer seine gewerbliche oder berufliche Tätigkeit im Juli 2019 aufgenommen hat.

Bei Übermittlung der Umsatzsteuer-Voranmeldung hat der Unternehmer zugleich die selbst errechnete Steuer als **Umsatzsteuer-Vorauszahlung** zu entrichten. Sie ist am zehnten Tag nach Ablauf des Voranmeldungszeitraums fällig (§ 18 Abs. 1 Satz 3 UStG). Alle von einem Unternehmer in einem Kalenderjahr geleisteten Vorauszahlungen ergeben das **Umsatzsteuer-Vorauszahlungssoll** des betreffenden Kalenderjahres. Dies wird mit der Jahressteuer verrechnet.

Wird die Voranmeldung nicht oder verspätet abgegeben, kann das Finanzamt einen **Verspätungszuschlag** festsetzen (§ 152 Abs. 1 AO, siehe auch Kap. 2.4.4).

Wird die Steuer nicht bis zum Ablauf des Fälligkeitstages entrichtet, so ist für jeden angefangenen Monat der Säumnis ein **Säumniszuschlag** von 1 % des auf 50,00 € nach unten gerundeten Steuerbetrags zu entrichten (§ 240 Abs. 1 AO). Eine besondere Festsetzung des Säumniszuschlags erfolgt nicht. Ein Säumniszuschlag wird bei einer Säumnis bis zu drei Tagen (Schonfrist) nicht erhoben (§ 240 Abs. 3 AO), wenn die Steuer überwiesen wird.

Ist der Unternehmer nicht in der Lage, seine (monatliche oder vierteljährliche) Umsatzsteuer-Voranmeldung rechtzeitig abzugeben und die Umsatzsteuer-Vorauszahlung pünktlich zu entrichten, kann er beim Finanzamt formlos Fristverlängerung beantragen.

Er kann jedoch auch nach §§ 46–48 UStDV eine **Dauerfristverlängerung** für die Abgabe der Umsatzsteuer-Voranmeldungen und für die Entrichtung der Umsatzsteuer-Vorauszahlungen um jeweils einen Monat beantragen.

Dieser Antrag

- ist auf amtlich vorgeschriebenem Datensatz bis zu dem Zeitpunkt zu stellen, an dem die Voranmeldung zu übermitteln ist, und
- er gilt für jeden Voranmeldungszeitraum ab der Antragstellung bis zum Schluss des betreffenden Kalenderjahres, wenn er nicht widerrufen wird.

Einem Unternehmer mit monatlichem Voranmeldungszeitraum (Monatszahler) wird die Dauerfristverlängerung unter der Auflage gewährt, dass er eine **Sondervorauszahlung** von einem Elftel (1/11) der Summe der Vorauszahlungen für das vorangegangene Kalenderjahr im Antrag selbst errechnet, anmeldet und entrichtet (§ 47 Abs. 1 UStDV). Die Sondervorauszahlung ist bei der Festsetzung der Vorauszahlung für den letzten Voranmeldungszeitraum des betreffenden Kalenderjahres zu berücksichtigen. Ein danach verbleibender Erstattungsanspruch ist mit Ansprüchen aus dem Steuerschuldverhältnis aufzurechnen (§ 226 AO), im Übrigen zu erstatten (§ 48 Abs. 4 UStDV). Vierteljahreszahler brauchen keine Sondervorauszahlung zu entrichten.

Beispiel

Ein Gewerbetreibender in Erlangen, der seine Umsatzsteuer-Voranmeldungen monatlich abgibt, beantragt beim dortigen Finanzamt mit Schreiben vom 7. März d. J. Dauerfristverlängerung gemäß §§ 46–48 UStDV. Die Summe der Umsatzsteuer-Vorauszahlungen für das vergangene Kalenderjahr hat 88.000,00 € betragen.

In seinem Antrag hat der Steuerpflichtige die Sondervorauszahlung selbst zu errechnen. Sie beträgt 88.000,00 € : 11 = 8.000,00 €. Der Antrag gilt für die Voranmeldungen ab Febr. d. J., er ist am 7. März rechtzeitig eingegangen.

Nach Genehmigung der Dauerfristverlängerung durch das Finanzamt kann der Steuerpflichtige seine Umsatzsteuer-Voranmeldungen für die Monate Febr. bis Dez. d. J. jeweils um einen Monat später einreichen und die monatlichen Vorauszahlungen jeweils um einen Monat später entrichten. Auf die Vorauszahlung für Dez. d. J. ist die Sondervorauszahlung von 8.000,00 € anzurechnen.

Umsatzsteuer-Voranmeldungen und eine Umsatzsteuer-Erklärung haben nach § 18 Abs. 4a UStG auch die Steuerpflichtigen abzugeben,

- die ausschließlich Umsatzsteuer für innergemeinschaftliche Erwerbe (§ 1 Abs. 1 Nr. 5 UStG) zu entrichten haben oder
- der letzte Abnehmer im innergemeinschaftlichen Dreiecksgeschäft, der die Voraussetzungen des § 25b Abs. 2 UStG erfüllt sowie
- Fahrzeuglieferer im Sinne des § 2a UStG (§ 18 Abs. 4a Satz 1 UStG). Beachten Sie dazu auch Kap. 3.4.4 in diesem Lehrbuch.

3.15.2 Zusammenfassende Meldung

Hat der Unternehmer auch innergemeinschaftliche Warenlieferungen ausgeführt oder zwischenunternehmerische Dienstleistungen erbracht, die in einem anderen Mitgliedstaat steuerbar sind und für die der Leistungsempfänger die Steuer schuldet, hat er neben der Umsatzsteuer-Voranmeldung an das Finanzamt monatlich eine Meldung an das Bundesamt für Finanzen nach amtlich vorgeschriebenem Datensatz nach § 18a Abs. 1 UStG durch Datenfernübertragung zu übermitteln (Zusammenfassende Meldung = ZM).

Die Meldung hat bis zum 25. Tag nach Ablauf jedes Kalendermonats zu erfolgen, in dem meldepflichtige Lieferungen oder sonstige Leistungen ausgeführt worden sind (§ 18a Abs. 1 UStG). Bei einer Bemessungsgrundlage von nicht mehr als 50.000,00 € gilt für Lieferungen das Kalendervierteljahr (§ 18a Abs. 1 Satz 2 UStG). Der Meldezeitraum für sonstige Lieferungen ist grundsätzlich das Kalendervierteljahr (§ 18a Abs. 2 Satz 1 UStG).

Kleinunternehmer brauchen keine Zusammenfassende Meldung abzugeben (§ 18a Abs. 4 UStG).

3.15.3 Umsatzsteuer-Jahreserklärung und Besteuerungszeitraum

Der Unternehmer hat für das Kalenderjahr oder für einen kürzeren Zeitraum (z. B. bei Beginn der unternehmerischen Tätigkeit im Laufe eines Kalenderjahres) eine Steuererklärung (Jahreserklärung nach amtlich vorgeschriebenem Datensatz) grundsätzlich bis zum 31. Juli des folgenden Jahres durch Datenfernübertragung zu übermitteln (§ 18 Abs. 3 UStG i. V. m. § 149 Abs. 2 AO). Für Mandanten Angehöriger der steuerberatenden Berufe gilt eine Frist bis Ende Februar des zweiten Folgejahres. Die Frist kann auf Antrag verlängert werden, sofern kein Verschulden des Steuerpflichtigen an der Fristversäumnis vorliegt (§ 109 Abs. 2 AO).

Der Unternehmer hat die Steuer bzw. den Erstattungsanspruch für den Besteuerungszeitraum in der Jahreserklärung selbst zu berechnen. Besteuerungszeitraum ist das Kalenderjahr (§ 16 Abs. 1 Satz 2 UStG).

In den Fällen der Einzelbesteuerung neuer Fahrzeuge (§ 1b Abs. 1 UStG) hat der Erwerber für jedes erworbene Fahrzeug spätestens bis zum 10. Tag nach Ablauf des Tages, an dem die Steuer entstanden ist, eine Steuererklärung nach amtlich vorgeschriebenem Vordruck (USt 1 B) abzugeben, in der er die zu entrichtende Steuer selbst zu berechnen hat (§ 18 Abs. 5a UStG).

Das Finanzamt kann von der Steuerberechnung, die der Steuerpflichtige in der Steueranmeldung vorgenommen hat, durch Steuerfestsetzung abweichen.

Eine Umsatzsteuernachzahlung (Abschlusszahlung) ergibt sich,

- wenn die vom Unternehmer in der Steueranmeldung für das Kalenderjahr (Jahreserklärung) errechnete zu entrichtende Steuer höher ist als das Vorauszahlungssoll oder
- wenn die vom Finanzamt durch Steuerbescheid festgesetzte zu entrichtende Steuer höher ist als die vom Unternehmer errechnete.

Die Abschlusszahlung ist

- einen Monat nach Eingang der Steueranmeldung beim Finanzamt (bei Festsetzung der Steuer durch den Unternehmer) bzw.
- einen Monat nach Bekanntgabe des Steuerbescheids (bei Festsetzung der Steuer durch das Finanzamt) fällig (§ 18 Abs. 4 UStG).

Ergibt sich in der Steueranmeldung oder durch die Steuerfestsetzung ein Unterschiedsbetrag zugunsten des Steuerpflichtigen, so ist dieser zu erstatten.

3.15.4 Aufzeichnungspflichten (§ 22 UStG)

Aufzeichnungspflichten

Der Unternehmer ist verpflichtet, zur Feststellung der Umsatzsteuer und der Grundlagen ihrer Berechnung Aufzeichnungen zu machen (§ 22 Abs. 1 UStG). Die Aufzeichnungen müssen nach § 63 Abs. 1 UStDV so beschaffen sein, dass es einem sachverständigen Dritten innerhalb einer angemessenen Zeit möglich ist,

- einen Überblick über die Umsätze des Unternehmers und die abziehbaren Vorsteuern zu erhalten und
- die Grundlagen für die Steuerberechnung festzustellen.

Als Grundlagen für die Berechnung der Umsatzsteuer dienen der Umsatz und die abziehbare Vorsteuer. Dementsprechend muss der Unternehmer

- Aufzeichnungen zur Feststellung des Umsatzes und
- Aufzeichnungen zur Feststellung der abziehbaren Vorsteuer machen.

3.15.4.1 Aufzeichnungen zur Feststellung des Umsatzes

Aus den Aufzeichnungen, die Ausgangsleistungen betreffen, müssen die folgenden Angaben zu ersehen sein:

- die vereinbarten Entgelte bzw. die vereinnahmten Entgelte für die vom Unternehmer ausgeführten Lieferungen und sonstigen Leistungen. Dabei ist ersichtlich zu machen, wie sich die Entgelte auf die steuerpflichtigen Umsätze, getrennt nach Steuersätzen, und auf die steuerfreien Umsätze verteilen (§ 22 Abs. 2 Nr. 1 Satz 1 und 2 UStG); die Umsätze, die der Unternehmer nach § 9 UStG als steuerpflichtig behandelt (§ 22 Abs. 2 Nr. 1 Satz 4 UStG);
- die vereinnahmten Entgelte für noch nicht ausgeführte Lieferungen und sonstige Leistungen (Anzahlungen § 22 Abs. 2 Nr. 2 UStG);
- die Bemessungsgrundlage für Lieferungen im Sinne des § 3 Abs. 1b und für sonstige Leistungen im Sinne des § 3 Abs. 9a Nr. 1 (§ 22 Abs. 2 Nr. 3 UStG).

Für die Aufzeichnung des Entgelts für den innergemeinschaftlichen Erwerb gilt § 22 Abs. 2 Nr. 7 UStG.

Die Aufzeichnung der Umsatzsteuer ist in § 22 UStG nicht vorgeschrieben, obgleich sie bei doppelter Buchführung immer gesondert ausgewiesen wird.

3.15.4.2 Aufzeichnungen zur Feststellung der abziehbaren Vorsteuer

Aus den Aufzeichnungen, die Eingangsleistungen betreffen, müssen die folgenden Angaben zu ersehen sein:

- die Entgelte für steuerpflichtige Lieferungen und sonstige Leistungen, die an den Unternehmer für sein Unternehmen ausgeführt worden sind, und die darauf entfallenden Umsatzsteuerbeträge (§ 22 Abs. 2 Nr. 5 UStG);
- die vom Unternehmer gezahlten Entgelte und Teilentgelte für an ihn noch nicht ausgeführte Umsätze (geleistete Anzahlungen) und die darauf entfallenden Umsatzsteuerbeträge;
- die Bemessungsgrundlagen für die Einfuhr von Gegenständen, die für das Unternehmen eingeführt worden sind, sowie die dafür entstandene Einfuhrumsatzsteuer (§ 22 Abs. 2 Nr. 6 UStG);
- die Bemessungsgrundlage für den innergemeinschaftlichen Erwerb von Gegenständen sowie die hierauf entfallenden Steuerbeträge (§ 22 Abs. 2 Nr. 7 UStG);
- die vereinbarten Entgelte nach § 13b UStG.

3.15.4.3 Aufzeichnungen nach der Bruttomethode

Die Aufzeichnungspflicht nach § 22 UStG ist auf das Nettosystem abgestellt. Dieses (die Nettomethode) erfordert einen erheblichen Arbeitsaufwand, wenn nicht maschinell gebucht wird, weil bei jedem Buchungsvorgang sowohl das Entgelt als auch die Umsatzsteuer getrennt zu buchen sind.

Aus Gründen der Arbeitsersparnis ist es nach § 63 Abs. 5 UStDV zulässig, dass der Unternehmer seine Aufzeichnungspflicht durch Anwendung der Bruttomethode anstelle der Nettomethode erfüllt. Die **Bruttomethode** besteht darin, dass der Unternehmer das Entgelt und die Steuer in einer Summe aufzeichnet. Am Schluss jedes Voranmeldungszeitraums hat der Unternehmer die Summe der Entgelte und die Summe der Steuern (Vorsteuern) aus den Bruttobeträgen zu errechnen und aufzuteilen.

AUFGABEN

1. Wie müssen die Aufzeichnungen des Unternehmers nach § 63 Abs. 1 UStDV beschaffen sein?
2. Welche Angaben müssen aus den Aufzeichnungen zur Feststellung des Umsatzes zu ersehen sein?
3. Welche Angaben müssen aus den Aufzeichnungen zur Feststellung der abziehbaren Vorsteuer zu ersehen sein?
4. Nach welcher Methode sind die Aufzeichnungen nach § 22 UStG zu erstellen?
5. Wie sind die Aufzeichnungen nach der Bruttomethode im Unterschied zur Nettomethode vorzunehmen?

3.15.5 Die Fiskalvertretung

In allen EU-Ländern ist eine sog. Fiskalvertretung möglich, um den innergemeinschaftlichen Warenverkehr und seine verwaltungstechnische Abwicklung zu erleichtern.

Hinsichtlich seiner umsatzsteuerlichen Pflichten und Rechte kann sich der ausländische Unternehmer bei der Finanzverwaltung im Inland vertreten lassen (Fiskalvertretung).

3.15.5.1 Zulässigkeit der Fiskalvertretung

Die Fiskalvertretung ist nach § 22a Abs. 1 UStG zulässig für einen Unternehmer, der

- im Ausland ansässig ist,
- im Inland ausschließlich steuerfreie Umsätze tätigt und
- nicht zum Vorsteuerabzug berechtigt ist.

Dabei ist dem Unternehmer freigestellt, ob er nur einen Vertreter oder mehrere unterschiedliche Vertreter für verschiedene Umsätze beauftragt.

Die Fiskalvertretung kann gemäß § 22a Abs. 2 UStG von den Angehörigen der steuerberatenden Berufe (§ 3 StBerG) und von gewerblichen Unternehmen nach § 4 Nr. 9 StBerG wahrgenommen werden. Das sind Spediteure und sonstige gewerbliche Unternehmer, die Hilfe bei Zollhandlungen leisten, z. B. Frachtführer und Lagerhalter. Die Fiskalvertreter dürfen nicht Kleinunternehmer nach § 19 UStG sein. Zur Fiskalvertretung ist die Vollmacht des im Ausland ansässigen Unternehmers erforderlich (§ 22a Abs. 3 UStG).

3.15.5.2 Rechte und Pflichten des Fiskalvertreters

Durch § 22b Abs. 1 UStG werden dem Fiskalvertreter die umsatzsteuerlichen Rechte und Pflichten des Vertretenen als eigene übertragen. Dazu gehören z. B. das Recht, beim Finanzamt Anträge zu stellen, und die Pflicht, unter der ihm für die Fiskalvertretung erteilten Steuernummer die **Steuererklärung** und die **Zusammenfassende Meldung** abzugeben. Dabei hat er nach § 22b Abs. 2 UStG die Umsätze von jedem der von ihm vertretenen Unternehmen zusammenzufassen. Zusätzlich muss er umfassende steuerliche Aufzeichnungen gesondert für jeden von ihm Vertretenen führen (§ 22b Abs. 3 UStG in Verbindung mit § 22 UStG).

Die Fiskalvertretung muss nach außen deutlich erkennbar sein. Nach § 22c UStG ist im Falle der Fiskalvertretung in der Rechnung des ausländischen Unternehmers auf die Fiskalvertretung hinzuweisen. Der Name und die Anschrift des Fiskalvertreters sind anzugeben und die USt-IdNr. (§ 27a UStG) des Vertreters ist auszuweisen.

Dem Fiskalvertreter wird nach § 22d Abs. 1 UStG für seine Fiskalvertretung(en) eine gesonderte Steuernummer und USt-IdNr. erteilt. Diese verwendet er für alle von ihm vertretenen Unternehmer. Die Steuernummer erhält der Vertreter von dem Finanzamt, das auch für seine Umsatzbesteuerung zuständig ist, § 22d Abs. 2 UStG (siehe auch § 21 Abs. 1 Satz 1 AO).

Verstößt der Fiskalvertreter gegen die ihm auferlegten Pflichten (§ 22b UStG), kann nach § 22e UStG die Fiskalvertretung von dem Finanzamt untersagt werden, das ihm die Steuernummer für die Vertretung erteilt hat. Ein Verstoß ist immer dann gegeben, wenn der Fiskalvertreter seinen Melde- und Erklärungspflichten nicht oder nicht ordnungsgemäß nachkommt oder wenn er ordnungswidrig im Sinne des § 26a UStG handelt, z. B. wenn er die Doppel von Rechnungen nicht aufbewahrt.

3.15.5.3 Umsatzsteuerliche Behandlung der Fiskalvertretung

Umsatzsteuerlich handelt es sich bei der Fiskalvertretung um eine sonstige Leistung. Diese ist grundsätzlich nicht steuerbar, weil der Ort dieser sonstigen Leistung nicht im Inland liegt. Der Ort der sonstigen Leistung „Fiskalvertretung" nach § 3a Abs. 2 UStG ist dort, wo der Empfänger der Leistung sein Unternehmen betreibt. Da aber der Leistungsempfänger nach § 22a Abs. 1 UStG im Ausland ansässig sein muss, ist der Ort der sonstigen Leistung entweder in einem Mitgliedstaat der EU oder in einem Drittland. In beiden Fällen ist die Leistung des Fiskalvertreters nicht steuerbar. Der Vorsteuerabzug im Zusammenhang mit der Fiskalvertretung ist nach § 15 Abs. 3 Nr. 2a UStG möglich.

AUFGABEN

1. Welche Voraussetzungen gelten für die Fiskalvertretung?
2. Wer ist zur Fiskalvertretung befugt?
3. Welche Pflichten hat der Fiskalvertreter?
4. Wird dem Fiskalvertreter für jeden vertretenen Unternehmer eine Steuernummer erteilt?
5. Unter welchen Voraussetzungen kann die Fiskalvertretung untersagt werden?
6. Wie wird die Fiskalvertretung umsatzsteuerlich behandelt?

3.16 Gesamtwiederholung zur Umsatzsteuer

VERTIEFENDE ÜBUNGEN

Übung 1: Umsatzsteuer-Voranmeldung

Übungen 2, 3 und 6: gemischte Übungen

1. Wie hoch ist die Umsatzsteuer-Vorauszahlung des Großhändlers Wolfgang Seefeld für Mai 2020?

Seefeld betreibt in Lübeck, Parkstr. 3, den Großhandel mit Lebensmitteln und Haushaltswaren sowie eine Cafeteria. Er versteuert seine Umsätze nach vereinbarten Entgelten (§ 16 Abs. 1 UStG). Die Umsatzsteuer-Voranmeldungen muss er monatlich abgeben. Erforderliche Nachweise, z. B. Ausfuhrnachweis, sind erbracht.

Die Beträge sind netto (ohne Umsatzsteuer) angegeben. Für den Monat Mai ergibt sich aus den Büchern und Unterlagen Folgendes:

1. Lieferungen mit eigenem Lkw an Händler im Inland:
   a) Back- und Fleischwaren . . 38.000,00 €
   b) Süßwaren . . . . 6.000,00 €
   c) Kaffee, Tee, Gewürze . . . . 7.000,00 €
   d) Kaviar und Hummer . . . . . 1.000,00 €
   e) Milch und Milcherzeugnisse 4.000,00 €
   f) Spirituosen . . . . 6.200,00 €
   g) Küchengeräte und -geschirr 9.000,00 €
2. Lieferung von Kuchen und Kaffee zum Verzehr in der Cafeteria 5.000,00 €
3. Lieferung von Backwaren über die Straße an Verbraucher. . . 3.000,00 €
4. Lieferung von Küchengeräten per Schiff an ein Hotel in Argentinien . . . . 2.000,00 €
5. Lieferung von Lebensmitteln per Schiff an ein Hotel in Argentinien . . . . 1.800,00 €
6. Lieferung von Küchengeräten per Post an ein Hotel auf Helgoland . . . . 1.600,00 €
7. Lieferung von Küchengeräten per Post an ein Hotel in Regensburg . . . . 1.400,00 €
8. Lieferung von Spirituosen durch einen Spediteur an eine Gastwirtschaft in Norwegen 2.300,00 €
9. Entnahme von Fleisch- und Backwaren aus dem Lager für den Privathaushalt, Einkaufspreis 210,00 €, gemeiner Wert 245,00 €
10. private Kfz-Nutzung (durch Fahrtenbuch nachgewiesen) . . . . 450,00 €
11. Schenkung eines Präsentkorbs an einen Geschäftsfreund in Lübeck zu dessen 60. Geburtstag, und zwar mit
    a) Wurstspezialitäten, Einkaufspreis . . . . 100,00 €
    b) Spirituosen, Einkaufspreis . . 150,00 €
12. von Lieferanten mit USt-IdNr. aus Paris dort hergestellte Küchengeräte bezogen. Das Entgelt betrug . . 2.700,00 €
13. gewährte Kundenskonti, Steuersatz 7 % . . . . 500,00 €
14. gewährte Kundenskonti, Steuersatz 19 % . . . . 300,00 €
15. Lieferantenskonti, Steuersatz 19 % . . . . .200,00 €
16. Rücksendung einer im Vormonat gelieferten Ware, Steuersatz 19 %, durch einen Kunden . . . . 400,00 €
17. abziehbare Vorsteuer nach den eingegangenen Rechnungen (einschließlich) 513,00 € Erwerbsteuer = 19 % von 2.700,00 €) . . . . 6.752,40 €

2. Legen Sie die Bemessungsgrundlage fest und berechnen Sie die nachzuentrichtende Umsatzsteuer.
Begründen Sie Ihr Vorgehen bitte immer anhand von Rechtsvorschriften.

Der Mandant Wilhelm Huisgen betreibt in Kleve einen blechverarbeitenden Betrieb auf eigenem Grund und Boden. Er versteuert seine Umsätze nach vereinbarten Entgelten und erstellt monatliche Umsatzsteuer-Voranmeldungen. Falls möglich, hat Huisgen nach § 9 UStG optiert.

Für die Erstellung der Umsatzsteuer-Jahreserklärung sind die nachfolgenden Sachverhalte umsatzsteuerlich zu beurteilen, indem die einzelnen Aufgaben gelöst werden.

1. Dem Kunden Werner Kratz wurde im Januar für eine Lieferung von Blechen für 30.000,00 € die Umsatzsteuer irrtümlich mit 4.200,00 € berechnet und ausgewiesen. Kratz hat den Betrag von 34.200,00 € im Febr. überwiesen. Die

Rechnung ist aus Kulanzgründen nicht berichtigt worden.

2. **a) Welcher steuerbare Tatbestand liegt vor und wie hoch ist die Bemessungsgrundlage?**
   Erläutern Sie anhand der Rechtsvorschriften.

   b) Berechnen Sie die Umsatzsteuer und

   c) ermitteln Sie gegebenenfalls die abzugsfähige Vorsteuer aus diesem Vorgang.

   In seiner Betriebsstätte in Eindhoven (Niederlande) stellt Huisgen Normtore für Pkw-Garagen her, die er auch in Deutschland vertreibt. Im Febr. beförderte er mit eigenem Lkw einen Posten Garagentore von Eindhoven nach Kleve in sein Lager, um sie in Deutschland zu verkaufen. Der Verkaufswert der Garagentore lag bei 22.000,00 €. Die bei der Fertigung angefallenen Selbstkosten betrugen umgerechnet 15.400,00 €.

3. **a) Ist der vorliegende Tatbestand steuerbar?**
   Erläutern Sie anhand der Rechtsvorschriften.

   b) Wie hoch ist gegebenenfalls die Bemessungsgrundlage und die Umsatzsteuer in Euro?

   Im März reparierten zwei Monteure von Huisgen den Kamin des Räucherhauses einer niederländischen Großmetzgerei in Boxmer (Niederlande). Huisgen berechnete die Monteurstunden mit 880,00 €, die Anfahrt mit 68,00 €, Reparaturbleche mit 45,00 € und diverse Kleinteile mit 24,00 €.

   Umsatzsteuer stellte Huisgen nicht in Rechnung.

   Beide Unternehmer verwendeten ihre gültige nationale USt-IdNr.

4. **a) Ist der vorliegende Tatbestand steuerbar?**
   Erläutern Sie bitte Ihre Antwort.

   b) Wie hoch ist gegebenenfalls die Bemessungsgrundlage und die Umsatzsteuer in Euro?

   Im Mai stellten zwei Arbeitnehmer im Klever Betrieb von Huisgen in ihrer Freizeit für den eigenen Bedarf einen Gartengrill her. Dabei benutzten sie die betrieblichen Maschinen. Die Kosten für die Maschinenzeiten ermittelte der Werkmeister mit 100,00 €. Huisgen verzichtete großzügig auf die Erstattung der Kosten.

5. **Erläutern Sie anhand der Rechtsgrundlage, in welcher Höhe Huisgen aus diesem Vorgang einen Vorsteuerabzug geltend machen kann.**

   Im Juli erwarb Huisgen von einem Maschinenbauunternehmen in Kiew (Ukraine) eine Kaltsäge mit den Lieferkonditionen: „Frei Haus", „verzollt und versteuert". Der Transport der Maschine wurde von einem Spediteur durchgeführt, der auch die Einfuhrumsatzsteuer entrichtete. Die ordnungsgemäße Rechnung über 9.048,00 € bezahlte Huisgen noch im Juli.

6. **a) Legen Sie begründet dar, ob es sich bei diesem Vorgang um einen steuerbaren Umsatz handelt.**

   b) Wenn ja, ermitteln Sie die Bemessungsgrundlage und die Umsatzsteuer in Euro.

   Im Juli wurde der betriebliche Lkw des Unternehmers Huisgen bei einem Unfall leicht beschädigt. Den Lkw ließ Huisgen im Auftrag des Unfallgegners von seinen eigenen Arbeitnehmern zu Selbstkosten in Höhe von 340,00 € reparieren. Huisgen erhielt vom Unfallgegner 500,00 €.

7. **Welcher steuerbare Tatbestand liegt vor und wie hoch ist die Bemessungsgrundlage?**
   Begründen Sie anhand der Rechtsvorschriften.

   Im Aug. ließ Huisgen von seinen Mitarbeitern eine Kleinserie von Grillkaminen auf Vorrat bauen mit Selbstkosten von je 110,00 €.

   Anfang Dez. verschenkte er die Grillkamine an gute Kunden für deren privaten Gebrauch.

   Aufgrund der gestiegenen Materialpreise würden die Selbstkosten der Grillkamine im Dez. mit 121,00 € berechnet werden müssen.

8. **Welcher steuerbare Tatbestand liegt vor und wie hoch ist die Bemessungsgrundlage?**

   Begründen Sie anhand der Rechtsvorschriften.

   Einer Nichte überließ er im Dez. einen Grillkamin (siehe Fall 7) zu einem Anerkennungspreis von 40,00 €, den diese bar bezahlte.

→

9. **Erläutern Sie anhand der Rechtsgrundlage, in welcher Höhe Huisgen aus diesem Vorgang einen Vorsteuerabzug geltend machen kann.**

Im Dez. bestellte Huisgen bei dem Maschinenbauunternehmer Kronen in Essen eine neue Krananlage für 75.000,00 € zuzüglich. 19 % Umsatzsteuer. Die laut Vertragsbedingungen fällige Anzahlung von 25.000,00 € überwies Huisgen bei Auftragserteilung am 15. Dez. Eine Anzahlungsrechnung lag am 31. Dez. noch nicht vor.

10. **a) Welcher steuerbare Tatbestand liegt vor? Wie hoch ist die Bemessungsgrundlage in Euro bezüglich der Verpachtung an Amann & Co und der Verpachtung an Hansen?**

b) Ermitteln Sie die anzumeldende Umsatzsteuer aus den Verpachtungen.

Teile seines Betriebsgeländes hat Huisgen verpachtet, und zwar 800 m^2 an den Röhrengroßhandel Amann & Co. und 200 m^2 an Peter Hansen, der dort einen Kiosk betreibt. Peter Hansen ist Kleinunternehmer nach § 19 Abs. 1 UStG.

Nach den vorliegenden Bankbelegen wurden von Amann & Co. 11.602,32 € und von Peter Hansen 3.750,00 € im Kalenderjahr insgesamt überwiesen.

11. **Beurteilen Sie, ob Huisgen aus diesen Vorgängen Vorsteuer geltend machen kann und begründen Sie Ihre Entscheidung.**

Im Okt. ließ Huisgen von einem Tiefbauunternehmen den Lagerplatz des Röhrengroßhandels (Amann & Co.) neu pflastern. Der Tiefbauunternehmer berechnete 10.000,00 € zuzüglich 19 % Umsatzsteuer.

Ebenfalls im Okt. ließ Huisgen durch einen Malerbetrieb den Kiosk des Pächters Hansen streichen. Der Malerbetrieb berechnete 500,00 € zuzüglich 19 % Umsatzsteuer.

---

3. Teil 1 – Umsatzsteuer-Voranmeldung

Beurteilen Sie die nachfolgenden Sachverhalte 1 bis 5 anhand eines zu erstellenden Lösungsschemas nach folgendem Muster:

TZ	Umsatzart – Erläuterungen	Bemessungsgrundlage	Umsatzsteuer (in €)	Vorsteuer (in €)	Berechnungen
1	Lieferungen				

Der Baustoffhändler Peter Effertz bittet Sie, ihm bei der Erstellung der Umsatzsteuer-Voranmeldung für den Monat März behilflich zu sein.

Hinweis: Ihr Mandant versteuert seine Umsätze nach vereinbarten Entgelten. Er hat – falls die Voraussetzungen vorliegen – nach § 9 UStG optiert. Erforderliche Beleg- und Buchnachweise gelten als erbracht und alle beteiligten Unternehmer verwenden ihre jeweilige gültige nationale USt-IdNr.

1. Barverkäufe an inländische Abnehmer in Höhe von ... 67.500,00 €
2. Zahlungseingänge aus in Rechnung gestellten Verkäufen der Vormonate .... 442.937,25 €

   In diesen Zahlungseingängen sind 149.251,20 € enthalten, bei denen die Leistungsempfänger 3 % Skonto in Abzug gebracht haben.
3. An seinen Bruder verkaufte Effertz am 13. März einen Posten Kalksandsteine zu 6.000,00 € zuzüglich 19 % Umsatzsteuer in Höhe von 1.140,00 € = 7.140,00 €. Der ursprüngliche Einkaufspreis der Steine betrug 5.800,00 €. Inzwischen haben die Lieferanten von Kalksandsteinen ihre Preise um 10 % erhöht. Das marktübliche Entgelt beträgt 6.400,00 €
4. Einer Bauunternehmerin schenkte Effertz zum Geschäftsjubiläum aus seinem betrieblichen Lager zwei Blumenkübel für ihr Ferienhaus. Diese hatten im Einkauf einen Preis von 750,00 € netto. Der aktuelle Einkaufspreis beträgt 720,00 €, der Verkaufspreis beträgt 1.150,00 €, einschließlich 19 % Umsatzsteuer.

4497232

5. Aus Venlo (Niederlande) hat Effertz acht Tonnen Klinkersteine bezogen, die von einem Frachtführer per Lastzug nach Oberhausen gebracht wurden. Der niederländische Hersteller berechnet 35.000,00 €. Umsatzsteuer stellt der Hersteller nicht in Rechnung.

Teil 2 – Sonstige Leistung

Bestimmen Sie bei den nachfolgenden Sachverhalten 1 bis 3 den Ort der sonstigen Leistung und begründen Sie Ihre Lösung.

Der Rechtsanwalt Dr. Krone (Dr. K) betreibt eine Rechtsanwaltspraxis in Düsseldorf.

1. Dr. K hat ein japanisches Unternehmen mit Sitz in Japan, das in Willich (Deutschland) eine Niederlassung gründen möchte, in Fragen des deutschen Gesellschaftsrechts beraten. Dazu waren auch zwei Flüge nach Osaka (Japan) erforderlich.
2. Dr. K hat einen amerikanischen Staatsbürger aus Chicago (USA) vor dem Nachlassgericht Düsseldorf in einer Erbschaftsangelegenheit vertreten.
3. Dr. K hat einen niederländischen Staatsbürger mit Wohnsitz in Amsterdam in einem Strafprozess (Verkehrsdelikt) beraten.

4. Wie hoch ist die Umsatzsteuer-Abschlusszahlung der Robert Kleinschmidt KG für das vorangegangene Kalenderjahr?

Übungen 4 und 5: Umsatzsteuererklärung

Berechnen Sie die Höhe der Umsatzsteuer-Abschlusszahlung und geben Sie danach die entsprechenden Daten in ein branchenübliches Programm zur Erstellung von Umsatzsteuererklärungen ein. Vergleichen Sie die Berechnungsliste des Programms mit Ihren Berechnungen und klären Sie evtl. Abweichungen.

Die KG betreibt in Berlin eine Pumpenfabrik. Sie versteuert ihre Umsätze nach vereinbarten Entgelten (§ 16 Abs. 1 UStG). Die Beträge sind netto (ohne Umsatzsteuer) angegeben. Für das Kalenderjahr ergibt sich aus den Büchern und Unterlagen der KG Folgendes:

1. Lieferungen an Abnehmer im Inland .... 3.000.000,00 €
2. Lieferungen an Abnehmer in Übersee ... 2.000.000,00 €
3. Die KG hat mit eigenem Lkw zwei Mammut-Pumpen an ein Wasserwerk in Frankreich geliefert.

   Das Entgelt betrug ...... 110.000,00 €
4. Die KG hat von einer Gerätefabrik in Turin (Italien) Geräte bezogen, die sie zur Ausrüstung der von ihr hergestellten Pumpen verwendet. Die Geräte sind vom Lieferer in Turin nach Berlin versendet worden.

   Das Entgelt betrug .... 105.000,00 €
5. Die KG hat drei Kreiselpumpen nach Helgoland versendet, dort in ein Gebäude eingebaut und dem Auftraggeber die Pumpanlage betriebsfertig übergeben.

   Das Entgelt betrug .... 115.400,00 €
6. Ein Wasserwerk in Schwerin hat vier gebrauchte Kreiselpumpen von dem Unternehmer Ernst Keßler, Lübeck, gekauft. Es hat die KG beauftragt, die Pumpen in Lübeck abzuholen, eine Generalüberholung der Pumpen durchzuführen und sie nach erfolgter Überholung zur Zweigstelle nach Zürich (Schweiz) zu versenden. Die KG hat dem Auftraggeber für das Abholen der Pumpen in Lübeck 600,00 €, für die Generalüberholung 8.900,00 € und für das Versenden nach Zürich 1.500,00 € berechnet,

   insgesamt also .... 11.000,00 €
7. Die KG ist Eigentümerin eines gemischt genutzten Grundstücks in Berlin. Fertigstellung am 15. Dez. 1995, Baubeginn 10. Jan. 1995. Die KG hat folgende Einnahmen erzielt:

   a) Mieteinnahmen aus der Vermietung für Wohnzwecke. 42.800,00 €
   b) Mieteinnahmen aus der Vermietung für gewerbliche Zwecke (Klempnerei, Frisörsalon, Drogerie) .... 62.427,00 €
   c) Mieteinnahmen aus der Vermietung von Räumen an Ärzte für deren Praxisräume ... 67.773,00 €

   Die KG verzichtet gemäß § 9 UStG auf die Steuerfreiheit nach § 4 Nr. 12 Buchstabe a UStG, soweit der Verzicht zulässig und sinnvoll ist.
8. Schenkung einer Gartenpumpe an einen Angestellten der KG (Selbstkosten 250,00 €, gemeiner Wert 400,00 €, Teilwert 260,00 €)
9. Die KG hat dem Sohn des Gesellschafters, Robert, einen gebrauchten Pkw geschenkt. Buchwert 9.000,00 €, Einkaufspreis im Zeitpunkt des Umsatzes (nach sachgerechter Schätzung) ..... 10.000,00 €.

→

10. Die Haushaltshilfe der KG ist im Einfamilienhaus des Gesellschafters Kleinschmidt laufend beschäftigt worden. Die der KG dadurch entstandenen Kosten betrugen .... 3.000,00 €
11. Robert Kleinschmidt benutzt einen betrieblichen Pkw privat und für Fahrten zwischen Wohnung und Betriebsstätte an 260 Tagen im Jahr, einfache Entfernung 16 km. Der Listenpreis des Pkw betrug im Mai 2013 einschließlich Sonderausstattung (netto ohne Umsatzsteuer) .... 33.315,69 €
12. gezahlte Einfuhrumsatzsteuer 5.200,00 €
13. Vorsteuer (einschließlich Erwerbsteuer) .... 310.099,77 €

    davon sind zuzurechnen den gemischten Umsätzen ...... 4.700,00 €
    den steuerfreien Umsätzen (nicht abziehbar) .... 2.000,00 €

    Die Aufteilung ist nach § 15 Abs. 4 UStG vorzunehmen. Nach der betrieblichen Kostenrechnung entfallen von den Verwaltungsgemeinkosten rund 1/80 auf die steuerfrei vermieteten Räume.
14. Vorauszahlungssoll ...... 295.608,50 €

5. Wie hoch ist die Umsatzsteuer-Abschlusszahlung des Dr. Hartmut Wagner für das Kalenderjahr 2019?

Bei der Lösung dieser Aufgabe verwenden Sie bitte den Vordruck zur Umsatzsteuer-Jahreserklärung.

Dr. Wagner betreibt in Göttingen, Bahnhofstr. 4, eine Arztpraxis für allgemeine Medizin. Er versteuert seine Umsätze nach vereinnahmten Entgelten (§ 20 UStG). Die Beträge sind netto (ohne Umsatzsteuer) angegeben. Aus den Büchern und Unterlagen ergibt sich Folgendes:

1. Einnahmen aus der Tätigkeit als Arzt .... 420.000,00 €
2. Verkauf eines gebrauchten Bestrahlungsgeräts im Mai .... 290,00 €
3. Der Arzt nutzt seinen Pkw zu 65 % zur Ausübung seiner ärztlichen Tätigkeit und zu 35 % für private Zwecke (unstrittig laut Fahrtenbuch).

   Die Gesamtkosten einschließlich AfA betrugen .... 8.000,00 €
4. Der Arzt ist Eigentümer eines Geschäftsgrundstücks in Göttingen. Das Gebäude ist für gewerbliche Zwecke vermietet.

   Auf die Steuerfreiheit ist nach § 9 UStG verzichtet worden.

   Die Mieteinnahmen betrugen 14.010,89 €
5. berechnete Umsatzsteuer in Eingangsrechnungen, die das Geschäftsgrundstück betreffen .... 1.803,00 €
6. berechnete Umsatzsteuer in Eingangsrechnungen für die Arztpraxis 9.390,00 €
7. Vorauszahlungssoll .... 1.092,00 €

Im vorangegangenen Kalenderjahr haben die Mieteinnahmen ebenfalls .. 19.300,00 € betragen.

6. Im Rahmen der Erstellung der Umsatzsteuer-Jahreserklärung 2019 sind die nachfolgenden Sachverhalte umsatzsteuerlich zu beurteilen.

Peter Merck betreibt in Olpe in eigenen Räumen einen Handel für Computerzubehör mit angeschlossener Reparaturwerkstatt. Er versteuert seine Umsätze nach vereinbarten Entgelten, ist Monatszahler und hat – soweit zulässig – gemäß § 9 UStG auf Steuerbefreiungen verzichtet.

1. **Welcher steuerbare Tatbestand liegt vor und wie hoch ist die Bemessungsgrundlage?**

   Merck ließ im März durch einen Mitarbeiter seinen privaten Bildschirm reparieren. Dabei entstanden Material- und Lohnkosten in Höhe von insgesamt 200,00 €. Einem Kunden hätte Merck zusätzlich einen Gewinnaufschlag von 100,00 € berechnet.
2. **a) Ist der folgende Tatbestand steuerbar?**

   b) Wie hoch ist gegebenenfalls die Bemessungsgrundlage und in welchem Voranmeldungszeitraum ist die Umsatzsteuer anzumelden?

   Merck hatte im Mai einen PC zum Preis von 1.750,00 € zuzüglich 332,50 € Umsatzsteuer auf Ziel verkauft. Da der Kunde bei Fälligkeit nicht gezahlt hatte, berechnete Merck ihm 59,00 € Verzugszinsen. Der Kunde überwies Anfang Dezember den Betrag von 2.141,50 €.
3. **a) Erläutern Sie anhand der Rechtsvorschriften, ob es sich um einen steuerbaren Umsatz handelt.**

   b) Legen Sie den Ort des Umsatzes begründet fest.

Merck erwarb im Sept. beim belgischen Großhändler van Löchteren aus Liège (Belgien) mehrere Bildschirme. Die Bildschirme wurden durch van Löchteren mit eigenem Fahrzeug nach Olpe befördert. Die Rechnung betrug 5.600,00 €.

Beide Unternehmer verwenden hierbei ihre gültige nationale USt-IdNr.

4. **a) Ist der vorliegende Tatbestand steuerbar?**
   Erläutern Sie Ihre Antwort anhand der Rechtsvorschriften.

   b) Wie hoch ist gegebenenfalls die Bemessungsgrundlage und die Umsatzsteuer in Euro?

Merck schenkte dem Mitarbeiter Treu zu dessen Geburtstag am 12. Nov. einen Scanner. Der Einkaufspreis einschließlich Nebenkosten hatte im Jan. 190,00 € betragen. Der Ladenverkaufspreis betrug 310,00 €, der Einkaufspreis einschließlich Nebenkosten am 12. Nov. betrug 125,00 €.

5. **Welcher steuerbare Tatbestand liegt vor und wie hoch ist die Bemessungsgrundlage?**

   Begründen Sie Ihre Antwort anhand der Rechtsvorschriften.

Verkauf eines Druckers am 2. Dez. an seinen Schwager gegen Barzahlung in Höhe von 172,50 €. Der Drucker war im Sept. für 300,00 € zuzüglich 57,00 € Umsatzsteuer eingekauft worden. Der Drucker ist in Mercks Schaufenster mit 460,00 € ausgezeichnet.

Der Einkaufspreis laut Verkaufsliste des Großhändlers für Dez. beträgt 272,50 €.

6. **Erläutern Sie anhand der Rechtsgrundlage, in welcher Höhe Merck aus diesem Vorgang Vorsteuer abziehen kann.**

Merck erwarb im Dez. beim Herstellerbetrieb in Osaka (Japan) Grafikkarten. Die Waren wurden vom Hersteller per Luftfracht nach Köln geliefert. Die Einfuhrumsatzsteuer wurde vom Frachtführer entsprechend der Lieferkondition „verzollt und versteuert" entrichtet. Merck erhielt am 6. Dez. eine gemäß § 14 UStG ordnungsgemäße Rechnung mit einem Gesamtbetrag in Höhe von 10.440,00 €.

7. **Liegt ein steuerbarer und steuerpflichtiger Umsatz vor?**
   Erläutern Sie Ihre Antwort anhand der Rechtsvorschriften.

Ein Teil des Betriebsgebäudes in Olpe ist seit dem 1. Dez. des Vorjahres an die Mieterin Maria Held zu Wohnzwecken für monatlich 475,00 € vermietet.

8. **a) Ermitteln Sie die umsatzsteuerliche Bemessungsgrundlage.**

   b) Legen Sie begründet den Voranmeldungszeitraum fest, in dem der Umsatz anzumelden ist.

Ein anderer Teil des Betriebsgebäudes ist als Steuerberaterpraxis vermietet. Die Dezembermiete in Höhe von 2.204,00 € ging erst am 15. Jan. des Folgejahres auf dem Bankkonto ein.

9. **a) Liegt ein steuerbarer Umsatz vor?**

   b) Wenn ja, wie hoch ist die Bemessungsgrundlage und die daraus resultierende Umsatzsteuer?

Merck nutzte einen betrieblichen Pkw, den er im Vorjahr von einem Privatmann erworben hatte, auch für private Fahrten. Die Kosten hierfür setzen sich im Kalenderjahr wie folgt zusammen:

Benzin, Reparaturen usw. . . .	4.000,00 €
Abschreibung	5.000,00 €
Kfz-Steuer und Kfz-Versicherung	950,00 €

Laut ordnungsgemäß geführtem Fahrtenbuch beträgt der private Nutzungsanteil 30 %.

10. **Erläutern Sie anhand der Rechtsgrundlage, ob und in welcher Höhe Merck aus diesem Vorgang Vorsteuer abziehen kann.**

Merck erhielt am 25. Dez. vom Rechtsanwalt Dr. Pfeiffer folgende Rechnung:

Beratung am 4.12. .. betr. Mietstreitigkeiten (siehe auch 7.) . .	173,90 €
zuzüglich 19 % Umsatzsteuer. .	33,04 €
Gesamtbetrag	206,94 €

11. **Erläutern Sie begründet, ob ein steuerbarer Umsatz vorliegt. Ist ein Vorsteuerabzug für das Ladenlokal möglich?**

Der monatliche Mietwert für das selbst genutzte Ladenlokal im Betriebsgebäude beträgt 2.250,00 €.

KAPITEL 4

Einkommensteuer

- Wesen der Einkommensteuer
- Steuerpflicht
- Bemessungsgrundlage
- Einkunftsarten
- Gewinnermittlungsarten
- Sonderausgaben
- Kinder im Einkommensteuerrecht
- Außergewöhnliche Belastung
- Außerordentliche Einkünfte
- Ermittlung der tariflichen Einkommensteuer
- Veranlagung zur Einkommensteuer
- Veranlagung von Arbeitnehmern
- Erhebung der Einkommensteuer

4 Einkommensteuer

4.1 Wesen der Einkommensteuer

Durch die Erhebung der Einkommensteuer (ESt) soll die wirtschaftliche Leistungsfähigkeit der natürlichen Personen besteuert werden. Deshalb werden die persönlichen Verhältnisse des Steuerpflichtigen (z. B. Familienstand, Alter) und besondere Umstände, die seine wirtschaftliche Leistungsfähigkeit beeinträchtigen können (z. B. Krankheit, Unterstützung mittelloser Angehöriger), berücksichtigt. Als **Personensteuer** ist die Einkommensteuer bei der Ermittlung der Einkünfte nicht abzugsfähig (§ 12 Nr. 3 EStG). Sie gehört als **Privatsteuer** zu den nicht abzugsfähigen Aufwendungen der Lebenshaltung des Steuerpflichtigen. Wie bereits unter Kap. 1.3.3 ausgeführt, wird die Einkommensteuer in der Verwaltungspraxis als **Besitzsteuer** geführt. Sie ist eine **Gemeinschaftsteuer**, weil sie Bund, Ländern und Gemeinden zufließt. Im Übrigen ist sie eine **Veranlagungsteuer**, weil sie grundsätzlich nach Durchführung einer Veranlagung erhoben wird.

Die Rechtsgrundlagen der Einkommensteuer

Die Rechtsgrundlagen der Einkommensteuer sind

- das **Einkommensteuergesetz (EStG)** und
- die **Einkommensteuer-Durchführungsverordnung (EStDV)**.

Die **Einkommensteuer-Richtlinien (EStR)** stellen lediglich Verwaltungsanweisungen an die Finanzbehörden dar, um eine einheitliche Anwendung des Steuerrechts zu gewährleisten. Sie sind für die Finanzbehörden bindend, nicht aber für die Gerichte und die Steuerpflichtigen. Insoweit haben sie keine rechtliche Wirkung.

4.2 Wer unterliegt der Einkommensteuer?

Nur natürliche Personen können der Einkommensteuer unterliegen, gleichgültig, ob sie minderjährig oder volljährig, geschäftsfähig oder geschäftsunfähig sind.

Juristische Personen (z. B. Aktiengesellschaften) fallen nicht unter das Einkommensteuergesetz. Ihr Einkommen unterliegt der Körperschaftsteuer.

Personengesellschaften (z. B. OHG, KG, GbR) sind weder natürliche Personen (lebende Menschen) noch juristische Personen. Sie sind deshalb weder einkommensteuer- noch körperschaftsteuerpflichtig. Die von Personengesellschaften erzielten Einkünfte werden den Gesellschaftern zugerechnet. Sind die Gesellschafter natürliche Personen, unterliegen ihre Einkünfte der Einkommensteuer, sind sie juristische Personen, so unterliegen ihre Einkünfte der Körperschaftsteuer.

In einer Familiengemeinschaft sind die Mitglieder der Familie (der Ehemann, die Ehefrau, die Kinder) einzeln einkommensteuerpflichtig. Ehegatten können allerdings im Wege einer Zusammenveranlagung gemeinsam zur Einkommensteuer herangezogen werden. Eine Zusammenveranlagung der Eltern mit ihren Kindern gab es zwar bei der Vermögensteuer, bei der Einkommensteuer gibt es diese sogenannten „Haushaltsbesteuerung" allerdings nicht.

4.2.1 Unbeschränkte Einkommensteuerpflicht

Einkommensteuerpflicht

Die persönliche Einkommensteuerpflicht
(§§ 1 und 1a EStG)

Unbeschränkt steuerpflichtig sind

natürliche Personen mit
- **Wohnsitz** oder
- **gewöhnlichem Aufenthalt**
- im **Inland** (§ 1 Abs. 1 EStG)

mit allen inländischen und ausländischen **Einkünften**
- **Welteinkommensprinzip**

Beschränkt steuerpflichtig sind

natürliche Personen ohne
- **Wohnsitz** oder
- **gewöhnlichem Aufenthalt**
- im **Inland**

nur mit den **inländischen Einkünften** im Sinne des § 49 EStG
- **Territorialprinzip**

erweiterte unbeschränkte Steuerpflicht

- deutsche Staatsbeamte im Auslandsdienst (§ 1 Abs. 2 EStG)
- Grenzpendler aus dem Ausland, mindestens 90 % ihrer Einkünfte in Deutschland und ausländische Einkünfte höchstens 9.409,00 € § 1 Abs. 3 EStG)
- bei Grenzpendlern aus EU- und EWR-Staaten (§ 1a EStG) Zusammenveranlagung, Realsplitting

erweiterte beschränkte Steuerpflicht

- deutsche Staatsangehörige mit Wohnsitzwechsel (§ 2 AStG) ins
  - Niedrigsteuerland und mit
  - wesentlichen wirtschaftlichen Interessen in Deutschland im Jahr des Wohnsitzwechsels und in den folgenden 10 Jahren
  - alle inländischen Einkünfte
  - Grundtarif
  - Mindeststeuer 25 %

Die unbeschränkte Einkommensteuerpflicht bedeutet, dass der Steuerpflichtige sowohl mit den inländischen als auch mit den ausländischen Einkünften der Einkommensteuer unterliegt, es gilt das Welteinkommensprinzip.

Unbeschränkt einkommensteuerpflichtig sind alle natürlichen Personen, die im Inland einen Wohnsitz oder ihren gewöhnlichen Aufenthalt haben (§ 1 Abs. 1 EStG).

Einen Wohnsitz im Sinne der Steuergesetze hat jemand dort, wo er eine Wohnung innehat, unter Umständen, die darauf schließen lassen, dass er die Wohnung beibehalten und benutzen wird (§ 8 AO).

Seinen gewöhnlichen Aufenthalt im Sinne der Steuergesetze hat jemand dort, wo er sich unter Umständen aufhält, die erkennen lassen, dass er an diesem Ort oder in diesem Gebiet nicht nur vorübergehend verweilt (§ 9 AO). Als gewöhnlicher Aufenthalt ist stets, von Beginn an, ein zeitlich zusammenhängender Aufenthalt von mehr als sechs Monaten anzusehen. Kurzfristige Unterbrechungen bleiben unberücksichtigt. Eine abgebrochene, aber länger geplante

Verweildauer begründet trotzdem den gewöhnlichen Aufenthalt, z. B. bei frühzeitig entlassenen ausländischen Fußballtrainern.

Bei rein privaten Aufenthalten (z. B. Besuch oder Kuraufenthalt) tritt die unbeschränkte Steuerpflicht erst nach Ablauf eines Jahres ein, dann aber mit Wirkung vom Beginn des Aufenthaltes an.

Inland im Sinne des Einkommensteuerrechts ist der Geltungsbereich des Einkommensteuergesetzes. Zum Inland gehört auch der der Bundesrepublik Deutschland zustehende Anteil an der ausschließlichen Wirtschaftszone und am Festlandsockel, soweit die Voraussetzungen des § 1 Abs. 1 Satz 2 Nr. 1 und 2 EStG erfüllt sind. Seeschiffe unter deutscher Flagge, die im Schiffsregister eingetragen sind, gehören nach der Rechtsprechung des Bundesfinanzhofs ebenfalls zum Inland.

Nicht zum Inland im Sinne des Einkommensteuergesetzes gehören Grundstücke der öffentlichen Hand im Ausland (z. B. das Botschaftsgebäude der BRD in Rom).

Die Dreiteilung der Gebiete in Inland, Gemeinschaftsgebiet der EU mit den Staaten des Europäischen Wirtschaftsraumes (EWR, besteht aus den EU-Staaten zusammen mit Island, Norwegen und Liechtenstein) und Drittland gilt auch im Einkommensteuerrecht (siehe Kap. 3.2.4).

Beispiele

a) Der Student Christian Retzlaff wohnt in München. Er ist unbeschränkt einkommensteuerpflichtig, weil er seinen Wohnsitz im Inland hat. Ob er Einkünfte erzielt hat oder nicht, ist ohne Bedeutung.

b) Carola Schmidt wohnt in Gelsenkirchen. Sie ist dort als Steuerberaterin tätig. Neben den Einkünften aus dieser Tätigkeit bezieht sie Einkünfte aus der Vermietung ihres Hauses in der Schweiz. Frau Schmidt ist unbeschränkt einkommensteuerpflichtig, weil sie ihren Wohnsitz im Inland hat. Sie unterliegt mit ihren inländischen und ausländischen Einkünften der Einkommensteuer.

c) Ein Italiener, dessen Familie in Süditalien wohnt, ist in die Bundesrepublik Deutschland eingereist. Seit seiner Einreise war er drei Monate in Köln und anschließend 3 ½ Monate in Bochum als Maurer tätig. Er ist seit seiner Einreise in die Bundesrepublik Deutschland unbeschränkt einkommensteuerpflichtig, weil er im Inland seinen gewöhnlichen Aufenthalt hat, da er länger als sechs Monate anwesend gewesen ist.

Unbeschränkt steuerpflichtig sind auch deutsche Staatsangehörige, die

- im Inland weder einen Wohnsitz noch ihren gewöhnlichen Aufenthalt haben und
- zu einer inländischen juristischen Person des öffentlichen Rechts in einem Dienstverhältnis stehen und dafür Arbeitslohn aus einer inländischen öffentlichen Kasse beziehen (§ 1 Abs. 2 Satz 1 EStG, sog. erweiterte unbeschränkte Steuerpflicht).

Voraussetzung ist, dass diese Personen in dem Staat, in dem sie ihren Wohnsitz oder ihren gewöhnlichen Aufenthalt aus dienstlichem Anlass haben, nur mit ihren dort erzielten Einkünften vergleichbar zur Einkommensteuer als beschränkt Steuerpflichtige herangezogen werden (§ 1 Abs. 2 Satz 2 EStG).

Beispiel

Ein Beamter des Außenministeriums in Berlin wohnt seit Jahren in Brasilien, wo er an der deutschen Botschaft tätig ist. Sein Gehalt bezieht er aus der Kasse seines Arbeitgebers in Berlin. In Deutschland hat er weder Wohnsitz noch seinen gewöhnlichen Aufenthalt.

Der Beamte ist unbeschränkt einkommensteuerpflichtig, weil er in Brasilien als beschränkt Steuerpflichtiger behandelt wird und sein Arbeitslohn dort (als ausländische Einkünfte) nicht besteuert wird. Würde er in Brasilien als Pensionär ohne dienstlichen Auftrag wohnen, wäre er in Deutschland nur beschränkt steuerpflichtig mit der Folge, dass z. B. das Splittingverfahren nicht mehr angewandt werden kann.

Auf Antrag werden auch natürliche Personen als unbeschränkt einkommensteuerpflichtig behandelt, die im Inland weder einen Wohnsitz noch ihren gewöhnlichen Aufenthalt haben, soweit sie inländische Einkünfte im Sinne der beschränkten Einkommensteuerpflicht nach § 49 EStG beziehen (§ 1 Abs. 3 EStG).

Voraussetzung ist, dass

- ihre Einkünfte im Kalenderjahr zu 90 % der deutschen Einkommensteuer unterliegen oder
- die nicht der deutschen Einkommensteuer unterliegenden Einkünfte nicht den Grundfreibetrag nach § 32a Abs. 1 S. 2 Nr. 1 EStG im Kalenderjahr übersteigen (Nachweis erforderlich, evtl. Kürzung nach Ländergruppeneinteilung).

Diese Regelung bedeutet eine Erweiterung der unbeschränkten Einkommensteuerpflicht bei sogenannten Grenzpendlern sowohl aus dem Drittland als auch aus dem Gemeinschaftsgebiet mit den EWR-Staaten.

Beispiel

Ein Schweizer mit Wohnsitz in Basel (Schweiz) arbeitet bei einer Firma in Weil am Rhein (Inland) als kaufmännischer Angestellter. Er fährt täglich von seinem Wohnsitz zur Arbeitsstelle und zurück. Außer seinem Arbeitslohn hat er keine weiteren Einkünfte.

Der Steuerpflichtige ist beschränkt einkommensteuerpflichtig, weil er im Inland weder einen Wohnsitz noch seinen gewöhnlichen Aufenthalt hat, aber inländische Einkünfte erzielt. Er kann auf Antrag nach § 1 Abs. 3 EStG als unbeschränkt einkommensteuerpflichtig mit seinen inländischen Einkünften behandelt werden, allerdings ohne Ehegattenveranlagung mit Splittingtarif. Zusätzlich unterliegen die positiven ausländischen Einkünfte dem Progressionsvorbehalt nach § 32b Abs. 1 Nr. 3 EStG.

Zusätzlich ermöglicht es § 1a EStG, bestimmte familienpolitische Vergünstigungen in der Einkommensteuerveranlagung zu berücksichtigen, auch wenn es sich um Familienmitglieder handelt, die im Ausland leben. Dies gilt für

- Staatsangehörige eines EU-Mitgliedstaates oder EWR-Staates, die
- unbeschränkt steuerpflichtig sind nach § 1 Abs. 1 oder Abs. 3 EStG und deren
- Einkünfte, die mit mindestens 90 % der deutschen Einkommensteuer unterliegen oder die nicht der deutschen Einkommensteuer unterliegenden Einkünfte betragen höchstens den Grundfreibetrag nach § 32a Abs. 1 S. 2 Nr. 1 EStG, bei Ehegatten die Verdoppelung (Nachweis durch Bescheinigung der zuständigen ausländischen Behörde erforderlich), und
- das Familienmitglied (Ehegatte oder Kind) hat seinen Wohnsitz oder gewöhnlichen Aufenthalt in einem EU- oder EWR-Staat.

Bei diesen Steuervergünstigungen handelt es sich um das Realsplitting (zu Unterhaltsleistungen an den geschiedenen oder dauernd getrennt lebenden Ehegatten siehe Kap. 4.6.2) und um die Zusammenveranlagung mit im Ausland wohnenden Ehegatten (Versteuerung nach dem Splittingtarif, siehe Kap. 4.10.2).

4.2.2 Beschränkte Einkommensteuerpflicht

Natürliche Personen, die im Inland weder einen Wohnsitz noch ihren gewöhnlichen Aufenthalt haben, sind (Ausnahme § 1 Abs. 2 und 3 EStG und § 1a EStG) beschränkt einkommensteuerpflichtig (§ 1 Abs. 4 EStG), wenn sie **inländische Einkünfte** erzielen. Die beschränkte Einkommensteuerpflicht erstreckt sich nur auf die inländischen Einkünfte im Sinne des § 49 EStG, es gilt das **Territorialprinzip**.

Deutsche Staatsbürger, die ihren Wohnsitz in das Ausland (z. B. Andorra, Monaco, Bermudas) verlegt haben und dort niedrig oder nicht besteuert werden, unterliegen der **erweiterten beschränkten Steuerpflicht** (zehn Jahre lang), wenn sie weiterhin wesentliche wirtschaftliche Interessen in Deutschland haben (z. B. Sportler, Künstler); siehe auch § 2 AStG. Die erweiterte beschränkte Steuerpflicht erfasst alle inländischen Einkünfte (über den § 49 EStG hinaus). Sie darf allerdings nicht zu einer höheren Steuer führen als die unbeschränkte Einkommensteuerpflicht.

AUFGABEN

1. Warum werden bei der Erhebung der Einkommensteuer die persönlichen Verhältnisse des Steuerpflichtigen berücksichtigt?
2. Warum ist die Einkommensteuer nicht abzugsfähig?
3. Welches sind die Rechtsgrundlagen der Einkommensteuer?
4. Warum sind die Einkommensteuer-Richtlinien für die Gerichte nicht bindend?
5. Wer ist einkommensteuerpflichtig?
6. Welcher Steuer unterliegt das Einkommen juristischer Personen?
7. Was gilt hinsichtlich der Einkommensteuerpflicht bzw. der Körperschaftsteuerpflicht für Personengesellschaften?
8. Wer ist unbeschränkt einkommensteuerpflichtig?
9. Wann liegt ein Wohnsitz im Sinne des § 8 AO vor?
10. Wann liegt ein gewöhnlicher Aufenthalt im Sinne des § 9 AO vor?
11. Was ist Inland im Sinne des Einkommensteuerrechts?
12. Unterscheiden Sie die erweiterte unbeschränkte Steuerpflicht nach § 1 Abs. 2 und § 1 Abs. 3 EStG.
13. Welche Steuervergünstigungen werden für Staatsangehörige der EU- bzw. EWR-Staaten gewährt?

VERTIEFENDE ÜBUNGEN

Übungen zur Einkommensteuerpflicht

1. In welchen Fällen ist

a) die unbeschränkte,

b) die beschränkte Einkommensteuerpflicht gegeben?

Fall 1:
Ein Schweizer Bürger mit Wohnsitz in Zürich (Schweiz) ist Eigentümer eines Mietwohngrundstücks in Dortmund (Inland). Er kommt einmal im Jahr für einige Tage in die Bundesrepublik Deutschland, um mit dem Hausverwalter abzurechnen.

Fall 2:
Ein Bundesbürger hat seinen Wohnsitz in Frankfurt am Main. Er hat keine Einkünfte und bezieht Arbeitslosengeld.

Fall 3
Ein Vertreter österreichischer Firmen hat seinen Wohnsitz in München. In Salzburg (Österreich) hat er einen zweiten Wohnsitz.

Fall 4:
Ein Buchhalter mit Wohnsitz in Basel (Schweiz) ist bei einer Firma in Lörrach (Inland) tätig. Er hält sich tagsüber in der Firma auf und fährt am Abend nach Basel zurück. Außer seinem Arbeitslohn hat er Einkünfte von 5.000,00 € aus der Vermietung einer Wohnung in der Schweiz bezogen.

Fall 5:
Mark Reineke, drei Jahre alt, wohnt bei seinen Eltern in Karlsruhe. Aufgrund einer Erbschaft bezieht er Einkünfte in der Schweiz, die dort seinem Konto gutgeschrieben werden.

2. Prüfen Sie, ob die Voraussetzungen für folgende Anträge gegeben sind,

a) die Behandlung als unbeschränkt Steuerpflichtiger nach § 1 Abs. 3 EStG;

b) die Zusammenveranlagung nach § 1a Abs. 1 Nr. 2 i. V. m. § 26 EStG.

Fall 1:
Anton Steger ist deutscher Staatsangehöriger und wohnt mit seiner Ehefrau Maria in Basel (Schweiz). Anton bezieht ausschließlich Einkünfte, die der deutschen Einkommensteuer unterliegen, Maria hat keine Einkünfte.

Fall 2:
Die Eheleute Jan (Niederländer) und Maria Moolen (Deutsche) wohnen in Venlo (Niederlande). Maria Moolen arbeitet als angestellte Physiotherapeutin in Düsseldorf. Sie fährt täglich mit dem eigenen Pkw zur Arbeitsstelle nach Düsseldorf. Ihre deutschen Einkünfte betrugen im Kalenderjahr 60.000,00 €. Einkünfte in den Niederlanden hatte sie nicht.

Jan Moolen versorgt den Haushalt und arbeitet gelegentlich auf einer Bootswerft in Venlo (Niederlande). Sein Arbeitslohn betrug im Kalenderjahr insgesamt 11.400,00 €. Eine Bescheinigung der niederländischen Finanzbehörde liegt vor.

4.3 Bemessungsgrundlage und Begriffsbestimmungen

Bemessungsgrundlage für die tarifliche Einkommensteuer ist das zu versteuernde Einkommen, das der Steuerpflichtige innerhalb eines Kalenderjahres bezogen hat (§ 2 Abs. 5 und 7 EStG).

Zu versteuerndes Einkommen

Es ist stufenweise wie folgt zu ermitteln:

1. Einkünfte aus Land- und Forstwirtschaft
2. Einkünfte aus Gewerbebetrieb
3. Einkünfte aus selbstständiger Arbeit

} **Gewinneinkünfte**

4. Einkünfte aus nichtselbstständiger Arbeit
5. Einkünfte aus Kapitalvermögen
6. Einkünfte aus Vermietung und Verpachtung
7. sonstige Einkünfte

} **Überschusseinkünfte**

= **Summe der Einkünfte**
– Altersentlastungsbetrag
– Freibetrag für Land- und Forstwirte (§ 13 Abs. 3 EStG)
– Entlastungsbetrag für Alleinerziehende

= **Gesamtbetrag der Einkünfte**
– Sonderausgaben
– außergewöhnliche Belastungen
– Verlustabzug, wie Sonderausgaben abziehbarer Betrag nach § 10d EStG

= **Einkommen**
– Kinderfreibetrag
– Betreuungsfreibetrag
– sonstige vom Einkommen abzuziehende Beträge (Härteausgleich)

= **zu versteuerndes Einkommen** (§ 2 Abs. 5 EStG)
Grundtabelle oder Splittingtabelle
= **Einkommensteuer**

Der Begriff „zu versteuerndes Einkommen“ wird erst verständlich durch die Erläuterung anderer steuerlicher Begriffe auf den nächsten Seiten.

4.3.1 Einnahmen

Einnahmen

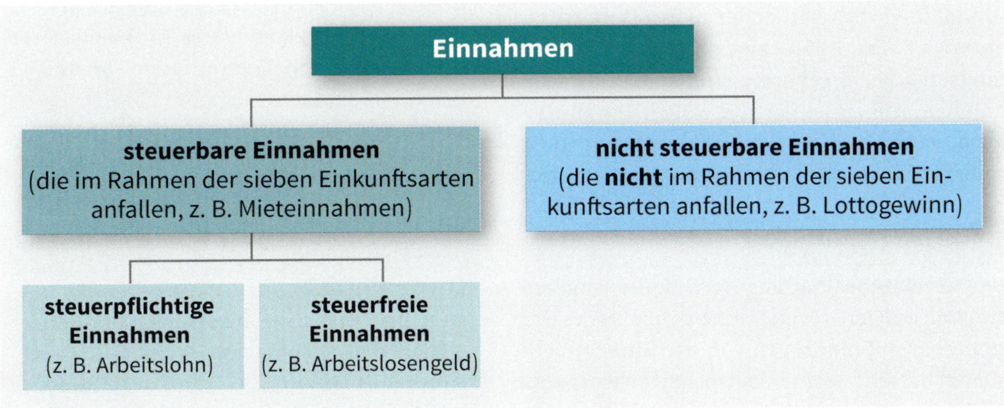

Einnahmen im Sinne des § 8 Abs. 1 EStG sind alle Güter, die in Geld oder Geldeswert bestehen und dem Steuerpflichtigen im Rahmen der Überschusseinkünfte (siehe Kap. 4.3.2.2) zufließen. Sie sind die Roherträge aus der jeweiligen Einkunftsart, d. h. ohne Kürzung der damit zusammenhängenden abzugsfähigen Ausgaben.

Einnahmen, die nicht in Geld bestehen (Wohnung, Kost, Waren und sonstige Sachbezüge), sind grundsätzlich mit den üblichen Endpreisen am Abgabeort anzusetzen (§ 8 Abs. 2 EStG). Der Endpreis ist der tatsächliche Preis, der üblicherweise im allgemeinen Geschäftsverkehr vom Letztverbraucher gefordert wird.

Beispiel

Dem Eigentümer eines Dreifamilienhauses sind in einem Kalenderjahr Mieteinnahmen in Höhe von 18.000,00 € zugeflossen.

Dieser Betrag stellt den Rohertrag, also die Einnahmen aus dem Dreifamilienhaus, dar. Mit den Einnahmen von 18.000,00 € sind dem Steuerpflichtigen Güter, die in Geld bestehen, zugeflossen. Auch wenn der Steuerpflichtige von seinen Mietern nur 17.000,00 € in Geld vereinnahmt und für den Restbetrag beispielsweise von einem Mieter Lebensmittel zum Endpreis von 1.000,00 € bezogen hätte, würden die Einnahmen im Sinne des § 8 Abs. 1 EStG ebenfalls 18.000,00 € betragen haben. Dem Steuerpflichtigen wären dann 17.000,00 € in Geld und 1.000,00 € in Geldeswert zugeflossen.

Einnahmen, die dem Steuerpflichtigen im Rahmen der Gewinneinkünfte (siehe Kap. 4.3.2.1) zufließen, sind **Betriebseinnahmen** im Sinne des § 4 Abs. 3 EStG (im Unterschied zu den Einnahmen im Sinne des § 8 Abs. 1 EStG, die dem Steuerpflichtigen im Rahmen der Überschusseinkünfte zufließen).

Einnahmen, die zu einer der sieben **Einkunftsarten** (§ 2 Abs. 1 EStG, siehe Schaubild auf der folgenden Seite) gehören, sind steuerbar. Einnahmen, die zu keiner der sieben Einkunftsarten gehören (z. B. Lottogewinn), sind nicht steuerbar.

Steuerfreie Einnahmen

Der Gesetzgeber hat aus wirtschafts- und sozialpolitischen Gründen eine ganze Reihe der steuerbaren Einnahmen von der Einkommensteuer befreit. So sind beispielsweise **steuerfrei:**

- Leistungen aus einer Krankenversicherung und aus der gesetzlichen Unfallversicherung (§ 3 Nr. 1 Buchstabe a EStG);
- das Mutterschaftsgeld nach dem Mutterschutzgesetz (§ 3 Nr. 1 Buchstabe d EStG);
- das Arbeitslosengeld, das Kurzarbeitergeld und das Übergangsgeld (§ 3 Nr. 2 Buchstabe a EStG);
- die Vergütungen, die Arbeitnehmer außerhalb des öffentlichen Dienstes von ihrem Arbeitgeber zur Erstattung von Reisekosten, Umzugskosten oder Mehraufwendungen bei doppelter Haushaltsführung erhalten, soweit sie die nach § 9 als Werbungskosten abziehbaren Aufwendungen nicht übersteigen (§ 3 Nr. 16 EStG);
- Einnahmen bis zu einer Höhe von insgesamt 2.400,00 €/Jahr für nebenberufliche Tätigkeiten als Übungsleiter, Ausbilder oder für nebenberufliche künstlerische Tätigkeiten oder für die nebenberufliche Pflege (auch Betreuer) alter, kranker oder behinderter Menschen im Dienst oder im Auftrag einer inländischen juristischen Person des öffentlichen Rechts, z. B. im Auftrag des Deutschen Roten Kreuzes (§ 3 Nr. 26 EStG);
- Einnahmen bis zu einer Höhe von insgesamt 720,00 €/Jahr für eine nebenberufliche Tätigkeit, sofern diese im Auftrag oder im Dienste einer inländischen juristischen Person des öffentlichen Rechts oder einer unter § 5 Abs. 1 Nr. 9 KStG fallenden Einrichtung zur Förderung gemeinnütziger, mildtätiger und kirchlicher Zwecke erfolgt (§ 3 Nr. 26a EStG);
- die unentgeltliche oder verbilligte Sammelbeförderung eines Arbeitnehmers zwischen Wohnung und erster Tätigkeitsstätte, sowie für beruflich veranlasste Fahrten (§ 3 Nr. 32 EStG);
- zusätzlich zum ohnehin geschuldeten Arbeitslohn erbrachte Leistungen des Arbeitgebers zur Unterbringung und Betreuung von nicht schulpflichtigen Kindern der Arbeitnehmer in Kindergärten usw. (§ 3 Nr. 33 EStG);
- 40 % aller Vermögensmehrungen des Anteilseigners einer Kapitalgesellschaft (§ 3 Nr. 40 Satz 1 Buchstaben a bis i EStG) – **Teileinkünfteverfahren.** Dazu gehören Gewinne aus der Veräußerung von Dividendenscheinen, aber auch Einnahmen aus Entnahmen, Betriebsveräußerungen, Betriebsaufgaben,

Veräußerungen von Anteilen (an Kapitalgesellschaften > 1 %) und Gewinne aus Teilwertzuschreibungen (soweit sie bei der Bildung nur zur hälftigen Gewinnminderung geführt haben);
- Stipendien, die unmittelbar aus öffentlichen Mitteln zur Förderung der wissenschaftlichem oder künstlerischen Ausbildung oder Fortbildung gewährt werden (§ 3 Nr. 44 EStG);
- Trinkgelder, die dem Arbeitnehmer von Dritten gezahlt werden, ohne dass ein Rechtsanspruch darauf besteht, sind von der Besteuerung befreit (§ 3 Nr. 51 EStG);
- das Wohngeld nach dem Wohngeldgesetz (§ 3 Nr. 58 EStG).

Soweit Ausgaben mit steuerfreien Einnahmen in unmittelbarem wirtschaftlichem Zusammenhang stehen, dürfen sie nicht als Betriebsausgaben oder Werbungskosten abgezogen werden (§ 3c EStG; zu § 3 Nr. 40 siehe auch § 3c Abs. 2 EStG).

AUFGABEN

1. Nennen Sie die Bemessungsgrundlage für die Einkommensteuer.
2. Wie ist das zu versteuernde Einkommen stufenweise zu ermitteln?
3. Wann liegen Einnahmen im Sinne des § 8 Abs. 1 EStG vor?
4. Welche Einnahmen sind Betriebseinnahmen?
5. Welche Einnahmen sind steuerbar?
6. Welche steuerfreien Einnahmen kennen Sie? (Nennen Sie dazu sechs Beispiele.)

4.3.2 Einkunftsart, Einkünfte und Summe der Einkünfte

Einkünfte sind der Reinertrag aus einer Einkunftsart.

Jede Einkunftsart kann mehrere **Einkunftsquellen** haben. Zusammengerechnet stellen sie die Einkünfte der betreffenden Einkunftsart dar.

Beispiel

Ein Land- und Forstwirt erzielt Einkünfte aus verschiedenen Einkunftsquellen: aus Vieh- und Getreideverkäufen, aus der Milchwirtschaft und aus Holzverkäufen. Diese Einkünfte zusammengerechnet ergeben seine Einkünfte aus der Land- und Forstwirtschaft.

Nach § 2 Abs. 1 EStG gibt es sieben Einkunftsarten:

1. Einkünfte aus Land- und Forstwirtschaft	(§ 13 EStG)
2. Einkünfte aus Gewerbebetrieb	(§ 15 EStG)
3. Einkünfte aus selbstständiger Arbeit	(§ 18 EStG)
4. Einkünfte aus nichtselbstständiger Arbeit	(§ 19 EStG)
5. Einkünfte aus Kapitalvermögen	(§ 20 EStG)
6. Einkünfte aus Vermietung und Verpachtung	(§ 21 EStG)
7. sonstige Einkünfte	(§ 22 EStG)
= Summe der Einkünfte	

Einkunftsarten

Einkunftsarten (§ 2 Abs. 1 Nr. 1–7 EStG)

Gewinneinkünfte (§ 2 Abs. 2 Nr. 1 EStG)

1. Einkünfte aus Land- und Forstwirtschaft
2. Einkünfte aus Gewerbebetrieb
3. Einkünfte aus selbstständiger Arbeit

Betriebseinnahmen
– Betriebsausgaben
= Gewinn oder Verlust

Überschusseinkünfte (§ 2 Abs. 2 Nr. 2 EStG)

4. Einkünfte aus nichtselbstständiger Arbeit
5. Einkünfte aus Kapitalvermögen
6. Einkünfte aus Vermietung und Verpachtung
7. sonstige Einkünfte (abschließend nach § 22 EStG)

Einnahmen im Sinne des § 8 EStG
– Werbungskosten
= Überschuss oder Verlust

Die Einkünfte aus einer Einkunftsart oder aus mehreren Einkunftsarten zusammengerechnet stellen die Summe der Einkünfte dar (§ 2 Abs. 2 EStG). Hat ein Steuerpflichtiger sowohl positive als auch negative Einkünfte (Verluste) erzielt, werden die Verluste mit den positiven Einkünften ausgeglichen (**Verlustausgleich, horizontal oder intern** = innerhalb einer Einkunftsart *sowie* **vertikal oder extern** = mit anderen Einkunftsarten).

Beispiele

a) Einkünfte aus Gewerbebetrieb	32.000,00 €
Einkünfte aus Vermietung und Verpachtung	– 7.500,00 €
Summe der Einkünfte	24.500,00 €
b) Einkünfte aus Gewerbebetrieb	– 25.000,00 €
Einkünfte aus nichtselbstständiger Arbeit	2.000,00 €
sonstige Einkünfte	1.000,00 €
Summe der Einkünfte (nicht ausgeglichener Verlust)	– 22.000,00 €

Der vertikale Verlustausgleich ist eingeschränkt möglich. (siehe Kapitel 4.6.5 und 4.6.6 dieses Buches).

Verluste aus privaten Veräußerungsgeschäften nach § 23 EStG können nur horizontal ausgeglichen werden, also mit Gewinnen aus privaten Veräußerungsgeschäften. Das Gleiche gilt für Verluste aus Leistungen nach § 22 Nr. 3 Satz 3 EStG. Hier ist allerdings ein quellenspezifischer Verlustabzug (Rücktrag und Vortrag) möglich (siehe Kap. 4.6.6).

4.3.2.1 Gewinneinkünfte

Bei den ersten drei Einkunftsarten (Land- und Forstwirtschaft, Gewerbebetrieb, selbstständige Arbeit) ist der Gewinn als Einkünfte anzusetzen. Aus diesem Grund werden diese Einkünfte **Gewinneinkünfte** genannt.

Ermittlungszeitraum (Wirtschaftsjahr, Kalenderjahr)

Bei Land- und Forstwirten sowie bei Gewerbetreibenden ist der Gewinn nach dem Wirtschaftsjahr zu ermitteln (§ 4a Abs. 1 Satz 1 EStG).

Bei Land- und Forstwirten läuft das Wirtschaftsjahr grundsätzlich vom 1. Juli bis 30. Juni. Es kann auch ein anderer Zeitraum als Wirtschaftsjahr bestimmt werden, wenn dies aus wirtschaftlichen Gründen erforderlich ist (§ 4a Abs. 1 Nr. 1 EStG); siehe dazu auch § 8c Abs. 1 und 2 EStDV.

Bei Gewerbetreibenden, deren Firma im Handelsregister eingetragen ist, ist das Wirtschaftsjahr der Zeitraum, für den sie regelmäßig Abschlüsse machen. Sie können die Umstellung des Wirtschaftsjahres auf einen vom Kalenderjahr abweichenden Zeitraum nur mit Zustimmung des Finanzamts vornehmen (§ 4a Abs. 1 Nr. 2 EStG). Bei allen übrigen Gewerbetreibenden (Kleingewerbe) stimmt das Wirtschaftsjahr grundsätzlich mit dem Kalenderjahr überein (§ 4a Abs. 1 Nr. 3 EStG).

Selbstständig Tätige, z. B. Ärzte, ermitteln den Gewinn nach dem Kalenderjahr. Sie haben kein Wirtschaftsjahr.

Weicht das Wirtschaftsjahr vom Kalenderjahr ab, so ist nach § 4a Abs. 2 EStG bei der Ermittlung des Einkommens bei Land- und Forstwirten und Gewerbetreibenden der Gewinn in folgender Weise zu berücksichtigen:

- Bei Land- und Forstwirten ist der Gewinn des Wirtschaftsjahres auf das Kalenderjahr, in dem das Wirtschaftsjahr beginnt, und auf das Kalenderjahr, in dem das Wirtschaftsjahr endet, entsprechend dem zeitlichen Anteil aufzuteilen;
- bei Gewerbetreibenden gilt der Gewinn des Wirtschaftsjahres als in dem Kalenderjahr bezogen, in dem das Wirtschaftsjahr endet.

Beispiele

a) Das Wirtschaftsjahr eines Landwirts läuft vom 1. Juli bis 30. Juni. Im Wirtschaftsjahr 2018/19 hat er einen Gewinn aus Land- und Forstwirtschaft von 60.000,00 € erzielt. Im Wirtschaftsjahr 2019/20 betrug der Gewinn 72.000,00 €.

Da die Veranlagung zur Einkommensteuer nach § 25 Abs. 1 EStG immer für ein Kalenderjahr (Veranlagungszeitraum) erfolgt, ergibt sich hier die Frage, mit wie viel Euro die Einkünfte aus Land- und Forstwirtschaft für 2019 anzusetzen sind.

Der Gewinn ist nach dem zeitlichen Anteil aufzuteilen.

Von dem Gewinn von 60.000,00 € entfallen auf 2019 6/12	30.000,00 €
Von dem Gewinn von 72.000,00 € entfallen auf 2019 ebenfalls 6/12	36.000,00 €
Gewinn aus Land- und Forstwirtschaft im Kalenderjahr 2019 ..	66.000,00 €

b) Das Wirtschaftsjahr eines im Handelsregister eingetragenen Gewerbetreibenden läuft vom 1. Juli bis 30. Juni.

Im Wirtschaftsjahr 2018/19 hat er einen Gewinn aus Gewerbebetrieb von 60.000,00 € erzielt. Im Wirtschaftsjahr 2019/20 betrug der Gewinn 72.000,00 €.

Für den Veranlagungszeitraum 2019 ist als Gewinn aus Gewerbebetrieb der Gewinn des Wirtschaftsjahres 2018/19 in Höhe von 60.000,00 € anzusetzen, weil dieses Wirtschaftsjahr im Kalenderjahr 2019 endet. Eine Aufteilung ist nicht zulässig.

Betriebseinnahmen, Betriebsausgaben

Die Einnahmen, die bei den Gewinneinkünften anfallen, nennt man **Betriebseinnahmen**, im Unterschied zu den Einnahmen im Sinne des § 8 Abs. 1 EStG, die bei den Überschusseinkünften anfallen.

Die Ausgaben, die bei den Gewinneinkünften zu berücksichtigen sind, nennt man **Betriebsausgaben** (bei Überschusseinkünften Werbungskosten). Dazu heißt es in § 4 Abs. 4 EStG: „Betriebsausgaben sind die Aufwendungen, die durch den Betrieb veranlasst sind".

Beispiel

In einer Autoreparaturwerkstatt sind beispielsweise folgende Aufwendungen angefallen: Löhne, Miete, Umbaukosten für Werkstatt, Anschaffungskosten für Geräte und Material, Beiträge an die Handwerkskammer.

All diese Aufwendungen sind Betriebsausgaben, weil sie durch den Betrieb veranlasst sind.

Als Betriebsausgaben können also alle Vermögensabflüsse in Geld- oder Sachwerten berücksichtigt werden, die tatsächlich oder wirtschaftlich mit dem Betrieb zusammenhängen.

Ziehen wir von den Betriebseinnahmen die abziehbaren Betriebsausgaben ab, so stellt der Unterschiedsbetrag in der Regel den Erfolg (Gewinn oder Verlust) dar.

4.3.2.2 Überschusseinkünfte

Bei den Einkunftsarten nach § 2 Abs. 1 Nr. 4–7 EStG (nichtselbstständige Arbeit, Kapitalvermögen, Vermietung und Verpachtung, sonstige Einkünfte) wird der Überschuss der Einnahmen über die Werbungskosten oder der Verlust als Einkünfte angesetzt. Man nennt diese Einkünfte deshalb Überschusseinkünfte. Ermittlungszeitraum für diese Einkünfte ist immer das Kalenderjahr.

Werbungskosten

Ausgaben, die bei den Überschusseinkünften zu berücksichtigen sind, nennt man Werbungskosten.

Werbungskosten sind nach § 9 Abs. 1 EStG Aufwendungen zur Erwerbung, Sicherung und Erhaltung der Einnahmen. Durch diese Aufwendungen soll erreicht werden,

- dass Einnahmen erzielt werden (Erwerbung der Einnahmen),
- dass Ausfälle laufender Einnahmen vermieden werden (Sicherung der Einnahmen) und
- dass der Weiterbezug der Einnahmen gewährleistet bleibt (Erhaltung der Einnahmen).

Werbungskosten können nur bei den Überschusseinkünften entstehen. Sie sind nachzuweisen oder glaubhaft zu machen.

Werbungskosten sind z. B.:

a) bei den Einkünften aus Vermietung und Verpachtung:
   - Steuern vom Grundbesitz (Grundsteuer), soweit der Grundbesitz dem Steuerpflichtigen zur Einnahmeerzielung dient,
   - Kosten für Reparaturen an Gebäuden,
   - Beiträge zu Berufsverbänden (Hausbesitzerverein usw.),
   - Müllabfuhrgebühr,
   - Absetzung für Abnutzung der Gebäude;

b) bei den Einkünften aus nichtselbstständiger Arbeit:
   - notwendige Mehraufwendungen, die einem Arbeitnehmer aus Anlass einer doppelten Haushaltsführung entstehen,
   - Aufwendungen für Arbeitsmittel (Fachliteratur, Werkzeuge, typische Berufskleidung)
   - Beiträge zu Berufsverbänden (Beamtenbund, Gewerkschaft usw.).

Die Aufwendungen für ein häusliches Arbeitszimmer können nur dann voll abgezogen werden, wenn das Arbeitszimmer der Mittelpunkt der gesamten beruflichen Tätigkeit ist, z. B. bei Heimarbeitern. Sofern für die betriebliche oder berufliche Tätigkeit kein anderer Arbeitsplatz zur Verfügung steht, sind von den Aufwendungen für ein häusliches Arbeitszimmer 1.250,00 € abziehbar, z. B. bei Lehrern. Der Höchstbetrag ist personenbezogen und kann damit von jedem Steuerpflichtigen geltend gemacht werden, auch wenn das Arbeitszimmer von mehreren Personen genutzt wird.

Werbungskosten sind bei der Einkunftsart abzusetzen, bei der sie erwachsen sind. So dürfen z. B. Werbungskosten, die bei den Einkünften aus Kapitalvermögen entstanden sind, nicht bei Einkünften aus nichtselbstständiger Arbeit abgezogen werden.

Entstehen Werbungskosten durch die Anschaffung von Gegenständen, die der Erzielung von Einnahmen über mehrere Jahre hinweg dienen, so sind die Aufwendungen grundsätzlich auf die Jahre der Nutzung zu verteilen.

Die Anschaffungskosten von Arbeitsmitteln eines Arbeitnehmers können im Jahr ihrer Verausgabung in voller Höhe als Werbungskosten abgesetzt werden, wenn die Anschaffungskosten ohne Umsatzsteuer für das einzelne Arbeitsmittel 800,00 € nicht übersteigen. Übersteigen sie 800,00 € (ohne Umsatzsteuer), so sind sie auf die Nutzungsdauer des Arbeitsmittels zu verteilen (im Anschaffungsjahr auf die Monate der Nutzung).

Aufwendungen, die weder Betriebsausgaben noch Werbungskosten sind, sind **private Aufwendungen**. Von diesen können nur noch die Sonderausgaben (§§ 10–10c EStG) oder die außergewöhnlichen Belastungen (§§ 33–33c EStG) abzugsfähig sein, alle anderen privaten Aufwendungen sind als Kosten der privaten Lebensführung nach § 12 EStG nicht abzugsfähig, z. B. Kosten für den Unterhalt der Familie oder für eine Urlaubsreise.

Pauschbeträge für Werbungskosten

Nach § 9a EStG sind aus Gründen der Vereinfachung des Besteuerungsverfahrens die folgenden Pauschbeträge für Werbungskosten abzuziehen, wenn nicht höhere Werbungskosten nachgewiesen werden:

- von den Einnahmen aus nichtselbstständiger Arbeit ein Arbeitnehmer-Pauschbetrag von 1.000,00 €, bei Versorgungsbezügen allerdings höchstens 102,00 €;
- von den Einnahmen im Sinne des § 22 Nr. 1, 1a und 5 EStG, z. B. bei Versorgungsbezügen oder Renten aus der Sozialversicherung ein Pauschbetrag von 102,00 €.

Beschränkt Steuerpflichtigen stehen die Pauschbeträge für Werbungskosten nicht zu.

Die Pauschbeträge sind nicht zu ermäßigen, wenn der Steuerpflichtige die Einkünfte nicht während des ganzen Kalenderjahres bezogen hat.

Die Pauschbeträge können von den Einnahmen des Steuerpflichtigen aus derselben Einkunftsart nur einmal abgezogen werden.

Werden Ehegatten zusammen veranlagt, steht jedem Ehegatten der Arbeitnehmer-Pauschbetrag von 1.000,00 € (bei Einnahmen aus nichtselbstständiger Arbeit) und der Werbungskosten-Pauschbetrag von 102,00 € (bei wiederkehrenden Bezügen und Einnahmen aus Unterhaltsleistungen) zu.

Bei der Ermittlung der Einkünfte aus Kapitalvermögen ist als Werbungskosten ein Sparer-Pauschbetrag von 801,00 € (bei Ehegatten, die zusammen veranlagt werden 1.602,00 €) abzuziehen. Der Abzug der tatsächlichen Werbungskosten ist ausgeschlossen (§ 20 Abs. 9 EStG).

Der Arbeitnehmer-Pauschbetrag von 1.000,00 € darf nur noch bei Arbeitslohn abgezogen werden, soweit es sich nicht um Versorgungsbezüge nach § 19 Abs. 2 Satz 2 EStG handelt. Sind im Arbeitslohn **Versorgungsbezüge** enthalten, erhalten die Arbeitnehmer einen Versorgungsfreibetrag, der im Januar 2020 16,0 % der Versorgungsbezüge betrug, jedoch höchstens 1.200,00 €. Der Versorgungsfreibetrag wird bis zum Jahr 2040 sowohl prozentual als auch höchstbetragsmäßig bis auf 0 % und 0,00 € abgeschmolzen.

Zusätzlich erhalten Versorgungsempfänger noch einen Zuschlag zum Versorgungsbetrag. Dieser beträgt in 2020 360,00 € und wird ebenfalls bis zum Jahr 2040 auf 0,00 € abgeschmolzen. Er wird gewährt, da die Werbungskostenpauschale für Versorgungsbezüge von 1.000,00 € auf 102,00 € verringert wurde. Pauschbeträge für Werbungskosten dürfen nur bis zur Höhe der Einnahmen aus nichtselbstständiger Arbeit bzw. der Einnahmen im Sinne des § 22 Nr. 1, 1a und 5 EStG (z. B. der Einnahmen aus wiederkehrenden Bezügen) abgezogen werden (§ 9a Satz 2 EStG). Die Pauschbeträge dürfen also nicht zu einem Verlust aus der betreffenden Einkunftsart führen.

Beispiele

a) Ein pensionierter Finanzbeamter hat ab 2017 eine Pension (Versorgungsbezüge im Sinne des § 19 Abs. 2 EStG) von 12.600,00 € bezogen. Werbungskosten hat er nicht geltend gemacht.

Seine Einkünfte aus nichtselbstständiger Arbeit errechnen sich wie folgt:

Einnahmen (§ 8 Abs. 1 EStG)	12.600,00 €
davon steuerfrei 20,8 % = 2.620,80 €, höchstens	– 1.560,00 €
	11.040,00 €
– Zuschlag zum Versorgungsfreibetrag	– 468,00 €
	10.572,00 €
– Werbungskosten-Pauschbetrag	– 102,00 €
Einkünfte	10.470,00 €

b) Wie a), nur der Finanzbeamte hat die Versorgungsbezüge erst ab Jan. 2020 bezogen.

Seine Einkünfte aus nichtselbstständiger Arbeit errechnen sich 2020 wie folgt:

Einnahmen (§ 8 Abs. 1 EStG)	12.600,00 €
davon steuerfrei 16,0 % = 2.016,00 €, höchstens	– 1.200,00 €
	11.400,00 €
– Zuschlag zum Versorgungsfreibetrag	– 360,00 €
	11.040,00 €
– Werbungskosten-Pauschbetrag	– 102,00 €
Einkünfte	10.938,00 €

c) Eine Hausfrau hat im Kalenderjahr 2020 nur im Monat März in einem Kaufhaus aushilfsweise als Verkäuferin gearbeitet. Ihr Arbeitslohn hat 570,00 € betragen. Werbungskosten hat sie nicht geltend gemacht.

Die Einkünfte aus nichtselbstständiger Arbeit errechnen sich wie folgt:

Einnahmen	570,00 €
– Arbeitnehmer-Pauschbetrag 1.000,00 €, höchstens	– 570,00 €
Einkünfte	0,00 €

d) Ein Rentner hat im vorigen Jahr eine Rente aus der Sozialversicherung von 18.600,00 € bezogen. Der Besteuerungsanteil beträgt 50 %, Werbungskosten sind nicht vorhanden.

Die sonstigen Einkünfte errechnen sich wie folgt:

Rente	18.600,00 €
Besteuerungsanteil 50 % = Einnahmen im Sinne des § 8 Abs. 1 EStG	9.300,00 €
– Werbungskosten-Pauschbetrag	– 102,00 €
Einkünfte	9.198,00 €

4497250

AUFGABEN

1. Welcher Unterschied besteht zwischen Einnahmen und Einkünften?
2. Welche Einkünfte gibt es nach dem Einkommensteuergesetz?
3. Welche Einkünfte gehören zu den Gewinneinkünften?
4. Warum werden diese Einkünfte (siehe Aufgabe 3) Gewinneinkünfte genannt?
5. Wer ermittelt den Gewinn nach dem Wirtschaftsjahr?
6. Was ist Wirtschaftsjahr bei Gewerbetreibenden, deren Firma im Handelsregister eingetragen ist?
7. Wer ermittelt den Gewinn nach dem Kalenderjahr?
8. Von wann bis wann läuft das Wirtschaftsjahr im Allgemeinen bei Land- und Forstwirten?
9. Welche Gewerbetreibenden dürfen kein vom Kalenderjahr abweichendes Wirtschaftsjahr haben?
10. In welcher Weise ist der Gewinn aus Land- und Forstwirtschaft bei vom Kalenderjahr abweichendem Wirtschaftsjahr für Einkommensteuerzwecke aufzuteilen?
11. Wie ist der Gewinn aus Gewerbebetrieb bei abweichendem Wirtschaftsjahr für Einkommensteuerzwecke zu berücksichtigen?
12. Was wird bei den Einkunftsarten nach § 2 Abs. 1 Nr. 4–7 EStG als Einkünfte angesetzt?
13. Wie nennt man diese Einkünfte (aus Aufgabe 12)?
14. Was sind Werbungskosten?
15. Welche Aufwendungen können beispielsweise bei den Einkünften aus Vermietung und Verpachtung Werbungskosten sein?
16. Welche Aufwendungen können beispielsweise bei den Einkünften aus nichtselbstständiger Arbeit Werbungskosten sein?
17. Welche Pauschbeträge für Werbungskosten gibt es?
18. Welchen Steuerpflichtigen stehen diese Pauschbeträge (siehe Aufgabe 17) nicht zu?
19. Wie oft ist bei einem Arbeitnehmer, der aus zwei Dienstverhältnissen Arbeitslohn bezieht und keine Werbungskosten geltend macht, der Arbeitnehmer-Pauschbetrag abzuziehen?
20. Wie steht es mit den Pauschbeträgen von 1.000,00 € (bei Einnahmen aus nichtselbstständiger Arbeit) und 102,00 € (bei wiederkehrenden Bezügen) bei Ehegatten, die zusammen veranlagt werden?
21. Bis zu welcher Höhe darf der Arbeitnehmer-Pauschbetrag und bis zu welcher Höhe dürfen die übrigen Pauschbeträge nach § 9a EStG abgezogen werden?

4.3.3 Gesamtbetrag der Einkünfte

Die Summe der Einkünfte aus den verschiedenen Einkunftsarten, vermindert um den Altersentlastungsbetrag (§ 24a EStG), den Entlastungsbetrag für Alleinerziehende (§ 24b EStG) und den Freibetrag für Land- und Forstwirte (§ 13 Abs. 3 EStG), ergibt den Gesamtbetrag der Einkünfte (§ 2 Abs. 3 EStG).

Gesamtbetrag der Einkünfte

Summe der Einkünfte (siehe Kap. 4.3.2)
- **Altersentlastungsbetrag** (§ 24a EStG)
- **Entlastungsbetrag für Alleinerziehende** (§ 24b EStG)
- **Freibetrag für Land- und Forstwirte** (§ 13 Abs. 3 EStG)

= **Gesamtbetrag der Einkünfte** (§ 2 Abs. 3 EStG)

Altersentlastungsbetrag

Dem Steuerpflichtigen wird nach § 24a EStG ein Altersentlastungsbetrag gewährt, wenn er vor Beginn des Kalenderjahres, in dem er sein Einkommen bezogen hat, das 64. Lebensjahr vollendet hat. Der Altersentlastungsbetrag wird bis 2040 sowohl prozentual als auch höchstbetragsmäßig auf 0 % bzw. 0,00 € abgeschmolzen, da Alterseinkünfte ab diesem Zeitpunkt voll besteuert werden.

Der Altersentlastungsbetrag beträgt für das Jahr 2020 16,0 % des Arbeitslohns nach Abzug der Versorgungsbezüge im Sinne des § 19 Abs. 2 EStG (z. B. Pension eines Beamten oder vom Arbeitgeber gezahlte Betriebspension) und der positiven Summe der Einkünfte nach Abzug

- der Einkünfte aus nichtselbstständiger Arbeit,
- der Einkünfte aus Leibrenten im Sinne des § 22 Nr. 1 Satz 3 Buchstabe a EStG (z. B. Rente aus der Sozialversicherung) und
- der Einkünfte im Sinne des § 22 Nr. 4 Satz 4 Buchstabe b EStG (z. B. Versorgungsbezüge der Abgeordneten des Bundestages),

im Kalenderjahr 2020 jedoch höchstens 760,00 €. Er ist auf volle Euro aufzurunden (R 24a Abs. 1 Satz 3 EStR).

Seit dem Jahr 2006 verringern sich jährlich der Prozentsatz und der Höchstbetrag. Für jeden Steuerpflichtigen wird in dem Kalenderjahr, das der Vollendung des 64. Lebensjahres folgt, der maßgebende Prozentsatz und der Höchstbetrag einmal festgestellt und dann zeitlebens berücksichtigt (Kohortenprinzip).

Altersentlastungsbetrag		
Das auf die Vollendung des 64. Lebensjahres folgende Kalenderjahr	Altersentlastungsbetrag	
	in % der Einkünfte	Höchstbetrag (in €)
2005	40,0	1.900,00
2006	38,4	1.824,00
•	•	•
•	•	•
2017	20,8	988,00
2018	19,2	912,00
2019	17,6	836,00
2020	16,0	760,00
2021	15,2	722,00
2022	14,4	684,00
•	•	•
•	•	•
2039	0,8	38,00
2040	0,0	0,00

Bei Zusammenveranlagung wird der Altersentlastungsbetrag jedem Ehegatten gewährt, wenn bei beiden die Voraussetzungen dafür gegeben sind.

Die **Bemessungsgrundlage** für die Berechnung des Altersentlastungsbetrags setzt sich aus zwei Teilen zusammen, wenn sowohl Arbeitslohn als auch eine positive Summe der Einkünfte vorhanden sind. Die Bemessungsgrundlage besteht aber nur aus einem Teil, entweder aus dem maßgebenden Arbeitslohn oder aus der maßgebenden positiven Summe der Einkünfte, wenn der andere Teil fehlt.

Die Einkünfte aus Leibrenten im Sinne des § 22 Nr. 1 Satz 3 Buchstabe a EStG (sonstige Einkünfte) sind ebenfalls nicht einzubeziehen, genausowenig die Einkünfte im Sinne des § 22 Nr. 4 EStG (Versorgungsbezüge der Abgeordneten), weil sie bereits durch die Gewährung des Versorgungsfreibetrags nach § 19 Abs. 2 EStG begünstigt sind. Diese Einkünfte gehören ebenfalls – wie die Leibrenten – zu den sonstigen Einkünften im Sinne des § 22 EStG.

Der Altersentlastungsbetrag wird einem Steuerpflichtigen also gewährt,

- wenn er die altersmäßige Voraussetzung nach § 24a EStG erfüllt und
- wenn er nicht nur
  - Einkünfte aus Versorgungsbezügen im Sinne des § 19 Abs. 2 EStG, z. B. eine Pension als pensionierter Beamter, oder
  - Einkünfte aus Leibrenten im Sinne des § 22 Nr. 1 EStG, z. B. eine Rente aus der Sozialversicherung, oder
  - Einkünfte aus Versorgungsbezügen im Sinne des § 22 Nr. 4 EStG, z. B. Versorgungsbezüge als Bundestagsabgeordneter

bezogen hat.

Beispiele

a) Robert Maser, Heidelberg, geboren am 1. Jan. 1956, hat 2020 die folgenden Einnahmen bzw. Einkünfte erzielt:

Bruttoarbeitslohn aus einem gegenwärtigen Dienstverhältnis	6.000,00 €
Versorgungsbezüge im Sinne des § 19 Abs. 2 EStG (als Pensionär)	4.500,00 €
Einkünfte aus Vermietung und Verpachtung	1.500,00 €
Einkünfte aus einer Angestelltenrente, die nur mit dem steuerpflichtigen Anteil abzüglich Werbungskosten angesetzt wird	500,00 €

Der Steuerpflichtige erfüllt die altersmäßige Voraussetzung. Er hatte am 31. Dez. 2019, also vor Beginn des Veranlagungszeitraums 2020, das 64. Lebensjahr vollendet. Da der Tag der Geburt bei der Berechnung des Lebensalters mitzählt, hatte der Steuerpflichtige am 31. Dez. 1956 sein 1. Lebensjahr und am 31. Dez. 2019 sein 64. Lebensjahr vollendet.

Bemessungsgrundlage Arbeitslohn (Teil 1):

Es ist lediglich der Betrag von ... 6.000,00 € anzusetzen. Die Versorgungsbezüge nach § 19 Abs. 2 EStG sind zwar auch Arbeitslohn, sie bleiben aber außer Ansatz (§ 24a Satz 2 EStG).

+ Bemessungsgrundlage positive Summe der Einkünfte (Teil 2):

Es sind lediglich die Einkünfte aus Vermietung und Verpachtung von ... 1.500,00 € anzusetzen. Die Einkünfte aus der Angestelltenrente sind Einkünfte aus einer Leibrente. Sie bleiben außer Ansatz.

= Bemessungsgrundlage insgesamt ... 7.500,00 €

Der Altersentlastungsbetrag beträgt 16,0 % von 7.500,00 € = 1.200,00 €, höchstens ... 760,00 €

b) Johann Burghardt, 76 Jahre alt, wohnhaft in Köln, hat 2020 folgende Einkünfte erzielt:

Einkünfte aus Gewerbebetrieb	6.000,00 €
Einkünfte aus Vermietung und Verpachtung (Verlust)	– 500,00 €
Außerdem bezog er als früherer Beamter eine Pension von	7.200,00 €

Der Altersentlastungsbetrag beträgt 40 % von 5.500,00 € = 2.200,00 €, höchstens ... 1.900,00 €
Die Pension bleibt bei der Errechnung des Betrags außer Betracht.

→

c) Elli Scholz, Aachen, erfüllt seit 2019 die altersmäßige Voraussetzung nach § 24a EStG. Sie hat im vorigen Veranlagungszeitraum einen Bruttoarbeitslohn (gegenwärtiges Dienstverhältnis) von 3.600,00 € und Einkünfte aus Gewerbebetrieb von 3.000,00 € bezogen. Bei den Einkünften aus Vermietung und Verpachtung hat sich ein Verlust von 3.250,00 € ergeben. Der Altersentlastungsbetrag beträgt 17,6 % von 3.600,00 € = 633,60 €. Die **negative** Summe der anderen Einkünfte von 250,00 € (3.000,00 € – 3.250,00 €) bleibt außer Betracht, weil nur die positive Summe als Bemessungsgrundlage dient und der Arbeitslohn **selbstständiger Teil** der Bemessungsgrundlage ist.

d) Wilhelm Schmidt, Ulm, wird mit seiner Ehefrau zusammen veranlagt. Beide Ehegatten erfüllten schon 2017 die altersmäßige Voraussetzung. Im Jahr 2020 haben sie folgende Einkünfte erzielt:

		Ehemann	**Ehefrau**
Einkünfte aus Gewerbebetrieb		– 3.000,00 €	
Einkünfte aus selbstständiger Arbeit			2.000,00 €
Einkünfte aus nichtselbstständiger Arbeit:			
Versorgungsbezüge des Ehemannes	12.600,00 €		
– Versorgungsfreibetrag 20,8 % von 12.600,00 € = 2.620,80 €, höchstens	– 1.560,00 €		
– Zuschlag zum Versorgungsfreibetrag	– 468,00 €		
	10.572,00 €		
– Werbungskosten-Pauschbetrag	– 102,00 €	10.470,00 €	
Arbeitslohn der Ehefrau aus einem gegenwärtigen Dienstverhältnis	7.000,00 €		
– Arbeitnehmer-Pauschbetrag	– 1.000,00 €		6.000,00 €
Einkünfte aus Vermietung und Verpachtung		4.000,00 €	
Sonstige Einkünfte:			
Einkünfte aus einer Leibrente der Ehefrau steuerpflichtiger Anteil			900,00 €
insgesamt		11.470,00 €	8.900,00 €

Bemessungsgrundlage für den Altersentlastungsbetrag:

Ehemann: 1.000,00 €

(Die Versorgungsbezüge sind zwar als Ruhegelder [§ 19 Abs. 1 Nr. 2 EStG] Arbeitslohn aus einem früheren Dienstverhältnis. Sie bleiben jedoch wegen des Versorgungsfreibetrags außer Betracht. Die positive Summe der maßgebenden Einkünfte beträgt 1.000,00 €.)

Ehefrau: 9.000,00 €

(Arbeitslohn 7.000,00 € + positive Summe der Einkünfte 2.000,00 € = 9.000,00 €. Da die Einkünfte aus Leibrenten außer Ansatz bleiben, beträgt die positive Summe der Einkünfte 2.000,00 €.)
Durch die Zusammenveranlagung der Eheleute Schmidt ergibt sich Folgendes:

Summe der Einkünfte (11.470,00 € + 8.900,00 €)		20.370,00 €
– Altersentlastungsbetrag		
20,8 % von 1.000,00 €	208,00 €	
20,8 % von 9.000,00 € = 1.872,00 €, höchstens	988,00 €	– 1.196,00 €
Gesamtbetrag der Einkünfte		19.174,00 €

Die Steuervergünstigung nach § 24a EStG kommt vornehmlich älteren Gewerbetreibenden, freiberuflich Tätigen und Landwirten zugute. Aber auch Rentnern und Pensionären kann der Altersentlastungsbetrag gewährt werden, wenn sie entsprechende Nebeneinkünfte (z. B. Einkünfte aus Vermietung und Verpachtung) erzielt haben.

> **Übung 8, Seite 258**

4497254

Altersentlastungsbetrag – Bemessungsgrundlage, Errechnung

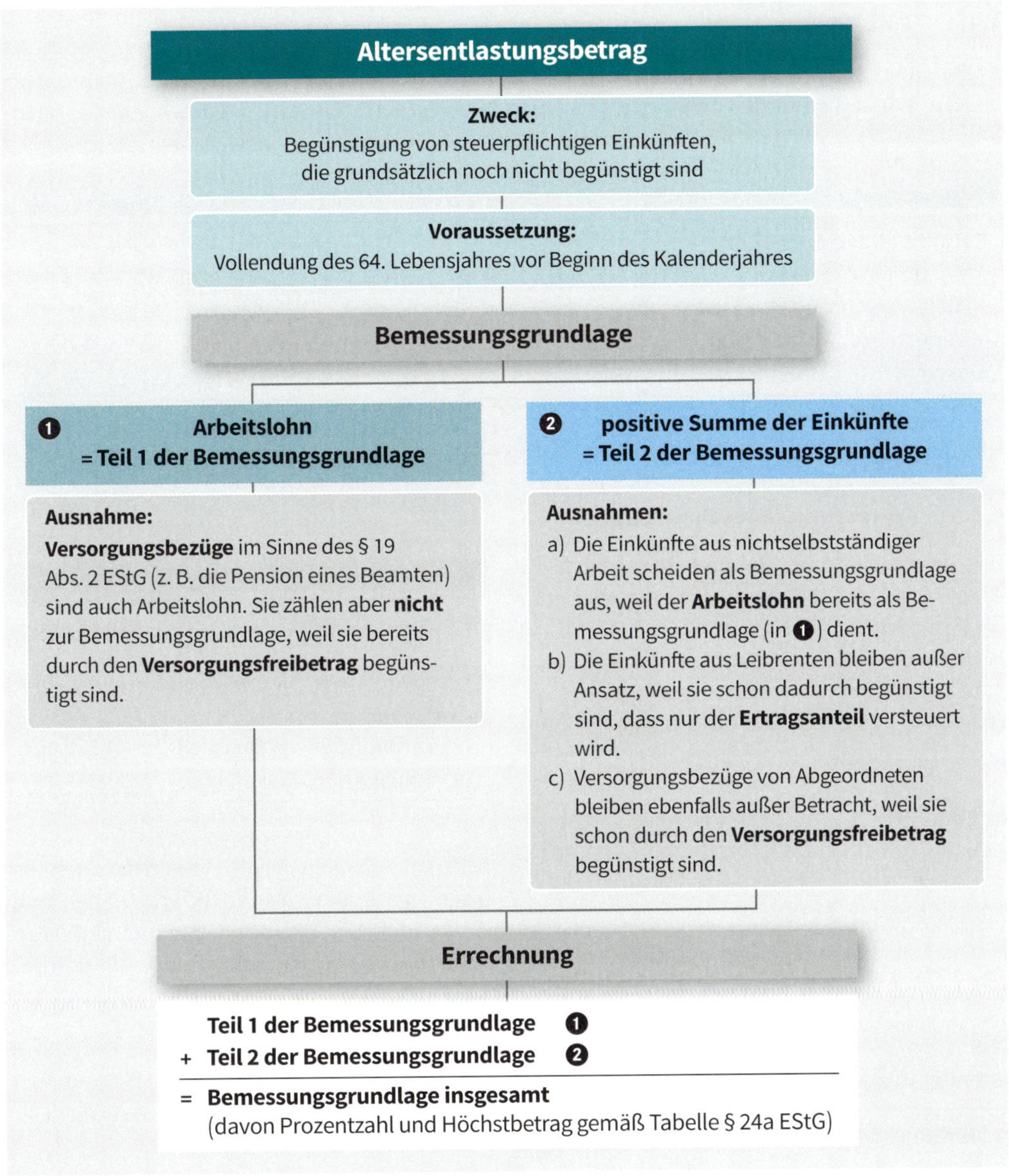

❶ Arbeitslohn = Teil 1 der Bemessungsgrundlage

Hier ist der Bruttoarbeitslohn gemeint, ohne Abzug irgendwelcher Beträge, wie z. B. Arbeitnehmer-Pauschbetrag. Die Versorgungsbezüge im Sinne des § 19 Abs. 2 EStC sind zwar auch Arbeitslohn, sie scheiden jedoch als Bemessungsgrundlage für die Berechnung des Altersentlastungsbetrages aus, damit sie nicht doppelt begünstigt werden. Sie sind bereits durch die Gewährung eines Versorgungsfreibetrags nach § 19 Abs. 2 EStG begünstigt.

❷ Positive Summe der Einkünfte = Teil 2 der Bemessungsgrundlage

Die Einkünfte aus nichtselbstständiger Arbeit sind nicht in die positive Summe der Einkünfte einzubeziehen, weil der Arbeitslohn bereits als Teil 1 der Bemessungsgrundlage dient.

4.3.4 Einkommen

Einkommen ist der Gesamtbetrag der Einkünfte, vermindert um die Sonderausgaben (siehe Kap. 4.6), die außergewöhnlichen Belastungen (siehe Kap. 4.8) und den Verlustabzug (siehe Kap. 4.6.6).

Beispiele

Gesamtbetrag der Einkünfte		36.000,00 €
– Sonderausgaben	3.850,00 €	
– außergewöhnliche Belastung	700,00 €	
– Verlustabzug	2.200,00 €	– 6.750,00 €
Einkommen		29.250,00 €

4.3.5 Zu versteuerndes Einkommen

Das zu versteuernde Einkommen ist nach § 2 Abs. 5 EStG das Einkommen, vermindert um die Freibeträge für Kinder nach § 32 Abs. 6 EStG (siehe Kap. 4.7.2) und um die sonstigen vom Einkommen abzuziehenden Beträge (z. B. steuerfrei bleibender Betrag bei der Veranlagung eines Arbeitnehmers; siehe Kap. 5.1.5).

Gesamtbetrag der Einkünfte (§§ 2 Abs. 3 und 10d Abs. 1 EStG)
– Verlustabzug
– Sonderausgaben
– außergewöhnliche Belastungen

= **Einkommen** (§ 2 Abs. 4 EStG)
– Kinderfreibetrag
– Betreuungsfreibetrag
– sonstige vom Einkommen abzuziehende Beträge

= **zu versteuerndes Einkommen** (§ 2 Abs. 5 EStG)

Beispiel

Einkommen 2020	113.550,00 €
– Kinderfreibetrag (§ 32 Abs. 6 EStG, je Elternteil)	– 2.586,00 €
– Betreuungsfreibetrag (§ 32 Abs. 6 EStG, je Elternteil)	– 1.320,00 €
zu versteuerndes Einkommen	109.644,00 €

Falls bei einem Steuerpflichtigen derartige Beträge vom Einkommen nicht abzuziehen sind, stimmt das zu versteuernde Einkommen selbstverständlich mit dem Einkommen überein.

AUFGABEN

1. Woraus ergibt sich der Gesamtbetrag der Einkünfte nach § 2 Abs. 3 EStG?
2. Welche altersmäßige Voraussetzung muss für die Gewährung des Altersentlastungsbetrags erfüllt sein?
3. Was dient als Bemessungsgrundlage für die Berechnung des Altersentlastungsbetrags?
4. Welchen Steuerpflichtigen kommt der Altersentlastungsbetrag vornehmlich zugute?
5. Wie wird das Einkommen errechnet?
6. Wie ermittelt sich das zu versteuernde Einkommen?

VERTIEFENDE ÜBUNGEN

gemischte Übungen

1. Ermitteln Sie in den nachstehend aufgeführten Fällen
- **a) die Summe der Einkünfte,**
- **b) den Gesamtbetrag der Einkünfte,**
- **c) das Einkommen und**
- **d) das zu versteuernde Einkommen.**

Fall 1:
Für unseren Mandanten Jürgen Wührmann, Reutlingen, haben wir die folgenden Beträge ermittelt:

Einkünfte aus Gewerbebetrieb	30.000,00 €
Einkünfte aus Vermietung und Verpachtung	5.000,00 €
Sonderausgaben	2.000,00 €

Fall 2:
Aus den Büchern und Unterlagen unseres Mandanten Wolfgang Beck, Kassel, ergeben sich die folgenden Beträge:

Einkünfte aus nichtselbstständiger Arbeit	46.000,00 €
Einkünfte aus Vermietung und Verpachtung	3.720,00 €
Sonderausgaben	3.600,00 €
außergewöhnliche Belastung	400,00 €
Altersentlastungsbetrag	1.908,00 €

Fall 3:
Aus den Büchern und Unterlagen eines Arztes in Düsseldorf ergeben sich die folgenden Zahlen:

Einkünfte aus selbstständiger Arbeit	100.000,00 €
Einkünfte aus Vermietung und Verpachtung	9.800,00 €
Freibeträge für Kinder	7.812,00 €
Sonderausgaben	4.100,00 €
Entlastungsbetrag für Alleinerziehende	1.908,00 €

2. Handelt es sich um
- **a) steuerbare Einnahmen,**
- **b) nicht steuerbare Einnahmen,**
- **c) steuerpflichtige Einnahmen oder**
- **d) steuerfreie Einnahmen?**

1. Arbeitslohn eines Arbeitnehmers
2. Mieteinnahme eines Vermieters
3. Ein Arbeitgeber zahlt an seine Sekretärin eine Heiratsbeihilfe von 400,00 €.
4. Arbeitslosengeld
5. Lottogewinn
6. Mutterschaftsgeld
7. Wohngeld
8. Lotteriegewinn
9. Arbeitnehmer-Pauschbetrag (§ 9a Nr. 1 EStG)
10. Versorgungsfreibetrag (§ 19 Abs. 2 EStG)

3. Wie viel Euro beträgt die Summe der Einkünfte?

Ein Steuerpflichtiger hat im vorigen Kalenderjahr die folgenden Einkünfte erzielt:

1. Einkünfte aus Land- und Forstwirtschaft	15.000,00 €
2. Einkünfte aus Gewerbebetrieb (Verlust)	–20.000,00 €
3. Einkünfte aus Vermietung und Verpachtung	3.000,00 €

4. Welche Beträge sind im Jahr 2020 für Einkommensteuerzwecke anzusetzen?

Fall 1:
Das Witrtschaftsjahr eines Land- und Forstwirtes läuft vom 1. Okt. bis 30. Sept. Im Wirtschaftsjahr 2019/20 hat er einen Gewinn aus Land- und Forstwirtschaft von 120.000,00 € erzielt. Im Wirtschaftsjahr 2020/21 betrug der Gewinn 160.000,00 €.

Fall 2:
Das Wirtschaftsjahr eines im Handelsregister eingetragenen Gewerbetreibenden läuft vom 1. April bis 31. März. Im Wirtschaftsjahr 2019/20 hat er einen Gewinn aus Gewerbebetrieb von 120.000,00 € erzielt. Im Wirtschaftsjahr 2020/21 betrug der Gewinn 160.000,00 €.

5. Handelt es sich um
- **a) Einnahmen im Sinne des § 8 Abs. 1 EStG oder**
- **b) um Betriebseinnahmen?**

1. Tageseinnahme eines Blumenhändlers
2. Vereinnahmtes Honorar eines Steuerberaters
3. Vereinnahmte Miete
4. Vereinnahmtes Gehalt

6. Ermitteln Sie die Einkünfte aus nichtselbstständiger Arbeit.

Ein Beamter der Stadtverwaltung Köln hat im Veranlagungszeitraum ein Gehalt von 22.200,00 € bezogen. Als Werbungskosten hat er 2.120,00 € nachgewiesen.

→

7. Wie hoch ist die Summe der Einkünfte des Steuerpflichtigen Fust?

Jürgen Fust, Regensburg, hat im Kalenderjahr aus mehreren Einkunftsarten Einkünfte bezogen. Aus seinen Büchern und Unterlagen ergibt sich für diesen Zeitraum Folgendes:

1. Betriebseinnahmen aus einer gewerblichen Tätigkeit im 1. Halbjahr 90.000,00 €. Die abzugsfähigen Betriebsausgaben haben 84.000,00 € betragen.
2. Einnahmen aus der Tätigkeit als kaufmännischer Angestellter 16.000,00 €. Die Werbungskosten haben 530,00 € betragen.
3. Aus einem zweiten Arbeitsverhältnis (mit zweiter Lohnsteuerkarte) hat er Ende des Jahres 1.200,00 € vereinnahmt. Werbungskosten sind ihm im Zusammenhang mit dieser Tätigkeit nicht entstanden.
4. Die Einnahmen aus der Vermietung von drei Wohnungen in einem Mietwohngrundstück in Regensburg belaufen sich auf 11.000,00 €. Die Werbungskosten haben 5.900,00 € betragen.
5. Einnahmen aus einem Lottogewinn 3.800,00 €.

8. Wie viel Euro beträgt der Gesamtbetrag der Einkünfte 2020?

Fall 1:
Der Rentner Alois Fichtner, geb. am 6. Aug. 1951, Passau, hat im vorigen Jahr die folgenden Einkünfte gehabt:

1. Einkünfte aus Vermietung und Verpachtung. Die Einnahmen haben 15.000,00 € und die Werbungskosten 6.500,00 € betragen.
2. Sonstige Einnahmen aus einer Rente (Leibrente) der Sozialversicherung in Höhe von 18.200,00 €. Der Besteuerungsanteil beträgt 68 %. Werbungskosten werden nicht geltend gemacht.

Fall 2:
Karl Hofmeister erhält seit 2020 eine Pension als pensionierter Beamter und erfüllt seit diesem Jahr die altersmäßige Voraussetzung nach § 24a EStG. Er hat im vorigen Jahr die folgenden Einnahmen bzw. Einkünfte bezogen:

Einkünfte aus Land- und Forstwirtschaft (Verlust) ...... – 1.500,00 €
Arbeitslohn aus einer Aushilfstätigkeit .... 4.050,00 €
Pension als pensionierter Beamter .... 18.500,00 €
Einkünfte aus Vermietung und Verpachtung .... 2.000,00 €

Werbungskosten werden nicht geltend gemacht.

9. Ermitteln Sie für den Steuerpflichtigen Erich Bruns, Mainz,

a) die Summe der Einkünfte,
b) den Gesamtbetrag der Einkünfte,
c) das Einkommen und
d) das zu versteuernde Einkommen.

Bruns wurde am 1. Jan. 1952 geboren. Anhand seiner Bücher und Unterlagen ist für den Veranlagungszeitraum 2020 Folgendes festgestellt:

1. Einkünfte aus Land- und Forstwirtschaft .... 4.500,00 €
2. Einkünfte aus Gewerbebetrieb (aus einer Beteiligung an einem Gewerbebetrieb)............ 150.000,00 €
3. Versorgungsbezüge aus einem früheren Dienstverhältnis (seit 2014)....... 20.000,00 €
4. Bruttoarbeitslohn aus einem gegenwärtigen Dienstverhältnis .... 1.700,00 €
5. Einkünfte aus Vermietung und Verpachtung (Verlust) ..– 5.000,00 €
6. Einnahmen aus einer Leibrente (gesamt 4.604,00 €, Besteuerungsanteil 50 %) .. 2.302,00 €
7. Entlastungsbetrag (§ 24b EStG)............... 1.908,00 €
8. abzugsfähige Sonderausgaben .... 2.956,00 €
9. abziehbar als außergewöhnliche Belastung........... 200,00 €
10. Kinderfreibetrag .... 5.172,00 €
11. Betreuungsfreibetrag ..... 2.640,00 €

4.4 Die Einkunftsarten im Einzelnen

Die Einkunftsarten sind in § 2 EStG abschließend aufgezählt. Wenn sich Einnahmen bzw. Reinvermögenszugänge hier nicht zuordnen lassen, dann ist die betreffende Einnahme nicht einkommensteuerbar (z. B. Lotteriegewinne). Zudem werden die Einkunftsarten steuerlich unterschiedlich behandelt, z. B. durch Freibeträge und Freigrenzen. Deshalb ist die Zuordnung zu den einzelnen Einkunftsarten besonders wichtig.

4.4.1 Einkünfte aus Land- und Forstwirtschaft

Zu den Einkünften aus Land- und Forstwirtschaft nach § 13 Abs. 1 EStG gehören in erster Linie:

- Einkünfte aus allen Betrieben, die Pflanzen oder Pflanzenteile mithilfe der Naturkräfte gewinnen, also landwirtschaftliche Betriebe, forstwirtschaftliche Betriebe, Weinbaubetriebe, Gartenbaubetriebe usw.;
- Einkünfte aus sonstiger land- und forstwirtschaftlicher Nutzung, z. B. aus Binnenfischerei, Imkerei (§ 13 Abs. 1 Nr. 2 EStG);
- Einkünfte aus Jagd, wenn diese mit dem Betrieb einer Landwirtschaft oder einer Forstwirtschaft im Zusammenhang steht.

Zu den Einkünften aus Land- und Forstwirtschaft gehören auch:

- Einkünfte aus einem land- und forstwirtschaftlichen Nebenbetrieb. Als Nebenbetrieb gilt ein Betrieb, der dem land- und forstwirtschaftlichen Hauptbetrieb zu dienen bestimmt ist, z. B. eine Schweinemästerei als Nebenbetrieb eines landwirtschaftlichen Betriebs (§ 13 Abs. 2 Nr. 1 EStG).
- Veräußerungsgewinne, die bei der Veräußerung eines land- oder forstwirtschaftlichen Betriebs oder eines Teilbetriebs erzielt werden (§ 14 EStG).

Als Einkünfte aus Land- und Forstwirtschaft ist der Gewinn bzw. der Verlust anzusetzen. Wie bereits in Kap. 4.3.2.1 erwähnt, ist der Gewinn aus Land- und Forstwirtschaft nach dem Wirtschaftsjahr zu ermitteln. Bei einem vom Kalenderjahr abweichenden Wirtschaftsjahr ist der Gewinn zur Ermittlung der Einkünfte eines Kalenderjahres nach dem zeitlichen Anteil aufzuteilen (§ 4a Abs. 2 Nr. 1 EStG).

Bezüglich der Abgrenzung der land- und forstwirtschaftlichen Betätigung von der gewerblichen beachten Sie bitte auch Kap. 7.2.1.

Die Einkünfte aus Land- und Forstwirtschaft werden bei der Ermittlung des Gesamtbetrags der Einkünfte nur berücksichtigt, soweit sie den Betrag von 900,00 € (bei Zusammenveranlagung 1.800,00 €) übersteigen (§ 13 Abs. 3 EStG). Der Freibetrag ist nur dann abzuziehen, wenn die Summe der Einkünfte ohne Berücksichtigung des Freibetrages 30.700,00 € (bei Zusammenveranlagung 61.400,00 €) nicht übersteigt (§ 13 Abs. 3 Satz 2 EStG). Der Freibetrag ist nicht schon bei der Errechnung der Einkünfte aus Land- und Forstwirtschaft, sondern erst bei der Ermittlung des Gesamtbetrags der Einkünfte abzusetzen. Beachten Sie dazu auch § 2 Abs. 3 EStG.

Beispiel

Ein lediger Steuerpflichtiger betreibt bei Hof einen landwirtschaftlichen Betrieb und eine Imkerei. Das Wirtschaftsjahr läuft für beide Betriebe vom 1. Juli bis 30. Juni. Der Gewinn aus dem landwirtschaftlichen Betrieb hat im Wirtschaftsjahr 2019/20 11.000,00 € und im folgenden 14.000,00 € betragen. Aus der Imkerei hat er Gewinne von 5.000,00 € im Wirtschaftsjahr 2019/20 und 6.500,00 € im Wirtschaftsjahr 2020/21 erzielt. Der Steuerpflichtige betreibt außerdem noch einen Gartenbaubetrieb. Der Gewinn aus dem Wirtschaftsjahr 2020 (= Kalenderjahr) hat 8.500,00 € betragen. Andere Einkünfte hat der Steuerpflichtige im Jahr 2020 nicht erzielt. Die Summe der Einkünfte ohne Berücksichtigung des Freibetrags übersteigt nicht 30.700,00 €.

Die **Einkünfte aus Land- und Forstwirtschaft** errechnen sich für den Veranlagungszeitraum 2020 (Kalenderjahr) wie folgt:

Gewinn aus dem landwirtschaftlichen Betrieb:	
6/12 von 11.000,00 €	5.500,00 €
6/12 von 14.000,00 €	7.000,00 €
Gewinn aus der Imkerei:	
6/12 von 5.000,00 €	2.500,00 €
6/12 von 6.500,00 €	3.250,00 €
Gewinn aus der Gärtnerei: (Wirtschaftsjahr = Kalenderjahr)	8.500,00 €
Einkünfte aus Land- und Forstwirtschaft	26.750,00 €

Da andere Einkünfte nicht vorhanden sind und der Freibetrag für Land- und Forstwirte nach § 13 Abs. 3 EStG erst bei der Ermittlung des Gesamtbetrags der Einkünfte zu berücksichtigen ist, ergibt sich für das Jahr 2020:

Einkünfte aus Land- und Forstwirtschaft	26.750,00 €
Summe der Einkünfte	26.750,00 €
– Freibetrag	– 900,00 €
Gesamtbetrag der Einkünfte	25.850,00 €

4.4.2 Einkünfte aus Gewerbebetrieb

Ein Gewerbebetrieb liegt nach § 15 Abs. 2 Satz 1 EStG vor, wenn folgende Merkmale gleichzeitig gegeben sind:

- **Selbstständigkeit**. Der Steuerpflichtige muss die Tätigkeit in eigener Verantwortung und auf eigene Rechnung ausüben.
- **Nachhaltigkeit**. Die Tätigkeit wird in der Absicht der Wiederholung ausgeübt.
- **Gewinnerzielungsabsicht**. Es muss die Absicht bestehen, durch die ausgeübte Tätigkeit nicht nur die Selbstkosten zu decken, sondern einen Überschuss zu erzielen.
- **Beteiligung am allgemeinen wirtschaftlichen Verkehr**. Die Leistungen des Betriebs müssen allen Interessierten gegen Entgelt zugänglich sein.
- Es darf sich **nicht** um Land- und Forstwirtschaft, um eine freie Berufstätigkeit oder um eine andere selbstständige Arbeit i. S. d. § 18 Abs. 1 Nr. 2 und 3 EStG handeln.
- Es muss sich um eine über die reine Vermögensverwaltung hinausgehende Tätigkeit handeln.

Eine Beteiligung am allgemeinen wirtschaftlichen Verkehr ist nicht gegeben, wenn die Leistungen nur einem ganz bestimmten Personenkreis gegen Entgelt angeboten werden.

Beispiel

Ein Steuerpflichtiger betreibt in Stuttgart auf eigene Verantwortung und eigene Rechnung ein Hotel. Es liegt ein Gewerbebetrieb vor, weil alle Tatbestandsmerkmale gegeben sind. Auch die Beteiligung am allgemeinen wirtschaftlichen Verkehr ist gegeben, weil der Hotelier seine Leistungen allen, d. h. der Allgemeinheit, und nicht nur einem ganz bestimmten Personenkreis gegen Entgelt anbietet. Er bekommt immer wieder neue Gäste.

Würde der Steuerpflichtige im Beispiel nicht Hotelzimmer, sondern Wohnungen ausschließlich an Dauermieter vermieten, wäre eine Beteiligung am allgemeinen wirtschaftlichen Verkehr nicht gegeben, weil die Leistungen des Unternehmers nur für den Personenkreis der Dauermieter bestimmt wären. Ein Gewerbebetrieb läge nicht vor; der Steuerpflichtige würde Einkünfte aus Vermietung und Verpachtung beziehen.

4.4.2.1 Was gehört zu den Einkünften aus Gewerbebetrieb?

Zu den Einkünften aus Gewerbebetrieb gehören im Wesentlichen:

- Einkünfte aus gewerblichen Unternehmen ❶. Dazu gehören auch Einkünfte aus Betrieben zur Gewinnung von Torf und Steinen, soweit sie nicht land- und forstwirtschaftliche Nebenbetriebe sind (§ 15 Abs. 1 Nr. 1 EStG);
- Einkünfte aus der Beteiligung an Personengesellschaften, z. B. OHG, KG (§ 15 Abs. 1 Nr. 2 EStG) ❷;
- Veräußerungsgewinne, die erzielt werden bei der Veräußerung eines ganzen Gewerbebetriebs oder eines Teilbetriebs oder des Anteils eines Gesellschafters einer Personengesellschaft (§ 16 Abs. 1 Nr. 1–3 EStG). Veräußerungsgewinne aus der Veräußerung von Anteilen an Kapitalgesellschaften, wenn der Veräußerer zum Zeitpunkt des Verkaufs mit mind. 1 % beteiligt ist oder innerhalb der letzten fünf Jahre mit mind. 1 % beteiligt war.
  Beachten Sie dazu bitte das Kapitel 4.4.2.2.

❶ Einkünfte aus gewerblichen Unternehmen

Einkommensteuerlich sind hier die Einkünfte der Gewerbebetriebe gemeint, die als Einzelunternehmen geführt werden, z. B. als Klempnerei, als Lebensmitteleinzelhandel, als Möbelfabrik, als Handelsvertretung, als Bauunternehmen. Da aber nur natürliche Personen der Einkommensteuer unterliegen, werden die Einkünfte nicht dem Betrieb, sondern dem Unternehmer zugerechnet, für dessen Rechnung und Gefahr das Gewerbe betrieben wird.

❷ Einkünfte aus der Beteiligung an Personengesellschaften

Natürliche Personen unterliegen der Einkommensteuer, juristische Personen (z. B. GmbH, AG) der Körperschaftsteuer. Da Personengesellschaften weder natürliche Personen noch juristische Personen sind, unterliegen sie keiner Steuer vom Einkommen, also weder der Einkommensteuer noch der Körperschaftsteuer. Deshalb werden die von Personengesellschaften erzielten Einkünfte als Einkünfte aus Gewerbebetrieb den Gesellschaftern zugerechnet und bei diesen der Steuer vom Einkommen unterworfen, vorausgesetzt, dass die Tätigkeit der Personengesellschaft als Gewerbebetrieb gilt.

Nach § 15 Abs. 3 EStG gilt für Personengesellschaften Folgendes:

- Die mit Einkünfteerzielungsabsicht unternommene Tätigkeit einer offenen Handelsgesellschaft, einer Kommanditgesellschaft oder einer anderen Personengesellschaft gilt in vollem Umfang als Gewerbebetrieb, wenn die Gesellschaft auch eine Tätigkeit im Sinne des § 15 Abs. 1 Nr. 1 EStG, z. B. einen Handel, ausübt. Das bedeutet, dass die Tätigkeit einer Personengesellschaft, die neben einer großen Landwirtschaft auch Viehhandel in geringem Umfang betreibt, in vollem Umfang als Gewerbebetrieb gilt, weil die Personengesellschaft mit dem Viehhandel auch eine Tätigkeit im Sinne des §15 Abs. 1 Nr. 1 EStG ausübt.
- Als Gewerbebetrieb gilt in vollem Umfang auch die mit Einkünfteerzielungsabsicht unternommene Tätigkeit einer Personengesellschaft, die keine Tätigkeit im Sinne des § 15 Abs. 1 Nr. 1 EStG ausübt, wenn ausschließlich eine oder mehrere Kapitalgesellschaften persönlich haftende Gesellschafter dieser Personengesellschaft sind und nur diese oder Personen, die nicht Gesellschafter sind, zur Geschäftsführung befugt sind (gewerblich geprägte Personengesellschaft). Das bedeutet z. B., dass die Tätigkeit einer KG, die sich ausschließlich mit dem Betrieb einer Landwirtschaft befasst, im vollem Umfang als Gewerbebetrieb gilt, wenn eine Kapitalgesellschaft (z. B. GmbH) persönlich haftende Gesellschafterin der KG ist (GmbH & Co. KG) und nur diese GmbH zur Geschäftsführung befugt ist (§ 15 Abs. 3 Nr. 2 EStG).

Sind an einer Personengesellschaft sowohl eine juristische als auch eine natürliche Person beteiligt, so unterliegt der Gewinnanteil der juristischen Person der Körperschaftsteuer und der Gewinnanteil der natürlichen Person der Einkommensteuer.

Nicht nur die Gewinnanteile der Gesellschafter an Personengesellschaften sind Einkünfte aus Gewerbebetrieb, sondern auch die Vergütungen, die der Gesellschafter von der Gesellschaft für seine Tätigkeit für diese oder für die Hingabe von Darlehen oder für die Überlassung von Wirtschaftsgütern bezogen hat. Der Begriff „Einkünfte aus Gewerbebetrieb“ entspricht grundsätzlich dem „Gewinn aus Gewerbebetrieb“.

Beispiel

Am Gewinn der Papierwarenfabrik Meyer & Co. KG, Mannheim, sind die Gesellschafter Meyer und Weyhausen zu je 50 % beteiligt. Der im vorigen Wirtschaftsjahr (= Kalenderjahr) ausgewiesene Gewinn hat laut Handelsbilanz 300.000,00 € betragen. Der Gesellschafter Meyer hat ein „Geschäftsführergehalt“ von jährlich 60.000,00 € bezogen, die als Personalkosten gebucht worden sind. Er hat für ein unbebautes Grundstück, das er der KG als Parkplatz zur Verfügung gestellt hat, eine jährliche Miete von 4.000,00 € erhalten. Weyhausen hat der KG vor zwei Jahren ein Darlehen von 50.000,00 € gegeben. Für das vorige Jahr hat er dafür 3.500,00 € Zinsen bekommen. Auch die Beträge von 4.000,00 € und 3.500,00 € haben den Gewinn gemindert.

Gewinnverteilung	**Meyer**	**Weyhausen**	**Gesamt**
Gewinn laut Handelsbilanz	150.000,00 €	150.000,00 €	300.000,00 €
+ Vergütung für Tätigkeit	60.000,00 €	0,00 €	60.000,00 €
+ Miete für Parkplatz	4.000,00 €	0,00 €	4.000,00 €
+ Zinsen für Darlehen	0,00 €	3.500,00 €	3.500,00 €
Einkünfte aus Gewerbebetrieb bzw. Gewinn aus Gewerbebetrieb	214.000,00 €	153.500,00 €	367.500,00 €

Der **steuerliche Gesamtgewinn** beträgt **367.500,00 €.**

Nach § 121 HGB erhält jeder Gesellschafter vom Gewinn vorweg 4 % seines Kapitals, wenn im Gesellschaftsvertrag nicht eine andere Verzinsung vorgesehen ist. Im Gesellschaftsvertrag kann bestimmt werden, ob das Kapital vom Beginn oder Ende des Wirtschaftsjahres an verzinst wird.

Beispiel

Sachverhalt wie im obigen Beispiel, aber mit dem Unterschied, dass der Gesellschafter Meyer von dem Gewinn von 300.000,00 € zunächst 4 % seines Kapitals von 210.000,00 € bekommt und der Gesellschafter Weyhausen 4 % seines Kapitals von 170.000,00 €. Der Rest des Gewinns soll je zur Hälfte verteilt werden.

Gewinnverteilung	**Meyer**	**Weyhausen**	**Gesamt**
Kapitalzinsen (Vorweggewinn)	8.400,00 €	6.800,00 €	15.200,00 €
+ Gewinn laut Handelsbilanz	142.400,00 €	142.400,00 €	284.800,00 €
+ Vergütung für Tätigkeit	60.000,00 €	0,00 €	60.000,00 €
+ Miete für Parkplatz	4.000,00 €	0,00 €	4.000,00 €
+ Zinsen für Darlehen	0,00 €	3.500,00 €	3.500,00 €
Einkünfte aus Gewerbebetrieb bzw. Gewinn aus Gewerbebetrieb	214.800,00 €	152.700,00 €	367.500,00 €

Die Gesellschafter von Personengesellschaften des Handelsrechts und der Gesellschaften des bürgerlichen Rechts sind Mitunternehmer, weil sie an den stillen Reserven (Veräußerungserfolg) des Betriebs beteiligt sind. Deshalb werden Einkünfte aus Gewerbebetrieb dieser Gesellschafter auch als Einkünfte aus Mitunternehmerschaft bezeichnet. Gewinnanteile der Mitunternehmer werden grundsätzlich für den Veranlagungszeitraum zur Einkommen-

4497262

steuer herangezogen, in dem sie erzielt worden sind. Bei abweichendem Wirtschaftsjahr werden sie in dem Veranlagungszeitraum versteuert, in dem das Wirtschaftsjahr endet (§ 4a Abs. 2 Nr. 2 EStG).

Einkünfte aus Gewerbebetrieb sind auch die Einkünfte des unechten (atypischen) stillen Gesellschafters, weil dieser stille Gesellschafter als Mitunternehmer im Sinne des § 15 Abs. 1 Nr. 2 EStG anzusehen ist. Er ist als Mitunternehmer anzusehen, weil er – wie der Gesellschafter einer OHG oder einer KG – nicht nur am Erfolg, sondern auch an den stillen Reserven und am Firmenwert des Betriebs beteiligt ist (siehe dazu auch Kap. 4.5.9).

4.4.2.2 Veräußerungsgewinne als Einkünfte aus Gewerbebetrieb

Veräußerungsgewinne von Einzelunternehmern oder Mitunternehmern

Zu den Einkünften aus Gewerbebetrieb gehören auch Gewinne, die erzielt werden bei der Veräußerung

- des ganzen Gewerbebetriebs oder eines Teilbetriebs. Als Teilbetrieb gilt auch die das gesamte Nennkapital umfassende Beteiligung an einer Kapitalgesellschaft (100%ige Beteiligung, die im Betriebsvermögen gehalten wird),
- des gesamten Anteils eines Gesellschafters, der Mitunternehmer nach § 15 Abs. 1 Satz 1 Nr. 2 EStG ist, und
- des gesamten Anteils eines persönlich haftenden Gesellschafters einer Kommanditgesellschaft auf Aktien (KGaA) nach § 15 Abs. 1 Satz 1 Nr. 3 EStG.

Diese Veräußerungsgewinne können nach § 34 Abs. 3 EStG auf Antrag bis zu einem Betrag von 5 Mio. Euro mit einem ermäßigten Steuersatz besteuert werden (siehe auch Kap. 4.9.2). Der Antrag kann allerdings nur einmal im Leben gestellt werden, wenn der Steuerpflichtige das 55. Lebensjahr erreicht hat oder im sozialversicherungsrechtlichen Sinne dauernd berufsunfähig ist. Der ermäßigte Steuersatz beträgt nach § 34 Abs. 3 Satz 2 EStG 56 % des durchschnittlichen Steuersatzes, der sich ergäbe, wenn die tarifliche Einkommensteuer nach dem gesamten zu versteuernden Einkommen zu bemessen wäre, mindestens jedoch 14 % (siehe Kap. 4.9.2.)

Statt der Ermäßigung nach § 34 Abs. 3 EStG, die der Steuerpflichtige wählen kann, kann er auch für die Veräußerungsgewinne die Besteuerung nach § 34 Abs. 1 EStG („Fünftelregelung“, siehe Kap. 4.9.1) in Anspruch nehmen.

Wird nur ein Teil eines gesamten Anteils an einer Mitunternehmerschaft oder eines persönlich haftenden Gesellschafters einer KGaA veräußert, gehört der Veräußerungsgewinn hieraus zu den laufenden Gewinnen und kann nicht zu den außerordentlichen Einkünften nach § 34 Abs. 2 EStG gehören.

Bei Veräußerungen im Sinne des § 16 Abs. 1 Nr. 1 EStG wird der Veräußerungsgewinn nach § 16 Abs. 2 EStG im Zeitpunkt der tatsächlichen Betriebsübertragung (nicht der Zahlung) ermittelt. Werden Wirtschaftsgüter nicht mitveräußert, sondern in das Privatvermögen übernommen, ist der gemeine Wert der Entnahme dem Veräußerungspreis hinzuzurechnen. Das Gleiche gilt für Schulden, die vom Käufer übernommen werden. Der Wert des Betriebsvermögens ist nach § 4 Abs. 1 bzw. nach § 5 Abs. 1 EStG zu ermitteln.

Falls der Käufer keine Schulden übernimmt, ist vom Veräußerungspreis die Summe der Buchwerte auf der Aktivseite abzuziehen. Übernimmt er alle Schulden kann vom Veräußerungspreis das Eigenkapital aus der Bilanz abgezogen werden.

Hat der Steuerpflichtige das 55. Lebensjahr vollendet oder ist er im sozialversicherungsrechtlichen Sinne dauernd berufsunfähig, so wird der Veräußerungsgewinn auf Antrag nach § 16 Abs. 4 EStG zur Einkommensteuer nur herangezogen, soweit er 45.000,00 € übersteigt. Der Freibetrag ist dem Steuerpflichtigen nur einmal zu gewähren. Er wird gekürzt um den Betrag, um den der Veräußerungsgewinn 136.000,00 € übersteigt. Das bedeutet, ab einem Veräußerungsgewinn von 181.000,00 € entfällt der Freibetrag.

Beispiel

a) Der Antiquitätenhändler Alt, 61 Jahre alt, verkauft seinen Betrieb zum Preis von 423.000,00 €. Das Eigenkapitalkonto im Zeitpunkt der Veräußerung beträgt 246.000,00 €. Der Käufer übernimmt alle betrieblichen Schulden des Alt, die Veräußerungskosten von 4.000,00 € muss Alt tragen.

Veräußerungspreis			423.000,00 €
– Veräußerungskosten	4.000,00 €		
– Eigenkapital (Veräußerungsbilanz)	246.000,00 €		– 250.000,00 €
= Veräußerungsgewinn			173.000,00 €
Ermittlung des steuerpflichtigen Veräußerungsgewinns:			
Freibetrag § 16 Abs. 4 EStG		45.000,00 €	
Veräußerungsgewinn	173.000,00 €		
– unschädlicher Gewinn	– 136.000,00 €		
= schädlicher Gewinn	37.000,00 €	– 37.000,00 €	
– gekürzter Freibetrag		8.000,00 €	– 8.000,00 €
= steuerpflichtiger Veräußerungsgewinn			165.000,00 €

b) Der Maschinen- und Apparatebaufabrikant Ernst verkauft seinen Betrieb an die Schaltschrankbau GmbH zu einem Veräußerungspreis von 330.000,00 €. Die Bilanz hat im Veräußerungszeitpunkt folgendes Aussehen:

Bilanz

Aktiva		Passiva	
Anlagevermögen		**Eigenkapital**	139.000,00 €
BGA	92.000,00 €		
Fuhrpark	32.000,00 €		
		Fremdkapital	
Umlaufvermögen		langfristige Verbindlichkeiten	
Roh-, Hilfs- und Betriebsstoffe	62.300,00 €	Kreditinstitute	60.000,00 €
Forderungen	24.000,00 €	kurzfristige Verbindlichkeiten	
Geldkonten	8.700,00 €	Kreditinstitute	20.000,00 €
	219.000,00 €		219.000,00 €

Ernst ist dauernd berufsunfähig im sozialversicherungsrechtlichen Sinne. Von ihm zu tragende Veräußerungskosten: 2.400,00 €. Vom Käufer übernommene Buchwerte der Aktiva-Seite: 207.500,00 €. Nicht übernommen wurde ein Pkw, enthalten im Konto Fuhrpark (Buchwert 11.500,00 €), den Ernst zukünftig ausschließlich privat nutzen will. Der gemeine Wert des Pkw beträgt 33.000,00 € ohne Umsatzsteuer. Ebenfalls nicht übernommen wird das Bankdarlehen von 60.000,00 €.

Veräußerungspreis			330.000,00 €
+ gemeiner Wert der Entnahme			33.000,00 €
+ Schuldübernahme			20.000,00 €
			383.000,00 €
– Veräußerungskosten	2.400,00 €		
– Buchwerte Aktiva	207.500,00 €		
– Buchwert Pkw-Entnahme	11.500,00 €		– 221.400,00 €
= **Veräußerungsgewinn**			161.600,00 €
Ermittlung des steuerpflichtigen Veräußerungsgewinns:			
Freibetrag § 16 Abs. 4 EStG		45.000,00 €	
Veräußerungsgewinn	161.600,00 €		
– unschädlicher Gewinn	– 136.000,00 €		
= schädlicher Gewinn	25.600,00 €...	– 25.600,00 €	
– gekürzter Freibetrag		19.400,00 €	– 19.400,00 €
= steuerpflichtiger Veräußerungsgewinn			142.200,00 €

Bei der Veräußerung eines gesamten Mitunternehmeranteils nach § 16 Abs. 1 Nr. 2 EStG gelten die gleichen Grundsätze wie bei § 16 Abs. 1 Nr. 1 EStG (siehe oben).

Beispiel

Anton, 57 Jahre alt, scheidet zum 31. Dez. aus der Müller OHG aus. Die Mitunternehmerin Berta übernimmt seinen Anteil gegen eine Abfindungszahlung von 125.000,00 €. Das Eigenkapitalkonto „EK-Anton" im Zeitpunkt der Veräußerung beträgt 50.000,00 €. Die Kosten des Ausscheidens in Höhe von 2.400,00 € übernimmt Berta.

Veräußerungspreis			125.000,00 €
– Eigenkapital (EK-Anton)	50.000,00 €		– 50.000,00 €
= Veräußerungsgewinn			75.000,00 €
Ermittlung des steuerpflichtigen Veräußerungsgewinns:			
Freibetrag § 16 Abs. 4 EStG		45.000,00 €	
Veräußerungsgewinn	75.000,00 €		
– unschädlicher Gewinn	– 136.000,00 €		
= schädlicher Gewinn	0,00 €	– 0,00 €	
– gekürzter Freibetrag		45.000,00 €	– 45.000,00 €
= steuerpflichtiger Veräußerungsgewinn des Anton			30.000,00 €

Veräußerungen von Anteilen an Kapitalgesellschaften

Auch der Verkauf von Anteilen an einer Kapitalgesellschaft im Sinne des § 17 Abs. 1 Satz 1 EStG gehört zu den Einkünften aus Gewerbebetrieb, wenn folgende Voraussetzungen vorliegen:

- Veräußerung von Anteilen an einer Kapitalgesellschaft, die zum Privatvermögen gehören, und wenn
- der Veräußerer innerhalb der letzten fünf Jahre (nicht während der gesamten Dauer der fünf Jahre) am Kapital der Gesellschaft zu mindestens 1 % beteiligt war.

Dabei wird der Gewinn als Unterschiedsbetrag zwischen dem Veräußerungspreis und der Summe aus Veräußerungs- und Anschaffungskosten berechnet. Der Veräußerungsgewinn gem. § 17 Abs. 3 EStG ist nur steuerpflichtig, soweit er den Teil von 9.060,00 € übersteigt, der dem veräußerten Anteil an der Kapitalgesellschaft entspricht. Der Freibetrag wird gekürzt um den Betrag, um den der Veräußerungsgewinn den Teil von 36.100,00 € übersteigt, der dem veräußerten Anteil an der Kapitalgesellschaft entspricht.

Nach § 3 Nr. 40 Buchstabe c EStG bleiben 40 % des Veräußerungspreises steuerfrei, im Gegenzug können bei der Ermittlung des Gewinns nur 60 % der Anschaffungs- und Veräußerungskosten abgezogen werden, § 3c Abs. 2 EStG. Das gilt ebenso für Verluste, die sich aus einem Veräußerungsgeschäft nach § 17 EStG ergeben, auch sie können nur zu 60 % geltend gemacht werden.

Wenn die Anteile unter 1 % liegen, findet die Besteuerung unter § 20 Abs. 2 Nr. 1 EStG statt, egal wie lange die Anteile im Eigentum der Person sind. Sofern eine Beteiligung von mind. 1 % vorliegt, findet eine Besteuerung unter § 17 EStG statt.

Beispiel

Der angestellte Rechtsanwalt Dr. Frank verkauft 2020 seine 7%ige Beteiligung an der Soft GmbH, deren Wirtschaftsjahr mit dem Kalenderjahr übereinstimmt, für 184.066,00 €. Die Beteiligung hatte er 2014 für 175.284,00 € erworben. Die Veräußerungskosten belaufen sich auf 4.296,00 €.

Veräußerungspreis			184.066,00 €
40 % steuerfrei nach § 3 Nr. 40 Buchstabe c EStG			– 73.626,40 €
– Veräußerungskosten		4.296,00 €	
40 % nicht abzugsfähig nach § 3c Abs. 2 EStG		– 1.718,40 €	
verbleibende Veräußerungskosten		2.577,60 €	– 2.577,60 €
– Anschaffungskosten		175.284,00 €	
40 % nicht abzugsfähig nach § 3c Abs. 2 EStG		– 70.113,60 €	
		105.170,40 €	– 105.170,40 €
Veräußerungsgewinn			2.691,60 €
Ermittlung des steuerpflichtigen Veräußerungsgewinns:			
Freibetrag § 17 Abs. 3 EStG		9.060,00 €	
Anteil am Kapital	7 %	634,20 €	
Veräußerungsgewinn	2.691,60 €		
unschädlich 7 % von 36.100,00 €	2.527,00 €		
schädlich	164,60 €	– 164,60 €	
verbleibender Freibetrag		469,60 €	469,60 €
steuerpflichtiger Veräußerungsgewinn			2.222,00 €

Der Betrag von 2.222,00 € gehört zu den **Einkünften aus Gewerbebetrieb**.

4.4.2.3 Abgrenzung der Land- und Forstwirtschaft von der gewerblichen Tätigkeit

Betriebe der Land- und Forstwirtschaft können in einem gewissen Rahmen auch fremde Erzeugnisse zukaufen, um ihre übliche Produktpalette zwecks Weiterverkauf zu vervollständigen, z. B. Töpfe und Erde in einer Gärtnerei oder ein Obstbauer verkauft zusätzlich noch Südfrüchte.

Aus Vereinfachungsgründen wird nach R 15.5 Abs. 5 EStR grundsätzlich ein Betrieb der Land- und Forstwirtschaft anerkannt, wenn der Zukauf fremder Erzeugnisse (gemessen an deren Einkaufswert) insgesamt bis zu 30 % des Umsatzes beträgt. Jedoch liegen Einkünfte aus Gewerbebetrieb vor bei dauerndem und nachhaltigem Zukauf (drei Jahre) fremder Erzeugnisse über 30 % des Umsatzes.

Auch bei der Tierzucht und Tierhaltung ist eine Abgrenzung zwischen land- und forstwirtschaftlicher und gewerblicher Tätigkeit erforderlich.

So ist jede Tierzucht oder Tierhaltung, der nach den Vorschriften des § 13 Abs. 1 EStG nicht ausreichende landwirtschaftliche Nutzflächen als Futtergrundlage zur Verfügung stehen, als gewerbliche Tierzucht oder gewerbliche Tierhaltung anzusehen mit Einkünften aus Gewerbebetrieb. Das ist immer dann der Fall, wenn die Relation zwischen Hektargröße des Betriebs und gehaltene Vieheinheiten (siehe auch R 13.2 EStR) überschritten wird.

AUFGABEN

1. Welche Einkünfte gehören zu den Einkünften aus Land- und Forstwirtschaft?
2. Nennen Sie die Merkmale eines Gewerbebetriebs.
3. In welchem Fall ist eine Beteiligung am allgemeinen wirtschaftlichen Verkehr nicht gegeben?
4. Was gehört zu den Einkünften aus Gewerbebetrieb?
5. Warum sind Einkünfte aus einer unechten (atypischen) stillen Gesellschaft Einkünfte aus Gewerbebetrieb?
6. Zu welchen Einkünften gehören die Veräußerungsgewinne aus der Veräußerung eines Betriebs?
7. Unter welchen Voraussetzungen wird ein Freibetrag bei Veräußerungsgewinnen gewährt und wie hoch ist dieser?
8. Unter welchen Voraussetzungen gehören Veräußerungen von Anteilen an Kapitalgesellschaften zu den Einkünften aus Gewerbebetrieb?

VERTIEFENDE ÜBUNGEN

Übung 1: Gewinneinkünfte

Übungen 2 bis 4: Gewinnverteilung

1. **Bei welchen Beträgen handelt es sich um**
   a) Einkünfte aus Land- und Forstwirtschaft,
   b) Einkünfte aus Gewerbebetrieb?

Fall 1:
Siegfried Borchers betreibt in Lübeck eine Friedhofsgärtnerei. Die Blumen, Pflanzen und Pflanzenteile gewinnt er durch Anbau auf gepachteten Flächen. Er hat im letzten Kalenderjahr einen Gewinn von 26.700,00 € erzielt.

Fall 2:
An der Getreidegroßhandlung Bruns OHG in Wiesbaden sind die Gesellschafter Georg Bruns und Herbert Jäger beteiligt. Nach der Bilanz, die die OHG für das vorige Wirtschaftsjahr aufgestellt hat, haben die Gewinnanteile der Gesellschafter Bruns und Jäger je 50.000,00 € betragen. Dabei sind

- das an den Gesellschafter Bruns gezahlte Gehalt in Höhe von 60.000,00 € für seine Mitarbeit im Betrieb und
- die an den Gesellschafter Jäger gezahlte Miete für die Überlassung von Geschäftsräumen im eigenen Hause in Höhe von 24.000,00 € als Betriebsausgaben abgesetzt worden.

Fall 3:
Sebastian Schuhmacher betreibt im Allgäu eine Imkerei. Er hat im vorigen Jahr einen Gewinn von 48.000,00 € erzielt.

2. **a) Wie hoch ist der steuerliche Gesamtgewinn,**
   b) wie hoch sind die Gewinnanteile der Gesellschafter Strohmüller und Weitner für das vorige Kalenderjahr?

An der Tonwarenfabrik Strohmüller & Co. KG, Würzburg, sind der Gesellschafter Strohmüller mit 60 % und der Gesellschafter Weitner mit 40 % beteiligt. Der für das vorige Wirtschaftsjahr (= Kalenderjahr) ausgewiesene Gewinn hat 100.000,00 € betragen.

Strohmüller hat für seine Tätigkeit als Geschäftsführer eine jährliche Vergütung von 66.000,00 € erhalten. Weitner hat für die Überlassung eines Lkw von der KG eine jährliche Vergütung von 5.000,00 € bekommen. Beide Beträge (66.000,00 € und 5.000,00 €) sind als Aufwand gebucht worden.

Im Gesellschaftsvertrag ist festgelegt, dass die Kapitalkonten nach dem Stand vom Beginn des Wirtschaftsjahres mit 5 % als Vorweggewinn – soweit ein Gewinn vorhanden ist – verzinst werden. Das Kapital des Gesellschafters Strohmüller hat zu Beginn des vorigen Jahres 182.000,00 € und das des Gesellschafters Weitner 152.000,00 € betragen.

→

Übung 5: Steuerpflicht und zu versteuerndes Einkommen

3. Ermitteln Sie die Einkünfte aus Gewerbebetrieb der Gesellschafter der Schneider KG, wenn der handelsrechtliche Restgewinn/-verlust nach dem Stand der Eigenkapitalkonten zu Beginn des Wirtschaftsjahres zu verteilen ist.

In der Steuerbilanz der Schneider KG – Maschinen- und Apparatebau, deren Wirtschaftsjahr mit dem Kalenderjahr übereinstimmt, waren zum 1. Jan. 2020 folgende Eigenkapitalkonten ausgewiesen:

Komplementär Schneider	70.250,00 €
Kommanditist Becker	14.500,00 €
Kommanditist Lindner	126.450,00 €

Für das Wirtschaftsjahr 2020 wurde der steuerliche Verlust unstrittig mit 91.530,00 € ermittelt.

Zulasten des handelsrechtlichen Erfolges wurden in den Buchhaltungen folgende Aufwendungen erfasst:

Schneider: Geschäftsführergehalt 6.700,00 € monatlich zuzüglich 13. Monatsgehalt in Höhe von 10.050,00 €;

Becker: Zinsen für die Gewährung eines Darlehens von 45.000,00 € an die Gesellschaft zu einem Zinssatz von 7,5 % bis 31. Aug. und 7 % vom 1. Sept.–31. Dez. und

Lindner: Miete in Höhe von 400,00 € monatlich für die Überlassung eines Grundstücks, das die KG als Lagerplatz benutzt.

4. Nehmen Sie die Gewinn-Verlust-Verteilung der Pech OHG mithilfe eines übersichtlichen Schemas vor.

Die Steuerbilanz der Pech-OHG wies zum 31. Dez. 2019 folgendes Eigenkapital aus:

Eigenkapital Pech	150.000,00 €
Eigenkapital Jöres	106.000,00 €
Eigenkapital Krekels	74.000,00 €

Im Jahr 2020 wird der steuerliche Verlust unstrittig ermittelt mit 37.320,00 €.

Laut Gesellschaftsvertrag der OHG ist der handelsrechtliche Erfolg im Verhältnis der Eigenkapitalanteile zu Beginn des Wirtschaftsjahres (Wirtschaftsjahr = Kalenderjahr) zu verteilen.

Die Buchhaltung der Pech OHG erfasste folgende Vorwegvergütungen als Aufwendungen:

Pech: Geschäftsführergehalt 5.000,00 €/Monat, ab Juli 2020 monatlich 6.000,00 €.

Jöres: Zinsen für ein der OHG ab dem 1. Okt. 2020 gewährtes Darlehen über 60.000,00 €, Zinssatz 9 %.

Krekels: Miete von 600,00 € monatlich für ein der OHG seit 2019 überlassenes Grundstück.

5. a) Liegt beschränkte oder unbeschränkte Einkommensteuerpflicht vor?

b) Wie hoch ist das zu versteuernde Einkommen für 2020?

Andreas Dahlenberg, 50 Jahre alt, betreibt auf der Insel Helgoland, wo er auch seinen Wohnsitz hat, ein Hotel mit Restaurant. Aus seinen Büchern und Unterlagen ergibt sich Folgendes:

1. Der Gewinn aus dem Betrieb auf Helgoland hat für das Wirtschaftsjahr (= Kalenderjahr) 2020 172.000,00 € betragen;
2. Dahlenberg ist an einem Modehaus in Lübeck als stiller Gesellschafter beteiligt. Er ist nicht nur am Gewinn und Verlust, sondern auch an den stillen Reserven beteiligt. Das Wirtschaftsjahr läuft vom 1. Juli bis 30. Juni. Dahlenbergs Anteil am Gewinn 2019/20 hat 3.000,00 € und sein Anteil am Verlust 2020/21 2.000,00 € betragen;
3. die abziehbaren Sonderausgaben (§ 10 EStG) betragen 8.350,00 €. Freibeträge für Kinder in Höhe von 7.812,00 € (§ 32 Abs. 6 Satz 2 EStG) werden geltend gemacht.

Übungen 6 bis 9: Veräußerungsgewinne

6. Ermitteln Sie die Einkünfte aus Gewerbebetrieb für den Veranlagungszeitraum 2020.

Der Drogist Warig, 65 Jahre alt, hat seine seit Jahren von ihm geführte Drogerie in Moers mit Wirkung vom 1. Juli 2020 an die Kette DRO-MARKT verkauft. Der Verkaufspreis beträgt 286.323,00 € und die Veräußerungskosten belaufen sich auf 3.895,00 €. Der Gewinn von 1. Jan. bis 30. Juni beträgt 23.008,00 €. Seine Schlussbilanz zum 30. Juni 2020 zeigt folgende Positionen:

Bilanz zum 30. Juni 2020

Aktiva		Passiva	
Grund und Boden	10.226,00 €	Kapital	120.256,00 €
Gebäude	61.355,00 €		
Betriebs- und Geschäftsausstattung	15.339,00 €	Darlehen	20.452,00 €
		Verbindlichkeiten	6.136,00 €
Pkw	1,00 €		
Waren	40.903,00 €		
Forderungen	6.238,00 €		
Kasse, Bank	2.556,00 €		
sonstige Aktiva	10.226,00 €		
	146.844,00 €		146.844,00 €

7. Ermitteln Sie die Einkünfte aus Gewerbebetrieb für den Veranlagungszeitraum 2020.

Der Antiquitätenhändler Alfons Alt, 50 Jahre alt, hat sein Geschäft mit Wirkung zum 1. April 2020 an den Duisburger Händler Egon Ehrlich veräußert. Alt ist laut Bescheid des Versorgungsamtes vom 16. Sept. 2019 dauernd berufsunfähig. Es wurde vereinbart, dass die kurzfristigen Lieferantenschulden und die kurzfristigen Kundenforderungen mit übertragen werden, weil sie jeweils zutreffend mit 3.579,00 € in der Veräußerungsbilanz bewertet wurden.

Das Eigenkapitalkonto in der Veräußerungsbilanz per 31. März 2020 weist einen Haben-Bestand in Höhe von 195.000,00 € aus.

Als Kaufpreis wurden für den gewerblichen Betrieb 368.808,00 € vereinbart, die am 31. März 2020 fällig wurden. An Veräußerungskosten – Anzeigen, Gebühren usw. – hat Alt 2.342,00 € bezahlt.

Der Gewinn für die Zeit vom 1. Jan. bis zum 31. März 2020 wurde zutreffend mit 36.000,00 € ermittelt.

8. a) Ermitteln Sie die Einkünfte aus Gewerbebetrieb nach § 16 EStG.

Gustav Schulze, 62 Jahre alt, erzielt bei der Veräußerung seines Mitunternehmeranteils an der Zeier OHG in Bocholt in Höhe von 60 % einen Veräußerungsgewinn in Höhe von 163.613,00 €.

b) Ermitteln Sie die Einkünfte aus Gewerbebetrieb nach § 16 EStG.

Jupp Schmitz, 56 Jahre, hat seine 30%ige OHG-Beteiligung an der Peter Olsen OHG in Dinslaken zu einem Veräußerungspreis von 70.047,00 € veräußert. Der Wert seines Anteils am Betriebsvermögen betrug zum Veräußerungszeitpunkt 51.129,00 €. Die Veräußerungskosten beliefen sich auf 2.557,00 €.

9. Ermitteln Sie in den beiden folgenden Sachverhalten die Einkünfte.

a) Der GmbH-Gesellschafter Georg Greifenhorst, München, verkaufte am 1. Juli 2020 seinen 40%igen Anteil an der Röhren-Handels-GmbH für 280.000,00 €. Die Veräußerungskosten betrugen 2.850,00 €. Den Anteil hatte er im Jahr 2014 für 245.420,00 € erworben. Bei der Anschaffung fielen Kosten von 2.080,00 € für ihn zusätzlich an.

b) Die Hausfrau Maria Huber, Traunstein, hat 2013 einen Anteil von 2,3 % an der Kaman-Werke GmbH zum Preis von 131.250,00 € gekauft. Im Aug. 2020 verkauft Frau Huber ihren Anteil für 134.500,00 €. Dabei musste sie Veräußerungskosten von 1.350,00 € tragen.

4.4.3 Einkünfte aus selbstständiger Arbeit

Zu diesen Einkünften gehören nach § 18 Abs. 1 Nr. 1–3 und Abs. 3 EStG insbesondere:

- Einkünfte aus freiberuflicher Tätigkeit, z. B. aus selbstständiger Berufstätigkeit der Ärzte, Zahnärzte, Rechtsanwälte, Wissenschaftler, Künstler, Schriftsteller, Architekten, Wirtschaftsprüfer, Steuerberater, Steuerbevollmächtigten, Krankengymnasten, Journalisten, Fahrlehrer und ähnlicher Berufe;
- Einkünfte der Einnehmer einer staatlichen Lotterie, wenn sie nicht Einkünfte aus Gewerbebetrieb sind;
- Einkünfte aus sonstiger selbstständiger Arbeit, z. B. Vergütungen für die Vollstreckung von Testamenten, für Vermögensverwaltung und für die Tätigkeit als Aufsichtsratsmitglied.
- Veräußerungsgewinne, die bei der Veräußerung des Vermögens oder eines selbstständigen Teils des Vermögens oder eines Anteils am Vermögen erzielt werden, das der selbstständigen Arbeit dient.

Abgrenzung der freiberuflichen Tätigkeit von der gewerblichen Tätigkeit

Übt ein Angehöriger eines freien Berufs eine Tätigkeit aus, die in § 18 Abs. 1 Nr. 1 EStG aufgeführt ist, so ist er nur dann freiberuflich im Sinne des Einkommensteuergesetzes tätig, wenn er aufgrund eigener Fachkenntnisse leitend und eigenverantwortlich tätig wird.

Eine Vertretung im Fall vorübergehender Verhinderung steht der Annahme einer leitenden und eigenverantwortlichen Tätigkeit nicht entgegen.

Der freiberuflichen Tätigkeit steht auch nicht entgegen, wenn sich der Berufsträger der Mithilfe fachlich vorgebildeter Arbeitskräfte bedient.

Übt ein Angehöriger eines freien Berufs die Tätigkeit nach § 18 Abs. 1 Nr. 1 EStG aus, ohne aufgrund eigener Fachkenntnisse leitend und eigenverantwortlich tätig zu werden, so bezieht er keine Einkünfte aus freiberuflicher Tätigkeit, sondern Einkünfte aus Gewerbebetrieb. Das bedeutet, dass er mit diesen Einkünften – wie alle Gewerbetreibenden – nicht nur der Einkommensteuer, sondern auch der Gewerbesteuer unterliegt.

Beispiel

Der Inhaber einer Fahrschule in Berlin ist infolge eines Verkehrsunfalls nicht mehr in der Lage, Fahrunterricht zu erteilen. Er musste seinen Fahrlehrerschein abgeben. Die Fahrschule wird jedoch von ihm weiterbetrieben. Die Leitung der Fahrschule und die Verantwortung für den Fahrunterricht hat er einem angestellten Fahrlehrer übertragen.

Bei einer Fahrschule handelt es sich um eine unterrichtende Tätigkeit im Sinne des § 18 Abs. 1 Nr. 1 EStG. Da aber der Inhaber der Fahrschule nicht mehr leitend und eigenverantwortlich tätig wird, bezieht er keine Einkünfte aus freiberuflicher Tätigkeit wie bisher, sondern Einkünfte aus Gewerbebetrieb.

Die Ausübung einer freiberuflichen Tätigkeit im Rahmen einer Kapitalgesellschaft, z. B. GmbH oder AG, gilt immer als gewerbliche Tätigkeit.

Ebenso ist die gesamte Tätigkeit eines Freiberuflers als gewerblich anzusehen, wenn er eine Praxisgemeinschaft mit einem Berufsfremden eingeht, z. B. Steuerberater mit Bauingenieur zwecks Planung, Bau und Absatz von Neubauten.

4497270

4.4.4 Einkünfte aus nichtselbstständiger Arbeit

Einkünfte aus nichtselbstständiger Arbeit

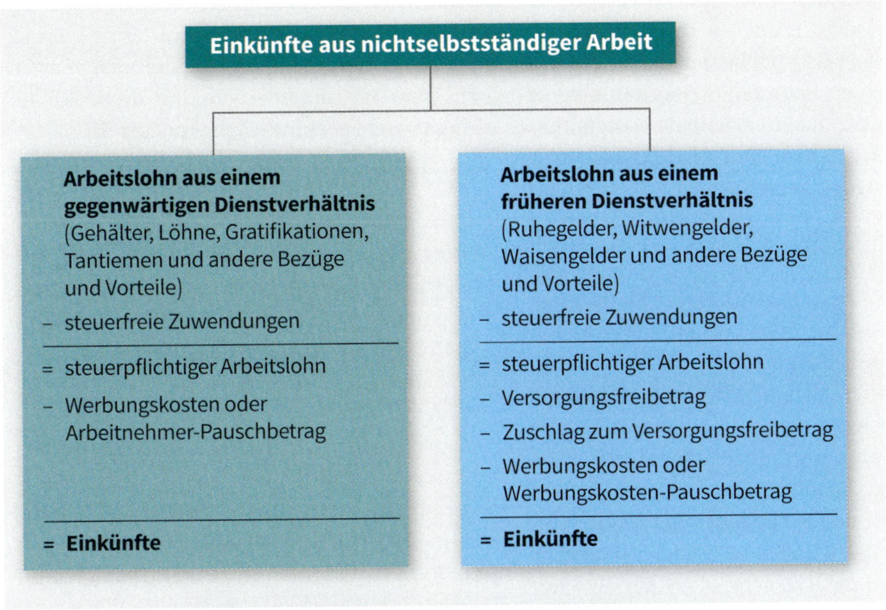

Arbeitslohn

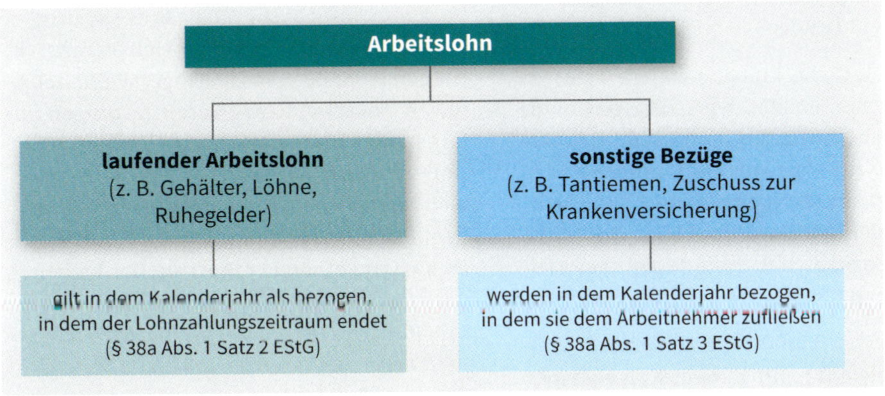

Einkünfte aus nichtselbstständiger Arbeit beziehen nur Arbeitnehmer.

Zu diesen Einkünften gehören nach § 19 Abs. 1 Nr. 1, 1a und 2 EStG:

- Gehälter, Löhne, Gratifikationen, Tantiemen sowie andere Bezüge und Vorteile, die für eine Beschäftigung im öffentlichen oder privaten Dienst gewährt werden;
- Wartegelder, Ruhegelder, Witwen- und Waisengelder und andere Bezüge und Vorteile aus früheren Dienstleistungen.

All diese Bezüge und Vorteile (Gehälter, Tantiemen, Ruhegelder usw.) sind **Arbeitslohn** im Sinne des Einkommensteuerrechts.

Arbeitnehmer sind nach § 1 Abs. 1 LStDV Personen,

- die in öffentlichem oder privatem Dienst angestellt oder beschäftigt sind oder waren und
- die aus diesem Dienstverhältnis oder einem früheren Dienstverhältnis Arbeitslohn beziehen.

Beispiel

Der Buchhalter einer Brotfabrik ist Arbeitnehmer, weil er im privaten Dienst angestellt ist und aus diesem Dienstverhältnis Arbeitslohn bezieht.

Arbeitnehmer sind auch die Rechtsnachfolger der oben genannten Personen, soweit sie Arbeitslohn aus dem früheren Dienstverhältnis ihres Rechtsvorgängers beziehen. So ist z. B. die Witwe eines Beamten Arbeitnehmer, soweit sie Pension aus dem früheren Dienstverhältnis ihres verstorbenen Ehemannes, ihres Rechtsvorgängers, bezieht.

Ein Dienstverhältnis liegt vor, wenn der Beschäftigte dem Arbeitgeber seine Arbeitskraft schuldet (§ 1 Abs. 2 LStDV). Dadurch ist er gegenüber dem Arbeitgeber weisungsgebunden. Die **Weisungsgebundenheit**, die sich in der Regel auf den Arbeitsort, die Arbeitszeit, die Art und Weise der auszuführenden Arbeit erstreckt, ist Hauptmerkmal der Nichtselbstständigkeit in der Ausübung einer Tätigkeit. Weitere Kriterien der Nichtselbstständigkeit sind der Anspruch auf Urlaubs- und Feiertagsvergütung sowie die Tatsache, dass der Beschäftigte auf Rechnung und Verantwortung seines Arbeitgebers tätig wird.

Arbeitslohn sind alle Einnahmen, die dem Arbeitnehmer aus einem gegenwärtigen oder früheren Dienstverhältnis zufließen. Der Arbeitslohn ist die ungekürzte Einnahme, der Bruttoarbeitslohn. Einnahmen sind alle Güter, die in Geld oder Geldeswert bestehen (§ 8 Abs. 1 EStG). **Sachbezüge** (z. B. freie Wohnung, Kleidung, Kost) sind Einnahmen in Geldeswert.

Arbeitslohn, der laufend gezahlt wird (laufender Arbeitslohn), gilt in dem Kalenderjahr als bezogen, in dem der Lohnzahlungszeitraum endet (§ 38a Abs. 1 Satz 2 EStG). Dazu gehören z. B. das Gehalt eines Angestellten (aus einem gegenwärtigen Dienstverhältnis) und die Pension eines pensionierten Beamten (aus einem früheren Dienstverhältnis).

Arbeitslohn, der nicht laufend gezahlt wird (sonstiger Bezug), wird in dem Kalenderjahr bezogen, in dem er dem Arbeitnehmer zufließt (§ 38a Abs. 1 Satz 3 EStG). Dazu gehören z. B. die Tantiemen eines Bankangestellten und der Zuschuss zur privaten Krankenversicherung eines pensionierten Polizeibeamten.

Grundsätzlich handelt es sich bei diesen Einnahmen um steuerpflichtigen Arbeitslohn.

Es gibt aber eine Reihe von **Zuwendungen** an Arbeitnehmer, **die der Arbeitgeber als Betriebsausgabe absetzen kann**, ohne dass sie vom Arbeitnehmer als Arbeitslohn zu versteuern sind. Im Allgemeinen sind diese Zuwendungen auch sozialversicherungsfrei.

Dazu gehören z. B.

- Entschädigungen für die betriebliche Benutzung von Werkzeugen eines Arbeitnehmers (Werkzeuggeld) nach § 3 Nr. 30 EStG;
- die unentgeltliche oder verbilligte Sammelbeförderung eines Arbeitnehmers zwischen Wohnung und erster Tätigkeitsstätte (Definition siehe § 9 Abs. 4 EStG) mit einem Kraftfahrzeug des Arbeitgebers (§ 3 Nr. 32 EStG);
- Zuwendungen bei Betriebsveranstaltungen bis zu einem Höchstbetrag von 110,00 € einschließlich Umsatzsteuer je teilnehmendem Arbeitnehmer und deren Begleitpersonen (§ 19 Abs. 1 Nr. 1a EStG). Voraussetzung dafür ist, dass es sich um herkömmliche (übliche) Betriebsveranstaltungen (z. B. Betriebsausflüge, Weihnachtsfeiern – maximal zwei Veranstaltungen im Jahr) und um bei diesen Veranstaltungen übliche Zuwendungen (z. B. Speisen, Getränke, Weihnachtspäckchen) handelt. Bei dem Höchstbetrag von 110,00 € handelt es sich um einen **Freibetrag.** Das bedeutet, dass nur der Teil der Zuwendung, der über 110,00 € liegt, als steuerpflichtiger Arbeitslohn versteuert werden muss. Dabei werden zwei Betriebsveranstaltungen pro Jahr anerkannt.

Verbilligte oder unentgeltliche Mahlzeiten und Essenmarken, die Arbeitnehmer von ihrem Arbeitgeber erhalten, kann der Arbeitgeber mit einem Pauschsteuersatz von 25 % der Lohnsteuer unterwerfen (§ 40 Abs. 2 Nr. 1 EStG), sofern diese Sachbezüge nicht als Lohnbestandteile vereinbart sind. Das Gleiche gilt, wenn ein Dritter auf Veranlassung des Arbeitgebers anlässlich einer beruflichen Tätigkeit außerhalb seiner Wohnung und ersten Tätigkeitsstelle Mahlzeiten zur Verfügung stellt, die mit dem Sachbezugswert anzusetzen sind (§ 40 Abs. 2 Nr. 1a EStG).

4497272

Für Sachbezüge in Form der unentgeltlichen oder verbilligten Beförderung eines Arbeitnehmers zwischen Wohnung und erster Tätigkeitsstätte kann der Arbeitgeber die Lohnsteuer mit einem Pauschsteuersatz von 15 % erheben, soweit diese Bezüge den Betrag nicht übersteigen, den der Arbeitnehmer nach § 9 Abs. 2 EStG wie Werbungskosten geltend machen könnte (§ 40 Abs. 2 Satz 2 EStG).

Die Renten der Arbeiter und Angestellten aus der Sozialversicherung sind kein Arbeitslohn, sondern wiederkehrende Bezüge im Sinne des § 22 Nr. 1 EStG (siehe dazu Kap. 4.4.7.1). Sie gehören deshalb zu den sonstigen Einkünften.

Zum Arbeitslohn gehören auch Ausgaben, die der Arbeitgeber leistet, um einen Arbeitnehmer oder diesem nahe stehende Personen für den Fall der Krankheit, des Unfalls, des Alters oder des Todes sicherzustellen (Zukunftssicherung), wenn der Arbeitnehmer der Zukunftssicherung zustimmt (§ 2 Abs. 2 Nr. 3 LStDV).

Beispiel

Ein Arbeitgeber zahlt einem Arbeitnehmer einen Zuschuss zur privaten Krankenversicherung von jährlich 500,00 €. Der Zuschuss ist steuerpflichtiger Arbeitslohn.

Ermittlung der Einkünfte aus nichtselbstständiger Arbeit

Die Einkünfte aus nichtselbstständiger Arbeit werden wie alle Überschusseinkünfte nach dem Überschuss der Einnahmen über die Werbungskosten ermittelt.

Als **Werbungskosten** kommen z. B. in Betracht:

- Beiträge zu Berufsverbänden (§ 9 Abs. 1 Nr. 3 EStG);
- Aufwendungen des Arbeitnehmers für Fahrten zwischen Wohnung und erster Tätigkeitsstätte. Jeder Arbeitnehmer erhält eine verkehrsmittelunabhängige **Entfernungspauschale** für volle Kilometer der Entfernung (nicht die gefahrenen Kilometer) zwischen Wohnung und erster Tätigkeitsstätte. (§ 9 Abs. 1 Nr. 4 EStG). Die Pauschale beträgt 0,30 € je Entfernungskilometer ab dem ersten Kilometer. Ab dem 21. Entfernungskilometer erhöht sich die Pauschale auf 0,35 € (ab 2021–2033, danach auf 0,38 € bis 2036). Für Pendler, bei denen die Erhöhung der Entfernungspauschale keinen steuerlichen Effekt hat, kann eine sog. Mobilitätsprämie in Höhe von 14% der erhöhten Pauschale ab 2021–2026 beantragt werden.
  Bedingung dafür ist, dass das zu versteuernde Einkommen unterhalb des Grundfreibetrages und der Werbungskosten-Freibetrag über 1.000,00 € liegt.
- Um höhere Kosten als 4.500,00 € geltend zu machen, muss der Steuerpflichtige die entsprechende Fahrleistung nachweisen bzw. glaubhaft machen. Allerdings wird die Nachweisgrenze von 4.500,00 € erst bei einer Entfernung von mehr als 65 km bei 230 Fahrttagen im Jahr erreicht. Durch den Pauschbetrag sind grundsätzlich alle Kfz-Kosten abgegolten. Unfallkosten bei einem Verkehrsunfall auf einer Fahrt zwischen Wohnung und erster Tätigkeitsstätte können zusätzlich angesetzt werden.
- Bei Dienstfahrten mit dem eigenen Pkw Kilometer-Pauschale von 0,30 € für jeden gefahrenen Kilometer;
- Aufwendungen des Arbeitnehmers für beruflich veranlasste Fahrten, die nicht Fahrten zwischen Wohnung und erster Tätigkeitsstätte sowie keine Familienheimfahrten sind (§ 9 Abs. 1 Nr. 4a EStG);
- notwendige Mehraufwendungen, die einem Arbeitnehmer mit eigenem Hausstand aus Anlass einer doppelten Haushaltsführung entstehen. Bei den wöchentlichen Familienheimfahrten mit eigenem Fahrzeug ist der Pauschbetrag mit 0,30 € je Entfernungskilometer bzw. ab dem 21. Entfernungskilometer mit 0,35 €/0,38 € anzusetzen (§ 9 Abs. 1 Nr. 5 Satz 6 EStG);
- notwendige Mehraufwendungen eines Arbeitnehmers für beruflich veranlasste Übernachtungen an einer Tätigkeitsstätte, die nicht erste Tätigkeitsstätte ist (§ 9 Abs. 1 Nr. 5a EStG);
- Pauschbetrag für Berufskraftfahrer, soweit keine höheren Aufwendungen nachgewiesen werden, in Höhe von zusätzlich 8,00 € je Kalendertag, an dem ein Pauschbetrag für Verpflegung angesetzt wird und

die Übernachtung im Fahrzeug stattfindet (§ 9 Abs. 1 Nr. 5b EStG);
- Aufwendungen für Arbeitsmittel, z. B. Berufskleidung, Fachbücher, Fachzeitschriften (§ 9 Abs. 1 Nr. 6 EStG und R 9.12 Abs. 1 LStR);
- die Kosten für ein häusliches Arbeitszimmer, wenn es den Mittelpunkt der gesamten beruflichen Tätigkeit darstellt. Sofern kein anderer Arbeitsplatz zur Verfügung steht, werden maximal 1.250,00 € der Aufwendungen angesetzt. Der Höchstbetrag ist personenbezogen und kann damit von jedem Steuerpflichtigen geltend gemacht werden, auch wenn das Arbeitszimmer von mehreren Personen genutzt wird.
- Nach § 9 Abs. 1 Nr. 7 Satz 2 EStG können die Anschaffungskosten von Arbeitsmitteln im Jahr der Verausgabung in voller Höhe als Werbungskosten abgesetzt werden, wenn die Anschaffungskosten ohne Umsatzsteuer für das einzelne Arbeitsmittel 800,00 € nicht übersteigen. Übersteigen sie 800,00 € (ohne Umsatzsteuer), so sind sie auf die Nutzungsdauer des Arbeitsmittels zu verteilen (R 9.12 LStR).
- Aufwendungen für Verpflegungsmehraufwendungen bei auswärtiger Tätigkeit in Form einer Verpflegungspauschale (§ 9 Abs. 4a EStG)

Wenn keine höheren Werbungskosten nachgewiesen werden, ist der Arbeitnehmer-Pauschbetrag nach § 9a Nr. 1 EStG von 1.000,00 € abzuziehen.

Soweit der Arbeitnehmer Versorgungsbezüge bezieht, erhält er nicht den Arbeitnehmer-Pauschbetrag, sondern einen Werbungskosten-Pauschbetrag von (höchstens) 102,00 € (§ 9a Nr. 1 Buchstabe b EStG). Als Versorgungsbezüge kommen hauptsächlich die Ruhegelder der pensionierten Beamten (Pensionen) sowie Witwen- und Waisengelder in Betracht. Aber auch Betriebs- bzw. Werkspensionen gehören dazu, wenn der Arbeitgeber die Versicherungsbeiträge allein aufgebracht hat und der Bezieher der Bezüge die altersmäßigen Voraussetzungen erfüllt. Bezüge, die dem Arbeitnehmer vom Arbeitgeber in der Privatwirtschaft wegen Erreichens einer Altersgrenze gewährt werden (z. B. Werkspension), gelten erst dann als Versorgungsbezüge, wenn der Steuerpflichtige das 63. Lebensjahr oder als Schwerbehinderter das 60. Lebensjahr vollendet hat.

Vor Abzug der Werbungskosten bzw. des Pauschbetrages wird jedoch von den Versorgungsbezügen nach § 19 Abs. 2 EStG ein Versorgungsfreibetrag abgezogen.

Der Versorgungsfreibetrag und der Zuschlag zum Versorgungsfreibetrag werden nach dem Jahr des Versorgungsbeginns als fester Jahresfreibetrag für die gesamte Laufzeit der Versorgungsbezüge festgeschrieben, § 19 Abs. 2 Satz 8 EStG. Das heißt: Für den Bezieher von Alterseinkünften bleibt die Besteuerungssituation erhalten, die im Jahr des Eintritts in die Rente oder Pension festgestellt wurde. Der danach festgesetzte steuerfreie Teil seiner Ver-

Jahr des Versorgungsbeginns	Versorgungsfreibetrag in % der Versorgungsbezüge	Versorgungsfreibetrag, Höchstbetrag (in €)	Zuschlag zum Versorgungsfreibetrag (in €)
bis 2005	40,0	3.000,00	900,00
ab 2006	38,4	2.880,00	864,00
•	•	•	•
•	•	•	•
2018	19,2	1.440,00	432,00
2019	17,6	1.320,00	396,00
2020	16,0	1.200,00	360,00
2021	15,2	1.140,00	342,00
2022	14,4	1.080,00	324,00
•	•	•	•
•	•	•	•
2039	0,8	60,00	18,00
2040	0,0	0,00	0,00

Versorgungsfreibeträge bis 2040, Tabelle nach § 19 Abs. 2 Satz 3 EStG

4497274

sorgungsbezüge bleibt zeitlebens als Pensions- bzw. Rentenfreibetrag erhalten.

Die Höhe des steuerfreien Betrags (Versorgungsfreibetrag und Zuschlag) ist nach der Tabelle in § 19 Abs. 2 EStG zu ermitteln.

Bemessungsgrundlage (§ 19 Abs. 2 EStG) für den Versorgungsfreibetrag ist das Zwölffache des Versorgungsbezugs für den ersten vollen Monat jeweils zuzüglich voraussichtlicher Sonderzahlungen im Kalenderjahr, auf die zu diesem Zeitpunkt ein Rechtsanspruch besteht. Der Zuschlag zum Versorgungsfreibetrag darf nur bis zur Höhe der um den Versorgungsfreibetrag geminderten Bemessungsgrundlage berücksichtigt werden. Für jeden vollen Kalendermonat, für den keine Versorgungsbezüge gezahlt werden, ermäßigen sich der Versorgungsfreibetrag und der Zuschlag zum Versorgungsfreibetrag in diesem Kalenderjahr um je ein Zwölftel.

Beispiele

a) Birgit Lange ist Bankangestellte in Berlin. Ihr Jahresgehalt hat im Jahr 2020 37.706,00 € betragen. Sie ist an 245 Tagen mit eigenem Pkw zu ihrer ersten Tätigkeitsstätte gefahren. Die Entfernung zwischen Wohnung und erster Tätigkeitsstätte beträgt 25 km. Neben den Fahrtkosten weist sie noch die folgenden Aufwendungen nach: Beiträge an Berufsverband 86,00 €, Ausgaben für ein berufliches Fachbuch 24,44 € und für eine Fachzeitschrift 61,36 €.

Die Einkünfte aus nichtselbstständiger Arbeit errechnen sich wie folgt:

Einnahmen aus nichtselbstständiger Arbeit		37.706,00 €
– Werbungskosten:		
Aufwendungen für Fahrten zwischen Wohnung und erster Tätigkeitsstätte 0,30 € · 25 km · 245 Tage =	1.837,50 €	
Beiträge an Berufsverband	86,00 €	
Ausgaben für Fachliteratur	85,80 €	– 2.009,30 €
= **Einkünfte**		35.696,70 €

b) Die Versorgungsbezüge eines 2013 pensionierten Finanzbeamten haben 2017 1.584,00 € (ab Januar 2018: 1.880,00 €) betragen, die Sonderzahlung 2017 beträgt 790,00 €. Werbungskosten werden nicht geltend gemacht.

Die Einkünfte aus nichtselbstständiger Arbeit errechnen sich wie folgt:

für 2017: Einnahmen aus nichtselbstständiger Arbeit		19.798,00 €
– Versorgungsfreibetrag 27,2 % von (12 · 1.584,00 € + 790,00 €)	5.385,06 €	
höchstens	2.040,00 €	
– Zuschlag zum Versorgungsfreibetrag	612,00 €	– 2.652,00 €
		17.146,00 €
– Werbungskosten-Pauschbetrag		– 102,00 €
= **Einkünfte 2017**		17.044,00 €
für die Jahre 2018–2020: Einnahmen aus nichtselbstständiger Arbeit		22.560,00 €
– Versorgungsfreibetrag	2.040,00 €	
– Zuschlag	612,00 €	
– Werbungskosten-Pauschbetrag	102,00 €	– 2.754,00 €
= **Einkünfte 2018–2020**		19.806,00 €

→

c) Die Versorgungsbezüge eines pensionierten Finanzbeamten haben ab 1. Nov. 2020 monatlich 2.130,00 € betragen, zuzüglich einer anteiligen Sonderzahlung (Weihnachtsgeld) von 177,00 €. Vorher hatte er einen Bruttoarbeitslohn von 3.100,00 € im Monat, zuzüglich einer Sonderzahlung von 1.291,00 €. Werbungskosten werden nicht geltend gemacht.

Die Einkünfte aus nichtselbstständiger Arbeit errechnen sich wie folgt:

Bruttoarbeitslohn 10 Monate · 3.100,00 € + 1.291,00 €			32.291,00 €
Versorgungsbezüge 2 Monate · 2.130,00 € + 177,00 €		4.437,00 €	
– Versorgungsfreibetrag (§ 19 Abs. 2 Satz 3 EStG) Bezugsbeginn 2020 16,0 % von (12 Monate · 2.130,00 € + 1.062,00 € [fiktive Sonderzahlung])	4.259,52 €		
ermäßigt um 10 Monate (Jan. bis Okt. 2020)	709,92 €		
höchstens (Versorgungsfreibetrag 2020) 1.200,00 €			
ermäßigt um 10 Monate (Jan. bis Okt. 2020)	200,00 €		
Versorgungsfreibetrag 2020		– 200,00 €	
– Zuschlag zum Versorgungsfreibetrag 2020 = 360,00 € ermäßigt um 10 Monate (Jan. bis Okt. 2020)		– 60,00 €	
		4.177,00 €	
– Werbungskosten-Pauschbetrag (§ 9a Nr. 1 Buchstabe b EStG)		– 102,00 €	
		4.075,00 €	4.075,00 €
			36.366,00 €
– Arbeitnehmer-Pauschbetrag (§ 9a Nr. 1 Buchstabe a EStG)			– 1.000,00 €
= **Einkünfte 2020**			35.366,00 €

d) Ab dem 1. April 2021 betragen die Versorgungsbezüge des pensionierten Finanzbeamten aus c) monatlich 2.170,00 €, die Sonderzahlung im Jahr 2021 beträgt 1.080,00 €. Werbungskosten werden nicht geltend gemacht.

Die Einkünfte aus nichtselbstständiger Arbeit errechnen sich 2021 wie folgt:

Versorgungsbezüge 3 Monate · 2.130,00 €		6.390,00 €	
Versorgungsbezüge 9 Monate · 2.170,00 €		19.530,00 €	
Sonderzahlung 2021		1.080,00 €	27.000,00 €
– Versorgungsfreibetrag (§ 19 Abs. 2 Satz 3 EStG) Bezugsbeginn 2020 16,0 % von 27.000,00 €	4.320,00 €		
höchstens (2020)	1.200,00 €		– 1.200,00 €
			25.800,00 €
– Zuschlag zum Versorgungsfreibetrag (2020)			– 360,00 €
			25.440,00 €
– Werbungskosten-Pauschbetrag			– 102,00 €
= **Einkünfte 2021**			25.338,00 €

AUFGABEN

1. Was gehört zu den Einkünften aus selbstständiger Arbeit?
2. Welche Vergütungen gehören z. B. zu den Einkünften aus sonstiger selbstständiger Arbeit?
3. Wer bezieht Einkünfte aus nichtselbstständiger Arbeit?
4. Wer ist Arbeitnehmer?
5. Erläutern Sie den Begriff „Arbeitslohn“.
6. Was gehört zu den Einkünften aus nichtselbstständiger Arbeit?
7. Wie sind die Einkünfte aus nichtselbstständiger Arbeit zu ermitteln?

VERTIEFENDE ÜBUNGEN

gemischte Übungen

1. Wie hoch ist der Gesamtbetrag der Einkünfte?

Robert Gieshauer, 30 Jahre alt, betreibt in Osnabrück eine Praxis als Steuerberater. Aus seinen Büchern und Aufzeichnungen ergibt sich Folgendes:

1. Die Betriebseinnahmen aus der Steuerberaterpraxis haben 148.275,00 € und die abzugsfähigen Betriebsausgaben 104.815,00 € betragen;
2. Gieshauer ist an dem Verlag Otto Schuhmacher GmbH & Co. KG, Münster, als Kommanditist beteiligt. Sein Gewinnanteil hat 17.895,00 € betragen;
3. Gieshauer hat für die Vollstreckung eines Testaments 2.966,00 € vereinnahmt. Die abzugsfähigen Ausgaben haben 409,00 € betragen.

2. Fall 1:
Entscheiden Sie in den folgenden Sachverhalten, ob es sich um Arbeitnehmer oder um selbstständig Tätige handelt.

a) Anton ist Vertreter bei der Haushaltsgeräte-Vertriebs-GmbH. Neben einem Fixum von 1.000,00 €/Monat erhält er eine Umsatzprovision von 4 %.

b) Udo ist Handelsvertreter bei der Elektro AG. Für alle Umsätze der AG in seinem Vertretungsgebiet erhält er eine Provision von 10 %, bei selbst vermittelten Geschäften eine Delkredereprovision von 3 % dazu.

c) Kai ist Geschäftsführer der Bau GmbH, ohne gleichzeitig Gesellschafter zu sein. Für seine Tätigkeit erhält er 4.500,00 € im Monat und zusätzlich eine vom Gewinn abhängige Vergütung (Tantieme).

d) Donald ist Mitglied des Aufsichtsrats der Stahl AG. Für diese Tätigkeit erhält Donald eine Vergütung von 8.000,00 €/Jahr.

e) Emilie ist Schülerin des Goethe-Gymnasiums. Donnerstags arbeitet sie von 18:00 bis 21:00 Uhr im Kaufhof für 10,00 €/Stunde.

f) Friedrich ist Zeitungsausträger und arbeitet ohne Steuerkarte für die Rheinnotizen, indem er gegen Entgelt morgens Zeitungen austrägt.

Fall 2:
Entscheiden Sie bei den folgenden Sachverhalten, ob es sich um Arbeitslohn im Sinne des § 19 EStG handelt.

Der Lagermeister Theo Trinkaus ist bei der Königshof-Brauerei beschäftigt. Laut Betriebsvereinbarung mit der Gewerkschaftsvertretung erhält er:

a) nach Verrechnung der Abzüge von 850,00 € monatlich 1.610,00 € ausbezahlt;

b) täglich unentgeltlich eine warme Mahlzeit im Betrieb, Wert 2,50 €;

c) wöchentlich 10 Liter Bier bzw. alkoholfreie Getränke gleicher Menge des Brauerei-Vertriebs als Haustrunk;

d) jährlich zum Geburtstag eine Kiste Zigarren im Wert von 12,00 €;

e) einen Zuschuss zur vermögenswirksamen Leistung von monatlich 6,65 €.

Fall 3:
Ermitteln Sie die Einkünfte aus nichtselbstständiger Arbeit in den folgenden Sachverhalten.

a) Der Dreher Hugo Hobel erhält ein monatliches Arbeitsentgelt von 1.980,00 €. Er ist zusätzlich als Arbeitnehmervertreter im Aufsichtsrat der Montan AG und erhält dafür eine Aufsichtsratsvergütung von 6.000,00 €/Jahr.

b) Die angestellte Friseurmeisterin Hella Henna erhält ein monatliches Gehalt von 1.950,00 €. Sie fährt mit dem eigenen Pkw an 220 Arbeitstagen im Jahr zur Arbeit, einfache Entfernung 22 km, und erhält am Tag von zufriedenen Kunden etwa 10,00 € Trinkgeld.

c) Der Bochumer Kfz-Meister Manfred Müller verdiente im Kalenderjahr 13 Monatsgehälter à 2.300,00 €, erhielt 400,00 € Urlaubsgeld und nahm den Belegschaftsrabatt von 22 % auf den allgemeinen Endpreis seines Arbeitgebers von 22.900,00 € (einschließlich 19 % Umsatzsteuer) beim Kauf eines Pkw in Anspruch.

d) Der pensionierte Steuerrat Kurt Keller erhält seit Jan. 2019 monatlich eine Pension von 3.800,00 €. Für seine schriftstellerische Tätigkeit überwies „sein“ Verlag an Keller im Veranlagungszeitraum 14.200,00 €. →

Fall 4:
Ermitteln Sie die Einkünfte aus nichtselbstständiger Arbeit.

Jutta Giese arbeitet als Laborantin in einer Arztpraxis in Dresden. Ihr Gehalt hat im vorigen Jahr 24.230,00 € betragen. Sie hat die folgenden Werbungskosten nachgewiesen:

Kosten für Fahrten zwischen Wohnung und erster Tätigkeitsstätte. . . . . 629,00 €
Aufwendungen für typische Berufskleidung . . . . 191,00 €

Fall 5:
Ermitteln Sie in einer übersichtlichen Aufstellung die Einkünfte aus nichtselbstständiger Arbeit für die Steuerfachwirtin Frieda Finke.

Sie erzielte folgende Einnahmen:

a) 14 Gehälter à 2.850,00 €;

b) nach der Abschlussbesprechung bei einer Betriebsprüfung ein spontanes Geldgeschenk von einem Mandanten von 1.400,00 € und

c) eine Gutschrift aus einem vermögenswirksamen Sparvertrag von 2.450,00 €, zu dem der Arbeitgeber einen steuerfreien Zuschuss zahlte.

Frieda Finke macht folgende Aufwendungen geltend:

d) Fahrten zwischen Wohnung und Arbeitsplatz mit dem Pkw an 240 Tagen/Jahr, einfache Entfernung 22 km;

e) 14 Fahrten zu Mandanten mit je 20 Fahrtkilometern;

f) Anschaffung eines PC am 1. Juni, Bildschirm, Scanner, Drucker zum Kaufpreis von insgesamt 2.800,00 € aus unstrittig beruflichen Gründen;

g) Kursgebühren für die Steuerberaterprüfung in Höhe von 3.000,00 €;

h) zehntägiger Kurs im Harz mit neun Übernachtungen zur Vorbereitung auf die Steuerberaterprüfung, Hotelrechnung ohne Frühstück 590,00 €, gefahrene km 480, Anreise am Vortag und Abreise letzter Kurstag;

i) Kursgebühren für einen Bauchtanzkurs in Höhe von 200,00 € und die Fahrten zum Kursort an 20 Tagen, 9 Entfernungskilometer;

j) Arbeitszimmer von 12 m² in ihrer Wohnung von 60 m², die sie allein bewohnt. Die Warmmiete einschließlich aller Nebenkosten beträgt 480,00 €.

Fall 6:
Ermitteln Sie die Einkünfte aus nichtselbstständiger Arbeit.

Uwe Köster ist Angestellter einer Versicherungsgesellschaft in Berlin. Im Jahr 2020 hat sein Gehalt 46.855,00 € betragen. Der Steuerpflichtige unterhält in seiner Wohnung ein häusliches Arbeitszimmer. Das Arbeitszimmer bildet den Mittelpunkt seiner gesamten beruflichen Tätigkeit. Die darauf entfallende anteilige Jahresmiete hat 747,00 € betragen. 2020 hat er für das Arbeitszimmer einen Rollcontainer für 124,37 € + 23,63 € Umsatzsteuer = 148,00 € und einen Schreibtisch für 1.949,58 € + 370,42 € Umsatzsteuer = 2.320,00 € angeschafft. Der Schreibtisch, der eine Nutzungsdauer von zehn Jahren hat, ist am 15. März 2020 angeschafft worden. Der Steuerpflichtige hat noch für 2020 die folgenden Aufwendungen nachgewiesen bzw. glaubhaft gemacht:

anteilige Strom- und Reinigungskosten für das Arbeitszimmer . . . . . 112,48 €
Beiträge an Berufsverband . . . . 110,37 €
Benzinkosten für die Fahrten zwischen Wohnung und erster Tätigkeitsstätte. . . . . 373,24 €

3. **Wie hoch sind die Summen der Einkünfte jedes Ehegatten und der Gesamtbetrag der Einkünfte beider Ehegatten für 2020?**

Ernst Kühn, Rottweil, wird mit seiner Ehefrau zusammen veranlagt. Beide Ehegatten erfüllen die altersmäßige Voraussetzung für die Gewährung des Altersentlastungsbetrags erstmals im Jahr 2018. Aus den Aufzeichnungen und Unterlagen ergibt sich Folgendes:

1. Einnahmen aus der Pension des Ehemannes als früherer Landesbeamter 9.817,00 € (Versorgungsbeginn 2018);
2. Einnahmen der Ehefrau aus einem gegenwärtigen Dienstverhältnis als Aushilfskraft 4.090,00 €;
3. Einkünfte des Ehemannes aus Vermietung und Verpachtung 921,00 €;
4. Einkünfte aus der Sozialversicherungsrente der Ehefrau als frühere Angestellte 1.227,00 €.

4.4.5 Einkünfte aus Kapitalvermögen

Einkünfte aus Kapitalvermögen

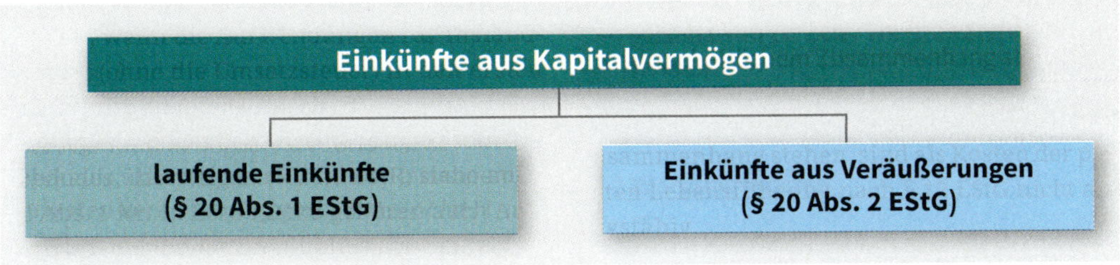

Die Einkünfte aus Kapitalvermögen sind als Überschusseinkünfte ebenfalls nach dem Überschuss der Einnahmen (§ 8 Abs. 1 EStG) über die Werbungskosten (§ 9 EStG) zu ermitteln.

Einnahmen aus Kapitalvermögen sind Erträge, die einem Kapitalgeber dafür zufließen, dass er jemand anderem Kapital zur Nutzung überlässt. Voraussetzung dafür ist, dass diese Erträge nicht den Einkünften aus Land- und Forstwirtschaft, aus Gewerbebetrieb, aus selbstständiger Arbeit oder aus Vermietung und Verpachtung zuzurechnen sind (§ 20 Abs. 8 EStG). Bei dem Subsidiaritätsprinzip findet § 32d EStG mit dem besonderen Steuersatz nach § 32d Abs. 1 EStG keine Anwendung.

Beispiel

Das Geschäftsbankkonto eines Gewerbetreibenden weist ein hohes Guthaben aus. Die von der Bank auf diesem Konto gutgeschriebenen Zinsen gehören nicht zu den Einkünften aus Kapitalvermögen, sondern zu den Einkünften aus Gewerbebetrieb, weil das Geschäftsbankguthaben zum Betriebsvermögen gehört.

Die Gewinne aus dem Verkauf von privatem Kapital, z. B. aus dem Verkauf eines Einfamilienhauses oder eines Mietwohngrundstücks, das zum Privatvermögen gehört, gehören nicht zu den Einkünften aus Kapitalvermögen. Diese Gewinne sind nicht steuerbar, wenn sie zu keiner der sieben Einkunftsarten gehören, es sei denn, es handelt sich um Einkünfte aus privaten Veräußerungsgeschäften im Sinne des § 23 Abs. 1 EStG, aus denen sich ein Spekulationsgewinn ergibt. Diese Spekulationsgewinne gehören aber nicht zu den Einkünften aus Kapitalvermögen, sondern zu den sonstigen Einkünften im Sinne des § 22 EStG (siehe dazu Kap. 4.4.7 und 4.4.7.3).

Die Einkünfte aus Kapitalvermögen können in zwei Gruppen eingeteilt werden:

- Gewinnanteile (Kap. 4.4.5.1) und
- Zinsen und ähnliche Bezüge (Kap. 4.4.5.2).

4.4.5.1 Gewinnanteile als Einkünfte aus Kapitalvermögen

Dazu gehören insbesondere:

- Gewinnanteile (Dividenden) und sonstige Bezüge aus Aktien, Anteilen an Gesellschaften mit beschränkter Haftung sowie an Erwerbs- und Wirtschaftsgenossenschaften (§ 20 Abs. 1 Nr. 1 Satz 1 EStG). Zu den sonstigen Bezügen gehören auch verdeckte Gewinnausschüttungen (§ 20 Abs. 1 Nr. 1 Satz 2 EStG). Bezüglich verdeckter Gewinnausschüttungen siehe Kap. 6.3.3;
- Einnahmen aus der Beteiligung als stiller Gesellschafter, es sei denn, dass der stille Gesellschafter als Mitunternehmer (einer Personengesellschaft) anzusehen ist (§ 20 Abs. 1 Nr. 4 EStG). Als Mitunternehmer würde er nämlich als sogenannter atypisch stiller Gesellschafter Einkünfte aus Gewerbebetrieb und nicht aus Kapitalvermögen beziehen (§ 15 Abs. 1 Nr. 2 EStG).

Gewinnausschüttungen von Kapitalgesellschaften

- **Teileinkünfteverfahren**

  Gewinnanteile und sonstige Bezüge im Sinne des § 20 Abs. 1 Nr. 1 EStG von Gesellschaften, die mit einem Körperschaftsteuersatz von 25 % besteuert werden, unterliegen beim Gläubiger der Erträge (z. B. Aktionär oder GmbH-Gesellschafter) der Besteuerung nach dem Teileinkünfteverfahren. Dieses ist durch folgende Kernpunkte gekennzeichnet.

→

- 40 % der Einnahmen (z. B. Dividenden) bleiben steuerfrei, § 3 Nr. 40 Buchstabe d EStG;
- nur 60 % der Werbungskosten, die durch die Dividenden veranlasst werden, sind abzugsfähig, § 3c EStG;
- der steuerfreie Anteil der Einnahmen unterliegt nicht dem Progressionsvorbehalt, wird aber für andere Leistungen (insbesondere sozialrechtliche Leistungen, aber auch Eigenheimzulage, Vermögensbildung, Familienleistungsausgleich usw.), die an steuerliche Begriffe wie Einkommen anknüpfen, wieder hinzugerechnet;
- der Sparer-Pauschbetrag von 801,00 € nach § 20 Abs. 9 EStG bleibt voll erhalten;
- die Kapitalertragsteuer auf die Erträge beträgt 25 % von der Dividende (falls sie der Gläubiger der Erträge wie in der Regel trägt);
- Freistellungsauftrag (siehe Kap. 4.4.5.4) und Nichtveranlagungsbescheinigung sind weiter möglich.

Beispiele

a) Die Anlagenbau AG (insgesamt sind 2 Mio. Aktien auf dem Markt), Dortmund, deren Wirtschaftsjahr mit dem Kalenderjahr übereinstimmt, schüttet an ihren Aktionär Peters mit 100 Aktien im Jahr 2020 für das Wirtschaftsjahr 2019 eine Dividende von 3,75 € je Aktie aus.

Berechnung der Auszahlung an Herrn Peters:

Dividende 100 · 3,75 €	375,00 €
– 25 % Kapitalerstragsteuer	– 93,75 €
– 5,5 % Solidaritätszuschlag	– 5,16 €
Gutschrift	276,09 €

Nach § 43 Abs. 5 EStG ist die Gewinnausschüttung damit abgegolten. Eine Veranlagung nach § 32d EStG kommt nicht in Betracht.

b) Die Thamm GmbH mit Sitz in Tübingen, deren Wirtschaftsjahr mit dem Kalenderjahr übereinstimmt, schüttet an ihre Alleingesellschafterin Marianne Thamm für das Jahr 2018 am 14. Nov. 2020 einen Gewinnanteil von 15.000,00 € aus.

Berechnung der Auszahlung an Frau Thamm:

Gewinnanteil nach Körperschaftsteuer	15.000,00 €
– 25 % Kapitalertragsteuer	– 3.750,00 €
– 5,5 % Solidaritätszuschlag	– 206,25 €
Gutschrift	11.043,75 €

Marianne Thamm hat steuerbare Einnahmen nach § 20 Abs. 1 Nr. 1 EStG in Höhe von .... 15.000,00 €

Grundsätzlich greift hier die Abgeltungswirkung von § 43 Abs. 5 EStG. Da aber Frau Thamm Alleingesellschafterin ist, kann sie über § 32d Abs. 2 Nr. 3 Buchstabe a EStG die Veranlagung und damit das Teileinkünfteverfahren beantragen. Hier werden jetzt die tatsächlichen Werbungskosten gegengerechnet. Ein Sparer-Pauschbetrag nach § 20 Abs. 9 EStG kommt nicht zur Anwendung.

Somit würden sich dann ihre Einkünfte wie folgt ermitteln:

§ 20 Abs. 1 Nr. 1 EStG	15.000,00 €
§ 3 Nr. 40 Buchstabe d EStG über § 32 Abs. 2 Nr. 3 Satz 2 EStG	– 6.000,00 €
Werbungskosten nach § 3c Abs. 2 EStG	0,00 €
Einkünfte	9.000,00 €

Jetzt wird der persönliche Steuersatz zugrunde gelegt.

Wenn Frau Thamm den Antrag nach § 32d Abs. 2 EStG nicht stellt, dann beträgt der Steuersatz 25 % (+ 5,5 % Solidaritätszuschlag vom Kapitalertragsteuerbetrag) und die Einkünfte sind dann damit abgegolten (§ 43 Abs. 5 EStG).

4497280

Beispiel b), Fortsetzung

Hubert Thamm GmbH
Birkenallee 27
72072 Tübingen
(Bezeichnung der ausschüttenden Körperschaft)

Steuerbescheinigung

der leistenden Körperschaft, Personenvereinigung oder Vermögensmasse
(§ 45a EStG, § 8 Abs. 1, §§ 27, 28, 37 KStG i. d. F. des Steuersenkungsgesetzes)
für Bezüge, für die das Halbeinkünfteverfahren gilt

An Marianne Thamm, Bergstraße 10, 72072 Tübingen
(Name und Anschrift des Anteilseigners/Gläubigers der Kapitalerträge)

wurden laut Beschluss vom 04.11.2020 am 14.11.2020 (Zahlungstag) für 01.01.2018 – 31.12.2018 (Zahlungszeitraum)

folgende Gewinnanteile (Art der Kapitalerträge) gezahlt

Kapitalerträge im Sinne des § 20 Abs. 1 Nr. 1, 9 und Nr. 10 Buchst. a EStG	15.000,00	€
Bezüge im Sinne des § 20 Abs. 1 Nr. 2 EStG	0,00	€
darin enthaltene Leistungen aus der Herabsetzung des gezeichneten Kapitals (§ 28 Satz 4 KStG)	0,00	€
Summe	15.000,00	€
Anrechenbare Kapitalertragsteuer im Sinne des § 43a Abs. 1 Nr. 1 und 2 EStG	3.750,00	€
Anrechenbare Kapitalertragsteuer im Sinne des § 43a Abs. 1 Nr. 4 und 5 EStG		€
Anrechenbarer Solidaritätszuschlag zur Kapitalertragsteuer	206,25	€
Leistungen aus dem steuerlichen Einlagekonto (§ 27 KStG)	0,00	€
Höhe des von der leistenden Körperschaft in Anspruch genommenen Körperschaftsteuerminderungsbetrags (§ 37 KStG)	0,00	€

Finanzamt, an das die Kapitalertragsteuer und der darauf entfallende Solidaritätszuschlag abgeführt worden sind: Tübingen

Steuernummer 2886-661/2730

Ich versichere, dass ich die Angaben wahrheitsgemäß nach bestem Wissen und Gewissen gemacht habe.

Tübingen, 16.11.2020
(Ort, Datum)

Volker Thamm
(Unterschrift)
Eigenhändige Unterschrift des gesetzlichen Vertreters der Körperschaft

- **Einkünfte aus Kapitalvermögen**

Systematisch werden die laufenden Erträge nach § 20 Abs. 1 EStG besteuert, während die Veräußerung der Rechte, aus denen gegebenenfalls laufende Erträge nach § 20 Abs. 1 EStG erzielt werden, nach § 20 Abs. 2 EStG besteuert werden.

§ 20 Abs. 1 EStG: laufende Einnahmen		§ 20 Abs. 2 EStG: Veräußerungen/Einlösung	
1	Anteile an Körperschaften	1	Anteile an Körperschaften
2	Auflösung von Körperschaften	2	Dividenden-/Zinsscheine ohne Stammrecht
3	Investmentverträge	3	Termingeschäfte
4	Stille Gesellschaft; partiarische Darlehen	4	Stille Gesellschaft; partiarisches Darlehen
5	Hypotheken, Grundschulden	5	Hypotheken, Grundschulden
6	Kapitallebensversicherung	6	Kapitallebensversicherung
7	Sonstige Kapitalforderungen	7	Sonstige Kapitalforderungen
8	Diskontbeträge	8	Übertragung einer Position im Sinne des Abs. 1 Nr. 9
9	Leistungen nicht befreiter Körperschaften		
10	Sonstige Leistungen		
11	Stillhaltergeschäfte		

Dividendenerträge gemäß § 20 Abs. 1 Nr. 1 EStG

- § 3 Nr. 40 EStG ist im Privatvermögen in der Regel nicht anwendbar;
- grundsätzlich kein tatsächlicher Werbungskostenabzug;
- 25 % Abgeltungssteuer.

Werden die Einkünfte aufgrund des Subsidiaritätsprinzips des § 20 Abs. 8 EStG anderen Einkunftsarten zugerechnet, ist § 3 Nr. 40 EStG mit der Maßgabe anwendbar, dass lediglich 40 % der Einnahmen steuerfrei sind (§§ 3c Abs. 2 und § 32d Abs. 1 EStG).

Sämtliche Werbungskosten sind grundsätzlich mit dem Abzug des Sparer-Pauschbetrags nach § 20 Abs. 9 EStG abgegolten.

Die Erträge unterliegen bei Zufluss der Kapitalertragsteuer in Höhe von 25 %. Die Einkommensteuer ist für diese Erträge damit grundsätzlich gemäß § 43 Abs. 5 EStG abgegolten.

Zinsen gemäß § 20 Abs. 1 Nr. 7 EStG

Sonstige Zinserträge und Zinsen nach § 233a AO. Die sonstigen Zinserträge können aus Festgeldern, Tagesgeldkonten bei Banken oder aus Privatdarlehen stammen.

Unternehmerische Beteiligung gemäß § 32d Abs. 2 Nr. 3 EStG

(Beachten Sie hierzu bitte auch Kap. 6.1.)

Auf Antrag wird für unternehmerische Beteiligungen eine Optionsmöglichkeit zur Anwendung der tariflichen Einkommensteuer eingeräumt.

Eine Option hat zur Folge, dass

- die Dividenden zu 40 % steuerfrei sind,
- ein Werbungskostenabzug unter Beachtung des § 3c Abs. 2 EStG möglich ist,
- die Verlustverrechnungsbeschränkung für diese Einkünfte aus Kapitalvermögen (§ 20 Abs. 6 EStG) nicht gilt und
- die Erträge nach dem persönlichen Steuersatz besteuert werden.

4497282

Gewinnermittlung (siehe auch unten)

Besteuerung von Gewinnen aus der Veräußerung von Kapitalanlagen gemäß § 20 Abs. 2 EStG

Zu den Einkünften aus Kapitalvermögen gehören gemäß § 20 Abs. 2 EStG insbesondere Veräußerungsgewinne aus

- Anteilen an Kapitalgesellschaften,
- Anteilen an Investmentfonds,
- Termingeschäften,
- Kapitalversicherungen,
- sonstigen Kapitalforderungen, z. B. Schuldverschreibungen, Finanzinnovationen, Vollrisikozertifikaten.

§ 20 Abs. 2 EStG regelt, dass neben den laufenden Erträgen aus den in § 20 Abs. 1 EStG genannten Kapitalanlagen auch die vom Steuerpflichtigen erzielten Wertzuwächse bei der Veräußerung der Kapitalanlage oder Beendigung des Kapitalüberlassungsvertrages der Einkommensteuer unterworfen werden.

Die Besteuerung von Wertzuwächsen erfolgt im Rahmen des § 20 Abs. 2 EStG unabhängig von der Haltedauer der Kapitalanlage.

Als Veräußerung im Sinne des § 20 Abs. 2 Satz 1 EStG gilt auch

- der Differenz-/Barausgleich bei Termingeschäften,
- die Einlösung/Rückzahlung,
- Abtretung,
- Vereinnahmung eines Auseinandersetzungsguthabens eines stillen Gesellschafters und
- die verdeckte Einlage einer Kapitalanlage in eine Kapitalgesellschaft.

Die Anschaffung/Veräußerung eines Anteils an einer Personengesellschaft gilt als Anschaffung/Veräußerung der anteiligen Wirtschaftsgüter.

Veräußerung von Anteilen an Kapitalgesellschaften gem. § 20 Abs. 2 Nr. 1 EStG

Bei Erwerb der Anteile werden sämtliche Veräußerungsgewinne erfasst. Die Haltedauer spielt dabei keine Rolle.

§ 3 Nr. 40 EStG ist, sofern die Anteile im Privatvermögen gehalten werden und es sich nicht um eine Beteiligung nach § 17 EStG handelt, nicht anwendbar.

Die Veräußerungsgewinne sind daher voll steuerpflichtig.

Gewinnermittlung gemäß § 20 Abs. 4 EStG:
  Veräußerungserlös
– Anschaffungskosten
– Veräußerungs-/Anschaffungsnebenkosten
= Gewinn

Die auszahlende Stelle ist bei Veräußerung zum Einbehalt von Kapitalertragsteuer in Höhe von 25 % verpflichtet.

Die Einkommensteuer ist damit grundsätzlich abgegolten.

Bei der Veräußerung von Wertpapieren aus der Girosammelverwahrung gelten die zuerst angeschafften Wertpapiere als zuerst veräußert (First-in-First-out). Vertretbare Wertpapiere werden regelmäßig einem Verwahrer zur Sammelverwahrung anvertraut (in Deutschland die Clearstream AG). Die Wertpapiere werden dort getrennt nach Gattungen verwahrt. Der Anleger wird Miteigentümer der entsprechenden Wertpapiergattungsart.

Verluste aus Aktien sind nur mit Aktienveräußerungsgewinnen verrechenbar (siehe Kap. 4.3).

Wird eine wesentliche Beteiligung im Sinne des § 17 EStG veräußert, liegen dem Grunde nach gewerbliche Einkünfte vor, die auch nach neuem Recht der tariflichen Einkommensteuer unterworfen werden. Für diese Beteiligungen ist auch § 3 Nr. 40 EStG anwendbar. Die Erträge sind dann im Rahmen des Teileinkünfteverfahrens zu 40 % steuerfrei. Ferner greift weder das

Verlustverrechnungsverbot des § 20 Abs. 6 EStG noch das Werbungskostenabzugsverbot des § 20 Abs. 9 EStG. Werbungskosten sind dann gemäß § 3c Abs. 2 EStG zu 60 % abzugsfähig.

Die Veräußerung von Investmentanteilen führt gemäß § 8 Abs. 5 InvStG zu steuerpflichtigen Einkünften nach § 20 Abs. 2 Nr. 1 EStG (siehe auch Kap. 7).

Beispiel

Kauf am 1. Juni 2018 von 100 Aktien zu je 80,00 € zuzüglich Anschaffungsnebenkosten 80,00 €. Verkauf der Aktien am 31. Mai 2020 zu je 100,00 €, Veräußerungsnebenkosten 100,00 €.

Gewinn:

Veräußerungspreis	10.000,00 €
Veräußerungsnebenkosten ..	– 100,00 €
Anschaffungskosten	– 8.000,00 €
Anschaffungsnebenkosten ..	– 80,00 €
Steuerpflichtiger Gewinn gemäß § 20 Abs. 2 Nr. 1 EStG	1.820,00 €

Die Steuerbemessungsgrundlage für Veräußerungen im Sinne des § 20 Abs. 2 EStG wird gemäß § 20 Abs. 4 EStG bestimmt.

Die Gewinnermittlungsvorschrift des § 20 Abs. 4 EStG ist an die Gewinnermittlungsvorschriften des § 23 Abs. 3 und § 17 Abs. 2 EStG angelehnt.

Grundsätzlich gilt demnach als Gewinn der Unterschiedsbetrag zwischen Veräußerungserlös und Anschaffungskosten. Anschaffungs- und Veräußerungsnebenkosten können steuermindernd berücksichtigt werden.

Allgemeines Ermittlungsschema gemäß § 20 Abs. 4 Satz 1 EStG:

Veräußerungserlös
– Anschaffungskosten
– Anschaffungs-/Veräußerungsnebenkosten
= Gewinn

- **Einnahmen aus der Beteiligung als stiller Gesellschafter**

Einnahmen aus der Beteiligung als echter (typischer) stiller Gesellschafter gehören ebenfalls zu den Einkünften aus Kapitalvermögen (§ 20 Abs. 1 Nr. 4 EStG), wenn die Beteiligung zum Privatvermögen des stillen Gesellschafters gehört. Gehört die Beteiligung zum Betriebsvermögen eines Gewerbebetriebs des stillen Gesellschafters, so bezieht er aus dieser stillen Beteiligung Einkünfte aus Gewerbebetrieb (§ 20 Abs. 8 EStG i. V. m. § 15 Abs. 1 Nr. 1 EStG).

In beiden Fällen liegen Einnahmen aus der Beteiligung als echter (typischer) stiller Gesellschafter vor, die der Kapitalertragsteuer unterliegen (§ 43 Abs. 4 EStG). Der echte stille Gesellschafter ist nur am Gewinn, eventuell auch am Verlust, nicht aber an den stillen Reserven des Betriebs beteiligt.

Ein unechter (atypischer) stiller Gesellschafter dagegen ist als Mitunternehmer im Sinne des § 15 Abs. 1 Nr. 2 EStG anzusehen, weil er nicht nur am Gewinn bzw. Verlust beteiligt ist, sondern auch an den stillen Reserven bzw. am Veräußerungserfolg (siehe Kap. 4.5.9). Insoweit ist die stille Gesellschaft einer Personengesellschaft gleichgestellt und der unechte (atypische) stille Gesellschafter bezieht Einkünfte aus Gewerbebetrieb, die nicht der Kapitalertragsteuer unterliegen.

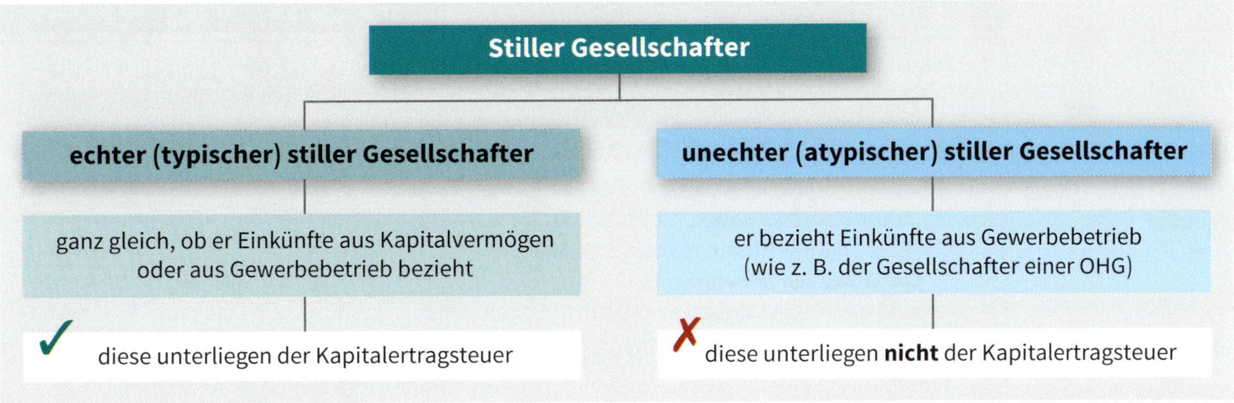

4.4.5.2 Zinsen und ähnliche Bezüge als Einkünfte aus Kapitalvermögen

Dazu gehören insbesondere:

- Zinsen aus Hypotheken und Grundschulden sowie Renten aus Rentenschulden (§ 20 Abs. 1 Nr. 5 EStG);
- Zinsen aus sonstigen Kapitalforderungen, z. B. Zinsen aus Darlehen, Sparguthaben, Bausparguthaben, Zinsen aus festverzinslichen Wertpapieren, wie Anleihen des Bundes und der Länder (§ 20 Abs. 1 Nr. 7 EStG) und Erstattungszinsen nach § 233a AO.

4.4.5.3 Kapitalertragsteuer (§ 43 EStG)

Der Kapitalertragsteuer von 25 % nach § 43a Abs. 1 Nr. 1 EStG unterliegen z. B.:

- Gewinnanteile (Dividenden) und sonstige Bezüge aus Aktien und Anteilen an Gesellschaften mit beschränkter Haftung nach § 20 Abs. 1 Nr. 1 EStG;
- Einnahmen aus der Beteiligung als (echter) stiller Gesellschafter nach § 20 Abs. 1 Nr. 4 EStG;
- Zinsen oder zinsähnliche Erträge, z. B. aus Sparguthaben und Anleihen nach § 20 Abs. 1 Nr. 7 EStG;
- Erträge aus Tafelpapieren (Zins- und Dividendenscheine, die am Bankschalter eingelöst werden). Nach § 358 Abs. 3 Kapitalanlagegesetzbuch (KAGB) sind Tafelpapiere (Inhaberanteilscheine), die sich mit Ablauf des 31.12.2016 nicht in Sammelverwahrung befinden, kraftlos. Sie sind zwar nicht wertlos, können aber nicht mehr durch bloße Übergabe an einen anderen übertragen/verkauft werden. Damit ist die Einlösung von Zinscoupons nicht mehr möglich.

Der Abzug der Kapitalertragsteuer in Höhe von 25 % auf Gewinnanteile usw. ist vom Schuldner der Kapitalerträge vorzunehmen. In der Regel ist das die Bank, bei der sich die Wertpapiere, z. B. Aktien, im Depot befinden.

Die abzuziehende Kapitalertragsteuer in Höhe von 25 % von Zinserträgen usw. wird „Zinsabschlag“ genannt. Der Zinsabschlag ist in der Regel vom Kreditinstitut vorzunehmen, das die Kapitalerträge schuldet (auszahlende Stelle), und anonym an das Finanzamt abzuführen. Der Solidaritätszuschlag von 5,5 % wird noch dazu gerechnet.

Kreditinstitute im Ausland (dazu gehören auch die Zweigstellen inländischer Kreditinstitute im Ausland) brauchen den Zinsabschlag nicht vorzunehmen, auch dann nicht, wenn es sich bei dem Bankkunden um einen Steuerinländer handelt.

4.4.5.4 Einnahmen und Werbungskosten bei den Einkünften aus Kapitalvermögen und Sparer-Pauschbetrag

Bei der Ermittlung der Einkünfte aus Kapitalvermögen sind die Kapitalerträge brutto (d. h. vor Abzug der Kapitalertragsteuer) als Einnahme anzusetzen. Die Begründung dafür ist, dass die Kapitalertragsteuer – wie die Einkommensteuer und die Lohnsteuer – bei der Ermittlung der Einkünfte nicht abzugsfähig ist (§ 12 Nr. 3 EStG).

Beispiel

a) Einem kaufmännischen Angestellten ist im vorigen Kalenderjahr nach Abzug von 25 % Kapitalertragsteuer ein **Nettobetrag** von 2.945,00 € als Ertrag aus einer stillen Beteiligung an einem Einzelhandelsunternehmen ausgezahlt worden. Bei der Ermittlung der Einkünfte aus Kapitalvermögen ist als Einnahme der Bruttobetrag anzusetzen.

100 % (Bruttobetrag der Einnahme)		4.000,00 €
– 25 % Kapitalertragsteuer	1.000,00 €	
– 5,5 % Solidaritätszuschlag von der KapESt	55,00 €	1.055,00 €
Nettobetrag der Einnahme (73,625 %)		2.945,00 €
anzusetzende Einnahme aus Kapitalvermögen		4.000,00 €

b) Der GmbH-Gesellschafter Mengers (beteiligt mit 30 %) erhält eine **Bankgutschrift** von der Apparatebau GmbH in Hanau über Gewinnanteile in Höhe von 20.000,00 €. Andere Einkünfte aus Kapitalvermögen hat er nicht. Für die Ermittlung der Einkünfte nach dem Teileinkünfteverfahren ergibt sich folgende Berechnung:

Gewinnausschüttung	100	
– Kapitalertragsteuer 25 % von 100	25	
– Solidaritätszuschlag 5,5 % von 25	1,375	
Gutschrift in % der Gewinnausschüttung	73,625	20.000,00 €
Gewinnausschüttung	100	27.164,69 €

Sofern ein Antrag nach § 32 Abs. 2 Nr. 3 Buchstabe a EStG vorliegt, ergibt sich daraus:

Einnahmen aus Kapitalvermögen	27.164,69 €
– steuerfreier Betrag nach § 3 Nr. 40 EStG (40 %)	– 10.865,88 €
= steuerpflichtige Einnahmen	16.298,81 €
– Werbungskosten	0,00 €
= Einkünfte aus Kapitalvermögen	16.298,81 €

Von seiner festgesetzten Einkommensteuer kann Mengers die Kapitalertragsteuer, die die GmbH einbehalten und an das zuständige Finanzamt abgeführt hat, wieder abziehen (Abzugssteuer). Das Gleiche gilt für den Solidaritätszuschlag. Seine festgesetzte Einkommensteuer wird also gemindert um:

Gewinnausschüttung	27.164,69 €
Kapitalertragsteuer 25 %	6.791,18 €
Solidaritätszuschlag 5,5 %	373,51 €
insgesamte Anrechnung	**7.164,69 €**

Sofern er keinen Antrag stellt, gelten die Einkünfte in Höhe von 27.164,69 € mit der Einbehaltung der Kapitalertragsteuer (6.791,18 €) und dem Solidaritätszuschlag (373,51 €) nach § 43 Abs. 5 EStG als abgegolten.

Für den Abzug der Kapitalertragsteuer ist es gleichgültig, zu welcher Einkunftsart die Kapitalerträge zählen. Die Kapitalertragsteuer ist auch dann einzubehalten und an das Finanzamt abzuführen, wenn die Kapitalerträge beispielsweise zu den Einkünften aus Gewerbebetrieb oder aus Land- und Forstwirtschaft gehören (§ 43 Abs. 4 EStG).

Als Werbungskosten kommen nur solche Aufwendungen in Betracht, die unmittelbar mit den Einnahmen in wirtschaftlichem Zusammenhang stehen.

Werbungskosten sind z. B.:

- Bankgebühren;
- Prozesskosten (z. B. Anwalts- und Gerichtskosten in einem Prozess wegen zu niedriger Gewinnausschüttung);
- Reisekosten.

Vermögensverluste (z. B. Verlust einer Beteiligung durch Insolvenz) sind keine Werbungskosten. Diese Regelung ist nach Auffassung des BFH v. 24.10.2017 nicht mehr haltbar, da nach Einführung der Abgeltungssteuer der endgültige Ausfall einer Kapitalforderung zu einem steuerlich relevanten Verlust führt. Nach § 20 Abs. 6 S. 6 wird nunmehr ab 2020 geregelt, dass Verluste aus der ganzen oder teilweisen Uneinbringlichkeit von Kapitalforderungen (z. B. Gesellschafterdarlehen oder Ausbuchung wertloser Wirtschaftsgüter nach § 20 Abs. 1 EStG) nur bis zu einer Höhe von 10.000,00 € mit anderen Einkünften aus Kapitalvermögen ausgeglichen und im Übrigen nur auf Folgejahre nach den gleichen Grundsätzen vorgetragen und verrechnet werden können. Diese Regelung gilt ab 2021 auch für Termingeschäfte (§ 20 Abs. 2 Nr. 3 u. Abs. 1 Nr. 11 EStG).

Bei der Ermittlung der Einkünfte aus Kapitalvermögen sind als Werbungskosten 801,00 € (Sparer-Pauschbetrag), bei Zusammenveranlagung 1.602,00 € (gemeinsamer Sparer-Pauschbetrag) abzuziehen (§ 20 Abs. 9 EStG). Der Betrag von 1.602,00 € ist ein gemeinsamer Freibetrag. Er ist grundsätzlich bei jedem Ehegatten zur Hälfte abzuziehen.

Sind jedoch die Kapitalerträge eines Ehegatten niedriger als 801,00 €, so ist der nicht ausgenutzte anteilige Sparer-Pauschbetrag beim anderen Ehegatten zu berücksichtigen (§ 20 Abs. 9 Satz 3 EStG).

Beispiel

Reinhard Heuer, Essen, wird mit seiner Ehefrau Renate zusammen veranlagt. Der Ehemann ist als echter (typischer) stiller Gesellschafter an einem Einzelunternehmen beteiligt.

Sein Gewinnanteil hat (vor Abzug der Kapitalertragsteuer) 15.340,00 € betragen. Werbungskosten sind ihm nicht entstanden. Die Ehefrau hat für ein Darlehen Zinsen in Höhe von 297,00 € vereinnahmt. Sie macht Werbungskosten von 5,00 € geltend. Die Einkünfte aus Kapitalvermögen werden wie folgt errechnet:

(in €)	Ehemann	Ehefrau
Einnahmen	15.340,00	297,00
– Sparer-Pauschbetrag	– 801,00	– 297,00
	– 504,00	←
Einkünfte	14.035,00	0,00

Soweit der Sparer-Pauschbetrag von 801,00 € die Einnahmen der Ehefrau übersteigt (801,00 € – 297,00 € = 504,00 €), ist er beim Ehemann abzuziehen.

Der Sparer-Pauschbetrag darf zu keinen negativen Einkünften aus Kapitalvermögen führen.

> **Übung 2, Seite 290**

Freistellung vom Abzug der Kapitalertragsteuer

Die Kapitalertragsteuer wird nicht von den Kapitalerträgen abgezogen und an das Finanzamt abgeführt, sondern die Kapitalerträge (z. B. Zinsen auf dem Sparkonto) werden dem Gläubiger in voller Höhe gutgeschrieben,

- wenn für den Steuerpflichtigen eine Veranlagung zur Einkommensteuer nicht in Betracht kommt, d. h., wenn eine vom Finanzamt ausgestellte NV-Bescheinigung (Nichtveranlagungs-Bescheinigung nach § 44a Abs. 2 Nr. 2 EStG) vorliegt, oder
- wenn der Steuerpflichtige dem Schuldner seiner Kapitalerträge (das ist in der Regel ein Kreditinstitut) einen Freistellungsauftrag nach amtlich vorgeschriebenem Vordruck erteilt (§ 44a Abs. 1 Satz 1 und Abs. 2 Satz 1 Nr. 1 EStG) und die Einnahmen aus Kapitalvermögen das Freistellungsvolumen des Gläubigers nicht übersteigen. Das Freistellungsvolumen eines Alleinstehenden beträgt 801,00 € (Sparer-Pauschbetrag). Das gemeinsame Freistellungsvolumen eines Ehepaares, das zusammen veranlagt wird, beträgt 1.602,00 €. Es kann beliebig auf die Ehegatten aufgeteilt werden.

Übersteigen die Einnahmen aus den Kapitalerträgen im Zeitpunkt des Zufließens nicht das Freistellungsvolumen, werden die Einnahmen brutto, d. h. ohne Abzug der Kapitalertragsteuer und des Solidaritätszuschlages, gutgeschrieben. Übersteigen sie das Freistellungsvolumen, wird der Abzug vom übersteigenden Betrag vorgenommen.

Alle Steuerpflichtigen, die unbeschränkt einkommensteuerpflichtig sind und Steuererklärungen abzugeben haben, sind verpflichtet ihre Einnahmen aus Kapitalvermögen dem Finanzamt zu erklären. Dabei ist es ohne Bedeutung, ob für diese Einnahmen ein Freistellungsauftrag gestellt und ob der Steuerabzug vorgenommen worden ist. Soweit ein Steuerabzug vorgenommen worden ist, werden die einbehaltenen und abgeführten Beträge auf die Steuerschuld angerechnet oder erstattet. Den Nachweis über die einbehaltenen und abgeführten Beträge hat der Steuerpflichtige durch eine Steuerbescheinigung zu erbringen (§ 45a EStG).

Beispiel

Ein alleinstehender Steuerpflichtiger in Bonn hat der dortigen Sparkasse einen Freistellungsauftrag erteilt. Dabei hat er sein Freistellungsvolumen von 801,00 € in voller Höhe bei diesem Kreditinstitut in Anspruch genommen. Die zu erwartende Zinsgutschrift beträgt 708,00 €.

Dem Steuerpflichtigen werden die Zinsen in voller Höhe (ohne Zinsabschlag) gutgeschrieben, weil die Kapitalerträge das Freistellungsvolumen nicht übersteigen.

Erzielt ein Steuerpflichtiger bei mehreren Schuldnern (Kreditinstituten) Kapitalerträge, so ist es zweckmäßig, jedem Schuldner einen Freistellungsauftrag zu erteilen. In diesem Fall muss das zur Verfügung stehende Freistellungsvolumen entsprechend aufgeteilt werden.

Liegt einem Kreditinstitut ein Freistellungsauftrag vor, so bedeutet dies zweierlei:

- Zum einen wird es beauftragt, nach § 44a EStG von einem Steuerabzug abzusehen;
- zum anderen wird es beauftragt, beim Bundesamt für Finanzen einen Sammelantrag zu stellen auf Erstattung der einbehaltenen und abgeführten 25%igen Kapitalertragsteuer und des Solidaritätszuschlages von 5,5 %, damit diese Beträge dem Gläubiger der Kapitalerträge gutgeschrieben werden können.

4.4.5.5 Zeitpunkt des Zufließens der Kapitalerträge

Einnahmen – und dazu gehören auch Kapitalerträge – sind in dem Kalenderjahr bezogen, in dem sie dem Steuerpflichtigen zugeflossen sind (§ 11 Abs. 1 Satz 1 EStG). Einnahmen aus Kapitalvermögen sind zugeflossen, sobald der Steuerpflichtige über sie wirtschaftlich verfügen kann (H 20.2 [Zuflusszeitpunkt bei Gewinnausschüttung] EStH).

Nach § 44 Abs. 2 Satz 1 EStG gilt Folgendes:

Gewinnanteile (Dividenden) und andere Kapitalerträge, deren Ausschüttung von einer Körperschaft (z. B. AG) beschlossen wird, fließen dem Gläubiger an dem Tag zu, der im Beschluss als Tag der Auszahlung angegeben ist.

Auch die abzuführende Kapitalertragsteuer und der Solidaritätszuschlag gelten an diesem Tag als zugeflossen.

Beispiel

Eine GmbH in Ulm hat mit Beschluss vom 30. Sept. 2020 entschieden, einen Teil des Gewinns aus 2019 auszuschütten. Als Tag der Auszahlung ist im Beschluss der 27. Dez. 2020 bestimmt worden. Da die GmbH zu diesem Zeitpunkt nicht über die erforderlichen flüssigen Zahlungsmittel verfügte, ist die Auszahlung erst am 15. Jan. 2021 erfolgt.

Die Gesellschafter müssen die ausgeschütteten Gewinnanteile im Jahr 2020 versteuern, weil sie bei ihnen nach § 44 Abs. 2 Satz 1 EStG bereits am 27. Dez. 2020 als zugeflossen gelten.

Ist die Gewinnausschüttung beschlossen worden, ohne dass der Tag der Auszahlung im Beschluss festgelegt worden ist, so gilt als Zeitpunkt des Zufließens der Tag nach der Beschlussfassung (§ 44 Abs. 2 Satz 2 EStG).

Dem beherrschenden Gesellschafter (z. B. dem Gesellschafter einer GmbH, dem mehr als 50 % der GmbH-Anteile gehören) sind ausgeschüttete Gewinnanteile regelmäßig schon zugeflossen, wenn sie ihm auf einem Verrechnungskonto der Kapitalgesellschaft gutgeschrieben worden sind (H 20.2 EStH).

4497288

ZUSAMMENFASSUNG

Einkünfte aus Kapitalvermögen

Gewinnanteile (Dividenden) an juristische Personen (§ 20 Abs. 1 Nr. 1 EStG), sofern ein Antrag nach § 32d Abs. 2 Nr. 3 EStG vorliegt

  ausgezahlter Betrag (nach Abzug der Kapitalertragsteuer)
\+ Kapitalertragsteuer
\+ Solidaritätszuschlag
= Summe
– 40 % steuerfrei
= **Einnahmen**

Einnahmen aus Kapitalvermögen
– 60 % der Werbungskosten nach § 3c Abs. 2 EStG
= **Einkünfte aus Kapitalvermögen**

Einnahmen aus der Beteiligung als echter (typischer) stiller Gesellschafter (§ 20 Abs. 1 Nr. 4 EStG)

  ausgezahlter Betrag (nach Abzug der Kapitalertragsteuer)
\+ Kapitalertragsteuer
\+ Solidaritätszuschlag
= **Einnahmen**

\+

Vereinnahmte Zinsen und ähnliche Bezüge (§ 20 Abs. 1 Nr. 7 EStG)

  ausgezahlter Betrag (nach Abzug der Kapitalertragsteuer)
\+ Kapitalertragsteuer
\+ Solidaritätszuschlag
= **Einnahmen**

Einnahmen aus Kapitalvermögen
– Sparer-Pauschbetrag (§ 20 Abs. 9 EStG)
= **Einkünfte aus Kapitalvermögen**

AUFGABEN

1. In welche zwei Gruppen können die Einkünfte aus Kapitalvermögen eingeteilt werden?
2. Was versteht man unter „Dividende“?
3. In welchem Fall bezieht ein echter stiller Gesellschafter aus seiner Beteiligung Einkünfte aus Gewerbebetrieb?
4. Welche Zinsen gehören zu den Einkünften aus Kapitalvermögen?
5. Welche Einnahmen unterliegen der Kapitalertragsteuer und wie hoch sind die Steuersätze?
6. Welche Kapitalertragsteuer wird „Zinsabschlag“ genannt?
7. Welche Steuerpflichtigen unterliegen dem Zinsabschlag?
8. Welche Personen sind Steuerinländer?
9. Auf welche Bemessungsgrundlage wird bei den Einkünften aus Kapitalvermögen der Solidaritätszuschlag erhoben?
10. Welche Ausnahmen gibt es beim Zinsabschlag? (Nennen Sie zwei Beispiele.)
11. Was ist bei Dividenden als steuerpflichtige Einnahme anzusetzen bei der Ermittlung der Einkünfte?
12. In welchen Fällen werden die Kapitalerträge in voller Höhe (ohne Abzug der Kapitalertragsteuer) gutgeschrieben?
13. Wie hoch ist das Freistellungsvolumen bei den Kapitalerträgen?
14. An welchem Tag fließen einem Steuerpflichtigen Gewinnanteile zu, deren Ausschüttung von einer Körperschaft beschlossen wird?

VERTIEFENDE ÜBUNGEN

Übungen 1 und 2: Einnahmen aus Kapitalvermögen

Übungen 3 und 4: Einkünfte aus Kapitalvermögen

1. Wie hoch sind die Einnahmen aus Kapitalvermögen?

Ein Antrag nach § 32d Abs. 2 Nr. 3 EStG liegt vor.

Fall 1:
Nach Abzug der Kapitalertragsteuer und des Solidaritätszuschlags sind an einen stillen Gesellschafter 2.886,10 € ausgezahlt worden.

Fall 2:
Vom Gewinnanteil eines stillen Gesellschafters sind 410,00 € Kapitalertragsteuer einbehalten und an das Finanzamt abgeführt worden.

2. Wie hoch sind in den Fällen a) bis e) die Einkünfte (vor Sparerfreibetrag und Werbungskosten) aus Kapitalvermögen bei Gewinnbeteiligungen an einer GmbH?

Es liegt ein Antrag nach § 32d Abs. 2 Nr. 3 EStG vor. Es betragen:

a) die Gewinnausschüttung .... 4.340,00 €

b) der ausgezahlte Betrag ...... 1.030,75 €

c) die einbehaltene Kapitalertragsteuer .... 2.300,00 €

d) die einbehaltene Kapitalertragsteuer .... 720,00 €

e) der einbehaltene und abgeführte Solidaritätszuschlag .. 115,50 €

3. Wie viel Euro betragen die Einkünfte aus Kapitalvermögen 2020?

Alle notwendigen Anträge nach § 32d Abs. 2 Nr. 3 EStG und § 32d Abs. 3 und 4 EStG sind gestellt.

Fall 1:
Patrick Buchholz ist alleinstehend. Er ist als Privatmann an der Hartmut Bruns KG (Wirtschaftsjahr = Kalenderjahr), Bonn, als stiller Gesellschafter mit 5 % am Gewinn und Verlust beteiligt. An den stillen Reserven ist er nicht beteiligt. Für das vorige Jahr hat sein Gewinnanteil 14.700,00 € betragen. Auf einem Sparkonto sind ihm im vorigen Jahr Zinsen in Höhe von 7.300,00 € gutgeschrieben worden. Die Werbungskosten haben 150,00 € betragen.

Einen Freistellungsauftrag hat er seiner Bank nicht gegeben.

Fall 2:
Sachverhalt wie in Fall 1, aber mit dem Unterschied, dass Buchholz nicht nur am Gewinn und Verlust der Bruns KG beteiligt ist, sondern auch an den stillen Reserven der KG.

Fall 3:
Sachverhalt wie in Fall 1, aber mit dem Unterschied, dass Buchholz nicht als Privatmann, sondern als Gewerbetreibender an der KG beteiligt ist. Die stille Beteiligung gehört also zu seinem Betriebsvermögen.

Fall 4:
Die Philipp Rodewald AG, Berlin, hat im Juli d. J. an die alleinstehende Steuerfachangestellte Anke Drews aufgrund geerbter Aktien eine Dividende von 8.700,00 € ausgeschüttet. Auf einem Sparkonto sind von Anke Drews 230,00 € Zinsen erzielt worden. Werbungskosten werden nicht geltend gemacht. Drews hat ihrer Bank einen Freistellungsauftrag von 801,00 € gegeben.

4. Ermitteln Sie die Einkünfte aus Kapitalvermögen der Ehegatten Gerhard und Christiane Hilker, Villingen, für 2020.

Die Eheleute werden zusammen veranlagt. Es liegt ein Antrag nach § 32d Abs. 2 Nr. 3 EStG vor.

1. Der Ehemann ist an einer GmbH in Schwenningen mit 60 % beteiligt. Die GmbH hat am 2. Nov. 2020 die Ausschüttung des im Jahr 2018 erzielten Gewinns beschlossen. Als Tag der Auszahlung ist im Gesellschafterbeschluss der 20. Dez. 2020 bestimmt worden. Wie wirkt es sich aus, wenn die Auszahlung des Gewinnanteils erst am 3. Jan. 2021 erfolgt?

   Es haben betragen:

   Gewinnausschüttung....... 15.680,00 €

   anrechenbare Kapitalertragsteuer 25 % von 15.680,00 € . 3.920,00 €

   anrechenbarer Solidaritätszuschlag .... 215,60 €

   ausgezahlter Betrag........ 11.544,40 €

2. Der Ehefrau sind auf ihrem Sparkonto am 31. Dez. 2020 nach Abzug von 25 % Kapitalertragsteuer (= 2.581,50 €) und 5,5 % Solidaritätszuschlag (= 141,98 €) 7.602,52 € Zinsen gutgeschrieben worden.

3. Der Ehemann hat 280,00 € Werbungskosten für 2020 nachgewiesen. Die Ehefrau macht keine Werbungskosten geltend.
4. Freistellungsaufträge haben die Eheleute nicht erteilt.

5. Wie hoch ist der Gesamtbetrag der Einkünfte des Steuerpflichtigen Horst Keller, Singen, geb. 7. Aug. 1966, und seiner Ehefrau Jutta geb. Herzog, geb. 11. Sept. 1969, für 2020?

Die Eheleute werden zusammen veranlagt. Es liegt ein Antrag der Eheleute nach § 32d Abs. 2 Nr. 3 EStG vor. Sie haben im Veranlagungszeitraum die folgenden Einnahmen bzw. Einkünfte bezogen:

1. Der Ehemann hat als Finanzbeamter ein Bruttogehalt von 20.667,00 € bezogen, wobei nachgewiesene Werbungskosten in Höhe von 480,61 € vorliegen.
2. Die Ehefrau ist als Bankangestellte halbtags tätig. Ihr Arbeitslohn hat 10.040,00 € betragen. Sie macht Werbungskosten in Höhe von 286,32 € geltend.
3. Die Ehefrau hat Einkünfte aus Aktien bezogen. Die Dividende hat 2.800,00 € betragen. Die Steuerbescheinigung der AG (ausschüttende Körperschaft) liegt vor. Die Beteiligung an der Gesellschaft beträgt 26 %.
4. Der Ehemann hat ebenfalls Einkünfte aus Aktien bezogen. Nach der Steuerbescheinigung hat die Dividende nach Abzug der Kapitalertragsteuer von 25 % und des Solidaritätszuschlages 5.485,49 € betragen. Die Beteiligung an der Gesellschaft beträgt 26,5 %.
5. Die Eheleute haben ihrer depotführenden Bank je einen Freistellungsauftrag von 801,00 € gegeben.

6. Wie hoch ist der Gesamtbetrag der Einkünfte der Steuerpflichtigen Siebert für 2020?

Christiane Siebert, wohnhaft in Regensburg, geb. 1. Jan. 1953, ist seit zehn Jahren verwitwet. Aus ihren Aufzeichnungen und Unterlagen ergibt sich Folgendes:

1. Seit 2019 erhält sie Versorgungsbezüge aus dem früheren Dienstverhältnis des verstorbenen Ehegatten als Beamter 15.338,76 €.
2. Die Steuerpflichtige war an einer Möbelhandlung mit einer Einlage von 20.000,00 € beteiligt. Nach dem Vertrag war sie am Jahresgewinn mit 5 % beteiligt. Die Beteiligung am Verlust und am Betriebsvermögen war ausgeschlossen. Im Febr. 2020 beantragte die Möbelhandlung die Eröffnung des Insolvenzverfahrens. Am 29. Dez. 2020 erhielt die Steuerpflichtige nach Abrechnung die folgende Banküberweisung:

Gewinnanteil 2019 nach Abzug der Kapitalertragsteuer und des Solidaritätszuschlags	277,50 €
Rückzahlung der Einlage (25 %-Quote)	5.000,00 €
	5.277,50 €

3. Der Steuerpflichtigen sind für 2020 auf ihrem Sparkonto (ohne Berücksichtigung des Freistellungsauftrags) nach Abzug von 1.567,07 € Kapitalertragsteuer und 86,19 € Solidaritätszuschlag Zinsen in Höhe von 4.371,31 € gutgeschrieben worden. Die Eintragung im Sparbuch ist am 4. Jan. 2021 erfolgt.

Übungen 5 und 6: Gesamtbetrag der Einkünfte

4.4.6 Einkünfte aus Vermietung und Verpachtung

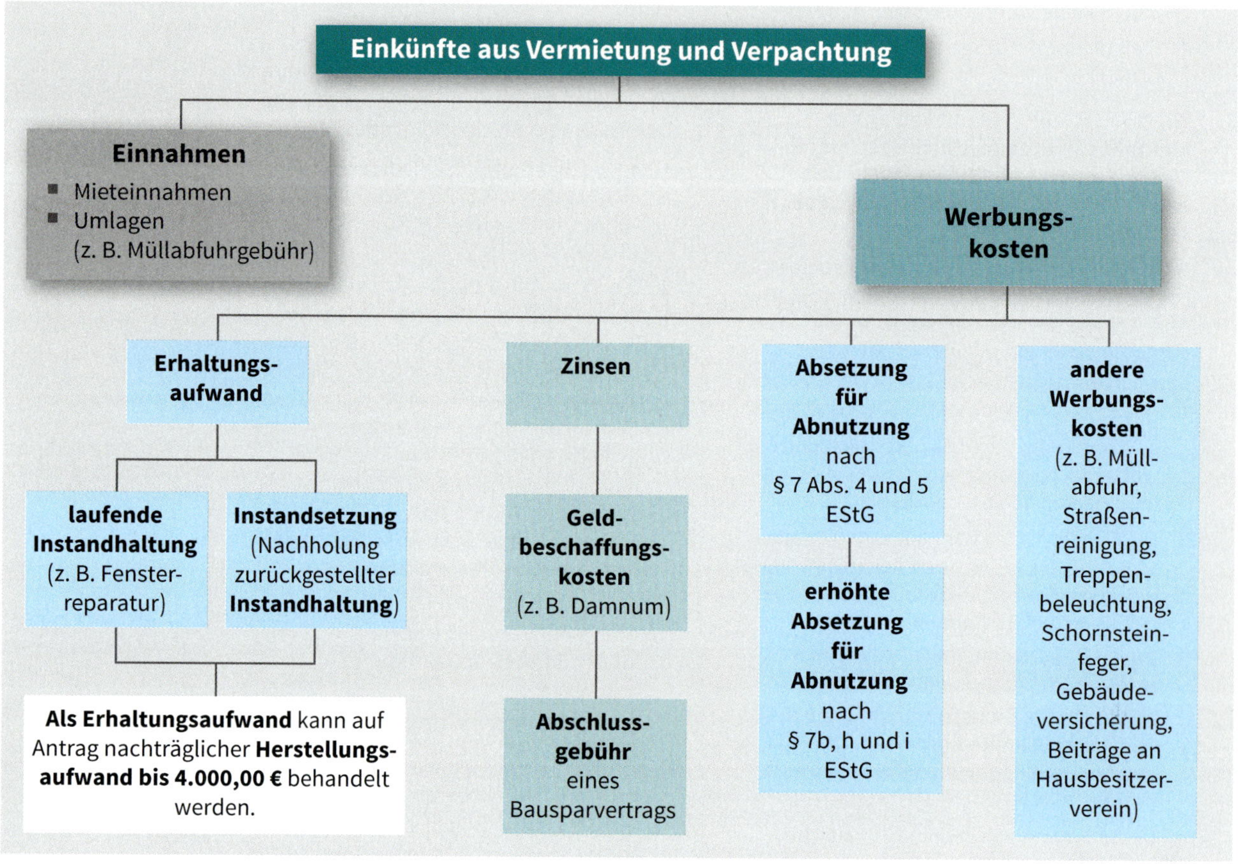

Dazu gehören nach § 21 Abs. 1 EStG vor allem:

- Einkünfte aus Vermietung und Verpachtung von unbeweglichem Vermögen, insbesondere von Grundstücken und Gebäuden (einschließlich Garagen);
- Einkünfte aus Vermietung und Verpachtung von Sachinbegriffen, insbesondere von beweglichem Betriebsvermögen. **Sachinbegriff** ist eine Vielzahl beweglicher Sachen, die wirtschaftlich (Zweckbestimmung) eine Einheit bilden, z. B. die Praxiseinrichtung eines Arztes.

Selbst bewohnte Wohnungen werden nicht besteuert. Die auf diese Wohnungen entfallenden Werbungskosten sind deshalb nicht abzugsfähig.

Einkünfte aus Vermietung und Verpachtung (§ 21 EStG) können nur im privaten, nicht im betrieblichen Bereich eines Steuerpflichtigen erzielt werden.

Für welche Zwecke die Vermietung oder Verpachtung erfolgt, ist gleichgültig.

Beispiele

a) Der Eigentümer eines gemischt genutzten Gebäudes hat vier Wohnungen für Wohnzwecke, ein Geschoss für gewerbliche Zwecke und eine Etage an das Arbeitsamt für behördliche Zwecke vermietet. Das Grundstück gehört zum Privatvermögen des Eigentümers. Deshalb erzielt er daraus Einkünfte aus Vermietung und Verpachtung.

4497292

b) Ein Tischlermeister in Münster hat seinen Tischlereibetrieb aus Altersgründen aufgegeben. Er hat das Betriebsvermögen (Inventar und Maschinen) verpachtet.

Da der Tischlermeister seinen Gewerbebetrieb aufgegeben hat, gehört die Verpachtung nicht zum betrieblichen, sondern zum privaten Bereich. Deshalb erzielt er daraus Einkünfte aus Vermietung und Verpachtung. Der Gegenstand der Verpachtung ist ein Sachinbegriff (bewegliches Betriebsvermögen).

Verpachtet der Tischlermeister den Gewerbebetrieb im Ganzen ohne Betriebsaufgabeerklärung, liegen gewerbesteuerfreie Einkünfte aus Gewerbebetrieb vor (§ 15 Abs. 3b EStG).

c) Jan Bartels hat in Potsdam ein Zweifamilienhaus angeschafft, das zu seinem Privatvermögen gehört. Eine Wohnung hat er vermietet, die zweite bewohnt er mit seiner Familie selbst.

Bartels erzielt lediglich aus der vermieteten Wohnung Einkünfte aus Vermietung und Verpachtung. Der Nutzungswert der selbst bewohnten Wohnung wird nicht besteuert. Deshalb sind auch die auf diese Wohnung entfallenden Werbungskosten (z. B. anteilige Grundsteuer und Reparaturkosten) nicht abzugsfähig.

Soweit die Einkünfte im Sinne des § 21 Abs. 1 EStG zu anderen Einkunftsarten gehören, sind sie diesen zuzurechnen (§ 21 Abs. 3 EStG).

Beispiele

a) Sachverhalt wie im obigen Beispiel b), jedoch mit dem Unterschied, dass der Tischlermeister nicht das gesamte Betriebsvermögen als wirtschaftliche Einheit (Sachinbegriff) verpachtet, sondern die Gegenstände einzeln an verschiedene Mieter vermietet hat.

In diesem Fall erzielt er keine Einkünfte aus Vermietung und Verpachtung, sondern sonstige Einkünfte (Vermietung beweglicher Gegenstände) nach § 22 Nr. 3 EStG.

b) Eine Maschinenfabrik in Duisburg hat zwei Wohnungen eines Gebäudes, das zum Betriebsvermögen der Fabrik gehört, für Wohnzwecke vermietet.

Die Einkünfte aus der Vermietung dieser Wohnungen sind Einkünfte aus Gewerbebetrieb, weil das Gebäude zum Betriebsvermögen gehört.

4.4.6.1 Ermittlung der Einkünfte aus Vermietung und Verpachtung

Die Einkünfte aus Vermietung und Verpachtung sind Überschusseinkünfte (siehe Kap. 4.3.2.2). Sie werden durch den Überschuss aller Einnahmen über alle Werbungskosten ermittelt (sog. Bruttoverfahren).

Zu den Einnahmen aus Vermietung und Verpachtung rechnen insbesondere die vereinnahmte Miete bzw. Pacht und Einnahmen für Nebenleistungen, z. B. Umlagen für Müllabfuhr, Straßenreinigungskosten. Es sei denn, dass solche Umlagen nicht stattfinden, weil die Nebenkosten bereits in Miete oder Pacht enthalten sind.

	Einnahmen (§ 8 Abs. 1 EStG)
–	**Werbungskosten** (§ 24b EStG)
=	**Einkünfte** (§ 21 EStG)

Beispiel

Der Eigentümer eines Dreifamilienhauses hat alle drei Wohnungen für eine monatliche Miete von je 400,00 € vermietet. Neben der Miete bekommt er von den Mietern für Nebenkosten (z. B. Kosten für Müllabfuhr, Kanalbenutzung, Straßenreinigung, Treppenhausbeleuchtung, Schornsteinfeger) monatlich je 80,00 €.

Der Steuerpflichtige hat für einen Veranlagungszeitraum als Einnahmen anzusetzen:

Mieteinnahmen 400,00 € · 3 · 12	14.400,00 €
vereinnahmte Nebenkosten 80,00 € · 3 · 12	2.880,00 €
Einnahmen im Sinne des § 8 EStG	17.280,00 €

Einnahmen sind innerhalb des Kalenderjahres bezogen, in dem sie dem Steuerpflichtigen zufließen (§ 11 Abs. 1 Satz 1 EStG). Regelmäßig wiederkehrende Einnahmen, die dem Steuerpflichtigen kurze Zeit vor Beginn oder kurze Zeit nach dem Ende des Kalenderjahres, zu dem sie wirtschaftlich gehören, zugeflossen sind, gelten als in dem Kalenderjahr bezogen, zu dem sie wirtschaftlich gehören (§ 11 Abs. 1 Satz 2 EStG, Zuflussprinzip).

Mieteinnahmen sind regelmäßig wiederkehrende Einnahmen. Als kurze Zeit gilt in der Regel ein Zeitraum bis zu zehn Tagen (H 11 [Allgemeines] EStH).

Beispiel

Die rückständige Miete für Nov. v. J. ist am 20. Jan. d. J. eingegangen. Die am 31. Dez. v. J. fällige Miete für Dez. ist am 8. Jan. d. J. eingegangen.

Die Miete für Nov. gilt als in diesem Jahr vereinnahmt, weil sie dem Steuerpflichtigen in diesem Jahr zugeflossen ist.

Die Miete für Dez. gilt als im vorigen Jahr vereinnahmt, weil sie als regelmäßig wiederkehrende Einnahme innerhalb zehn Tagen nach dem Ende des Kalenderjahres zugeflossen und fällig gewesen ist.

Für Grundstücksteile, die **eigenen gewerblichen oder beruflichen Zwecken** dienen, fallen weder Einnahmen an noch ist hierfür ein Mietwert anzusetzen. Die Nutzung von eigenem Grundbesitz zu betrieblichen Zwecken erhöht den Gewinn, weil keine Mietzahlungen zu leisten sind. Die auf diesen Grundbesitz entfallenden Aufwendungen (z. B. AfA, Grundsteuer, Reparaturkosten) sind abzugsfähige Betriebsausgaben (keine Werbungskosten).

Werbungskosten bei den Einkünften aus Vermietung und Verpachtung sind u. a.:

- Aufwendungen für Instandhaltung und Instandsetzung, Zinsen, Geldbeschaffungskosten, Grundsteuer, Müllabfuhrgebühr, Straßenreinigungsgebühren, Aufwendungen für Treppen- und Kellerbeleuchtung, Beiträge zur Gebäudeversicherung, Ausgaben für Hausverwaltung, Beiträge an Hausbesitzerverein;
- Absetzungen für Abnutzung nach §§ 7 Abs. 4 und 5, 7b, h und i EStG (siehe Kap. 4.4.6.2).

Die Aufwendungen für die laufende Instandhaltung (z. B. Reparatur der Wasserleitung) und die Aufwendungen für die Instandsetzung (Nachholung zurückgestellter Instandhaltungsarbeiten) stellen den **Erhaltungsaufwand** eines Gebäudes dar, der nach § 11 Abs. 2 EStG grundsätzlich in dem Kalenderjahr, in dem er geleistet worden ist, als Werbungskosten abzusetzen ist.

Nicht nur die Aufwendungen für die Instandhaltung und Instandsetzung, also nicht nur die Reparaturkosten, stellen Erhaltungsaufwand dar, sondern auch die Aufwendungen für die Erneuerung von bereits in den Herstellungskosten des Gebäudes enthaltenen Teilen, Einrichtungen oder Anlagen (z. B. Austausch von Fenstern – Holz gegen Aluminiumrahmen, Einfachglas gegen Doppelglas –, Umstellung einer Zentralheizung von Koks- auf Ölfeuerung, Ersatz einer alten durch eine neue Zentralheizung) sind regelmäßig Erhaltungsaufwand des Gebäudes (R 21.1 Abs. 1 EStR).

Ein größerer Erhaltungsaufwand kann auf zwei bis fünf Jahre gleichmäßig verteilt werden, wenn das betroffene Gebäude nicht zum Betriebsvermögen gehört und überwiegend zu Wohnzwecken genutzt wird (§ 82b EStDV).

Das Gegenstück zu dem sofort abzugsfähigen Erhaltungsaufwand ist der **Herstellungsaufwand**, der nicht sofort abzugsfähig ist, sondern nach § 9 Abs. 1 Nr. 7 EStG nur im Wege der Absetzung für Abnutzung als Werbungskosten, abgesetzt werden kann.

Herstellungsaufwand ist bei einem Gebäude anzunehmen, wenn es durch die Baumaßnahmen in seiner Substanz vermehrt (z. B. durch Aufstockung) oder über den bisherigen Zustand hinaus erheblich verbessert wird, z. B. dadurch, dass mehrere nebeneinander liegende Kohlenkeller in moderne Wohnungen umgebaut werden oder dass in ein Mietwohngrundstück eine Fahrstuhlanlage eingebaut wird.

Als Herstellungsaufwand sind auch Reparatur- oder Modernisierungsaufwendungen anzusehen, die im Zusammenhang mit der Anschaffung eines Gebäudes gemacht werden (anschaffungsnaher Herstellungsaufwand), wenn sie im Verhältnis zum Kaufpreis hoch sind

4497294

und früher zurückgestellte Instandhaltungsarbeiten nachgeholt werden. In der Regel ist das der Fall, wenn die Aufwendungen für Instandsetzung (ohne die Umsatzsteuer) in den ersten drei Jahren nach der Anschaffung des Gebäudes insgesamt 15 % der Anschaffungskosten des Gebäudes übersteigen (R 21.1 EStR; siehe auch § 6 Abs. 1 Nr. 1a EStG). Dazu gehören auch Aufwendungen, die jährlich üblicherweise anfallen, wie z. B. Schönheitsreparaturen.[1]

Beispiel

Ein Steuerpflichtiger hat 2020 in Hagen ein Vierfamilienhaus (Mietwohngrundstück), das 1972 errichtet worden ist, für 250.000,00 € erworben. Auf das Gebäude entfallen 200.000,00 €. In den ersten drei Jahren nach der Anschaffung hat der Steuerpflichtige insgesamt 80.000,00 € (ohne Umsatzsteuer) für Instandhaltungsarbeiten aufgewendet. Davon entfallen 65.000,00 € auf zurückgestellte Instandhaltung (neue Fenster und Türen) und 15.000,00 € auf laufenden Erhaltungsaufwand[1].

Der Betrag von 80.000,00 € ist als anschaffungsnaher Herstellungsaufwand den Anschaffungskosten des Gebäudes hinzuzurechnen, weil er mehr als 15 % der Anschaffungskosten beträgt.

Liegt Herstellungsaufwand (nach Fertigstellung eines Gebäudes) vor und betragen die Aufwendungen für die einzelne Baumaßnahme nicht mehr als 4.000,00 € netto (ohne Umsatzsteuer) je Gebäude, so ist auf Antrag dieser Aufwand aus Vereinfachungsgründen stets als Erhaltungsaufwand zu behandeln (R 21.1 Abs. 2 Satz 2 EStR).

Schuldzinsen sind bei der Ermittlung der Einkünfte aus Vermietung und Verpachtung als Werbungskosten abzugsfähig, wenn sie mit dieser Einkunftsart in wirtschaftlichem Zusammenhang stehen.

Beispiel

Der Eigentümer eines Mietwohngrundstücks nimmt ein Darlehen auf, um das Haus streichen zu lassen.

Die Zinsen sind bei den Einkünften aus Vermietung und Verpachtung als Werbungskosten abziehbar, weil sie mit diesen Einkünften in wirtschaftlichem Zusammenhang stehen.

Schuldzinsen, die mit keiner Einkunftsart im Zusammenhang stehen, sind als Kosten der privaten Lebensführung nach § 12 EStG nicht abzugsfähig.

Beispiel

Eine Hausfrau nimmt ein Darlehen auf, um sich einen Pelzmantel zu kaufen.

Die Zinsen sind nicht abzugsfähig, weil sie mit keiner der sieben Einkunftsarten in wirtschaftlichem Zusammenhang stehen.

Auch **Geldbeschaffungskosten** sind – wie Schuldzinsen – Werbungskosten bei den Einkünften aus Vermietung und Verpachtung, wenn das Darlehen zur Anschaffung oder Herstellung der Miet- oder Pachtsache (z. B. eines Zweifamilienhauses) oder zur Deckung eines Erhaltungsaufwands (z. B. für den Hausanstrich) verwendet wird.

Zu den Geldbeschaffungskosten gehören insbesondere: Gebühren für Hypothekenvermittlung, Bereitstellungszinsen für Bankkredite, Notariatsgebühren.

Das Damnum (Abgeld oder Disagio) gehört nach der Rechtsprechung des Bundesfinanzhofs ebenfalls zu den Geldbeschaffungskosten. Als **Damnum** wird die Differenz zwischen dem Nennbetrag und der Auszahlungssumme eines Hypothekendarlehens bezeichnet.

Beispiel

A nimmt zur Errichtung eines Zweifamilienhauses ein Hypothekendarlehen von 100.000,00 € auf. Nach dem Darlehensvertrag erfolgt die Auszahlung mit 95 % = 95.000,00 €.

Der einbehaltene Betrag von 5.000,00 € stellt das Damnum dar. Das sind vorweggenommene Zinsen. Der vom Steuerpflichtigen zu tilgende Darlehensbetrag beträgt 100.000,00 € (H 21.2 EStH „Finanzierungskosten“).

1 Nach der neusten Rechtsprechung des BFH und Anwendung der BFH-Urteile durch die Finanzverwaltung sind Schönheitsreparaturen in die 15 %-Grenze der ersten drei Jahre einzubeziehen.

Das Damnum ist beim Darlehensnehmer grundsätzlich im Kalenderjahr der Leistung – das ist das Jahr der Auszahlung des Darlehens – in voller Höhe als Werbungskosten bei den Einkünften aus Vermietung und Verpachtung abzugsfähig, wenn die Aufnahme des Darlehens mit dieser Einkunftsart in wirtschaftlichem Zusammenhang steht. Allerdings wird bei Darlehensverträgen mit einer Zinsfestschreibung von mindestens fünf Jahren, die nach dem 1. Jan. 2004 abgeschlossen werden, nur noch ein Disagiobetrag in Höhe von 5 % der Darlehenssumme als sofort abzugsfähige Werbungskosten zugelassen. Der übersteigende Disagiobetrag ist auf die Restlaufzeit des Darlehens zu verteilen.

Anderslautend ist die Auffassung des BFH (BFH-Urteil vom 08.03.2016), der ein Disagio nur dann nicht für sofort abziehbar hält, wenn es sich nicht im Rahmen des aktuellen Kreditmarkts im Üblichen hält.

Die Abschlussgebühr eines Bausparvertrags, in der Regel 1 % der Bausparsumme, kann als Werbungskosten im Jahr der Zahlung abgezogen werden. Voraussetzung dafür ist, dass der Bausparvertrag zur Finanzierung eines Bauvorhabens geschlossen worden ist, aus dem Einkünfte aus Vermietung und Verpachtung erzielt werden sollen, wobei die später erzielten Bausparzinsen Einnahmen aus Vermietung und Verpachtung sind.

Nach § 21 Abs. 2 EStG ist die Nutzungsüberlassung einer Wohnung zu Wohnzwecken in einen entgeltlichen und einen unentgeltlichen Teil aufzuteilen, wenn das Entgelt für die Überlassung weniger als 66 % der ortsüblichen Marktmiete beträgt. Dies hat dann zur Folge, dass auch nur der Anteil von Werbungskosten geltend gemacht werden kann, der anteilig dem entgeltlichen Teil entspricht. Die Miete muss für den vollen Werbungskostenabzug also mindestens 66 % der ortsüblichen Marktmiete betragen.

Beispiel

Der Steuerpflichtige Alt hat in seinem Dreifamilienhaus eine Wohnung an seine Schwester Heidi und eine Wohnung an den Steuerfachangestellten Weiss vermietet. Die dritte Wohnung bewohnt er selbst. Alle drei Wohnungen haben die gleiche Ausstattung und Größe.

Weiss zahlt monatlich 1.000,00 € (= ortsübliche Miete) und Heidi 750,00 €. An Werbungskosten sind im betreffenden Kalenderjahr 12.000,00 € angefallen.

Alt kann den Werbungskostenanteil für die zwei vermieteten Wohnungen (2/3 von 12.000,00 € = 8.000,00 €) geltend machen, da Heidi 75 % der ortsüblichen Marktmiete zahlt.

AUFGABEN

1. Was gehört zu den Einkünften aus Vermietung und Verpachtung?
2. Wie steht es mit der Besteuerung des Nutzungswertes der selbst bewohnten Wohnung?
3. Wie werden die Einkünfte aus Vermietung und Verpachtung ermittelt?
4. Welche Einnahmen gehören zur Einkunftsart Vermietung und Verpachtung?
5. Welche Aufwendungen sind Werbungskosten bei den Einkünften aus Vermietung und Verpachtung?
6. Welche Aufwendungen stellen Erhaltungsaufwand dar?
7. In welchen Fällen ist bei einem Gebäude Herstellungsaufwand anzunehmen?
8. Inwieweit kann Herstellungsaufwand als Erhaltungsaufwand behandelt werden?
9. In welchem Fall sind Schuldzinsen bei den Einkünften aus Vermietung und Verpachtung als Werbungskosten abzugsfähig?
10. In welchem Fall sind Geldbeschaffungskosten Werbungskosten?
11. Wie werden die Abschlussgebühren eines Bausparvertrags zur Finanzierung eines Bauvorhabens steuerlich behandelt?

4.4.6.2 Die Absetzung für Abnutzung (AfA) bei Gebäuden

Die Gebäude-AfA wird vorgenommen

- entweder linear nach § 7 Abs. 4 EStG (in gleichen Jahresbeträgen)
- oder degressiv nach § 7 Abs. 5 EStG (in fallenden Jahresbeträgen).

4.4.6.2.1 Die Gebäude-AfA in gleichen Jahresbeträgen (lineare AfA)

Bei Wirtschaftsgebäuden beträgt die lineare AfA nach § 7 Abs. 4 Satz 1 Nr. 1 EStG jährlich 3 % (Nutzungsdauer 33 1/3 Jahre) der Anschaffungs- oder Herstellungskosten. **Wirtschaftsgebäude** sind Gebäude soweit sie zu einem Betriebsvermögen gehören und nicht Wohnzwecken dienen (R 7.2 Abs. 1 EStR). Allerdings gilt nach § 52 Abs. 15 EStG der alte Abschreibungssatz von 4 % weiterhin für Gebäude, die

- vor dem 1. Jan. 2001 angeschafft (rechtswirksamer Vertrag) oder
- mit deren Herstellung vor dem 1. Jan. 2001 begonnen wurde (Bauantrag bzw. Einreichung der Bauunterlagen).

Bei allen anderen Gebäuden beträgt die lineare AfA

- 2 % (Nutzungsdauer 50 Jahre) der Anschaffungs oder Herstellungskosten, wenn das Gebäude nach dem 31. Dez. 1924 fertiggestellt worden ist, und
- 2,5 % (Nutzungsdauer 40 Jahre) der Anschaffungs- oder Herstellungskosten, wenn das Gebäude vor dem 1. Jan. 1925 fertiggestellt worden ist.

Bei diesen Gebäuden kommt es also nur auf den Zeitpunkt der Fertigstellung (nicht auf den Zeitpunkt der Anschaffung) an.

Bei Gebäuden, die der Steuerpflichtige vor dem 21. Juni 1948 (Tag der Währungsreform) angeschafft oder hergestellt hat, tritt an die Stelle der Anschaffungs- oder Herstellungskosten der am 21. Juni 1948 maßgebende Einheitswert des Grundstücks, soweit er auf das Gebäude entfällt, zuzüglich der nach dem 20. Juni 1948 aufgewendeten Herstellungskosten (§ 10a Abs. 1 Satz 1 EStDV).

Ist die Nutzungsdauer kürzer als 50, 40 oder 33 1/3 Jahre, so ist der AfA-Satz entsprechend höher (§ 7 Abs. 4 Satz 2 EStG). Die Anwendung niedrigerer AfA-Sätze als 2 %, 2,5 % und 3 % ist nicht zulässig. Es handelt sich hierbei also um eine steuerliche Mindestabschreibung.

Bei der Berechnung der Gebäude-AfA scheidet der Wert des Grund und Bodens aus, weil der Grund und Boden nicht der Abnutzung unterliegt.

Beispiel 1

Sebastian Müller hat Anfang d. J. in Ulm ein Dreifamilienhaus, Baujahr 1961, für 480.000,00 € erworben. Von dem Kaufpreis entfallen 80.000,00 € auf den Grund und Boden.

Die jährliche AfA beträgt 2 % von 400.000,00 € = 8.000,00 €, weil das Grundstück nach dem 31. Dez. 1924 fertiggestellt worden und kein Wirtschaftsgebäude ist.

Zu den Anschaffungskosten eines Gebäudes gehören der Anschaffungspreis und die Nebenkosten der Anschaffung, soweit sie dem angeschafften Gebäude zugeordnet werden können. Zu den Anschaffungskosten gehört auch der Wert übernommener Verbindlichkeiten (R 6.4 EStR).

Beispiel 2

Der Kaufpreis eines Grundstücks in Hessen beträgt	200.000,00 €
Hinzu kommen:	
Notariatskosten	1.900,00 €
Maklerprovision...............	6.000,00 €
vom Käufer übernommene Verbindlichkeit	10.000,00 €
Grunderwerbsteuer[1] 5 % von 210.000,00 €	10.500,00 €
Anschaffungskosten	228.400,00 €

1 Steuersatz je nach Bundesland zwischen 3,5 % und 6,5 % (siehe Art. 105 Abs. 2a GG)

Zu den **Herstellungskosten** aller Gebäude gehören z. B.:

- die Baukosten einschließlich Garagenbaukosten (z. B. Maurer-, Zimmerer-, Klempner-, Heizungsleger-, Tischler-, Elektrikerkosten);
- die Hausanschlusskosten. Das sind Kosten für den Anschluss des Hauses innerhalb des Grundstücks an den öffentlichen Kanal und an das Strom- oder Gasversorgungsnetz (siehe H 6.4 EStH);
- die Kosten der Umzäunung, wenn das Grundstück nicht unverhältnismäßig groß ist;
- die Kosten für das Verlegen von Auslegeware auf Estrich;
- die Kosten für eine „lebende Umzäunung" (Hecken, Büsche, Bäume an der Grenze). Beachten Sie dazu auch H 6.4 EStH.

Zu den Herstellungskosten gehören auch die Kosten für eine luxuriöse Ausstattung eines Gebäudes, z. B. für den Einbau eines Schwimmbades oder einer Sauna.

Nicht zu den **Herstellungskosten** eines Gebäudes gehören z. B.:

- der Wert der eigenen (persönlichen) Arbeitsleistung des Bauherrn (Eigenleistung);
- die Aufwendungen für Außenanlagen, z. B. für Hofbefestigungen und Straßenzufahrten. Die Kosten für Umzäunungen gehören dann nicht zu den Herstellungskosten, wenn das Grundstück unverhältnismäßig groß ist. Außenanlagen, die nicht Herstellungskosten des Gebäudes sind, bilden selbstständig bewertbare, unbewegliche Vermögensgegenstände, die je nach ihrer Nutzungsdauer linear abgeschrieben werden (z. B. Umzäunungen fünf bis 20 Jahre).

Ein Gebäude ist fertiggestellt, wenn die wesentlichen Bauarbeiten abgeschlossen sind und der Bau so weit errichtet ist, dass der Bezug der Wohnungen zumutbar ist oder das Gebäude für den Betrieb nutzbar ist (H 7.4 [Fertigstellung] EStH).

Bei Gebäuden, die im Laufe eines Jahres angeschafft oder hergestellt werden, kann die lineare AfA für das Jahr der Anschaffung/Herstellung nur zeitanteilig vorgenommen werden (R 7.4 Abs. 2 EStR, § 7 Abs. 1 Satz 4 EStG). Für das Jahr der Veräußerung gilt Entsprechendes (R 7.4 Abs. 8 EStR).

Beispiel

Ein Steuerpflichtiger hat am 15. Okt. des Ermittlungszeitraumes 1. Jan. – 31. Dez. ein Zweifamilienhaus, das er für Wohnzwecke vermietet, für 400.000,00 € angeschafft. Davon entfallen 100.000,00 € auf den Grund und Boden.

Der Veräußerer hat das Haus 1964 errichtet. Die Herstellungskosten haben damals 70.000,00 € betragen. Die lineare AfA ist im Ermittlungszeitraum wie folgt vorzunehmen:

Veräußerer:	2 % von 70.000,00 €	1.400,00 €
	davon 9/12	1.050,00 €
Erwerber:	2 % von 300.000,00 €	6.000,00 €
	davon 3/12	1.500,00 €

Nachträgliche Herstellungskosten (Erweiterungskosten) werden im Jahr der Fertigstellung der Baumaßnahme so behandelt, als wären sie schon zu Beginn des Jahres entstanden. Sie erhöhen die Bemessungsgrundlage für die AfA (R 7.4 Abs. 9 EStR).

Beispiel

Ein zu Beginn des Jahres 1997 für 200.000,00 € angeschafftes Gebäude, für das die lineare AfA mit 2 % vorgenommen worden ist, wird Ende 2019 erweitert. Fertigstellung ist Anfang 2020. Die AfA ist auch weiterhin mit 2 % vorzunehmen.

Anschaffungskosten	200.000,00 €
+ nachträgliche Herstellungskosten (Erweiterungskosten)	100.000,00 €
Bemessungsgrundlage ab 2020 (R 7.4 Abs. 9 Satz 3 EStG)	300.000,00 €

AfA von 1997 bis 2019: 23 · 2 % von 200.000,00 = 92.000,00 €

Von 2020 an bis zur vollen Absetzung des Betrags von 208.000,00 € beträgt die AfA jährlich 2 % von 300.000,00 € = 6.000,00 €.

Der Betrag von 208.000,00 € setzt sich zusammen aus dem Restwert von 108.000,00 € (200.000,00 € – 92.000,00 €) und nachträglichen Herstellungskosten von 100.000,00 €.

4497298

Nicht zu den Herstellungskosten des Gebäudes, sondern zu den **Anschaffungskosten des Grund und Bodens** gehören nach H 6.4 EStH z.B.:

- Straßenanliegerbeiträge (anteilige Erschließungs- und Straßenbaukosten),
- Kanalanschlussgebühren (Kanalbaubeiträge), die für den erstmaligen Anschluss an die Abwasserbeseitigungsanlage außerhalb des Grundstücks entrichtet werden.

4.4.6.2.2 Die Gebäude-AfA in fallenden Jahresbeträgen (degressive AfA)

Anstelle der linearen AfA nach § 7 Abs. 4 EStG kann auch die degressive Gebäude-AfA nach § 7 Abs. 5 EStG vorgenommen werden.

Die degressive AfA ist nur mit den vorgeschriebenen Staffelsätzen unter Zugrundelegung einer Nutzungsdauer von 25, 40 oder 50 Jahren zulässig. Sie ist aber nur dann zulässig, wenn sie vom Jahr der Fertigstellung an geltend gemacht worden ist. Im Jahr der Anschaffung oder Fertigstellung ist die degressive AfA in voller Höhe abzuziehen (H 7.4 [Teil des auf ein Jahr entfallenden AfA-Betrags] EStH).

Wohngebäude sind fertiggestellt, wenn sie bewohnbar sind. Ob das Gebäude im Jahr der Fertigstellung tatsächlich genutzt wird, ist ohne Bedeutung. Für das Jahr der Veräußerung darf die degressive AfA nur zeitanteilig vorgenommen werden (R 7.4 Abs. 8 EStR).

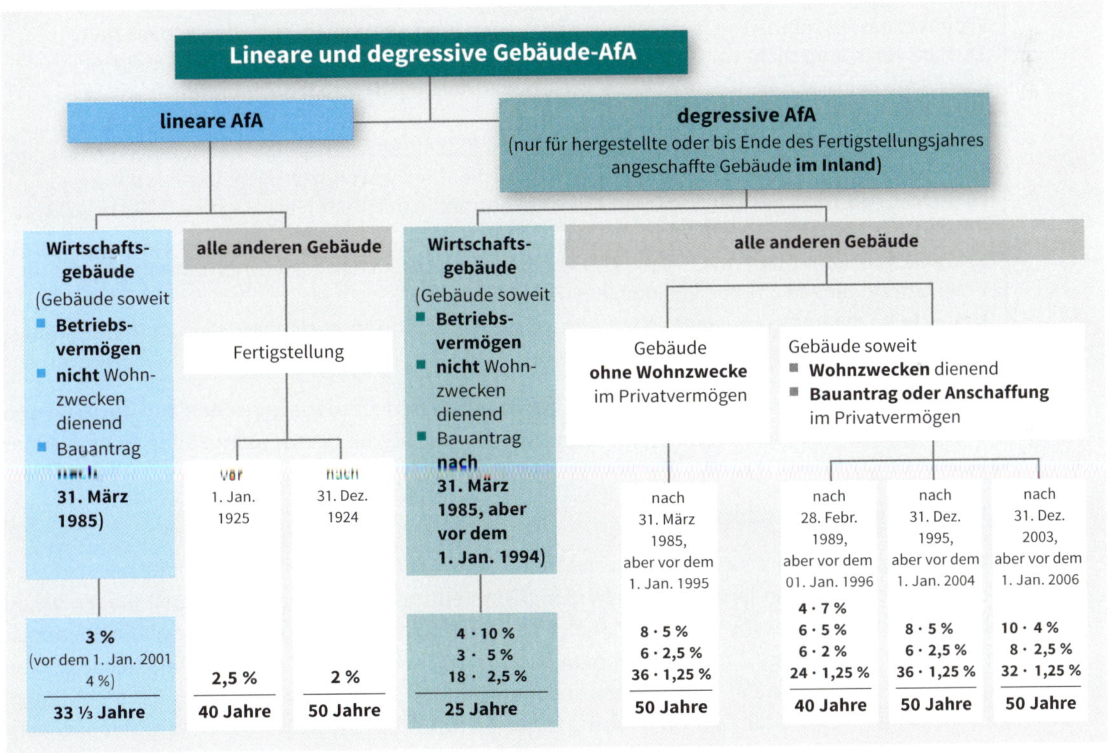

Allgemeine Voraussetzungen für die Inanspruchnahme der degressiven Gebäude-AfA

Allgemeine Voraussetzungen für die Inanspruchnahme sind

- sowohl nach § 7 Abs. 5 Satz 1 Nr. 1 EStG 1994 (jeweils 10 % in den ersten vier Jahren usw.)
- als auch nach § 7 Abs. 5 Satz 1 Nr. 2 EStG 1994 (jeweils 5 % in den ersten acht Jahren usw.)
- als auch nach § 7 Abs. 5 Satz 1 Nr. 3 EStG 1994 (jeweils 7 % in den ersten vier Jahren usw.),
- dass es sich um ein im Inland gelegenes Gebäude handelt und
- dass – falls das Gebäude vom Steuerpflichtigen angeschafft worden ist – der Hersteller für das veräußerte Gebäude weder die degressive AfA vorgenommen noch erhöhte Absetzungen oder Sonderabschreibungen →

in Anspruch genommen hat. Unschädlich ist es jedoch, wenn der Hersteller des veräußerten Gebäudes die lineare AfA in Anspruch genommen hat.

Bei **Gebäuden, die aus mehreren selbstständigen Gebäudeteilen bestehen**, ist grundsätzlich jeder Gebäudeteil gesondert abzuschreiben. Das gilt sowohl für die lineare als auch für die degressive AfA. Das bedeutet, dass jeder selbstständige Gebäudeteil ein selbstständiges unbewegliches Wirtschaftsgut darstellt und dass für jeden selbstständigen Gebäudeteil eine andere AfA-Methode gewählt werden kann. Die Herstellungs- oder Anschaffungskosten müssen entsprechend aufgeteilt werden (siehe auch R 4.2 Abs. 6 EStR).

Beispiel

Der Textilwarenhändler Märzhausen hat in Hannover ein vierstöckiges Gebäude errichtet, das am 20. Dez. 1996 bezugsfertig war. Jedes Stockwerk hat eine Nutzfläche von 150 m². Die Herstellungskosten haben 800.000,00 € betragen. Der Bauantrag ist am 5. Dez. 1994 gestellt worden.

Das Erdgeschoss wird eigenbetrieblich genutzt. Der 1. Stock ist für gewerbliche Zwecke an einen Frisör vermietet. Der 2. Stock ist für Wohnzwecke vermietet und den 3. Stock bewohnt der Steuerpflichtige selbst. Auf jede Etage entfallen Herstellungskosten in Höhe von 200.000,00 €.

Die **Gebäude-AfA** ist wie folgt vorzunehmen:

Erdgeschoss: Es handelt sich um ein Wirtschaftsgebäude. Der Bauantrag ist zwar nach dem 31. März 1985, aber nicht vor dem 1. Jan. 1994 gestellt worden. Deshalb ist die degressive AfA (10 % usw.) nicht zulässig. Die lineare AfA beträgt 4 % von 200.000,00 € = 8.000,00 € jährlich (für 1996 zeitanteilig, mit 1/12 der Jahres-AfA).

1. Stock: Die degressive AfA ist nach § 7 Abs. 5 Nr. 2 EStG 1995 zulässig. Der Gebäudeteil gehört zum Privatvermögen des Steuerpflichtigen und er dient nicht Wohnzwecken. Der Bauantrag ist vor dem 1. Jan. 1995 gestellt. Die degressive AfA beträgt in den ersten acht Jahren (1996 bis 2003) 5 % von 200.000,00 € = 10.000,00 €.

2. Stock: Hier kommt § 7 Abs. 5 Satz 3 EStG zur Anwendung. In den ersten vier Jahren (1996 bis 1999) beträgt die AfA 7 % von 200.000,00 € =14.000,00 €.

3. Stock: Da die Besteuerung des Nutzungswertes der Wohnung im eigenen Haus ab 1987 entfällt, kann auch keine AfA geltend gemacht werden.

Der **Wechsel** zwischen den degressiven Absetzungsverfahren sowie zwischen der linearen und der degressiven Gebäude-AfA ist **grundsätzlich unzulässig**. In bestimmten Fällen ist jedoch der Wechsel zur linearen Gebäude-AfA vorzunehmen (R 7.4 Abs. 7 EStR).

4.4.6.2.3 Erhöhte Gebäude-AfA

Für die Schaffung eines 10-jährigen vermieteten neuen Wohnraumes ist neben der linearen AfA nach § 7 Abs. 1 EStG im Jahr der Anschaffung/Herstellung und in den folgenden 3 Jahren bis zu jährlich 5 % eine Sonderabschreibung nach § 7b EStG möglich, wenn der Bauantrag/die Bauanzeige zwischen dem 31. Aug. 2018 und vor dem 01. Jan. 2022 gestellt wird. Pro m² Wohnfläche dürfen die AK/HK 3.000,00 € nicht übersteigen, sonst entfällt die Sonderabschreibung. Die nicht eingehaltene entgeltliche 10-jährige Vermietung führt ebenfalls zur Rückgängigmachung der erhöhten Afa. Die Bemessungsgrundlage für die Abschreibung nach § 7b EStG wird auf 2.000,00 € pro m² Wohnfläche begrenzt.

Beispiel

Private Vermietung eines zum 01. Juli 2020 bezugsfertigen EFH, Baukosten 500.000,00 €, Wohnfläche 210 m².

Jahr 2020	210 m² · 2.000,00 € · 5 % (nicht zeitanteilig, § 7b EStG)	21.000,00 €
	500.000,00 € · 2 % · 6/12 (§ 7 Abs. 4 EStG)	5.000,00 €
Jahr 2021–2023	21.000,00 € + 10.000,00 € = 31.000,00 € · 3 Jahre	93.000,00 €
		119.000,00 €
ab Jahr 2024	500.000,00 € – 119.000,00 € = 381.000,00 € : 46,5 Jahre (§ 7a Abs. 9 EStG) jährliche Afa (§ 7 Abs. 4 EStG)	8.194,00 €

4497300

ZUSAMMENFASSUNG

Aufwendungen für Gebäude

- **Herstellungs- und Anschaffungskosten** werden im Wege der AfA als Werbungskosten abgesetzt
  - als
    - **lineare AfA**
      - nach § 7 Abs. 4 EStG
    - **erhöhte Absetzungen**
      - nach § 7b EStG
      - nach § 7h EStG
      - nach § 7i EStG
    - **degressive AfA**
      - nach § 7 Abs. 5 EStG
- **Erhaltungsaufwand** wird als Werbungskosten abgesetzt
  - als
    - **Instandhaltungskosten**
    - **Instandsetzungskosten** (Nachholung, zurückgestellter Instandhaltung)

AUFGABEN

1. Wie hoch ist die lineare Gebäude-AfA bei Wirtschaftsgebäuden?
2. Was sind Wirtschaftsgebäude?
3. Wie hoch ist die lineare AfA bei Gebäuden, die keine Wirtschaftsgebäude sind?
4. Welche Kosten sind bei allen Gebäuden Herstellungskosten?
5. Welche Kosten zählen bei Gebäuden nicht zu den Herstellungskosten?
6. Bei welchen Gebäuden ist die lineare AfA nur zeitanteilig vorzunehmen?
7. Wie werden nachträgliche Herstellungskosten im Jahr der Fertigstellung der Baumaßnahme behandelt?
8. Wie hoch ist die degressive Gebäude-AfA für Wirtschaftsgebäude nach § 7 Abs. 5 Nr. 1 EStG?
9. Welche Gebäude oder Gebäudeteile werden als Wirtschaftsgebäude bezeichnet?
10. Welche AfA kommt für Wirtschaftsgebäude zur Anwendung, wenn die degressive AfA nicht zulässig ist?
11. Wie hoch ist die degressive AfA für Gebäude, die nicht Betriebsvermögen sind, für Wohnzwecke vermietet werden und für die der Bauantrag a) nach dem 31. Dez. 1995 und b) nach dem 31. Dez. 2003 gestellt wurde (aber vor dem 1. Jan. 2006)?
12. Welche Voraussetzungen müssen allgemein für die Inanspruchnahme der degressiven Gebäude-AfA erfüllt sein?
13. In welcher Höhe darf die degressive Gebäude-AfA im Jahr der Fertigstellung oder des Erwerbs und in welcher Höhe im Jahr der Veräußerung in Anspruch genommen werden?

VERTIEFENDE ÜBUNGEN

Übungen 1 bis 4: Einkünfte aus Vermietung und Verpachtung, Werbungskosten

1. **Wie viel Euro betragen die Einkünfte aus Vermietung und Verpachtung in den folgenden Fällen?**

Fall 1:

Der Eigentümer eines 1992 angeschafften Vierfamilienhauses hat im Veranlagungszeitraum drei Wohnungen für Wohnzwecke vermietet. Die monatlich vereinnahmte Miete hat 600,00 € je Wohnung betragen. Für Nebenkosten hat der Steuerpflichtige monatlich je 100,00 € von den Mietern erhalten. Aus der Vermietung von drei Garagen hat er insgesamt 1.200,00 € vereinnahmt. Die vierte Wohnung mit Garage nutzt der Steuerpflichtige für eigene Wohnzwecke.

Die mit dem Vierfamilienhaus in wirtschaftlichem Zusammenhang stehenden Ausgaben einschließlich der Nebenkosten haben im →

vorigen Jahr 12.000,00 € betragen. Davon entfallen 25 % auf die selbst genutzten Räume. Die Gebäude-AfA beträgt jährlich 5.000,00 €.

Fall 2:
Der Steuerberater Christian Steinbrügge ist Eigentümer eines Sechsfamilienhauses in Köln. Fünf Wohnungen sind vermietet. Die monatliche Miete einschließlich Nebenkosten beträgt 650,00 € je Wohnung. In der sechsten Wohnung sind die Büroräume des Steuerberaters untergebracht. Fünf Garagen sind für eine monatliche Miete von je 40,00 € vermietet. Die sechste Garage nutzt der Steuerberater für seinen betrieblichen Pkw.

Die Mieten für das vorige Jahr sind – bis auf eine Ausnahme – pünktlich eingegangen. Die Dezembermiete von 650,00 € für eine Wohnung ist erst im Febr. d. Folgejahres gezahlt worden. Im März sind rückständige Mieten aus dem Jahr davor in Höhe von 1.200,00 € eingegangen.

Die abzugsfähigen Aufwendungen haben im vorigen Jahr 17.000,00 € und die AfA hat 6.700,00 € betragen. Von den Aufwendungen und der AfA entfällt ⅙ auf die selbst genutzten Büroräume.

2. **Fall 1:**
Was liegt vor:
a) Erhaltungsaufwand oder
b) Herstellungsaufwand?

1. Reparatur der Wasserleitung;
2. Umbau von Kellerräumen in eine Souterrainwohnung;
3. Ersatz einer alten Zentralheizung durch eine neue;
4. Austausch von einfach verglasten Fenstern durch Thermopanefenster;
5. Reparatur der Zentralheizung;
6. Bau einer Garage;
7. Dachreparatur;
8. Einbau eines Fahrstuhls in ein Zehnfamilienhaus;
9. Hausanstrich sowie Außenanstrich der Fenster und Türen eines Mietwohngrundstücks. Es handelt sich um die Nachholung zurückgestellter Instandhaltungsarbeiten;
10. Anbringen von zwei Markisen für die Terrassen eines Zweifamilienhauses.

Fall 2:
Welche Beträge können für 2020 als Werbungskosten abgezogen werden?
Alexander Weisenborn hat 2017 in Bamberg ein Mehrfamilienhaus, Baujahr 1962, für 300.000,00 € angeschafft. Auf den Grund und Boden entfallen davon 40.000,00 €. Alle Wohnungen sind an Dauermieter vermietet.

Im Jahr 2020 hat der Steuerpflichtige 65.000,00 € für Instandhaltungsarbeiten aufgewendet. Davon entfallen 55.000,00 € auf die Erneuerung des Daches. Hierbei handelt es sich um die Nachholung zurückgestellter Instandhaltung. 10.000,00 € entfallen auf laufenden Erhaltungsaufwand. Für die Errichtung eines neuen Geräteschuppens hat der Steuerpflichtige 2.000,00 € aufgewendet.

Fall 3:
Welche Beträge stellen sofort abzugsfähige Werbungskosten dar?
Die Steuerberaterin Carola Meybohm hat in München ein dreigeschossiges Haus errichtet. Seit der Bezugsfertigkeit am 1. Juli v. J. ist eine Etage an einen Arzt für berufliche Zwecke vermietet. In der zweiten Etage sind die Praxisräume der Steuerpflichtigen untergebracht. Die dritte Etage bewohnt die Steuerpflichtige mit ihrer Familie selbst.

Zur Finanzierung des Neubaus hat die Steuerpflichtige ein Hypothekendarlehen von 200.000,00 € aufgenommen. Bei Auszahlung des Darlehens am 1. März v. J. ist ein Damnum von 5 % = 10.000,00 € einbehalten worden. Neben dem Damnum hat die Steuerpflichtige im vorigen Jahr die folgenden Beträge gezahlt: Gebühr für die Hypothekenvermittlung 800,00 €, Hypothekenzinsen 10.200,00 € und Tilgung 3.900,00 €. Alle drei Wohnungen sind gleichwertig, sodass auf jede Wohnung ⅓ der Aufwendungen entfällt.

3. **Ermitteln Sie die Einkünfte aus Vermietung und Verpachtung des Steuerpflichtigen Albrecht Lehmann für das Jahr 2020.**
Lehmann ist Eigentümer eines Dreifamilienhauses in Herne. Alle drei Wohnungen sind für eine monatliche Miete von je 500,00 € vermietet. Die Müllabfuhrgebühr und die Kosten für Bürgersteig- und Treppenhausreinigung sind in der Miete enthalten. Aus den Aufzeichnungen und Unterlagen ergibt sich Folgendes:

1. Die Miete für Nov. des Jahres 2019, für die Wohnung im 2. Stock ist erst am 19. Jan. 2020 eingegangen. Im Übrigen ist die Miete jeweils am Ersten des Monats pünktlich gezahlt worden.
2. Kosten für ausgeführte Reparaturen (Hausanstrich, Dachreparatur) .... 12.500,00 €

3. andere Werbungskosten (Zinsen, Müllabfuhr usw.) .... 4.500,00 €
4. Gebäude-AfA .... 2.500,00 €

4. Ermitteln Sie die Einkünfte aus Vermietung und Verpachtung des kaufmännischen Angestellten Kai Pleyn.

Pleyn ist seit einigen Jahren Eigentümer eines Sechsfamilienhauses in Aalen. Alle sechs Wohnungen sind für eine monatliche Miete von je 500,00 € vermietet. Aus den Aufzeichnungen und Unterlagen ergibt sich für das Kalenderjahr Folgendes:

1. Nach den Mietverträgen werden die Müllabfuhrgebühren sowie die Kosten für Treppenhaus- und Bürgersteigreinigung neben der Miete auf alle sechs Wohnungen zu gleichen Teilen umgelegt. Sie sind an den Vermieter zu zahlen.
2. Mieteinnahmen 3.000,00 € · 12 .... 36.000,00 €
3. Umlagen für Müllabfuhrgebühren 120,00 € · 6 .... 720,00 €
4. Umlagen für Treppenhaus- und Bürgersteigreinigung 150,00 € · 6 ..... 900,00 €
5. Als Werbungskosten macht Pleyn geltend:
   a) Grundsteuer .... 450,00 €
   b) Müllabfuhrgebühr .... 720,00 €
   c) Treppenhaus- und Bürgersteigreinigungskosten ...... 900,00 €
   d) Beiträge an Hausbesitzerverein 60,00 €
   e) Gebäudeversicherungsbeiträge 220,00 €
   f) Hausratversicherungsbeiträge der Familie Pleyn .... 50,00 €
   g) gezahlte Hypothekenzinsen für ein Darlehen, das vor einigen Jahren zur Finanzierung des Sechsfamilienhauses aufgenommen wurde .... 4.200,00 €
   h) geleistete Tilgungsraten für das Hypothekendarlehen (siehe g) .... 1.500,00 €
   i) Hausanstrich und Schornsteinfeger .... 4.500,00 €
   j) Kosten für den Ausbau einer zusätzlichen Wohnung im Dachgeschoss, die Ende v. J. fertiggestellt worden ist .... 9.600,00 €
   k) Kosten für die Reparatur der Gemeinschaftsantenne....... 48,00 €
6. Die AfA beträgt .... 3.500,00 €

5. Berechnen Sie den Gesamtbetrag der Einkünfte der Eheleute Meyer für 2020.

Wilhelm Meyer, Fulda, geb. 20. Mai 1967, wird mit seiner Ehefrau Hilde geb. Wild, geb. 1. Juni 1975, zur Einkommensteuer zusammen veranlagt. Aus seinen Büchern und Unterlagen ergibt sich Folgendes:

a) Gewinn aus Holzverkäufen aus eigenem Wald .... 400,00 €
b) Gewinn aus eigenem Baugeschäft............... 15.000,00 €
c) Vergütung für die Tätigkeit als Aufsichtsratsmitglied (keine abzugsfähigen Ausgaben geltend gemacht) .... 1.450,00 €
d) Zinsen aus Bausparguthaben 450,00 €
e) Überschuss aus der Vermietung eines Grundstücks .... 700,00 €
f) vereinnahmte Zinsen aus einer Hypothekenforderung ...... 1.050,00 €

Die Ehefrau Hilde hat 2020 keine Einkünfte bezogen.

6. Wie viel Euro beträgt für 2020

a) die lineare Gebäude-AfA nach § 7 Abs. 4 EStG,

b) die degressive Gebäude-AfA nach § 7 Abs. 5 EStG?

Fall 1:
Silvia Grote hat in Ulm ein Dreifamilienhaus errichtet, das am 15. April 2019 bezugsfertig geworden ist. Alle Wohnungen sind vermietet. Die Herstellungskosten haben 320.000,00 € betragen. Bauantrag ist am 20. Okt. 2007 gestellt worden. Der Bauantrag wurde 2010, 2014 und 2018 verlängert.

Fall 2:
Eine Maschinenfabrik hat in Gießen ein Betriebsgebäude errichtet, das am 20. Juli 1992 fertig gestellt worden ist. Die Herstellungskosten haben 500.000,00 € betragen.

7. Wie hoch ist die höchstmögliche Gebäude-AfA für 2020?

Fall 1:
Günter Moosbauer hat in Ludwigshafen am Rhein ein Einfamilienhaus errichtet, das seit der Fertigstellung am 1. Febr. 2004 für Wohnzwecke vermietet ist. Der Bauantrag ist am 1. März 2000 gestellt worden. Die Herstellungskosten haben 280.000,00 € betragen. Darin sind die Kosten für eine Sauna in Höhe von 20.000,00 € enthalten. →

Übung 5: Gesamtbetrag der Einkünfte

Übungen 6 bis 8: Gebäude AfA

Übung 9: Einkünfte aus Vermietung und Verpachtung

Übung 10: Herstellungskosten für Gebäude

Fall 2:
Die Maschinenfabrik Kuhlmann hat in Frankfurt am Main ein Gebäude errichtet, das sie seit der Fertigstellung am 1. Okt. 2020 für betriebliche Zwecke nutzt. Bauantrag: 20. Dez. 2004. Der Bauantrag wurde 2010, 2014 und 2018 um weitere fünf Jahre verlängert. Die Herstellungskosten werden mit 788.000,00 € angegeben. Darin sind Hausanschlusskosten in Höhe von 30.000,00 € und Beiträge für Anlagen zur Versorgung mit Strom und Wasser von 18.000,00 € enthalten.

Fall 3:
Der Blumenhändler Alexander Wiegmann hat in Hildesheim ein vierstöckiges Gebäude errichtet, das am 10. Aug. 2004 bezugsfertig war. Jede Etage hat eine Nutzfläche von 100 m². Die Herstellungskosten haben 800.000,00 € betragen. Auf jede Etage entfallen Herstellungskosten in Höhe von 200.000,00 €. Der Bauantrag ist am 12. Dez. 2000 gestellt worden.

Das Erdgeschoss wird eigenbetrieblich genutzt. Der 1. Stock ist für gewerbliche Zwecke (Sonnenstudio) und der 2. Stock für Wohnzwecke vermietet. Den 3. Stock bewohnt der Steuerpflichtige selbst.

8. Errechnen Sie die lineare AfA nach § 7 Abs. 4 EStG für 2019 und 2020.

Fall 1:
Ein Steuerpflichtiger hat am 15. Mai 1998 ein Dreifamilienhaus, Baujahr 1951, erworben. Die Anschaffungskosten haben 280.000,00 € betragen. Davon entfallen 40.000,00 € auf den Grund und Boden. Die Nutzungsdauer des Gebäudes beträgt weniger als 50 Jahre. Sie ist nach dem Zustand des Gebäudes im Zeitpunkt des Erwerbs auf 30 Jahre festgestellt.

Fall 2:
Zum Privatvermögen eines Steuerpflichtigen gehört ein Dreifamilienhaus, das 1925 errichtet wurde. Von dem Einheitswert auf den 21. Juni 1948 entfallen 20.000,00 € auf das Gebäude. Die Nutzungsdauer beträgt 40 Jahre.

Ende 1994 sind dem Steuerpflichtigen durch den Ausbau des Dachgeschosses Herstellungskosten in Höhe von 50.000,00 € entstanden. Bauantrag ist am 1. März 1994 gestellt worden. Das Dachgeschoss war am 1. Jan. 1995 fertiggestellt. Es wurde zwei Monate später vermietet. Die Nutzungsdauer des Gebäudes beträgt nach dem Ausbau noch 40 Jahre.

9. Ermitteln Sie die Einkünfte aus Vermietung und Verpachtung für 2020 und prüfen Sie, welche Gebäude-AfA anzusetzen ist (Begründung).

Eine Ärztin hat ein Dreifamilienhaus, Baujahr 1985, in Bayreuth erworben. Seit Übernahme des Hauses am 1. Febr. 1986 bewohnt sie mit ihrer Familie eine Wohnung selbst. Die zwei anderen Wohnungen sind für eine monatliche Miete von je 700,00 € vermietet. Alle drei Wohnungen sind gleichwertig. Die Mieter zahlen (neben der Miete) für Heizungskosten, die jährlich abgerechnet werden, monatlich je 150,00 €. Die Mieter zahlen eine monatliche Umlage von je 20,00 € für Müllabfuhr, Straßenreinigung und Schornsteinfeger, für die Garage je 40,00 € im Monat.

Die Anschaffungskosten des Dreifamilienhauses haben 350.000,00 € betragen. Davon entfallen auf den Grund und Boden 40.000,00 €. Im Juli 2015 ist in einer der vermieteten Wohnungen eine neue Dachgaube eingebaut worden. Die Herstellungskosten haben 3.500,00 € betragen.

Als Werbungskosten werden geltend gemacht:

Grundsteuer	343,00 €
Müllabfuhr, Straßenreinigung und Schornsteinfeger	691,00 €
andere Werbungskosten	2.283,00 €

10. Ermitteln Sie die Herstellungskosten des errichteten Gebäudes.

Konrad Maser ist Prokurist in Offenbach/Main. Er hat dort ein Zweifamilienhaus errichtet, das am 1. Dez. 2020 fertiggestellt worden ist (Bauantrag Jan. 2018). Beide Wohnungen sind vermietet.

Als Herstellungskosten macht Maser 428.944,00 € geltend. In dem Betrag sind neben den eigentlichen Baukosten, wie Maurerkosten usw., folgende Kosten enthalten:

Kosten für Notar und Grundbuchamt anlässlich der Anschaffung des Grund und Bodens......................	2.970,00 €
Kosten für den Einbau eines Schwimmbeckens	70.900,00 €
Kosten für den Einbau einer Sauna	8.000,00 €
Hausanschlusskosten einschließlich der Kanalanstichgebühr	7.000,00 €
Kosten für die Umzäunung des Grundstücks (1 000 m²) ..	7.900,00 €
Kosten für die Verlegung von Auslegeware auf dem Estrich ...	15.000,00 €

Wert der eigenen Arbeitsleistung . 5.600,00 €
Straßenanliegerbeiträge an die Gemeinde .... 14.000,00 €
Beiträge an die Gemeinde für Anlagen zur Versorgung mit Strom und Wasser .... 2.000,00 €
Kosten für zwei Schranktrennwände .... 8.200,00 €
Kosten für zwei Einbauschränke 9.300,00 €
Kosten für zwei Einbauküchen . 30.000,00 €
(In dem Betrag von 30.000,00 € sind die Küchenspülen und die Herde mit zusammen 3.000,00 € enthalten.)
Kosten für eine auf Sockel montierte Waschmaschine .... 1.974,00 €
Kosten für den Gartenarchitekten und die Gartenanlage (mit Ausnahme der Hecken und Büsche an der Grenze) .... 20.000,00 €

11. Wie hoch sind die Absetzungen nach § 7 EStG?

Die Steuerberaterin Silke Müller hat in Nürnberg ein Zweifamilienhaus errichtet, das sie seit der Fertigstellung am 20. Dez. 1995 für fremde Wohnzwecke vermietet hat. Der Bauantrag ist am 5. Juni 1994 gestellt worden. Die Herstellungskosten haben 200.000,00 € betragen. Öffentliche Mittel hat sie nicht in Anspruch genommen. Die Größe der Wohnungen und die vereinbarte Miete entsprechen den Vorschriften des sozialen Wohnungsbaus.

12. Errechnen Sie die Einkünfte aus Vermietung und Verpachtung für 2020.

Ralf Maß ist Eigentümer eines Vierfamilienhauses, das er 1980 in Aschaffenburg errichtet hat. Die Herstellungskosten haben 400.000,00 € betragen. Bis zum 31. Dez. 2017 waren alle vier Wohnungen für eine monatliche Miete von je 800,00 € vermietet. Im Jan. 2020 stand eine Wohnung leer. Ab 1. Febr. bewohnt Maß diese Wohnung selbst. Drei Wohnungen sind nach wie vor vermietet. Ab 1. Dez. 2020 beträgt die monatliche Miete je Wohnung 880,00 €. Alle vier Wohnungen sind gleichwertig.

Neben der linearen AfA nach § 7 Abs. 4 EStG werden die folgenden Werbungskosten nachgewiesen:

Dachreparatur und Hausanstrich .... 18.000,00 €
Hypothekenzinsen .... 4.000,00 €
Grundsteuer und Gebäudeversicherung .... 1.500,00 €
Müllabfuhr, Straßenreinigung, Treppenbeleuchtung .... 980,00 €
Tapezieren der vom Steuerpflichtigen selbst bewohnten Wohnung .... 1.800,00 €
Gebäudehaftpflicht .... 170,00 €

13. Berechnen Sie den Gesamtbetrag der Einkünfte der Eheleute Lemke für 2020.

Herbert Lemke, Bamberg, geb. am 31. Dez. 1954, wird mit seiner Ehefrau Helga, geb. am 5. Aug. 1954, zur Einkommensteuer zusammen veranlagt. Die Eheleute haben folgende Einkünfte bzw. Einnahmen erzielt:

a) Einkünfte aus einem landwirtschaftlichen Betrieb des Ehemannes .... 2.500,00 €
b) Einkünfte aus einer Gastwirtschaft der Ehefrau .... 26.000,00 €
c) Pension des Ehemannes als ehemaliger Polizeibeamter seit 2017, brutto .... 18.000,00 €
d) Überschuss aus der Vermietung eines Einfamilienhauses der Eheleute .... 2.156,00 €
e) Zinsen für ein Darlehen der Ehefrau an ihren Bruder .... 480,00 €
f) Dividenden aus Aktien der Ehefrau (Beteiligung 30 %, Gutschrift ohne Freistellungsauftrag) .... 5.890,00 €

Die Ehefrau ist an einer OHG als echte stille Gesellschafterin beteiligt. Gesellschafter der OHG sind der Bruder und die Schwester von Helga. Ihr Gewinnanteil hat 2.260,00 € (vor Steuern) betragen. Der Pensionsanspruch des Ehemannes entstand erstmals im Januar 2017.

14. Ermitteln Sie die Einkünfte aus Vermietung und Verpachtung für 2020. Wählen Sie wie bereits in allen Vorjahren die höchstmögliche Gebäude-AfA.

Eberhard Berger hat in Regensburg ein Dreifamilienhaus errichtet. Seit der Fertigstellung am 1. April 1994 bewohnt er eine Wohnung selbst. Zwei Wohnungen sind für eine monatliche Miete von je 500,00 € vermietet. Alle drei Wohnungen sind gleichwertig. Neben der Miete zahlen die Mieter monatlich je 50,00 € als Umlage für Müllabfuhr, Straßenreinigung und Schornsteinfeger. Der Bauantrag ist am 20. Dez. 1991 gestellt worden. Die Herstellungskosten haben 250.000,00 € betragen.

Übung 11:
Erhöhte Gebäude-AfA

Übung 12:
Einkünfte aus Vermietung und Verpachtung

Übung 13:
Gesamtbetrag der Einkünfte (Ehegatten)

Übung 14:
Einkünfte Mehrfamilienhaus

Übung 15: Erhaltungsaufwand/ Herstellungsaufwand

Übung 16: Gesamtbetrag der Einkünfte (Einzelperson)

Übung 17: Gesamtbetrag der Einkünfte (Eheleute)

Als Werbungskosten werden nachgewiesen:

Hypothekenzinsen .... 10.737,00 €
Grundsteuer .... 562,00 €
Müllabfuhr, Straßenreinigung, Schornsteinfeger .... 920,00 €
Gebäudeversicherung .... 194,00 €
Gebäudehaftpflichtversicherung 72,00 €
Hausratversicherung .... 113,00 €
sonstige Werbungskosten ...... 619,00 €

15. Liegt Erhaltungsaufwand oder Herstellungsaufwand vor?

Nr.	Sachverhalt	Erhaltungsaufwand	Herstellungsaufwand
1.	Einfach verglaste Fenster werden durch doppelt verglaste Fenster ersetzt.		
2.	Eine neue Aufzugsanlage wird eingebaut.		
3.	Die Fassade des Altbaus wird zwecks Wärmedämmung verkleidet.		
4.	Die Elektroinstallation wird erneuert.		
5.	Die Zentralheizung wird auf Fernwärme umgestellt.		
6.	Die Fenster im Erdgeschoss werden mit Rollläden versehen.		
7.	Bei einem neu errichteten Haus werden Anstreicherarbeiten durchgeführt.		
8.	In den Badezimmern werden die Wannen durch Duschen ersetzt.		

16. Errechnen Sie den Gesamtbetrag der Einkünfte des Steuerpflichtigen Lange für 2020.

Aus den Büchern und Unterlagen des Junggesellen Michael Lange, Koblenz, geb.18. Sept. 1976, ergibt sich Folgendes:

a) Gewinn aus einem Weinbaubetrieb........... 19.869,00 €
b) Gewinnanteil als Kommanditist einer KG.................. 14.800,00 €
c) Vergütung für die Tätigkeit als Aufsichtsratsmitglied ..... 2.000,00 €
d) Dividenden aus Aktien .... 5.100,00 €
e) Der Steuerpflichtige Lange hat ein Zweifamilienhaus, Baujahr 1985, in Koblenz erworben. Seit dem Tag der Übernahme des Hauses am 1. Juli 2020 hat er beide Wohnungen für eine monatliche Miete von je 600,00 € vermietet. Die Anschaffungskosten des Zweifamilienhauses haben 300.000,00 € betragen. Davon entfallen 20 % auf den Grund und Boden. Für die notarielle Beurkundung des Kaufvertrags und für die Umschreibung im Grundbuch hat Lange 3.000,00 € bezahlt. Außerdem hat er 10.500,00 € Grunderwerbsteuer gezahlt.

   Neben der höchstmöglichen AfA werden die folgenden Werbungskosten geltend gemacht:

   Zinsen 8.000,00 €; andere Werbungskosten (Grundsteuer, Gebäudeversicherung usw.) 800,00 €.
f) Zinsen für Sparguthaben (Freistellungsauftrag 200,00 €) 120,00 €
g) Der Steuerpflichtige betreibt in Koblenz eine Anwaltspraxis. Die Betriebseinnahmen hieraus betrugen 120.000,00 € und die Betriebsausgaben 50.000,00 €.

17. Berechnen Sie den Gesamtbetrag der Einkünfte der Eheleute Schumacher für 2020.

Jens Schumacher, Hannover, geb. 12. März 1976, wird mit seiner Ehefrau Sonja, die am 31. Dez. 1975 geboren wurde, zusammen veranlagt. Aus den Büchern und Unterlagen der Eheleute Schumacher ergibt sich Folgendes:

1. Gewinn des Ehemannes aus der Tätigkeit als Handelsvertreter 68.398,00 €.
2. Der Ehemann ist an einer OHG beteiligt. Sein Gewinnanteil beträgt 4.800,00 €.
3. Der Steuerpflichtige hat für die Tätigkeit als Aufsichtsratsmitglied eine Vergütung von 2.520,00 € erhalten. Ihm sind durch Ausübung dieser Tätigkeit Aufwendungen in Höhe von 112,00 € entstanden.
4. Der Ehemann hat am 10. Jan. 2019 in Hildesheim ein Einfamilienhaus, das 1965 errichtet worden ist, für 400.000,00 € erworben. Auf den Grund und Boden entfallen 60.000,00 €.

   Die Mieteinnahmen haben 15.600,00 € betragen. Als Werbungskosten werden neben der AfA nach § 7 Abs. 4 EStG geltend gemacht:

Grundsteuer .... 1.500,00 €
Zinsen .... 4.100,00 €
Reparatur .... 90,00 €
andere Werbungskosten .... 1.210,00 €

5. Die Ehefrau ist Steuerberaterin. Die Betriebseinnahmen haben 171.147,00 € und die Betriebsausgaben 64.000,00 € betragen.
6. Die Ehefrau hat als frühere Finanzbeamtin seit 2019 eine Pension von jährlich 17.454,00 € bezogen.
7. Die Ehefrau ist Miteigentümerin eines Geschäftsgrundstücks in Dortmund. Ihr Anteil an den Einkünften aus diesem Grundstück hat 22.100,00 € betragen.
8. An Zinsgutschriften aus Sparguthaben mit Freistellungsauftrag liegen vor:
   - Ehemann 820,00 €,
   - Ehefrau 990,00 €.

   Kapitalertragsteuer wurde nicht einbehalten.

4.4.7 Sonstige Einkünfte

ZUSAMMENFASSUNG

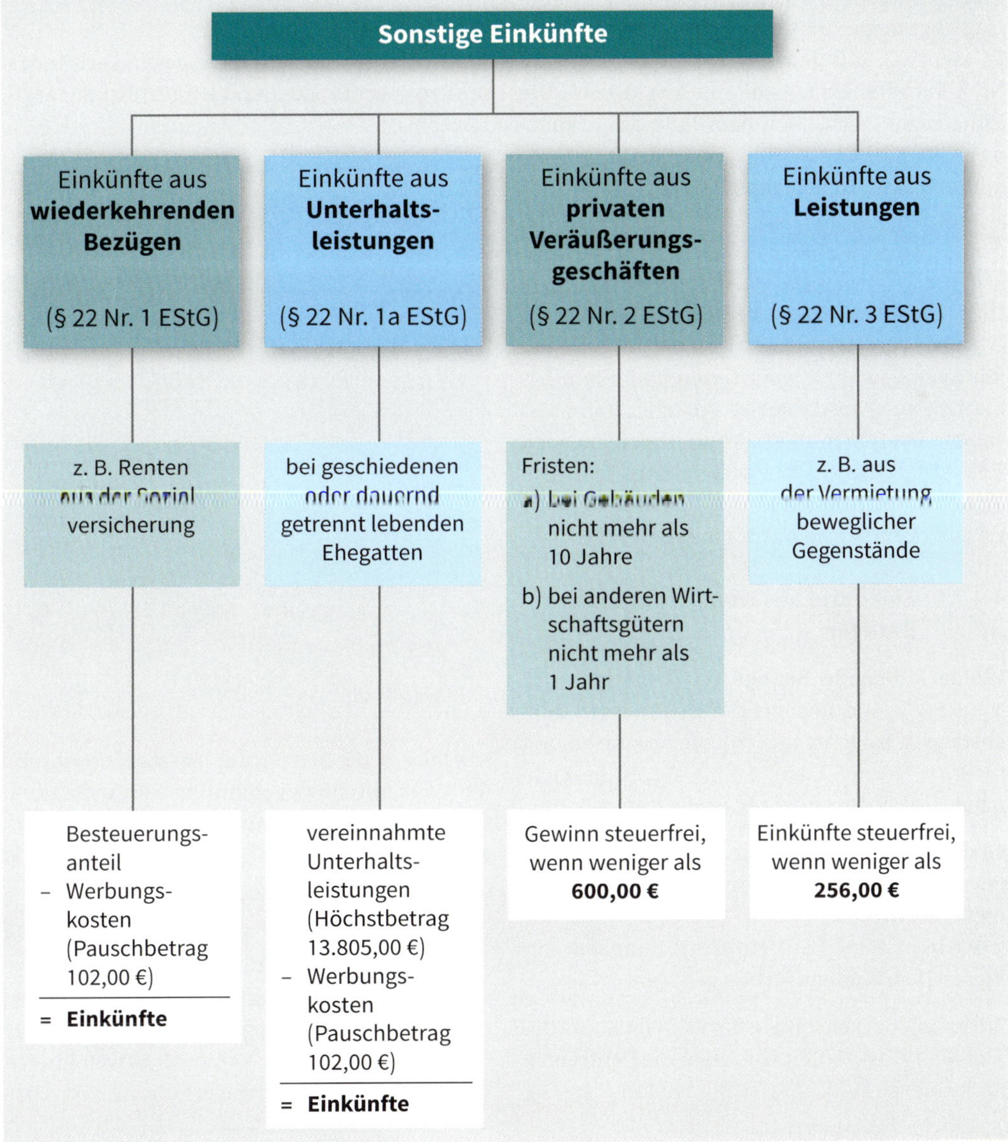

Dazu gehören nach § 22 EStG insbesondere:

- Einkünfte aus wiederkehrenden Bezügen (§ 22 Nr. 1 EStG),
- Einkünfte aus Unterhaltsleistungen (§ 22 Nr. 1a EStG),
- Einkünfte aus privaten Veräußerungsgeschäften (früher Spekulationsgeschäfte, § 22 Nr. 2 EStG),
- Einkünfte aus Leistungen (§ 22 Nr. 3 EStG) und
- Versorgungsbezüge und andere Bezüge aufgrund des Abgeordnetengesetzes (siehe dazu § 22 Nr. 4 EStG).

Von den Versorgungsbezügen nach dem Abgeordnetengesetz wird ein Versorgungsfreibetrag abgezogen. Dieser Versorgungsfreibetrag ist identisch mit dem für Arbeitnehmer, § 22 Nr. 4 Buchstabe b i. V. m. § 19 Abs. 2 EStG. Die Höhe richtet sich nach dem Jahr des erstmaligen Versorgungsbezugs und bleibt lebenslang erhalten (Kohortenprinzip).

Der Freibetrag beträgt bei Versorgungsbeginn im Jahr 2020 16,0 %, höchstens 1.200,00 €.

Der Zuschlag zum Versorgungsfreibetrag wird bei Versorgungsbezügen der Abgeordneten nicht gewährt, weil diesen auch kein Arbeitnehmer-Pauschbetrag zusteht. Beim Zusammentreffen mit Versorgungsbezügen nach § 19 Abs. 2 EStG (z. B. Pension eines früheren Beamten – siehe auch Kap. 4.4.4) wird der Versorgungsfreibetrag nur einmal gewährt.

4.4.7.1 Einkünfte aus wiederkehrenden Bezügen

Wiederkehrende Bezüge im Sinne des § 22 Nr. 1 EStG sind Bezüge, die in gewissen Zeitabständen (z. B. monatlich) wiederkehren und nicht zu den in § 2 Abs. 1 Nr. 1–6 EStG bezeichneten Einkünften gehören (siehe Kap. 4.3.2).

So sind z. B. die Pensionen der früheren Beamten ebenfalls wiederkehrende Bezüge, aber nicht im Sinne des § 22 Nr. 1 EStG, weil sie nach § 19 Abs. 1 Nr. 2 EStG zu den Einkünften aus nichtselbstständiger Arbeit gehören.

Zu den wiederkehrenden Bezügen im Sinne des § 22 Nr. 1 EStG zählen vor allem die Leibrenten (siehe hierzu H 22.3 EStH). Das sind in erster Linie die Renten der Arbeiter und Angestellten aus der Sozialversicherung.

Bei Altersrenten handelt es sich um Renten ohne zeitliche Befristung.

Der Besteuerung unterliegen nach § 22 Nr. 1 Satz 3 Buchstabe a Doppelbuchstabe aa Satz 1 EStG folgende wiederkehrende Bezüge:

Leibrenten und Leistungen aus

- gesetzlichen Rentenversicherungen,
- landwirtschaftlichen Alterskassen,
- berufsständischen Versorgungseinrichtungen und
- vergleichbaren privaten Rentenversicherungen im Sinne des § 10 Abs. 1 Nr. 2 Buchstabe b EStG.

Damit werden auch Renten wegen verminderter Erwerbsfähigkeit und Hinterbliebenenrenten erfasst.

Der Besteuerungsanteil der wiederkehrenden Bezüge ist der Tabelle des § 22 Nr. 1 Satz 3 Buchstabe a Doppelbuchstabe bb EStG zu entnehmen.

Jahr des Rentenbeginns	Besteuerungsanteil in %	Jahr des Rentenbeginns	Besteuerungsanteil in %
bis 2005	50	2021	81
ab 2006	52	2022	82
•	•	•	•
•	•	•	•
•	•	2029	89
•	•	2030	90
•	•	2031	91
•	•	2032	92
2016	72	2033	93
2017	74	•	•
2018	76	•	•
2019	78	2039	99
2020	80	2040	100

Im Jahr 2005 betrug der Besteuerungsanteil 50 % für alle oben genannten Bestandsrenten und den Rentenjahrgang, der in 2005 neu hinzugekommen ist.

Für jeden neu hinzukommenden Rentenjahrgang (Kohorte) wird der Besteuerungsanteil jährlich um 2 % bis 2020 erhöht, danach um 1 %, bis im Jahr 2040 die Rente voll mit 100 % zu versteuern ist. Im Gegenzug wird ein immer größer werdender Teil der Vorsorgeaufwendungen von der Besteuerung freigestellt. Im Jahr 2025 können dann 100 % der Altersvorsorgebeiträge steuerlich geltend gemacht werden.

Der sich aus der Tabelle ergebende steuerfrei bleibende Teil der Bruttorente wird für jeden Rentnerjahrgang zeitlebens festgeschrieben. Die Festschreibung gilt erst ab dem Jahr, das auf das Jahr des ersten Rentenbezugs folgt. Der festgeschriebene steuerfreie Rentenbetrag ist anteilig um die Monate zu kürzen, in denen keine Rentenbezüge gezahlt werden. Regelmäßige Rentenanpassungen führen nicht zu einer Neuberechnung des festgeschriebenen steuerfreien Anteils. Allerdings können Rentenänderungen zu einer Neuberechnung führen, z. B. der Wechsel von einer Voll- zur Teilrente oder zu einer Witwenrente. Der steuerfreie Anteil der Rente wird dann an den veränderten Jahresbetrag angepasst, dabei muss jedoch der prozentuale Besteuerungsanteil aus dem Jahr des Erstbezugs der Rente erhalten bleiben.

Leibrenten und Leistungen aus privaten Rentenversicherungen (Altverträge), die nicht die Voraussetzungen nach § 10 Abs. 1 Nr. 2 Buchstabe b EStG 2005 erfüllen und die vor dem 1. Jan. 2005 abgeschlossen wurden, werden mit dem Ertragsanteil aus der Tabelle des § 22 Nr. 1 Satz 3 Buchstabe a Doppelbuchstabe bb EStG versteuert, weil sie aus Beiträgen angespart wurden, die voll der Besteuerung unterlegen haben.

Bei der Ermittlung der Einkünfte ist vom Besteuerungsanteil der Rente ein Pauschbetrag für Werbungskosten in Höhe von 102,00 € abzuziehen, wenn keine höheren Werbungskosten nachgewiesen werden (§ 9a Nr. 3 EStG).

Beispiele

Ein Steuerpflichtiger bezieht ab 1. Aug. 2019 eine Brutto-Rente aus der Arbeiterrentenversicherung von monatlich 1.000,00 €. Bei Beginn der Rente hatte er das 63. Lebensjahr vollendet.

a) **Wie hoch sind die sonstigen Einkünfte im Jahr 2019?**

Der Besteuerungsanteil der Rente beträgt laut Tabelle 78 %. Die sonstigen Einkünfte im Sinne des § 22 Nr. 1 Satz 3 EStG werden wie folgt berechnet.

Rentenbezug 1.000,00 € · 5	5.000,00 €
Besteuerungsanteil 78 %	3.900,00 €
– Werbungskosten-Pauschbetrag	– 102,00 €
sonstige Einkünfte 2019	3.798,00 €

b) **Wie hoch sind die sonstigen Einkünfte 2020, wenn zum 1. Juli d. J. eine Rentenanpassung auf 1.020,00 € erfolgt?**

Rentenbezug 1.000,00 € · 6	6.000,00 €
Rentenbezug 1.020,00 € · 6	6.120,00 €
Rentenbezug gesamt	12.120,00 €
Besteuerungsanteil 78 %	9.453,60 €
– Werbungskosten-Pauschbetrag	– 102,00 €
sonstige Einkünfte	9.351,60 €

Im Jahr 2020 (= Jahr, das auf das erstmalige Rentenbezugsjahr folgt) wird der steuerfreie Teil in Höhe von 2.666,40 € festgeschrieben und zwar grundsätzlich zeitlebens.

c) **Wie hoch sind die sonstigen Einkünfte 2021, wenn zum 1. Juli 2021 eine Rentenanpassung auf 1.050,00 € erfolgt?**

Rentenbezug 1.020,00 € · 6	6.120,00 €
Rentenbezug 1.050,00 € · 6	6.300,00 €
Rentenbezug gesamt	12.420,00 €
– Freibetrag Rente	–2.666,40 €
Besteuerungsanteil	9.753,60 €
– Werbungskosten-Pauschbetrag	– 102,00 €
sonstige Einkünfte	9.651,60 €

• Übung 1, Seite 311, Fall 1

4.4.7.2 Einkünfte aus Unterhaltsleistungen

Zu den sonstigen Einkünften gehören nach § 22 Nr. 1a EStG auch die Einkünfte aus Unterhaltsleistungen, die unbeschränkt einkommensteuerpflichtige geschiedene oder dauernd getrennt lebende Ehegatten erhalten, soweit die Unterhaltsleistungen nach § 10 Abs. 1a EStG vom Zahlenden als Sonderausgaben abgesetzt werden können (siehe Kap. 4.6.2). Das bedeutet, dass der zahlende Ehegatte die Unterhaltszahlungen als Sonderausgaben abziehen kann, wenn der Empfänger sie als sonstige Einkünfte versteuert. Dabei ist es ohne Bedeutung, ob es sich um laufende (z. B. monatliche) oder einmalige Unterhaltsleistungen handelt (H 10.2 [Unterhaltsleistungen] EStH). Diese Regelung ist auf einen Höchstbetrag von 13.805,00 € je unterhaltenen Ehegatten im Jahr begrenzt (begrenztes Realsplitting), erhöht um übernommene Kranken- und Pflegeversicherungsbeiträge (§ 10 Abs. 1 Nr. 3 EStG). Sie ist nur anwendbar, wenn der Zahlende beim Finanzamt einen entsprechenden Antrag stellt und der Empfänger der Unterhaltsleistungen diesem Antrag zustimmt. Er gilt jeweils für einen Veranlagungszeitraum und kann nicht zurückgenommen werden (§ 10 Abs. 1a Nr. 1 Satz 3 EStG).

Beim Empfänger gelten die Unterhaltsleistungen als Einnahmen. Davon sind die Werbungskosten, mindestens der Werbungskosten-Pauschbetrag von 102,00 €, abzuziehen.

Beispiel

Ein Steuerpflichtiger aus Aachen hat im Jahr 2020 an seine von ihm geschiedene, unbeschränkt steuerpflichtige Ehefrau Unterhaltsleistungen von monatlich 1.200,00 € gezahlt. Der Steuerpflichtige hat den Abzug der Unterhaltszahlungen als Sonderausgaben nach § 10 Abs. 1a Nr. 1 EStG beantragt. Die Zustimmungserklärung der geschiedenen Ehefrau liegt vor (Anlage „–U–"). Die Voraussetzungen für die Anwendung des begrenzten Realsplittings sind für 2020 gegeben. Die Unterhaltsleistungen von 14.400,00 € können beim Steuerpflichtigen in Höhe des Höchstbetrags von 13.805,00 € als Sonderausgaben abgezogen werden. Bei der geschiedenen Ehefrau sind sie in Höhe von 13.703,00 € (13.805,00 € abzüglich Werbungskosten-Pauschbetrag von 102,00 €) als sonstige Einkünfte, und zwar als Einkünfte aus Unterhaltsleistungen im Sinne des § 22 Nr. 1a EStG, anzusetzen und zu versteuern.

Trägt der Unterhalt zahlende Ehegatte zusätzlich die Kosten der Berufsausbildung des anderen Ehegatten, so sind diese zusätzlichen Aufwendungen beim Zahlenden weder als außergewöhnliche Belastung nach § 33a Abs. 1 EStG noch als Sonderausgaben nach § 10 Abs. 1 Nr. 7 EStG abzugsfähig, auch dann nicht, wenn die Aufwendungen insgesamt den Höchstbetrag von 13.805,00 € übersteigen.

Grenzpendler, die nach § 1 Abs. 3 EStG auf Antrag als unbeschränkt einkommensteuerpflichtig zu behandeln sind, können die Unterhaltsleistungen an den geschiedenen oder getrennt lebenden Ehegatten als Sonderausgaben abziehen, auch wenn dieser nicht unbeschränkt einkommensteuerpflichtig ist. Voraussetzung dafür ist,

- dass der Grenzpendler seinen Wohnsitz in einem Staat der EU hat und
- dass der Empfänger die Unterhaltsleistungen im Ausland versteuert (§ 1a Abs. 1 Nr. 1 EStG).

> **Übung 1, Seite 313, Fall 2**

4.4.7.3 Einkünfte aus privaten Veräußerungsgeschäften

Private Veräußerungsgeschäfte nach § 23 Abs. 1 EStG liegen vor, wenn der Zeitraum zwischen Anschaffung und Veräußerung (Veräußerungsfristen)

- bei Grundstücken nicht mehr als zehn Jahre (Das Datum des obligatorischen Rechtsgeschäfts zählt, also der notarielle Vertrag – das Datum der Eintragung im Grundbuch ist unerheblich.) und
- bei anderen Wirtschaftsgütern nicht mehr als ein Jahr beträgt. Die Frist verlängert sich auf zehn Jahre, wenn die Wirtschaftsgüter zumindest in einem Kalenderjahr zur Erzielung von Einkünften genutzt wurden, § 23 Abs. 1 Nr. 2 Satz 3 EStG.

Ausgenommen sind Grundstücke, die ausschließlich zu eigenen Wohnzwecken oder im Jahr der Veräußerung und in den beiden vorangegangenen Jahren zu eigenen Wohnzwecken genutzt wurden, § 23 Abs. 1 Nr. 1 Satz 2 EStG.

Private Veräußerungsgeschäfte liegen außerdem vor, wenn die Veräußerung der Wirtschaftsgüter früher erfolgt als deren Erwerb (§ 23 Abs. 1 Nr. 3 EStG).

Private Veräußerungsgeschäfte liegen nicht vor, wenn Wirtschaftsgüter veräußert werden, deren Wert bei Einkünften im Sinne des § 2 Abs. 1 Nr. 1–6 EStG anzusetzen ist.

Beispiel

Ein Spediteur in Frankfurt am Main hat 2011 ein Grundstück für eigenbetriebliche Zwecke als Lagerhaus angeschafft und 2020 wieder mit Gewinn veräußert.

Der hierbei erzielte Gewinn ist Gewinn aus Gewerbebetrieb, weil das Grundstück zum Betriebsvermögen des Steuerpflichtigen gehört.

Hätte der Steuerpflichtige das Grundstück als Privatmann angeschafft und wieder verkauft, dann hätte er Einkünfte aus einem privaten Veräußerungsgeschäft (§ 22 Nr. 2 EStG) erzielt. Hätte er das Grundstück aber als Privatmann erst nach mehr als zehn Jahren verkauft, dann lägen keine Einkünfte aus einem privaten Veräußerungsgeschäft und infolgedessen keine Einkünfte im Sinne des Einkommensteuergesetzes vor.

Einkünfte aus privaten Veräußerungsgeschäften gehören zu der Einkunftsart „sonstige Einkünfte" und die sonstigen Einkünfte sind Überschusseinkünfte. Das bedeutet, dass bei den Einkünften aus privaten Veräußerungsgeschäften ebenfalls der Überschuss der Einnahmen über die Werbungskosten als Einkünfte anzusetzen ist, auch wenn in § 23 Abs. 3 EStG dafür das Wort „Gewinn" verwendet wird.

Gewinn oder Verlust aus privaten Veräußerungsgeschäften ist nach § 23 Abs. 3 EStG der Unterschied zwischen dem Veräußerungspreis einerseits und den Anschaffungs- oder Herstellungskosten und den Werbungskosten andererseits. Bei der Ermittlung des Veräußerungsgewinns werden die nachträgliche Bebauung des Grundstücks, die Anbauten bzw. Ausbauten und die Außenanlagen mit einbezogen, § 23 Abs. 1 Nr. 1 Satz 2 EStG. Sie erhöhen (falls innerhalb der Veräußerungsfrist des Grundstücks) den Veräußerungsgewinn, soweit sie die Herstellungskosten übersteigen. Die Anschaffungs- oder Herstellungskosten mindern sich um Absetzungen für Abnutzung, erhöhte Absetzungen und Sonderabschreibungen, soweit sie bei der Ermittlung der Einkünfte (z. B. der Einkünfte aus Vermietung und Verpachtung) abgezogen worden sind (§ 23 Abs. 3 Satz 4 EStG).

Zur Anwendung von § 23 EStG vgl. § 52 Abs. 31 EStG.

Veräußerungspreis

– Anschaffungs- oder Herstellungskosten
(ggf. vermindert um die AfA, erhöhte AfA und Sonderabschreibungen)

– Werbungskosten

= Gewinn oder Verlust aus privatem Veräußerungsgeschäft

Beispiel

Ein Steuerpflichtiger hat per Kaufvertrag vom 12. Aug. 2019 in Augsburg ein bebautes Grundstück für 300.000,00 € erworben.
Er hat dieses Grundstück durch Kaufvertrag vom 18. Okt. 2020 für 320.000,00 € verkauft, anteilige Veräußerungskosten 4.000,00 €. Bei der Ermittlung der Einkünfte aus Vermietung und Verpachtung aus diesem Grundstück für 2019 und 2020 hat der Steuerpflichtige die AfA mit insgesamt 7.000,00 € abgezogen.

Es ergibt sich folgende Berechnung:

Veräußerungspreis		320.000,00 €
Anschaffungskosten	300.000,00 €	
– bei den Einkünften abgezogene AfA	– 7.000,00 €	
	293.000,00 €	
+ Verkaufskosten (Werbungskosten)	4.000,00 €	297.000,00 €
Gewinn		23.000,00 €

Die **Veräußerungen von Kapitalanlagen** werden unter § 20 Abs. 2 Nr. 1 EStG erfasst, sofern die Anschaffung nach dem 31. Dez. 2008 erfolgte (siehe dazu auch Kap. 4.4.5.1).

Beispiel

Herr Franzen hat im Jahr 2020 aus der Veräußerung von Schmuck einen steuerpflichtigen Veräußerungsgewinn von 4.838,00 € erzielt. Sein Veräußerungsverlust bei dem Verkauf eines unbebauten Grundstücks betrug 6.548,00 €. Er kann innerhalb der Einkünfte aus privaten Veräußerungsgeschäften einen (horizontalen) Verlustausgleich vornehmen.

Gewinn oder Verlust aus privatem Veräußerungsgeschäft

→

Veräußerungsgewinn Schmuck	4.838,00 €
– Veräußerungsverlust Grundstück	– 6.548,00 €
= Verlust aus privaten Veräußerungsgeschäften	– 1.710,00 €

Der Verlust kann mit anderen positiven Einkünften nicht ausgeglichen werden (kein vertikaler Verlustausgleich bei Einkünften nach § 23 EStG). Jedoch ist der Verlustabzug nach § 10d EStG bei Gewinnen aus privaten Veräußerungsgeschäften möglich.

Bei der Prüfung der Frage, ob ein privates Veräußerungsgeschäft vorliegt, ist für die Fristenberechnung der Zeitpunkt des obligatorischen Geschäfts (notarieller Kaufvertrag) und nicht der Zeitpunkt des dinglichen Übertragungsaktes (z. B. Eintragung im Grundbuch) maßgebend (H 23 [Veräußerungsfrist] EStH).

Beispiel

> Übung 2, Seite 313 f.

Ein Steuerpflichtiger in Wetzlar hat dort ein unbebautes Grundstück für 50.000,00 € erworben. Der notarielle Kaufvertrag wurde am 5. Juli 2010 geschlossen. Die Eintragung im Grundbuch erfolgte am 10. Sept. 2010. Durch einen am 30. Juni 2020 geschlossenen notariellen Kaufvertrag hat der Steuerpflichtige den Bauplatz für 60.000,00 € wieder verkauft. Die Übertragung des Eigentums im Grundbuch erfolgte am 10. Okt. 2020. Ein privates Veräußerungsgeschäft liegt vor, weil der Zeitraum zwischen Anschaffung und Veräußerung nicht mehr als zehn Jahre betragen hat. Maßgebend sind die geschlossenen Kaufverträge (5. Juli 2010 und 30. Juni 2020), weil sie das schuldrechtliche Verhältnis begründen.

Für die Frage, wann ein Gewinn aus einem privaten Veräußerungsgeschäft bezogen ist, wann er also steuerlich zu erfassen ist, ist grundsätzlich § 11 EStG anzuwenden. Danach sind die Einnahmen innerhalb des Kalenderjahres bezogen, in dem sie dem Steuerpflichtigen zugeflossen sind (Zuflussprinzip). Die Ausgaben sind für das Kalenderjahr abzusetzen, in dem sie geleistet worden sind.

Fließen die Einnahmen aus einem privaten Veräußerungsgeschäft jedoch im Laufe von mehreren Jahren in Raten zu, ist der Gewinn erst in dem Veranlagungszeitraum zu berücksichtigen, in dem die Einnahmen die Anschaffungs- oder Herstellungskosten abzüglich der AfA und zuzüglich der Werbungskosten übersteigen.

Beispiel

Ein Steuerpflichtiger hat für 400.000,00 € durch Kaufvertrag vom 15. Dez. 2010 ein unbebautes Grundstück in München erworben. Er hat das Grundstück, das zu seinem Privatvermögen gehört, durch Kaufvertrag vom 10. Dez. 2020 für 500.000,00 € verkauft. Davon hat er am Tag der Veräußerung 350.000,00 € erhalten. Die restlichen 150.000,00 € sind am 10. Jan. 2021 gezahlt worden.

Im Veranlagungszeitraum 2020 ist kein Veräußerungsgewinn erzielt worden, weil die Einnahmen die Anschaffungskosten nicht überstiegen haben.

Für 2021 ergibt sich Folgendes:

Einnahmen 150.000,00 € – 50.000,00 € (noch nicht verbrauchte Anschaffungskosten) = Veräußerungsgewinn 100.000,00 €, im Veranlagungszeitraum 2021 zu versteuern.

4.4.7.4 Einkünfte aus Leistungen

Das sind nach § 22 Nr. 3 EStG Einkünfte aus bestimmten Leistungen, die weder zu den anderen Einkunftsarten (§ 2 Abs. 1 Satz 1 Nr. 1–6 EStG) noch zu den Einkünften aus wiederkehrenden Bezügen, Unterhaltsleistungen, privaten Veräußerungsgeschäften oder Abgeordnetenbezügen (§ 22 Nr. 1, 1a, 2 und 4 EStG) gehören. Dies sind z. B. die Einkünfte aus gelegentlichen Vermittlungen und aus der Vermietung beweglicher Gegenstände. Solche Einkünfte sind steuerfrei, wenn sie weniger als 256,00 € im Kalenderjahr betragen haben. Übersteigen die Werbungskosten die Einnahmen, darf der übersteigende Betrag (Verlust) bei der Ermittlung des Einkommens nicht mit positiven Einkünften ausgeglichen werden (§ 22 Nr. 3 Satz 3 EStG), auch hier ist der Verlustabzug mit positiven Einkünften aus Leistungen des Vorjahres oder der Folgejahre möglich, § 22 Nr. 3 Satz 4 EStG.

AUFGABEN

1. Welche Arten der sonstigen Einkünfte gibt es?
2. Was sind wiederkehrende Bezüge im Sinne des § 22 Nr. 1 EStG?
3. Warum sind Pensionen früherer Beamter keine wiederkehrenden Bezüge im Sinne des § 22 Nr. 1 EStG?
4. Mit welchem Wert wird die Rente aus der Sozialversicherung eines Angestellten oder Arbeiters bei der Ermittlung der sonstigen Einkünfte als Einnahme angesetzt?
5. Wie hoch ist der Werbungskosten-Pauschbetrag bei den wiederkehrenden Bezügen?
6. Erläutern Sie die Einkünfte aus Unterhaltsleistungen?
7. Wann liegen private Veräußerungsgeschäfte im Sinne des § 22 Nr. 2 EStG vor?
8. Wie wird der Gewinn oder Verlust aus privaten Veräußerungsgeschäften errechnet?
9. Inwieweit bleiben Gewinne aus privaten Veräußerungsgeschäften steuerfrei?
10. Ist der Ausgleich von Verlusten aus privaten Veräußerungsgeschäften möglich?
11. Inwieweit sind Einkünfte aus Leistungen im Sinne des § 22 Nr. 3 EStG steuerfrei?

VERTIEFENDE ÜBUNGEN

Übung 1: Einkünfte aus wiederkehrenden Bezügen

Übung 2: Private Veräußerungsgeschäfte

1. **Wie hoch sind die sonstigen Einkünfte in den Jahren a) 2016, b) 2017, c) 2019 und d) 2020?**

   Fall 1:
   Jürgen Buchholz bezieht ab 1. Mai 2016 eine Rente aus der Sozialversicherung von monatlich 1.250,00 €. Bei Beginn der Rente war er 63 Jahre alt.

   Fall 2:
   Oskar Cronin ist Sozialversicherungsrentner und bezog seit 2014 bis zu seinem Tode im Jahr 2016 eine jährliche Rente von 17.880,00 €. Seine Witwe Eva Cronin, 52 Jahre alt, erhält nach dem Tode ihres Mannes Oskar ab dem 1. Sept. 2016 die „große Witwenrente" von monatlich 820,00 €. Eine Erhöhung der Rente erfolgte in den Jahren 2015 und 2017 nicht.

   Fall 3:
   Der Bauingenieur Peter Jansen, 65 Jahre, erhält seit dem 1. Aug. 2013 ein Altersruhegeld von 4.800,00 € monatlich aus dem berufständischen Versorgungswerk. Das Altersruhegeld wird ab dem 1. Juli 2017 um 90,00 € monatlich erhöht.

   Fall 4:
   Maria Kleinloosen erhielt aufgrund ihrer Erwerbsminderung 2013 eine Erwerbsminderungsrente von monatlich 750,00 €. Nach Vollendung des 63. Lebensjahres erhält Frau Kleinloosen ab dem 1. Febr. 2017 die Regelaltersrente von 1.020,00 €.

   Fall 5:
   Aus einer privaten Rentenversicherung bezieht der Handelsvertreter Franz Maß nach Vollendung seines 66. Lebensjahres ab dem 1. Aug. 2016 eine Leibrente von monatlich 1.680,00 €.

   Fall 6:
   Ein Steuerpflichtiger in Kassel hat ab 1. Aug. 2016 an seine geschiedene, unbeschränkt steuerpflichtige Ehefrau Unterhaltsleistungen von monatlich 1.300,00 € gezahlt. Für 2017 hat er Anfang d. J. eine einmalige Unterhaltsleistung in Höhe von 15.600,00 € gezahlt. Der Steuerpflichtige hat bei seinem Finanzamt den Abzug der Unterhaltsleistungen als Sonderausgaben nach § 10 Abs. 1a EStG beantragt. Die Zustimmungserklärung der geschiedenen Ehefrau liegt vor.

2. **Ermitteln Sie nur die sonstigen Einkünfte im Sinne des § 22 EStG der Eheleute Lösch für 2020 und stellen Sie fest, in welcher Höhe diese Einkünfte einkommensteuerpflichtig sind.**

   Thomas Lösch wird mit seiner Ehefrau Renate geb. Lemke zusammen veranlagt.

   Aus den Büchern und Unterlagen ergibt sich unter anderem Folgendes:

   1. Der Ehemann betreibt in Detmold eine Landmaschinenfabrik. Er hat am 15. Jan. 2020 für 100.000,00 € im Nachbarort ein unbebautes Grundstück als Abstellplatz für fertige Landmaschinen →

Übungen 3 und 4: Gesamtbetrag der Einkünfte (Ehegatten)

erworben. Er hat dieses Grundstück am 10. Dez. 2020 für 110.000,00 € wieder verkauft. Seine Verkaufskosten haben 2.000,00 € betragen.

2. Der Ehemann hat am 6. Febr. 2019 30 Aktien über seine Bank erworben. Der Kurswert hat insgesamt 6.600,00 € betragen. Die Bank hat ihm zusätzlich 72,00 € für Provision, Courtage und Spesen in Rechnung gestellt. Die Wertpapiere gehören zum Privatvermögen des Steuerpflichtigen. Am 2. Febr. 2020 hat er die 30 Aktien zum Kurswert von 7.200,00 € wieder verkauft. Die Bank hat diesmal für Bankprovision, Maklergebühr (Courtage) und Spesen 79,00 € berechnet. (Im Wertpapiergeschäft berechnen die Banken die angegebenen Kosten, wie Bankprovision usw., bei jedem Geschäft sowohl dem Verkäufer als auch dem Käufer.)
3. Die Ehefrau hat am 18. Juni 2019 40 Aktien, Nennwert 100,00 €, Kurswert je Aktie 310,00 €, für 12.535,00 € einschließlich Kosten erworben. Sie hat diese Wertpapiere, die zu ihrem Privatvermögen gehörten, am 6. Juni 2020 zum Kurswert von 350,00 € je Aktie wieder verkauft. Die Bank hat ihr 1 % Provision und 0,06 % Courtage vom Kurswert sowie Spesen von 4,00 € berechnet.

3. Berechnen Sie den Gesamtbetrag der Einkünfte der Eheleute Fuchs für 2020.

Manfred Fuchs, München, geb. 15. Aug. 1975 wird mit seiner Ehefrau Susanne, die am 24. Febr. 1976 geboren wurde, zusammen veranlagt. Aus den Büchern und Unterlagen ergibt sich Folgendes:

1. Der Ehemann ist an einem Baugeschäft beteiligt, das als Arbeitsgemeinschaft (GbR) betrieben wird. Sein Gewinnanteil hat 17.294,00 € betragen.
2. Der Steuerpflichtige betreibt am Stadtrand von München eine Imkerei. Er hat daraus einen Gewinn von 2.200,00 € erzielt.
3. Die Ehefrau ist an einer KG als Kommanditistin beteiligt. Ihr Gewinnanteil hat für das Wirtschaftsjahr 2019/20 (1. April bis 31. März) 8.334,00 € betragen. Die KG hat an die Ehefrau eine Vergütung von 2.000,00 € für die Überlassung eines Lagerplatzes gezahlt. Dieser Betrag ist als Betriebsausgabe abgesetzt worden. Der Abschluss des Wirtschaftsjahres 2020/21 liegt noch nicht vor.
4. Die Ehefrau ist als Journalistin selbstständig tätig. Sie hat aus dieser Tätigkeit im Jahr 2020 40.000,00 € vereinnahmt. Die abzugsfähigen Ausgaben haben in diesem Zeitraum 18.000,00 € betragen.
5. Die Ehefrau hat ein Zweifamilienhaus in München errichtet. Der Antrag auf Baugenehmigung ist am 15. Mai 2005 gestellt worden. Seit der Bezugsfertigkeit am 1. Okt. 2009 bewohnt die Familie Fuchs eine Wohnung selbst. Die zweite Wohnung ist seitdem für Wohnzwecke für eine monatliche Miete von 600,00 € (einschließlich Garage, Müllabfuhr usw.) vermietet. Beide Wohnungen sind gleichwertig. Die Herstellungskosten haben 240.000,00 € betragen.

   Als Werbungskosten werden geltend gemacht:

Zinsen	3.750,00 €
Müllabfuhr, Straßenreinigung, Schornsteinfeger	680,00 €
Grundsteuer, Gebäudeversicherung	720,00 €
Gebäudehaftpflichtversicherung	46,00 €

   Es soll die höchstmögliche AfA vorgenommen werden.
6. Der Steuerpflichtige bezieht als früherer Angestellter seit 2017 eine Rente von 8.181,00 € aus der Sozialversicherung.
7. Der Steuerpflichtige hat am 1. Juni 2018 Wertpapiere für 900,00 € erworben. Er hat diese Wertpapiere am 22. Mai 2020 für 720,00 € wieder verkauft. Durch den Verkauf sind ihm Kosten in Höhe von 80,00 € entstanden.
8. Der Steuerpflichtige erwarb am 1. Juni 2006 in München einen Bauplatz für 60.000,00 €. Er verkaufte ihn am 17. Juli 2020 für 61.739,00 €.

4. Berechnen Sie den Gesamtbetrag der Einkünfte der Eheleute Beyer für 2020.

Robert Beyer, Stuttgart, 45 Jahre alt, wird mit seiner Ehefrau Marlen, die 40 Jahre alt ist, zur Einkommensteuer zusammen veranlagt. Aus den Büchern und Unterlagen der Eheleute Beyer ergibt sich Folgendes:

1. Der Ehemann betreibt am Stadtrand von Stuttgart eine Baumschule. Er hat daraus folgende Gewinne erzielt: Für das Wirtschaftsjahr 2019/20 6.700,00 €

und für das Wirtschaftsjahr 2020/21 4.200,00 €. Das Wirtschaftsjahr läuft vom 1. Juli bis 30. Juni.

2. Der Steuerpflichtige ist an einer Kommanditgesellschaft, die in Reutlingen ein Möbeleinzelhandelsgeschäft betreibt, als Kommanditist beteiligt. Für das Wirtschaftsjahr 2019/20 hat sein Gewinn 56.000,00 € betragen und für das Wirtschaftsjahr 2020/21 60.000,00 €. Das Wirtschaftsjahr läuft vom 1. April bis 31. März.
3. Der Steuerpflichtige hat der KG (siehe Nr. 2) ein Darlehen gegeben. Die KG hat ihm dafür im März 2020 für das Wirtschaftsjahr 2019/20 Zinsen in Höhe von 680,00 € und im Mai 2021 für das Wirtschaftsjahr 2020/21 Zinsen in Höhe von 705,00 € gezahlt. Diese Beträge sind von der KG als Betriebsausgaben abgesetzt worden.
4. Der Steuerpflichtige war in der Zeit vom 1. Jan. 1985 bis 30. April 2020 als Bildberichterstatter bei einer Rundfunkgesellschaft als Arbeitnehmer tätig. Sein Gehalt betrug 2020 monatlich brutto 2.966,00 €.
5. Ab 1. Mai 2020 übt der Steuerpflichtige die Tätigkeit als Bildberichterstatter selbstständig aus. Er hat aus dieser Tätigkeit im Jahr 2020 für die Zeit vom 1. Mai bis 31. Dez. 38.529,00 € vereinnahmt. Die abzugsfähigen Aufwendungen haben für diesen Zeitraum 6.136,00 € betragen.
6. Dem Steuerpflichtigen sind im Jahr 2020 Gewinnanteile aus Aktien (Dividenden) in Höhe von 3.728,03 € auf dem Konto gutgeschrieben worden. Die abzugsfähigen Aufwendungen haben 82,00 € betragen.
7. Der Ehefrau sind 2020 auf einem Sparkonto Zinsen in Höhe von 130,00 € gutgeschrieben worden (keine Zinsabschlagsteuer, da Freistellungsauftrag).
8. Die Ehefrau hat den Verkauf eines Luxusautos einer Bekannten in Stuttgart vermittelt und dafür 2020 eine Provision von 256,00 € vereinnahmt.
9. Die Ehefrau ist Eigentümerin eines von ihr 1992 gekauften Dreifamilienhauses in Stuttgart, Baujahr 1958. Die Anschaffungskosten des Gebäudes haben 166.000,00 € betragen. Im Jahr 2020 waren zwei Wohnungen für eine Monatsmiete von je 600,00 € vermietet. Die dritte Wohnung hat das Ehepaar Beyer seit der Fertigstellung bis Ende April 2020 selbst bewohnt. Seit 1. Mai 2020 ist diese Wohnung für eine monatliche Miete von 700,00 € ebenfalls vermietet. Neben der AfA werden folgende Aufwendungen als Werbungskosten geltend gemacht:

Zinsen	2.557,00 €
Grundsteuer	1.171,00 €
Reparaturkosten	13.258,00 €
Müllabfuhrgebühr	143,00 €
Tapezieren des eigenen Wohnzimmers	205,00 €
Schornsteinfegergebühr ...	97,00 €
Gebäudeversicherung	92,00 €
Hausratversicherung	72,00 €
Treppenreinigung	61,00 €
Beiträge an Hausbesitzerverein	41,00 €

4.5 Gewinnermittlungsarten

Der Gewinn kann ermittelt werden:

- durch Betriebsvermögensvergleich nach § 4 Abs. 1 EStG;
- durch Betriebsvermögensvergleich nach § 5 EStG;
- durch die Überschussrechnung nach § 4 Abs. 3 EStG;
- nach § 13a EStG (Ermittlung des Gewinns aus Land- und Forstwirtschaft nach Durchschnittssätzen).

4.5.1 Gewinnermittlung durch Betriebsvermögensvergleich

Betriebsvermögensvergleich

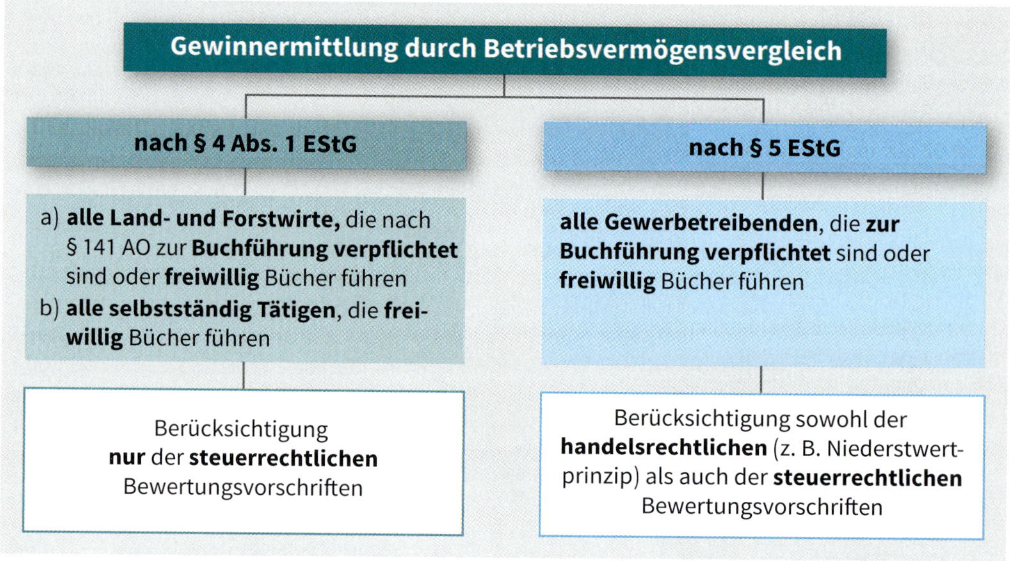

Beide Gewinnermittlungsarten durch Betriebsvermögensvergleich, sowohl die Gewinnermittlung nach § 4 Abs. 1 EStG als auch die nach § 5 EStG, haben als Grundlage den **Gewinnbegriff des § 4 Abs. 1 EStG**. Diese Vorschrift besagt:

Gewinn ist der Unterschiedsbetrag zwischen dem Betriebsvermögen am Schluss des Wirtschaftsjahres und dem Betriebsvermögen am Schluss des vorangegangenen Wirtschaftsjahres, vermehrt um den Wert der Entnahmen und vermindert um den Wert der Einlagen.

Betriebsvermögen ist der Unterschiedsbetrag zwischen dem Wert des Vermögens und dem Wert der Schulden eines Betriebs am Schluss eines Wirtschaftsjahres. Dabei stellt das Vermögen den Wert aller positiven Wirtschaftsgüter eines Betriebs (wie z. B. Betriebs- und Geschäftsausstattung, Waren, Bargeld) dar. Die Schulden stellen dagegen den Wert aller negativen Wirtschaftsgüter des Betriebs (z. B. Warenschulden, sonstige Verbindlichkeiten) dar. Der Unterschiedsbetrag zwischen Vermögen und Schulden, das Betriebsvermögen also, kann auch ein negativer Betrag sein, und zwar dann, wenn die Schulden des Betriebs höher sind als das Vermögen. Man spricht dann von einem **Minuskapital** (negatives Eigenkapital).

Beispiele

a) Aus den Büchern und Unterlagen eines Betriebs ergeben sich am Schluss eines Wirtschaftsjahres folgende Werte:

Vermögen (positive Wirtschaftsgüter)		
Betriebs- und Geschäftsausstattung	41.000,00 €	
Waren	69.000,00 €	
Forderungen	18.000,00 €	
Bankguthaben	21.000,00 €	
Kassenbestand	1.000,00 €	150.000,00 €
– **Schulden** (negative Wirtschaftsgüter)		
Warenschulden	33.000,00 €	
sonstige Verbindlichkeiten	17.000,00 €	–50.000,00 €
= **Betriebsvermögen** (positiver Betrag)		100.000,00 €

b) Aus den Büchern und Unterlagen eines anderen Betriebs ergeben sich am Schluss eines Wirtschaftsjahres folgende Werte:

Vermögen (positive Wirtschaftsgüter)		
Betriebs- und Geschäftsausstattung	36.000,00 €	
Waren	64.000,00 €	
Forderungen	8.800,00 €	
Kassenbestand	1.200,00 €	110.000,00 €
– **Schulden** (negative Wirtschaftsgüter)		
Warenschulden	47.000,00 €	
Bankschulden	43.000,00 €	
sonstige Verbindlichkeiten	25.000,00 €	115.000,00 €
= **Betriebsvermögen** (negativer Betrag)		– 5.000,00 €

Entnahmen (Privatentnahmen) sind alle Wirtschaftsgüter (Bargeld, Waren, Nutzungen und Leistungen), die der Steuerpflichtige dem Betrieb für sich, für seinen Haushalt oder für andere betriebsfremde Zwecke im Lauf des Wirtschaftsjahres entnommen hat (§ 4 Abs. 1 Satz 2 EStG).

Einlagen (Privateinlagen) sind alle Wirtschaftsgüter (Bargeld und sonstige Wirtschaftsgüter), die der Steuerpflichtige dem Betrieb im Lauf des Wirtschaftsjahres zugeführt hat (§ 4 Abs. 1 Satz 8 EStG).

Die Entnahmen werden beim Betriebsvermögensvergleich hinzugerechnet, weil sie das Betriebsvermögen gemindert haben. Diese Minderung soll durch die Hinzurechnung wieder ausgeglichen werden. Die Einlagen werden beim Betriebsvermögensvergleich abgezogen, weil sie das Betriebsvermögen erhöht haben, aber keinen Gewinn darstellen. Diese Erhöhung soll durch den Abzug wieder ausgeglichen werden.

Beispiel

Das Betriebsvermögen eines Baustoffhändlers hat laut Bilanz vom 31. Dez. des Vorjahres 65.000,00 € betragen. Am Ende dieses Jahres beträgt das Betriebsvermögen 85.000,00 €. Als Entnahmen sind 25.000,00 € und als Einlagen 2.500,00 € gebucht. Der Gewinn errechnet sich wie folgt:

Betriebsvermögen am 31. Dez. d. J.	85.000,00 €
– Betriebsvermögen am 31. Dez. v. J.	– 65.000,00 €
Zunahme	20.000,00 €
+ **Entnahmen**	25.000,00 €
	45.000,00 €
– **Einlagen**	– 2.500,00 €
Gewinn aus Gewerbebetrieb	42.500,00 €

4.5.1.1 Buchführungspflicht

Nach dem Handelsgesetzbuch (HGB) sind alle **Kaufleute** zur Buchführung verpflichtet. Nach § 140 AO müssen sie diese Verpflichtungen auch für die Besteuerung erfüllen.

4.5.1.2 Gewinnermittlung nach § 4 Abs. 1 EStG

Die Gewinnermittlung durch **Vermögensvergleich nach § 4 Abs. 1 EStG** kommt nur in Betracht

- für **Land- und Forstwirte** und
- für **selbstständig Tätige im Sinne des § 18 EStG** (Angehörige der freien Berufe und sonstige selbstständig Tätige).

Für **selbstständig Tätige** gibt es grundsätzlich **keine Buchführungs- und Bilanzierungspflicht** (§ 141 Abs. 1 Satz 1 AO). Diese Steuerpflichtigen ermitteln nur dann ihren Gewinn nach § 4 Abs. 1 EStG, wenn sie freiwillig Bücher führen und regelmäßig Abschlüsse machen.

Vermögensvorgänge

Für **Land- und Forstwirte** gilt Folgendes:

- Sie ermitteln ihren Gewinn nach § 4 Abs. 1 EStG, wenn sie nach § 141 AO zur Buchführung verpflichtet sind (siehe Kap. 2.7).
- Ist ein Land- und Forstwirt nicht zur Buchführung verpflichtet, so ist sein Gewinn nach Durchschnittssätzen zu ermitteln, wenn die Voraussetzungen des § 13a EStG gegeben sind.
- Ist ein Land- und Forstwirt nicht zur Buchführung verpflichtet, und sind auch die Voraussetzungen des § 13a EStG für die Ermittlung des Gewinns nach Durchschnittssätzen nicht gegeben, so hat er seinen Gewinn nach § 4 Abs. 1 EStG zu ermitteln, wenn er freiwillig Bücher führt und Abschlüsse macht. Verzichtet dieser Land- und Forstwirt darauf, freiwillig Bücher zu führen, so kann er seinen Gewinn nach dem Überschuss der Betriebseinnahmen über die Betriebsausgaben (§ 4 Abs. 3 EStG) ermitteln.

  Ist ein Land- und Forstwirt zwar nicht zur Buchführung nach § 141 AO verpflichtet, bei ihm sind aber die Voraussetzungen des § 13a EStG für eine Gewinnermittlung nach Durchschnittssätzen gegeben, so kann er freiwillig Bücher führen und seinen Gewinn nach § 4 Abs. 1 EStG ermitteln oder er kann auch entsprechende Aufzeichnungen führen und seinen Gewinn nach § 4 Abs. 3 EStG ermitteln. Der so freiwillig ermittelte Gewinn (entweder nach § 4 Abs. 1 oder nach § 4 Abs. 3 EStG) wird aber nur dann der Besteuerung zugrunde gelegt, wenn der Steuerpflichtige dies beim Finanzamt beantragt (§ 13a Abs. 2 Satz 1 und 2 EStG).

  Der Antrag ist bis zur Abgabe der Steuererklärung, jedoch spätestens zwölf Monate nach Ablauf des ersten Wirtschaftsjahres, auf das er sich bezieht, schriftlich zu stellen. Er kann innerhalb dieser Frist zurückgenommen werden (§ 13a Abs. 2 Satz 4 EStG). Der Antrag verpflichtet den Land- und Forstwirt, vier aufeinander folgende Wirtschaftsjahre den Gewinn freiwillig zu ermitteln. Tut er das nicht, so ist der Gewinn nach § 162 AO zu schätzen.

4.5.1.3 Gewinnermittlung nach § 5 EStG

Alle **Gewerbetreibenden**, die **nach Handelsrecht oder Steuerrecht zur Buchführung verpflichtet** sind **oder freiwillig** Bücher führen und regelmäßig Abschlüsse machen, ermitteln den Gewinn durch **Vermögensvergleich nach § 5 EStG**.

Hat ein buchführungspflichtiger Steuerpflichtiger seine Bücher nicht ordnungsmäßig geführt, und sind auch keine Aufzeichnungen vorhanden, die eine Gewinnermittlung nach dem Überschuss der Betriebseinnahmen über die Betriebsausgaben ermöglichen, so hat das Finanzamt die Besteuerungsgrundlagen gemäß § 162 AO zu schätzen.

Bei der Gewinnermittlung ist zu unterscheiden zwischen vermögensumschichtenden Vorgängen und vermögensändernden Vorgängen.

Die **vermögensumschichtenden Vorgänge** (z. B. Tilgung einer Schuld) haben keinen Einfluss auf den Gewinn oder Verlust. Die **vermögensändernden Vorgänge** aber sind entweder erfolgswirksam (z. B. Zahlung von Gehalt) oder erfolgsneutral (z. B. Entnahme von Bargeld für den Haushalt).

Beispiele

a) Ein buchführender Gewerbetreibender nimmt bei einer Bank ein betriebliches Darlehen in Höhe von 20.000,00 € auf. Dadurch erhöht sich das Vermögen (die Aktivseite der Bilanz) um 20.000,00 €. Um den gleichen Betrag erhöhen sich aber auch die Schulden. Das Betriebsvermögen bleibt unverändert. Es hat also lediglich eine Umschichtung auf den Bestandskonten stattgefunden, die den Erfolg nicht berührt. Deshalb liegt hier ein vermögensumschichtender Vorgang vor.

b) Der Gewerbetreibende aus a) zahlt Löhne in Höhe von 20.000,00 € durch Banküberweisung. Dadurch vermindert sich das Vermögen um 20.000,00 €. Die Schulden ändern sich nicht. Das führt zu einer Änderung (in diesem Fall einer Minderung) des Betriebsvermögens. Sie ist aber erfolgswirksam, weil die Löhne durch die Gewinn- und Verlustrechnung als Aufwand das Eigenkapital mindern. Deshalb liegt hier ein vermögensändernder erfolgswirksamer Vorgang vor.

c) Der Gewerbetreibende aus a) tätigt eine Einlage, indem er einen Lottogewinn von 20.000,00 € auf sein Geschäftsbankkonto einzahlt. Dadurch erhöht sich das Vermögen (die Aktivseite der Bilanz) und damit auch das Betriebsvermögen. Die Schulden bleiben unverändert. Da die Einlage bei der Gewinnermittlung (§ 4 Abs. 1 EStG) abzuziehen ist, ändert sich das Ergebnis (Erfolg) nicht. Es handelt sich daher um einen vermögensändernden erfolgsneutralen Vorgang.

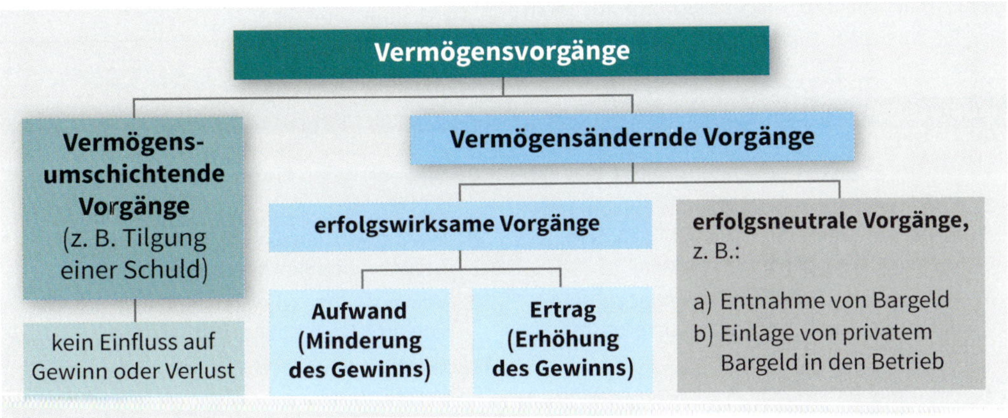

Da durch die **Schätzung** des Gewinns auch die Bestandsveränderungen abgegolten sind, ist das Ergebnis der Schätzung ein Gewinn im Sinne des § 4 Abs. 1 EStG oder § 5 EStG. Ein Gewinn im Sinne des § 5 EStG ist gegeben, wenn es sich um einen Gewerbetreibenden handelt, der zur Buchführung verpflichtet ist oder freiwillig Bücher führt. In allen anderen Fällen ist das Ergebnis der Schätzung ein Gewinn im Sinne des § 4 Abs. 1 EStG. Wird der Gewinn eines Gewerbetreibenden, der nicht zur Buchführung verpflichtet ist, geschätzt, so ist der Gewinn im Wege der Schätzung nach § 4 Abs. 1 EStG ermittelt.

4.5.1.4 Unterschied zwischen dem Betriebsvermögensvergleich nach § 4 Abs. 1 und § 5 EStG

Bei der Gewinnermittlung nach § 4 Abs. 1 EStG sind die einkommensteuerlichen Bewertungsvorschriften (§§ 6 und 7 EStG) zu beachten. Bei der Gewinnermittlung nach § 5 EStG sind daneben die Bewertungsvorschriften des Handelsrechts und auch des Aktienrechts zu berücksichtigen, soweit sie den steuerlichen Vorschriften nicht entgegenstehen.

So ist beispielsweise für Steuerpflichtige, die den Gewinn nach § 4 Abs. 1 EStG ermitteln, für die Bewertung des Umlaufvermögens (z. B. Waren) die Vorschrift des § 6 Abs. 1 Nr. 2 EStG maßgebend. Danach sind für das Umlaufvermögen grundsätzlich die Anschaffungs- oder Herstellungskosten anzusetzen. Statt der Anschaffungs- oder Herstellungskosten kann nach dieser Vorschrift auch der niedrigere Teilwert angesetzt werden.

Die Steuerpflichtigen, die den Gewinn nach § 5 EStG ermitteln, haben dagegen kein Wahlrecht zwischen dem Ansatz der Anschaffungs- oder Herstellungskosten und einem niedrigeren Wert, wenn die Wertminderung von dauernder Wirkung ist. Sie müssen nach handelsrechtlichen Grundsätzen das Umlaufvermögen mit dem niedrigeren Börsen- oder Marktpreis am Bilanzstichtag ansetzen (strenges Niederstwertprinzip). Nach § 253 Abs. 3 HGB ist dieser Wert anzusetzen, wenn er am Abschlusstag niedriger ist als die Anschaffungs- oder Herstellungskosten. Eine nur vorübergehende Wertminderung allerdings reicht für eine steuerliche Teilwertabschreibung nicht mehr aus, § 6 Abs. 1 Nr. 1 Satz 2 EStG.

Beispiel

Die Anschaffungskosten eines Vermögensgegenstandes haben 5.000,00 € betragen. Der Marktpreis dieser Ware betrug am Abschlusstag nur noch 4.500,00 € (endgültige Wertminderung).

Ermittelt der Steuerpflichtige den Gewinn nach § 4 Abs. 1 EStG, kann er den Vermögensgegenstand entweder mit den Anschaffungskosten von 5.000,00 € oder mit dem niedrigeren Teilwert von 4.500,00 € oder mit einem Wert, der dazwischen liegt, in seiner Bilanz ansetzen.

Ermittelt der Steuerpflichtige dagegen den Gewinn nach § 5 EStG, muss er den niedrigeren Marktpreis, der im Allgemeinen dem niedrigeren Teilwert entspricht, in seiner Bilanz ansetzen (Niederstwertprinzip). Er hat also kein Wahlrecht.

AUFGABEN

1. Welche Arten der Gewinnermittlung gibt es?
2. Nach welchen Vorschriften des Einkommensteuergesetzes ist der Gewinn nach dem Vermögensvergleich zu ermitteln?
3. Nach welcher Vorschrift kann der Gewinn durch die Überschussrechnung ermittelt werden?
4. Nach welcher Vorschrift wird der Gewinn aus Land- und Forstwirtschaft nach Durchschnittssätzen ermittelt?
5. Definieren Sie den Gewinn nach § 4 Abs. 1 EStG.
6. Was ist unter Betriebsvermögen zu verstehen?
7. Was verstehen Sie unter Entnahmen (Privatentnahmen)?
8. Was verstehen Sie unter Einlagen (Privateinlagen)?
9. Warum werden die Entnahmen beim Vermögensvergleich hinzugerechnet?
10. Warum werden die Einlagen beim Vermögensvergleich abgezogen?
11. Wer ist nach dem HGB zur Buchführung verpflichtet?
12. Wer ermittelt den Gewinn nach § 4 Abs. 1 EStG?
13. Wer ermittelt den Gewinn nach § 5 EStG?
14. Welcher Unterschied besteht zwischen der Gewinnermittlung nach § 4 Abs. 1 und § 5 EStG?

VERTIEFENDE ÜBUNGEN

Übung 1: Erfolgsneutrale und erfolgswirksame Vorgänge

1. **Liegen erfolgsneutrale oder erfolgswirksame Vorgänge vor?**

Fall 1:
Ein Gewerbetreibender tilgt in diesem Jahr eine Lieferantenschuld von 15.000,00 €, die in der Bilanz vom 31. Dez. v. J. als Verbindlichkeit ausgewiesen ist.

Fall 2:
Dem Gewerbetreibenden (aus Fall 1) wird vom Stadtsteueramt die überzahlte Gewerbesteuer von 1.000,00 € aufs Geschäftsbankkonto überwiesen.

Fall 3:
Der Gewerbetreibende (aus Fall 1) überweist die fällige Einkommensteuer-Abschlusszahlung von 3.000,00 € von seinem Geschäftsbankkonto an das Finanzamt.

Übungen 2 und 3: Gewinnermittlung durch Betriebsvermögensvergleich

2. **a) Wie viel Euro beträgt der Gewinn bzw. Verlust 2020?**

b) Ist der Gewinn bzw. Verlust nach § 4 Abs. 1 oder § 5 EStG zu ermitteln?

Fall 1:
Die Steuerberaterin Marita Schulte, Koblenz, führt Bücher und macht regelmäßig Abschlüsse, obwohl sie zur Buchführung nicht verpflichtet ist (§ 141 Abs. 1 Satz 1 AO).

Das Betriebsvermögen hat am 31. Dez. 2020 300.000,00 €, am 31. Dez. 2019 200.000,00 € betragen. Im Jahr 2020 hat die Steuerpflichtige einen gebrauchten Computer im Wert von 1.000,00 € aus ihrer Praxis entnommen und ihrem Sohn geschenkt. Außerdem hat sie für ihren Haushalt 40.000,00 € bar aus der Praxis entnommen.

Fall 2:
Anke Weisenborn betreibt in Chemnitz eine Boutique. Sie führt freiwillig Bücher und macht regelmäßig Abschlüsse. Ihr Betriebsvermögen hat am 31. Dez. 2020 100.000,00 € und am 31. Dez. 2019 145.000,00 € betragen. Im Jahr 2020 haben die Privatentnahmen 48.000,00 € betragen. Ein Lottogewinn von 3.000,00 € ist auf ihr Geschäftsbankkonto überwiesen worden.

Fall 3:
Sebastian Hinrichsen betreibt in Hamburg eine Drogerie. Er führt freiwillig Bücher und macht regelmäßig Abschlüsse. Sein Betriebsvermögen hat am 31. Dez. 2020 110.000,00 € und am 31. Dez. 2019 160.000,00 € betragen. Die Privatentnahmen haben 41.000,00 € betragen. Einen geerbten Betrag von 6.000,00 € hat der Steuerpflichtige in den Betrieb eingebracht.

Fall 4:
Ein Gewerbetreibender, dessen Firma im Handelsregister eingetragen (Istkaufmann) und der deshalb zur Buchführung verpflichtet ist, hat durch Inventur folgende Bestände festgestellt:

	31. Dez. 2019	31. Dez. 2020
Geschäftseinrichtung	18.000,00 €	17.000,00 €
Waren	42.000,00 €	51.000,00 €
Forderungen	16.000,00 €	18.000,00 €
Bank	4.000,00 €	3.000,00 €
Kasse	1.000,00 €	500,00 €
Summe des Vermögens	81.000,00 €	89.500,00 €
Liefererschulden	32.000,00 €	45.000,00 €
Darlehen	47.000,00 €	28.000,00 €
sonstige Verbindlichkeiten	2.000,00 €	1.700,00 €
Umsatzsteuer	1.000,00 €	300,00 €
Summe der Schulden	82.000,00 €	75.000,00 €

Im Jahr 2020 haben die Privatentnahmen 17.830,00 € und die Privateinlagen 4.820,00 € betragen.

3. **Ermitteln Sie den Gewinn bzw. Verlust.**

Fall 1:

Betriebsvermögen am 31. Dez. 2020	– 40.000,00 €
Betriebsvermögen am 31. Dez. 2019	70.000,00 €

Fall 2:

Betriebsvermögen am 31. Dez. 2020	160.000,00 €
Betriebsvermögen am 31. Dez. 2019	– 700,00 €
Einlagen	53.700,00 €

Fall 3:

Betriebsvermögen am 31. Dez. 2020	– 120.000,00 €
Betriebsvermögen am 31. Dez. 2019	– 187.400,00 €
Entnahmen	8.600,00 €

Fall 4:

Betriebsvermögen am 31. Dez. 2020	284.000,00 €
Betriebsvermögen am 31. Dez. 2019	295.200,00 €
Entnahmen	32.600,00 €
Einlagen	1.400,00 €

4.5.2 Gewinnermittlung durch die Überschussrechnung nach § 4 Abs. 3 EStG

Steuerpflichtige mit Gewinneinkünften, die nicht zur Buchführung verpflichtet sind und auch freiwillig keine Bücher führen und regelmäßig Abschlüsse machen, können als Gewinn den **Überschuss der Betriebseinnahmen über die Betriebsausgaben ansetzen** (Überschussrechnung). Voraussetzung ist, dass die tatsächlichen Betriebseinnahmen und Betriebsausgaben zahlenmäßig feststehen. Ist das nicht der Fall, kann das Finanzamt die Besteuerungsgrundlagen nach § 162 AO schätzen.

Bei der Überschussrechnung scheiden Betriebseinnahmen und Betriebsausgaben aus, die im Namen und für Rechnung eines anderen vereinnahmt und verausgabt werden (durchlaufende Posten). Die Umsatzsteuer ist kein durchlaufender Posten.

Unter sinngemäßer Anwendung des § 11 EStG sind die Betriebseinnahmen in dem Wirtschaftsjahr anzusetzen, in dem sie dem Steuerpflichtigen zugeflossen sind; die Betriebsausgaben sind grundsätzlich in dem Wirtschaftsjahr abzusetzen, in dem sie der Steuerpflichtige geleistet hat (Zu- und Abflussprinzip), H 11 (Allgemeines) EStH.

Regelmäßig wiederkehrende Einnahmen (Betriebseinnahmen), die dem Steuerpflichtigen kurze Zeit vor Beginn oder kurze Zeit nach Beendigung des Kalenderjahres zugeflossen sind, gelten als in dem Kalenderjahr bezogen, zu dem sie wirtschaftlich gehören. Das gilt auch für regelmäßig wiederkehrende Ausgaben (Betriebsausgaben). Als „kurze Zeit" kann ein Zeitraum von etwa zehn Tagen angesehen werden (§ 11 Abs. 1 Satz 2 und Abs. 2 Satz 2 EStG in Verbindung mit H 11 [Allgemeines] EStH).

Beispiele

a) Ein Gewerbetreibender mit Gewinnermittlung nach § 4 Abs. 3 EStG hat eine Wohnung seines Betriebsgebäudes vermietet. Er vereinnahmt die am 31. Dez. fällige Miete für den Monat Dezember erst am 9. Jan. des nächsten Jahres.

   Mieten sind regelmäßig wiederkehrende Einnahmen. Die Mieteinnahme gilt deshalb als im Dezember bezogen.

b) Ein Gewerbetreibender mit Gewinnermittlung nach § 4 Abs. 3 EStG zahlt seine am 23. Dez. fällige Umsatzsteuerabschlusszahlung erst am 2. Jan. des nächsten Jahres.

   Die Ausgabe ist im Jahr der Zahlung abzuziehen, weil die Abschlusszahlung keine wiederkehrende Ausgabe ist.

Der regelmäßige Arbeitslohn (Gehalt) bei nichtselbstständiger Arbeit ist von der oben dargestellten Regelung der regelmäßig wiederkehrenden Einnahmen ausgenommen. Er gilt nach § 38a Abs. 1 Satz 2 EStG grundsätzlich in dem Kalenderjahr als bezogen, in dem der Lohnzahlungszeitraum (z. B. der Monat) endet (§ 11 Abs. 1 Satz 3 EStG).

Zinsen für Sparguthaben sind regelmäßig wiederkehrende Einnahmen, weil sie regelmäßig zu Beginn des neuen Jahres für das alte Jahr auf dem Sparkonto gutgeschrieben werden. Auch sie gelten als in dem Jahr bezogen, zu dem sie wirtschaftlich gehören. Wirtschaftlich gehören sie zum alten Jahr, weil sie im alten Jahr zahlbar, d. h. fällig sind (H 11 [Zinsen] EStH). Auf den Zeitpunkt der Eintragung im Sparbuch kommt es nicht an. Gehört das Sparguthaben zum Betriebsvermögen, so sind die vereinnahmten Zinsen Betriebseinnahmen.

Die Gewinnermittlung nach dem Überschuss der Betriebseinnahmen über die Betriebsausgaben kommt hauptsächlich für die Kleingewerbetreibenden und für freiberuflich Tätige in Betracht.

Der Gesetzgeber hat bei diesen Steuerpflichtigen auf die Gewinnermittlung durch Vermögensvergleich verzichtet, weil bei ihnen im Allgemeinen große Schwankungen im Betriebsvermögen nicht vorkommen.

4497322

Die Gewinnermittlung nach der Überschussrechnung kommt auch für kleine Land- und Forstwirte in Betracht, z. B. dann,

- wenn der Land- und Forstwirt nicht zur Buchführung verpflichtet ist und auch freiwillig keine Bücher führt und Abschlüsse macht und,
- wenn bei ihm die Voraussetzungen der Gewinnermittlung nach Durchschnittssätzen gemäß § 13a EStG nicht gegeben sind.

Die Gewinnermittlung durch die Überschussrechnung unterscheidet sich von der durch Vermögensvergleich im Wesentlichen dadurch, dass sich die erfolgswirksamen Vorgänge

- bei der Überschussrechnung erst im Jahr der Vereinnahmung bzw. Verausgabung auf das Ergebnis (Gewinn oder Verlust) auswirken und
- beim Vermögensvergleich bereits in dem Jahr, zu dem sie wirtschaftlich gehören.

Erfolgswirksame Vorgänge sind Vorgänge, die den Gewinn erhöhen oder mindern.

Beispiel

Ein Steuerberater in Mannheim hat einem Mandanten im Nov. 2019 eine Rechnung über 5.000,00 € zuzüglich Umsatzsteuer zugesandt. Der Mandant hat die Rechnung im Jan. 2020 beglichen.

Die Leistung des Steuerberaters ist ein erfolgswirksamer Vorgang. Bei der Gewinnermittlung nach der Überschussrechnung erhöht dieser Vorgang den Gewinn des Jahres 2020, weil der Betrag im Jahr 2020 vereinnahmt worden ist. Würde der Steuerberater Abschlüsse machen (§ 4 Abs. 1 EStG), so würde der Vorgang schon 2019 als Forderung den Gewinn erhöhen, weil er wirtschaftlich zu 2019 gehört.

Durch die Gewinnermittlung nach der Überschussrechnung soll der Steuerpflichtige insgesamt gesehen, d. h. über mehrere Jahre hinweg, weder einen höheren noch einen niedrigeren Gewinn ausweisen als nach dem Vermögensvergleich, weil sich durch die Überschussrechnung lediglich Gewinnverschiebungen ergeben können.

Die Überschussrechnung nach § 4 Abs. 3 EStG ist nicht zu verwechseln mit der

bei der doppelten Buchführung; in der Überschussrechnung erscheinen Betriebseinnahmen und Betriebsausgaben, in der Gewinn- und Verlustrechnung erscheinen dagegen Aufwendungen und Erträge.

4.5.2.1 Betriebseinnahmen

Als Betriebseinnahmen sind Einnahmen (in Geld oder Geldeswert) anzusehen, die dem Steuerpflichtigen im Rahmen der **Gewinneinkünfte** (siehe Kap. 4.3.2.1) **aufgrund betrieblicher Leistungen** zufließen. Betriebseinnahmen sind z. B.:

- Einnahmen aus der Veräußerung von Umlaufgütern, z. B. Waren. Dazu gehören auch Einnahmen aus Kundenforderungen;
- Einnahmen aus der Veräußerung von abnutzbaren Anlagegütern, z. B. Gegenstände der Geschäftsausstattung. Die im Wege der Absetzung für Abnutzung noch nicht abgesetzten Anschaffungs- oder Herstellungskosten (Restbuchwert) sind als Betriebsausgabe abzusetzen (H 4.5 Abs. 3 [Veräußerung] EStH);
- Einnahmen aus der Veräußerung von nicht abnutzbaren Anlagegütern, die zum notwendigen Betriebsvermögen gehören, z. B. Grund und Boden, Genossenschaftsanteile;
- vereinnahmte Umsatzsteuer;
- Anzahlungen und Teilzahlungen von Kunden, z. B. Anzahlung auf eine Lieferung, die erst im nächsten Jahr erfolgen soll, oder Teilzahlungsrate für eine Lieferung, die bereits im vorigen Jahr erfolgt ist;
- Sachentnahmen, z. B. Entnahmen von Waren für private Zwecke. Die Sachentnahmen sind Betriebseinnahmen, weil die Anschaffungs- oder Herstellungskosten der entnommenen Sachen Betriebsausgaben sind. Die Entnahmen sind grundsätzlich mit dem Teilwert (§ 6 Abs. 1 Nr. 4 Satz 1 EStG) anzusetzen. Die auf die Entnahme entfallende Umsatzsteuer wird grundsätzlich als Betriebseinnahme erfasst. Barentnahmen sind keine Betriebseinnahmen im Sinne des § 4 Abs. 3 EStG;

- Entnahmen von Leistungen, z. B. die private Pkw-Nutzung. Hier sind die auf die private Nutzung entfallenden Kosten (einschließlich AfA) als Betriebseinnahme anzusetzen zuzüglich der darauf entfallenden Umsatzsteuer (entweder ermittelt durch Fahrtenbuch = Einzelnachweis oder durch die Pauschale nach § 6 Abs. 1 Nr. 4 Satz 2 EStG = 1 %-Regelung), weil diese Kosten vorher als Betriebsausgaben abgesetzt worden sind;
- Leistungen der Versicherungen, z. B. betriebliche Schadenersatzleistungen;
- vereinnahmte Zinsen, z. B. Zinsen aus einer Darlehensforderung. Der vereinnahmte Darlehensbetrag bei einer Darlehensaufnahme dagegen stellt keine Betriebseinnahme dar (H 4.5 Abs. 2 [Darlehen] EStH).

AUFGABEN

1. Welche Steuerpflichtigen können den Gewinn nach dem Überschuss der Betriebseinnahmen über die Betriebsausgaben ermitteln?
2. Welche Betriebseinnahmen und Betriebsausgaben scheiden bei der Gewinnermittlung nach § 4 Abs. 3 EStG aus?
3. In welchem Wirtschaftsjahr sind die Betriebseinnahmen und in welchem Wirtschaftsjahr die Betriebsausgaben anzusetzen?
4. Erläutern Sie das Zu- und Abflussprinzip bei Betriebseinnahmen und Betriebsausgaben.
5. Für welche Steuerpflichtigen kommt die Gewinnermittlung nach § 4 Abs. 3 EStG hauptsächlich infrage?
6. Welcher Unterschied besteht zwischen der Überschussrechnung nach § 4 Abs. 3 EStG und der Gewinn- und Verlustrechnung der doppelten Buchführung?
7. Welche Einnahmen sind als Betriebseinnahmen anzusehen? Nennen Sie Beispiele.
8. Warum gelten Sachentnahmen als Betriebseinnahmen?

4.5.2.2 Betriebsausgaben

Auch die Betriebsausgaben können wie die Betriebseinnahmen in bar oder in Sachwerten vorkommen. Wir unterscheiden:

Betriebsausgaben

❶ Sofort abzugsfähige Betriebsausgaben im Sinne des § 4 Abs. 3 EStG

Dazu gehören z. B.:

- die Anschaffungskosten der Wirtschaftsgüter des Umlaufvermögens, z. B. Waren. Dazu gehören auch die Ausgaben zur Tilgung von Warenschulden;
- die Anschaffungskosten von nicht abnutzbaren Wirtschaftsgütern des Anlagevermögens (z. B. Grund und Boden) im Zeitpunkt der Veräußerung;
- die Anschaffungs- oder Herstellungskosten (bei Einlagen der Teilwert) der geringwertigen Wirtschaftsgüter des Anlagevermögens ohne Rücksicht auf den Zeitpunkt der

Bezahlung, wenn die Voraussetzungen nach § 6 Abs. 2 EStG gegeben sind. Die Anschaffung, die Herstellung oder die Einlage muss bis zum 31. Dez. erfolgt sein;

- der Verlust einer betrieblichen Darlehensforderung. Der Ausfall der Forderung ist im Zeitpunkt des Eintritts des Verlustes als Betriebsausgabe abziehbar;
- Personalkosten, Kfz-Kosten, betriebliche Steuern, betriebliche Abschreibungen;
- gezahlte Stundungszinsen (§ 234 AO), Zinsen auf Steuernachforderungen (§ 233a AO) und Aussetzungszinsen (§ 237 AO), soweit die Zinsen auf betriebliche Steuern entfallen. Zinsen auf hinterzogene Steuern (§ 235 AO) sind nicht abziehbar (§ 4 Abs. 5 Nr. 8a EStG);
- gezahlte Säumniszuschläge, Verspätungszuschläge und Zwangsgelder, wenn sie mit abziehbaren Steuern im Zusammenhang stehen;
- verausgabte betriebliche Darlehenszinsen. Der verausgabte Darlehensbetrag bei einer Darlehenshingabe und die Rückzahlung von Darlehen stellen keine Betriebsausgaben dar;
- Geldverluste, z. B. durch Diebstahl, wenn die Geldbeträge zum Betriebsvermögen gehörten;
- die abziehbare Vorsteuer. Das ist die Vorsteuer, die nicht zu den Anschaffungs- oder Herstellungskosten des Wirtschaftsgutes gehört (§ 9b Abs. 1 EStG – siehe auch Kap. 3.9.5.4). Sie ist sofort bei Zahlung an den Lieferanten in voller Höhe als Betriebsausgabe abzugsfähig;
- die an das Finanzamt abgeführte Umsatzsteuer-Zahllast.

Einlagen im Sinne des § 4 Abs. 1 Satz 8 EStG können in Geld oder in Sachwerten erfolgen. **Geldeinlagen** bleiben bei der Gewinnermittlung nach der Überschussrechnung außer Betracht.

Sacheinlagen sind Betriebsausgaben. Sie werden mit dem Teilwert im Zeitpunkt der Einlage bewertet (§ 6 Abs. 1 Nr. 5 1. Halbsatz EStG). Ist das Wirtschaftsgut allerdings innerhalb der letzten drei Jahre angeschafft oder hergestellt worden, wird die Einlage höchstens mit den (fortgeführten) Anschaffungs- oder Herstellungskosten bewertet, § 6 Abs. 1 Nr. 5 2. Halbsatz Buchstabe a EStG. Der Teilwert wird im Wege der AfA auf die Nutzungsdauer des Wirtschaftsgutes verteilt, sodass jährlich nur die AfA als abzugsfähige Betriebsausgabe berücksichtigt wird. Beträgt die Nutzungsdauer nicht mehr als ein Jahr, wird der Teilwert in voller Höhe im Jahr der Einlage als Betriebsausgabe abgezogen.

Forderungsverluste, z. B. ausgefallene Kundenforderungen, stellen keine Betriebsausgabe im Sinne des § 4 Abs. 3 EStG dar, weil sie als Betriebseinnahme ausfallen und sich schon dadurch gewinnmindernd auswirken.

Warenverluste durch Diebstahl oder Verderb können ebenfalls nicht als Betriebsausgaben angesetzt werden, weil sich bereits der Wareneinkauf gewinnmindernd ausgewirkt hat.

> **Übung 2, Seite 328**

❷ Nicht sofort abzugsfähige Betriebsausgaben

Dazu gehören z. B.:

- die Anschaffungskosten abnutzbarer Anlagegüter. Sie können durch die jährlichen Absetzungen für Abnutzung erst im Laufe der betriebsgewöhnlichen Nutzungsdauer als Betriebsausgabe berücksichtigt werden (R 4.5 Abs. 3 Satz 2 EStR);
- nicht abziehbare Vorsteuer für abnutzbare Anlagegüter. Sie gehört zu den Anschaffungs- oder Herstellungskosten und wird in die Absetzung für Abnutzung einbezogen;
- die Anschaffungskosten für nicht abnutzbare Wirtschaftsgüter des Anlagevermögens, z. B. Grund und Boden, Genossenschaftsanteile. Sie sind erst im Zeitpunkt der Veräußerung oder Entnahme als Betriebsausgabe zu berücksichtigen (R 4.5 Abs. 3 Satz 5 EStR). Voraussetzung ist, dass die nicht abnutzbaren Wirtschaftsgüter zum notwendigen Betriebsvermögen gehören und in ein besonderes Verzeichnis aufgenommen sind. Gewillkürtes Betriebsvermögen (siehe Kap. 4.5.4.3) ist nach R 4.2 Abs. 1 Satz 3 EStR auch bei der Überschussrechnung möglich.

Aufwendungen für den Geschäfts- oder Firmenwert eines Gewerbebetriebs oder eines land- und forstwirtschaftlichen Betriebs und Aufwendungen für den Praxiswert eines Angehörigen eines freien Berufs (z. B. Steuerberater, Arzt) sind als Anschaffungskosten eines abnutzbaren immateriellen Wirtschaftsgutes anzusehen.

Die betriebsgewöhnliche Nutzungsdauer des Geschäfts- oder Firmenwertes ist auf 15 Jahre festgelegt (§ 7 Abs. 1 Satz 3 EStG). Für den Praxiswert eines freiberuflich Tätigen ist die betriebsgewöhnliche Nutzungsdauer nicht gesetzlich geregelt. Da aber der Praxiswert in hohem Maße persönlichkeitsbezogen ist, kann der Freiberufler den an seinen Vorgänger bezahlten Praxiswert in zwei bis fünf Jahren abschreiben. Tritt ein Freiberufler aber in eine bestehende Praxis ein, so kann er den bezahlten anteiligen Sozietäts-Praxiswert in analoger Anwendung des § 7 Abs. 1 Satz 3 EStG in 15 Jahren abschreiben.

❸ Nicht abzugsfähige Betriebsausgaben

Dazu gehören nach § 4 Abs. 5 EStG z. B.:

- Aufwendungen für Geschenke an Personen, die nicht Arbeitnehmer des Steuerpflichtigen sind, wenn die Anschaffungs- oder Herstellungskosten der geschenkten Gegenstände im Wirtschaftsjahr pro Empfänger insgesamt 35,00 € netto, also ohne Umsatzsteuer, übersteigen (§ 4 Abs. 4 Nr. 1 Satz 2 EStG). Bei nicht vorsteuerabzugsberechtigten Unternehmern dagegen muss die Umsatzsteuer bei der Feststellung der Freigrenze mit berücksichtigt werden (= 35,00 € brutto), R 4.10 Abs. 3 Satz 1 EStR;
- Aufwendungen für die Bewirtung von Personen aus geschäftlichem Anlass nach § 4 Abs. 5 Nr. 2 EStG. Dabei gilt Folgendes:
  - Sind die Bewirtungsaufwendungen nach der allgemeinen Verkehrsauffassung als angemessen anzusehen und sind ihre Höhe und betriebliche Veranlassung nachgewiesen, so sind sie zu 70 % abzugsfähig und zu 30 % nicht abzugsfähig. Mit der Begrenzung des Abzugs auf 70 % soll dem Umstand Rechnung getragen werden, dass durch die Bewirtung die private Lebensführung der an der Bewirtung teilnehmenden Personen berührt wird. Der Vorsteuerabzug ist in voller Höhe möglich. Für den Nachweis der Höhe und der betrieblichen Veranlassung der Aufwendungen genügt es, wenn der Steuerpflichtige schriftliche Angaben macht über Ort, Tag, Teilnehmer und Anlass der Bewirtung sowie Höhe der Aufwendungen. Auf die Verwendung eines amtlichen Vordrucks und auf die Unterschrift des Gastwirtes auf der Rechnung ist verzichtet worden. Umsatzsteuerlich liegt hinsichtlich des nicht abzugsfähigen Teils der Aufwendungen von 30 % keine Leistung vor;
  - soweit die Bewirtungsaufwendungen unangemessen oder ihre Höhe und betriebliche Veranlassung nicht nachgewiesen sind, sind sie nicht als Betriebsausgaben abzugsfähig und damit nicht zum Vorsteuerabzug berechtigt;
- Mehraufwendungen für Verpflegung, soweit sie bestimmte Höchstbeträge übersteigen, § 4 Abs. 5 Nr. 5 EStG.

Wenn der Gewinn nach § 4 Abs. 3 EStG durch den Überschuss der Betriebseinnahmen über die Betriebsausgaben ermittelt wird, ist eine Gewinnermittlung nach amtlich vorgeschriebenem Datensatz elektronisch zu übermitteln. Auf Antrag kann die Finanzbehörde auf die elektronische Übermittlung verzichten. In diesem Fall ist eine Gewinnermittlung nach amtlich vorgeschriebenem Datensatz (Anlage EÜR) anzufertigen und der Steuererklärung beizufügen (§ 60 Abs. 4 EStDV).

In der **Anlage EÜR** sind die Betriebseinnahmen und Betriebsausgaben jeweils mit dem Nettowert (ohne Umsatzsteuer) anzusetzen, es sei denn, es handelt sich bei dem Steuerpflichtigen um einen Kleinunternehmer nach § 19 Abs. 1 UStG. Gleichzeitig sind die Betriebseinnahmen und -ausgaben nach dem allgemeinen und dem ermäßigten Steuersatz zu trennen. Die vereinnahmte Umsatzsteuer ist bei den Betriebseinnahmen und die verausgabte Umsatzsteuer (Vorsteuer) bei den Betriebsausgaben zu erfassen. Der Anlage ist ein **Anlageverzeichnis** getrennt nach abnutzbaren und nicht abnutzbaren Wirtschaftsgütern beizufügen.

Beispiel

Gewinnermittlung durch Überschussrechnung für einen Gewerbetreibenden, der zum Vorsteuerabzug berechtigt ist, für den Veranlagungszeitraum 2019

Einnahmeüberschussrechnung – in Anlehnung an Anlage EÜR

Steuernummer	Name	
Art des Betriebes	100	

Erläuterungen zu den nachfolgenden Bereichen:

1. **Gewinnermittlung** (Zeilen 1–57)	Diese Gewinnermittlung ist von Gewerbebetreibenden, selbstständig Tätigen, Land- und Forstwirten sowie Körperschaften, Personenvereinigungen und Vermögensmassen auszufüllen.
2. **Ergänzende Angaben** (Zeilen 58–67)	Bitte nur ausfüllen, wenn – Rücklagen/Investitionsabzugsbeträge gebildet oder aufgelöst werden, – Schuldzinsen als Betriebsausgaben geltend gemacht werden

1. Gewinnermittlung

1	**Betriebseinnahmen**		Euro, Cent
	Betriebseinnahmen als umsatzsteuerlicher Kleinunternehmer (weiter ab Zeile 8)		
2	davon aus Umsätzen, die in § 19 Abs. 3 Nr. 1 und Nr. 2 UStG bezeichnet sind		
3	Betriebseinnahmen als Land- und Forstwirt, soweit die Durchschnittsbesteuerung nach § 24 UStG angewandt wird		
4	**Umsatzsteuerpflichtige Betriebseinnahmen**		201.100,00
5	Umsatzsteuerfreie, nicht umsatzsteuerbare Betriebseinnahmen sowie Betriebseinnahmen, für die der Leistungsempfänger die Umsatzsteuer nach § 13b UStG schuldet		700,00
6	Vereinnahmte Umsatzsteuer sowie Umsatzsteuer auf unentgeltliche Wertabgaben		38.912,00
7	Vom Finanzamt erstattete und ggf. verrechnete Umsatzsteuer		
8	Veräußerung oder Entnahme von Anlagevermögen		
9	Private Kfz-Nutzung		3.000,00
10	Sonstige Sach-, Nutzungs- und Leistungsentnahmen (z. B. private Telefonnutzung)		
11	Auflösung von Rücklagen/Investitionsabzugsbeträgen (Übertrag von Zeile 63)		
12	**Summe der Betriebseinnahmen**		243.712,00
13	**Betriebsausgaben**		
16	Waren, Rohstoffe und Hilfsstoffe einschl. der Nebenkosten		160.000,00
17	Bezogene Fremdleistungen		
18	Ausgaben für eigenes Personal (z. B. Gehälter, Löhne und Versicherungsbeiträge)		
22	AfA auf bewegliche Wirtschaftsgüter (z. B. Maschinen, Kfz)		20.000,00
23	Aufwendungen für geringwertige Wirtschaftsgüter		8.167,00
24	Restbuchwerte der im Kalenderjahr/Wirtschaftsjahr ausgeschiedenen Wirtschaftsgüter		300,00
25	Kraftfahrzeugkosten und andere Fahrtkosten	Euro, Cent	
26	Laufende und feste Kfz-Kosten (ohne AfA und Zinsen)	3.000,00	
27	Enthaltene Kosten aus Zeilen 21, 26 und 37 für Wege zwischen Wohnung und erster Tätigkeitsstätte	0,00	
28	Verbleibender Betrag		3.000,00
29	Abzüglich der Wege zwischen Wohnung und Betriebsstätte		
30	Raumkosten und sonstige Grundstücksaufwendungen		
36	Schuldzinsen	nicht abziehbar	abziehbar
39	Betriebsausgaben nach § 4 Abs. 5 Satz 1 Nr. 1 ff. EStG		
45	Sonstige unbeschränkt abzugsfähige Betriebsausgaben		
50	Abziehbare Vorsteuerbeträge		31.350,00
51	Im Kalenderjahr/Wirtschaftsjahr an das Finanzamt entrichtete Umsatzsteuer		6.561,00
52	Bildung von Rücklagen/Investitionsabzugsbeträgen (Übertrag von Zeile 63)		
53	**Summe der Betriebsausgaben**		229.378,00
54	**Ermittlung des Gewinns**		
55	Summe der Betriebseinnahmen (aus Zeile 23)		243.712,00
56	Summe der abziehbaren Betriebsausgaben (aus Zeile 67)		229.378,00
57	**Steuerpflichtiger Gewinn/Verlust**		14.334,00

2. Ergänzende Angaben

AUFGABEN

1. Unterscheiden Sie Arten von Betriebsausgaben.
2. Welche Ausgaben gehören zu den sofort abzugsfähigen Betriebsausgaben? (Bitte nennen Sie sieben Beispiele.)
3. Wie ist die Umsatzsteuer auf den Eigenverbrauch bei der „4-3-Rechnung" zu behandeln?

VERTIEFENDE ÜBUNGEN

Übung 1: Betriebseinnahmen

Übung 2: Betriebsausgaben

1. **Welche Beträge sind bei der Gewinnermittlung nach § 4 Abs. 3 EStG als Betriebseinnahmen für 2020 anzusetzen?**

Die Umsatzsteuer bleibt unberücksichtigt.

Fall 1:
Ein Radiohändler in Ravensburg hat Ende Nov. aus seinem Geschäft ein Fernsehgerät im Wert von 1.250,00 € für seine Familie entnommen.

Fall 2:
Eine Tischlerei in Rostock hat dort im Jan. in ein Geschäftshaus Regale für 8.000,00 € eingebaut. Am 30. Dez. hat sie eine Anzahlung von 3.000,00 € erhalten. Die restlichen 5.000,00 € sind ihr im Jan. 2021 gezahlt worden.

Fall 3:
Die Tischlerei (aus Fall 2) hat einen Kellerraum in ihrem Geschäftsgebäude an einen Nachbarbetrieb als Lagerraum vermietet. Die monatliche Miete von 100,00 € wird vereinbarungsgemäß jeweils Anfang des Monats für den vorangegangenen Monat gezahlt, sodass die Miete für Dez. Anfang Jan. 2020 vereinnahmt worden ist.

Fall 4:
Die Tischlerei (aus Fall 2) hat am 28. Dez. einen gebrauchten Lieferwagen für 3.000,00 € gegen Barzahlung verkauft. Der Buchwert des Fahrzeugs hat 1.500,00 € betragen.

Fall 5:
Eine Bank in Singen schreibt einem Arzt auf seinem Geschäftsbankkonto am 31. Dez. Zinsen in Höhe von 120,00 € gut.

Fall 6:
Ein Klemptnermeister (selbstständiger Handwerker) in Saarbrücken hat am 15. Juli aus seiner Geschäftskasse 1.000,00 € in bar entnommen.

Fall 7:
Der Klemptnermeister (aus Fall 6) hat am 28. Okt. von seiner privaten Krankenversicherung 780,00 € Krankheitskosten erstattet bekommen. Der Betrag ist auf sein Geschäftsbankkonto überwiesen worden.

Fall 8:
Ein Bauunternehmer hat zur Anschaffung eines Lieferwagens bei einer Bank ein Darlehen von 10.000,00 € aufgenommen. Der Betrag ist am 5. Mai auf sein Geschäftsbankkonto überwiesen worden.

Fall 9:
Die Kosten für die private Nutzung des Geschäftswagens (unstrittig durch Einzelnachweis belegt) eines Gemüsehändlers in Trier haben 3.200,00 € betragen.

Fall 10:
Ein Baustoffhändler hat Anfang Dez. 2019 für 2.000,00 € Material gegen Banküberweisung eingekauft. Aufgrund einer Mängelrüge hat er vom Lieferanten im Febr. d. J. einen Scheck über 120,00 € erhalten.

2. **Welche Beträge sind**
   a) **sofort abzugsfähige,**
   b) **nicht sofort abzugsfähige und**
   c) **nicht abzugsfähige Betriebsausgaben im Sinne des § 4 Abs. 3 EStG?**

Fall 1:
Ein zum Vorsteuerabzug berechtigter Gewerbetreibender hat ein Fotokopiergerät für 1.500,00 € zuzüglich 285,00 € Umsatzsteuer angeschafft. Die Nutzungsdauer beträgt fünf Jahre. Außerdem hat er für seinen Betrieb zwei Parkplätze für 6.000,00 € erworben. Einem guten Kunden hat der Steuerpflichtige zum Geburtstag eine Personenwaage geschenkt. Die Anschaffungskosten haben netto 100,00 € und die darauf entfallende Umsatzsteuer 19,00 € betragen.

Fall 2:
Ein Arzt, der nur Umsätze tätigt, die den Vorsteuerabzug ausschließen, hat einem Handwerker, der seine medizinischen Geräte laufend wartet, zur Hochzeit eine Kaffeemaschine geschenkt. Die Anschaffungskosten haben netto 130,00 € und die darauf entfallende Umsatzsteuer 24,70 € betragen.

4497328

Übungen 3 bis 5: Gewinnermittlung

3. Ermitteln Sie den Gewinn aus freiberuflicher Tätigkeit für das Kalenderjahr 2020.

Dr. med. Manfred Kuhlmann betreibt in Hildesheim eine Arztpraxis. Aus seinen Aufzeichnungen und Unterlagen ergibt sich für das Kalenderjahr Folgendes:

1. Honorareinnahmen aus der Tätigkeit als Arzt...... 320.000,00 €
2. Ausgaben für Medikamente, Wäsche usw., brutto....... 14.500,00 €
3. Anschaffung eines Stuhls (geringwertiges Wirtschaftsgut) inklusive Umsatzsteuer....... 119,00 €
4. Anschaffung eines medizinischen Gerätes im August inklusive Umsatzsteuer .... 8.120,00 €
   Die betriebsgewöhnliche Nutzungsdauer beträgt fünf Jahre (lineare AfA).
5. Bezahlung von Personalkosten .... 116.000,00 €
6. AfA für Pkw .... 6.000,00 €
7. Kfz-Kosten (Reparaturen, Benzin usw.) inklusive Umsatzsteuer..... 9.976,00 €
8. private Kfz-Nutzung .... 6.567,00 €
9. Ausgaben für Miete, Strom, Heizung usw., brutto ...... 55.000,00 €
10. AfA Inventar .... 8.300,00 €

4. Ermitteln Sie den Gewinn aus Gewerbebetrieb des Steuerpflichtigen Boris Berger nach der Überschussrechnung gemäß § 4 Abs. 3 EStG für 2020.

Berger betreibt in München ein Sportgeschäft. Aus seinen Aufzeichnungen und Belegen ergibt sich für das Wirtschaftsjahr (= Kalenderjahr) Folgendes:

1. Warenverkäufe gegen sofortige Zahlung
   Warenwert .... 170.000,00 €
   zzgl. 19 % Umsatzsteuer... 32.300,00 €
2. vereinnahmte Beträge aus Kundenforderungen
   Warenwert .... 40.000,00 €
   zzgl. 19 % Umsatzsteuer ... 7.600,00 €
3. der Steuerpflichtige hat Ende des Jahres seine Kleingärtnerparzelle am Münchner Stadtrand für ... 12.000,00 € verkauft. Der Betrag wurde auf das Geschäftsbankkonto des Steuerpflichtigen eingezahlt;
4. der Steuerpflichtige hat aus seinem Betrieb entnommen:
   a) Ware, Teilwert 400,00 € + 76,00 € Umsatzsteuer..... 476,00 €
   (Die Umsatzsteuer von 76,00 € ist bei der Errechnung der Zahllast – siehe Nr. 20 – nicht ausgeschieden worden.)
   b) Bargeld .... 28.000,00 €
5. Leistung einer Versicherungsgesellschaft durch Überweisung auf das Geschäftsbankkonto wegen eines Wasserschadens im Warenlager .... 9.000,00 €
6. Leistung einer Versicherungsgesellschaft durch Banküberweisung auf das Geschäftsbankkonto wegen eines Brandschadens in der Privatwohnung des Steuerpflichtigen....... 600,00 €
7. der Steuerpflichtige hat einem Geschäftsfreund ein betriebliches Darlehen von .... 6.000,00 € durch Banküberweisung vom Geschäftsbankkonto gewährt;
8. der Darlehensschuldner (siehe Nr. 7) hat Darlehenszinsen in Höhe von .. 480,00 € gezahlt;
9. Zinsgutschrift auf dem Geschäftsbankkonto................... 136,70 €
   Kapitalertragsteuer .... 60,00 €
   Solidaritätszuschlag .... 3,30 €
10. Wareneinkäufe gegen sofortige Zahlung
    Warenwert .... 81.000,00 €
    zzgl. 19 % Umsatzsteuer ... 15.390,00 €
11. Tilgung von Warenschulden
    Warenwert................ 35.000,00 €
    zzgl. 19 % Umsatzsteuer ... 6.650,00 €
12. der Steuerpflichtige hat im Nov. d. J. einen gebrauchten Ladentisch, der bereits bis auf 100,00 € abgeschrieben war, für 300,00 € + 57,00 € Umsatzsteuer ..... 357,00 € verkauft. Der Käufer hat den Betrag von 357,00 € erst im Jan. d. J. gezahlt. Die Umsatzsteuer von 57,00 € hat der Steuerpflichtige bereits im Dez. an das Finanzamt abgeführt;
13. der Steuerpflichtige hat zu Beginn des Jahres einen neuen Ladentisch für.............. 2.975,00 € (2.500,00 € + 475,00 € Umsatzsteuer) gegen Bankscheck angeschafft. Die betriebsgewöhnliche Nutzungsdauer beträgt zehn Jahre;
14. der Steuerpflichtige hat am 31. Dez. neue Regale für sein Ladengeschäft gegen Barzahlung angeschafft. Rechnungsbetrag .... 2.380,00 € (2.000,00 € + 380,00 € Umsatzsteuer). Die betriebsgewöhnliche Nutzungsdauer der Regale, die erst Anfang d. J. aufgestellt worden sind, beträgt zehn Jahre;

→

15. geleistete Einkommensteuer-Vorauszahlungen .... 8.640,00 €
16. die Aufwendungen für die Anschaffung geringwertiger Anlagegüter haben insgesamt .... 1.785,00 € (1.500,00 € + 285,00 € Umsatzsteuer) betragen. Die Voraussetzungen für die Inanspruchnahme der Steuervergünstigung nach § 6 Abs. 2 EStG sind erfüllt;
17. andere Betriebsausgaben, wie Personalkosten .... 55.000,00 €
18. Miete .... 24.000,00 €
19. Absetzung für Abnutzung der Anlagegüter, soweit oben noch nicht berücksichtigt .... 720,00 €
20. Umsatzsteuerzahllast (an das Finanzamt abgeführt) ..... 10.555,00 €
21. Gewerbesteuervorauszahlungen für 2019 .... 6.000,00 €

5. Berichtigen Sie den vom Steuerpflichtigen Ralf Mehnert errechneten Gewinn unter Berücksichtigung der vom Steuerberater getroffenen Feststellungen.

Mehnert betreibt in Duisburg eine Baustoffhandlung. Er hat den Gewinn für das abgelaufene Wirtschaftsjahr 2020 (= Kalenderjahr) wie folgt ermittelt:

Betriebseinnahmen	222.350,00 €
– Betriebsausgaben	206.920,00 €
Gewinn aus Gewerbebetrieb	15.430,00 €

Mit der Fertigstellung der Steuererklärungen hat der Steuerpflichtige den Steuerberater Fuchs, Duisburg, beauftragt. Der Steuerberater hat Folgendes festgestellt:

1. Eine Kundenforderung von..... 595,00 € (500,00 € + 95,00 € Umsatzsteuer) ist ausgefallen.
   Der Steuerpflichtige hat die Betriebseinnahmen um 500,00 € gekürzt;
2. als Einnahme hat der Steuerpflichtige folgende Beträge angesetzt:
   Entnahme von Waren für private Zwecke (100,00 € + 19,00 € Umsatzsteuer) .... 119,00 €
   private Pkw-Nutzung (900,00 € + 171,00 € Umsatzsteuer)...... 1.071,00 €
   Bei der Gewinnermittlung hat der Steuerpflichtige den Betriebseinnahmen 1.000,00 € (100,00 € + 900,00 €) hinzugerechnet. Die Umsatzsteuerbeträge von 19,00 € und 171,00 € sind in der vom Steuerpflichtigen bei der Gewinnermittlung angesetzten Umsatzsteuer-Zahllast enthalten;
3. der Steuerpflichtige hat aus seinem Betrieb für seinen Haushalt monatlich 700,00 € in bar entnommen. Außerdem hat er Einkommen- und Kirchensteuervorauszahlungen von 3.000,00 € durch Überweisung vom Geschäftsbankkonto an das Finanzamt entrichtet. Der Steuerpflichtige hat die Vorauszahlungen von 3.000,00 € bei der Gewinnermittlung als Betriebsausgabe abgesetzt. Die Barentnahmen von 8.400,00 € hat er unberücksichtigt gelassen;
4. im Dez. d. J. ist eine Gutschrift von 6.000,00 € auf dem Geschäftsbankkonto des Steuerpflichtigen erfolgt. Es handelt sich um einen Betrag, den der Steuerpflichtige im vorigen Jahr von seinem verstorbenen Vater geerbt hat. Der Steuerpflichtige hat diesen Betrag als Betriebseinnahme behandelt;
5. der Steuerpflichtige hat Ende Dez. einen Lagerplatz (notwendiges Betriebsvermögen) für 5.000,00 € gegen Banküberweisung angeschafft. Die Anschaffungskosten von 5.000,00 € hat er als sofort abzugsfähige Betriebsausgabe behandelt;
6. bei einem Einbruch sind im Wert von 600,00 € Waren gestohlen worden. Der Steuerpflichtige hat diesen Betrag den Betriebsausgaben hinzugerechnet;
7. bei dem Einbruch (siehe Nr. 6) ist ein Betrag von 280,00 € aus der Geschäftskasse entwendet worden. Der Steuerpflichtige hat diesen Betrag bei seiner Gewinnermittlung nicht berücksichtigt;
8. ein Kunde hatte beim Abschluss des Kaufvertrages über die Lieferung von Baumaterial am 27. Dez. eine Anzahlung von 2.000,00 € geleistet. Der Steuerpflichtige hat diese bei der Gewinnermittlung nicht angesetzt, weil die Lieferung erst Anfang Jan. dieses Jahres ausgeführt worden ist;
9. Anfang des Jahres ist eine Kundenforderung von 7.140,00 € (6.000,00 € + 1.140,00 € Umsatzsteuer) eingegangen. Der Steuerpflichtige hatte diesen Betrag bei der Gewinnberechnung außer Acht gelassen, weil die Lieferung bereits im Jahr davor ausgeführt worden ist.

4.5.3 Ermittlung des Gewinns aus Land- und Forstwirtschaft nach Durchschnittssätzen

Der Gewinn aus Land- und Forstwirtschaft ist für Steuerpflichtige, die nicht zur Buchführung verpflichtet sind, nach Durchschnittssätzen zu ermitteln, wenn die Voraussetzungen nach § 13a EStG dafür gegeben sind. Nach § 13a Abs. 3 EStG wird ein Durchschnittssatzgewinn ermittelt. Dieser ist die Summe aus den Gewinnen aus der land- und forstwirtschaftlichen Nutzung, der Sondernutzungen, den Sondergewinnen, den Einnahmen aus Vermietung und Verpachtung von Wirtschaftsgütern des land- und forstwirtschaftlichen Betriebsvermögens und den Einnahmen aus Kapitalvermögen, soweit sie zu den Einkünften aus Land- und Forstwirtschaft gehören. Die Gewinnermittlung nach Durchschnittssätzen kommt in der Regel für kleine und kleinste Betriebe der Land- und Forstwirtschaft in Betracht.

(Wegen der Ermittlung des Gewinns aus Land- und Forstwirtschaft nach § 4 Abs. 1 oder Abs. 3 EStG beachten Sie bitte auch Kap. 4.5.1.2.)

Gewinnermittlungsarten

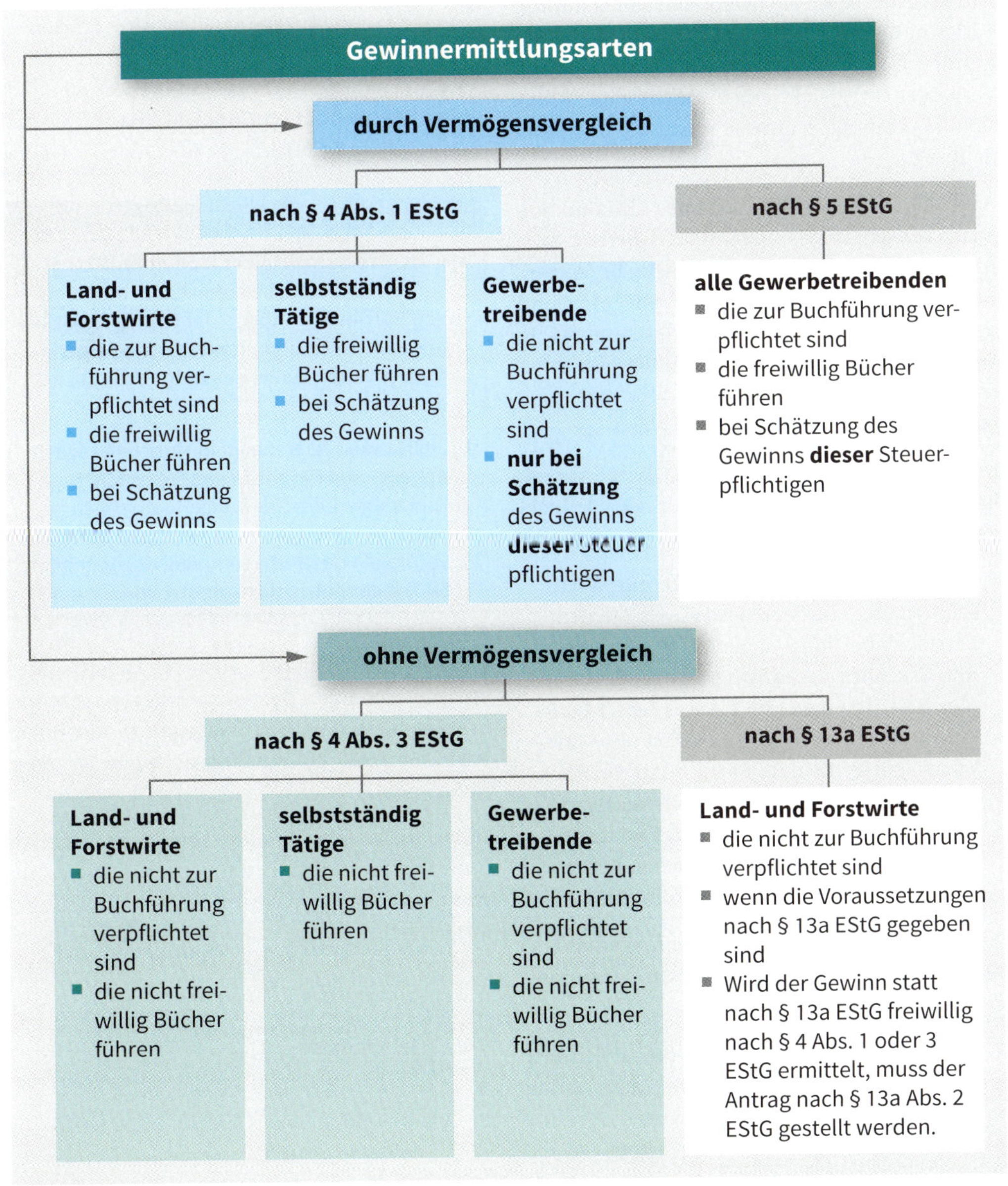

4.5.4 Das Betriebsvermögen im Einkommensteuerrecht

Wirtschaftsgüter eines Steuerpflichtigen kann man in zwei Hauptgruppen einteilen:

- **Wirtschaftsgüter des Betriebsvermögens** und
- **Wirtschaftsgüter des Privatvermögens**.

Diese Einteilung ist wichtig, weil bei der Gewinnermittlung durch Vermögensvergleich nur Wirtschaftsgüter des Betriebsvermögens einbezogen werden.

Betriebsvermögen können nur Gewerbetreibende, Land- und Forstwirte und selbstständig Tätige haben, also nur Steuerpflichtige, die Gewinneinkünfte haben. Ob der Gewinn durch Vermögensvergleich oder nach der Überschussrechnung ermittelt wird, ist ohne Bedeutung.

Betriebsvermögen im Sinne des Einkommensteuerrechts ist der Unterschiedsbetrag zwischen dem Wert der positiven (z. B. Waren, Kraftfahrzeuge, Forderungen, Bargeld) und dem Wert der negativen Wirtschaftsgüter (z. B. Warenschulden, Darlehensschulden) eines Betriebs. **Wirtschaftsgüter** sind also nicht nur positive, sondern auch negative Werte.

Die positiven Wirtschaftsgüter, die zu einem Betriebsvermögen gehören, können Anlagevermögen oder Umlaufvermögen sein:

- Zum **Anlagevermögen** gehören alle Wirtschaftsgüter, die dazu bestimmt sind, dem Betrieb dauernd zu dienen, z. B. Betriebs- und Geschäftsausstattung, Gebäude, Maschinen, Beteiligungen (R 6.1 Abs. 1 Satz 1 EStR).
- Zum **Umlaufvermögen** gehören alle Wirtschaftsgüter, die dem Betrieb nur vorübergehend dienen. Sie sind für eine kurzfristige Verwertung bzw. zum Verkauf im Betrieb bestimmt, z. B. Waren, Forderungen, Bargeld. Siehe R 6.1 Abs. 2 EStR.

Anlagevermögen und Umlaufvermögen zählen immer zum Betriebsvermögen. Wir unterscheiden zwischen:

- notwendigem Betriebsvermögen,
- notwendigem Privatvermögen,
- gewillkürtem Betriebsvermögen,
- nicht notwendigem Privatvermögen.

4.5.4.1 Notwendiges Betriebsvermögen

Zu dieser Art Betriebsvermögen gehören:

- Wirtschaftsgüter, die ausschließlich und unmittelbar für eigenbetriebliche Zwecke des Steuerpflichtigen genutzt werden oder dazu bestimmt sind (R 4.2 Abs. 1 Satz 1 EStR), und
- Wirtschaftsgüter, die nicht Grundstücke oder Grundstücksteile sind, wenn sie zu mehr als 50 % eigenbetrieblich genutzt werden (R 4.2 Abs. 1 Satz 4 EStR). Grundstücke oder Grundstücksteile (siehe Kap. 4.5.5.2) gehören auch zum notwendigen Betriebsvermögen, wenn sie zu weniger als 50 % eigenbetrieblichen Zwecken dienen (R 4.2 Abs. 7 Satz 1 EStR).

Beispiele

a) In der Werkshalle einer Möbelfabrik steht eine Hobelbank. Sie gehört zum notwendigen Betriebsvermögen der Fabrik, weil sie ausschließlich und unmittelbar zu eigenbetrieblichen Zwecken genutzt wird bzw. dazu bestimmt ist.

b) Ein Handelsvertreter ist in München täglich mit eigenem Pkw auf Kundenbesuch. Das Fahrzeug wird zu 85 % eigenbetrieblich genutzt. Es gehört zum notwendigen Betriebsvermögen des Vertreters, weil es zu mehr als 50 % eigenbetrieblich genutzt wird.

Für die Zugehörigkeit eines Wirtschaftsgutes zum notwendigen Betriebsvermögen ist es unerheblich, ob das Wirtschaftsgut in der Buchführung bzw. Bilanz ausgewiesen ist oder nicht.

Wirtschaftsgüter können aber grundsätzlich nur dann notwendiges Betriebsvermögen sein, wenn sie dem Betriebsinhaber gehören. Ob sie aus betrieblichen oder aus privaten Mitteln angeschafft worden sind, ist ohne Bedeutung.

4497332

4.5.4.2 Notwendiges Privatvermögen

Zum notwendigen Privatvermögen gehören Wirtschaftsgüter, die ihrer Natur nach zum privaten Lebensbereich des Steuerpflichtigen gehören und aus diesem nicht herausgelöst werden können, auch wenn der Steuerpflichtige es wollte.

Bei den Wirtschaftsgütern des notwendigen Privatvermögens handelt es sich im Allgemeinen um solche, die aufgrund ihrer Zweckbestimmung zum Privatvermögen gehören und deshalb nicht zum Betriebsvermögen gerechnet werden können.

Beispiele

a) Ein Lebensmitteleinzelhändler kauft sich eine goldene Armbanduhr. Er will diese zu seinem Betriebsvermögen nehmen und die Anschaffungskosten als Betriebsausgabe absetzen. Die Armbanduhr kann nach ihrer Zweckbestimmung nicht zum Betriebsvermögen eines Lebensmitteleinzelhändlers gerechnet werden. Sie gehört zum privaten Lebensbereich des Steuerpflichtigen und somit zum notwendigen Privatvermögen. Die Anschaffungskosten sind nicht abziehbar. Dass er die Uhr auch im Geschäft trägt, ist ohne Bedeutung.

b) Ein Buchhändler kauft sich einen Anzug. Er will diesen Anzug zum Betriebsvermögen rechnen und die Anschaffungskosten als Betriebsausgabe absetzen. Der Anzug gehört nach seiner Zweckbestimmung zum privaten Lebensbereich des Steuerpflichtigen und kann aus diesem Bereich nicht herausgelöst werden. Er gehört daher zum notwendigen Privatvermögen, auch wenn ihn der Buchhändler häufig in seinem Geschäft trägt. Die Anschaffungskosten können nicht als Betriebsausgabe abgesetzt werden.

Wirtschaftsgüter, die nicht schon allein durch ihre Zweckbestimmung zum Privatvermögen gehören, die aber sowohl privat als auch betrieblich genutzt werden, rechnen im Allgemeinen zum notwendigen Privatvermögen, wenn sie zu mehr als 90 % privat genutzt werden (R 4.2 Abs. 1 Satz 5 EStR).

Beispiel

Ein Handelsvertreter hat einen großen Kombiwagen, der zu 85 % betrieblich und zu 15 % privat genutzt wird. Außerdem hat er einen kleinen Pkw, den er zu 5 % betrieblich und zu 95 % privat nutzt.

Der Kombiwagen gehört zum notwendigen Betriebsvermögen, weil er zu mehr als 50 % betrieblich genutzt wird. Der Pkw dagegen gehört zum notwendigen Privatvermögen, weil er zu mehr als 90 % privat genutzt wird.

4.5.4.3 Gewillkürtes Betriebsvermögen

Bei Wirtschaftsgütern,

- die weder notwendiges Betriebsvermögen noch notwendiges Privatvermögen sind, die also zu 50 % oder weniger, aber mindestens 10 % betrieblich genutzt werden, und
- die in einem gewissen objektiven Zusammenhang mit dem Betrieb stehen und geeignet sind dem Betrieb zu dienen und ihn zu fördern,

hat der Steuerpflichtige ein **Wahlrecht**. Er kann selbst entscheiden, ob er diese Wirtschaftsgüter als gewillkürtes Betriebsvermögen behandeln will oder nicht (R 4.2 Abs. 1 Satz 6 EStR).

Gewillkürtes Betriebsvermögen kann grundsätzlich nur ein Steuerpflichtiger haben, der seinen Gewinn nach § 4 Abs. 1 oder § 5 EStG ermittelt, weil die Behandlung von Wirtschaftsgütern als gewillkürtes Betriebsvermögen in der Buchführung und Bilanz eindeutig zum Ausdruck kommen muss.

Gewinnermittler nach § 4 Abs. 3 EStG können ebenfalls ein gewillkürtes Betriebsvermögen haben, sofern sie es in einem Anlageverzeichnis nachweisen.

Beispiel

Ein Drogist, der seinen Gewinn nach § 5 EStG ermittelt, nutzt seinen Kombiwagen zu 45 % betrieblich und zu 55 % privat.

Der Drogist kann den Wagen als gewillkürtes Betriebsvermögen behandeln, weil er weder zum notwendigen Betriebsvermögen noch zum notwendigen Privatvermögen gehört und mit dem Betrieb in einem objektiven Zusammenhang steht. Behandelt er ihn als gewillkürtes Betriebsvermögen, so muss er dies in seiner Buchführung und in seiner Bilanz eindeutig zum Ausdruck bringen.

Negative Wirtschaftsgüter (z. B. Darlehensschulden) können kein gewillkürtes Betriebsvermögen sein.

Wirtschaftsgüter

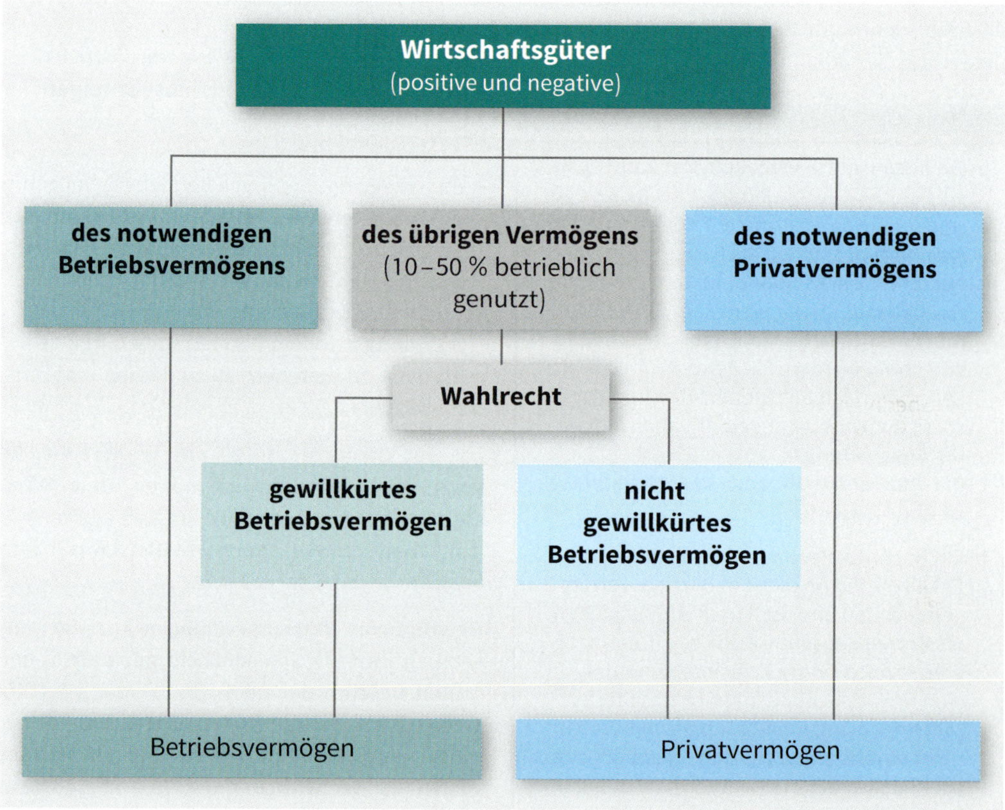

AUFGABEN

1. In welche zwei Hauptgruppen können die Wirtschaftsgüter eines Steuerpflichtigen eingeteilt werden?
2. Wann liegt Betriebsvermögen im Sinne des Einkommensteuerrechts vor?
3. Welche Wirtschaftsgüter gehören zum Anlagevermögen und welche zum Umlaufvermögen?
4. Welche Wirtschaftsgüter gehören zum notwendigen Betriebsvermögen?
5. Welche Wirtschaftsgüter gehören zum notwendigen Privatvermögen?
6. Welche Wirtschaftsgüter gehören zum gewillkürten Betriebsvermögen?
7. Welche Steuerpflichtigen können gewillkürtes Betriebsvermögen haben?

VERTIEFENDE ÜBUNG

Übung zu Betriebs- und Privatvermögen

Gehören die Wirtschaftsgüter in den unten aufgeführten Fällen
a) zum notwendigen Betriebsvermögen,
b) zum gewillkürten Betriebsvermögen,
c) zum notwendigen Privatvermögen?

Zur Beantwortung der Fragen verwenden Sie bitte das folgende Lösungsschema. Tragen Sie dort in die nach Ihrer Ansicht richtige Spalte auch die Begründung für Ihre Zuordnung ein.[1]

Nr. des Falles	Notwendiges Betriebsvermögen	Gewillkürtes Betriebsvermögen	Notwendiges Privatvermögen
1			
2			
...			

Fall 1:
Ein Arzt, der seinen Gewinn nach § 4 Abs. 3 EStG ermittelt, hat eine Waschmaschine mit betrieblichen Mitteln angeschafft. Er verwendet sie auch zum Waschen der gesamten Berufswäsche. Die Waschmaschine wird zu 45 % betrieblich (beruflich) und zu 55 % privat genutzt. Der Arzt möchte die Waschmaschine als Betriebsvermögen behandeln.

Fall 2:
Die Inhaberin eines Damenmodegeschäfts hat sich ein wertvolles Kollier angeschafft. Sie trägt den Schmuck täglich in ihrem Geschäft und möchte ihn deshalb als zum Betriebsvermögen gehörig behandeln.

Fall 3:
Ein Schuhwarenhändler benutzt seinen Pkw zu 45 % betrieblich und 55 % privat. Er hat den Wagen in seiner Bilanz als Betriebsvermögen ausgewiesen.

Fall 4:
Ein Tischlermeister, der seinen Gewinn nach § 4 Abs. 3 EStG ermittelt, benutzt seinen Pkw zu 40 % betrieblich und 60 % privat. Er hat den Wagen als Betriebsvermögen behandelt, indem er die AfA als Betriebsausgabe abgesetzt hat.

Fall 5:
Der Schuhwarenhändler (siehe Fall 3) hat seinen Eltern ein zinsloses Darlehen von 5.000,00 € aus betrieblichen Mitteln für einen Kuraufenthalt gewährt. In seiner Bilanz hat er dieses Darlehen als Betriebsvermögen behandelt.

Fall 6:
Ein Malermeister, der seinen Gewinn nach § 4 Abs. 3 EStG ermittelt, benutzt seinen Pkw mit 70 % betrieblich und 30 % privat.

Fall 7:
Ein Landwirt, dessen Gewinn nach Durchschnittssätzen ermittelt wird (§ 13a EStG), hat sich einen Trecker angeschafft.

1 Bitte schreiben Sie nicht in das Buch, wenn es nicht Ihr Eigentum ist.

4.5.5 Bewertung des Betriebsvermögens

Um den Gewinn durch Vermögensvergleich (siehe Kap. 4.5.1) ermitteln zu können, müssen die Wirtschaftsgüter, die zum Betriebsvermögen gehören, sowie die Entnahmen und die Einlagen bewertet werden. **Bewerten** heißt, den Wert (Geldeswert) ermitteln, der bei Aufstellung der Bilanz anzusetzen ist.

Steuerpflichtige, die den Gewinn nach § 4 Abs. 1 EStG ermitteln (siehe Kap. 4.5.1.2), müssen bei der Bewertung der Wirtschaftsgüter nur die steuerrechtlichen Vorschriften, z. B. die der §§ 6 und 7 EStG, beachten. Steuerpflichtige, die den Gewinn nach § 5 EStG ermitteln (siehe Kap. 4.5.1.3), müssen neben den steuerrechtlichen auch die handelsrechtlichen Vorschriften beachten, soweit diese den steuerrechtlichen Vorschriften nicht entgegenstehen. Das bedeutet, dass die Bilanzansätze der Handelsbilanz in die Steuerbilanz übernommen werden müssen, wenn sie steuerrechtlich zulässig sind **(Maßgeblichkeit der Handelsbilanz für die Steuerbilanz)**. Das ergibt sich aus § 5 Abs. 1 Satz 1 1. Halbsatz EStG. Danach haben Steuerpflichtige, die den Gewinn nach § 5 EStG ermitteln, für den Schluss des Wirtschaftsjahres das Betriebsvermögen anzusetzen, das nach den handelsrechtlichen Grundsätzen ordnungsmäßiger Buchführung auszuweisen ist.

Es gibt im Steuerrecht **Vergünstigungen**, die es im Handelsrecht nicht gibt. Dazu gehören z. B.:

- die Sonderabschreibungen und Investitionsabzugsbeträge zur Förderung kleiner und mittlerer Betriebe nach § 7g EStG (siehe Kap. 4.5.6.1) oder
- die Bewertungsfreiheit für geringwertige Anlagegüter nach § 6 Abs. 2 EStG und § 6 Abs. 2a EStG (siehe Kap. 4.5.8).

Die steuerlichen Vergünstigungen werden in der Regel gewährt, um Anreize zu schaffen für bestimmte Investitionen, die der Gesetzgeber aus steuer- oder wirtschaftspolitischen Gründen für erforderlich hält. Sie führen zu bestimmten Bilanzierungs- oder Bewertungsmöglichkeiten.

Nach § 5b Abs. 1 EStG sind Steuerpflichtige, die den Gewinn nach § 4 Abs. 1 oder § 5 EStG ermitteln, dazu verpflichtet, beim Finanzamt nur eine Bilanz einzureichen.

Steuerpflichtige, die den Gewinn nach § 5 EStG ermitteln – das sind die bilanzierenden Gewerbetreibenden –, müssen eine Handelsbilanz, gegebenenfalls mit entsprechenden Erläuterungen zur Anpassung dieser Bilanz an steuerliche Vorschriften, oder eine Steuerbilanz beim Finanzamt einreichen.

Die Abgabe einer Steuerbilanz ist also nicht zwingend. Deshalb reicht der weitaus größte Teil aller bilanzierenden Gewerbetreibenden nur eine Bilanz (entweder eine Handelsbilanz mit den entsprechenden Erläuterungen oder eine Steuerbilanz) beim Finanzamt ein, die sowohl den handelsrechtlichen Vorschriften als auch den steuerlichen Bestimmungen entspricht.

Steuerpflichtige, die den Gewinn nach § 4 Abs. 1 EStG ermitteln, können nur eine Steuerbilanz beim Finanzamt einreichen, weil es für diese Steuerpflichtigen keine Handelsbilanz gibt.

4.5.5.1 Bewertung der Wirtschaftsgüter des Anlagevermögens, die der Abnutzung unterliegen

Das Anlagevermögen gehört immer zum Betriebsvermögen. Für die Bewertung ist es von Bedeutung, ob der Gewinn nach § 4 Abs. 1 EStG (Land- und Forstwirte und selbstständig Tätige) oder nach § 5 EStG (Gewerbetreibende) ermittelt wird; denn bei der Gewinnermittlung nach § 5 EStG sind neben den steuerrechtlichen Bewertungsvorschriften auch die handelsrechtlichen zu berücksichtigen.

Nach § 6 Abs. 1 Nr. 1 Satz 1 EStG sind Wirtschaftsgüter des Anlagevermögens, die der Abnutzung unterliegen, bei der Gewinnermittlung durch Vermögensvergleich mit den Anschaffungs- oder Herstellungskosten, vermindert um die AfA nach § 7 EStG, anzusetzen. Ist der Teilwert niedriger, kann der niedrigere Teilwert nur angesetzt werden bei voraussichtlich dauernder Wertminderung; § 6 Abs. 1 Nr. 1 Satz 2 EStG.

4497336

Eine voraussichtlich dauernde Wertminderung liegt vor, wenn der Wert des Wirtschaftsgutes die Bewertungsobergrenze (fortgeführte Anschaffungskosten) während eines erheblichen Teils der voraussichtlichen Nutzungsdauer nicht erreichen wird (siehe auch BMF-Schreiben vom 16. Juli 2014, Tz. 6 und Tz. 8. Das heißt, der Wert des Wirtschaftsgutes muss zum Bilanzstichtag mindestens für die halbe Restnutzungsdauer unter dem planmäßigen Restbuchwert (Anschaffungskosten – planmäßige AfA) liegen; siehe unten Beispiel c). Allerdings sind Wertminderungen aus besonderem Anlass, z. B. Katastrophen oder technischer Fortschritt, regelmäßig von Dauer. Zusätzliche Erkenntnisse bis zum Zeitpunkt der Aufstellung der Handelsbilanz sind zu berücksichtigen. Wenn keine Handelsbilanz aufzustellen ist, ist der Zeitpunkt der Aufstellung der Steuerbilanz maßgebend.

Teilwert ist der nicht mit Umsatzsteuer belastete Betrag, den ein Erwerber des ganzen Betriebs im Rahmen des Gesamtkaufpreises für das einzelne Wirtschaftsgut ansetzen würde; dabei ist davon auszugehen, dass der Erwerber den Betrieb fortführt (§ 6 Abs. 1 Nr. 1 Satz 3 EStG).

Beispiele

a) Ein Steuerberater, der seinen Gewinn nach § 4 Abs. 1 EStG ermittelt, hat Anfang vorigen Jahres eine Büromaschine für 20.000,00 € angeschafft. Bei einer Nutzungsdauer von fünf Jahren beträgt die lineare AfA 4.000,00 € jährlich.
Der Steuerpflichtige muss die Büromaschine gemäß § 6 Abs. 1 Nr. 1 Satz 1 EStG in seiner Bilanz vom 31. Dez. v. J. mit 16.000,00 € ansetzen.

b) Sachverhalt wie in Beispiel a) mit folgender Abweichung: Im Dez. v. J. ist eine neue, wesentlich verbesserte Büromaschine dieses Typs zum alten Preis auf den Markt gekommen. Dadurch ist der Teilwert der angeschafften Büromaschine am Ende des vorigen Jahres auf 12.000,00 € gesunken (mit dauernder Wirkung, da technischer Fortschritt). Der Steuerpflichtige hat jetzt drei Möglichkeiten:
1. Er kann die Büromaschine in seiner Bilanz vom 31. Dez. v. J. nach wie vor mit 16.000,00 € ansetzen (§ 6 Abs. 1 Nr. 1 Satz 1 und 2 EStG und § 5 Abs. 1 Satz 1 2. Halbsatz EStG);
2. da der Teilwert niedriger ist, kann er sie auch mit diesem Wert von 12.000,00 € ansetzen (§ 6 Abs. 1 Nr. 1 Satz 1 und 2 EStG und § 5 Abs. 1 Satz 1 2. Halbsatz EStG);
3. er kann aber auch einen Wert wählen, der zwischen 12.000,00 € und 16.000,00 € liegt.

c) Der oben genannte Steuerberater hat eine Büromaschine mit einer Nutzungsdauer von zehn Jahren zu Anschaffungskosten von 10.000,00 € erworben. Er schreibt die Maschine linear mit 1.000,00 €/Jahr ab. Am Bilanzstichtag des zweiten Nutzungsjahres beträgt der Teilwert der Maschine nur noch 3.000,00 € bei einer Restnutzungsdauer von acht Jahren.
Die Teilwertabschreibung ist zulässig, weil die Wertminderung voraussichtlich von Dauer ist, denn bei planmäßiger Abschreibung wird der niedrigere Teilwert erst in fünf Jahren erreicht, d. h. erst nach mehr als der Hälfte der Restnutzungsdauer von acht Jahren.

Der Grundsatz der Maßgeblichkeit der Handelsbilanz für die Steuerbilanz braucht in den obigen Beispielen nicht beachtet zu werden, weil es für selbstständig Tätige keine Handelsbilanz gibt.

Anders ist es bei Gewerbetreibenden, die ihren Gewinn nach § 5 EStG ermitteln (Kap. 4.5.1.3). Sie müssen nach § 5 Abs. 1 EStG neben den steuerrechtlichen auch die handelsrechtlichen Vorschriften beachten und haben deshalb kein Wahlrecht. Sie müssen bei abnutzbaren (und auch bei nicht abnutzbaren) Wirtschaftsgütern des Anlagevermögens den niedrigeren Teilwert ansetzen, wenn eine dauernde Wertminderung vorliegt (§ 253 Abs. 3 Satz 5 HGB).

Im Handelsrecht nennt man dieses Bewertungsprinzip **eingeschränktes Niederstwertprinzip**, weil hier der niedrigere Teilwert (der Niederstwert) nicht immer (wie das beim Umlaufvermögen der Fall ist, vgl. Kap. 4.5.7), sondern nur bei einer dauernden Wertminderung anzusetzen ist.

Im Steuerrecht ergibt die Unterscheidung in eingeschränktes (gemildertes) und uneingeschränktes (strenges) Niederstwertprinzip keinen Sinn.

Denn nach § 6 Abs. 1 Nr. 1 Satz 2 EStG kann der niedrigere Teilwert nur angesetzt werden, wenn die Wertminderung von dauernder Wirkung ist (nachhaltiges Absinken unter den maßgeblichen Buchwert). Ist dies der Fall, muss durch das Maßgeblichkeitsprinzip (§ 5 Abs. 1 Satz 1 1. Halbsatz EStG) der niedrigere Teilwert angesetzt werden (§ 253 Abs. 3 Satz 5 HGB). Da dies nach § 6 Abs. 1 Nr. 2 Satz 2 EStG auch für das Umlaufvermögen gilt, entfällt die Ungleichbehandlung zwischen Umlaufvermögen (strenges) und Anlagevermögen (gemildertes Niederstwertprinzip) in der Steuerbilanz.

Beispiel

Sachverhalt wie im vorstehenden Beispiel b), aber mit folgender Abweichung:

Nicht ein Steuerberater, sondern ein Gewerbetreibender, der seinen Gewinn nach § 5 EStG ermittelt, hat die Büromaschine angeschafft. Da jetzt eine neue, wesentlich verbesserte Büromaschine zum gleichen Preis wie die alte angeboten wird, ist davon auszugehen, dass es sich bei dem niedrigeren Teilwert um eine dauernde Wertminderung aus besonderem Anlass (technischer Fortschritt) handelt.

Deshalb hat der Steuerpflichtige kein Wahlrecht. Er muss die Buchungsmaschine in seiner Handelsbilanz vom 31. Dez. v. J. mit dem niedrigeren Teilwert von 12.000,00 € ansetzen, weil er nach § 253 Abs. 3 Satz 5 HGB dazu verpflichtet ist. Im Steuerrecht hat er nach § 5 Abs. 1 Satz 1 2. Halbsatz und § 6 Abs. 1 Nr. 1 Satz 2 EStG ein Wahlrecht.

Der Geschäfts- oder Firmenwert eines Gewerbebetriebs und der Praxiswert eines freiberuflich Tätigen sind immaterielle Wirtschaftsgüter des Anlagevermögens, die der Abnutzung unterliegen. Bezüglich der Bewertung dieser Wirtschaftsgüter beachten Sie bitte Kap. 4.5.2.2.

Bei abnutzbaren Wirtschaftsgütern, die bereits am Schluss des vorangegangenen Wirtschaftsjahres zum Betriebsvermögen gehört haben, gilt das Wertaufholungsgebot des § 6 Abs. 1 Nr. 1 Satz 4 EStG. Dadurch gilt die Teilwertabschreibung für Anlage- und Umlaufvermögen nur noch für ein Wirtschaftsjahr. Danach ist der Wert wieder auf die (fortgeführten) Anschaffungs- oder Herstellungskosten zu erhöhen, wenn der Steuerpflichtige nicht nachweist, dass der Teilwert weiter niedriger ist.

Das Wertaufholungsgebot gilt rückwirkend für alle durchgeführten außerplanmäßigen Abschreibungen auf den niedrigeren Teilwert. Das steuerliche Wertaufholungsgebot gilt auch für die Abschreibungen wegen außergewöhnlicher technischer oder wirtschaftlicher Abnutzung nach § 7 Abs. 1 Satz 6 EStG (AfaA). Damit soll ein Umwidmen von Teilwertabschreibungen in der Vergangenheit in AfaA verhindert werden.

Beispiel

Die Papierdruck GmbH, Wirtschaftsjahr = Kalenderjahr, hat zu Beginn des Jahres 2018 eine Papierveredelungsmaschine zum Preis von 2.400.000,00 € erworben. Die Nutzungsdauer beträgt fünf Jahre. Die GmbH hat in den Jahren 2018/19 planmäßig je 480.000,00 € abgeschrieben. Im Jahr 2019 ist allerdings die Auslastung der Maschine stark zurückgegangen und der Teilwert auf unstrittig 400.000,00 € gesunken (voraussichtlich dauernd). Neben der planmäßigen Abschreibung nimmt die GmbH deshalb eine zulässige Teilwertabschreibung von 1.040.000,00 € vor und aktiviert die Maschine zum 31. Dez. 2019 mit 400.000,00 €.

Im Jahr 2020 zieht die Nachfrage wieder an und der Teilwert steigt auf 1.300.000,00 € zum 31. Dez. 2020.

Nach § 6 Abs. 1 Nr. 1 Satz 4 EStG ist die Maschine zum 31. Dez. 2020 mit den (fortgeführten) Anschaffungskosten nach Satz 1 anzusetzen, also:

	fortgeführte AK 20 % linear	**Teilwertabschr.** 20 % linear
Anschaffungskosten	2.400.000,00	2.400.000,00
– AfA 2018	– 480.000,00	– 480.000,00
31. Dez. 2018.....	1.920.000,00	1.920.000,00
– AfA 2019	– 480.000,00	– 480.000,00
– Teilwertabschreibung..............		– 1.040.000,00
31. Dez. 2019.....	1.440.000,00	400.000,00
– AfA 2020 (rund 3 J.)......	– 480.000,00	– 133.333,00
Zuschreibung 2020	....	693.333,00
31. Dez. 2020.....	960.000,00	960.000,00

4497338

Der Wertansatz der Maschine ist in der Höhe durch die fortgeführten Anschaffungskosten beschränkt. Eine Zuschreibung auf den höheren Teilwert von 1.300.000,00 € scheidet aus. Die GmbH hat zum 31. Dez. 2020 eine Zuschreibung von 693.333,00 € vorzunehmen, die in Höhe von 560.000,00 € gewinnerhöhend wirkt.

Die laufende Absetzung für Abnutzung (AfA) ist zwingend. Deshalb darf eine willkürlich unterlassene AfA nicht nachgeholt werden. Ist sie jedoch versehentlich unterblieben, so kann sie in der Weise nachgeholt werden, dass die noch nicht abgesetzten Anschaffungs- oder Herstellungskosten (Buchwert) auf die noch verbleibende Restnutzungsdauer verteilt werden.

Bei **Anlagegütern, die im Laufe eines Wirtschaftsjahres angeschafft oder hergestellt werden**, ist die AfA für das Wirtschaftsjahr der Anschaffung oder Herstellung zeitanteilig zu berücksichtigen.

In der monatsbezogenen Abschreibung vermindert sich im Jahr der Anschaffung bzw. Herstellung der Jahresabsetzungsbetrag um ein Zwölftel für jeden vollen Monat, der dem Monat der Anschaffung oder Herstellung vorangeht. Dies gilt nicht nur für die lineare, sondern auch für die degressive Abschreibungsmethode.

Beispiel

Der Gewerbetreibende Reiser, dessen Wirtschaftsjahr mit dem Kalenderjahr übereinstimmt, hat am 15. Okt. eine Maschine für 60.000,00 € angeschafft. Die Nutzungsdauer beträgt fünf Jahre.

Die jährliche AfA beträgt 20 % von 60.000,00 € = 12.000,00 €. Da die Maschine im Okt. angeschafft wurde, ist die Jahres-AfA um 9/12 zu vermindern. Sie beträgt danach im Anschaffungsjahr 3.000,00 € (12.000,00 € – 9.000,00 €).

Die AfA kann auch vollständig auf die Monate der betrieblichen Nutzung abgestellt werden, wobei der Monat der Anschaffung bzw. Herstellung mit zur Nutzungsdauer zu rechnen ist, während bei der Veräußerung nur die vollen Monate der betrieblichen Nutzung für den Abschreibungsbetrag an zu rechnen sind. Bei Anschaffungskosten der Maschine von 60.000,00 € und einer Nutzungsdauer von 60 Monaten beträgt der monatliche Abschreibungsbetrag 1.000,00 €. Bei drei Monaten Nutzung also 3.000,00 € (= 3/60 von 60.000,00 €).

Bei **Gebäuden** war die lineare Absetzung schon immer zeitanteilig vorzunehmen. Bei der degressiven Absetzung wird im Jahr der Fertigstellung der volle Jahresabschreibungsbetrag abgesetzt.

Zu den **Anschaffungskosten im Sinne des § 6 EStG** gehören alle Aufwendungen, die durch den Erwerb eines Wirtschaftsgutes entstehen. Dazu gehören außer dem Kaufpreis auch die Nebenkosten. Zu den Nebenkosten zählen z. B. die Überführungskosten für einen Kraftwagen, Eingangsfrachten, Verpackungskosten, Kosten für die Aufstellung oder Montage einer Maschine im Betrieb des Erwerbers, Vermittlungsprovision, Notariatskosten beim Abschluss eines Kaufvertrages. Skontobeträge mindern die Anschaffungskosten.

Anschaffungskosten

Anschaffungspreis
+ Anschaffungsnebenkosten
= Anschaffungskosten

Die Vorsteuer gehört zu den Anschaffungskosten, wenn sie nicht abziehbar ist.

Zu den Anschaffungskosten gehört auch der Wert der vom Erwerber eines Wirtschaftsgutes übernommenen Verbindlichkeiten.

Beispiel

Die Lackfabrik Sebastian Huber KG, Augsburg, hat ein bebautes Grundstück zum Preis von 500.000,00 € erworben. Daneben hat die KG die rückständige Grundsteuer von 2.000,00 € gezahlt und eine Hypothekenschuld von 25.000,00 € übernommen. Diese Schulden zählen zum Kaufpreis. Außerdem hat die KG die Notariats- und Umschreibekosten von 4.200,00 € und die Kosten für den Makler von 10.000,00 € gezahlt. Die Grunderwerbsteuer hat 18.445,00 € betragen. Die Anschaffungskosten errechnen sich wie folgt:

Grundstückspreis	500.000,00 €
+ rückständige Grundsteuer	2.000,00 €
+ Hypothekenschulden	25.000,00 €
Kaufpreis	**527.000,00 €**
+ Anschaffungsnebenkosten	
Notariats- und Umschreibekosten	4.200,00 €
Maklerkosten	10.000,00 €
Grunderwerbsteuer (5 % von 527.000,00 €)	26.350,00 €
	40.550,00 €
= **Anschaffungskosten**	567.550,00 €

Herstellungskosten im Sinne des § 6 EStG sind die Aufwendungen, die durch den Verbrauch von Gütern (z. B. Materialverbrauch), die Inanspruchnahme von Diensten (z. B. Lohnaufwand) und den Wertverzehr von Anlagevermögen bei der Herstellung eines Erzeugnisses entstehen (R 6.3 EStR). Auch die Kosten für Entwürfe und Lizenzgebühren rechnen als Sonderkosten zu den Herstellungskosten.

Herstellungskosten

Materialkosten
\+ **Materialgemeinkosten** (z. B. Lagerkosten für Material)
\+ **Fertigungskosten** (z. B. Löhne)
\+ **Fertigungsgemeinkosten** (z. B. Kosten für Aufenthaltsräume der Arbeiter)
\+ **Sonderkosten** (z. B. Lizenzgebühren)
\+ **Wertverzehr von Anlagevermögen** (z. B. anteilige AfA)
= **Herstellungskosten**

Kosten der allgemeinen Verwaltung (z. B. Kosten für Geschäftsleitung, Betriebsrat, Personalbüro, Betriebskrankenkasse, AfA Verwaltungsgebäude) können in die Herstellungskosten einbezogen werden, soweit sie auf den Zeitraum der Herstellung entfallen (§ 255 Abs. 2 HGB i. V. m. § 6 Abs. 1 Nr. 1b EStG, R 6.3 Abs. 1 EStR).

Die **Vertriebskosten** gehören nicht zu den Herstellungskosten, weil sie erst beim Vertrieb anfallen.

Beispiel

Die Motorenfabrik Ritter GmbH, Würzburg, hat einen Elektromotor hergestellt. Laut **Betriebsabrechnungsbogen** betragen:

Materialkosten	34.500,00 €
Fertigungslöhne	15.800,00 €
Sonderkosten (Lizenzgebühren)	1.000,00 €
Wertverzehr von Anlagevermögen	1.100,00 €

Die Materialgemeinkosten werden mit 5 % der Materialkosten, die Fertigungsgemeinkosten mit 100 % der Fertigungslöhne angesetzt. Die Verwaltungskosten haben 1.400,00 € und die Vertriebskosten 700,00 € betragen.

Die **Herstellungskosten** betragen:

Materialkosten	34.500,00 €
+ Materialgemeinkosten (5 % von 34.500,00 €)	1.725,00 €
+ Fertigungslöhne	15.800,00 €
+ Fertigungsgemeinkosten (100 % von 15.800,00 €)	15.800,00 €
+ Sonderkosten	1.000,00 €
+ Wertverzehr von Anlagevermögen	1.100,00 €
= **Herstellungskosten**	69.925,00 €

Die Vertriebskosten bleiben außer Ansatz. Die Verwaltungskosten können angesetzt werden.

Herstellungskosten eines Gebäudes: siehe Kap. 4.4.6.2.

> **Übung 1, Seite 343**

4.5.5.2 Zugehörigkeit von Grundstücken und Grundstücksteilen zum Betriebsvermögen

Grundstücke und Grundstücksteile, die ausschließlich und unmittelbar für eigenbetriebliche Zwecke genutzt werden, gehören einkommensteuerlich regelmäßig zum notwendigen Betriebsvermögen (R 4.2 Abs. 7 Satz 1 EStR). Das gilt auch für den zum Gebäude gehörenden bzw. anteilmäßig dazugehörenden Grund und Boden.

Beispiel

Ein Elektriker hat ein Grundstück für 400.000,00 € erworben. Auf den Grund und Boden entfallen davon 100.000,00 €. Er nutzt dieses Grundstück zu 40 % für eigenbetriebliche Zwecke. Zu 60 % dient das Grundstück eigenen und fremden Wohnzwecken.

Der Steuerpflichtige hat unabhängig davon, wie er seinen Gewinn ermittelt, einkommensteuerlich als notwendiges Betriebsvermögen anzusetzen:

Grund und Boden
(40 % von 100.000,00) .... 40.000,00 €
Gebäude
(40 % von 300.000,00) .... 120.000,00 €

Entsprechend kann er 40 % der Ausgaben, die mit dem Grundstück in wirtschaftlichem Zusammenhang stehen, als Betriebsausgaben abziehen.

Eigenbetrieblich genutzte Grundstücksteile brauchen nicht als Betriebsvermögen behandelt zu werden, wenn ihr Wert im Verhältnis zum Wert des ganzen Grundstücks von untergeordneter Bedeutung ist.

Das ist der Fall, wenn der Wert des eigenbetrieblich genutzten Grundstücksteils weder mehr als ein Fünftel des Wertes des ganzen Grundstücks noch mehr als 20.500,00 € beträgt (R 4.2 Abs. 8 Sätze 1 und 2 EStR, § 8 EStDV).

Bei der Prüfung, ob der Wert eines Grundstücksteils mehr als ein Fünftel des Gesamtwertes beträgt, ist in der Regel das Verhältnis der Nutzfläche zugrunde zu legen.

Für jeden Bilanzstichtag ist ggf. erneut zu prüfen, ob der eigenbetrieblich genutzte Grundstücksteil noch von untergeordneter Bedeutung ist.

Für die Feststellung, ob der Wert eines Grundstücksteils mehr als 20.500,00 € beträgt, ist der gemeine Wert maßgebend (R 4.2 Abs. 8 Satz 4 EStR). Der gemeine Wert stimmt in der Regel mit dem Preis überein, der im gewöhnlichen Geschäftsverkehr bei einer Veräußerung zu erzielen wäre.

Beispiele

a) Ein Steuerpflichtiger betreibt im eigenen Einfamilienhaus ein Schreibwarengeschäft. Der gemeine Wert des ganzen Grundstücks beträgt 148.275,00 €. Der Wert des eigenbetrieblich genutzten Grundstücksteils beträgt nach dem Verhältnis der Nutzfläche $\frac{1}{7}$ des Wertes des ganzen Grundstücks = 21.182,00 €.

   Der eigenbetrieblich genutzte Grundstücksteil beträgt zwar nicht mehr als $\frac{1}{5}$ des Wertes des ganzen Grundstücks, aber mehr als 20.500,00 €. Deshalb ist er als notwendiges Betriebsvermögen zu behandeln.

b) Ein Handelsvertreter (Gewerbetreibender) hat sein Büro im eigenen Einfamilienhaus. Der gemeine Wert des Grundstücks beträgt 117.600,00 €. Der Wert des eigenbetrieblich genutzten Grundstücksteils beträgt $\frac{1}{6}$ des Gesamtwertes = 19.600,00 €.

   Der eigenbetrieblich genutzte Grundstücksteil braucht nicht als Betriebsvermögen behandelt zu werden, weil sein Wert weder mehr als $\frac{1}{5}$ des Wertes des ganzen Grundstücks noch mehr als 20.500,00 € beträgt.

Wird der Gewinn durch Vermögensvergleich ermittelt, können Grundstücke oder Grundstücksteile als gewillkürtes Betriebsvermögen behandelt werden, wenn sie nicht eigenbetrieblich genutzt werden und nicht eigenen Wohnzwecken dienen, wenn sie also z. B. zu Wohnzwecken oder zur gewerblichen Nutzung vermietet werden.

Voraussetzung ist, dass die Grundstücke oder Grundstücksteile in einem gewissen objektiven Zusammenhang mit dem Betrieb stehen und dass sie bestimmt und geeignet sind, den Betrieb zu fördern (R 4.2 Abs. 9 Satz 1 EStR).

Erfüllt jedoch ein Grundstück mehr als zur Hälfte die Voraussetzungen für die Behandlung als Betriebsvermögen, sei es dadurch,

- dass es unmittelbar für eigenbetriebliche Zwecke genutzt oder
- dass es als gewillkürtes Betriebsvermögen behandelt wird,

so kann das ganze Grundstück als Betriebsvermögen behandelt werden. Ausgenommen davon ist der vom Eigentümer selbst bewohnte Grundstücksteil, der nach 1998 nicht mehr als Betriebsvermögen behandelt werden kann (R 4.2 Abs. 10 Satz 2 EStR).

Beispiel

Ein Gewerbetreibender, der seinen Gewinn nach § 5 EStG ermittelt, unterhält im Erdgeschoss seines Grundstücks einen Tuchgroßhandel. Den ersten Stock hat er im Interesse seines Geschäfts an einen Konfektionsbetrieb vermietet. Im zweiten Stock befinden sich drei Wohnungen. Davon sind zwei für Wohnzwecke vermietet. Die dritte Wohnung bewohnt der Steuerpflichtige selbst. Der gemeine Wert des ganzen Grundstücks beträgt 900.000,00 €. Davon entfallen auf die drei Stockwerke je 300.000,00 €. Auf die drei Wohnungen entfallen je 100.000,00 € (⅓ von 300.000,00 €).

Das eigenbetrieblich genutzte Erdgeschoss ist notwendiges Betriebsvermögen. Den ersten Stock kann der Steuerpflichtige als gewillkürtes Betriebsvermögen behandeln. Tut er das, so erfüllt das Grundstück mehr als zur Hälfte die Voraussetzung für die Behandlung als Betriebsvermögen und der Steuerpflichtige kann das ganze Grundstück, mit Ausnahme der selbst bewohnten Wohnung, als Betriebsvermögen in seine Bilanz aufnehmen. Hätte der Steuerpflichtige alle drei Wohnungen vermietet, so könnte er auch den zweiten Stock in vollem Umfang – und damit also das ganze Grundstück – als Betriebsvermögen in seine Bilanz aufnehmen.

AUFGABEN

1. Welche Steuerpflichtigen müssen bei der einkommensteuerlichen Bewertung nur die steuerrechtlichen Vorschriften beachten und welche Steuerpflichtigen müssen neben den steuerrechtlichen auch die handelsrechtlichen Vorschriften beachten?
2. Inwieweit müssen Steuerpflichtige, die den Gewinn nach § 5 EStG ermitteln, die handelsrechtlichen Vorschriften beachten?
3. Was bedeutet der Grundsatz der Maßgeblichkeit der Handelsbilanz für die Steuerbilanz?
4. Welche Vergünstigungen kennen Sie, die es im Steuerrecht, aber nicht im Handelsrecht gibt? (Nennen Sie zwei Beispiele.)
5. Was sieht § 254 HGB hinsichtlich der nur steuerrechtlich zulässigen Abschreibungen (z. B. Sonderabschreibungen) vor?
6. Was ist unter umgekehrter Maßgeblichkeit im Sinne des § 5 Abs. 1 Satz 2 EStG zu verstehen?
7. Müssen Steuerpflichtige, die den Gewinn nach § 5 EStG ermitteln, eine Handels- und eine Steuerbilanz beim Finanzamt einreichen?
8. Wie sind Wirtschaftsgüter des Anlagevermögens, die der Abnutzung unterliegen, nach § 6 Abs. 1 Nr. 1 EStG zu bewerten?
9. Warum müssen Steuerpflichtige, die den Gewinn nach § 5 EStG ermitteln, diese Wirtschaftsgüter (siehe Nr. 8) mit dem niedrigeren Teilwert ansetzen, wenn eine dauernde Wertminderung vorliegt?
10. Was versteht man unter dem eingeschränkten Niederstwertprinzip?
11. Mit welchem Wert sind immaterielle Wirtschaftsgüter des Anlagevermögens, die der Abnutzung unterliegen, anzusetzen?
12. Werden diese Wirtschaftsgüter (siehe Nr. 11) linear oder degressiv abgeschrieben?
13. Wie ist die AfA vorzunehmen, wenn ein abnutzbares Wirtschaftsgut (Gebäude ausgenommen) im Laufe eines Jahres angeschafft wird?
14. Was gehört zu den Anschaffungskosten, was zu den Herstellungskosten im Sinne des § 6 EStG?
15. Welche Grundstücke und Grundstücksteile zählen zum notwendigen Betriebsvermögen?
16. In welchen Fällen brauchen eigenbetrieblich genutzte Grundstücksteile nicht als Betriebsvermögen behandelt zu werden?
17. Welche Grundstücke oder Grundstücksteile können als gewillkürtes Betriebsvermögen behandelt werden?

VERTIEFENDE ÜBUNGEN

Übungen 1 und 2: Bewertung nach dem EStG

Übung 3: Grundstücksteile als Betriebsvermögen

1. Fall 1:
Mit welchen Werten kann die Rechenanlage in der Bilanz vom 31. Dez. angesetzt werden?

Ein freiberuflich tätiger Architekt, der freiwillig Bücher führt und Bilanzen aufstellt, hat am 5. Juni v. J. einen Server für 15.000,00 € angeschafft. Die Nutzungsdauer beträgt fünf Jahre. Aufgrund neuer, sehr preiswerter Angebote aus dem Ausland ist der Teilwert der angeschafften Rechenanlage am Ende des vorigen Jahres auf 9.000,00 € gesunken.

Fall 2:
Mit welchem Wert ist die Rechenanlage am 31. Dez. anzusetzen?

Sachverhalt wie in Fall 1 mit dem Unterschied, dass nicht ein Architekt, sondern ein buchführungspflichtiger Gewerbetreibender die Rechenanlage angeschafft hat. Da neue, sehr preiswerte Server auf den Markt gekommen sind, ist davon auszugehen, dass der niedrigere Teilwert eine dauernde Wertminderung darstellt.

Fall 3:
Wie viel Euro betragen die Anschaffungskosten des Pkw?

Ein Mediziner betreibt in Hessen auf dem Lande eine Praxis als praktischer Arzt. Er tätigt nur Umsätze, die den Vorsteuerabzug ausschließen (§ 4 Nr. 14 UStG). Er kauft einen Pkw, den er ausschließlich für berufliche Zwecke nutzt. Der Rechnungsbetrag setzt sich wie folgt zusammen:

Listenpreis netto	40.000,00 €
+ darauf entfallende Umsatzsteuer	7.600,00 €
+ Überführungskosten, netto	400,00 €
darauf entfallende Umsatzsteuer	76,00 €
+ Autoradio, netto	800,00 €
darauf entfallende Umsatzsteuer	152,00 €
+ Zulassungsgebühr	130,00 €
insgesamt	49.158,00 €

2. Mit welchem Wert ist die Maschine jeweils in der Bilanz zum 31. Dez. der Jahre 2016 bis 2020 anzusetzen?

Die Blechformer GmbH Kassel, kaufte im Jan. 2012 eine Tiefziehpresse für Stahlbleche für 437.155,00 € zuzüglich 19 % Umsatzsteuer, Nutzungsdauer 15 Jahre. Die Maschine war 2012 und 2013 mit je $1/15$ = 29.144,00 € abgeschrieben worden. Durch einen nicht reparierbaren Fehler 2014 verringerte sich die Nutzungsdauer auf sechs Jahre. Die GmbH nahm deshalb im Jahr 2014 neben der planmäßigen AfA von 29.144,00 € eine Abschreibung wegen außergewöhnlicher technischer oder wirtschaftlicher Abnutzung nach § 7 Abs. 1 Satz 6 EStG (AfaA) von 131.146,00 € vor und schrieb 2015 aufgrund der verkürzten Nutzungsdauer linear mit 72.859,00 € auf den Restbuchwert von 145.718,00 € ab.

Im Jahr 2016 wurde der Maschinenfehler wider Erwarten doch noch repariert und die Nutzungsdauer betrug nach der Reparatur wieder insgesamt 15 Jahre.

3. Gehören die Grundstücke bzw. Grundstücksteile in den folgenden Fällen
a) zum Betriebsvermögen,
b) zum Privatvermögen?

Fall 1:
Ein Gemüsehändler ist Eigentümer eines gemischt genutzten Grundstücks. Der gemeine Wert beträgt 300.000,00 €. Das Grundstück wird zu 45 % eigenbetrieblich und zu 55 % für eigene Wohnzwecke genutzt.

Fall 2:
Ein Steuerpflichtiger unterhält im eigenen Einfamilienhaus einen Getränkehandel.

Der gemeine Wert des Grundstücks beträgt 102.300,00 €. Der Wert des eigenbetrieblich genutzten Grundstücksteils beträgt 20.400,00 €.

Fall 3:
Ein Kaufmann, der seinen Gewinn nach § 5 EStG ermittelt, betreibt auf eigenem Grundstück ein Schuhgeschäft. Einen Teil des Grundstücks hat er an einen Speditionsbetrieb vermietet. Der restliche Teil des Grundstücks dient eigenen Wohnzwecken. Der gemeine Wert des Grundstücks beträgt 750.000,00 €. Davon entfallen auf die verschieden genutzten Grundstücksteile je 250.000,00 €.

4.5.6 Absetzung für Abnutzung (AfA)

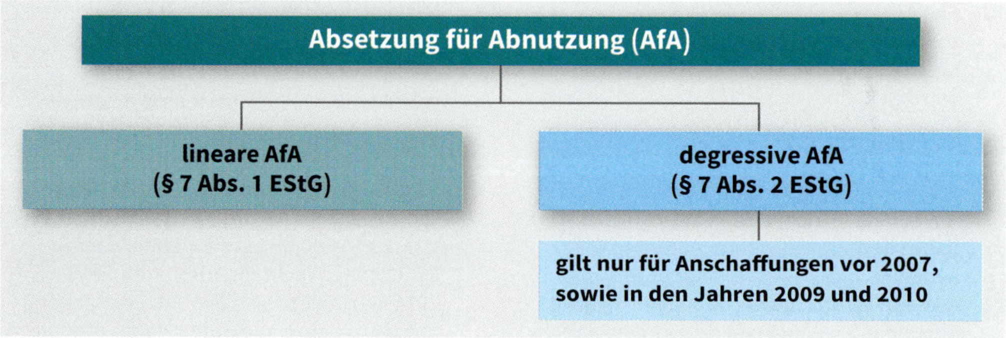

4.5.6.1 Die AfA bei beweglichen Wirtschaftsgütern

Durch die AfA (Absetzung für Abnutzung) werden die Anschaffungs- oder Herstellungskosten eines abnutzbaren Wirtschaftsgutes auf die Dauer der Verwendung oder Nutzung des Wirtschaftsgutes verteilt, wenn

- der Steuerpflichtige das Wirtschaftsgut zur Erzielung von Einkünften verwendet oder nutzt und
- der Zeitraum der Verwendung oder Nutzung mehr als ein Jahr beträgt (§ 7 Abs. 1 EStG).

Eine Ausnahme hiervon gilt für sogenannte geringwertige Wirtschaftsgüter im Sinne des § 6 Abs. 2 EStG (siehe Kap. 4.5.8) und für Arbeitsmittel der Arbeitnehmer (siehe Kap. 4.4.4).

Ob das Wirtschaftsgut zu einem Betriebsvermögen gehört oder nicht, ist dabei ohne Bedeutung.

❶ Die AfA in gleichen Jahresbeträgen (lineare AfA)

Die gleichmäßige Verteilung der Anschaffungs- oder Herstellungskosten auf die Jahre der Verwendung oder Nutzung nennt man **Absetzung für Abnutzung in gleichen Jahresbeträgen** oder **lineare AfA**. Sie bemisst sich nach der betriebsgewöhnlichen Nutzungsdauer, d. h. nach der voraussichtlichen Lebensdauer des Wirtschaftsgutes. Die lineare AfA wird grundsätzlich mithilfe eines gleichbleibenden Hundertsatzes von den Anschaffungs- oder Herstellungskosten errechnet.

Beispiel

Ein Bielefelder Transportunternehmer hat Anfang dieses Jahres einen neuen Lkw für 80.000,00 € angeschafft. Die betriebsgewöhnliche Nutzungsdauer beträgt vier Jahre. Die jährliche lineare Absetzung für Abnutzung wird mit 25 % von 80.000,00 = 20.000,00 € errechnet. Nach Ablauf von vier Jahren ist der Lkw voll abgeschrieben. Das bedeutet, dass sein Buchwert am Ende des vierten Jahres 0,00 € beträgt. Der Lkw kann dann höchstens mit einem Erinnerungswert von 1,00 € in der Schlussbilanz angesetzt werden, solange er zum Betriebsvermögen gehört.

Die betriebsgewöhnliche Nutzungsdauer ist grundsätzlich den (amtlichen) **AfA-Tabellen** zu entnehmen, die vom Bundesministerium der Finanzen herausgegeben werden. Die in diesen Tabellen für die einzelnen Anlagegüter angegebene betriebsgewöhnliche Nutzungsdauer beruht auf Erfahrungen der steuerlichen Betriebsprüfung. Die Fachverbände der Wirtschaft wurden vor der Aufstellung der AfA-Tabellen angehört.

Die in den AfA-Tabellen angegebene Nutzungsdauer ist mit Ausnahme der Angaben in der AfA-Tabelle für die allgemein verwendbaren Anlagegüter branchengebunden. Sind Anlagegüter sowohl in der AfA-Tabelle für die allgemein verwendbaren Anlagegüter als auch in einer branchengebundenen AfA-Tabelle aufgeführt, gilt für die branchenzugehörigen Steuerpflichtigen der Wert der Branchentabelle.

Die in den AfA-Tabellen angegebene Nutzungsdauer dient als Anhaltspunkt für die Beurteilung der Angemessenheit der AfA. Sie orientiert sich an der tatsächlichen Nutzungsdauer eines unter üblichen Bedingungen arbeitenden Betriebs. Allerdings kann auch eine kürzere Nutzungsdauer der AfA zugrunde gelegt werden, wenn sie glaubhaft gemacht wird.

	Nutzungsdauer in Jahren
Büromöbel	13
Personal Computer nebst Zubehör, z. B. Drucker, Scanner	3
Handy	5
Pkw	6
...	...

Bei beweglichen Wirtschaftsgütern des Anlagevermögens kann statt der AfA in gleichen Jahresbeträgen auch eine der folgenden AfA-Methoden (❷ und ❸) angewendet werden:

- die AfA nach Maßgabe der Leistung oder
- die AfA in fallenden Jahresbeträgen (degressive AfA).

Bewegliche Wirtschaftsgüter, die nicht zu einem Betriebsvermögen gehören, können nur linear abgeschrieben werden (§ 7 Abs. 1 Satz 1 i. V. m. § 7 Abs. 2 Satz 1 EStG), z. B. Computer eines Lehrers.

❷ Die AfA nach Maßgabe der Leistung

Sie ist eine Absetzung für Abnutzung in gleichen Beträgen pro Leistungseinheit, z. B. pro gefahrenem Kilometer (§ 7 Abs. 1 Satz 4 EStG). Deshalb ist sie auch eine **lineare AfA**. Sie ist nur zulässig,

- wenn sie wirtschaftlich begründet ist und
- wenn der Steuerpflichtige den auf das einzelne Jahr entfallenden Umfang der Leistung nachweist (R 7.4 Abs. 5 Satz 3 EStR).

Sie ist nur bei solchen beweglichen Anlagegütern wirtschaftlich begründet, deren Leistung in der Regel erheblich schwankt und deren Verschleiß dementsprechend wesentliche Unterschiede aufweist. Der Nachweis über den Umfang der Leistung kann z. B. bei einem Kraftfahrzeug durch den Kilometerzähler geführt werden (R 7.4 Abs. 5 Sätze 2 und 4 EStR).

Bei der AfA nach Maßgabe der Leistung tritt an die Stelle der betriebsgewöhnlichen Nutzungsdauer die betriebsgewöhnliche Gesamtleistung des Wirtschaftsgutes. Diese muss grundsätzlich aufgrund betrieblicher Erfahrungen geschätzt werden.

Beispiel

Ein Transportunternehmen in Köln hat Anfang des Jahres 2018 einen Lkw für 80.000,00 € angeschafft. Die betriebsgewöhnliche Gesamtleistung des Lkw ist aufgrund von betrieblichen Erfahrungen auf 200 000 km ermittelt worden. Im Jahr 2018 ist der Lkw vorwiegend im Fernverkehr und in den Jahren danach überwiegend im Nahverkehr eingesetzt worden.

Der Lkw ist im Jahr 2018 100 000 km, im Jahr 2019 50 000 km und in den Jahren 2020 und 2021 je 25 000 km gefahren worden. Die AfA nach Maßgabe der Leistung beträgt:

2018:	50,0 %	von 80.000,00	=	40.000,00 €
2019:	25,0 %	von 80.000,00	=	20.000,00 €
2020:	12,5 %	von 80.000,00	=	10.000,00 €
2021:	12,5 %	von 80.000,00	=	10.000,00 €
	100 %	von 80.000,00	=	80.000,00 €

> Übung 1, Seite 352 f.

❸ Die AfA in fallenden Jahresbeträgen (degressive AfA)

Durch diese AfA soll der Tatsache Rechnung getragen werden, dass ein Wirtschaftsgut in den ersten Jahren der Nutzung weit mehr an Wert verliert als in den folgenden Jahren. Nach § 7 Abs. 2 Satz 2 EStG kann der Steuerpflichtige die degressive AfA nach einem gleichbleibenden Prozentsatz vom jeweiligen Buchwert (Restwert) vornehmen. Deshalb wird diese AfA auch **Buchwert-AfA** genannt.

Absetzung für Abnutzung (AfA)

$$\textbf{AfA-Betrag} = \frac{\text{Anschaffungskosten}}{\text{Nutzungsdauer}}$$

$$\textbf{AfA-Satz} = \frac{100\,\%}{\text{Nutzungsdauer}}$$

Der Buchwert wird von Jahr zu Jahr geringer, die Abschreibungsbeträge fallen also bis zu einem Restwert. Dieser Restwert ist im letzten Jahr der Nutzung mit der Jahres-AfA abzuschreiben.

Weil die degressive AfA in den ersten Jahren zu höheren Abschreibungsbeträgen als die lineare AfA führt, wird sie von Seiten der Politik als Investitionsanreiz für die Wirtschaft genutzt.

Im Folgenden zeigen wir Ihnen, wie der AfA-Satz in den letzten zehn Jahren angepasst worden ist.

Entwicklung der degressiven AfA:

2001 bis 31. Dez. 2005: Der Prozentsatz durfte für bewegliche Anlagegüter höchstens das Zweifache des bei der linearen AfA in Betracht kommenden Prozentsatzes betragen und 20 % nicht übersteigen (§ 7 Abs. 2 Satz 2 EStG 2001). Der alte Höchstsatz von 30 % bzw. dem Dreifachen des linearen AfA-Satzes konnte nach § 52 Abs. 21a EStG 2001 nur noch für Wirtschaftsgüter geltend gemacht werden, die vor dem 1. Jan. 2001 angeschafft oder hergestellt wurden.

2006 bis 31. Dez. 2007: Durch das Gesetz zur steuerlichen Förderung von Wachstum und Beschäftigung wurde für die Jahre 2006 und 2007 der degressive Abschreibungsprozentsatz von 30 % wieder eingeführt. Bei beweglichen Wirtschaftsgütern des Anlagevermögens, die nach dem 31. Dez. 2005 und vor dem 1. Jan. 2008 angeschafft oder hergestellt worden sind, kann der anzuwendende Abschreibungsprozentsatz wieder das Dreifache des linearen AfA-Satzes, höchstens jedoch 30 % betragen.

Beispiel

Eine Autofabrik hat im Jan. 2000 (Alternative 2002) eine Maschine für 30.000,00 DM (15.339,00 €) angeschafft. Die betriebsgewöhnliche Nutzungsdauer beträgt zehn Jahre. Die lineare AfA würde demnach jährlich 10 % von 30.000,00 DM (15.339,00 €) = 3.000,00 DM (1.534,00 €) betragen. Die Autofabrik kann statt der linearen AfA die degressive AfA mit gleichbleibendem Prozentsatz wie folgt vornehmen:

bei Nutzungsdauer von zehn Jahren			**Anschaffung 2000 und 2006/2007**	alternativ	**Anschaffung 2002 bis 2005**
AfA-Prozentsatz			100 : 10 · 3		100 : 10 · 2
höchstens		30 %			20 %
Anschaffungskosten			**30.000,00 DM**		**15.339,00 €**
AfA im	1. Jahr 30 % von	30.000,00 DM	9.000,00 DM		3.068,00 €
	Restwert 31.12.2000		21.000,00 DM	2002	12.271,00 €
AfA im	2. Jahr 30 % von	21.000,00 DM	6.300,00 DM		2.454,00 €
	Restwert 31.12.2001		14.700,00 DM	2003	9.817,00 €
	Umstellung auf €		7.516,00 €		9.817,00 €
AfA im	3. Jahr 30 % von	7.516,00 €	2.255,00 €		1.963,00 €
	Restwert 31.12.2002		5.261,00 €	2004	7.854,00 €
AfA im	4. Jahr 30 % von	5.261,00 €	1.578,00 €		1.571,00 €
	Restwert 31.12.2003		3.683,00 €	2005	6.283,00 €
AfA im	5. Jahr 30 % von	3.683,00 €	1.105,00 €		1.257,00 €
	Restwert 31.12.2004		2.578,00 €	2006	5.026,00 €
AfA im	6. Jahr 30 % von	2.578,00 €	773,00 €		1.005,00 €
	Restwert 31.12.2005		1.805,00 €	2007	4.021,00 €
AfA im	7. Jahr 30 % von	1.805,00 €	542,00 €		804,00 €
	Restwert 31.12.2006		1.263,00 €	2008	3.217,00 €
AfA im	8. Jahr 30 % von	1.263,00 €	379,00 €		643,00 €
	Restwert 31.12.2007		884,00 €	2009	2.574,00 €
AfA im	9. Jahr 30 % von	884,00 €	265,00 €		515,00 €
	Restwert 31.12.2008		619,00 €	2010	2.059,00 €
AfA im	10. Jahr 30 % von	619,00 €	186,00 €		412,00 €
	Restwert 31.12.2009		433,00 €	2011	1.647,00 €

2008: Für Wirtschaftsgüter, die nach dem 31. Dez. 2007 angeschafft oder hergestellt worden sind, wurde die degressive Abschreibung durch das Unternehmensteuerreformgesetz 2008 abgeschafft.

Als eine Finanzierungsmaßnahme für die ab 2008 in Kraft tretende Unternehmensteuerreform sind die Abschreibungsmöglichkeiten für die **ab 2008 angeschafften/hergestellten** Wirtschaftsgüter eingeschränkt worden. Dabei wurde die degressive Abschreibung nicht auf den bis Ende 2005 geltenden Satz (das Doppelte der linearen Abschreibung, maximal 20 %) abgesenkt, sondern direkt ganz abgeschafft.

Für **im Jahr 2008 angeschaffte/hergestellte** Wirtschaftsgüter verbleibt dann nur noch die lineare Abschreibung nach der Nutzungsdauer. Das bedeutet, dass z. B. Wirtschaftsgüter mit einer Nutzungsdauer von zehn Jahren bei Anschaffung im Jahr 2007 noch mit 30 % abgeschrieben werden dürfen, bei Anschaffung im Jahr 2008 hingegen nur noch mit 10 %.

Für Wirtschaftsgüter, **die 2009 und 2010 angeschafft** worden sind, ist die degressive AfA wieder eingeführt worden. Sie beträgt das 2,5-fache der linearen, maximal 25 %. Werden Wirtschaftsgüter **nach dem 31.12.2010 angeschafft**, gilt nur die lineare AfA.

Für **ab dem 1. Jan. 2011** erworbene Wirtschaftsgüter ist die degressive AfA nicht mehr erlaubt.

Übergang von der degressiven zur linearen AfA:

Da der Gesetzgeber durch die degressive AfA nicht das Ziel verfolgt, die betriebsgewöhnliche Nutzungsdauer zu verlängern, darf der Restwert im letzten Nutzungsjahr voll abgesetzt werden. Dies kann nur durch den Übergang zur linearen AfA erreicht werden.

Der Übergang von der degressiven AfA zur linearen AfA ist **zu jedem beliebigen Zeitpunkt zulässig** (§ 7 Abs. 3 Satz 1 EStG). In diesem Fall bemisst sich die AfA vom Zeitpunkt des Übergangs an nach dem dann noch vorhandenen Restwert und der Restnutzungsdauer des Wirtschaftsgutes.

Im obigen Beispiel ist der 1. Jan. 2007 (2008) der Zeitpunkt, bei dem die Beträge der linearen AfA von jährlich 421,00/1.005,00 € (1.263,00 : 3/4.021,00 : 4) höher sind als die jährlichen degressiven AfA-Beträge der letzten vier Jahre. Ein Wechsel ist also sinnvoll.

Generell: Je kleiner die Restnutzungsdauer, umso größer wird der lineare Abschreibungsprozentsatz (100 : 4 = 25; 100 : 3 = 33 ⅓ usw). Der Übergang von der degressiven AfA zur linearen AfA sollte also spätestens bei einer Restnutzungsdauer von vier Jahren erfolgen.

Ein **Übergang von der linearen zur degressiven AfA ist nicht zulässig** (§ 7 Abs. 3 Satz 3 EStG).

Bei abnutzbaren Wirtschaftsgütern, die im Laufe eines Jahres angeschafft oder hergestellt werden, kann für das Jahr der Anschaffung oder Herstellung grundsätzlich nur die **zeitanteilige AfA** vorgenommen werden. Das gilt nicht für Gebäude, die degressiv abgeschrieben werden. Bei Gebäuden ist die degressive AfA im Jahr der Anschaffung oder Herstellung in Höhe des vollen Jahresbetrags abzuziehen (H 7.4 [Teil des auf ein Jahr entfallenden AfA-Betrages] EStH). Beim Ausscheiden eines abnutzbaren Wirtschaftsgutes im Laufe eines Jahres – bewegliches und unbewegliches Wirtschaftsgut – ist die AfA zeitanteilig vorzunehmen (R 7.4 Abs. 8 Satz 1 EStR, § 7 Abs. 1 Satz 4 EStG).

Für den **Beginn der AfA** ist der Zeitpunkt der Anschaffung oder Herstellung und der Betriebsbereitschaft maßgebend. Ob das Wirtschaftsgut genutzt worden ist oder nicht, ist unerheblich (R 7.4 Abs. 1 EStR).

Die degressive AfA nach § 7 Abs. 2 EStG darf nur bei beweglichen Wirtschaftsgütern des Anlagevermögens vorgenommen werden, für die sich aus einem (Anlage-)Verzeichnis oder aus der Buchführung die folgenden Angaben ergeben (§ 7 Abs. 2 Satz 3 EStG i. V. m. § 7a Abs. 8 EStG):

- Tag der Anschaffung oder Herstellung,
- Anschaffungs- oder Herstellungskosten,
- voraussichtliche Nutzungsdauer und
- Höhe der jährlichen Absetzung für Abnutzung.

Absetzung für außergewöhnliche Abnutzung

Liegt bei einem Wirtschaftsgut eine außergewöhnliche technische oder wirtschaftliche Abnutzung vor, dann ist nach § 7 Abs. 1 Satz 5 EStG zusätzlich eine **Absetzung für außergewöhnliche Abnutzung** zulässig, wenn die geplante Nutzungsdauer nicht erreicht werden kann. Sie ist aber nicht zulässig, wenn die AfA bei beweglichen Wirtschaftsgütern degressiv errechnet wird (§ 7 Abs. 2 Satz 4 EStG). In diesem Fall kann die außergewöhnliche Abnutzung nur durch Abschreibung auf den niedrigeren Teilwert berücksichtigt werden. Dies ist jedoch bei der Gewinnermittlung nach § 4 Abs. 3 EStG nicht möglich.

Bei Gebäuden kann die außergewöhnliche AfA nicht nur neben der linearen, sondern auch neben der degressiven AfA beansprucht werden, wenn z. B. bestimmte Gebäudeteile abgerissen werden müssen. (Beachten Sie dazu R 7.4 Abs. 11 EStR.)

> **Übung 2 und 4, Seite 353**

ZUSAMMENFASSUNG

Absetzung für Abnutzung (AfA) nach § 7 Abs. 1 und 2 EStG

lineare AfA nach § 7 Abs. 1 EStG (AfA in gleichen Jahresbeträgen)	**AfA nach Leistung nach § 7 Abs. 1 Satz 4 EStG** (AfA in schwankenden Jahresbeträgen)	**degressive AfA nach § 7 Abs. 2 EStG** (AfA in fallenden Jahresbeträgen)
gilt bei allen sieben Einkunftsarten für alle abnutzbaren WG* (außer Gebäude) und auch für abnutzbare immaterielle WG, z. B. Firmenwert	**gilt nur für bewegliche WG des Anlagevermögens**	**nur bei den drei Gewinneinkunftsarten** möglich und nur für das bewegliche WG des Anlagevermögens
Bemessungsgrundlage AK* oder HK* = 100 %	**Bemessungsgrundlage** AK oder HK = 100 %	**Bemessungsgrundlage im 1. Jahr** AK oder HK = 100 %, in den Folgejahren: Restbuchwert
AfA-Satz 100 % : Nutzungsdauer = AfA-Satz (gleichbleibender %-Satz)	**AfA-Satz** nach Maßgabe der Leistung (schwankender %-Satz)	**AfA-Satz** %-Satz lineare AfA · 2, höchstens 20 %, Anschaffung nach dem 31. Dez. 2000 (gleichbleibender %-Satz)
Besonderheiten: ▪ außergewöhnliche AfA neben der linearen zulässig ▪ Übergang zur degressiven AfA **nicht** zulässig	**Besonderheiten:** ▪ außergewöhnliche AfA neben der Leistungs-AfA zulässig ▪ Übergang zur degressiven AfA **nicht** zulässig	**Besonderheiten:** ▪ außergewöhnliche AfA neben der degressiven **nicht** zulässig (nur Abschreibung auf den niedrigeren Teilwert) ▪ Übergang zur linearen AfA zulässig ▪ 2006/07 lineare AfA · 3, höchstens 30 % ▪ 2009/10 lineare AfA · 2,5, höchstens 25 % ▪ 2008 und ab 2011: ausgesetzt

* WG = Wirtschaftsgüter; AK = Anschaffungskosten; HK = Herstellungskosten

❹ Investitionsabzugsbetrag und Sonderabschreibung

Zur Förderung kleiner und mittlerer Betriebe sieht § 7g EStG zwei Möglichkeiten vor:
1. den Investitionsabzugsbetrag,
2. die Sonderabschreibung.

Investitionsabzugsbetrag

- Der Abzugsbetrag darf gebildet werden von kleinen und mittleren Betrieben (Betriebsvermögen am Ende des Vorjahres bis 235.000,00 €) und von Einnahme-Überschuss-Rechnern mit einem Jahresgewinn bis 100.000,00 €. Diese Größendefinition führt dazu, dass viele Freiberufler nicht in den Genuss des Abzugsbetrags kommen.
- Die Summe aller gebildeten Investitionsabzugsbeträge darf bis zu 200.000,00 € je Betrieb betragen.
- Der Investitionsabzugsbetrag darf auch für gebrauchte bewegliche Wirtschaftsgüter gebildet werden.
- Der Investitionsabzugsbetrag mit 40 % der voraussichtlichen Kosten ist außerbilanziell abzuziehen.
- Die Begünstigung kann dann nur in Anspruch genommen werden, wenn das Wirtschaftsgut spätestens bis zum Ablauf des dritten auf die Bildung folgenden Wirtschaftsjahres in der Bilanz aktiviert und zu mehr als 90 % betrieblich genutzt wird.
- Wird der Abzugsbetrag nicht in Anspruch genommen, erfolgt eine rückwirkende Auflösung im Jahr der Bildung. Die hieraus resultierende Steuernachzahlung wird nach § 233a AO verzinst.
- Im Jahr der Investition kann der Investitionsabzugsbetrag außerbilanziell gewinnerhöhend hinzugerechnet werden.
- Im Jahr der Investition können die tatsächlichen Anschaffungs- oder Herstellungskosten um bis zu 40 % gewinnmindernd reduziert werden (Wahlrecht des Steuerpflichtigen). Das Ergebnis bildet dann die Bemessungsgrundlage für die weitere AfA.
- Sind die tatsächlichen Kosten höher als der prognostizierte Aufwand, kommt es insoweit zu einer zusätzlichen gewinnmindernden Auswirkung. Waren die voraussichtlichen Kosten aber zu hoch geschätzt, erhöht sich der Gewinn um den Differenzbetrag.
- Unabhängig davon, ob vorher ein Investitionsabzugsbetrag in Anspruch genommen wurde, darf dann die Sonderabschreibung von 20 % geltend gemacht werden.

Beispiel

a) Ein Wirtschaftsgut soll für voraussichtliche Anschaffungskosten von 100.000,00 € bis 2022 angeschafft werden. Konsequenz im Jahr 2019: Ein Investitionsabzugsbetrag von bis zu 40.000,00 € mindert den Gewinn.

b) Wie a), nur die Investition erfolgt nicht bis 2022. Konsequenz: rückwirkende Auflösung, d. h. der Gewinn des Jahres 2019 wird wieder um 40.000,00 € erhöht, was zu einer höheren Steuer führt. Die Verzinsung der Mehrsteuer erfolgt ab 1. April 2021 nach § 223a AO mit 0,5 % je ganzem Monat.

c) Wie a) und die Investition erfolgt im Jahr 2021. Die Auflösung des Investitionsabzugsbetrags führt im Jahr 2021 zu einer außerbilanziellen Gewinnerhöhung von 40.000,00 € und
1. Möglichkeit:
Gewinnmindernder Abzug des Investitionsabzugsbetrags (Gewinn: – 40.000,00 €), neue Bemessungsgrundlage für die restliche AfA = 60.000,00 € (100.000,00 € – 40.000,00 €), Sonder-AfA nach § 7g EStG (20 % von 60.000,00 € =) 12.000,00 €, lineare AfA (Nutzungsdauer 5 Jahre = 20 % von 60.000,00 € =) 12.000,00 €, Restwert des Wirtschaftsgutes am 31. Dez. 2021 = 36.000,00 €,
Gesamtgewinnauswirkung: – 64.000,00 €
oder
2. Möglichkeit:
Keine Verrechnung des Investitionsabzugsbetrages mit den AK/HK, dann Sonder-AfA nach § 7g EStG (20 % von 100.000,00 € =) 20.000,00 € und lineare AfA (20 % von 100.000,00 € =) 20.000,00 €, Restwert Wirtschaftsgut am 31. Dez. 2021 = 60.000,00 €,
Gesamtgewinnauswirkung: – 40.000,00 €.

Bei Anschaffung eines Wirtschaftsgutes im Jahr 2021 hat der Steuerpflichtige also folgende Möglichkeiten der Gewinnauswirkung:

1. 40.000,00 € – 40.000,00 € – 12.000,00 € – 12.000,00 € = – 24.000,00 €
2. 40.000,00 € – 20.000,00 € – 20.000,00 € = 0,00 €

Sonderabschreibung

Hierbei können bei neuen beweglichen Wirtschaftsgütern des Anlagevermögens unter den Voraussetzungen des § 7g Abs. 6 EStG im Jahr der Anschaffung oder Herstellung und in den vier folgenden Jahren (Altfall) neben der linearen AfA oder der degressiven AfA (§ 7 Abs. 1 oder 2 EStG) Sonderabschreibungen bis zu insgesamt 20 % der Anschaffungs- oder Herstellungskosten in Anspruch genommen werden (§ 7g Abs. 5 EStG). Der Steuerpflichtige kann also selbst bestimmen, in welchem Jahr oder in welchen Jahren des Begünstigungszeitraums er die Sonderabschreibungen in Anpruch nehmen will. Nach Ablauf des maßgebenden Begünstigungszeitraums von fünf Jahren ist die lineare oder degressive AfA nach dem Restwert und der Restnutzungsdauer vorzunehmen (§ 7a Abs. 9 EStG).

Die **Voraussetzungen** nach § 7g Abs. 6 EStG sind **erfüllt, wenn**

- das Betriebsvermögen (Gewerbebetrieb oder selbstständige Arbeit), zu dessen Anlagevermögen das Wirtschaftsgut gehört, zum Schluss des der Anschaffung oder Herstellung vorangehenden Wirtschaftsjahres nicht mehr als 235.000,00 € beträgt (bei Gewinnermittlung nach § 4 Abs. 3 EStG gilt eine Gewinngrenze von 100.000,00 €), oder
- der Wirtschafts- oder Ersatzwirtschaftswert des Betriebs der Land- und Forstwirtschaft nicht mehr als 125.000,00 € beträgt und
- das Wirtschaftsgut mindestens ein Jahr nach seiner Anschaffung oder Herstellung in einer inländischen Betriebstätte dieses Betriebs verbleibt und
- im Jahr der Inanspruchnahme von Sonderabschreibungen fast ausschließlich (d. h. zumindestens 90 %) betrieblich genutzt wird.

Beispiel

Ein Gewerbetreibender in Braunschweig hat am 16. Jan. 2020 eine neue Maschine für 15.339,00 € angeschafft. Die betriebsgewöhnliche Nutzungsdauer beträgt acht Jahre. Das Betriebsvermögen des Betriebs auf den 31. Dez. 2019 beträgt 173.839,00 €. Der Steuerpflichtige nimmt die lineare AfA in Anspruch.

Die Sonderabschreibung nach § 7g EStG von insgesamt 20 % der Anschaffungskosten nimmt der Steuerpflichtige im Jahr 2021 neben der linearen AfA in Anspruch, weil dies für ihn aufgrund eines zu erwartenden höheren Gewinns in dem Jahr günstiger erscheint.

Die oben aufgeführten Voraussetzungen sind erfüllt.

Es ergibt sich somit folgende **Berechnung:**

für 2020:	Anschaffungskosten		15.339,00 €
	lineare AfA 12,5 % von 15.339,00 €		1.918,00 €
	Buchwert am 31. Dez. 2020		13.421,00 €
für 2021:	lineare AfA 12,5 % von 15.339,00 €	1.918,00 €	
	Sonderabschreibung 20 % von 15.339,00 €	3.068,00 €	4.986,00 €
	Buchwert am 31. Dez. 2021		8.435,00 €
für 2022:	lineare AfA 12,5 % von 15.339,00 €		1.918,00 €
	Buchwert am 31. Dez. 2022		6.517,00 €
für 2023:	lineare AfA 12,5 % von 15.339,00 €		1.918,00 €
	Buchwert am 31. Dez. 2023		4.599,00 €
für 2024:	lineare AfA 12,5 % von 15.339,00 €		1.918,00 €
	Buchwert am 31. Dez. 2024		2.681,00 €
	Restwert 2.681,00 €, Restnutzungsdauer drei Jahre, daher		
ab 2025:	jährliche AfA 33 ⅓ % von 2.681,00 €		894,00 €

Der Steuerpflichtige könnte im vorliegenden Fall die Sonderabschreibung auch in einem anderen Jahr in Anspruch nehmen oder auf mehrere Jahre (z. B. auf die Jahre 2021 und 2022) verteilen, falls dies für ihn günstiger ist.

> **Übung 4, Seite 353**

ZUSAMMENFASSUNG

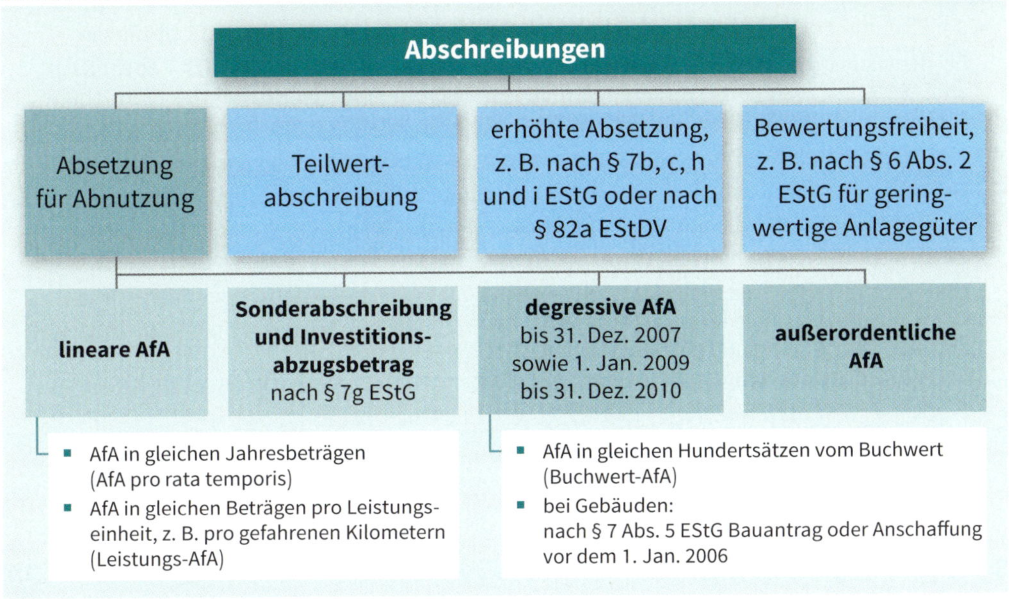

4.5.6.2 Die AfA bei unbeweglichen Wirtschaftsgütern, die keine Gebäude oder Gebäudeteile sind, und bei immateriellen Wirtschaftsgütern

Bei den folgenden Wirtschaftsgütern kann die AfA nur linear (§ 7 Abs. 1 Sätze 1 und 2 EStG) vorgenommen werden:

- abnutzbare unbewegliche Wirtschaftsgüter, die keine Gebäude oder Gebäudeteile sind (z. B. Außenanlagen, wie Einfriedigungen, Bodenbefestigungen), soweit diese Wirtschaftsgüter keine Betriebsvorrichtungen darstellen, und
- abnutzbare immaterielle Wirtschaftsgüter (z. B. Geschäfts- oder Firmenwert eines Gewerbebetriebs, Praxiswert eines Freiberuflers); siehe dazu auch Kap. 4.5.5.1.

Die Betriebsvorrichtungen sind ausgenommen, weil sie eine besondere Stellung einnehmen. Sie können auch degressiv abgeschrieben werden.

Betriebsvorrichtungen sind Maschinen, maschinelle Anlagen und andere Vorrichtungen, die in der Regel in ein Grundstück bzw. in ein Gebäude eingebaut sind und den besonderen Zwecken des Betriebs dienen. Sie gehören zu den beweglichen Wirtschaftsgütern des Anlagevermögens, auch wenn sie wesentliche Bestandteile des Grundstücks bzw. des Gebäudes sind (R 7.1 Abs. 3 EStR). Betriebsvorrichtungen (z. B. Hebebühnen, Lastenaufzüge, Transportbänder, Verladerampen) gehören immer zum Betriebsvermögen.

Beispiele

a) Der Eigentümer eines Sechsfamilienhauses lässt das Grundstück für 4.000,00 € einzäunen.

Bei dem Zaun handelt es sich um ein unbewegliches Wirtschaftsgut, das nach § 7 Abs. 1 Satz 1 und 2 EStG nur linear abgeschrieben werden kann. Bei einer Nutzungsdauer von zehn Jahren beträgt die AfA für den Zaun – neben der Gebäude-AfA – 400,00 € jährlich.

b) Eine Fabrik hat im Mai in ihr Betriebsgebäude einen Lastenaufzug für 40.000,00 € einbauen lassen.

Obwohl der Lastenaufzug mit dem Gebäude fest verbunden ist, ist er als Betriebsvorrichtung ein bewegliches Wirtschaftsgut des Anlagevermögens.

Die Fabrik kann den Lastenaufzug – nach eigener Wahl – entweder linear oder degressiv abschreiben. Bei einer betriebsgewöhnlichen Nutzungsdauer von zehn Jahren beträgt die lineare AfA jährlich 4.000,00 € und die degressive AfA beträgt im ersten Jahr 20 % (2 · 10) von 40.000,00 € = 8.000,00 €. Da allerdings nur monatsbezogen abgeschrieben werden kann, vermindert sich die AfA im Anschaffungsjahr auf 5.334,00 € (8/12 von 8.000,00 €).

AUFGABEN

1. Wie wird die lineare AfA errechnet?
2. Welche Wirtschaftsgüter gehören zum Anlagevermögen?
3. Welche AfA-Methoden kennen Sie, die bei beweglichen Wirtschaftsgütern des Anlagevermögens statt der linearen AfA angewandt werden können?
4. Nach welcher AfA-Methode werden bewegliche Wirtschaftsgüter abgeschrieben, die nicht zu einem Betriebsvermögen gehören?
5. Welche Voraussetzungen müssen für die Zulässigkeit der AfA nach Maßgabe der Leistung gegeben sein?
6. Beschreiben Sie die AfA mit gleichbleibendem Prozentsatz (degressive AfA).
7. Warum darf der Restwert im Falle einer Buchwert-AfA im letzten Nutzungsjahr voll abgesetzt werden?
8. Wann ist der Übergang von der degressiven zur linearen AfA und umgekehrt möglich?
9. Wie wird der Abschreibungsbetrag berechnet, wenn das Wirtschaftsgut im Laufe des Wirtschaftsjahres angeschafft bzw. hergestellt wird?
10. Welche buchmäßigen Voraussetzungen müssen für die degressive AfA erfüllt sein?
11. Erläutern Sie die Sonderabschreibung nach § 7g EStG.
12. Beschreiben Sie die Investitionsabzugsbeträge nach § 7g EStG.
13. Wie ist die AfA vorzunehmen bei abnutzbaren unbeweglichen Wirtschaftsgütern, die keine Gebäude sind, und bei abnutzbaren immateriellen Wirtschaftsgütern?
14. Was sind Betriebsvorrichtungen und wie werden sie abgeschrieben?

VERTIEFENDE ÜBUNGEN

gemischte Übungen

1. **Fall 1:**
Welche AfA ist zulässig und wie viel Euro beträgt die jährliche AfA?

Ein Steuerpflichtiger in München ist Eigentümer von vier Mietwohngrundstücken, die zu seinem Privatvermögen gehören. Er bezieht daraus Einkünfte aus Vermietung und Verpachtung. Zum Vorsteuerabzug ist er nicht berechtigt, weil er nur Umsätze tätigt, die nach § 4 Nr. 12 UStG steuerfrei sind. Zur Verwaltung der Grundstücke unterhält der Steuerpflichtige ein Büro. Im April hat er für dieses Büro einen neuen Schreibtisch für 817,00 € zuzüglich 155,23 € Umsatzsteuer angeschafft. Die Nutzungsdauer beträgt zehn Jahre.

Fall 2:
Wie viel Euro betragen in den drei Jahren der Nutzung des Lkw die jeweiligen jährlichen AfA-Beträge?

Die gesamte Fahrleistung eines für 60.000,00 € angeschafften Lkw beträgt 200 000 km. Im ersten Jahr ist der Lkw 120 000 km, im zweiten Jahr 60 000 km und im dritten Jahr 20 000 km gefahren worden.

2. a) **Wie hoch sind die jährlichen Abschreibungsbeträge und die Restbuchwerte nach der linearen und nach der degressiven AfA in den ersten neun Jahren, wenn die betriebsgewöhnliche Nutzungsdauer einer Maschine 15 Jahre beträgt?**

   Ermitteln Sie die Beträge in übersichtlicher Form. Die Anschaffungskosten haben 51.129,00 € betragen. Gehen Sie davon aus, dass die Voraussetzungen der degressiven AfA erfüllt sind.

   b) **In welchem Jahr ist der Übergang von der degressiven zur linearen AfA zweckmäßig?**

3. **Fragestellung und Sachverhalt wie in Übungsaufgabe 2, mit dem Unterschied, dass die Nutzungsdauer 12,5 Jahre beträgt und dass die AfA bis zum sechsten Jahr berechnet wird.**

4. **Wie hoch sind die Abschreibungsbeträge in den ersten zwei Jahren und die Abschreibungsbeträge in den letzten fünf Jahren?**

   Ein Gewerbetreibender in Göttingen hat am 2. Juli 2020 eine neue Maschine für betriebliche Zwecke angeschafft, für die er eine Investition von 12.000,00 € im Jahr 2018 getätigt hatte. Die Anschaffungskosten haben 30.000,00 € betragen. Die Nutzungsdauer beträgt zehn Jahre. Die Maschine wird linear abgeschrieben. Der Steuerpflichtige nimmt die Sonderabschreibung nach § 7g EStG je zur Hälfte im ersten und im zweiten Jahr in Anspruch. Die Voraussetzungen dafür sind erfüllt. Zeigen Sie beide Möglichkeiten. Auf die Anwendung von § 7g Abs. 2 Satz 2 EStG wird verzichtet.

5. **Ermitteln Sie den jeweils höchstmöglichen Betrag, den der Steuerpflichtige für das Erstjahr als Absetzung für Abnutzung bzw. als erhöhte Absetzung abziehen kann, und geben Sie die gesetzliche Vorschrift an, die zur Anwendung kommt.**

   Die Voraussetzungen für die Inanspruchnahme der Sonderabschreibung nach § 7g EStG sind nicht gegeben.

   Fall 1:
   Ein Transportunternehmer in Wiesbaden hat im Januar vorigen Jahres einen Lastzug (Lkw) für 100.000,00 € angeschafft. Die betriebsgewöhnliche Nutzungsdauer beträgt vier Jahre und die betriebsgewöhnliche Gesamtleistung des Lastzuges kann mit 200 000 km angenommen werden. Der Lastzug ist im vorigen Jahr vorwiegend im Fernverkehr eingesetzt worden. In dieser Zeit ist er 80 000 km gefahren worden.

   Fall 2:
   Ein Baustoffhändler in Braunschweig, der seinen Gewinn nach § 4 Abs. 3 EStG ermittelt, hat am 20. Juni 2020 einen gebrauchten Lkw für 21.000,00 € angeschafft. Die betriebsgewöhnliche Nutzungsdauer beträgt drei Jahre.

   Fall 3:
   Ein Damenkonfektionsbetrieb hat am 1. Juni 2020 in Düsseldorf ein Betriebsgebäude (Baujahr 1978) für 650.000,00 € erworben. Auf den Grund und Boden entfallen davon 150.000,00 €.

   Fall 4:
   Eine Maschinenfabrik in Düren hat im Jan. 2017 in ihr Betriebsgebäude eine Hebebühne für 40.000,00 € einbauen lassen. Es handelt sich um eine Betriebsvorrichtung. Die betriebsgewöhnliche Nutzungsdauer beträgt zehn Jahre.

   Fall 5:
   Ein kaufmännischer Angestellter hat in Salzgitter ein Zweifamilienhaus errichtet. Der Bauantrag ist am 5. März 1993 gestellt worden. Das Haus war am 1. Juli 1995 bezugsfertig, wurde ab diesem Zeitpunkt für Wohnzwecke vermietet und ist nach § 7 Abs. 5 Nr. 3 Buchstabe a EStG abgeschrieben worden. Die Herstellungskosten haben umgerechnet 350.000,00 € betragen.

   Fall 6:
   Eine Maschinenfabrik in Duisburg hat im Febr. 2019 eine Maschine für 120.000,00 € gekauft. Die Maschine wurde am 22. Febr. 2020 geliefert und montiert. Die betriebsgewöhnliche Nutzungsdauer beträgt 12,5 Jahre.

4.5.7 Bewertung der Wirtschaftsgüter des nicht abnutzbaren Anlagevermögens und des Umlaufvermögens

4.5.7.1 Bewertung des nicht abnutzbaren Anlagevermögens

Wirtschaftsgüter (auch die immateriellen Wirtschaftsgüter) des Anlagevermögens, die nicht der Abnutzung unterliegen (z. B. Grund und Boden, Beteiligungen, Konzessionen, Lizenzen), sind bei der Gewinnermittlung nach § 4 Abs. 1 und § 5 EStG mit den Anschaffungs- oder Herstellungskosten anzusetzen. Der niedrigere Teilwert kann nur bei einer voraussichtlich dauernden Wertminderung angesetzt werden (§ 6 Abs. 1 Nr. 2 Satz 2 EStG).

Immaterielle Wirtschaftsgüter des Anlagevermögens sind nur dann in die Bilanz (als Aktivposten) aufzunehmen, wenn sie entgeltlich erworben wurden (§ 248 Abs. 2 HGB und § 5 Abs. 2 EStG).

Bei der Bewertung der Wirtschaftsgüter des Anlagevermögens, die nicht der Abnutzung unterliegen, hat nur der Steuerpflichtige (bei dauernder Wertminderung) ein Wahlrecht, der nach § 4 Abs. 1 EStG seinen Gewinn ermittelt.

Er kann diese Wirtschaftsgüter

- entweder mit den Anschaffungskosten (oder Herstellungskosten) ansetzen
- oder er kann sie mit dem Teilwert ansetzen, wenn dieser niedriger ist und eine voraussichtlich dauernde Wertminderung vorliegt,
- oder er kann sie mit einem Wert ansetzen, der zwischen den Anschaffungskosten und dem niedrigeren Teilwert liegt, wenn eine voraussichtlich dauernde Wertminderung vorliegt.

Steuerpflichtige, die den Gewinn nach § 5 EStG ermitteln, müssen nach § 5 Abs. 1 EStG die handelsrechtlichen Vorschriften beachten, soweit sie den steuerrechtlichen nicht entgegenstehen. Sie haben deshalb kein Wahlrecht.

Sie müssen bei nicht abnutzbaren (und auch bei abnutzbaren – siehe Kap. 4.5.5.1) Wirtschaftsgütern des Anlagevermögens den niedrigeren Teilwert ansetzen, wenn eine dauernde Wertminderung vorliegt (§ 253 Abs. 3 Satz 5 HGB i. V. m. § 6 Abs. 1 Nr. 1 Satz 2 und § 5 Abs. 1 Satz 1 2. Halbsatz EStG).

Für die Wirtschaftsgüter des nicht abnutzbaren Anlagevermögens ist grundsätzlich darauf abzustellen, ob die Gründe für eine niedrigere Bewertung voraussichtlich anhalten werden (BMF-Schreiben vom 2. Sept. 2016). Kursschwankungen von börsennotierten Wirtschaftsgütern des Anlagevermögens stellen eine nur vorübergehende Wertminderung dar, wenn der Börsenwert zum Bilanzstichtag unter der Bagatellgrenze von 5 %, bezogen auf die Anschaffungskosten, liegt. Sie berechtigen demgemäß nicht zum Ansatz des niedrigeren Teilwertes. Sofern die Bagatellgrenze überschritten ist, liegt immer eine dauernde Wertminderung vor (BMF-Schreiben vom 2. Sept. 2016, Tz. 15). Die Kursentwicklung bis zur Bilanzerstellung ist wertbegründend.

Beispiele

a) Ein Lebensmittelgroßhändler hat eine Beteiligung an einer Lebensmitteleinzelhandlung für 100.000,00 € erworben, die zu seinem Betriebsvermögen gehört. Im ersten Wirtschaftsjahr sind vor dem Haus Straßenbauarbeiten durchgeführt worden. Dadurch ist die Kundschaft behindert worden und der Umsatz ist vorübergehend zurückgegangen. Am Ende des ersten Wirtschaftsjahres betrug der Teilwert der Beteiligung 70.000,00 €.

Der Steuerpflichtige hat **kein Wahlrecht**. Er kann den niedrigeren Teilwert nur bei voraussichtlich dauernder Wertminderung ansetzen (§ 6 Abs. 1 Nr. 2 Satz 2 EStG). Da dies hier nicht der Fall ist, muss er die Beteiligung weiter mit den Anschaffungskosten bilanzieren.

b) Sachverhalt wie in Beispiel a), aber mit dem Unterschied, dass keine Straßenbauarbeiten durchgeführt wurden, dass aber in der Nähe der Lebensmitteleinzelhandlung ein Konkurrenzgeschäft eröffnet worden ist. Dadurch stellt der niedrigere Teilwert von 70.000,00 € eine dauernde Wertminderung dar.

Da der Großhändler als Gewerbetreibender den Gewinn nach § 5 EStG ermittelt, ist er verpflichtet, bei Aufstellung seiner Steuerbilanz die Vorschrift des § 6 Abs. 1 Nr. 2 Satz 2 EStG zu beachten, die besagt, dass bei einer dauernden Wertminderung der niedrigere Wert angesetzt werden darf. Somit liegt im Steuerrecht nach § 6 Abs. 1 Nr. 2 Satz 2 und § 5 Abs. 1 Satz 1 2. Halbsatz EStG ein **Wahlrecht** vor. Der Steuerpflichtige **kann** die Beteiligung mit dem niedrigeren Teilwert von 70.000,00 € ansetzen.

4.5.7.2 Bewertung des Umlaufvermögens

Das **Umlaufvermögen** ist nach § 6 Abs. 1 Nr. 2 EStG wie das nicht abnutzbare Anlagevermögen in der Steuerbilanz mit den Anschaffungs- oder Herstellungskosten anzusetzen.

Falls der Teilwert unter die Anschaffungs- bzw. Herstellungskosten sinkt, müssen Kaufleute nach § 253 Abs. 4 HGB in ihrer Handelsbilanz den niedrigeren Teilwert (strenges Niederstwertprinzip im HGB) ansetzen, unabhängig davon, ob es sich um eine vorübergehende oder dauernde Wertminderung handelt.

Alle Steuerpflichtigen, die ihren Gewinn nach § 5 EStG ermitteln, sind an die handelsrechtlichen Vorschriften bei ihrer Gewinnermittlung gebunden, allerdings nur, soweit diese den steuerrechtlichen Vorschriften nicht entgegenstehen (**Maßgeblichkeit** der Handels- für die Steuerbilanz, § 5 Abs. 1 Satz 1 EStG). Das „strenge Niederstwertprinzip" steht der steuerlichen Vorschrift des § 6 Abs. 1 Nr. 2 Satz 2 EStG entgegen. Danach kann der niedrigere Teilwert nur noch bei voraussichtlich dauernder Wertminderung angesetzt werden.

Bei lediglich vorübergehender Wertminderung ergibt sich daraus ein Aktivierungsverbot in der Steuerbilanz für den niedrigeren Teilwert.

Beispiel

Ein Büromaschinenhändler, der seinen Gewinn nach § 5 EStG ermittelt, hat Mitte vorigen Jahres zehn Büromaschinen zu je 5.000,00 € für 50.000,00 € eingekauft. Bis zum Schluss des v. J. hat er davon acht Maschinen verkauft. Zwei Maschinen waren am 31. Dez. v. J. noch auf Lager. Durch technischen Fortschritt waren diese teilweise überholt. Der vom Verkaufspreis abgeleitete Teilwert betrug am 31. Dez. v. J. je 3.500,00 €.

Die Büromaschinen gehören zum Umlaufvermögen (Vorratsvermögen) des Steuerpflichtigen. Er muss die Maschinen mit dem niedrigeren Teilwert von 7.000,00 € (2 · 3.500,00 €) in der Handelsbilanz nach § 253 Abs. 4 HBG ansetzen. In der Steuerbilanz liegt nach § 6 Abs. 1 Nr. 2 Satz 2 und § 5 Abs. 1 Satz 1 2. Halbsatz EStG ein Wahlrecht vor. Somit **kann** er hier auf den Teilwert abschreiben, weil der Teilwert vom voraussichtlichen Verkaufspreis durch Rückrechnung ermittelt wurde. Dadurch kann von einer dauernden Wertminderung ausgegangen werden.

Bei der Bewertung des Umlaufvermögens steht das **Vorratsvermögen** (Waren, Roh- und Hilfsstoffe, halbfertige und fertige Erzeugnisse) in der Regel im Vordergrund. Der Teilwert dieser Wirtschaftsgüter stimmt im Zeitpunkt der Anschaffung oder Herstellung grundsätzlich mit den Anschaffungs- oder Herstellungskosten überein. Der **Teilwert** zu einem späteren Zeitpunkt entspricht im Allgemeinen den **Wiederbeschaffungskosten**. Bei Wirtschaftsgütern, die im eigenen Betrieb hergestellt worden sind, decken sich die Wiederbeschaffungskosten in der Regel mit den Kosten, die aufzuwenden wären, wenn das Wirtschaftsgut am Bilanzstichtag neu hergestellt würde (Wiederherstellungskosten).

Wertpapiere, die Betriebsvermögen sind, gehören entweder zum Anlagevermögen oder zum Umlaufvermögen. Für ihre Bewertung gilt in beiden Fällen § 6 Abs. 1 Nr. 2 EStG.

Wertpapiere gehören zum **Anlagevermögen**, wenn sie dem Betrieb dauernd bzw. längere Zeit dienen; Beispiel: Wertpapiere werden zum Zweck der Einflussnahme auf eine Kapitalgesellschaft gekauft oder es bestehen Geschäftsbeziehungen zu dem Unternehmen, von dem die Wertpapiere gekauft wurden.

Zum **Umlaufvermögen** gehören die Wertpapiere, wenn sie nur kurzfristig im Unternehmen verbleiben sollen; Beispiel: Wertpapiere werden mit der Absicht gekauft, sie bei der nächsten günstigen Gelegenheit wieder zu veräußern (Spekulation).

Bei Bewertungen kann der niedrigere Teilwert sowohl beim Anlage- als auch beim Umlaufvermögen nur bei dauernder Wertminderung angesetzt werden. Bei **Gewinnermittlung nach § 5 Abs. 1 EStG** bleibt das steuerliche Aktivierungswahlrecht über § 6 Abs. 1 Nr. 1 Satz 2, § 6 Abs. 1 Nr. 2 Satz 2 und § 5 Abs. 1 Satz 1 2. Halbsatz EStG bestehen. Der niedrigere Teilwert muss angesetzt werden bei

voraussichtlich dauernder Wertminderung; siehe auch § 253 Abs. 3 und 4 HGB.
Grundsätzlich kann beim Umlaufvermögen von einer voraussichtlich dauernden Wertminderung zum Bilanzstichtag ausgegangen werden, wenn im Zeitpunkt der Bilanzaufstellung die Wertminderung noch anhält.

Der Teilwert entspricht bei Wertpapieren, die an der Börse gehandelt werden, grundsätzlich dem Kurswert. Bei normalen Kursschwankungen unter die Anschaffungskosten handelt es sich nicht um voraussichtlich dauernde Wertminderungen.

Ein echtes **Wahlrecht** haben nur Steuerpflichtige bei Gewinnermittlung nach § 4 Abs. 1 EStG, wenn es sich beim Umlaufvermögen (ebenso beim Anlagevermögen) um eine voraussichtlich dauernde Wertminderung handelt. In diesem Fall können sie den niedrigeren Teilwert, den letzten Bilanzansatz oder einen Zwischenwert wählen (§ 6 Abs. 1 Nr. 2 Satz 2 EStG).

Für beide Gewinnermittler gilt allerdings auch im Umlaufvermögen und nicht abnutzbaren Anlagevermögen das Wertaufholungsgebot für Wirtschaftsgüter, die schon am Schluss des vorangegangenen Kalenderjahres aktiviert waren. Steigt der Teilwert wieder über den letzten Bilanzansatz, so muss auf den höheren Teilwert gewinnerhöhend zugeschrieben werden, höchstens jedoch bis zu den Anschaffungs- oder Herstellungskosten. Das Wertaufholungsgebot gilt rückwirkend für alle durchgeführten außerplanmäßigen Abschreibungen auf den niedrigeren Teilwert.

Bewertung des Anlagevermögens und des Umlaufvermögens bei Gewinnermittlung durch Betriebsvermögensvergleich nach

§ 4 Abs. 1 EStG

Abnutzbares Anlagevermögen
1. AK oder HK – AfA nach § 7 EStG (zwingend)
2. Der niedrigere Teilwert kann nur angesetzt werden bei voraussichtlich dauernder Wertminderung.
3. Ein Wert zwischen 1. und 2. (Zwischenwert) kann angesetzt werden bei dauernder Wertminderung (Wahlrecht).

Nicht abnutzbares Anlagevermögen
1. AK oder letzter Bilanzansatz
2. Der niedrigere Teilwert kann angesetzt werden bei voraussichtlich dauernder Wertminderung.
3. Ein Wert zwischen 1. und 2. (Zwischenwert) kann angesetzt werden bei dauernder Wertminderung (Wahlrecht).

Umlaufvermögen
1. AK, HK oder letzter Bilanzansatz
2. Der niedrigere Teilwert kann angesetzt werden bei voraussichtlich dauernder Wertminderung.
3. Ein Wert zwischen 1. und 2. (Zwischenwert) kann angesetzt werden bei dauernder Wertminderung (Wahlrecht).

§ 5 EStG

Abnutzbares Anlagevermögen
1. AK oder HK – AfA nach § 7 EStG (zwingend)
2. Der niedrigere Teilwert kann angesetzt werden bei voraussichtlich dauernder Wertminderung wegen § 6 Abs. 1 Nr. 1 Satz 2 und § 5 Abs. 1 Satz 1 2. Halbsatz EStG.
3. Wahlrecht zwischen 1. und 2.

Nicht abnutzbares Anlagevermögen
1. AK oder letzter Bilanzansatz
2. Der niedrigere Teilwert kann angesetzt werden bei voraussichtlich dauernder Wertminderung wegen § 6 Abs. 1 Nr. 2 Satz 2 und § 5 Abs. 1 Satz 1 2. Halbsatz EStG.
3. Wahlrecht zwischen 1. und 2.

Umlaufvermögen
1. AK, HK oder letzter Bilanzansatz
2. Der niedrigere Teilwert kann angesetzt werden bei voraussichtlich dauernder Wertminderung wegen § 6 Abs. 1 Nr. 2 Satz 2 und § 5 Abs. 1 Satz 1 2. Halbsatz EStG..
3. Wahlrecht zwischen 1. und 2.

Wertaufholungsgebot

Ist der Teilwert höher, **muss** der letzte Bilanzansatz überschritten werden,
- es dürfen aber **höchstens die AK oder die HK** angesetzt werden bzw.
- bei abnutzbaren Wirtschaftsgütern die fortgeführten AK/HK = AK/HK – planmäßige AfA.

AUFGABEN

1. Wie sind Wirtschaftsgüter des nicht abnutzbaren Anlagevermögens nach § 6 Abs. 1 Nr. 2 EStG bei der Gewinnermittlung durch Vermögensvergleich anzusetzen?
2. In welchem Fall haben Steuerpflichtige, die den Gewinn nach § 5 EStG ermitteln, bei der Bewertung der nicht abnutzbaren (und auch der abnutzbaren) Wirtschaftsgüter des Anlagevermögens kein Wahlrecht?
3. Was versteht man unter eingeschränktem Niederstwertprinzip? (Geben Sie dazu bitte ein Beispiel.)
4. Unter welcher Voraussetzung müssen Steuerpflichtige, die den Gewinn nach § 5 EStG ermitteln, das Umlaufvermögen mit dem niedrigeren Teilwert ansetzen?
5. Erläutern Sie das Wertaufholungsgebot.

4.5.7.3 Bewertung der Entnahmen

Entnahmen (Privatentnahmen) sind mit dem Teilwert (siehe Kap. 4.5.5.1) anzusetzen (§ 6 Abs. 1 Nr. 4 Satz 1 EStG). Bei **Barentnahmen** entspricht der Teilwert dem Geldbetrag.

Sachentnahmen sind auch dann mit dem Teilwert anzusetzen, wenn dieser höher ist als die Herstellungs- oder Anschaffungskosten (eventuell vermindert um die AfA nach § 7 EStG).

Das bedeutet, dass durch die Entnahme ein Gewinn realisiert wird. Steuerpflichtiger Entnahmegewinn ist der gesamte **Unterschiedsbetrag** zwischen dem Entnahmewert (Teilwert) und dem Buchwert des entnommenen Wirtschaftsgutes im Zeitpunkt der Entnahme. Das gilt auch dann, wenn das Wirtschaftsgut vor der Entnahme auch privat genutzt und die private Nutzung als Entnahme behandelt worden ist.

Beispiel

Ein Gewerbetreibender hat aus seinem Betrieb in Berlin einen Pkw entnommen und seiner Tochter geschenkt. Der Pkw wurde zu 70 % betrieblich und 30 % privat genutzt. Die private Nutzung wurde als Entnahme behandelt. Im Zeitpunkt der Entnahme haben der Buchwert des Pkw 3.000,00 € und der Teilwert 7.000,00 € betragen.

Der Entnahmegewinn beträgt 4.000,00 €. Dass die private Nutzung als Entnahme behandelt worden ist, ist ohne Bedeutung.

Bei Sachentnahmen enthält der Teilwert auch die Arbeitsleistung des Unternehmers, wenn der entnommene Gegenstand im Betrieb des Steuerpflichtigen hergestellt worden ist. Gegenstand der Entnahme ist die fertiggestellte Sache (einschließlich Arbeitsleistung des Unternehmers) und nicht nur das dafür verwendete Material.

Wenn aber ein Steuerpflichtiger einen Gegenstand von vornherein für private Zwecke selbst herstellt, dann entnimmt er grundsätzlich seinem Betrieb nur das Material.

Beispiele

a) Ein Bauunternehmer errichtet auf seinem Betriebsgrundstück ein schlüsselfertiges Einfamilienhaus, das er ursprünglich verkaufen wollte. Nach Fertigstellung hat er sich das anders überlegt. Er entnimmt also das zum Betriebsvermögen gehörige Einfamilienhaus für eigene Wohnzwecke.

   Gegenstand der Entnahme ist das im Betrieb fertiggestellte Einfamilienhaus einschließlich der Arbeitsleistung (der Eigenleistung) des Bauunternehmers.

b) Eine Goldschmiedin fertigt allein in eigener Werkstatt ein Armband, das von vornherein für sie selbst bestimmt war. Das Material entnimmt sie aus ihrem Betrieb.

   Gegenstand der Entnahme ist in diesem Fall das Material und nicht das fertige Armband. Die Wertabgabe des Betriebs umfasst aber auch die Gemeinkosten (z. B. Miete, Heizung, Licht), soweit sie feststellbar sind.

Bei **Nutzungsentnahmen** (z. B. bei der privaten Kfz-Nutzung durch Einzelunternehmer) entspricht der Teilwert den anteiligen Kosten.

Die private Nutzung des Kraftfahrzeugs ist für jeden Kalendermonat mit 1 % (für Hybridelektrofahrzeuge , gestaffelt nach Anschaffungszeitraum, Emissionsbelastung und Reichweite, mit 0,5 % des inländischen Listenpreises, für reine Elektrofahrzeuge bis zu einem Listenpreis von 40.000,00 € 0,25 % – ansonsten 0,5 %) des inländischen Listenpreises im Zeitpunkt der Erstzulassung zuzüglich der Kosten für Sonderausstattungen einschließlich der Umsatzsteuer anzusetzen. Bei Arbeitnehmern gilt als Bemessungsgrundlage der Nettolistenpreis einschließlich Sonderausstattungen. Die auf die private Kfz-Nutzung entfallenden Aufwendungen können auch anhand eines Fahrtenbuchs nachgewiesen werden (§ 6 Abs. 1 Nr. 4 EStG).

Bei **Leistungsentnahmen** entspricht der Teilwert den Selbstkosten, die auf die entnommene Leistung entfallen.

Beispiel

Ein Arbeiter eines Gärtners pflegt den Garten des Einfamilienhauses seines Chefs. Er benötigt dafür wöchentlich sechs Arbeitsstunden, die vom Betrieb bezahlt werden.

Hier liegt die Entnahme einer Leistung vor, weil der Arbeiter vom Betrieb entlohnt wird. Der Wert dieser Leistung bemisst sich nach den darauf entfallenden Selbstkosten, d. h. in diesem Fall nach dem Bruttoarbeitslohn zuzüglich des Arbeitgeberanteils zur Sozialversicherung für die Arbeitsleistung von sechs Stunden wöchentlich.

Die Entnahmen werden auch bei der **Gewinnberechnung nach § 4 Abs. 3 EStG** mit dem Teilwert bewertet. Geldentnahmen bleiben unberücksichtigt.
Eine Sachentnahme kann mit dem Buchwert statt mit dem Teilwert angesetzt werden (§ 6 Abs. 1 Nr. 4 Satz 4 EStG), wenn das entnommene Wirtschaftsgut für steuerbegünstigte Zwecke im Sinne des § 10b Abs. 1 Satz 1 EStG (z. B. mildtätige, wissenschaftliche usw. Zwecke im Sinne der §§ 51 bis 68 AO) gespendet wird. In diesem Fall findet also keine Gewinnrealisierung statt. Hier sind alle nach § 10b Abs. 1 EStG steuerbegünstigten Zwecke gemeint.

> **Übung 2, Seite 360, Fälle 1 bis 3**

4.5.7.4 Bewertung der Einlagen

Einlagen (Privateinlagen) sind nach § 6 Abs. 1 Nr. 5 EStG mit dem Teilwert im Zeitpunkt der Zuführung anzusetzen. Sie sind jedoch höchstens mit den Anschaffungs- oder Herstellungskosten anzusetzen, wenn das zugeführte Wirtschaftsgut innerhalb der letzten drei Jahre angeschafft oder hergestellt worden ist.

Beispiel

Ein Steuerpflichtiger (Gewerbetreibender) hat Anfang 2019 ein Gemälde für 3.000,00 € erworben, das von einem berühmten Maler gemalt worden ist. Nachdem der Maler Mitte 2019 verstorben ist, sind die Preise seiner Bilder sprunghaft um rund 100 % gestiegen. Am 31. Dez. 2020 hat der Steuerpflichtige das Bild als Einlage seinem Betrieb zugeführt. Der Teilwert betrug 6.000,00 €.

Weil das Wirtschaftsgut innerhalb der letzten drei Jahre (vor etwa einem Jahr) angeschafft worden ist, dürfen höchstens die Anschaffungskosten von 3.000,00 € angesetzt werden.

Ist die Einlage ein abnutzbares Wirtschaftsgut, so sind die Anschaffungs- oder Herstellungskosten um die Absetzungen für Abnutzung zu kürzen, die auf die Zeit vor der Einbringung entfallen (§ 6 Abs. 1 Nr. 5 Satz 2 EStG).

Beispiel

Ein Steuerberater, der als Arbeitnehmer tätig war, eröffnet am 2. Jan. 2020 in Karlsruhe eine eigene Praxis. Er bringt einen PC, den er Anfang 2018 für 2.380,00 € (2.000,00 € + 380,00 € Umsatzsteuer) privat angeschafft hatte, in die Praxis ein. Die Nutzungsdauer des PC beträgt drei Jahre und der Teilwert im Zeitpunkt der Einbringung 840,00 €.

Der Wert der Einlage errechnet sich wie folgt:

Anschaffungskosten	2.380,00 €
(die Umsatzsteuer gehört dazu, weil die Maschine privat angeschafft wurde)	
– AfA für zwei Jahre, ⅔ von 2.380,00 €	– 1.587,00 €
verbleibende Anschaffungskosten	793,00 €

(fortgeführte Anschaffungskosten)

Da dieser Betrag niedriger ist als der Teilwert, ist die Einlage mit 793,00 € zu bewerten. Wäre der PC nicht innerhalb der letzten drei Jahre, sondern schon früher angeschafft worden, müsste die Einlage mit dem Teilwert von 840,00 € bewertet werden.

Wird ein Wirtschaftsgut außerhalb von drei Jahren seit Anschaffung ins Betriebsvermögen eingelegt, das vorher zur Erzielung von Einkünften genutzt worden ist und dabei nach § 7 ff. EStG abgeschrieben wurde, so können die Abschreibungen im Betriebsvermögen nur noch vom Teilwert gemindert um die geltend gemachte AfA im Privatvermögen vorgenommen werden (§ 7 Abs. 1 Satz 5 EStG, sowie BMF-Schreiben vom 27. Okt. 2010). Auf diese Weise werden Doppelabschreibungen verhindert. Erfolgt die Einlage innerhalb von drei Jahren seit Anschaffung, so erfolgt die AfA im Betriebsvermögen immer vom Einlagewert.

Beispiel

Ein Einzelhändler, der in seinem Privatvermögen ein Gebäude hat, das an Gewerbetreibende vermietet ist, legt zu Beginn des Jahres 2020 dieses Gebäude in sein Betriebsvermögen ein. Das Gebäude wurde 2010 für 400.000,00 € Herstellungskosten errichtet und nach § 7 Abs. 4 Nr. 2 Buchstabe a EStG bis zum Kalenderjahr 2019 bei der Ermittlung der Einkünfte aus Vermietung und Verpachtung abgeschrieben auf einen Restwert von 320.000,00 €. Der Teilwert zum Zeitpunkt der Einlage beträgt 650.000,00 €.

Das Gebäude ist mit dem Teilwert von 650.000,00 € nach § 6 Abs. 1 Nr. 5 EStG zu aktivieren, aber die Abschreibungen können nach § 7 Abs. 1 Satz 5 EStG nur in Höhe von 570.000,00 € vorgenommen werden. Der übersteigende Betrag in Höhe von 80.000,00 € ist nicht abschreibungsfähig und wird nicht als Betriebsausgabe wirksam.

> **Übung 2, Seite 360, Fall 4**

ZUSAMMENFASSUNG

Bewertung

der Entnahmen

Teilwert
1. bei **Sachentnahmen:** eventuell Gewinnrealisierung
2. bei **Nutzungsentnahmen:** anteilige Kosten
3. bei **Leistungsentnahmen:** anteilige Selbstkosten

Buchwert
bei **Sachentnahmen** für Spenden im Sinne des § 10b Abs. 1 ESG, keine Gewinnrealisierung

der Einlagen

Teilwert
1. in den **letzten drei Jahren** angeschaffte oder hergestellte WG: **höchstens** die AK oder HK
2. bei **abnutzbaren** in **den letzten drei Jahren** angeschafften oder hergestellten **WG: höchstens die fortgeführten** AK oder HK

AUFGABEN

1. Mit welchem Wert sind Entnahmen bei der Gewinnermittlung anzusetzen?
2. Wie wird der Wert der Arbeitsleistung des Unternehmers bei Sachentnahmen bewertet?
3. Wonach bemisst sich der Wert entnommener Leistungen?
4. Mit welchem Wert sind die Einlagen anzusetzen?
5. Welche Voraussetzungen müssen für die Inanspruchnahme der Bewertungsfreiheit nach § 6 Abs. 2 EStG gegeben sein?

VERTIEFENDE ÜBUNGEN

gemischte Übungen

1. **Mit welchem Betrag sind die Wirtschaftsgüter in der Bilanz zum 31. Dez. (Bilanzstichtag) anzusetzen?**

Falls der Steuerpflichtige ein Wahlrecht hat, ist dieses zu erläutern.

Fall 1:
Ein Möbelfabrikant hat vor zwei Jahren eine Beteiligung an einem Möbelgeschäft in Ulm für 80.000,00 € erworben, die zu seinem Betriebsvermögen gehört. Der Steuerpflichtige hat die Beteiligung mit den Anschaffungskosten aktiviert.

Im vorigen Jahr ist der Umsatz infolge starker Konkurrenz im Möbelgeschäft wesentlich zurückgegangen, sodass der Teilwert der Beteiligung am 31. Dez. 60.000,00 € betragen hat. Es handelt sich um eine dauernde Wertminderung.

Fall 2:
Sachverhalt wie in Fall 1, aber mit dem Unterschied, dass der Umsatzrückgang auf große Umbau- und Reparaturarbeiten im Möbelgeschäft zurückzuführen ist. Es handelt sich um eine vorübergehende Wertminderung.

Fall 3:
Ein Porzellanwarenhändler in Hanau hat sein Warenlager in der Bilanz zum 31. Dez. mit den Anschaffungskosten angesetzt. In seiner Inventur sind Waren zum Anschaffungswert von 6.000,00 € enthalten, deren Produktion vom Hersteller eingestellt worden ist, sodass sie nicht mehr nachgeliefert werden können. Der Teilwert dieses Warenpostens hat am 31. Dez. 3.000,00 € betragen.

2. **Wie ist die Auswirkung auf den Gewinn?**

Fall 1:
Der Inhaber eines Elektrogeschäfts in Pforzheim hat am 6. Juni d. J. einen neuen Kombiwagen für 40.000,00 € + 7.600,00 € Umsatzsteuer = 47.600,00 € angeschafft. Der Wagen wird laut Fahrtenbuch unstrittig zu 25 % privat genutzt. Die betriebsgewöhnliche Nutzungsdauer beträgt fünf Jahre.

Folgende Kfz-Kosten sind im vorigen Jahr als Aufwand gebucht:

Kfz-Versicherung	720,00 €
Kfz-Steuer	440,00 €
AfA 20 % von 40.000,00 €	8.000,00 €
insgesamt	9.160,00 €

Die private Kfz-Nutzung ist noch nicht gebucht.

Fall 2:
Der Inhaber eines Konfektionsbetriebs in Regensburg hat am 31. Dez. v. J. aus seinem Betrieb eine Nähmaschine, die einen Buchwert von 410,00 € hatte, für private Zwecke entnommen. Der Teilwert hat 300,00 € betragen.

Fall 3:
Ein Gewerbetreibender in Bensheim hat vor dreieinhalb Jahren Wertpapiere für seinen Betrieb angeschafft. Die Anschaffungskosten betrugen 6.000,00 €. Er hat diese Wertpapiere jetzt in sein Privatvermögen überführt. Der Kurswert hat im Zeitpunkt der Entnahme 5.500,00 € betragen.

Fall 4:
Ein Maurermeister (Arbeitnehmer) hat am 1. Jan. d. J. in Frankfurt am Main ein Baugeschäft eröffnet. Er hat seinen Kombiwagen, den er am 1. Juli vorletzten Jahres für 20.880,00 € (18.000,00 € + 2.880,00 € Umsatzsteuer) privat angeschafft hatte, am Eröffnungstag in den Betrieb eingebracht. Die Nutzungsdauer des Wagens beträgt fünf Jahre. Der Teilwert hat am Tag der Einbringung 16.000,00 € betragen. Mit diesem Wert ist die Einlage gebucht worden.

4.5.8 Abschreibung selbstständig nutzbarer Wirtschaftsgüter des Anlagevermögens

4.5.8.1 Wirtschaftsgüter bis einschließlich 800,00 € (§ 6 Abs. 2 EStG)

Nach § 6 Abs. 2 EStG können die Anschaffungs- und Herstellungskosten von beweglichen Wirtschaftsgütern des Anlagevermögens, die der Abnutzung unterliegen und einer selbstständigen Nutzung fähig sind, im Jahr der Anschaffung oder Herstellung in voller Höhe als Betriebsausgaben abgezogen werden, wenn die Netto-Anschaffungskosten für das einzelne Wirtschaftsgut **800,00 €** nicht übersteigen (siehe auch R 6.13 EStR). Netto-Anschaffungskosten bis einschließlich 250,00 € können sofort als Betriebsausgaben berücksichtigt werden.

Dies gilt auch im Falle einer Einlage aus dem Privatvermögen, wobei der Einlagewert (Teilwert) für das einzelne Wirtschaftsgut 800,00 € nicht übersteigen darf.

Die Vorsteuer gehört nicht zu den Anschaffungs- oder Herstellungskosten, ohne Rücksicht darauf, ob sie abziehbar ist oder nicht (R 9b Abs. 2 EStR).

Bei der Ermittlung der 800,00 €-Grenze muss also die enthaltene Vorsteuer abgezogen werden, um zu prüfen, ob ein geringwertiges Wirtschaftsgut vorliegt.

Beispiel

Der selbstständige Kinderarzt Walter Schnuller kauft für seine Praxis eine Designerstehlampe für das Wartezimmer für 949,62 €.

Herr Schnuller kann die Kosten für die Stehlampe als geringwertiges Wirtschaftsgut in Höhe von 949,62 € sofort abschreiben, da die Anschaffungskosten (netto, ohne 19 % Umsatzsteuer) 798,00 € betragen und somit unter 800,00 € liegen.

Es kommt nicht darauf an, dass Herr Schnuller die Vorsteuer nicht abziehen kann.

Das Wirtschaftsgut muss einer selbstständigen Bewertung und Nutzung fähig sein. Kann ein Wirtschaftsgut nach seiner betrieblichen Zweckbestimmung nur im Zusammenhang mit anderen Wirtschaftsgütern des Anlagevermögens genutzt werden, so ist die geforderte selbstständige Nutzungsfähigkeit nicht gegeben.

Dies gilt auch, wenn das Wirtschaftsgut aus dem betrieblichen Zusammenhang gelöst und in einen anderen betrieblichen Nutzungszusammenhang eingefügt werden kann.

Bei technisch und wirtschaftlich miteinander verbundenen Wirtschaftsgütern ist es in der Regel entscheidend, ob sie nach außen als ein einheitliches Ganzes in Erscheinung treten und in dem Betrieb des Steuerpflichtigen nur in dieser Verbindung nutzbar sind.

Zu Einzelheiten der selbstständigen Nutzungsfähigkeit wird auf R 6.13 Abs. 1 EStR hingewiesen. In H 6.13 (ABC) EStH sind zahlreiche Beispiele für selbstständig nutzungsfähige und nichtselbstständig nutzungsfähige Wirtschaftsgüter aufgeführt.

Wirtschaftsgüter, deren Wert **über 250,00 €** liegt, sind unter Angabe des Tages ihrer Anschaffung, Herstellung oder Einlage in ein laufend zu führendes, besonderes Verzeichnis aufzunehmen. Dies muss nicht geschehen, soweit die Angaben aus der Buchführung ersichtlich sind (§ 6 Abs. 2 Satz 4 EStG).

4.5.8.2 Wirtschaftsgüter von 250,00 € bis 1.000,00 € (§ 6 Abs. 2a EStG)

Abweichend von § 6 Abs. 2 EStG besteht für abnutzbare, bewegliche Wirtschaftsgüter des Anlagevermögens, die einer selbstständigen Nutzung fähig sind, auch das **Wahlrecht**, einen Sammelposten zu bilden.

Dieser kann im Jahr der Anschaffung, Herstellung oder Einlage des Wirtschaftsgutes gebildet werden und ist im Jahr der Bildung und den folgenden Jahren mit jeweils einem Fünftel gewinnmindernd aufzulösen.

Voraussetzung ist, dass die Anschaffungs- oder Herstellungskosten, vermindert um einen darin enthaltenen Vorsteuerbetrag für das einzelne Wirtschaftsgut 250,00 €, aber nicht 1.000,00 € übersteigen.

Sofern ein Wirtschaftsgut vorher ausscheidet (d.h. vor Ablauf der fünf Jahre) durch Verkauf, Verschrottung oder ähnliches, wird der Sammelposten nicht vermindert.

4.5.8.3 Zusammenfassung

Für geringwertige Wirtschaftsgüter bis 800,00 € besteht ein Wahlrecht zwischen der Bildung eines Sammelpostens und der Sofortabschreibung.

Für GWG im **Wert zwischen 250,00 € und 800,00 €** muss in der Regel ein **GWG-Verzeichnis** angelegt werden, aus dem folgende Angaben zu ersehen sind:
Tag der Anschaffung, Herstellung oder Einlage in das Betriebsvermögen sowie die Anschaffungs- oder Herstellungskosten.

Das GWG-Verzeichnis braucht jedoch nicht geführt zu werden, wenn die Angaben ohne Weiteres aus der Buchführung ersichtlich sind (z.B. in Form eines Kontoblattes).

Geringwertige Wirtschaftsgüter müssen zu einer selbstständigen Nutzung fähig sein.

Es ist **wahlweise** auch möglich, die **Sammelpostenregelung** zu wählen. Dies ist dann vorteilhafter, wenn Wirtschaftsgüter mit Anschaffungskosten von bis zu 1.000,00 €, deren betriebsgewöhnliche Nutzungsdauer mehr als fünf Jahre beträgt, als Teil eines Sammelpostens schneller abgeschrieben werden können als bei der klassischen Abschreibung. Dies dürfte vor allem bei Büro- und anderen Einrichtungsgegenständen der Fall sein.

Sofern sich der Unternehmer für die Sammelpostenregelung entscheidet, gelten die folgenden **Wertgrenzen**:

- Alle selbstständig nutzbaren Wirtschaftsgüter mit einem Nettokaufpreis unter 250,00 € dürfen sofort und in voller Höhe als Betriebsausgabe gebucht werden.
- Alle Anschaffungen mit einem Nettokaufpreis zwischen 250,00 € und 1.000,00 € müssen jahresweise zu einem einheitlichen Sammelposten zusammengefasst werden. Unabhängig von der Nutzungsdauer der einzelnen Pool-Bestandteile wird der Gesamtwert dieses Sammelpostens dann pauschal über fünf Jahre abgeschrieben – pro Jahr also mit 20 % der Anschaffungskosten.

Wenn sich der Unternehmer für die Beibehaltung der Sammelpostenvariante entscheidet, beginnt die **klassische Abschreibung über die Nutzungsdauer erst ab einem Nettopreis von über 1.000,00 €**.

VERTIEFENDE ÜBUNG

Übung zur Auswirkung auf den Gewinn

Die nachstehenden Fälle sind auf ihre Auswirkung auf den ausgewiesenen Gewinn zu prüfen. Soweit erforderlich, ist der Gewinn zu berichtigen.

Horst Schäfer betreibt in Heidelberg ein Porzellanwarengeschäft. Er ermittelt seinen Gewinn nach § 5 EStG. Das Wirtschaftsjahr stimmt mit dem Kalenderjahr überein. Laut Bilanz vom 31. Dez. beträgt der vorläufige Gewinn 65.120,00 €.

1. Der Steuerpflichtige hat bei Anschaffung eines Ladentischs eine Rechnung über 173,00 € zuzüglich 32,87 € Umsatzsteuer = 205,87 € erhalten. Der Lieferant gewährt ihm darauf einen Rabatt von 12 %. Der Steuerpflichtige nimmt außerdem 2 % Skonto in Anspruch. Er hat die Sofortabschreibung geltend gemacht.

2. Der Steuerpflichtige hat aus seinem Geschäft Ware zum Einkaufswert von 500,00 € + 95,00 € Umsatzsteuer für private Zwecke entnommen. Er hat wie folgt gebucht:

   Privat .... 595,00 €
   an Warenverkauf .... 500,00 €
   Umsatzsteuer .... 95,00 €

   Der Teilwert der entnommenen Ware betrug 600,00 €.

3. Der Steuerpflichtige hat den Erlös aus dem Verkauf einer Vase in Höhe von 600,00 € + 114,00 € Umsatzsteuer für private Zwecke verwendet und nicht gebucht.

4. Die jährliche AfA von 2.000,00 € für die Geschäftseinrichtung ist versehentlich unterblieben.

5. In der Inventur auf den 31. Dez. ist ein Warenposten mit dem Einkaufspreis von 3.000,00 € + 570,00 € Umsatzsteuer, also mit 3.570,00 €, enthalten. Die Bewertung erfolgte mit dem Nettowert: 3.000,00 €. Der Teilwert dieses Warenpostens betrug am 31. Dez. 2.500,00 €. Die betreffende Ware ist im neuen Jahr noch vor der Aufstellung der Bilanz für 2.400,00 € zuzüglich 19 % Umsatzsteuer verkauft worden.

6. Der Steuerpflichtige hat Anfang des Jahres einen Teppich aus privaten Mitteln für seinen Haushalt für 2.000,00 € als Gelegenheitskauf angeschafft. In Wirklichkeit hatte der Teppich einen Wert von 3.000,00 €. Der Steuerpflichtige hat diesen Teppich einige Tage nach Anschaffung in sein Geschäft eingebracht und wie folgt als Privateinlage gebucht:

   Geschäftsausstattung........... 3.000,00 €
   an Privat .... 3.000,00 €

   Die betriebsgewöhnliche Nutzungdauer beträgt zehn Jahre. Die jährliche AfA ist mit 300,00 € vorgenommen worden.

7. Die Raumpflegerin des Betriebs war im Jahr wöchentlich einige Stunden im Haushalt des Steuerpflichtigen tätig. Die auf diese Tätigkeit entfallenden Personalkosten in Höhe von 2.500,00 € sind als Betriebsausgaben gebucht worden.

8. Im Einfamilienhaus des Steuerpflichtigen, das er selbst bewohnt, sind Reparaturarbeiten ausgeführt worden. Die Rechnung über 1.666,00 € ist im Betrieb wie folgt gebucht worden:

   Raumkosten .... 1.400,00 €
   Vorsteuer .... 266,00 €
   an Privat .... 1.666,00 €

4.5.9 Übertragung stiller Reserven bei Ersatzbeschaffung

Die Bewertung der Wirtschaftsgüter des Betriebsvermögens nach § 6 EStG schließt nicht aus, dass der Wertansatz in der Bilanz stille Rücklagen (stille Reserven) enthält.

Beispiel

Ein Lkw, der zum Betriebsvermögen einer Speditionsfirma gehört, hat einen Buchwert von 8.000,00 €. Der Marktwert (Veräußerungswert) dieses Lkw beträgt jedoch 12.000,00 €. Die stille Rücklage beträgt 4.000,00 €.

Die stille Rücklage stellt einen nicht realisierten (nicht verwirklichten) Gewinn dar, der erst dann realisiert wird, wenn die stille Rücklage aufgelöst wird. Sie wird aufgelöst, wenn das Wirtschaftsgut veräußert oder aus dem Betriebsvermögen entnommen wird. Dann entsteht ein steuerpflichtiger Gewinn.

Beispiel

Sachverhalt wie im vorstehenden Beispiel mit folgender Ergänzung: Der Lkw ist für 12.000,00 € verkauft worden.

Durch den Verkauf (Auflösung der stillen Rücklage) ist ein steuerpflichtiger Gewinn von 4.000,00 € entstanden.

In bestimmten Fällen der Ersatzbeschaffung führt die Auflösung stiller Reserven bei Land- und Forstwirten, Gewerbetreibenden und selbstständig Tätigen nicht zu einem steuerpflichtigen Gewinn, also nicht zu einer Gewinnrealisierung. Voraussetzung dafür ist nach R 6.6 Abs. 1 EStR, dass

- ein Wirtschaftsgut des Anlage- oder Umlaufvermögens im Laufe eines Wirtschaftsjahres infolge höherer Gewalt (z. B. Brand) oder infolge eines behördlichen Eingriffs (z. B. Enteignung) gegen Entschädigung aus dem Betriebsvermögen ausscheidet und
- grundsätzlich im Laufe desselben Wirtschaftsjahres bzw. innerhalb einer bestimmten Frist ein Ersatzwirtschaftsgut angeschafft oder hergestellt wird.

Die stille Rücklage darf in diesem Fall auf das Ersatzwirtschaftsgut übertragen werden. Das Ersatzwirtschaftsgut ist dann in der Bilanz mit den Anschaffungs- oder Herstellungskosten abzüglich des Betrags anzusetzen, um den die Entschädigung den Buchwert des ausgeschiedenen Wirtschaftsgutes übersteigt. Die AfA für das Ersatzwirtschaftsgut ist nach der betriebsgewöhnlichen Nutzungsdauer unter Zugrundelegung der um die übertragene stille Rücklage verminderten Anschaffungs- oder Herstellungskosten zu bemessen.

Beispiel

Der Pkw eines Radiohändlers ist im vorigen Wirtschaftsjahr durch Brand zerstört worden. Er ermittelt seinen Gewinn nach § 5 EStG. Der Pkw (Buchwert 6.000,00 €) gehörte zum Betriebsvermögen. Die Feuerversicherung hat für den Schaden eine Entschädigung von 10.000,00 € gezahlt. Der Radiohändler hat im selben Wirtschaftsjahr einen entsprechenden Ersatzpersonenwagen für 24.000,00 € angeschafft.

Die betriebsgewöhnliche Nutzungsdauer des Ersatzwagens beträgt fünf Jahre.

Die aufgelöste stille Rücklage von 4.000,00 € (10.000,00 € – 6.000,00 €) muss nicht als steuerpflichtiger Gewinn ausgewiesen, sondern kann auf den Ersatzwagen übertragen werden. Sie ist dann von den Anschaffungskosten abzuziehen. Der Ersatzwagen ist danach mit 20.000,00 € (24.000,00 € – 4.000,00 €) zu aktivieren. Die AfA beträgt nach der linearen Methode jährlich 4.000,00 € (20 % von 20.000,00 €).

AUFGABEN

1. Was ist eine stille Rücklage? (Bitte nennen Sie auch ein Beispiel.)
2. Wodurch wird die stille Rücklage aufgelöst?
3. In welchem Fall darf die stille Rücklage auf das Ersatzwirtschaftsgut übertragen werden?
4. Welche steuerlichen Folgen hat die Übertragung der stillen Rücklage auf das Ersatzwirtschaftsgut?

4.5.10 Berücksichtigung von Zuschüssen bei der Bewertung von Anlagegütern

Steuerpflichtige, die zur Anschaffung oder Herstellung von (abnutzbaren und nicht abnutzbaren) Wirtschaftsgütern des Anlagevermögens Zuschüsse aus öffentlichen oder privaten Mitteln erhalten, haben grundsätzlich ein **Wahlrecht**:

❶ Sie können die Zuschüsse als **Betriebseinnahmen** ansetzen.

In diesem Fall werden die Anschaffungs- oder Herstellungskosten voll angesetzt. Sie werden nicht um die Zuschüsse gekürzt;

❷ sie können die Zuschüsse aber auch **erfolgsneutral** behandeln.

In diesem Fall dürfen die Wirtschaftsgüter, für die die Zuschüsse gewährt worden sind, nur mit den Anschaffungs- oder Herstellungskosten bewertet werden, die der Steuerpflichtige selbst, also ohne Berücksichtigung der Zuschüsse, aufgewendet hat (R 6.5 Abs. 2 EStR).

Die **steuerliche Auswirkung** dieser Zuschüsse ist die folgende:

a) Bei **abnutzbaren** Wirtschaftsgütern des Anlagevermögens:
Werden die Zuschüsse als Betriebseinnahmen behandelt, so erhöht sich der Gewinn entsprechend. Der Gewinn wird aber nach und nach dadurch wieder gemindert, dass die Zuschüsse in die Anschaffungs- oder Herstellungskosten einbezogen werden und auf die Nutzungsdauer der Wirtschaftsgüter verteilt als Absetzung für Abnutzung abgezogen werden.
Werden die Zuschüsse erfolgsneutral behandelt, dann findet weder eine Gewinnerhöhung durch die Vereinnahmung noch eine Gewinnminderung durch die Absetzung für Abnutzung statt.

b) Bei **nicht abnutzbaren** Wirtschaftsgütern des Anlagevermögens:
Werden die Zuschüsse als Betriebseinnahmen behandelt, so bedeutet dies eine Gewinnerhöhung, die nicht wieder rückgängig gemacht wird, weil bei nicht abnutzbaren Wirtschaftsgütern eine AfA nicht stattfindet. Es könnte eventuell nur eine Abschreibung auf den niedrigeren Teilwert infrage kommen.
Werden die Zuschüsse nicht als Betriebseinnahmen behandelt, so wird die stille Rücklage, die in den angeschafften oder hergestellten Wirtschaftsgütern enthalten ist, erst dann als Gewinn ausgewiesen, wenn das Wirtschaftsgut veräußert oder entnommen wird.

Beispiel

Ein Buch führender Gewerbetreibender hat von einer Gemeinde für die Anschaffung eines unbebauten Grundstücks einen Zuschuss von 30.000,00 € erhalten. Die Anschaffungskosten haben 100.000,00 € betragen.

Behandelt der Steuerpflichtige den Zuschuss erfolgsneutral, so darf er das Grundstück nur mit 70.000,00 € aktivieren. Es enthält dann eine stille Reserve von 30.000,00 €, die erst dann als Gewinn ausgewiesen wird, wenn das Grundstück veräußert oder aus dem Betriebsvermögen entnommen wird.

VERTIEFENDE ÜBUNG

Übung zur Berücksichtigung von Zuschüssen

Mit wie viel Euro sind die Anschaffungskosten anzusetzen?

Ein Gewerbetreibender hat von einer Gemeinde für die Anschaffung einer Maschine, die zur Vernichtung von Giftmüll eingesetzt wird, einen Zuschuss von 10.000,00 € erhalten. Die Anschaffungskosten haben 40.000,00 € betragen. Der Steuerpflichtige hat den Zuschuss wie folgt gebucht: Per Bank an außerordentlicher Ertrag 10.000,00 €.

4.5.11 Bewertung der Verbindlichkeiten

Eine Verbindlichkeit gehört zum Betriebsvermögen, wenn sie mit dem Betrieb in wirtschaftlichem Zusammenhang steht. Das ist in der Regel der Fall, wenn die Schuld zur Anschaffung eines Wirtschaftsgutes aufgenommen worden ist, das zum Betriebsvermögen gehört, und zwar auch wenn dieses Wirtschaftsgut teilweise privaten Zwecken dient.

Grundstücke sind nach den Bewertungsgrundsätzen des Einkommensteuerrechts teilbar; sie können zum Teil Betriebsvermögen und zum Teil Privatvermögen sein. Daher sind auch die damit im Zusammenhang stehenden Verbindlichkeiten entsprechend aufzuteilen in Betriebs- und Privatschulden. Verbindlichkeiten, die zum Betriebsvermögen gehören, sind unter sinngemäßer Anwendung des § 6 Abs. 1 Nr. 2 EStG zu bewerten (§ 6 Abs. 1 Nr. 3 EStG) und daher mit den „Anschaffungskosten" anzusetzen.

Als „Anschaffungskosten" einer Verbindlichkeit gilt der Nennwert (Rückzahlungsbetrag) der Verbindlichkeit. Die „Anschaffungskosten" setzen sich im Allgemeinen zusammen aus dem ausgezahlten Betrag (Verfügungsbetrag) zuzüglich eines eventuell einbehaltenen Abgelds (Damnum, Disagio) bzw. zuzüglich eines eventuell gesondert vereinbarten Aufgelds (Agio); (H 6.10 [Damnum] und [Zinsfestschreibungszeitraum] EStG).

Beispiel

Ein Gewerbetreibender nimmt bei einer Bank ein Baudarlehen von 100.000,00 € auf. Hier sind drei Möglichkeiten denkbar:

1. Die Bank zahlt dem Schuldner den vollen Betrag in Höhe von 100.000,00 € aus. Der Nennwert (Rückzahlungsbetrag) beträgt 100.000,00 €.
2. Die Bank behält ein Abgeld von z. B. 5.000,00 € ein und zahlt nur 95.000,00 € aus. Der Nennwert beträgt 95.000,00 € + 5.000,00 € = 100.000,00 €.
3. Ein Aufgeld wird vereinbart, z. B. von 5.000,00 €. Der ausgezahlte Betrag ist 100.000,00 €. Das Aufgeld ist neben dem Betrag von 100.000,00 € zusätzlich zu tilgen, obwohl es nicht ausgezahlt worden ist. Der Nennwert (Rückzahlungsbetrag) des Darlehens beträgt 100.000,00 € + 5.000,00 € = 105.000,00 €.

Beim Bilanzansatz der Verbindlichkeiten auf der Passivseite wird das Niederstwertprinzip der Aktivseite (§ 6 Abs. 1 Nr. 2 Satz 2 EStG) zum Höchstwertprinzip, da Verbindlichkeiten in sinngemäßer Anwendung zum Umlaufvermögen anzusetzen sind (§ 6 Abs. 1 Nr. 3 EStG). Wenn also bei der Bewertung die Anschaffungskosten der Verbindlichkeit niedriger sind als der Rückzahlungsbetrag, kann der höhere Rückzahlungsbetrag nur noch angesetzt werden, wenn die Erhöhung von dauernder Wirkung ist. Bei Gewinnermittlung nach § 4 Abs. 1 EStG muss der höhere Teilwert nicht angesetzt werden – „eingeschränktes Höchstwertprinzip".

Gewerbetreibende, die den Gewinn nach § 5 EStG ermitteln, müssen die Verbindlichkeiten mit den Anschaffungskosten = Nennwert oder, falls der Teilwert höher ist, können diese mit dem höheren Teilwert (Höchstwertprinzip) ansetzen, wenn die Erhöhung des Teilwerts von dauernder Wirkung ist.

Beispiele

a) Ein Winzer aus Freiburg (ermittelt den Gewinn nach § 4 Abs. 1 EStG) hat am 1. Okt. eine Weinpresse in Zug (Schweiz) für 10.000,00 Schweizer Franken gekauft, Kurs 1,00 CHF = 0,80 EUR. Er hat den Einkauf mit 8.000,00 € als Verbindlichkeit gebucht.

   Am 31. Dez. beträgt der Kurs 1,00 CHF = 0,8050 EUR, mit der Folge, dass der Rückzahlungsbetrag 8.050,00 € beträgt. Statt der Anschaffungskosten von 8.000,00 € kann der höhere Rückzahlungsbetrag angesetzt werden, wenn die Erhöhung des Rückzahlungs betrages von dauernder Wirkung ist, d. h. am Tag der Bilanzaufstellung noch besteht.

b) Ermittelt der Winzer seinen Gewinn nach § 5 Abs. 1 EStG, weil er als Kaufmann im Handelsregister eingetragen ist, muss er in der Handelsbilanz nach § 253 Abs. 1 Satz 2 HGB 7.050,00 € passivieren, wenn die Kurserhöhung von dauernder Wirkung ist.

   In der Steuerbilanz **kann** der höhere Wert von 7.050,00 € nach § 6 Abs. 1 Nr. 3 EStG und sinngemäßer Anwendung von § 6 Abs. 1 Nr. 2 Satz 2, sowie § 5 Abs. 1 Satz 1 2. Halbsatz EStG, angesetzt werden. Grundsätzlich werden Währungsschwankungen nicht als dauernde Wertminderung angesehen.

4497366

Das Darlehensabgeld (Damnum, Disagio = der Betrag, um den der ausgezahlte Darlehensbetrag kleiner ist als der Rückzahlungsbetrag) ist bei Steuerpflichtigen, die den Gewinn durch Vermögensvergleich ermitteln, zu aktivieren und auf die Laufzeit des Darlehens gleichmäßig zu verteilen (H 6.10 [Damnum] EStH).

Das Darlehensaufgeld (Agio = der Betrag, um den der Rückzahlungsbetrag größer ist als der vereinbarte Darlehensbetrag) ist bei diesen Steuerpflichtigen ebenfalls zu aktivieren und gleichmäßig auf die Darlehenslaufzeit verteilt, jährlich als Aufwand zu buchen.

Steuerpflichtige, die den Gewinn nach § 4 Abs. 3 EStG ermitteln, können wie bei den Überschusseinkünften (z. B. Einkünfte aus Vermietung und Verpachtung) das Darlehensabgeld und das Darlehensaufgeld grundsätzlich im Jahr der Darlehensauszahlung bzw. im Jahr der Tilgung voll absetzen.

Nach § 6 Abs. 1 Nr. 3 EStG sind Verbindlichkeiten mit einem Zinssatz von 5,5 % abzuzinsen, wenn sie

- unverzinslich sind, d. h., es müssen keine Zinsen gezahlt werden (und die Vorteile aus der Zinslosigkeit verbleiben nicht beim Darlehensnehmer) und
- die Laufzeit beträgt am Abschlussstichtag mindestens noch ein Jahr (siehe auch BMF-Schreiben vom 23. Aug. 1999 – IV C 2 – S 2175 – 25/99, BStBl I 1999 S. 818).

Dabei ist die Verbindlichkeit auf den Barwert (Zeitwert) zum Bilanzstichtag entsprechend der Laufzeit abzuzinsen und an den folgenden Bilanzstichtagen bis zur Fälligkeit auf den Rückzahlungsbetrag zu erhöhen (mittels Zinsaufwand). Damit soll einkommensteuerrechtlich der für zutreffend gehaltene Aufwand des Wirtschaftsjahres erfasst werden (Periodengerechtigkeit). Für Rückstellungen gilt das Gleiche (siehe § 6 Abs. 1 Nr. 3a Buchstabe e EStG).

Bewertung der Verbindlichkeiten

Bewertung der Verbindlichkeiten

- **Anschaffungskosten** = Nennwert
- Bei Gewinnermittlung nach § 4 Abs. 1 EStG **kann** der **höhere Teilwert** oder ein Zwischenwert nur angesetzt werden bei voraussichtlich dauernder Wertminderung (**eingeschränktes Höchstwertprinzip** [Wahlrecht]).
- Bei Gewinnermittlung nach § 5 EStG **kann** der **höhere Teilwert** angesetzt werden bei voraussichtlich dauernder Wertminderung (**Höchstwertprinzip** [Wahlrecht]).
- Ist der **Teilwert** niedriger, **muss** der letzte Bilanzansatz unterschritten werden. Der **Nennwert** darf jedoch **nicht** unterschritten werden (**eingeschränkter Wertzusammenhang**).

AUFGABEN

1. Welches Wahlrecht haben Steuerpflichtige, die zur Anschaffung oder Herstellung von Wirtschaftsgütern Zuschüsse erhalten?
2. Welche steuerliche Auswirkung haben die Zuschüsse (siehe Nr. 1)
   a) bei abnutzbaren Wirtschaftsgütern,
   b) bei nicht abnutzbaren Wirtschaftsgütern?
3. Wie sind Verbindlichkeiten, die zum Betriebsvermögen gehören, zu bewerten?
4. Was bedeutet das Höchstwertprinzip?
5. Unter welchen Voraussetzungen kommt das strenge Höchstwertprinzip zur Anwendung?
6. Wie ist das Darlehensabgeld und wie ist das Darlehensaufgeld steuerlich zu behandeln?

VERTIEFENDE ÜBUNG

Übung zur Bewertung der Verbindlichkeiten

a) Mit wie viel Euro ist das Darlehen am 31. Dez. jeweils anzusetzen?

b) Wie ist das Damnum zu behandeln?

Fall 1:
Ein Gewerbetreibender in Göttingen, der seinen Gewinn nach § 5 EStG ermittelt, hat am 10. Aug. ein betriebliches Darlehen von 30.000,00 US-Dollar aufgenommen. Die Laufzeit des Darlehens beträgt zehn Jahre. Der Kurs betrug 0,74 EUR für 1,00 USD, sodass die Verbindlichkeit mit 22.200,00 € gebucht worden ist. Bei Auszahlung ist ein Damnum von 1.110,00 € einbehalten worden. Am 31. Dez. stieg der Kurs auf 0,76 EUR für 1,00 USD. Im Zeitpunkt der Bilanzaufstellung betrug der Kurs 0,78 EUR.

Fall 2:
Sachverhalt wie in Fall 1 mit dem Unterschied, dass der Steuerpflichtige seinen Gewinn nach § 4 Abs. 3 EStG ermittelt.

4.5.12 Bewertungsverfahren

Die im Einkommensteuerrecht zulässigen und üblichen Bewertungsverfahren kommen im Allgemeinen schon im Rahmen der Vorbereitungsarbeiten für den Jahresabschluss zur Anwendung. Sind diese Arbeiten abgeschlossen, so kann die Bilanz unter Beachtung bestimmter Bilanzierungsgrundsätze aufgestellt werden.

In § 6 EStG ist die Rede von der Bewertung der einzelnen Wirtschaftsgüter des Betriebsvermögens. Aber nicht nur das Einkommensteuerrecht, auch das Handelsrecht (§ 240 Abs. 1, § 252 Abs. 1 Nr. 3 HGB) geht von der Einzelbewertung aus. Jedes Wirtschaftsgut ist **einzeln**, also losgelöst von den übrigen Wirtschaftsgütern des Betriebsvermögens, zu bewerten. Deshalb ist die Gesamtbewertung, d. h. die Bewertung eines Betriebs **in Bausch und Bogen**, nicht zulässig.

Bei beweglichen Anlagegütern (z. B. Fahrzeuge, Einrichtungsgegenstände, Maschinen) ist für Zwecke der Einzelbewertung nach § 240 Abs. 2 HGB i. V. m. §§ 140 und 141 AO ein **Bestandsverzeichnis** vorgeschrieben, das für jeden Bilanzstichtag aufzustellen bzw. fortzuführen ist (R 5.4 EStR).

Nicht immer lässt sich die Einzelbewertung konsequent durchführen. So können z. B. nicht alle Waren eines Kaufhauses, wie Socken, Knöpfe, Bleistifte usw., einzeln bewertet werden. In einem solchen Fall wäre die Einzelbewertung wirtschaftlich nicht sinnvoll.

Deshalb sind neben der Einzelbewertung noch weitere Bewertungsverfahren, vor allem für das Vorratsvermögen, zugelassen (R 6.9 EStR). Diese zusätzlichen Bewertungsverfahren dürfen aber nicht völlig losgelöst von der Einzelbewertung gesehen werden. Sie sind als Hilfestellung der Einzelbewertung zu sehen und sie sind aus Vereinfachungsgründen dort anzuwenden, wo die Einzelbewertung nicht mehr wirtschaftlich oder sinnvoll erscheint. Dazu gehören insbesondere:

❶ die **Durchschnittsbewertung**,
❷ die **Sammel- oder Gruppenbewertung** und
❸ die **Bewertung nach einem Festwert**.

Diese Bewertungsverfahren können alle Steuerpflichtigen anwenden, die den Gewinn durch Vermögensvergleich (nach § 4 Abs. 1 oder § 5 EStG) ermitteln.

❶ Die **Durchschnittsbewertung** ist für Wirtschaftsgüter des Vorratsvermögens vorgesehen, die nach Maß (z. B. Heizöl), nach Zahl (z. B. Dachziegel) oder Gewicht (z. B. Getreide) gehandelt werden (vertretbare Sachen) und bei denen die Anschaffungs- oder

4497368

Herstellungskosten wegen Schwankungen der Einstandspreise im Laufe des Wirtschaftsjahres im Einzelnen nicht mehr einwandfrei feststellbar sind. Der Wert dieser Wirtschaftsgüter ist nach R 6.9 Abs. 3 EStR im Schätzungswege zu ermitteln. Die Bewertung wird in diesem Fall nach dem gewogenen Durchschnitt der im Laufe des Wirtschaftsjahres erworbenen und gegebenenfalls zu Beginn des Wirtschaftsjahres vorhandenen Wirtschaftsgüter vorgenommen.

Beispiel

Ein Bäcker hat im vorigen Jahr die folgenden Mehleinkäufe getätigt:

85 dt Mehl der Type 405 zu 47,00 € je dt[1]	3.995,00 €
200 dt Mehl der Type 405 zu 48,00 € je dt	9.600,00 €
290 dt Mehl der Type 405 zu 44,00 € je dt	12.760,00 €
310 dt Mehl der Type 405 zu 42,00 € je dt	13.020,00 €
65 dt Mehl der Type 405 zu 41,00 € je dt	2.665,00 €
950 dt kosten	42.040,00 €

Am 31. Dez. v. J. war ein Bestand von 45 dt Mehl vorhanden.

Gewogener Durchschnitt:

42.040,00 €/950 dt = 44,25 € je dt (Summe der Werte/Summe der Gewichte)

Der Bestand vom 31. Dez. v. J. ist nach der Durchschnittsbewertung mit 1.991,25 € (45 dt · 44,25 €) anzusetzen.

Mit der Durchschnittsbewertung werden die Anschaffungskosten im Schätzungswege ermittelt. Sie ist im Gegensatz zur Festbewertung an jedem Bilanzstichtag erneut durchzuführen.

Die Durchschnittsbewertung ist auch auf Wertpapiere anzuwenden, die zu unterschiedlichen Anschaffungskosten erworben worden sind und sich im Sammeldepot einer Bank befinden.

Das Handelsrecht sieht in § 256 Satz 1 HGB für die Bewertung gleichartiger Vermögensgegenstände des Vorratsvermögens vereinfachte Verfahren der Durchschnittsbewertung vor. Dabei geht es darum, dass die anzusetzenden Anschaffungs- oder Herstellungskosten ermittelt werden

- entweder nach dem **Lifo-Verfahren** (last in – first out), wobei unterstellt wird, dass die zuletzt angeschafften Waren zuerst verbraucht oder veräußert worden sind,
- oder nach dem **Fifo-Verfahren** (first in – first out), wobei unterstellt wird, dass die zuerst angeschafften Vorräte zuerst verbraucht oder veräußert worden sind.

Steuerrechtlich ist nur das Lifo-Verfahren zulässig. Steuerpflichtige, die den Gewinn nach § 5 EStG ermitteln, können die Bewertung gleichwertiger Wirtschaftsgüter des Vorratsvermögens nach der sogenannten Lifo-Methode vornehmen (§ 6 Abs. 1 Nr. 2a EStG, siehe auch R 6.9 EStR). Mit der allgemeinen Zulassung dieser Bewertungsmethode im Steuerrecht wird eine Angleichung an das Handelsrecht erreicht. Ein Wechsel der Bewertungsmethode zu einer anderen Verbrauchs- oder Veräußerungsfolge ist nur mit Zustimmung des Finanzamts zulässig.

❷ Die **Sammel- oder Gruppenbewertung** besteht darin, dass annähernd gleichwertige Wirtschaftsgüter oder gleichartige Wirtschaftsgüter, bei denen ein Durchschnittswert bekannt ist, zu einer Gruppe zusammengefasst und als solche bewertet werden (§ 240 Abs. 4 HGB i. V. m. R 6.8 Abs. 4 EStR). Vermögensgegenstände sind annähernd gleichwertig, wenn ihre Preise nur geringfügig voneinander abweichen. Die Gegenstände brauchen nicht ganz und gar gleichartig zu sein; sie dürfen nur nicht gänzlich verschieden sein.

Die Sammel- oder Gruppenbewertung ist auch bei Gegenständen des abnutzbaren Anlagevermögens zulässig. Voraussetzung dafür ist, dass die Gegenstände in demselben Wirtschaftsjahr angeschafft sind, die gleiche Nutzungsdauer und die gleichen Anschaffungskosten haben und nach der gleichen Methode abgeschrieben werden (R 6.9 Abs. 3 und R 6.8 Abs. 4 EStR).

1 dt = Dezitonne = 100 kg

Beispiel

Ein Straßenbaubetrieb hat am 1. Juli fünf Rüttler (Straßenbaugeräte) für 1.000,00 € je Stück angeschafft. Die betriebsgewöhnliche Nutzungsdauer beträgt vier Jahre. Die Rüttelgeräte werden linear mit insgesamt 1.250,00 € jährlich abgeschrieben.

Der Straßenbaubetrieb kann die Rüttler für die Bewertung am 31. Dez. zu einer Gruppe von fünf Geräten zusammenfassen und mit 4.375,00 € (5.000,00 € – 625,00 € AfA für sechs Monate) ansetzen. Die Voraussetzungen für die Anwendung dieser Bewertung sind gegeben.

Besonders wertvolle Gegenstände, z. B. Kraftfahrzeuge, sind regelmäßig einzeln zu bewerten.

❸ Die **Bewertung nach einem Festwert** stellt eine Abweichung von der Einzelbewertung dar. Sie kann nach § 240 Abs. 3 HGB bei Roh-, Hilfs- und Betriebsstoffen des Vorratsvermögens vorgenommen werden, wenn ihr Bestand in

- seiner Größe,
- seinem Wert und
- seiner Zusammensetzung

nur geringen Schwankungen unterliegt. Es muss jedoch in der Regel an jedem dritten Bilanzstichtag eine körperliche Bestandsaufnahme durchgeführt werden, um zu überprüfen, ob der Ansatz der bisherigen Menge und des bisherigen Wertes noch gerechtfertigt ist (R 5.4 Abs. 4 EStR).

Übersteigt der für diesen Bilanzstichtag ermittelte Wert den bisherigen Festwert um mehr als 10 %, so ist der ermittelte Wert als neuer Festwert maßgebend. Ist der ermittelte Wert niedriger als der bisherige Festwert, so kann der Steuerpflichtige den ermittelten Wert als neuen Festwert ansetzen. Übersteigt der ermittelte Wert den bisherigen Festwert um nicht mehr als 10 %, so kann der bisherige Wert beibehalten werden (R 5.4 Abs. 4 Sätze 2–5 EStR).

Beispiel

Eine bestimmte Menge Mehl, Fett und Zutaten für die laufende Produktion von Backwaren einer Brotfabrik, die Ausstattung eines Hotels mit Geschirr und Bettzeug oder das Gerüstbau- und Schalmaterial eines Bauunternehmens sind Roh- und Hilfsstoffe, für die am Bilanzstichtag ein Festwert gebildet werden kann.

Für alle Bewertungsverfahren gilt das **Prinzip der Bewertungsstetigkeit**. Das bedeutet, dass der Steuerpflichtige das einmal gewählte Bewertungsverfahren beibehalten und nicht willkürlich von einem Verfahren zum anderen wechseln soll, um dadurch Gewinnverlagerungen zu erreichen. Ein Wechsel ist aber zulässig, wenn er wirtschaftlich begründet und gerechtfertigt ist.

Einzel- und Festbewertung

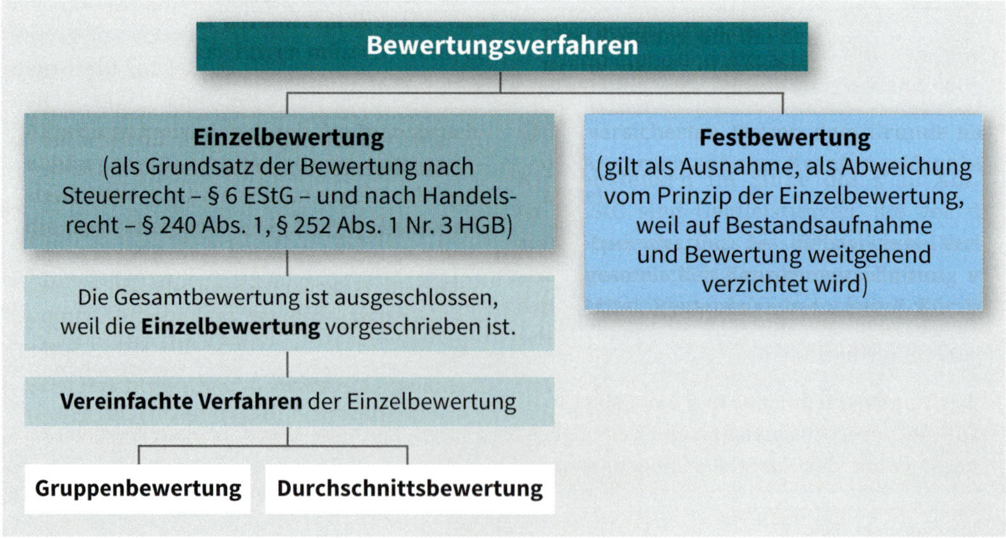

AUFGABEN

1. Welche Bewertungsverfahren gibt es nach dem Einkommensteuerrecht?
2. Wonach wird die Durchschnittsbewertung vorgenommen?
3. Worin besteht die Gruppenbewertung?
4. In welchem Fall kann eine Bewertung nach einem Festwert vorgenommen werden?

VERTIEFENDE ÜBUNGEN

Übung 1: Durchschnittsbewertung

Übungen 2 und 3: Bewertungsfragen

1. **Mit wie viel Euro ist der Endbestand am 31. Dez. nach der Durchschnittsbewertung anzusetzen?**

   Ein Heizölhändler, der seinen Gewinn nach § 5 EStG ermittelt, hat im vorigen Jahr die folgenden Heizölmengen eingekauft:

	400 000 l zu 55,00 € je	100 l
	350 000 l zu 60,00 € je	100 l
	250 000 l zu 48,00 € je	100 l
Bestand am 1. Jan.:	100 000 l zu 51,00 € je	100 l
Bestand am 31. Dez.:		150 000 l

2. **Prüfen Sie, inwieweit sich diese Feststellungen auf den Gewinn auswirken und berichtigen Sie den ermittelten Gewinn entsprechend.**

   Falls zwischen verschiedenen Wertansätzen gewählt werden kann, ist der Wert anzusetzen, der sich auf den Gewinn des Wirtschaftsjahres für den Steuerpflichtigen mindernd auswirkt. Die Voraussetzungen des § 7g EStG sind nicht erfüllt.

   Der Tiefbauunternehmer Ernst Franke, Leverkusen, der seinen Gewinn durch Vermögensvergleich ermittelt und dessen Wirtschaftsjahr mit dem Kalenderjahr übereinstimmt, hat in seiner Bilanz nebst Gewinn- und Verlustrechnung einen vorläufigen Gewinn von 117.000,00 € ermittelt.

   Der Steuerberater des Steuerpflichtigen hat die nachstehend aufgeführten Feststellungen getroffen.

   1. Der Steuerpflichtige hat am 25. Juli einen Server für netto 10.000,00 € angeschafft. Die betriebsgewöhnliche Nutzungsdauer beträgt vier Jahre. Die AfA ist für ½ Jahr linear vorgenommen worden.
   2. Im Mai ist eine Pumpe für 309,40 € (260,00 € + 49,40 € Umsatzsteuer) angeschafft worden, die linear abgeschrieben wird. Die Nutzungsdauer ist mit zehn Jahren angenommen worden, sodass 14,00 € abgesetzt worden sind. Die Pumpe ist auf dem Konto Betriebsausstattung gebucht worden.
   3. Franke hat im Januar einen Lkw für netto 40.000,00 € angeschafft. Die betriebsgewöhnliche Nutzungsdauer beträgt vier Jahre. Die AfA wurde linear vorgenommen. Im Wirtschaftsjahr sind 10.000,00 € abgesetzt worden. Da der Lkw im Dez. auf einer schwierigen Tiefbaustelle sehr stark in Anspruch genommen worden ist, lag der Teilwert des Lkw am 31. Dez. unter dem Buchwert. Der Lkw ist am 2. Jan. des neuen Jahres für netto 27.000,00 € verkauft worden.
   4. Der Steuerpflichtige hat einen Teppich, den er vor fünf Jahren für 2.000,00 € als Gelegenheitskauf erworben und seitdem in seiner Wohnung liegen hatte, am 20. Dez. in sein Geschäft eingebracht. Er hat die Einlage wie folgt gebucht:

      Büroausstattung . 2.000,00 €
      an Privat .... 2.000,00 €

      Der Teilwert betrug im Zeitpunkt der Einlage 3.000,00 €. Die betriebsgewöhnliche Nutzungsdauer ab Einlagezeitpunkt beträgt zehn Jahre. Eine AfA ist nicht vorgenommen worden.
   5. Die private Nutzung des Geschäftswagens ist noch nicht gebucht. Die Kfz-Kosten für den Pkw haben einschließlich der AfA 5.000,00 € betragen. Die private Kfz-Nutzung beträgt unstrittig 20 %.

3. **Prüfen Sie, inwieweit sich diese Feststellungen auf den Gewinn auswirken und berichtigen Sie den ermittelten Gewinn entsprechend.**

   Der Lederwarengroßhändler Philipp Henke, Zweibrücken, der seinen Gewinn nach § 5 EStG ermittelt und dessen Wirtschaftsjahr mit dem Kalenderjahr übereinstimmt, hat in seiner Bilanz nebst Gewinn-

→

und Verlustrechnung einen vorläufigen Gewinn von 127.350,00 € ermittelt. Herr Henke möchte die GWGs nach § 6 Abs. 2a EStG berücksichtigen.

Der Steuerberater des Steuerpflichtigen hat die nachstehend aufgeführten Feststellungen getroffen.

1. Der Steuerpflichtige hat Anfang des Jahres in Zweibrücken ein unbebautes Grundstück für betriebliche Zwecke angeschafft. Die Anschaffungskosten haben 70.000,00 € betragen. Von der Gemeinde hat der Steuerpflichtige dazu einen Zuschuss von 10.000,00 € erhalten. Der Steuerpflichtige hat den Zuschuss als Betriebseinnahme (Ertrag) gebucht; die Anschaffungskosten von 70.000,00 € hat er aktiviert.
2. Im Jan. d. J. hat der Steuerpflichtige ein betriebliches Bankdarlehen in Höhe von 50.000,00 € aufgenommen. Die Bank hat ein Abgeld (Damnum) von 3.000,00 € einbehalten, sodass 47.000,00 € ausgezahlt worden sind. Der Betrag von 3.000,00 € ist als Aufwand gebucht worden. Das Darlehen hat eine Laufzeit von zehn Jahren.
3. Am 1. Juli ist ein Fotokopiergerät für 487,90 € (410,00 € + 77,90 € Umsatzsteuer) angeschafft und auf dem Konto Büroausstattung gebucht worden. Die AfA wurde linear für ein halbes Jahr vorgenommen. Die betriebsgewöhnliche Nutzungsdauer beträgt drei Jahre.
4. Ein Warenposten ist am 31. Dez. versehentlich mit dem Verkaufspreis von 28.000,00 € statt mit den Anschaffungskosten von 20.000,00 € bewertet worden. Der Teilwert dieses Warenpostens betrug am Bilanzstichtag 19.000,00 €.
5. Der Steuerpflichtige hat Ende des Jahres aus seinem Geschäft einen PC mit einem Buchwert von 1.500,00 € entnommen und seiner Tochter geschenkt. Er hat wie folgt gebucht:

Privat	1.785,00 €	
an Büroausstattung		1.500,00 €
an Umsatzsteuer..........		285,00 €

   Der Teilwert des PC betrug im Zeitpunkt der Entnahme 1.400,00 €.

4.5.13 Bilanzierungsgrundsätze

Bei der Aufstellung einer Bilanz sind die nachstehend aufgeführten Grundsätze bzw. Prinzipien zu beachten:

❶ Stichtagsprinzip
❷ Grundsatz der Maßgeblichkeit der Handelsbilanz für die Steuerbilanz
❸ Bilanzklarheit
❹ Bilanzwahrheit
❺ Bilanzierungsstetigkeit
❻ Bilanzenzusammenhang (Bilanzenidentität)
❼ Wertzusammenhang

Tag der Bilanzaufstellung ist der Tag, an dem die Bilanzierungsarbeiten abgeschlossen sind und die Bilanz geschrieben werden kann. Dieser Zeitpunkt liegt in der Regel einige Monate, häufig aber ein Jahr und mehr hinter dem Bilanzstichtag.

Bei Beginn der Bilanzarbeiten ist die Bewertung im Allgemeinen abgeschlossen. Die Bestandsaufnahmen sind durchgeführt. Die Anschaffungs- und Herstellungskosten, die Werte der entnommenen und eingebrachten Wirtschaftsgüter ergeben sich in der Regel aus der Buchführung. Wenn sich beim Jahresabschluss dennoch Bewertungsfragen ergeben, geht es entweder darum, dass die bereits durchgeführte Bewertung nachgeprüft wird, oder um besondere Bewertungsfragen, z. B. um Rückstellungen.

Eine genaue Trennung zwischen Bewertung und Bilanzierung ist also nicht möglich.

❶ **Stichtagsprinzip**: Für die Bilanzaufstellung sind grundsätzlich die Verhältnisse am Bilanzstichtag maßgebend. Das ist der Zeitpunkt, auf den die Bilanz ausgestellt wird. Entsprechendes gilt für die Eröffnungsbilanz eines Betriebs (§ 240 Abs. 1 HGB). Stimmt das Wirtschaftsjahr mit dem Kalenderjahr überein, so ist der Bilanzstichtag der 31. Dez. Alle an diesem Stichtag zum Betriebsvermögen gehörenden Vermögensgegenstände und Schulden sind in die Bilanz aufzunehmen und mit dem Wert anzusetzen, der ihnen an diesem Tag beizumessen ist.

Beispiel

Eine Lederwarenfabrik hat im Okt. Rohstoffe für 30.000,00 € angeschafft. Im Nov. ist der Marktpreis dieser Rohstoffe auf 28.000,00 € gesunken. Am 31. Dez. betrug der Marktpreis wieder 30.000,00 €.

Der im Nov. eingetretene Marktpreisverlust von 2.000,00 € bleibt beim Jahresabschluss unberücksichtigt, weil die Verhältnisse am Bilanzstichtag 31. Dez. maßgebend sind.

Gewerbetreibende, die ihren Gewinn nach § 5 EStG ermitteln, müssen in ihrer Bilanz auch Umstände berücksichtigen, von denen sie erst in der Zeit vom Bilanzstichtag bis zum Tag der Bilanzaufstellung erfahren haben, wenn diese Umstände für die Verhältnisse am Bilanzstichtag von Bedeutung sind (wertaufhellende Umstände; Wertaufhellung).

Beispiel

Ein Kraftfahrzeughändler hat eine Forderung in Höhe von 5.000,00 € an einen Kunden, der am 30. Dez. v. J. bei einem Verkehrsunfall durch eigenes Verschulden tödlich verunglückt ist. Der Händler erfährt davon erst am 10. Febr. d. J. Es steht fest, dass die Forderung endgültig verloren ist.

Der Kfz-Händler ist verpflichtet, die Forderung in seiner Bilanz auf den 31. Dez. v. J. voll abzuschreiben.

❷ **Maßgeblichkeit der Handelsbilanz für die Steuerbilanz**: Dieser Grundsatz der Handelsbilanz gilt nur für Gewerbetreibende, die ihren Gewinn durch Vermögensvergleich nach § 5 Abs. 1 EStG ermitteln. So sind Wirtschaftsgüter in der Steuerbilanz dieser Steuerpflichtigen bei voraussichtlich dauernder Wertminderung mit dem niedrigeren Teilwert anzusetzen, weil sie nach Handelsrecht (§ 253 Abs. 4 HGB) mit diesem Wert angesetzt werden müssen und diese handelsrechtliche Vorschrift der steuerrechtlichen (§ 6 Abs. 1 Nr. 2 EStG), die lediglich eine Kannvorschrift ist, nicht entgegensteht (siehe dazu Kap. 4.5.4.3.)

❸ **Bilanzklarheit**: Der Jahresabschluss ist nach den Grundsätzen ordnungsmäßiger Buchführung aufzustellen und er muss klar und übersichtlich sein (§ 243 Abs. 1 und 2 HGB). Das gilt auch für die Gewinn- und Verlustrechnung, weil diese zum Jahresabschluss gehört (§ 242 Abs. 3 HGB). Posten der Aktivseite dürfen nicht mit Posten der Passivseite, Aufwendungen nicht mit Erträgen verrechnet werden (§ 246 Abs. 2 HGB; Saldierungsverbot). Die Bilanz der Kapitalgesellschaften muss den Gliederungsvorschriften des § 266 HGB entsprechen.

❹ **Bilanzwahrheit**: Nach diesem Bilanzierungsgrundsatz sind alle Vermögenswerte und Schulden unter Beachtung der handels- und steuerrechtlichen Bewertungsvorschriften am Bilanzstichtag auszuweisen (§ 246 Abs. 1 HGB). Die Vermögenswerte dürfen weder überhöht in der Bilanz erscheinen noch dürfen willkürlich stille Rücklagen gebildet werden.

❺ **Bilanzierungsstetigkeit**: Der Grundsatz der Bilanzierungsstetigkeit ist so eng mit der Bewertung verknüpft, dass hier auch von Bewertungsstetigkeit (Bewertungskontinuität) gesprochen werden kann. Nach diesem Grundsatz sollen die auf den vorhergehenden Jahresabschluss angewandten Bewertungsmethoden beibehalten werden (§ 252 Abs. 1 Nr. 6 HGB). Ein Wechsel ist aber zulässig, wenn ausreichende wirtschaftliche Gründe dafür vorhanden sind.

❻ **Bilanzenzusammenhang** (Bilanzenidentität, Bilanzkontinuität): Der Gewinn wird nach § 4 Abs. 1 EStG durch Vermögensvergleich ermittelt, indem das Betriebsvermögen am Schluss des Wirtschaftsjahres mit dem Betriebsvermögen am Schluss des vorangegangenen Wirtschaftsjahres verglichen wird. Das bedeutet, dass das Betriebsvermögen am Schluss des vorangegangenen Wirtschaftsjahres zugleich als Betriebsvermögen zu Beginn des darauf folgenden Wirtschaftsjahres angesehen wird. Dadurch entsteht ein lückenloser und unlösbarer Zusammenhang zwischen diesen beiden Betriebsvermögen. Diese beiden Betriebsvermögen – das am Schluss des vorangegangenen Wirtschaftsjahres und das am Anfang des darauf folgenden Wirtschaftsjahres – sind identisch, sie sind absolut gleich hoch. Da das Betriebsvermögen in Bilanzen ausgewiesen wird, wird dieser lückenlose und unlösbare Zusammenhang auf die Bilanzen übertragen und als Bilanzenzusammenhang (**Bilanzenidentität** oder **Bilanzkontinuität**) bezeichnet.

Der geforderte Bilanzenzusammenhang hat einen einleuchtenden Grund: Würde dieser lückenlose Zusammenhang vom Gesetzgeber in § 4 Abs. 1 EStG nicht vorgeschrieben sein, dann hätte der Steuerpflichtige die Möglichkeit, in seinen Bilanzen nach Belieben niedrigere Gewinne auszuweisen und zu versteuern, als er tatsächlich erzielt hat. Er könnte dies dadurch erreichen, dass er für das jeweilige Wirtschaftsjahr eine Eröffnungsbilanz aufstellt, die ein höheres Betriebsvermögen ausweist, als nach der Bilanz am Schluss des vorangegangenen Wirtschaftsjahres tatsächlich vorhanden war.

Beispiel

Ein Steuerpflichtiger hat in seinen Bilanzen das Betriebsvermögen wie folgt ausgewiesen:

	Betriebsvermögen
Bilanz am Schluss des Wirtschaftsjahres 1	120.000,00 €
Bilanz am Anfang des Wirtschaftsjahres 2 (falsch)	130.000,00 €
Bilanz am Schluss des Wirtschaftsjahres 2	160.000,00 €
Privatentnahmen im Wirtschaftsjahr 2	21.000,00 €
Privateinlagen im Wirtschaftsjahr 2	1.000,00 €

Gewinnermittlung für das Wirtschaftsjahr 2	**falsch**	**richtig**
Betriebsvermögen am Schluss des Wirtschaftsjahres 2	160.000,00 €	160.000,00 €
Betriebsvermögen am Anfang des Wirtschaftsjahres 2	130.000,00 €	0,00 €
Betriebsvermögen am Schluss des Wirtschaftsjahres 1	0,00 €	120.000,00 €
Zunahme	30.000,00 €	40.000,00 €
+ Privatentnahmen	21.000,00 €	21.000,00 €
	51.000,00 €	61.000,00 €
– Einlagen	1.000,00 €	1.000,00 €
Gewinn	50.000,00 €	60.000,00 €

Durch die abweichende Eröffnungsbilanz ist der Bilanzenzusammenhang nicht gewahrt.
Der Gewinn ist um 10.000,00 € zu niedrig ausgewiesen.

Der **Gewinnbegriff nach § 4 Abs. 1 EStG** gilt für alle Steuerpflichtigen, die ihren Gewinn durch Vermögensvergleich ermitteln, also auch für Gewerbetreibende, die ihren Gewinn nach § 5 EStG ermitteln, die also auch die handelsrechtlichen Vorschriften zu beachten haben.

❼ Bezüglich des **Wertzusammenhangs** beachten Sie bitte Kap. 4.5.5.1.

4497374

AUFGABEN

1. Welche Bilanzierungsgrundsätze kennen Sie?
2. Was besagt das „Stichtagsprinzip“?
3. Was versteht man unter dem „Grundsatz der Maßgeblichkeit der Handelsbilanz für die Steuerbilanz“?
4. Wann ist dieser Grundsatz (siehe Nr. 3) besonders von Bedeutung?
5. Wasbesagtder„GrundsatzderBilanzklarheit“?
6. Was besagt der „Grundsatz der Bilanzwahrheit“?
7. Mit welchem Grundsatz ist der „Grundsatz der Bilanzierungsstetigkeit“ eng verbunden?
8. Was versteht man unter „Bilanzzusammenhang“?
9. Was verstehen Sie unter „Wertzusammenhang“?

4.5.14 Bilanzberichtigung

Der Steuerpflichtige darf eine beim Finanzamt eingereichte Bilanz nur unter den in § 4 Abs. 2 EStG angegebenen Voraussetzungen ändern. Ist ein Ansatz in der Bilanz unrichtig, so kann der Steuerpflichtige nach § 4 Abs. 2 Satz 1 EStG die Unrichtigkeit durch eine entsprechende Mitteilung an das Finanzamt beseitigen (Bilanzberichtigung). Die Zustimmung des Finanzamts ist nicht erforderlich.

Ein **Ansatz in der Bilanz** ist **unrichtig**, wenn er unzulässig ist, d. h., wenn er gegen zwingende Vorschriften des Einkommensteuerrechts oder des Handelsrechts oder gegen die einkommensteuerrechtlich zu beachtenden handelsrechtlichen Grundsätze ordnungsmäßiger Buchführung verstößt (R 4.4 EStR).

Beispiel

Ein Gewerbetreibender hat sein Vorratsvermögen in der Bilanz am Schluss des vorangegangenen Wirtschaftsjahres versehentlich zum Teil mit dem Verkaufspreis statt mit den Anschaffungskosten angesetzt. Der Bilanzansatz liegt dadurch um 10.000,00 € über den Anschaffungskosten.

Der Bilanzansatz ist unrichtig, weil er gegen die Vorschrift des § 6 Abs. 1 Nr. 2 Satz 3 EStG verstößt. Danach darf das Umlaufvermögen, wozu auch das Vorratsvermögen gehört, höchstens mit den Anschaffungskosten bewertet werden.

Ist eine Veranlagung bereits bestandskräftig, so ist eine Bilanzberichtigung nur insoweit möglich, als

- die Veranlagung nach den Vorschriften der Abgabenordnung, insbesondere nach § 173 AO oder § 164 Abs. 2 AO, noch geändert werden kann oder
- die Bilanzberichtigung sich auf die Höhe der veranlagten Steuer nicht auswirken würde.

Beispiel

Ein Möbelfabrikant in Helmstedt hat dort vor einigen Jahren ein unbebautes Grundstück für 40.000,00 € erworben, um darauf später ein Einfamilienhaus für eigene Wohnzwecke zu errichten. Schon im Jahr der Anschaffung hat er seine Pläne geändert. Seitdem nutzt er das unbebaute Grundstück ausschließlich für betriebliche Zwecke zum Abstellen von Möbelwagen.

Das Grundstück, das notwendiges Betriebsvermögen geworden ist, ist fälschlicherweise nicht bilanziert worden. Die Schlussbilanz des Jahres, in dem das Grundstück in das Betriebsvermögen überführt worden ist, ist falsch, weil sie nicht alle Wirtschaftsgüter des Betriebsvermögens umfasst (Verstoß gegen den Grundsatz der Bilanzwahrheit).

Die Bilanzberichtigung ist in diesem Fall auch dann möglich, wenn die Veranlagung des Jahres, in dem die nicht gebuchte Einlage erfolgt ist, bereits bestandskräftig ist, weil eine Einlage keine Auswirkung auf den Gewinn hat. Die veranlagte Steuer würde sich also nicht ändern.

Erkennt ein Steuerpflichtiger nachträglich vor Ablauf der Festsetzungsfrist (§ 169 Abs. 2 AO),

- dass eine von ihm oder für ihn abgegebene Bilanz unrichtig oder unvollständig ist und
- dass es dadurch zu einer Steuerverkürzung kommen kann oder bereits gekommen ist,

so ist er verpflichtet, dies dem Finanzamt mitzuteilen (§ 153 Abs. 1 Nr. 1 AO).

Eine nachträgliche Bilanzänderung (ein richtiger Wertansatz wird durch einen anderen richtigen Ansatz ersetzt) ist nach § 4 Abs. 2 Satz 2 EStG nur zulässig, wenn sie in einem engen zeitlichen (gleicher Bilanzstichtag) und sachlichen Zusammenhang (gleiche Bilanzposition) mit einer Bilanzberichtigung steht und nur so weit die Auswirkung der Bilanzberichtigung auf den Gewinn reicht.

ZUSAMMENFASSUNG

Änderung der bereits beim Finanzamt eingereichten Bilanzen

Bilanzberichtigung
Ein **falscher** Bilanzansatz wird ersetzt durch einen richtigen Bilanzansatz (ohne Zustimmung des Finanzamts).

Bilanzänderung
Ein **zulässiger** Bilanzansatz wird ersetzt durch einen **anderen zulässigen** Bilanzansatz (soweit die Bilanzberichtigung reicht).

AUFGABE

Unter welchen Voraussetzungen ist eine Bilanzberichtigung möglich?

4.6 Sonderausgaben

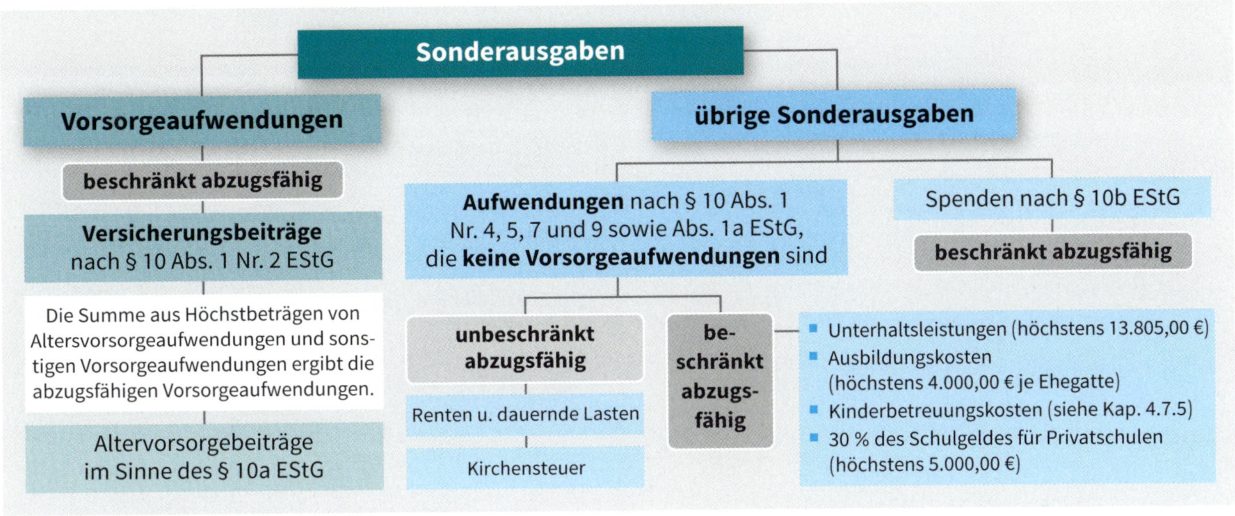

Bei der Ermittlung der Einkünfte ist zu unterscheiden zwischen abzugsfähigen und nicht abzugsfähigen Ausgaben.

Abzugsfähige Ausgaben ❶ sind

- die Betriebsausgaben (§ 4 Abs. 4 EStG) und
- die Werbungskosten (§ 9 EStG).

Nicht abzugsfähige Ausgaben ❷ im Sinne des § 12 EStG sind z. B. die Ausgaben für den Unterhalt der eigenen Familie, Ausbildungskosten, Krankheitskosten, Lebensversicherungsbeiträge, Beiträge zur privaten Haftpflichtversicherung, Unterhaltszahlungen, die Einkommensteuer, Spenden, Geldstrafen usw.

Einen Teil der nicht abzugsfähigen Ausgaben hat der Gesetzgeber aus wirtschafts- und sozialpolitischen Gründen ausdrücklich bei der Ermittlung des Einkommens (nicht bei der Ermittlung der Einkünfte) zum Abzug zugelassen, und zwar

- entweder als **Sonderausgaben** (z. B. Krankenversicherungsbeiträge)
- oder als **außergewöhnliche Belastung** (z. B. Krankheitskosten, Kurkosten).

Sonderausgaben sind **Aufwendungen**, die nach §§ 10, 10a und 10b EStG vom Gesamtbetrag der Einkünfte abgezogen werden können, wenn sie weder Betriebsausgaben noch Werbungskosten sind.

Dazu gehören z. B. die Versicherungsbeiträge, die gezahlte Kirchensteuer (§ 10 EStG) sowie die Spenden und Mitgliedsbeiträge (§ 10b EStG).

Diese Aufwendungen stellen die „Sonderausgaben im eigentlichen Sinne“ dar. Daneben hat der Gesetzgeber noch andere Beträge, die zwar keine Aufwendungen im Sinne der §§ 10 und 10b EStG sind, zum Abzug als Sonderausgaben oder wie Sonderausgaben zugelassen. Dabei handelt es sich im Wesentlichen um den Verlustabzug nach § 10d EStG (siehe Kap. 4.6.6).

Die Sonderausgaben im Sinne der §§ 10 und 10b EStG sind in diesen beiden Vorschriften erschöpfend aufgeführt. Die Sonderausgaben sind zum Teil unbegrenzt und zum Teil nur bis zu einem Höchstbetrag abzugsfähig.

Ausgaben

In Anlehnung an die Einkommensteuererklärungs-Vordrucke kann man die Sonderausgaben einteilen in:
Vorsorgeaufwendungen (Kap. 4.6.1) und **übrige Sonderausgaben** (Kap. 4.6.2 und 4.6.3).

4.6.1 Vorsorgeaufwendungen

Alterseinkünfte werden schrittweise bis zum Jahr 2025 voll besteuert. Im Gegenzug sind die Altersvorsorgeaufwendungen ebenso schrittweise bis zum Jahr 2025 voll abzugsfähig, allerdings bis zu einem Höchstbetrag. Dieser richtet sich nach dem Höchstbeitrag zur knappschaftlichen Rentenversicherung, aufgerundet auf einen vollen Betrag in Euro. Im Jahr 2020 beträgt der Beitragssatz der knappschaftlichen Rentenversicherung 24,7 % und die jährliche Beitragsbemessungsgrenze 101.400,00 € (West). Der Höchstbetrag beträgt 25.045,80 € (24,7 % von 101.400,00 €). Bei zusammenveranlagten Ehegatten verdoppelt sich der Betrag. Im Jahr 2020 sind davon 90 % zu berücksichtigen (§ 10 Abs. 3 Satz 4 und 6 EStG).

Wegen der unterschiedlichen steuerlichen Behandlung ist es sinnvoll, die Vorsorgeaufwendungen in Altersvorsorgeaufwendungen und sonstige Vorsorgeaufwendungen zu trennen.

4497378

Vorsorgeaufwendungen

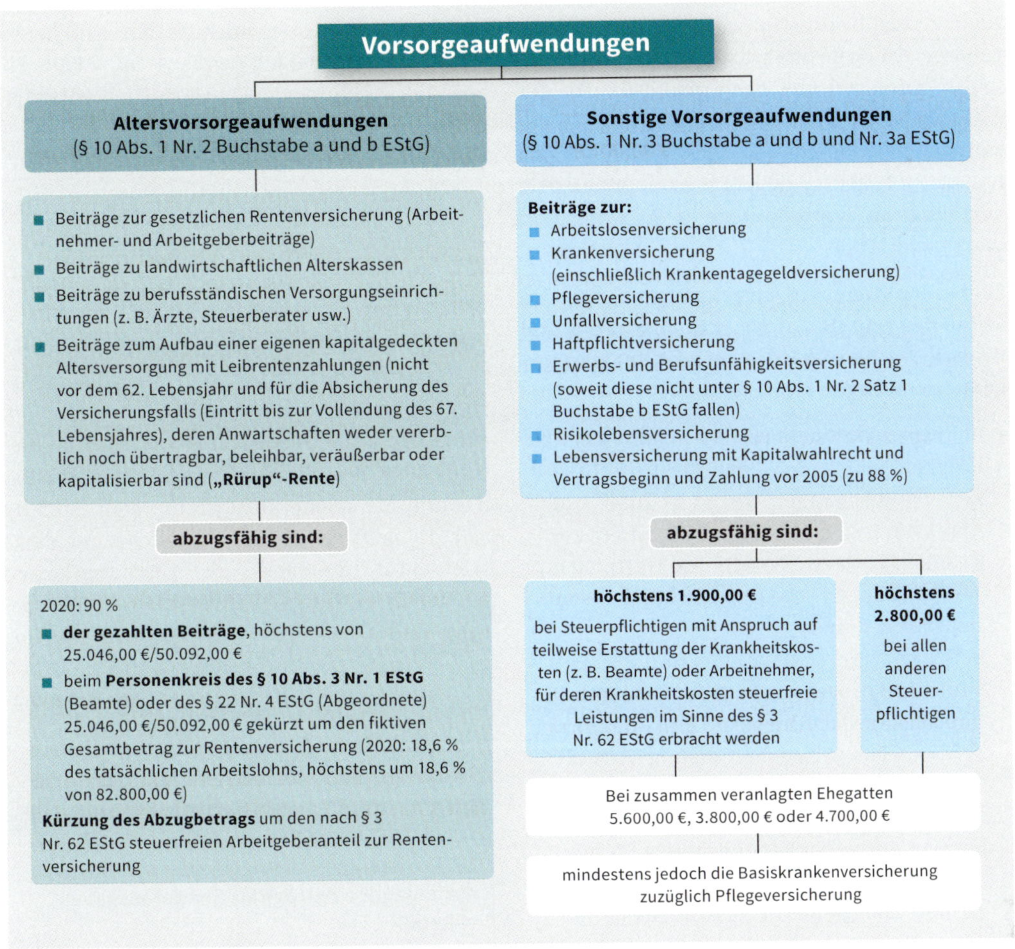

Altersvorsorgeaufwendungen im Sinne des § 10 Abs. 1 Nr. 2 Buchstabe a und b EStG sind Beiträge zu den

- gesetzlichen Rentenversicherungen,
- landwirtschaftlichen Alterskassen,
- berufsständischen Versorgungseinrichtungen, die den gesetzlichen Rentenversicherungen vergleichbare Leistungen erbringen,
- kapitalgedeckten Altersversorgungen, welche die Zahlung einer monatlichen, lebenslangen Leibrente nicht vor Vollendung des 62. Lebensjahrs **oder** eine ergänzende Absicherung des Eintritts der Berufsunfähigkeit (Berufsunfähigkeitsrente), der verminderten Erwerbsfähigkeit (Erwerbsminderungsrente) oder von Hinterbliebenen (Hinterbliebenenrente) vorsehen (§ 10 Abs. 1 Nr. 2 Buchstabe b Doppelbuchstabe aa EStG,
  und
- für die Absicherung gegen den Eintritt der Berufsunfähigkeit oder der verminderten Erwerbsfähigkeit (Versicherungsfall), welche die Zahlung einer monatlichen, lebenslangen Leibrente für einen Versicherungsfall vorsieht, der bis zur Vollendung des 67. Lebensjahrs eingetreten ist (§ 10 Abs. 1 Nr. 2 Buchstabe b Doppelbuchstabe bb EStG).

Die Ansprüche aus den kapitalgedeckten Altersversorgungen und für die Absicherung des Versicherungsfalls dürfen nicht vererblich, nicht übertragbar, nicht beleihbar, nicht veräußerbar und nicht kapitalisierbar sein (§ 10 Abs. 1 Nr. 2 Satz 2 EStG).

Nicht zu den begünstigten Vorsorgeprodukten gehören Anlageprodukte, die zwar ihrer konkreten Ausgestaltung nach grundsätzlich der Altersvorsorge dienen können, jedoch nicht zwingend dienen müssen. Diese Anlageformen haben auch häufig den Charakter einer (frei verfügbaren) Kapitalanlage, z. B. Anlage in Wertpapierfonds.

Zu den **sonstigen Vorsorgeaufwendungen im Sinne des § 10 Abs. 1 Nr. 3 Buchstabe a und b sowie Nr. 3a EStG, die keine Altersvorsorgeaufwendungen sind**, gehören:

- Beiträge zu Versicherungen gegen Arbeitslosigkeit, zu Erwerbs- und Berufunfähigkeitsversicherungen, die nicht unter § 10 Abs. 1 Nr. 2 Satz 1 Buchstabe b fallen, zu Kranken-, Pflege-, Unfall- und Haftpflichtversicherungen sowie zu Risikolebensversicherungen und
- Beiträge zu Versicherungen (mit 88 %) im Sinne des § 10 Abs. 1 Nr. 2 Buchstabe b Doppelbuchstabe bb bis dd EStG in der am 31. Dez. 2004 geltenden Fassung (Altverträge), wenn die Laufzeit dieser Versicherungen vor dem 1. Jan. 2005 begonnen hat und ein Versicherungsbeitrag bis zum 31. Dez. 2004 entrichtet wurde. Die bis zum 31. Dez. 2004 geltende Fassung des § 10 Abs. 1 Nr. 2 Satz 2 bis 6 und Abs. 2 Satz 2 EStG 2004 ist in diesen Fällen weiter anzuwenden.

Bei den oben genannten Vorsorgeaufwendungen darf es sich nicht um Werbungskosten oder Betriebsausgaben handeln und die Beiträge dürfen nicht in direktem wirtschaftlichen Zusammenhang mit steuerfreien Einnahmen stehen. Deshalb werden die Altersvorsorgeaufwendungen auch nur berücksichtigt, soweit sie den nach § 3 Nr. 62 EStG steuerfreien Arbeitgeberanteil zur gesetzlichen Rentenversicherung und einem diesem gleichgestellten steuerfreien Zuschuss des Arbeitgebers übersteigen.

Die Aufwendungen für die Kfz-Haftpflichtversicherung sind Vorsorgeaufwendungen, soweit das Fahrzeug privat genutzt wird. Nutzt ein Arbeitnehmer sein Kraftfahrzeug für Fahrten zwischen Wohnung und erster Tätigkeitsstätte oder für Familienheimfahrten und werden die Werbungskosten mithilfe der Kilometer-Pauschbeträge nach § 9 Abs. 1 Nr. 4 EStG errechnet, so kann die Kfz-Haftpflichtversicherung aus Vereinfachungsgründen in voller Höhe als Sonderausgaben anerkannt werden.

Die Beiträge dürfen auch nicht durch vermögenswirksame Leistungen aufgebracht werden, für die Anspruch auf eine Arbeitnehmer-Sparzulage nach § 13 des 5. VermBG besteht.

Beiträge zu Sachversicherungen (z. B. Feuer-, Hausrat-, Rechtsschutz- und Kaskoversicherungen) sind nicht als Vorsorgeaufwendungen abzugsfähig. Sie können aber im Einzelfall Betriebsausgaben oder Werbungskosten darstellen und als solche abzugsfähig sein. So sind z. B. die Beiträge zur Feuerversicherung eines Mietwohngrundstücks als Werbungskosten bei der Ermittlung der Einkünfte aus Vermietung und Verpachtung abzugsfähig. Vorsorgeaufwendungen im Sinne des § 10 Abs. 1 Nr. 2 EStG sind auch die Beiträge zu einer Krankenhaustagegeldversicherung und zu einer Krankentagegeldversicherung.

Beispiel

Ein kaufmännischer Angestellter in Köln macht die folgenden Beträge als Sonderausgaben geltend:

a) Arbeitnehmeranteil zur Rentenversicherung	1.810,00 €
b) Arbeitnehmeranteil zur Kranken- und Arbeitslosenversicherung	1.868,00 €
c) Kfz-Haftpflichtversicherung	255,00 €
Teilkaskoversicherung	55,00 €
d) Gebäudeversicherung	107,50 €
e) Hausratversicherung	53,00 €
f) Familienhaftpflichtversicherung	45,00 €
g) Krankentagegeldversicherung	85,00 €

Als Altersvorsorgeaufwendungen im Sinne des § 10 Abs. 1 Nr. 2 Buchstabe a EStG sind nur die Beiträge zur Rentenversicherung berücksichtigungsfähig. Die Beiträge zur Kranken-, Arbeitslosen-, Kfz-Haftpflicht-, Familienhaftpflicht- und Krankentagegeldversicherung sind sonstige Vorsorgeaufwendungen nach § 10 Abs. 1 Nr. 3 und 3a EStG.

Nicht als Sonderausgaben abzugsfähig sind die Beiträge zu Sachversicherungen (Kasko-, Gebäude- und Hausratversicherung).

4497380

4.6.1.1 Die abzugsfähigen Höchstbeträge für Vorsorgeaufwendungen

Höchstbetragsberechnung für Altersvorsorgeaufwendungen

Höchstbetragsberechnung für Altersvorsorgeaufwendungen

1a		AN-Anteil gesetzliche Rentenversicherung, § 10 Abs. 1 Nr. 2 Buchstabe a EStG	€
1b	+	private Aufwendungen des Steuerpflichtigen zur begünstigten Altersvorsorge, § 10 Abs. 1 Nr. 2 Buchstabe b EStG	€
1c	+	AG-Anteil gesetzliche Rentenversicherung oder steuerfreier AG-Zuschuss, § 10 Abs. 1 Nr. 2 Satz 4 EStG	€
2	=	**tatsächliche Altersvorsorgeaufwendungen**	€
3		max. Höchstbetrag 25.046,00 €/ zusammenveranlagte Ehegatten 50.092,00 €	€
4	–	ggf. fiktiver Gesamtbeitrag der Rentenversicherung bei Beamten etc. (18,6 % des Arbeitslohnes, max. 82.800,00 €), § 10 Abs. 3 Satz 3 EStG	€
5	=	**verbleibender Höchstbetrag**	€
6		maßgebliche Altersvorsorgeaufwendungen (niedrigerer Betrag aus Zeilen 2 und 5)	€
7		**Ansatz zu 90 %** (2020)	€
8	–	AG-Anteil zur Rentenversicherung/steuerfreier AG-Zuschuss zu 100 % (Betrag aus Zeile 1c), § 10 Abs. 3 Satz 5 EStG	€
9	=	**abziehbare Vorsorgeaufwendung**	€

Nach § 10 Abs. 3 Satz 1 EStG ist der Abzug von Altersvorsorgeaufwendungen im Jahr 2020 auf einen Höchstbetrag von 25.046,00 € (zusammen veranlagte Ehegatten 50.092,00 €) begrenzt. Bei den Steuerpflichtigen, die zum Personenkreis des § 10 Abs. 3 Nr. 1 EStG gehören (z. B. Beamte) oder die Einkünfte aus § 22 Nr. 4 EStG (Abgeordnete) erzielen, ist der Höchstbetrag um einen fiktiven Gesamtrentenversicherungsbeitrag zu kürzen. Dieser fiktive Gesamtbeitrag wird ermittelt durch den jeweils gültigen Beitragssatz in der gesetzlichen Rentenversicherung (2020: 18,6 %) und der vom Steuerpflichtigen aus der betreffenden Tätigkeit erzielten steuerpflichtigen Einnahmen. Allerdings werden Einnahmen oberhalb der Beitragsbemessungsgrenze (Ost) nicht angesetzt. Daher beträgt die Kürzung im Jahr 2020 höchstens 82.800,00 € · 18,6 % = 15.400,80 € und der Höchstbetrag bei einem Ledigen in diesem Fall 9.645,20 € (25.046,00 € – 15.400,80 €).

Sind die tatsächlichen Altersvorsorgeaufwendungen größer, ist der gekürzte Höchstbetrag zu berücksichtigen. Von diesem berücksichtigungsfähigen Betrag sind allerdings im Jahr 2020 nur 90 % als Sonderausgaben abzugsfähig. Der abzugsfähige Prozentsatz steigt seit 2006 jährlich um 2 %, bis er im Jahr 2025 100 % beträgt.

Bei Steuerpflichtigen, die im Zusammenhang mit ihrer Berufstätigkeit aufgrund von Arbeitgeberbeiträgen im Sinne des § 3 Nr. 62 EStG Altersvorsorgeanwartschaften ganz oder teilweise ohne eigene Aufwendungen erworben haben, ist der Höchstbetrag (2020: 90 %) um den individuell gewährten steuerfreien Arbeitgeberanteil zur Rentenversicherung zu kürzen.

Beispiele

a) Im Jahr 2020 betrug der Gesamtbeitrag zur gesetzlichen Rentenversicherung der Steuerfachangestellten Jutta Preiss, Jena, 3.528,00 €. Der Arbeitnehmeranteil zur gesetzlichen Rentenversicherung betrug 1.764,00 €. Andere Altersvorsorgeaufwendungen weist Frau Preiss nicht nach.

Im Jahr 2020 kann sie folgende **Altersvorsorgeaufwendungen als Sonderausgaben** abziehen:

Arbeitnehmerbeitrag	1.764,00 €	
Arbeitgeberbeitrag	1.764,00 €	
Altersvorsorgeaufwendungen	3.528,00 €	
Höchstbetrag		25.046,00 €
Kürzung		0,00 €
verbleiben	3.528,00 €	25.046,00 €
berücksichtigungsfähig		3.528,00 €
anzusetzen 90 % von	3.528,00 €	3.175,20 €
abzüglich steuerfreier Arbeitgeberbeitrag		– 1.764,00 €
abzugsfähige Sonderausgaben		**1.411,20 €**

b) Im Jahr 2020 betrug der Gesamtbeitrag zur gesetzlichen Rentenversicherung von Karin Wendt 3.920,00 € und ihr Arbeitnehmeranteil 1.960,00 €.

Im Jahr 2020 kann sie folgende **Altersvorsorgeaufwendungen als Sonderausgaben** abziehen:

Arbeitnehmerbeitrag	1.960,00 €	
Arbeitgeberbeitrag	1.960,00 €	
Altersvorsorgeaufwendungen	3.920,00 €	
Höchstbetrag		25.046,00 €
Kürzung		0,00 €
verbleiben	3.920,00 €	25.046,00 €
berücksichtigungsfähig		3.920,00 €
anzusetzen 90 % von	3.920,00 €	3.528,00 €
abzüglich steuerfreier Arbeitgeberbeitrag		– 1.960,00 €
abzugsfähige Sonderausgaben		**1.568,00 €**

c) Im Jahr 2020 betrug der Bruttoarbeitslohn des Finanzbeamten Erich Bleibtreu, der mit seiner Ehefrau zusammen veranlagt wird, 44.400,00 €. Bleibtreu weist Beiträge für eine Lebensversicherung nach § 10 Abs. 1 Nr. 2 Buchstabe b EStG in Höhe von 4.000,00 € nach.

Im Jahr 2020 kann er folgende **Altersvorsorgeaufwendungen als Sonderausgaben** abziehen:

Altersvorsorgeaufwendungen		4.000,00 €
Aufwendungen	4.000,00 €	
Höchstbetrag (2 · 25.046,00 €)		50.092,00 €
Kürzung 18,6 % von 44.400,00 €		8.258,40 €
verbleiben	4.000,00 €	41.833,60 €
berücksichtigungsfähig		4.000,00 €
anzusetzen 90 % von	4.000,00 €	3.600,00 €
abzugsfähige Sonderausgaben		**3.600,00 €**

> **weitere Beispiele siehe S. 393 ff.**

Sonstige Vorsorgeaufwendungen

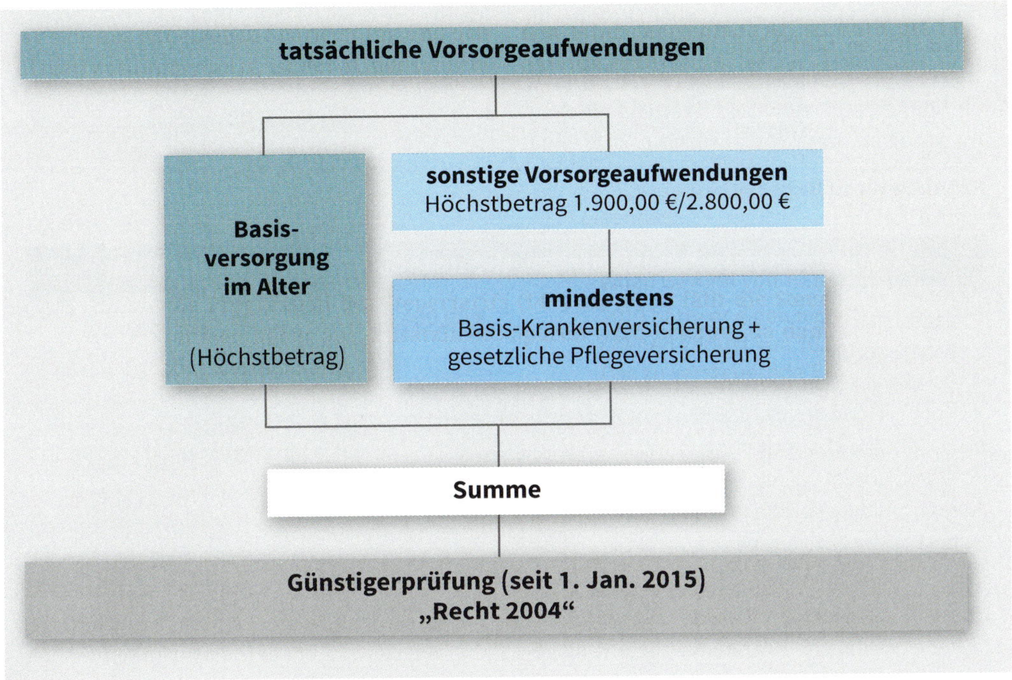

Beiträge zur Kranken- und Pflegeversicherung können zusammen mit anderen Vorsorgeaufwendungen bis zu einer Höhe von 2.800,00 € bzw. 1.900,00 € steuerlich berücksichtigt werden.

- Diese Höchstbeträge gelten für alle sonstigen Vorsorgeaufwendungen, d. h. auch für Beiträge zugunsten einer Krankenversicherung. Hierbei werden auch diejenigen Beitragsanteile einbezogen, die auf die Finanzierung des Krankengeldes und von Komfortleistungen entfallen.
- Damit sichergestellt ist, dass die für eine Basiskranken- und Pflegepflichtversicherung gezahlten Beiträge voll abziehbar sind, wurde geregelt, dass mindestens diese Beiträge berücksichtigt werden.
- Für eine zutreffende Ermittlung des Sonderausgabenabzugs ist somit zwischen den Beiträgen für eine Kranken- und Pflegeversicherung und den Beiträgen für eine Basiskranken- und Pflegepflichtversicherung zu unterscheiden.

Liegt der Steuerpflichtige mit seinen sonstigen Vorsorgeaufwendungen (inklusive der ungekürzten Krankenversicherungsbeiträge) innerhalb der jeweils geltenden Höchstbeträge, kann er diese steuerlich vollumfänglich als Sonderausgaben abziehen.

Wendet er für seine **Basiskranken- und Pflegepflichtversicherung** allerdings mehr als 2.800,00 € bzw. 1.900,00 € auf, kann er **mindestens seine tatsächlichen Ausgaben** abziehen.

Beispiel

Lediger Beamter	❶	❷
Basis-Krankenversicherung + gesetzliche Pflegeversicherung	1.000,00 €	2.000,00 €
Wahlleistungen	300,00 €	300,00 €
übrige Vorsorgeaufwendungen	700,00 €	700,00 €
Summe	**2.000,00 €**	**3.000,00 €**
Höchstbetrag	1.900,00 €	1.900,00 €
mindestens	1.000,00 €	2.000,00 €
abzuziehen	**1.900,00 €**	**2.000,00 €**

stets voller Abzug

Außerdem ist in den Veranlagungszeiträumen 2010 bis 2019 – wie bereits nach altem Recht – eine Günstigerprüfung vorgesehen. Konnte der Steuerpflichtige nach der im Veranlagungszeitraum 2009 geltenden Rechtslage höhere Beiträge als Vorsorgeaufwendungen geltend machen, dann kann er diese bis zum Jahr 2019 auch weiterhin absetzen. Mit der Günstigerprüfung wird – vereinfacht ausgedrückt – das frühere Recht „konserviert" und in jedem Einzelfall geprüft, welche Regelung für den Steuerpflichtigen günstiger ist. Diese Prüfung nimmt das Finanzamt automatisch vor.

- **Krankenversicherungsbeiträge**

Krankenversicherungsbeiträge, die unter § 10 Abs. 1 Nr. 3a fallen

- pauschaler 4%iger Arbeitnehmeranteil zur gesetzlichen Krankenversicherung bezüglich des Krankengeldanspruchs
- Zusatzversicherungen zur gesetzlichen Krankenversicherung
- Komfort- und Wahlleistungen im Rahmen der privaten Krankenversicherung
- Reisekrankenversicherungen (insbesondere auch Auslandskrankenversicherungen)
- Krankenhaustagegeldversicherung
- Krankentagegeldversicherung
- Kurkostenversicherung

Unter den Begriff der Krankenversicherung fällt die gesetzliche Krankenversicherung genauso wie vertraglich vereinbarte – private – Krankenversicherungen. Dem Grunde nach handelt es sich bei diesen Versicherungen um Krankheitskostenversicherungen. Wie die Versicherung bezeichnet wird, ist für die Frage der Berücksichtigung der Beiträge ohne Bedeutung. Entscheidend ist vielmehr, dass die Versicherung das Risiko einer Krankheit, einer Vorsorgeuntersuchung oder z. B. einer Geburt abdeckt. Zu den begünstigten Versicherungen gehören daher auch Auslandskranken-, Heilkosten-, Beihilfe- und Kurkostenversicherungen.

Unter den Begriff der Krankenversicherungen fallen daneben auch die Krankentagegeld-, Krankenhaustagegeld- oder Krankengeldversicherungen, die vor Verdienst- oder Einkommensausfällen während der Dauer einer Krankheit oder eines Krankenhausaufenthaltes schützen.

Basisabsicherung:
Im Hinblick auf die Beiträge zugunsten einer Krankenversicherung ist zu ermitteln, welcher Teil der vom Steuerpflichtigen geleisteten Beiträge der Finanzierung von Versicherungsleistungen dient, die denen der gesetzlichen Krankenkasse – mit Ausnahme des Krankengeldes – entsprechen (sogenannte Basisabsicherung/Basiskrankenversicherung) und welcher Teil der Finanzierung darüber hinausgehender Leistungen – z. B. Chefarztbehandlung, Einbettzimmer, Krankengeld – dient. Für eine zutreffende Ermittlung der als Sonderausgaben anzusetzenden Vorsorgeaufwendungen sind beide Werte von Bedeutung.

Die im einkommensteuerlichen Zusammenhang verwendeten Begrifflichkeiten (Basisabsicherung/Basiskrankenversicherung) sind allerdings **vom sogenannten Basistarif abzugrenzen**.

- Ab dem 1. Jan. 2009 wurde in der privaten Krankenversicherung ein Basistarif eingeführt. Dieser Tarif muss grundsätzlich von jedem privaten Krankenversicherungsunternehmen angeboten werden.
- Die Leistungen des Basistarifs entsprechen den Pflichtleistungen der gesetzlichen Krankenversicherung und sind bei jedem Versicherungsunternehmen gleich. Die Versicherer dürfen keine Zuschläge wegen eines erhöhten Gesundheitsrisikos erheben oder Leistungen ausschließen. Außerdem ist der Beitrag auf den durchschnittlichen Höchstbetrag der gesetzlichen Krankenversicherung begrenzt.

4497384

Von dem Basis**tarif** zu unterscheiden ist die sogenannte Basis**absicherung** im Sinne des Einkommensteuerrechts bzw. die **Basiskrankenversicherung.** Denn hierbei geht es nicht um einen speziellen Tarif, sondern um die Aufteilung des vom Steuerpflichtigen geleisteten – einheitlichen – Versicherungsbeitrags auf verschiedene Leistungskomponenten.

- Diejenigen Beitragsanteile, die zur Absicherung eines Versicherungsschutzes auf Basis der gesetzlichen Krankenversicherung verwendet werden, können in vollem Umfang steuerlich geltend gemacht werden. Der darüber hinausgehende Beitragsanteil dient hingegen nicht der Basisabsicherung.
- Hat der Steuerpflichtige bei einem privaten Versicherer eine Krankenversicherung nach dem Basistarif abgeschlossen, können die von ihm geleisteten Beiträge grundsätzlich in vollem Umfang angesetzt werden, weil sich das Leistungsspektrum mit dem der gesetzlichen Krankenversicherung deckt.

Eine Ausnahme gilt nur, wenn der Versicherte im Rahmen seines Basistarifs auch die Krankengeldzahlung absichert. In diesem Fall ist der für den Basistarif gezahlte Beitrag um 4 % zu kürzen, der Restbetrag ist als Beitrag für eine Basiskrankenversicherung anzuerkennen.

Ist vom Steuerpflichtigen eine Krankenversicherung nach einem anderen Tarif abgeschlossen worden und werden mit den geleisteten Beiträgen auch über eine Basisabsicherung hinausgehende Leistungen finanziert, ist der Gesamtbeitrag in einen Anteil, der der Basisabsicherung dient, und einen darüber hinausgehenden Beitrag aufzuteilen. Die Beiträge sind steuerlich entsprechend zu berücksichtigen.

Steuerpflichtiger als Versicherungsnehmer:
Zu den begünstigten Krankenversicherungsbeiträgen gehören grundsätzlich die vom Steuerpflichtigen als Versicherungsnehmer gezahlten Beiträge. Als Sonderausgaben werden jedoch nur die Ausgaben anerkannt, die der Steuerpflichtige als Versicherungsnehmer für sich selbst, seinen Ehegatten, seine bei ihm steuerlich zu berücksichtigenden Kinder oder seinen eingetragenen Lebenspartner leistet.

Im Hinblick auf die insoweit begünstigten Personen wird auf das Bestehen einer Unterhaltsverpflichtung zwischen dem Steuerpflichtigen und der abgesicherten Person abgestellt, da sich der Steuerpflichtige in diesen Fällen der Übernahme der für den Unterhaltsempfänger existenznotwendigen Ausgaben nicht entziehen kann.

Erbringt der Steuerpflichtige Aufwendungen für einen Dritten, die der Dritte vertraglich oder gesetzlich schuldet, handelt es sich grundsätzlich nicht um Sonderausgaben des Steuerpflichtigen, sondern regelmäßig um Sonderausgaben des Dritten.

Unterhaltsverpflichtung bei Kindern:
Eine Ausnahme hiervon regelt allerdings § 10 Abs. 1 Nr. 3 Satz 2 EStG.

Demnach gelten als eigene Beiträge des Steuerpflichtigen auch die vom Steuerpflichtigen im Rahmen einer Unterhaltsverpflichtung getragenen eigenen Beiträge des Unterhaltsberechtigten zu einer Basiskranken- oder Pflegepflichtversicherung eines Kindes, für das der Steuerpflichtige Anspruch auf einen Freibetrag nach § 32 Abs. 6 EStG oder Kindergeld hat.

Die Ergänzung soll insbesondere Fälle erfassen, in denen steuerlich berücksichtigte Kinder, ohne selbst erwerbstätig zu sein, in eigener Person Versicherungsnehmer sind:

- Das sind zum einen die in der studentischen Krankenversicherung versicherten Kinder, für die der Steuerpflichtige einen Freibetrag für Kinder oder Kindergeld erhält.
- Zum anderen sind dies die Fälle, in denen ein privat krankenversicherter Steuerpflichtiger sein von Geburt an behindertes Kind mit Blick auf die Leistungsausschlüsse der privaten Krankenversicherung in der gesetzlichen Krankenversicherung versichert hat (Versicherungsnehmer ist das Kind).

Das sächliche Existenzminimum des Kindes wird zwar im Rahmen des Familienleistungsausgleichs von der Einkommensteuer verschont, die Aufwendungen für die Kranken- und Pflegeversicherung sind darin jedoch nicht enthalten.

Auch wenn das Kind selbst Einkünfte erzielt, können die Beiträge vom Steuerpflichtigen geltend gemacht werden. Voraussetzung ist, dass der Steuerpflichtige für das Kind Anspruch auf kindbedingte Freibeträge oder Kindergeld hat. Die eigenen Einkünfte und Bezüge des Kindes müssen somit unterhalb des Grenzbetrages nach § 32 Abs. 4 EStG liegen.

Werden die Beiträge des Kindes vom Steuerpflichtigen übernommen und damit als Sonderausgaben angesetzt, scheidet allerdings eine Berücksichtigung der Beiträge unmittelbar beim Kind aus, da dieses dann mit den entsprechenden Aufwendungen nicht mehr wirtschaftlich belastet ist.

Beitragsrückerstattung und Selbstbehalt:
Als Sonderausgaben können nur solche Ausgaben des Steuerpflichtigen angesetzt werden, mit denen der Steuerpflichtige endgültig wirtschaftlich belastet ist. Dies ist nicht der Fall, wenn ein Teil der Beiträge dem Steuerpflichtigen zurückerstattet wird.

Werden Versicherungsbeiträge im Folgejahr erstattet, mindert sich somit der im Erstattungsjahr anzusetzende Versicherungsbeitrag. Diesen Effekt wird der Steuerpflichtige zukünftig berücksichtigen müssen, wenn er eine Beitragserstattung beantragt.

Allerdings kann sich durch die Inanspruchnahme der Beitragserstattung auch ein – steuerlich – positiver Effekt ergeben. Liegen die Basiskranken- und Pflegepflichtversicherungsbeiträge des Steuerpflichtigen unterhalb des anzusetzenden Höchstbetrages, ergibt sich durch die Inanspruchnahme der Beitragserstattung mehr Spielraum für die Berücksichtigung von weiteren sonstigen Vorsorgeaufwendungen.

Hat der Steuerpflichtige im Rahmen seines privaten Krankenversicherungsvertrages einen Selbstbehalt vereinbart, dann sind nur die tatsächlich gezahlten – im Vergleich zu einem 100-%-Erstattungstarif – geringeren Beiträge steuerlich als Sonderausgaben zu berücksichtigen. Krankheitskosten, die im Rahmen des Selbstbehalts anfallen, können vom Steuerpflichtigen nur als außergewöhnliche Belastungen geltend gemacht werden (§ 33 EStG). Hierbei ist allerdings eine zumutbare Belastung zu berücksichtigen.

Krankengeld:
Beiträge zur gesetzlichen Krankenversicherung gehören – ohne Krankengeld – in der Regel zu den Beiträgen für eine Basiskrankenversicherung. Dies gilt auch für einen gegebenenfalls erhobenen Zusatzbeitrag.

Nicht zu einer Basiskrankenversicherung – jedoch zu den Beiträgen zugunsten einer Krankenversicherung – gehört der Beitragsanteil, der zur Finanzierung des Krankengelds dient.

Erwirbt der Steuerpflichtige mit dem von ihm geleisteten Beitrag an die gesetzliche Krankenversicherung auch einen Krankengeldanspruch, ist der geleistete Beitrag pauschal um den für das Krankengeld aufgewendeten Beitragsanteil zu kürzen.

Der Gesetzgeber nimmt insoweit einen pauschalen Kürzungssatz von 4 % an, der sich an den durchschnittlichen Ausgaben der gesetzlichen Krankenversicherung für das Krankengeld orientiert.

Eine Kürzung um die der Finanzierung des Krankengelds dienenden Beitragsanteile ist allerdings nur dann vorzunehmen, wenn der versicherten Person dem Grunde nach ein Anspruch auf eine Krankengeldzahlung zusteht.

Dies bedeutet, dass beispielsweise bei den in der gesetzlichen Krankenversicherung versicherten Rentenbeziehern keine Kürzung erfolgt.

Wahl- und Zusatztarife:
Nicht zur Basisabsicherung gehören Beiträge für Wahl- und Zusatztarife, auch wenn diese im Rahmen der gesetzlichen Krankenversicherung angeboten werden.

Bezogen auf die private Krankenversicherung gehören zur Basisabsicherung die Beitragsanteile, mit denen Versicherungsleistungen finanziert werden, die in Art, Umfang und Höhe den Leistungen nach dem Dritten Kapitel des SGB V – also den Pflichtleistungen der gesetzlichen Krankenversicherung – vergleichbar sind und auf die ein Anspruch besteht.

Nicht zur Basisabsicherung gehören – wie bei der gesetzlichen Krankenversicherung – Beitragsanteile, die der Finanzierung von Komfortleistungen (z. B. Chefarzt, Einbettzimmer), des Krankengeldes, des Krankenhaustagegeldes oder des Krankentagegeldes dienen.

Hat der Steuerpflichtige die nicht der Basisabsicherung dienenden Leistungsbestandteile in gesonderten Tarifen abgesichert, sind die für diese Tarife gezahlten Beiträge nicht als Beiträge für eine Basiskrankenversicherung zu behandeln.

Sind in einem Versicherungstarif sowohl Leistungen versichert, die der Basisabsicherung dienen, als auch Leistungen, die den Komfortleistungen zuzurechnen sind, ist die Aufteilung des entsprechenden Beitrags erforderlich. Wie diese Aufteilung in typisierender Weise zu erfolgen hat, wird durch die „Verordnung zur tarifbezogenen Ermittlung der steuerlich berücksichtigungsfähigen Beiträge zum Erwerb eines Krankenversicherungsschutzes im Sinne des § 10 Abs. 1 Nr. 3 Buchstabe a EStG“ geregelt. In dieser auf § 10 Abs. 5 EStG beruhenden Verordnung wird bestimmt, wie tarifbezogen der nicht abziehbare Teil der Beiträge zu einer privaten Krankenversicherung zu ermitteln ist.

Der Arbeitgeber ist verpflichtet, seinen Arbeitnehmern Zuschüsse zur Renten-, Kranken-, Pflege- und Arbeitslosenversicherung zu gewähren. Diese sind in der Regel nach § 3 Nr. 62 EStG steuerfrei.

Bei einem in der gesetzlichen Krankenversicherung pflichtversicherten Arbeitnehmer wird für die Absicherung von Zusatz- oder Komfortleistungen vom Arbeitgeber kein steuerfreier Zuschuss geleistet.

Bei einem nicht in der gesetzlichen Krankenversicherung pflichtversicherten Arbeitnehmer werden auch dann 50 % seines Krankenversicherungsbeitrags von seinem Arbeitgeber steuerfrei erstattet, wenn in seinem Krankenversicherungsvertrag Komfortleistungen abgesichert sind, sofern sein Beitrag in einer privaten Krankenversicherung geringer ist als ein Beitrag bei einer Pflichtversicherung in der gesetzlichen Krankenversicherung.

Steuerfreie Einnahmen und Zuschüsse:
Nach § 10 Abs. 2 Satz 1 Nr. 1 EStG können als Sonderausgaben nur Aufwendungen berücksichtigt werden, die nicht in unmittelbarem wirtschaftlichem Zusammenhang mit steuerfreien Einnahmen stehen. Dies gilt auch für die Berücksichtigung von Aufwendungen zugunsten einer Basiskranken- und Pflegepflichtversicherung.

Bei einem gesetzlich pflichtversicherten Arbeitnehmer entfällt der steuerfreie Arbeitgeberzuschuss vollständig auf seine Basiskrankenversicherung. Die Beiträge, für die der Steuerpflichtige somit den steuerfreien Arbeitgeberanteil erhalten hat, sind daher nicht als Sonderausgaben zu berücksichtigen.

Diese Regelung gilt auch für in der privaten Krankenversicherung abgesicherte Arbeitnehmer (§ 10 Abs. 2 Satz 1 Nr. 1 2. Halbsatz EStG). Ein steuerfreier Arbeitgeberzuschuss wird damit immer als Zuschuss zur Basisabsicherung des Arbeitnehmers behandelt.

Beispiel

Der Arbeitnehmer A ist von der Versicherungspflicht in der gesetzlichen Krankenversicherung befreit, da er schon seit längerem einen Arbeitslohn oberhalb der Jahresarbeitsentgeltgrenze erzielt. Er zahlt für seine private Krankenversicherung einen Jahresbeitrag von 4.000,00 €. Der Versicherungsbeitrag entfällt zu 90 % auf Basis- und zu 10 % auf Komfortleistungen. Von seinem Arbeitgeber erhält A einen steuerfreien Arbeitgeberanteil in Höhe von 2.000,00 € (50 % der tatsächlichen Beiträge; maximal 50 % des Beitrags zur gesetzlichen Krankenversicherung).

→

Gesamtbeitrag	4.000,00 €
davon entfallen auf Komfortleistungen	400,00 €
Basisabsicherung	3.600,00 €
abzüglich steuerfreier Arbeitgeberanteil	2.000,00 €
anzusetzen nach § 10 Abs. 1 Nr. 3 Buchstabe a EStG	1.600,00 €

Die Komfortleistungen sind in Höhe von 400,00 € im Rahmen des § 10 Abs. 1 Nr. 3a EStG zu berücksichtigen.

Beiträge, für die der Steuerpflichtige steuerfreie Zuschüsse erhält, sind nach der gesetzlichen Regelung in § 10 Abs. 2 Satz 1 Nr. 1 2. Halbsatz EStG nicht als Vorsorgeaufwendungen anzusetzen. Neben den steuerfreien Arbeitgeberzuschüssen gehören hierzu auch Zuschüsse, die

- Rentner aus der gesetzlichen Rentenversicherung nach § 3 Nr. 14 EStG oder
- Personen von der Künstlersozialkasse nach § 3 Nr. 57 EStG

steuerfrei erhalten.

Pflegeversicherung:
Wie bei den Beiträgen zur Krankenversicherung ist auch bei den Beiträgen zur Pflegeversicherung zu differenzieren. Beiträge zur gesetzlichen wie privaten Pflegepflichtversicherung sind entsprechend der Behandlung der Beiträge zu einer Basiskrankenversicherung grundsätzlich unbegrenzt nach § 10 Abs. 4 EStG anzusetzen. Beiträge zu darüber hinausgehenden Pflegeversicherungen sind wie weitere sonstige Vorsorgeaufwendungen zu behandeln.

Weitere sonstige Vorsorgeaufwendungen:
Beiträge zur gesetzlichen Arbeitslosenversicherung sind nicht als Teil des steuerlich freizustellenden Existenzminimums anzusehen. Eine Absicherung gegen Arbeitslosigkeit ist nicht Bestandteil des sozialhilferechtlichen Leistungskatalogs der notwendigen Hilfe zum Lebensunterhalt im Sinne des SGB XII (Sozialhilfe) und SGB II (Arbeitslosengeld II).

Bei den Beiträgen zur gesetzlichen Arbeitslosenversicherung handelt es sich nicht um im verfassungsrechtlichen Sinne „zwangsläufige“ Beiträge, die zwingend steuerlich abziehbar sein müssen.

Zu den nach § 10 Abs. 1 Nr. 3a EStG begünstigten weiteren sonstigen Vorsorgeaufwendungen gehören:

- Beiträge zu Kranken- und Pflegeversicherungen, die nicht bereits nach § 10 Abs. 1 Nr. 3 EStG zu berücksichtigen sind (unter anderem Komfortleistungen);
- Beiträge zu Versicherungen gegen Arbeitslosigkeit (gesetzliche Beiträge an die Bundesagentur für Arbeit und Beiträge an entsprechende private Versicherungen);
- Beiträge zu selbstständigen Erwerbs- und Berufsunfähigkeitsversicherungen (Beitragsanteile für eine Absicherung innerhalb eines Basis-/„Rürup“-Rentenvertrags werden regelmäßig im Rahmen der Altersvorsorgeaufwendungen berücksichtigt);
- Beiträge zu Unfallversicherungen; hierzu gehören nicht die Beiträge zu einer Unfallversicherung mit Beitragsrückgewähr, da diese steuerlich wie eine Kapitallebensversicherung behandelt werden;
- Beiträge zu Haftpflichtversicherungen;
- Beiträge zu Lebensversicherungen, die nur für den Todesfall eine Leistung vorsehen (Risikolebensversicherungen).

Darüber hinaus gehören zu den sonstigen Vorsorgeaufwendungen auch Beiträge aus Altverträgen (d. h.: Versicherungslaufzeitbeginn vor dem 1. Jan. 2005 und mindestens eine Beitragszahlung bis zum 31. Dez. 2004; aber nur 88 % als Vorsorgeaufwendungen berücksichtigungsfähig) zu

- Rentenversicherungen ohne Kapitalwahlrecht, die die Voraussetzungen nach § 10 Abs. 1 Nr. 2 EStG („Rürup“) nicht erfüllen;
- Rentenversicherungen mit Kapitalwahlrecht gegen laufende Beitragsleistung, wenn das Kapitalwahlrecht nicht vor Ablauf von zwölf Jahren seit Vertragsabschluss ausgeübt werden kann;
- Kapitalversicherungen gegen laufende Beitragsleistung mit Sparanteil, wenn der Vertrag für die Dauer von mindestens zwölf Jahren abgeschlossen wird (Kapitallebensversicherungen).

- **Abzugsumfang**

Höchstbetragsrechnung nach § 10 Abs. 4 für sonstige Vorsorgeaufwendungen nach § 10 Abs. 1 Nr. 3 und 3a EStG

Fall 1: Der Steuerpflichtige muss Aufwendungen für seine Krankenversorgung in **vollem Umfang allein** tragen.
→ **vorläufiger Höchstbetrag** für alle **sonstigen** Vorsorgeaufwendungen: **2.800,00 €**
(z. B. Gewerbetreibende, Freiberufler)

Fall 2: Der Steuerpflichtige muss Aufwendungen für seine Krankenversorgung **nicht ganz allein** tragen.
→ **vorläufiger Höchstbetrag** für alle **sonstigen** Vorsorgeaufwendungen: **1.900,00 €**
(z. B. Beamter (Beihilfe), Arbeitnehmer (AG-Anteil), Rentner)

Fall 3: **Bei Ehegatten:** getrennte Prüfung
→ **gemeinsamer Höchstbetrag: Summe** beider einzelnen Höchstbeträge

Aber: In allen drei Fällen **mindestens** Abzug der Beiträge nach § 10 Abs. 1 Nr. 3 EStG **(Basiskranken-/Pflegeversicherung)**

Höchstbetrag:
Vorsorgeaufwendungen im Sinne des § 10 Abs. 1 Nr. 3 und 3a EStG können grundsätzlich bis zur Höhe von 2.800,00 € abgezogen werden. Steuerpflichtigen, die ganz oder teilweise ohne eigene Aufwendungen einen Anspruch auf vollständige oder teilweise Erstattung oder Übernahme von Krankheitskosten haben oder für deren Krankenversicherung Leistungen im Sinne des § 3 Nr. 9, 14, 57 oder 62 EStG erbracht werden, steht ein Höchstbetrag von 1.900,00 € zu. Der niedrigere Abzugsbetrag greift bereits, wenn ohne eigene Aufwendungen „ganz oder teilweise" ein Anspruch auf Erstattung von Krankheitskosten besteht.

Eine zeitanteilige Aufteilung sieht das Gesetz nicht vor.

Erfüllt der Steuerpflichtige im Laufe des Veranlagungszeitraums zu irgendeinem Zeitpunkt die Voraussetzungen für den Ansatz des niedrigeren Höchstbetrags, ist dieser für den gesamten Veranlagungszeitraum anzusetzen.

Der vom Arbeitgeber für einen geringfügig Beschäftigten abgeführte Pauschalbeitrag zur gesetzlichen Krankenversicherung führt allerdings für sich genommen beim Arbeitnehmer nicht zum Ansatz des Abzugsvolumens von 1.900,00 €, da der Steuerpflichtige durch den Pauschalbeitrag keinen Anspruch aus der gesetzlichen Krankenversicherung erwirbt. Auch wenn dieser Pauschalbeitrag nach § 3 Nr. 62 EStG steuerfrei ist, wird der Beitrag nicht „für" die Krankenversicherung des Steuerpflichtigen erbracht.

Der Höchstbetrag wird je Kalenderjahr gewährt. Er ist also bereits zu gewähren, wenn der Steuerpflichtige z. B. nur für einen Teil des Jahres die Voraussetzungen für die Inanspruchnahme des Sonderausgabenabzugs erfüllt (z. B. beim Übergang von der unbeschränkten zur beschränkten Steuerpflicht im Laufe des Veranlagungszeitraums).

Der **Höchstbetrag von 1.900,00 €** gilt z. B. für

- sozialversicherungspflichtige Arbeitnehmer, für die der Arbeitgeber nach § 3 Nr. 62 EStG steuerfreie Beiträge zur Krankenversicherung leistet; dies gilt auch dann, wenn der Arbeitslohn aus einer Auslandstätigkeit aufgrund eines Doppelbesteuerungsabkommens steuerfrei gestellt wird;
- Rentner, die aus der gesetzlichen Rentenversicherung nach § 3 Nr. 14 EStG steuerfreie Zuschüsse zu den Krankenversicherungsbeiträgen erhalten;
- Rentner, bei denen der Träger der gesetzlichen Rentenversicherung Beiträge an eine gesetzliche Krankenversicherung zahlt;

- Besoldungsempfänger und gleichgestellte Personen, die von ihrem Arbeitgeber nach § 3 Nr. 11 EStG steuerfreie Beihilfen zu Krankheitskosten erhalten;
- in der gesetzlichen Krankenversicherung ohne eigene Beiträge familienversicherte Angehörige;
- Personen, die von der Künstlersozialkasse steuerfreie Zuschüsse nach § 3 Nr. 57 EStG zu ihren Krankenversicherungsbeiträgen erhalten.

Der **Höchstbetrag von 2.800,00 €** gilt für alle Steuerpflichtigen, für die nicht das gekürzte Abzugsvolumen zum Ansatz kommt. Hierbei handelt es sich z. B. um

- Selbstständige, die keinen steuerfreien Arbeitgeberzuschuss erhalten;
- Angehörige von Beihilfeberechtigten (Ehegatten, Kinder), die über den Beihilfeanspruch des Beihilfeberechtigten abgesichert sind;
- geringfügig Beschäftigte, für die der Arbeitgeber nur einen Pauschalbeitrag zur gesetzlichen Krankenversicherung leistet.

Mindestberücksichtigung der Beiträge für eine Basisabsicherung:
Der sich nach § 10 Abs. 4 Satz 1-3 EStG ergebende Abzugsbetrag ist mit den vom Steuerpflichtigen gezahlten Beiträgen für eine Basiskranken- und Pflegepflichtversicherung (§ 10 Abs. 1 Nr. 3 EStG) zu vergleichen. Sind die zu berücksichtigenden Basiskranken- und Pflegepflichtversicherungsbeiträge höher, werden nur diese als Sonderausgaben angesetzt. Weitere sonstige Vorsorgeaufwendungen können in diesem Fall nicht mehr abgezogen werden.

Berechnungsschema zur Höchstbetragsberechnung nach § 10 Abs. 4 EStG

1a		Sonstige Vorsorgeaufwendungen nach § 10 Abs. 1 Nr. 3 Buchstabe a und b EStG (Basiskranken-/Pflegeversicherung)	€
1b	+	sonstige Vorsorgeaufwendungen nach § 10 Abs. 1 Nr. 3a EStG	€
2	=	**Summe sonstige Vermögensaufwendungen**	€
3		Höchstbetrag Steuerpflichtiger nach § 10 Abs. 4 Satz 1 EStG 2.800,00 € **oder** nach § 10 Abs. 4 Satz 2 EStG 1.900,00 €	€
4	+	ggf. Höchstbetrag Ehegatte 2.800,00 € oder 1.900,00 €	€
5	=	**Summe Höchstbetrag**	€
6		vorläufiger Ansatz „sonstige Vorsorgeaufwendungen" (niedrigerer Betrag aus Zeilen 2 und 5)	€
		Prüfung: **Übersteigender Ansatz der Basiskranken-/Pflegeversicherungsbeiträge**	
7		Mindestabzug der Beiträge nach § 10 Abs. 1 Nr. 3 Buchstaben a und b EStG (Zeile 1a)	€
8		**abziehbare sonstige Vorsorgeaufwendungen** (höherer Betrag aus Zeilen 6 und 7)	€

Beispiele

a) Frau Müller ist privat krankenversichert. Sie finanziert ihre Krankenversicherung allein und zahlt im gesamten Jahr einen Krankenversicherungsbeitrag in Höhe von 2.400,00 €, von dem 10 % der Finanzierung von Komfortleistungen dienen. Auf die Basiskrankenversicherung entfällt somit ein Beitragsanteil von 2.160,00 €. Für eine Pflegepflichtversicherung hat sie 200,00 € gezahlt und andere sonstige Vorsorgeaufwendungen in Höhe von 200,00 € getätigt.

Beiträge zur Krankenversicherung	2.400,00 €	
Beiträge zur Pflegepflichtversicherung	200,00 €	
weitere sonstige Vorsorgeaufwendungen ...	200,00 €	
Summe...........	2.800,00 €	
höchstens		2.800,00 €
mindestens jedoch:		
Basiskrankenversicherung.......	2.160,00 €	
Pflegeversicherung	200,00 €	
mindestens....................		2.360,00 €
anzusetzen ist der höhere Betrag, somit		2.800,00 €

b) wie a), nur Frau Müller zahlt 4.000,00 € für ihre Krankenversicherung.

Beiträge zur Krankenversicherung	4.000,00 €	
Beiträge zur Pflegepflichtversicherung	200,00 €	
weitere sonstige Vorsorgeaufwendungen ...	200,00 €	
Summe	4.400,00 €	
höchstens		2.800,00 €
mindestens jedoch:		
Basiskrankenversicherung	3.600,00 €	
Pflegepflichtversicherung......	200,00 €	
mindestens....................		3.800,00 €
anzusetzen ist der höhere Betrag, somit		3.800,00 €

- **Günstigerprüfung**
  Die Regelungen zum Abzug von Vorsorgeaufwendungen nach § 10 Abs. 1 Nr. 2 und 3 EStG 2005 waren in bestimmten Fällen ungünstiger als nach der für das Kalenderjahr 2004 geltenden Fassung des § 10 Abs. 3 EStG. Nach § 10 Abs. 4a EStG wurde deshalb von Amts wegen bis zum Jahr 2019 eine Vergleichsrechnung durchgeführt, ob das alte Recht nicht für den Steuerpflichtigen günstiger war: **Günstigerprüfung**. Der höhere Betrag wurde berücksichtigt. Allerdings wurden für die Jahre 2011 bis 2019 die Höchstbeträge für den Vorwegabzug (§ 10 Abs. 3 Satz 1 Nr. 2 EStG 2004) schrittweise gekürzt (2020 Vorwegabzug 0,00 €, bei Zusammenveranlagung 0,00 €). Der jährliche Vorwegabzug ist der Tabelle zu § 10 Abs. 4a EStG zu entnehmen.

  Die Berechnung der abzugsfähigen Vorsorgeaufwendungen nach § 10 Abs. 3 EStG 2004 konnte nach folgendem Schema erfolgen:

Schema zur Günstigerprüfung

Schema zur Günstigerprüfung

Versicherungsbeiträge ohne zusätzliche Pflegeversicherung		€	
Beiträge zur freiwilligen Pflegeversicherung	€		
Höchstbetrag 184,00 €/184,00 €	- €		→ €
übersteigender Betrag	€	+ €	
Versicherungsbeiträge insgesamt		€	
– Vorwegabzug 2019: 300,00 € oder 600,00 €			
Kürzung des Vorwegabzuges um 16 % von € =	- €		
gekürzter Vorwegabzug	€	- €	→ €
verbleibende Vorsorgeaufwendungen		€	
– Grundhöchstbetrag: 1.334,00 € oder 2.668,00 €			
höchstens verbleibende Vorsorgeaufwendungen		- €	→ €
übersteigender Betrag		€	
– halber Grundhöchstbetrag: 50 % des übersteigenden Betrags, höchstens halber Grundhöchstbetrag 667,00 € oder 1.334,00 €		€	→ €
= abziehbare Vorsorgeaufwendungen			€

Im Rahmen der Günstigerprüfung wurden folgende **Abzugsvolumina** miteinander verglichen:

- Abzugsvolumen seit 1. Jan. 2015 (Altersvorsorgebeiträge zuzüglich sonstige Vorsorgeaufwendungen bis 1.900,00 €/ 2.800,00 €, mindestens Basiskranken- und Pflegeversicherungsbeiträge);
- Abzugsvolumen nach Rechtslage vor 2015 (gemeinsamer Höchstbetrag für Altersvorsorge- und sonstige Vorsorgeaufwendungen);
- Abzugsvolumen seit 1. Jan. 2015 und gesonderter Betrag für einen Basis-/„Rürup"-Rentenvertrag (gemeinsamer Höchstbetrag für Altersvorsorge- und sonstige Vorsorgeaufwendungen zuzüglich Sonderregelung für Beiträge zu einem Basis-/„Rürup"-Rentenvertrag).

Sonderausgabenabzug 2005 bis 2024

1. Schritt

Ermittlung der **Altersvorsorgeaufwendungen:**

	AN-Anteil gesetzliche Rentenversicherung
+	AG-Anteil gesetzliche Rentenversicherung oder steuerfreier AG-Zuschuss
+	private Aufwendungen des Steuerpflichtigen zur begünstigten Altersvorsorge
=	**Altersvorsorgeaufwendungen**

2. Schritt

Ermittlung des **maßgeblichen Höchstbetrags:**

	Höchstbetrag 25.046,00 €/50.092,00 €
–	fiktiver Gesamtbeitrag Rentenversicherung (bei Beamten etc. maximal Bemessungsgrundlage West: 82.800,00 €/Ost: 77.400,00 €)
=	**maßgeblicher Höchstbetrag**

3. Schritt

Ermittlung abziehbarer **Altersvorsorgeaufwendungen**:

niedrigerer Betrag aus dem 1. und 2. Schritt

=	maßgebliche Altersvorsorgeaufwendungen
·	**90 %** (2020) … in jedem folgenden Veranlagungszeitraum Erhöhung um 2 %
–	AG-Anteil gesetzliche Rentenversicherung/steuerfreier AG-Zuschuss zu 100 %
=	**abziehbare Altersvorsorgeaufwendungen**

4. Schritt

zuzüglich sonstige **Vorsorgeaufwendungen**
gemäß eigener Höchstbetragsberechnung, § 10 Abs. 4 EStG

5. Schritt von 2005 bis 2019:

Günstigerprüfung von Amts wegen:

Vergleich abzugsfähiger Gesamtbetrag nach neuem Recht mit Höchstbeträgen nach Rechtslage 2004 (dabei aber Abschmelzung des Vorwegabzugs seit 2011)

= **Ansatz des höheren Betrages**

Zusammenfassende Beispiele zu abziehbaren Sonderausgaben

a) Arbeitnehmer, verheiratet, ein Kind, pflichtversichert

Die Eheleute Müller haben ein Kind. Herr Müller ist in der gesetzlichen Kranken- und Rentenversicherung pflichtversichert. Der Gesamtbetrag für die gesetzliche Rentenversicherung betrug im Jahr 2020 insgesamt 7.840,00 €. Die Familie ist in der gesetzlichen Krankenversicherung beitragsfrei mitversichert. Herr Müller zahlte 3.160,00 € an die gesetzliche Krankenversicherung und 390,00 € an die gesetzliche Pflegeversicherung (ohne Berücksichtigung der steuerfreien Arbeitgeberanteile). Die Eheleute haben weitere sonstige Vorsorgeaufwendungen, z. B. Arbeitslosenversicherung in Höhe von 600,00 € sowie Haftpflicht- und Unfallversicherung in Höhe von insgesamt 800,00 € geleistet.

Wie hoch sind die bei den Eheleuten zu berücksichtigenden Vorsorgeaufwendungen?

Vorsorgeaufwendungen:

Altersvorsorge				
AN-Anteil gesetzliche RV	3.920,00 €			
AG-Anteil gesetzliche RV	3.920,00 €			
Summe		7.840,00 €		
Höchstbetrag		50.092,00 €		
zu berücksichtigen: geringerer Betrag			7.840,00 €	
davon 90 %			7.056,00 €	
abzüglich Arbeitgeberanteil			– 3.920,00 €	
Ansatz nach § 10 Abs. 3 EStG				3.136,00 €
Sonstige Vorsorgeaufwendungen:				
Krankenversicherung	3.160,00 €			
Pflegepflichtversicherung	390,00 €			
Arbeitslosenversicherung	600,00 €			
Haftpflicht-/Unfallversicherung	800,00 €			
Summe		4.950,00 €		
Höchstbetrag (2 · 1.900,00 €)		3.800,00 €	3.800,00 €	
mindestens jedoch:				
Beitrag zur Krankenversicherung	3.160,00 €			
abzüglich 4 % (Krankengeld)	– 126,00 €			
Beitrag zur Basis-Krankenversicherung		3.034,00 €		
Beitrag zur Pflegepflichtversicherung		390,00 €		
Summe Basisabsicherung			3.424,00 €	
anzusetzen nach § 10 Abs. 4 EStG			3.800,00 €	3.800,00 €
Summe abzuziehende Sonderausgaben nach § 10 Abs. 3 und 4 EStG				**6.936,00 €**

b) Arbeitnehmer, ledig, keine Kinder, pflichtversichert

Herr Schulz ist ledig und hat keine Kinder. Er ist in der gesetzlichen Kranken- und Rentenversicherung pflichtversichert. Der Gesamtbetrag für die gesetzliche Rentenversicherung betrug im Jahr 2020 insgesamt 2.940,00 €. An die gesetzliche Krankenversicherung zahlte er 1.185,00 € und 184,00 € an die gesetzliche Pflegeversicherung (ohne Berücksichtigung der steuerfreien Arbeitgeberanteile). Er hat außerdem weitere sonstige Vorsorgeaufwendungen, z. B. Arbeitslosenversicherung in Höhe von 225,00 €, sowie Haftpflicht- und Unfallversicherung in Höhe von 500,00 € geleistet.

Wie hoch sind die bei Herrn Schulz zu berücksichtigenden Vorsorgeaufwendungen?

→

Vorsorgeaufwendungen:				
Altersvorsorge				
AN-Anteil gesetzliche RV	1.470,00 €			
AG-Anteil gesetzliche RV	1.470,00 €			
Summe		2.940,00 €		
Höchstbetrag		25.046,00 €		
zu berücksichtigen: geringerer Anteil			2.940,00 €	
davon 90 %			2.646,00 €	
abzüglich Arbeitgeberanteil			– 1.470,00 €	
Ansatz nach § 10 Abs. 3 EStG				1.176,00€
Sonstige Vorsorgeaufwendungen:				
Krankenversicherung	1.185,00 €			
Pflegepflichtversicherung	184,00 €			
Arbeitslosenversicherung	225,00 €			
Haftpflicht-/Unfallversicherung	500,00 €			
Summe		2.094,00 €		
Höchstbetrag		1.900,00 €	1.900,00 €	
mindestens jedoch:				
Beitrag zur Krankenversicherung	1.185,00 €			
abzüglich 4 % (Krankengeld)	– 47,00 €			
Beitrag zur Basis-Krankenversicherung		1.138,00 €		
Beitrag zur Pflegepflichtversicherung		184,00 €		
Summe Basisabsicherung			1.322,00 €	
anzusetzen nach § 10 Abs. 4 EStG			1.900,00 €	1.900,00 €
Summe abzuziehende Sonderausgaben nach § 10 Abs. 3 und 4 EStG				**3.076,00 €**

c) Selbstständig, alleinerziehend, zwei Kinder

Herr Meier ist alleinerziehender Vater zweier Kinder. Er ist als selbstständiger Gewerbetreibender im Einzelhandel tätig. Im Jahr 2020 erzielte er einen Gewinn in Höhe von 40.000,00 €. Weitere Einkünfte erzielte er nicht. Er hat sich und seine Kinder in einer privaten Krankenversicherung abgesichert. Er zahlt hierfür einen Jahresbeitrag von 7.920,00 € (4.320,00 € für sich und für seine Kinder jeweils 1.800,00 €). In seiner Krankenversicherung hat er Komfortleistungen von 20 %, bei seinen Kindern von 5 % des Beitrags abgesichert. Für die private Pflegepflichtversicherung hat er 480,00 € gezahlt und außerdem sonstige Vorsorgeaufwendungen in Höhe von 700,00 € geleistet. Beiträge für eine nach § 10 Abs. 1 Nr. 2 EStG begünstigte Altersvorsorge hat er nicht geleistet.

Wie hoch sind die bei Herrn Meier zu berücksichtigenden Vorsorgeaufwendungen?

Vorsorgeaufwendungen:

Altersvorsorge .... 0,00 €

Sonstige Vorsorgeaufwendungen:				
Krankenversicherung	7.920,00 €			
Pflegepflichtversicherung	480,00 €			
Haftpflichtversicherung u. a.	700,00 €			
Summe		9.100,00 €		
Höchstbetrag		2.800,00 €	2.800,00 €	
mindestens jedoch:				
Beitrag private KV (Herr Meier)	4.320,00 €			
Komfortleistungen (20 %)	– 864,00 €			
Basiskrankenversicherung (Herr Meier)		3.456,00 €		
Beiträge private KV (Kinder)	3.600,00 €			
Komfortleistungen (5 %)	– 180,00 €			
Basiskrankenversicherung Kinder		3.420,00 €		
Summe Basiskrankenversicherung		6.876,00 €		
Beitrag zur Pflegepflichtversicherung		480,00 €		
Summe Basisabsicherung			7.356,00 €	
anzusetzen nach § 10 Abs. 4 EStG			7.356,00 €	7.356,00 €
Summe abzuziehende Sonderausgaben nach § 10 Abs. 3 und 4 EStG				**7.356,00 €**

- **Verfahren**

Einwilligung zur Datenübermittlung:
Grundsätzlich werden nur Beiträge steuerlich berücksichtigt, die dem Finanzamt elektronisch übermittelt werden.

In diese Übermittlung hat der Steuerpflichtige grundsätzlich schriftlich einzuwilligen.

Damit erlaubt der Steuerpflichtige seiner Krankenversicherung, die erforderlichen Daten an das Finanzamt zu melden und hierzu die Identifikationsnummer zu verwenden. Die Einwilligung gilt bis zu einem Widerruf auch für die folgenden Beitragsjahre. Ein schriftlicher Widerruf ist bis zum Beginn eines Beitragsjahres beim Versicherungsunternehmen möglich.

Bei Steuerpflichtigen, deren Kranken- und Pflegepflichtversicherungsbeiträge bereits mit der elektronischen Lohnsteuerbescheinigung oder der Rentenbezugsmitteilung an die Finanzverwaltung übermittelt werden, gilt die Einwilligung als erteilt. Die Übermittlung erfolgt dann mit der Lohnsteuerbescheinigung bzw. mit der Rentenbezugsmitteilung.

Bestand das Versicherungsverhältnis für die Kranken- und Pflegepflichtversicherungen bereits vor dem 1. Jan. 2010, dann gilt im Rahmen einer Übergangsregelung die erforderliche Einwilligung auch in anderen Fällen grundsätzlich als erteilt.

Voraussetzung hierfür ist jedoch eine schriftliche Information insbesondere der privaten Krankenversicherungsunternehmen an den Steuerpflichtigen, dass von einer Einwilligung zur Datenübermittlung ausgegangen wird.

Hierfür müssen die Identifikationsnummer verwendet und die Daten an die zentrale Stelle (§ 81 EStG) übermittelt werden.

Der Steuerpflichtige kann dem beabsichtigten Verfahren innerhalb von vier Wochen nach Erhalt des Informationsschreibens schriftlich widersprechen. Die Informationsverpflichtung gilt auch für die Träger der gesetzlichen Krankenversicherung und die Künstlersozialkasse, soweit die entsprechenden Beitragsangaben nicht im Rahmen der elektronischen Lohnsteuerbescheinigung an die Finanzbehörde übermittelt werden.

Wird ein Versicherungsverhältnis für eine Kranken- oder Pflegepflichtversicherung nach dem 31. Dez. 2009 begründet, ist eine schriftliche Einwilligung des Steuerpflichtigen in die Datenübermittlung erforderlich. Diese kann der Steuerpflichtige allerdings bereits bei Abschluss eines entsprechenden Versicherungsvertrags abgeben.

Hinweis:
Die Einwilligung zur Datenübermittlung muss nicht zwangsläufig bei Vertragsbeginn abgegeben werden. Es ist ausreichend, wenn sie innerhalb einer Frist von zwei Jahren nach Ablauf des betreffenden Beitragsjahres beim Träger der Krankenversicherung, dem Krankenversicherungsunternehmen oder der Künstlersozialkasse erteilt wird.

Die daraufhin vom Versicherungsunternehmen übermittelten Beitragsdaten werden auch dann noch steuerlich berücksichtigt, wenn ein bereits bestandskräftiger Einkommensteuerbescheid vorliegt (siehe § 10 Abs. 2a Satz 9 EStG).

Übermittlungsarten:
Für die Datenübermittlung sollen bereits bestehende Datenwege verwendet werden. Neben den Übermittlungswegen der elektronischen Lohnsteuerbescheinigung und der Rentenbezugsmitteilung sollen die Beitragsdaten in anderen Fällen von den Krankenversicherungsunternehmen an die zentrale Stelle (§ 81 EStG) übermittelt werden, die bereits den Datenabgleich bei der Riesterförderung vornimmt.

Die Übermittlung der Daten erfolgt damit auf folgenden Wegen:

- Bei Arbeitnehmern übermittelt der Arbeitgeber die Lohnsteuerbescheinigung auf elektronischem Wege an das Finanzamt. In der Lohnsteuerbescheinigung werden seit dem Veranlagungsjahr 2010 auch getrennt die Beiträge mitgeteilt, die der Arbeitnehmer an die gesetzliche Kranken- und Pflegeversicherung geleistet hat (§ 41b Abs. 1 Satz 2 Nr. 13 EStG). Dies gilt auch für freiwillig versicherte Arbeitnehmer, bei denen der Arbeitgeber entsprechende Beiträge abführt und mit der elektronischen Lohnsteuerbescheinigung übermittelt (sogenannte Firmenzahler). Die entsprechenden Angaben kennt der Arbeitgeber, da er zur Abführung der Beiträge verpflichtet ist.
- Bei den Beziehern z. B. einer Rente aus der gesetzlichen Rentenversicherung wird in der Regel der Beitrag zur gesetzlichen Kranken- und Pflegeversicherung unmittelbar vom Rentenversicherungsträger einbehalten und abgeführt. Aus diesem Grund werden die entsprechenden Daten zusammen mit der Rentenbezugsmitteilung vom Träger der gesetzlichen Rentenversicherung an die Finanzverwaltung übermittelt. Dabei ist nach Ergänzung des § 22a Abs. 1 Satz 1 Nr. 5 EStG der individualisierte Beitragsanteil der Kranken- und Pflegeversicherung mitzuteilen.
- Bei den anderen gesetzlich Kranken- und Pflegeversicherten (sogenannten Selbstzahlern) übermittelt der Träger der gesetzlichen Krankenversicherung die Daten unmittelbar an die Finanzverwaltung (zentrale Stelle). Dies gilt auch für unmittelbar von Steuerpflichtigen erhobene Zusatzbeiträge und individuelle Beitragserstattungen.
- Die Beitragsdaten der privat Kranken- und Pflegepflichtversicherten sind durch die Versicherungsunternehmen an die Finanzverwaltung (zentrale Stelle) zu übermitteln.

Hinweis:
Einen **Sonderfall** stellt die **Künstlersozialkasse** dar. Diese ist – vereinfacht ausgedrückt – die Sozialversicherung von selbstständigen Künstlern, obwohl sie selbst keine Krankenkasse, Krankenversicherung oder Pflegeversicherung ist. Sie verwaltet lediglich die eingehenden Beiträge der Versicherten, die Beiträge von „Verwendern" wie Firmen sowie die Beiträge vom Bund und führt diese an die Krankenversicherung, also an den Gesundheitsfonds und die Sozialversicherungsträger, ab. Da die Künstlersozialkasse die Beiträge an den Gesundheitsfonds abführt und dieser die zuständige Krankenkasse nicht über die vom einzelnen Versi-

cherten geleisteten Beiträge informiert, hat der Gesetzgeber auch die Künstlersozialkasse selbst verpflichtet, die Basiskrankenversicherungsbeiträge an die zentrale Stelle zu übermitteln.

Übermittlungsverfahren:
Im Rahmen der Datenübermittlung sind von den Versicherungsunternehmen bis zum 28. Febr. des dem Beitragsjahr folgenden Jahres folgende Daten mitzuteilen:

- die Höhe der jeweiligen im Beitragsjahr geleisteten und erstatteten Beiträge zur Basiskrankenversicherung und zur Pflegepflichtversicherung;
- die Vertrags- oder Versicherungsdaten;
- das Datum der Einwilligung;
- die Identifikationsnummer des Steuerpflichtigen.

Die Träger der gesetzlichen Krankenversicherung müssen hingegen nur Beitragsdaten übermitteln, die nicht bereits mit der elektronischen Lohnsteuerbescheinigung vom Arbeitgeberoderim Rentenbezugsmitteilungsverfahren durch die Rentenversicherungsträger übermittelt werden. Hierbei handelt es sich z. B. um eventuelle Zusatzbeiträge, die von der gesetzlichen Krankenversicherung unmittelbar vom Steuerpflichtigen erhoben werden.

Die Steuerpflichtigen sind über die Datenübermittlung an die Finanzverwaltung von den Übermittlern der Daten zu informieren.

Sofern dies nicht im Rahmen eines Ausdrucks der elektronischen Lohnsteuerbescheinigung oder in einer Mitteilung über das Rentenbezugsmitteilungsverfahren erfolgt, hat der Träger der gesetzlichen Krankenversicherung oder das Versicherungsunternehmen seine Kunden unmittelbar über die Höhe der gemeldeten Beiträge zu unterrichten.

Die Identifikationsnummer erfahren die Träger der gesetzlichen Krankenversicherung bzw. die Versicherungsunternehmen grundsätzlich vom Steuerpflichtigen selbst. Dies gilt zumindest, wenn das Versicherungsverhältnis für eine Kranken- oder Pflegepflichtversicherung nach dem 31. Dez. 2009 begründet wird.

Für den Verfahrensstart ist zur Vereinfachung der Abläufe geregelt, dass die Träger der gesetzlichen Krankenversicherung und die Versicherungsunternehmen die für die Datenübermittlung erforderlichen Identifikationsnummern ihrer Versicherten direkt beim Bundeszentralamt für Steuern erfragen können, wenn das Versicherungsverhältnis für eine Kranken- oder Pflegepflichtversicherung bereits vor dem 1. Jan. 2010 bestanden hat. Hierfür ist – wie beim Rentenbezugsmitteilungsverfahren und der Datenübermittlung der Beiträge zu Basis-/„Rürup"-Verträgen – die Abfragemöglichkeit über die zentrale Stelle (§ 81 EStG) beim Bundeszentralamt für Steuern vorgesehen.

Besonderheiten:
Bei Trägern einer ausländischen Krankenversicherung, eines ausländischen Krankenversicherungsunternehmens oder eines im Ausland ansässigen Arbeitgebers lässt die Finanzverwaltung den Beitragsnachweis faktisch durch eine Bescheinigung zu, die mit der Einkommensteuererklärung einzureichen ist. In diesen Fällen sowie bei fehlender Beitragsübermittlung von Krankenversicherungsunternehmen wegen technischer Probleme geht die Finanzverwaltung davon aus, dass die nach § 10 Abs. 2a Satz 1 EStG erforderliche Einwilligung grundsätzlich vorliegt. Daher kann es in den genannten Ausnahmefällen auch ab dem Veranlagungszeitraum 2010 zu einem Beitragsnachweis in Papierform kommen.

Die Datenübermittlung für die Basiskranken- und Pflegepflichtversicherungsbeiträge soll bis zum 28. Febr. des dem Beitragsjahr folgenden Jahres abgeschlossen sein, damit die Beiträge in der Einkommensteuerveranlagung berücksichtigt werden können.

In den Fällen einer Einwilligung zur Datenübermittlung erst nach Ablauf des Beitragsjahres, jedoch innerhalb von zwei Jahren nach Ablauf des betreffenden Beitragsjahres beim Träger der Krankenversicherung bzw. dem Krankenversicherungsunternehmen, werden die Beitragsdaten erst bis zum Ende des auf die Einwilligung folgenden Kalendervierteljahres übermittelt.

Eine spätere Datenübermittlung erfolgt auch, wenn die Träger der gesetzlichen Krankenversicherung bzw. die Krankenversicherungsunternehmen feststellen, dass die bereits übermittelten Daten unzutreffend sind oder die Voraussetzungen für eine Datenübermittlung gar nicht vorlagen. In diesen Fällen wird durch die Änderungsvorschrift des § 10 Abs. 2a Satz 8 EStG sichergestellt, dass auch bestandskräftige Steuerbescheide noch geändert werden können.

AUFGABEN

1. Wie können Ausgaben eingeteilt werden?
2. Was sind Sonderausgaben?
3. Wie können die Sonderausgaben eingeteilt werden?
4. Welche Aufwendungen gehören zu den Vorsorgeaufwendungen im Sinne des § 10 Abs. 1 Nr. 2 EStG?
5. Im Rahmen welcher Höchstbeträge sind die Vorsorgeaufwendungen (siehe Aufgabe 4) abzugsfähig?
6. Welche Höchstbeträge können für sonstige Vorsorgeaufwendungen abgezogen werden?

4.6.1.2 Zusätzliche Altersvorsorge

Seit dem Veranlagungszeitraum 2002 fördert der Staat die zusätzliche Altersvorsorge durch Zulagen nach § 83 EStG (Grundzulage und Kinderzulage nach § 84 EStG) oder durch den Sonderausgabenabzug nach § 10a EStG.

Die Steuerpflichtigen haben allerdings kein Wahlrecht ob Zulage oder Sonderausgabenabzug gewährt wird, sondern im Veranlagungsverfahren wird von Amts wegen in einer Günstigerprüfung festgestellt (wie beim Kindergeld, alternativ Freibeträge für Kinder), welche Alternative für die Steuerpflichtigen günstiger ist.

Zum begünstigten Personenkreis gehören alle Steuerpflichtigen, die Pflichtbeiträge zur gesetzlichen Rentenversicherung zahlen und ihnen gleichgestellte Personen wie z. B. Bezieher von Lohnersatzleistungen (Arbeitslosengeld, Krankengeld), Beamte und Wehr- bzw. Zivildienstleistende oder Geringfügig Beschäftigte, die auf die Versicherungsfreiheit verzichtet haben. Auch die Ehegatten der berechtigten Personen gehören zu den Begünstigten.

Die staatliche Zulage oder der mögliche Sonderausgabenabzug hängen wechselseitig voneinander ab, denn die Zulage ist abhängig von den Höchstbeträgen des § 10a Abs. 1 EStG. Andererseits kann der Sonderausgabenabzug nur gewährt werden, wenn der Steuerpflichtige einen Altersvorsorgevertrag bei einem entsprechenden Anbieter abgeschlossen (siehe auch § 82 EStG) und einen Antrag auf Zulagezahlung gestellt hat.

Bei der Berechnung der berücksichtigungsfähigen Sonderausgaben sind folgende Beträge von Bedeutung:

Veranlagungszeitraum	Höchstbeträge § 10a	Grundzulage § 84	Kinderzulage § 85
ab 2018	2.100,00 €	175,00 €	185,00 €

Für ein nach dem 31. Dez. 2007 geborenes Kind erhöht sich die Kinderzulage von 185,00 € auf 300,00 €.

Für Zulageberechtigte, die zu Beginn des Beitragsjahres das 25. Lebensjahr noch nicht vollendet haben, erhöht sich die Grundzulage um einmalig 200,00 €.

Um eine Zulage bekommen zu können, ist mindestens 60,00 € als Eigenbetrag zu entrichten.

Um die vollen Zulagen zu erhalten oder gegebenenfalls den höchstmöglichen Sonderausgabenabzug, müssen die Steuerpflichtigen in den betreffenden Veranlagungszeiträumen mit ihren Vorsorgebeiträgen auf einen Mindesteigenbeitrag (§ 86 EStG) kommen. Dieser Mindesteigenbeitrag knüpft prozentual an die rentenversicherungspflichtigen Einnahmen bzw. an der Besoldung des Vorjahres an, wird allerdings durch die Höchstbeträge des § 10a EStG begrenzt. Da der Mindesteigenbeitrag sich aus der eigenen Sparleistung und den Zulagen zusammensetzt, ist der Mindesteigenbeitrag im jeweiligen Veranlagungszeitraum begrenzt. Leisten Steuerpflichtige weniger als den Mindesteigenbeitrag, so wird die Zulage anteilig gekürzt.

		Mindesteigenbeiträge ...		
Veranlagungszeitraum	mindestens vom Arbeitslohn	ohne Kind höchstens	mit 1 Kind höchstens	mit 2 Kindern höchstens
ab 2018	4 %	1.925,00 €[1]	1.740,00 €	1.555,00 €

Bedingt durch die Progression des Steuertarifs (14 % bis 45 %) fällt die Steuerermäßigung bei größerem Einkommen höher aus. Zusätzliches Sparen wird belohnt, da damit der Sonderausgabenabzug erhöht werden kann.

Beispiel

Die ledige Steuerfachangestellte Heisler hat im Vorjahr einen rentenversicherungspflichtigen Bruttoarbeitslohn von 22.000,00 € bezogen. Der Mindesteigenbeitrag im Jahr 2020 beträgt damit 880,00 € (4 % vom Arbeitslohn des Vorjahres). Frau Heisler muss daher einen Beitrag i. H. v. 705,00 € zahlen, um die Zulage von 175,00 € nach § 84 EStG zu erhalten. Die erforderlichen Verträge und Anträge liegen vor. Die Grundtabellen-Grenzbelastung für die letzten 705,00 € beträgt z. B. 27,49 %. Die Steuerersparnis beträgt etwa 193,00 €. Die Veranlagungsstelle wird daher 193,00 € – 175,00 € = 18,00 € als Steuerermäßigung gesondert festgestellt gutschreiben und die Zulage von 175,00 € an das Unternehmen überweisen bei dem der Altersvorsorgevertrag geführt wird.

VERTIEFENDE ÜBUNGEN

Übungen 1 bis 4: Vorsorgeaufwendungen

1. **Wie viel Euro betragen die Vorsorgeaufwendungen?**

   Eine ledige Angestellte, geb. 11. Dez. 1976 in Stuttgart, weist für 2020 die folgenden Aufwendungen nach:

   a) Rentenversicherung .... 3.660,00 €
   b) Bausparbeiträge .... 300,00 €
   c) freiwillige Pflegeversicherung 390,00 €
   d) Zinsen für Baudarlehen ..... 2.000,00 €
   e) Spende an das Rote Kreuz ... 10,00 €
   f) private Haftpflichtversicherung 35,00 €
   g) Hausratversicherung .... 45,00 €
   h) Sterbegeldversicherung ..... 12,00 €
   i) Lebensversicherung (100 %) (§ 10 Abs. 1 Nr. 3a EStG) 102,00 €
   j) Pkw-Haftpflichtversicherung.. 240,00 €
   k) Reisegepäckversicherung.... 16,00 €
   l) Kirchensteuer............... 220,00 €

2. **Ermitteln Sie in den folgenden Fällen die abzugsfähigen Vorsorgeaufwendungen.**

Fall 1:
Für den Arbeitnehmer Hans Bauten, 31 Jahre alt, liegen folgende Abrechnungsdaten für 2020 vor:

a)
Rentenversicherung .... 1.726,00 €
Sonstige Vorsorgeaufwendungen .... 2.014,00 €

b)
Rentenversicherung .... 2.139,00 €
Sonstige Vorsorgeaufwendungen .... 2.495,00 €

c)
Rentenversicherung .... 3.627,00 €
Sonstige Vorsorgeaufwendungen .... 4.229,00 €

Fall 2:
Achim Sober, 42 Jahre, ist Industriekaufmann. Seine Frau Annemarie, 36 Jahre alt, ist Steuerfachangestellte. Die Eheleute machen folgende Sonderausgaben für 2020 geltend.

→

1 2.100,00 € – 175,00 € Grundzulage

Beiträge zur gesetzlichen Rentenversicherung:
Achim Sober .... 4.212,00 €
Annemarie Sober .... 2.750,00 €
Beiträge zur Sozialversicherung (ohne RV):
Achim Sober .... 4.975,00 €
Annemarie Sober .... 3.272,00 €
Beiträge zur Altersvorsorge nach § 10 Abs. 1 Nr. 2 Buchstabe b EStG:
Achim Sober .... 2.160,00 €
Annemarie Sober .... 1.500,00 €
Lebensversicherungsbeiträge (100 %) (§ 10 Abs. 1 Nr. 3a EStG):
Annemarie Sober .... 625,00 €
freiwillige Krankenversicherung: (ohne Komfortleistung)
Achim Sober .... 540,00 €
Haftpflichtversicherung:
Annemarie Sober .... 380,00 €

Fall 3:
Ermitteln Sie die abzugsfähigen Vorsorgeaufwendungen des ledigen Gewerbetreibenden Helmut Lange, Koblenz für 2020. Lange macht als Sonderausgaben geltend:

Beiträge zur Rentenversicherung nach § 10 Abs. 1 Nr. 2 Buchstabe b EStG.................. 2.520,00 €
Beiträge für private Haftpflichtversicherung .... 185,00 €
Lebensversicherungsbeiträge (100 %) (§ 10 Abs. 1 Nr. 3a EStG) .... 2.159,00 €
Beiträge zur privaten Krankenversicherung .... 3.750,00 €
Gebäudeversicherung .... 130,00 €
Krankenhaustagegeldversicherung 90,00 €

Fall 4:
Der selbstständige Architekt Tom Kraus, 45 Jahre alt, und seine Frau Thea, 40 Jahre alt, machen für 2020 folgende Sonderausgaben geltend:

Beiträge zum berufsständischen Versorgungswerk Tom Kraus... 15.000,00 €
Beiträge zur kapitalgedeckten Altersvorsorge Thea Kraus..... 2.520,00 €
private Krankenversicherung (Komfortleistung 10 %):
Tom Kraus .... 6.960,00 €
Thea Kraus.................. 7.560,00 €
Kapitallebensversicherung mit Kapital-Wahlrecht 2005 abgeschlossen (100 %):
Thea Kraus.................. 625,00 €
freiwillige Pflegeversicherung:
Tom Kraus .... 260,00 €
Thea Kraus.................. 260,00 €
Unfallversicherung Tom Kraus . 250,00 €
Haftpflichtversicherung Tom Kraus 450,00 €

3. Ermitteln Sie die abzugsfähigen Vorsorgeaufwendungen für 2020 des Textilwarenhändlers Günter Meineke, Krefeld.

Meineke ist mit Eva geb. Koch verheiratet. Aus der Ehe sind zwei Kinder hervorgegangen. Die Kinder sind 13 und 15 Jahre alt. Die Ehefrau ist bei einer Maschinenfabrik als Sekretärin tätig.

Die Ehegatten werden zusammen veranlagt. Folgende Aufwendungen werden für den Veranlagungszeitraum als Sonderausgaben geltend gemacht:

Sozialversicherung der Ehefrau 4.989,00 €
davon Arbeitnehmeranteil zur Rentenversicherung .... 2.324,00 €
Lebensversicherungsbeiträge (100 %) (§ 10 Abs. 1 Nr. 3a EStG) .... 2.352,00 €
freiwillige Krankenversicherung (Komfortleistung 105,00 €)..... 2.905,00 €
Bausparbeiträge .... 800,00 €
Haftpflichtversicherung für Privat-Kfz .... 290,00 €
Kaskoversicherung für Privat-Kfz (Diebstahl, Brand)............ 70,00 €
Hausratversicherung.......... 85,00 €

4. Wie hoch sind die abzugsfähigen Vorsorgeaufwendungen für den Veranlagungszeitraum 2020?

Ein Beamter, geb. 20. Juli 1976, wird mit seiner Ehefrau, geb. 12. Aug. 1977, die kaufmännische Angestellte ist, zusammen veranlagt. Das Gehalt des Ehemannes betrug brutto 43.000,00 €. Folgende Aufwendungen werden für den Veranlagungszeitraum als Sonderausgaben geltend gemacht:

Sozialversicherungsbeiträge der Ehefrau.................... 3.416,00 €
davon Arbeitnehmeranteil zur Rentenversicherung .... 1.592,00 €
Krankenversicherungsbeiträge (Komfortleistung 115,00 €) ...... 2.615,00 €
Sterbegeldversicherung .... 45,00 €
Haftpflichtversicherung .... 105,00 €
zusätzliche freiwillige Pflegeversicherung der Ehefrau .... 203,00 €

4.6.2 Übrige Sonderausgaben

Zu den übrigen Sonderausgaben gehören:

- Aufwendungen im Sinne des § 10 Abs. 1 und 1a EStG, die keine Vorsorgeaufwendungen (Versicherungsbeiträge) sind (siehe dieses Kap.), und
- Spenden im Sinne des § 10b EStG (siehe Kap. 4.6.3).

Zu den Aufwendungen im Sinne des § 10 Abs. 1 und 1a EStG, die keine Vorsorgeaufwendungen sind, gehören:

1. Unterhaltsleistungen an den geschiedenen bzw. dauernd getrennt lebenden Ehegatten (§ 10 Abs. 1a Nr. 1 EStG),
2. Renten und dauernde Lasten (§ 10 Abs. 1a Nr. 2 EStG),
3. gezahlte Kirchensteuer (§ 10 Abs. 1 Nr. 4 EStG),
4. Kinderbetreuungskosten (§ 10 Abs. 1 Nr. 5 EStG, Erläuterung und Darstellung siehe Kap. 4.7.5),
5. Ausbildungskosten (§ 10 Abs. 1 Nr. 7 EStG) und
6. 30 % des Schulgeldes, das der Steuerpflichtige für ein Kind, für das er einen Kinderfreibetrag oder Kindergeld erhält, für den Besuch einer genehmigten Privatschule entrichtet (§ 10 Abs. 1 Nr. 9 EStG).

❶ Unterhaltsleistungen

Nach § 10 Abs. 1a Nr. 1 EStG können Unterhaltsleistungen an den geschiedenen oder dauernd getrennt lebenden Ehegatten als Sonderausgaben abgezogen werden, wenn sie beim Empfänger als sonstige Einkünfte nach § 22 Nr. 1a EStG erfasst werden (siehe Kap. 4.4.7.2). Diese Regelung ist auf den Höchstbetrag von 13.805,00 € im Jahr begrenzt (begrenztes Realsplitting). Sie ist nur anwendbar, wenn der Zahlende beim Finanzamt einen entsprechenden Antrag stellt und der Empfänger der Unterhaltsleistungen diesem Antrag zustimmt.

Der Antrag gilt jeweils ein Jahr, die Zustimmung des Empfängers (Anlage U zur Einkommensteuer-Erklärung) bindet grundsätzlich auf Dauer, kann aber vor Beginn des Kalenderjahres, für das sie gelten soll, widerrufen werden. Durch den Höchstbetrag von 13.805,00 € sind alle Kosten, auch etwaige Ausbildungskosten, für den dauernd getrennt lebenden oder geschiedenen Ehegatten abgegolten.

Werden Unterhaltsleistungen an mehrere Ehegatten gezahlt, so gilt der Höchstbetrag von 13.805,00 € für die Leistungen an jeden Empfänger (R 10.2 Abs. 3 EStR).

Für die Geltendmachung der Unterhaltsleistungen als Sonderausgaben ist es ohne Bedeutung, ob sie auf einer gesetzlichen Unterhaltspflicht oder auf freiwilliger Vereinbarung beruhen (H 10.2 [Unterhaltsleistungen] EStH).

Der Höchstbetrag wird auch dann angesetzt, wenn die Unterhaltsleistungen nicht das ganze Jahr über erbracht worden sind.

Beispiel

Ein Steuerpflichtiger hat seiner geschiedenen Ehefrau im Veranlagungsjahr für die Zeit vom 1. Juni bis 31. Dez. monatlich 2.100,00 € Unterhalt gezahlt. Von den Unterhaltsleistungen in Höhe von 14.700,00 € kann der Steuerpflichtige auf Antrag 13.805,00 € als Sonderausgaben abziehen, wenn seine geschiedene Ehefrau dem Antrag zustimmt. Die Folge ist, dass die geschiedene Ehefrau den Betrag von 13.805,00 € nach Abzug der Werbungskosten (Pauschbetrag 102,00 €) als sonstige Einkünfte nach § 22 Nr. 1a EStG versteuern muss.

Wird der Antrag auf Sonderausgabenabzug der Unterhaltsleistungen nicht gestellt, können die Unterhaltsleistungen nur als außergewöhnliche Belastung nach § 33a EStG geltend gemacht werden (siehe Kap. 4.8.2.1).

> **Übung 1, Seite 405, Fall 1**

❷ Renten und dauernde Lasten

Bei den Renten, die vom Zahlenden als Sonderausgaben abgezogen werden können, handelt es sich hauptsächlich um Leibrenten.

Leibrenten sind wiederkehrende Bezüge, deren Dauer von der Lebenszeit einer natürlichen Person abhängt. Da diese unbestimmt ist, sind Leibrenten stets mit einem Wagnis verbunden. Es muss sich um gleichmäßige Zuwendungen handeln, die periodisch wiederkehren und auf einem einheitlichen Stammrecht (Rentenrecht) beruhen.

Leibrenten sind nur mit dem Besteuerungsanteil als Sonderausgaben abzugsfähig, weil der Empfänger der Rente ebenfalls nur den Besteuerungsanteil versteuern muss (§ 22 Nr. 1 EStG).

Dauernde Lasten sind wiederkehrende, nach Zahl oder Wert abänderbare Aufwendungen (nicht regelmäßig und nicht gleichmäßig), die ein Steuerpflichtiger in Geld oder Sachwerten für längere Zeit (mindestens zehn Jahre) einem anderen gegenüber aufgrund einer rechtlichen Verpflichtung zu erbringen hat (H 10.3 EStH). Nach dem sogenannten „Korrespondenzprinzip" sind dauernde Lasten grundsätzlich als Sonderausgaben voll abzugsfähig, wenn sie auf der Empfängerseite auch als sonstige Einkünfte nach § 22 Nr. 1 EStG voll zu versteuern sind (BFH-Urteil vom 26. Juli 1995 – BStBI 1996 II S. 157). Beachten Sie dazu auch BMF, Schreiben vom 23. Dez. 1996, IV B 3 – S 2257 – 54/96, BStBl I 1996 S. 1508.

Renten und dauernde Lasten, die mit steuerbefreiten Einkünften in wirtschaftlichem Zusammenhang stehen, können nicht als Sonderausgaben abgezogen werden. Das gilt grundsätzlich auch für Renten und dauernde Lasten, die freiwillig oder aufgrund einer freiwillig begründeten Rechtspflicht geleistet werden und für Zuwendungen an eine gegenüber dem Steuerpflichtigen oder seinem Ehegatten gesetzlich unterhaltsberechtigte Person oder an deren Ehegatten (siehe auch R 10.3 EStR).

Beispiele

a) Werner Schulz ist nach einem Betriebsunfall arbeitsunfähig. Er erhält aus der Unfallversicherung eine Leibrente von monatlich 1.425,00 €.

Bei der Leibrente handelt es sich zwar um wiederkehrende Bezüge im Sinne des § 22 Nr. 1 EStG, allerdings sind diese nicht steuerpflichtig, sondern steuerfrei nach § 3 Nr. 1 Buchstabe a EStG.

b) Der Hamburger Kaufmann Peter Laak überweist seinem Patenkind Jochen Abel eine monatliche Unterstützung zum Studium in Höhe von 300,00 €.

Die wiederkehrenden Bezüge sind nicht steuerpflichtig, weil sie aufgrund einer freiwillig begründeten Rechtspflicht gewährt werden und der Geber unbeschränkt steuerpflichtig ist (§ 22 Nr. 1 Satz 2 EStG).

c) Die verstorbene Maria Borsig hat ihren Neffen Peter Borsig in ihrem Testament als Haupterben eingesetzt. Peter Borsig hat das Erbe angenommen und muss laut testamentarischer Anordnung 25 Jahre lang die Grabpflegekosten der verstorbenen Tante übernehmen. Er beauftragt damit eine Friedhofsgärtnerei. Dabei stellt sich heraus, dass die Grabpflegekosten höher sind als das übernommene Erbe. Der übersteigende Teil ist eine dauernde Last im Sinne des § 10 Abs. 1a Nr. 2 EStG.

d) Ralf Fern hat von Frau Luise Uller ein Mehrfamilienhaus gegen eine lebenslange als dauernde Last zu beurteilende monatliche Zahlung von 3.000,00 € erworben.

Die monatlichen Zahlungen an Frau Uller sind in einen Zinsanteil und einen Besteuerungsanteil aufzuteilen. Nur in Höhe des Besteuerungsanteiles liegen Sonstige Einkünfte im Sinne des § 22 Nr. 1 Satz 3 EStG vor. In Höhe des Zinsanteils liegen Einkünfte aus Kapitalvermögen nach § 20 Abs. 1 Nr. 7 EStG vor (siehe auch BMF-Schreiben vom 23. Dez. 1996, BStBl I 1996 S. 1508).

Bei Fern führt die dauernde Last zu Anschaffungskosten in Höhe von des Barwertes nach § 14 BewG i. V. m. Anlage 9 zum BewG. Auch hier muss in einen Kapitalanteil und Zinsanteil der Zahlungen getrennt werden, denn nur der Zinsanteil führt zu Werbungskosten bei den Einkünften aus Vermietung und Verpachtung.

❸ Gezahlte Kirchensteuer

Kirchensteuern im Sinne des § 10 Abs. 1 Nr. 4 EStG sind Geldleistungen, die von den als Körperschaften des öffentlichen Rechts anerkannten Religionsgemeinschaften von ihren Mitgliedern aufgrund gesetzlicher Vorschriften erhoben werden (H 10.7 EStH).

Der Steuerpflichtige kann die in einem Veranlagungszeitraum gezahlte Kirchensteuer abzüglich der in diesem Veranlagungszeitraum erstatteten Beträge nach § 10 Abs. 1 Nr. 4 EStG als Sonderausgaben abziehen ohne Rücksicht darauf, für welchen Zeitraum die Kirchensteuer entrichtet worden ist.

Beispiel

Ein Steuerpflichtiger hat im Veranlagungszeitraum (Kalenderjahr) 2019 Kirchensteuervorauszahlungen von insgesamt 1.000,00 € geleistet. Im Jan. d. J. ist dem Steuerpflichtigen der Einkommensteuerbescheid 2017 zugestellt worden. Danach ergab sich eine Nachzahlung an Kirchensteuer von 180,00 €. Der Steuerpflichtige hat diesen Betrag im Febr. d. J. bei der Finanzkasse eingezahlt. Ende d. J. erhielt der Steuerpflichtige den Einkommensteuerbescheid 2019. Danach ergab sich eine Erstattung an Kirchensteuer von 315,00 €. Das Finanzamt hat diesen Betrag im Dez. d. J. auf das Konto des Steuerpflichtigen überwiesen.

Der im Veranlagungszeitraum als gezahlte Kirchensteuer absetzbare Betrag errechnet sich wie folgt:

geleistete Vorauszahlungen	1.000,00 €
+ Nachzahlung für 2018	180,00 €
– Erstattung für 2019	315,00 €
abziehbare Sonderausgaben	865,00 €

In konfessionsverschiedenen Ehen (die Ehegatten gehören unterschiedlichen Kirchen an) wird die Lohnkirchensteuer des Arbeitnehmers jeweils zur Hälfte den beiden Kirchen, denen die Ehegatten angehören, zugeordnet (außer in den Bundesländern Bremen und Niedersachsen).

Freiwillige Beiträge an Religionsgemeinschaften sind nicht als Sonderausgaben abzugsfähig. Sie können aber als Spenden nach § 10b EStG behandelt werden.

Sollten die Erstattungen höher sein als die gezahlte Kirchensteuer, so wird der übersteigende Betrag dem Gesamtbetrag der Einkünfte nach § 10 Abs. 4b EStG hinzugerechnet.

> Übung 1, Seite 405, Fall 2

❹ Kinderbetreuungskosten

Siehe dazu Kap. 4.7.5.

❺ Ausbildungskosten

Aufwendungen für die erstmalige Berufsausbildung oder ein Erststudium sind nach § 4 Abs. 9 EStG weder Betriebsausgaben noch Werbungskosten, es sei denn, die Bildungsmaßnahme findet im Rahmen eines Dienstverhältnisses statt. Liegt ein Ausbildungsdienstverhältnis mit einem Ausbildungsvertrag vor, so sind Ausbildungsbeihilfen und vom Arbeitgeber erstattete Ausbildungskosten Arbeitslohn und nicht erstattete Aufwendungen Werbungskosten.

Sofern eine Erstausbildung abgeschlossen ist, können die Aufwendungen für eine Berufsausbildung oder ein Studium als Betriebsausgaben oder Werbungskosten angesetzt werden.

Aufwendungen für die eigene (erstmalige) Berufsausbildung, die weder Betriebsausgaben noch Werbungskosten darstellen, können nach § 10 Abs. 1 Nr. 7 EStG bis zu 6.000,00 € im Kalenderjahr als Sonderausgaben abgezogen werden.

Wenn die Voraussetzungen für eine Zusammenveranlagung von Ehegatten gegeben sind, gilt der Höchstbetrag für jeden Ehegatten.

Zu den Ausbildungskosten im Sinne des § 10 Abs. 1 Nr. 7 EStG gehören auch die Aufwendungen für Fahrten zwischen Wohnung und Ausbildungs- oder Weiterbildungsstätte, für ein häusliches Arbeitszimmer, wegen doppelter Haushaltsführung sowie die Mehraufwendungen für Verpflegung. Dabei sind § 4 Abs. 5 Satz 1 Nr. 6b EStG (Arbeitszimmerregelung) und § 9 Abs. 1 Satz 3 Nr. 4 und Abs. 2 EStG (Entfernungspauschale, § 9 Abs. 1 Satz 3 Nr. 5 (doppelte Haushaltsführung), sowie § 9 Abs. 4a EStG (Verpflegungsmehraufwendungen) sinngemäß anzuwenden (§ 10 Abs. 1 Nr. 7 EStG). Für Fahrten zur Ausbildungsstätte kann daher nur die sogenannte Entfernungspauschale geltend gemacht werden (0,30 €/Entfernungskilometer). Damit sind sämtliche mit dem Fahrzeug verbundenen Aufwendungen abgegolten.

Aufwendungen für eine hauswirtschaftliche Aus- oder Weiterbildung (z. B. Nähkurs) sind nicht als Sonderausgaben abzugsfähig.

Bildungsaufwendungen sind als Werbungskosten oder Betriebsausgaben anzuerkennen, sofern sie betrieblich oder beruflich veranlasst sind. Die erforderliche Veranlassung liegt vor, wenn die Aufwendungen in einem hinreichend konkreten, objektiv feststellbaren Zusammenhang mit angestrebten steuerbaren Einnahmen stehen, d. h., der Steuerpflichtige hat die Aufwendungen nicht aus privaten, sondern erwerbsbezogenen Gründen getätigt. Das ist nur dann der Fall, wenn einer Berufsausbildung eine abgeschlossene erstmalige Berufsausbildung oder ein abgeschlossenes Erststudium vorausgegangen (weitere Berufsausbildung) ist.

Grundsätzlich ist die Weiterbildung im nicht ausgeübten Beruf steuerlich nicht mehr berücksichtigungsfähig. Allerdings können auch bei Umschulungsmaßnahmen (BFH vom 4. Dez. 2002) oder bei einer Weiterbildung während der Elternzeit (BFH vom 22. Juli 2003) vorweggenommene Werbungskosten entstehen, wenn die Kosten in einem engen Zusammenhang mit der Wiederaufnahme der Tätigkeit stehen.

Weiterbildungskosten in einem ausgeübten Beruf sind Fortbildungskosten. Sie sind nicht als Sonderausgaben abzugsfähig, weil sie entweder Werbungskosten oder Betriebsausgaben sind. So sind z. B. die Aufwendungen eines als Arbeitnehmer tätigen Steuerfachwirtes für einen Vorbereitungskurs zur Steuerberaterprüfung nicht als Sonderausgaben abzugsfähig, weil sie als Kosten der Berufsfortbildung Werbungskosten sind.

> Übung 1, Seite 405, Fälle 3 und 4

❻ Schulgeld

Grundsätzlich sind alle Ausgaben für Privatunterricht und -schulen der Kinder durch den Kinder- und Betreuungsfreibetrag bzw. durch das Kindergeld abgegolten. Ausgenommen davon ist der Schulbesuch an staatlich genehmigten oder nach Landesrecht anerkannten Ersatzschulen. Dazu gehören die Schulen, die in kirchlicher Trägerschaft stehen oder auch Waldorfschulen und Rudolf-Steiner-Schulen.

Abzugsfähig als Sonderausgaben sind nach § 10 Abs. 1 Nr. 9 EStG 30 % der Zahlungen, höchstens 5.000,00 €, die der Steuerpflichtige für den Privatschulbesuch des Kindes,

- für das er einen Kinderfreibetrag oder Kindergeld erhält,
- an begünstigte (nach Art. 7 Abs. 4 GG) Ersatz- oder Ergänzungsschulen entrichtet.

Abzugsfähig ist nur der Teil des Schulgeldes, der auf den Unterricht entfällt. Falls erforderlich, ist das Schulgeld in einen Anteil für den Unterricht und in einen Anteil für die Beherbergung, Betreuung und Verpflegung des Kindes aufzuteilen. Nachhilfeunterricht oder privater Musikunterricht ist vom Sonderausgabenabzug ausgeschlossen.

AUFGABEN

1. Welche Sonderausgaben gehören zu der Gruppe „übrige Sonderausgaben"?
2. Welche Aufwendungen sind in § 10 Abs. 1 und 1a EStG aufgeführt, die nicht zu den Vorsorgeaufwendungen, sondern zu der Gruppe „übrige Sonderausgaben" gehören?
3. Unter welchen Voraussetzungen gehören Unterhaltsleistungen zu den Sonderausgaben?
4. Warum werden Leibrenten nur mit dem Besteuerungsanteil abgezogen, wenn sie als Sonderausgaben abzugsfähig sind?
5. Welche Kirchensteuer ist in einem Veranlagungszeitraum als Sonderausgabe abzugsfähig?
6. Sind Ausbildungskosten abzugsfähig als Sonderausgaben?

4497404

VERTIEFENDE ÜBUNGEN

Übungen 1 und 2: Sonderausgaben

Übung 3: Ermittlung des Einkommens (Ehegatten)

1. Wie hoch sind die abzugsfähigen Sonderausgaben in den einzelnen Fällen?

Fall 1:
Ein Steuerpflichtiger hat in der Zeit vom 1. April bis 31. Dez. an seine geschiedene Ehefrau aufgrund einer freiwilligen Vereinbarung Unterhaltszahlungen in Höhe von 14.000,00 € geleistet. Außerdem hat er für die Berufsausbildung der geschiedenen Ehefrau 400,00 € aufgewendet. Der Steuerpflichtige hat bei seinem Finanzamt den Abzug der Unterhaltsleistungen als Sonderausgaben beantragt. Die geschiedene Ehefrau hat dem Antrag zugestimmt.

Fall 2:
Ein Steuerpflichtiger hat im vorigen Veranlagungszeitraum Kirchensteuervorauszahlungen in Höhe von 1.400,00 € geleistet. Im Dez. v. J. sind ihm die Steuerbescheide für das Jahr davor zugestellt worden. Danach ergab sich eine Überzahlung an Kirchensteuer in Höhe von 210,00 €, die vom Finanzamt mit einer Umsatzsteuernachzahlung verrechnet worden ist.

Fall 3:
Ein Angestellter eines Steuerberaterbüros in Lahr (Schwarzwald) hat für einen Vorbereitungskurs zur Ablegung der Steuerberaterprüfung in Freiburg 1.500,00 € aufgewendet. Außerdem hat er im gleichen Jahr für seine Ehefrau für den Besuch einer Höheren Wirtschaftsfachschule in Lahr 475,00 € aufgewendet.

Fall 4:
Ein freiberuflich tätiger Arzt in Münster hat an einem zweiwöchigen ärztlichen Fortbildungslehrgang in München teilgenommen. Er hat dafür 2.400,00 € aufgewendet. Der Arzt hat außerdem für die Teilnahme seiner Ehefrau an einem Umschulungslehrgang zur Arzthelferin in Münster 980,00 € aufgewendet. Die Voraussetzungen für eine Zusammenveranlagung nach § 26 Abs. 1 EStG sind gegeben.

2. Ermitteln Sie die abzugsfähigen Sonderausgaben der Eheleute Kunert für 2020.

Max Kunert betreibt in Ingolstadt eine Tischlerei. Seine Ehefrau ist als Beamtin bei der Stadtverwaltung tätig.

Es liegen die folgenden Angaben vor:

1. Krankenversicherungsbeiträge .... 5.089,00 €
2. a) Lebensversicherungsbeiträge des Ehemanns (nach § 10 Abs. 1 Nr. 3a EStG) .... 1.430,00 €
   b) Beiträge zur Kapitalgedeckten Rentenversicherung der Ehefrau .... 4.800,00 €
3. Sterbegeldversicherung (100 %) .... 73,00 €
4. Haftpflichtversicherungsbeiträge für den Geschäftswagen des Ehemanns .... 340,00 €
5. Haftpflichtversicherungsbeiträge für den Pkw der Ehefrau ..... 245,00 €
6. Gebäudeversicherung für Einfamilienhaus der Ehefrau 118,00 €
7. einbehaltene und abgeführte Kirchensteuer der Ehefrau ... 170,00 €
8. Kirchensteuervorauszahlungen 430,00 €
9. nachgezahlte Kirchensteuer für 2016 .... 60,00 €
10. private Haftpflichtversicherungsbeiträge .... 50,00 €
11. gezahlte Stundungszinsen für gestundete Gewerbesteuer 120,00 € und für gestundete Einkommensteuer 160,00 €, insgesamt .... 280,00 €
12. das Bruttogehalt der Ehefrau betrug 19.255,00 €

3. Ermitteln Sie das Einkommen der Eheleute Bergmann für 2020.

Jürgen Bergmann, geb. 8. Mai 1981, betreibt in Köln eine Holzhandlung. Er ist seit 2008 mit Anna, geb. Anders, geb. 31. Aug. 1984, verheiratet. Die Ehegatten werden zusammen veranlagt. In diesem Veranlagungszeitraum gehörten zwei Kinder im Sinne des § 32 Abs. 1 bis 5 EStG zum Haushalt des Steuerpflichtigen. Hinsichtlich der Einkünfte und der Sonderausgaben ergibt sich aus den Büchern und Unterlagen der Eheleute Bergmann Folgendes:

1. Gewinn aus der Holzhandlung für das Wirtschaftsjahr 2019/20 60.000,00 € und für 2020/21 66.000,00 €. Das Wirtschaftsjahr läuft vom 1. April bis 31. März.
2. Die Ehefrau ist an einer Gardinenfabrik als Stille Gesellschafterin beteiligt.

→

Laut Vereinbarung ist die Steuerpflichtige auch an den stillen Reserven im Anlagevermögen der Fabrik beteiligt. Im Veranlagungszeitraum hat die Gardinenfabrik einen Verlust von 30.000,00 € ausgewiesen. Davon entfielen auf die Steuerpflichtige 2.250,00 €.

3. Dem Ehemann sind Gewinnanteile aus Aktien (Dividenden) von 9.600,00 € (vor Abzug der abzuführenden Kapitalertragsteuer/Abgeltungssteuer) zugeflossen.
4. Der Steuerpflichtige hat ganzjährig eine Arbeitnehmerin seines Betriebs ausschließlich in seinem Privathaushalt beschäftigt. Das Bruttogehalt und die Arbeitgeberanteile an der Sozialversicherung von monatlich insgesamt 1.000,00 € sind als Betriebsausgaben gebucht worden.
5. Der Steuerpflichtige hat seinem Bruder, der als Gewerbetreibender in Zahlungsschwierigkeiten geraten war, am 15. April 2016 aus persönlichen Gründen ein Darlehen von 5.000,00 € gegeben. Buchung im Betrieb des Steuerpflichtigen:

   Darlehensforderung an Bank .... 5.000,00 €

   Bei Abwicklung der Insolvenz sind im Jan. 2020 1.000,00 € an den Steuerpflichtigen (privat) zurückgezahlt worden. Der Rest der Darlehensforderung ist endgültig ausgefallen. Buchung:

   Privat an Darlehensforderung ...... 1.000,00 €

   Abschreibung auf Forderungen an Darlehensforderung ...... 4.000,00 €
6. Als Sonderausgaben werden geltend gemacht:

   Lebensversicherungsbeiträge (100 %) (§ 10 Abs. 1 Nr. 3a EStG) .... 4.400,00 €
   Krankenversicherungsbeiträge .... 5.232,00 €

   Haftpflichtversicherungsbeitrag für Privat-Pkw der Ehefrau .. 120,00 €
   Kaskoversicherung für diesen Pkw .... 60,00 €

   gezahlte Kirchensteuer ...... 600,00 €
7. Die Ehefrau hat während ihrer Elternzeit an einer Umschulung zur Fremdsprachenkorrespondentin teilgenommen. Dadurch sind Aufwendungen in Höhe von 4.200,00 € entstanden.

4497406

4.6.3 Der Abzug von Spenden

Grundsätzlich sind Spenden und Mitgliedsbeiträge als Kosten der privaten Lebensführung nach § 12 EStG weder als Betriebsausgaben oder Werbungskosten noch als Sonderausgaben abzugsfähig.

Der Gesetzgeber hat jedoch – abweichend von diesem Grundsatz der Nichtabzugsfähigkeit – aus wirtschafts- und sozialpolitischen Gründen den Abzug als Sonderausgaben im Rahmen von Höchstbeträgen für bestimmte Spenden und Mitgliedsbeiträge an bestimmte Empfänger zugelassen (§ 10b EStG).

Ausgaben für mildtätige usw. Zwecke (steuerbegünstigte Zwecke)

Für die Begriffe gemeinnützige, mildtätige, kirchliche Zwecke gelten die §§ 52 bis 54 AO.

Die Ausgaben sind nur dann als Sonderausgaben abzugsfähig, wenn der Steuerpflichtige nachweist (z. B. durch eine Bescheinigung des Empfängers), dass die Zuwendungen für begünstigte Zwecke verwendet werden (R 10b.1 Abs. 3 EStR).

Spenden können nicht nur als Geldleistungen, sondern auch als Sachleistungen erbracht werden. Wird ein Wirtschaftsgut unmittelbar nach seiner Entnahme aus einem Betriebsvermögen (Sachentnahme) für begünstigte Zwecke gespendet, so kann die Entnahme statt mit dem Teilwert mit dem Buchwert (ohne Gewinnrealisierung) angesetzt werden (§ 6 Abs. 1 Nr. 4 Satz 4 EStG). Die Zuwendung von Nutzungen und Leistungen ist jedoch nicht begünstigt (§ 10b Abs. 3 Satz 1 EStG).

Der Empfänger verfolgt z. B. mildtätige Zwecke, wenn seine Tätigkeit darauf gerichtet ist, Personen selbstlos zu unterstützen (§ 53 AO), und er verfolgt gemeinnützige Zwecke, wenn seine Tätigkeit darauf gerichtet ist, die Allgemeinheit auf materiellem, geistigem und sittlichem Gebiet selbstlos zu fördern (§ 52 Abs. 1 Satz 1 AO).

Bei den in §§ 52–54 AO genannten Zwecken ist sowohl der Mitgliedsbeitrag als auch die Spende als Sonderausgabe abzugsfähig.

Die in § 10b Abs. 1 EStG aufgeführten Ausgaben kann der Steuerpflichtige

- entweder bis zur Höhe von 20 % des Gesamtbetrags der Einkünfte
- oder bis zur Höhe von 4 ‰ der Summe der gesamten Umsätze und der im Kalenderjahr aufgewendeten Löhne und Gehälter

als Sonderausgaben abziehen.

Beispiele

a) Ein lediger Gewerbetreibender macht für einen Veranlagungszeitraum Spenden für gemeinnützige Zwecke in Höhe von 2.500,00 € geltend. Der Gesamtbetrag der Einkünfte hat 25.000,00 € und die Summe der Umsätze und der Löhne und Gehälter hat 500.000,00 € betragen.

1. Möglichkeit:
20 % von 25.000,00 € .... 5.000,00 €

2. Möglichkeit:
4 ‰ von 500.000,00 € .... 2.000,00 €

In diesem Fall wird der Steuerpflichtige von der ersten Möglichkeit Gebrauch machen, weil er so den Gesamtbetrag von 2.500,00 € als Sonderausgaben abziehen kann.

b) Ein Steuerpflichtiger, dessen Gesamtbetrag der Einkünfte 50.000,00 € beträgt, macht folgende Spenden als Sonderausgaben geltend:

Spenden für gemeinnützige und religiöse Zwecke	2.150,00 €
Spenden für wissenschaftliche Zwecke (z. B. für Forschungszwecke)	4.000,00 €
	6.150,00 €
(höchstens 20 % von 50.000,00 € = 10.000,00 €) als Sonderausgaben absetzbar	6.150,00 €

Soweit diese geleisteten Spenden die Höchstbeträge überschreiten, sind die nicht ausgenutzten Beiträge im folgenden Veranlagungszeitraum als Sonderausgaben zu abzugsfähig (§ 10b Abs. 1 S. 9 EStG).

Spendenbescheinigungen sind bis 2021 im Original mit der Steuererklärung einzureichen. Für den vereinfachten Spendennachweis gilt, dass für Spenden bis zu einem Betrag von 200,00 € der Einzahlungsbeleg bzw. die Buchungsbestätigung eines Kreditinstitutes ausreicht, wenn der Empfänger eine inländische juristische Person des öffentlichen Rechts ist oder eine steuerbegünstigte Körperschaft mit der Anerkennung der Gemeinnützigkeit (z. B. Vereine) mit gleichzeitiger Angabe auf dem Beleg, ob es sich um einen Mitgliedsbeitrag oder eine Spende handelt. Allerdings ist die empfangende Körperschaft auch selbst zur Ausstellung einer Spendenbescheinigung berechtigt. Eine elektronische Übermittlung der Bestätigung an das Finanzamt ist ebenfalls möglich (BMF-Schreiben vom 06.02.2017).

Mitgliedsbeiträge und Spenden an politische Parteien und an Wählervereinigungen

Hier gilt nach § 34g EStG Folgendes:

Mitgliedsbeiträge und Spenden an politische Parteien im Sinne des § 2 des Parteiengesetzes sind bis zu einem Höchstbetrag von 1.650,00 € im Jahr, bei Zusammenveranlagung von Ehegatten bis zu einem Höchstbetrag von 3.300,00 €, zu 50 % von der Einkommensteuer abzuziehen (§ 34g Satz 1 Nr. 1 und Satz 2 EStG). Übersteigen die Mitgliedsbeiträge und Spenden an politische Parteien 1.650,00 €/3.300,00 €, so ist der übersteigende Betrag als Sonderausgabe abzugsfähig (§ 10b Abs. 2 Sätze 1 und 2 EStG), aber nur bis zu einem weiteren Höchstbetrag von 1.650,00 € im Jahr (bei Zusammenveranlagung 3.300,00 €). Ein darüber hinausgehender Betrag ist nicht abziehbar. Ein Wahlrecht zwischen der Steuervergünstigung nach § 34g EStG und dem Sonderausgabenabzug gibt es nicht.

Beispiele

a) Die alleinstehende Antje Finke, Leipzig, hat für Beiträge und Spenden an eine politische Partei 150,00 € aufgewendet.

Ihre Einkommensteuerschuld vermindert sich um 75,00 € (50 % von 150,00 €, § 34g Satz 2 EStG).

b) Die Steuerberaterin Karin Harting, Berlin, wird mit ihrem Ehemann zusammen veranlagt. Die Ehegatten haben für Beiträge und Spenden an eine politische Partei 7.400,00 € aufgewendet.

Die Einkommensteuerschuld vermindert sich um 1.650,00 € (50 % des Höchstbetrags von 3.300,00 €). Die Aufwendungen übersteigen den Höchstbetrag von 3.300,00 € um 4.100,00 €. Dieser übersteigende Betrag ist als Sonderausgaben abziehbar, aber nur bis zur Höhe des weiteren Höchstbetrags von 3.300,00 €. Der darüber hinausgehende Betrag von 800,00 € ist nicht abziehbar.

Für Mitgliedsbeiträge und Spenden an unabhängige Wählervereinigungen kommt nur die Steuerermäßigung nach § 34g EStG in Betracht. Ein Sonderausgabenabzug nach § 10b Abs. 2 EStG ist nicht möglich.

Die Steuervergünstigung nach § 34g EStG kann der Steuerpflichtige doppelt in Anspruch nehmen, d. h. sowohl für Mitgliedsbeiträge und Spenden an eine politische Partei als auch für solche Aufwendungen an eine unabhängige Wählervereinigung. Das bedeutet, dass ein lediger Steuerpflichtiger, der an eine politische Partei und an eine Wählervereinigung je 1.650,00 € spendet, von seiner Einkommensteuerschuld insgesamt 1.650,00 € (50 % von 1.650,00 € = 825,00 € · 2 = 1.650,00 €) abziehen kann.

Wer vorsätzlich oder grob fahrlässig falsche Spendenbescheinigungen benutzt, haftet nach § 10b Abs. 4 EStG für die entgangene Steuer mit 30 % der bescheinigten Beträge.

AUFGABEN

1. Welche Spenden sind bis zu 20 % des Gesamtbetrags der Einkünfte als Sonderausgaben abzugsfähig?
2. Worin besteht die Steuervergünstigung nach § 34g EStG?
3. Kann der Steuerpflichtige zwischen der Steuervergünstigung nach § 34g EStG und dem Sonderausgabenabzug wählen?
4. Bis zu welcher Höhe können Mitgliedsbeiträge und Spenden an politische Parteien als Sonderausgaben abgezogen werden?
5. Können Spenden an Wählervereinigungen auch als Sonderausgaben abgezogen werden?

VERTIEFENDE ÜBUNGEN

Übungen 1 und 2: Spenden als Sonderausgaben

Übung 3: Ermittlung des Einkommens (Ehegatten)

1. In welcher Höhe können die Spenden als Sonderausgaben abgezogen werden?

Ein verheirateter kaufmännischer Angestellter, der mit seiner Ehefrau zusammen veranlagt wird und dessen Gesamtbetrag der Einkünfte 41.000,00 € beträgt, hat im vorigen Jahr die folgenden Spenden getätigt:

Spende an ein wissenschaftliches Forschungsinstitut	3.000,00 €
Spende an das Deutsche Rote Kreuz	5.250,00 €
Spende an einen Verein zur Heimatpflege	200,00 €
Spende an eine politische Partei	2.000,00 €

2. Wird der Steuerpflichtige Kühn bei der Errechnung seiner abzugsfähigen Spenden von der 1. Möglichkeit (bis 20 % des Gesamtbetrags der Einkünfte) oder von der 2. Möglichkeit (bis 4 ‰ der Summe der Umsätze usw.) Gebrauch machen?

Wolfgang Kühn betreibt in Gelsenkirchen einen Speditionsbetrieb. Der Gesamtbetrag der Einkünfte hat im vorigen Veranlagungszeitraum 30.000,00 € betragen. Die Summe der gesamten Umsätze und der im vorigen Kalenderjahr aufgewendeten Löhne und Gehälter hat 600.000,00 € betragen. Kühn ist verheiratet und wird mit seiner Ehefrau zusammen veranlagt. Er macht für den vorigen Veranlagungszeitraum die folgenden Spenden als Sonderausgaben geltend:

Spenden an eine politische Partei	1.700,00 €
Spenden für wissenschaftliche Zwecke	1.050,00 €
Spenden für mildtätige Zwecke	750,00 €
Spenden für kirchliche Zwecke	850,00 €
Spenden für gemeinnützige Zwecke	150,00 €

3. Wie hoch ist das Einkommen der Eheleute Schmidt im Jahr 2020?

Wolfgang Schmidt, geb. 12. März 1970, betreibt in Düsseldorf ein Damenkonfektionsgeschäft. Er ist seit 1995 mit Monika geb. Krüger, geb. 8. Juli 1975, kinderlos verheiratet. Die Ehegatten werden zusammen veranlagt. In Bezug auf die Einkünfte und Sonderausgaben ergibt sich aus den Büchern und Unterlagen der Eheleute Schmidt Folgendes:

1. Der durch Vermögensvergleich ermittelte Gewinn aus dem Konfektionsgeschäft hat dieses Jahr 35.000,00 € betragen.
2. Der Steuerpflichtige hat Anfang dieses Jahres einen PC mit einem Buchwert von 500,00 € aus seinem Büro in Düsseldorf entnommen und seinem Bruder, der in Düsseldorf einen Gewerbebetrieb hat, geschenkt. Der Teilwert des PC hat 300,00 € betragen. Der Vorgang ist nicht gebucht worden.
3. Der Steuerpflichtige hat im Aug. auf einer Ausstellung in Wien Damenkleidung seines Betriebs ausgestellt. Er hat dort seiner Schwester, die in Wien ihren Wohnsitz hat, während der Ausstellung zwei Kleider geschenkt. Die Teilwerte dieser Kleider haben insgesamt 190,00 € betragen. Der Vorgang ist nicht gebucht worden.
4. Der Ehemann war bis Ende März d. J. an einer OHG in Duisburg beteiligt. Sein Gewinnanteil hat für das Wirtschaftsjahr 2019/20, das vom 1. April bis 31. März lief, 6.260,00 € betragen.

→

5. Der Steuerpflichtige hat seinen Anteil am Betriebsvermögen der OHG (siehe Nr. 4), der 32 % = 30.000,00 € betragen hat, am 31. März d. J. für 50.000,00 € an einen anderen Unternehmer verkauft. Von den Veräußerungskosten in Höhe von 1.750,00 € hat der Erwerber 750,00 € übernommen. Die restlichen Kosten von 1.000,00 € hat der Steuerpflichtige (Veräußerer) getragen. Der Erwerber hat also insgesamt 50.750,00 € für den Anteil an der OHG aufgewendet.
6. Die Ehefrau ist Eigentümerin eines Fünffamilienhauses in Düsseldorf. Alle Wohnungen sind gleichwertig und werden wie folgt genutzt:

   Drei Wohnungen sind für eine Monatsmiete von je 500,00 € vermietet; eine Wohnung wird vom Ehepaar selbst bewohnt.

   Eine Wohnung hat die Eigentümerin ihren Eltern lebenslang unentgeltlich für Wohnzwecke zur Verfügung gestellt.

   Werbungskosten:

Reparaturkosten	7.580,00 €
Grundsteuer	1.100,00 €
Müllabfuhrgebühren	390,00 €
Beitrag an Hausbesitzerverein	48,00 €
Hausversicherungsbeiträge (Brand, Sturm)	254,00 €
Treppen- und Kellerbeleuchtung	95,00 €
Treppenhaus- und Bürgersteigreinigungskosten	360,00 €
Hypothekenzinsen	7.057,00 €

   Nach den Mietverträgen sind die Müllabfuhrgebühren und die Kosten für Reinigung von Treppenhaus und Bürgersteig auf alle Wohnungen gleichmäßig umzulegen. Jeder Mieter hat seinen Kostenanteil von 150,00 €/Jahr an die Eigentümerin wie folgt gezahlt:

Müllabfuhrgebühr je Wohnung	78,00 €
Reinigungskosten je Wohnung	72,00 €
	150,00 €

   Den Kostenanteil der Eltern von 150,00 € hat die Eigentümerin übernommen. Sie hat das Mietwohngrundstück im Juni 1990 erworben. Die Anschaffungskosten haben 600.000,00 DM betragen. Davon entfielen auf den Grund und Boden 160.000,00 DM. Das Haus ist 1976 errichtet worden.
7. Zinsgutschrift (vor Einbehaltung der Kapitalertragsteuer) auf dem Sparkonto der Ehefrau ...... 2.840,00 €
8. Als Sonderausgaben werden die folgenden Beträge geltend gemacht:

Lebensversicherungsbeiträge (100 %) (§ 10 Abs. 1 Nr. 3a EStG)	3.360,00 €
Krankenversicherungsbeiträge	5.743,00 €
Spenden für kirchliche Zwecke	3.238,00 €
Spenden für gemeinnützige Zwecke	500,00 €
Spenden für wissenschaftliche Zwecke	1.613,00 €
Spenden an eine politische Partei	665,00 €

4497410

4.6.4 Sonderausgaben-Pauschbetrag

Für Sonderausgaben nach § 10 Abs. 1 Nr. 4, 5, 7 und 9 sowie Abs. 1a EStG (z. B. Unterhaltsleistungen, gezahlte Kirchensteuer, Ausbildungskosten, Schulgeld) und für Spenden nach § 10b EStG (z. B. Spenden für mildtätige Zwecke) wird nach § 10c EStG ein Sonderausgaben-Pauschbetrag von 36,00 € abgezogen, wenn der Steuerpflichtige keine höheren Aufwendungen nachweist.

Beispiel

Einem alleinstehenden kaufmännischen Angestellten in Kassel sind neben seinem Gehalt Zinsen in Höhe von 750,00 € zugeflossen. Er wird zur Einkommensteuer veranlagt. Er kann lediglich Ausbildungskosten in Höhe von 30,00 €, die er für den Besuch eines berufsbegleitenden Seminars für Supervision gezahlt hat, als Sonderausgaben im Sinne des § 10c EStG nachweisen. Kirchensteuer hat er nicht gezahlt, weil er aus der Kirche ausgetreten ist.

Es wird der Sonderausgaben-Pauschbetrag von 36,00 € abgezogen, weil der Steuerpflichtige keine höheren Sonderausgaben im Sinne des § 10c Abs. 1 EStG nachweist.

Bei Zusammenveranlagung erhöht sich der Sonderausgaben-Pauschbetrag auf 72,00 €. Bei getrennter Veranlagung erhält jeder Ehegatte den Sonderausgaben-Pauschbetrag von 36,00 €.

4.6.5 Verlustausgleich nach § 2 Abs. 3 EStG

Werden innerhalb einer Einkunftsart negative Einkünfte mit positiven Einkünften miteinander verrechnet, liegt ein horizontaler Verlustausgleich vor. Werden verbleibende negative Einkunftsarten mit anderen positiven Einkunftsarten ausgeglichen, ist der vertikale Verlustausgleich durchgeführt worden.

Horizontaler Verlustausgleich

Der horizontale Verlustausgleich ist innerhalb einer Einkunftsart unbeschränkt möglich und muss vorrangig durchgeführt werden. Bei bestimmten Einkünften wird er auf gleichartige Einkunftsquellen beschränkt, z. B. bei Einkünften aus privaten Veräußerungsgeschäften (§ 23 Abs. 3 Satz 7 EStG) und bei sonstigen Leistungen nach § 22 Nr. 3 Satz 3 EStG.

Beispiel

Der Steuerpflichtige Frank hat Einkünfte aus Vermietung und Verpachtung in Höhe von 225.000,00 €. Daneben hat er die Gewerbebetriebe A und B. Im Veranlagungszeitraum erzielte er mit Gewerbebetrieb A einen Gewinn von 75.000,00 € und mit B einen Verlust von 20.000,00 €.

Gewerbebetrieb A	75.000 €
Gewerbebetrieb B	– 20.000 €
Einkünfte nach § 15 EStG	55.000 €
Einkünfte nach § 21 EStG	225.000 €
Summe der Einkünfte	280.000 €

Vertikaler Verlustausgleich

Der vertikale Verlustausgleich ist seit dem Veranlagungszeitraum 2004 unbegrenzt möglich, soweit der Verlustausgleich nicht ohnehin schon auf die spezielle Einkunftsquelle beschränkt ist (siehe oben).

Beispiel

Der Röntgenfacharzt Dr. Krause erzielt einen Gewinn aus seiner Praxis in Höhe von 190.000,00 € und im selben Jahr einen negativen Überschuss aus seinen Mietobjekten von 148.000,00 €.

Einkünfte nach § 18 EStG	190.000,00 €
Einkünfte nach § 21 EStG	– 148.000,00 €
Summe der Einkünfte	42.000,00 €

AUFGABE

Erläutern Sie den Unterschied zwischen horizontalem und vertikalem Verlustausgleich.

VERTIEFENDE ÜBUNGEN

Übung zum Verlustausgleich

1. Ermitteln Sie die Summe der Einkünfte für den Veranlagungszeitraum 2020.

Der Röntgenologe Dr. Peter Ullrich, Hamburg, weist für den Veranlagungszeitraum folgende Einkünfte nach:

aus selbstständiger Arbeit . . .	390.000,00 €
aus Kapitalvermögen (die nicht der Abgeltungssteuer zu unterwerfen sind)	16.000,00 €
aus Vermietung und Verpachtung	
Hamburg, Friedrich-Ebert-Str. 57	23.000,00 €
Hamburg, Bremer Str. 237 . .	9.000,00 €
Dresden, Lukasstr. 31.	– 180.000,00 €
aus privaten Veräußerungsgeschäften	8.000,00 €

2. Ermitteln Sie die Summe der Einkünfte für den Veranlagungszeitraum 2020.

Der selbstständige Handelsvertreter Gerd Weiss, Berlin, weist für den Veranlagungszeitraum folgende Einkünfte nach:

aus Gewerbebetrieb	120.000,00 €
aus Kapitalvermögen (die nicht der Abgeltungssteuer zu unterwerfen sind)	4.000,00 €
aus Vermietung und Verpachtung	– 49.000,00 €
aus privaten Veräußerungsgeschäften	– 23.000,00 €

4.6.6 Verlustabzug

Verlustvortrag und Verlustrücktrag

Verlustabzug § 10d EStG

Verlustrücktrag

- 1 Jahr (vorangegangener Veranlagungszeitraum)
- bis 1 Mio. € (bis 2 Mio. € bei Zusammenveranlagung)

Verlustvortrag

- zeitlich unbegrenzt auf folgende Veranlagungszeiträume
- unbeschränkt bis Gesamtbetrag der Einkünfte (GdE) von 1 Mio. € (bis 2 Mio. € bei Zusammenveranlagung) und
- darüber hinaus bis 60 % des 1 Mio. € (2 Mio. € bei Zusammenveranlagung) übersteigenden GdE im jeweiligen Vortragsjahr

Wenn Verluste aus einzelnen Einkunftsarten nicht durch Verlustausgleich verrechnet werden können, wird der Gesamtbetrag der Einkünfte negativ und es fällt keine Einkommensteuer im betreffenden Veranlagungszeitraum an. Damit diese Verluste doch noch steuerwirksam werden, bietet § 10d EStG eine weitere Verlustverrechnungsmöglichkeit durch den Verlustabzug. Negative Einkünfte, die bei der Ermittlung des Gesamtbetrags der Einkünfte nicht ausgeglichen werden konnten, können vom Gesamtbetrag der Einkünfte des Vorjahres und der folgenden Veranlagungszeiträume abgezogen werden.

4497412

Sowohl der **Verlustrücktrag** als auch der **Verlustvortrag** werden von Amts wegen, d. h. ohne Antrag, durchgeführt. Nur der Verzicht auf den Verlustrücktrag ganz oder teilweise zugunsten eines Verlustvortrags muss beim Finanzamt beantragt werden (§ 10d Abs. 1 Sätze 5 und 6 EStG).

Der jeweils am Schluss eines Veranlagungszeitraums verbleibende Verlustabzug ist vom Finanzamt gesondert festzustellen (§ 10d Abs. 4 Sätze 1–3 EStG). Wegen des Begriffs „gesonderte Feststellung" beachten Sie bitte Kapitel 4.11.2.4.

Die Vorschriften des § 10d EStG über den Verlustabzug gelten auch für körperschaftsteuerpflichtige juristische Personen unter den gleichen Voraussetzungen wie für einkommensteuerpflichtige natürliche Personen.

Sind für die vorangegangenen Veranlagungszeiträume bereits Steuerbescheide erlassen worden, so sind diese insoweit zu ändern, als der Verlustrücktrag zu gewähren oder zu berichtigen ist (§ 10d Abs. 1 Sätze 3 und 4 EStG). Das gilt auch dann, wenn die Steuerbescheide unanfechtbar geworden sind.

Für Verluste, die bei der Ermittlung des Gesamtbetrags der Einkünfte nicht ausgeglichen werden können, gilt Folgendes:

- **Verlustrücktrag** nur auf den vorangegangenen Veranlagungszeitraum, also Begrenzung auf ein Jahr und
- beschränkt auf 1 Mio. €, bei zusammen veranlagten Ehegatten auf 2 Mio. €;
- **Verlustvortrag** zeitlich unbegrenzt auf die dem Verlustjahr folgenden Veranlagungszeiträume und
- unbeschränkt bis zu einem Gesamtbetrag der Einkünfte von 1 Mio. € (bei Zusammenveranlagung 2 Mio. €) und darüber hinaus bis zu 60 % des 1 Mio. € (Zusammenveranlagung 2 Mio. €) übersteigenden Gesamtbetrags der Einkünfte;
- **Verlustabzug** vor den Abzügen von Sonderausgaben und außergewöhnlichen Belastungen (als erster Abzug) und
- bei negativen Einkünften aus § 22 Nr. 3 und § 23 EStG ist der Verlustabzug nur bei gleichartigen Einkünften möglich.

Beispiel

Der ledige, kinderlose Frank hat im Jahr 2020 negative Einkünfte von 2,5 Mio. €. Im Jahr 2019 hatte er einen Gesamtbetrag der Einkünfte von 500.000,00 € und im Jahr 2021 wird er einen Gesamtbetrag der Einkünfte von 1.600.500,00 € haben. Seine abzugsfähigen Sonderausgaben sollen jeweils in den Veranlagungszeiträumen 4.421,00 € und seine außergewöhnlichen Belastungen 6.400,00 € betragen.

Es ist sinnvoll, dass Frank einen Verlustrücktrag nach 2019 in der Höhe beantragt (§ 10d Abs. 1 Sätze 5 und 6 EStG), mit der er nicht den Sonderausgabenabzug und den Grundfreibetrag verliert. Der danach verbleibende Verlust wird von der Finanzverwaltung gesondert festgestellt und nach 2021 vorgetragen.

Verlustabzug	**2019**	**2020**	**2021**
Gesamtbetrag der Einkünfte	500.000,00 €	– 2.500.000,00 €	1.600.500,00 €
Verlustrücktrag	– 480.011,00 €		
Verlustvortrag			– 1.000.000,00 €
60 % von 600.500,00 €			– 360.300,00 €
Sonderausgaben	– 4.421,00 €	——	– 4.421,00 €
außergewöhnliche Belastungen	– 6.400,00 €	——	– 6.400,00 €
Einkommen	9.168,00 €		229.379,00 €
2019 = Grundfreibetrag			
verbleibender Verlust 2020		– 2.019.989,00 €	
verbleibender Verlust 2021 (Vortrag 2022)			– 659.689,00 €

AUFGABEN

1. Beschreiben Sie den Verlustabzug nach § 10d EStG.
2. Wird der Verlustabzug nur auf Antrag des Steuerpflichtigen durchgeführt?

VERTIEFENDE ÜBUNGEN

Übungen 1 und 2: Verlustabzug

Übungen 3 und 4: Ermittlung des Einkommens

1. Wie hoch sind der Verlustrücktrag und der Verlustvortrag?

Aus den Büchern und Unterlagen des Oliver Wagschal, Ulm, ergibt sich Folgendes:

	2019 (€)	2020 (€)
Einkünfte aus Gewerbebetrieb	35.000,00	– 30.000,00
Einkünfte aus Vermietung und Verpachtung	– 4.000,00	– 8.000,00
Einkünfte aus Kapitalvermögen	1.000,00	1.200,00
Summe der Einkünfte und zugleich Gesamtbetrag der Einkünfte bzw. nicht ausgeglichener Verlust	32.000,00	– 36.800,00
abzugsfähige Sonderausgaben und außergewöhnliche Belastung	4.852,00	6.200,00
Einkommen	27.148,00	0,00

2. Wie hoch sind der Verlustrücktrag nach 2018 und der Verlustvortrag nach 2020 des Steuerpflichtigen?

Der ledige Dietrich Glahn, Wilhelmshaven, stellt Geräte in der Medizintechnik her und erzielte im Jahr 2019 einen Gewinn von 480.000,00 €. Außerdem hat er die folgenden Einkünfte bezogen:

Einkünfte aus selbstständiger Arbeit	32.000,00 €
negative Einkünfte aus Vermietung und Verpachtung	– 1.744.000,00 €

Im Veranlagungszeitraum 2017 hatte er unstrittig:

Einkünfte aus Gewerbebetrieb	112.000,00 €
Einkünfte aus selbstständiger Arbeit	70.000,00 €
Einkünfte aus Vermietung und Verpachtung	40.000,00 €

Im Jahr 2020 hat er folgende Einkünfte erzielt:

Einkünfte aus Gewerbebetrieb	1.412.000,00 €
Einkünfte aus selbstständiger Arbeit	14.000,00 €
Einkünfte aus Vermietung und Verpachtung	– 240.000,00 €

3. Ermitteln Sie das Einkommen des Steuerpflichtigen Prast für den Veranlagungszeitraum 2020.

Der ledige Rechtsanwalt Oliver Prast, 43 Jahre alt, betreibt eine Rechtsanwaltspraxis in Mainz. Prast ermittelt seinen Gewinn nach § 4 Abs. 3 EStG und weist einen Überschuss der Betriebseinnahmen über die Betriebsausgaben in Höhe von 34.850,00 € nach. Folgende Vorgänge sind noch zu berücksichtigen:

1. Für Tätigkeiten für die Rechtsanwaltskammer Mainz in Fortbildungsveranstaltungen und Prüfungsausschüssen erhielt Prast Aufwandsentschädigungen in Höhe von 4.502,00 €.
2. Mit seinem betrieblichen Pkw, Anschaffung Jan. 2018 für 42.000,00 € zuzüglich 19 % Umsatzsteuer 7.980,00 €, fuhr Prast unstrittig laut Fahrtenbuch 26 000 km einschließlich 2 600 km privat und an 200 Tagen im Jahr von seiner Wohnung in die Praxis mit einer einfachen Entfernung von 19 km. Als Betriebsausgaben wurden folgende Aufwendungen erfasst:

Art	ohne USt	USt
Abschreibung	5.220,00 €	
Treibstoff, Wartung	3.500,00 €	665,00 €
Versicherung	480,00 €	0,00 €
Kfz-Steuern	550,00 €	0,00 €

3. Nach einem gewonnenen Prozess hat Prast von einer dankbaren Mandantin ein Geldgeschenk in Höhe von 5.000,00 € erhalten.

Nicht als Betriebsausgaben wurden die folgenden Aufwendungen erfasst:

4. Von seinem betrieblichen Bankkonto überwies Prast im Veranlagungszeitraum an die berufsständische Versorgungseinrichtung der Rechtsanwälte .... 7.440,00 €

   und zusätzlich an die ABC-Versicherungs-AG .... 2.400,00 € an Beiträgen für eine Rentenversicherung nach § 10 Abs. 1 Nr. 2 Buchstabe b EStG

5. zusätzlich zahlte Prast an

   Beiträgen für Kranken- und Pflegeversicherung ..... 6.960,00 €

   Krankentagegeldversicherung 864,00 €

   Hausratversicherung .... 240,00 €

   mit einem Privathaftpflichtanteil von .... 70,00 €

6. Prast entrichtete an die CDU

   Mitgliedsbeiträge in Höhe von 1.900,00 €

   Er überwies an das DRK...... 800,00 €

   und an SOS-Kinderdorf...... 1.000,00 €

4. Ermitteln Sie das Einkommen der kinderlosen Eheleute Schröder für 2020.

Christian Schröder, geb. 20. Dez. 1950, wird mit seiner Ehefrau Gertrud, geb. 28. Sept. 1960, zusammen veranlagt. Der Steuerpflichtige betreibt in Bonn ein Tabakwaren- und Papierwareneinzelhandelsgeschäft (Wirtschaftsjahr = Kalenderjahr). Hinsichtlich der Einkünfte der Eheleute ergibt sich Folgendes:

1. Der Ehemann hat aus seinem Geschäft einen Gewinn von 10.800,00 € erzielt.

   2019 hatte er einen nicht ausgeglichenen Verlust von 10.000,00 € erlitten. Das zu versteuernde Einkommen beider Ehegatten hat 2018 (ohne Berücksichtigung eines Verlustrücktrags) 20.588,00 € betragen. Der Einkommensteuerbescheid 2018 ist bereits unanfechtbar.

2. Der Ehefrau sind Sparzinsen vor Abzug von Kapitalertragsteuer und Solidaritätszuschlag in Höhe von 5.930,00 € entstanden.

3. Der Ehemann ist Eigentümer eines Zweifamilienhauses in Koblenz. Die Einkünfte daraus haben 2.170,00 € betragen.

4. Die Ehefrau hat als rentenversicherungspflichtige Angestellte, Steuerklasse III, gearbeitet. Der Kranken- und Pflegeversicherungsbeitrag und die Arbeitslosenversicherung betragen 2.731,53 €. Ihr Gehalt hat 26.328,00 € und die Werbungskosten haben 1.500,00 € betragen.

Sonderausgaben und außergewöhnliche Belastungen werden nicht geltend gemacht. Wenn möglich soll ein optimaler Verlustrücktrag nach 2018 erfolgen.

4.7 Einkommensteuerliche Berücksichtigung der Kinder

Durch die Berücksichtigung von Kindern kann dem Steuerpflichtigen eine ganze Reihe von **Steuerbegünstigungen** gewährt werden. So sind Kinder von Bedeutung z. B. für

- die Gewährung von Kinderfreibeträgen und Betreuungsfreibeträgen (§ 32 Abs. 6 EStG),
- Entlastungsbetrag für Alleinerziehende (§ 24b EStG),
- die Ermittlung der außergewöhnlichen Belastung (§ 33 EStG),
- die Gewährung von Ausbildungsfreibeträgen (§ 33a Abs. 2 EStG),
- die Übertragung von Pauschbeträgen für Körperbehinderte und Hinterbliebene (§ 33b Abs. 5 EStG),
- die Berücksichtigung von Kinderbetreuungskosten (§ 10 Abs. 1 Nr. 5 EStG),
- die Kinderzulage nach § 9 Abs. 5 EigZulG,
- die Höhe der Zuschlagsteuern (Kirchensteuer und Solidaritätszuschlag).

Allerdings sind die **Freibeträge** für Kinder (Kinder- und Betreuungsfreibetrag) nur dann anzusetzen, wenn die steuerliche Entlastung nicht schon durch das Kindergeld (siehe auch Kap. 4.7.3) bewirkt wird.

Kinder im Sinne des EStG sind

- im ersten Grad mit dem Steuerpflichtigen verwandte Kinder und
- Pflegekinder.

Im ersten Grad mit dem Steuerpflichtigen verwandte Kinder sind:

- die leiblichen Kinder (eheliche, für ehelich erklärte und nicht eheliche Kinder), wenn das Verwandtschaftsverhältnis zu den leiblichen Eltern nicht durch eine Adoption erloschen ist, und
- die Adoptivkinder, also die an Kindes statt angenommenen Kinder.

Das **Kindschaftsverhältnis** wird bei einem leiblichen Kind durch die Geburt begründet.

Adoptivkinder sind im ersten Grad mit den Adoptiveltern verwandt, weil das Verwandtschaftsverhältniszu ihren leiblichen Eltern durch die Adoption erlischt.

Beispiel

a) Das Ehepaar Marita und Jörg Meinken, Dresden, hat eine gemeinsame Tochter Julia, die am 20. Mai 2003 geboren wurde.

Julia ist als leibliches Kind im ersten Grad mit ihren Eltern verwandt (§ 32 Abs. 1 Nr. 1 EStG).

b) Das Ehepaar Meinken aus a) hat die zwei Jahre alte Patrizia adoptiert. Der Beschluss des Vormundschaftsgerichts Dresden über die Annahme als Kind ist dem Ehepaar Anfang d. J. zugestellt worden.

Patrizia ist im ersten Grad mit ihren Adoptiveltern verwandt. Mit ihren leiblichen Eltern ist Patrizia nicht mehr im ersten Grad verwandt, weil das Verwandtschaftsverhältnis zu diesen Eltern durch die Adoption erloschen ist.

Pflegekinder sind Kinder, mit denen der Steuerpflichtige durch ein familienähnliches, auf längere Dauer berechnetes Band verbunden ist, sofern er sie in seinen Haushalt aufgenommen hat und das Obhuts- und Pflegeverhältnis zu den (leiblichen) Eltern nicht mehr besteht (§ 32 Abs. 1 Nr. 2 EStG).

4497416

4.7.1 Zu berücksichtigende Kinder

Für die steuerliche Berücksichtigung von Kindern ist es gleichgültig, ob das Kind selbst einkommensteuerpflichtig ist.

Kinder, die sich zum Zweck der Berufsausbildung vorübergehend im Ausland aufhalten, bleiben unbeschränkt einkommensteuerpflichtig, wenn ihnen im Haushalt der Eltern eine angemessene Wohn- und Schlafgelegenheit weiterhin zur Verfügung steht.

Das EStG unterscheidet **vier Gruppen** von Kindern nach dem **Alter**:

❶ Kinder unter 18 Jahren (§ 32 Abs. 3 EStG),
❷ Kinder von 18 bis 20 Jahren (§ 32 Abs. 4 Nr. 1 EStG),
❸ Kinder von 18 bis 24 Jahren (§ 32 Abs. 4 Nr. 2 EStG) und
❹ Kinder ab 18 Jahren ohne Altersbegrenzung (§ 32 Abs. 4 Nr. 3 EStG).

❶ Kinder unter 18 Jahren

Ein Kind wird in dem Kalendermonat, in dem es lebend geboren wurde, und in jedem folgenden Kalendermonat, zu dessen Beginn es das 18. Lebensjahr noch nicht vollendet hat, berücksichtigt (§ 32 Abs. 3 EStG).

Beispiel

Die am 2. Jan. 2002 geborene Tochter eines Ehepaares lebt im Haushalt ihrer Eltern in Freudenstadt. Bei der Berechnung des Lebensalters zählt der Tag der Geburt mit.

Die Tochter hat mit Ablauf des 1. Jan. 2020 das 18. Lebensjahr vollendet. Zu Beginn dieses Monats, am 1. Jan., 00:00 Uhr, war sie noch nicht 18 Jahre alt. Deshalb wird sie im Jan. 2020 bei ihren Eltern noch steuerlich berücksichtigt.

❷ Kinder von 18 bis 20 Jahren

Ein Kind, das das 18. Lebensjahr vollendet hat, wird berücksichtigt, wenn es noch nicht das 21. Lebensjahr vollendet hat, nicht in einem Beschäftigungsverhältnis steht und bei einer Agentur für Arbeit im Inland als Arbeit Suchender gemeldet ist (§ 32 Abs. 4 Nr. 1 EStG).

Hier geht es um Kinder, die zwar das 18. Lebensjahr vollendet haben, die aber keine der Voraussetzungen nach § 32 Abs. 4 Nr. 2 EStG erfüllen, die sich z. B. nicht mehr in Berufsausbildung befinden.

Beispiel

Der 20 Jahre alte Sohn eines Ehepaares in Kempten hat seine Berufsausbildung vor einem Jahr abgeschlossen. Seitdem ist er arbeitslos und steht der dortigen Agentur für Arbeit zur Verfügung. Am 10. Juni 2020 wird er 21 Jahre alt.

Der Sohn ist bei den Eltern in den Monaten Januar bis Juni 2020 zu berücksichtigen.

Ein Kind kann auch **nach Vollendung des 21. Lebensjahres** berücksichtigt werden, wenn es bestimmte Dienste, z. B. gesetzlichen Grundwehrdienst oder Zivildienst, geleistet hat (§ 32 Abs. 5 EStG).

❸ Kinder von 18 bis 24 Jahren

Ein Kind, das das 18. Lebensjahr, aber noch nicht das 25. Lebensjahr vollendet hat, wird nur dann berücksichtigt, wenn es eine der in § 32 Abs. 4 Nr. 2 Buchstabe a–d EStG genannten Voraussetzungen erfüllt, d. h., wenn es

- für einen Beruf ausgebildet wird oder
- sich in einer Übergangszeit von höchstens vier Monaten zwischen zwei Ausbildungsabschnitten oder zwischen einem Ausbildungsabschnitt und der Ableistung des freiwilligen Wehrdienstes bzw. des freiwilligen Dienstes befindet oder
- eine Berufsausbildung mangels Ausbildungsplatz nicht beginnen oder fortsetzen kann oder
- ein freiwilliges soziales Jahr oder ein freiwilliges ökologisches Jahr leistet.

Beispiel

Die 24 Jahre alte Tochter eines Ehepaares in Ingolstadt, die am 7. Sept. 2020 25 Jahre alt wird und keine eigenen Einkünfte hat, studiert seit fünf Jahren Medizin in München. Diese Berufsausbildung wird sie voraussichtlich Ende 2020 abschließen. In den Semesterferien wohnt sie bei ihren Eltern.

Die Tochter ist bei den Eltern in den Monaten Jan. bis Sept. 2020 zu berücksichtigen, weil sie zu Beginn dieser Monate das 25. Lebensjahr noch nicht vollendet hatte und sich in Berufsausbildung befand (§ 32 Abs. 4 Nr. 2 Buchstabe a EStG). In den Jahren davor war sie ebenfalls zu berücksichtigen (§ 32 Abs. 4 Nr. 1 EStG).

Zur Berufsausbildung gehört z. B. auch der Besuch von allgemeinbildenden Schulen, von Fachschulen und Hochschulen (H 32.5 [Schulbesuch] EStH).

Ein Kind (das sich z. B. in Berufsausbildung befindet usw.) kann ausnahmsweise auch nach Vollendung des 25. Lebensjahres berücksichtigt werden, wenn es bestimmte Dienste (z. B. den gesetzlichen Grundwehrdienst oder Zivildienst) geleistet hat, höchstens jedoch für die Dauer des jeweiligen Dienstes (§ 32 Abs. 5 EStG).

Kinder, die das 18., aber noch nicht das 25. Lebensjahr vollendet haben, werden **nicht** berücksichtigt, wenn diese eine **zweite** Berufsausbildung machen und einer Erwerbstätigkeit von mindestens 20 Stunden pro Woche im Durchschnitt nachgehen. Sofern das Kind eine zweite Berufsausbildung in Form eines Ausbildungsverhältnisses macht, ist dies unschädlich und ein Kinderfreibetrag wird berücksichtigt. Sollte das Kind studieren, so darf es keiner Erwerbstätigkeit von mindestens 20 Stunden in der Woche nachgehen; ein geringfügiges Beschäftigungsverhältnis ist unschädlich.

❹ Kinder ab 18 Jahren ohne Altersbegrenzung

Ein Kind, das das 18. Lebensjahr vollendet hat, wird ohne Altersbegrenzung berücksichtigt, wenn es wegen körperlicher, geistiger oder seelischer Behinderung außerstande ist, sich selbst zu unterhalten (§ 32 Abs. 4 Nr. 3 EStG) und die Behinderung vor dem 25. bzw. 27. Lebensjahr (Anwendung gemäß § 52 Abs. 40 Satz 5 EStG) eingetreten ist.

Dabei ist immer nach den Gesamtumständen des Einzelfalles zu entscheiden. Hat das Kind aufgrund seiner Behinderung weder Einkünfte noch Lohnersatzleistungen, kann allerdings von der Unfähigkeit zur eigenen Unterhaltung ausgegangen werden (H 32.9 Abs. 3 EStH).

Zu berücksichtigende Kinder

Zu berücksichtigende Kinder

Kinderbegriff (§ 32 Abs. 1 EStG)
1. im ersten Grad mit dem Steuerpflichtigen verwandte Kinder
2. Pflegekinder

Von Amts wegen werden berücksichtigt

Kinder unter 18 Jahren (§ 32 Abs. 3 EStG)

Nur auf Antrag werden berücksichtigt

Kinder von 18 Jahren und älter

von 18 bis 20 Jahren (§ 32 Abs. 4 Satz 1 Nr. 1 EStG), wenn sie **arbeitslos** sind und der **Arbeitsvermittlung zur Verfügung** stehen.

von 18 bis 24 Jahren (§ 32 Abs. 4 Satz 1 Nr. 2 EStG), wenn

1. **sie für einen Beruf ausgebildet** werden

oder

2. sich in einer **Übergangszeit** von **höchstens vier Monaten** zwischen zwei Ausbildungsabschnitten, zwischen Ausbildungsabschnitt und freiwilligem Wehrdienst bzw. freiwilligem Dienst befinden

oder

3. eine **Berufsausbildung mangels Ausbildungsplatzes nicht beginnen** oder fortsetzen konnten

oder

4. ein **freiwilliges soziales Jahr** usw. leisten.

von 18 Jahren **ohne Altersbegrenzung** (§ 32 Abs. 4 Satz 1 Nr. 3 EStG), wenn sie wegen **körperlicher, geistiger oder seelischer Behinderung** außerstande sind, sich selbst zu unterhalten, vorausgesetzt, die Behinderung ist vor Vollendung des 25. Lebensjahres eingetreten.

AUFGABEN

1. Welche Steuerbegünstigungen können dem Steuerpflichtigen durch die Berücksichtigung von Kindern gewährt werden?
2. Werden Freibeträge für Kinder zusätzlich zum Kindergeld gewährt?
3. Was verstehen Sie unter Kindern im Sinne des EStG?
4. Welche Kinder sind im ersten Grad mit dem Steuerpflichtigen verwandt?
5. Warum sind Adoptivkinder im ersten Grad mit dem Steuerpflichtigen verwandt?
6. Was sind Pflegekinder?
7. Wie steht es mit der beschränkten und der unbeschränkten Einkommensteuerpflicht bei der steuerlichen Berücksichtigung von Kindern?
8. Welche vier Gruppen von Kindern unterscheidet das EStG altersmäßig?
9. Unter welchen Voraussetzungen werden Kinder unter 18 Jahren berücksichtigt?
10. Unter welchen Voraussetzungen wird ein Kind über 18 Jahren berücksichtigt?
11. Welche Voraussetzungen muss ein Kind von 18 bis 26 Jahren nach § 32 Abs. 4 Nr. 2 Buchstaben a–d EStG erfüllen, um berücksichtigt zu werden?
12. Welche Kinder über 18 Jahre werden ohne Altersbegrenzung berücksichtigt?

VERTIEFENDE ÜBUNGEN

Übungen zur Berücksichtigung von Kindern

1. **Fall 1:**
   Sind die Kinder 2020 zu berücksichtigen? Bitte begründen Sie Ihre Antwort.

   Das Ehepaar Fabian und Heike Jansen, Hameln, hat zwei Kinder:

   die Adoptivtochter Sabine, geb. am 20. Juli 2013 und
   die eheliche Tochter Heike, geb. am 7. April 2020.

   Fall 2:
   Inwieweit ist die Tochter 2020 steuerlich zu berücksichtigen? Bitte begründen Sie Ihre Antwort.

   Die Tochter eines Ehepaares in Augsburg hat ihre Berufsausbildung am 15. Juni 2020 abgeschlossen. Seitdem ist sie arbeitslos im Sinne des § 118 SGB III. Am 30. Nov. 2020 ist sie 21 Jahre alt geworden.

   Fall 3:
   Sind die Kinder 2020 zu berücksichtigen? Bitte begründen Sie Ihre Antwort.

   Das Ehepaar Robert und Lisa Jacobi, Kulmbach, hat zwei eheliche Kinder:

   Tochter Corinna ist 22 Jahre alt und studiert in München Rechtswissenschaften.

   Sohn Philipp ist am 31. Dez. 2015 18 Jahre alt geworden. Am 1. Jan. 2017 hatte er einen Autounfall und ist seitdem wegen körperlicher Behinderung außerstande, sich selbst zu unterhalten.

2. **Ermitteln Sie begründet, ob Bea Amann 2020 als Kind nach § 32 EStG steuerlich berücksichtigt werden kann.**

   Bea Amann (20 Jahre alt), hat im Juni 2018 ihr Abitur gemacht und im Okt. 2018 ein Studium in Berlin aufgenommen.

   In den Monaten Jan. bis Mai 2020 arbeitete Bea als teilzeitbeschäftigte Verkäuferin samstags in einer Metzgerei.

   In den Semesterferien arbeitete sie vier Monate bei einem Paketzustelldienst.

4.7.2 Freibeträge für Kinder

Durch den Familienleistungsausgleich nach § 31 EStG soll das Existenzminimum von Kindern steuerlich freigestellt werden. Dies geschieht entweder durch die direkte Zahlung von Kindergeld (siehe auch Kap. 4.7.3) oder durch die steuerliche Gewährung von Freibeträgen für Kinder – Kinderfreibetrag und Betreuungsfreibetrag (Freibetrag für den Betreuungs- und Erziehungs- oder Ausbildungsbedarf) nach § 32 Abs. 6 EStG. Von Amts wegen wird deshalb innerhalb des Veranlagungsverfahrens für jedes einzelne zu berücksichtigende Kind geprüft, ob das gezahlte Kindergeld (als vorweggenommene steuerliche Entlastung) für den Steuerpflichtigen günstiger ist oder der Abzug der Freibeträge für Kinder vom Einkommen – „Günstigerprüfung".

Wenn die Freibeträge für Kinder günstiger sind, wird für jedes nach § 32 Abs. 1–5 EStG berücksichtigungsfähige Kind ein Kinderfreibetrag von 2.586,00 € und ein Betreuungsfreibetrag von 1.320,00 € vom Einkommen abgezogen (§ 32 Abs. 6 Satz 1 EStG). Bei Zusammenveranlagung von Ehegatten verdoppeln sich die Freibeträge, wenn das Kind zu beiden Ehegatten in einem Kindschaftsverhältnis steht, auf insgesamt 7.812,00 €.

Die Freibeträge für Kinder ermäßigen sich um ein Zwölftel für jeden Kalendermonat in dem die Voraussetzungen nach § 32 Abs. 1–5 EStG nicht vorgelegen haben (§ 32 Abs. 6 Satz 5 EStG).

Grundsätze der Zeitanteiligkeit nach § 32 Abs. 6 Satz 5 EStG

Liegen die Voraussetzungen für die Berücksichtigung des Kindes nicht während des ganzen Kalenderjahres vor, weil z. B.

- das Kind im Kalenderjahr geboren/gestorben ist,
- das Kind im Kalenderjahr das 18. Lebensjahr vollendet hat und sich nicht mehr in Berufsausbildung nach § 32 Abs. 4 Nr. 2 Buchstabe a EStG oder in einer Übergangszeit (§ 32 Abs. 4 Nr. 2 Buchstabe b EStG) befindet,
- das Kind im Kalenderjahr noch nicht das 25. Lebensjahr vollendet, aber seine Berufsausbildung abgeschlossen hat,
- das Kind im Kalenderjahr das 25. Lebensjahr vollendet hat,
- im Kalenderjahr der Unterbrechungszeitraum nach § 32 Abs. 4 Nr. 2 Buchstabe b EStG mehr als vier Kalendermonate beträgt,

ist der Kinder- und Betreuungs**freibetrag** nur für die Monate **zu berücksichtigen,** in denen die Voraussetzungen für die Berücksichtigung an mindestens einem Tag im Kalendermonat vorgelegen haben.

Beispiele

a) Ein Kind ist vom 1. Jan. bis 15. Sept. 2020 in der Berufsausbildung. Mit Ablauf des 31. Mai 2020 vollendete es sein 18. Lebensjahr. Die Eltern werden zusammen zu Einkommensteuer veranlagt. Wie hoch ist der Kinder- und Betreuungsfreibetrag nach § 32 Abs. 6 EStG?

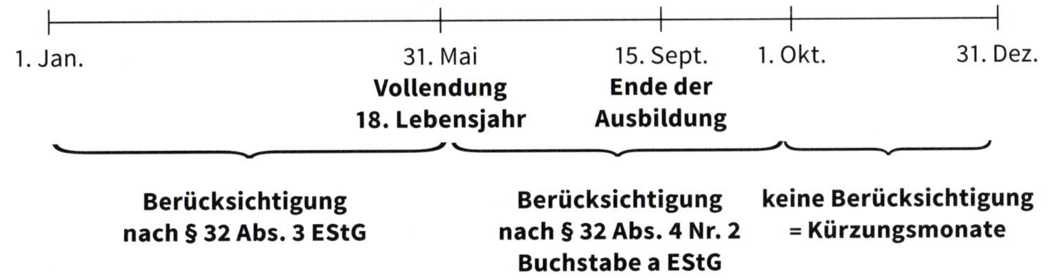

Der Kinderfreibetrag und der Betreuungsfreibetrag sind nach § 32 Abs. 6 Satz 5 EStG nur für neun Monate zu gewähren. Da die Eltern zusammen zur Einkommensteuer veranlagt werden, sind sie nach § 32 Abs. 6 Satz 2 EStG zu verdoppeln:

Kinderfreibetrag	9/12 · (2 · 2.586,00 €) =	3.879,00 €
Betreuungsfreibetrag	9/12 · (2 · 1.320,00 €) =	1.980,00 €
		5.859,00 €

→

b) Andreas und Andrea Lind leben seit ihrer Hochzeit vor drei Jahren in einer Mietwohnung in Nordkirchen. Am 20. März 2020 wird in Köln Fritz geboren, der uneheliche Sohn von Louise Miller und Andreas Lind. Fritz lebt seitdem bei seiner Mutter Luise Miller in Köln. Andreas Lind zahlt monatlich 250,00 € Unterhalt für seinen Sohn. Erhält Andreas Lind für seinen unehelichen Sohn Fritz Steuervergünstigungen?

Sohn Fritz = leibliches Kind des Andreas Lind (§ 32 Abs. 1 Nr. 1 EStG);
§ 32 Abs. 3 EStG: das Kind ist ab dem Monat der Geburt im März 2020 zu berücksichtigen

Kinderfreibetrag	10/12 · 2.586,00 € =	2.155,00 €
Betreuungsfreibetrag	10/12 · 1.320,00 € =	1.100,00 €
		3.255,00 €

Es gibt keine Verdoppelung der Kinderfreibeträge, da das Kind nicht im Kindschaftsverhältnis zur Ehefrau steht.

c) Eine geschiedene Ärztin in Stuttgart hat einen 23 Jahre alten Sohn, der bei ihr wohnt. Seine Berufsausbildung hat er am 20. Aug. 2020 abgeschlossen. Der Sohn ist ein zu berücksichtigendes Kind (§ 32 Abs. 4 Nr. 2 Buchstabe a EStG). Die Voraussetzungen für den Abzug der Freibeträge für Kinder sind in den Monaten Jan. bis Aug. 2020 erfüllt. Die vom Einkommen abzuziehenden Freibeträge für Kinder betragen 2.604,00 € ([2.586,00 € + 1.320,00 €] · 8/12).

d) Das Ehepaar Siebert, München, wird zusammen veranlagt. Zwei Kinder sind zu berücksichtigen, die leibliche Tochter Petra, fünf Jahre alt, und die Adoptivtochter Anne, sieben Jahre alt. Auch die Adoptivtochter ist im ersten Grad mit dem Ehepaar Siebert verwandt (siehe Kap. 4.7). Beide Kinder stehen also in einem Kindschaftsverhältnis zu beiden Ehegatten. Vom Einkommen können für jedes Kind 7.812,00 € ([2.586,00 € + 1.320,00 €] · 2), insgesamt also 15.624,00 €, als Freibeträge für Kinder abgezogen werden.

Die Freibeträge für Kinder, die insgesamt 7.812,00 € betragen, werden nicht nur bei Ehegatten abgezogen, die zusammen veranlagt werden, sondern auch bei einem einzelnen Elternteil, wenn der andere Elternteil verstorben ist oder während des ganzen Kalenderjahres nicht unbeschränkt steuerpflichtig war (§ 32 Abs. 6 Nr. 1 EStG).

Beispiele

a) Das Ehepaar Köster in Stuttgart wird zusammen veranlagt und hat ein 14 Jahre altes Kind. Der Ehemann stirbt 2019. Das Ehepaar Köster bekommt für 2019 die Freibeträge für Kinder. Die Witwe bekommt ab 2020 die vollen Freibeträge für Kinder von 7.812,00 €, weil der Ehemann 2019 verstorben ist.

b) Ein Schlosser aus Italien wohnt mit seinem 15 Jahre alten ehelichen Sohn seit zwei Jahren in Köln, wo er tätig ist. Die Ehefrau des Steuerpflichtigen wohnt mit der drei Jahre alten ehelichen Tochter in Italien. Der Schlosser und sein Sohn sind unbeschränkt, die Ehefrau und die Tochter nicht einkommensteuerpflichtig. Dem Vater stehen sowohl für den Sohn als auch für die Tochter Freibeträge für Kinder zu, weil es gleichgültig ist, ob das Kind nicht oder unbeschränkt einkommensteuerpflichtig ist (siehe Kap. 4.7.1).

Für ein sogenanntes Auslandskind können Freibeträge für Kinder nur abgezogen werden, soweit sie nach den Verhältnissen des Wohnsitzstaates des Kindes notwendig und angemessen sind (§ 32 Abs. 6 Satz 4 EStG). So können z. B. die Freibeträge für ein Kind, das seinen Wohnsitz in der Türkei hat, nur zu ⅓ abgezogen werden.

Übertragung der Freibeträge für Kinder

Bei unbeschränkt einkommensteuerpflichtigen Elternpaaren, die dauernd getrennt leben oder geschieden sind, wird nach § 32 Abs. 6 Satz 7 EStG auf Antrag der Kinderfreibetrag des anderen Elternteilteils in Höhe von 2.586,00 € auf das Elternteil übertragen, das seiner Unterhaltsverpflichtung gegenüber dem Kind für das Kalenderjahr im Wesentlichen nachkommt, wenn das andere Elternteil seine Unterhaltsverpflichtung versäumt.

Bei minderjährigen Kindern wird der Betreuungsfreibetrag in Höhe von 1.320,00 € des anderen Elternteils auf Antrag auf den Elternteil übertragen, in dessen Wohnung das minderjährige Kind gemeldet ist.

Beispiel

Dauernd getrennt lebende Ehegatten in Hannover haben ein zu berücksichtigendes minderjähriges Kind, das im Haushalt der Mutter lebt und von ihr unterhalten wird. Der Vater erfüllt seine Unterhaltsverpflichtung nicht.

Jedem Elternteil steht der Kinderfreibetrag von 2.586,00 € und der Betreuungsfreibetrag in Höhe von 1.320,00 € zu. Auf Antrag der Mutter werden die Freibeträge für Kinder des Vaters – auch gegen seinen Willen – auf die Mutter übertragen, sodass sie insgesamt Freibeträge von 7.812,00 € bekommt.

Die Freibeträge für Kinder können auch auf einen Stiefelternteil oder Großelternteil übertragen werden (§ 32 Abs. 6 Satz 10 EStG), wenn diese das Kind in ihren Haushalt aufgenommen haben.

AUFGABEN

1. Unter welcher Voraussetzungen werden die Freibeträge für Kinder gewährt?
2. Wie hoch sind die Freibeträge für Kinder
   a) für einen Alleinstehenden und
   b) bei Zusammenveranlagung?
3. In welchen Fällen werden auch bei einem einzelnen Elternteil, also nicht nur bei zusammen veranlagten Ehegatten, die vollen Freibeträge für Kinder vom Einkommen abgezogen?
4. Inwieweit können bei einem Auslandskind die Freibeträge für Kinder abgezogen werden?
5. Bei welchen Steuerpflichtigen kann der hälftige Kinderfreibetrag von einem Ehegatten auf den anderen übertragen werden?

VERTIEFENDE ÜBUNGEN

Übungen 1 bis 3: Freibeträge für Kinder

1. **Wie hoch ist die Summe der möglichen Freibeträge für Kinder für 2020?**

   Fall 1:
   Jürgen und Stefanie Windhorst, Worms, werden zusammen veranlagt. Sie haben drei eheliche Kinder:

   Julia, 17 Jahre alt. Sie besucht das Gymnasium;

   Anke, 19 Jahre alt. Sie hat ihre Berufsausbildung am 30. Mai 2020 in Worms abgeschlossen. Bis 31. Dez. 2020 war sie arbeitslos in Sinne des § 118 SGB III. Eigene Einkünfte oder Bezüge hatte sie nicht;

   Sebastian, 24 Jahre alt. Er hat seine Berufsausbildung am 10. Okt. 2020 in Gießen abgeschlossen. Eigene Einkünfte oder Bezüge hatte er nicht.

→

Übung 4: zu versteuerndes Einkommen

Fall 2:
Die Eheleute Peter und Katharina Strohschein, Wolfsburg, werden zusammen veranlagt. Aus der Ehe ist die Tochter Caroline hervorgegangen.

Peter ist zum zweiten Mal verheiratet. Seine erste Ehe wurde geschieden. Aus der geschiedenen Ehe hat er zwei Kinder: die Tochter Silke und den Sohn Henry.

Caroline ist 16 Jahre alt. Sie wohnt bei ihren Eltern in Wolfsburg und besucht dort das Gymnasium.

Silke hat am 15. Febr. d. J. ihr 23. Lebensjahr vollendet. Sie hat ihr Studium in Wirtschaftswissenschaften am 13. Okt. d. J. abgeschlossen. Sie wohnt bei ihrem Vater und ihrer Stiefmutter in Wolfsburg und hat keine eigenen Einkünfte und Bezüge.

Henry hat am 16. Sept. d. J. sein 24. Lebensjahr vollendet. Er hat sein Medizinstudium am 15. Nov. d. J. abgeschlossen und wohnt bei seiner Mutter in Göttingen. Eigene Einkünfte und Bezüge hat er nicht.

2. **Wer kann welche Freibeträge für Kinder für 2020 bekommen?**

Fall 1:
Eine Angestellte in Würzburg hat einen 15 Jahre alten nicht ehelichen Sohn, der bei ihr wohnt. Der Vater des Kindes wohnt in Aschaffenburg. Beide Eltern erfüllen ihre Unterhaltsverpflichtung.

Fall 2:
Sachverhalt wie in Fall 1 mit dem Unterschied, dass der Sohn als Pflegekind bei seinen Großeltern, die zusammen veranlagt werden, in Schweinfurt wohnt. Das Obhuts- und Pflegeverhältnis zu den leiblichen Eltern des Kindes besteht seit Jahren nicht mehr.

Fall 3:
Sachverhalt wie in Fall 2 mit dem Unterschied, dass das Obhuts- und Pflegeverhältnis zu den leiblichen Eltern noch bis 15. Jan. d. J. bestand, die leiblichen Eltern aber ihrer Unterhaltsverpflichtung im Kalenderjahr nicht nachgekommen sind.

3. **Wer kann 2020 welche Kinderfreibeträge bekommen?**

Fall 1:
Ein Ehepaar in Heilbronn, das zusammen veranlagt wird, hat zwei eheliche Kinder von zehn und zwölf Jahren. Vor zwei Jahren hat das Ehepaar ein Kleinkind adoptiert, das zusammen mit den zwei leiblichen Kindern im Haushalt des Ehepaars lebt.

Fall 2:
Der Ehemann wohnt seit einem Jahr in Freiburg, wo er als Geschäftsführer tätig ist.

Seine Ehefrau wohnt mit dem vierjährigen ehelichen Kind in Basel (Schweiz). Die Familie wird vom Ehemann unterhalten.

Fall 3:
Die Ehefrau wohnt seit einem Jahr mit dem vierjährigen ehelichen Kind in Freiburg, wo sie als Ärztin tätig ist. Der Ehemann hat während des ganzen Kalenderjahres in Basel (Schweiz) gewohnt, wo er einen Handel betreibt.

4. **Ermitteln Sie das zu versteuernde Einkommen der Steuerpflichtigen Hartmann für 2020.**

Maria Hartmann, geb. 11. Mai 1966, ist seit zehn Jahren geschieden. Sie betreibt in München ein Einzelhandelsgeschäft, in dem Teppiche, Gardinenstoffe und Tapeten verkauft werden. Aus der Ehe mit dem geschiedenen Ehegatten sind die folgenden Kinder hervorgegangen:

Michael, geb. 3. Aug. 1998, und Inge, geb. 12. Sept. 2001.

Michael, mit Wohnung bei der Mutter in München gemeldet, studiert seit 2017 Medizin in München. In den Ferien war Michael regelmäßig als Arbeitnehmer tätig. Im Jahr 2020 hat sein Bruttogehalt 5.000,00 € betragen. Der Arbeitnehmeranteil zur Gesamtsozialversicherung beträgt 650,00 €. Die Mutter hat die Kosten des Unterhalts und der Berufsausbildung getragen.

Inge ist mit Wohnung bei ihrem Vater mit Wohnsitz in Salzburg (Österreich) gemeldet. 2020 hat sie dort die Oberschule besucht. Die Kosten des Unterhalts und der Berufsausbildung trägt der Vater.

Hinsichtlich der Einkünfte der Steuerpflichtigen ergibt sich aus den Unterlagen für 2020 Folgendes:

1. Laut Bilanz des Einzelhandelsgeschäfts vom 31. Dez. ist ein Gewinn von 74.000,00 € ausgewiesen worden. Bei Prüfung des Abschlusses ist festgestellt worden:
   a) Die Steuerpflichtige hatte im Dez. 2019 zehn Aktien der Teppich AG Stuttgart zum Kurswert von je 140,00 € erworben und als Betriebsvermögen behandelt.

Buchung:
Wertpapiere an Bank 1.143,75 €.
Im April 2020 hat die Steuerpflichtige diese Aktien wieder verkauft. Zu diesem Zeitpunkt betrug der Kurswert 250,00 € je Aktie, die Verkaufskosten betrugen 27,50 €.
Buchung:
Bank an Wertpapiere 2.472,50 €.

b) Die Steuerpflichtige hat aus ihrem Betrieb Waren für private Zwecke entnommen. Der Teilwert dieser Ware betrug 600,00 €. Weder die entnommene Ware noch die darauf entfallende Umsatzsteuer von 19 % sind gebucht worden.

2. Die Einnahmen aus Kapitalvermögen (Zinsen) haben 2.903,00 € betragen.
3. Die Steuerpflichtige ist an einem Mietwohngrundstück mit 20 % beteiligt. Die Einkünfte aus dem Grundstück haben insgesamt 11.165,00 € betragen.

Sonderausgaben werden nicht geltend gemacht.

4.7.3 Kindergeld

Kindergeld nach dem Einkommensteuergesetz

Das Kindergeld nach dem Einkommensteuergesetz ist in den §§ 62 bis 78 EStG geregelt. Anspruch auf dieses Kindergeld für Kinder im Sinne des § 63 EStG hat, wer

- im Inland einen Wohnsitz oder einen gewöhnlichen Aufenthalt hat oder
- ohne Wohnsitz oder gewöhnlichen Aufenthalt im Inland
  a) nach § 1 Abs. 2 EStG unbeschränkt einkommensteuerpflichtig ist oder
  b) nach § 1 Abs. 3 EStG als unbeschränkt einkommensteuerpflichtig behandelt wird (§ 62 Abs. 1 EStG). Siehe Kap. 4.2.1.

Ein Ausländer hat nur Anspruch auf Kindergeld, wenn er im Besitz einer Aufenthaltsberechtigung oder Aufenthaltserlaubnis ist (§ 62 Abs. 2 Satz 1 EStG).

Als **Kinder** werden nach § 63 Abs. 1 EStG berücksichtigt:

- Kinder im Sinne des § 32 Abs. 1 EStG (im ersten Grad mit dem Steuerpflichtigen verwandte Kinder und Pflegekinder – siehe Kap. 4.7.1),
- vom Berechtigten in seinen Haushalt aufgenommene Kinder seines Ehegatten,
- vom Berechtigten in seinen Haushalt aufgenommene Enkel.

Die Vorschrift des § 32 Abs. 4 und 5 gilt entsprechend (§ 63 Abs. 1 Satz 2 EStG). Danach werden Kinder unter bestimmten Voraussetzungen auch über das 18. Lebensjahr hinaus und sogar über das 21. oder 25. Lebensjahr hinaus berücksichtigt (siehe Kap. 4.7.1).

Das Kindergeld beträgt seit 01.07.2019

- für das erste und zweite Kind je 204,00 €
- für das dritte Kind, 210,00 € und
- für das vierte und jedes weitere Kind jeweils 235,00 € monatlich.

Das Kindergeld wird vom Beginn des Monats an gezahlt, in dem die Anspruchsvoraussetzungen erfüllt sind, bis zum Ende des Monats, in dem die Anspruchsvoraussetzungen wegfallen (§ 66 Abs. 2 EStG).

Es ist bei der örtlich zuständigen Familienkasse schriftlich zu beantragen (§ 67 Abs. 1 EStG).

Lebt ein Kind im gemeinsamen Haushalt von Eltern, einem Elternteil und dessen Ehegatten, Pflegeeltern oder Großeltern, bestimmen diese untereinander den Kindergeldberechtigten, § 64 Abs. 2 Satz 2 EStG. Die Kinder werden bei den Elternteilen nach der Geburtsfolge berücksichtigt, das älteste Kind ist immer das erste Kind. Leibliche Kinder, für die ein Elternteil keinen Kindergeldanspruch hat, weil sie im Haushalt des anderen Elternteils leben, sind als sog. „Zählkinder“ mitzuberücksichtigen. Sie können bewirken, dass für jüngere Geschwister, die „Zählkinder“ sind (Kinder, für die ein Kindergeldanspruch besteht), der jeweils nächsthöhere Kindergeldsatz gezahlt wird.

Beispiel

Die Eheleute Thoms haben zwei gemeinsame, berücksichtigungsfähige Kinder, Anne mit vier und Linda mit drei Jahren. Der Vater erhält 408,00 € Kindergeld (2 · 204,00 €) im Monat. Seine Ehefrau Carmen, die zum zweiten Mal verheiratet ist, hat noch den siebenjährigen Sohn Hans und die sechsjährige Tochter Birte aus erster Ehe, die bei ihrem leiblichen Vater wohnen. Dieser bekommt deshalb auch das Kindergeld für Thomas und Birte.

Für Carmen Thoms ist jedoch Hans das erste, Birte das zweite Kind, Anne das dritte und Linda das vierte Kind. Bestimmen die Eheleute Thoms Carmen als Kindergeldberechtigte für die gemeinsamen Kinder, dann erhält Carmen für ihr drittes Kind Anne 210,00 € und für das vierte Kind Linda 235,00 €, also insgesamt 445,00 € Kindergeld im Monat.

Grundsätzlich wird das Kindergeld an die Kindergeldberechtigten monatlich ausgezahlt. Bei der Veranlagung zur Einkommensteuer wird allerdings von Amts wegen überprüft, ob der Abzug der Freibeträge für Kinder für den Steuerpflichtigen im Veranlagungszeitraum günstiger ist als der Anspruch auf Kindergeld. Die günstigere Lösung wird für den Steuerpflichtigen festgesetzt („Günstigerprüfung").

Kindergeld nach dem Bundeskindergeldgesetz

Hiernach erhält Kindergeld für seine Kinder, wer

- nach § 1 Abs. 1 und 2 EStG nicht unbeschränkt steuerpflichtig ist und
- auch nicht nach § 1 Abs. 3 EStG als unbeschränkt steuerpflichtig behandelt wird (§ 1 Abs. 1 BKGG).

Für diese Anspruchsberechtigten, die nicht zwischen Kinderfreibetrag und Kindergeld wählen können, ist für die Gewährung des Kindergeldes das Bundeskindergeldgesetz (BKGG) und nicht das EStG maßgebend.

4.7.4 Entlastungsbetrag für Alleinerziehende (§ 24b EStG)

Alleinerziehende erhalten einen Entlastungsbetrag nach § 24b EStG in Höhe von 1.908,00 €.

Der Entlastungsbetrag steht alleinstehenden Steuerpflichtigen zu, wenn

- zu ihrem Haushalt mindestens ein Kind gehört, für das ihnen ein Freibetrag nach § 32 Abs. 6 EStG (Kinder- oder Betreuungsfreibetrag) zusteht und
- der Steuerpflichtige und sein Kind in der gemeinsamen Wohnung mit Hauptwohnung gemeldet sind.

Der Entlastungsbetrag wird von der Summe der Einkünfte abgezogen und nur für die Monate gewährt, in denen die Voraussetzungen vorgelegen haben, d. h., für jeden vollen Kalendermonat, in dem die Voraussetzungen nicht vorgelegen haben, wird der Entlastungsbetrag um 159,00 € ($^1/_{12}$) gemindert.

Als alleinstehend gelten Steuerpflichtige, die

- nicht die Voraussetzungen für eine Ehegattenveranlagung nach § 26 Abs. 1 erfüllen und
- keine Haushaltsgemeinschaft mit einer anderen Person bilden, es sei denn, für diese steht ihnen ein Freibetrag nach § 32 Abs. 6 oder Kindergeld zu.

Eine Haushaltsgemeinschaft mit einer anderen Person ist in der Regel dann anzunehmen, wenn diese mit Haupt- oder Nebenwohnsitz in der Wohnung des Steuerpflichtigen gemeldet ist.

Der Betrag von 1.908,00 € erhöht sich um 240,00 € für jedes weitere Kind, das unter § 24b Abs. 1 EStG fällt.

Beispiele

a) Eine Bankangestellte in Hildesheim hat ein zehn Jahre altes nicht eheliches Kind, für das sie Kindergeld bekommt. Das Kind war zu Beginn des Jahres in ihrer Wohnung gemeldet. Der Vater des Kindes wohnt in Braunschweig. Die Mutter bekommt den Entlastungsbetrag von 1.908,00 €. Die Voraussetzungen nach § 24b Abs. 1 EStG sind erfüllt.

b) Die ledigen Eltern eines fünf Jahre alten Kindes bewohnen zusammen ein Einfamilienhaus in Leipzig und sind dort gemeinsam mit ihrem Hauptwohnsitz gemeldet. Der Entlastungsbetrag kann hier nicht gewährt werden, da beide Elternteile nicht alleinstehend sind.

Kinderfreibetrag, Betreuungsfreibetrag, Entlastungsbetrag

Freibeträge für Kinder und Entlastungsbetrag

Kinderfreibetrag und Betreuungsfreibetrag (§ 32 Abs. 6 EStG)

Den Kinderfreibetrag von **2.586,00 €** und Betreuungsfreibetrag von **1.320,00 €** **jährlich** erhalten

- **geschiedene** oder **dauernd getrennt** lebende Elternteile,
- Eltern **nichtehelicher** Kinder,
- **getrennt veranlagte** Ehegatten.

Besonderheit:

Der **hälftige** Kinderfreibetrag/Betreuungsfreibetrag kann unter den Voraussetzungen des § 32 Abs. 6 Satz 6 EStG von einem Elternteil auf den anderen **übertragen** werden.

Der doppelte Kinderfreibetrag von **5.172,00 €** und der volle Betreuungsfreibetrag von **2.640,00 €** jährlich werden gewährt

- **zusammen veranlagten** Eltern oder
- **einem Elternteil** allein,
- wenn der andere Elternteil **verstorben** ist oder
- wenn der andere Elternteil **nicht unbeschränkt** steuerpflichtig ist oder
- wenn der eine Elternteil das Kind **allein adoptiert** hat oder
- wenn das Kind **nur** zu dem einen Elternteil in einem Pflegekindschaftsverhältnis steht.

Entlastungsbetrag (§ 24b EStG)

Den Entlastungsbetrag von **1.908,00 €** erhalten Steuerpflichtige, die

- **alleinstehend** sind,
- mit mindestens **1 Kind, für das ihnen ein Freibetrag für Kinder zusteht,** in einer **gemeinsamen Wohnung** in Haushaltsgemeinschaft leben

  und
- die dort mit ihrem Kind als **Hauptwohnsitz** gemeldet sind.

Für jedes weitere Kind im Sinne von Abs. 1 erhöht sich der Entlastungsbetrag um weitere 240,00 €.

AUFGABEN

1. Wer hat Anspruch auf Kindergeld nach § 62 Abs. 1 EStG?
2. Wie steht es mit der Anspruchsberechtigung von Ausländern auf Kindergeld?
3. Welche Kinder werden nach § 63 Abs. 1 EStG für die Zahlung von Kindergeld berücksichtigt?
4. Wie hoch ist das Kindergeld?
5. Für welche Zeit wird das Kindergeld nach § 66 Abs. 2 EStG gezahlt?
6. Wer erhält Kindergeld nach dem Bundeskindergeldgesetz?
7. Wie hoch ist der Entlastungsbetrag für Alleinerziehende?
8. Unter welcher Voraussetzung wird er gewährt?

VERTIEFENDE ÜBUNG

Übung zum Entlastungsbetrag

Ist der Entlastungsbetrag für 2020 zu gewähren?

Fall 1:
Ein alleinstehender Steuerpflichtiger in Köln, 42 Jahre alt, hat ein nicht eheliches Kind, für das er einen Kinderfreibetrag erhält und das in seiner Wohnung gemeldet ist. Die Mutter des Kindes wohnt in der Schweiz. Sie ist nicht einkommensteuerpflichtig.

Fall 2:
Die zweijährige nicht eheliche Tochter einer Ärztin in Lörrach (Inland) ist bei ihren Großeltern in Basel (Schweiz) mit Wohnung gemeldet. Der Vater des Kindes wohnt ebenfalls in der Schweiz.

Fall 3:
Eine Steuerpflichtige ist seit dem 7. Nov. 2019 verwitwet. Sie hat zwei Kinder, 17 und 19 Jahre alt, für die sie Kinderfreibeträge bekommt und die in ihrer Wohnung in München gemeldet sind. Im Zeitpunkt des Todes des Ehemannes haben die Voraussetzungen für die Zusammenveranlagung vorgelegen.

Fall 4:
Ein dauernd getrennt lebendes Ehepaar in Bochum hat einen zehnjährigen Sohn, der im Veranlagungszeitraum bei der Mutter gemeldet war. Das Kind wird vom Vater unterhalten.

4.7.5 Kinderbetreuungskosten

Dabei handelt es sich um Aufwendungen des Steuerpflichtigen für Dienstleistungen zur Betreuung eines Kindes im Sinne des § 32 Abs. 1 EStG, das zum Haushalt gehört.

Für Kinder,

- die das 14. Lebensjahr noch nicht vollendet haben oder
- die wegen einer vor dem 25. Lebensjahr eingetretenen körperlichen, geistigen oder seelischen Behinderung außerstande sind, sich selbst zu erhalten,

können nachgewiesene Aufwendungen (Rechnung und Überweisungsbeleg) nach § 10 Abs. 1 Nr. 5 EStG mit

- ⅔ der Kinderbetreuungskosten,
- höchstens 4.000,00 €

als Sonderausgaben abgezogen werden.

Voraussetzung für den Abzug von Kinderbetreuungskosten ist, dass tatsächlich Kosten angefallen sind.

Dies gilt nicht für Aufwendungen für Unterricht, die Vermittlung besonderer Fähigkeiten sowie für sportliche und andere Freizeitbetätigungen.

4497428

Beispiele

a) Eine Umschülerin in Hildesheim hat ein zehn Jahre altes, nicht eheliches Kind, für das sie Kindergeld bekommt. Das Kind war zu Beginn des Jahres in ihrer Wohnung gemeldet. Der Vater des Kindes wohnt in Braunschweig und kommt seiner Unterhaltsverpflichtung für das Kind nicht nach. Die Mutter weist folgende Aufwendungen zur Betreuung ihrer Tochter nach:

Aufwendungen:	
Tagesmutter	3.000,00 €
Gitarrenunterricht	340,00 €
insgesamt	3.340,00 €
nicht berücksichtigungsfähig:	
Musikunterricht	– 340,00 €
berücksichtigungsfähig:	
§ 10 Abs. 1 Nr. 5 EStG	3.000,00 €
abzugsfähig sind $\frac{2}{3}$	2.000,00 €
höchstens aber	4.000,00 €

Die Umschülerin kann daher 2.000,00 € als Sonderausgaben geltend machen.

b) Die Eheleute Margit Horsten, Hausfrau, und Peter Horsten, selbstständiger Architekt, leben zusammen mit ihren Kindern Pit, fünf Jahre alt, und Grit, 16 Jahre alt, in Düsseldorf. Für die Betreuung des Sohnes weisen die Eltern 3.360,00 € Kinderbetreuungskosten (Kindergartenbeiträge) nach und für die Tochter zahlten die Eltern nachgewiesene Kinderbetreuungskosten von 2.820,00 €.

Da Grit weder behindert noch dauerhaft krank ist, können nur für den Sohn Pit nach § 10 Abs. 1 Nr. 5 EStG $\frac{2}{3}$ der Kinderbetreuungskosten von 3.360,00 € = 2.240,00 € als Sonderausgabenabzug geltend machen.

c) wie b), jedoch ist Grit behindert. Dadurch können die Eheleute $\frac{2}{3}$ der Kinderbetreuungskosten von Pit = 2.240,00 € und $\frac{2}{3}$ der Betreuungskosten von Grit = 1.880,00 €, also zusammen 4.120,00 € als Sonderausgaben gemäß § 10 Abs. 1 Nr. 5 EStG geltend machen. Die Höchstgrenze von 4.000,00 € je Kind wird nicht überschritten. Der kausale Zusammenhang zwischen Betreuungskosten und Behinderung ist nicht zu prüfen.

AUFGABEN

1. Unter welchen Voraussetzungen und in welcher Höhe können erwerbsbedingte Kinderbetreuungskosten nach § 10 Abs. 1 Nr. 5 EStG abgezogen werden?
2. Welche Aufwendungen sind für Kinderbetreuung vom Sonderausgabenabzug nach § 10 Abs. 1 Nr. 5 EStG ausgeschlossen?

4.8 Außergewöhnliche Belastung

Außergewöhnliche Belastungen allgemeiner und besonderer Art

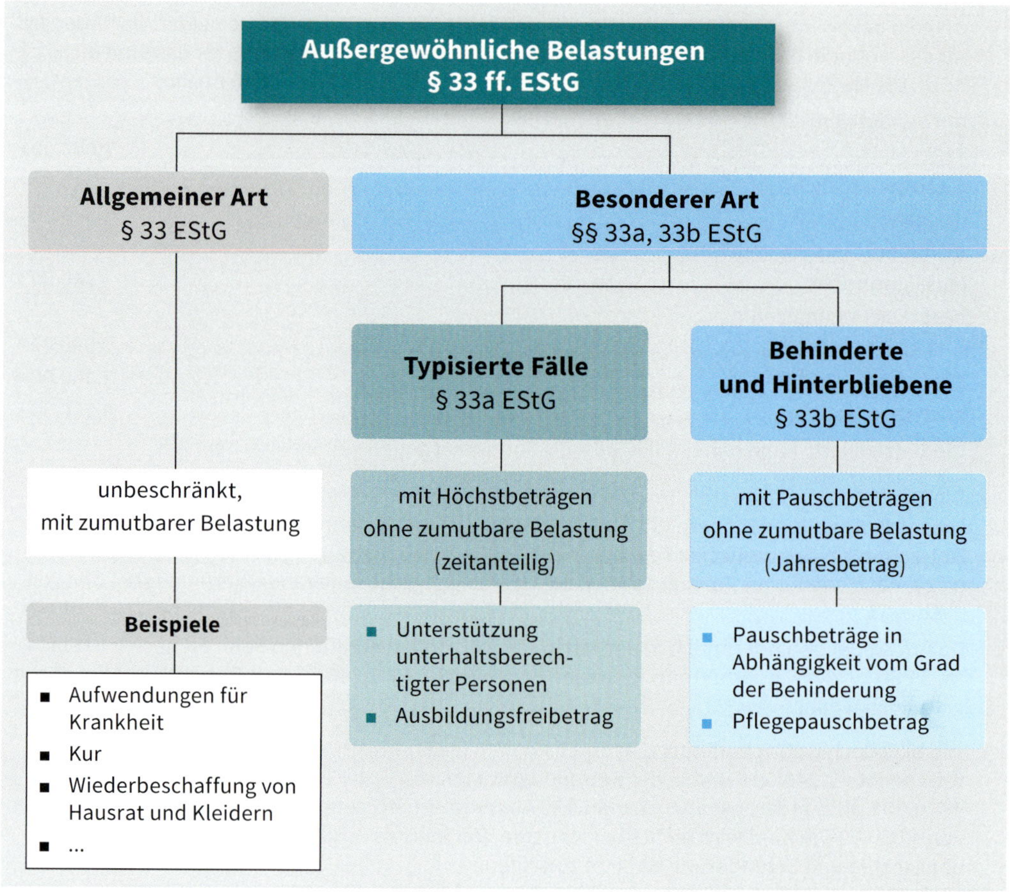

Bei den außergewöhnlichen Belastungen, die neben den Sonderausgaben vom Gesamtbetrag der Einkünfte abgezogen werden können, um das Einkommen zu ermitteln, handelt es sich um Kosten der privaten Lebensführung, die grundsätzlich weder als Betriebsausgaben noch als Werbungskosten oder Sonderausgaben abzugsfähig sind.

Eine **außergewöhnliche Belastung** eines Steuerpflichtigen ist gegeben, wenn er zwangsläufig größere Aufwendungen bestreiten muss als die überwiegende Mehrzahl der Steuerpflichtigen gleicher Einkommensverhältnisse, gleicher Vermögensverhältnisse und gleichen Familienstandes (§ 33 Abs. 1 EStG).

Aufwendungen erwachsen dem Steuerpflichtigen zwangsläufig, wenn er sich ihnen aus

- rechtlichen Gründen (z. B. Unterstützung der Eltern),
- tatsächlichen Gründen (z. B. Krankheit) oder
- sittlichen Gründen (z. B. Unterstützung der Eltern über den Sozialhilfesatz hinaus)

nicht entziehen kann und soweit die Aufwendungen den Umständen nach notwendig sind und einen angemessenen Betrag nicht übersteigen (§ 33 Abs. 2 Satz 1 EStG).

4497430

Dabei ist zu unterscheiden zwischen

- Aufwendungen, die auf Antrag nur insoweit vom Gesamtbetrag der Einkünfte abgezogen werden, als sie die dem Steuerpflichtigen zumutbare Belastung übersteigen (§ 33 Abs. 3 EStG), und
- Aufwendungen, die auf Antrag nur im Rahmen von Höchstbeträgen (ohne Berücksichtigung der zumutbaren Belastung) vom Gesamtbetrag der Einkünfte abgezogen werden.

Aufwendungen, die auf der reinen Vermögensebene liegen, z. B. Aufwendungen für die Aussteuer der Tochter und Aufwendungen, für die der Steuerpflichtige einen Gegenwert erhält, z. B. Trauerkleidung, können grundsätzlich nicht als außergewöhnliche Belastung berücksichtigt werden.

4.8.1 Außergewöhnliche Belastung mit zumutbarer Belastung

Nach dieser Vorschrift wird nur der Teil der Aufwendungen auf Antrag vom Gesamtbetrag der Einkünfte abgesetzt, der die dem Steuerpflichtigen zumutbare Belastung übersteigt.

Durch die Aufwendungen wird der Steuerpflichtige belastet. Die „zumutbare Belastung" stellt eine Grenze dar zwischen der Belastung, die dem Steuerpflichtigen ohne Inanspruchnahme einer Steuervergünstigung zugemutet wird, und der Belastung, die eine Steuervergünstigung rechtfertigt. Die zumutbare Belastung beträgt nach § 33 Abs. 3 EStG:

Personenkreis	Gesamtbetrag der Einkünfte		
	bis 15.340,00 €	über 15.340,00 € bis 51.130,00 €	über 51.130,00 €
1. Steuerpflichtige ohne Kinder bei Besteuerung nach			
a) der Grundtabelle	5 %	6 %	7 %
b) der Splittingtabelle	4 %	5 %	6 %
2. Steuerpflichtige mit Kindern			
a) ein oder zwei Kinder	2 %	3 %	4 %
b) drei oder mehr Kinder	1 %	1 %	2 %

Die zumutbare Eigenbelastung ist stufenweise und nur nach dem Prozentsatz der entsprechenden Stufe des Gesamtbetrags der Einkünfte zu ermitteln. Als Kinder des Steuerpflichtigen zählen die, für die er Freibeträge für Kinder oder Kindergeld erhält (§ 33 Abs. 3 Satz 2 EStG).

Beispiel

Der Gesamtbetrag der Einkünfte eines verheirateten Steuerpflichtigen beträgt 22.500,00 €. Der Steuerpflichtige wird mit seiner Ehefrau zusammen veranlagt. Er bekommt Kindergeld für ein Kind.

Die zumutbare Belastung nach § 33 Abs. 3 EStG ist wie folgt zu berechnen:

Gesamtbetrag der Einkünfte	22.500,00 €
zumutbare Belastung:	
2 % von 15.340,00 €............	306,80 €
3 % von (22.500,00 € – 15.340,00 €)	214,80 €
gesamt	521,60 €

Aufwendungen, die eine außergewöhnliche Belastung im Sinne des § 33 EStG darstellen, sind z. B.:

- Krankheitskosten,
- Kurkosten,
- Beerdigungskosten.

Aufwendungen, die durch Diätverpflegung entstehen, können nicht als außergewöhnliche Belastung berücksichtigt werden.

Zu den Krankheitskosten, die im Rahmen des § 33 EStG berücksichtigungsfähig sind, gehören z. B. die Aufwendungen für ärztliche Behandlung, Medikamente, Krankenhausaufenthalt und Krankenpflege. Bei einem Krankenhausaufenthalt wird eine Haushaltsersparnis von den Krankheitskosten nicht abgesetzt.

Berücksichtigungsfähige Aufwendungen sind aber nur insoweit gegeben, als der Gesamtbetrag der Krankheitskosten den Gesamtbetrag der erstatteten Kosten und der Beihilfen in demselben Kalenderjahr übersteigt.

Krankentagegelder, die der Steuerpflichtige von einer Versicherungsgesellschaft erhält, mindern die nach § 33 EStG anzusetzenden Krankheitskosten nicht, weil sie keinen Ersatz für entstandene Kosten darstellen (H 33 [Krankentagegeldversicherung] EStH).

Im Fall einer Badekur muss der Steuerpflichtige, wenn er die Steuervergünstigung nach § 33 EStG in Anspruch nehmen will, die Kurbedürftigkeit nachweisen, sofern sich die Notwendigkeit der Kur nicht schon aus anderen Unterlagen (z. B. aus der Bescheinigung einer Versicherungsanstalt) ergibt.

Bei der Anerkennung der Verpflegungsmehraufwendungen anlässlich einer Kur ist die Haushaltsersparnis von 1/5 der nachgewiesenen Verpflegungskosten abzusetzen (R 33.4 Abs. 3 [Kur] EStR). Zu den Kurkosten gehören auch die Kosten der Unterbringung und die Fahrtkosten.

Beerdigungskosten sind nur insoweit eine außergewöhnliche Belastung, als sie den Wert des Nachlasses des Verstorbenen übersteigen (H 33 [Bestattungskosten] EStH) und nicht über der Angemessenheitsgrenze von 7.500,00 € liegen.

Beispiel

Ein Gewerbetreibender wird mit seiner Ehefrau zusammen veranlagt. Dem Ehepaar sind folgende Krankheitsaufwendungen entstanden:

Kosten für Zahnbehandlung	750,00 €
Arztkosten	300,00 €
Krankenhausaufenthalt (18 Tage · 150,00 €)	2.700,00 €
Operationskosten	1.700,00 €
Medikamente	200,00 €
Nebenkosten im Krankenhaus	190,00 €
insgesamt	5.840,00 €

Aus der (freiwilligen) Krankenversicherung haben die Ehegatten 3.200,00 € erstattet bekommen. Die Ehefrau hat als Arbeitnehmerin von ihrem Arbeitgeber daneben eine Beihilfe von 500,00 € erhalten.

Der Gesamtbetrag der Einkünfte der Ehegatten hat 30.000,00 € betragen. Kinder sind nicht vorhanden. Die zumutbare Belastung beträgt demnach 5 %. Der nach § 33 EStG absetzbare Betrag errechnet sich wie folgt:

Aufwendungen		5.840,00 €
– Erstattung der Krankenkasse	3.200,00 €	
– Beihilfe	500,00 €	–3.700,00 €
berücksichtigungsfähiger Aufwand		2.140,00 €
– zumutbare Belastung,		
4 % von 15.340,00 €		613,60 €
5 % von (30.000,00 € – 15.340,00 €)		733,00 €
gesamt		1.346,60 €
als außergewöhnliche Belastung nach § 33 EStG vom Gesamtbetrag der Einkünfte abzuziehen		793,40 €

4497432

AUFGABEN

1. Wodurch werden Aufwendungen, die eine außergewöhnliche Belastung darstellen, steuerlich berücksichtigt?
2. Was stellt die zumutbare Belastung nach § 33 Abs. 3 EStG dar?
3. Wie wird die zumutbare Belastung errechnet?
4. Welche Aufwendungen können nach § 33 EStG berücksichtigt werden?
5. Wie ist die Kurbedürftigkeit im Falle einer Badekur nachzuweisen?
6. Was wissen Sie hinsichtlich der Haushaltsersparnis im Falle eines Krankenhausaufenthalts und im Falle eines Kuraufenthalts?
7. Inwieweit sind Beerdigungskosten nach § 33 EStG zu berücksichtigen?

VERTIEFENDE ÜBUNG

Übung zu Außergewöhnliche Belastung

Wie hoch ist der nach § 33 EStG abzugsfähige Betrag für 2020?

Fall 1:
Johannes Neske, seit 1. Jan. 2014 65 Jahre alt, ist verheiratet mit Heidrun, geb. Köster, 54 Jahre alt. Die Eheleute, die ein 15 Jahre altes Adoptivkind haben, werden zusammen veranlagt. Folgende Zahlen liegen vor:

Ehemann:	Einkünfte aus Gewerbebetrieb	22.500,00 €
Ehefrau:	Verlust aus Vermietung und Verpachtung	– 4.000,00 €
	selbst getragene Krankheitskosten	2.000,00 €

Fall 2:
Werner Lenzen, 67 Jahre alt, seit 2018 verwitwet, bezieht seit 2017 Versorgungsbezüge seines früheren Arbeitgebers in Höhe von 24.360,00 € und eine Rente aus der gesetzlichen Sozialversicherung (seit 1. Sept. 2019) in Höhe von 21.600,00 €. Er beantragt die Anerkennung der Beerdigungskosten für seinen in diesem Jahr verstorbenen Vater als außergewöhnliche Belastung. Vermögenswerte oder Barvermögen hinterließ der Vater nicht, lediglich aus der Sterbekasse des Vaters erhielt Werner Lenzen 980,00 €. Im Einzelnen macht er folgende Aufwendungen geltend:

Trauerkleidung	522,00 €
Bestattungsunternehmer	2.010,00 €
Grabstein	928,00 €
Grablaterne	174,00 €
Friedhofsgebühren	626,40 €
Grabpflege ein Jahr im Voraus	368,00 €
Bewirtung (Leichenschmaus)	1.248,00 €

Fall 3:
Boris Kramm, Münster, geb. 18. März 1970, wird mit seiner Ehefrau Johanna, geb. 9. Okt. 1974, zusammen veranlagt. Der Ehemann hat Einkünfte aus Gewerbebetrieb in Höhe von 30.360,00 € erzielt. Die Ehefrau hatte keine Einkünfte.

Durch einen Krankenhausaufenthalt des Ehemannes und durch einen Kuraufenthalt der Ehefrau sind die folgenden Aufwendungen entstanden:

Ehemann

a) Krankenhausaufenthalt 21 Tage · 160,00 €	3.360,00 €
b) Arztkosten	1.850,00 €
c) Operationskosten	2.900,00 €
d) Medikamente und Nebenkosten im Krankenhaus	430,00 €
insgesamt	8.540,00 €

Die Krankenkasse hat dem Ehemann 5.000,00 € als Kostenerstattung überwiesen. Außerdem hat der Ehemann aus einer Krankentagegeldversicherung 630,00 € erhalten.

Ehefrau

a) Fahrtkosten mit der Bundesbahn	70,00 €
b) Kosten für Unterbringung	380,00 €
c) Kosten für Verpflegung (28 Tage)	600,00 €
d) Bäder, Massagen am Kurort und Arztkosten	1.035,00 €
insgesamt	2.085,00 €

Die Krankenkasse hat die Kurbedürftigkeit anerkannt (Bescheinigung liegt vor) und von den entstandenen Kosten 1.250,00 € erstattet.

4.8.2 Außergewöhnliche Belastung ohne zumutbare Belastung

Bei einer außergewöhnlichen Belastung ohne zumutbare Belastung handelt es sich um bestimmte Fälle, die in § 33a EStG erschöpfend aufgeführt sind. Die Aufwendungen können bis zu bestimmten Höchstbeträgen ohne Abzug einer zumutbaren Belastung vom Gesamtbetrag der Einkünfte abgezogen werden.

Im Einzelnen handelt es sich um:

- Aufwendungen für den (typischen) Unterhalt und eine etwaige Berufsausbildung einer Person (Unterhaltsfreibetrag, siehe Kap. 4.8.2.1),
- Aufwendungen für die Berufsausbildung der Kinder (Ausbildungsfreibetrag, siehe Kap. 4.8.2.2).

4.8.2.1 Aufwendungen für den typischen Unterhalt und eine etwaige Berufsausbildung einer Person

Erwachsen einem Steuerpflichtigen Aufwendungen für den typischen (lebensnotwendigen) Unterhalt und eine etwaige Berufsausbildung einer dem Steuerpflichtigen oder seinem Ehegatten gegenüber gesetzlich unterhaltsberechtigten Person, so werden ab 2020 die Aufwendungen auf Antrag bis zu einem Höchstbetrag von 9.408,00 € im Kalenderjahr vom Gesamtbetrag der Einkünfte abgezogen (§ 33a Abs. 1 Satz 1 EStG).

Gesetzlich unterhaltsberechtigte Personen sind Verwandte in gerader Linie (wechselseitig) und Ehegatten. Auch bei eheähnlichen Gemeinschaften können Unterhaltsleistungen nach § 33a Abs. 1 EStG berücksichtigt werden, z. B. wenn einem Partner aufgrund der Gemeinschaft die Sozialhilfe gekürzt wurde.

Weitere Voraussetzung ist, dass weder der Steuerpflichtige noch eine andere Person Anspruch auf einen Kinderfreibetrag oder auf Kindergeld für die unterhaltene Person hat und die unterhaltene Person kein oder nur ein geringes Vermögen (Verkehrswert bis 15.500,00 €) besitzt. Ein angemessenes Hausgrundstück bleibt unberücksichtigt (§ 33a Abs. 1 Satz 4 EStG).

Hat die unterhaltene Person andere Einkünfte oder Bezüge, die zur Bestreitung ihres Unterhalts bestimmt oder geeignet sind, so vermindert sich der Höchstbetrag von 9.408,00 € um den Betrag, um den diese Einkünfte und Bezüge den Betrag von 624,00 € im Kalenderjahr übersteigen. Zusätzlich sind von dem Höchstbetrag die von der unterhaltenen Person bezogenen öffentlichen Zuschüsse (z. B. Ausbildungshilfe) in voller Höhe abzuziehen (§ 33a Abs. 1 Satz 5 EStG).

Unter **Einkünften der unterhaltenen Person** sind die Einkünfte im Sinne des Einkommensteuergesetzes zu verstehen. Als **Bezüge** kommen solche Zuflüsse in Betracht, die bei der einkommensteuerlichen Einkunftsermittlung unberücksichtigt bleiben. Dazu gehören z. B. das Arbeitslosengeld, das Wohngeld und andere steuerfreie Einnahmen (siehe Kap. 4.7.1 – Bezüge) sowie der Teil der Rente, der über den Ertragsanteil hinausgeht.

Bei der Ermittlung der Bezüge der unterstützten Person ist aus Vereinfachungsgründen eine Kostenpauschale von 180,00 € im Kalenderjahr abzuziehen, wenn nicht höhere Aufwendungen nachgewiesen oder glaubhaft gemacht werden (H 33a.2 EStH i. V. m. R 33a.1 Abs. 3 Satz 5 EStR).

Bei Ermittlung der anrechenbaren Einkünfte nach § 33a Abs. 1 Satz 5 und Abs. 2 Satz 2 EStG sind die Pflichtbeiträge zur gesetzlichen Sozialversicherung von den Einkünften und Bezügen des Kindes abzuziehen. Dies in allen Fällen, in denen die Einkommensteuer noch nicht bestandskräftig festgesetzt ist (siehe auch BMF-Schreiben vom 18. Nov. 2005 und Kap. 4.7.3).

Beispiele

a) Der Steuerberater Jochen Lemke, Herne, hat seine 22-jährige Tochter, die in Dortmund Betriebswirtschaft studiert, im Veranlagungsjahr mit 600,00 € monatlich unterstützt. Er hat Kindergeld für seine Tochter geltend gemacht.

   Die Aufwendungen können nicht berücksichtigt werden, weil der Steuerpflichtige Anspruch auf einen Kinderfreibetrag bzw. auf Kindergeld hat (§ 33a Abs. 1 Satz 4 EStG), allerdings kommt ein Ausbildungsfreibetrag in Betracht (siehe Kap. 4.8.2.2).

b) Sachverhalt wie im Beispiel a), aber mit dem Unterschied, dass der Steuerpflichtige seine Mutter im Veranlagungsjahr mit 10.000,00 € unterstützt hat. Die Mutter hat eine monatliche Rente von 450,00 € aus der Sozialversicherung bezogen. Der Besteuerungsanteil beträgt 50 %. Der nach § 33a Abs. 1 EStG abziehbare Betrag errechnet sich wie folgt:

1. Ermittlung der eigenen Einkünfte der Mutter:

Rente 450,00 € · 12	5.400,00 €
Besteuerungsanteil 50 %	2.700,00 €
– WK-Pauschbetrag	– 102,00 €
eigene Einkünfte	2.598,00 €

2. Ermittlung der Bezüge:

steuerlich nicht erfasste Teile der Rente (5.400,00 € · 50 %)	2.700,00 €
– Kostenpauschale	– 180,00 €
eigene Bezüge	2.520,00 €

3. Ermittlung des abziehbaren Betrags:

Summe der eigenen Einkünfte und Bezüge (2.598,00 € + 2.520,00 €)	5.118,00 €
anrechnungsfrei	624,00 €
Kürzungsbetrag	4.494,00 €
Höchstbetrag	9.408,00 €
– Kürzungsbetrag	– 4.494,00 €
abzugsfähiger Betrag	4.914,00 €

vom Gesamtbetrag der Einkünfte

Werden mehrere Personen vom Steuerpflichtigen unterstützt, die alle die Voraussetzungen erfüllen, so sind die Höchstbeträge der abzugsfähigen Unterhaltsaufwendungen getrennt zu ermitteln. Leben die unterstützten Personen in Haushaltsgemeinschaft, z. B. Eltern, die von ihrem Sohn unterstützt werden, so sind die Einkünfte und Bezüge der unterstützten Personen getrennt zu ermitteln und erst danach in einer Summe den Höchstbeträgen gegenüberzustellen. Da die Höchstbeträge an die unterstützte Person (lebensnotwendiger Grundbedarf) gebunden sind, werden sie bei der Unterstützung von Eltern verdoppelt. Der unschädliche Betrag beträgt dann 1.248,00 € und die abzugsfähigen Aufwendungen maximal 18.816,00 €.

Für jeden vollen Kalendermonat, in dem die Voraussetzungen für die Anwendung des § 33a Abs. 1 EStG nicht vorgelegen haben, ermäßigen sich die dort aufgeführten Beträge um je ein Zwölftel (§ 33a Abs. 3 Satz 1 EStG).

Der Jahresbetrag der eigenen Einkünfte und Bezüge ist nach R 33a.4 Abs. 2 EStR auf die Zeiten innerhalb und außerhalb des Unterhaltszeitraums wie folgt aufzuteilen:

- Einkünfte aus nichtselbstständiger Arbeit, sonstige Einkünfte sowie Bezüge nach dem Verhältnis der in den jeweiligen Zeiträumen zugeflossenen Einnahmen; § 11 Abs. 1 EStG gilt entsprechend, Pauschbeträge nach § 9a EStG und die Kostenpauschale von 180,00 € sind zeitanteilig anzusetzen;
- andere Einkünfte auf jeden Monat des Kalenderjahres mit einem Zwölftel.

Der Steuerpflichtige kann jedoch nachweisen, dass eine andere Zuordnung wirtschaftlich gerechtfertigt ist. Die obigen Ausführungen hinsichtlich der Aufteilung der eigenen Einkünfte usw. gelten auch für den Ausbildungsfreibetrag.

Nach § 33a Abs. 3 Satz 2 EStG bleiben die Einkünfte und Bezüge, die nicht in den begünstigten Zeitraum fallen, außer Ansatz.

Neben den Aufwendungen für den typischen Unterhalt (notwendiger Lebensunterhalt) der unterstützten Person können zusätzliche Kosten anfallen, wie z. B. Krankheits- und Pflegekosten, die nicht durch eine Kranken- oder Pflegeversicherung abgedeckt sind.

Diese Aufwendungen für außergewöhnlichen Bedarf (in besonderen Lebenslagen, die über den typischen Unterhalt hinausgehen) sind neben der Steuerermäßigung nach § 33a EStG als außergewöhnliche Belastung gemäß § 33 EStG uneingeschränkt anzuerkennen, soweit sie die zumutbare Belastung übersteigen. Bei der steuerlichen Berücksichtigung von Aufwendungen für typischen Unterhalt und zusätzlichem außergewöhnlichem Bedarf sind die Unterhaltsaufwendungen nach § 33a EStG vorrangig zu berücksichtigen. Beachten Sie dazu auch das BMF-Schreiben vom 26. Febr. 1999 (BStBl 1999 I S. 270).

> Übung 2, Seite 440, Fälle 1 und 2

4.8.2.2 Der Ausbildungsfreibetrag nach § 33a Abs. 2 EStG

Der allgemeine Ausbildungsbedarf soll im Rahmen des Familienleistungsausgleichs durch den einheitlichen Freibetrag für Betreuung, Erziehung und Ausbildung (Betreuungsfreibetrag § 32 Abs. 6 EStG) abgedeckt sein. Zur Abgeltung des Sonderbedarfs kann außerhalb des Familienleistungsausgleichs ein Ausbildungsfreibetrag in Höhe von 924,00 € vom Gesamtbetrag der Einkünfte abgezogen werden, wenn folgende Voraussetzungen nach § 33a Abs. 2 EStG zutreffen:

- volljähriges Kind,
- in Berufsaubildung, das
- auswärtig untergebracht ist und
- für das ein Anspruch auf einen Freibetrag für Kinder oder Kindergeld besteht.

Zur Berufsausbildung gehört auch der Besuch allgemein bildender Schulen (z. B. Realschulen, Gymnasien) und von Fach- und Hochschulen (H 32.5 [Schulbesuch] EStH).

Ausbildungsfreibeträge werden auch für Auslandskinder gewährt. Ein Auslandskind ist ein Kind, das im Inland weder einen Wohnsitz noch seinen gewöhnlichen Aufenthalt hat (siehe Kap. 4.2.1), das also nicht unbeschränkt einkommensteuerpflichtig ist. Für die Gewährung des Ausbildungsfreibetrags ist Voraussetzung, dass das Auslandskind auch die übrigen Voraussetzungen erfüllt (siehe Kap. 4.7 und 4.7.1).
Der Ausbildungsfreibetrag ist bei Auslandskindern entsprechend den Verhältnissen im Wohnsitzstaat zu mindern (§ 33a Abs. 2 Satz 2 EStG).

Bei der auswärtigen Unterbringung eines Kindes braucht der Grund dafür nicht die Berufsausbildung zu sein. Es können auch persönliche Gründe vorliegen.
Als **auswärtige Unterbringung** (§ 33a Abs. 2 Satz 1 EStG) gilt jede Unterbringung außerhalb des elterlichen Haushalts auch innerhalb desselben Ortes oder innerhalb desselben Hauses mit unterschiedlichen Stockwerken.

Beispiel

Der 21 Jahre alte Sohn eines Steuerpflichtigen in Köln befindet sich bis Ende Sept. d. J. in Berufsausbildung und ist auswärts untergebracht. Dem Steuerpflichtigen erwachsen durch die Berufsausbildung Aufwendungen. Dem Sohn fließt im Kalenderjahr Arbeitslohn von 6.000,00 € zu, davon 2.700,00 € in den Ausbildungsmonaten. Die Werbungskosten betragen 160,00 €. Seine Pflichtbeiträge zur Sozialversicherung in den Ausbildungsmonaten betragen 580,50 €. Außerdem bezieht der Sohn für den Ausbildungszeitraum eine Ausbildungshilfe aus öffentlichen Mitteln von 450,00 €.

Ausbildungsfreibetrag für das Kalenderjahr	924,00 €	
anteiliger Ausbildungsfreibetrag für Jan. bis Sept. (9/12 von 924,00 €)		693,00 €
abzuziehender Ausbildungsfreibetrag		693,00 €

Erfüllen mehrere Steuerpflichtige für dasselbe Kind die Voraussetzungen nach § 33a Abs. 2 Sätze 1 und 2 EStG, so kann der Ausbildungsfreibetrag insgesamt nur einmal gewährt werden (§ 33a Abs. 2 Satz 3 EStG). Grundsätzlich steht jedem Elternteil die Hälfte des Abzugsbetrags zu (§ 33a Abs. 2 Satz 4 EStG). Auf gemeinsamen Antrag beider Elternteile ist eine andere Aufteilung möglich (§ 33a Abs. 2 Satz 5 EStG).

Beispiele

Die Eltern eines 19 Jahre alten, nicht ehelichen Kindes sind als Arbeitnehmer tätig. Das Kind wohnt bei der Mutter in Düsseldorf. Der Vater wohnt in Duisburg. Er hat seine Unterhaltsverpflichtung erfüllt. Die Mutter bekommt Kindergeld. Zum Schulbesuch (Berufsausbildung) war das Kind vom 15. Aug. bis 31. Dez. d. J. in einem Internat in Düsseldorf untergebracht. Beiden Elternteilen sind Aufwendungen für die Berufsausbildung des Kindes erwachsen.

Die Voraussetzungen für die Gewährung eines Ausbildungsfreibetrags sind erfüllt: Den Eltern sind Aufwendungen für die Berufsausbildung des Kindes entstanden und sie erhalten Kindergeld.

Der Ausbildungsfreibetrag beträgt 924,00 €. Er vermindert sich um $\frac{7}{12}$ (sieben volle Monate), sodass der Abzugsbetrag 385,00 € beträgt. Davon erhält jeder Elternteil die Hälfte, also 192,50 €.

Auf gemeinsamen Antrag des Elternpaares kann bei einer Veranlagung zur Einkommensteuer (nicht im Lohnsteuerverfahren) der Anteil des Vaters in Höhe von 192,50 € auf die Mutter oder umgekehrt übertragen werden.

> **Übung 2, Seite 440, Fälle 3 und 4**

4.8.2.3 Pauschbeträge für Behinderte, Hinterbliebene und Pflegepersonen

Wegen der außergewöhnlichen Belastungen, die einem Behinderten unmittelbar infolge seiner Behinderung erwachsen, kann er anstelle einer Steuerermäßigung nach § 33 EStG (siehe Kap. 4.8.1) einen Pauschbetrag nach § 33b Abs. 3 EStG geltend machen (Behinderten-Pauschbetrag).

Als Pauschbeträge werden nach § 33b Abs. 3 EStG gewährt bei einem Grad der Behinderung von:

25 bis 30	310,00 €
35 bis 40	430,00 €
45 bis 50	570,00 €
55 bis 60	720,00 €
65 bis 70	890,00 €
75 bis 80	1.060,00 €
85 bis 90	1.230,00 €
95 bis 100	1.420,00 €

Für Behinderte, die infolge ihrer Behinderung hilflos sind, d. h., die in erheblichem Umfang dauernd auf fremde Hilfe angewiesen sind, und für Blinde erhöht sich der Pauschbetrag auf 3.700,00 € (§ 33b Abs. 3 Satz 3 EStG).

Außerordentliche Krankheitskosten, die durch einen akuten Anlass verursacht werden, z. B. Operationskosten, können neben den Pauschbeträgen als außergewöhnliche Belastung nach § 33 EStG berücksichtigt werden, auch wenn diese Kosten mit der Behinderung zusammenhängen (H 33b [Krankheitskosten] EStH). Neben den Pauschbeträgen können auch die Kfz-Kosten, die weder Werbungskosten, Betriebsausgaben noch Sonderausgaben sind, von Behinderten pauschal berücksichtigt werden, soweit sie angemessen sind und nachgewiesen bzw. glaubhaft gemacht werden. Die als noch angemessen anzusehende jährliche Fahrleistung beträgt beim GdB (Grad der Behinderung) von 80 oder GdB 70 mit Merkzeichen G (gehbehindert) 3000 km und beim GdB 80 mit Merkzeichen aG (außergewöhnlich gehbehindert), Bl (blind) oder H (hilflos) 15000 km.

Die Pauschale (siehe auch R 33.4 Abs. 4 EStR), die im Sinne des § 33 EStG abgezogen werden kann, beträgt dann

3000 km · 0,30 € = 900,00 € bei GdB 80/GdB 70 mit G bzw.
15000 km · 0,30 € = 4.500,00 € bei GdB 80 mit aG, Bl oder H.

Die Berechtigung zur Inanspruchnahme eines Pauschbetrags ist nachzuweisen:

- für Behinderte, deren Grad der Behinderung weniger als 50, aber mindestens 25 beträgt,
  - entweder durch den Rentenbescheid (§ 65 Abs. 1 Nr. 2 Buchstabe b EStDV)
  - oder durch eine Bescheinigung des Versorgungsamts. Aus der Bescheinigung muss ersichtlich sein, dass die Behinderung entweder zu einer äußerlich erkennbaren dauernden Einbuße der körperlichen Beweglichkeit geführt hat oder auf einer typischen Berufskrankheit beruht (§ 65 Abs. 1 Nr. 2 Buchstabe a EStDV);
- für Behinderte, deren Grad der Behinderung mindestens 50 beträgt, durch einen Schwerbehindertenausweis (§ 65 Abs. 1 Nr. 1 EStDV).

Hinterbliebene, die Hinterbliebenenbezüge (z. B. nach dem Bundesversorgungsgesetz) erhalten, bekommen nach § 33b Abs. 4 EStG auf Antrag einen Pauschbetrag von 370,00 € (Hinterbliebenen-Pauschbetrag).

Steht der Behinderten- oder Hinterbliebenen-Pauschbetrag einem Kind zu, für das der Steuerpflichtige einen Kinderfreibetrag oder Kindergeld erhält, so wird der Pauschbetrag auf Antrag auf den Steuerpflichtigen übertragen, wenn ihn das Kind nicht in Anspruch nimmt, weil es z. B. keine Einkünfte hat (§ 33b Abs. 5 EStG).

Dabei ist der Pauschbetrag grundsätzlich auf beide Elternteile je zur Hälfte aufzuteilen. Auf gemeinsamen Antrag der Eltern ist eine andere Aufteilung möglich, § 33b Abs. 5 Satz 2 EStG.

Auf gemeinsamen Antrag eines geschiedenen oder dauernd getrennt lebenden Elternpaares oder eines Elternpaares eines nichtehelichen Kindes kann bei einer Veranlagung zur Einkommensteuer (also nicht im Lohnsteuerverfahren) der einem Elternteil zustehende Anteil am Pauschbetrag auf den anderen übertragen werden.

Eine Aufteilung der Pauschbeträge findet nicht statt, wenn ein Elternteil nicht unbeschränkt einkommensteuerpflichtig oder verstorben ist.

Behinderten-Pauschbetrag, Hinterbliebenen-Pauschbetrag und Pflege-Pauschbetrag (siehe unten) können einer Person mehrfach gewährt werden, wenn sie die Voraussetzungen für verschiedene Pauschbeträge erfüllt (R 33b Abs. 1 EStR).

Alle drei Pauschbeträge sind **Jahresbeträge**. Sie werden nicht gekürzt, wenn die Voraussetzungen nach § 33b EStG nicht das ganze Jahr gegeben waren (R 33b Abs. 7 EStR).

Bei getrennter Veranlagung von Ehegatten werden die als außergewöhnliche Belastung (§§ 33 bis 33b EStG) abzuziehenden Beträge zunächst nach den für die Zusammenveranlagung geltenden Grundsätzen für beide Ehegatten einheitlich ermittelt. Diese Beträge werden grundsätzlich je zur Hälfte oder in einem gemeinsam beantragten anderen Aufteilungsverhältnis bei der Veranlagung jedes Ehegatten abgezogen (R 26a Abs. 2 EStR), vgl. Kap. 4.11.2.1.

Der nach § 33b Abs. 5 EStG auf die Ehegatten zu übertragende Behinderten- oder Hinterbliebenen-Pauschbetrag ist immer bei jedem Ehegatten zur Hälfte anzusetzen (R 26a Abs. 2 Satz 3 EStR).

Erwachsen einem Steuerpflichtigen Aufwendungen durch die Pflege einer Person, die nicht nur vorübergehend hilflos, d. h., die in erheblichem Umfang dauernd täglich auf fremde Hilfe angewiesen ist, so kann er statt einer Steuerermäßigung nach § 33 EStG einen Pflege-Pauschbetrag von 924,00 € im Kalenderjahr geltend machen (§ 33b Abs. 6 EStG), wenn er dafür keine Einnahmen erhält (dazu gehören auch Leistungen aus der Pflegeversicherung).

Voraussetzung dafür ist, dass der Steuerpflichtige die Pflege entweder in seiner Wohnung oder in der Wohnung des Pflegebedürftigen persönlich durchführt und diese Wohnung in einem Mitgliedstaat der Europäischen Union oder in einem Staat belegen ist, auf den das Abkommen über den Europäischen Wirtschaftsraum anzuwenden ist.

Beispiel

Eine pensionierte Finanzbeamtin hat ihre 85 Jahre alte Mutter in ihren Haushalt in Regensburg aufgenommen. Die Mutter ist infolge eines Schlaganfalls seit dem 15. Aug. d. J. dauernd pflegebedürftig. Sie bezieht eine Pension von 800,00 € im Monat. Die Mutter wird von der Tochter gepflegt.

Die Tochter kann den Pflege-Pauschbetrag nach § 33b Abs. 6 EStG von 924,00 € geltend machen. Obwohl sie ihre Mutter nur 4 ½ Monate im Veranlagungszeitraum gepflegt hat, wird der Pauschbetrag nicht gekürzt, weil er ein Jahresbetrag ist.

Die Tochter kann aber auch statt des Pflege-Pauschbetrags die Steuerermäßigung nach § 33 EStG geltend machen. Das wird sie aber nur dann tun, wenn die ihr durch die Pflege der Mutter erwachsenen Aufwendungen nach Abzug der eventuell von der Krankenkasse und der Mutter erstatteten Beträge und nach Abzug der zumutbaren Belastung höher sind als der Pflege-Pauschbetrag.

Wird ein Behinderter von mehreren Steuerpflichtigen im Veranlagungszeitraum gepflegt, wird der Pauschbetrag nach der Zahl der Pflegepersonen, bei denen die Voraussetzungen vorliegen, geteilt.

AUFGABEN

1. Welche besonderen Fälle werden in § 33a EStG im Einzelnen behandelt?
2. Bis zu welchen Höchstbeträgen können Steuerpflichtige Aufwendungen für den Unterhalt einer Person vom Gesamtbetrag der Einkünfte abziehen?
3. Was ist Voraussetzung für den Abzug der Aufwendungen (siehe Nr. 2)?
4. Um welchen Betrag mindern die eigenen Einkünfte und Bezüge der unterhaltenen Person die Höchstbeträge (siehe Nr. 2)?
5. Was ist unter „Einkünfte" der unterhaltenen Person zu verstehen?
6. Was kommt als „Bezüge" der unterhaltenen Person in Betracht?
7. Welchen Ausbildungsfreibetrag gibt es nach § 33a Abs. 2 EStG?
8. Was ist Voraussetzung für die Gewährung eines Ausbildungsfreibetrags?
9. Was ist ein Auslandskind?
10. Der Ausbildungsfreibetrag wird zeitanteilig gewährt. Was bedeutet das?
11. Um welchen Betrag vermindert sich der Ausbildungsfreibetrag?
12. Welche Behinderten können einen Behinderten-Pauschbetrag geltend machen?
13. Wie hoch ist der Behinderten-Pauschbetrag für Hilflose?
14. Wer kann einen Pflege-Pauschbetrag nach § 33b Abs. 6 EStG geltend machen?
15. Wer bekommt den Hinterbliebenen-Pauschbetrag und wie hoch ist dieser?

VERTIEFENDE ÜBUNGEN

Übung 1: zu versteuerndes Einkommen (Ehegatten)

1. **Ermitteln Sie das zu versteuernde Einkommen der Eheleute Bauer für 2020.**

Soweit Steuervergünstigungen nur auf Antrag gewährt werden, ist davon auszugehen, dass die Anträge gestellt worden sind.

A. Angaben zur Person und Familie

Anton Bauer, geb. 7. Aug. 1977, ist seit 2002 mit Anna, geb. Probst, geb. 28. Nov. 1978, verheiratet. Die Ehegatten werden zusammen veranlagt. Sie haben zwei Adoptivkinder, Petra, geb. 12. Sept. 2010, und Claudia, geb. 15. April 2011.

Beide Kinder besuchen die Schule in Heidelberg. Gehen Sie davon aus, dass der Kinderfreibetrag günstiger ist.

B. Angaben hinsichtlich der Einkünfte für 2020

1. Der Ehemann ist an der offenen Handelsges. Falk & Co., Uhren- und Schmuckgroßhandel, Ludwigshafen am Rhein, mit 40 % beteiligt. Für das Wirtschaftsjahr (= Kalenderjahr) hat die OHG einen Gewinn aus dem Großhandel in Höhe von 100.000,00 € ausgewiesen. Davon entfielen auf den Steuerpflichtigen 40 % = 40.000,00 €. Im Jahr davor hat die OHG in Mannheim ein Mietwohngrundstück erworben, das im Grundbuch als gesellschaftliches Eigentum der OHG eingetragen ist. Alle Wohnungen sind vermietet. Im laufenden Kalenderjahr hat das Grundstück (nach Abzug der AfA und der abzugsfähigen Ausgaben) einen Reinertrag von 3.500,00 € gebracht. Davon entfielen auf den Steuerpflichtigen wiederum 40 % = 1.400,00 €. Der Betrag von 3.500,00 € ist in dem ausgewiesenen Gewinn von 100.000,00 € nicht enthalten.
2. Bei Prüfung der Bücher und Unterlagen der OHG ist Folgendes festgestellt worden:
   a) Am 31. Dez. ist ein Warenposten, dessen Anschaffungskosten netto 1.500,00 € betragen haben, mit 1.250,00 € angesetzt worden. Der Teilwert dieser Ware (unmodern gewordener Schmuck) hat am Bilanzstichtag 1.000,00 € betragen;
   b) der Steuerpflichtige hat Anfang des Jahres von der OHG ein Darlehen von 2.500,00 € erhalten. Die Ende des Jahres an die OHG dafür gezahlten Zinsen in Höhe von 150,00 € sind wie folgt gebucht worden:
   Bank an Kapital Bauer 150,00 €;
   c) die OHG hat im Januar einen neuen Pkw für brutto 8.925,00 € (7.500,00 € + 1.425,00 € Umsatzsteuer) erworben und einen alten Pkw, der noch mit 1,00 € zu Buche stand, für brutto 1.785,00 € (1.500,00 € + 285,00 €

→

Übungen 2 bis 4: Außergewöhnliche Belastungen

Umsatzsteuer) in Zahlung gegeben. Die betriebsgewöhnliche Nutzungsdauer des neuen Pkw beträgt fünf Jahre. Die OHG hat wie folgt gebucht:

Fuhrpark .... 7.500,00 €
Vorsteuer ...... 1.425,00 €
an Verbindlichkeiten .... 8.925,00 €
AfA ....1.201,00 €
an Fuhrpark .... 1.201,00 €

Die Voraussetzungen des § 7g EStG sind nicht erfüllt.

3. Der Ehemann hat für die Mitarbeit in der OHG eine Vergütung von 38.000,00 € erhalten. Der Betrag ist als Betriebsausgabe gebucht worden.
4. Die Ehefrau ist an einer Kommanditgesellschaft als Kommanditistin beteiligt. Ihr Gewinnanteil hat 8.900,00 € betragen. Außerdem hat sie von der KG Zinsen von 350,00 € für die Hingabe eines Darlehens von 5.000,00 € bekommen. Die KG hat die Zinsen als Betriebsausgaben gebucht.
5. Die Ehefrau ist Rechtsanwältin in einer Anwaltsgemeinschaft in Heidelberg und mit 20 % am Gewinn beteiligt. Ihr Gewinnanteil hat 30.720,00 € betragen. Die Betriebseinnahmen der Anwaltsgemeinschaft haben insgesamt 130.000,00 € betragen.

C. Sonstige Angaben

Die Eheleute Bauer beantragen, steuerlich zu berücksichtigen:

Krankenversicherungsbeiträge ..	4.400,00 €
Beiträge zu einer Krankenhaustagegeldversicherung	200,00 €
Lebensversicherungsbeiträge (§ 10 Abs. 1 Nr. 3a EStG)	3.018,00 €
Haftpflichtversicherung (privat)	105,00 €
Krankentagegeldversicherung	1.235,00 €
gezahlte Kirchensteuer.........	600,00 €
Arztkosten	915,00 €
Kosten für Medikamente	335,00 €
Krankenhausaufenthalt Ehemann (24 Tage)	3.600,00 €
Operationskosten	2.500,00 €
Nebenkosten im Krankenhaus ..	290,00 €
Erstattung der Krankenkasse ...	4.100,00 €
Krankentagegeld (von der Krankenkasse gezahlt) ...	525,00 €
Krankenhaustagegeld	360,00 €

2. Ermitteln Sie für 2020 die abzugsfähigen außergewöhnlichen Belastungen nach § 33a Abs. 1 EStG.

Fall 1:
Martin Jansen, Handelsvertreter mit einem Gesamtbetrag der Einkünfte von 180.000,00 €, unterstützte seine Ehefrau Sophie, die gemeinsamen Kinder Sonja, sechs Jahre, und Siegfried, neun Jahre alt, sowie seinen Schwager Heinrich und dessen siebenjährigen Sohn Manfred mit insgesamt 16.800,00 €. Sophie Jansen hatte ihren Mann nach einem heftigen Streit verlassen und war im Vorjahr mit den beiden gemeinsamen Kindern zu ihrem mittellosen Bruder gezogen. Weder Sophie noch Martin Jansen haben die Scheidung eingereicht. Eigene Einkünfte und Bezüge hat Sophie Jansen nicht. Ihr Bruder Heinrich erzielte Einnahmen aus einer geringfügigen Beschäftigung von 4.200,00 €.

Fall 2:
Ein Steuerpflichtiger unterstützt seine Mutter mit 450,00 € im Monat. Die Mutter bekommt seit 2018 eine Werkspension (Versorgungsbezüge nach § 19 Abs. 2 EStG) von jährlich 1.800,00 € und seit 2017 eine Rente aus der Sozialversicherung von jährlich 3.400,00 €. Außerdem erhält die Mutter ein Wohngeld von 150,00 € im Jahr.

Fall 3:
Ein Steuerpflichtiger hat seinen Vater vom 1. Jan. bis 30. Sept. d. J. mit 300,00 € im Monat unterstützt. In dieser Zeit hat der Vater für eine Aushilfstätigkeit Arbeitslohn von 280,00 € im Monat bezogen. Ab 1. Okt. entfällt die Unterstützung, weil der Vater ab diesem Zeitpunkt Rente aus der Sozialversicherung von monatlich 700,00 € bezieht. Der Vater hat eigene Einkünfte aus Vermietung und Verpachtung von insgesamt 1.200,00 € erzielt.

Fall 4:
Josef Baumann ist seit 2019 Sozialversicherungsrentner mit einer monatlichen Rente von 420,00 €. Seine Ehefrau Magda hat einen Minijob (geringfügig entlohnte Beschäftigung) in einem Haushalt und erhält 350,00 € je Monat. Sie hat auf die Rentenversicherungsfreiheit verzichtet und 609,00 € an Rentenversicherungsbeiträgen entrichtet. Die Eheleute Baumann werden von ihren Söhnen Horst und Karl finanziell unterstützt. Horst zahlt die Miete einschließlich Nebenkosten von 800,00 €/Monat für die Eltern und Karl überweist 500,00 € zum Lebensunterhalt.

Wie hoch ist der Ausbildungsfreibetrag für 2020 in den Fällen 5 und 6?

Fall 5:
Die 18 Jahre alte Tochter eines Ehepaares in Nürnberg hat in der Zeit vom 10. Sept. bis 20. Dez. d. J. das Gymnasium in Bayreuth besucht. Die Tochter war in dieser Zeit dort untergebracht. Die Eltern erhalten Kindergeld. Den Eltern sind durch die auswärtige Unterbringung Kosten entstanden.

Fall 6:
Der 20 Jahre alte Sohn studiert seit einem Jahr in Dortmund. Obwohl sich die Hochschule am Wohnort der Eltern befindet, ist der Sohn in ein Studentenwohnheim gezogen. Den Eltern sind durch die Berufsausbildung und durch die auswärtige Unterbringung Aufwendungen entstanden. In den Semesterferien war der Sohn regelmäßig als Arbeitnehmer tätig. Sein Bruttogehalt hat im Veranlagungszeitraum 3.280,00 € betragen, seine Pflichtbeiträge zur Sozialversicherung betrugen 416,00 €. Außerdem hat er einen Zuschuss nach dem Berufsausbildungsförderungsgesetz (BAföG, kein Darlehen) von 384,00 € erhalten. Die Eltern bekommen für den Sohn Kindergeld.

3. Welche Beträge können als außergewöhnliche Belastung für 2020 vom Gesamtbetrag der Einkünfte abgezogen werden?

Ein Steuerpflichtiger hat seine kranke Mutter im Januar in seinen Haushalt aufgenommen. Dem Steuerpflichtigen sind Aufwendungen durch den Unterhalt der Mutter in Höhe von 3.000,00 € entstanden. Die Mutter hat im Veranlagungszeitraum eine Pension von 2.855,00 € erhalten (Erstbezug 2016). Außerdem hat sie seit 2018 eine Leibrente von 2.900,00 € bezogen.

4. Wie hoch ist der vom Gesamtbetrag der Einkünfte abziehbare Betrag?

Das Ehepaar Hollmann wird zusammen veranlagt. Der Grad der Behinderung des Ehemannes beträgt 60 und der der Ehefrau 40. Der Nachweis ist durch den Schwerbehindertenausweis des Ehemannes und durch den Rentenbescheid der Ehefrau erbracht.

5. Ermitteln Sie das zu versteuernde Einkommen der Steuerpflichtigen Müller für 2020.

Übung 5: zu versteuerndes Einkommen (Einzelperson)

Renate Müller, geboren am 18. Juli 1968, betreibt in Amberg eine Arzneimittelgroßhandlung. Sie ist seit 2. Febr. 2017 verwitwet. Im Zeitpunkt des Todes des Ehemannes haben die Ehegatten nicht dauernd getrennt gelebt und beide waren unbeschränkt einkommensteuerpflichtig. Aus der Ehe sind die folgenden Kinder hervorgegangen:

Michael, geboren am 19. April 1997,
Peter, geboren am 7. Aug. 2001,
Birgit, geboren am 20. März 2003.

Michael studiert seit Ende 2014 in Hamburg Biologie. Mit Ausnahme der Semesterferien ist er dort untergebracht. Das Studium wird voraussichtlich bis 2021 dauern. Für 2020 hat die Mutter die Kosten des Unterhalts und der Berufsausbildung getragen.

Hinsichtlich der Einkünfte ergibt sich aus den Büchern und Unterlagen der Steuerpflichtigen Folgendes:

1. In der Bilanz der Arzneimittelgroßhandlung vom 31. März 2020 ist ein Jahresgewinn von 130.400,00 € ausgewiesen. Das Wirtschaftsjahr läuft vom 1. April bis 31. März. Die Wohnung der Steuerpflichtigen befindet sich ab 1. Jan. 2018 im eigenen Geschäftshaus. Das Grundstück ist als Betriebsgrundstück bewertet und auch bilanzmäßig als solches behandelt worden. Für eine gleichwertige Mietwohnung hätte die Steuerpflichtige eine monatliche Miete von 600,00 € zahlen müssen. Die auf die selbst genutzte Wohnung entfallenden anteiligen Kosten, wie Grundsteuer, Reparaturkosten, AfA, für die Zeit vom 1. Jan. bis 31. März 2020 in Höhe von 1.150,00 € sind als Betriebsausgaben gebucht worden.
2. Die Steuerpflichtige ist an einer Kommanditgesellschaft in Hannover beteiligt. Für 2020 (Wirtschaftsjahr = Kalenderjahr) hat sich ein Verlust ergeben. Der Verlustanteil der Steuerpflichtigen beträgt 28.730,00 €.
3. Die Steuerpflichtige hat in Amberg ein Zweifamilienhaus errichtet, das am 1. Febr. 2011 bezugsfertig geworden ist. Der Bauantrag ist am 2. Febr. 2010

→

gestellt worden. Die Herstellungskosten haben umgerechnet 184.100,00 € betragen. Beide Wohnungen sind für eine monatliche Miete von je 600,00 € vermietet. Als Werbungskosten werden für 2020 folgende Aufwendungen nachgewiesen:

Grundsteuer .... 304,00 €
Müllabfuhrgebühr .... 98,00 €
Gebäudeversicherung .... 115,00 €
Hausbesitzerverein .... 30,00 €
Hypothekenzinsen
(am 5. Jan. 2021 gezahlt) ...... 626,00 €

Die höchstmögliche AfA ist anzusetzen.

4. Die Steuerpflichtige ist an einem Mietwohngrundstück in Bonn zu 50 % beteiligt. Im Jahr 2020 ist ein Verlust entstanden. Davon entfielen auf die Steuerpflichtige 1.000,00 €.

Die Steuerpflichtige beantragt, die folgenden Aufwendungen zu berücksichtigen:

Krankenversicherungsbeiträge (davon Basisversicherung 7.000,00 €) .... 8.420,00 €

Lebensversicherungsbeiträge (§ 10 Abs. 1 Nr. 3a EStG) .... 6.175,00 €

Spenden für wissenschaftliche Zwecke .... 3.800,00 €

Spenden für kirchliche Zwecke 850,00 €

Spenden an eine politische Partei .... 1.900,00 €

Die Steuerpflichtige unterstützte ihre Mutter in Duisburg mit monatlich .... 600,00 €

Die Mutter bezog in dieser Zeit eine monatliche Sozialversicherungsrente von .... 313,00 €

Erstbezug der Rente war 2015.

Die Steuerpflichtige hat 2020 eine ärztlich verordnete Badekur von 25 Tagen in Süddeutschland durchgeführt. Von den entstandenen Kosten für die ärztliche Betreuung, physikalische Behandlung, Verpflegung, Unterbringung und Fahrt von .... 6.200,00 €

entfallen auf Verpflegungsaufwendungen .... 800,00 €

Erstattung der Krankenkasse ... 2.500,00 €

4.9 Außerordentliche Einkünfte

Außerordentliche Einkünfte (§ 34 Abs. 2 EStG) sind Einkünfte innerhalb der sieben Einkunftsarten, die wirtschaftlich mehreren Veranlagungszeiträumen zuzurechnen sind, aber in einem Veranlagungszeitraum versteuert werden, weil die Einkommensteuer eine Jahressteuer ist. Durch den progressiven Einkommensteuertarif können sich steuerliche Härten für den Steuerpflichtigen ergeben. Damit dies vermieden wird, werden außerordentliche Einkünfte von Amts wegen nach § 34 Abs. 1 EStG besteuert, wenn das für den Steuerpflichtigen günstiger ist, § 34 Abs. 1 EStG.

Nach § 34 Abs. 2 EStG kommen als außerordentliche Einkünfte nur in Betracht:

- Veräußerungsgewinne im Sinne der §§ 14, 14a Abs. 1, §§ 16 und 18 Abs. 3 EStG;
- Entschädigungen im Sinne des § 24 Nr. 1 EStG;
- Nutzungsvergütungen und Zinsen im Sinne des § 24 Nr. 3 EStG, soweit sie für einen Zeitraum von mehr als drei Jahren nachgezahlt werden;
- Vergütungen für mehrjährige Tätigkeiten.

Veräußerungsgewinne, die nach § 3 Nr. 40 Buchstabe b i. V. m. § 3c Abs. 2 EStG teilweise steuerbefreit sind, werden nach § 34 Abs. 2 Nr. 1 EStG von der Besteuerung als außerordentliche Einkünfte ausgenommen.

Außerordentliche Einkünfte werden nach der sogenannten „Fünftelregelung“ versteuert (siehe Kap. 4.9.1). Nach § 34 Abs. 3 EStG kann der Steuerpflichtige unter bestimmten Voraussetzungen Veräußerungsgewinne nach § 34 Abs. 2 Nr. 1 EStG mit dem ermäßigten Steuersatz in Höhe von 56 % des durchschnittlichen Steuersatzes versteuern (siehe Kap. 4.9.2).

4.9.1 Versteuerung nach der „Fünftelregelung“

Die für die außerordentlichen Einkünfte anzusetzende Einkommensteuer beträgt nach § 34 Abs. 1 Satz 2 EStG das Fünffache des Unterschiedsbetrags zwischen der Einkommensteuer für das um diese Einkünfte verminderte verbleibende zu versteuernde Einkommen und der Einkommensteuer für das verbleibende zu versteuernde Einkommen zuzüglich eines Fünftels dieser (außerordentlichen) Einkünfte. Ist das verbleibende zu versteuernde Einkommen negativ und das zu versteuernde Einkommen positiv, so beträgt die Einkommensteuer das Fünffache der auf ein Fünftel des zu versteuernden Einkommens entfallenden Einkommensteuer.

Die Einkommensteuer ist daher in vier Schritten zu berechnen:

❶ Ermittlung der tariflichen Einkommensteuer für das zu versteuernde Einkommen ohne die außerordentlichen Einkünfte (= verbleibendes zu versteuerndes Einkommen);
❷ Ermittlung der tariflichen Einkommensteuer für das verbleibende zu versteuernde Einkommen zzgl. ⅕ der außerordentlichen Einkünfte;
❸ (❷ – ❶) · 5 = Einkommensteuer für die außerordentlichen Einkünfte;
❹ zur Ermittlung der gesamten Einkommensteuer sind die Einkommensteuer für das verbleibende zu versteuernde Einkommen und die Einkommensteuer für die außerordentlichen Einkünfte zu addieren (❶ + ❸).

Beispiel

a) Der Kaufmann Becker hat zum 31. Dez. d. J. seinen Gewerbebetrieb veräußert und einen Veräußerungsgewinn von 200.000,00 € erzielt. Sein verbleibendes zu versteuerndes Einkommen beträgt 35.000,00 €.

zu versteuerndes Einkommen	235.000,00 €	
– außerordentliche Einkünfte	– 200.000,00 €	
verbleibendes zu versteuerndes Einkommen	**35.000,00 €**	
❶ Steuer nach Grundtabelle		6.767,00 €
+ ⅕ der außerordentlichen Einkünfte	40.000,00 €	
	75.000,00 €	
❷ davon Steuer nach Grundtabelle		22.536,00 €
Differenz zur Steuer ohne außerordentliche Einkünfte		15.769,00 €
❸ Differenz · 5		78.845,00 €
❹ + Steuer nach Grundtabelle ohne außerordentliche Einkünfte		6.767,00 €
= Einkommensteuer insgesamt		**85.612,00 €**
zum Vergleich Einkommensteuer laut Grundtabelle von	235.000,00 €	89.736,00 €
Differenz		**– 4.124,00 €**

b) Werner Jäger, GmbH-Geschäftsführer, erhält neben seinem Gehalt im Veranlagungszeitraum eine Vergütung für mehrjährige Tätigkeit (Voraussetzungen von R 34.4 Abs. 1 EStR erfüllt) i. H. v. 250.000,00 €. Sein verbleibendes zu versteuerndes Einkommen beträgt 75.000,00 €. Er ist nicht Gesellschafter der GmbH.

zu versteuerndes Einkommen	325.000,00 €	
– außerordentliche Einkünfte	– 250.000,00 €	
verbleibendes zu versteuerndes Einkommen	**75.000,00 €**	
❶ Steuer nach Grundtabelle		22.536,00 €
+ ⅕ der außerordentlichen Einkünfte	50.000,00 €	
	125.000,00 €	
❷ davon Steuer nach Grundtabelle		43.536,00 €
Differenz zur Steuer ohne außerordentliche Einkünfte		21.000,00 €
❸ Differenz · 5		105.000,00 €
❹ + Steuer nach Grundtabelle ohne außerordentliche Einkünfte		22.536,00 €
= Einkommensteuer insgesamt		**127.536,00 €**
zum Vergleich Einkommensteuer laut Grundtabelle von	325.000,00 €	129.171,00 €
Differenz		**– 1.635,00 €**

Der Steuervorteil bei der Versteuerung der außerordentlichen Einkünfte über die „Fünftelregelung" des § 34 Abs. 1 EStG wird immer geringer, je größer das verbleibende zu versteuernde Einkommen ist. Liegen die Steuerpflichtigen mit ihren übrigen Einkünften schon in der Besteuerung mit dem Spitzensteuersatz, lohnt der Antrag immer noch, wie aus Beispiel b) ersichtlich wird.

> **Übungen 1–3, Seite 446**

4.9.2 Versteuerung mit dem ermäßigten Steuersatz

Zur Sicherung der Altersvorsorge von aus dem Berufsleben ausscheidenden Unternehmern kann der Steuerpflichtige anstatt der „Fünftelregelung" für Gewinne aus Betriebsveräußerungen und -aufgaben auch die Besteuerung mit dem ermäßigten Steuersatz in Anspruch nehmen. Dafür müssen folgende **Voraussetzungen** nach § 34 Abs. 3 EStG gegeben sein:

- Der Steuerpflichtige muss einen Antrag stellen;
- der Steuerpflichtige kann diesen Antrag nur einmal im Leben, gerechnet ab dem Veranlagungszeitraum 2001, stellen;
- er muss das 55. Lebensjahr vollendet haben oder im sozialversicherungsrechtlichen Sinne dauernd berufsunfähig sein.
- Zudem gilt die Vergünstigung nur bis zu einem Betrag von 5 Mio. Euro.

Der ermäßigte Steuersatz darf nach § 34 Abs. 3 Satz 2 EStG nicht den Eingangssteuersatz von 14 % unterschreiten.

Bei der Besteuerung mit ermäßigtem Steuersatz ist schrittweise wie folgt vorzugehen:

1. Zunächst wird das gesamte zu versteuernde Einkommen einschließlich der einkommensteuerpflichtigen außerordentlichen Einkünfte und einschließlich der dem Progressionsvorbehalt unterliegenden Einkünfte ermittelt.
2. Aus dem so ermittelten zu versteuernden Einkommen wird die Einkommensteuer errechnet.
3. Dann ist festzustellen, wie viel Prozent die ermittelte Einkommensteuer vom gesamten zu versteuernden Einkommen beträgt (durchschnittlicher Steuersatz).
4. Mit 56 % des so ermittelten durchschnittlichen Steuersatzes wird der Teil der außerordentlichen Einkünfte besteuert, der 5 Mio. Euro nicht übersteigt.
5. Auf das restliche zu versteuernde Einkommen ist grundsätzlich die Einkommensteuer-Tabelle anzuwenden. Dabei ist gegebenenfalls der Progressionsvorbehalt zu beachten.

Beispiel

Ein 57 Jahre alter Steuerpflichtiger wird mit seiner Ehefrau zusammen veranlagt.

Für den Veranlagungszeitraum 2020 sind die folgenden Einkünfte und Sonderausgaben anzusetzen:

Einkünfte aus Gewerbebetrieb:			
laufender Gewinn		60.000,00 €	
Veräußerungsgewinn (§ 16 EStG)	250.000,00 €		
– Freibetrag (§ 16 Abs. 4 EStG)	0,00 €	250.000,00 €	310.000,00 €
Einkünfte aus Vermietung und Verpachtung			93.000,00 €
Gesamtbetrag der Einkünfte			403.000,00 €
– Sonderausgaben			– 9.920,00 €
Einkommen/zu versteuerndes Einkommen			**393.080,00 €**

Laut Splittingtarif ergibt sich daraus eine Einkommensteuer von 147.166,00 €. Das sind 37,4391 % von 393.080,00 € = durchschnittlicher Steuersatz (abgerundet auf vier Dezimalstellen). Davon die 56 % = 20,9659 %.

Auf das restliche zu versteuernde Einkommen ist die Einkommensteuer-Tabelle anzuwenden:

gesamtes zu versteuerndes Einkommen	393.080,00 €	
– steuerpflichtiger Veräußerungsgewinn	– 250.000,00 €	
restliches zu versteuerndes Einkommen	143.080,00 €	
darauf entfallende Einkommensteuer		42.166,00 €

→

Übertrag:		42.166,00 €
mit dem ermäßigten Steuersatz zu versteuern:		
gesamtes zu versteuerndes Einkommen	393.080,00 €	
nach der Tabelle zu versteuern	– 143.080,00 €	
mit dem ermäßigten Steuersatz zu versteuern:	250.000,00 €	
darauf die Steuer von 20,9658 % (abgerundet)		52.414,50 €
Einkommensteuer insgesamt:		94.580,50 €
Die Steuerermäßigung beträgt: 52.585,50 €		(147.166,00 € - 94.580,50 €)

AUFGABEN

1. Warum sieht § 34 EStG Steuervergünstigungen vor, wenn im Einkommen Einkünfte enthalten sind, die mehreren Veranlagungszeiträumen zuzurechnen sind?
2. Für welche Einkünfte sieht § 34 EStG Steuervergünstigungen vor?
3. Was gehört z. B. zu den außerordentlichen Einkünften im Sinne des § 34 Abs. 2 EStG?

VERTIEFENDE ÜBUNGEN

alle Übungen: Steuerermäßigungen

1. **Wie viel Euro beträgt die Steuerermäßigung für 2020?**

   Das zu versteuernde Einkommen eines Ehepaares, das zusammen veranlagt wird, hat 83.320,00 € betragen. Darin ist ein Veräußerungsgewinn im Sinne des § 16 EStG von 32.000,00 € enthalten. Die Ehegatten sind 50 und 45 Jahre alt.

2. **Wie viel Euro beträgt die Steuerermäßigung für 2020?**

   Ein 56 Jahre alter lediger Steuerpflichtiger hat seinen Gewerbebetrieb Ende d. J. im Ganzen veräußert. Der Veräußerungsgewinn hat vor Abzug nach § 16 Abs. 4 EStG 190.000,00 € und der laufende Gewinn aus Gewerbebetrieb 48.000,00 € betragen. Außerdem hat der Steuerpflichtige Einkünfte aus Kapitalvermögen, die nicht der Abgeltungssteuer unterworfen werden, in Höhe von 2.478,00 € erzielt. Abzugsfähige Sonderausgaben 4.470,00 €.

3. **Wie viel Euro beträgt die Steuerermäßigung für 2020?**

   Der Arbeitslohn eines Angestellten, der mit seiner Ehefrau zusammen veranlagt wird, hat 42.490,00 € betragen. Außerdem hat er eine Gehaltsnachzahlung von 32.000,00 € für frühere Jahre erhalten. Die Werbungskosten haben insgesamt 860,00 € und die abzugsfähigen Sonderausgaben 5.272,00 € betragen.

4497446

4.10 Ermittlung der tariflichen Einkommensteuer

Die tarifliche Einkommensteuer bemisst sich nach § 32a Abs. 1 EStG unter Berücksichtigung eines Grundfreibetrags nach dem auf volle Euro abgerundeten zu versteuernden Einkommen.

Der Grundfreibetrag beträgt:

- für Steuerpflichtige, die nach dem Grundtarif (Einkommensteuer-Grundtabelle) besteuert werden, 9.408,00 € und
- für zusammen veranlagte Steuerpflichtige, die nach dem Splittingtarif (Einkommensteuer-Splittingtabelle) besteuert werden, 18.816,00 €.

Nach dem Solidaritätszuschlaggesetz wird ein zeitlich unbefristeter Solidaritätszuschlag von 5,5 % zur Lohnsteuer, Einkommensteuer und Körperschaftsteuer aller Steuerpflichtigen erhoben. Zur Wahrung des steuerfreien Existenzminimums wird der Solidaritätszuschlag bis zur Höhe von 53,00 €/106,00 € (Einzel-/Zusammenveranlagung) nicht erhoben. Das bedeutet, dass der Solidaritätszuschlag entfällt, wenn die Steuerschuld 972,00 €/1.944,00 € nicht übersteigt (5,5 % von 972,00 € = 53,46 €). Alle Regelungen des Einkommensteuergesetzes zu Ehegatten und Ehen sind auch auf Lebenspartner und Lebenspartnerschaften anzuwenden (§ 2 Abs. 8 EStG).

4.10.1 Grundtarif (Einkommensteuer-Grundtabelle)

Maßgebend für die Höhe der tariflichen Einkommensteuer ist der Grundtarif gemäß § 32a Abs. 1 EStG.

Der Grundtarif ist anzuwenden:

- bei Ledigen,
- bei Geschiedenen und Entpartnerten, soweit nicht die Splittingtabelle anzuwenden ist,
- bei Verwitweten und Partnerhinterbliebenen, soweit nicht die Splittingtabelle anzuwenden ist (siehe Beispiel a) in Kap. 4.10.2),
- bei Ehegatten/Lebenspartnern, die die Einzelveranlagung (siehe Kap. 4.11.1) wählen,
- bei Ehegatten und Lebenspartnern, wenn sie dauernd getrennt leben oder ein Ehegatte/Lebenspartner nicht unbeschränkt einkommensteuerpflichtig ist.

Die Einkommensteuer wird unter Abrundung des zu versteuernden Einkommens auf einen vollen Euro genau nach der Einkommensteuerformel ermittelt. Der sich ergebende Steuerbetrag ist wiederum auf den nächsten vollen Euro-Betrag abzurunden.

Beispiele

a) Der ledige Alfred Dunkel hat 2020 ein zu versteuerndes Einkommen von 50.000,00 €. Er fällt unter § 32a Abs. 1 Nr. 3 EStG in die Stufe von 14.533,00 € bis 57.051,00 €. Nach der Rechenanweisung in § 32a Abs. 1 EStG ergibt sich für ihn eine Einkommensteuer von 12.295,00 €; {212,02 · [(50.000,00 – 14.532,00) : 10 000] + 2.397,00} · [(50.000,00 – 14.532,00) : 10 000] + 972,79 abgerundet auf den nächsten vollen Euro-Betrag.

b) In der vierten Stufe, bei Einkünften von 57.052,00 € bis 270.500,00 €, beträgt die Einkommensteuer 42 % vom abgerundeten zu versteuernden Einkommen vermindert um 8.963,74 €, abgerundet auf den nächsten vollen Euro-Betrag. Hätte z. B. Alfred Dunkel aus a) ein zu versteuerndes Einkommen von 81.705,00 €, würde die Einkommensteuer wie folgt berechnet:

Zu versteuerndes Einkommen	81.705,00 €
davon 42 %	34.316,00 €
abzüglich	– 8.963,74 €
Einkommensteuerschuld (abgerundet)................	25.352,26 €

c) In der fünften Stufe für Spitzenverdiener ab 270.501,00 € betrüge die Einkommensteuerschuld für Alfred Dunkel 45 % abzüglich 17.078,74 €, abgerundet auf den nächsten vollen Euro-Betrag.

Die Änderungen im Einkommensteuertarif der letzten und der folgenden Jahre verdeutlicht folgende Tabelle:

	2016	2017	2018	2019	2020
Grundfreibetrag	8.652,00 €	8.820,00 €	9.000,00 €	9.168,00 €	9.408,00 €
Eingangssteuersatz	14 %	14 %	14 %	14 %	14 %
Höchststeuersatz	45 %	45 %	45 %	45 %	45 %
ab:	254.447,00 €	256.304,00 €	260.533,00 €	265.327,00 €	270.501,00 €

4.10.2 Splittingtarif (Einkommensteuer-Splittingtabelle)

Der Splittingtarif ist vom Grundtarif abgeleitet. Nach dem Splittingtarif beträgt die Einkommensteuer das Zweifache des Steuerbetrags, der sich für die Hälfte des zu versteuernden Einkommens bei Anwendung des Grundtarifs ergibt (§ 32a Abs. 5 EStG). Danach wird die Einkommensteuer für die Hälfte des zu versteuernden Einkommens nach dem Grundtarif ermittelt. Der Steuerbetrag wird sodann verdoppelt. Ergebnis ist die Einkommensteuer für das ganze zu versteuernde Einkommen nach dem Splittingtarif.

Beispiel

Das zu versteuernde Einkommen eines Ehepaares, das zusammen veranlagt wird, hat betragen: .... 620.820,00 €
Einkommensteuer nach Splittingtarif:
620.820,00 € : 2 .... 310.410,00 €
davon 45 % .... 139.684,00 €
abzüglich .... – 17.078,74 €
abgerundet .... 122.605,26 €
Verdoppelung
= Einkommensteuerschuld .... 245.210,52 €

Der **Splittingtarif** ist anzuwenden:

- bei Ehegatten/Lebenspartnern, die zusammen veranlagt werden (§ 32a Abs. 5 EStG);
- bei einem verwitweten/partnerhinterbliebenen Steuerpflichtigen für den Veranlagungszeitraum, der auf das Kalenderjahr folgt, in dem der Ehegatte/Lebenspartner verstorben ist (sogenanntes Witwensplitting), wenn der Steuerpflichtige und der Verstorbene im Zeitpunkt des Todes unbeschränkt einkommensteuerpflichtig waren und nicht dauernd getrennt gelebt haben (§ 32a Abs. 6 Nr. 1 EStG). (Es kommt aber eine Einzelveranlagung in Betracht);
- bei einem Steuerpflichtigen, dessen Ehe/Partnerschaft im Veranlagungszeitraum aufgelöst worden ist, wenn in diesem Veranlagungszeitraum bei den beiden Partnern der aufgelösten Ehe/Lebenspartnerschaft die Voraussetzungen für die sog. Ehegattenbesteuerung (siehe Kap. 4.11.2) vorgelegen haben, der bisherige Partner jedoch wieder geheiratet hat und bei diesem und seinem neuen Ehegatten/Lebenspartner die Voraussetzungen für die Ehegattenbesteuerung ebenfalls vorliegen. Dies gilt allerdings nicht, wenn der Steuerpflichtige nach den §§ 26, 26a EStG einzeln veranlagt wird (§ 32a Abs. 6 Satz 2 EStG).

Beispiele

a) Der Ehemann ist im vorigen Jahr verstorben. Die Voraussetzungen für die Anwendung der Ehegattenbesteuerung haben im Zeitpunkt des Todes vorgelegen. Für den Veranlagungszeitraum, in dem der Ehemann verstorben ist, kann die Witwe zwischen Zusammenveranlagung (Splitting) und Einzelveranlagung (Grundtarif) wählen. Die Witwe und ihr verstorbener Ehegatte würden also für diesen Veranlagungszeitraum entweder zusammen oder einzeln veranlagt werden. Für den Veranlagungszeitraum, der auf das Todesjahr folgt, steht der Witwe das Splitting zu (§ 32a Abs. 6 Nr. 1 EStG, „Witwensplitting"). Es käme aber nur eine Einzelveranlagung infrage. Für die weiteren Veranlagungszeiträume kommt für die Witwe der Grundtarif zur Anwendung.

4497448

b) Die Witwe aus Beispiel a) hat im Jahr des Todes ihres Ehegatten wieder geheiratet. Sie erfüllt mit ihrem neuen Ehegatten die Voraussetzungen für die Anwendung der Ehegattenbesteuerung und hat die Ehegattenveranlagung nach § 26c EStG gewählt.

Bei der Veranlagung des verstorbenen Ehegatten für den Veranlagungszeitraum, in dem er verstorben ist, kann das Splitting nicht angewendet werden, weil die alte Ehe durch Tod aufgelöst worden ist und die Ehegatten der neuen Ehe die Ehegattenveranlagung gewählt haben.

Ist nur ein Ehegatte oder Lebenspartner unbeschränkt steuerpflichtig, so kann nur der Grundtarif angewendet werden.

Bei Grenzpendlern, die beschränkt einkommensteuerpflichtig sind, besteht jedoch die Möglichkeit, dass die Zusammenveranlagung nach § 26 Abs. 1 EStG und infolgedessen der Splittingtarif angewendet wird (§ 1a Abs. 1 Nr. 2 EStG). Nähere Ausführungen dazu finden Sie in Kap. 4.11.2.

Seit dem 1. Jan. 1998 wird zusätzlich zur Einkommensteuer ein unbefristeter Solidaritätszuschlag von 5,5 % erhoben (siehe auch Kap. 4.10).

4.10.3 Progressionsvorbehalt

Grundsätzlich erhöht sich der Steuersatz, wenn das zu versteuernde Einkommen steigt.

Um zu verhindern, dass Steuerpflichtige, die neben steuerpflichtigen auch steuerfreie Einnahmen bzw. Einkünfte erzielen, hinsichtlich der Besteuerung besser gestellt sind als jene, die nur steuerpflichtige Einkünfte haben, sieht § 32b EStG die Anwendung eines besonderen Steuersatzes vor (Progressionsvorbehalt).

Dieser wird angewandt, wenn ein zeitweise oder während des gesamten Veranlagungszeitraums unbeschränkt Steuerpflichtiger

- entweder steuerfreie sogenannte Lohnersatzleistungen, wie Arbeitslosengeld usw. (§ 32b Abs. 1 Nr. 1 EStG), oder
- ausländische Einkünfte, die im Veranlagungszeitraum nicht der deutschen Einkommensteuer unterlegen haben (§ 32b Abs. 1 Nr. 2 EStG),

bezogen hat.

Zu den **Lohnersatzleistungen**, die in den Progressionsvorbehalt einbezogen werden, gehören nach § 32b Abs. 1 EStG z.B.:

- Arbeitslosengeld, Teilarbeitslosengeld und Kurzarbeitergeld,
- Krankengeld und Verletztengeld,
- Mutterschaftsgeld sowie der Zuschuss zum Mutterschaftsgeld.

Der nicht steuerpflichtige Teil der Einnahmen, der durch das Teileinkünfteverfahren entstand, z. B. 40 % der Dividenden, ist nicht dem Progressionsvorbehalt zu unterwerfen.

Nachdem der vom Finanzamt durchzuführende Lohnsteuerjahresausgleich abgeschafft worden ist (siehe Kap. 5.4), wird der Progressionsvorbehalt auch hinsichtlich der Lohnersatzleistungen nur bei der Veranlagung berücksichtigt.

Der besondere Steuersatz wird wie folgt ermittelt:

❶ Dem zu versteuernden Einkommen sind hinzuzurechnen:
  - die Summe der bezogenen Lohnersatzleistungen (z. B. Arbeitslosengeld, Teilarbeitslosengeld, Krankengeld) nach Abzug des Arbeitnehmer-Pauschbetrags von 1.000,00 € nach § 9a Satz 1 Nr. 1 EStG, soweit er nicht bei der Ermittlung der Einkünfte aus nichtselbstständiger Arbeit abziehbar ist (§ 32b Abs. 2 Nr. 1 EStG);
  - steuerfreie ausländische Einkünfte. Entsprechende ausländische Verluste sind abzuziehen. Übersteigen die ausländischen Verluste in einem Jahr das im Inland zu versteuernde Einkommen, so ist der übersteigende Betrag als Verlustrücktrag bzw. -vortrag zu behandeln. (Siehe dazu H 32b [ausländische Verluste] EStH.)

❷ Für das so ermittelte fiktive zu versteuernde Einkommen ist die Steuer nach dem Grund- oder Splittingtarif zu ermitteln. →

❸ Der besondere Steuersatz (Prozentsatz) ist zu errechnen.

❹ Mithilfe dieses besonderen Steuersatzes ist die Einkommensteuer vom tatsächlichen, abgerundeten zu versteuernden Einkommen zu ermitteln.

Beispiel

Aus den Aufzeichnungen eines ledigen unbeschränkt Steuerpflichtigen ergibt sich Folgendes:

Summe der steuerpflichtigen Einkünfte	15.750,00 €
abziehbare Beträge insgesamt	2.750,00 €
zu versteuerndes Einkommen	13.000,00 €

Der Steuerpflichtige hat 2020 das ganze Jahr über Arbeitslosengeld erhalten. Die bezogenen Leistungen haben insgesamt 6.080,00 € betragen.

Nach § 32b EStG errechnet sich die Einkommensteuer wie folgt:

tatsächlich zu versteuerndes Einkommen	13.000,00 €
+ Arbeitslosengeld	6.080,00 €
– Arbeitnehmer-Pauschbetrag	1.000,00 €
fiktives zu versteuerndes Einkommen	18.080,00 €
Einkommensteuer laut Grundtarif	1.849,00 €

$$\text{Steuersatz} = \frac{1.849,00\ € \cdot 100}{18.080,00\ €} = 10,2268\ \%$$

tatsächlich zu versteuerndes Einkommen	13.000,00 €
davon Einkommensteuer nach 32b EStG 10,2268 %	1.329,48 €

Ohne Berücksichtigung des Progressionsvorbehalts hätte die Einkommensteuer nach der Grundtabelle 628,00 €, d. h. nur 4,8307 % statt 10,2268 % von 13.000,00 €, betragen.

4.10.4 Steuerermäßigung bei den Einkünften aus Gewerbebetrieb

Um die Nachteile der steuerlichen Belastung mit Gewerbesteuer bei den Gewerbetreibenden auszugleichen, besteht ein **Steuerabzugsbetrag**, der die tarifliche Einkommensteuer bei den Steuerpflichtigen vermindert, bei denen gewerbliche Einkünfte im zu versteuernden Einkommen enthalten sind.

Die Ermäßigung der Einkommensteuer beträgt das 3,8fache des festgesetzten anteiligen Gewerbesteuer-Messbetrags.

Zu den begünstigten Unternehmern gehören nach § 35 Abs. 1 EStG:

- Einzelunternehmer,
- unmittelbar und mittelbar beteiligte Mitunternehmer nach § 15 Abs. 1 Satz 1 Nr. 2 und
- persönlich haftende Gesellschafter einer Kommanditgesellschaft auf Aktien nach § 15 Abs. 1 Satz 1 Nr. 3 EStG.

Bei Mitunternehmern (OHG, KG, gewerbliche BGB-Gesellschaft usw.) ermäßigt sich die tarifliche Einkommensteuer um das 3,8fache des festgesetzten anteiligen Gewerbesteuer-Messbetrags. Der Gewerbesteuer-Messbetrag und der auf den einzelnen Mitunternehmer entfallende Anteil wird für die Zwecke des § 35 EStG gesondert und einheitlich festgestellt.

Aufteilungsmaßstab bei Mitunternehmerschaften ist der allgemeine Gewinnverteilungsschlüssel, wobei Vorabgewinnanteile nicht zu berücksichtigen sind. Die Gewerbesteuer bleibt weiterhin als Betriebsausgabe abzugsfähig, wird aber außerhalb der Bilanz wieder hinzugerechnet (§ 4 Abs. 5b EStG).

Allerdings ist bei höheren Hebesätzen als 350 % die Belastung der gewerblichen Unternehmer mit Ertragsteuern immer noch höher als bei anderen Einkünften. § 35 EStG mildert also nur die Doppelbelastung der Gewerbetreibenden mit Einkommensteuer und Gewerbesteuer.

Aber wenn der Gewerbesteuerpflichtige nicht zugleich der Einkommensteuer unterliegt, weil er kein steuerpflichtiges Einkommen hat, bleibt es bei der vollen Gewerbesteuerbelastung. Zahlt der Unternehmer z. B. keine Einkommensteuer, weil er zwar positive Einkünfte aus Gewerbebetrieb, aber gleichzeitig negative Einkünfte aus anderen Einkunftsarten bezogen hat (Anrechnungsüberhang), kann § 35 EStG keine Ermäßigung der Einkommensteuer mehr bewirken.

Beispiel

Vergleich eines gewerblichen Unternehmers mit einem Freiberufler. Beide sind verheiratet und haben nur Einkünfte aus ihrer Hauptttätigkeit und einen Gewinn vor Steuern von 60.000,00 € erwirtschaftet. Der Gewerbesteuer-Hebesatz beträgt 450 %. Beide haben Sonderausgaben und außergewöhnliche Belastungen von 11.444,00 €.
(Zur Berechnung siehe auch Kapitel 7 dieses Buches.)

Gewinn vor Berücksichtigung der Gewerbesteuer		60.000,00 €	60.000,00 €
abzüglich Freibetrag nach § 11 Abs. 1 Satz 3 Nr. 1 GewStG		– 24.500,00 €	
		35.500,00 €	
Steuer-Messbetrag	3,5 %	1.242,50 €	
Hebesatz 450 %	1.242,50 € · 4,5	5.591,25 €	
Einkünfte aus § 15 EStG			60.000,00 €
– Sonderausgaben/außergewöhnliche Belastungen			– 11.444,00 €
			48.556,00 €
Einkommensteuer laut Splittingtarif			7.020,00 €
Ermäßigung nach § 35 EStG	Steuer-Messbetrag 1.242,50 € · 3,8		– 4.721,50 €
festzusetzende Einkommensteuer			2.298,50 €
+ Gewerbesteuer			5.591,25€
Gesamtbelastung mit Ertragsteuern			7.889,75 €
Vergleich: Einkünfte aus selbstständiger Arbeit		60.000,00 €	
– Sonderausgaben/außergewöhnliche Belastungen		– 11.444,00 €	
		48.556,00 €	
Einkommensteuer laut Splittingtabelle			7.020,00 €
Die Belastung des gewerblichen Unternehmers mit Ertragsteuern ist höher um			869,75 €

AUFGABEN

1. Wie hoch ist der Grundfreibetrag?
2. Welcher Tarif ist für die Höhe der tariflichen Einkommensteuer maßgebend?
3. Bei welchen Steuerpflichtigen ist die Grundtabelle anzuwenden?
4. In welche Zonen ist der Einkommensteuertarif eingeteilt?
5. Bei welchen Ehegatten ist die Splittingtabelle anzuwenden?
6. Bei welchen verwitweten Steuerpflichtigen ist die Grundtabelle und bei welchen die Splittingtabelle anzuwenden?
7. In welchem Fall ist bei einem geschiedenen Steuerpflichtigen das Splitting anzuwenden?
8. Warum ist der Progressionsvorbehalt nach § 32b EStG eingeführt worden?
9. Wie wird der besondere Steuersatz nach § 32b Abs. 2 EStG ermittelt?
10. Wodurch werden die gewerblichen Einkünfte nach § 35 EStG begünstigt?

VERTIEFENDE ÜBUNG

Übung zur Einkommensteuerermittlung

Ermitteln Sie die festzusetzende Einkommensteuer (§ 2 Abs. 6 EStG) für 2020.

Fall 1:
Das zu versteuernde Einkommen eines ledigen Steuerpflichtigen hat 128.874,00 € betragen. (Tarifbegünstigte Einkünfte haben nicht vorgelegen.)

Fall 2:
Sachverhalt wie in Fall 1 mit der Ergänzung, dass der Steuerpflichtige nur Einkünfte aus Gewerbebetrieb hatte und der für Zwecke des § 35 EStG gesondert festgestellte Gewerbesteuer-Messbetrag 5.890,00 € beträgt.

Fall 3:
Das zu versteuernde Einkommen eines ledigen Steuerfachangestellten hat 2020 betragen:

a) 7.600,00 €,
b) 9.800,00 €,
c) 15.800,00 €.

4.11 Die Veranlagung zur Einkommensteuer

Einzel- und Ehegattenveranlagung

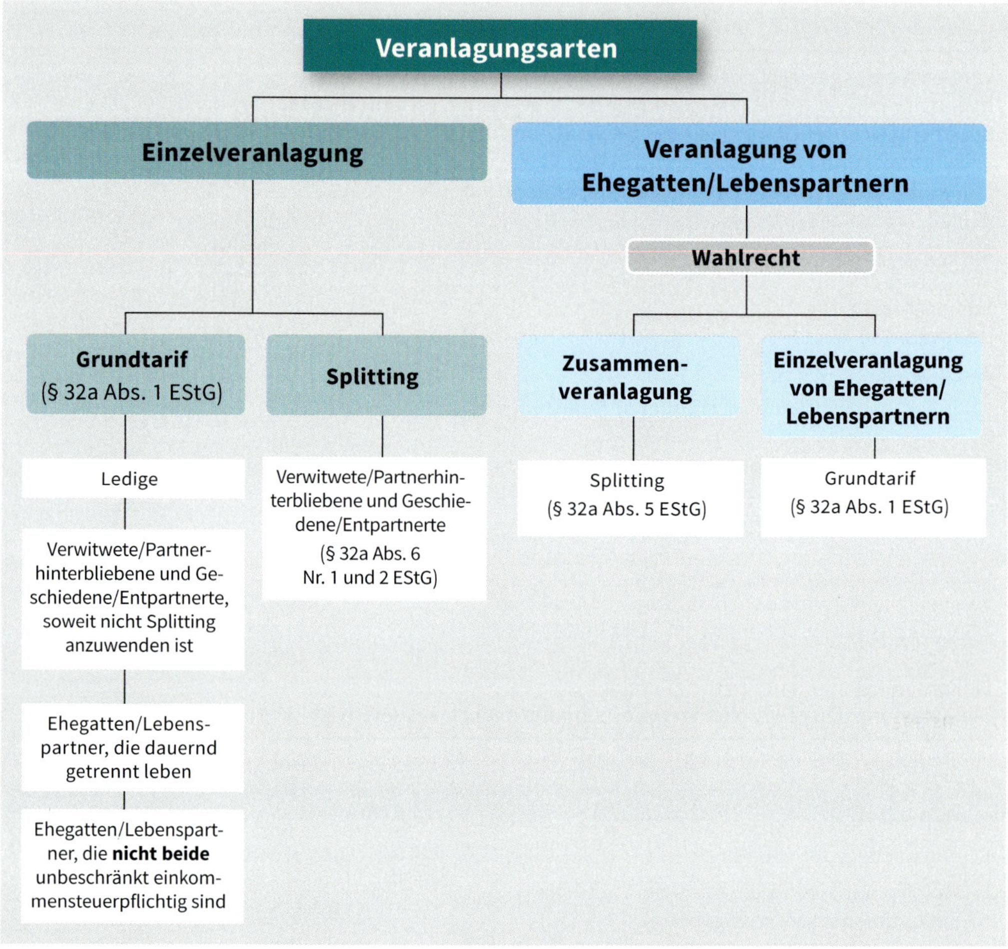

Die Einkommensteuer ist eine Veranlagungssteuer. Nach Ablauf des Kalenderjahres (= Veranlagungszeitraum) wird der Steuerpflichtige nach § 25 Abs. 1 EStG mit dem Einkommen veranlagt, das er in diesem Veranlagungszeitraum bezogen hat, soweit nicht eine Veranlagung unterbleibt, z. B. für einen Arbeitnehmer.

Alle unbeschränkt und beschränkt Steuerpflichtigen haben eine jährliche **Einkommensteuererklärung** nach amtlich vorgeschriebenem Vordruck beim Finanzamt abzugeben, wenn einer der in § 56 EStDV aufgeführten Fälle gegeben ist (§ 25 Abs. 3 EStG).

Das Veranlagungsverfahren umfasst

- die Ermittlung der **Besteuerungsgrundlagen** und
- die Festsetzung der **Steuerschuld**.

Die Steuer wird von der Finanzbehörde grundsätzlich durch **Steuerbescheid** festgesetzt (§ 155 Abs. 1 AO). Die Steuerbescheide sind in der Regel schriftlich oder elektronisch zu erteilen (§ 157 Abs. 1 AO).

Das Einkommensteuerrecht geht vom Grundsatz der **Einzelveranlagung** aus. Das bedeutet, dass grundsätzlich der einzelne Steuerpflichtige mit dem von ihm bezogenen Einkommen veranlagt wird.

4497452

Durch die Veranlagung von Ehegatten (§ 26 EStG) wird dieser Grundsatz der Einzelveranlagung durchbrochen. Darunter fallen Eheleute, bei denen die Voraussetzungen des § 26 Abs. 1 EStG erfüllt sind (siehe Kap. 4.11.2).

Wir unterscheiden demnach zwischen:

- Einzelveranlagung (Kap. 4.11.1) und
- Veranlagung von Ehegatten (Kap. 4.11.2)

Dabei ist zu beachten, dass gemäß § 2 Abs. 8 EStG alle Regelungen zu Ehegatten und Ehen auch für Lebenspartner und Lebenspartnerschaften anzuwenden sind.

4.11.1 Die Einzelveranlagung

Für diese Veranlagungsart kommen in erster Linie in Betracht:

- ledige Steuerpflichtige sowie
- verwitwete/partnerhinterbliebene und geschiedene/entpartnerte Steuerpflichtige, die nach dem Grundtarif (siehe Kap. 4.10.1) besteuert werden.

Eine Einzelveranlagung kann auch für Ehegatten/Lebenspartner in Betracht kommen, und zwar dann, wenn sie dauernd getrennt gelebt haben, nicht beide unbeschränkt einkommensteuerpflichtig waren, oder bei Anwendung des § 32a Abs. 6 EStG (siehe dazu auch Kap. 4.10.2).

4.11.2 Die Veranlagung von Ehegatten

Für die Anwendung der Veranlagung von Ehegatten nach § 26 Abs. 1 EStG müssen folgende Voraussetzungen gegeben sein:

- Es muss sich um Ehegatten/Lebenspartner handeln;
- beide müssen unbeschränkt steuerpflichtig sein;
- sie dürfen nicht dauernd getrennt leben;
- die obigen Voraussetzungen müssen zu Beginn des Veranlagungszeitraums vorgelegen haben oder sie müssen im Laufe des Veranlagungszeitraums eingetreten sein.

Liegen die Voraussetzungen für die Anwendung der Ehegattenveranlagung vor, so können die Ehegatten/Lebenspartner wählen zwischen:

- Einzelveranlagung (§ 26a EStG) und
- Zusammenveranlagung (§ 26b EStG).

Ehegattenveranlagung bei Grenzpendlern

Ein Grenzpendler ohne Wohnsitz oder gewöhnlichen Aufenthalt im Inland kann nach § 26 Abs. 1 Satz 1 EStG für die Anwendung der Ehegattenveranlagung als unbeschränkt einkommensteuerpflichtig behandelt werden (siehe auch Kap. 4.2.1), wenn

- er Staatsangehöriger eines Mitgliedstaates der EU/EWR ist und
- von seinem Ehegatten/Lebenspartner nicht dauernd getrennt lebt und
- seine Einkünfte im Kalenderjahr mindestens zu 90 % der deutschen Einkommensteuer unterliegen oder
- die nicht der deutschen Einkommensteuer unterliegenden Einkünfte jedes Ehegatten/Lebenspartners nicht mehr als 9.000,00 € betragen (§ 1a Abs. 1 Nr. 2 und Abs. 2 EStG).

Beispiel

Der Direktor eines Hotels in Aachen ist belgischer Staatsangehöriger. Er ist verheiratet, lebt von seiner Ehefrau nicht dauernd getrennt und hat seinen Wohnsitz in Lüttich (Belgien). Einkünfte, die nicht der deutschen Einkommensteuer unterliegen, hat weder er noch seine Ehefrau bezogen.

Auf Antrag wird der Steuerpflichtige für die Anwendung der Ehegattenveranlagung als unbeschränkt einkommensteuerpflichtig behandelt. Das bedeutet, die Ehegatten können zwischen Einzelveranlagung und Zusammenveranlagung wählen.

4.11.2.1 Die Einzelveranlagung von Ehegatten (§ 26a EStG)

Ehegatten/Lebenspartner, die die Voraussetzungen des § 26 EStG erfüllen, können sich gem. § 26a EStG einzeln veranlagen lassen. Dabei werden jedem Ehegatten/Lebenspartner die von ihm bezogenen Einkünfte einzeln zugerechnet.

Sonderausgaben, außergewöhnliche Belastungen und die Steuerermäßigungen nach § 35a EStG werden dem Ehegatten/Lebenspartner zugerechnet, der sie wirtschaftliche getragen hat. Auf Antrag werden die Aufwendungen beiden Ehegatten/Lebenspartnern jeweils zur Hälfte zugerechnet.

Wenn ein Ehegatte die Einzelveranlagung wählt, wird für beide Ehegatten/Lebenspartner die Einzelveranlagung durchgeführt. Treffen die Ehegatten/Lebenspartner keine Entscheidung, wird die Zusammenveranlagung durchgeführt.

4.11.2.2 Die Zusammenveranlagung (§ 26b EStG)

Ehegatten bzw. Lebenspartner werden zusammen veranlagt, wenn beide die Zusammenveranlagung wählen. Die entsprechenden Erklärungen sind entweder schriftlich oder zu Protokoll beim Finanzamt abzugeben. Werden keine Erklärungen abgegeben, so wird unterstellt, dass die Zusammenveranlagung gewählt wird (§ 26 Abs. 3 EStG).

Bei der Zusammenveranlagung sind die Einkünfte der Ehegatten/Lebenspartner getrennt zu ermitteln und dann zusammenzurechnen. Das ist für den Abzug von Werbungskosten-Pauschbeträgen im Sinne des § 9a EStG von besonderer Bedeutung.

4.11.2.3 Welche Veranlagungsart ist für Ehegatten/Lebenspartner die günstigste?

Ehegatten und Lebenspartner haben grundsätzlich die Möglichkeit, zwischen Einzelveranlagung von Ehegatten und Zusammenveranlagung zu wählen. Es ergibt sich die Frage, welche von diesen beiden Veranlagungsarten die günstigste ist.

Die Zusammenveranlagung ist günstiger als die Einzelveranlagung von Ehegatten, wenn beide Partner Arbeitnehmer sind oder wenn einer von ihnen ein höheres Einkommen hat.

Die Einkünfte eines jeden Ehegatten/Lebenspartners sind bei beiden Veranlagungsarten getrennt zu ermitteln (§§ 26a Abs. 1 Satz 1 und 26b EStG). Dabei sind jedem Partner die Einkünfte zuzurechnen, die er bezogen hat.

4.11.2.4 Gesonderte und einheitliche Feststellung der Einkünfte

Grundsätzlich unterliegt das Einkommen einer natürlichen Person der Einkommensteuer und das einer juristischen Person (z. B. AG oder GmbH) der Körperschaftsteuer.

Hinsichtlich der Einkommensteuer nehmen

- die Personengesellschaften des Handelsrechts (z.B. offene Handelsgesellschaft, Kommanditgesellschaft),
- die Gesellschaften des bürgerlichen Rechts und
- die Gemeinschaften (z. B. Erbengemeinschaften)

eine besondere Stellung ein.

Sie sind weder natürliche noch juristische Personen und können deshalb weder einkommen- noch körperschaftsteuerpflichtig sein. Die Einkünfte dieser Gesellschaften und Gemeinschaften werden einkommensteuerlich den Gesellschaftern bzw. den Beteiligten unmittelbar zugerechnet und bei diesen in der Regel zur Einkommensteuer herangezogen.

Zu diesem Zweck hat das Finanzamt in einem vom **Steuerfestsetzungsverfahren** getrennten (gesonderten) Verfahren festzustellen, wie hoch die Einkünfte der Gesellschaft oder der Gemeinschaft aus einer Einkunftsart sind. Diese Feststellung nennt man „gesonderte Feststellung der Einkünfte", weil sie gesondert, d. h. getrennt vom Steuerfestsetzungsverfahren, durchgeführt wird.

4497454

Sind an den festgestellten Einkünften mehrere Personen beteiligt, so hat das Finanzamt die gesonderte Feststellung der Einkünfte gegenüber den beteiligten Personen einheitlich vorzunehmen. Das bedeutet, dass das Finanzamt die Einkünfte im Ganzen feststellt und auf die Gesellschafter bzw. Beteiligten im Verhältnis ihrer Anteile aufteilt.

Diese beiden Verfahren zusammengefasst (Feststellung und Aufteilung der Einkünfte) nennt man gesonderte und einheitliche Feststellung von Einkünften nach §§ 179 Abs. 2 und 180 Abs. 1 Nr. 2a AO.

Handelt es sich bei einer der beteiligten Personen um eine juristische Person (z. B. eine GmbH), so unterliegen ihre anteiligen Einkünfte nicht der Einkommensteuer, sondern der Körperschaftsteuer.

Beispiel

An einer Kommanditgesellschaft sind die Gesellschafter A, B und C beteiligt. A ist eine GmbH, B und C sind natürliche Personen. In einem Wirtschaftsjahr (= Kalenderjahr) hat die KG einen Gewinn von 80.000,00 € erklärt. Davon entfallen laut Vertrag auf A 10 % und auf B und C je 45 %.

Falls sich gegenüber dem erklärten Gewinn keine Abweichungen ergeben, stellt das für die KG zuständige Finanzamt anhand der von der KG eingereichten Steuererklärung über die gesonderte und einheitliche Gewinnfeststellung in einem besonderen Verfahren fest – und zwar in dem Verfahren der gesonderten und einheitlichen Feststellung von Einkünften –, dass die KG einen Gewinn aus Gewerbebetrieb von 80.000,00 € erzielt hat und dass davon auf A 8.000,00 € und auf B und C je 36.000,00 € entfallen. Diese Gewinnanteile sind den Gesellschaftern als Einkünfte aus Gewerbebetrieb gemäß § 15 Abs. 1 Nr. 2 EStG zuzurechnen. Sie unterliegen bei A der Körperschaftsteuer und bei B und C der Einkommensteuer.

AUFGABEN

1. Was versteht man unter Einzelveranlagung?
2. Wodurch wird der Grundsatz der Einzelveranlagung durchbrochen?
3. Welche Steuerpflichtigen kommen für die Einzelveranlagung infrage?
4. Welche Voraussetzungen müssen für die Anwendung der Ehegattenveranlagung gegeben sein?
5. Welche Wahlmöglichkeiten gibt es in der Ehegattenveranlagung?
6. Wie ist bei einzelner Veranlagung hinsichtlich der Einkünfte, der Sonderausgaben und der außergewöhnlichen Belastung zu verfahren?
7. In welchem Fall werden Ehegatten zusammen veranlagt?
8. Was ist eine gesonderte und was ist eine einheitliche Feststellung von Einkünften?

VERTIEFENDE ÜBUNGEN

Übung 1: Steuertarif, Ehegattenveranlagung

Übung 2: Feststellung und Aufteilung von Einkünften

1. Entscheiden Sie, ob für 2020 in den folgenden Fällen

a) eine Einzelveranlagung durchzuführen ist,
b) eine Zusammenveranlagung oder Einzelveranlagung von Ehegatten stattfindet,
c) der Grundtarif oder das Splitting-Verfahren anzuwenden ist.

Verwenden Sie bitte dabei das folgende Lösungsschema:

Fall Nr.	Einzelveranlagung	Zusammenveranlagung	Einzelveranlagung von Ehegatten	Grundtarif	Splittingtarif
1					
2					
usw.					

Fall 1:
Die Ehegatten haben am 31. Dez. 2020 geheiratet. Beide sind unbeschränkt einkommensteuerpflichtig. Hinsichtlich der Ehegattenveranlagung haben sie keine Erklärungen abgegeben.

Fall 2:
Sachverhalt wie in Fall 1 mit dem Unterschied, dass die Ehegatten die Einzelveranlagung beantragt haben.

Fall 3:
Die Ehegatten sind seit fünf Jahren verheiratet. Beide sind unbeschränkt einkommensteuerpflichtig. Ein Ehegatte ist am 1. Jan. 2019 verstorben.

Fall 4:
Die Gemüsehändlerin A ist seit dem 5. Jan. 2018 verwitwet. Sie und ihr verstorbener Ehegatte haben im Zeitpunkt des Todes die Voraussetzungen der Ehegattenveranlagung erfüllt. A hat am 31. Dez. 2020 den Baustoffhändler B geheiratet. A und B wählen für das Jahr der Eheschließung die Zusammenveranlagung. Treffen Sie hier Ihre Entscheidung hinsichtlich der Steuerpflichtigen A.

Fall 5:
Sachverhalt wie in Fall 4. Treffen Sie Ihre Entscheidung hinsichtlich B.

Fall 6:
A und B sind seit 30 Jahren verheiratet. Am 5. Jan. 2020 ist B verstorben. A hat am 20. Dez. 2020 C geheiratet. Sowohl die Eheleute A und B als auch die Eheleute A und C haben die Voraussetzungen der Ehegattenveranlagung nach § 26 Abs. 1 EStG erfüllt. Treffen Sie hier Ihre Entscheidung hinsichtlich der Eheleute A und B.

Fall 7:
Sachverhalt wie in Fall 6. Treffen Sie Ihre Entscheidung hinsichtlich der Eheleute A und C.

Fall 8:
Die Lebenspartnerin A ist am 10. Aug. 2019 verstorben. Die Voraussetzungen für die Anwendung der Ehegattenveranlagung haben 2019 vorgelegen. Die Partnerhinterbliebene B ist auch 2020 unbeschränkt einkommensteuerpflichtig.

2. Wie hoch ist der Gewinn der KG und welche Gewinnanteile unterliegen der Einkommensteuer?

Die Gossmann GmbH & Co. KG, an der die Gesellschafter A, B und C beteiligt sind, hat im vorigen Wirtschaftsjahr (= Kalenderjahr) in der Handelsbilanz einen Gewinn von 85.000,00 € ausgewiesen. Davon entfallen laut Vertrag auf A, eine GmbH, 20 % und auf B und C je 40 %. Der Gesellschafter B hat für seine Mitarbeit in der Firma eine Vergütung von 30.000,00 € erhalten. Die KG hat diesen Betrag als Personalkosten gebucht. Der Gesellschafter C hat von der KG für die Nutzung seines Gebäudes eine Miete von 10.000,00 € bekommen. Die KG hat die Miete als Aufwand gebucht.

4497456

4.12 Die Veranlagung von Arbeitnehmern (§ 46 EStG)

4.12.1 Zwangs- und Antragsveranlagung

Arbeitnehmer sind Personen, die aus einem bestehenden oder aus einem früheren Dienstverhältnis Arbeitslohn beziehen (§ 1 LStDV). Ein pensionierter Beamter ist Arbeitnehmer, obwohl er nicht mehr arbeitet, weil er aus einem früheren Dienstverhältnis Arbeitslohn bezieht (§ 19 Abs. 1 Nr. 2 EStG). Der Rentner dagegen ist kein Arbeitnehmer, weil er keinen Arbeitslohn aus einem früheren Dienstverhältnis, sondern sonstige Einkünfte (§ 22 Nr. 1 EStG) aus der Sozialversicherung bezieht.

Arbeitnehmer werden nur noch veranlagt

- von Amts wegen nach § 46 Abs. 2 Nr. 1–7 EStG (Zwangsveranlagung) und
- auf Antrag nach § 46 Abs. 2 Nr. 8 (Antragsveranlagung).

Dabei bleibt der pauschal versteuerte Arbeitslohn außer Ansatz. Er gehört nicht zu den Einkünften aus nichtselbstständiger Arbeit im Sinne des § 46 EStG.

Eine **Zwangsveranlagung** wird durchgeführt:

- nach § 46 Abs. 2 Nr. 1 1. Halbsatz EStG, wenn die Summe der einkommensteuerpflichtigen Einkünfte, die nicht dem Steuerabzug vom Arbeitslohn zu unterwerfen waren, vermindert um die darauf entfallenden Beträge nach § 13 Abs. 3 EStG (Freibetrag für Land- und Forstwirte) und § 24a EStG (Altersentlastungsbetrag), mehr als 410,00 € betragen haben (siehe dazu die folgenden Beispiele a bis d);
- nach § 46 Abs. 2 Nr. 1 2. Halbsatz EStG, wenn die Summe der Einkünfte und Leistungen, die dem Progressionsvorbehalt unterliegen, mehr als 410,00 € betragen. Einkünfte und Leistungen, die dem Progressionsvorbehalt unterliegen, sind in § 32b EStG erschöpfend aufgeführt. Dazu gehören z. B. ausländische Einkünfte, die nach einem Doppelbesteuerungsabkommen steuerfrei sind. Für die Einkünfte und Leistungen im Sinne der angeführten Vorschrift gilt eine eigene 410,00 €-Grenze;
- nach § 46 Abs. 2 Nr. 2 EStG, wenn der Steuerpflichtige nebeneinander von mehreren Arbeitgebern Arbeitslohn bezogen hat;
- nach § 46 Abs. 2 Nr. 3a EStG, wenn Ehegatten, die zusammen zu veranlagen sind (§§ 26 und 26b EStG), beide Arbeitslohn bezogen haben und einer für den Veranlagungszeitraum oder einen Teil davon nach der Steuerklasse V oder VI besteuert worden ist;
- nach § 46 Abs. 2 Nr. 4 EStG, wenn bei den Lohnsteuerabzugsmerkmalen des Steuerpflichtigen ein Freibetrag im Sinne des § 39a Abs. 1 Nr. 1 bis 3, 5 oder 6 EStG (z. B. wegen erhöhter Werbungskosten oder Sonderausgaben) eingetragen worden ist;
- nach § 46 Abs. 2 Nr. 5 EStG, wenn bei einem Steuerpflichtigen die Lohnsteuer für einen sonstigen Bezug im Sinne des § 34 Abs. 1 und 2 Nr. 2 und 4 (siehe auch außerordentliche Einkünfte) nach § 39b Abs. 3 Satz 9 EStG oder für einen sonstigen Bezug nach § 39c Abs. 3 EStG ermittelt wurde;
- nach § 46 Abs. 2 Nr. 6 EStG, wenn eine Ehe durch Aufhebung, Scheidung oder Tod aufgelöst wurde und der Arbeitnehmer oder sein Ehegatte im Veranlagungszeitraum wieder geheiratet hat (es finden stets zwei Veranlagungen statt, jeweils für beide Ehegatten der aufgelösten Ehe);
- nach § 46 Abs. 2 Nr. 7 EStG, wenn bei der Bildung der Lohnsteuerabzugsmerkmale eines unbeschränkt steuerpflichtigen Arbeitnehmers (§ 1 Abs. 1 EStG) ein Ehegatte im Sinne des § 1a Abs. 1 Nr. 2 EStG (für die Zusammenveranlagung) berücksichtigt worden ist.

Eine **Antragsveranlagung** wird durchgeführt nach § 46 Abs. 2 Nr. 8 EStG, wenn die Veranlagung beantragt wird, insbesondere zur Anrechnung von Lohnsteuer auf die Einkommensteuer. Die Antragsveranlagung kann z. B. auch beantragt werden zur Berücksichtigung von Verlusten aus einer anderen Einkunftsart (Verlustausgleich), zur Berücksichtigung von Verlustabzügen (§ 10d EStG) oder zur Anrechnung von Kapitalertragsteuer und Körperschaftsteuer auf die Steuerschuld.

Beispiele

a) Ein Arbeitnehmer, 30 Jahre alt, wohnhaft in Hildesheim hat für den Veranlagungszeitraum neben seinem Arbeitslohn von 30.000,00 € Einkünfte aus Kapitalvermögen in Höhe von 700,00 € bezogen. Aus einem Zweifamilienhaus hatte er einen Verlust von 300,00 € gehabt.

Der Arbeitnehmer ist nicht nach § 46 Abs. 2 Nr. 1 EStG zu veranlagen, weil die steuerpflichtigen Einkünfte, die nicht der Lohnsteuer zu unterwerfen waren, 410,00 € nicht überschritten haben.

b) Sachverhalt wie in Beispiel a) mit dem Unterschied, dass es sich um einen verheirateten Arbeitnehmer handelt, bei dem die Voraussetzungen für eine Zusammenveranlagung gegeben sind, und dass nicht der Ehemann den Verlust aus Vermietung und Verpachtung in Höhe von 300,00 € gehabt hat, sondern die Ehefrau.

Die Eheleute sind ebenfalls nicht zu veranlagen, weil die Einkünfte beider Ehegatten maßgebend sind.

c) Ein verheirateter Arbeitnehmer in Hannover hat im Veranlagungszeitraum neben Einkünften aus nichtselbstständiger Arbeit in Höhe von 19.736,00 € eine Gewinnausschüttung in Höhe von 5.655,00 € bezogen. Es handelt sich um eine Gewinnausschüttung einer GmbH, an der der Arbeitnehmer als Gesellschafter mit 30 % beteiligt ist. Die GmbH hat die Kapitalertragsteuer und 5,5 % Solidaritätszuschlag einbehalten und an das Finanzamt abgeführt (siehe 4.4.5.4). Beide Ehegatten sind 40 Jahre alt. Die Voraussetzungen für eine Zusammenveranlagung sind gegeben. Die abzugsfähigen Sonderausgaben betragen 3.272,00 €. Es liegt ein Antrag nach § 32d Abs. 2 Nr. 3 EStG vor.

Die Eheleute können zur Anrechnung der Kapitalertragsteuer und des Solidaritätszuschlags die Veranlagung nach § 46 Abs. 2 Nr. 8 EStG beantragen.

Das zu versteuernde Einkommen errechnet sich wie folgt:

Einkünfte aus nichtselbstständiger Arbeit		**19.736,00 €**
Einkünfte aus Kapitalvermögen:		
= Gewinnausschüttung/Einnahmen aus Kapitalvermögen	5.655,00 €	
– steuerfreier Betrag nach § 3 Nr. 40 EStG (40 %)	– 2.262,00 €	
= steuerpflichtige Einnahmen	3.393,00 €	
– Sparer-Pauschbetrag	– 1.602,00 €	
Einkünfte aus Kapitalvermögen	1.791,00 €	1.791,00 €
Summe/Gesamtbetrag der Einkünfte		21.527,00 €
– Sonderausgaben		– 3.272,00 €
Einkommen und zugleich zu versteuerndes Einkommen		**18.255,00 €**
tarifliche Einkommensteuer		**0,00 €**

Auf diesen Betrag sind anzurechnen:

- die einbehaltene und abgeführte Lohnsteuer,
- die einbehaltene und abgeführte Kapitalertragsteuer,
- der einbehaltene und abgeführte Solidaritätszuschlag und
- die eventuell geleisteten Einkommensteuer-Vorauszahlungen.

Ergibt sich (wie hier) eine Überzahlung, so wird der überzahlte Betrag vom Finanzamt erstattet.

4497458

4.12.2 Härteausgleich für Arbeitnehmer, die veranlagt werden

Wir unterscheiden zwischen:

- dem **Härteausgleich**, der nach § 46 Abs. 3 EStG in den Fällen vorgenommen wird, in denen im Einkommen des Arbeitnehmers einkommensteuerpflichtige Einkünfte von insgesamt nicht mehr als 410,00 € enthalten sind, die nicht der Lohnsteuer unterlegen haben und die nicht nach § 32d Abs. 6 EStG der tariflichen Einkommensteuer unterworfen wurden, und
- dem Härteausgleich, der nach § 46 Abs. 5 EStG (§ 70 EStDV) in den Fällen vorgenommen wird, in denen im Einkommen des Arbeitnehmers einkommensteuerpflichtige Einkünfte von insgesamt mehr als 410,00 €, aber nicht mehr als 820,00 € enthalten sind, die nicht der Lohnsteuer unterlegen haben und die nicht nach § 32d Abs. 6 EStG der tariflichen Einkommensteuer unterworfen wurden.

Wird ein Arbeitnehmer beispielsweise veranlagt,

- weil er nebeneinander von mehreren Arbeitgebern Arbeitslohn bezogen hat oder
- weil er Steuerermäßigung nach § 34 EStG beantragt

und sind in seinem Einkommen einkommensteuerpflichtige Einkünfte von insgesamt nicht mehr als 410,00 € enthalten, von denen der Lohnsteuerabzug nicht vorgenommen worden ist und die nicht nach § 32d Abs. 6 EStG der tariflichen Einkommensteuer unterworfen wurden, so sind diese Nebeneinkünfte bei der Veranlagung grundsätzlich voll als Härteausgleich vom Einkommen abzuziehen (Ausgleichsbetrag). Wird dem Arbeitnehmer ein Altersentlastungsbetrag gewährt, so ist der Betrag der steuerpflichtigen Einkünfte, von denen der Lohnsteuerabzug nicht vorgenommen worden ist und die nicht nach § 32d Abs. 6 EStG der tariflichen Einkommensteuer unterworfen wurden, um den gewährten Altersentlastungsbetrag zu mindern, soweit dieser auf die steuerpflichtigen Nebeneinkünfte entfällt, und um den Freibetrag für Land- und Forstwirte.

Wird ein Arbeitnehmer veranlagt und haben die steuerpflichtigen Einkünfte, von denen ein Lohnsteuerabzug nicht vorgenommen worden ist, mehr als 410,00 €, aber nicht mehr als 820,00 € betragen, so wird grundsätzlich folgender Härteausgleich vorgenommen: Vom Einkommen wird der Betrag abgezogen, um den der Betrag von 820,00 € die steuerpflichtigen Einkünfte übersteigt, von denen ein Lohnsteuerabzug nicht vorgenommen worden ist und die nicht nach § 32d Abs. 6 EStG der tariflichen Einkommensteuer unterworfen wurden, vermindert um den Altersentlastungsbetrag und den Freibetrag für Land- und Forstwirte (siehe auch § 70 EStDV).

Beispiele

Die Einkünfte aus Kapitalvermögen wurden in den folgenden Beispielen nicht nach § 32d Abs. 6 EStG der tariflichen Einkommensteuer unterworfen.

a) Ein lediger Arbeitnehmer, 28 Jahre alt, wird nach § 46 Abs. 2 EStG zur Einkommensteuer veranlagt. Er hat neben Einkünften aus nichtselbstständiger Arbeit im Veranlagungszeitraum noch die folgenden anderen steuerpflichtigen Einkünfte erzielt:

	A	B	C	D
	€	€	€	€
Kapitalvermögen	300,00	950,00	1.000,00	500,00
Vermietung	0,00	– 200,00	– 1.200,00	400,00
Nebeneinkünfte insgesamt	300,00	750,00	– 200,00	900,00
Härteausgleich	300,00	70,00	0,00	0,00

Im Fall B beträgt der Härteausgleich: 820,00 € – 750,00 € = 70,00 €.

→

b) Ehegatten, beide noch nicht 64 Jahre alt, werden nach § 46 Abs. 2 EStG zur Einkommensteuer veranlagt. Sie wählen die Zusammenveranlagung. Neben Einkünften aus nichtselbstständiger Arbeit haben sie im Veranlagungszeitraum die folgenden anderen steuerpflichtigen Einkünfte erzielt:

	A	B	C	D
Ehemann	€	€	€	€
Kapitalvermögen	850,00	150,00	0,00	150,00
Vermietung	– 1.000,00	– 400,00	300,00	0,00
	– 150,00	– 250,00	300,00	150,00
Ehefrau				
Kapitalvermögen	200,00	100,00	750,00	100,00
Vermietung	400,00	– 200,00	– 200,00	150,00
	600,00	– 100,00	550,00	250,00
Nebeneinkünfte **insgesamt**	450,00	– 350,00	850,00	400,00
Härteausgleich	370,00	0,00	0,00	400,00

c) Ein lediger Arbeitnehmer, der vor Beginn des Veranlagungszeitraums 2020 das 64. Lebensjahr vollendet hat, wird nach § 46 Abs. 2 EStG zur Einkommensteuer veranlagt. Er hat die folgenden Arbeitslöhne bzw. steuerpflichtigen Einkünfte bezogen:

	A	B
	€	€
Arbeitslohn aus gegenwärtigem Dienstverhältnis	3.550,00	2.500,00
Versorgungsbezüge	0,00	4.500,00
Einkünfte aus Kapitalvermögen	690,00	1.000,00
Einkünfte aus Vermietung und Verpachtung	0,00	– 300,00

Zu A: Der Altersentlastungsbetrag beträgt 16,0 % von 4.240,00 € = 678,40 €. Der Höchstbetrag von 760,00 € ist nicht überschritten. Von dem Altersentlastungsbetrag entfallen auf die Einkünfte aus Kapitalvermögen 16,0 % von 690,00 € = 110,40 €. Um diesen Betrag vermindern sich die Einkünfte aus Kapitalvermögen. Die steuerpflichtigen Einkünfte, von denen der Lohnsteuerabzug nicht vorgenommen worden ist, betragen demnach 579,60 € (690,00 € – 110,40 €). **Der Ausgleichsbetrag beträgt 240,40 €** (820,00 € – 579,60 €).

Zu B: Der Altersentlastungsbetrag beträgt 16,0 % von 3.200,00 € = 512,00 €, weil die Versorgungsbezüge als Bemessungsgrundlage ausscheiden. Davon entfallen auf den Arbeitslohn 400,00 € (16,0 % von 2.500,00 €) und auf die anderen Einkünfte 112,00 € (16,0 % von 700,00 €). Um diesen Betrag vermindern sich die Einkünfte, von denen der Lohnsteuerabzug nicht vorgenommen wurde, sodass nur noch 512,00 € steuerpflichtig sind. **Der Ausgleichsbetrag beträgt 308,00 €** (820,00 € – 512,00 €).

AUFGABEN

1. In welchen Fällen ist nach § 46 Abs. 2 EStG eine Veranlagung durchzuführen?
2. Welche Fälle kennen Sie, in denen eine Veranlagung nach § 46 Abs. 2 EStG
   a) ohne Antrag, also von Amts wegen, und
   b) auf Antrag

   durchzuführen ist?
3. Erläutern Sie den Härteausgleich in den Fällen, in denen Arbeitnehmer nach § 46 EStG veranlagt werden.

VERTIEFENDE ÜBUNGEN

Übungen zur Veranlagung von Arbeitnehmern

1. Prüfen Sie, ob in den nachstehenden Fällen eine Veranlagung durchzuführen und ein Härteausgleich vorzunehmen ist.

Bitte begründen Sie Ihre Entscheidung.

Fall 1:
Der Arbeitslohn eines ledigen Steuerpflichtigen hat 14.000,00 € betragen. Andere Einkünfte hat er nicht erzielt.

Fall 2:
Ein Lediger, 30 Jahre alt, hat folgende Einkünfte erzielt:

Einkünfte aus nichtselbstständiger Arbeit ...	11.500,00 €
Einkünfte aus selbstständiger Arbeit	750,00 €
Einkünfte aus Vermietung und Verpachtung	– 2.000,00 €

Fall 3:
Ein lediger Steuerpflichtiger, 35 Jahre alt, hat 2020 folgende Einkünfte erzielt:

Einkünfte aus nichtselbstständiger Arbeit ...	10.500,00 €
Einkünfte aus Vermietung und Verpachtung	1.500,00 €
2019 hat der Steuerpflichtige einen Verlust aus Gewerbebetrieb von	9.500,00 €

erlitten.

Durch Verlustrücktrag auf das Jahr 2018 sind davon 7.500,00 € verbraucht worden, sodass ein noch nicht ausgeglichener Verlust von 2.000,00 € vorhanden ist.

Fall 4:
Ein verheirateter Prokurist, 50 Jahre alt, dessen Ehefrau nicht berufstätig ist, wird wegen Zusammenveranlagung nach dem Splitting-Verfahren (§ 32a Abs. 5 EStG) besteuert. Sein Einkommen betrug 29.500,00 €. Darin sind Einkünfte aus Vermietung und Verpachtung von 450,00 € enthalten. Im Übrigen hat er nur Einkünfte aus nichtselbstständiger Arbeit bezogen.

Fall 5:
Eine kaufmännische Angestellte, 49 Jahre alt, ist seit Mitte 2019 verwitwet. Sie wird für 2020 nach dem Splitting-Verfahren (§ 32a Abs. 6 Nr. 1 EStG) besteuert.

Sie hat folgende Einkünfte erzielt:

Einkünfte aus nichtselbstständiger Arbeit ...	17.500,00 €
Einkünfte aus Vermietung und Verpachtung ..	350,00 €

2. Ist eine Veranlagung durchzuführen und wie hoch ist der Härteausgleich?

Fall 1:
Ein lediger junger Arbeitnehmer hat von zwei Arbeitgebern Arbeitslohn bezogen (§ 46 Abs. 2 Nr. 2 EStG). Sein Einkommen hat 13.500,00 € betragen. Er hat neben den Einkünften aus nichtselbstständiger Arbeit im Veranlagungszeitraum noch die folgenden anderen Einkünfte erzielt:

	A	B	C
aus Gewerbebetrieb.	– 2.000,00 €	1.850,00 €	750,00 €
aus Vermietung und Verpachtung	2.400,00 €	– 1.400,00 €	50,00 €

Fall 2:
Ein verwitweter Arbeitnehmer, der vor Beginn des Veranlagungszeitraums 2020 das 64. Lebensjahr vollendet hat, hat 2020 die folgenden Arbeitslöhne bzw. Einkünfte erzielt:

	A	B
Arbeitslohn aus gegenwärtigem Dienstverhältnis	2.500,00 €	3.000,00 €
Pension als früherer Beamter	9.000,00 €	4.300,00 €
Einkünfte aus Kapitalvermögen (die nicht unter die Abgeltungssteuer fallen und nicht nach § 32d Abs. 6 EStG der tariflichen Einkommensteuer unterworfen wurden)............................	600,00 €	350,00 €
Einkünfte aus Vermietung und Verpachtung	– 140,00 €	– 650,00 €
sonstige Einkünfte (aus der Sozialversicherung)	0,00 €	800,00 €

4.13 Erhebung der Einkommensteuer

4.13.1 Entstehung der Einkommensteuer

Als **Einkommensteuer** gelten auch die Lohnsteuer und die Kapitalertragsteuer. Sie stellen lediglich besondere Erhebungsformen der Einkommensteuer dar.

Grundsätzlich entsteht die Einkommensteuer mit Ablauf des Veranlagungszeitraums (§ 36 Abs. 1 EStG).

Das Einkommensteuergesetz weicht in den folgenden Punkten von diesem Grundsatz ab:

- Die **Einkommensteuer-Vorauszahlung** entsteht grundsätzlich jeweils mit Beginn des Kalendervierteljahrs, in dem die Vorauszahlungen zu entrichten sind (§ 37 Abs. 1 Satz 2 EStG);
- die **Lohnsteuer** entsteht in dem Zeitpunkt, in dem der Arbeitslohn dem Arbeitnehmer zufließt (§ 38 Abs. 2 Satz 2 EStG);
- die **Kapitalertragsteuer** entsteht in dem Zeitpunkt, in dem die Kapitalerträge dem Gläubiger zufließen (§ 44 Abs. 1 Satz 2 EStG).

4.13.2 Einkommensteuer-Vorauszahlungen

Der Steuerpflichtige hat am 10. März, 10. Juni, 10. Sept. und 10. Dez. Vorauszahlungen auf die Einkommensteuer zu entrichten, die er für den laufenden Veranlagungszeitraum voraussichtlich schulden wird (§ 37 Abs. 1 Satz 1 EStG).

Vorauszahlungen sind nur festzusetzen, wenn der vierteljährliche Betrag mindestens 100,00 € beträgt (§ 37 Abs. 5 Satz 1 EStG).

Das Finanzamt setzt die Vorauszahlungen durch Vorauszahlungsbescheid fest. Die Vorauszahlungen bemessen sich grundsätzlich nach der Einkommensteuer, die sich nach Anrechnung der Steuerabzugsbeträge Lohnsteuer und Kapitalertragsteuer bei der letzten Veranlagung ergeben hat (§ 37 Abs. 3 Satz 2 EStG). Die spätere Berücksichtigung eines Kinderfreibetrages bei der Veranlagung führt nicht zu einer entsprechenden Minderung der Einkommensteuervorauszahlungen (§ 37 Abs. 3 Satz 12 EStG). Das Finanzamt kann bis zum Ablauf des auf den Veranlagungszeitraum folgenden 15. Kalendermonats die Vorauszahlungen an die Einkommensteuer anpassen, die sich für den Veranlagungszeitraum voraussichtlich ergeben wird (§ 37 Abs. 3 Satz 3 EStG).
Bei einer nachträglichen Erhöhung ist die letzte Vorauszahlung für den vorangegangenen Veranlagungszeitraum anzupassen. Der Erhöhungsbetrag ist innerhalb eines Monats nach Bekanntgabe des Vorauszahlungsbescheids zu entrichten (§ 37 Abs. 4 EStG).

Die Anpassung der Vorauszahlungen kann auf Antrag oder auch von Amts wegen erfolgen.

4.13.3 Tilgung der Einkommensteuer

Über das Ergebnis der vom Finanzamt durchgeführten Veranlagung wird der Steuerpflichtige durch einen Steuerbescheid unterrichtet. Der Steuerbescheid enthält neben den Besteuerungsgrundlagen auch eine Abrechnung. Ergibt sich aus der Abrechnung eine **Nachzahlung**, so ist diese sofort nach Bekanntgabe des Steuerbescheids zu leisten, soweit sie den festgesetzten, aber nicht entrichteten Vorauszahlungen entspricht. So weit die Nachzahlung über die festgesetzten Vorauszahlungen hinausgeht (Abschlusszahlung), ist sie innerhalb eines Monats nach Bekanntgabe des Steuerbescheids an die Finanzkasse zu leisten (§ 36 Abs. 4 Satz 1 EStG).

4497462

Ergibt sich aus der Abrechnung eine **Überzahlung**, so wird der überzahlte Betrag entweder nach Bekanntgabe des Steuerbescheids ausgezahlt oder mit vorhandenen Steuerrückständen verrechnet. Über die Verrechnung bekommt der Steuerpflichtige vom Finanzamt eine entsprechende Mitteilung.

Bei Ehegatten, die zusammen veranlagt worden sind, wirkt die Auszahlung an einen Ehegatten auch für und gegen den anderen Ehegatten (§ 36 Abs. 4 Satz 3 EStG).

Auf die Einkommensteuer werden nach § 36 Abs. 2 EStG angerechnet:

- die für den Veranlagungszeitraum entrichtete Einkommensteuer-Vorauszahlung und
- die durch Steuerabzug erhobene Einkommensteuer (wie z. B. Lohnsteuer, Kapitalertragsteuer), soweit sie auf die bei der Veranlagung erfassten Einkünfte entfällt und die Erstattung nicht beantragt oder durchgeführt worden ist.

Beispiel

Ein lediger Arbeitnehmer wird 2020 zur Einkommensteuer veranlagt. Das zu versteuernde Einkommen hat 17.820,00 € betragen. Darin sind neben Einkünften aus nichtselbstständiger Arbeit und aus Kapitalvermögen auch Einkünfte aus Vermietung und Verpachtung enthalten. Die festzusetzende Einkommensteuer beträgt 1.783,00 €. Nach der Bescheinigung des Arbeitgebers auf der Lohnsteuerkarte sind 1.932,00 € Lohnsteuer einbehalten worden.

Der Arbeitnehmer ist an einer GmbH beteiligt. Ende des Jahres 2020 hat die GmbH den Gewinnanteil des Steuerpflichtigen für das Vorjahr in Höhe von 4.500,00 € ausgeschüttet. Die einbehaltene Kapitalertragsteuer von 25 % von 4.500,00 € = 1.125,00 € und den Solidaritätszuschlag von 61,88 € hat die GmbH im Jan. 2021 abgeführt. Über die abgeführte Kapitalertragsteuer liegt die Bescheinigung der GmbH vom 15. Febr. 2021 vor.

Die entrichteten Einkommensteuer-Vorauszahlungen haben 800,00 € betragen.

Für 2020 ergibt sich die folgende Abrechnung:

festzusetzende Einkommensteuer		1.783,00 €
Vorauszahlungen		
Einkommensteuer	800,00 €	
Lohnsteuer	1.932,00 €	
Kapitalertragsteuer	1.125,00 €	–3.857,00 €
Überzahlung		–2.074,00 €
Solidaritätszuschlag		98,06 €
abgeführter Solidaritätszuschlag		–61,88 €
zu zahlen		36,18 €
Verrechnung Einkommensteuer		–2.074,00 €
Erstattung		2.037,82 €

Der Gewinnanteil an der GmbH für 2019 ist dem Steuerpflichtigen 2020 zugeflossen, deshalb ist er in diesem Veranlagungszeitraum zu versteuern. Dass die Kapitalertragsteuer erst im Jahr 2021 abgeführt worden ist, ist ohne Bedeutung.

AUFGABEN

1. Wann entsteht a) die Einkommensteuer und b) die Lohnsteuer?
2. Zu welchem Zeitpunkt entsteht die Einkommensteuer-Vorauszahlung?
3. Zu welchen Zeitpunkten sind Einkommensteuer-Vorauszahlungen zu leisten?
4. Was wissen Sie über die Anpassung der Einkommensteuer-Vorauszahlungen?
5. Was versteht man unter Einkommensteuer-Abschlusszahlung?
6. Welche Beträge werden nach § 36 Abs. 2 EStG auf die Einkommensteuer angerechnet?

4.14 Steuerermäßigungen für haushaltsnahe Beschäftigungen und Handwerkerleistungen

4.14.1 Haushaltsnahe Beschäftigungen, Dienst- und Pflegeleistungen

Die sogenannten „Minijobs“ werden durch typische Tätigkeiten in Privathaushalten begründet, z.B. durch Putzen, Waschen, Bügeln, Kochen, aber auch durch die Betreuung von Personen oder die Gartenpflege. Wie im betrieblichen Bereich darf auch hier das regelmäßige Arbeitsentgelt 450,00 € im Monat nicht überschreiten.

Das Meldeverfahren für geringfügig Beschäftigte in Privathaushalten bei der Bundesknappschaft ist gegenüber dem betrieblichen Bereich stark vereinfacht. Für den privaten Bereich wird nach dem **Haushaltsscheckverfahren** vorgegangen, wobei nach einfacher Anmeldung des Arbeitsverhältnisses die Beiträge nur zweimal im Jahr fällig und per Einzugsermächtigung durch die Einzugsstelle angefordert werden und zwar nachschüssig zum 15. Juli und 15. Jan.

Damit die geringfügigen Beschäftigungsverhältnisse im Privathaushalt bei der Einzugsstelle der Bundesknappschaft gemeldet werden, fördert der Gesetzgeber diese durch eine Steuerermäßigung nach § 35a Abs. 1 Satz 1 Nr. 1 EStG. Von der tariflich festgesetzten Einkommensteuer sind 20 % der Aufwendungen, höchstens aber 510,00 € für eine geringfügige Beschäftigung im Privathaushalt abzuziehen.

Für andere als die in Absatz 1 genannten haushaltsnahen Beschäftigungen oder für die Inanspruchnahme von haushaltsnahen Dienstleistungen, die keine Handwerkerleistungen nach Abs. 3 sind (siehe dazu auch Kap. 4.14.2), können nach § 35a Abs. 2 Satz 1 EStG 20 % der Aufwendungen, höchstens 4.000,00 € für die Beschäftigung im Privathaushalt abgezogen werden.

Die Steuerermäßigung kann auch in Anspruch genommen werden für Aufwendungen aus Pflege- und -Betreuungsleistungen, Heimunterbringung oder dauernder Pflege, soweit darin Kosten für Dienstleistungen enthalten sind, die mit denen einer Hilfe im Haushalt vergleichbar sind (§ 35a Abs. 2 Satz 2 EStG).

Die Aufwendungen dürfen weder Werbungskosten oder Betriebsausgaben sein, noch unter § 10 Abs. 1 Nr. 5 EStG fallen und nicht als außergewöhnliche Belastungen berücksichtigt werden. Der Abzugsbetrag ist ein Haushaltsbetrag und verdoppelt sich für Ehegatten und zusammenlebende Alleinstehende nicht.

Dieses Verfahren soll auch die Schwarzarbeit in den Privathaushalten eindämmen.

Generell gilt: Die Steuerermäßigung kann nur in Anspruch genommen werden, wenn das Beschäftigungsverhältnis in einem in der Europäischen Union oder dem Europäischen Wirtschaftsraum liegenden Haushalt des Steuerpflichtigen ausgeübt wird.

4497464

4.14.2 Handwerkerleistungen

Handwerkerleistungen im Sinne des § 35a Abs. 3 EStG werden nicht im Rahmen von Arbeitsverhältnissen im sozialversicherungsrechtlichen Sinn erbracht. Vielmehr handelt es sich um Dienstleistungen von selbstständig Tätigen, z. B. die Tätigkeit eines selbstständigen Fensterputzers oder Gärtners, aber auch um Schönheitsreparaturen (Malerarbeiten) und kleinere Ausbesserungsarbeiten – wobei nur die Dienstleistung zählt, nicht aber das Material. Aus arbeitsmarktpolitischen Gründen werden diese Tätigkeiten ebenfalls vom Staat durch einen Steuerermäßigungsbetrag gefördert, der von der festgesetzten Steuer abzugsfähig ist.

Der Steuerabzugsbetrag beträgt 20 % der Aufwendungen, höchstens jedoch 1.200,00 € für die Handwerkerleistungen im Privathaushalt.

Damit diese Aufwendungen berücksichtigt werden können,

- müssen sie für den in der Europäischen Union oder dem Europäischen Wirtschaftsraum gelegenen Haushalt des Steuerpflichtigen erbracht werden (§ 50b EStG),
- dürfen weder Werbungskosten oder Betriebsausgaben sein, noch unter § 10 Abs. 1 Nr. 5 EStG fallen oder als außergewöhnliche Belastung berücksichtigt werden und
- müssen belegmäßig nachgewiesen werden (Rechnung, Zahlungsbeleg).

Beispiel

a) Der ledige angestellte Steuerberater Kranz beschäftigt im Rahmen eines geringfügigen Beschäftigungsverhältnisses im Sinne des § 8a SGB IV eine Haushaltshilfe. Ab dem 1. April 2020 betragen seine Aufwendungen 300,00 € Arbeitsentgelt zuzüglich 13,7 % Pauschalabgabe = 341,10 € monatlich, für den Rest des Jahres also 3.069,90 €. Die Steuerermäßigung beträgt

   20 % von 3.069,90 € .... 613,98 €,

   höchstens .... 510,00 €.

   Der niedrigere Betrag in Höhe von 510,00 € wird abgezogen.

b) Wie a), aber Kranz beschäftigt noch zusätzlich einen selbstständigen Gärtner. An Aufwendungen kann Franz durchschnittlich 120,00 € im Monat nachweisen. Kranz möchte einen Lohnsteuerermäßigungsantrag stellen und den Freibetrag ab Juli 2020 in seine Lohnsteuerkarte eintragen lassen.

   Die Steuerermäßigung für den Gärtner beträgt 20 % der Aufwendungen von

   1.080,00 € (9 Monate) .... 216,00 €,

   höchstens ....1.200,00 €.

   Der niedrigere Betrag in Höhe von 216,00 € wird abgezogen.

   Die Steuerabzugsbeträge betragen zusammen 726,00 € (216,00 € + 510,00 €) und der einzutragende Freibetrag nach § 39a Abs. 1 Nr. 5 Buchstabe c EStG das Vierfache, also 2.904,00 € jährlich und auf sechs Monate verteilt 484,00 € monatlich.

4.14.3 Förderung energetischer Gebäudemodernisierungen

Mit der steuerlichen Förderung energetischer Gebäudemodernisierungen kommen die Eigentümer älterer Objekte in den Genuss von Steuererleichterungen für die kommenden zehn Jahre (§ 35c EStG).

Gefördert werden energetische Sanierungsmaßnahmen, wie

- die Wärmedämmung von Wänden, Geschossdecken und Decken sowie
- die Erneuerung bzw. die Optimierung von Fenstern oder Außentüren,
- die Erneuerung oder der Einbau einer Lüftungsanlage,
- die Erneuerung der Heizungsanlage,
- der Einbau von digitalen Systemen zur energetischen Betriebs- und Verbrauchsoptimierung und
- die Optimierung bestehender Heizungsanlagen, sofern Letztere älter als zwei Jahre sind.

Gefördert wird dies sowohl bei selbstgenutzten Wohnhäusern, als auch bei selbstbewohnten Eigentumswohnungen innerhalb der EU oder des Europäischen Wirtschaftsraums.

Für die steuerliche Förderung kommen sowohl Einzelmaßnahmen als auch umfassende Sanierungen infrage, die mithilfe eines Sanierungsfahrplans schrittweise realisiert werden. Die energetischen Baumaßnahmen müssen nach dem 31. Dez. 2019 begonnen werden und vor dem 1. Jan. 2030 abgeschlossen sein. Die Eigentümer haben zehn Jahre Zeit.

Die Mindestanforderungen für die energetischen Maßnahmen sowie die Anforderungen an ausführende Fachunternehmen werden noch durch eine Rechtsverordnung festgelegt. Die Finanzämter werden dann prüfen, was steuerlich absetzbar ist und was nicht. Steuerpflichtige müssen die Abschreibung jeweils mit der jährlichen ESt-Erklärung beantragen.

Absetzen können Steuerpflichtige die Kosten für eine energetische Maßnahme erstmals in dem Kalenderjahr, in dem die Sanierung abgeschlossen wird.

- Ermäßigt wird die Einkommensteuer im 1. und 2. Kalenderjahr um je 7 % der Aufwendungen des Steuerpflichtigen, höchstens jedoch um je 14.000,00 €.
- Im dritten Kalenderjahr können weitere 6 % der Aufwendungen geltend gemacht werden, höchstens jedoch 12.000,00 € für das begünstigte Objekt.

Insgesamt kann also für jedes Objekt ein Förderbetrag in Höhe von 20 % der Aufwendungen – höchstens jedoch 40.000,00 € – im Laufe von drei Jahren nach Abschluss der Sanierung abgesetzt werden (§ 35c Abs. 1 Satz 5 EStG).

Um den Steuerbonus erhalten zu können, müssen folgende Voraussetzungen erfüllt sein:

- Das begünstigte Objekt muss bei der Durchführung der energetischen Maßnahme älter als zehn Jahre sein.
- Die Sanierungsmaßnahmen müssen von einem Fachunternehmen ausgeführt werden, das die korrekte Umsetzung der Maßnahmen mithilfe eines amtlich vorgeschriebenen Musters bescheinigen und eine ordentliche Rechnung dafür ausstellen muss.
- Der Steuerpflichtige muss, solange er die Ausgaben geltend macht, selbst in dem Objekt wohnen.
- Steuerermäßigungen sind nur möglich, wenn die Aufwendungen für die energetische Sanierung nicht schon als Betriebsausgaben, Werbungskosten, Sonderausgaben, außergewöhnliche Belastungen oder sonstige Steuerbegünstigungen bzw. -ermäßigungen oder als öffentlich geförderte Maßnahme berücksichtigt worden sind (Modernisierung in Sanierungsgebieten, haushaltsnahe Dienstleistungen oder Handwerkerleistungen).
- Unschädlich ist die Teilnutzung als Arbeitszimmer.

Als Teil ihrer Aufwendungen können Steuerpflichtige auch die Hälfte der Kosten für die planerische Begleitung oder Beaufsichtigung, z. B. durch qualifizierte Energieberater, der energetischen Maßnahme absetzen. Die Einbindung eines qualifizieren Experten, wird zwar steuerlich gefördert, der Gesetzgeber hat aber keine verbindliche Qualitätssicherung durch eine verpflichtende Baubegleitung vorgeschrieben.

Hausbesitzer, die ihr selbstgenutztes Ein- oder Zweifamilienhaus künftig über Einzelmaßnahmen energieeffizient sanieren möchten, haben die Wahl. Sie können entweder auf Fördermittel der KfW-Bank oder des BAFAs zurückgreifen oder die anfallenden Kosten steuerlich geltend machen. In finanzieller Hinsicht sind die Optionen gleichwertig. In formeller Hinsicht gibt es jedoch einen Unterschied: Während bei der KfW-Förderung eine Baubegleitung durch einen Energieberater Voraussetzung ist, genügt im Falle der steuerlichen Förderung eine Fachunternehmererklärung des durchführenden Handwerkers.

4.15 Gesamtwiederholung zur Einkommensteuer

VERTIEFENDE ÜBUNGEN

Übung 1: Einkommensteuerfestsetzung

1. **Ermitteln Sie das zu versteuernde Einkommen der Eheleute Nauen für den Veranlagungszeitraum 2020.**

   Norbert Nauen, geb. am 10. Dez. 1965, und Maria Nauen, geb. am 11. Juni 1967, sind seit dem 21. Okt. 1995 verheiratet. Die Eheleute wohnen seit ihrer Eheschließung in Düsseldorf.

   Der gemeinsame Sohn Christian, geb. am 1. Jan. 2000, befindet sich seit dem 1. Mai d. J. auf einer Wirtschaftsfachschule in Frankfurt zur Ausbildung. Er hat ein möbliertes Zimmer in Frankfurt, ist aber weiter bei seinen Eltern mit Hauptwohnsitz gemeldet. Christian bezieht seit Ausbildungsbeginn einen Zuschuss zum Unterhalt von 80,00 € nach dem Bundesausbildungsförderungsgesetz. Außerdem hat er in den Sommerferien gearbeitet und einen Bruttoarbeitslohn von 2.250,00 € bezogen. Die Eheleute Nauen haben für Christian ohne Unterbrechung Kindergeld erhalten.

   1. Herr Nauen betreibt seit Jahren als Einzelunternehmer einen blechverarbeitenden Betrieb in Düsseldorf und ermittelt seinen Gewinn nach § 5 Abs. 1 EStG für das abweichende Wirtschaftsjahr 1. April bis 31. März d. J. Der Gewinn für das Wirtschaftsjahr 2018/19 in Höhe von 35.000,00 € wurde am 1. Febr. d. J. seinem privaten Bankkonto gut geschrieben. Sein unstrittig ermittelter Gewinn für 2019/20 betrug 40.000,00 €.
   2. Mit seinem betrieblichen Pkw hatte Herr Nauen am 1. Sept. d. J. einen schweren Verkehrsunfall, der zur dauernden Berufsunfähigkeit führte. Durch Bescheid des Versorgungsamts Düsseldorf vom 30. Mai 2021 erhält er einen Schwerbehindertenausweis, gültig ab 1. Dez. d. J. mit GdB 70 % und Merkzeichen „G". Aufgrund der Berufsunfähigkeit veräußerte er seinen Betrieb zum 15. Dez. d. J. mit einem Veräußerungsgewinn von 70.000,00 € nach § 16 Abs. 2 EStG. Für das Rumpfwirtschaftsjahr 1. April bis 15. Dez. 2020 ermittelte die Buchhaltung unstrittig einen negativen Erfolg von 8.540,00 €.
   3. Nauen ist an einem Zulieferungsbetrieb (Stahlhändler) als Stiller Gesellschafter beteiligt. Nach den vertraglichen Vereinbarungen hat er nicht nur Anspruch auf einen anteiligen Erfolg, sondern auch an den sogenannten stillen Reserven und am Firmenwert des Zulieferers. Der Stahlhändler ermittelte für das Wirtschaftsjahr 2019, das mit dem Kalenderjahr übereinstimmt, einen Gewinn von 240.000,00 € und überwies Nauen im Mai d. J. den Gewinnanteil von 28.089,00 €.
   4. Maria Nauen hat am 20. Sept. d. J. von ihrer verstorbenen Tante Aktien der Nemo AG zum Kurswert von 72.000,00 € geerbt. Die Tante hatte die Aktien am 27. Dez. 2020 für 65.000,00 € zuzüglich 689,00 € Nebenkosten erworben. Im August hat die Nemo AG eine Ausschüttung von insgesamt 100.000,00 € beschlossen, davon entfallen 5.000,00 € auf Frau Nauen. Nach Abzug der Kapitalertragsteuer wurde der Betrag im Sept. auf dem Bankkonto gutgeschrieben. Am 20. Dez. d. J. verkaufte Frau Nauen die Aktien zum Kurswert von 75.800,00 € abzüglich 1.004,35 € Verkaufskosten.
   5. Wegen der Vermittlung einer Lebensversicherung hatte Maria Nauen von einem mit der Familie befreundeten Versicherungsmakler eine Provision in Höhe von 750,00 € erhalten. Die Vermittlung erfolgte eher zufällig.
   6. Vor der Ehe mit Norbert war Frau Nauen schon einmal verheiratet und zwar mit Michael Winkler. Die Ehe blieb kinderlos. Seit ihrer Scheidung erhält sie von Michael Winkler monatliche Unterhaltsleistungen in Höhe von 600,00 €. Für den Veranlagungszeitraum hat Frau Nauen dem Sonderausgabenabzug der Unterhaltsleistungen bei Herrn Winkler zugestimmt.
   7. Die Eheleute Nauen machen unstrittig für den Veranlagungszeitraum folgende weitere Aufwendungen geltend.

→

Lebensversicherungsbeiträge
- nach § 10 Abs. 1 Nr. 3a EStG (100 %) .... 7.260,00 €
- nach § 10 Abs. 1 Nr. 2 Buchstabe b EStG .... 3.672,00 €

Beiträge für
- Krankenversicherung (Basisversicherung) ...... 14.400,00 €
- Krankentagegeldversicherung............. 960,00 €
- Privathaftpflichtversicherung............. 145,00 €
- Kfz-Haftpflichtversicherungen........... 875,00 €

Krankenhauskosten im Zusammenhang mit dem Unfall des Herrn Nauen..... 14.500,00 €

Versicherungserstattungen
- Krankenversicherung .... 8.950,00 €
- Krankentagegeldversicherung............ 2.240,00 €

Aufwendungen für steuerbegünstigte Zwecke nach § 10b EStG
- wissenschaftliche Zwecke. 5.000,00 €
- mildtätige Zwecke....... 4.656,00 €
- staatspolitische Zwecke . 3.800,00 €

(Die gesamten Umsätze und Löhne betrugen bei Herrn Nauen 290.000,00 €.)

8. Folgende private Steuervorauszahlungen wurden im Veranlagungszeitraum von der Familie Nauen entrichtet:
   - Einkommensteuer........ 21.000,00 €
   - Solidaritätszuschlag..... 1.044,00 €
   - Kirchensteuer........... 1.700,00 €

   Die Eheleute leben im gesetzlichen Güterstand. Besondere Erklärungen zur Veranlagungsform wurden nicht abgegeben.

Übung 2: zu versteuerndes Einkommen (Erklärungsvordruck)

2. **a) Ermitteln Sie in einer systematischen Darstellung unter Verwendung der einkommensteuerlichen Fachbegriffe das niedrigstmögliche Einkommen der Eheleute Lommetz für den Veranlagungszeitraum 2020.**

b) Geben Sie danach die entsprechenden Daten in ein branchenübliches Programm zur Erstellung von Einkommensteuererklärungen ein. Vergleichen Sie die Berechnungsliste des Programms mit Ihren Berechnungen und klären Sie eventuelle Abweichungen.

Zur Erstellung der Einkommensteuererklärung werden Ihnen die folgenden Angaben gemacht, die durch die erforderlichen Unterlagen belegt sind:

Personendaten:

Die Eheleute Karl (geb. am 12. Aug. 1964) und Ria Lommetz (geb. am 19. Mai 1966) sind seit 1986 verheiratet und wohnen in Essen.

Die Eheleute haben gemäß §§ 26, 26b EStG die Zusammenveranlagung gewählt.

Zum gemeinsamen Haushalt gehört die leibliche Tochter Anne, geb. am 28. Jan. 1996.

Einkünfte:

1. Karl Lommetz ist als Steuerberater in der Gemeinschaft Franken, Lommetz und Partner tätig, die in der Rechtsform einer Gesellschaft des bürgerlichen Rechts betrieben wird. Laut Feststellungsbescheid 2020 vom 30. Juni 2021 betragen die Gewinne aus der Steuerberatergesellschaft insgesamt 195.314,00 €. Karl Lommetz hat jeweils zum 15. des Monats eine Tätigkeitspauschale in Höhe von 5.100,00 € erhalten, der restliche Gewinnanteil des Veranlagungsjahres in Höhe von 26.100,00 € ist von der Gesellschaft am 12. Febr. 2021 auf das private Bankkonto von Karl Lommetz überwiesen worden.

2. Ria Lommetz ist als Buchhalterin bei der Eisen & Stahl AG, Oberhausen, beschäftigt.

   Die Lohnsteuerkarte enthält unter anderem folgende Eintragungen:
   - Bruttoarbeitslohn .... 32.465,00 €
   - einbehaltene Lohnsteuer. 2.208,00 €
   - pauschalbesteuerte Arbeitgeberleistungen für Fahrten zwischen Wohnung und erster Tätigkeitsstätte .... 591,00 €
   - Arbeitnehmeranteil Krankenversicherung .... 2.435,00 €
     Arbeitnehmeranteil Rentenversicherung ..... 3.035,00 €

   Frau Lommetz ist an 220 Tagen mit dem eigenen Pkw zu ihrer Arbeitsstelle gefahren. Die Entfernung zwischen Wohnung und erster Tätigkeitsstätte beträgt fünf Kilometer.

4497468

Übungen 3, 4 und 6: zu versteuerndes Einkommen (Ehegatten)

Die weiteren berufsbedingten Aufwendungen betragen:

- Lohngirokontoführungskosten 16,00 €
- Aufwendungen für Fachliteratur .... 102,00 €

3. Karl Lommetz besitzt inländische Wertpapiere (Aktien), die zu seinem Privatvermögen gehören. Im Nov. wurde auf seinem privaten Bankkonto die Dividende in Höhe von 7.212,25 € gutgeschrieben. Karl Lommetz hatte der Bank keinen Freistellungsauftrag erteilt.
4. Am 17. Dez. hat Karl Lommetz Aktien der Anton AG verkauft. Aus der Verkaufsabrechnung der Bank ergibt sich eine Gutschrift in Höhe von 3.325,00 € nach Abzug der Verkaufskosten von 36,00 €. Beim Kauf dieser Aktien am 6. Aug. hatte er 2.710,00 € bezahlt.

   Ebenfalls am 17. Dez. veräußerte Karl Lommetz Aktien der Berta AG für 6.545,00 €, nach Abzug der Verkaufskosten von 66,00 €, die er am 21. März für 7.260,00 € angeschafft hatte.
5. Die Eheleute Lommetz sind je zur Hälfte Eigentümer eines 2003 angeschafften Zweifamilienhauses (Baujahr 1995).

   Die Erdgeschosswohnung ist 120 m^2 groß und wird zu eigenen Wohnzwecken genutzt.

   Die Wohnung im Obergeschoss ist 100 m^2 groß und zum ortsüblichen Marktpreis für Wohnzwecke vermietet. Die Mieteinnahmen einschließlich der Umlagen betrugen monatlich 665,00 €.

   Die Grundstücksaufwendungen (Grundbesitzabgaben, Gebäudeversicherung usw.) betrugen für das gesamte Haus 2.812,00 €.

   Darüber hinaus sind Schuldzinsen in Höhe von insgesamt 19.685,00 € angefallen. Die Absetzung für Abnutzung für den vermieteten Teil des Hauses beträgt anteilig 2.454,00 €.

Sonstige Angaben:

1. Die gemeinsame Tochter Anne studierte während des gesamten Jahres an der Universität Duisburg Betriebswirtschaftslehre. Anne wohnte bei den Eltern in Essen und hatte keine eigenen Einkünfte und Bezüge.
2. Karl Lommetz hat unter anderem Beiträge zur Krankenversicherung von 4.590,00 € und zur berufsständischen Rentenversicherung von 5.720,00 € gezahlt. Die abzugsfähigen Vorsorgeaufwendungen der Eheleute Lommetz betrugen angenommen insgesamt 15.027,90 €.
3. Für einen Krankenhausaufenthalt im Febr. sind Kosten in Höhe von 7.976,00 € angefallen. Hiervon wurden 4.090,00 € von der Krankenversicherung erstattet.
4. Mit Bescheid vom 10. Sept. 2020 hat das Versorgungsamt für Karl Lommetz seit dem 1. März 2018 einen Grad der Behinderung von 50 festgestellt.
5. Karl Lommetz leistete Unterhaltszahlungen an seinen vermögenslosen Vater in Höhe von monatlich 520,00 €.

   Der Vater erhält eine Leibrente von jährlich 6.494,00 €. Der Besteuerungsanteil der Rente beträgt 50 %. Die Beiträge zur Basiskrankenversicherung und Pflegeversicherung belaufen sich auf jährlich 358,00 €.

3. **a) Ermitteln Sie in einer systematischen Darstellung unter Verwendung der steuerlichen Begriffe das niedrigstmögliche zu versteuernde Einkommen.**

b) Geben Sie danach die entsprechenden Daten in ein branchenübliches Programm zur Erstellung von Einkommensteuererklärungen ein. Vergleichen Sie die Berechnungsliste des Programms mit Ihren Berechnungen und klären Sie eventuelle Abweichungen.

Die Eheleute Josef, geb. 31. Jan. 1955, und Maria Borg, geb. 10. Febr. 1959, sind seit 35 Jahren verheiratet und wohnen in Berlin.

Bei der Erstellung der Einkommensteuererklärung sind folgende Sachverhalte zu prüfen und ggf. zu berücksichtigen:

1. Die Eheleute haben gemäß §§ 26, 26b EStG die Zusammenveranlagung gewählt.
2. Zum gemeinsamen Haushalt gehört der leibliche Sohn Michael, geb. 24. April 1985. Michael studierte Medizin an der Universität Düsseldorf und war deswegen während des gesamten Jahres auswärtig untergebracht. Michael erhielt von seinen Eltern monatliche Unterhaltszahlungen in Höhe von 1.100,00 €. Für eine Tätigkeit in einer Düsseldorfer Klinik erhielt Michael laut Lohnsteuerkarte vom 1. Jan. bis 31. Dez. einen Bruttoarbeitslohn in Höhe von 4.090,00 €. Seine Pflichtbeiträge zur Sozialversicherung betrugen 531,71 €.

→

3. Josef Borg ist an der Otto Berens OHG mit Sitz in Berlin beteiligt. Der Jahresabschluss der Handelsgesellschaft zum 31. Dez. 2020 wird am 15. Jan. 2021 erstellt.
   - Der Handelsbilanzgewinn beträgt 61.355,00 €, wovon 30 % auf Josef Borg entfallen.
   - Für seine Tätigkeit als Buchhalter hat Josef Borg von der OHG ein monatliches Gehalt in Höhe von 2.045,00 € erhalten, das bei der OHG als Aufwand gebucht worden ist.
   - Für ein Darlehen in Höhe von 102.260,00 €, das Josef Borg der OHG gewährt hat, wurden ihm am 16. Jan. 2021 Zinsen in Höhe von 8.180,00 € überwiesen. Die Zinsen sind bei der Erstellung des Jahresabschlusses 2021 ebenfalls als Aufwand erfasst worden.
   - Am 15. Jan. 2020 ist Josef Borg von der OHG noch ein restlicher Gewinnanteil für 2019 in Höhe von 5.112,00 € überwiesen worden.
   - Der auf seinen Mitunternehmeranteil festgesetzte anteilige Gewerbesteuer-Messbetrag beträgt für den Veranlagungszeitraum 1.820,00 €.
4. Aus der gesetzlichen Rentenversicherung erhält Josef Borg seit dem 1. Febr. 2017 eine Altersrente, deren Höhe vor Abzug von Versicherungsbeträgen 1.430,00 € beträgt.
5. Maria Borg hat 13 Jahre als Lektorin in dem Verlagshaus Egon Seifert gearbeitet. Auf Veranlassung des Arbeitgebers wurde das Arbeitsverhältnis zum 31. Jan. aufgelöst. Frau Borg erhielt für den Monat Jan. ein Bruttogehalt in Höhe von 2.636,00 € sowie eine Abfindung in Höhe von 30.700,00 €.
6. Mit notariellem Kaufvertrag vom 1. März 2020 hat Maria Borg das Zweifamilienhaus „Aachen, Lindenstraße 10" (Baujahr 1971) zum Preis von 230.100,00 € erworben, wovon 76.700,00 € auf den Wert des Grund und Bodens entfallen. Besitz, Nutzen und Lasten sind zum 30. Juni auf Frau Borg übergegangen.

   Bezüglich dieses Zweifamilienhauses liegen folgende Gegebenheiten vor:

   a) Beide Wohnungen haben bei einer Wohnfläche von jeweils 100 m² die gleiche Ausstattung.

   b) Die Wohnung im Erdgeschoss hat Frau Borg ihrer Schwester Margarete seit dem 1. Juli unentgeltlich überlassen; die Wohnung im Obergeschoss ist ab 1. Juli für monatlich 512,00 € vermietet.

   c) Maria Borg hat im Veranlagungszeitraum folgende Beträge verauslagt:
      - Grunderwerbsteuer 8.053,50 €
      - Notarkosten für die Beurkundung des Kaufvertrages 1.296,47 € zuzüglich 246,33 € Umsatzsteuer,
      - Notarkosten für die Grundschuldbestellung 299,26 € zuzüglich 56,86 € Umsatzsteuer,
      - Gerichtskosten für die Auflassungsvormerkung 179,00 €,
      - Gerichtskosten für die Eigentumsumschreibung 286,00 €,
      - Gerichtskosten für die Eintragung der Grundschuld 153,00 €,
      - Schuldzinsen 5.369,00 €,
      - Dachreparaturkosten 4.602,00 €,
      - Instandsetzungskosten für die sanitären Anlagen im Erdgeschoss 1.790,00 €,
      - Instandsetzungskosten für die sanitären Anlagen im Obergeschoss 5.369,00 €,
      - Grundbesitzabgaben und sonstige Aufwendungen für die Zeit vom 1. Juli bis 31. Dez. insgesamt 3.068,00 €.
7. Die zutreffend ermittelten abzugsfähigen Vorsorgeaufwendungen (einschließlich Beitragsanteile zur Kranken- und Pflegeversicherung der Rentner) betragen 6.785,00 €.
8. Laut Feststellungsbescheid des Finanzamtes zum 31. Dez. 2017 beträgt der Verlustabzug (Einkünfte aus Gewerbebetrieb) gemäß § 10d EStG 2.556,00 €.
9. Weitere Sonderausgaben werden nicht geltend gemacht.
10. Am 10. Juli überwies Maria Borg für eine im Frühjahr durchgeführte zahnärztliche Behandlung den Betrag von 9.203,00 €. Die Krankenkasse erstattete am 15. Okt. einen Betrag von 3.068,00 €.

4. Ermitteln Sie das zu versteuernde Einkommen der Eheleute Neumann für 2020.

Soweit Steuervergünstigungen nur auf Antrag gewährt werden, ist davon auszugehen, dass diese Anträge gestellt worden sind.

A. Angaben zur Person und Familie

Herbert Neumann, Bochum, geb. 11. Sept. 1968, ist seit 1993 verheiratet mit Maria, geb. Schulz, geb. 14. Nov. 1973. Aus der Ehe sind zwei Kinder hervorgegangen:

Reinhold, geb. 12. Mai 1994. Reinhold ist infolge eines Verkehrsunfalls seit Ende 2019 schwer behindert. Der Grad der Behinderung liegt bei 95. Der Sohn ist ledig und lebt im Haushalt seiner Eltern. Er hat keine Einkünfte erzielt.

Anna, geb. 31. März 2001, studiert in Göttingen Medizin. Sie war – mit Ausnahme der Semesterferien – das ganze Jahr über in Göttingen untergebracht. Dem Steuerpflichtigen sind durch die auswärtige Unterbringung Aufwendungen erwachsen.

Die Ehegatten werden zur Einkommensteuer zusammen veranlagt.

B. Einkünfte

1. Der Ehemann hat Einkünfte aus selbstständiger Arbeit in Höhe von unstreitig 1.813,68 € aus künstlerischer Tätigkeit als Maler bezogen.
2. Der Ehemann betreibt in Bochum ein Tapetengeschäft. Sein Gewinn nach § 5 EStG hat laut Bilanz vom 31. Dez. 2020 119.284,00 € betragen.

   Die folgenden Buchungen sind auf ihre Auswirkung auf den ausgewiesenen Gewinn von 119.284,00 € zu prüfen. Gegebenenfalls ist der Gewinn zu berichtigen.

   a) Der Steuerpflichtige hat aus seinem Geschäft Tapeten für private Zwecke entnommen. Der Teilwert betrug 255,00 €. Der Steuerpflichtige hat gebucht:

   Privat an Wareneinkauf ..... 255,00 €

   Die Umsatzsteuer von 48,45 € auf die Privatentnahme ist nicht gebucht worden.

   b) Die private Kfz-Nutzung laut ordnungsgemäßem Fahrtenbuch in Höhe von 5.113,00 € + 447,00 € Umsatzsteuer ist nicht gebucht worden.

   c) Die AfA der Geschäftseinrichtung ist statt mit 613,00 € nur mit 513,00 € gebucht worden.
3. Der Ehemann ist an dem Mietwohngrundstück einer Erbengemeinschaft in München beteiligt. Nach einer Mitteilung des Finanzamts München-Ost hat der Anteil an den Einkünften aus diesem Grundstück 2.413,00 € betragen.
4. Die Ehefrau ist an einer KG in Bochum beteiligt. Ihr Gewinnanteil hat 6.070,00 € betragen.

C. Sonstige Angaben

Die Eheleute machen die folgenden Beträge als Sonderausgaben geltend:

Krankenversicherungsbeiträge. .	4.090,00 €
Beiträge zur Haftpflichtversicherung	67,00 €
Beiträge zur Hausratversicherung	246,00 €
Lebensversicherungsbeiträge (§ 10 Abs. 1 Nr. 3a EStG)	4.921,00 €
Sterbegeldversicherung	36,00 €
gezahlte Kirchensteuer	1.738,00 €
Beiträge an eine politische Partei	665,00 €

Der Steuerpflichtige Neumann hat in der Zeit von Jan. bis Juni für den Unterhalt seiner Schwiegermutter 4.039,00 € aufgewendet. In dieser Zeit haben die Einkünfte der Schwiegermutter insgesamt 2.468,00 € betragen. Die Basiskrankenversicherung und die Pflegeversicherungsbeiträge von Jan. bis Juni betragen 300,00 €. Ab Juli hat die Schwiegermutter Einkünfte von monatlich 1.447,00 € bezogen, sodass der Schwiegersohn ab diesem Zeitpunkt keine Zahlungen mehr geleistet hat.

Die Eheleute Neumann haben ganzjährig eine Hilfe im Haushalt beschäftigt und dafür 16.538,11 € aufgewendet einschließlich Pflichtbeiträge zur Sozialversicherung. Die Haushaltshilfe war unstreitig erforderlich wegen der Behinderung ihres Sohnes Reinhold.

→

Ubung 5: zu versteuerndes Einkommen (Einzelperson)

5. Ermitteln Sie das zu versteuernde Einkommen des Steuerpflichtigen Krämer für 2020.

A. Angaben zur Person und Familie

Der Buchhändler Jürgen Krämer, Recklinghausen, geb. 10. Sept. 1968, ist seit 2010 verwitwet. Aus der Ehe mit seiner verstorbenen Ehefrau ist die Tochter Elisabeth, geb. 3. Aug. 1995, hervorgegangen. Die Tochter studiert seit Nov. 2017 Medizin in Heidelberg. Dort ist sie auch, mit Ausnahme der Semesterferien, untergebracht. Für die auswärtige Unterbringung sind dem Steuerpflichtigen Aufwendungen erwachsen. Das Studium wird voraussichtlich bis 2021 dauern.

B. Einkünfte

1. Gewinn aus eigener Buchhandlung .... 65.346,00 €
2. Der Steuerpflichtige bewohnt eine Wohnung im eigenen Zweifamilienhaus in Recklinghausen. Die zweite Wohnung ist für eine monatliche Miete von 644,00 € vermietet. Beide Wohnungen sind gleichwertig. Das Haus ist 1971 errichtet worden. Die Herstellungskosten haben umgerechnet 35.790,43 € betragen. Neben der AfA werden Werbungskosten in Höhe von 5.624,00 € nachgewiesen.
3. Zinsgutschrift auf einem Sparkonto vor Abzug von Kapitalertragsteuer und Solidaritätszuschlag .... 1.220,31 €

C. Sonstige Angaben

Krankenversicherungsbeiträge . 3.720,00 €
gezahlte Kirchensteuer .... 358,00 €
erstattete Kirchensteuer für 2017 .... 72,00 €
Spenden für mildtätige Zwecke .. 410,00 €
Spenden an eine politische Partei 358,00 €
Kosten durch Krankenhausaufenthalt (24 Tage) .... 4.039,00 €
Erstattung der Krankenkasse ... 1.892,00 €

Der Steuerpflichtige hat seine Mutter mit 920,00 € monatlich unterstützt.

Die Mutter hat eine monatliche Leibrente von 320,00 € bezogen mit einem Besteuerungsanteil von 50 %. Die Basiskrankenversicherung und die Pflegeversicherungsbeiträge betragen 120,00 € im gesamten Jahr.

Für die Beschäftigung einer Hilfe im Haushalt hat der Steuerpflichtige 358,00 € · 12 = 4.296,00 € zuzüglich 515,52 € Sozialversicherungsbeiträge als Pauschalabgaben aufgewendet.

6. Errechnen Sie das zu versteuernde Einkommen der Eheleute Krüger für 2020.

A. Angaben zur Person und Familie

Der Lebensmitteleinzelhändler Hartmut Krüger, geb. 12. Aug. 1960, betreibt in verschiedenen Stadtteilen Augsburgs mehrere Filialgeschäfte. Er ist seit Anfang 1984 mit Irmgard, geb. Wilke, geb. 7. Okt. 1965, verheiratet. Die Eheleute werden zusammen veranlagt. Aus der Ehe sind die folgenden Kinder hervorgegangen:

Wilfried, geb. 1. Jan. 1991. Er hat bis 30. April in München Wirtschaftswissenschaften studiert. Im Veranlagungszeitraum war er vom 1. Jan. bis 30. April in München untergebracht. Die Eltern haben in dieser Zeit die Kosten des Unterhalts und der auswärtigen Unterbringung getragen. In der Zeit vom 1. Mai bis 31. Dez. hatte sich der Sohn, der kein Vermögen besaß, kostenlos bei Verwandten in Österreich aufgehalten;

Ute, geb. 17. Dez. 1993, hat 2012 nach dem Abitur nach Düsseldorf geheiratet.

B. Einkünfte

1. Der Ehemann hat als Lebensmitteleinzelhändler einen Gewinn von 62.000,00 € erzielt (Wirtschaftsjahr = Kalenderjahr).
2. Der Ehemann ist an einer Kommanditgesellschaft in Hannover beteiligt. Das Wirtschaftsjahr der KG läuft vom 1. April bis 31. März. Die KG hat im Wirtschaftsjahr 2019/20 einen Verlust von 50.000,00 € und im Wirtschaftsjahr 2020/21 einen Gewinn von 30.000,00 € ausgewiesen. Nach dem Gesellschaftsvertrag beträgt der Anteil des Steuerpflichtigen Krüger sowohl am Verlust als auch am Gewinn 30 %.
3. Der Ehemann hat am 1. Okt. eines seiner Filialgeschäfte in Augsburg (Teilbetrieb im Sinne des § 16 Abs. 4 EStG) zum Veräußerungspreis von 60.845,00 € verkauft. Die Veräußerungskosten von 1.432,00 € hat der Erwerber zusätzlich, d. h. neben dem Veräußerungspreis, übernommen. Der Wert des Betriebsvermögens des Lebensmitteleinzelhandelsbetriebs hat im Zeitpunkt der Veräußerung des Teilbetriebs insgesamt, d. h. alle Filialen einbezogen, 242.500,00 € betragen. Davon entfielen auf den veräußerten Teilbetrieb 20 % = 48.500,00 €.

4497472

4. Die Eheleute Krüger verkauften am 5. Jan. für 443.352,00 € ein Mehrfamilienhaus (→ Wohnzwecke), das sie am 20. Dez. 2012 für 301.662,21 € gekauft hatten. Die Fertigstellung des Objektes erfolgte im Jan. 2011, ab dem 1. Jan. 2013 war das Objekt vermietet. Die Eheleute haben bei der Ermittlung der Einkünfte aus Vermietung und Verpachtung die höchstmögliche AfA in Anspruch genommen. Der Anteil des Grund- und Bodens beträgt 20 %, der Bauantrag war am 7. Mai 2001 gestellt worden.
5. Der Ehefrau sind Dividenden in Höhe von 4.116,00 € (vor Abzug von Kapitalertragsteuer und Solidaritätszuschlag) zugeflossen.

C. Sonstige Angaben

Folgende Aufwendungen werden als Sonderausgaben bzw. als außergewöhnliche Belastung geltend gemacht:

Krankenversicherungsbeiträge der Eheleute Krüger	5.010,00 €
Lebensversicherungsbeiträge (§ 10 Abs. 1 Nr. 3a EStG)	4.060,00 €
Versicherung des Einfamilienhauses der Ehefrau gegen Brand und Sturm	112,00 €
Kraftfahrzeugversicherung für Privatwagen der Ehefrau (Haftpflicht 289,00 € + 46,00 € Kasko-Versicherung)	335,00 €
Bausparbeiträge	4.586,00 €
Zinsgutschrift auf Bausparkonto (vor Abzugssteuern)	[illegible]
gezahlte Kirchensteuer	1.636,00 €
Spenden für mildtätige Zwecke . .	3.068,00 €
Spende an politische Partei	716,00 €

Der Ehemann hat für den Unterhalt seiner in Augsburg lebenden Eltern 12.800,00 € aufgewendet. Der Vater hatte in dem Veranlagungszeitraum Renteneinnahmen aus der Sozialversicherung von 6.024,00 €. Der Besteuerungsanteil beträgt 50 %. Der Vater musste im Jahr insgesamt 400,00 € an Basiskranken- und Pflegeversicherung zahlen. Die Mutter hatte keine Einkünfte oder Bezüge. Vermögen der Eltern war nicht vorhanden.

Ubung 7: Vermietung und Verpachtung

7. Ermitteln Sie die Einkünfte aus Vermietung und Verpachtung 2020.

Sachverhalt:

Hans Hölter, ledig, geb. am 12. Aug. 1969, Unternehmensberater, hat mit notariellem Vertrag vom 16. März 2020 das gemischt genutzte Grundstück in Luckenwalde, Bahnhofstr. 22, erworben. Das Objekt wurde 2002 fertig gestellt.

Herr Hölter macht folgende Angaben und legt Ihnen folgende Unterlagen vor:

1. Der Kaufpreis betrug laut Vertrag (siehe Anlage 1) 512.000,00 €. Laut Bodenrichtwertkarte entfallen davon 102.400,00 € auf den Grund und Boden.
2. Die Grunderwerbsteuer in Höhe von 17.920,00 € zahlte Hölter am 3. April.
3. Wohn-/Nutzflächenberechnung für das erworbene Objekt

EG	100 m^2	vermietet an Kinderarzt
1. OG	100 m^2	Wohnung 1
2. OG	100 m^2	Wohnung 2
3. OG	100 m^2	Wohnung 3
DG	100 m^2	Wohnung 4

4. Aufstellung der von Hölter vereinnahmten Mieten und Nebenkosten:

	Kaltmiete	Vorauszahlung auf Umlagen
EG	9.204,00 €	1.230,00 €
1. OG	4.602,00 €	615,00 €
2. OG	4.602,00 €	615,00 €
3. OG	3.452,00 €	615,00 €
DG	selbst genutzt	

Die Wohnung im dritten Obergeschoss wird der Mutter überlassen, die – wie Herr Hölter im DG – die Wohnung ab Besitzübergang nutzt. Es liegt ein ordnungsgemäßer Mietvertrag mit der Mutter vor, die ihre Miete regelmäßig am 1. des Monats auf das Konto ihres Sohnes überwiesen hat. Die ortsübliche Miete für diese beiden Wohnungen entspricht der Miete für die Wohnungen im ersten und zweiten Obergeschoss.

→

5. Makler-Rechnung (siehe Anlage 2)
6. Zwei Notarrechnungen (siehe Anlagen 3 und 4)
7. Zwei Rechnungen Amtsgericht (siehe Anlagen 5 und 7)
8. Bescheinigung der Mittelbrandenburgischen Sparkasse Luckenwalde für das aufgenommene Darlehen in Höhe von 410.000,00 € (siehe Anlage 6)
9. Aufstellung der sonstigen angefallenen Kosten
   - Wasser .... 905,00 €
   - Abwasser .... 1.332,00 €
   - Flurbeleuchtung .... 184,00 €
   - Gebäudeversicherung .... 1.565,00 €
   - Hausmeister .... 1.227,00 €
   - Renovierungskosten für die selbst genutzte Wohnung 5.880,00 €

   sowie
   - Lohnsteuer Hausmeister (Pauschaliert nach 40a EStG), gezahlt am 5. Jan. 2021 ... 260,12 €
10. Rechnung Steuerberater (siehe Anlage 8)
11. Für die selbst genutzte Wohnung kann Herr Hölter keine Steuervergünstigungen mehr in Anspruch nehmen, da Objektverbrauch vorliegt.

Anlage 1

Auszug aus der notariellen Urkunde der Notarin Dr. Ursula vom Berge vom 16. März 2020 in der Kaufvertragsangelegenheit Hans Hölter

3. Der Besitz und die Nutzungen, die Lasten und die Gefahr sowie die den Grundbesitz betreffenden Versicherungen gehen auf den Käufer über mit Wirkung ab 1. Juli 2020. Mit dem Besitzübergang übernimmt der Käufer auch die den Kaufgrundbesitz betreffenden Verkehrssicherungspflichten.
4. Die bestehenden Mietverhältnisse für die Räumlichkeiten im Erdgeschoss und die Wohnungen im ersten und zweiten Obergeschoss sind dem Käufer bekannt und werden von ihm übernommen. Die Wohnungen im dritten Obergeschoss und die im Dachgeschoss sind nicht vermietet. Der Verkäufer tritt hiermit seine Mietzinsansprüche gegen die Mieter mit Wirkung zum Zeitpunkt des Besitzüberganges gemäß vorstehender Ziffer 3 an den dies anzunehmenden Käufer ab. Die Abtretung wird der Verkäufer den Mietern anzeigen.
5. Erschließungs- und Anliegerbeiträge trägt der Verkäufer, sowie bis zum heutigen Tage eine Beitragspflicht entstanden ist, und zwar unabhängig von der Zustellung eines Beitragsbescheides.
   Im Übrigen trägt die Erschließungs- und Anliegerbeiträge der Käufer.
6. Alle mit diesem Vertrage und seiner Durchführung verbundenen Notar- und Gerichtskosten einschließlich etwaiger Hinterlegungsgebühren, etwaige Kosten und Gebühren für behördliche und private Genehmigungen und Erklärungen sowie die Grunderwerbsteuer trägt der Käufer.

Anlage 2

Grund & Boden GmbH
Makler

Grund & Boden GmbH, Postfach 18 80, 14943 Luckenwalde

Herrn
Hans Hölter
Lessingstraße 6
14943 Luckenwalde

Friedensstraße 9
14943 Luckenwalde

Bankverbindung:
Deutsche Bank
IBAN: DE02 1207 0000 0012 2408 00
BIC: DEUTDEDBFRA
Steuer-Nr. 3050/5214/0127

Luckenwalde, 6. April 2020

Rechnung Nr. 184/20

Für die Vermittlung des Objektes

Bahnhofstraße 22 Luckenwalde

berechnen wir Ihnen vereinbarungsgemäß
Makler-Courtage

Courtage netto	14.972,77 €
+ 19 % USt	2.844,83 €
	17.817,60 €

Zahlbar und fällig bei Abschluss des Kaufvertrages

Geschäftsführer Otto Ehren

Sitz der Gesellschaft: Luckenwalde
Amtsgericht Luckenwalde HRB 3610

→

Anlage 3

Dr. Ursula vom Berge
Notar

Postanschrift:
Postfach 1 11 • 14943 Luckenwalde

Büroanschrift:
Goethestaße 17 • 14943 Luckenwalde

Notar Dr. vom Berge • Goethestr. 17 • 14943 Luckenwalde

Herrn
Hans Hölter
Lessingstraße 6
14943 Luckenwalde

Telefon: 03371 308137
Fax: 03371 308168

Luckenwalde, 15. April 2020

Kostenrechnung

Rechnungsnummer **20/0249-D**

URNr. 1711/20 Kaufvertrag vom 16. März 2020

Geschäftswert (EUR)	Kostenordnung	Gegenstand der Gebühr	Gebühr
512.000,00	§ 36 II KostO	Kaufvertrag	1.674,00 €
512.000,00	§ 146 I	Vollzugsgebühr	418,50 €
153.600,00	§ 147 II KostO	Mitteilung Kaufpreisfälligkeit durch Notar, Wert 30 % Kaufpreis	148,00 €
153.600,00	§ 147 II KostO	Überwachung Umschreibung, Wert 30 % Kaufpreis	148,00 €
	§ 152 II	Entgelte	19,20 €
		Netto-Gesamtsumme:	2.408,70 €
		§ 151 a. 19 % USt:	457,66 €
		Rechnungsbetrag	2866,36 €

Notar

Commerzbank Luckenwalde
IBAN: DE11 1608 0000 0000 1481 23
BIC: COBADEFF167

Steuer-Nr. 3050/3012/2210
Finanzamt Luckenwalde

Anlage 4

Dr. Ursula vom Berge
Notar

Postanschrift:
Postfach 1 11 • 14943 Luckenwalde

Büroanschrift:
Goethestaße 17 • 14943 Luckenwalde

Notar Dr. vom Berge • Goethestr. 17 • 14943 Luckenwalde

Herrn
Hans Hölter
Lessingstraße 6
14943 Luckenwalde

Telefon: 03371 308137
Fax: 03371 308168

Luckenwalde, 15. April 2020

Kostenrechnung

Rechnungsnummer **20/0250-D**

URNr. 1711/20 Kaufvertrag vom 16. März 2020

Geschäftswert (EUR)	Kostenordnung	Gegenstand der Gebühr	Gebühr
410.000,00	§ 36 I KostO	Grundschuld	672,00 €
	§ 152 I	Schreibgebühr	7,43 €
		Netto-Gesamtsumme:	679,43 €
		§ 151 a. 19 % USt:	129,09 €
		Rechnungsbetrag	808,52 €

Notar

Commerzbank Luckenwalde
IBAN: DE11 1608 0000 0000 1481 23
BIC: COBADEFF167

Steuer-Nr. 3050/3012/2210
Finanzamt Luckenwalde

Anlage 5

Gerichtskasse Luckenwalde

Schalterstuden
Montag–Freitag
von 8:00–12:00 Uhr

Mittelbrandenburgische Sparkasse Luckenwalde
IBAN: DE81 1605 0000 0001 8804 12
BIC: WELADED1PMB

14943 Luckenwalde
Lindenallee 16
Fernruf: 03371 2651

Gerichtskasse Luckenwalde, Postfach 1 04, 14943 Luckenwalde

Herrn
Hans Hölter
Lessingstraße 6
14943 Luckenwalde

26. Juni 2020

Rechnung

UR.Nr. 1405/20

Grundbuchsache Hölter
Bahnhofstraße 22, Luckenwalde — Amtsgericht Luckenwalde
Grundschuld 410.000,00 €

Gebühr für Eintragung	670,00 €
evtl. Bildung Grundschuldbrief	167,50 €
Gebühren Grundbuchauszüge	15,50 €
	853,00

IBAN: DE65 1605 0000 0096 1273 55 — **Mittelbrandenburgische Sparkasse Luckenwalde BIC: WELADED1PMB** — Kontoauszug

Buch.-Tag	Wert	PN	Erläuterung/Verwendungszweck	Umsätze
			NACHWEIS FÜR DAS FINANZAMT	
			FÜR DAS JAHR 2020	
			DAHRLEHENSZINSEN	13.325,00 €
			BEREITSTELLUNGSZINSEN	378,48 €
			DISAGIO	20.500,00 €

Herrn
Hans Hoelter
Bahnhofstr. 22
14943 Luckenwalde

Letzter Auszug	Auszugsdatum	Alter Kontostand	Neuer Kontostand

→

Anlage 6

Gerichtskasse Luckenwalde

Schalterstuden
Montag–Freitag
von 8:00–12:00 Uhr

Mittelbrandenburgische Sparkasse Luckenwalde
IBAN: DE81 1605 0000 0001 8804 12
BIC: WELADED1PMB

14943 Luckenwalde
Lindenallee 16
Fernruf: 03371 2651

Gerichtskasse Luckenwalde, Postfach 1 04, 14943 Luckenwalde

Herrn
Hans Hölter
Lessingstraße 6
14943 Luckenwalde

26. August 2020

Rechnung

UR.Nr. 1540/20

Grundbuchsache Hölter
Bahnhofstraße 22, LuckenwaldeAmtsgericht Luckenwalde

Gebühr für Eintragung	
Auflassungsvormerkung	205,80 €
spätere Löschung derselben	205,80 €
Eigentumswechsel	411,60 €
sonstige Schreibgebühren	51,80 €
	875,00 €

Anlage 7

Dipl.-Kfm. Werner Wohler
Steuerberater/WP

W. • Babelsberger Str. 16 • 14473 Potsdam

Postfach 46 13
14470 Potsdam
Telefon: 0331 34678
Telefax: 0331 34690

Herrn
Hans Hölter
Bahnhofstraße 22
14943 Luckenwalde

20. Nov. 2020

Sehr geehrter Herr Hölter,

für nachfolgend aufgeführte Leistungen und Lieferungen erlaube ich mir,
Ihnen meine Geführenrechnung gemäß schriftlicher Vereinbarung aufzugeben.

Gebührenrechnung Nr. 2211/2020

Steuerliche Beratung i. Z. mit dem Erwerb des Objektes Bahnhofstraße 22

Geb. gem. § 13 StBGebV	netto	216,70 €
	+ 19 % USt	41,17 €
		257,87 €

Steuer-Nr. 3046/4285/1814
Finanzamt Potsdam Stadt

Commerzbank Potsdam
IBAN: DE07 1604 0000 0000 3481 51
BIC: COBADEFF160

KAPITEL 5
Lohnsteuer

- Lohnsteuerabzugsverfahren
- Erhebung der Lohnsteuer
- Lohnsteuerjahresausgleich durch den Arbeitgeber
- Antragsveranlagung statt Lohnsteuerjahresausgleich

5 Lohnsteuer

Die Lohnsteuer ist eine besondere Erhebungsform der Einkommensteuer. Sie wird bei **Einkünften aus nichtselbstständiger Arbeit durch Abzug vom Arbeitslohn** erhoben (§ 38 Abs. 1 EStG). Die Lohnsteuer ist wie die Einkommensteuer eine Jahressteuer (§ 2 Abs. 7 Satz 1 EStG).

Nach § 38a Abs. 4 EStG werden bei der Ermittlung der Lohnsteuer die Besteuerungsgrundlagen des Einzelfalls durch die Einreihung der Arbeitnehmer in Steuerklassen (siehe Kap. 5.1.2) nach § 38b EStG, Feststellung von Freibeträgen und Hinzurechnungsbeträgen nach § 39a EStG sowie Bereitstellung von elektronischen Lohnsteuerabzugsmerkmalen nach § 39e EStG oder Ausstellung von entsprechenden Bescheinigungen für den Lohnsteuerabzug nach § 39 Abs. 3 und § 39e Abs. 7 und 8 EStG berücksichtigt.

5.1 Lohnsteuerabzugsverfahren

Der Arbeitgeber hat die Lohnsteuer einzubehalten und für den Arbeitnehmer an das Finanzamt abzuführen. Der Arbeitslohn und die einbehaltenen Beträge müssen in das Lohnkonto eingetragen werden, das der Arbeitgeber für jeden Arbeitnehmer und jedes Kalenderjahr führt. Der Arbeitnehmer ist der Steuerschuldner. Der Arbeitgeber haftet jedoch für die Lohnsteuer, die er einzubehalten und abzuführen hat, weil er insoweit eine öffentlichrechtliche Aufgabe erfüllt (Haftungsschuldner); siehe auch § 38 Abs. 2 und 3 EStG.

In das **Lohnkonto** müssen die elektronischen Lohnsteuerabzugsmerkmale des Arbeitnehmers übernommen werden, damit der Arbeitgeber die Lohnsteuer, den Solidaritätszuschlag und gegebenenfalls die Kirchensteuer berechnen und an das Finanzamt abführen kann. Dabei handelt es sich z. B. um die Steuerklasse, die Zahl der Kinderfreibeträge, die Konfession, weitere Freibeträge sowie die Höhe der Beiträge für eine private Krankenversicherung und für eine private Pflege-Pflichtversicherung.

5.1.1 Elektronische Lohnsteuerabzugsmerkmale

Für die **Arbeitgeber** werden die **E**lektronischen **L**ohn**St**euer**A**bzugs**M**erkmale **(ELStAM)** in einer **Datenbank der Finanzverwaltung** beim Bundeszentralamt für Steuern zur Verfügung gestellt. Der Zugriff auf die gespeicherten Daten setzt eine einmalige Registrierung des Arbeitgebers im ElsterOnlineportal voraus. Danach können die Lohnsteuerabzugsmerkmale mit Angabe der Steuernummer des Betriebs sowie des Geburtsdatums und der steuerlichen Identifikationsnummer des Arbeitnehmers abgerufen werden.

Den **Arbeitnehmern** sind die Elektronischen Lohnsteuerabzugsmerkmale im Jahr 2011 zur Überprüfung mitgeteilt worden. Änderungen sind aus der Lohn- bzw. Gehaltsabrechnung ersichtlich. Außerdem können die gespeicherten Lohnsteuerabzugsmerkmale bei den Finanzämtern erfragt oder im ElsterOnlineportal nach Authentifizierung mit der persönlichen steuerlichen Identifikationsnummer abgerufen werden. Dort ist für den Arbeitnehmer auch ersichtlich, welche Arbeitgeber seine Lohnsteuerabzugsmerkmale innerhalb der letzten zwei Jahre abgerufen haben.

Die **Änderung der Lohnsteuerabzugsmerkmale** zu Ungunsten des Arbeitnehmers durch Eintragung einer ungünstigeren Steuerklasse oder einer geringeren Anzahl von Kinderfreibeträgen obliegt dem Arbeitnehmer. Er ist verpflichtet seinem Finanzamt umgehend eine entsprechende Mitteilung zu machen. Veränderungen zu seinen Gunsten kann der Arbeitnehmer bei seinem Finanzamt beantragen, z. B. bei

Geburt eines Kindes. Diese Änderungen sind mit Wirkung des Monats an vorzunehmen, in dem erstmals die Voraussetzungen für die Änderung vorlagen.

Anschriftenänderungen und standesamtliche Veränderungen wie Eheschließung, Geburt eines Kindes, Kircheneintritt oder -austritt werden von den Bürgerbüros der Städte und Gemeinden an die Finanzverwaltung übermittelt, damit dort die entsprechende Änderung der persönlichen Lohnsteuerabzugsmerkmale des Arbeitnehmers erfolgen kann. Diese Änderungen werden dem Arbeitgeber von der Finanzverwaltung zum Abruf bereitgestellt.

Zu Beginn des Arbeitsverhältnisses hat der Arbeitnehmer dem Arbeitgeber sein Geburtsdatum und seine steuerliche Identifikationsnummer mitzuteilen. Außerdem hat er anzugeben, ob es sich um ein Hauptarbeitsverhältnis (Steuerklasse I bis V) oder ein Nebenarbeitsverhältnis (Steuerklasse VI) handelt und ob ein festgestellter Freibetrag berücksichtigt werden soll. Der Arbeitgeber muss den Arbeitnehmer im ELStAM-Verfahren anmelden, dessen Lohnsteuerabzugsmerkmale abrufen und diese in das Lohnkonto übernehmen. **Nach Beendigung des Arbeitsverhältnisses** meldet der Arbeitgeber den Arbeitnehmer ab.

5.1.2 Steuerklassen

Für den Lohnsteuerabzug werden unbeschränkt steuerpflichtige Arbeitnehmer in Steuerklassen eingereiht. Als unbeschränkt einkommensteuerpflichtig gelten auch Personen, die auf Antrag nach § 1 Abs. 3 EStG als unbeschränkt einkommensteuerpflichtig zu behandeln sind (§ 38b Abs. 1 Satz 3 EStG i. V. m. § 1a Abs. 1 EStG; siehe dazu auch Kap. 4.2.1).

Es gibt die folgenden Steuerklassen:

- **Steuerklasse I.** In diese Steuerklasse gehören nach § 38b Abs. 1 Nr. 1 Buchstabe a EStG Arbeitnehmer,
  - die ledig sind oder
  - die verheiratet, verwitwet oder geschieden sind und bei denen die Voraussetzungen für die Steuerklasse III oder IV nicht erfüllt sind,

  sowie nach § 38b Abs. 1 Nr. 1 Buchstabe b EStG Arbeitnehmer,
  - die beschränkt einkommensteuerpflichtig sind.
- **Steuerklasse II.** Diese Steuerklasse gilt nach § 38b Abs. 1 Nr. 2 EStG für die oben unter Steuerklasse I aufgeführten Arbeitnehmer,
  - wenn bei ihnen der Entlastungsbetrag für Alleinerziehende gemäß § 24b EStG zu berücksichtigen ist.
- **Steuerklasse III.** In die Steuerklasse III kommen nach § 38b Abs. 1 Nr. 3 EStG
  - verheiratete Arbeitnehmer, wenn beide Ehegatten unbeschränkt einkommensteuerpflichtig sind und nicht dauernd getrennt leben und
    a) der Ehegatte des Arbeitnehmers keinen Arbeitslohn bezieht oder
    b) der Ehegatte des Arbeitnehmers auf Antrag beider Ehegatten in die Steuerklasse V eingestuft wird;
  - verwitwete Arbeitnehmer, wenn sie und ihr verstorbener Ehegatte im Zeitpunkt des Todes unbeschränkt einkommensteuerpflichtig waren und in diesem Zeitpunkt nicht dauernd getrennt gelebt haben. Für diese Arbeitnehmer ist nach § 38b Abs. 1 Nr. 3 Buchstabe b EStG die Steuerklasse III nur vorgesehen für das Kalenderjahr, das dem Kalenderjahr folgt, in dem der Ehegatte verstorben ist;
  - Arbeitnehmer, deren Ehe (durch Tod, Scheidung oder Aufhebung) aufgelöst worden ist (§ 38b Abs. 1 Nr. 3 Buchstabe c EStG), wenn
    a) im Kalenderjahr der Auflösung der Ehe beide Ehegatten unbeschränkt einkommensteuerpflichtig waren und nicht dauernd getrennt gelebt haben und
    b) der andere Ehegatte wieder geheiratet hat, von seinem neuen Ehegatten nicht dauernd getrennt lebt und er (der andere Ehegatte) und sein neuer Ehegatte unbeschränkt einkommensteuerpflichtig sind.

4497482

Diese Arbeitnehmer kommen nur in dem Kalenderjahr, in dem die Ehe aufgelöst worden ist, in die Steuerklasse III. Bei dieser Einstufung in die Steuerklasse III ist nicht der Ehegatte gemeint, der wieder geheiratet hat, also nicht der „andere“ Ehegatte, sondern derjenige, der in dem Kalenderjahr, in dem die Ehe aufgelöst worden ist, z. B. als Geschiedener oder auch als Verstorbener (im Jahr des Todes) besteuert wird. Der Ehegatte, der wieder geheiratet hat, kommt als Verheirateter und nicht als Arbeitnehmer, dessen Ehe aufgelöst worden ist, in die Steuerklasse III. Entsprechendes gilt auch für Steuerpflichtige, die veranlagt werden.

Die Regelungen der Steuerklasse III gelten sinngemäß auch für Lebenspartnerschaften (LP).

- **Steuerklasse IV.** Diese Steuerklasse ist nach § 38b Abs. 1 Nr. 4 EStG für Arbeitnehmer vorgesehen, die verheiratet oder verpartnert sind, wenn
  - beide Ehegatten/Lebenspartner unbeschränkt einkommensteuerpflichtig sind und
  - nicht dauernd getrennt leben und
  - der Ehegatte/Lebenspartner des Arbeitnehmers ebenfalls Arbeitslohn bezieht.
- **Steuerklasse V.** In diese Steuerklasse gehören nach § 38b Abs. 1 Nr. 5 EStG die Arbeitnehmer der Steuerklasse IV, wenn einer der Ehegatten/Lebenspartner auf Antrag beider Ehegatten/Lebenspartner in die Steuerklasse III eingereiht wird.
- **Steuerklasse VI.** Diese Steuerklasse ist vorgesehen für Arbeitnehmer, die Arbeitslohn aus mehreren Dienstverhältnissen gleichzeitig von verschiedenen Arbeitgebern beziehen. Die Steuerklasse VI ist für die Einbehaltung der Lohnsteuer aus dem zweiten oder einem weiteren Arbeitsverhältnis maßgeblich und wird auch angewendet, wenn dem Arbeitgeber keine Lohnsteuerabzugsmerkmale vorliegen.
- **Besonderheit bei Ehegatten/Lebenspartnern.** Ehegatten/Lebenspartner, die beide Arbeitslohn beziehen, können **wählen** zwischen
  - der Steuerklassenkombination **III/V,**
  - **IV/IV** oder
  - **IV/IV mit Faktor** (siehe unten).

  Die Steuerklassenkombination III/V, wonach der höher verdienende Ehegatte/Lebenspartner nach der familiengerechten Steuerklasse III und der geringer verdienende Ehegatte/Lebenspartner nach der Steuerklasse V besteuert wird, sollte nur dann gewählt werden, wenn der Arbeitslohn des einen Ehegatten/Lebenspartners wesentlich niedriger ist als der des anderen (Verhältnis 60 : 40).

  Arbeitnehmer-Ehegatten/Lebenspartner können statt der Steuerklassen III/V die Steuerklassenkombination IV/IV mit **Faktor** wählen. Dieses sogenannte **Faktorverfahren** sorgt dafür, dass bei jedem Ehegatten/Lebenspartner die steuerentlastenden Abzüge (insbesondere der Grundfreibetrag) bereits beim eigenen Lohnsteuerabzug berücksichtigt werden.

  Mithilfe des Faktors 0,... wird außerdem das Splittingverfahren steuermindernd berücksichtigt.

Das Finanzamt ermittelt aufgrund der voraussichtlichen Arbeitslöhne der Ehegatten/Lebenspartner den Faktor mit drei Nachkommastellen ohne Rundung und trägt ihn jeweils zur Steuerklasse IV ein.

Berechnung des Faktors

$$\frac{\text{ESt Ehegatten/LP im Splittingverfahren (Y)}}{\text{Summe der LSt nach Steuerklasse IV (X)}}$$

Die Lohnsteuer der Ehegatten/Lebenspartner wird von ihren jeweiligen Arbeitgebern nach der Steuerklasse IV ermittelt und durch Multiplikation mit dem Faktor vermindert. Der Lohnsteuerabzug nach dem Faktorverfahren entspricht dadurch weitgehend der voraussichtlichen Jahressteuerschuld.

Bei der Wahl des Faktorverfahrens besteht für die Ehegatten/Lebenspartner die Pflicht, eine Einkommensteuererklärung beim Finanzamt einzureichen.

Beispiel

Der eine Ehegatte bezieht im Jahr 2020 voraussichtlich einen Jahresbruttoarbeitslohn von 14.000,00 €, der andere von 36.000,00 €.

In der Steuerklasse IV ergeben sich daraus folgende Jahreslohnsteuerbeträge:

14.000,00 € (Steuerklasse IV)	=	123,00 €
36.000,00 € (Steuerklasse IV)	=	4.884,00 €
X	=	5.007,00 €

Für den gemeinsamen Jahresarbeitslohn von 50.000,00 € ergibt sich nach dem Splittingverfahren ein Einkommensteuerbetrag von

Y = 4.494,00 €

$$\text{Faktor} = \frac{Y}{X} = \frac{4.494{,}00\ €}{5.007{,}00\ €} = 0{,}897$$

Die jährliche Lohnsteuer in der Steuerklasse IV mit Faktor beträgt somit:

14.000,00 € 123,00 € · 0,897	=	110,00 €
36.000,00 € 4.884,00 € · 0,897	=	4.380,00 €
		4.490,00 €

Die Jahreslohnsteuer nach dem Faktorverfahren unterscheidet sich von der Einkommensteuer nach dem Splittingverfahren nur um 4,00 €. In der Steuerklasse IV ohne Faktor hätten die Eheleute unterjährig 513,00 € zu viel Lohnsteuer bezahlt, die vom Finanzamt erst im Rahmen der Einkommensteuerveranlagung erstattet worden wäre.

AUFGABEN

1. Welche Pflichten haben der Arbeitgeber und der Arbeitnehmer im Lohnsteuerabzugsverfahren?
2. Nennen Sie Beispiele für Lohnsteuerabzugsmerkmale.
3. Skizzieren Sie kurz das Verfahren der Elektronischen Lohnsteuerabzugsmerkmale.
4. Wie kann der Arbeitnehmer seine Lohnsteuerabzugsmerkmale erfahren?
5. Wie erfolgen Änderungen der Lohnsteuerabzugsmerkmale?

VERTIEFENDE ÜBUNGEN

1. **Welche Steuerklassen kommen in den folgenden Fällen zur Anwendung?**

   Fall 1: Die Ehegatten haben vor zehn Jahren geheiratet. Beide sind unbeschränkt einkommensteuerpflichtig. Der Ehemann ist Arbeitnehmer. Die Ehefrau ist freiberuflich tätig. Seit dem 15. Jan. 2020 leben die Ehegatten dauernd getrennt.

   Fall 2: Der Ehemann ist unbeschränkt einkommensteuerpflichtig. Er arbeitet in Karlsruhe. Seine Ehefrau wohnt in Italien. Kinder sind nicht vorhanden.

   Fall 3: Die Ehe eines Arbeitnehmers ist am 30. Juni 2020 durch Scheidung aufgelöst worden, nachdem die Eheleute seit zwei Jahren dauernd getrennt gelebt haben. Kinder sind nicht vorhanden. Die geschiedene Ehefrau des Arbeitnehmers hat im Dez. 2020 wieder geheiratet. Sie erfüllt mit ihrem neuen Ehegatten die Voraussetzungen für die Ehegattenbesteuerung.

2. **Berechnen Sie die Jahreslohnsteuer nach Steuerklasse IV mit Faktor für die Eheleute Huber.**

   Lutz Huber bezieht im Jahr 2020 einen voraussichtlichen Jahresarbeitslohn von 34.800 €. In der Steuerklasse IV ohne Faktor ergibt sich darauf ein Jahreslohnsteuerbetrag von 4.564,00 €. Melanie Hubers Jahresarbeitslohn wird 2020 voraussichtlich 52.200 € betragen. Ihre Jahreslohnsteuer in der Steuerklasse IV ohne Faktor beläuft sich auf 9.303,00 €. Nach dem Splittingverfahren werden die Eheleute Huber 13.644,00 € Einkommensteuer zahlen.

5.1.3 Kinderfreibeträge

Die **Freibeträge für Kinder** werden bei den Steuerklassen I bis IV als Lohnsteuerabzugsmerkmal berücksichtigt (§ 38b Abs. 2 EStG). Nach § 38b Abs. 2 EStG wird der **Zähler 0,5** eingetragen, wenn dem Arbeitnehmer die jährlichen Freibeträge von 2.586,00 € für das sächliche Existenzminimum des Kindes und 1.320,00 € für den Betreuungs- und Erziehungs- oder Ausbildungsbedarf des Kindes zustehen. Der **Zähler 1** mit einer Verdoppelung der Freibeträge auf 5.172,00 € und 2.640,00 € steht dem Arbeitnehmer zu, wenn

- die Voraussetzungen für eine Zusammenveranlagung (§§ 26 und 26b EStG) gegeben sind und das Kind zu beiden Ehegatten in einem Kindschaftsverhältnis steht,
- der andere Elternteil vor dem Beginn des Kalenderjahres verstorben ist oder
- der Arbeitnehmer allein das Kind adoptiert hat (§ 32 Abs. 6 Nr. 1 und 2 EStG).

Beispiel

In den Lohnsteuerabzugsmerkmalen eines verheirateten Arbeitnehmers mit drei Kindern unter 18 Jahren ist die Steuerklasse III berücksichtigt. Als „Zahl der Kinderfreibeträge" muss dementsprechend „3,0" (3 · 1,0) als Gesamtzahl der Kinderfreibeträge eingetragen werden.

Wären die Ehegatten geschieden oder würden dauernd getrennt leben, müsste bei entsprechender Anwendung des Halbteilungsgrundsatzes (siehe Kap. 4.7.2) bei jedem geschiedenen bzw. getrennt lebenden Elternteil als Gesamtzahl der Kinderfreibeträge „1,5" (3,0 · 0,5) eingetragen werden.

In den übrigen Fällen, in denen dem Steuerpflichtigen die Kinderfreibeträge von 5.172,00 € bzw. 2.640,00 € zustehen,

- weil der andere Elternteil während des ganzen Kalenderjahres nicht unbeschränkt einkommensteuerpflichtig gewesen ist (§ 32 Abs. 6 Nr. 1 EStG),
- weil das Kind nur zu dem Arbeitnehmer in einem Pflegekindschaftsverhältnis steht oder
- weil der Kinderfreibetrag des anderen Elternteils auf den Arbeitnehmer übertragen werden kann (§ 32 Abs. 6 Sätze 6 und 7 EStG),

wird im laufenden Lohnsteuerverfahren zunächst nur der Zähler 0,5 in den elektronischen Lohnsteuerabzugsmerkmalen eingetragen. In diesen Fällen kann erst bei der Veranlagung festgestellt werden, ob die Voraussetzungen für die Gewährung der Kinderfreibeträge von 4.980,00 € bzw. 2.640,00 € vorgelegen haben.

Die Eintragungen der Zähler haben zurzeit nur Bedeutung für den Solidaritätszuschlag und für die Kirchensteuer, denn im Rahmen der Einkommensteuererklärung werden die Freibeträge für Kinder (§ 32 Abs. 6 EStG) bei der Bemessung der Lohnsteuer nicht berücksichtigt. Die Lohnsteuerbelastung wird durch die Zahlung des Kindergeldes ausgeglichen.

Die Freibeträge für Kinder werden allerdings eingetragen und auch bei der Lohnsteuer berücksichtigt, wenn der Arbeitnehmer keinen Anspruch auf Kindergeld hat, wie z. B. unbeschränkt Steuerpflichtige mit Kindern im Ausland außerhalb eines EU- oder EWR-Staates (§ 39a Abs. 1 Nr. 6 EStG).

Für **Kinder unter 18 Jahren** wird das entsprechende Lohnsteuerabzugsmerkmal von der Geburt bis zum 18. Geburtstag automatisiert gebildet. **Kinder ab 18 Jahren** und **Pflegekinder** können nur auf entsprechenden Antrag des Arbeitnehmers berücksichtigt werden.

AUFGABEN

1. In welchen Fällen wird die Zahl der Kinderfreibeträge mit dem Zähler 1,0 bei den Lohnsteuerabzugsmerkmalen eingetragen?
2. In welchen Fällen wird die Zahl der Kinderfreibeträge mit dem Zähler 0,5 bei den Lohnsteuerabzugsmerkmalen eingetragen?
3. Nach welcher Steuerklasse werden Arbeitnehmer besteuert, für die dem Arbeitgeber keine Lohnsteuerabzugsmerkmale vorliegen?

5.1.4 Freibetrag beim Lohnsteuerabzug

Nach § 39a Abs. 1 EStG wird als Lohnsteuerabzugsmerkmal – bei Vorliegen der entsprechenden Voraussetzungen – ein Freibetrag berücksichtigt, der den Arbeitslohn mindert, bevor der Lohnsteuerabzug vorgenommen wird. Den Freibetrag beantragt der Arbeitnehmer bei seinem zuständigen Wohnsitzfinanzamt. Der Antrag ist ab dem 1. Okt. des Vorjahres zu stellen.

Der Freibetrag wird im Wesentlichen aus der Summe folgender Beträge gebildet:

- Werbungskosten, die bei den Einkünften aus nichtselbstständiger Arbeit anfallen, soweit sie den Arbeitnehmer-Pauschbetrag von 1.000,00 € übersteigen,
- Sonderausgaben im Sinne des § 10 Abs. 1 Nr. 4, 5, 7 und 9 EStG (gezahlte Kirchensteuer, Kinderbetreuungskosten, Kosten der eigenen Berufsausbildung, Schulgeld), des § 10 Abs. 1a EStG (Unterhaltsleistungen, Versorgungsleistungen, Ausgleichsleistungen, Ausgleichszahlungen) und des § 10b EStG (Spenden), soweit sie den Sonderausgaben-Pauschbetrag von 36,00 € bei alleinstehenden Arbeitnehmern und von 72,00 € bei nicht dauernd getrennt lebenden Ehegatten/Lebenspartnern übersteigen,
- außergewöhnliche Belastungen, die nach den §§ 33, 33a und 33b Abs. 6 EStG gewährt werden,
- Behinderten-Pauschbetrag und Hinterbliebenen-Pauschbetrag nach § 33b Abs. 1 bis 5 EStG,
- Erhöhungsbetrag nach § 24b Abs. 2 Satz 2 EStG. Gehört zum Haushalt des allein stehenden Steuerpflichtigen ein Kind im Sinne des § 24b Abs. 1 EStG, beträgt der Entlastungsbetrag im Kalenderjahr 1.908,00 €. Für jedes weitere Kind im Sinne des § 24b Abs. 1 EStG erhöht sich der Betrag um 240,00 € je weiterem Kind im Kalenderjahr,
- die negative Summe aller übrigen Einkünfte des Arbeitnehmers einschließlich der negativen Einkünfte aus Kapitalvermögen,
- das Vierfache der Steuerermäßigung nach § 35a EStG. Dabei handelt es sich um die Steuerermäßigung für haushaltsnahe Beschäftigungsverhältnisse, für die Inanspruchnahme haushaltsnaher Dienstleistungen und für Handwerkerleistungen,
- die Freibeträge für die Kinder, für die der Arbeitnehmer kein Kindergeld und keinen Kinderfreibetrag als Lohnsteuerabzugsmerkmal nach § 38b Abs. 2 EStG bekommt,
- Freibetrag für ein weiteres Dienstverhältnis mit Lohnsteuerklasse VI, wenn für den voraussichtlichen Arbeitslohn aus dem ersten Dienstverhältnis noch keine Lohnsteuer entsteht. Bei den ELStAM der ersten Arbeitsstelle wird ein **Hinzurechnungsbetrag** in entsprechender Höhe eingetragen (§ 39a Abs. 1 Nr. 7 EStG).

Der **Antrag auf Berücksichtigung eines Freibetrags** ist nach § 39a Abs. 2 Satz 4 EStG hinsichtlich der Werbungskosten, der Sonderausgaben (ohne Vorsorgeaufwendungen) und der außergewöhnlichen Belastungen im Sinne der §§ 33, 33a und 33b Abs. 6 EStG nur zulässig, wenn die Werbungskosten, soweit sie den Arbeitnehmer-Pauschbetrag von 1.000,00 € übersteigen, die Sonderausgaben im Sinne des § 10 Abs. 1 Nr. 4, 5, 7 und 9 EStG, des § 10 Abs. 1a EStG und des § 10b EStG und die Aufwendungen nach § 33 EStG sowie die abziehbaren Beträge nach §§ 24b, 33a und 33b Abs. 6 EStG insgesamt 600,00 € übersteigen. Bei Ehegatten muss diese Grenze von 600,00 € gemeinsam überschritten werden (§ 39a Abs. 3 Satz 2 EStG).

Alle Aufwendungen sind grundsätzlich nachzuweisen bzw. glaubhaft zu machen. Die Freibeträge können durch den Arbeitnehmer für einen Zeitraum bis maximal zwei Jahre beantragt werden. Die zweijährige Geltungsdauer führt zu einer Verfahrensvereinfachung, da Arbeitnehmer nicht mehr jährlich den Antrag auf Lohnsteuer-Ermäßigung stellen müssen.

Der Freibetrag wird durch das Finanzamt gleichmäßig in **Monatsfreibeträge** oder falls erforderlich in Wochenfreibeträge aufgeteilt. Der Monatsbetrag ist auf volle Euro, der Wochenbetrag auf den nächsten durch zehn teilbaren Centbetrag aufzurunden (R 39a.1 Abs. 7 LStR). Der Monatsfreibetrag ist abhängig vom Zeitpunkt der Antragstellung. Wird zum Beispiel ein Freibetrag mit zweijähriger Gültigkeit im laufenden Jahr 2020 beantragt, sind die Monatsfreibeträge für das Jahr

2020 und 2021 nicht identisch, da der Jahresfreibetrag für das Jahr 2020 auf die der Antragstellung folgenden Kalendermonate zu verteilen ist, für das Jahr 2021 hingegen auf das gesamte Kalenderjahr.

Grundsätzlich ist der Jahresfreibetrag auf die Zeit vom Beginn des auf die Antragstellung folgenden Kalendermonats bis zum Schluss des Kalenderjahrs gleichmäßig zu verteilen; wird der Antrag jedoch schon im Januar eines Kalenderjahres gestellt, so ist der Freibetrag mit Wirkung vom 1. Jan. dieses Kalenderjahres zu berücksichtigen.

Für **Ehegatten und Lebenspartner,** die beide unbeschränkt einkommensteuerpflichtig sind und nicht dauernd getrennt leben, ist die Summe der für den Freibetrag zu berücksichtigenden Beträge – mit Ausnahme der erhöhten Werbungskosten – gemeinsam zu ermitteln. Dabei tritt an die Stelle des Sonderausgaben-Pauschbetrags von 36,00 € der Betrag von 72,00 €.

Die ermittelte Summe ist je zur Hälfte auf die Ehegatten/Lebenspartner aufzuteilen, wenn beide Arbeitnehmer sind und keine andere Aufteilung beantragen. Die erhöhten Werbungskosten werden für jeden Ehegatten/Lebenspartner ermittelt. Dabei ist zu beachten, dass Werbungskosten eines Arbeitnehmers, soweit sie den Arbeitnehmer-Pauschbetrag von 1.000,00 € übersteigen, nur beim eigenen Dienstverhältnis berücksichtigt werden, also nur bei den Lohnsteuerabzugsmerkmalen dieses Ehegatten/Lebenspartners, nicht aber bei den ELStAM des anderen.

Bei der Prüfung der Frage, ob die Grenze von 600,00 € (siehe oben) überschritten ist, werden jedoch die Werbungskosten beider Ehegatten/Lebenspartner insgesamt berücksichtigt.

Lohnsteuer-Ermäßigungsverfahren § 39a EStG

Voraussetzung: Antrag auf Eintragung eines Freibetrags mit amtlichem Vordruck

berücksichtigungsfähige Tatbestände

uneingeschränkt

- Pauschbeträge für Behinderte und Hinterbliebene
- Erhöhungsbetrag nach § 24b Abs. 2 Satz 2 EStG
- Freibetrag für verbleibenden Verlustabzug (§ 10d Abs. 2 EStG)
- Verluste aus anderen Einkunftsarten
- Freibetrag für haushaltsnahe Beschäftigungsverhältnisse und Dienstleistungen sowie Handwerkerleistungen
- Freibeträge für Kinder, für die kein Kindergeld beantragt wurde oder kein Kindergeldanspruch besteht
- Freibetrag für ein weiteres Dienstverhältnis mit Lohnsteuerklasse VI

eingeschränkt

Die abzugsfähigen Beträge sind insgesamt > 600,00 €

- Werbungskosten bei Einkünften aus nichtselbstständiger Arbeit **soweit > 1.000,00 €**
- Sonderausgaben nach § 10 Abs. 1 Nr. 4, 5, 7, 9 und Abs. 1a sowie Spenden nach § 10b EStG **soweit > 36,00 € bzw. 72,00 €**
- Außergewöhnliche Belastungen

Bei der **Prüfung der 600,00-€-Grenze** werden der Sonderausgabenpauschbetrag und die zumutbare Belastung nicht abgezogen.

Der ermittelte Jahresfreibetrag wird ab Beginn des auf die **Antragstellung** folgenden Monats gleichmäßig verteilt.
Die rückwirkende Eintragung ist nur möglich bei Antrag im Jan., dann Verteilung auf zwölf Monate.

Vereinfachtes Verfahren nach § 39a Abs. 2 Satz 5 EStG:
Arbeitnehmer beantragt höchstens den Freibetrag des Vorjahres mit der Erklärung, dass sich die persönlichen Verhältnisse nicht wesentlich geändert haben. Auch das vereinfachte Verfahren sieht die zweijährige Beantragung eines Freibetrages vor.

Beispiel

Ehemann und Ehefrau sind Arbeitnehmer. Beide sind unbeschränkt einkommensteuerpflichtig und leben nicht dauernd getrennt. Sie beantragen, die nachstehend aufgeführten Aufwendungen steuerlich zu berücksichtigen:

Werbungskosten des Ehemanns	240,00 €
Werbungskosten der Ehefrau	1.170,00 €
Kirchensteuer Ehemann	780,00 €
Kirchensteuer Ehefrau	270,00 €
	2.460,00 €

Die Ehegatten beantragen am 10. Aug. d. J. den Freibetrag als elektronisches Lohnsteuerabzugsmerkmal des Ehemanns einzutragen. Für die Prüfung der Frage, ob die 600-€-Grenze überschritten ist, werden die Werbungskosten nur insoweit herangezogen, als sie jeweils den Arbeitnehmer-Pauschbetrag von 1.000,00 € übersteigen. Demnach sind nur die Werbungskosten der Ehefrau in Höhe von 170,00 € anzusetzen. Die maßgebenden Aufwendungen betragen insgesamt 1.220,00 € (170,00 € + 780,00 € + 270,00 €). Sie übersteigen 600,00 €. Der Antrag ist deshalb zulässig. Das Finanzamt trägt die Freibeträge am Tag der Antragstellung ein.

Es ergibt sich folgende Berechnung:

Werbungskosten der Ehefrau	1.170,00 €
– Arbeitnehmer-Pauschbetrag	– 1.000,00 €
= Freibetrag (bei der Ehefrau als Jahresbetrag einzutragen)	170,00 €
Monatsbetrag (Sept. bis Dez.) 170,00 € : 4 = (aufgerundet)	43,00 €
Werbungskosten des Ehemanns	240,00 €
– Arbeitnehmer-Pauschbetrag 1.000,00 €, höchstens	– 240,00 €
= Freibetrag des Ehemanns hinsichtlich der Werbungskosten	0,00 €

Für die verbleibenden Aufwendungen von 1.050,00 € (780,00 € + 270,00 €) ist der zu gewährende Freibetrag in einer Summe wie folgt zu ermitteln:

Aufwendungen	1.050,00 €
– Sonderausgaben-Pauschbetrag (2 · 36,00 €)	– 72,00 €
= Freibetrag (auf Antrag der Ehegatten beim Ehemann als Jahresbetrag einzutragen)	978,00 €
Monatsbetrag (Sept. bis Dez.) 978,00 € : 4 = (aufgerundet)	245,00 €

Für **Vorsorgeaufwendungen**, das sind Versicherungsbeiträge im Sinne des § 10 Abs. 1 Nr. 2, 3 und 3a EStG, ist eine Vorsorgepauschale in die Lohnsteuerberechnung eingearbeitet (siehe dazu Kap. 5.1.6). Dadurch werden die Versicherungsbeiträge, die üblicherweise bei Arbeitnehmern anfallen (z. B. gesetzliche Sozialversicherungsbeiträge), beim Lohnsteuerabzug pauschal berücksichtigt. Aus diesem Grunde ist die Berücksichtigung eines Freibetrags wegen erhöhter Vorsorgeaufwendungen als elektronisches Lohnsteuerabzugsmerkmal nicht zulässig. Sie können erst bei einer Veranlagung zur Einkommensteuer geltend gemacht werden.

5.1.5 Vereinfachte Eintragung von Freibeträgen

Das Finanzamt kann auf Antrag ohne nähere Prüfung den gleichen Freibetrag (z. B. wegen erhöhter Werbungskosten) wie im Vorjahr (§ 39a Abs. 2 Satz 5 EStG) eintragen, wenn der Arbeitnehmer versichert, dass sich die maßgebenden Verhältnisse nicht wesentlich geändert haben.

Diese vereinfachte Eintragung ist nur zulässig, wenn sichergestellt ist, dass in diesen Fällen eine Veranlagung zur Einkommensteuer nach § 46 Abs. 2 Nr. 4 EStG (wegen Eintragung eines Kinderfreibetrags oder eines anderen Freibetrags bei den elektronischen Lohnsteuerabzugsmerkmalen) durchgeführt wird.

AUFGABEN

1. Das Finanzamt kann als elektronisches Lohnsteuerabzugsmerkmal einen Freibetrag als Jahresfreibetrag eintragen, der die Summe anderer Beträge bzw. Freibeträge darstellt. Um welche Beträge bzw. Freibeträge handelt es sich dabei?
2. Welche Rolle spielt die 600-€-Grenze?
3. Welche Freibeträge werden für unbeschränkt steuerpflichtige Ehegatten/Lebenspartner, die nicht dauernd getrennt leben, gemeinsam und welche werden getrennt, d. h. für jeden Ehegatten/Lebenspartner, ermittelt?

VERTIEFENDE ÜBUNGEN

Übungen zu Freibeträgen

1. **Wie hoch ist der Freibetrag, der als elektronisches Lohnsteuerabzugsmerkmal des Ehemanns bei zweijähriger Geltung des Freibetrages einzutragen ist?**

Ehemann und Ehefrau sind Arbeitnehmer. Beide Ehegatten sind unbeschränkt einkommensteuerpflichtig und leben nicht dauernd getrennt. Sie beantragen am 5. Aug. d. J. die unten angegebenen Aufwendungen für das laufende Kalenderjahr steuerlich zu berücksichtigen und den Freibetrag, soweit möglich, als elektronisches Lohnsteuerabzugsmerkmal des Ehemanns einzutragen.

Aufwendungen des Ehemanns:

Fahrten zwischen Wohnung und erster Tätigkeitsstätte an 220 Tagen, Entfernung 15 km

Beiträge an Berufsverband .... 75,00 €

Kosten für Fortbildung im ausgeübten Beruf (Werbungskosten) .... 680,00 €

Ausgaben für berufliche Fachliteratur .... 50,00 €

Kirchensteuer .... 290,00 €

Unterstützung der Mutter mit monatlich .... 250,00 €

Jahresrente der Mutter aus der Sozialversicherung .... 3.600,00 € (Besteuerungsanteil 50 %)

Aufwendungen der Ehefrau:

Fahrten zwischen Wohnung und erster Tätigkeitsstätte an 180 Tagen, Entfernung 8 km

Beiträge an Berufsverband .... 105,00 €

Kirchensteuer .... 180,00 €

Das Finanzamt hat den Freibetrag am Tag der Antragstellung eingetragen.

2. **Berechnen Sie den monatlichen Freibetrag, der als elektronisches Lohnsteuerabzugsmerkmal der Eheleute Pins für ein Jahr einzutragen ist.**

Manfred Pins ist Fachmann für Transport und Lagerlogistik. Seit dem 1. Febr. d. J. arbeitet er als Geschäftsführer einer Spedition im Hafen von Mainz. Vorher war er arbeitslos. Seine Frau Uschi ist Stationsschwester im Krankenhaus von Dinslaken. Die Eheleute wohnen in der Erdgeschosswohnung des eigenen Zweifamilienhauses in Dinslaken.

Sie beantragen im Okt. die folgenden Aufwendungen als Steuerfreibetrag für das laufende Kalenderjahr als elektronisches Lohnsteuerabzugsmerkmal einzutragen:

1. Manfred Pins hat für den Monat Febr. für 900,00 € eine Ferienwohnung in Mainz gemietet. Von März bis Dez. mietete er eine möblierte Wohnung in Mainz für 320,00 € Miete im Monat. Pins macht eine Familienheimfahrt in der Woche nach Dinslaken geltend mit 240 km (einfache Entfernung). In Mainz fährt er arbeitstäglich 8 km von seiner Wohnung zur Betriebsstätte an 190 Tagen im Antragsjahr. Daneben weist er nach
   - Arbeitsmittel (Schreibtisch) brutto .... 470,00 €
   - Abschreibung Notebook .... 420,00 €
   - Jahres-Abo „Der Betrieb“, brutto .... 357,00 €
2. Manfred Pins hat einen unehelichen 20-jährigen Sohn, der bei dessen Mutter (selbstständige Apothekerin) in Köln gemeldet ist und dort studiert. Herr Pins kommt seinen Unterhaltsverpflichtungen in voller Höhe nach. Weder Herr Pins noch die Mutter des Sohnes haben Kindergeld beantragt.

→

3. Uschi Pins fährt an 220 Tagen je 9 km von der eigenen Wohnung zum Krankenhaus (einfache Entfernung). Die Krankenhausverwaltung hat für Fahrtkosten 297,00 € erstattet, die von der Buchhaltung nach § 40 Abs. 2 Satz 2 EStG pauschal versteuert wurden. Frau Pins macht weiter geltend
   - Arbeitskleidung (Schwesternkittel) .... 145,00 €
   - Fortbildungsmaßnahme .... 460,00 €
4. Frau Pins unterstützt ihre vermögenslose Schwester, die Arbeitslosengeld II bezieht (einschließlich Wohngeld 505,00 €/Monat) monatlich mit 200,00 €.

5.1.6 Berechnung der Lohnsteuer durch Tarifformel

Die Lohnsteuer wird auf der Basis der Tarifformel nach § 32a EStG und den Anweisungen in § 39b Abs. 2 EStG berechnet.

Zur Ermittlung der Bemessungsgrundlage ist zunächst der Lohn des Lohnzahlungszeitraums um den individuellen Freibetrag oder Hinzurechnungsbetrag (§ 39a EStG) des Arbeitnehmers zu korrigieren.

Dabei ist der auf den Lohnzahlungszeitraum entfallende Teil des jährlichen Freibetrags oder Hinzurechnungsbetrags anzusetzen. Der so korrigierte steuerpflichtige Lohn des Lohnzahlungszeitraums ist in einen Jahresbetrag umzurechnen. Dieser ist nach § 39b Abs. 2 EStG um folgende Pausch- und Freibeträge zu mindern:

- Arbeitnehmer-Pauschbetrag (§ 9a Satz 1 Nr. 1 Buchstabe a EStG, 1.000,00 €) in den Steuerklassen I bis V;
- Sonderausgaben-Pauschbetrag (§ 10c Satz 1 EStG, 36,00 €) in den Steuerklassen I bis V;
- Vorsorgepauschale gemäß § 39b Abs. 2 Nr. 3 EStG und
- Entlastungsbetrag für Alleinerziehende (§ 24b EStG, 1.908,00 €) in der Steuerklasse II.

Für den so ermittelten, je nach Steuerklasse in Betracht kommenden zu versteuernden Jahresbetrag ist die Jahreslohnsteuer unter Anwendung der Tarifformel nach § 32a EStG zu berechnen. Aus der Jahreslohnsteuer ist schließlich der nach § 38a Abs. 3 Satz 1 EStG maßgebende, d. h. auf den Lohnzahlungszeitraum entfallende Teilbetrag der Jahreslohnsteuer zu ermitteln.

5.2 Erhebung der Lohnsteuer

Die Lohnsteuer wird nicht nur dadurch erhoben, dass sie vom Arbeitslohn einbehalten und abgeführt wird, sondern auch dadurch, dass der Arbeitgeber diese selbst übernimmt und abführt, wie das z. B. bei der Besteuerung des Nettolohns der Fall ist.

5.2.1 Besteuerung des Nettolohns

Hat es der Arbeitgeber übernommen, die Lohnsteuer, den Solidaritätszuschlag, eventuell die Kirchensteuer und die Arbeitnehmeranteile an der Sozialversicherung selbst zu tragen und dem Arbeitnehmer einen vereinbarten Betrag als Nettolohn auszuzahlen, so sind die vom Arbeitgeber übernommenen Beträge dem Nettolohn hinzuzurechnen, um den steuerpflichtigen Bruttoarbeitslohn zu ermitteln; siehe auch R 39b.9 LStR.

5.2.2 Anmeldung und Abführung der Lohnsteuer

Der Arbeitgeber hat spätestens am zehnten Tag nach Ablauf eines jeden Lohnsteuer-Anmeldungszeitraums dem Betriebsstättenfinanzamt eine **Lohnsteuer-Anmeldung** über die einbehaltene und übernommene Lohnsteuer nach amtlich vorgeschriebenem Datensatz zu übermitteln und diese an das Betriebsstättenfinanzamt abzuführen (§ 41a Abs. 1 EStG).Die elektronische Abgabe von Lohnsteuer-Anmeldungen ist seit 1. Sept. 2013 nur noch mit einer Authentifizierung möglich. Das erforderliche Zertifikat erhält der Arbeitgeber durch Registrierung im ElsterOnline-Portal.

Zur Vermeidung unbilliger Härten kann das Finanzamt auf Antrag des Arbeitgebers auf die elektronische Übermittlung verzichten. Dann ist die Lohnsteuer-Anmeldung nach amtlich vorgeschriebenem Vordruck abzugeben und vom Arbeitgeber oder von einer zu seiner Vertretung berechtigten Person zu unterschreiben.

Lohnsteuer-Anmeldungszeitraum ist nach § 41a Abs. 2 EStG

- der Kalendermonat, wenn die abzuführende Lohnsteuer für das vorangegangene Kalenderjahr mehr als 5.000,00 € betragen hat,
- das Kalendervierteljahr, wenn die abzuführende Lohnsteuer für das vorangegangene Kalenderjahr mehr als 1.080,00 €, aber nicht mehr als 5.000,00 € betragen hat,
- das Kalenderjahr, wenn die abzuführende Lohnsteuer im vorangegangenen Kalenderjahr nicht mehr als 1.080,00 € betragen hat.

Hat die Betriebsstätte nicht während des ganzen vorangegangenen Kalenderjahres bestanden, so ist die für das vorangegangene Kalenderjahr abzuführende Lohnsteuer für die Feststellung des Lohnsteuer-Anmeldungszeitraums auf einen Jahresbetrag umzurechnen (§ 41a Abs. 2 Satz 3 EStG).

Beispiel

Die Betriebsstätte wurde am 1. Juli 2019 eröffnet. Für die Zeit vom 1. Juli bis 31. Dez. 2019 hat der Arbeitgeber 2.900,00 € Lohnsteuer einbehalten und abgeführt.

Für 2020 sind die Lohnsteueranmeldungen monatlich abzugeben, weil der umgerechnete Betrag von 2.900,00 € einen Jahresbetrag von mehr als 5.000,00 € ergibt (2.900,00 € · 2 = 5.800,00 €).

Hat die Betriebsstätte im vorangegangenen Kalenderjahr noch nicht bestanden, so ist die für den ersten vollen Kalendermonat nach der Eröffnung abzuführende Lohnsteuer auf einen Jahresbetrag umzurechnen. Dieser Jahresbetrag ist für die Feststellung des Lohnsteuer-Anmeldungszeitraums maßgebend (§ 41a Abs. 2 Satz 4 EStG).

Beispiel

Die Betriebsstätte wurde am 1. März 2019 eröffnet. Für März 2019 sind 300,00 € Lohnsteuer abzuführen.

Für 2020 sind die Lohnsteuer-Anmeldungen vierteljährlich abzugeben, weil der umgerechnete Betrag von 300,00 € einen Jahresbetrag von mehr als 1.080,00 €, aber nicht mehr als 5.000,00 € ergibt (300,00 € · 12 = 3.600,00 €).

Der Arbeitgeber hat die Lohnsteuer-Anmeldung auch dann einzureichen, wenn er in dem Anmeldungszeitraum keine Lohnsteuer einbehalten hat. Er erklärt in diesem Fall, dass er im Anmeldungszeitraum keine Lohnsteuer einzubehalten hatte (Nullmeldung).

Der Arbeitgeber hat am Ende des Kalenderjahres oder bei Beendigung eines Dienstverhältnisses das Lohnkonto des Arbeitnehmers abzuschließen und bis spätestens Ende Februar des Folgejahres eine **elektronische Lohnsteuerbescheinigung** nach amtlich vorgeschriebenem Datensatz zu übermitteln (§ 41b Abs. 1 EStG). Diese muss u. a. folgende Angaben enthalten:

- Elektronische Lohnsteuerabzugsmerkmale, Finanzamt, an das die Lohnsteuer abgeführt worden ist,
- Dauer des Dienstverhältnisses,
- Art und Höhe des gezahlten Arbeitslohns,
- einbehaltene Lohnsteuer, Solidaritätszuschlag und Kirchensteuer,

- Kurzarbeitergeld, Zuschuss zum Mutterschaftsgeld u. ä.,
- Beiträge zu den gesetzlichen Rentenversicherungen und an berufsständische Versorgungseinrichtungen,
- Beiträge des Arbeitnehmers zur gesetzlichen Krankenversicherung und zur sozialen Pflegeversicherung,
- Beiträge des Arbeitnehmers zur Arbeitslosenversicherung,
- berücksichtigter Teilbetrag der Vorsorgepauschale.

Der Arbeitgeber hat dem Arbeitnehmer die elektronische Lohnsteuerbescheinigung nach amtlich vorgeschriebenem Muster binnen angemessener Frist als Ausdruck auszuhändigen oder elektronisch bereitzustellen.

Die **Haftung** des Arbeitgebers erstreckt sich nach § 42d Abs. 1 EStG grundsätzlich auf

- die Lohnsteuer, die er einzubehalten und abzuführen hat,
- die Lohnsteuer, die er beim Jahresausgleich zu Unrecht erstattet hat,
- die Einkommensteuer (Lohnsteuer), die aufgrund fehlerhafter Angaben, z. B. im Lohnkonto, verkürzt wird.

Für die **Überwachung** der ordnungsmäßigen Einbehaltung und Abführung der Lohnsteuer (Lohnsteuer-Außenprüfung) ist das Betriebsstättenfinanzamt zuständig (§ 42f Abs. 1 EStG).

5.2.3 Pauschalierung der Lohnsteuer für Aushilfskräfte und geringfügig Beschäftigte im betrieblichen Bereich

Der Arbeitgeber kann unter Verzicht auf den Abruf von elektronischen Lohnsteuerabzugsmerkmalen die Lohnsteuer auch mit einem **Pauschsteuersatz** erheben. Dafür bestehen folgende Möglichkeiten:

❶ bei Arbeitnehmern, die nur **kurzfristig beschäftigt** werden (Aushilfskräfte), mit einem Pauschsteuersatz von 25 % des Arbeitslohns (§ 40a Abs. 1 Satz 1 EStG);
❷ bei Arbeitnehmern, für die Beiträge zur Sozialversicherung abzuführen sind, wenn diese nur in **geringem Umfang** und gegen **geringen Arbeitslohn** beschäftigt werden, mit einem Pauschsteuersatz von 2 % des Arbeitslohns (§ 40a Abs. 2 EStG);
❸ bei Arbeitnehmern, für die **keine** Beiträge abzuführen sind, wenn diese nur in **geringem Umfang** und gegen **geringen Arbeitslohn** beschäftigt werden, mit einem Pauschsteuersatz von 20 % des Arbeitslohns (§ 40a Abs. 2a EStG);
❹ bei Aushilfskräften in der **Land- und Forstwirtschaft** mit einem Pauschsteuersatz von 5 % des Arbeitslohns (§ 40a Abs. 3 EStG).

Eine **kurzfristige Beschäftigung** ❶ liegt nach § 40a Abs. 1 Satz 2 EStG vor, wenn

- der Arbeitnehmer bei dem Arbeitgeber gelegentlich, nicht regelmäßig wiederkehrend beschäftigt wird,
- die Dauer der Beschäftigung 18 zusammenhängende Arbeitstage nicht übersteigt,
- der Arbeitslohn während der Beschäftigungsdauer 120,00 € durchschnittlich je Arbeitstag nicht übersteigt oder
- die Beschäftigung zu einem unvorhersehbaren Zeitpunkt sofort erforderlich wird und
- der Arbeitslohn während der Beschäftigungsdauer durchschnittlich je Arbeitsstunde 15,00 € nicht übersteigt (§ 40 a Abs. 4 EStG).

Die **Beschäftigung in geringem Umfang und gegen geringen Arbeitslohn** ❷ („geringfügig Beschäftigte“, siehe auch § 8 Abs. 1 Nr. 1 SGB IV) betrifft den betrieblichen Bereich (außerhalb von Privathaushalten). Eine geringfügige Beschäftigung (Minijob) liegt hier vor, wenn das monatliche Arbeitsentgelt aus dieser Beschäftigung (regelmäßig) 450,00 € im Monat nicht übersteigt.

Der Arbeitgeber hat für geringfügig Beschäftigte eine Pauschalabgabe von zu zahlendem Entgelt zu berechnen, anzumelden und an die Einzugsstelle der Deutschen Rentenversicherung Knappschaft-Bahn-See in Essen („Minijob-Zentrale“) abzuführen. Die Pauschalabgabe besteht aus:

- 2 % einheitlicher Pauschsteuersatz (§ 40a Abs. 2 EStG) für Lohnsteuer, Solidaritätszuschlag und Kirchensteuer; von dieser

pauschalen Steuer entfallen 90 % auf die Lohnsteuer und je 5 % auf den Solidaritätszuschlag und die Kirchensteuer,
- 15 % Rentenversicherung,
- 13 % Krankenversicherung; dieser Beitrag entfällt, wenn keine Krankenversicherungspflicht besteht, weil der oder die geringfügig Beschäftigte z. B. über den Ehepartner beihilfeberechtigt oder privat versichert ist,
- 1,15 % Umlagen für Entgeltfortzahlung im Krankheitsfall, Aufwendungsersatz bei Mutterschaft und Insolvenzgeld.

Hinweis: Hinzu kommt noch ein vom Arbeitgeber zu tragender Beitragssatz für die gesetzliche Unfallversicherung bei Ausübung des Minijobs im betrieblichen, beziehungsweise gewerblichen Bereich. Hier gelten die individuellen Sätze der jeweils zuständigen Unfallkasse beziehungsweise Berufsgenossenschaft. Der durchschnittliche Wert gemäß Angaben der Deutschen gesetzlichen Unfallversicherung (DGUV) liegt bei 1,3 %. Bei weiteren Berechnungen ist aus Vereinfachungsgründen auf diesen Wert nicht einzugehen.

Geringfügig Beschäftigte sind grundsätzlich rentenversicherungspflichtig und zahlen 3,6 % ihres Arbeitsentgelts als Eigenanteil an die gesetzliche Rentenversicherung. Durch eine schriftliche Erklärung an den Arbeitgeber kann allerdings eine Befreiung von der Rentenversicherungspflicht erlangt werden.

Bei **geringfügig Beschäftigten,** für die keine **Sozialversicherungsbeiträge** abzuführen sind ❸, kann der Arbeitgeber die Lohnsteuer mit einem pauschalen Steuersatz von 20 % erheben. Zusätzlich fallen Solidaritätszuschlag und pauschale Kirchensteuer an. Die Steuerbeträge sind an das zuständige Betriebsstättenfinanzamt abzuführen.

Liegen mehrere geringfügige Beschäftigungsverhältnisse bei einem Arbeitnehmer vor, werden die Entgelte zusammengerechnet. Wird dabei der Grenzwert von 450,00 € monatlich überschritten, führt das grundsätzlich zur vollen Sozialversicherungspflicht.

Bei Arbeitsentgelten zwischen 450,01 € und 1.300,00 € besteht allerdings ein **Übergangsbereich** für den Arbeitnehmerbeitrag. Er steigt ab 450,01 € linear an und erreicht erst bei 1.300,00 € den vollen Arbeitnehmeranteil. Eine Aufstockung auf den vollen AN-Beitragsanteils zur Rentenversicherung entfällt ab 2019, weil das Arbeitsentgelt innerhalb des Übergangsbereichs von der Rentenversicherung als voll verbeitragt angesehen wird.

Als **Schutzvorschrift für Arbeitgeber** gilt, dass die Sozialversicherungspflicht nicht rückwirkend eintritt, sondern erst mit der Bekanntgabe der Feststellung durch die Einzugsstelle oder einen Träger der Rentenversicherung. Bis zum Tag der Bekanntgabe bleibt es auch bei der Pauschalsteuer von 2 %.

Von den Pauschalabgaben von maximal 31,15 % kann der Arbeitgeber lediglich die Pauschsteuer von 2 % auf den geringfügig Beschäftigten überwälzen. Dabei darf diese die Bemessungsgrundlage für die Pauschalabgaben nicht mindern; siehe dazu auch § 40 Abs. 3 EStG. Die Sozialversicherungsbeiträge hat der Arbeitgeber zu tragen. Eine Aufstockung auf den vollen AN-Beitragsanteils zur Rentenversicherung entfällt ab 2019, weil das Arbeitsentgelt innerhalb des Übergangsbereichs von der Rentenversicherung als voll verbeitragt angesehen wird.

Eine geringfügige Beschäftigung (bis 450,00 €) mit der Pauschalabgabe von maximal 31,15 % ist auch neben einer voll sozialversicherungs- und steuerpflichtigen Hauptbeschäftigung möglich.

Beispiele

a) Die ledige Maria Schulz arbeitet seit dem Jahr 2020 am Wochenende in der Küche der Gaststätte Jansen. Frau Schulz und ihr Arbeitgeber Jansen haben ein monatliches Arbeitsentgelt von 450,00 € vereinbart. Dieser Arbeitslohn soll pauschal versteuert werden und Maria Schulz soll die Pauschsteuer übernehmen. Frau Schulz hat bei ihrem Arbeitgeber Jansen eine Befreiung von der Rentenversicherungspflicht beantragt.

Daraus ergibt sich folgende Abrechnung:

Arbeitsentgelt:	450,00 €
– Pauschsteuer 2 %	– 9,00 €
= Auszahlungsbetrag	441,00 €
Jansen muss an die Bundesknappschaft abführen:	
Pauschsteuer 2 %	9,00 €
Rentenversicherungsbeitrag 15 %	67,50 €
Krankenversicherungsbeitrag 13 %	58,50 €
Umlage 1,15 %	5,18 €
insgesamt	140,18 €

b) Es gilt der Sachverhalt aus Beispiel a), aber Maria Schulz ist hauptberuflich mit voller Sozialversicherungspflicht als Küchenhilfe in der Kantine des örtlichen Finanzamts beschäftigt. Trotz Hauptbeschäftigung von Frau Schulz wird ihr „Minijob" weiter als geringfügige Beschäftigung behandelt, da die Voraussetzung dafür lediglich ist, dass das Arbeitsentgelt aus dieser Beschäftigung regelmäßig im Monat 450,00 € nicht übersteigt (siehe auch § 8 Abs. 1 Nr. 1 i. V. m. Abs. 2 Satz 1 SGB IV). Die Lösung ist mit der Lösung zu Beispiel a) identisch.

5.2.4 Pauschalierung der Lohnsteuer für geringfügig Beschäftigte im privaten Bereich

Geringfügige Beschäftigungsverhältnisse (Minijobs) werden im privaten Bereich durch typische Tätigkeiten begründet, z. B. durch Putzen, Waschen, Bügeln, Kochen, aber auch durch die Betreuung von Personen oder die Gartenpflege. Wie im betrieblichen Bereich darf auch hier das regelmäßige Arbeitsentgelt 450,00 € im Monat nicht überschreiten.

Der Arbeitgeber hat an die einheitliche Einzugsstelle der Deutschen Rentenversicherung Knappschaft-Bahn-See grundsätzlich Pauschalabgaben von zu zahlendem Entgelt zu berechnen und zu entrichten, bestehend aus

- 2 % einheitlicher Pauschsteuer (§ 40a Abs. 2 EStG) für Lohnsteuer, Solidaritätszuschlag und Kirchensteuer; davon entfallen 90 % auf Lohnsteuer und je 5 % auf Solidaritätszuschlag und Kirchensteuer,
- 5 % Rentenversicherung,
- 5 % Krankenversicherung; dieser Beitrag entfällt, wenn keine Krankenversicherungspflicht besteht, weil der oder die geringfügig Beschäftigte z. B. über den Ehepartner beihilfeberechtigt oder privat versichert ist,
- 2,75 % Umlagen für Entgeltfortzahlung im Krankheitsfall, Aufwendungsersatz bei Mutterschaft, Insolvenzgeldumlage und gesetzliche Unfallversicherung mit 1,6 %.

Die Pauschsteuer von 2 % kann ebenfalls auf den Arbeitnehmer abgewälzt werden.

Seit 1. Jan. 2013 sind auch geringfügig Beschäftigte im privaten Bereich grundsätzlich rentenversicherungspflichtig und zahlen 13,6 % ihres Arbeitsentgelts als Eigenanteil an die gesetzliche Rentenversicherung. Im Übrigen gelten die Regeln für den betrieblichen Bereich (siehe Kap. 5.2.3).

Das Meldeverfahren für geringfügig Beschäftigte in Privathaushalten bei der Bundesknappschaft ist gegenüber dem betrieblichen Bereich stark vereinfacht. Für den privaten Bereich wird nach dem **Haushaltsscheckverfahren** vorgegangen, wobei nach Anmeldung des Arbeitsverhältnisses die Beiträge zweimal im Jahr nachschüssig zum 15. Juli und 15. Jan. und per Einzugsermächtigung durch die Einzugsstelle angefordert werden.

4497494

5.3 Lohnsteuerjahresausgleich durch den Arbeitgeber

Nach § 42b Abs. 1 EStG ist der Arbeitgeber entweder berechtigt, verpflichtet oder nicht berechtigt, den Lohnsteuerjahresausgleich durchzuführen.

Er ist berechtigt, den Lohnsteuerjahresausgleich durchzuführen für Arbeitnehmer,

- die unbeschränkt einkommensteuerpflichtig sind und
- die während des Ausgleichsjahres ständig in einem Dienstverhältnis gestanden haben und
- die am 31. Dez. des Ausgleichsjahres in seinen Diensten stehen oder zu diesem Zeitpunkt von ihm Arbeitslohn aus einem früheren Dienstverhältnis beziehen (R 42b Abs. 1 Satz 1 LStR).

Die Berechtigung des Arbeitgebers, den Lohnsteuerjahresausgleich durchzuführen, wird zur Pflicht, wenn er am 31. Dez. des Ausgleichsjahres mindestens zehn Arbeitnehmer beschäftigt (§ 42b Abs. 1 Satz 2 EStG).

Der Arbeitgeber ist nach § 42b Abs. 1 Satz 3 EStG nicht berechtigt den Lohnsteuerjahresausgleich durchzuführen, wenn z. B.

- der Arbeitnehmer es beantragt **oder**
- der Arbeitnehmer für das Ausgleichsjahr oder für einen Teil des Ausgleichsjahres nach den Steuerklassen V oder VI zu besteuern war **oder**
- der Arbeitnehmer für einen Teil des Ausgleichsjahres nach den Steuerklassen II, III oder IV zu besteuern war **oder**
- bei der Lohnsteuerberechnung ein Freibetrag oder Hinzurechnungsbetrag (§ 39a Abs. 1 Nr. 7 EStG) zu berücksichtigen war **oder**
- das Faktorverfahren angewandt wurde **oder**
- der Arbeitnehmer im Ausgleichsjahr Kurzarbeitergeld, Schlechtwettergeld, Winterausfallgeld, Zuschuss zum Mutterschaftsgeld nach dem Mutterschutzgesetz oder Aufstockungsbeträge nach dem Altersteilzeitgesetz bezogen hat **oder**
- die Anzahl der im Lohnkonto oder in der Lohnsteuerbescheinigung eingetragenen Großbuchstaben U mindestens eins beträgt **oder**
- für den Arbeitnehmer im Ausgleichsjahr bei der Vorsorgepauschale jeweils nur zeitweise Beträge nach § 39b Abs. 2 Satz 5 Nr. 3 Buchstabe a bis d oder der Beitragszuschlag nach § 39b Abs. 2 Satz 5 Nr. 3 Buchstabe c EStG berücksichtigt wurde oder sich der Zusatzbeitrag nach § 39b Abs. 2 Satz 5 Nr. 3 Buchstabe b geändert hat.

5.4 Antragsveranlagung statt Lohnsteuerjahresausgleich

Der früher vom Finanzamt durchgeführte Lohnsteuerjahresausgleich ist durch die Antragsveranlagung nach § 46 Abs. 2 Nr. 8 EStG ersetzt worden. Danach können Steuerpflichtige, deren Einkommen ganz oder teilweise aus Einkünften aus nichtselbstständiger Arbeit besteht und auf das bereits ein Lohnsteuerabzug durch den Arbeitgeber vorgenommen worden ist, die Veranlagung zur Einkommensteuer beantragen. Der Antrag erfolgt durch das Einreichen einer Einkommensteuererklärung beim zuständigen Finanzamt.

Eine Antragsveranlagung führt zu einer Steuererstattung, wenn der Arbeitnehmer höhere Aufwendungen nachweisen kann, als beim Lohnsteuerabzug berücksichtigt wurden. Als Beispiele lassen sich anführen:

- Werbungskosten wie beispielsweise Fahrtkosten zur ersten Tätigkeitsstätte oder Aufwendungen für Arbeitsmittel, die den Arbeitnehmer-Pauschbetrag von 1.000,00 € übersteigen,
- Sonderausgaben wie Kirchensteuer, Kinderbetreuungskosten oder Berufsausbildungskosten, die über dem Pauschbetrag von 36,00 € für Ledige bzw. 72,00 € für zusammenveranlagte Ehegatten/Lebenspartner liegen,

- außergewöhnliche Belastungen wie beispielsweise Krankheitskosten oder die Unterstützung von bedürftigen Angehörigen,
- Aufwendungen für haushaltsnahe Beschäftigungsverhältnisse, haushaltsnahe Dienstleistungen und Handwerkerleistungen, die nach § 35a EStG zu einer Steuerermäßigung führen,
- Verluste, die im Veranlagungszeitraum in anderen Einkunftsarten entstanden sind, z. B. aus einem Gewerbebetrieb oder aus der Vermietung einer Eigentumswohnung,
- nicht ausgeglichene Verluste aus anderen Einkunftsarten, die noch aus Vorjahren vorhanden sind und nach § 10d EStG abgezogen werden können (Verlustvortrag),
- die Wahl der Lohnsteuerklassenkombination IV/IV durch Ehegatten, obwohl deren Arbeitslöhne sehr unterschiedlich hoch sind.

Eine Antragsveranlagung kann auch zu einer Steuernachzahlung führen, wenn das Finanzamt bei dieser Gelegenheit feststellt, dass der Arbeitgeber zu wenig Lohnsteuer einbehalten hat. Der Antrag auf Einkommensteuerveranlagung könnte in diesem Fall durch den Arbeitnehmer zurückgezogen werden. Allerdings besteht seitens des Betriebsstättenfinanzamts des Arbeitgebers die Möglichkeit der Nacherhebung der ausstehenden Lohnsteuer beim Arbeitnehmer.

Für die Antragsveranlagung gelten die Verjährungsfristen gemäß § 169 ff. AO. Der Antrag kann innerhalb der vierjährigen Festsetzungsfrist gestellt werden, die mit Ablauf des Kalenderjahres beginnt, für das die Einkommensteuerveranlagung durchgeführt werden soll.

Beispiel

Der Arbeitnehmer Johannes Schumann möchte für den Veranlagungszeitraum 2016 noch außergewöhnliche Belastungen geltend machen, die er durch die finanzielle Unterstützung seiner bedürftigen Eltern hatte.

Die vierjährige Festsetzungsfrist beginnt am 31. Dez. 2016, also mit Ablauf des Kalenderjahres, für das die Antragsveranlagung durchgeführt werden soll, und endet vier Jahre später am 31. Dez. 2020. Herr Schumann muss seine Einkommensteuererklärung für das Jahr 2016 bis zum 31. Dez. 2020 bei seinem zuständigen Finanzamt einreichen.

AUFGABEN

1. Was kann der Arbeitnehmer durch eine Veranlagung beim Finanzamt erreichen?
2. Warum muss bei der Besteuerung des Nettolohns der Bruttoarbeitslohn ermittelt werden?
3. Bis zu welchem Zeitpunkt muss eine Lohnsteuer-Anmeldung eingereicht werden?
4. Welche Zeiträume sind Lohnsteuer-Anmeldungszeiträume?
5. Für welche Lohnsteuer bzw. Einkommensteuer haftet der Arbeitgeber?
6. Erläutern Sie die Pauschalierung der Lohnsteuer für Teilzeitbeschäftigte.

VERTIEFENDE ÜBUNGEN

gemischte Übungen

1. **Bestimmen Sie in den folgenden Fällen den Lohnsteuer-Anmeldungszeitraum.**

   Fall 1:
   Die Betriebsstätte wurde am 1. Nov. d. J. eröffnet. Die abzuführende Lohnsteuer betrug für Nov. 125,00 € und für Dez. 550,00 €.

   Fall 2:
   Die Betriebsstätte wurde am 15. Nov. d. J. eröffnet. Die abzuführende Lohnsteuer betrug für Nov. 15,00 € und für Dez. 50,00 €.

2. **Bestimmen Sie in den folgenden Fällen die Abgaben für den Arbeitgeber.**

   Fall 1:
   Der Student Rainer Seitz arbeitet ab dem 1. April d. J. bei dem Lebensmitteleinzelhändler Mercator an der Kasse. Er erhält 360,00 € monatlich. Er hat dem Arbeitgeber keine ELSTAM vorgelegt.

   Fall 2:
   Die Witwe des verstorbenen Postbeamten Ehrlich arbeitet ab Mai d. J. als Aushilfe in einem Schreibwarengeschäft für 355,00 € monatlich. Sie ist nicht in der gesetzlichen Krankenversicherung, da sie beihilfeberechtigt ist.

   Fall 3:
   Wie ist Fall 3 zu beurteilen, wenn Frau Ehrlich im Sept. d. J. eine kranke Kollegin vertreten hat und dadurch in diesem Monat 710,00 € verdiente?

KAPITEL 6
Körperschaftsteuer

- Wesen der Körperschaftsteuer
- Steuerpflicht
- Steuerbefreiungen
- Was unterliegt der Körperschaftsteuer?
- Körperschaftsteuertarif
- Organschaft

6 Körperschaftsteuer

6.1 Wesen der Körperschaftsteuer

Die **Körperschaftsteuer** (KSt) ist die **Einkommensteuer der juristischen Personen.** Bei juristischen Personen handelt es sich um die in den §§ 1 und 2 Körperschaftsteuergesetz (KStG) genannten Körperschaften, Personenvereinigungen und Vermögensmassen wie z. B. Kapitalgesellschaften, Genossenschaften und eingetragene Vereine. Sie sind von der Rechtsordnung geschaffene nicht natürliche Personen, die aber wie natürliche Personen die Fähigkeit haben, Träger von Rechten und Pflichten zu sein. Juristische Personen können Vermögen erwerben, sie können vor Gericht klagen oder verklagt werden und sie können Verbindlichkeiten eingehen.

Die Körperschaftsteuer lässt sich durch folgende wesentliche **Merkmale** charakterisieren (siehe dazu auch Kap. 1.3.3):

Einteilung nach	Merkmal
Steuerobjekt	Personensteuer
Bemessungsgrundlage	Ertragsteuer
wirtschaftlicher Auswirkung	direkte Steuer
Verwaltungspraxis	Besitzsteuer

Einteilung nach	Merkmal
Ertragshoheit	Gemeinschaftsteuer
steuerlicher Auswirkung	nicht abzugsfähige Steuer
Steuertarif	proportionale Steuer
Steuererhebung	Veranlagungsteuer

Die Körperschaftsteuer ist wie die Einkommensteuer eine **Personensteuer,** weil sie das **Einkommen** juristischer Personen als Steuerobjekt besteuert und auf die wirtschaftliche Leistungsfähigkeit Bezug nimmt. Anders als bei der Einkommensteuer werden persönliche Verhältnisse des Steuerpflichtigen oder Umstände, die die wirtschaftliche Leistungsfähigkeit beeinträchtigen, bei der Körperschaftsteuer jedoch nicht berücksichtigt, weil beispielsweise keine Sonderausgaben oder außergewöhnlichen Belastungen vom Einkommen abgezogen werden können.

Die **Bemessungsgrundlage** für die Körperschaftsteuer ist – ebenso wie bei der Einkommensteuer – das **zu versteuernde Einkommen.** Der körperschaftsteuerliche Einkommensbegriff unterscheidet sich jedoch von dem des Einkommensteuerrechts. Neben der schon erwähnten Nichtberücksichtigung persönlicher Merkmale gibt es z. B. Abweichungen bei den Einkunftsarten. Während einkommensteuerlich sieben Einkunftsarten betrachtet werden, kennt das Körperschaftsteuerrecht nur Einkünfte aus Gewerbebetrieb.

Von der Besteuerung der juristischen Person ist die Besteuerung ihrer Anteilseigner streng zu trennen. Dieses sogenannte **Trennungsprinzip** bewirkt, dass im Allgemeinen nur bei Gewinnausschüttungen oder Leistungen der Gesellschaft aufgrund vertraglicher Beziehungen (z. B. Arbeits-, Miet-, Kreditverträge mit dem Gesellschafter) eine Steuerpflicht des Anteilseigners besteht.

Durch die Anknüpfung an das Einkommen des Steuerpflichtigen ist die Körperschaftsteuer wie die Einkommensteuer und die Gewerbesteuer eine **Ertragsteuer.** Sie zählt zu den **direkten Steuern,** da die juristische Person, die die Körperschaftsteuer als Steuerschuldnerin nach dem Körperschaftsteuergesetz zu entrichten hat, diese selbst auch wirtschaftlich trägt. In der Verwaltungspraxis wird die

Körperschaftsteuer den **Besitzsteuern** zugeordnet. Als **Gemeinschaftsteuer** fließt sie jeweils zur Hälfte dem Bund und den Ländern zu.

Die Körperschaftsteuer ist eine **nicht abzugsfähige Steuer.** Der Steueraufwand wird zwar handelsrechtlich zunächst als Aufwand gebucht, muss aber zur Ermittlung des zu versteuernden Einkommens wieder hinzugerechnet werden.

Der **Körperschaftsteuersatz** beträgt einheitlich 15 %, womit es sich um eine **proportionale Steuer** handelt. Als **Veranlagungsteuer** wird die Körperschaftsteuer durch einen förmlichen Bescheid festgesetzt.

Das Körperschaftsteuergesetz greift auf Vorschriften des Einkommensteuergesetzes zurück, sodass als **Rechtsgrundlagen** der Körperschaftsteuer anzusehen sind

- das **Körperschaftsteuergesetz (KStG),**
- die **Körperschaftsteuer-Durchführungsverordnung (KStDV),**
- das **Einkommensteuergesetz (EStG) und**
- die **Einkommensteuer-Durchführungsverordnung (EStDV).**

Außerdem sind auch für diese Steuerart Verwaltungsanweisungen an die Finanzbehörden in Form der **Körperschaftsteuer-Richtlinien (KStR)** erlassen worden.

AUFGABEN

1. Wer unterliegt der Körperschaftsteuer?
2. Wann sprechen wir von juristischen Personen?
3. Welche wesentlichen Merkmale kennzeichnen die Körperschaftsteuer?
4. Wie hoch ist der Körperschaftsteuersatz?
5. Welche Rechtsgrundlagen gelten für die Körperschaftsteuer?

VERTIEFENDE ÜBUNG

Welche wesentlichen Unterschiede und Gemeinsamkeiten können Sie zwischen der Körperschaftsteuer und der Einkommensteuer feststellen?

6.2 Steuerpflicht

Die Körperschaftsteuerpflicht knüpft an der Rechtsform an und erfasst im Wesentlichen folgende, in den §§ 1 und 2 KStG genannte, juristische Personen:

Kapitalgesellschaften

- Aktiengesellschaften (AG)
- Gesellschaften mit beschränkter Haftung (GmbH)
- Kommanditgesellschaften auf Aktien (KGaA)
- Europäische Gesellschaften (Societas Europaea; SE)

Sonstige juristische Personen des privaten Rechts

- eingetragene ideelle Vereine (e. V.)
- eingetragene wirtschaftliche Vereine (e. V.)
- durch staatliche Verleihung rechtsfähige Stiftungen und Anstalten

Genossenschaften

- eingetragene Erwerbsgenossenschaften (eG)
- eingetragene Wirtschaftsgenossenschaften (eG)
- Europäische Genossenschaften (SCE)

Nichtrechtsfähige Vereine, Anstalten, Stiftungen und andere Zweckvermögen des privaten Rechts

- nicht eingetragene Vereine
- nichtrechtsfähige Stiftungen und Anstalten
- bestimmte Zweckvermögen, z. B. aus Spendensammlungen

Versicherungs- und Pensionsfondsvereine auf Gegenseitigkeit (VVaG)

Betriebe gewerblicher Art von juristischen Personen des öffentlichen Rechts

Der **Versicherungsverein auf Gegenseitigkeit** (VVaG) ist eine besondere Rechtsform für Versicherungsunternehmen, die dadurch rechtsfähig wird, dass die zuständige Aufsichtsbehörde, die Bundesanstalt für Finanzdienstleistungsaufsicht (BaFin), die Geschäftserlaubnis erteilt. Die Versicherten sind gleichzeitig Mitglieder des Versicherungsvereins und tragen die Risiken und Schäden gemeinschaftlich.

Betriebe gewerblicher Art von juristischen Personen des öffentlichen Rechts (§ 4 KStG) sind Einrichtungen von Körperschaften des öffentlichen Rechts. Die Körperschaften des öffentlichen Rechts, wie z. B. Bund, Länder, Gemeinden, öffentlich-rechtliche Religionsgemeinschaften, Sozialversicherungsträger, Kammern (IHK, Steuerberaterkammer u. a.) oder öffentlich-rechtliche Rundfunkanstalten, sind mit ihren hoheitlichen Aufgaben nicht körperschaftsteuerpflichtig. Soweit sie jedoch über einen Betrieb gewerblicher Art privatwirtschaftliche Tätigkeiten ausüben, werden sie mit diesem Bereich körperschaftsteuerpflichtig.

Beispiele

Eine Gemeinde betreibt folgende Betriebe gewerblicher Art:

a) Eine Biogasanlage als privatwirtschaftliche Tätigkeit des kommunalen Abwasserbetriebs (Hoheitsbetrieb) und

b) eine Friedhofsgärtnerei als privatwirtschaftliche Tätigkeit des kommunalen Friedhofs (Hoheitsbetrieb).

Das Körperschaftsteuergesetz unterscheidet wie das Einkommensteuerrecht die **unbeschränkte** und die **beschränkte Steuerpflicht.**

Die persönliche Körperschaftsteuerpflicht
(§§ 1 und 2 KStG)

Unbeschränkt steuerpflichtig sind

❶ **Körperschaften, Personenvereinigungen** und **Vermögensmassen** des § 1 KStG **mit**
- **Geschäftsleitung** oder
- **Sitz**

im **Inland** (§ 1 Abs. 1 KStG)

mit allen inländischen und ausländischen **Einkünften**
- **Welteinkommen**

Beschränkt steuerpflichtig sind

❷ **Körperschaften, Personenvereinigungen** und **Vermögensmassen ohne**
- **Geschäftsleitung** oder
- **Sitz**

im **Inland** (§ 2 Abs. 1 KStG)

nur mit den **inländischen Einkünften**
- **Inlandseinkommen**

❸ **sonstige Körperschaften, Personenvereinigungen** und **Vermögensmassen,**
- **die nicht unbeschränkt steuerpflichtig sind**

(§ 2 Abs. 1 KStG)

mit inländischen Einkünften, die **dem Steuerabzug unterliegen**
- **bestimmtes Inlandseinkommen**

Unbeschränkte Körperschaftsteuerpflicht

❶ **Unbeschränkt körperschaftsteuerpflichtig** sind die in § 1 Abs. 1 KStG aufgeführten juristischen Personen, die ihre **Geschäftsleitung oder** ihren **Sitz im Inland** haben.

Ihre **Geschäftsleitung** hat eine Gesellschaft dort, wo sich der Mittelpunkt der geschäftlichen Oberleitung befindet (§ 10 AO), also die maßgeblichen unternehmerischen Entscheidungen insbesondere im kaufmännischen Bereich getroffen werden. Im Allgemeinen wird dies in den Büroräumen der Geschäftsführung oder des Vorstands erfolgen. Sollten entsprechende Geschäftsräume nicht vorhanden sein oder nicht genutzt werden, können auch private Räumlichkeiten Ort der Geschäftsleitung sein.

Beispiele

a) Die Top-Invest GmbH hat ihren Firmensitz in Köln. Der Geschäftsführer hält sich überwiegend in Zürich (Schweiz) auf und übt seine Tätigkeit in dort angemieteten Büroräumen aus. Der Ort der Geschäftsleitung der GmbH ist Zürich.

b) Die La Bella S. p. A., eine italienische Aktiengesellschaft der Textilbranche, hat ihren Sitz in Mailand (Italien). Der Vorstandsvorsitzende trifft die wesentlichen Unternehmensentscheidungen in seinem privaten Wohnhaus in Kampen/Sylt. Ort der Geschäftsleitung ist Kampen.

Der **Sitz** einer juristischen Person befindet sich an dem Ort, der durch Gesetz, Gesellschaftsvertrag, Satzung, Stiftungsgeschäft oder dergleichen bestimmt ist (§ 11 AO) und ist daher im Allgemeinen eindeutig festzustellen.

Der Sitz und die Geschäftsleitung einer Gesellschaft können sich an unterschiedlichen Orten befinden (siehe Beispiele oben). Die unbeschränkte Körperschaftsteuerpflicht tritt ein, wenn einer der Orte im Inland liegt.

Unter **Inland** ist nach § 1 Abs. 3 KStG der Geltungsbereich des Körperschaftsteuergesetzes zu verstehen, einschließlich des Deutschland zustehenden Anteils an der ausschließlichen Wirtschaftszone und am Festlandsockel, soweit die Voraussetzungen nach § 1 Abs. 3 Nr. 1 und 2 KStG erfüllt sind. Der körperschaftsteuerliche Inlandsbegriff entspricht dem einkommensteuerlichen Inlandsbegriff des § 1 Abs. 1 EStG (siehe dazu auch Kap. 4.2.1).

Die unbeschränkte Körperschaftsteuerpflicht erstreckt sich nach dem **Welteinkommensprinzip** auf sämtliche Einkünfte, also sowohl auf die inländischen als auch auf die ausländischen Einkünfte.

Beschränkte Körperschaftsteuerpflicht

❷ + ❸ **Beschränkt körperschaftsteuerpflichtig** sind nach § 2 KStG

- Körperschaften, Personenvereinigungen und Vermögensmassen, die **weder** ihre **Geschäftsleitung noch** ihren **Sitz im Inland** haben, wenn sie inländische Einkünfte im Sinne des § 49 EStG erwirtschaften, und
- sonstige inländische Körperschaften, die nicht unbeschränkt steuerpflichtig sind, mit den Einkünften, von denen ein Steuerabzug zu erheben ist.

❷ Bei dieser Gruppe handelt es sich um im Ausland ansässige juristische Personen, die beispielsweise gewerbliche Einkünfte über eine inländische Betriebsstätte, Miet- oder Pachteinkünfte aus inländischem Immobilienvermögen oder Kapitaleinkünfte aus inländischem Kapitalvermögen erzielen.

Beispiel

Die Immo SA, ein französisches Immobilienunternehmen in der Rechtsform der Aktiengesellschaft, hat ihren Sitz laut Satzung in Lyon (Frankreich). Dort befindet sich auch der Ort der Geschäftsleitung. Die Gesellschaft besitzt ein Geschäftsgrundstück in Saarbrücken, aus dem sie Mieteinkünfte erzielt. Da sich weder Sitz noch Geschäftsleitung der Immo SA im Inland befinden, ist sie nur mit den inländischen Mieteinkünften beschränkt körperschaftsteuerpflichtig.

❸ Zu den **sonstigen inländischen Körperschaften**, die **nicht unbeschränkt körperschaftsteuerpflichtig** sind, zählen die Körperschaften des öffentlichen Rechts wie Bund,

Länder, Gemeinden und Kammern. Diese werden beschränkt körperschaftsteuerpflichtig, wenn sie inländische Einkünfte erzielen, die dem Steuerabzug unterliegen, wie beispielsweise Einkünfte aus Kapitalvermögen, die nach § 43 ff. EStG mit Kapitalertragsteuer belegt werden. Mit dem Steuerabzug gilt die Körperschaftsteuer als abgegolten (§ 32 Abs. 1 Nr. 2 KStG).

Beispiel

Die Stadt Wolfsburg erhält aus einer Beteiligung an einer inländischen AG eine Dividende von 60.000,00 €.

Als inländische Körperschaft des öffentlichen Rechts ist die Stadt Wolfsburg nicht unbeschränkt steuerpflichtig. Mit der Dividende, von der Kapitalertragsteuer einbehalten wird, ist die Stadt Wolfsburg beschränkt körperschaftsteuerpflichtig.

AUFGABEN

1. Anhand welcher Kriterien wird die unbeschränkte Körperschaftsteuerpflicht festgestellt?
2. Wie ist der Ort der Geschäftsleitung definiert?
3. Wie kann der Sitz einer Aktiengesellschaft festgestellt werden?
4. Welche Merkmale müssen bei beschränkter Körperschaftsteuerpflicht erfüllt sein?

VERTIEFENDE ÜBUNG

Übung zur Steuerpflicht

Betrachten Sie die drei folgenden Fälle unter folgenden Gesichtspunkten:

a) Ist die AG jeweils unbeschränkt oder beschränkt körperschaftsteuerpflichtig?

b) Mit welchen Einkünften unterliegt sie jeweils der Körperschaftsteuer?

Fall 1:
Eine Aktiengesellschaft, die ihre Geschäftsleitung und ihren Sitz in Krefeld hat, erzielt sowohl inländische als auch ausländische Einkünfte.

Fall 2:
Sachverhalt wie in Fall 1, jedoch mit dem Unterschied, dass die AG lediglich ihre Geschäftsleitung in Krefeld hat. Der Sitz der AG befindet sich in Rotterdam (Niederlande).

Fall 3:
Sachverhalt wie in Fall 1, jedoch mit dem Unterschied, dass die AG sowohl ihre Geschäftsleitung als auch ihren Sitz in Rotterdam hat.

6.3 Steuerbefreiungen

In § 5 KStG ist eine Reihe juristischer Personen aufgeführt, die wegen ihrer sozialen und volkswirtschaftlichen Bedeutung von der Körperschaftsteuer befreit sind.

Dazu gehören beispielsweise:
- das Bundeseisenbahnvermögen und die staatlichen Lotterieunternehmen,
- die Deutsche Bundesbank und die Kreditanstalt für Wiederaufbau,
- Berufsverbände ohne öffentlich-rechtlichen Charakter, wie z. B. Gewerkschaften,
- politische Parteien und
- gemeinnützige, mildtätige und kirchliche Körperschaften.

6.4 Was unterliegt der Körperschaftsteuer?

6.4.1 Körperschaftsteuerliches Einkommen

Der Körperschaftsteuer unterliegt grundsätzlich das zu versteuernde Einkommen, das die steuerpflichtige juristische Person innerhalb eines Kalenderjahres bezogen hat (§ 7 Abs. 1 und 3 KStG).

Der Begriff des Einkommens und des zu versteuernden Einkommens im Sinne des Körperschaftsteuerrechts weicht von dem des Einkommensteuerrechts ab, weil das Einkommensteuerrecht die persönlichen Verhältnisse von natürlichen Personen berücksichtigt. Im Körperschaftsteuerrecht gibt es keine Sonderausgaben, keine außergewöhnlichen Belastungen, keine Kinderfreibeträge und infolge dessen auch kein Einkommen bzw. zu versteuerndes Einkommen im Sinne des Einkommensteuergesetzes.

Auf dem Gebiet des Körperschaftsteuerrechts gibt es im Vergleich zum Einkommensteuerrecht einige **Besonderheiten**. Dazu gehört auch die Tatsache, dass **juristische Personen grundsätzlich keine private Sphäre** haben. § 12 EStG gilt daher nicht. Deshalb können bei Körperschaften auch solche Ausgaben Betriebsausgaben sein, die bei natürlichen Personen als Kosten der Lebensführung nicht abzugsfähig sind. Hinzu kommt, dass es Ausgaben gibt, die für juristische Personen typisch sind und bei natürlichen Personen nicht vorkommen (z. B. der Teil des Gewinns, der an persönlich haftende Gesellschafter einer KGaA verteilt wird, soweit er auf Einlagen entfällt, die nicht auf das Grundkapital gemacht worden sind).

Das **Einkommen** im Sinne des Körperschaftsteuerrechts entspricht nach Abzug der in § 9 KStG aufgeführten abzugsfähigen Ausgaben und nach Kürzung durch Verlustrücktrag oder Verlustvortrag in etwa dem Gesamtbetrag der Einkünfte aus dem Einkommensteuerrecht.

Zu versteuerndes Einkommen ist das Einkommen im Sinne des § 8 Abs. 1 KStG, vermindert um die Freibeträge der §§ 24 und 25 KStG (§ 7 Abs. 2 KStG).

Im Körperschaftsteuerrecht können grundsätzlich alle **Einkunftsarten** des Einkommensteuerrechts vorkommen, mit Ausnahme der Einkünfte aus nicht selbstständiger Arbeit, weil diese Einkünfte das Vorhandensein einer natürlichen Person, eines Arbeitnehmers, voraussetzen. Nach § 8 Abs. 2 KStG jedoch sind bei den unbeschränkt körperschaftsteuerpflichtigen juristischen Personen, die nach dem HGB zur Führung von Büchern verpflichtet sind, alle Einkünfte als Einkünfte aus Gewerbebetrieb gemäß § 15 EStG zu behandeln. Diese Regelung betrifft nur die in § 1 Abs. 1 Nr. 1 bis 3 KStG genannten Körperschaften.

6.4.2 Veranlagungszeitraum und abweichendes Wirtschaftsjahr

Bei der Körperschaftsteuer ist wie bei der Einkommensteuer das Kalenderjahr **Veranlagungszeitraum**. Buchführungspflichtige Körperschaften ermitteln den Gewinn jedoch nach dem Wirtschaftsjahr (§ 7 Abs. 4 KStG). Stimmt das Wirtschaftsjahr mit dem Kalenderjahr überein, so ist bei diesen Steuerpflichtigen das Kalenderjahr sowohl Veranlagungszeitraum als auch Gewinnermittlungszeitraum.

Weicht das Wirtschaftsjahr aber vom Kalenderjahr ab, so gilt der Gewinn aus Gewerbebetrieb als in dem Kalenderjahr bezogen, in dem das Wirtschaftsjahr endet (§ 7 Abs. 4 Satz 2 KStG und § 4a Abs. 2 Nr. 2 EStG).

Das Wirtschaftsjahr darf höchstens zwölf Monate umfassen. Dadurch ist es bei Umstellung eines abweichenden Wirtschaftsjahres auf das Kalenderjahr möglich, dass bei der Errechnung des Einkommens für einen Veranlagungszeitraum (= Kalenderjahr) die Gewinne aus zwei Wirtschaftsjahren anzusetzen sind.

4497504

Beispiel

Eine Aktiengesellschaft hat ihr Wirtschaftsjahr, das vom 1. April bis 31. März lief, im Jahr 2020 auf das Kalenderjahr umgestellt.

Bei der Ermittlung des Einkommens für den Veranlagungszeitraum 2020 sind sowohl der Gewinn des Wirtschaftsjahres 2019/20 (1. April 2019 bis 31. März 2020) als auch des Rumpfwirtschaftsjahres vom 1. April bis 31. Dez. 2020 anzusetzen, weil beide Wirtschaftsjahre im Jahr 2020 enden.

Die Umstellung des Wirtschaftsjahres auf einen vom Kalenderjahr abweichenden Zeitraum ist nur mit Zustimmung des Finanzamts steuerlich wirksam (§ 7 Abs. 4 Satz 3 KStG).

Nicht buchführungspflichtige Körperschaften ermitteln den Gewinn nicht nach dem Wirtschaftsjahr, sondern nach dem Kalenderjahr (Umkehrschluss aus § 7 Abs. 4 Satz 1 KStG).

6.4.3 Ermittlung des zu versteuernden Einkommens

6.4.3.1 Schema der Einkommensermittlung

Ausgangspunkt für die Ermittlung des zu versteuernden Einkommens ist in der Regel der nach handelsrechtlichen Gesichtspunkten ermittelte **Jahresüberschuss bzw. Jahresfehlbetrag**. Zur **Ermittlung des zu versteuernden Einkommens** kann das folgende Schema benutzt werden. Die einzelnen Posten werden unten erläutert.

Ermittlung des zu versteuernden Einkommens

	Jahresüberschuss bzw. Jahresfehlbetrag laut Handelsbilanz
+/–	Anpassung an steuerliche Ansatz- und Bewertungsvorschriften (§ 60 Abs. 2 EStDV/§ 5b Abs. 1 Satz 2 EStG)
=	**Steuerbilanzgewinn** bzw. **Steuerbilanzverlust**
–	steuerfreie inländische und ausländische Erträge
–	steuerfreie Beteiligungserträge (§ 8b KStG)
+	nichtabzugsfähige Betriebsausgaben (§ 4 Abs. 5 ff. EStG) sowie nichtabziehbare Aufwendungen (§ 10 KStG)
+	verdeckte Gewinnausschüttungen (§ 8 Abs. 3 KStG)
–	verdeckte Einlagen (§ 8 Abs. 3 KStG)
+	sämtliche Spenden
=	**Summe der Einkünfte**
–	abziehbare Spenden (§ 9 Abs. 1 Nr. 2 KStG)
=	**Gesamtbetrag der Einkünfte**
–	Verlustabzug (§ 10d EStG)
=	**Einkommen**
–	Freibeträge (§§ 24, 25 KStG)
=	**zu versteuerndes Einkommen**

6.4.3.2 Anpassung an steuerliche Ansatz- und Bewertungsvorschriften

Der handelsrechtliche Jahresüberschuss bzw. Jahresfehlbetrag ist an die steuerlichen Ansatz- und Bewertungsvorschriften anzupassen, um den Steuerbilanzgewinn bzw. Steuerbilanzverlust zu erhalten. Bei dieser Anpassungsrechnung handelt es sich beispielsweise um die Korrektur von steuerlich nicht zulässigen

- Rückstellungen, wie z. B. Rückstellungen für drohende Verluste aus schwebenden Geschäften (§ 5 Abs. 4a EStG),
- Abschreibungsmethoden,
- außerplanmäßigen Abschreibungen wie z. B. auf das Umlaufvermögen bei nicht dauernder Wertminderung oder
- Aktivierungen von selbst erstellten immateriellen Vermögensgegenständen des Anlagevermögens.

6.4.3.3 Steuerfreie inländische und ausländische Erträge

Steuerfreie Erträge werden aus dem Steuerbilanzergebnis heraus gerechnet um die Bemessungsgrundlage für die Körperschaftsteuer entsprechend zu mindern. Als Beispiele für steuerfreie inländische Erträge lassen sich anführen

- steuerfreie Betriebseinnahmen nach § 3 EStG,
- Steuererstattungen z. B. von Körperschaftsteuer, Solidaritätszuschlag, Gewerbesteuer,
- steuerfreie Investitionszulagen nach § 13 InvZulG.

6.4.3.4 Steuerfreie Beteiligungserträge

Nach § 8b Abs. 1 KStG bleiben Bezüge im Sinne des § 20 Abs. 1 Nr. 1, 2, 9 und 10 Buchstabe a EStG bei der Ermittlung des Einkommens der Körperschaft außer Ansatz. Dazu gehören im Wesentlichen:

- Gewinnausschüttungen (Dividendenerträge; § 8b Abs. 1 KStG),
- Gewinne aus der Veräußerung eines Anteils an einer in- oder ausländischen Kapitalgesellschaft (§ 8b Abs. 2 Satz 1 KStG) und
- mittelbar über eine Personengesellschaft erzielte Dividenden und Veräußerungsgewinne (§ 8b Abs. 6 KStG).

Die Steuerfreiheit eines Veräußerungsgewinns ist nicht gegeben, soweit dieser aus früheren Teilwertabschreibungen resultiert, die mit steuerlicher Wirkung vorgenommen wurden (§ 8b Abs. 2 Satz 4 KStG).

Veräußerungsverluste aus Anteilsveräußerungen sind nicht mehr bei der Ermittlung des steuerpflichtigen Gewinns abzugsfähig (§ 8b Abs. 3 Satz 3 KStG). Auch Teilwertabschreibungen auf Anteile an Körperschaften werden nicht mehr gewinnmindernd berücksichtigt, eventuelle Wertaufholungen auf diese Anteile sind steuerfrei.

Von den steuerfreien Gewinnausschüttungen und Veräußerungsgewinnen gelten 5 % als nichtabzugsfähige Betriebsausgaben (§ 8 Abs. 3 Satz 1 und Abs. 5 KStG), die dem Gewinn hinzugerechnet werden müssen. Die Steuerfreiheit reduziert sich damit faktisch auf 95 % der Gewinnausschüttungen und Veräußerungsgewinne. Allerdings kommt § 3c Abs. 1 EStG nicht zur Anwendung, sodass die tatsächlichen Betriebsausgaben in voller Höhe abgezogen werden dürfen.

6.4.3.5 Nichtabzugsfähige Betriebsausgaben und nichtabziehbare Aufwendungen

Nichtabzugsfähige Betriebsausgaben und nichtabziehbare Aufwendungen müssen dem Steuerbilanzergebnis hinzugerechnet werden, damit sie im zu versteuernden Einkommen der Körperschaft enthalten sind.

Nichtabzugsfähige Betriebsausgaben nach § 4 Abs. 5 ff. EStG

Hierbei handelt es sich z. B. um

- Aufwendungen für Geschenke an Nichtarbeitnehmer, die 35,00 € netto im Wirtschaftsjahr pro Empfänger übersteigen (§ 4 Abs. 5 Nr. 1 EStG),
- 30 % der angemessenen und nachgewiesenen Bewirtungsaufwendungen netto aus geschäftlichem Anlass (§ 4 Abs. 5 Nr. 2 EStG),
- Geldbußen, Ordnungsgelder und Verwarnungsgelder (§ 4 Abs. 5 Nr. 8 EStG),
- Hinterziehungszinsen nach § 235 AO (§ 4 Abs. 5 Nr. 8a EStG),
- Bestechungsgelder (§ 4 Abs. 5 Nr. 10 EStG) oder
- Parteispenden (§ 4 Abs. 6 EStG),

soweit sie den handelsrechtlichen Erfolg gemindert haben.

Nichtabziehbare Aufwendungen nach § 10 KStG

Zu den nichtabziehbaren Aufwendungen nach § 10 KStG gehören z. B.:

- die **Steuern vom Einkommen und sonstige Personensteuern** (§ 10 Nr. 2 KStG). Die Nichtabzugsfähigkeit dieser Steuern führt dazu, dass erstattete und bei der Körperschaft als Einnahme gebuchte Beträge (z. B. erstattete Körperschaftsteuer) vom Einkommen abzuziehen sind. Die Kapitalertragsteuer stellt eine besondere Erhebungsform der Körperschaftsteuer (bei

juristischen Personen) dar. Sie ist ebenfalls als Personensteuer nicht abzugsfähig;
- die **Umsatzsteuer auf Umsätze, die Entnahmen sind** (§ 10 Nr. 2 KStG). Ob das Unternehmen eine private Sphäre hat oder nicht, ist dabei ohne Bedeutung. Denn nach der Wertabgabetheorie sind Gegenstandsentnahmen und Entnahmen von sonstigen Leistungen auch bei juristischen Personen möglich, weil die Entnahmen eine Wertabgabe für unternehmensfremde Zwecke darstellen, die nach dem UStG als steuerbare unentgeltliche Leistungen behandelt werden (siehe § 3 Abs. 1b und 9a UStG). Auch die unentgeltlichen Zuwendungen von Gegenständen werden als umsatzsteuerbare Leistungen behandelt, wenn der Gegenstand (bei der Anschaffung) ganz oder teilweise zum Vorsteuerabzug berechtigte (siehe § 3 Abs. 1b Nr. 2 und 3 UStG);
- die **Vorsteuer** auf bestimmte nicht abzugsfähige Betriebsausgaben (§ 10 Nr. 2 KStG und § 4 Abs. 5 Satz 1 Nr. 1–4 und 7, z. B. Sachgeschenke über mehr als 35,00 € netto je Empfänger im Jahr);
- in einem Strafverfahren festgesetzte **Geldstrafen** (§ 10 Nr. 3 KStG) und
- die **Hälfte der Vergütungen an Überwachungsgremien** der Körperschaft (§ 10 Nr. 4 KStG). Dabei handelt es sich um Sitzungsgelder, die an Mitglieder des Aufsichtsrats, Verwaltungsrats, Beirats oder ähnlicher Aufsichtsorgane gezahlt werden.

Der Gewinnbegriff nach § 4 Abs. 1 EStG gilt auch für Körperschaften (siehe Kap. 4.5.1). Körperschaften können im Allgemeinen weder Entnahmen noch Einlagen im eigentlichen Sinne haben. Bei Körperschaften, bei denen alle Einkünfte als Einkünfte aus Gewerbebetrieb zu behandeln sind, entsprechen aber die nicht abzugsfähigen Ausgaben (z. B. die Körperschaftsteuer) sinngemäß den Entnahmen. Den Einlagen entsprechen die steuerfreien Vermögensmehrungen, z. B. erstattete Körperschaftsteuer.

Beispiel

Die Müller-Soft GmbH, deren Wirtschaftsjahr mit dem Kalenderjahr übereinstimmt, hat zum 31. Dez. 2020 folgende **vorläufige Gewinn- und Verlustrechnung** vorgelegt:

Umsatzerlöse	589.500,00 €	
sonstige betriebliche Erträge	27.411,00 €	
Beteiligungsertrag	60.000,00 €	
Körperschaftsteuer-Erstattung	18.000,00 €	
Solidaritätszuschlag-Erstattung	990,00 €	
steuerfreie ausländische Einkünfte (DBA USA)	45.000,00 €	**740.901,00 €**
Personalaufwand	121.781,00 €	
Abschreibungen	16.945,00 €	
sonstige betriebliche abzugsfähige Aufwendungen	256.255,00 €	
Bewirtungskosten	1.980,00 €	
Geschenk an einen Geschäftsfreund	7.800,00 €	
Aufsichtsratsvergütung	18.000,00 €	
Gewerbesteuer-Vorauszahlung	35.000,00 €	
Körperschaftsteuer-Vorauszahlung	34.000,00 €	
Solidaritätszuschlag-Vorauszahlung	1.870,00 €	
Säumniszuschlag Körperschaftsteuer	1.020,00 €	
einbehaltene Kapitalertragsteuer	2.000,00 €	
einbehaltener Solidaritätszuschlag zur Kapitalertragsteuer	110,00 €	
Gewerbesteuer-Rückstellung 2020	3.220,00 €	
Körperschaftsteuer-Rückstellung 2020	5.085,00 €	
Solidaritätszuschlag-Rückstellung 2020	288,75 €	
Stundungszinsen Körperschaftsteuer	180,00 €	**– 505.534,75 €**
Jahresüberschuss		**235.366,25 €**

→

Zur Ermittlung des zu versteuernden Einkommens ist der Jahresüberschuss zu modifizieren, weil in der Handels- bzw. Steuerbilanz (Maßgeblichkeit) alle Zu- und Abflüsse als Ertrag bzw. Aufwand behandelt werden, ob sie steuerfrei bzw. steuerlich abzugsfähig sind oder nicht. Steuerfreie Erträge sind außerhalb der Bilanz wieder vom Jahresergebnis abzuziehen, hier die steuerfreien (DBA USA) ausländischen Einkünfte. Das betrifft auch die Steuererstattungen, die auf das Einkommen erhoben wurden, hier die Erstattung der Körperschaftsteuer und des Solidaritätszuschlags

Steuerlich nicht abzugsfähige Aufwendungen nach § 10 KStG, die in der Gewinn- und Verlustrechnung als Aufwand behandelt worden sind, müssen außerhalb der Bilanz wieder hinzugerechnet werden. Die Gewerbesteuer fällt nach § 4 Abs. 5b EStG i. V. m § 8 Abs. 1 KStG ebenfalls unter das Abzugsverbot.

Ermittlung des (zu versteuernden) Einkommens der Müller-Soft GmbH für den Veranlagungszeitraum 2020:

Jahresüberschuss 2020		**178.366,25 €**
Körperschaftsteuer-Erstattung	18.000,00 €	
Solidaritätszuschlag-Erstattung	990,00 €	
steuerfreie ausländische Einkünfte (DBA USA)	45.000,00 €	**– 63.990,00 €**
Bewirtungskosten 30 % nicht abzugsfähig	594,00 €	
Geschenk an einen Geschäftsfreund (brutto)	9.282,00 €	
Aufsichtsratsvergütung 50 %	9.000,00 €	
Gewerbesteuer-Vorauszahlung	35.000,00 €	
Körperschaftsteuer-Vorauszahlung	34.000,00 €	
Solidaritätszuschlag-Vorauszahlung	1.870,00 €	
Säumniszuschlag Körperschaftsteuer	1.020,00 €	
einbehaltene Kapitalertragsteuer	2.000,00 €	
einbehaltener Solidaritätszuschlag zur Kapitalertragsteuer	110,00 €	
Gewerbesteuer-Rückstellung 2020	3.220,00 €	
Körperschaftsteuer-Rückstellung 2020	5.085,00 €	
Solidaritätszuschlag-Rückstellung 2020	288,75 €	
Stundungszinsen Körperschaftsteuer	180,00 €	**101.649,75 €**
= zu versteuerndes Einkommen		**210.026,00 €**

6.4.3.6 Verdeckte Gewinnausschüttungen

Eine verdeckte Gewinnausschüttung (vGA) im Sinne des Körperschaftsteuerrechts liegt vor, wenn eine körperschaftsteuerpflichtige juristische Person (z. B. AG, GmbH, KGaA) ihren Gesellschaftern geldwerte Vorteile gewährt, die eine gesellschaftsfremde Person von der Gesellschaft nicht oder nicht in gleicher Höhe bekommen würde **(Fremdvergleich)**.

Bei der Ermittlung des Einkommens einer Körperschaft sind verdeckte Gewinnausschüttungen zu berücksichtigen, d. h., sie dürfen das Einkommen der Körperschaft nicht mindern (§ 8 Abs. 3 Satz 2 KStG) und werden daher hinzugerechnet. Die **verdeckte Gewinnausschüttung** ergibt sich aus der Differenz zwischen dem gemeinen Wert nach § 9 BewG (der am Markt erzielbare Preis) und dem Wertansatz der Kapitalgesellschaft.

Als **typische Fälle** verdeckter Gewinnausschüttung gelten die folgenden Beispiele:

- Ein Gesellschafter führt Vorstandsgeschäfte und erhält dafür ein unangemessen hohes Gehalt;
- eine Gesellschaft zahlt an einen Gesellschafter besondere Umsatzvergütungen neben einem angemessenen Gehalt;
- ein Gesellschafter erhält ein Darlehen von der Gesellschaft zinslos oder zu einem außergewöhnlich geringen Zinssatz;
- ein Gesellschafter erhält von der Gesellschaft ein Darlehen, obwohl schon bei der Darlehenshingabe mit der Uneinbringlichkeit gerechnet werden musste;
- ein Gesellschafter gibt der Gesellschaft ein Darlehen zu einem außergewöhnlich hohen Zinssatz;

4497508

- ein Gesellschafter liefert an die Gesellschaft Waren zu ungewöhnlich hohen Preisen oder erwirbt von ihr Waren und sonstige Wirtschaftsgüter zu ungewöhnlich niedrigen Preisen oder erhält ungewöhnliche Preisnachlässe und Rabatte;
- ein Gesellschafter verkauft Aktien an die Gesellschaft zu einem höheren Preis als dem Kurswert oder die Gesellschaft verkauft Aktien an einen Gesellschafter zu einem niedrigeren Preis als dem Kurswert;
- eine Gesellschaft übernimmt zum Vorteil eines Gesellschafters eine Schuld oder sonstige Verpflichtungen;
- eine Gesellschaft verzichtet auf Rechte gegenüber einem Gesellschafter;
- ein Dritter, der nicht nur für die Gesellschaft, sondern auch für einen Gesellschafter tätig ist, erhält dafür eine Vergütung, die die Gesellschaft als Aufwand bucht.

Bei beherrschenden Gesellschaftern (Beteiligung mehr als 50 %) kann eine verdeckte Gewinnausschüttung trotz Angemessenheit der Vergütung eintreten, wenn keine klare und eindeutige Vereinbarung im Voraus abgeschlossen wurde oder nicht entsprechend einer klaren Vereinbarung verfahren wird. Es gilt also ein Rückwirkungs- oder Nachzahlungsverbot (R 8.5 Abs. 2 KStR).

Verdeckte Gewinnausschüttungen stellen bei dem Gesellschafter **Einkünfte** dar, und zwar Einkünfte aus Kapitalvermögen, falls die Gesellschaftsanteile zum Privatvermögen gehören, **oder betriebliche Einkünfte**, falls die Gesellschaftsanteile zum Betriebsvermögen gehören.

6.4.3.7 Verdeckte Einlagen

Verdeckte Einlagen (§ 8 Abs. 3 Satz 3 KStG) liegen vor, wenn ein Gesellschafter der Gesellschaft einlagefähige Vermögensvorteile zuwendet, ohne dass dafür Gesellschaftsanteile gewährt werden, und diese Zuwendung durch das Gesellschaftsverhältnis veranlasst ist (R 8.9 Abs. 1 KStR). Eine verdeckte Einlage ist bei der Gesellschaft in der Regel bilanzierungsfähig, weil sie zum Ansatz oder zur Erhöhung eines Aktivpostens oder zum Wegfall oder zur Verminderung eines Passivpostens führt, z. B.:

- Forderungsverzicht des Gesellschafters,
- Verzicht des Gesellschafters auf seine Pensionsanwartschaft,
- Einlage einer Beteiligung aus dem Privatvermögen des Gesellschafters.

Das Einkommen der Gesellschaft ist um die verdeckte Einlage zu hoch ausgewiesen und daher entsprechend zu kürzen.

6.4.3.8 Spenden

Der Umfang des möglichen Abzugs von **Spenden und Mitgliedsbeiträgen** wird aufgrund der Summe der Einkünfte ermittelt. Zu diesem Zweck werden die Spenden und Mitgliedsbeiträge zunächst wieder hinzugerechnet. Der Spendenabzug erfolgt nach den Vorschriften des § 9 Abs. 1 Nr. 2 KStG und ist weitgehend mit dem Spendenabzug nach EStG identisch. Abziehbar sind Spenden und Mitgliedsbeiträge zur Förderung steuerbegünstigter Zwecke im Sinne der §§ 52–54 AO an eine juristische Person des öffentlichen Rechts bzw. eine öffentliche Dienststelle, sofern diese in der EU oder im EWR ansässig ist, oder an eine nach § 5 Abs. 1 Nr. 9 KStG steuerbefreite juristische Person. Der Abzug ist begrenzt auf

- 20 % des Einkommens vor Spendenabzug oder
- 4 ‰ der Summe aus Umsätzen sowie Löhnen und Gehältern des Kalenderjahres

Nicht abziehbar sind nach § 9 Abs. 1 Satz 8 KStG **Mitgliedsbeiträge an Körperschaften**, die z. B. den Sport, kulturelle Betätigungen (die in erster Linie der Freizeitgestaltung dienen) oder die Heimatpflege und Heimatkunde fördern.

Abziehbare Zuwendungen, die die oben genannten Höchstbeträge überschreiten, können in den folgenden Veranlagungszeiträumen im Rahmen der Höchstbeträge abgezogen werden.

Wer vorsätzlich oder grob fahrlässig eine unrichtige Bestätigung über Spenden ausstellt oder wer veranlasst, dass Zuwendungen nicht zu den in der Bestätigung angegebenen steuerbegünstigten Zwecken verwendet werden, haftet für die entgangene Steuer. Diese ist mit 30 % des zugewendeten Betrags anzusetzen (§ 9 Abs. 3 KStG).

Spenden an politische Parteien und Spenden an Wählervereinigungen gehören bei Kapitalgesellschaften **nicht** zu den abziehbaren Aufwendungen.

6.4.3.9 Verlustabzug

Hinsichtlich des Verlustrücktrags und des Verlustvortrags gilt auch für das Körperschaftsteuerrecht § 10d EStG entsprechend.

Das bedeutet, dass auch die juristische Person auf den Rücktrag von nicht ausgeglichenen Verlusten ganz oder teilweise verzichten kann. Sie hat das gleiche Wahlrecht wie eine natürliche Person, die nach §10d Abs. 1 Satz 5 EStG davon Gebrauch machen will (siehe dazu auch Kap. 4.6.6).

Werden innerhalb von fünf Jahren mehr als 50 % der Anteils- oder Stimmrechte übertragen, geht der Verlustvortrag komplett verloren (§ 8c KStG). Gemäß § 8d KStG können die Verluste trotz eines schädlichen Anteilseignerwechsels genutzt werden, wenn die Körperschaft ein und denselben Geschäftsbetrieb in den drei Veranlagungszeiträumen vor der Antragstellung ununterbrochen betrieben hat und ihn nach dem Anteilseignerwechsel weiterhin aufrecht erhält. Wird der Geschäftsbetrieb eingestellt oder verändert, geht der Verlustvortrag unter.

6.4.3.10 Freibeträge

Nach dem Spendenabzug und gegebenenfalls Verlustabzug mindert sich das Einkommen **bestimmter Körperschaften** um die Freibeträge nach den §§ 24 und 25 KStG, bevor sich das zu versteuernde Einkommen ergibt.

Freibetrag für bestimmte Körperschaften nach § 24 KStG

Vom Einkommen der unbeschränkt steuerpflichtigen Körperschaften im Sinne des § 24 KStG (z. B. Berufsverbände, Anstalten) ist ein Freibetrag von 5.000,00 €, höchstens in Höhe des Einkommens, abzuziehen. Körperschaften, deren Leistungen bei den Empfängern zu den Einnahmen aus Kapitalvermögen nach § 20 Abs. 1 Nr. 1 und Nr. 2 EStG gehören, erhalten den Freibetrag nicht, ebenso Vereine im Sinne des § 25 KStG.

Der Freibetrag hat besondere Bedeutung für Körperschaften und Personenvereinigungen, die einen wirtschaftlichen Geschäftsbetrieb unterhalten. Erzielt die Körperschaft oder Personenvereinigung aus dem wirtschaftlichen Geschäftsbetrieb einen Gewinn, so kommt insoweit eine Körperschaftsteuerbefreiung nicht in Betracht (§ 5 Abs. 1 Nr. 5 KStG). Vom steuerpflichtigen Einkommen ist aber der Freibetrag nach § 24 KStG abzuziehen.

Beispiel

Ein Berufsverband in Bonn unterhält eine Kantine. Im vorigen Jahr wurde daraus ein Gewinn von 5.665,00 € erzielt. Dieser Gewinn stellt zugleich das Einkommen des Verbandes dar, für das die Steuerbefreiung nicht gilt (§ 5 Abs. 1 Nr. 5 Satz 2 KStG).

Es ergibt sich Folgendes:

Einkommen	5.665,00 €
– Freibetrag	– 5.000,00 €
zu versteuerndes Einkommen	665,00 €

Freibetrag für Erwerbs- und Wirtschaftsgenossenschaften sowie für Vereine, die Land- und Forstwirtschaft betreiben

Nach § 25 Abs. 1 KStG ist im Jahr der Gründung und in den folgenden neun Veranlagungszeiträumen, also zehn Jahre lang, ein Freibetrag von 15.000,00 €, höchstens jedoch in Höhe des Einkommens, abzuziehen vom Einkommen der unbeschränkt steuerpflichtigen Erwerbs- und Wirtschaftsgenossenschaften und vom Einkommen der unbeschränkt steuerpflichtigen Vereine, deren Tätigkeit sich auf den Betrieb der Land- und Forstwirtschaft beschränkt.

Voraussetzung für die Gewährung des Freibetrags ist im Wesentlichen, dass die Beteiligung des einzelnen Mitglieds an der Genossenschaft bzw. am Verein und die der Genossenschaft oder dem Verein vom Mitglied zur Nutzung überlassenen Flächen und Gebäude zueinander im richtigen Verhältnis stehen.

AUFGABEN

1. Was versteht man unter Einkommen im Sinne des Körperschaftsteuerrechts?
2. Welche Einkunftsarten können grundsätzlich im Körperschaftsteuerrecht vorkommen?
3. Welche Körperschaften ermitteln den Gewinn nach dem Wirtschaftsjahr?
4. In welchem Fall ist in einem Veranlagungszeitraum der Gewinn einer Körperschaft aus zwei Wirtschaftsjahren anzusetzen? (Nennen Sie ein Beispiel.)
5. Welche Betriebsausgaben und Aufwendungen sind bei der Ermittlung des Gewinns einer Körperschaft nicht abzugsfähig?
6. Wie werden Zuwendungen zur Förderung steuerbegünstigter Zwecke und Spenden an politische Parteien behandelt?
7. Wie wird der Verlustabzug bei der Ermittlung des Einkommens einer Körperschaft durchgeführt?
8. Für welche Körperschaften hat der Freibetrag nach § 24 KStG besondere Bedeutung und in welcher Höhe wird er abgezogen?
9. Welche Körperschaften erhalten den Freibetrag nach § 24 KStG nicht?
10. Wie hoch ist der Freibetrag nach § 25 KStG und welchen Körperschaften wird er gewährt?

VERTIEFENDE ÜBUNGEN

Übungen zur Einkommensteuerermittlung

1. Wie hoch ist das Einkommen der August Lange AG, Duisburg, für den Veranlagungszeitraum 2020?

Die Aktiengesellschaft hat im Wirtschaftsjahr 2020 (= Kalenderjahr) einen Bilanzgewinn von 120.000,00 € ausgewiesen. Dabei sind die folgenden Beträge als Aufwand bzw. als Ertrag gebucht worden:

1. gezahlte Körperschaftsteuer 37.000,00 €
2. Körperschaftsteuererstattung (keine Verrechnung mit Steuerschulden) .... 800,00 €
3. Geschenke an Nichtarbeitnehmer über 35,00 € .... 5.000,00 €
4. gezahlte Aufsichtsratsvergütungen.................. 12.300,00 €
5. Zuwendungen für steuerbegünstigte Zwecke .... 9.000,00 €

Die abzugsfähigen Verluste aus den Vorjahren betragen 22.000,00 €.

2. Errechnen Sie das Einkommen der Karosseriebau GmbH, Bochum, für 2020.

Aus den Büchern und Unterlagen der GmbH ergibt sich für das Wirtschaftsjahr 2019/20, das vom 1. Okt. bis 30. Sept. läuft, Folgendes:

1. Summe der Besitzposten am 30. Sept. .... 285.000,00 €
2. Summe der Schuldposten am 30. Sept. .... 84.700,00 €
3. Betriebsvermögen am Schluss des vorangegangenen Wirtschaftsjahres .... 160.000,00 €
4. gezahlte Körperschaftsteuer .... 27.000,00 €
5. Spenden für kirchliche Zwecke, im Wirtschaftsjahr 2019/20 gezahlt................... 2.600,00 €
6. Körperschaftsteuererstattung................. 3.000,00 €
7. Spenden für steuerbegünstigte Zwecke, am 15. Okt. 2020 gezahlt .... 1.250,00 €
8. abzugsfähiger Verlust aus den Vorjahren................ 9.700,00 €

Die Beträge zu Nr. 4 und 5 sind dem Kapitalkonto belastet worden. Die erstattete Körperschaftsteuer ist dem Kapitalkonto gutgeschrieben worden.

6.5 Der Körperschaftsteuertarif

6.5.1 Der Körperschaftsteuersatz

Die Körperschaftsteuer beträgt 15 % des zu versteuernden Einkommens (§ 23 KStG). Die Steuer wird auf volle Euro abgerundet.

Die ausschüttende Kapitalgesellschaft ist bei offenen Gewinnausschüttungen verpflichtet, Kapitalertragsteuer in Höhe von 25 % einzubehalten. Grundsätzlich ist durch diese Abgeltungssteuer alles abgegolten (§ 43 Abs. 5 EStG). Dabei ist zu unterscheiden, ob es sich um Anteile handelt, die im Privatvermögen gehalten werden, oder um Anteile, die zu einem Betriebsvermögen gehören. Ausschüttungen auf Anteile im Privatvermögen unterliegen der Abgeltungssteuer in Höhe von 25 %, wobei kein Werbungskostenabzug zulässig ist. Ausschüttungen auf Anteile im Betriebsvermögen werden zu 60 % besteuert, wobei hier auch ein Abzug der einschlägigen Betriebsausgaben in Höhe von 60 % zulässig ist.

Beispiel

Die Soft GmbH (Wirtschaftsjahr = Kalenderjahr) hat im Jahr 2019 einen Gewinn von 8.000,00 € erzielt und schüttet 2020 davon 4.000,00 € Gewinnausschüttung an ihren Gesellschafter aus:

	€	€
Gewinn der GmbH 2019		8.000,00
Körperschaftsteuer 15 % von 8.000,00 €	1.200,00	
darauf Solidaritätszuschlag 5,5 %	66,00	– 1.266,00
Gewinn nach Steuern		6.734,00
Gewinnausschüttung im Jahr 2020 für 2019		– 4.000,00
verbleibender Gewinn (Gewinnvortrag nach Verwendung)		2.734,00
Gewinnausschüttung an Gesellschafter 2020		4.000,00
– Abgeltungssteuer 25 % von 4.000,00 €	1.000,00	
– Solidaritätszuschlag 5,5 % von 1.000,00 €	55,00	– 1.055,00
Nettodividende/Auszahlung 2020		2.945,00

Abgeltungssteuer und Solidaritätszuschlag von zusammen 1.055,00 € sind von der Soft GmbH bei Auszahlung einzubehalten und an die Finanzverwaltung abzuführen. Der Gesellschafter kann diese gesetzlichen Abzugsteuern im Veranlagungsverfahren von der festgesetzten Einkommensteuer für 2020 abziehen.

Die Ausschüttung unterliegt gemäß § 32d EStG der Abgeltungssteuer in Höhe von 25 %. Werbungskosten im Zusammenhang mit der Ausschüttung können nicht mehr abgezogen werden. Sollte der Steuerpflichtige einen niedrigeren persönlichen Steuersatz als 25 % haben, wird eine Veranlagungsoption eingeräumt, die allerdings nicht zum Abzug von Werbungskosten berechtigt.

Eine weitere Möglichkeit, das Teileinkünfteverfahren und auch die tatsächlichen Werbungskosten anzusetzen, ist in § 32d Abs. 2 EStG geregelt (zum Teileinkünfteverfahren siehe Kap. 4.4.5.1).

6.5.2 Das Steuerbilanzkapital

Bei Kapitalgesellschaften besteht das Steuerbilanzkapital aus Nennkapital (in der Regel Stammkapital oder Grundkapital), Einlagen, die nicht in das Nennkapital geleistet wurden und den sonstigen Kapitalrücklagen, z. B. Gewinnrücklagen.

Die sonstigen Kapitalrücklagen, die sowohl aus steuerpflichtigen als auch aus steuerfreien Rücklagen bestehen können, werden errechnet, indem man vom Steuerbilanzkapital das handelsrechtliche Nennkapital sowie das Einlagekonto abzieht.

Beispiel

Die Argon GmbH (Wirtschaftsjahr = Kalenderjahr) hat zum 31. Dez. 2018 ein vorläufiges Steuerbilanzkapital in Höhe von 110.000,00 € und ein Einlagekonto von 20.500,00 € festgestellt, das handelsrechtliche Nennkapital beträgt 50.000,00 €. Die grundsätzlich für die Ausschüttung zur Verfügung stehenden sonstigen Kapitalrücklagen ergeben sich aus:

Steuerbilanzkapital	110.000,00 €
– Stammkapital	– 50.000,00 €
– Einlagekonto	– 20.500,00 €
Sonstige Kapitalrücklagen	39.500,00 €

39.500,00 € stehen als steuerbare Ausschüttung zur Verfügung.

6.5.3 Das steuerliche Einlagekonto

Nach § 27 Abs. 1 KStG muss die Körperschaft die nicht in das Nennkapital geleisteten Einlagen am Schluss jeden Wirtschaftsjahres auf einem besonderen Konto, einem Einlagekonto, ausweisen.

Der Bestand des Einlagekontos ist gesondert festzustellen. Die gesonderte Feststellung des Einlagekontos erfolgt immer zum 31. Dez. des laufenden Jahres, ausgehend von dem Bestand am Ende des vorangegangenen Jahres, der um die jeweiligen Zu- und Abgänge des Wirtschaftsjahres fortzuschreiben ist.

Dividenden und verdeckte Gewinnausschüttungen mindern das Einlagekonto nach § 27 Abs. 1 Satz 3 KStG allerdings nur, soweit die Summe der im Wirtschaftsjahr erbrachten Leistungen (Gewinnausschüttungen) den auf den Schluss des vorangegangenen Wirtschaftsjahres ermittelten Unterschiedsbetrag zwischen dem um das gezeichnete Kapital geminderten Eigenkapital laut Steuerbilanz und dem Bestand des Einlagekontos übersteigen.

Insofern ergibt sich eine Verwendungsreihenfolge bei der Ausschüttung. Diese erfolgt zuerst aus den sonstigen Kapitalrücklagen und erst wenn diese verbraucht sind aus dem steuerlichen Einlagekonto. Diese Verwendungsfiktion des § 27 Abs. 1 Satz 3 KStG bezieht sich jedoch immer auf die Vorjahresendsalden und nicht auf das laufende Wirtschaftsjahr, in dem die Ausschüttung vorgenommen wird. Insofern können Einlagen und Entnahmen eines Wirtschaftsjahres auch nicht saldiert werden.

Beispiel

(Fortsetzung des Beispiels Argon GmbH aus dem vorhergehenden Kapitel)

Im Jahr 2019 hatte die Argon GmbH einen Gewinn von 45.000,00 € nach Steuern erzielt, außerdem haben die Gesellschafter 10.000,00 € eingelegt. Der Gewinn des Jahres 2019 wird im Jahr 2020 voll an die Gesellschafter Arglos und Ondra, die jeweils mit 25.000,00 € Stammeinlage an der GmbH beteiligt sind, ausgeschüttet. Dabei fielen Finanzierungskosten von 800,00 € an.

Ausschüttung Gewinn 2019 (Summe der Leistungen 2019)	45.000,00 €
sonst. Kapitalrücklagen 2018	– 39.500,00 €
Überschießende Ausschüttung	5.500,00 €

<u>Entwicklung des Einlagekontos 2019</u>

Bestand Einlagekonto	20.500,00 €
Abgänge Einlagekonto wegen Ausschüttung	– 5.500,00 €
Zugänge Einlagekonto	10.000,00 €
Restbestand des Einlagekontos	25.000,00 €

<u>Entwicklung des Steuerbilanzkapitals 2019</u>

Eigenkapital vor Gewinn und Ausschüttung	110.000,00 €
Zugang aus Gewinn	45.000,00 €
Zugang aus Einlagen	10.000,00 €
Abgänge aus Ausschüttungen	– 45.000,00 €
Steuerbilanzkapital 31.12.2019	120.000,00 €

<u>Entwicklung der sonstigen Kapitalrücklagen 2019</u>

Steuerbilanzkapital 31.12.2019	120.000,00 €
– Nennkapital	– 50.000,00 €
– steuerliches Einlagekonto	– 25.000,00 €
Sonstige Kapitalrücklagen 31.12.2019	45.000,00 €

→

Besteuerung des Anteilseigners Arglos 2020

Gewinnausschüttung	45.000,00 €
abzüglich Einlagerückzahlung	– 5.500,00 €
Gewinnanteil nach § 20 Abs. 1 Nr. 1 Satz 1 EStG	39.500,00 €
Anteil Arglos = 50 %	19.750,00 €
davon 25 % Kapitalertragsteuer	– 4.937,50 €
und 5,5 % Solidaritätszuschlag	– 271,56 €
Nettobetrag	14.540,94 €

Nach § 43 Abs. 5 EStG ist die Einkommensteuer auf die Ausschüttung abgegolten.

Zusätzlich ist zu beachten, dass grundsätzlich bei der Kapitalrückzahlung durch die Ausschüttung aus dem steuerlichen Einlagekonto nach § 27 Abs. 1 KStG ein Veräußerungsgewinn im Sinne des § 17 Abs. 4 Satz 1 EStG vorliegen kann. Der Veräußerungsgewinn entsteht allerdings nur, wenn die Minderung des Einlagekontos die Anschaffungskosten des Gesellschafters für die Beteiligung übersteigt (§ 17 Abs. 2 Satz 1 EStG).

Dem Gesellschafter Arglos steht das Antragsrecht zur Besteuerung nach § 32d Abs. 2 Nr. 3a EStG zu (siehe Kap. 4.4.5).

AUFGABEN

1. Wie hoch ist der derzeit geltende Körperschaftsteuersatz?
2. Aus welchen Bestandteilen setzt sich das Steuerbilanzkapital/Eigenkapital einer Kapitalgesellschaft zusammen?
3. Was verstehen Sie unter „Sonstige Kapitalrücklagen“ und wie werden sie ermittelt?
4. Wie werden nicht in das Nennkapital geleistete Einlagen erfasst?
5. Woraus ergeben sich Änderungen beim steuerlichen Einlagekonto?

VERTIEFENDE ÜBUNGEN

Übung 1: Sonstige Rücklagen

Übung 2: Steuerliches Einlagekonto

1. **Ermitteln Sie die sonstigen Rücklagen und entwickeln Sie das steuerliche Einlagekonto.**
   a) Die Heizungsbau AG in Düsseldorf hat zum Ende des Wirtschaftsjahres am 31. Dez. 2019 ein vorläufiges Steuerbilanzkapital von 270.000,00 € festgestellt. Das gezeichnete Grundkapital beträgt 200.000,00 € und das steuerliche Einlagekonto hat einen Anfangsbestand von 25.000,00 €. Laut Beschluss der Hauptversammlung werden im Jahr 2020 für das Wirtschaftsjahr 2019 (= Kalenderjahr) Gewinnausschüttungen in Höhe von 50.000,00 € vorgenommen.
   b) Wie a), jedoch haben die Gesellschafter im Wirtschaftsjahr 2019 eine verdeckte Einlage von 10.000,00 € geleistet.
2. **Entwickeln Sie das steuerliche Einlagekonto.**
   Die System GmbH in Darmstadt hat im Wirtschaftsjahr 2019 ein Steuerbilanzkapital von 100.000,00 € und ein steuerliches Einlagekonto von 7.000,00 €. Das voll eingezahlte Stammkapital beträgt 50.000,00 €. Der Gesellschafter hat 2019 im Wirtschaftsjahr Einlagen in Höhe von 8.000,00 € geleistet. Die Leistungen für das Wirtschaftsjahr wurden im Folgejahr mit 50.000,00 € ausgeschüttet.

6.5.4 Veranlagung und Erhebung der Körperschaftsteuer

Für die Veranlagung zur Körperschaftsteuer sowie für die Anrechnung, Entrichtung und Vergütung der Körperschaftsteuer gelten die Vorschriften des Einkommensteuergesetzes entsprechend (§ 31 Abs. 1 KStG).

4497514

6.6 Organschaft

Eine **Organschaft** (ein Organverhältnis) liegt vor, wenn eine Kapitalgesellschaft (Organgesellschaft) mit Geschäftsleitung im Inland und Sitz in einem Mitgliedstaat der Europäischen Union oder in einem Vertragsstaat des EWR-Abkommens einem anderen inländischen Unternehmen (Organträger) so untergeordnet ist, dass sie keinen eigenen Willen hat. Eine derartige Unterordnung ist immer dann gegeben, wenn die Organgesellschaft – sie wird auch Organ genannt – finanziell dem Unternehmen des Organträgers eingegliedert ist.

Organträger kann eine Kapitalgesellschaft, eine Personengesellschaft oder sogar ein Einzelunternehmen sein (§ 14 Abs. 1 Nr. 2 KStG). Es muss sich aber um ein inländisches gewerbliches Unternehmen im Sinne des § 2 GewStG handeln.

Eine finanzielle Eingliederung der Organgesellschaft, der Untergesellschaft, ist gegeben, wenn der Organträger, die Obergesellschaft, die Mehrheit der Stimmrechte aus der Beteiligung an der Organgesellschaft besitzt. Das bedeutet, dass der Organträger an der Organgesellschaft vom Beginn ihres Wirtschaftsjahres an ununterbrochen und unmittelbar und/oder mittelbar mehrheitlich (mehr als 50 % der Stimmrechte) beteiligt sein muss (§ 14 Abs. 1 Nr. 1 KStG).

Die Organschaft schließt die Selbstständigkeit der untergeordneten Kapitalgesellschaft in Bezug auf die Körperschaftsteuerpflicht nicht aus. Aus diesem Grunde ist eine Organschaft körperschaftsteuerrechtlich erst dann von Bedeutung, wenn zwischen dem Organträger (z. B. eine Muttergesellschaft) und der Organgesellschaft (z. B. eine Tochtergesellschaft) ein steuerlich wirksamer Gewinnabführungsvertrag geschlossen ist (§ 14 Abs. 1 Satz 1 und Nr. 3 KStG).

Die Organschaft existiert auch bei der Gewerbesteuer und der Umsatzsteuer. Während die gewerbesteuerlichen (§ 2 Abs. 2 Satz 2 GewStG) mit den körperschaftsteuerlichen Voraussetzungen übereinstimmen, ist bei der umsatzsteuerlichen Organschaft zusätzlich eine wirtschaftliche und organisatorische Eingliederung erforderlich (§ 2 Abs. 2 Nr. 2 Satz 1 UStG).

Gewinnabführungsvertrag

Durch einen **Gewinnabführungsvertrag** (§ 291 Abs. 1 AktG) verpflichtet sich die Organgesellschaft, ihren gesamten Gewinn an den Organträger abzuführen, und der Organträger verpflichtet sich, den Verlust der Organgesellschaft zu übernehmen.

Gewinnabführungsverträge sind mindestens für fünf Jahre abzuschließen (§ 14 Abs. 1 Nr. 3 Satz 1 KStG). Sie führen dazu, dass das Einkommen der Organgesellschaft (z. B. Tochtergesellschaft) steuerlich grundsätzlich beim Organträger (z. B. Muttergesellschaft) erfasst wird. Ausgenommen sind jedoch die Ausgleichszahlungen (Dividendengarantien) im Sinne des § 16 KStG. Diese Beträge hat die Organgesellschaft anstelle des Organträgers zu versteuern, und zwar nach § 16 KStG mit $^{20}/_{17}$ der geleisteten Ausgleichszahlungen. Zieht man 15 % Körperschaftsteuer vom zu versteuernden Einkommen ($^{20}/_{17}$) ab, ergibt sich die Ausgleichszahlung ($^{17}/_{17}$).

Wird eine Organgesellschaft (Untergesellschaft) aufgelöst, so fällt nach § 11 Abs. 1 KStG der im Abwicklungszeitraum erzielte Gewinn nicht unter die Gewinnabführungsverpflichtung. Dieser Gewinn ist ebenfalls von der Organgesellschaft selbst (wie auch die oben erwähnten Ausgleichszahlungen) zu versteuern, weil er – nach der Rechtsprechung des Bundesfinanzhofs – nicht auf einer auf Erwerb gerichteten Tätigkeit der Organgesellschaft beruht.

Ermittlung des Einkommens der Organgesellschaft und Zurechnung beim Organträger

Für die Ermittlung des Einkommens im Sinne des Körperschaftsteuerrechts gelten grundsätzlich die Vorschriften des Einkommensteuergesetzes und des Körperschaftsteuergesetzes (§ 8 Abs. 1 KStG). Nicht abziehbare Personensteuern dürfen den Gewinn und infolgedessen das Einkommen nicht mindern. Spenden sind nur insoweit absetzbar, als sie nach § 10b EStG abzugsfähig sind.

Die Vorschriften des Einkommensteuergesetzes und des Körperschaftsteuergesetzes sind jedoch bei der Ermittlung des Einkommens einer Organgesellschaft nicht uneingeschränkt anzuwenden. So ist z. B. ein Verlustabzug im Sinne des § 10d EStG bei der Ermittlung des Einkommens einer Organgesellschaft nicht zulässig (§ 15 Nr. 1 KStG). Dadurch soll die Verlagerung von Verlusten der Organgesellschaft aus der Zeit vor Inkrafttreten eines Gewinnabführungsvertrags auf den Organträger verhindert werden.

Verpflichtet sich eine Organgesellschaft durch einen Gewinnabführungsvertrag dazu, ihren ganzen Gewinn an einen Organträger abzuführen, so ist das Einkommen der Organgesellschaft – mit Ausnahme der geleisteten Ausgleichszahlungen – dem Organträger zuzurechnen, wenn die Voraussetzungen nach § 14 Abs. 1 Nr. 1–5 KStG erfüllt sind.

Weicht das Wirtschaftsjahr der Organgesellschaft vom Kalenderjahr ab, so ist das Einkommen der Organgesellschaft beim Organträger in dem Kalenderjahr anzusetzen, in dem das Wirtschaftsjahr endet.

Beispiel

Die Bayerische Fahrzeugbau AG, München, (Muttergesellschaft) hat im Kalenderjahr 2020 ein Einkommen von 700.000,00 € erzielt. Die Schwarting GmbH, Regensburg, ist eine Tochtergesellschaft der Fahrzeugbau AG. Das Wirtschaftsjahr der GmbH läuft vom 1. April bis 31. März. Aufgrund eines Gewinnabführungsvertrags ist die GmbH verpflichtet, ihren Gewinn an die AG abzuführen. Sie hat im Wirtschaftsjahr 2019/20 einen Gewinn von 130.000,00 € ausgewiesen. Bei der Errechnung des Gewinns hat die GmbH Personensteuern in Höhe von 50.000,00 € als Betriebsausgabe gebucht.

Das Einkommen der GmbH für das Kalenderjahr 2020 errechnet sich wie folgt:

ausgewiesener Gewinn	130.000,00 €
+ nicht abziehbare Personensteuern	50.000,00 €
Einkommen	180.000,00 €

Dieses Einkommen ist der Muttergesellschaft, dem Organträger, im Jahr 2020 zuzurechnen, sodass das Einkommen der AG 880.000,00 € beträgt.

4497516

AUFGABEN

1. In welchem Fall liegt eine Organschaft vor?
2. Wer kann Organträger sein?
3. Unter welcher Voraussetzung ist die finanzielle Abhängigkeit der Organgesellschaft vom Organträger gegeben?
4. Welche Vorschriften gelten grundsätzlich für die Ermittlung des Einkommens im Sinne des Körperschaftsteuerrechts?
5. Wie wird der Verlustabzug nach § 10d EStG bei der Ermittlung des Einkommens einer Organgesellschaft behandelt?
6. Wem ist das Einkommen einer Organgesellschaft im Falle eines Gewinnabführungsvertrags zuzurechnen?
7. In welchem Kalenderjahr ist bei abweichendem Wirtschaftsjahr das Einkommen der Organgesellschaft beim Organträger anzusetzen?

VERTIEFENDE ÜBUNGEN

Übungen zur Gewinnabführung

1. **Wie hoch ist das Einkommen des Organträgers für das Kalenderjahr 2020?**

   Die Obstverwertungs-GmbH, Baden-Baden, ist ein Organ der Landmaschinenbau AG, Karlsruhe. Das Wirtschaftsjahr der AG läuft vom 1. April bis 31. März und das der GmbH vom 1. Okt. bis 30. Sept. Die GmbH hat ihren Gewinn laut Bilanz vom 30. Sept. 2019 in Höhe von 100.000,00 € vertragsgemäß an die AG abgeführt. Die GmbH hat Körperschaftsteuer in Höhe von 40.000,00 € und Spenden (des Wirtschaftsjahres vom 1. Okt. 2019 bis 30. Sept. 2020) in Höhe von 8.000,00 € als Aufwand gebucht. Die abzugsfähigen Zuwendungen der GmbH im Kalenderjahr 2020 in Höhe von 5.000,00 € sind noch zu berücksichtigen.

   Die AG selbst hat im Jahr 2020 ein Einkommen von 207.000,00 € erzielt.

2. **Ermitteln Sie das Einkommen der Münchner Fensterbau AG für 2020.**

   Die Fensterbau AG, deren Wirtschaftsjahr vom 1. Okt. bis 30. Sept. läuft, hat für das Wirtschaftsjahr 2019/20 laut Bilanz vom 30. Sept. 2020 einen Gewinn von 230.000,00 € ausgewiesen. In der Bilanz ist eine Rückstellung für noch zu zahlende Körperschaftsteuer 2020 in Höhe von 100.000,00 € enthalten. Folgende Beträge sind als Aufwand gebucht worden:

gezahlte Körperschaftsteuer	300.000,00 €
Zuwendungen für steuerbegünstigte Zwecke	9.000,00 €
Vergütungen an Aufsichtsratsmitglieder	28.000,00 €

   Von den Zuwendungen von 9.000,00 € sind 3.000,00 € in der Zeit vom 1. Okt. bis 31. Dez. 2019 gezahlt worden.

   In der Bilanz vom 30. Sept. 2019 war eine Rückstellung für noch zu zahlende Körperschaftsteuer für 2017 in Höhe von 30.000,00 € enthalten. Nach Zustellung des Körperschaftsteuerbescheids 2017 im Juli 2020 betrug die Nachzahlung nur 27.000,00 €. Sie wurde im Aug. 2020 geleistet und wie folgt gebucht:

   Rückstellung an Bank 27.000,00 €.

   Der Restbetrag der Rückstellung in Höhe von 3.000,00 € wurde mit folgender Buchung am 30. Sept. 2020 aufgelöst:

   Rückstellung an Erträge aus der Auflösung von Rückstellungen 3.000,00 €.

   Die Berchtesgadener Sägewerk GmbH ist ein Organ der Fensterbau AG. Die Gesellschafter haben einen steuerlich wirksamen Gewinnabführungsvertrag geschlossen. Das Wirtschaftsjahr der GmbH läuft vom 1. April bis 31. März. Laut Bilanz vom 31. März 2020 hat die GmbH einen Gewinn von 90.000,00 € ausgewiesen.

   Die GmbH hat ihr Wirtschaftsjahr mit Wirkung vom 1. April 2020 auf das Kalenderjahr umgestellt. Nach der Bilanz vom 31. Dez. 2020 hat der Gewinn des Rumpfwirtschaftsjahres vom 1. April bis 31. Dez. 2020 64.000,00 € betragen.

   Eine verdeckte Gewinnausschüttung von 6.000,00 € ist als Aufwand gebucht worden.

6.7 Gesamtwiederholung zur Körperschaftsteuer

VERTIEFENDE ÜBUNGEN

Übungen 1 und 2: Ausschüttung

1. **Die Gesellschafterversammlung der Kälte- & Klimatechnik GmbH, Rostock, (Wirtschaftsjahr = Kalenderjahr) hat beschlossen, für das Geschäftsjahr 2018 eine Gewinnausschüttung vorzunehmen.**
   a) **Vervollständigen Sie den Gesellschafterbeschluss.[1]**
   b) **Wie hoch sind die Einkünfte der Gesellschafter aus diesem Vorgang?**
   Der Gesellschafter ist konfessionslos und nicht nach § 32d Abs. 2 Nr. 3 EStG beteiligt.

Gesellschafterbeschluss

der Gesellschafter der Kälte- & Klimatechnik GmbH
Markgrafenheide 12–16, 18146 Rostock

Wir, die unterzeichnenden Gesellschafter der Kälte- & Klimatechnik GmbH, Rostock, beschließen unter Verzicht auf Formen und Fristen zur Einberufung einer Gesellschafterversammlung:
Aus dem Gewinn für das Wirtschaftsjahr 2019 wird eine Gewinnausschüttung von 90.000,00 € vorgenommen, die auf die Gesellschafter wie folgt entfällt:

	Gewinnausschüttung €	KapESt €	Solidaritätszuschlag €	Barauszahlung €
Franz Müller	60.000,00	________	________	________
Hans Kulschewski	30.000,00	________	________	________

Die Gewinnausschüttung ist im November 2020 auszuzahlen.

Rostock am 5. November 2020

____________________ Franz Müller

____________________ Hans Kulschewski

2. **Erstellen Sie die Steuerbescheinigung für die Gesellschafterin Heidi Rosen, Schloßberg 11 in 69117 Heidelberg, anhand der folgenden Angaben.[1]**
   Laut ordnungsgemäßen Protokolls hat die Gesellschafterversammlung der Stahlbau GmbH, Rutlindisweg 70, 69123 Heidelberg, am 30. Sept. 2020 für das Geschäftsjahr 1. Jan. bis 31. Dez. 2019 beschlossen, eine Gewinnausschüttung von 49.000,00 € vorzunehmen. Auf die Gesellschafterin Rosen, konfessionslos, entfallen 65 % der Gewinnanteile. Die Nettogewinnausschüttung wurde am 22. Okt. 2020 auf das Bankkonto der Frau Rosen überwiesen. Die Abzugsteuern wurden am 5. Nov. 2020 an das Finanzamt Heidelberg unter Steuernummer 2832/0127/1230 gezahlt.

1 Bitte schreiben Sie nicht in das Lehrbuch, wenn es nicht Ihr Eigentum ist.

. . . .
. . . .
. . . .
(Bezeichnung des Schuldners der Kapitalerträge)

Adressfeld
. . . .
. . . .
. . . .

Steuerbescheinigung
einer leistenden Körperschaft, Personenvereinigung oder Vermögensmasse
oder eines Personenunternehmens

❑ Einzelsteuerbescheinigung
❑ Zusammengefasste Bescheinigung für den Zeitraum . . . . . .
Wir versichern, dass Einzelsteuerbescheinigungen insoweit nicht ausgestellt worden sind.

An
. . . .
(Name und Anschrift der Gläubigerin/des Gläubigers/der Gläubiger der Kapitalerträge)

wurden laut Beschluss vom . . . . am . . . . .für . . . .
(Zahlungstag) (Zeitraum)
folgende Kapitalerträge gezahlt:

Kapitalerträge im Sinne des § 43 Abs. 1 Satz 1 Nr. 1 EStG . . . .
Kapitalerträge im Sinne des § 43 Abs. 1 Satz 1 Nr. 2 und 3 EStG . . . .
Kapitalerträge im Sinne des § 43 Abs. 1 Satz 1 Nr. 7a EStG . . . .

Darin enthaltene Kapitalerträge, von denen der Steuerabzug in Höhe
von drei Fünfteln vorgenommen wurde (§ 44a Abs. 8 EStG) . . . .
Summe der darauf entfallenden Kapitalertragsteuer . . . .

Kapitalerträge im Sinne des § 43 Abs. 1 Satz 1 Nr. 4 EStG . . . .
davon Höhe der Kapitalerträge aus Lebensversicherungen
im Sinne des § 20 Abs. 1 Nr. 6 Satz 2 EStG . . . .

Sonstige Kapitalerträge . . . .

Summe Kapitalertragsteuer in Höhe von 25 % . . . .
oder wegen einbehaltener Kirchensteuer entsprechend geminderter
Kapitalertragsteuerbetrag . . . .

Kapitalerträge im Sinne des § 43 Abs. 1 Satz 1 Nr. 7b EStG . . . .
Kapitalerträge im Sinne des § 43 Abs. 1 Satz 1 Nr. 7c EStG . . . .
Summe der darauf entfallenden Kapitalertragsteuer in Höhe von 15 % . . . .

Summe Solidaritätszuschlag . . . .

Summe Kirchensteuer zur Kapitalertragsteuer . . . .

kirchensteuererhebende Religionsgemeinschaft . . . .

Höhe des in Anspruch genommenen Sparer-Pauschbetrages
Zeile 12 oder 13 Anlage KAP . . . .

Leistungen aus dem steuerlichen Einlagekonto (§ 27 Abs. 1–7 KStG) . . . .

→

Übungen 3 und 4: zu versteuerndes Einkommen

3. Ermitteln Sie das zu versteuernde Einkommen der Maschinen- & Apparatebau GmbH, Chemnitz.

Die vorläufige (handelsrechtliche) Gewinn- und Verlustrechnung für das Geschäftsjahr (1. Jan. bis 31. Dez.) zeigt folgendes Bild:

Umsatzerlöse	5.730.000,00 €	
Sonstige betriebliche Erträge	135.000,00 €	
Auslandserträge (körperschaftsteuerfrei)	115.000,00 €	**5.980.000,00 €**
Materialaufwand	2.530.000,00 €	
Personalaufwand	2.070.000,00 €	
Abschreibungen	230.000,00 €	
Sonstiger betrieblicher Aufwand	433.550,00 €	
Spenden 1 (mildtätig)	5.750,00 €	
Spenden 2 (Partei)	7.475,00 €	
Geschenke über 35,00 €	1.725,00 €	
Verwaltungsratsvergütung	23.000,00 €	
Körperschaftsteuer (Vorauszahlung ohne Solidaritätszuschlag)	220.000,00 €	**– 5.521.500,00 €**
Jahresüberschuss		**458.500,00 €**

Schema für die Ermittlung des zu versteuernden Einkommens (siehe auch R 7.1 KStR):

	€		€
Vorläufiger Jahresüberschuss			
– steuerfreie Einkünfte (z. B. § 8b KStG)		–	
+ nicht abzugsfähige Betriebsausgaben			
▪ sämtliche Spenden			
▪ Geschenke über 35,00 € (§ 4 Abs. 5 Nr. 1 EStG)			
▪ KSt (§ 10 Nr. 2 KStG)			
– Hälfte der Vergütung für Verwaltungsrat (§ 10 Nr. 4 KStG)		+	
Einkommen			
– abziehbare Spenden (§ 9 Abs. 1 Nr. 2 KStG)		–	
zu versteuerndes Einkommen		=	

4. Ermitteln Sie in einer übersichtlichen Darstellung mit Begründung der einzelnen Wertansätze das zu versteuernde Einkommen.

Die Müller Hard & Soft GmbH, mit Sitz und Geschäftsleitung in Düsseldorf, deren Wirtschaftsjahr mit dem Kalenderjahr übereinstimmt, gab am 1. Sept. 2020 nach Aufforderung des Finanzamtes Düsseldorf-Altstadt ihre Steuererklärung für 2019 einschließlich Steuerbilanz und Gewinn- und Verlustrechnung bei der zuständigen Körperschaftsteuerstelle ab.

In der Steuerbilanz weist die GmbH einen Gewinn von 80.000,00 € aus. Aus der Gewinn- und Verlustrechnung geht hervor, dass zulasten des Gewinns folgende Ausgaben als Aufwand erfasst worden sind:

- Körperschaftsteuervorauszahlungen 2019 .... 28.000,00 €
- Säumniszuschlag für Körperschaftsteuer 2016 .... 200,00 €
- Gewerbesteuervorauszahlungen 2019 .... 19.200,00 €
- Mietzahlungen an den Gesellschafter Müller, der nach § 9 UStG optiert hat .... 69.600,00 €
  - die ortsübliche Vergleichsmiete beträgt................ 46.400,00 €
- Spenden
  - für mildtätige Zwecke .... 12.500,00 €
  - für gemeinnützige Zwecke .... 38.000,00 €
  - Parteispenden .... 3.000,00 €

Die Summe der Umsätze betrug im Geschäftsjahr 2019 1.485.000,00 €, die Summe der Gehälter belief sich auf 348.000,00 €.

In den Gehältern enthalten ist das Geschäftsführergehalt des Gesellschafters Müller (GmbH-Anteile 60 %), das laut Gesellschafterbeschluss vom 1. April 2019 rückwirkend zum 1. Jan. 2019 von monatlich 70.000,00 € auf 80.000,00 € erhöht worden ist. Das Gehalt von 80.000,00 € ist unstrittig angemessen.

KAPITEL 7

Gewerbesteuer

- Begriff, Verwaltung, Zuständigkeit
- Steuergegenstand
- Steuerpflicht
- Steuerschuldner/-gläubiger
- Steuerbefreiungen
- Bemessungsgrundlagen
- Erklärungspflicht und Erhebung
- Beginn und Ende der Steuerpflicht
- Zerlegung des Steuermessbetrags
- Gewerbesteuerrückstellung
- Rechtsbehelfe

7 Gewerbesteuer

7.1 Begriff, Verwaltung, Zuständigkeit

Die **Gewerbesteuer** (GewSt) ist eine Gemeindesteuer, weil die Berechtigung zur Erhebung nach § 1 GewStG nur den Gemeinden zusteht.

Sie ist wie die Grundsteuer eine Realsteuer, weil durch sie ein Objekt besteuert wird, und zwar der Gewerbebetrieb. Nicht die Leistungsfähigkeit der Person des Gewerbetreibenden, sondern der Gewerbebetrieb selbst mit seinem Gewerbeertrag wird steuerlich erfasst. Die Gewerbesteuer ist nicht als Betriebsausgabe abzugsfähig (§ 4 Abs. 5b EStG).

Nach § 6 GewStG ist der Gewerbeertrag die Besteuerungsgrundlage für die Gewerbesteuer.

Die Rechtsgrundlagen sind das Gewerbesteuergesetz (GewStG) und die Gewerbesteuer-Durchführungsverordnung (GewStDV). Als Verwaltungsanweisung (siehe Kap. 1.2) stehen die Gewerbesteuer-Richtlinien zur Verfügung (GewStR).

Grundschema der Gewerbesteuer

Gewinn aus Gewerbebetrieb	- - - - ,- - €
+ Hinzurechnungen	- - - - ,- - €
= Summe des Gewinns und der Hinzurechnungen	- - - - ,- - €
– Kürzungen	- - - - ,- - €
= **maßgebender Gewerbeertrag**	- - - - ,- - €
– Gewerbeverlust	- - - - ,- - €
= vorläufiger Gewerbeertrag	- - - - ,- - €
abgerundet auf volle 100,00 €	- - - - ,- - €
– Freibetrag (bei Einzelunternehmen und Personengesellschaften)	- - - - ,- - €
= **endgültiger Gewerbeertrag**	- - - - ,- - €
davon 3,5 % (Steuermesszahl nach dem Gewerbeertrag)	
= Steuermessbetrag nach dem Gewerbeertrag	- - - - ,- - €
· Hebesatz der Gemeinde	%
= **Gewerbesteuer**	- - - - ,- - €

Die **Verwaltung der Gewerbesteuer** steht zum Teil den Finanzämtern und zum Teil den Gemeinden zu.

Für die Feststellung der Besteuerungsgrundlagen und die Festsetzung und Zerlegung des Steuermessbetrages ist das Betriebsfinanzamt zuständig (**Örtliche Zuständigkeit**). Die Festsetzung und Erhebung der Gewerbesteuer einschließlich Stundung, Niederschlagung und Erlass (siehe Kap. 2.7.4) obliegt in der Regel der hebeberechtigten Gemeinde. In Ausnahmefällen überträgt das Land diese Aufgaben den Finanzämtern.

Bei einem inländischen Betrieb ist jenes Finanzamt als Betriebsfinanzamt anzusehen, in dessen Bezirk sich die Geschäftsleitung befindet (§ 18 Abs. 1 Nr. 2 AO).

Ein Reisegewerbebetrieb (siehe Kap. 7.2.2) wird im Umherziehen ausgeübt. Er hat keine Betriebsstätte im Sinne des Gewerbesteuerrechts, sondern nur einen Mittelpunkt der gewerblichen Tätigkeit. Dieser befindet sich in dem Ort, von dem aus die gewerbliche Tätigkeit vorwiegend ausgeübt wird. In der Regel ist das der Wohnort des Reisegewerbetreibenden. Bei einem Reisegewerbetreibenden ist jenes Finanzamt als Betriebsfinanzamt anzusehen, in dessen Bezirk sich der Mittelpunkt der gewerblichen Tätigkeit befindet.

Bei inländischen Betriebsstätten eines ausländischen Betriebs ist jenes Finanzamt als Betriebsfinanzamt anzusehen, in dessen Bezirk sich die inländische Betriebsstätte oder bei mehreren Betriebsstätten die wirtschaftlich bedeutendste Betriebsstätte befindet.

Erste Aufgaben und Übungen zu diesem Kapitel finden Sie auf der folgenden Seite.

Örtliche Zuständigkeit

Örtliche Zuständigkeit

- **Betriebsfinanzamt**
  - Feststellung der Besteuerungsgrundlagen
  - Gewerbeertrag
  - Steuermessbetrag nach dem Gewerbeertrag
  - Zerlegung des Steuermessbetrags auf die hebeberechtigten Gemeinden
- **Hebeberechtigte Gemeinde**
  - Festsetzung der Gewerbesteuer anhand des (anteiligen) Steuermessbetrags
  - Erhebung der Gewerbesteuer
  - Die Aufgaben der Gemeinden können vom Land auf die Finanzämter übertragen werden.

AUFGABEN

1. Warum ist die Gewerbesteuer eine Gemeindesteuer?
2. Was wird durch die Gewerbesteuer besteuert?
3. Wie wird der Steuermessbetrag nach dem Gewerbeertrag ermittelt?
4. Woraus wird die Gewerbesteuer mithilfe des Hebesatzes der Gemeinde errechnet?

VERTIEFENDE ÜBUNGEN

Übungen zur Anwendung des Schemas zur Gewerbesteuer

1. Wie hoch ist die Gewerbesteuer?

Folgende Zahlen sind bekannt:

1. Gewinn aus Gewerbebetrieb (GmbH)	25.410,00 €
2. Freibetrag beim Gewerbeertrag	0,00 €
3. Hinzurechnungen	6.000,00 €
4. Kürzungen	677,00 €
5. Hebesatz der Gemeinde	410 %

2. Wie viel Euro beträgt die Gewerbesteuer?

Für den Bauunternehmer Holz sind die folgenden Zahlen bekannt:

1. Gewinn aus Gewerbebetrieb	35.000,00 €	(65.000,00 €)
2. Hinzurechnungen	2.700,00 €	(3.600,00 €)
3. Kürzungen	770,00 €	(910,00 €)
4. Freibetrag beim Gewerbeertrag	24.500,00 €	(24.500,00 €)
5. Hebesatz der Gemeinde	420 %	(400 %)

7.2 Steuergegenstand

Jeder Gewerbebetrieb unterliegt der Gewerbesteuer, soweit er im Inland betrieben wird (§ 2 Abs. 1 Satz 1 und § 35a Abs. 1 GewStG).

Inland im Sinne des Gewerbesteuergesetzes ist das Gebiet der Bundesrepublik Deutschland einschließlich des der Bundesrepublik Deutschland zustehenden Anteils an der ausschließlichen Wirtschaftszone und am Festlandsockel, soweit die Voraussetzungen nach § 2 Abs. 7 Nr. 1 und 2 GewStG erfüllt sind. Zum Inland im Sinne dieses Gesetzes gehört außerdem der nicht zur Bundesrepublik Deutschland gehörende Teil eines grenzüberschreitenden Gewerbegebiets, das nach den Vorschriften eines Abkommens zur Vermeidung der Doppelbesteuerung als solches bestimmt ist (§ 2 Abs. 7 Nr. 3 GewStG).

7.2.1 Der Gewerbebetrieb

Unter Gewerbebetrieb ist ein **gewerbliches Unternehmen im Sinne des Einkommensteuergesetzes** zu verstehen (§ 2 Abs. 1 Satz 2 GewStG). Ein solches gewerbliches Unternehmen liegt vor, wenn bei der Ausübung einer Tätigkeit die folgenden **Tatbestandsmerkmale nach § 15 Abs. 2 EStG** gegeben sind:

❶ Die Tätigkeit muss selbstständig ausgeübt werden;
❷ die Tätigkeit muss nachhaltig ausgeübt werden;
❸ es muss die Absicht bestehen, Gewinn zu erzielen;
❹ es muss eine Beteiligung am allgemeinen wirtschaftlichen Verkehr vorliegen;
❺ es darf sich nicht um die Ausübung einer Land- und Forstwirtschaft handeln;
❻ es darf sich nicht um die Ausübung eines freien Berufs oder einer anderen selbstständigen Arbeit im Sinne des § 18 EStG handeln.

Im **Unterschied zum Unternehmerbegriff nach § 2 Abs. 1 UStG** (siehe Kap. 3.2.1) ist es bei dem Begriff „gewerbliches Unternehmen" erforderlich, dass die Absicht besteht, Gewinn zu erzielen und dass eine Beteiligung am allgemeinen wirtschaftlichen Verkehr vorliegt. Diese zwei Tatbestandsmerkmale brauchen bei dem Unternehmerbegriff im Sinne des Umsatzsteuergesetzes nicht gegeben zu sein.

Ein **weiterer Unterschied** zwischen diesen beiden Begriffen besteht darin, dass kein gewerbliches Unternehmen vorliegt, wenn es sich um die Ausübung einer land- und forstwirtschaftlichen Tätigkeit oder um die Ausübung einer selbstständigen Arbeit im Sinne des § 18 EStG handelt. Für den Unternehmerbegriff im Sinne des Umsatzsteuergesetzes ist es dagegen ohne Bedeutung, welche Tätigkeit ausgeübt wird.

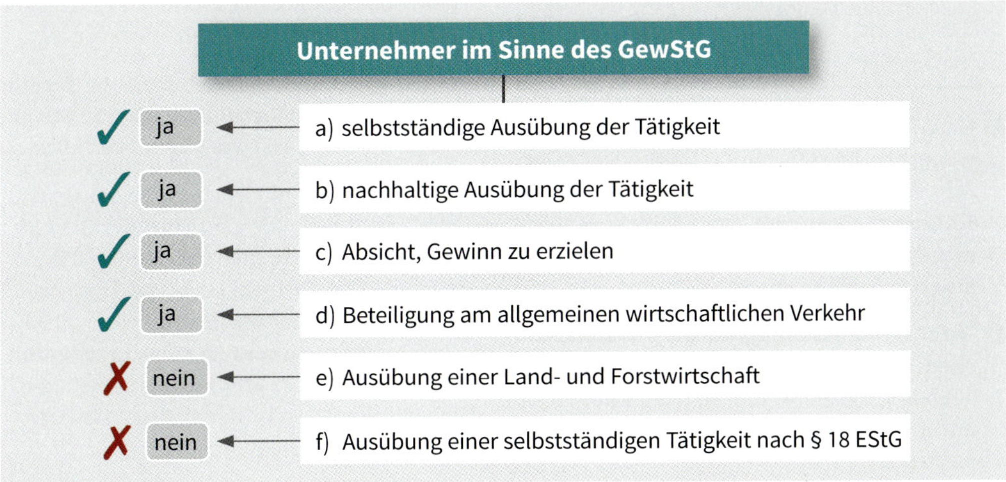

❶ Das Tatbestandsmerkmal der **Selbstständigkeit** ist gegeben, wenn die Tätigkeit auf eigene Rechnung und Verantwortung ausgeübt wird, d. h., wenn der Steuerpflichtige das Risiko seiner Tätigkeit im eigenen Betrieb trägt.

❷ **Nachhaltigkeit** ist gegeben, wenn eine gleichartige Handlung wiederholt oder mit der Absicht der Wiederholung zur Erzielung von Einnahmen vorgenommen wird.

Beispiele

a) Ein kaufmännischer Angestellter befasst sich in seiner Freizeit laufend mit dem An- und Verkauf gebrauchter Personenkraftwagen. Im vorigen Jahr hat er 20 Wagen verkauft.

Nachhaltigkeit liegt vor, weil der Angestellte laufend Wagen gekauft und verkauft hat, um Einnahmen zu erzielen.

b) Sachverhalt wie im Beispiel a) mit dem Unterschied, dass der Angestellte den Autohandel kurz nach Eröffnung krankheitshalber eingestellt hat. Bis dahin hat er lediglich einen Wagen gekauft und wieder verkauft. Nachhaltigkeit liegt ebenfalls vor, obwohl der Angestellte nur einen einzigen Wagen verkauft hat, weil die Absicht der Wiederholung bestanden hat.

c) Ein anderer kaufmännischer Angestellter hat sich einen gebrauchten Pkw für eigene Zwecke gekauft und ihn einige Tage später wieder verkauft, weil ihm sein Arbeitgeber einen Firmenwagen zur Verfügung gestellt hat.

Nachhaltigkeit ist nicht gegeben, weil es sich um einen einmaligen Vorgang handelt und die Absicht der Wiederholung nicht bestanden hat.

❸ **Gewinnerzielungsabsicht** ist gegeben, wenn der Betrieb darauf ausgerichtet ist, für die ausgeführten Leistungen einen Mehrwert gegenüber den erbrachten eigenen Leistungen zu erbringen, der Betrieb also eine Rendite anstrebt.

❹ **Beteiligung am allgemeinen wirtschaftlichen Verkehr** liegt vor, wenn sich die ausgeübte Tätigkeit an die Allgemeinheit, also an eine unbestimmte Zahl von Personen richtet.

Beispiele

a) A errichtet in Dortmund eine Halle, die er laufend immer wieder an neue Pächter für Konzerte, Tagungen usw. vermietet.

Hier liegt eine Beteiligung am allgemeinen wirtschaftlichen Verkehr vor, weil die Halle immer wieder einer unbestimmten Zahl von Interessenten zur Nutzung angeboten wird. Die Pächter wechseln laufend, manchmal täglich. A ist Gewerbetreibender, wenn auch die übrigen Tatbestandsmerkmale gegeben sind.

b) B ist Eigentümer eines Sechsfamilienhauses in Köln. Im Erdgeschoss befinden sich drei Ladenräume. Sämtliche Wohnungen und Ladenräume sind an Dauermieter vermietet.

Eine Beteiligung am allgemeinen wirtschaftlichen Verkehr liegt nicht vor, weil sich die Leistung des Vermieters (Überlassung von Räumen zur Nutzung gegen Entgelt) nicht an die Allgemeinheit, sondern nur an eine begrenzte Zahl von Dauermietern richtet.

❺ Unter **Land- und Forstwirtschaft** wird die planmäßige Nutzung der Naturkräfte und die Verwertung der dadurch gewonnenen Erzeugnisse verstanden. Es ist verhältnismäßig leicht, einen reinen land- und forstwirtschaftlichen Betrieb von einem Gewerbebetrieb zu unterscheiden. Handelt es sich aber um einen Betrieb, der sowohl eigene als auch zugekaufte Erzeugnisse verwertet oder verkauft (ein Gemüsebauer verkauft z. B. eigenes Gemüse und zugekaufte Südfrüchte), so ist es oft schwierig zu entscheiden, ob ein land- und forstwirtschaftlicher Betrieb oder ein Gewerbebetrieb vorliegt.

In den in ❺ genannten Fällen kann die **Vereinfachungsregelung nach R 15.5 Abs. 11 EStR** angewandt werden. Es ist wie folgt zu verfahren:

- Beträgt der **Zukauf** fremder Erzeugnisse dauerhaft nicht mehr als ein Drittel des Gesamtumsatzes und nicht mehr als 51.500,00 €, so ist grundsätzlich ein land- und forstwirtschaftlicher Betrieb anzuerkennen;
- übersteigt der **Zukauf** fremder Erzeugnisse dauerhaft die o. g. Grenzen (steuerschädlicher Zukauf), so ist in der Regel steuerlich ein Gewerbebetrieb anzunehmen.

Bei der Beurteilung der Frage, ob der Zukauf dauerhaft ist, wird grundsätzlich auf den Durchschnitt von drei Jahren abgestellt (R 15.5 Abs. 2 EStR). Dabei bleibt der Zukauf bei einzelnen Missernten unberücksichtigt.

❻ Bei der **selbstständigen Arbeit im Sinne des § 18 EStG** handelt es sich im Wesentlichen um

- die freiberufliche Tätigkeit, z. B. die selbstständige Berufstätigkeit der Ärzte, Architekten, Steuerberater, Krankengymnasten (§ 18 Abs. 1 Nr. 1 EStG), und
- die sonstige selbstständige Arbeit, z. B. die Vollstreckung von Testamenten, die Vermögensverwaltung und die Tätigkeit als Aufsichtsratsmitglied (§ 18 Abs. 1 Nr. 3 EStG).

7.2.2 Die Arten des Gewerbebetriebs

Das Gewerbesteuergesetz unterscheidet folgende **Arten von Gewerbebetrieben:**

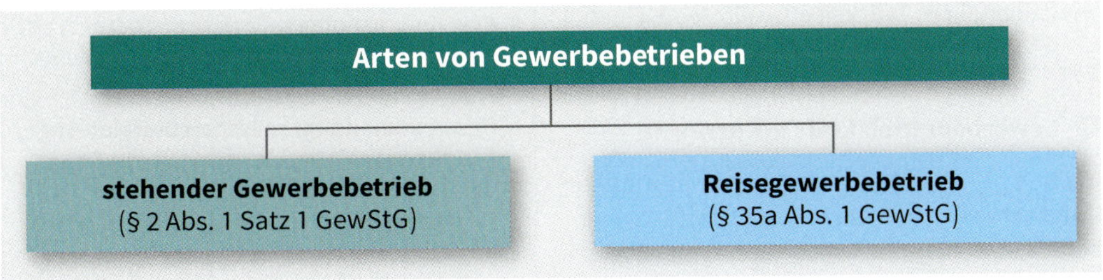

Sowohl der **stehende Gewerbebetrieb** (§ 2 Abs. 1 Satz 1 GewStG) als auch der **Reisegewerbebetrieb** (§ 35a Abs. 1 GewStG) unterliegen der Gewerbesteuer. Die Unterscheidung ist jedoch deshalb notwendig, weil bei diesen beiden Arten des Gewerbebetriebs hinsichtlich der Zerlegung des einheitlichen Steuermessbetrags unterschiedlich verfahren wird (siehe Kap. 7.9).

Ein **Reisegewerbebetrieb** liegt grundsätzlich vor, wenn der Inhaber des Gewerbebetriebs eine Reisegewerbekarte nach gewerberechtlichen Vorschriften benötigt.

Jeder andere Gewerbebetrieb ist ein stehender Gewerbebetrieb (§ 1 GewStDV).

7.2.3 Die Formen des Gewerbebetriebs

Nach dem Gewerbesteuergesetz gibt es **drei Formen** des stehenden Gewerbebetriebs:

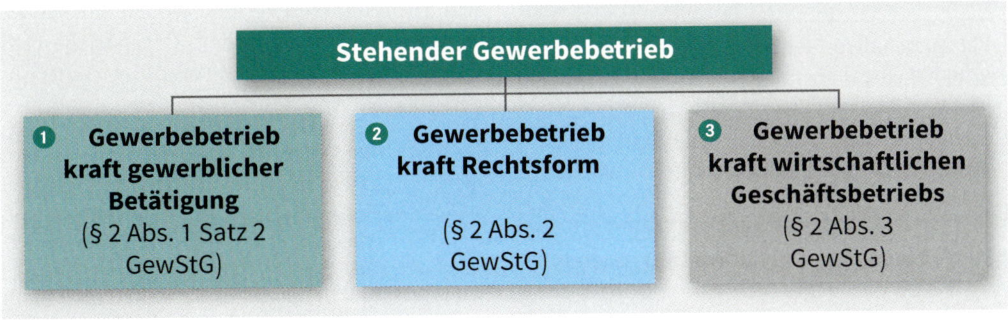

❶ Gewerbebetrieb kraft gewerblicher Betätigung

Hierbei handelt es sich um den auf natürliche Weise durch die Ausübung einer gewerblichen Tätigkeit zustande gekommenen Gewerbebetrieb, der dem gewerblichen Unternehmen im Sinne des Einkommensteuerrechts gleichzusetzen ist (§ 2 Abs. 1 Satz 2 GewStG i. V.m. § 15 Abs. 2 EStG). Ein solcher Gewerbebetrieb liegt immer dann vor, wenn alle unter

Kap. 7.2.1 aufgeführten Tatbestandsmerkmale gegeben sind.

Beispiele

a) Ein Kfz-Meister macht sich selbstständig und betreibt in Bochum eine Kfz-Reparaturwerkstatt.
Es liegt ein Gewerbebetrieb kraft gewerblicher Betätigung vor, weil alle Tatbestandsmerkmale (siehe Kap. 7.2.1) gegeben sind.

b) Ein Finanzbeamter gibt seinen Dienst auf und lässt sich in Regensburg als Steuerberater nieder.
Ein Gewerbebetrieb liegt nicht vor, weil eine freiberufliche Tätigkeit ausgeübt wird. Eines der Tatbestandsmerkmale ist nicht erfüllt.

❷ Gewerbebetrieb kraft Rechtsform

Nach § 2 Abs. 2 GewStG sind bestimmte Unternehmen kraft ihrer Rechtsform Gewerbebetriebe. Meistens sind dies stehende Gewerbebetriebe. Hierbei handelt es sich im Wesentlichen um folgende Gesellschaftsformen: Kapitalgesellschaften und ähnliche juristische Personen (z. B. Aktiengesellschaft, Kommanditgesellschaft auf Aktien, Gesellschaft mit beschränkter Haftung, Versicherungsverein auf Gegenseitigkeit).

Bei diesen Gesellschaftsformen gilt jede ausgeübte Tätigkeit als gewerblich. **Kapitalgesellschaften** sind in jedem Fall Gewerbebetrieb kraft Rechtsform.

Beispiel

Ein Wirtschaftsprüfer und zwei Steuerberater gründen eine GmbH, die nur freiberuflich tätig ist.

Die GmbH ist ein Gewerbebetrieb kraft Rechtsform, obwohl sie eine Tätigkeit freiberuflicher Art ausübt.

Für **Personengesellschaften** gilt nach § 15 Abs. 3 EStG das Folgende:

Als Gewerbebetrieb gilt in vollem Umfang die mit Einkünfteerzielungsabsicht unternommene Tätigkeit

- einer offenen Handelsgesellschaft, einer Kommanditgesellschaft oder einer anderen Personengesellschaft, wenn die Gesellschaft auch eine Tätigkeit im Sinne des § 15 Abs. 1 Nr. 1 EStG (z. B. einen Handel) ausübt,
- einer Personengesellschaft, die keine gewerbliche Tätigkeit im Sinne des § 15 Abs. 1 Nr. 1 EStG, sondern z. B. nur eine freiberufliche Tätigkeit ausübt und bei der ausschließlich eine oder mehrere Kapitalgesellschaften persönlich haftende Gesellschafter sind (gewerblich geprägte Personengesellschaft).

Beispiele

a) Eine Kommanditgesellschaft befasst sich ausschließlich mit dem Betrieb einer Landwirtschaft. Ein Gewerbebetrieb liegt nicht vor.

b) Eine Kommanditgesellschaft betreibt eine Landwirtschaft und in geringem Umfang Viehhandel. Ein Gewerbebetrieb kraft Rechtsform liegt vor. Der gesamte Betrieb unterliegt der Gewerbesteuer.

c) Eine Kommanditgesellschaft, an der eine GmbH beteiligt ist, die allein persönlich haftet, betreibt eine Landwirtschaft. Die Tätigkeit der KG (GmbH & Co. KG) ist in vollem Umfang Gewerbebetrieb (gewerblich geprägte Personengesellschaft).

❸ Gewerbebetrieb kraft wirtschaftlichen Geschäftsbetriebs

Als Gewerbebetrieb gilt auch die Tätigkeit der sonstigen juristischen Personen des privaten Rechts (z. B. rechtsfähige Vereine) und der nicht rechtsfähigen Vereine, jedoch nur, soweit sie einen wirtschaftlichen Geschäftsbetrieb (ausgenommen Land- und Forstwirtschaft) unterhalten (§ 2 Abs. 3 GewStG).

Rechtsfähige Vereine sind Vereine, die im Vereinsregister eingetragen oder auf andere Weise anerkannt sind (z. B. Steuerberaterverband im Lande Bremen e. V.).

Ein wirtschaftlicher Geschäftsbetrieb ist nach § 14 AO eine selbstständige nachhaltige Tätigkeit, durch die Einnahmen oder andere wirtschaftliche Vorteile erzielt werden und die über den Rahmen einer Vermögensverwaltung hinausgeht. Die Absicht, Gewinn zu erzielen, ist nicht erforderlich. Die Vermögensverwaltung ist kein Gewerbebetrieb.

4497528

Für die Existenz eines Gewerbebetriebs kraft wirtschaftlichen Geschäftsbetriebs müssen demnach lediglich drei Tatbestandsmerkmale gegeben sein:

- Absicht, Einnahmen zu erzielen,
- Selbstständigkeit und
- Nachhaltigkeit.

Beispiel

Der Sportverein Eintracht Stuttgart e. V. betreibt in seinen Räumen eine Kantine. Es liegt ein Gewerbebetrieb kraft wirtschaftlichen Geschäftsbetriebs vor. Ob der Verein die Absicht hat Gewinn zu erzielen oder nicht, ist für die Existenz des Gewerbebetriebs ohne Bedeutung.

Zusammenfassend stellen sich die Arten und Formen von Gewerbebetrieben wie folgt dar:

Zusammenfassung

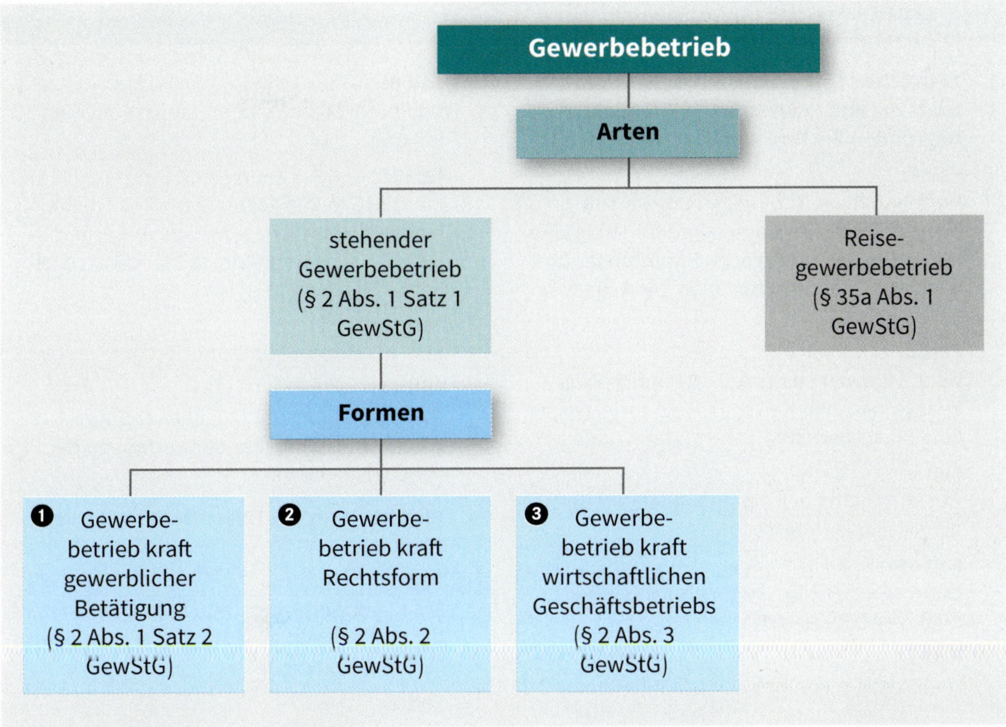

AUFGABEN

1. Wer ist für die Feststellung der Besteuerungsgrundlagen der Gewerbesteuer zuständig?
2. Wer ist in der Regel für die Festsetzung und Erhebung der Gewerbesteuer zuständig?
3. Welches Finanzamt gilt als Betriebsfinanzamt
   a) bei einem inländischen Betrieb,
   b) bei inländischen Betriebsstätten eines ausländischen Betriebs?
4. Was unterliegt der Gewerbesteuer (Steuergegenstand)?
5. Welche Bedeutung hat der Begriff „Inland" im Sinne des Gewerbesteuerrechts?
6. Welche Tatbestandsmerkmale müssen bei einem Gewerbebetrieb im Sinne des Gewerbesteuerrechts gegeben sein?
7. Erläutern Sie die einzelnen Tatbestandsmerkmale (siehe Aufgabe 6).
8. Welche Arten des Gewerbebetriebs gibt es?
9. In welchem Fall liegt ein Reisegewerbebetrieb vor?

10. Warum ist die Unterscheidung zwischen stehendem und Reisegewerbebetrieb notwendig?

11. Welche Formen des Gewerbebetriebs gibt es?

12. Um welche Gesellschaftsformen handelt es sich im Wesentlichen bei den Unternehmen, die kraft ihrer Rechtsform Gewerbebetrieb sind?

13. In welchem Fall liegt bei einer Personengesellschaft grundsätzlich ein Gewerbebetrieb kraft Rechtsform vor?

14. Welche Merkmale kennzeichnen den Gewerbebetrieb kraft wirtschaftlichen Geschäftsbetriebs?

VERTIEFENDE ÜBUNGEN

Übungen zum Gewerbebetrieb

1. In welchen Fällen liegt ein Gewerbebetrieb vor und in welchen Fällen nicht? Begründen Sie Ihre Antwort bitte jeweils.

Fall 1:
Hermann Buse, Tübingen, verkauft seit einigen Jahren im Namen und für Rechnung der Georg Busch AG gegen Provision landwirtschaftliche Maschinen an Land- und Forstwirte.

Fall 2:
Gunda Wagner ist als selbstständige Krankengymnastin in Kaiserslautern tätig, wo sie eine Praxis betreibt.

Fall 3:
Detlef Hanning betreibt in Lindau am Bodensee einen Imbissstand.

Fall 4:
Günter Fritze ist in Singen als selbstständiger Vermögensverwalter tätig.

Fall 5:
Der Eigentümer eines Sechsfamilienhauses hat alle Wohnungen an Dauermieter vermietet.

Fall 6:
Josef Blome betreibt in Braunlage im Harz ein Fremdenheim.

Fall 7:
Eckehard Eschholz hat in Göttingen auf eigenem Grundstück 20 Garagen errichtet. Alle Garagen sind an Dauermieter vermietet.

Fall 8:
Ein Fernsehtechniker in Tuttlingen ist dort bei einer Firma als Arbeitnehmer tätig.

In seiner Freizeit beschäftigt er sich mit dem An- und Verkauf von Gebrauchtwagen. Im letzten Halbjahr hat er zehn Fahrzeuge verkauft.

Fall 9:
Thomas Holl betreibt in Ravensburg eine Imkerei.

Fall 10:
Eine OHG in Eisenach unterhält dort einen landwirtschaftlichen Betrieb. Außerdem betreibt sie den Handel mit landwirtschaftlichen Maschinen.

Fall 11:
Eine KG in Herne betreibt dort eine Imkerei.

Fall 12:
Die Vereinigung der Münchener Sportvereine e. V. verwaltet das Vermögen der Mitgliedsvereine.

2. Welche Form des Gewerbebetriebs liegt vor?

Fall 1:
Ein Klempnermeister macht sich selbstständig und betreibt ab 1. April d. J. in Schwedt/Oder eine Klempnerei.

Fall 2:
Eine angestellte Steuerberaterin gibt ihre Stellung auf und lässt sich als selbstständige Steuerberaterin in Bautzen nieder.

Fall 3:
Zwei Wirtschaftsprüfer gründen in Herne eine GmbH, die ausschließlich freiberuflich tätig ist.

Fall 4:
Ein Turnverein in Cuxhaven betreibt im Vereinslokal einen Getränkestand. Die Getränke werden gegen ein kostendeckendes Entgelt an die Mitglieder abgegeben.

7.3 Die Steuerpflicht

7.3.1 Beginn der Steuerpflicht

Gegenstand (Objekt) der Besteuerung sind der stehende Gewerbebetrieb (§ 2 Abs. 1 GewStG) und der Reisegewerbebetrieb (§ 35a Abs. 1 GewStG), soweit sie im Inland betrieben werden. Die **Gewerbesteuerpflicht beginnt** bei Einzelgewerbetreibenden und Personengesellschaften grundsätzlich im Zeitpunkt der Aufnahme der maßgeblichen Tätigkeit, wenn alle anderen Voraussetzungen des Gewerbebetriebs erfüllt sind. Dabei bleiben reine Vorbereitungsarbeiten (z. B. Herrichtung eines Geschäftslokals) unberücksichtigt.

Bei gewerblich geprägten Personengesellschaften (siehe Kap. 7.2.3, ❷) genügt die Aufnahme jeglicher mit Einkünfteerzielungsabsicht unternommenen Tätigkeit (R 2.1 Abs. 2 GewStR, H 2.1 (2) GewStH [Umfassender Gewerbebetrieb einer Personengesellschaft] und R 2.5 Abs. 1 Satz 1 GewStR).

Der Zeitpunkt der Eintragung in das Handelsregister oder einer behördlichen Genehmigung ist für den Beginn der Steuerpflicht ohne Bedeutung (R 2.5 Abs. 1 Satz 3 GewStR).

Bei Kapitalgesellschaften beginnt die Gewerbesteuerpflicht grundsätzlich mit der Eintragung in das Handelsregister (R 2.5 Abs. 2 GewStR). Sie kann aber auch schon vor diesem Zeitpunkt durch die Aufnahme einer geschäftlichen Tätigkeit, die nach außen in Erscheinung tritt (z. B. Warenbestellung), ausgelöst werden.

Bei den sonstigen juristischen Personen des privaten Rechts und den nicht rechtsfähigen Vereinen beginnt die Steuerpflicht mit der Aufnahme eines wirtschaftlichen Geschäftsbetriebs (R 2.5 Abs. 3 GewStR).

Die Steuerpflicht wird von dem Finanzamt festgestellt, das durch Steuermessbescheid den Steuermessbetrag festsetzt.

7.3.2 Ende der Steuerpflicht

Die **Gewerbesteuerpflicht endet** bei Einzelgewerbetreibenden und Personengesellschaften mit der tatsächlichen Einstellung des Betriebs. Die Einstellung liegt nicht erst dann vor, wenn der Betrieb für alle Zeiten, sondern schon dann, wenn er für eine gewisse Dauer aufgegeben wird. Die Einstellung darf aber nicht von vornherein nur als vorübergehend gedacht sein, wie das bei den sogenannten Saisonbetrieben (z. B. Zuckerfabriken, Hotel- und Gaststättengewerbe, Baugewerbe) der Fall sein kann (R 2.6 Abs. 1 Satz 4 GewStR). In solchen Fällen liegt nur eine vorübergehende Unterbrechung (Ruhen des Gewerbebetriebs) vor, durch die die Gewerbesteuerpflicht nicht berührt wird (§ 2 Abs. 4 GewStG).

Bei Kapitalgesellschaften erlischt die Gewerbesteuerpflicht – anders als bei Einzelgewerbetreibenden und Personengesellschaften – nicht schon mit der Beendigung der gewerblichen Betätigung, sondern erst mit der Einstellung jeglicher Tätigkeit überhaupt. Das ist grundsätzlich der Zeitpunkt der Vollbeendigung, in dem das Vermögen an die Gesellschafter verteilt worden ist (R 2.6 Abs. 2 GewStR).

Bei den sonstigen juristischen Personen des privaten Rechts und den nicht rechtsfähigen Vereinen erlischt die Steuerpflicht mit der tatsächlichen Einstellung des wirtschaftlichen Geschäftsbetriebs (R 2.6 Abs. 3 GewStR).

Durch die Eröffnung des Insolvenzverfahrens wird die Gewerbesteuerpflicht nicht berührt (R 2.6 Abs. 4 GewStR). Der Gewerbebetrieb wird vom Insolvenzverwalter fortgesetzt oder abgewickelt.

Ein Gewerbebetrieb, der im Ganzen auf einen anderen Unternehmer übergeht, gilt als durch den bisherigen Unternehmer eingestellt (§ 2 Abs. 5 GewStG i. V. m. R 2.7 Abs. 1 GewStR). Er gilt als durch den neuen Unternehmer neu gegründet, wenn er nicht mit einem bereits bestehenden Gewerbebetrieb vereinigt wird (§ 2 Abs. 5 GewStG).

AUFGABEN

1. Wann beginnt die Gewerbesteuerpflicht grundsätzlich bei Einzelgewerbetreibenden und Personengesellschaften?
2. Wann beginnt die Gewerbesteuerpflicht grundsätzlich bei Kapitalgesellschaften?
3. Wann endet die Gewerbesteuerpflicht
   a) bei Einzelgewerbetreibenden und Personengesellschaften,
   b) bei Kapitalgesellschaften?
4. Wie steht es mit der Gewerbesteuerpflicht eines Betriebs, der im Ganzen auf einen anderen Unternehmer übergeht?

VERTIEFENDE ÜBUNG

Übung zur Gewerbesteuerpflicht

Wann beginnt und wann endet in den folgenden Fällen die Gewerbesteuerpflicht?

Fall 1:
Ulrike Windhorst hat am 15. April d. J. auf der Insel Sylt einen Schnellimbiss eröffnet. Die Räume dafür hat sie am 20. Jan. d. J. gemietet und am 10. April hat sie schon Ware eingekauft.

Am 20. Okt. d. J. hat sie den Schnellimbiss für fünf Monate geschlossen, weil die Saison zu Ende war.

Fall 2:
Die neu gegründete Meineken & Sohn GmbH, Cottbus, ist am 20. Dez. v. J. in das Handelsregister eingetragen worden. Die gewerblichen Räume sind bereits am 1. Okt. v. J. gemietet worden. Zu diesem Zeitpunkt sind auch schon Wareneinkäufe getätigt worden.

Am 10. Aug. d. J. ist die GmbH an einen anderen Unternehmer im Ganzen veräußert worden.

7.4 Steuerschuldner und Steuergläubiger

Steuerschuldner ist nach § 5 Abs. 1 GewStG **der Unternehmer,** wobei als Unternehmer derjenige gilt, für dessen Rechnung das Gewerbe betrieben wird:

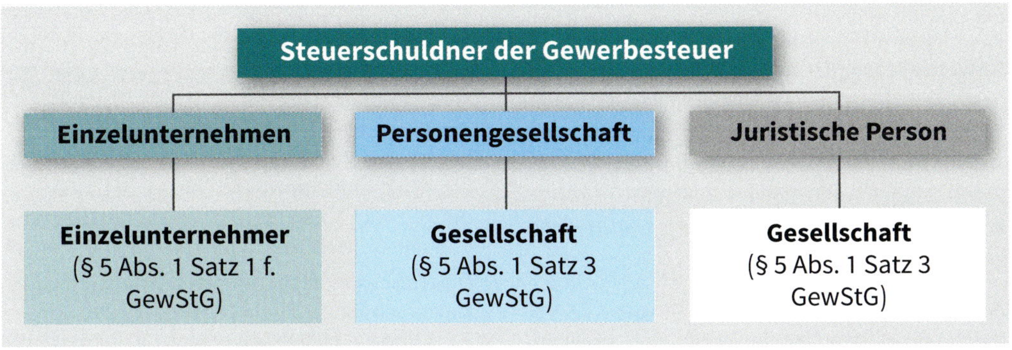

Wird das Gewerbe für Rechnung mehrerer Personen betrieben, so sind diese ebenfalls Unternehmer (Mitunternehmer) und Gesamtschuldner (z. B. die Gesellschafter einer OHG).

Steuergläubiger ist die hebeberechtigte Gemeinde (§ 1 GewStG). Unter der **Hebeberechtigung** wird das Recht der Gemeinde verstanden, den Gewerbesteueranspruch unmittelbar dem Steuerschuldner gegenüber geltend zu machen.

Bei stehenden Gewerbebetrieben ist diejenige Gemeinde hebeberechtigt, in deren Bezirk der Unternehmer eine Betriebsstätte unterhält (§ 4 Abs. 1 GewStG).

Bei Reisegewerbebetrieben ist diejenige Gemeinde hebeberechtigt, in der sich der Mittelpunkt der gewerblichen Tätigkeit befindet (§ 35a Abs. 3 GewStG).

7.5 Steuerbefreiungen

Nicht alle Betriebe, bei denen die Tatbestandsmerkmale eines Gewerbebetriebs nach § 15 Abs. 2 EStG gegeben sind (siehe Kap. 7.2.1), unterliegen der Gewerbesteuer.

In § 3 GewStG sind die Betriebe aufgeführt, die von der Gewerbesteuer befreit sind. Dazu gehören z. B.:

- das Bundeseisenbahnvermögen und die staatlichen Lotterieunternehmen (§ 3 Nr. 1 GewStG);
- die Deutsche Bundesbank und die Kreditanstalt für Wiederaufbau (§ 3 Nr. 2 GewStG);
- gemeinnützige, mildtätige und kirchliche Körperschaften (§ 3 Nr. 6 GewStG);
- kleinere Betriebe der Hochsee- und Küstenfischerei (§ 3 Nr. 7 GewStG);
- Krankenhäuser, Altenheime und Pflegeheime (§ 3 Nr. 20 GewStG).

AUFGABEN

1. Wer ist für die Gewerbesteuer
   a) Steuerschuldner,
   b) Steuergläubiger?
2. Wer ist Unternehmer im Sinne des Gewerbesteuerrechts?
3. Was versteht man unter Hebeberechtigung?
4. Welche Gemeinde ist hebeberechtigt
   a) bei einem stehenden Gewerbebetrieb,
   b) bei einem Reisegewerbebetrieb?

7.6 Die Besteuerungsgrundlagen

Durch die Gewerbesteuer soll grundsätzlich die Ertragskraft, d. h. die wirtschaftliche Leistungsfähigkeit des Gewerbebetriebs, besteuert werden.

Gewerbeertrag ist nach § 7 GewStG der nach den Vorschriften des Einkommensteuergesetzes oder des Körperschaftsteuergesetzes zu ermittelnde Gewinn (oder Verlust) aus Gewerbebetrieb unter Berücksichtigung der Hinzurechnungen nach § 8 GewStG und der Kürzungen nach § 9 GewStG.

Ausgangspunkt für die Ermittlung des Gewerbeertrags ist zwar in der Regel, aber nicht immer der Gewinn, der der Einkommensteuer- oder Körperschaftsteuerveranlagung zugrunde gelegt wird. So gehört z. B. der Gewinn aus der Veräußerung oder Aufgabe des Gewerbebetriebs bei Einzelgewerbetreibenden und Personengesellschaften nicht zum Gewerbeertrag. Dementsprechend dürfen Verluste aus der Veräußerung oder Aufgabe des Gewerbebetriebs den Gewerbeertrag bei diesen Steuerpflichtigen auch nicht mindern (R 7.1 Abs. 3 Nr. 1 GewStR).

Erhebungszeitraum für die Gewerbesteuer ist das Kalenderjahr oder die Dauer der Steuerpflicht im Kalenderjahr, wenn die Steuerpflicht nicht während des ganzen Kalenderjahres besteht (R 14.1 Satz 1 GewStR). Der Gewerbeertrag ist auf volle 100,00 € nach unten abzurunden (§ 11 Abs. 1 GewStG).

Endgültiger Gewerbeertrag

	Gewinn aus Gewerbebetrieb
+	Hinzurechnungen (§ 8 GewStG)
=	Summe des Gewinns und der Hinzurechnungen
–	Kürzungen (§ 9 GewStG)
=	maßgebender Gewerbeertrag
–	Gewerbeverlust (§ 10a GewStG)
=	vorläufiger Gewerbeertrag, abgerundet auf volle 100,00 €
–	Freibetrag (§ 11 GewStG)
=	**endgültiger Gewerbeertrag**

Die Vorschriften des Einkommensteuergesetzes und des Körperschaftsteuergesetzes über das vom Kalenderjahr abweichende Wirtschaftsjahr gelten auch für die Besteuerung nach dem Gewerbeertrag. Dementsprechend gilt der Gewerbeertrag als in dem Erhebungszeitraum bezogen, in dem das Wirtschaftsjahr endet (§ 10 Abs. 2 GewStG).

Beispiel

Das Wirtschaftsjahr eines Büromaschinenhändlers, der seinen Gewinn nach § 5 EStG ermittelt, läuft vom 1. Okt. bis 30. Sept. Für die Zeit vom 1. Okt. 2019 bis 30. Sept. 2020 hat er einen Gewinn von 75.000,00 € erzielt.

Dieser Gewinn bildet mit den entsprechenden Hinzurechnungen und Kürzungen (siehe Kap. 7.6.1 und 7.6.2) den Gewerbeertrag für den Erhebungszeitraum 2020.

Durch die Gewerbesteuer soll der **tatsächlich** im Erhebungszeitraum **erwirtschaftete Ertrag** des Gewerbebetriebs besteuert werden und zwar unabhängig von z. B. der Finanzierung (Eigenkapital oder Fremdkapital), den Eigentumsverhältnissen (eigene oder gemietete/ geleaste Wirtschaftsgüter) oder Ergebnissen (Gewinne oder Verluste) aus Beteiligungen. Da der Gewinn durch die genannten Beispiele beeinflusst wird, spiegelt er nicht immer die tatsächliche Ertragskraft des Gewerbebetriebs wider; er kann niedriger oder höher sein. Dementsprechend sind bei der Ermittlung des Gewerbeertrags **Hinzurechnungen oder Kürzungen** vorzunehmen.

Beispiele

a) Die Baustoffhandlung Berg & Co. OHG, Düsseldorf, ist an dem Zementwerk Schwabing & Co. KG, Duisburg, beteiligt.
Im vorigen Kalenderjahr hat die KG einen Verlust von 40.000,00 € ausgewiesen. Davon entfielen auf die OHG 8.000,00 €. Die OHG hat im gleichen Zeitraum nach Abzug des Verlustanteils einen Gewinn von 112.000,00 € erzielt.
Die OHG hat daher in Wirklichkeit einen Gewinn von 120.000,00 € erwirtschaftet. Der Verlust von 8.000,00 € ist auf die Beteiligung an der KG zurückzuführen. Deshalb ist bei der Errechnung des Gewerbeertrags der OHG dem Gewinn von 112.000,00 € der Betrag von 8.000,00 € hinzuzurechnen.

b) Sachverhalt wie im Beispiel a), jedoch mit dem Unterschied, dass die KG nicht einen Verlust von 40.000,00 €, sondern einen Gewinn von 60.000,00 € ausgewiesen hat und der Gewinnanteil der OHG 12.000,00 € betragen hat.

Die OHG hat im gleichen Zeitraum unter Einbeziehung des Gewinnanteils an der KG einen Gewinn von 132.000,00 € ausgewiesen. Wäre die OHG nicht am Gewinn der KG beteiligt gewesen, so hätte ihr Gewinn nur 120.000,00 € betragen. Der Gewerbebetrieb der OHG hat also in Wirklichkeit einen Gewinn von 120.000,00 € erwirtschaftet. Der zusätzliche Gewinn von 12.000,00 € ist auf die Beteiligung an der KG zurückzuführen. Deshalb ist bei der Errechnung des Gewerbeertrags der OHG vom Gewinn in Höhe von 132.000,00 € der Betrag in Höhe von 12.000,00 € abzuziehen.

7.6.1 Hinzurechnungen

Bei der Ermittlung des Gewerbeertrags sind dem Gewinn aus Gewerbebetrieb die in § 8 GewStG aufgeführten Beträge wieder hinzuzurechnen, soweit sie bei der Gewinnermittlung abgezogen worden sind.

Im Folgenden werden die **wichtigsten Hinzurechnungen** aufgeführt:

Hinzurechnung nach § 8 Nr. 1 GewStG

Die Hinzurechnung nach § 8 Nr. 1 GewStG wird nach folgendem Schema ermittelt:

Hinzurechnung gemäß § 8 Nr. 1 GewStG

a)	100 %	der Schuldzinsen
b)	100 %	der Renten und dauernde Lasten
c)	100 %	der Gewinnanteile des stillen Gesellschafters
d)	20 %	der Miet- und Pachtzinsen für bewegliche Wirtschaftsgüter
e)	50 %	der Miet- und Pachtzinsen für unbewegliche Wirtschaftsgüter
f)	25 %	der Entgelte für die Überlassung von Rechten
=	Summe gemäß § 8 Nr. 1 GewStG	
–	Freibetrag 100.000,00 €	
	übersteigender Betrag · 25 % = tatsächliche Hinzurechnung	

Die in § 8 Nr. 1 Buchstaben a bis f GewStG genannten Beträge sind also zunächst zu summieren. Von der Summe ist ein Freibetrag von 100.000,00 € abziehbar. Der übersteigende Betrag ist dem Gewinn mit 25 % hinzuzurechnen. Folgende Beträge werden berücksichtigt:

- **Entgelte für Schulden**
  Entgelte für Schulden sind gemäß § 8 Nr. 1 Buchstabe a GewStG in voller Höhe anzusetzen. Entgelte für Schulden sind alle Entgelte, die im Zusammenhang mit einer Betriebsschuld stehen. Als Entgelt gelten auch der Aufwand aus nicht dem gewöhnlichen Geschäftsverkehr entsprechenden gewährten Skonti oder wirtschaftlich vergleichbaren Vorteilen im Zusammenhang mit der Erfüllung von Forderungen aus Lieferungen und Leistungen vor Fälligkeit sowie die Diskontbeträge bei der Veräußerung von Wechsel- und anderen Geldforderungen. Soweit Gegenstand der Veräußerung eine Forderung aus einem schwebenden Vertragsverhältnis ist, gilt die Differenz zwischen dem Wert der Forderung aus dem schwebenden Vertragsverhältnis, wie ihn die Vertragsparteien im Zeitpunkt des Vertragsschlusses der Veräußerung zugrunde gelegt haben, und dem vereinbarten Veräußerungserlös als bei der Ermittlung des Gewinns abgesetzt.

  In der Regel handelt es sich hier also um reine Schuldzinsen aus Darlehen. Auf die Höhe und die Laufzeit kommt es nicht an. Aufzinsungsbeträge, die im Anschluss an Abzinsungen nach § 6 Abs. 1 Nr. 3 EStG entstehen, sind **keine** Schuldzinsen (H 8.1 Abs. 1 GewStH).

- **Renten und dauernde Lasten**
  Renten und dauernde Lasten sind gemäß § 8 Nr. 1 Buchstabe b GewStG voll anzusetzen. Pensionszahlungen aufgrund einer unmittelbar vom Arbeitgeber erteilten Versorgungszusage gelten nicht als dauernde Last in diesem Sinne. Renten und dauernde Lasten sind unabhängig von der gewerbesteuerlichen Behandlung beim Empfänger hinzuzurechnen.
- **Gewinnanteile des stillen Gesellschafters**
  Sie sind nach § 8 Nr. 1 Buchstabe c GewStG mit ihrem Bruttobetrag (einschließlich Abzugsteuern) hinzuzurechnen, weil sie für die Beteiligung des stillen Gesellschafters gezahlt werden. Die Beteiligung ist wirtschaftlich gesehen eine Verbindlichkeit.
- **Miet- und Pachtzinsen**
  Miet- und Pachtzinsen (einschließlich Leasingraten) sind gemäß § 8 Nr. 1 Buchstaben d und e GewStG hinzuzurechnen. Dabei ist zwischen beweglichen und unbeweglichen Wirtschaftsgütern zu unterscheiden. Die Miet- und Pachtzinsen (einschließlich Leasingraten) für bewegliche Wirtschaftsgüter sind zu 20 %, die Miet- und Pachtzinsen (einschließlich Leasingraten) für unbewegliche Wirtschaftsgüter sind zu 50 % hinzuzurechnen. Werden Elektrofahrzeuge, Hybridelektrofahrzeuge mit max. 50 g/km CO_2-Ausstoß oder einer ausschließlich elektrischen Reichweite von mindestens 80 km und Fahrräder gemietet oder geleast, sind nur 10 % hinzuzurechnen. Bis zum 31.12.2024 genügt auch eine Reichweite von 60 km.
- **Überlassung von Rechten**
  Gemäß § 8 Nr. 1 Buchstabe f GewStG ist ein Viertel der Aufwendungen für die zeitlich befristete Überlassung von Rechten hinzuzurechnen (insbesondere Konzessionen und Lizenzen, mit Ausnahme von Lizenzen, die ausschließlich dazu berechtigen, daraus abgeleitete Rechte Dritten zu überlassen). Eine Hinzurechnung ist nicht vorzunehmen auf Aufwendungen, die nach § 25 KSVG Bemessungsgrundlage für die Künstlersozialabgabe sind.

Anteile am Verlust einer in- oder ausländischen Personengesellschaft
Sie sind nach § 8 Nr. 8 GewStG hinzuzurechnen, weil sie den Gewinn aus Gewerbebetrieb gemindert haben, aber von anderen Betrieben (z. B. von einer OHG; siehe Kap. 7.6, Beispiel a) verursacht worden sind.

Spenden bei Kapitalgesellschaften
Die abzugsfähigen Spenden, die nach § 9 Abs. 1 Nr. 2 KStG den Gewinn aus Gewerbebetrieb gemindert haben, sind nach § 8 Nr. 9 GewStG wieder hinzuzurechnen. Hierbei geht es darum, die Gleichbehandlung mit Einzelgewerbetreibenden und Personengesellschaften zu gewährleisten, die ihre betrieblichen Spenden nicht als Betriebsausgaben gewinnmindernd erfassen dürfen, sondern nur als Sonderausgaben.

> **Übung 1, Seite 538**

7.6.2 Kürzungen

Die Summe des Gewinns und der Hinzurechnungen ist um die in § 9 GewStG aufgeführten Beträge zu kürzen.

Häufigste Kürzungen sind
- **1,2 % des Einheitswerts** (Änderung ab 01.01.2025 durch das GrStRefG) des zum Betriebsvermögen des Unternehmers gehörenden Grundbesitzes, der nicht von der Grundsteuer befreit ist; maßgebend ist der Einheitswert des letzten Feststellungszeitpunkts (siehe Kap. 8.4.1) vor dem Ende des Erhebungszeitraums zuzüglich eines Zuschlags (§ 9 Nr. 1 GewStG), siehe auch nächste Seite;
- die **Anteile am Gewinn einer in- oder ausländischen Personengesellschaft**, wenn die Gewinnanteile bei der Ermittlung des Gewinns angesetzt worden sind (§ 9 Nr. 2 GewStG; siehe Kap. 7.6, Beispiel b);
- **Gewerbeertragsanteil** einer ausländischen Betriebsstätte (§ 9 Nr. 3 GewStG);
- **Spenden** im Sinne des § 10b Abs. 1 EStG oder des § 9 Abs. 1 Nr. 2 KStG – das sind alle Spenden mit Ausnahme der Spenden an politische Parteien –, die aus Mitteln des Gewerbebetriebs geleistet worden sind. Diese Spenden sind bei der Ermittlung des Gewerbeertrags nach Maßgabe des § 9 Nr. 5 GewStG als Kürzungsbetrag abzuziehen;
- **Gewinne aus Anteilen an ausländischen Kapitalgesellschaften** bei einer Beteiligung von 15% (§ 9 Nr. 7 GewStG).

Durch die Kürzung um 1,2 % des Einheitswerts des zum Betriebsvermögen gehörenden Grundbesitzes soll erreicht werden, dass der betriebliche Grundbesitz nicht mit beiden Realsteuern (Grundsteuer und Gewerbesteuer) belastet wird.

Ob ein Grundstück oder Grundstücksteil zum Betriebsvermögen gehört, richtet sich nach R 4.2 EStR. Maßgebend ist dabei der Stand zu Beginn des Kalenderjahres (§ 20 Abs. 1 Satz 2 GewStDV).

Beispiel

Eine Fassgroßhandlung aus Pirmasens hat am 5. Jan. 2020 dort ein Betriebsgrundstück erworben. Der Einheitswert beträgt 70.000,00 €.

Der Einheitswert des Grundstücks kommt für eine Kürzung erst für den Erhebungszeitraum 2021 in Betracht, weil das Betriebsgrundstück erstmalig zu Beginn dieses Erhebungszeitraums zum Betriebsvermögen gehört, und zwar mit 1,2 % von 98.000,00 € (EW + 40 %) = 1.176,00 €.

Die Kürzung ist auch vorzunehmen, wenn der eigenbetrieblich genutzte Grundstücksteil von untergeordneter Bedeutung ist. Das ist in der Regel der Fall, wenn der Wert des eigenbetrieblich genutzten Grundstücksteils weder mehr als ein Fünftel des Wertes des ganzen Grundstücks noch mehr als 20.500,00 € beträgt (R 4.2 Abs. 8 EStR).

Gehört der Grundbesitz nur zum Teil zum Betriebsvermögen im Sinne des Gewerbesteuerrechts, so ist der Kürzung nur der entsprechende Teil des Einheitswerts zugrunde zu legen (§ 20 Abs. 2 GewStDV).

Befindet sich ein Grundstück im Zustand der Bebauung, so bemessen sich die Kürzungen nach dem Einheitswert, der nach § 91 Abs. 1 BewG festgestellt ist, bei dem also die nicht bezugsfertigen Gebäudeteile außer Ansatz geblieben sind.

Der für die Kürzung maßgebende Einheitswert beträgt in den alten Bundesländern 140 % des zum 1. Jan. 1964 ermittelten Einheitswerts (§ 121a BewG). In den neuen Bundesländern wird die Kürzung bei Geschäftsgrundstücken auf 400 % des Einheitswerts zum 1. Jan. 1935 vorgenommen (§ 133 BewG).

Beispiel

Der Einheitswert des Betriebsgrundstücks einer Futtermittelgroßhandlung in Traunstein beträgt auf den 1. Jan. d. J. nach den Wertverhältnissen vom 1. Jan. 1964 80.000,00 €.

Der Kürzungsbetrag nach § 9 Nr. 1 GewStG errechnet sich wie folgt:

Einheitswert	80.000,00 €
davon 140 %	112.000,00 €
Kürzungsbetrag 1,2 % von 112.000,00 €	1.344,00 €

Gewerbeverlust

Der **Gewerbeverlust nach § 10a GewStG** ist nicht zu verwechseln mit dem Verlust aus Gewerbebetrieb. Er hat auch nichts zu tun mit dem Verlustabzug nach § 10d EStG. Es handelt sich vielmehr um einen Begriff, der nur für das Gewerbesteuerrecht gilt und als negativer Gewerbeertrag definiert werden kann.

Beispiel

Ein Hersteller von Solarmodulen aus Grevenbroich hat das Wirtschaftsjahr 2018 mit einem Verlust von 2.345.800,00 € abgeschlossen. Verlustvorträge aus Vorjahren bestehen nicht. Der Verlust 2018 wird in den Jahren 2019 und 2020 wie folgt berücksichtigt:

	2018	2019	2020
Verlust/Gewinn aus Gewerbebetrieb	–2.345.800,00 €	1.895.600,00 €	968.400,00 €
+ Hinzurechnungen	167.000,00 €	245.750,00 €	402.300,00 €
– Kürzungen	–248.560,00 €	– 211.600,00 €	– 385.200,00 €
= **maßgebender Gewerbertrag**	–2.427.360,00 €	1.929.750,00 €	985.500,00 €
– Fehlbeträge Vorjahr bis 1 Mio. €	0,00 €	– 1.000.000,00 €	– 869.510,00 €
= **verbleibender Gewerbeertrag**	–2.427.360,00 €	929.750,00 €	115.990,00 €
– 60 % davon bei weiteren Fehlbeträgen ...		–557.850,00 €	0,00 €
= verbleibender positiver Gewerbeertrag		371.900,00 €	115.990,00 €
vortragsfähiger Fehlbetrag	–2.427.360,00 €	–869.510,00 €	0,00 €

Die Fehlbeträge (Gewerbeverlust) werden in den folgenden Erhebungszeiträumen von Amts wegen in Form eines Verlustvortrags vom maßgebenden Gewerbeertrag abgezogen. Die **Verlustvortragsregelung ist** an § 10d EStG angelehnt.

Nach § 10a Satz 1 und 2 GewStG ist der maßgebende Gewerbeertrag unbeschränkt bis zur Höhe von 1 Mio. € um die Fehlbeträge der Vorjahre zu kürzen, aber darüber hinaus nur noch bis zu 60 % des danach verbleibenden maßgebenden Gewerbeertrags. Der dann noch nicht ausgeglichene Fehlbetrag ist auf die Folgejahre vorzutragen, bis er verbraucht ist. Nach § 10a Satz 6 GewStG sind die vortragsfähigen Fehlbeträge jeweils gesondert festzustellen.

Einen **Rücktrag des Gewerbeverlusts** – ähnlich dem Verlustrücktrag bei der Einkommen- und Körperschaftsteuer – gibt es **nicht**.

In § 10a GewStG bezeichnet der Gesetzgeber die Gewerbeverluste als Fehlbeträge.

AUFGABEN

1. Welcher Ausgangspunkt ist für die Ermittlung des Gewerbeertrags maßgeblich?
2. Welcher Zeitraum ist Erhebungszeitraum für die Gewerbesteuer?
3. In welchem Erhebungszeitraum gilt der Gewerbeertrag bei abweichendem Wirtschaftsjahr als bezogen?
4. Warum sind bei der Errechnung des Gewerbeertrags Hinzurechnungen und Kürzungen vorzunehmen?
5. Welche Hinzurechnungen kommen nach § 8 GewStG bei der Berechnung des Gewerbeertrags vor? (Nennen Sie vier Beispiele.)
6. Warum werden Entgelte für Schulden hinzugerechnet?
7. Warum wird der Gewinnanteil eines stillen Gesellschafters dem Gewinn hinzugerechnet?
8. Welche Kürzungen kennen Sie, die bei der Errechnung des Gewerbeertrags vorzunehmen sind?
9. Warum sind diese Kürzungen vorzunehmen?
10. Beschreiben Sie den Verlustvortrag nach § 10a GewStG.

VERTIEFENDE ÜBUNGEN

Übungen zum Gewerbeertrag

1. **Welche Beträge sind in den Fällen 1 bis 3 für die Prüfung einer Hinzurechnung nach § 8 Nr. 1 GewStG zu berücksichtigen? Ermitteln Sie gegebenenfalls auch die Höhe der Hinzurechnung.**

   Fall 1:
   Die Patrizia Melchers OHG hat am 1. März d. J. in Gera ein Porzellanwarengeschäft eröffnet. Zur Finanzierung der Gründungskosten wurde ein Darlehen in Höhe von 30.000,00 € mit einer Laufzeit von neun Monaten zu 8 % Zinsen aufgenommen. Am 30. Nov. d. J. ist das Darlehen mit Zinsen zurückgezahlt worden. Außerdem fielen im Gründungsjahr Kontokorrentzinsen von 750,00 € an.

   Fall 2:
   Eine Spedition in Koblenz hat ihren Fuhrpark von einer Leasinggesellschaft geleast. Die Leasingraten betragen 1.260.000,00 € jährlich.

   Die Spedition hat außerdem 48.000,00 € an den Eigentümer eines Grundstücks für eine Betriebsfläche gezahlt.

   Fall 3:
   Eine Metallwarenfabrik in Paderborn hat im abgelaufenen Wirtschaftsjahr einen Gewinnanteil von 90.000,00 € an den stillen Gesellschafter gezahlt.

   Außerdem wurden für eine Produktionslizenz 175.000,00 € an den Lizenzgeber entrichtet.

2. **Wie hoch ist der Gewerbeertrag des Steuerpflichtigen Schwarze für 2020?**

   Rolf Schwarze betreibt in Gütersloh eine Tischdeckenfabrik. Aus den Unterlagen ergibt sich für das Wirtschaftsjahr (= Kalenderjahr) Folgendes:

   1. Der Gewinn aus dem Gewerbebetrieb beträgt 540.000,00 €.

2. Schwarze hat am 20. Jan. ein Bankdarlehen von 260.000,00 € zu einem Zinssatz von 5 % aufgenommen. Die Laufzeit des Darlehens beträgt fünf Jahre. Im Jahr 2020 sind für dieses Darlehen Zinsen in Höhe von 12.000,00 € als Betriebsausgabe abgesetzt worden.
3. An der Firma Schwarze ist ein kaufmännischer Angestellter als (echter) stiller Gesellschafter beteiligt. Sein Gewinnanteil hat 70.000,00 € betragen.
4. Schwarze hat Produktionsmaschinen geleast. Die gezahlten Leasingraten haben 750.000,00 € betragen.
5. Die Firma Schwarze ist an einer KG, die in Bielefeld eine Weberei betreibt, beteiligt. Die KG hat 2020 einen Verlust von 100.000,00 € gehabt. Davon entfielen auf Schwarze 5.000,00 €.
6. Der Einheitswert des Betriebsgrundstücks (Fabrikgebäude usw.) beträgt 400.000,00 €.
7. Von dem Gewerbeverlust des Erhebungszeitraums 2019 in Höhe von 120.000,00 € sind 18.122,00 € noch nicht verbraucht.

7.6.3 Steuermesszahl und Steuermessbetrag nach dem Gewerbeertrag

Nach § 11 Abs. 1 GewStG ist der Steuermessbetrag nach dem Gewerbeertrag wie folgt zu ermitteln:

Der **vorläufige Gewerbeertrag** ist nach unten auf volle 100,00 € **abzurunden**.

Der vorläufige abgerundete Gewerbeertrag ist zu **kürzen**:

- bei natürlichen Personen sowie bei Personengesellschaften (z. B. OHG, KG) um einen Freibetrag von 24.500,00 €;
- bei bestimmten sonstigen juristischen Personen, z. B. bei rechtsfähigen Vereinen, soweit sie einen wirtschaftlichen Geschäftsbetrieb unterhalten, um einen Freibetrag von 5.000,00 €,

höchstens jedoch in Höhe des abgerundeten vorläufigen Gewerbeertrags.

Der Freibetrag von 24.500,00 € kann mehrfach gewährt werden, wenn ein Steuerpflichtiger mehrere Betriebe unterhält (R 11.1 Abs. 1 GewStR).

Für **Kapitalgesellschaften** (AG, GmbH, KGaA) gibt es grundsätzlich **keinen Freibetrag**.

Durch die **Multiplikation** des sich ergebenden endgültigen Gewerbeertrags mit der **Steuermesszahl** wird der **Steuermessbetrag** nach dem Gewerbeertrag errechnet. Die Steuermesszahl nach dem Gewerbeertrag beträgt nach § 11 Abs. 2 GewStG 3,5 %.

Steuermessbetrag nach dem Gewerbeertrag

	Gewinn aus Gewerbebetrieb
+	**Hinzurechnungen (§ 8 GewStG),** z. B.:
	1. 25 % der 100.000,00 € übersteigenden Entgelte für Schulden, Renten und dauernde Lasten, Gewinnanteile des stillen Gesellschafters, Miet- und Pachtzinsen (20 % bzw. 50 %), Aufwendungen für die Überlassung von Rechten
	2. Anteile am Verlust einer Personengesellschaft
	3. Spenden, die nach § 9 Abs. 1 Nr. 2 KStG abziehbar sind
–	**Kürzungen nach § 9 GewStG,** z. B.:
	1. 1,2 % des EW des betrieblichen Grundbesitzes
	2. Anteile am Gewinn einer Personengesellschaft
	3. Spenden im Sinne des § 10 b Abs. 1 EStG oder des § 9 Abs. 1 Nr. 2 KStG, die aus Mitteln des Gewerbebetriebs geleistet worden sind (§ 9 Nr. 5 GewStG)
=	**maßgebender Gewerbeertrag (§ 10 GewStG)**
–	**Gewerbeverlust (beschränkt nach § 10a GewStG)**
=	**vorläufiger Gewerbeertrag** abgerundet auf volle 100,00 € (§ 11 Abs. 1 GewStG)
–	**Freibetrag nach § 11 Abs. 1 GewStG von 24.500,00 € bzw. 5.000,00 €**
=	**endgültiger Gewerbeertrag**
·	**Steuermesszahl (§ 11 Abs. 2 GewStG)**
=	**Steuermessbetrag nach dem Gewerbeertrag**

Beispiele

a) Der Gewerbeertrag eines Süßwarengroßhändlers hat im Erhebungszeitraum 158.580,00 € betragen. Der Steuermessbetrag nach dem Gewerbeertrag errechnet sich wie folgt:

vorläufiger Gewerbeertrag	158.580,00 €
abgerundet auf volle 100,00 €	158.500,00 €
– Freibetrag	– 24.500,00 €
= endgültiger Gewerbeertrag	134.000,00 €
Steuermesszahl 3,5 % von 134.000,00 €	4.690,00 €
= **Steuermessbetrag**	**4.690,00 €**

b) Der Gewerbeertrag eines Baustoffhändlers hat im Erhebungszeitraum 21.160,00 € betragen. Der Steuermessbetrag errechnet sich wie folgt:

vorläufiger Gewerbeertrag	21.160,00 €
abgerundet	21.100,00 €
– Freibetrag 24.500,00 €, höchstens 21.100,00 €	– 21.100,00 €
= endgültiger Gewerbeertrag	0,00 €
= **Steuermessbetrag nach dem Gewerbeertrag**	**0,00 €**

c) Der Gewerbeertrag eines Fleischwarenhändlers hat im Erhebungszeitraum 51.230,00 € betragen. Der Steuermessbetrag nach dem Gewerbeertrag errechnet sich wie folgt:

vorläufiger Gewerbeertrag	51.230,00 €
abgerundet	51.200,00 €
– Freibetrag	– 24.500,00 €
= endgültiger Gewerbeertrag	26.700,00 €
Steuermesszahl 3,5 % von 26.700,00	934,00 €
= **Steuermessbetrag**	**934,00 €**

d) Aus den Büchern und Unterlagen der Gemüsegroßhandlung Martin Schulze & Co. OHG, Düsseldorf, ergibt sich für den Erhebungszeitraum Folgendes:

1. Gewinn aus Gewerbebetrieb	197.000,00 €
2. Entgelte für Schulden	110.000,00 €
3. Gewinnanteil eines stillen Gesellschafters	3.416,00 €
4. Verlustanteil an einer anderen OHG	1.880,00 €
5. Miete für einen Pkw	720,00 €
6. Einheitswert des Betriebsgrundstücks	40.000,00 €
7. Gewinnanteil an einer Kommanditgesellschaft	3.200,00 €

Der Steuermessbetrag nach dem Gewerbeertrag ist wie folgt zu errechnen:

Gewinn aus Gewerbebetrieb		197.000,00 €
+ **Hinzurechnungen:**		
Entgelte für Schulden	110.000,00 €	
Gewinnanteil des stillen Gesellschafters	3.416,00 €	
20 % Miete Pkw	144,00 €	
	113.560,00 €	
abzüglich Freibetrag	– 100.000,00 €	
	13.560,00 €	
davon 25 %	3.390,00 €	3.390,00 €
Verlustanteil an einer OHG		1.880,00 €
= Summe des Gewinns und der Hinzurechnungen		202.270,00 €
– **Kürzungen:** 1,2 % von 56.000,00 € (40.000,00 € · 1,4)	672,00 €	
Gewinnanteil an einer KG	3.200,00 €	– 3.872,00 €
= vorläufiger Gewerbeertrag		198.398,00 €
abgerundet		198.300,00 €
– Freibetrag		– 24.500,00 €
= endgültiger Gewerbeertrag		173.800,00 €
Steuermesszahl 3,5 % von 173.800,00 €		6.083,00 €
= **Steuermessbetrag**		**6.083,00 €**

AUFGABEN

1. Welcher Unterschied besteht zwischen der Steuermesszahl für den Gewerbeertrag und dem Steuermessbetrag nach dem Gewerbeertrag?

2. Wie hoch ist der Freibetrag nach § 11 Abs. 1 Nr. 1 GewStG für natürliche Personen und Personengesellschaften?

VERTIEFENDE ÜBUNGEN

Übungen zum Steuermessbetrag

1. Wie hoch ist der Steuermessbetrag nach dem Gewerbeertrag der Treppenbau GmbH, Duisburg, für 2020?

Aus den Unterlagen der Treppenbau GmbH ergibt sich für das Wirtschaftsjahr (= Kalenderjahr) Folgendes:

1. Gewinn aus Gewerbebetrieb laut Bilanz 41.000,00 €.
2. Die GmbH hat mit einer Duisburger Bank vereinbart, dass ihr auf einem Kontokorrentkonto ein Kredit eingeräumt wird. Insgesamt wurden 3.600,00 € Zinsen gezahlt.
3. An der GmbH ist ein Tischlereibetrieb als stiller Gesellschafter beteiligt. Der Gewinnanteil hat 4.500,00 € betragen.
4. Der Betrieb wird seit vielen Jahren auf betriebseigenem Grundstück unterhalten. Der Einheitswert (1. Jan. 1964) beträgt 130.000,00 €.
5. Am 5. Jan. 2020 hat die GmbH ein zusätzliches Betriebsgrundstück erworben. Der Einheitswert dieses Grundstücks ist zuletzt auf den 1. Jan. 2017 auf 30.000,00 € festgestellt worden.

2. Wie hoch ist der Steuermessbetrag nach dem Gewerbeertrag des Steuerpflichtigen Ahrens für 2020?

Aus den Büchern und Unterlagen des Textilfabrikanten Günter Ahrens, Dortmund, ergibt sich Folgendes:

1. Gewinn aus Gewerbebetrieb	730.500,00 €
2. Verzugszinsen wegen verspäteter Tilgung von Warenschulden	1.400,00 €
3. Darlehenszinsen	57.000,00 €
4. Miete für das Verwaltungsgebäude	120.000,00 €
5. Anteil am Gewinn einer KG	40.250,00 €
6. Einheitswert des zum Betriebsvermögen gehörenden Grundbesitzes	250.000,00 €

7.7 Steuererklärungspflicht und Erhebung der Gewerbesteuer

Nach § 25 Abs. 1 GewStDV ist eine Gewerbesteuererklärung abzugeben, z. B.

- für alle gewerbesteuerpflichtigen Einzelunternehmen und Personengesellschaften, deren Gewerbeertrag im Erhebungszeitraum den Freibetrag von 24.500,00 € (§ 11 Abs. 1 Nr. 1 GewStG) überstiegen hat;
- für Kapitalgesellschaften, wenn sie nicht von der Gewerbesteuer befreit sind (§ 25 Abs. 1 Nr. 2 GewStDV);
- für eingetragene und nicht eingetragene Vereine (z. B. für Sportvereine), wenn diese einen wirtschaftlichen Geschäftsbetrieb im Sinne des § 2 Abs. 3 GewStG (z. B. eine Kantine) unterhalten (siehe Kap. 7.2.3) und ihr Gewerbeertrag im Erhebungszeitraum 5.000,00 € überstiegen hat (§ 25 Abs. 1 Nr. 3 GewStDV);
- für alle gewerbesteuerpflichtigen Unternehmen, für die vom Finanzamt eine Gewerbesteuererklärung besonders verlangt wird (§ 25 Abs. 1 Nr. 7 GewStDV).

Der **Steuerschuldner** ist zur authentifizierten elektronischen Übermittlung der Erklärung zur Festsetzung des GewSt-Messbetrags und der Zerlegungserklärung verpflichtet (§ 14a GewStG). Das ist der **Unternehmer** (§ 5 GewStG).

Hat ein Unternehmer mehrere Betriebe verschiedener Art, z. B. einen Kfz-Handel und eine Gastwirtschaft, so ist für jeden Betrieb eine eigene Gewerbesteuererklärung abzugeben, weil jeder Betrieb einen eigenen Steuergegenstand darstellt. So kann der Freibetrag von 24.500,00 € beim Gewerbeertrag (jedoch nur bei Einzelunternehmen und Personengesellschaften) **bei jedem Betrieb**, also doppelt oder sogar mehrfach, zum Abzug kommen.

Im Falle einer Zerlegung des einheitlichen Steuermessbetrags nach § 28 GewStG (siehe Kap. 7.9) ist auch eine Zerlegungserklärung abzugeben.

Der Steuerschuldner ist nach § 19 Abs. 1 Satz 1 GewStG verpflichtet, vierteljährlich am 15. Febr., 15. Mai, 15. Aug. und 15. Nov. Vorauszahlungen (grundsätzlich ¼ der Gewerbesteuer des letzten Veranlagungszeitraums) zu leisten.

Gewerbetreibende, deren Wirtschaftsjahr vom Kalenderjahr abweicht, haben die Vorauszahlungen während des Wirtschaftsjahres zu entrichten, das im Erhebungszeitraum endet (§ 19 Abs. 1 Satz 2 GewStG).

Beispiel

Robert Bohnhorst betreibt in Gießen einen Landmaschinenhandel, den er am 1. Jan. 2014 gegründet hat. Wirtschaftsjahr ist das Kalenderjahr. Die Gewerbesteuer-Vorauszahlungen für das Jahr 2020 betragen 24.000,00 €. Im Jahr 2019 stellt er sein Wirtschaftsjahr mit Zustimmung des Finanzamts auf den Zeitraum vom 1. April bis 31. März um.

Da die Vorauszahlungen immer nur für einen bestimmten Erhebungszeitraum und nicht für das Wirtschaftsjahr zu leisten sind, hat der Steuerpflichtige Bohnhorst aufgrund der Vorschrift des § 19 Abs. 1 Satz 2 GewStG seine Vorauszahlungen für den Erhebungszeitraum 2020 im Wirtschaftsjahr 2019/20, also am 15. Mai, 15. Aug. und 15. Nov. 2019 und am 15. Febr. 2020 in Höhe von je 6.000,00 € zu entrichten.

Gäbe es die Vorschrift des § 19 Abs. 1 Satz 2 GewStG nicht, müsste der Steuerpflichtige seine Vorauszahlungen für das Jahr 2020 erst am 15. Febr., 15. Mai, 15. Aug. und 15. Nov. 2020 entrichten.

Die Vorauszahlungen werden entweder durch den letzten Gewerbesteuerbescheid oder durch einen besonderen Vorauszahlungsbescheid festgesetzt.

Ein besonderer Vorauszahlungsbescheid ergeht, wenn

- ein Gewerbebetrieb in die Steuerpflicht eintritt, z. B. durch Neugründung,
- die Steuerpflicht erlischt, z. B. durch Einstellung des Betriebs (Herabsetzung der Vorauszahlungen auf 0,00 €),
- die Vorauszahlungen angepasst werden müssen, weil zu erwarten ist, dass die Steuerschuld für einen Erhebungszeitraum wesentlich höher oder niedriger sein wird als die im letzten Bescheid für diesen Erhebungszeitraum festgesetzten Vorauszahlungen insgesamt.

Die Anpassung der Vorauszahlungen kann bis zum Ende des fünfzehnten auf den **Erhebungszeitraum** folgenden Monats vorgenommen werden (§ 19 Abs. 3 Satz 2 GewStG).

Die Vorauszahlung wird auf volle Euro nach unten abgerundet. Sie wird nur festgesetzt, wenn sie mindestens 50,00 € vierteljährlich beträgt (§ 19 Abs. 5 GewStG).

Die Erhebung der Gewerbesteuer obliegt im Allgemeinen der hebeberechtigten Gemeinde. Die Erhebung der Steuer kann aber auch den Finanzämtern übertragen werden.

Die Gemeinde ermittelt die Gewerbesteuer durch Multiplikation des Gewerbesteuermessbetrags mit dem Gewerbesteuerhebesatz (§ 16 GewStG), der von der hebeberechtigten Gemeinde zu bestimmen ist. Der Hebesatz muss für alle in der Gemeinde vorhandenen Unternehmen gleich sein. Der Mindesthebesatz beträgt 200 % (§ 16 Abs. 4 Satz 2 GewStG). Grundsätzlich erteilt die Gemeinde den Gewerbesteuerbescheid und setzt die Vorauszahlungen fest. Sie stellt in der Regel den Gewerbesteuerbescheid mit dem Steuermessbescheid, den sie vom Finanzamt erhalten hat, dem Steuerschuldner zu.

Die für einen **Erhebungszeitraum** entrichteten Vorauszahlungen werden auf die Steuerschuld für diesen Erhebungszeitraum angerechnet. Ist die **Steuerschuld** höher als die festgesetzten und entrichteten Vorauszahlungen, so ist der Unterschiedsbetrag innerhalb eines Monats nach Bekanntgabe des Steuerbescheids zu entrichten (§ 20 Abs. 2 GewStG). Diese Zahlung nennt man Abschlusszahlung.

Ist die **Nachzahlung** ganz oder teilweise darauf zurückzuführen, dass fällige Vorauszahlungen nicht entrichtet worden sind, ist die Nachzahlung insoweit sofort nach Bekanntgabe des Steuerbescheids fällig (§ 20 Abs. 2 GewStG).

Beispiel

Die Steuerschuld beträgt für einen Erhebungszeitraum 7.200,00 €. Die vierteljährlichen Vorauszahlungen haben in diesem Erhebungszeitraum je 1.500,00 € betragen. Drei Vorauszahlungen sind geleistet worden. Die am 15. Nov. fällige Vorauszahlung ist nicht entrichtet worden.

Es ergibt sich folgende Abrechnung:

Steuerschuld	7.200,00 €
– entrichtete Vorauszahlungen (3 · 1.500,00 €)..............	– 4.500,00 €
= Unterschiedsbetrag (Nachzahlung)	2.700,00 €
davon sind:	
▪ sofort fällig (rückständige Vorauszahlung)...	1.500,00 €
▪ einen Monat nach Bekanntgabe des Steuerbescheids fällig (Abschlusszahlung)	1.200,00 €

AUFGABEN

1. Wodurch haben die Gemeinden auf die Höhe der Gewerbesteuer Einfluss?
2. Wie wird die Gewerbesteuerschuld errechnet?
3. Wodurch werden die Gewerbesteuervorauszahlungen festgesetzt?
4. Was versteht man unter einer Abschlusszahlung und wann ist diese Zahlung fällig?

→

VERTIEFENDE ÜBUNGEN

Übungen 1 und 2: Gewerbesteuerschuld

Übung 3: Gewerbesteuer-Abschlusszahlung

1. **Errechnen Sie die Gewerbesteuerschuld der Strickwarenfabrik Rex OHG, Reutlingen, für 2020 bei einem Hebesatz der Gemeinde in Höhe von 380 %.**

   Die OHG hat im Wirtschaftsjahr (= Kalenderjahr) einen Gewinn von 160.000,00 € erzielt. An dem Betrieb ist ein stiller Gesellschafter mit 240.000,00 € beteiligt. Sein Gewinn aus dieser Beteiligung beträgt 28.800,00 €. Die Entgelte für Schulden haben 60.490,00 € betragen.

   Zum Betriebsvermögen der OHG gehört auch eine Beteiligung an einer KG in Höhe von 38.800,00 €. Der Gewinnanteil an dieser Gesellschaft hat 5.090,00 € betragen. Zum Betriebsvermögen zählt außerdem ein Betriebsgrundstück mit einem Einheitswert von 37.000,00 € (1. Jan. 1964). Der Betrieb hat in unmittelbarer Nähe seiner Geschäftsräume einen Bauplatz für eine Jahresmiete von 28.860,00 € gemietet und als Parkplatz für betriebliche Zwecke verwendet.

2. **Wie hoch ist die Gewerbesteuerschuld der Kaffeerösterei Max Radeke, München, für den Erhebungszeitraum 2020 bei einem Hebesatz von 490 %?**

   Die Kaffeerösterei, deren Wirtschaftsjahr mit dem Kalenderjahr übereinstimmt, hat einen Gewinn aus Gewerbebetrieb von 220.000,00 € erzielt. Zum Betriebsvermögen gehört ein Grundstück mit einem Einheitswert von 110.000,00 €. Eine Hypothekenschuld von 25.000,00 € ist jährlich mit 5 % verzinst worden. Die Miete für geleaste Fernlastzüge hat 26.000,00 € betragen. Ein stiller Gesellschafter ist mit 125.000,00 € an der Kaffeerösterei beteiligt. Auf diese Beteiligung entfiel ein Gewinn von 12.500,00 €. Die Kaffeerösterei ist ihrerseits an einer OHG mit 14.000,00 € beteiligt. Der Anteil am Gewinn dieser Gesellschaft hat 2.450,00 € betragen. Die Firma ist außerdem an einer KG beteiligt, die ein Minuskapital ausgewiesen hat. Der Anteil am Verlust der KG hat 1.180,00 € betragen. Für eine Darlehensschuld von 27.000,00 € hat die Rösterei Zinsen von 1.270,00 € gezahlt. Die Kaffeerösterei hat zusätzlich ein Verwaltungsgebäude für jährlich 62.400,00 € gepachtet. Des Weiteren erhält der frühere Betriebsinhaber einen Betrag von 5.000,00 € monatlich, welcher eine dauernde Last darstellt.

3. **Wie hoch ist die Gewerbesteuer-Abschlusszahlung 2020 der Werkzeugfabrik Starke GmbH, Bochum, wenn die für diesen Erhebungszeitraum festgesetzten Vorauszahlungen in Höhe von 2.800,00 € entrichtet und als Aufwand gebucht worden sind? Der Hebesatz der Gemeinde hat 495 % betragen.**

   Aus den Büchern und Unterlagen der GmbH, deren Wirtschaftsjahr mit dem Kalenderjahr übereinstimmt, ergibt sich Folgendes:

   1. Verlust aus Gewerbebetrieb 2.000,00 €
   2. Beteiligung der Firma Starke am Verlust einer KG .... 21.500,00 €
   3. Gewinnanteil des stillen Gesellschafters .... 50.000,00 €
   4. Entgelte für Schulden ..... 19.920,00 €
   5. Entgelte für Kontokorrentschulden .... 25.000,00 €
   6. Zur Erweiterung Ihres Angebotes hat die Werkzeugfabrik Starke eine befristete Lizenz zum Bau eines bestimmten Werkzeugsets erworben und zahlt hierfür jährlich .... 24.000,00 €
   7. Leasing einer Drehbank für jährlich .... 12.000,00 €
   8. Anmietung einer Lagerhalle für jährlich .... 15.600,00 €
   9. Gewinnanteil aus der Beteiligung der GmbH an einer OHG .... 1.830,00 €
   10. Einheitswert des zum Betriebsvermögen gehörenden Grundbesitzes .... 55.000,00 €

7.8 Beginn oder Beendigung der Steuerpflicht im Laufe des Erhebungszeitraums

Beginnt oder endet die Gewerbesteuerpflicht im Laufe eines Erhebungszeitraums, so wird der Gewerbeertrag in dem Erhebungszeitraum erfasst, in dem er bezogen worden ist (§ 10 Abs. 1 GewStG).

Diese Vorschrift entspricht der Regelung bei der Einkommensteuer, wonach der Gewinn als in dem Kalenderjahr bezogen gilt, in dem das Wirtschaftsjahr endet (§ 4a Abs. 2 Nr. 2 EStG).

Der Freibetrag wird unabhängig von der Dauer der Steuerpflicht für jeden Erhebungszeitraum voll abgezogen (R 11.1 Satz 2 GewStR).

Wechselt allerdings das Steuerschuldverhältnis innerhalb eines Erhebungszeitraums, z. B. durch Verkauf des Unternehmens, so ist der Freibetrag auf jeden Steuerschuldner entsprechend der Dauer der persönlichen Steuerpflicht aufzuteilen. Dabei kann bei jedem Steuerschuldner für jeden angefangenen Monat der Steuerpflicht ein Zwölftel des Jahresfreibetrags (2.042,00 €) abgezogen werden. Auf den so ermittelten Gewerbeertrag des jeweiligen Steuerschuldners ist die Steuermesszahl anzuwenden (R 11.1 Sätze 3 bis 7 GewStR).

Beispiele

a) Eine Zimmerei (Einzelunternehmen), deren Wirtschaftsjahr mit dem Kalenderjahr übereinstimmt, ist am 15. März 2020 eröffnet worden. Im Jahr 2020 betrugen:

1. Gewinn aus Gewerbebetrieb für die Zeit vom 15. März bis 31. Dez.		88.000,00 €
2. Entgelte für Schulden		3.600,00 €
3. Gewinnanteil an einer Kommanditgesellschaft		1.090,00 €
4. Einheitswert des Betriebsgrundstücks		41.000,00 €
Der Steuermessbetrag nach dem Gewerbeertrag errechnet sich wie folgt:		
Gewinn aus Gewerbebetrieb		88.000,00 €
+ Hinzurechnungen (§ 8 GewStG):		
Entgelte für Schulden	3.600,00 €	
– Freibetrag max.	– 3.600,00 €	0,00 €
= Summe des Gewinns und der Hinzurechnungen		88.000,00 €
– Kürzungen (§ 9 GewStG):		
1,2 % von 57.400,00 € (41.000,00 € · 1,4)	689,00 €	
Gewinnanteil aus Beteiligung an einer KG	1.090,00 €	– 1.779,00 €
= vorläufiger Gewerbeertrag		86.221,00 €
abgerundet		86.200,00 €
– Freibetrag (§ 11 Abs. 1 Nr. 1 GewStG)		– 24.500,00 €
= endgültiger Gewerbeertrag		61.700,00 €
Steuermesszahl 3,5 % von 61.700,00 €		2.159,00 €
= **Steuermessbetrag**		**2.159,00 €**

b) Ein Klempnerbetrieb (Einzelunternehmen), dessen Wirtschaftsjahr mit dem Kalenderjahr übereinstimmt, wurde am 15. März 2020 eingestellt. Im Jahr 2020 betrugen:

1. Gewinn aus Gewerbebetrieb für die Zeit vom 1. Jan. bis 14. März	53.400,00 €
2. Entgelte für Schulden	2.800,00 €
3. Gewinnanteil aus Beteiligung an einer KG	800,00 €
4. Einheitswert des Betriebsgrundstücks	39.000,00 €

→

Der Steuermessbetrag ist wie folgt zu errechnen:

	Gewinn aus Gewerbebetrieb		53.400,00 €
+	Hinzurechnungen (§ 8 GewStG):		
	Entgelte für Schulden	2.800,00 €	
	– Freibetrag max.	– 2.800,00 €	0,00 €
=	Summe des Gewinns und der Hinzurechnungen		53.400,00 €
–	Kürzungen (§ 9 GewStG):		
	1,2 % von 54.600,00 € (39.000,00 € · 1,4)	656,00 €	
	Gewinnanteil aus Beteiligung an einer KG	800,00 €	– 1.456,00 €
=	vorläufiger Gewerbeertrag		51.944,00 €
	abgerundet		51.900,00 €
–	Freibetrag 24.500,00 € (§ 11 Abs. 1 Nr. 1 GewStG)		– 24.500,00 €
=	endgültiger Gewerbeertrag		27.400,00 €
	Steuermesszahl 3,5 % von 27.400,00 €		959,00 €
=	**Steuermessbetrag**		959,00 €

AUFGABEN

1. Wie ist zu verfahren bei der Ermittlung des Steuermessbetrags nach dem Gewerbeertrag, wenn das Wirtschaftsjahr mit dem Kalenderjahr übereinstimmt und die Steuerpflicht im Laufe eines Erhebungszeitraums a) beginnt oder b) endet?
2. In welcher Höhe kann in Aufgabe 1 der Freibetrag nach § 11 Abs. 1 GewStG abgezogen werden?

VERTIEFENDE ÜBUNG

Übung zu Gewerbesteuer-Abschlusszahlung

Die **Fahrradfabrik Friedrich Kaars KG, Duisburg**, deren Wirtschaftsjahr mit dem Kalenderjahr übereinstimmt, ist mit Wirkung vom 10. Aug. 2020 aufgelöst worden. Für die Zeit vom 1. Jan. bis 9. Aug. 2020 ergibt sich aus den Büchern und Unterlagen der Kommanditgesellschaft Folgendes:

1. Gewinn aus Gewerbebetrieb ..... 72.773,00 €
2. Gewinnanteil eines stillen Gesellschafters ..... 31.000,00 €
3. Gewinnanteil aus einer OHG-Beteiligung ..... 1.270,00 €
4. Kontokorrentkonto bei einer Bank in Duisburg. Die Firma Kaars hat das Konto im Jahr 2020 überzogen und dafür ..... 12.500,00 € Zinsen gezahlt.
5. In den Büchern der Firma Kaars war seit Jahren eine Darlehensschuld von 2.000.000,00 € ausgewiesen. Von den Darlehenszinsen entfielen auf 2019 ..... 65.000,00 €
6. Einheitswert des zum Betriebsvermögen gehörenden Grundbesitzes ..... 36.000,00 €
7. Miete für eine Spezialmaschine ... 7.800,00 €

Wie hoch ist die Gewerbesteuer-Abschlusszahlung 2020 der Fahrradfabrik Friedrich Kaars KG, Duisburg, wenn

- die Vorauszahlungen ab 15. Aug. 2020 aufgrund der Einstellung des Betriebs durch Vorauszahlungsbescheid auf 0,00 € herabgesetzt worden sind,
- die am 15. Febr. und 15. Mai 2020 fälligen Vorauszahlungen von je 500,00 € entrichtet und als Aufwand gebucht worden sind und
- der Hebesatz der Gemeinde 510 % betragen hat?

Wann ist die Abschlusszahlung fällig, wenn der Gewerbesteuerbescheid am 7. März 2021 zur Post gegeben wird?

7.8.1 Steuermessbetrag bei abweichendem Wirtschaftsjahr

Beginn der Steuerpflicht

Der Gewerbeertrag wird in dem Erhebungszeitraum besteuert, in dem er bezogen worden ist (§ 10 Abs. 1 GewStG). Bei vom Kalenderjahr abweichendem Wirtschaftsjahr gilt er als in dem Erhebungszeitraum bezogen, in dem das Wirtschaftsjahr endet (§ 10 Abs. 2 GewStG). Das bedeutet, dass im Falle der Betriebseröffnung mit einem vom Kalenderjahr abweichenden Wirtschaftsjahr im Erhebungszeitraum der Betriebseröffnung keine Gewerbesteuer erhoben werden kann, weil in diesem Erhebungszeitraum kein Gewerbeertrag bezogen worden ist.

Beispiele

a) Betriebseröffnung (Einzelunternehmer) am 1. Juli 2020 (Wirtschaftsjahr 1. Juli bis 30. Juni).

Der Gewerbeertrag des ersten Wirtschaftsjahres (1. Juli 2020 bis 30. Juni 2021) beträgt . .66.000,00 €.

Erhebungszeitraum 2020: In diesem Zeitraum kann keine Gewerbesteuer erhoben werden, weil im Jahr 2020 kein Gewerbeertrag bezogen wurde.

Erhebungszeitraum 2020: Der Gewerbeertrag von 66.000,00 € ist im Erhebungszeitraum 2021 bezogen worden. **Der Steuermessbetrag nach dem Gewerbeertrag (§ 11 Abs. 1 und 2 GewStG) errechnet sich für diesen Erhebungszeitraum wie folgt:**

vorläufiger Gewerbeertrag	66.000,00 €
– Freibetrag (§ 11 Abs. 1 GewStG)	– 24.500,00 €
= endgültiger Gewerbeertrag	41.500,00 €
Steuermesszahl 3,5 % von 41.500,00 €	1.452,00 €
= Steuermessbetrag	**1.452,00 €**

b) Betriebseröffnung (Kommanditgesellschaft) 1. Jan. 2020

Das Wirtschaftsjahr läuft vom 1. Okt. bis 30. Sept.

Der Gewerbeertrag des Rumpfwirtschaftsjahres 1. Jan. bis 30. Sept. 2020 hat 134.000,00 € betragen.

Der Steuermessbetrag nach dem Gewerbeertrag für den Erhebungszeitraum 2020 errechnet sich wie folgt:

Gewerbeertrag (im Erhebungszeitraum 2019 bezogen)	134.000,00 €
– Freibetrag (§ 11 Abs. 1 GewStG)	– 24.500,00 €
= endgültiger Gewerbeertrag	109.500,00 €
Steuermesszahl 3,5 % von 109.500,00 €	3.832,00 €
= Steuermessbetrag	**3.832,00 €**

Beendigung der Steuerpflicht

Endet die Gewerbesteuerpflicht bei abweichendem Wirtschaftsjahr im Laufe eines Erhebungszeitraums, so ist auch hier der Gewerbeertrag maßgebend, der im Erhebungszeitraum bezogen worden ist (§ 10 Abs. 1 GewStG).

Beispiele

a) Betriebseinstellung einer OHG am 30. April 2020 (Wirtschaftsjahr 1. Mai bis 30. April)

Gewerbeertrag des Wirtschaftsjahres 2019/20 . . . 144.000,00 €

Der Steuermessbetrag nach dem Gewerbeertrag für den Erhebungszeitraum 2020 errechnet sich wie folgt:

vorläufiger Gewerbeertrag (im Jahr 2020 bezogen)	144.000,00 €
– Freibetrag (§ 11 Abs. 1 GewStG)	– 24.500,00 €

→

= endgültiger Gewerbeertrag	119.500,00 €
Steuermesszahl 3,5 % von 119.500,00 €	4.182,00 €
= **Steuermessbetrag**	**4.182,00 €**

b) Betriebseinstellung einer KG am 31. Okt. 2020 (Wirtschaftsjahr 1. Mai bis 30. April)

Gewerbeertrag des Wirtschaftsjahres 2019/20	128.000,00 €
Gewerbeertrag des Rumpfwirtschaftsjahres 1. Mai bis 31. Okt. 2020	20.000,00 €

Der Steuermessbetrag nach dem Gewerbeertrag für den Erhebungszeitraum 2020 errechnet sich wie folgt:

Gewerbeertrag des Wirtschaftsjahrs 2019/20 (im Erhebungszeitraum 2020 bezogen)	128.000,00 €
Gewerbeertrag des Rumpfwirtschaftsjahres (1. Mai bis 31. Okt. 2020)	20.000,00 €
= vorläufiger Gewerbeertrag	148.000,00 €
– Freibetrag (§ 11 Abs. 1 GewStG)	– 24.500,00 €
= endgültiger Gewerbeertrag	123.500,00 €
Steuermesszahl 3,5 % von 123.500,00 €	4.322,00 €
= **Steuermessbetrag**	**4.322,00 €**

7.8.2 Steuermessbetrag bei Umstellung des Wirtschaftsjahres

Auch bei Umstellung des Wirtschaftsjahres ist ausschlaggebend, in welchem Erhebungszeitraum der Gewerbeertrag bezogen worden ist.

Beispiele

a) Umstellung im Erhebungszeitraum 2018 vom Kalenderjahr auf das Wirtschaftsjahr 1. Okt. bis 30. Sept. Es handelt sich um eine GmbH.

Gewerbeertrag des Rumpfwirtschaftsjahres 1. Jan. bis 30. Sept. 2019	90.000,00 €
Gewerbeertrag des Wirtschaftsjahres 1. Okt. 2019 bis 30. Sept. 2020	110.000,00 €

Der Steuermessbetrag nach dem Gewerbeertrag für 2019 errechnet sich wie folgt:

Gewerbeertrag (im Erhebungszeitraum 2019 bezogen)	90.000,00 €
kein Freibetrag nach § 11 Abs. 1 GewStG (juristische Person)	0,00 €
Steuermesszahl 3,5 % von 90.000,00 €	3.150,00 €
= **Steuermessbetrag**	**3.150,00 €**

Für den Erhebungszeitraum 2020 ist der Gewerbeertrag von 110.000,00 € maßgebend.

b) Umstellung am 1. Juli 2020 vom Wirtschaftsjahr 1. Juli bis 30. Juni auf das Kalenderjahr. Es handelt sich um ein Einzelunternehmen.

Gewerbeertrag des Wirtschaftsjahres 1. Juli 2019 bis 30. Juni 2020	90.000,00 €
Gewerbeertrag des Rumpfwirtschaftsjahres 1. Juli bis 31. Dez. 2020	60.000,00 €

Der Steuermessbetrag nach dem Gewerbeertrag für 2020 errechnet sich wie folgt:

Gewerbeertrag des Wirtschaftsjahres 2019/20 (im Erhebungszeitraum 2020 bezogen)	90.000,00 €
+ Gewerbeertrag des Rumpfwirtschaftsjahres 1. Juli bis 31. Dez. 2020	60.000,00 €
= vorläufiger Gewerbeertrag	150.000,00 €
– Freibetrag (§ 11 Abs. 1 GewStG)	– 24.500,00 €
= endgültiger Gewerbeertrag	125.500,00 €
Steuermesszahl 3,5 % von 125.500,00 €	4.392,00 €
= **Steuermessbetrag**	**4.392,00 €**

AUFGABEN

1. Warum wird in dem Erhebungszeitraum, in dem die Betriebseröffnung stattfindet, bei abweichendem Wirtschaftsjahr keine Gewerbesteuer erhoben?
2. Was ist auch bei Umstellung des Wirtschaftsjahres für die Errechnung des Steuermessbetrags nach dem Gewerbeertrag ausschlaggebend? (Geben Sie dazu ein Beispiel.)

VERTIEFENDE ÜBUNGEN

Übung 1: Steuermessbetrag

Übung 2: Gewerbesteuer-Abschlusszahlung

1. Wie viel Euro beträgt der Gewerbesteuermessbetrag für 2020 des Reifenhändlers Erich John, Solingen?

John hat seinen Gewinn seit Jahren zulässigerweise nach dem Wirtschaftsjahr ermittelt, das vom 1. April bis 31. März lief. Im Jahr 2020 hat er das Wirtschaftsjahr auf das Kalenderjahr umgestellt.
Aus den Büchern und Unterlagen ergibt sich Folgendes:

1. Im Wirtschaftsjahr 2019/20 ist ein Gewinn von 80.000,00 € erzielt worden. Der Gewinn des Rumpfwirtschaftsjahres vom 1. April bis 31. Dez. 2020 hat 70.000,00 € betragen.
2. Im Wirtschaftsjahr 2019/20 (1. April 2019 bis 31. März 2020) sind 3.100,00 € und im Rumpfwirtschaftsjahr 2020 (1. April bis 31. Dez. 2020) 2.200,00 € Verlustanteile aus einer Beteiligung an einer inländischen OHG zugeteilt worden.
3. Die Firma John ist an einer Gesellschaft des bürgerlichen Rechts, die den Handel mit Gebrauchtwagen betreibt, beteiligt. Im Jahr 2019 hat sich aus dieser Beteiligung ein Gewinn von 8.000,00 € und 2020 ein Verlust von 4.000,00 € ergeben.
4. Der Einheitswert des eigenbetrieblich genutzten Grundstücks beträgt 40.200,00 € (Wertverhältnisse 1. Jan. 1964).

2. Wie hoch ist die Gewerbesteuer-Abschlusszahlung der Kölner Eisenwarenhandlung OHG für 2020, wenn der Hebesatz der Gemeinde 475 % betragen hat?

Die OHG hat ihren Gewinn seit Jahren mit Zustimmung des Finanzamts nach einem Wirtschaftsjahr, das vom 1. Nov. bis 31. Okt. lief, ermittelt.
Aus den Büchern und Unterlagen ergibt sich Folgendes:

1. Die OHG hat das Wirtschaftsjahr im Jahr 2020 auf das Kalenderjahr umgestellt.
2. Im Wirtschaftsjahr 2019/20 (1. Nov. 2019 bis 31. Okt. 2020) hat die Firma einen Verlust von 6.650,00 € erlitten.
3. Im Rumpfwirtschaftsjahr 2020 (1. Nov. bis 31. Dez. 2020) ist ein Gewinn von 89.550,00 € erzielt worden.
4. Im Betriebsvermögen ist das Betriebsgrundstück mit 181.000,00 € aktiviert. Der Einheitswert (1. Jan. 1964) beträgt 42.000,00 €. Bis zum 31. Okt. 2020 ist das Grundstück mit 70 % bilanziert worden. Ab 1. Nov. 2020 sind auch die restlichen 30 % als Betriebsvermögen behandelt worden.
5. Für ein langfristiges Darlehen sind im Wirtschaftsjahr 2019/20 Zinsen in Höhe von 5.600,00 € und im Rumpfwirtschaftsjahr 2020 in Höhe von 1.100,00 € gewinnmindernd gebucht worden.
6. Die festgesetzten und geleisteten Vorauszahlungen haben 2020 3.000,00 € betragen und sind als Aufwand gebucht worden.

7.9 Zerlegung des Steuermessbetrags

Nach § 28 Abs. 1 GewStG wird der Steuermessbetrag zerlegt, wenn **eine der folgenden Voraussetzungen** vorliegt:

- der Gewerbebetrieb unterhält in mehreren Gemeinden Betriebsstätten **oder**
- eine Betriebsstätte erstreckt sich über mehrere Gemeinden **oder**
- eine Betriebsstätte ist während des Erhebungszeitraums von einer Gemeinde in eine andere verlegt worden.

Die Zerlegung ist erforderlich, damit jede Gemeinde den ihr zustehenden Anteil an der Gewerbesteuer erhält.

Die Gemeinden erhalten ihren Zerlegungsanteil am Steuermessbetrag durch einen Zerlegungsbescheid vom Finanzamt zugeteilt. Die Gewerbesteuer ergibt sich durch die Anwendung des Hebesatzes auf den Zerlegungsanteil.

Zerlegungsmaßstab

Nach § 29 Abs. 1 Nr. 1 und Abs. 2 GewStG wird der Gewerbesteuermessbetrag zerlegt im Verhältnis der Summe der gezahlten Arbeitslöhne aller Betriebsstätten zu den Arbeitslöhnen der Betriebsstätten in den einzelnen Gemeinden.

Bei der Ermittlung der Verhältniszahlen sind die Arbeitslöhne im Sinne des § 31 GewStG (ohne Vergütungen für Auszubildende) auf volle 1.000,00 € abzurunden (§ 29 Abs. 3 GewStG). Bei Personenunternehmen sind für die im Betrieb tätigen Unternehmer insgesamt 25.000,00 € jährlich anzusetzen (§ 31 Abs. 5 GewStG).

Beispiel

Ein Lebensmitteleinzelhändler hat im vorigen Erhebungszeitraum in vier Gemeinden Betriebsstätten unterhalten. Der Steuermessbetrag hat 12.000,00 € und die Summe der Arbeitslöhne aller beschäftigten Arbeitnehmer (einschließlich des Unternehmers mit 25.000,00 €) 420.000,00 € betragen. Von den Arbeitslöhnen entfielen auf die Betriebsstätten:

Gemeinde A.	168.000,00 €	=	40 %
Gemeinde B.	84.000,00 €	=	20 %
Gemeinde C.	126.000,00 €	=	30 %
Gemeinde D	42.000,00 €	=	10 %
insgesamt	420.000,00 €	=	100 %

Dementsprechend entfallen von dem Steuermessbetrag von 12.000,00 € auf die

Gemeinde A.	40 %	=	4.800,00 €
Gemeinde B.	20 %	=	2.400,00 €
Gemeinde C.	30 %	=	3.600,00 €
Gemeinde D	10 %	=	1.200,00 €
insgesamt	100 %	=	12.000,00 €

Jede Gemeinde setzt anhand des auf sie entfallenden Zerlegungsanteils die Gewerbesteuer fest unter Anwendung ihres jeweiligen Hebesatzes. Angenommen, der Hebesatz der Gemeinde A beträgt 420 %, dann beträgt die Gewerbesteuerschuld des Lebensmitteleinzelhändlers (siehe Beispiel) an die Gemeinde A 420 % von 4.800,00 € = 20.160,00 €.

Hebesätze ausgewählter deutscher Großstädte

Stadt	Hebesatz 2019 in %
Duisburg	520
Bonn	490
München	490
Essen	480
Hannover	480
Köln	475
Leverkusen	475
Hamburg	470
Frankfurt am Main	460
Leipzig	460
Düsseldorf	440
Karlsruhe	430
Stuttgart	420
Berlin	410

Zerlegungsmaßstab bei Reisegewerbe

Hat ein Reisegewerbebetrieb den Mittelpunkt seiner gewerblichen Tätigkeit von einer Gemeinde in eine andere Gemeinde verlegt, so hat das Finanzamt den einheitlichen Steuermessbetrag nicht nach den Arbeitslöhnen, sondern nach den zeitlichen Anteilen (Kalendermonaten) zu zerlegen (§ 35a Abs. 4 GewStG).

Zerlegung in besonderen Fällen

Einigen sich die Gemeinden mit dem Steuerschuldner über die Zerlegung, so ist der Steuermessbetrag nach Maßgabe der Einigung zu zerlegen, z. B. Einigung der Stadt Frankfurt am Main mit den Umlandgemeinden beim Frankfurter Flughafen (§ 33 Abs. 2 GewStG).

Kleinbeträge

Übersteigt der Steuermessbetrag nicht den Betrag von 10,00 €, so ist er in voller Höhe der Gemeinde zuzuweisen, in der sich die Geschäftsleitung am Ende des Erhebungszeitraums befindet. Befindet sich die Geschäftsleitung im Ausland, so ist der Steuermessbetrag nach § 34 Abs. 1 GewStG der Gemeinde zuzuweisen, in der sich die wirtschaftlich bedeutendste der zu berücksichtigenden Betriebsstätten befindet (Kleinbetragsregelung).

AUFGABEN

1. In welchem Fall muss eine Aufteilung der Gewerbesteuer auf mehrere Gemeinden erfolgen?
2. Wodurch wird dieses Ziel erreicht?
3. Was dient nach § 29 Abs. 1 Nr. 1 GewStG als Maßstab für die Zerlegung des Steuermessbetrags?
4. In welchem Fall und wonach wird der Steuermessbetrag eines Reisegewerbebetriebs zerlegt?

VERTIEFENDE ÜBUNGEN

Übungen zur Zerlegung der Gewerbesteuer

1. **Wie hoch ist die Gewerbesteuerschuld des Schmuckhändlers Ernst Brasse an die Gemeinden Bielefeld, Gütersloh und Herford, in denen er Betriebsstätten unterhält?**

   Der Steuermessbetrag für den vorigen Erhebungszeitraum hat 30.000,00 € betragen.

   Außerdem legen wir folgende Beträge zugrunde:

	Hebesätze	Arbeitslöhne
Bielefeld	480 %	117.000,00 €
Gütersloh	411 %	78.000,00 €
Paderborn	418 %	65.000,00 €

2. **Errechnen Sie die Gewerbesteuerschuld des Kaufmanns Werner Wagner in den jeweiligen Gemeinden.**

   Werner Wagner betreibt in Dresden einen Baumarkt unter der Firma Wagner-Bau mit Filialen in Bautzen und Hoyerswerda. Der Steuermessbetrag für den betreffenden Erhebungszeitraum beträgt 676.580,00 €. Außerdem legen wir folgende Beträge zugrunde:

	Hebesätze	Arbeitslöhne
Dresden	450 %	987.500,00 €
Bautzen	400 %	632.780,00 €
Hoyerswerda	415 %	748.900,00 €

   In Dresden beschäftigt Wagner fünf Auszubildende, deren Jahresvergütungen von insgesamt 29.000,00 € in den o. a. Arbeitslöhnen enthalten sind. Wagner teilt seine eigene Arbeitszeit auf die Betriebsstätten regelmäßig wie folgt auf:

   Dresden 1/2, Bautzen 1/3 und Hoyerswerda 1/6.

7.10 Gewerbesteuerrückstellung

Die Gewerbesteuer ist nicht als Betriebsausgabe abzugsfähig.

In der Schlussbilanz sind nicht nur die rückständigen Gewerbesteuervorauszahlungen als Schuld zu berücksichtigen, sondern es ist entsprechend den Grundsätzen ordnungsmäßiger Buchführung auch für eine zu erwartende Abschlusszahlung eine **Rückstellung (Gewerbesteuerrückstellung[1])** in die Schlussbilanz einzusetzen. Der Steuerpflichtige ist zur Abgrenzung der Gewerbesteuer beim Jahresabschluss in der Regel verpflichtet. Hier gibt es grundsätzlich kein Wahlrecht.

Das gilt in allen Fällen, in denen der Gewinn durch Betriebsvermögensvergleich ermittelt wird, gleichgültig, ob das Wirtschaftsjahr mit dem Kalenderjahr übereinstimmt oder vom Kalenderjahr abweicht.

Bei einer Berichtigungsveranlagung, z. B. aufgrund einer Betriebsprüfung, besteht diese Verpflichtung zur Bilanzierung der Gewerbesteuer nur, wenn es sich um hinterzogene Gewerbesteuer handelt. Soweit es sich bei den Berichtigungsveranlagungen nicht um hinterzogene Gewerbesteuer handelt, hat der Steuerpflichtige ein Wahlrecht. Er kann die nachzuzahlende Gewerbesteuer entweder in dem Wirtschaftsjahr berücksichtigen, in dem er die Zahlung leistet, oder die Gewerbesteuer kann auf Antrag des Steuerpflichtigen (z. B. vom Betriebsprüfer des Finanzamts) bilanziert werden. Das bedeutet, dass die nachzuzahlende Gewerbesteuer zulasten der Wirtschaftsjahre gebucht wird, zu denen sie wirtschaftlich gehört. Dasselbe gilt auch für andere aufgrund von Berichtigungsveranlagungen nachzuzahlende Betriebsteuern.

Entsprechend ist bei der Errechnung eines Erstattungsanspruchs zu verfahren, wenn die Vorauszahlungen die Steuerschuld übersteigen.

Gewerbesteuerrückstellung

	Vorläufiger Gewinn aus Gewerbebetrieb
+	Gewerbesteuervorauszahlungen
=	Gewinn ohne Berücksichtigung der Gewerbesteuer
+	Hinzurechnungen (§ 8 GewStG)
=	Zwischensumme
–	Kürzungen (§ 9 GewStG)
–	Gewerbeverlust (§ 10a GewStG)
=	**vorläufiger Gewerbeertrag ohne Berücksichtigung der Gewerbesteuer**
–	Freibetrag (§ 11 Abs. 1 GewStG)
=	endgültiger Gewerbeertrag ohne Berücksichtigung der Gewerbesteuer
·	**Steuermesszahl nach dem Gewerbeertrag**
=	vorläufiger Steuermessbetrag nach dem Gewerbeertrag
·	**Hebesatz der Gemeinde**
=	**Gewerbesteuer**
–	Gewerbesteuervorauszahlungen
=	**Gewerbesteuerrückstellung**

1 siehe dazu auch: *Rechnungswesen für Steuerfachangestellte*, Winklers, Bestell-Nr.: 4480

4497552

Beispiel

Ein Einzelunternehmer (Wirtschaftsjahr = Kalenderjahr) hat für das vorige Jahr einen vorläufigen Gewinn aus Gewerbebetrieb von 153.000,00 € ausgewiesen. An Gewerbesteuervorauszahlungen sind 5.000,00 € als Aufwand gebucht worden. Hinzurechnungen und Kürzungen sind nicht vorzunehmen. Der Hebesatz der Gemeinde beträgt 450 %.

Die Gewerbesteuerrückstellung wird wie folgt errechnet:

	vorläufiger Gewinn	153.000,00 €
+	Gewerbesteuervorauszahlungen	5.000,00 €
=	Gewinn ohne Berücksichtigung der vorläufigen Gewerbesteuer	158.000,00 €
–	Freibetrag (§ 11 Abs. 1 Nr. 1 GewStG)	– 24.500,00 €
=	endgültiger Gewerbeertrag	133.500,00 €
·	Steuermesszahl 3,5 % von 133.500,00 €	4.672,00 €
=	Steuermessbetrag	4.672,00 €
·	Hebesatz der Gemeinde (450 % von 4.672,00 €)	21.024,00 €
=	**Gewerbesteuer**	21.024,00 €
–	**Gewerbesteuervorauszahlungen**	– 5.000,00 €
=	**Gewerbesteuerrückstellung**	**16.024,00 €**

AUFGABEN

1. Welcher Zeitraum ist der Erhebungszeitraum bei der Gewerbesteuer?
2. Bei der Gewinnermittlung welchen Wirtschaftsjahres ist die Gewerbesteuer für einen Erhebungszeitraum in voller Höhe abzugsfähig, wenn das Wirtschaftsjahr vom Kalenderjahr abweicht?
3. Wofür ist eine Gewerbesteuerrückstellung zu bilden?
4. Wie kann die Gewerbesteuerrückstellung ermittelt werden?

VERTIEFENDE ÜBUNGEN

Übungen zur Gewerbesteuerrückstellung

1. **Errechnen Sie die Gewerbesteuerrückstellung der Firma Gerhard Hartmann, Bremen.**

   Der Schuhwareneinzelhändler Gerhard Hartmann, Bremen, hat für das vorige Wirtschaftsjahr (= Kalenderjahr) einen vorläufigen Gewinn von 184.120,00 € ausgewiesen. Die Gewerbesteuervorauszahlungen von insgesamt 7.000,00 € sind gewinnmindernd gebucht worden. Hinzurechnungen und Kürzungen nach den §§ 8 und 9 GewStG sind nicht vorzunehmen.
   Der Hebesatz der Gemeinde beträgt 460 %.

2. **Berechnen Sie die Gewerbesteuerrückstellung der Firma Alfred Runau, Gelsenkirchen.**

   Runau betreibt in Gelsenkirchen als Einzelunternehmer eine Farbengroßhandlung. Im Wirtschaftsjahr (= Kalenderjahr) ist ein vorläufiger Gewinn von 140.080,00 € ausgewiesen worden. Die Hinzurechnungen nach § 8 GewStG betragen 1.880,00 € und die Kürzungen nach § 9 GewStG 1.180,00 €. An Gewerbesteuervorauszahlungen sind 4.500,00 € geleistet und als Aufwand gebucht worden.
   Der Hebesatz der Gemeinde beträgt 480 %.

7.11 Rechtsbehelfe bei der Gewerbesteuer

Der Gewerbesteuer-Messbescheid wird vom zuständigen Finanzamt (Betriebsfinanzamt) erlassen. Gegen den Bescheid kann der Steuerpflichtige innerhalb eines Monats beim Finanzamt Einspruch einlegen (§ 348 Abs. 1 Nr. 2 AO). Gegen die Einspruchsentscheidung kann Klage beim Finanzgericht erhoben werden und gegen das Urteil des Finanzgerichts ist die Revision beim Bundesfinanzhof in München grundsätzlich zulässig (siehe Kap. 2.3.2). Die Rechtsbehelfsfrist beträgt sowohl für die Klage als auch für die Revision einen Monat.

In der Regel obliegen die Festsetzung und die Erhebung der Gewerbesteuer der hebeberechtigten Gemeinde. In diesen Fällen wird die Gewerbesteuer von den Finanzämtern und den Steuerämtern der Gemeinden gemeinsam verwaltet; das Finanzamt erlässt den ❶ **Gewerbesteuer-Messbescheid** und das Steueramt der Gemeinde den ❷ **Gewerbesteuerbescheid**.

Gegen den Gewerbesteuerbescheid kann der Steuerpflichtige binnen eines Monats beim Verwaltungsgericht Anfechtungsklage erheben (§ 74 VwGO). Gegen das Urteil des Verwaltungsgerichts kann beim Landesverwaltungsgericht (Oberverwaltungsgericht bzw. Verwaltungsgerichtshof) Berufung eingelegt werden. Das Urteil des Landesverwaltungsgerichts kann durch Revision beim Bundesverwaltungsgericht in Berlin angefochten werden. Die Rechtsbehelfsfrist beträgt jeweils einen Monat.

In den sogenannten Stadtstaaten Bremen und Hamburg sind die Aufgaben der Gemeinden hinsichtlich der Gewerbesteuer von den Ländern auf die Finanzämter übertragen worden. Dort wird die Gewerbesteuer in vollem Umfang, d. h. von der Feststellung der Besteuerungsgrundlagen bis zur Erhebung der Steuer, Stundung usw., von den Finanzämtern allein verwaltet. Deshalb ist dort auch gegen den Gewerbesteuerbescheid das gleiche Rechtsbehelfsverfahren wie gegen den Steuermessbescheid gegeben.

Aber auch in den Stadtstaaten haben die Gemeinden unmittelbaren Einfluss auf die Höhe der Gewerbesteuer; denn nur die Gemeindevertretung (der Gemeinderat bzw. der Stadtrat) kann bestimmen, mit welchem Hebesatz die Gewerbesteuer erhoben wird.

7.12 Gesamtwiederholung zur Gewerbesteuer

VERTIEFENDE ÜBUNGEN

Übungen 1 bis 3: Gewerbesteuermessbetrag

1. **Ermitteln Sie für den Mandanten Peter Bongers den Gewerbesteuermessbetrag nach dem Gewerbeertrag für den Erhebungszeitraum 2020.**

Eine übersichtliche Darstellung des Lösungswegs unter Verwendung steuerlicher Fachbegriffe wird erwartet. Falls sich aus den einzelnen Sachverhalten keine Hinzurechnung bzw. Kürzung ergibt, ist in Ihrer Lösung der Nichtansatz zu begründen.

Sachverhalt:

Peter Bongers (PB) betreibt in Bremen unter der Firma Funkhaus Peter Bongers ein Fachgeschäft für Unterhaltungselektronik. PB, dessen Wirtschaftsjahr mit dem Kalenderjahr übereinstimmt, ermittelt seinen Gewinn gem. § 5 EStG.

Aus den Büchern und Unterlagen Ihres Mandanten PB können folgende Angaben entnommen werden:

1. Laut vorläufiger Gewinn- und Verlustrechnung für das Wirtschaftsjahr wurde ein Gewinn in Höhe von 28.000,00 € ermittelt.
2. PB hat seiner Frau Maria zum zehnten Hochzeitstag einen gebrauchten Pkw, den er dem Anlagevermögen (betriebliche Nutzung 100 %) entnommen hat, geschenkt. Der Buchwert des Pkw betrug am Entnahmetag 16.000,00 €; der Verkehrswert dieses Fahrzeugs wurde zu diesem Zeitpunkt in einem Gutachten unstrittig mit 24.990,00 € einschließlich 19 % Umsatzsteuer festgelegt. PB hat bisher gebucht:

   Anlagenabgänge (Restbuchwert) . . . 16.000,00 €
   an Fahrzeuge . . . . 16.000,00 €

   Privat . . . . 19.040,00 €
   an Erlöse aus Anlageverkäufen . . . . 16.000,00 €
   Umsatzsteuer . . . . 3.040,00 €
3. PB hat seinem Neffen Erik zum 18. Geburtstag eine Stereoanlage geschenkt, die er seinem Warenlager entnommen hat. Die Anschaffungskosten der Anlage betrugen 1.600,00 €; der Ladenverkaufspreis betrug 2.400,00 € einschließlich 19 % Umsatzsteuer. Der Listenverkaufspreis seines Großhändlers belief sich am Entnahmetag auf 1.650,00 € (ohne Umsatzsteuer). Der Vorgang wurde leider buchhalterisch noch nicht erfasst.
4. PB lässt sich von seinem Buchhalter monatlich 2.500,00 € vom betrieblichen Bankkonto auf sein privates Bankkonto überweisen. Die jeweilige monatliche Buchung hierfür lautet:

   Personalaufwendungen . . . . 2.500,00 €
   an Bank . . . . 2.500,00 €
5. PB betreibt sein Unternehmen auf dem Grundstück Lessingstr. 10, das zu 30 % seines Wertes dem eigenen Gewerbebetrieb dient und auch mit diesem Anteil aktiviert wurde. Der Einheitswert des Grundstücks beträgt 200.000,00 € (Wertverhältnisse 1. Jan. 1964).
6. Im Mai wurde eine umfangreiche Dachsanierung an dem Gebäude Lessingstr. 10 vorgenommen. Zur Finanzierung dieser Sanierungskosten hat PB ein Darlehen in Höhe von insgesamt 60.000,00 € aufgenommen, das zu 100 % am 30. Juni ausgezahlt worden ist. Das Darlehen ist jährlich mit 8 % zu verzinsen und nach einer Laufzeit von 10 Jahren in einer Summe zurückzuzahlen. Die Zinsen sind jeweils halbjährlich nachträglich zu entrichten. Erstmalig wurden diese Halbjahreszinsen zum 31. Dez. vom betrieblichen Bankkonto abgebucht.
7. PB hat im Laufe des Jahres für zwei im Kundendienst eingesetzte Fahrzeuge insgesamt 19.372,00 € (einschließlich 19 % Umsatzsteuer) an die Auto-Leasing GmbH in Hamburg überwiesen.
8. Das an sein „Funkhaus" angrenzende Nachbargrundstück Lessingstr. 12 hat PB für monatlich 780,00 € gepachtet und nutzt es als Kundenparkplatz.
9. PB ist an der Elektrowarengroßhandlung seines Schulfreundes Werner Olsen als Kommanditist beteiligt. Die Beteiligung gehört zu seinem Betriebsvermögen. Der Gewinnanteil für 2020 beträgt 8.000,00 €.

→

10. Für sein betriebliches Bankkonto hat PB einen Kontokorrentkredit in Höhe von 200.000,00 € zu einem Zinssatz von 10 % p. a. mit seiner Bank vereinbart. Insgesamt wurden im Laufe des Jahres 12.800,00 € Zinsen belastet.

2. Ermitteln Sie den Gewerbesteuermessbetrag der Becker OHG für den Erhebungszeitraum 2020.

Falls sich aus den folgenden Sachverhalten keine Hinzurechnung bzw. Kürzung ergibt, ist in Ihrer Lösung der Nichtansatz kurz zu begründen.

Sachverhalt:

Die Brüder Martin und Wolfram Becker betreiben in Chemnitz unter der Firma Becker OHG eine Baustoffgroßhandlung. Die OHG ermittelt ihren Gewinn gemäß § 5 EStG. Das Wirtschaftsjahr entspricht dem Kalenderjahr.

Aus den Büchern und Unterlagen können folgende Angaben entnommen werden:

1. Laut vorläufiger Gewinn- und Verlustrechnung für das Wirtschaftsjahr beträgt der Gewinn 193.904,00 €.
2. Für ihre Tätigkeit als Geschäftsführer haben die Gesellschafter Martin Becker 8.000,00 € und Wolfram Becker 7.000,00 € monatlich erhalten. Diese Vergütungen sind in dem GuV-Posten „Personalaufwendungen“ enthalten.
3. Die angemessenen und nachgewiesenen Bewirtungsaufwendungen in Höhe von 3.000,00 € wurden in vollem Umfang als Aufwand gebucht und sind in dem GuV-Posten „Sonstige betriebliche Aufwendungen“ enthalten.
4. Zwecks Finanzierung der Anschaffung von Gegenständen der Geschäftsausstattung hat Martin Becker der OHG im Febr. ein Darlehen in Höhe von 250.000,00 € gewährt und dafür im Laufe des Jahres Zinsen in Höhe von 17.000,00 € erhalten. Dieser Betrag ist in dem GuV-Posten „Zinsen und ähnliche Aufwendungen“ enthalten.
5. Die Becker OHG zahlte für ein langfristiges Darlehen in Höhe von 540.000,00 €, das im Jahr 2006 zur Finanzierung betrieblicher Investitionen aufgenommen wurde, Zinsen in Höhe von 21.600,00 €. Das Darlehen soll vereinbarungsgemäß im Jahr 2021 in einer Summe zurückgezahlt werden.
6. Im Jan. ließ die Becker OHG eine neue Heizungsanlage für das Betriebsgebäude einbauen. Zur Finanzierung hat sie ein Darlehen zu folgenden Konditionen aufgenommen:

Darlehenssumme (nominal)	80.000,00 €
Disagio	6 %
Zinssatz	9 % p. a.
Laufzeit.	1. Juli 2020 – 30. Juni 2025
Zinszahlungstermine.	jeweils 30. März, 30. Juni, 30. Sept. und 30. Dez., erstmalig 30. Sept. 2020
Tilgung	in einer Summe am 30. Juni 2025

7. Der Kunde Axel Munthe ist Alleininhaber der Munthe Sanitär- und Heizungs-GmbH. Er ist als stiller Gesellschafter mit 70.000,00 € an der Becker OHG beteiligt. Die Beteiligung gehört zum Betriebsvermögen der Munthe Sanitär- und Heizungs-GmbH. Der Gewinnanteil beläuft sich auf 6.000,00 €.
8. Die Becker OHG ist an der Schmitz KG Betriebsinstandhaltung in Chemnitz mit 100.000,00 € beteiligt. Der Anteil am Gewinn dieser Gesellschaft beträgt 12.000,00 €.
9. Die Becker OHG ist ferner an der Otto & Co. Leichtbau KG in Zwickau beteiligt. Der Anteil am Verlust der Otto & Co. Leichtbau KG beträgt 4.200,00 €.
10. Die Becker OHG hat der gemeinnützigen Aktion Kinder der Dritten Welt 1.000,00 € gespendet. Der Betrag wurde auf den Privatkonten der Gesellschafter Martin und Wolfram Becker erfasst.
11. Zum Betriebsvermögen gehört ein Grundstück, das zu 100 % für eigenbetriebliche Zwecke genutzt wird. Der Einheitswert des Grundstücks beträgt 110.000,00 € (Wertverhältnisse 1. Jan. 1935).

3. **Gerd Wanes betreibt als Einzelunternehmer einen Gewerbebetrieb in Dortmund, Thyssenstr. 10. Ermitteln Sie – ausgehend von der beigefügten Gewinn- und Verlustrechnung – unter Berücksichtigung der Angaben 1. bis 7. den Gewerbesteuermessbetrag für den Erhebungszeitraum 2020.**

Falls sich aus den Angaben 1. bis 7. keine Hinzurechnung bzw. Kürzung ergibt, ist in Ihrer Lösung der Nichtansatz kurz zu begründen.

Vorläufige Gewinn- und Verlustrechnung vom 1. Jan.–31. Dez. 2020

Aufwendungen	€	Erträge	€
Wareneinsatz	320.200,00	Umsatzerlöse	946.200,00
Personalaufwendungen	210.000,00	Gewinnanteil stille Beteiligung	
Fahrzeugkosten	86.500,00	Meyer & Söhne OHG	13.600,00
Bewirtungskosten*	3.000,00		
Abschreibungen	112.000,00		
Zinsaufwand	24.500,00		
sonstige Aufwendungen	44.200,00		
vorläufiger Gewinn	159.400,00		
	959.800,00		**959.800,00**

* Die Bewirtungskosten vom 26. März sind zu 100 % ausgewiesen.

1. Gerd Wanes ist seit 2001 als stiller Gesellschafter an der Meyer & Söhne OHG in Essen beteiligt.
2. Der Einheitswert des Betriebsgrundstücks Dortmund, Thyssenstr. 10 beträgt 150.000,00 € (Wertverhältnisse am 1. Jan. 1964). Gerd Wanes nutzt dieses Grundstück zu 70 % für eigene betriebliche Zwecke und zu 30 % für eigene Wohnzwecke.
3. Ab Mai 2014 konnte Gerd Wanes ein benachbartes Grundstück für monatlich 715,00 € als zusätzlichen Kundenparkplatz mieten.
4. Gerd Wanes hatte vom 1. April bis 30. Sept. d. J. von seinem Schwager Otto Lerch, der als Beamter bei der Stadt Essen beschäftigt ist, dessen Pkw für monatlich 350,00 € gemietet, da dieser wegen eines Verkehrsdeliktes für sechs Monate keinen Führerschein besaß.
5. Gerd Wanes hat mit der DeTeWe AG, Hagen, einen Mietvertrag für eine Telefonanlage abgeschlossen. Im Erhebungszeitraum hat er insgesamt 800,00 € Miete hierfür gezahlt.
6. Im Erhebungszeitraum zahlte Gerd Wanes für ein langfristiges Darlehen, das er zur Finanzierung betrieblicher Investitionen aufgenommen hatte, insgesamt Zinsen von 7.200,00 €. Das bei Auszahlung des Darlehensbetrages einbehaltene Disagio in Höhe von 7.500,00 € wurde zeitanteilig zutreffend mit 750,00 € aufgelöst und als Zinsaufwand erfasst.
7. Für die Inanspruchnahme des Kontokorrentkredits auf seinem betrieblichen Bankkonto zahlte Gerd Wanes im laufenden Jahr insgesamt 6.000,00 € an Sollzinsen.

→

Übungen 4 und 5: Gewerbesteuerrückstellung

4. Ermitteln Sie für den Mandanten Franz Maßen (FM) die anzusetzende Gewerbesteuer für den Veranlagungszeitraum 2020 anhand des geschilderten Sachverhaltes.

Der Gewerbesteuerhebesatz beträgt 480 %.

Eine übersichtliche Darstellung des Lösungsweges unter Verwendung steuerlicher Fachbegriffe wird erwartet. Falls sich aus den einzelnen Sachverhalten keine Hinzurechnung bzw. Kürzung ergibt, ist in Ihrer Lösung der Nichtansatz zu begründen.

Sachverhalt:

Der Kaufmann Franz Maßen betreibt in Bielefeld eine Eisenwarengroßhandlung. Sein Wirtschaftsjahr entspricht dem Kalenderjahr. Sie entnehmen den Büchern und Unterlagen folgende Angaben:

1. Vorläufiger Gewinn aus Gewerbebetrieb 240.000,00 €. Bei der Gewinnermittlung wurden Gewerbesteuervorauszahlungen von 13.200,00 € gewinnmindernd gebucht.
2. Für ein langfristiges Darlehen von 420.000,00 € wurden 37.800,00 € Zinsen als Aufwand erfasst.
3. Zur Baufinanzierung einer neuen Lagerhalle nahm FM zum 1. Okt. d. J. ein Hypothekendarlehen zu folgenden Konditionen auf:

   Darlehen ...... 200.000,00 €
   Auszahlung ... 95 %
   Tilgung .... fünf Jahre tilgungsfrei
   Zinsen .... 5,5 %, nachschüssig zum Quartalsende, fünf Jahre fest.

   Die Buchhaltung hat als Aufwand 2.750,00 € Zinsen und 500,00 € als Auflösung Disagio erfasst.
4. Dem stillen Gesellschafter Hans-Georg Koch wurde ein Gewinnanteil von 18.000,00 € überwiesen.
5. Ebenfalls als Aufwand wurde die Miete von 1.340,00 € für eine Telefonanlage erfasst.
6. Von dem Privatmann Müller hat FM ein Grundstück angemietet, das er als Freilager benutzt. Der Mietaufwand beträgt 6.240,00 € im Kalenderjahr.
7. Der Einheitswert (1. Jan.1964) des Betriebsgrundstücks beträgt 125.000,00 €.
8. In seinem Betriebsvermögen hält FM eine Beteiligung an der Babel OHG – Schmiedeerzeugnisse in Solingen. Der Verlustanteil 2020 in Höhe von 46.000,00 € wurde gewinnmindernd gebucht.

5. Ermitteln Sie für den Mandanten Peter Auter (PA) die anzusetzende Gewerbesteuer für den Veranlagungszeitraum 2020 anhand des geschilderten Sachverhaltes.

Der Gewerbesteuerhebesatz beträgt 440 %.

Eine übersichtliche Darstellung des Lösungsweges unter Verwendung steuerlicher Fachbegriffe wird erwartet. Falls sich aus den einzelnen Sachverhalten keine Hinzurechnung bzw. Kürzung ergibt, ist in der Lösung der Nichtansatz zu begründen.

Sachverhalt:

Peter Auter (PA), der Inhaber der Kunstglaserei Peter van Zug in Krefeld, stellt in der Hauptsache bleiverglaste Fenster und Türen in Dreifachverglasung her, aber auch Glasbilder aus Opaleszent-, Kathedral- und Überfanggläsern.

Zum 31. Dez. d. J. weist er einen vorläufigen Gewinn (vor Gewerbesteuerrückstellung) von 225.000,00 € aus; zulasten des Gewinns sind 18.000,00 € Gewerbesteuervorauszahlungen gebucht worden.
Im Betriebsvermögen von Peter Auter sind das Betriebsgrundstück mit 285.000,00 € (Einheitswert 1. Jan. 1964: 78.000,00 €) und eine Beteiligung an der Holz KG (siehe auch unten Punkt 5) enthalten.

Ferner entnehmen Sie der Buchhaltung folgende Angaben:

1. Folgende Schulden weist PA in seinem Betriebsvermögen aus:
   a) Langfristiges betriebliches Darlehen in Höhe von 50.000,00 € mit jährlicher Zinsbelastung von 3.500,00 €.
   b) Hypothek 80.000,00 € (seit 2010) mit einer festen Annuität von 7.200,00 € p. a. Darin enthalten sind ein Zinsanteil von 5.200,00 € und ein Tilgungsanteil von 2.000,00 €.
   c) PA hat im laufenden Jahr zeitweise einen Kontokorrentkredit auf dem be-

trieblichen Bankkonto in Anspruch genommen, für den die Bank 5.500,00 € Kontokorrentzinsen belastete.

2. PA hat für eine langfristig gemietete Telefonanlage (seit 2015) im Veranlagungszeitraum 12.000,00 € aufgewendet.
3. Die Leasingrate für den Kopierer beträgt 300,00 €/Monat inklusive Wartung.
4. PA hat vor vier Jahren mit dem pensionierten Studiendirektor Ernst eine „Stille Gesellschaft“ gegründet. Die Einlage von Ernst beträgt 30.000,00 €. Sein Gewinnanteil beläuft sich auf 4.250,00 €.
5. PA ist seit 2004 an der Schreinerei Holz KG mit 40 % beteiligt. Aus der Beteiligung, die im Betriebsvermögen des PA mit 60.000,00 € enthalten ist, erhielt PA einen Gewinnanteil von 5.800,00 €.
6. Aus betrieblichen Mitteln spendete PA für steuerbegünstigte Zwecke 2.300,00 €. Die Buchhaltung buchte:

   Privatentnahme 2.300,00 €
   an Geldkonten .... 2.300,00 €.
7. PA zahlt monatlich 10.000,00 € als Rente für den Erwerb der Kundenkartei seines Unternehmens vom vorherigen Betriebsinhaber.

KAPITEL 8

Bewertungsgesetz

- Gliederung des Bewertungsgesetzes
- Wirtschaftliche Einheit
- Bewertungsmaßstäbe
- Einheitswertfeststellung
- Vermögensarten
- Bedarfsbewertung des Grundbesitzes
- Grundsteuer-Reformgesetz

8 Bewertungsgesetz

Durch die Abschaffung der Vermögensteuer (seit 1997 nicht mehr erhoben) und der Gewerbekapitalsteuer (seit 1998 nicht mehr erhoben) hat das Bewertungsgesetz (BewG) in den letzten Jahren an Bedeutung verloren. Die Grundbesitzbewertung wurde nur bei der Erbschaft-und Schenkungsteuer sowie der Grunderwerbsteuer zum Zwecke der Bedarfsbewertung benötigt. Die neuen Grundbesitzwerte werden für Zwecke der Grunderwerbsteuer ab dem 1. Jan. 1997 festgestellt. Für die Erbschaft- und Schenkungsteuer gelten die neuen Bewertungsvorschriften dit 1. Jan. 1999. Die alten Einheitswerte (1. Jan. 1964 bzw. 1. Jan. 1935) des Grundbesitzes für die Grundsteuer und Gewerbesteuer gelten vorläufig weiter.

Das Bundesverfassungsgericht (BVerfG) hat dem Gesetzgeber bis zum Ende des Jahres 2019 aufgegeben, die Besteuerungsgrundlage für die Festsetzung der Grundsteuer/Berücksichtigung in der Gewerbesteuer neu zu regeln, da die alten Einheitswerte nicht mehr die jetzigen Wertverhältnisse angemessen abbilden und daher verfassungswidrig sind.

Der Gesetzgeber hat sich darauf geeinigt, ab 2025 Wertverhältnisse zu ermitteln, die eine Kombination aus Grundstücks- und Mietwert als Besteuerungsgrundlage ab 2025 heranzuziehen (§§ 218-266 GrStRefG zur Anpassung des BewG). Die ehemaligen §§ 21-29, 32-69, 71-94, 121a-122 BewG werden dann aufgehoben. Durch eine Öffnungsklausel wird den Ländern das Recht eingeräumt, andere Ermittlungskriterien für die Wertermittlung zuzulassen.

8.1 Gliederung des Bewertungsgesetzes (bis 31.12.2024)

Das Bewertungsgesetz ist wie die Abgabenordnung ein allgemeines Steuergesetz (siehe dazu auch Kap. 1.2). Das Bewertungsgesetz gliedert sich in drei Teile:

- Erster Teil: Allgemeine Bewertungsvorschriften;
- Zweiter Teil: Besondere Bewertungsvorschriften;
- Dritter Teil: Schlussbestimmungen.

Die im ersten Teil enthaltenen Vorschriften (§§ 1–16 BewG) gelten für alle öffentlich-rechtlichen Abgaben, die durch Bundesrecht geregelt sind, soweit sie durch Bundes- oder Landesfinanzbehörden verwaltet werden (§ 1 Abs. 1 BewG). Darunter fallen die meisten Steuern, z. B. die Umsatzsteuer, die Einkommensteuer und die Gewerbesteuer.

Die allgemeinen Bewertungsvorschriften des ersten Teils sind jedoch nicht anwendbar, wenn im zweiten Teil des Bewertungsgesetzes oder in anderen Steuergesetzen (in Einzelsteuergesetzen, z. B. im Einkommensteuergesetz) Bewertungsvorschriften enthalten sind, die den allgemeinen Bewertungsvorschriften des ersten Teils entgegenstehen (§ 1 Abs. 2 BewG).

Die im zweiten Teil enthaltenen besonderen Bewertungsvorschriften (§§ 17–203 BewG) haben vor den allgemeinen Bewertungsvorschriften des ersten Teils Vorrang.

Beispiel

Ein Gewerbetreibender, der seinen Gewinn nach § 5 EStG ermittelt, hat am 2. Jan. 2018 einen Perserteppich für seinen Privathauhalt als Gelegenheitskauf für 4.000,00 € erworben. Anfang 2020 hat er den Teppich, der eine betriebsgewöhnliche Nutzungsdauer von 20 Jahren hat, als Einlage in sein Geschäft eingebracht. Der Teilwert des Teppichs hat im Zeitpunkt der Einlage 6.000,00 € betragen.

Nach § 10 BewG sind Wirtschaftsgüter, die einem Unternehmen dienen, mit dem Teilwert anzusetzen. Diese Vorschrift aus dem ersten Teil des Bewertungsgesetzes ist für die einkommensteuerliche Bewertung der Einlage nicht anwendbar, weil sie der Vorschrift des § 6 Abs. 1 Nr. 5 EStG entgegensteht.
Nach dieser Vorschrift sind Einlagen zwar auch mit dem Teilwert anzusetzen; sie sind jedoch höchstens mit den Anschaffungskosten zu bewerten, wenn das Wirtschaftsgut innerhalb der letzten drei Jahre von dem Zeitpunkt

→

der Einlage privat angeschafft worden ist.
Ist die Einlage ein abnutzbares Wirtschaftsgut, so sind die Anschaffungskosten um die AfA zu kürzen, die auf den Zeitraum zwischen Anschaffung und Einlage entfällt.

Die Einlage ist also nicht nach § 10 BewG mit 6.000,00 €, sondern nach § 6 Abs. 1 Nr. 5 EStG mit 4.000,00 € – AfA von 400,00 € für zwei Jahre, also mit 3.600,00 € anzusetzen (siehe dazu auch Kap. 4.5.7.4).

8.2 Wirtschaftliche Einheit

Das, was nach dem Bewertungsgesetz zu bewerten ist, stellt den **Bewertungsgegenstand** dar. In § 2 BewG wird dieser Bewertungsgegenstand als wirtschaftliche Einheit bezeichnet. Eine wirtschaftliche Einheit können sowohl mehrere Wirtschaftsgüter als auch einzelne Wirtschaftsgüter bilden. Ein Wirtschaftsgut ist ein Gegenstand, der im Wirtschaftsleben einen in Geld ausdrückbaren Wert hat.

Bei der Entscheidung der Frage, was als wirtschaftliche Einheit zu gelten hat, sind nach § 2 Abs. 1 BewG unter anderem auch die Zweckbestimmung und die wirtschaftliche Zusammengehörigkeit der einzelnen Wirtschaftsgüter zu berücksichtigen.

Beispiel

Ein kaufmännischer Angestellter ist Eigentümer eines Einfamilienhauses mit Garage und einem Geräteschuppen. Grund und Boden, Gebäude, Garage und Geräteschuppen bilden die wirtschaftliche Einheit „Einfamilienhaus", weil sie alle demselben Zweck dienen und wirtschaftlich zusammengehören.

Daneben besitzt der Angestellte noch einen Pkw und ein Aktienpaket. Pkw und Aktien bilden selbstständige wirtschaftliche Einheiten, weil jedes Wirtschaftsgut einem anderen Zweck dient und für sich allein genutzt oder verwendet wird.

Eine wirtschaftliche Einheit bilden grundsätzlich Wirtschaftsgüter,

- die dem gleichen Zweck dienen (§ 2 Abs. 1 BewG) und
- die demselben Eigentümer gehören (§ 2 Abs. 2 BewG).

Von diesem Grundsatz des einheitlichen Eigentums gibt es Ausnahmen. So wird z. B. nach § 26 BewG die Zurechnung mehrerer Wirtschaftsgüter zu einer wirtschaftlichen Einheit beim Grundbesitz nicht dadurch ausgeschlossen, dass die Wirtschaftsgüter zum Teil dem einen und zum Teil dem anderen Ehegatten oder Lebenspartner gehören.

Beispiel

Ein Grundstück der Ehefrau dient zu mehr als 50 % dem landwirtschaftlichen Betrieb des Ehemanns.

Das Grundstück ist dem Betriebsvermögen des Ehemanns zuzurechnen, obwohl es Eigentum der Ehefrau ist. Es wird im Einheitswert des landwirtschaftlichen Betriebs des Ehemanns erfasst.

8.3 Bewertungsmaßstäbe

Das Bewertungsgesetz unterscheidet die drei sogenannten **originären Bewertungsmaßstäbe:**

- gemeiner Wert (§ 9 BewG),
- Teilwert (§ 10 BewG) und
- Ertragswert (§ 36 BewG).

Von den vorstehend aufgeführten Bewertungsmaßstäben ist der **gemeine Wert** der wichtigste, weil er nach § 9 Abs. 1 BewG nicht für eine bestimmte Vermögensart, sondern für alle Wirtschaftsgüter immer dann zugrunde zu legen ist, wenn kein anderer Bewertungsmaßstab vorgeschrieben ist.

Nach § 9 Abs. 2 BewG wird der gemeine Wert durch den Preis bestimmt, der im gewöhnlichen Geschäftsverkehr bei einer Veräußerung zu erzielen wäre. Der gemeine Wert entspricht dem Verkehrswert. Er ist uneingeschränkt bei der Bewertung des Grundvermögens anzuwenden.

Der **Teilwert** ist als Bewertungsmaßstab durch den Wegfall der Einheitsbewertung des gewerblichen Betriebs nur noch von geringer Bedeutung.

Der **Ertragswert** (§ 36 Abs. 1 und 2 BewG) kommt nur für die Bewertung des land- und forstwirtschaftlichen Vermögens in Betracht (siehe Kap. 8.5.1).

Der gemeine Wert eines unbebauten Grundstücks, der nach Abrundung auf volle 100,00 DM den **Einheitswert** des Grundstücks darstellt, wird nach folgendem Schema ermittelt (§ 30 BewG):

	Bodenwert
+	Wert evtl. vorhandener Außenanlagen (z. B. Umzäunung)
=	**Gemeiner Wert**
	Abrundung auf volle 100,00 DM
=	**Einheitswert**
	Umrechnung in Euro
	Abrundung auf volle Euro
=	**Einheitswert**

Einheitswert

Der **Bodenwert** wird aus der Größe des Grundstücks mithilfe eines Durchschnittswerts je Quadratmeter ermittelt (Abschnitt 7 Abs. 2 der Richtlinien für die Bewertung des Grundvermögens – BewRGr).

Der **Durchschnittswert** ist je nach Gebiet, Straße oder Straßenabschnitt, wo das Grundstück liegt, unterschiedlich hoch. Die Durchschnittswerte sind in der Richtwertkarte des betreffenden Finanzamts aufgeführt.

Beispiel

Die Größe eines unbebauten Grundstücks beträgt 650 m². Der Durchschnittswert lt. Richtkarte beträgt 31,00 DM/m².

Bewertung des Grundstücks:

650 m² · 31,00 DM = gemeiner Wert 20.150,00 DM

Abrundung auf volle 100,00 DM = 20.100,00 DM

Umrechnung in Euro = 10.276,97 €

Abrundung auf volle Euro 10.276,00 € = **Einheitswert**

Bei bebauten Grundstücken ist es in der steuerlichen Praxis oft schwierig, den gemeinen Wert zu errechnen, weil die Merkmale, die diesen Wert bestimmen, bei den einzelnen bebauten Grundstücken sehr unterschiedlich sein können. Bei einem Mietwohngrundstück dient z. B. in erster Linie der Reinertrag als Anhalt für die Berechnung des gemeinen Werts. Bei einem bebauten Grundstück, dessen Reinertrag nicht festgestellt werden kann, wie z. B. bei einem Krankenhaus, richtet sich der gemeine Wert nach dem Sachwert.

Da also sowohl der Reinertrag als auch der Sachwert bei der Errechnung des gemeinen Werts als Anhalt dienen können, hat der Gesetzgeber in § 76 BewG für die Ermittlung des gemeinen Werts von bebauten Grundstücken zwei Verfahren vorgesehen:

1. das **Ertragswertverfahren** (§§ 78—82 BewG) und
2. das **Sachwertverfahren** (§§ 83—90 BewG).

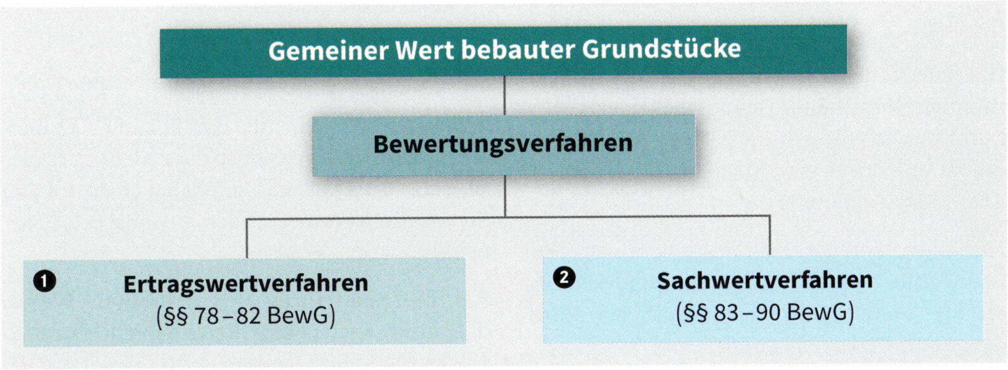

Das **Ertragswertverfahren** ❶ ist nicht zu verwechseln mit dem Ertragswert, der als Bemessungsmaßstab bei der Bewertung land- und forstwirtschaftlichen Vermögens anzuwenden ist (siehe Kap. 8.5.1).

Grundsätzlich ist das Ertragswertverfahren für die in § 76 Abs. 1 BewG aufgeführten fünf Grundstücksarten anzuwenden.

Das **Sachwertverfahren** ❷ ist nach § 76 Abs. 2 BewG für sonstige bebaute Grundstücke anzuwenden.

siehe auch Kap. 8.4.4

❶ Ertragswertverfahren →
1. Mietwohngrundstücke
2. Geschäftsgrundstücke
3. gemischt genutzte Grundstücke
4. Einfamilienhäuser
5. Zweifamilienhäuser

❷ Sachwertverfahren →
6. sonstige bebaute Grundstücke

Allerdings haben beide Verfahren schon seit 1997 nur noch Bedeutung für die Ermittlung der Einheitswerte für Zwecke der Grundsteuer und Gewerbesteuer. (vgl. Seite 561 mit Neuregelung ab 2025).

Für die **Ermittlung des gemeinen Werts,** d. h. des Einheitswerts eines bebauten Grundstücks, **nach dem Ertragswertverfahren** ist die Jahresrohmiete (Wertebene 1964 bzw. 1935) Ausgangswert (§ 79 Abs. 1 BewG).

Bei eigengenutzten oder verbilligt vermieteten Grundstücken gilt die übliche Miete als Jahresrohmiete (§ 79 Abs. 2 BewG). Die übliche Miete ist im Schätzungswege zu ermitteln.

Die Jahresrohmiete ist um bestimmte Beträge zu erhöhen, z.B. um die Beträge, die von den Mietern für Müllabfuhr, Straßenreinigung, Schönheitsreparaturen usw. aufgebracht werden. Die Zahl, mit der die ermittelte Jahresrohmiete zu vervielfältigen ist (§ 80 BewG), ergibt sich aus den Anlagen 3 bis 8 BewG. Die Höhe des Vervielfältigers richtet sich nach der unterschiedlichen Bauart und dem Alter des Gebäudes.

Der durch die Vervielfältigung der Jahresrohmiete ermittelte Grundstückswert wird durch Zuschläge im Sinne des § 82 Abs. 2 BewG erhöht und durch Abschläge im Sinne des § 82 Abs. 1 BewG gemindert.

Zuschläge können z. B. wegen übergroßer Grundstücksfläche in Betracht kommen. Abschläge können durch übermäßigen Lärm oder Baufälligkeit begründet sein.

Der so ermittelte **Grundstückswert nach Ertragswertverfahren,** abgerundet auf volle 100,00 DM, ist der Einheitswert (vor Umrechnung in Euro), wenn der Mindestwert (siehe unten) nicht höher ist.

	Jahresrohmiete (Wertebene 1964)	.....	DM
+	Erhöhungen durch von den Mietern gezahlte Beträge (z. B. Schönheitsreparaturen)	.....	DM
=	Zwischensumme	.....	DM
·	Vervielfältiger = Grundstückswert	.....	DM
+	Zuschläge	.....	DM
=	Zwischensumme	.....	DM
–	Abschläge	.....	DM
=	endgültiger Grundstückswert		
=	gemeiner Wert	.....	DM
	Abrundung auf volle 100,00 DM		
=	**Einheitswert**	.....	DM
	Umrechnung in Euro (§ 30 BewG)	.....	€
	Abrundung auf volle Euro = Einheitswert in Euro	.....	€

Vereinfachtes Schema des Ertragswertverfahrens

Mindestwert: Der für ein bebautes Grundstück anzusetzende Wert darf nicht geringer sein als 50 % des Werts, mit dem der Grund und Boden allein als unbebautes Grundstück zu bewerten wäre (§ 77 BewG).

Für die **Ermittlung des gemeinen Werts,** d. h. des Einheitswerts, eines bebauten Grundstücks **nach dem Sachwertverfahren** gilt als

Ausgangswert ein Wert, der sich zusammensetzt aus dem Bodenwert (§ 84 BewG), dem Gebäudewert (§§ 85 bis 88 BewG) und dem Wert der Außenanlagen (§ 89 BewG).

Der Ausgangswert wird durch Anwendung einer Wertzahl (§ 90 Abs. 2 BewG) an den gemeinen Wert angeglichen (§ 90 Abs. 1 BewG). Der angeglichene Wert ist der Grundstückswert, und dieser ist, auf volle 100,00 DM abgerundet, der Einheitswert (vor Umrechnung in Euro). **Hier gibt es keinen Mindestwert.**

Der Gesetzgeber geht davon aus, dass der Wert eines land- und forstwirtschaftlichen Betriebs vom Ertrag bestimmt wird. Deshalb ist bei der Bewertung des land- und forstwirtschaftlichen Vermögens (mit Ausnahme des Wohnungswerts) der **Ertragswert** – das ist das Achtzehnfache des Reinertrags – zugrunde zu legen (§ 36 Abs. 1 und 2 BewG). Beachten Sie dazu auch Kap. 8.5.1.

Neben den oben erwähnten drei grundlegenden Bewertungsmaßstäben sieht das Bewertungsgesetz noch eine Reihe besonderer Bewertungsmaßstäbe vor, die aus dem gemeinen Wert abgeleitet worden sind. Zu diesen besonderen abgeleiteten (derivativen) Bewertungsmaßstäben zählen z. B.:

- der Kurswert (§ 11 Abs. 1 BewG),
- der Nennwert (§ 12 Abs. 1 BewG),
- der Rücknahmepreis (§ 11 Abs. 4 BewG) oder
- der Rückkaufswert (§ 12 Abs. 4 BewG).

Originäre Bewertungsmaßstäbe

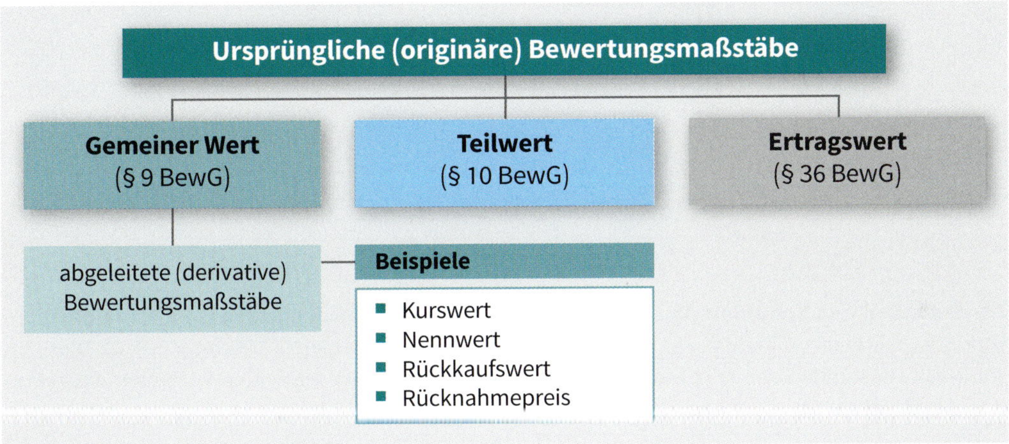

Mit dem **Kurswert** werden Wertpapiere bewertet, die börsenmäßig gehandelt werden. Dabei ist es ohne Bedeutung, ob sie zum Betriebsvermögen oder zum Privatvermögen gehören. Sie werden grundsätzlich mit dem niedrigsten am Stichtag notierten Kurs angesetzt. Liegt am Stichtag keine Notierung an der Börse vor, so ist der letzte innerhalb von 30 Tagen vor dem Stichtag notierte Kurs maßgebend (§ 11 Abs. 1 BewG).

Als Wertpapiere gelten auch die Investmentzertifikate. Sie sind aber nicht mit dem Kurswert, sondern mit dem Rücknahmepreis nach § 11 Abs. 4 BewG anzusetzen.

Investmentzertifikate sind Anteilscheine (Teilhaberpapiere) an einem Wertpapierfonds, den eine Investmentgesellschaft = Kapitalanlagegesellschaft durch Kauf von Aktien und/oder von festverzinslichen Wertpapieren gebildet hat. Die Zertifikate werden nicht börsenmäßig gehandelt. Sie lauten nicht auf einen festen **Nennbetrag,** sondern auf einen Anteil oder mehrere Anteile am Fondsvermögen.

Der **Rücknahmepreis** ist der Betrag, den die Kapitalanlagegesellschaft bei Rücknahme der Anteilscheine zu zahlen hat.

Wertpapiere, die nicht zum Handel an einer deutschen Börse zugelassen sind, sind entweder mit dem Nennwert (z. B. Gläubigerpapiere, wie Pfandbriefe, Industrieobligationen) oder mit dem gemeinen Wert (z. B. Aktien) zu bewerten (§ 11 Abs. 2 BewG). GmbH-Anteile sind mit dem gemeinen Wert anzusetzen.

Bewertung der Wertpapiere

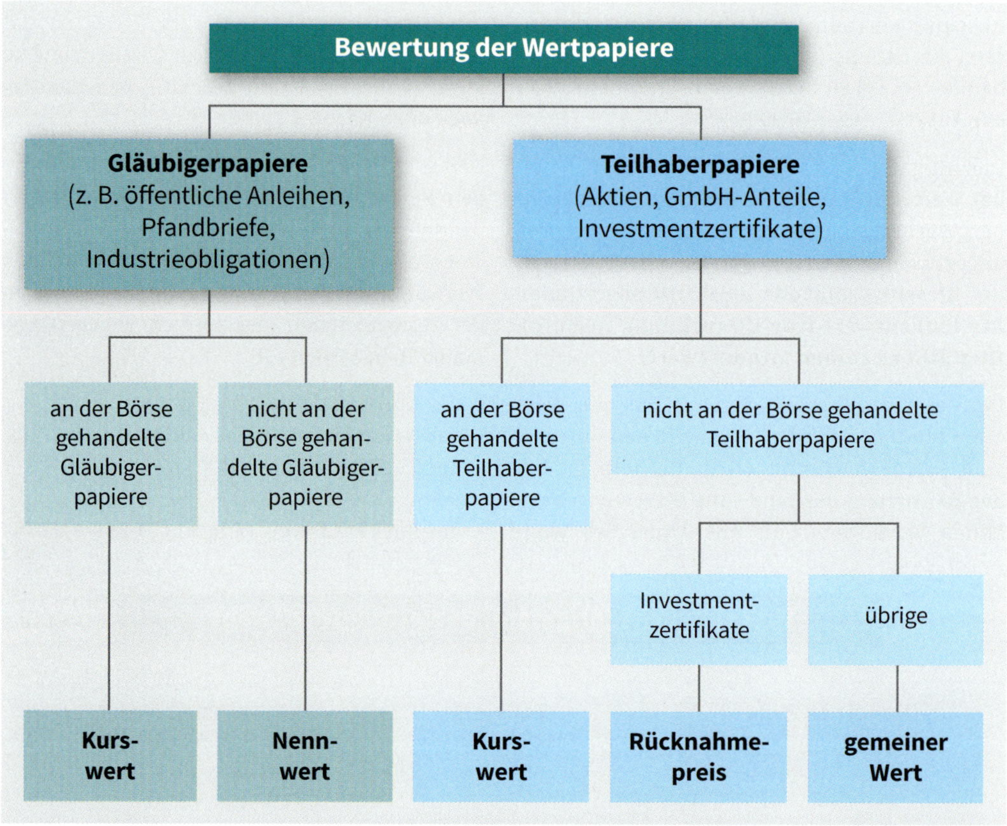

Forderungen und Schulden sind grundsätzlich mit dem **Nennwert** anzusetzen, wenn nicht besondere Umstände einen höheren oder niedrigeren Wert begründen (§ 12 Abs. 1 BewG). Diese besonderen Umstände können in einer zu hohen, zu niedrigen oder fehlenden Verzinsung liegen (R B 12.1 Abs. 2 ErbStR).

AUFGABEN

1. Beschreiben Sie eine wirtschaftliche Einheit im Sinne des Bewertungsgesetzes?
2. Welche originären Bewertungsmaßstäbe unterscheidet das Bewertungsgesetz?
3. Wodurch wird der gemeine Wert bestimmt?
4. Welche Verfahren sind für die Ermittlung des gemeinen Werts von bebauten Grundstücken vorgesehen?
5. Welche besonderen Bewertungsmaßstäbe, die aus dem gemeinen Wert abgeleitet sind, kennen Sie?

VERTIEFENDE ÜBUNG

Übung zur Bewertung

Mit welchem Wert sind die folgenden Wirtschaftsgüter zu bewerten?

a) Mietwohngrundstück in Stuttgart;
b) Anteile an einer GmbH in Münster;
c) Aktien einer AG in München, die nicht an der Börse gehandelt werden;
d) normalverzinsliche Darlehensforderung.

8.4 Einheitswertfeststellung (bis Ende 2024)

Ein Bewertungsgegenstand, also eine wirtschaftliche Einheit, kann sich auf mehrere Steuern auswirken. So wird z. B. ein Betriebsgrundstück von der Grundsteuer erfasst und wirkt sich über die Kürzung nach § 9 Nr. 1 GewStG auch auf die Gewerbesteuer aus. Würde der Wert einer wirtschaftlichen Einheit in einem solchen Fall für jede Steuer unabhängig voneinander ermittelt, könnten der einzelnen Steuerberechnung womöglich verschieden hohe Werte als Bemessungsgrundlage dienen. Hinzu kommt, dass die getrennte Ermittlung des Werts für die einzelne Steuerart mehr Arbeit erfordert und daher eine unrationelle Arbeitsweise bedeuten würde.

Der Gesetzgeber hat in den Fällen, in denen ein Bewertungsgegenstand zugleich bei zwei oder mehr Steuern verwendet wird, die Einheitsbewertung vorgesehen (§ 20 BewG). Darunter ist ein besonderes Verfahren (Feststellungsverfahren) zu verstehen, das den Steuerfestsetzungsverfahren vorgeschaltet ist und dazu dient, für alle einheitswertabhängigen Steuern verbindliche Werte gesondert, d. h. losgelöst von den Steuerfestsetzungsverfahren, festzustellen (gesonderte Feststellung der Einheitswerte nach § 180 Abs. 1 Nr. 1 AO). Allerdings werden gemäß § 19 Abs. 1 BewG die Einheitswerte nur noch für inländischen Grundbesitz festgestellt, also für

- Betriebe der Land- und Forstwirtschaft (§§ 33, 48a und 51a BewG),
- Grundstücke (§§ 68, 70 BewG) und
- Betriebsgrundstücke (§ 99 BewG).

Für Zwecke der Erbschaft- und Schenkungsteuer ist aus verfassungsrechtlichen und fiskalischen Gründen eine getrennte Wertermittlung – der Bedarfswert – als Grundstückswert (siehe Kap. 8.6) eingeführt worden.

8.4.1 Hauptfeststellung, Nachfeststellung und Fortschreibung

Bei der Feststellung von Einheitswerten gibt es drei **Feststellungsarten:**

- Hauptfeststellung (§ 21 BewG),
- Nachfeststellung (§ 23 BewG) und
- Fortschreibungen (§ 22 BewG).

Für alle drei Feststellungsarten sind die Verhältnisse im Feststellungszeitpunkt maßgebend. **Feststellungszeitpunkt** ist der Beginn eines bestimmten Kalenderjahres, zu dem entweder eine Hauptfeststellung, eine Nachfeststellung oder eine Fortschreibung vorgenommen wird. Das ist der Bewertungsstichtag. Das bedeutet, dass die Verhältnisse zu Beginn dieses Bewertungsstichtags, also die Verhältnisse am 1. Jan. um 00:00 Uhr, der Bewertung zugrunde zu legen sind (Stichtagsprinzip). Verhältnisse, die im Lauf des Stichtags (1. Jan.) oder später eintreten, bleiben grundsätzlich unberücksichtigt.

❶ Hauptfeststellung

Nach § 21 Abs. 1 BewG sind die Einheitswerte für den Grundbesitz in Zeitabständen von je sechs Jahren allgemein festzustellen. Diese Feststellung der Einheitswerte nennt man **Hauptfeststellung.** Der Zeitabstand zwischen einer Hauptfeststellung und der darauf folgenden Hauptfeststellung ist der Hauptfeststellungszeitraum. Der Hauptfeststellung werden die Verhältnisse zu Beginn des Kalenderjahres (Hauptfeststellungszeitpunkt) zugrunde gelegt. Der Hauptfeststellungszeitraum kann durch Rechtsverordnung verkürzt werden. Eine Verlängerung des Hauptfeststellungszeitraums ist jedoch nur durch Gesetz möglich.

Für den Grundbesitz ist die letzte Hauptfeststellung der Einheitswerte auf den 1. Jan. 1964 (alte Bundesländer) bzw. 1. Jan. 1935 (neue Bundesländer) durchgeführt worden. Der sechsjährige Turnus konnte beim Grundbesitz wegen Arbeitsüberlastung nicht eingehalten werden. Nach einer Neufassung des Bewertungsänderungsgesetzes (BewÄndG) 1965 vom 22. Juli 1970 (BStBl I S. 911) sollte der Zeitpunkt der nächsten Hauptfeststellung für den Grundbesitz durch ein besonderes Gesetz bestimmt werden.

Nach § 266 GrStRefG wird die erste Hauptfeststellung für die Grundsteuerwerte nach § 221 GrStRefG auf den 01.01.2022 durchgeführt und erstmals in der Hauptveranlagung zum 01.01.2025 berücksichtigt. Die folgenden Hauptfeststellungszeitpunkte folgen im Abstand von sieben Jahren weitgehend automatisiert (also 01.01.2029).

❷ Nachfeststellung

Tritt der Grund für die Feststellung des Einheitswerts erst während eines Hauptfeststellungszeitraums ein, so ist der Einheitswert nach § 23 Abs. 1 BewG nachträglich festzustellen **(Nachfeststellung).** Der Grund für eine Nachfeststellung ist häufig die Neugründung von land- und forstwirtschaftlichen Betrieben oder die Errichtung von Gebäuden auf Grundstücksteilen während eines Hauptfeststellungszeitraums, die aus einer Grundstücksteilung hervor gegangen sind.

Nachfeststellungszeitpunkt ist in einem solchen Fall der Beginn des Kalenderjahrs, das der Neugründung des Betriebs bzw. der Errichtung des Gebäudes auf dem neuen Grundstückteil folgt.

❸ Fortschreibungen

Die auf einen Hauptfeststellungszeitpunkt festgestellten Einheitswerte und die während eines Hauptfeststellungszeitraums durch Nachfeststellung festgestellten Einheitswerte sollen grundsätzlich bis zur nächsten Hauptfeststellung unverändert gelten, auch wenn sich die Verhältnisse in der Zwischenzeit geändert haben, diese Änderung aber der Höhe nach nur unwesentlich ist.

Sind aber während des Hauptfeststellungszeitraums Änderungen eingetreten, die nicht mehr als unwesentlich anzusehen sind, so wird eine Fortschreibung durchgeführt, wenn die Voraussetzungen des § 22 BewG erfüllt sind. Durch die Fortschreibung wird innerhalb des Hauptfeststellungszeitraums der frühere Einheitswert durch einen neuen Einheitswert ersetzt. Das bedeutet, dass anstelle des früheren Einheitswertbescheids ein neuer Feststellungsbescheid (Fortschreibungsbescheid) ergeht.

Eine Fortschreibung ist vorzunehmen, wenn dem Finanzamt bekannt wird, dass die Voraussetzungen dafür vorliegen. Grundsätzlich sind die Verhältnisse im Fortschreibungszeitpunkt maßgebend (§ 22 Abs. 4 Satz 1 und 2 BewG). Der neue Einheitswert gilt bis zur nächsten Hauptfeststellung, wenn bis dahin nicht erneut eine Fortschreibung stattfindet.

Wir unterscheiden drei Fortschreibungsarten, die nach wie vor an den DM-Beträgen anknüpfen:

- die Wertfortschreibung (§ 22 Abs. 1 BewG),
- die Artfortschreibung (§ 22 Abs. 2 BewG) und
- die Zurechnungsfortschreibung (§ 22 Abs. 2 BewG).

Eine **Wertfortschreibung** findet statt, wenn die in § 22 Abs. 1 BewG angegebenen Wertfortschreibungsgrenzen überschritten bzw. erreicht sind.

Beim Grundbesitz findet eine Wertfortschreibung nach § 22 Abs. 1 Nr. 1 BewG statt, wenn der auf 100,00 DM abgerundete Wert, der sich für den Beginn eines Kalenderjahres ergibt, vom Einheitswert des letzten Feststellungszeitpunkts wie folgt abweicht:

- nach oben
  - entweder um mehr als ein Zehntel, mindestens aber um 5.000,00 DM,
  - oder um mehr als 100.000,00 DM,
- nach unten
  - entweder um mehr als ein Zehntel, mindestens aber um 500,00 DM,
  - oder um mehr als 5.000,00 DM.

Wertfortschreibungsgrenzen

wirtschaftliche Einheit	Bruchteilsgrenze	mindestens	feste Grenze	
Grundbesitz				
a) Abweichung nach oben	mehr als 1/10	5.000,00 DM	mehr als	100.000,00 DM
b) Abweichung nach unten	mehr als 1/10	500,00 DM	mehr als	5.000,00 DM

Beispiele

a) Der Einheitswert eines Einfamilienhauses beträgt 42.600,00 DM. Durch bauliche Veränderungen hat sich der Wert auf 46.970,00 DM erhöht.

Nach Abrundung beträgt die Wertabweichung nach oben 4.300,00 DM. Obwohl die Bruchteilsgrenze von $\frac{1}{10}$ von 42.600,00 DM = 4.260,00 DM überschritten ist, kann eine Wertfortschreibung nicht vorgenommen werden, weil die Abweichung nicht mindestens 5.000,00 DM beträgt.

b) Der Einheitswert eines Geschäftsgrundstücks beträgt 1.200.500,00 DM. Durch Ausbau des Dachgeschosses hat sich der Wert auf 1.300.680,00 DM erhöht.

Nach Abrundung beträgt die Wertabweichung nach oben 100.100,00 DM. Die Bruchteilsgrenze von $\frac{1}{10}$ von 1.200.500,00 DM = 120.050,00 DM ist zwar nicht überschritten, die Abweichung beträgt aber mehr als 100.000,00 DM. Deshalb ist eine Wertfortschreibung durchzuführen.

Weicht die Art oder die Zurechnung des Gegenstands von der zuletzt getroffenen Feststellung ab, so wird nach § 22 Abs. 2 BewG eine neue Feststellung, eine **Artfortschreibung** oder eine **Zurechnungsfortschreibung**, durchgeführt.

Beispiele

a) Ein Steuerpflichtiger hat sein Einfamilienhaus, das er selbst bewohnt hatte, durch Aufstockung in ein Dreifamilienhaus umgebaut.

Die Art des Bewertungsgegenstands hat sich durch den Umbau geändert. Aus dem Einfamilienhaus ist ein Mietwohngrundstück geworden. Deshalb ist eine Artfortschreibung (eventuell zuzüglich Wertfortschreibung) durchzuführen.

b) Ein Steuerpflichtiger hat sein Einfamilienhaus verkauft.

Durch den Verkauf ist das Einfamilienhaus nicht mehr dem früheren, sondern dem neuen Eigentümer zuzurechnen. Deshalb ist eine neue Feststellung über die Zurechnung – eine Zurechnungsfortschreibung – durchzuführen.

ZUSAMMENFASSUNG

Feststellungsarten

Feststellungsarten

❶ **Hauptfeststellung**

für den **Grundbesitz** alle **sechs Jahre** (der Turnus wird nicht eingehalten, letzte Hauptfeststellung: 01. Jan. 1964; nächste 01. Jan. 2022 nach dem GrStRefG)

❷ **Nachfeststellung**

nachträgliche Feststellung, also nach dem Hauptfeststellungszeitpunkt, bei Neugründung eines land- und forstwirtschaftlichen Betriebes oder bei Grundbesitzteilungen

❸ **Fortschreibung**

- **Wertfortschreibung** beim Erreichen bzw. Überschreiten bestimmter Wertgrenzen
- **Artfortschreibung** bei Änderung der Art des Gegenstandes, z. B. Einfamilienhaus wird Zweifamilienhaus
- **Zurechnungsfortschreibung** beim Wechsel der Eigentumsverhältnisse

AUFGABEN

1. Erklären Sie den Begriff „Einheitsbewertung".
2. Welche Feststellungsarten unterscheidet das Bewertungsgesetz?
3. Erklären Sie den Begriff „Feststellungszeitpunkt".
4. Welche Feststellung der Einheitswerte nennt man Hauptfeststellung?
5. Was ist ein Hauptfeststellungszeitraum?
6. Welche Verhältnisse werden bei einer Hauptfeststellung zugrunde gelegt?
7. Unter welchen Voraussetzungen ist eine Nachfeststellung durchzuführen? (Nennen Sie zwei Beispiele.)
8. Unter welchen Voraussetzungen ist eine Fortschreibung durchzuführen?
9. Welche Fortschreibungsarten unterscheiden wir?
10. Unter welcher Voraussetzung ist
    a) eine Artfortschreibung und
    b) eine Zurechnungsfortschreibung vorzunehmen?

    Nennen Sie bitte je ein Beispiel.

8.4.2 Gesonderte und einheitliche Feststellung der Einheitswerte

Nach §§ 2 und 19 BewG i. V. m. § 180 Abs. 1 Nr. 1 AO werden Einheitswerte gesondert festgestellt für inländischen Grundbesitz.

Gesonderte Feststellung des Einheitswerts bedeutet, dass der Einheitswert in einem vom Steuerfestsetzungsverfahren getrennten (gesonderten) Verfahren festgestellt wird.

Bei der gesonderten Feststellung des Einheitswerts richtet sich der Feststellungsbescheid (der Einheitswertbescheid) gegen den Steuerpflichtigen, dem der Gegenstand der Feststellung bei der Besteuerung zuzurechnen ist (§ 179 Abs. 2 Satz 1 AO).

Sind an dem Gegenstand der Feststellung mehrere Personen beteiligt, so wird die gesonderte Feststellung des Einheitswerts gegenüber den beteiligten Personen einheitlich vorgenommen (§ 179 Abs. 2 Satz 2 AO). Das bedeutet, dass der Einheitswert im Ganzen festgestellt und auf die Beteiligten im Verhältnis ihrer Anteile aufgeteilt wird (§ 3 BewG).

Beispiele

a) Peter Korf hat 2019 ein Mietwohngrundstück (Mehrfamilienhaus) in Chemnitz auf eigenem Grund und Boden errichtet. Das Finanzamt Chemnitz (Bewertungsstelle) stellt den Einheitswert des bebauten Grundstückes zum 1. Jan. 2020 gesondert fest. Der Feststellungsbescheid ist an Peter Korf allein gerichtet, weil nur ihm das Grundstück zuzurechnen ist.

b) Peter Korf hat das Mehrfamilienhaus mit seiner Schwester zusammen auf dem Grundstück errichtet, das die Geschwister zu gleichen Teilen von den Großeltern geerbt haben. Auch hier wird der Einheitswert von der Bewertungsstelle des Finanzamtes Chemnitz gesondert, d. h. getrennt von anderen Steuerfestsetzungen, im Ganzen festgestellt. Allerdings wirkt diese Feststellung für und gegen die Geschwister, sie wird also für die Geschwister einheitlich vorgenommen (gesondert und einheitlich).

Auf die gesonderte und einheitliche Feststellung der Einheitswerte finden die Vorschriften über die Steuerfestsetzung, z. B. die Verpflichtung zur Abgabe einer Steuererklärung, sinngemäß Anwendung (§ 181 Abs. 1 AO).

Feststellungsbescheide sind, auch wenn sie noch nicht unanfechtbar geworden sind, für andere Feststellungsbescheide, für Steuermessbescheide usw. (Folgebescheide) bindend, soweit die in den Feststellungsbescheiden getroffenen Feststellungen für die Folgebescheide von Bedeutung sind (§ 182 Abs. 1 AO).

8.4.3 Aufhebung des Einheitswerts

Der Einheitswert wird nach § 24 BewG aufgehoben, wenn dem Finanzamt z. B. bekannt wird, dass

- die wirtschaftliche Einheit (Untereinheit) wegfällt;
- der Einheitswert der wirtschaftlichen Einheit (Untereinheit) infolge von Befreiungsgründen der Besteuerung nicht mehr zugrunde gelegt wird.

Beispiel

Der Einheitswert eines Gebäudes auf fremdem Grund und Boden in Hamburg beträgt 30.600,00 DM. Im Okt. v. J. ist das Gebäude, das zum Betriebsvermögen einer Speditionsfirma gehörte, abgerissen worden. Der Einheitswert ist nach § 24 Abs. 1 BewG auf den 1. Jan. d. J. aufzuheben.

AUFGABEN

1. Für welche wirtschaftlichen Einheiten werden Einheitswerte gesondert festgestellt?
2. Was bedeutet die gesonderte Feststellung eines Einheitswerts?
3. Gegen wen richtet sich der Feststellungsbescheid bei der gesonderten Feststellung des Einheitswerts?
4. Welcher Unterschied besteht zwischen gesonderter und einheitlicher Feststellung eines Einheitswerts?
   Geben Sie dafür ein Beispiel.
5. Für welche Bescheide sind Feststellungsbescheide bindend?
6. In welchen Fällen ist der Einheitswert aufzuheben?

8.4.4 Die Einheitsbewertung des Grundbesitzes

Beim inländischen Grundbesitz werden nach § 19 Abs. 1 Nr. 1 BewG Einheitswerte festgestellt für

- Betriebe der Land- und Forstwirtschaft (§§ 33, 48a, 51a BewG),
- Grundstücke (§§ 68, 70 BewG) und
- Betriebsgrundstücke (§ 99 BewG).

Beim Grundbesitz werden die Einheitswerte auf volle 100,00 DM nach unten abgerundet, in Euro umgerechnet und dann auf volle Euro abgerundet (§ 30 BewG).

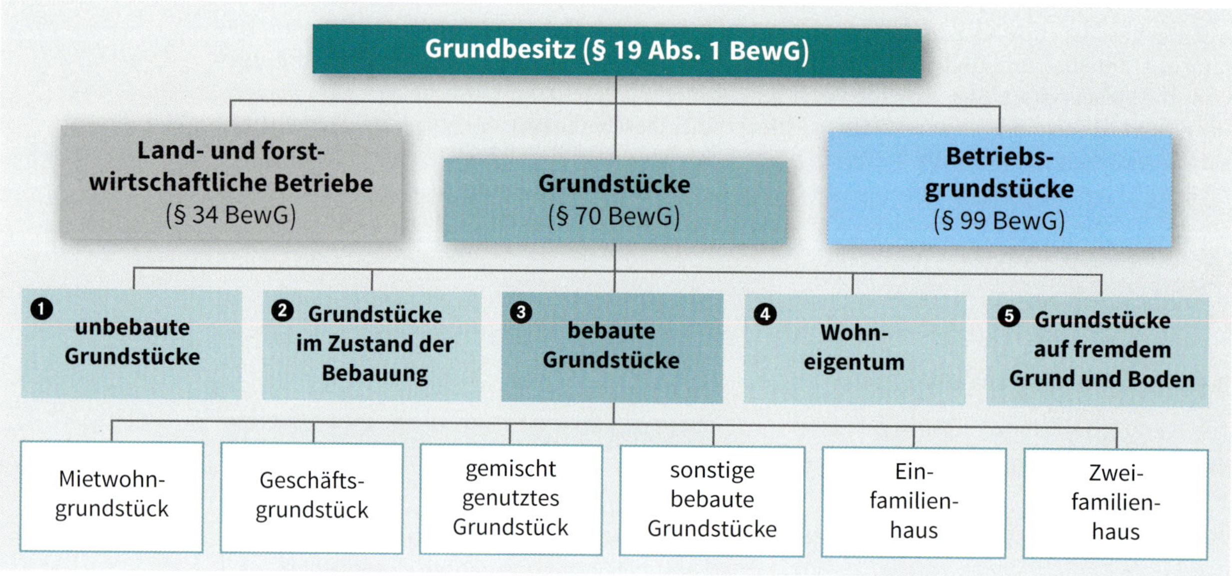

Grundbesitz

Grundstücke sind z. B.:

❶ unbebaute Grundstücke. Das sind Grundstücke, auf denen sich keine benutzbaren Gebäude befinden (§ 72 BewG);

❷ baureife Grundstücke (§ 73 BewG);

❸ bebaute Grundstücke (§ 74 BewG);

❹ Wohnungseigentum, z. B. Eigentumswohnungen (§ 93 BewG);

❺ Gebäude auf fremdem Grund und Boden (§ 94 BewG).

Bei der Bewertung **bebauter Grundstücke** ❸ sind nach § 75 Abs. 1 BewG die folgenden Grundstücksarten zu unterscheiden:

- **Mietwohngrundstücke:** Grundstücke, die zu mehr als 80 % Wohnzwecken dienen, mit Ausnahme der Ein- und Zweifamilienhäuser;
- **Geschäftsgrundstücke:** Grundstücke, die zu mehr als 80 % eigenen oder fremden gewerblichen oder öffentlichen Zwecken dienen;
- **gemischt genutzte Grundstücke:** Darunter fallen Grundstücke, die teils Wohnzwecken, teils eigenen oder fremden gewerblichen oder öffentlichen Zwecken dienen und nicht Mietwohngrundstücke, Geschäftsgrundstücke, Ein- oder Zweifamilienhäuser sind;
- **Einfamilienhäuser:** Wohngrundstücke, die nur eine Wohnung enthalten;
- **Zweifamilienhäuser:** Wohngrundstücke, die nur zwei Wohnungen enthalten;
- **sonstige bebaute Grundstücke:** Das sind alle übrigen bebauten Grundstücke.

8.4.5 Anwendung der Einheitswerte des Grundbesitzes vom 1. Jan. 1964 (bis Ende 2024)

Nach § 21 Abs. 1 Nr. 1 BewG sollen für den Grundbesitz in Abständen von je sechs Jahren Hauptfeststellungen durchgeführt werden. Die Finanzverwaltung hat diesen vom Gesetzgeber vorgeschriebenen Turnus bei der Bewertung des Grundbesitzes aufgrund der schwierigen personellen Situation in den Bewertungsstellen bisher nicht einhalten können. Die letzte Hauptfeststellung der Einheitswerte für den Grundbesitz hat für die alten Bundesländer auf den 1. Jan. 1964 und für die neuen Bundesländer auf den 1. Jan. 1935 stattgefunden.

Bis zu einer neuen Hauptfeststellung der Einheitswerte für den Grundbesitz sind für steuerliche Zwecke die Einheitswerte anzusetzen, die nach den Wertverhältnissen vom 1. Jan. 1964 bzw. 1. Jan. 1935 festgestellt worden sind. Diese Einheitswerte sind für die Gewerbesteuer (Kürzungen bei der Ermittlung des Gewerbeertrags) um einen Zuschlag zu erhöhen, der vom Gesetzgeber als Angleichung an das jeweilige Wertniveau gegenüber dem 1. Jan. 1964 bzw. 1. Jan. 1935 gerechtfertigt wird.

Das gilt sowohl für Grundstücke im Sinne des § 70 BewG als auch für Betriebsgrundstücke im Sinne des § 99 Abs. 1 Nr. 1 BewG.

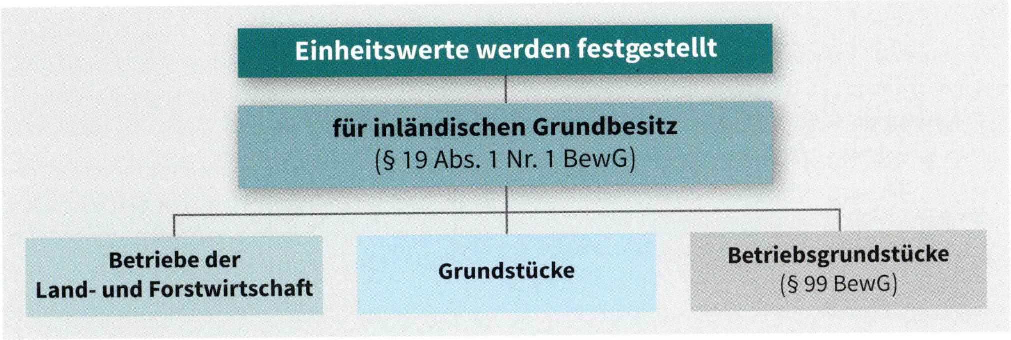

Der Zuschlag beträgt 40 % des Einheitswerts der Grundstücke und Betriebsgrundstücke in den alten Bundesländern (§ 121a BewG). In den neuen Bundesländern sind Betriebsgrundstücke nach § 133 BewG mit dem bis zu Sechsfachen des Einheitswerts anzusetzen.

Die Einheitswerte der Land- und Forstwirtschaft (im Beitrittsgebiet „Ersatzwirtschaftswert“) sind ohne Zuschlag, also mit 100 %, anzusetzen, weil hier andere Maßstäbe als beim übrigen Grundbesitz angewendet werden. Hier ist der Ertragswert zugrunde zu legen (§ 36 Abs. 1 und 2 BewG).

Bei der Grundsteuer werden die Einheitswerte ebenfalls ohne Zuschlag angesetzt, weil dort eine Anpassung an die Wertverhältnisse vom 1. Jan. 1964 bzw. 1. Jan. 1935 durch Änderung der Steuermesszahl bzw. der Hebesätze der Gemeinden erfolgt.

Betriebsgrundstücke sind wirtschaftliche Untereinheiten, da sie im Betriebsvermögen enthalten sind. Die übrigen Bewertungsgegenstände, z. B. Betriebe der Land- und Forstwirtschaft, Mietwohngrundstücke, sind wirtschaftliche Einheiten im Unterschied zu den wirtschaftlichen Untereinheiten.

8.5 Vermögensarten

Nach § 18 BewG wird das zu bewertende Vermögen in drei Vermögensarten eingeteilt:

- land- und forstwirtschaftliches Vermögen,
- Grundvermögen und
- Betriebsvermögen.

8.5.1 Land- und forstwirtschaftliches Vermögen

Zum land- und forstwirtschaftlichen Vermögen gehören alle Wirtschaftsgüter, die einem Betrieb der Land- und Forstwirtschaft dauernd zu dienen bestimmt sind (§ 33 Abs. 1 BewG).

Dazu gehören nach § 33 Abs. 2 BewG insbesondere:

- der Grund und Boden (z. B. Äcker, Wiesen, Forste, Weinberge);
- die Wohn- und Wirtschaftsgebäude (z. B. Wohngebäude der Landwirte, Scheunen, Ställe, Geräteschuppen);
- die stehenden Betriebsmittel. Dazu gehören sowohl das lebende Inventar (z. B. Kühe, Zuchttiere) als auch das tote Inventar (z. B. Maschinen, Geräte) sowie Betriebsvorrichtungen (z. B. Gewächshäuser);
- ein normaler Bestand an umlaufenden Betriebsmitteln (z. B. Getreide, Dünger, Mastvieh, Kraftfutter).

In § 33 Abs. 3 BewG sind Wirtschaftsgüter aufgeführt, die zwar bilanzsteuerrechtlich, d. h. für Zwecke der Gewinnermittlung, ohne Zweifel zum landwirtschaftlichen Betriebsvermögen zu rechnen sind, nicht aber bewertungsrechtlich. Sie werden deshalb nicht in den Einheitswert des land- und forstwirtschaftlichen Betriebs einbezogen. Es handelt sich dabei insbesondere um:

- Zahlungsmittel (z. B. betrieblicher Kassenbestand des Landwirts);
- Geldforderungen (z. B. aus dem Verkauf von Getreide oder Anlagevermögen);
- Geschäftsguthaben (z. B. bei Genossenschaften);
- Wertpapiere;
- Überbestände an umlaufenden Betriebsmitteln (z. B. Getreidevorräte, die über einen normalen Bestand hinausgehen);
- alle Geldschulden des Betriebs (z. B. Schulden, die durch die Anschaffung von Grund und Boden, Maschinen oder Saatgut entstanden sind).

Da diese Wirtschaftsgüter im Einheitswert des land- und forstwirtschaftlichen Betriebs nicht enthalten sind, gehören sie nicht zum land- und forstwirtschaftlichen Vermögen.

8.5.2 Grundvermögen

Nach § 68 Abs. 1 BewG gehören zum Grundvermögen:

- der Grund und Boden, die Gebäude mit ihren Bestandteilen (z. B. Türen, Fenster, Heizungsanlage) und ihrem Zubehör (z. B. Mülltonnen, Lampen),
- das Erbbaurecht,
- das Wohnungseigentum (z. B. die Eigentumswohnung), Teileigentum, Wohnungserbbaurecht und Teilerbbaurecht nach dem Wohnungseigentumsgesetz,

soweit es sich nicht um land- und forstwirtschaftliches Vermögen (§ 33 BewG) oder um Betriebsgrundstücke (§ 99 BewG) handelt.

Der Begriff „Grundvermögen“ ist nicht gleichzusetzen mit dem Begriff „Grundbesitz“. Der Begriff „Grundbesitz“ ist der Oberbegriff. Siehe dazu das Schaubild in Kap. 8.4.4.

8.5.3 Betriebsvermögen

Zum Betriebsvermögen gehören nach § 95 Abs. 1 BewG alle (positiven und negativen) Wirtschaftsgüter, die einem Gewerbebetrieb als Hauptzweck dienen, wie z. B. Einrichtungsgegenstände, Betriebsgrundstücke, Waren, Forderungen, Verbindlichkeiten).

Die Ausübung eines freien Berufes ist bewertungsrechtlich einem Gewerbebetrieb gleichzusetzen (§ 96 BewG).

Wirtschaftsgüter gehören zum Betriebsvermögen, wenn sie dem Betrieb als Hauptzweck dienen. Das ist beim notwendigen Betriebsvermögen immer der Fall. Wirtschaftsgüter, die zu mehr als 50 % eigenbetrieblich genutzt werden, sind in vollem Umfang notwendiges Betriebsvermögen. Dies gilt stets als erfüllt, wenn ein Wirtschaftsgut bei der Einkommensteuer als gewillkürtes Betriebsvermögen behandelt worden ist (siehe Kap. 4.5.4.3).

Werden Wirtschaftsgüter zu mehr als 90 % privat genutzt, sind sie in vollem Umfang notwendiges Privatvermögen (R 4.2 Abs. 1 Satz 5 EStR).

Beispiele

a) Ein Gewerbetreibender nutzt seinen Pkw zu 60 % betrieblich und zu 40 % privat. Der Pkw gehört zum Betriebsvermögen.

b) Ein Gewerbetreibender nutzt seinen Pkw zu 40 % betrieblich und zu 60 % privat. Er hat den Pkw in seine Bilanz als gewillkürtes Betriebsvermögen aufgenommen.
Der Pkw gehört auch bewertungsrechtlich zum Betriebsvermögen.

c) Ein Gewerbetreibender nutzt seinen Pkw zu 8 % betrieblich und 92 % privat.
Der Pkw gehört zum notwendigen Privatvermögen.

Nach § 97 Abs. 1 Nr. 5 Satz 2 BewG gehören zum Betriebsvermögen einer Personengesellschaft auch Wirtschaftsgüter einer Kapitalgesellschaft, die dem Betrieb der Personengesellschaft dienen. So wird z. B. das Grundstück einer GmbH, die an einer OHG beteiligt ist, im Wert des Betriebsvermögens der OHG erfasst, wenn das Grundstück der OHG dient.

Der Wert des Betriebsvermögens spielt nur für die Erbschaft- und Schenkungsteuer eine Rolle und wird im Bedarfsfall ermittelt (Bedarfsbewertung).

Die **Bewertung des Betriebsvermögens** erfolgt gemäß § 109 Abs. 1 Satz 1 BewG mit dem gemeinen Wert, der in sinngemäßer Anwendung des § 11 Abs. 2 BewG zu ermitteln ist. Danach wird der Wert des Betriebsvermögens unter Berücksichtigung der Ertragsaussichten des Betriebs oder nach einer anderen anerkannten Unternehmensbewertungsmethode berechnet, sofern er sich nicht aus zeitnahen Verkäufen von Unternehmensanteilen unter fremden Dritten ableiten lässt. Diese Verkäufe müssen weniger als ein Jahr zurückliegen.

Ein **vereinfachtes Ertragswertverfahren** zur Bewertung von Betriebsvermögen und nicht börsennotierten Anteilen an Kapitalgesellschaften (z. B. GmbH-Anteile) enthalten die §§ 199–203 BewG.

Als **Mindestwert** des Betriebsvermögens gilt der Substanzwert, der sich als Differenz zwischen den positiven Wirtschaftsgütern und Schulden der Gesellschaft ergibt (§ 11 Abs. 2 Satz 3 BewG).

AUFGABEN

1. Welche Vermögensarten gibt es nach dem Bewertungsgesetz?
2. Welche Wirtschaftsgüter kennen Sie, die dazu bestimmt sind, einem Betrieb der Land- und Forstwirtschaft dauernd zu dienen?
3. Welche Wirtschaftsgüter kennen Sie, die bilanzsteuerrechtlich zwar zum landwirtschaftlichen Betriebsvermögen rechnen, bewertungsrechtlich aber in den Einheitswert des land- und forstwirtschaftlichen Betriebs nicht einbezogen werden?
4. Wie sind die Geldschulden eines land- und forstwirtschaftlichen Betriebs bewertungsrechtlich zu behandeln?
5. Was gehört zum Grundvermögen?

VERTIEFENDE ÜBUNGEN

Übung 1: Einheitswertfeststellung

Übung 2: Wertfortschreibung

Übung 3: Vermögensarten

1. **Welche Feststellungsarten bzw. Fortschreibungsarten liegen in den folgenden Fällen vor?**

   Fall 1:
   Ein Steuerpflichtiger eröffnet am 1. Okt. 2019 in Kempten einen Betrieb der Land- und Forstwirtschaft. Der erste Einheitswert wird auf den 1. Jan. 2020 festgestellt.

   Fall 2:
   Eine GmbH hat in Lübeck einen Hotelneubau errichtet, der am 20. Mai 2019 fertig gestellt war. Der Einheitswert des Betriebsgrundstücks wird auf den 1. Jan. 2020 festgestellt.

   Fall 3:
   Ein Steuerpflichtiger hat sein Zweifamilienhaus in Göttingen durch Aufstockung in ein Dreifamilienhaus umgebaut.

2. **Prüfen Sie, ob Wertfortschreibungen vorzunehmen sind, und begründen Sie Ihre Entscheidung jeweils.**

	Fall 1	Fall 2	Fall 3
Letzter Einheitswert des Grundstücks	60.000,00 DM	1.090.000,00 DM	48.000,00 DM
Wert am nächsten 1. Jan.	50.980,00 DM	1.195.000,00 DM	52.900,00 DM

3. **Welche Wirtschaftsgüter des Steuerpflichtigen Andreas Koch gehören zum**
   a) land- und forstwirtschaftlichen Vermögen,
   b) Grundvermögen?

   Koch betreibt in Göttingen einen land- und forstwirtschaftlichen Betrieb. Außerdem ist er Eigentümer eines bebauten Grundstücks.

   Im Einzelnen handelt es sich um die folgenden Wirtschaftsgüter:

   1. Äcker, Wiesen, Forste;
   2. normaler Bestand des landwirtschaftlichen Betriebs an Getreide, Dünger, Kraftfutter;
   3. Milchkühe und Legehennen;
   4. Inventar des landwirtschaftlichen Betriebs, z. B. landwirtschaftliche Maschinen;
   5. Kassenbestand des landwirtschaftlichen Betriebs;
   6. Wirtschaftsgebäude des landwirtschaftlichen Betriebs;
   7. Forderungen aus dem Verkauf von Getreide;
   8. bei dem bebauten Grundstück handelt es sich um ein Zweifamilienhaus.

8.6 Bedarfsbewertung des Grundbesitzes

Allgemeines

Bedarfsbewertung bedeutet, dass sich die Grundbesitzbewertung auf die Fälle beschränkt, in denen für die **Festsetzung der Erbschaft- und Schenkungsteuer** sowie für die **Festsetzung der Grunderwerbsteuer** ein Wert benötigt wird. Die Grundbesitzwerte sind gesondert festzustellen und werden in einem Feststellungsbescheid beschieden.

Für Zwecke der **Grunderwerbsteuer** regelt das Bewertungsgesetz in den § 138 ff. die Ermittlung von Grundbesitzwerten für land- und forstwirtschaftliches Vermögen sowie unbebaute und bebaute Grundstücke des Grundvermögens. Diese Bewertungsvorschriften kommen beispielsweise zur Anwendung, wenn nach § 8 Abs. 2 Grunderwerbsteuergesetz (GrEStG) eine Gegenleistung, z. B. ein Kaufpreis für ein Grundstück, nicht vorhanden oder nicht zu ermitteln ist oder es sich um Umwandlungen, Einbringungen oder andere Erwerbsvorgänge auf gesellschaftsvertraglicher Grundlage handelt. Vorrangig bemisst sich die Grunderwerbsteuer jedoch nach dem Wert der Gegenleistung (§ 8 Abs. 1 GrEStG). In den meisten Fällen wird die Bemessungsgrundlage für die Grunderwerbsteuer daher der Kaufpreis für ein unbebautes oder bebautes Grundstück sein und nicht der nach den bewertungsrechtlichen Vorschriften ermittelte Wertansatz. Im weiteren Verlauf wird daher auf diesen Anwendungsfall der Bedarfsbewertung nicht weiter eingegangen.

Die Bewertung von Grundbesitz für die **Erbschaft- und Schenkungsteuer** ist im sechsten Abschnitt des Bewertungsgesetzes in den § 157 ff. geregelt. Die §§ 158 bis 175 BewG behandeln die Bewertung land- und forstwirtschaftlichen Vermögens. Die §§ 176 bis 191 BewG enthalten Bewertungsvorschriften für privates Grundvermögen sowie für Betriebsgrundstücke und in den §§ 192–197 BewG sind Sonderfälle wie beispielsweise das Erbbaurecht geregelt. Im Folgenden wird nur auf die Bewertung des privaten Grundvermögens und der Betriebsgrundstücke eingegangen, sofern letztere nicht zu einem Gewerbebetrieb gehören.

Ein Grundbesitzwert ist im Bedarfsfall nach den tatsächlichen Verhältnissen und den Wertverhältnissen zum Bewertungsstichtag zu ermitteln. Von dieser Regelung sind daher Bewertungsergebnisse zu erwarten, die nahe am Verkehrswert liegen. Als **Bewertungsstichtag** kommen der Todestag des Erblassers oder der Tag der Schenkung infrage.

Grundsätzlich ist als **Wertansatz für alle Grundstücksarten** der gemeine Wert (§ 9 BewG) heranzuziehen, der jedoch je nach Grundstücks- oder Nutzungsart unterschiedlich ermittelt wird.

Bewertung unbebauter Grundstücke

Unbebaute Grundstücke sind nach § 178 BewG Grundstücke, auf denen sich keine benutzbaren Gebäude befinden. Die Wertermittlung erfolgt nach § 179 BewG nach der Fläche und den aktuellen Bodenrichtwerten.

Grundstücksfläche · Bodenrichtwert **= Wert des unbebauten Grundstücks**

§ 196 des Baugesetzbuchs enthält zu den **Bodenrichtwerten** folgende Vorschriften: Aufgrund der Kaufpreissammlung sind flächendeckend durchschnittliche Lagewerte für den Boden unter Berücksichtigung des unterschiedlichen Entwicklungszustands zu ermitteln (Bodenrichtwerte). In bebauten Gebieten sind Bodenrichtwerte mit dem Wert zu ermitteln, der sich ergeben würde, wenn der Boden unbebaut wäre. Es sind Richtwertzonen zu bilden, die jeweils Gebiete umfassen, die nach Art und Maß der Nutzung weitgehend übereinstimmen. Die wertbeeinflussenden Merkmale des Bodenrichtwertgrundstücks sind darzustellen. Die Bodenrichtwerte sind jeweils zum Ende eines jeden zweiten Kalenderjahres zu ermitteln, wenn nicht eine häufigere Ermittlung bestimmt ist.

Mit dieser Kaufpreissammlung sind sogenannte Gutachterausschüsse für Grundstückswerte befasst, die in Landkreisen und Städten eingerichtet sind.

Nach § 198 BewG besteht die Möglichkeit, einen **niedrigeren gemeinen Wert** anzusetzen, wenn der Steuerpflichtige diesen nachweist.

Bewertung bebauter Grundstücke

Bebaute Grundstücke sind nach § 180 BewG Grundstücke, auf denen sich benutzbare Gebäude befinden. Hierbei werden gemäß § 181 BewG folgende **Grundstücksarten** unterschieden:

- **Ein- und Zweifamilienhäuser:** Wohngrundstücke, die bis zu zwei Wohnungen enthalten und kein Wohnungseigentum sind, auch wenn das Grundstück teilweise (zu weniger als 50 %, berechnet nach der Wohn- oder Nutzfläche) zu anderen als Wohnzwecken mitbenutzt wird (§ 181 Abs. 2 BewG);
- **Mietwohngrundstücke:** Grundstücke, die zu mehr als 80 %, berechnet nach der Wohn- oder Nutzfläche, Wohnzwecken dienen und nicht Ein- und Zweifamilienhäuser oder Wohnungseigentum sind (§ 181 Abs. 3 BewG);
- **Wohnungseigentum:** Sondereigentum an einer Wohnung in Verbindung mit dem Miteigentumsanteil an dem gemeinschaftlichen Eigentum, zu dem es gehört (§ 181 Abs. 4 BewG);
- **Teileigentum:** Sondereigentum an nicht zu Wohnzwecken dienenden Räumen eines Gebäudes in Verbindung mit dem Miteigentum an dem gemeinschaftlichen Eigentum, zu dem es gehört (§ 181 Abs. 5 BewG);
- **Geschäftsgrundstücke:** Grundstücke, die zu mehr als 80 %, berechnet nach der Wohn- oder Nutzfläche, eigenen oder fremden betrieblichen oder öffentlichen Zwecken dienen und nicht Teileigentum sind (§ 181 Abs. 6 BewG);
- **Gemischt genutzte Grundstücke:** Grundstücke, die teils Wohnzwecken, teils eigenen oder fremden betrieblichen oder öffentlichen Zwecken dienen und nicht zu den vorgenannten Grundstücksarten gehören (§ 181 Abs. 7 BewG);
- **Sonstige bebaute Grundstücke:** Grundstücke, die nicht unter die oben genannten Grundstücksarten fallen (§ 181 Abs. 8 BewG).

Die **Wertermittlung** für bebaute Grundstücke kann nach § 182 BewG nach dem Vergleichswertverfahren, dem Ertragswertverfahren oder dem Sachwertverfahren erfolgen:

Wertermittlung für bebaute Grundstücke

Vergleichswertverfahren § 182 Abs. 2 BewG	**Ertragswertverfahren** § 182 Abs. 3 BewG	**Sachwertverfahren** § 182 Abs. 4 BewG
Anwendung grundsätzlich auf ▪ Ein- und Zweifamilienhäuser, ▪ Wohnungseigentum, ▪ Teileigentum.	Anwendung auf ▪ Mietwohngrundstücke, ▪ Geschäftsgrundstücke und gemischt genutzte Grundstücke, sofern eine übliche Miete verfügbar ist.	Anwendung auf ▪ Ein- und Zweifamilienhäuser, Wohnungseigentum, Teileigentum, wenn kein Vergleichswert vorliegt, ▪ Geschäftsgrundstücke und gemischt genutzte Grundstücke, sofern keine übliche Miete ermittelbar ist, ▪ sonstige bebaute Grundstücke.
Kaufpreise vergleichbarer Grundstücke oder Vergleichsfaktoren von Gutachterausschüssen.	Wert der Gebäude auf der Grundlage des Ertrags zuzüglich des Bodenwerts.	Wert der Gebäude nach Herstellungswerten zuzüglich des Bodenwerts.
Alternativ: **Ansatz des niedrigeren gemeinen Werts** nach § 198 BewG		

Vergleichswertverfahren: Bei Anwendung des Vergleichswertverfahrens sind Kaufpreise von Grundstücken heranzuziehen, die hinsichtlich der ihren Wert beeinflussenden Merkmale mit dem zu bewertenden Grundstück hinreichend übereinstimmen (Vergleichsgrundstücke). Grundlage sind vorrangig die von den Gutachterausschüssen mitgeteilten Vergleichspreise (§ 183 Abs. 1 BewG). Besonderheiten, insbesondere die den Wert beeinflussenden Belastungen privatrechtlicher und öffentlich-rechtlicher Art, werden nicht berücksichtigt (§ 183 Abs. 3 BewG).

Alternativ zu Vergleichspreisen können nach § 183 Abs. 2 BewG von den Gutachterausschüssen für geeignete Vergleichsobjekte, insbesondere Flächeneinheiten des Gebäudes, ermittelte und mitgeteilte Vergleichsfaktoren herangezogen werden. Bei Verwendung von Vergleichsfaktoren, die sich nur auf das Gebäude beziehen, ist der Bodenwert nach § 179 BewG gesondert zu berücksichtigen.

Ertragswertverfahren

Das **Ertragswertverfahren** ermittelt den Grundbesitzwert aus der Summe von Boden und Gebäudeertragswert:

Wert des Bodens	+	Ertragswert des Gebäudes	=	Grundbesitzwert
Fläche des Grundstücks · Bodenrichtwert		Rohertrag (tatsächliche Jahresmiete oder übliche Miete) – Bewirtschaftungskosten (Erfahrungssätze oder pauschalierte Sätze nach Anlage 23 zum BewG)		
		= Reinertrag des Grundstücks – Verzinsung des Bodenwerts (Bodenwert · Liegenschaftszinssatz nach § 188 Abs. 2 BewG)		
		= Reinertrag des Gebäudes – Vervielfältiger in Abhängigkeit des Liegenschaftszinssatzes und der Restnutzungsdauer (Anlagen 21 und 22 zum BewG)		
		= Gebäudeertragswert		
Bodenwert	+	**Gebäudeertragswert**	=	**Ertragswert**

Der **Rohertrag** des Grundstücks (§ 186 BewG) ist das Nutzungsentgelt, das vereinbarungsgemäß für ein Jahr zu zahlen ist, also die tatsächliche Jahresmiete. Für eigengenutzte, ungenutzte oder unentgeltlich überlassene Grundstücke ist die übliche Miete anzusetzen. Die übliche Miete ist auch dann maßgeblich, wenn die tatsächliche Miete zu mehr als 20 % von der üblichen Miete abweicht. Zum Rohertrag zählen nicht die Betriebskosten.

Unter **Bewirtschaftungskosten** werden die bei gewöhnlicher Bewirtschaftung nachhaltig entstehenden Verwaltungskosten, Betriebskosten, Instandhaltungskosten und das Mietausfallwagnis verstanden, aber nicht die durch Umlagen gedeckten Kosten (§ 187 Abs. 1 BewG). Die Bewirtschaftungskosten können aufgrund von Erfahrungssätzen der Gutachterausschüsse oder pauschaliert nach Anlage 23 zum BewG angesetzt werden.

Der **Bodenwertverzinsung** (§ 188 BewG) ist ein örtlicher Liegenschaftszinssatz zugrunde zu legen. Dieser kann ebenfalls von den Gutachterausschüssen festgelegt oder wie folgt angenommen werden:

- 5,0 % für Mietwohngrundstücke,
- 5,5 % für gemischt genutzte Grundstücke mit einem Gewerbeanteil von bis zu 50 %,
- 6 % für gemischt genutzte Grundstücke mit einem Gewerbeanteil von mehr als 50 % und
- 6,5 % für Geschäftsgrundstücke.

Für die Berechnung der Bodenwertverzinsung wird der Bodenwert mit dem entsprechenden Zinssatz multipliziert.

Der **Vervielfältiger** zur Kapitalisierung des Gebäudereinertrags ergibt sich aus Anlage 21 zum BewG. Maßgeblich sind hierfür der Liegenschaftszinssatz und die Restnutzungsdauer des Gebäudes, die mithilfe der Anlage 22 zum BewG ermittelt werden kann. Zu beachten ist dabei, dass sich Veränderungen am Gebäude auf die wirtschaftliche Gesamtnutzungsdauer auswirken können und diese gegebenenfalls entsprechend korrigiert werden muss. Für ein nutzbares Gebäude ist mindestens von einer Restnutzungsdauer auszugehen, die 30 % der wirtschaftlichen Nutzungsdauer beträgt.

Der **Ertragswert** bzw. Grundbesitzwert ergibt sich als Summe von Bodenwert und Gebäudeertragswert. Es ist mindestens der Bodenwert anzusetzen (§ 184 Abs. 3 BewG).

Das **Sachwertverfahren** (§ 189 ff. BewG) berücksichtigt ebenfalls den Bodenwert, der um den Gebäudewert erhöht wird:

Sachwertverfahren

Wert des Bodens	+	Sachwert des Gebäudes	=	Grundbesitzwert
Fläche des Grundstücks · Bodenrichtwert		Brutto-Grundfläche des Gebäudes · Regelherstellungskosten je Flächeneinheit (Anlage 24 zum BewG)		
		= Gebäuderegelherstellungswert – altersbedingte Wertminderung des Gebäudes bei linearer Abschreibung (Gesamtnutzungsdauer nach Anlage 22 zum BewG)		
		= Gebäudesachwert (Mindestwert 30 % des Gebäuderegelherstellungswerts)		
Bodenwert	+	**Gebäudesachwert**	=	**vorläufiger Sachwert**
			·	Wertzahl
			=	**Sachwert**

Die **Regelherstellungskosten** des zu bewertenden Gebäudes sind die gewöhnlichen Herstellungskosten je Flächeneinheit (§ 190 Abs. 1 BewG) einschließlich der Baunebenkosten. Sie können aus der Anlage 24 zum BewG entnommen werden, die derzeit den Preisstand 2010 wiedergibt. Die Regelherstellungskosten entsprechen bei Ein- und Zweifamilienhäusern genau den Normalherstellungskosten 2010 der Sachwertrichtlinie für Zwecke der Verkehrswertermittlung.

Als **Brutto-Grundfläche** gilt die Summe der bezogen auf die jeweilige Gebäudeart marktüblich nutzbaren Grundflächen aller Grundrissebenen eines Bauwerks und aus deren konstruktiven Umschließungen (Anlage 24 Abs. 1 zum BewG).

Vom Gebäuderegelherstellungswert ist gemäß § 190 Abs. 4 BewG die **Alterswertminderung** abzuziehen, die mithilfe der Anlage 22 zum BewG ermittelt werden kann. Zu beachten ist hier, dass spätere Veränderungen am Gebäude, die die wirtschaftliche Gesamtnutzungsdauer verlängert haben, bewirken, dass von einem entsprechenden späteren Baujahr auszugehen ist. Die Berücksichtigung einer verkürzten Lebensdauer aus wirtschaftlichen oder bautechnischen Gründen ist ausgeschlossen - mit der einzigen Ausnahme der Abbruchverpflichtung. Der sich ergebende **Gebäudesachwert** muss mindestens 30 % des Gebäuderegelherstellungswerts betragen. Diese Regelung entspricht derjenigen beim Ertragswertverfahren.

Der **vorläufige Sachwert** ergibt sich durch Addition des Bodenwerts und des Gebäudesachwerts. Er ist mit einer **Wertzahl** zu multiplizieren, die von den Gutachterausschüssen zur Verfügung gestellt wird oder aus der Anlage 25 zum BewG entnommen werden kann (§ 191 Abs. 2 BewG), um den **Sachwert** bzw. **Grundbesitzwert** zu ermitteln.

AUFGABEN

1. Wie erfolgt die Bewertung unbebauter Grundstücke?
2. Welche Grundstücksarten sind bei der Bewertung bebauter Grundstücke zu unterscheiden?
3. Nennen Sie die drei Verfahren zur Wertermittlung für bebaute Grundstücke und erläutern Sie, wann diese jeweils zur Anwendung kommen.

VERTIEFENDE ÜBUNGEN

1. **Bewerten Sie das Grundstück nach § 179 BewG.**

   Werner Jäger, Köln, schenkt seiner Tochter ein unbebautes Grundstück mit einer Fläche von 833 m², damit sie dort ein Einfamilienhaus bauen kann. Der m²-Preis laut Bodenrichtwertkarte, die vom Gutachterausschuss der Stadt Köln angelegt wurde, beträgt 175,00 € pro m².

2. **Berechnen Sie den Grundbesitzwert für die Erbschaftsteuer.**

   Die verstorbene Irene Meisen, Dresden, vererbt ihrer Tochter Walburga Meisen ein Mehrfamilienhaus in Dresden. Das Grundstück hat eine Fläche von 650 m². Der m²-Preis laut Bodenrichtwertkarte der Stadt Dresden beträgt 140,00 €. Aus der Vermietung der in dem Mehrfamilienhaus gelegenen sechs Wohnungen wird eine Jahresmiete in Höhe von 57.600,00 € erzielt, die der üblichen Miete entspricht. Das Gebäude wurde vor sieben Jahren bezugsfertig. Angaben des Gutachterausschusses zu den Betriebskosten und dem örtlichen Liegenschaftszinssatz liegen nicht vor.

3. **Ermitteln Sie den Grundbesitzwert für die Schenkungsteuer.**

   Horst Kerner, Gelsenkirchen, schenkt im Jahr 2020 seinem Neffen ein Mehrfamilienhaus, das aus vier vermieteten Wohnungen besteht. Das Gebäude wurde 1970 fertiggestellt. Die monatlichen Mieteinnahmen betragen 2.400,00 €. Die übliche Miete liegt bei 2.800,00 € pro Monat. Angaben des Gutachterausschusses zu den Betriebskosten und dem örtlichen Liegenschaftszinssatz sind nicht vorhanden. Das Mehrfamilienhaus steht auf einem 780 m² großen Grundstück mit einem Bodenrichtwert von 200,00 € pro m².

4. **Berechnen Sie den Grundbesitzwert für die Erbschaftsteuer.**

   Gerhard Ginnen und seine Schwester Maria, Hannover, haben im Jahr 2020 von ihren verstorbenen Eltern ein Zweifamilienhaus geerbt, für das keine Vergleichswerte vorliegen. Die Grundstücksgröße beträgt 600 m². Der Bodenrichtwert ist mit 225,00 € pro m² angegeben. Das im Jahr 1989 fertiggestellte Gebäude mit Keller und nicht ausgebautem Dachgeschoss hat eine überbaute Fläche (Brutto-Grundfläche) von 27 m x 15 m und weist eine gehobene Ausstattung auf. Von laufenden Instandhaltungsmaßnahmen abgesehen, befindet sich das Gebäude im Originalzustand.

5. **Ermitteln Sie den Grundbesitzwert für die Schenkungsteuer.**

   Karl Reich, Krefeld, schenkt seiner Enkelin Carolin im Jahr 2020 zur Hochzeit sein Elternhaus in Willich, für das keine Vergleichswerte existieren. Das vor 72 Jahren errichtete Einfamilienhaus steht auf einem 565 m² großen Grundstück, für das der zuständige Gutachterausschuss einen Bodenrichtwert von 180,00 € pro m² festgesetzt hat. Die Brutto-Grundfläche des Gebäudes beträgt 120 m². Das Haus hat keinen Keller, ein ausgebautes Dachgeschoss und eine einfache Ausstattung. Werterhöhende Veränderungen wurden nicht vorgenommen.

6. **Ermitteln Sie den Grundbesitzwert für die Erbschaftsteuer.**

   Oskar Stratmann hat von seinem Onkel im Jahr 2020 ein gemischt genutztes Grundstück mit Wohn- und Gewerbeflächen in Bochum geerbt. Der gewerbliche Anteil liegt bei 70 %. Die tatsächliche Jahresmiete, die der üblichen Miete entspricht, beträgt 59.000,00 €. Das Gebäude wurde vor 55 Jahren auf einem Grundstück mit einer Fläche von 450 m² errichtet. Der m²-Preis laut Bodenrichtwertkarte Bochum-Stadtmitte beträgt 250,00 €. Der Verkehrswert des bebauten Grundstücks wurde aufgrund des sanierungsbedürftigen Gebäudes mit 450.000,00 € unstrittig festgestellt.

7. **Berechnen Sie den Grundbesitzwert für die Schenkungsteuer.**

   Paul Bauknecht schenkt seiner Tochter im Jahr 2020 ein Geschäftsgrundstück in Hamburg, auf dem ein Lagergebäude steht. Für das 800 m² große Grundstück hat der Gutachterausschuss einen m²-Preis von 350,00 € angegeben. Das Gebäude stammt aus dem Jahr 1990. Die Jahresmiete, die der üblichen Miete entspricht, beträgt für das Geschäftsgrundstück 15.600,00 €.

8.7 Neufassung der Bewertungsregeln durch das Grundsteuer-Reformgesetz (GrSRefG)

Das Bundesverfassungsgericht (BVerfG) hat die Regelungen zur Einheitsbewertung von Grundvermögen für die Bemessung der Grundsteuer (GrSt) jedenfalls seit dem Beginn des Jahres 2002 mit dem allgemeinen Gleichheitssatz für unvereinbar erklärt (BVerfG v. 10. Apr. 2018). Nach dieser Entscheidung musste der Gesetzgeber bis spätestens 31. Dez. 2019 eine Neuregelung treffen, um die bisherigen Regelungen weiter anwenden zu dürfen, und zwar weitere fünf Jahre nach Verkündung, längstens bis zum 31. Dez. 2024.

Zukünftig können die Bundesländer eigenständig entscheiden, ob sie für die Berechnung der GrSt die **Bundesmethode** oder **eine eigene Methode** anwenden wollen. Dadurch ist zu erwarten, dass die Berechnung der GrSt in den jeweiligen Bundesländern unterschiedlich erfolgt.

Nach der **Bundesmethode** wird sich die GrSt am Wert des Grundstücks (inkl. Immobilie) orientieren. Die so ermittelten Grundbesitzwerte werden über eine (veränderte) Steuermesszahl angepasst und mit einem kommunalen Hebesatz multipliziert, um zur zu zahlenden GrSt zu kommen. Die Steuermesszahl kann für zu fördernde Immobilien des sozialen Wohnungsbaus abweichen oder für kommunale und gemeinnützige Wohnungsbaugesellschaften und -genossenschaften festgesetzt werden.

Neben der Bundesmethode besteht für die Bundesländer ein Wahlrecht zu Anwendung eines **wertunabhängigen Modells**. So hat Bayern bereits angekündigt, als entscheidende Größe die Fläche des Grundstücks heranzuziehen. Niedersachsen plant, das Flächenmodell um einen Lageparameter zu erweitern, nach dem Grundbesitz lageabhängig höher oder niedriger bewertet wird. Weitere Bundesländer beabsichtigen die Öffnungsklausel zu prüfen.

Die Reform sieht die Wiedereinführung der GrSt C für baureife unbebaute Grundstücke vor, für die die Gemeinden einen höheren Hebesatz festlegen können, um die Attraktivität zur Bebauung der Grundstücke zu fördern.

Nach dem Gesetz zur Umsetzung des Klimaschutzprogramms 2030 ist vorgesehen, den Gemeinden ab 01. Jan. 2020 die Möglichkeit einzuräumen, für Grundstücke mit Windkraftanlagen einen erhöhten GrSt-Hebesatz festzulegen (ähnlich wie GrSt C), um für die Gemeinden einen Anreiz zu schaffen, geeignete Flächen für Windkraftanlagen auszuweisen.

Die Berechnung der GrSt erfolgt weiterhin in einem dreistufigen Verfahren (§ 13 ff. GrStG). Nach der Bewertung des Grundvermögens (§§ 218-266 BewG mit Anwendung ab 01. Jan. 2025) wird dieser Betrag mit der Steuermesszahl und anschließend mit dem kommunalen Hebesatz multipliziert.

Grundsteuer A

Betriebe der **Land- und Forstwirtschaft** werden wie bisher nach einem Ertragswertverfahren bewertet, das jedoch vereinfacht und typisiert wird (§§ 236 ff. BewG).

Grundsteuer B

Bei **unbebauten Grundstücken** (§§ 246, 247 BewG) bestimmt sich – entsprechend § 196 BauGB – der Wert nach ihrer Fläche und den Bodenrichtwerten (§ 247 Abs. 1 BewG). Liegt kein Bodenrichtwert vor, ist der Wert des unbebauten Grundstücks aus den Werten vergleichbarer Flächen abzuleiten (§ 247 Abs. 3 BewG).

Für **bebaute Grundstücke** (§§ 248-260 BewG) kommt bei Einfamilienhäusern (EFH), Zweifamilienhäusern (ZFH), Mietwohngrundstücken und Wohnungseigentum immer das Ertragswertverfahren zur Anwendung (§ 250 Abs. 2 BewG). Bei Geschäftsgrundstücken, gemischt genutzten Grundstücken, Teileigentum sowie sonstigen bebauten Grundstücken ist stets das Sachwertverfahren anzuwenden (§ 250 Abs. 3 BewG).

- Im **Ertragswertverfahren** ergibt sich der Grundsteuerwert nach § 252 BewG als Summe aus dem kapitalisierten Reinertrag (Barwert des Reinertrags) und dem abgezinsten Bodenwert. In die Wertermittlung fließen u. a. die statistisch ermittelten Nettokaltmieten und die Mietniveaustufen der jeweiligen Gemeinde ein. Mit dem so ermittelten Wert sind der Grund und Boden, die Gebäude sowie bauliche Anlagen (insbesondere Außenanlagen) und sonstige Anlagen abgegolten. Es sind mindestens 75 % des Werts des Grund und Bodens als unbebautes Grundstück anzusetzen (§ 251 i. V. m. § 247 BewG).

Schema des Ertragswertverfahrens

	jährlicher Rohertrag (§ 254 BewG, Anlage 39 zum BewG)
–	nicht umlagefähige Bewirtschaftungskosten (§ 255 BewG, Anlage 40 zum BewG)
=	**jährlicher Reinertrag (§ 253 Abs. 1 BewG)**
·	Vervielfältiger/Barwertfaktor (§§ 253 Abs. 2, 256 BewG, Anlagen 37,38 zum BewG)
=	**Barwert des Reinertrages (§§ 252, 253 BewG)**
+	abgezinster Bodenwert (§ 257 BewG, Anlage 41 zum BewG)
=	**Grundsteuerwert (§ 252 BewG)**

- Im **Sachwertverfahren** werden der **Bodenwert** (wie bei unbebauten Grundstücken) und ein Gebäudesachwert addiert, wobei dieser sog. vorläufige Sachwert des Grundstücks noch mit einer Wertzahl (§ 260 i. V. m. Anlage 43 BewG) multipliziert wird (§ 258 BewG). Der **Gebäudesachwert** wird auf Basis von in einer Anlage vorgegebener sog. Normalherstellungskosten ermittelt, die anhand der vom Statistischen Bundesamt veröffentlichten Baupreisindizes regelmäßig angepasst werden. Auch im Sachwertverfahren gelten bauliche Anlagen, insbesondere Außenanlagen und sonstige Anlagen mit dem ermittelten Grundsteuerwert als abgegolten.

Schema des Sachwertverfahrens

		Normalherstellungskosten
		·
		Baupreisindex
		·
		Brutto-Grundfläche
		=
Grundstücksfläche		Gebäudenormalherstellungswert
·		–
Bodenrichtwert		Alterswertminderung (max. 70 %)
=		=
Bodenwert		**Gebäudesachwert**
↓		↓
	vorläufiger Sachwert	
	·	
	Wertzahl	
	=	
	Grundsteuerwert	

Im Detail greifen das Ertragswertverfahren wie auch das Sachwertverfahren auf diverse pauschalierende Annahmen zurück, die einem umfangreichen Tabellenwert in Anhängen zum BewG entnommen werden können.

Weil die Reform **aufkommensneutral** erfolgen soll, wird die erhöhte Bewertung durch eine deutliche Senkung der Steuermesszahl abgemildert. Bei Wohngebäuden sinkt die Steuermesszahl z. B. von 0,35 % auf 0,034 % (§ 15 Abs. 1 GrStG).

Im sozialen Wohnungsbau kann unter bestimmten Voraussetzungen auf Antrag die Steuermesszahl um 25 % gesenkt werden (sog. Sozialklausel, § 15 Abs. 4 GrStG).

Die neuen Grundsteuerwerte werden zum 01. Jan. 2022 festgestellt und ab 01. Jan. 2025 angewendet. Die nächste Hauptfeststellung ist in einem Turnus von sieben Jahren automatisiert für den 01. Jan. 2029 vorgesehen.

Grundsteuer C

Die Kommunen erhalten ab dem 01.01.2025 die Möglichkeit, **baureife unbebaute Grundstücke** i. S. des § 246 BewG mit einem höheren Hebesatz zu belegen. Die Gemeinden können aus städtebaulichen Gründen Gemeindeteile, die mindestens 10 % der Gemeindefläche umfassen, mit dem erhöhten Hebesatz ausweisen. Baureife Grundstücke liegen vor, wenn nach Lage, Form und Größe und ihrem sonstigen tatsächlichen Zustand sowie nach öffentlich-rechtlichen Vorschriften sofort bebaubar sind. Nicht erteilte Baugenehmigungen, die einer sofortigen Bebauung entgegenstehen, sind dabei unbeachtlich.

A

Abflussprinzip 322
Abgaben, öffentlich-rechtliche 11, 16 ff.
Abgabenordnung (AO) 13, **29 ff.**
Abgangsort 100
Abgeld, ESt 295
Abgeleitete Buchführungspflicht 63
Abgeltungssteuer, ESt 282
Abgeltungssteuer, KSt 512
Abgeordnete, ESt 252 f., **308**, 381
Abgrenzung, freiberufliche/gewerbliche Tätigkeit 270
Abholfall 147
Ablaufhemmung, AO **40**, 59 f.
Abschlusszahlung, ESt 462
Abschlusszahlung, USt 225
Abschöpfungen 16
Absetzung für Abnutzung (AfA) 297, 344
- bei beweglichen Wirtschaftsgütern 344
- bei Gebäuden 297
- degressiv 297, 345
- in fallenden Jahresbeträgen 345
- in gleichen Jahresbeträgen 344
- linear 297, 344
- nach Maßgabe der Leistung 345
Absetzung für außergewöhnliche Abnutzung (AfaA) 347
Abweichendes Wirtschaftsjahr, ESt 246
Abweichendes Wirtschaftsjahr, KSt 504
Abweichendes Wirtschaftsjahr, GewSt 542, 547
Abziehbare Vorsteuer, USt 179
Abzugsfähige Ausgaben, ESt 377
Abzugsfähige Ausgaben, KSt 504
Abzugsfähige Steuern 20
Abzugsumsätze, Vorsteuer 188
Abzugsverbot 105
Abzugsverfahren 206
Adoptivkind 416
Agio (Aufgeld), ESt 366
Aktivierungsverbot, ESt 355
Allgemeine Steuergesetze 13
Allgemeine Verwaltungsvorschriften 11
Allphasen-Steuer, USt 78
Alterseinkünfte 252, 274, 378
Altersentlastungsbetrag **252 ff.**, 459
Altersrenten 308
Altersvorsorge **398 f.**, 445
Altersvorsorgeanwartschaften 381
Altersvorsorgeaufwendungen 379, 388
Anfechtungsklage, GewSt 554
Ankunftsort 100
Anlagegüter **339**, 344 ff.
Anlagevermögen, USt 192
Anlagevermögen, ESt 332
Anlageverzeichnis **326**
Anlaufhemmung 58 f.
Anleihen **11**, 16
Annehmlichkeiten, USt 104
Anpassung der Vorauszahlungen, ESt 462
Anpassung der Vorauszahlungen, GewSt 543
Anrechnung eigener Einkünfte und Bezüge, ESt 434
Anrechnungsüberhang 451
Anschaffungskosten 248, **274**, 297, 324, 339, 361, 367
Anschaffungsnaher Herstellungsaufwand, ESt 294
Antrag auf Berücksichtigung eines Freibetrags 486
Antrag auf Wiedereinsetzung 50
Antragsveranlagung, ESt 457
Antragsveranlagung, LSt 495
Anzahlung, USt 181
Anzahlung, ESt 323
Arbeitnehmer-Pauschbetrag, ESt **249**, 274
Arbeitnehmer-Pauschbetrag, LSt 490
Arbeitslohn, LSt 481
Arbeitslosengeld 244, **398**, 449
Arbeitslosenversicherung 388
Arbeitszimmer 248, **403 f.**
Artfortschreibung 569 f.
Atypisch stiller Gesellschafter, ESt 279
Aufbau der Finanzbehörden 21 f.
Aufbewahrungsfrist 64
Aufbewahrungspflicht 64
Aufgabe der Finanzämter 23
Aufhebung des Einheitswerts, BewG 571
Aufhebung oder Änderung von Steuerbescheiden, AO 39 ff.
Aufmerksamkeiten, USt **91**, 104
Aufwandsteuern 15
Aufwendungen für Gebäude 301
Aufzeichnungspflicht, AO 63
Aufzeichnungspflicht, USt 226
Ausbildungsfreibetrag 436
Ausbildungskosten **377**, 403
Ausfuhr, USt 138 ff.
Ausfuhrlieferung 123
Ausfuhrlieferungen, USt 138 f.
Ausgaben, abzugsfähige, KSt 504
Ausgaben, nicht abzugsfähige, KSt 507
Ausgaben für mildtätige und andere gemeinnützige Zwecke 407 f.
Ausgleichsbetrag 459
Aushilfskräfte 492 ff.
Ausland, USt **87**, 220 f.
Ausländischer Abnehmer, USt 139
Ausländischer Auftraggeber, USt 141 f.
Auslandskind, EStG 422, 436
Ausschließliche Gesetzgebung 14 f.
Ausschlussfrist, AO 50
Ausschlussumsätze 189 f.
Ausschluss vom Vorsteuerabzug, USt 186 f.
Außenprüfung 42, 59, **66**
Außergewöhnliche Belastung, ESt 430 ff.
- mit zumutbarer Belastung 431 f.
- ohne zumutbare Belastung 434 ff.
Außergewöhnliche Belastung, LSt 486
Außerordentliche Einkünfte 443
Außerordentliche Krankheitskosten 437
Ausstellung von Rechnungen 212 ff.
Auswärtige Unterbringung, ESt 436

B

B2B-Umsatz **95 f.**
B2C-Umsatz **95 f.**
Bagatellgrenze 43
Baraufgabe, USt 155
Bardividende, KSt 512
Barentnahmen, ESt 323, 357
Basisabsicherung 384 ff.
Basiskrankenversicherung 384 ff.
Basistarif 384 f.
Beamter 457, 461
Bedarfsbewertung 577

Beendigung der Steuerpflicht, GewSt 547
Beerdigungskosten, ESt 432 f.
Beförderungsleistung, USt 100
Beförderungslieferung, USt 116
Beförderungsort 100
Beginn der Steuerpflicht, GewSt **531**, 547
Beginnfrist 52
Begünstigender Verwaltungsakt 36
Behinderten-Pauschbetrag, ESt **437 ff.**
Behinderten-Pauschbetrag, LSt 486
Behörden, AO 21
Behördliche Fristen 48 f.
Beiträge 16
Belastender Verwaltungsakt 37
Bemessungsgrundlage 300
Bemessungsgrundlage, USt **155 ff.**, 209 f.,
- Änderung der, USt 209 f.
- für entgeltliche, aber verbilligte Lieferungen und sonstige Leistungen 169
- für entgeltliche Leistungen 155
- für Leistungen an Arbeitnehmer ohne besonders berechnetes Entgelt 166
- für unentgeltliche Lieferungen 166
- für unentgeltliche sonstige Leistungen 165
Bemessungsgrundlage, ESt 243, 252, 275
Bemessungsgrundlage, LSt 490
Benutzungsgebühren 17
Berichtigung des Vorsteuerabzugs 192
Berichtigungszeitraum 192
Berichtigung von Steuerbescheiden, AO 39 f.
Berufsausbildung 403 f., 417 f., 434 ff.
Berufsunfähigkeitsrente 379
Beschäftigung in geringem Umfang, LSt 492 f.
Beschränkte geschäftsmäßige Hilfeleistung 25
Beschränkte Steuerpflicht, ESt 241 ff.
Besitzsteuern 18 f.
Besonderer Vorauszahlungsbescheid 542
Besorgung einer sonstigen Leistung 101
Bestandskraft eines Verwaltungsaktes, AO 40
Besteuerung, Durchführung 223 ff.
- der Kleinunternehmer 204 ff.
- des Leistungsempfängers 220 f.
- des Nettolohns 490
Besteuerungsgrundlage, ESt **452**, 462
Besteuerungsgrundlage, GewSt 523, 534
Besteuerungszeitraum 225
Bestimmungsland 119, 146, 147
Beteiligung 282
Betreuungsfreibetrag 416, 421 f., 426 f.
Betriebliche Einkünfte 509
Betriebsausgaben **247 f.**, 322 ff.
- nicht abzugsfähige 326
- nicht abzugsfähige, KSt 507
- nicht sofort abzugsfähige 325 f.
- sofort abzugsfähige 324 f.
Betriebseinnahmen **247 f.**, 318, 322 ff.
Betriebsfinanzamt **32**, 523
Betriebsgewöhnliche Gesamtleistung 345
Betriebsgewöhnliche Nutzungsdauer 325 f., **345 f.**
Betriebsgrundstücke 567, **571 ff.**, 577
Betriebsprüfung 66
Betriebsvermögen 316 f., 332 ff., 349
- Bewertung 336 ff.
- gewillkürtes 333 f.
- nicht gewillkürtes 334
- notwendiges **332**, 334
- Zugehörigkeit von Grundstücken und Grundstücksteilen 341 f.
Betriebsvermögen, BewG 574
Betriebsvermögensvergleich **316 f.**, 319 f.
Betriebsvorrichtungen 351
Bewegliche Anlagegüter 346
Bewegte Lieferung **93**, 123
Bewertung, ESt 336 ff.
- der Wirtschaftsgüter des Anlagevermögens 336
- des Betriebsvermögens, ESt 336
- des Betriebsvermögens, BewG 574
- von bebauten Grundstücken 563 ff., **578 ff.**
- von unbebauten Grundstücken 563, **577 f.**
Bewertung, BewG 561
Bewertungsfreiheit für geringwertige Anlagegüter 336
Bewertungsgegenstand **562**, 567, 569
Bewertungsgesetz (BewG) 13, 561
Bewertungsmaßstäbe, BewG
- abgeleitete 565
- derivative 565
- originäre **562 ff.**, 565
Bewertungsregeln 582
Bewertungsstichtag, BewG 567, **577**
Bewertungsverfahren, ESt 368 ff.
Bewertungsvorschriften 561, 577
Bewirtschaftungskosten 579
Bewirtungsaufwendungen, USt 186
Bewirtungsaufwendungen, ESt 326
Bezüge 434 ff.
Bilanzänderung 376
Bilanzberichtigung 375 f.
Bilanzenidentität 372 ff.
Bilanzenzusammenhang 372 f.
Bilanzierungsgrundsätze 372 ff.
Bilanzierungsstetigkeit 372 f.
Bilanzklarheit 372 f.
Bilanzkontinuität 373
Bilanzstichtag 367, 372
Bilanzwahrheit 372
Bildungsaufwendungen 404
Bodenrichtwert 577, 582
Bodenwert 563, 565, **578 ff.**, 583
Bodenwertverzinsung 579
Branntweinmonopol 15
Bruttoarbeitslohn 255
Bruttomethode 227
Buchführungspflicht, AO 63
Buchwert 338, 345
Bundesamt für Finanzen 21 f.
Bundesfinanzbehörden 21 f.
Bundesfinanzministerium 21 f.
Bundeskindergeldgesetz (BKGG) 426
Bundesmethode 582
Bundessteuern 18 ff.
Bundeszentralamt für Steuern (BzSt) 99
Bußgelder, Steuerordnungswidrigkeiten 18

D

Damnum 295, 366 f.
Datenübermittlung von Dritten 43
Dauerfristverlängerung 224
Dauernde Lasten, ESt **401 f.**

Dauernde Lasten, GewSt 535, 539
Degressive AfA **299 ff.**, 344 ff.
Degressive Gebäude-AfA 299 ff.
Dienstfahrten 273
Differenzbesteuerung, USt **158 f.**, 215
Direkte Steuern 18 f.
Dividenden, ESt 279 ff.
Dividendenerträge 282
Doppelbesteuerung 149 f.
Doppelbesteuerungsabkommen, ESt **389**, 457
Doppelte Haushaltsführung, USt 164
Dreiecksgeschäft 127 ff.
Drittland 99 f., 239 f.
Drittlandsgebiet **87**, 99, 116, 138 ff.
Durchfuhr, USt 146
Durchführung der Besteuerung, USt 223 ff.
Durchlaufende Posten, USt 156
Durchlaufende Posten, ESt 322
Durchschnittsaufschlag 202
Durchschnittssätze, USt 177 f.
Durchschnittssätze, ESt 331

E
Eheähnliche Gemeinschaften 434
Ehegattenbesteuerung, ESt 448
Ehegattenveranlagung 452 ff.
Ehrenamtliche Tätigkeit, USt 149
Eigenbetrieblich genutzte Grundstücksteile **332**, 341 f.
Eigenleistung, Gebäude **298**
Eigentumsvorbehalt, USt 85
Eigentumswohnungen, BewG 572
Einfamilienhäuser, BewG 564, **572**
Einfuhr 116, 146
Einfuhrumsatzsteuer 116, 181
Eingeschränktes Höchstwertprinzip 366
Eingeschränktes Niederstwertprinzip 337
Einheitliche Feststellung, ESt 454
Einheitliche Feststellung, BewG 570
Einheitliche Leistung, USt 85
Einheitsbewertung 582
Einheitsbewertung des Grundbesitzes 567, **571**
Einheitswert **563 ff.**, 570 ff.
Einheitswertfeststellung 567 ff.
Einkommen, ESt 256
Einkommen, KSt 499, 504
Einkommensteuer 237 ff.
- Durchführungsverordnung (EStDV) 237
- Erklärung, ESt 452
- Erklärung, LSt 483, 495
- Gesetz (EStG) 237
- Richtlinien (EStR) 237
- Steuerrecht 237 ff., 452
- Tarif 448
- Tilgung 462

Einkommensteuerpflicht
- beschränkte 241
- unbeschränkte 238

Einkünfte, ESt **237**, 243, 252, 259, 270, 279, 292, 307, 443, 450, 454
- aus Gewerbebetrieb, ESt 260 ff.
- aus Gewerbebetrieb, KSt 499
- aus gewerblichen Unternehmen 261
- aus Kapitalvermögen 279 ff.
- aus Land- und Forstwirtschaft 259
- aus Leistungen 312
- aus nichtselbstständiger Arbeit, ESt 271
- aus nichtselbstständiger Arbeit, LSt 481
- aus privaten Veräußerungsgeschäften 310 ff.
- aus selbstständiger Arbeit 270
- aus Unterhaltsleistungen 309
- aus Vermietung und Verpachtung 292 ff.
- aus wiederkehrenden Bezügen 308 ff.

Einkünfte, KSt 505
Einkunftsarten **245 f.**, 259
Einkunftsquellen 245
Einlagen 317, 325, 358 f.
- verdeckte 509

Einnahmen **243 ff.**, 284 ff., 292 ff.
Einnahmeüberschussrechnung, ESt 327
Einspruch, AO 44 f., 66
Einspruchsfrist 40
Einzelsteuergesetze 13
Einzelunternehmer, USt **83**, 103
Einzelunternehmer, ESt 263, 450
Einzelveranlagung, ESt 452
Elektronische Lohnsteuerabzugsmerkmale (ELStAM) 481
Elektronische Lohnsteuerbescheinigung 491
Elektronische Rechnungsstellung 213
Empfängerortprinzip 95
Endgültiger Gewerbeertrag 523, **534**, 539, 552
Entfernungspauschale **273**, 403
Entgelt **89 ff.**, 102, 155, 201, 212
Entgelterhöhungen 209
Entgeltliche sonstige Leistung 85
Entgeltminderungen 209
Entgelt seitens eines Dritten (Zusatzentgelt) 156
Entlastungsbetrag für Alleinerziehende, ESt **252**, 426
Entlastungsbetrag für Alleinerziehende, LSt **482**, 490
Entnahmen **316**, 317, 323, 357
Entschädigungen 364, **443**
Entstehung der
- Einkommensteuer 462
- Umsatzsteuer 173 f

Ereignisfristen 50
Erhaltungsaufwand 294 ff.
Erhebung der
- Einkommensteuer 462 f.
- Gewerbesteuer 523 f., **542 f.**
- Körperschaftsteuer 512
- Lohnsteuer 490 ff.

Erhebungszeitraum 534
Erhöhte Gebäude-AfA 300
Erklärungssteuern 55
Erlass, AO 66
Ermäßigter Steuersatz 175
Ermittlung des Einkommens, ESt **247**, 313
Ermittlung des Einkommens, KSt 505, 515
Ermittlung des Gewinns 331
Ermittlungszeitraum (Wirtschaftsjahr, Kalenderjahr), ESt 246 f.
Ermittlungszeitraum (Wirtschaftsjahr, Kalenderjahr), KSt 504
Ersatzbeschaffung, Übertragung stiller Reserven 364
Erstattungsanspruch **78**
Ertragshoheit 19, 21
Ertragswert 562, 573, **579 f.**

Ertragswertverfahren 563 f., 575, 578, 582
Erwerbseinkünfte 16
- aus öffentlichen Unternehmen 11
Erwerbsgesellschaft **83**, 103
Erwerbsminderungsrente 379
Erwerbsschwelle, USt 120 f.
Erwerbsteuer 179
Exekutive 12

F
FAGO 23
Fahrausweise 218
Fahrtenbuch, USt 163
Fahrtenbuch, ESt 324, 358
Fahrtkosten, Reisekosten 183
Fahrzeugeinzelbesteuerung 119
Fahrzeugüberlassung 166 ff.
Faktorverfahren 483
Familienheimfahrten, USt 164
Familienheimfahrten, ESt 273, 380
Familienleistungsausgleich, ESt 386, 421, 436
Fehlbetrag, GewSt 537 f.
Festsetzungsfrist 40, 52, **57 ff.**
Festsetzungsverjährung 57
- Hemmung 59
Feststellungsarten, BewG 567 ff.
Feststellungsbescheide, AO 37
Feststellungsbescheide, BewG 571
Finanzämter 22 ff.
Finanzbehörden **21**, 29
- örtliche Zuständigkeit 29
- sachliche Zuständigkeit 29
Finanzgericht, AO 46 f.
Finanzgerichtsordnung (FGO) 29
Finanzverwaltungsgesetz (FVG) 21
Firmenwagen 107
Firmenwert, ESt **326**, 338, 351
Fiskalvertretung 228 f.
Föderalismus 12
Folgebescheide, BewG 571
Forderungen, ESt 325, 332
Forderungen, BewG 566, 574
Forderungsverluste 325
Förmliche Steuergesetze 13
Fortbildungskosten 404
Fortschreibung, BewG 567 ff.
Fortschreibungsbescheid 568
Frachtführer 93
Freiberufliche Tätigkeit 270
Freibeträge
- beim Lohnsteuerabzug 486 ff.
- für Genossenschaften 510
- für Kinder, ESt 256, 421 ff., 426 f.
- für Kinder, LSt 485
- für Körperschaften 510
- für Land- und Forstwirte 252, 457, 459
Freigrenze 326
Freihäfen 87 ff., 138 ff.
Freistellungsauftrag, ESt **280**, 287 f.
Fremdvergleich 508
Fristberechnung 50 ff.
Fristen, AO und FGO 48 ff.
Fristversäumnis, AO, Folgen 48, 53 f.

G
Gebäude-AfA 297 ff.
- Wechsel 300
Gebäudesachwert 583
Gebäudeteile, AfA **300**, 351
Gebäudewert 565, **580**
Gebühren, Begriff 16 f.
Gegenstandsentnahme **103 ff.**, 161
Gelangensbestätigung 144 ff.
Geldbeschaffungskosten, Werbungskosten 295
Geldbuße, Ordnungswidrigkeit 61 f.
Gemeindesteuer **18 ff.**, 23
Gemeindesteuer, GewSt 523
Gemeiner Wert, USt 155
Gemeiner Wert, BewG 562
Gemeinschaftsgebiet, USt **87**
Gemeinschaftsgebiet, ESt 239
Gemeinschaftsteuer, AO **18 ff.**, 23
Gemeinschaftsteuer, USt 77
Gemeinschaftsteuer, ESt 237
Gemeinschaftsteuer, KSt 499
Gemischt genutzte Grundstücke, BewG 564, 572, 578 f.
Genossenschaften 510
Gerichtliche Rechtsbehelfe 46 f.
Geringfügige Beschäftigung, ESt 389 f., 464
Geringfügige Beschäftigung, LSt 492
Geringwertige Anlagegüter, ESt 336 ff., 361
Geringwertige Wirtschaftsgüter 361 ff.
Gesamtbetrag der Einkünfte **243**, 252 ff., 256, 412 f., 430 ff.
Gesamtbewertung **368**, 370
Gesamtumsatz, USt 207
Geschäfts- oder Firmenwert **326**, 338
Geschäftsgrundstücke, BewG 572, **578 f.**
Geschäftsleitungsfinanzamt 31
Geschäftsveräußerung, USt 79
Geschenke, USt **105**, 186
Geschenke, ESt 326
Geschenke, KSt 506
Geschiedene Arbeitnehmer **307**, 310, 401, 423, 437, 447, 452 f.
Gesetze 12
Gesetzgebende Gewalt 12
Gesetzgebungshoheit **14**, 21
Gesetzliche Fristen 48 f.
Gesonderte Feststellung
- der Einkünfte 454
- des Einheitswerts 567, 570
Gesonderte und einheitliche Feststellung, BewG 570 f.
Gesundheitsfonds 396
Gewaltenteilung 12
Gewerbebetrieb, ESt 260 ff.
- Arten 527
- Einkünfte aus 260 ff.
- Formen 527 ff.
- kraft gewerblicher Betätigung 527 f.
- kraft Rechtsform 528 f.
- kraft wirtschaftlichen Geschäftsbetriebs 528 f.
- Steuerermäßigung 450 f.
Gewerbebetrieb, GewSt 523
Gewerbeertrag 523, **534 ff.**
- Hinzurechnungen 535 f.
- Kürzungen 536 f.

Gewerbesteuer, ESt 450
– -bescheid **542 f.**, 554
– Durchführungsverordnung (GewStDV) 523
– Erhebungszeitraum 534, **542 f.**
– Erklärungspflicht 542 f.
– -gesetz (GewStG) 523
– Messbescheid **543**, 554
– Nachzahlung 543
– Rechtsbehelfe 554
– Richtlinien (GewStR) 523
– Steuermessbetrag 523, 531, **539**, 543, 547 f.
– Steuermesszahl 539 f., **545 ff.**, 552
– Steuerschuld 543
– Verwaltung 523
Gewerbesteuer, GewSt 523
Gewerbetreibende 246 f., 318 f., 332, 336, 366, 373 f., 450
Gewerbeverlust 537 f.
– Rücktrag 538
Gewerbliche Tätigkeit 270
Gewillkürtes Betriebsvermögen 325, 333 f., 341 f.
Gewinn 246 f., 259, 262 f., 283 f., 311 f., 316 f., 322 f., 331 ff., 364 ff.
Gewinn- und Verlustrechnung 323
Gewinnabführungsvertrag 515 f.
Gewinnanteile als Einkünfte aus Kapitalvermögen 279 ff.
Gewinn aus Gewerbebetrieb, ESt **262**
Gewinn aus Gewerbebetrieb, GewSt 534
Gewinnausschüttungen, ESt 279
– verdeckte 279
Gewinnausschüttungen, KSt 506, 512
– verdeckte, KSt 508, 513
Gewinn aus Veräußerung von Kapitalanlagen 283
Gewinneinkünfte 243, 246
Gewinnermittlung 316
– durch Betriebsvermögensvergleich 316 f.
– nach § 4 Abs. 1 EStG 318
– nach § 5 EStG 318 f.
– nach amtlich vorgeschriebenem Datensatz, AO 63
– nach amtlich vorgeschriebenem Datensatz, ESt 326
– nach Durchschnittssätzen [illegible]
Gewinnermittlungsarten 316 ff., 331
Gewinnerzielungsabsicht, ESt 260
Gewinnerzielungsabsicht, GewSt 526
Gewinnschätzung 319
Gewinnverteilung 262
Gewinnverteilungsschlüssel 450
Gewogener Durchschnittsaufschlag 202
Gewöhnlicher Aufenthalt 238
Grenzpendler, ESt **238**, 240, 310, 449, 453
Grenzüberschreitende Beförderungen, USt 100, 137, **146**
Grundbesitz, ESt **248**, 294
Grundbesitz, BewG 577
Grundbesitzbewertung, BewG 561, **577 ff.**
Grundbetrag 331
Grundfreibetrag, ESt 447 f.
Grundlagenbescheid 42
Grundsatz der Maßgeblichkeit 337, **372 f.**
Grundsteuer 248, 582
Grundsteuer-Reformgesetz 582
Grundsteuerwert 583
Grundstücke, ESt **341**
Grundstücke, BewG 572
Grundstücksarten 572
Grundstücksteile, ESt 294, 341 f.
Grundstückswert **564 f.**, 577
Grundtabelle, ESt 447 f.
Grundtarif 447 ff.
Grund und Boden, ESt 297, 299, 341
Grund und Boden, BewG 564, 573
Grundvermögen, BewG 574
Gruppenbewertung, ESt 369 f.
Günstigerprüfung **383 f.**, 391 f., 421, 426
Güterbeförderung, USt 100 f.
Gutschrift 214

H

Haftpflichtversicherungen 379
Haftung, LSt 481, **492**
Haftungsschuldner 481
Halbeinkünfteverfahren 513
Halbunternehmer 120
Handelsbilanz 336, 373
Handelsmakler 157
Handelsvertreter 157
Handwerkerleistungen, ESt 465
Handwerkerleistungen, LSt 486, 496
Härteausgleich für Arbeitnehmer 459 f.
Hauptfeststellung 567
Hauptleistung, USt 86
Hauptzollämter 22
Haushaltsersparnis 432
Haushaltsgemeinschaft 426 f.
Haushaltsnahe Beschäftigungen, ESt 464
Haushaltsnahe Beschäftigungen, LSt 486, 496
Haushaltsnahe Dienst- und Pflegeleistungen, ESt 464
Haushaltsnahe Dienst- und Pflegeleistungen, LSt 486, 496
Haushaltsscheckverfahren 464, 494
Hebeberechtigte Gemeinde **523 f.**, 533
Hebesatz 582
Hebesätze, ESt 450
Hebesätze, GewSt 543, 550
Heimunterbringung 464
Hemmung
– Ablaufhemmung 40, 57, **59 f.**
– Anlaufhemmung 57 f.
– der Festsetzverjährung 59
– der Zahlungsverjährung 60
Herstellungsaufwand 294 f.
Herstellungskosten 297 ff., 311 f., 319 f., 323 ff., **340**
Hilfe im Haushalt 464
Hilfeleistung 25
Hilfsgeschäfte **84**, 204 f.
Hilfsumsätze 207
Hinterbliebenen-Pauschbetrag, ESt **437 f.**
Hinterbliebenen-Pauschbetrag, LSt 486
Hinterbliebenenbezüge 437
Hinterbliebenenrente **308**, 379
Hinzurechnungen, Gewerbeertrag 534 ff.
Höchstbeträge
– Spenden und Mitgliedsbeiträge, ESt 407
– Spenden und Mitgliedsbeiträge, KSt 509
– Unterhaltsaufwendungen 435
– Vorsorgeaufwendungen 381, 389
– Vorwegabzug 391
Höchstbetragsberechnung für Altersvorsorgeaufwendungen 381

Höchstwertprinzip
- eingeschränktes 366 f.
- strenges 366 f.
Horizontaler Verlustausgleich 411

I
Ideelle Personenvereinigungen, USt 84
Identifikationsnummer, USt 21
Immaterielle Wirtschaftsgüter **338**, 351, 354
Indirekte Steuern 18 f.
Inland
- Einkommensteuer 238 ff.
- Gewerbesteuer 525
- Körperschaftsteuer **501 ff.**, 506, 515
- Umsatzsteuer 81, **87 ff.**, 116
Innenumsatz 91
Innerbetriebliche Verlagerung **118**, 143
Innergemeinschaftliche Beförderung 100, 215
Innergemeinschaftliche Lieferung 123, 143, 214 f.
Innergemeinschaftlicher Erwerb 117 ff.
Innergemeinschaftlicher Erwerb in Form von Verbringen 118
Innergemeinschaftliches Dreiecksgeschäft 127 ff.
Innergemeinschaftliche sonstige Leistung 214
Insolvenzverfahren 531
Instandhaltungskosten, ESt 294
Instandsetzungskosten, ESt 294
Investitionsabzugsbetrag 327, 336, **349**
Investmentanteile 284
Investmentzertifikate, BewG 565 f.

J
Jahresfehlbetrag 505
Jahresfreibetrag 274
Jahresfrist, AO 349
Jahresüberschuss 505
Judikative **12**, 36
Juristische Personen, USt 82
Juristische Personen, ESt 237, 261
Juristische Personen, KSt 499, 502, 504

K
Kapitalertragsteuer, ESt 280 ff., **285 ff.**, 462 f.
Kapitalertragsteuer, KSt 503, 506, 512
- Freistellung 287
Kapitalgesellschaften, ESt **265**, 279, 283
Kapitalgesellschaften, KSt 499, 514
Kapitalgesellschaften, GewSt 528, 531, 536, 539, 542
Kapitalrücklagen 512 f.
Kapitalversicherungen 283
Kaufleute 317
Kfz-Haftpflichtversicherung, Sonderausgaben 380
Kilometersätze (Pauschbeträge) **273**, 380, 403
Kinder, ESt 416 ff.
- Berücksichtigung 417 ff.
- Freibeträge, ESt 421 ff.
- Freibeträge, LSt 485
Kinderbetreuungskosten 401, **428**
Kinderfreibetrag, ESt **421 ff.**, 426 ff.
Kinderfreibetrag, LSt 485
Kindergeld 385, **425**
Kindergeldanspruch 425
Kinderzulage **398**, 416
Kindschaftsverhältnis 416
Kirchensteuer 402 f.
Klage, FGO 46 f.
Kleinbetragsrechnungen 183, **216**
Kleine einzige Anmeldestelle (KEA) 99
Kleinunternehmer 204 ff.
Kohorte 308
Kohortenprinzip **308**, 312
Kommissionär 158
Kommittent, USt 158
Konkurrierende Gesetzgebung 14
Konsignationslagerregelung 144
Körperschaft, AO 21
Körperschaft, KSt 499
- Freibetrag 510
Körperschaftsteuer 499 ff.
- Erhebung 514
- -satz 500, 512
- Steuerbefreiungen 503
- -tarif 512
- Veranlagung **514**
Korrespondenzprinzip 402
Kosten der allgemeinen Verwaltung 340
Kosten der privaten Lebensführung **249**, 295, 407, 430
Kostenpauschale 434
Kraftfahrzeuge, USt
- neue **119 f.**, 147, 173, 215, 225
- private Nutzung, USt **163**, 167
- private Nutzung, ESt 324, 358
Krankengeld 383 ff., **386 f.**, 449
Krankengeldanspruch 386
Krankentagegelder 432
Krankenversicherung 383 ff.
Krankenversicherungsbeiträge 384
Krankheitskosten, ESt **432 f.**, 437
Krankheitskosten, LSt 496
Künstlersozialkasse 388, **395 f.**
Kurkosten, EStG 432 f.
Kurswert, BewG 565
Kurzarbeitergeld **449**, 453
Kurzfristige Beschäftigung, LSt 492

L
Lagefinanzamt 32
Lageort 96 f.
Landesfinanzbehörden 21 f.
Landesfinanzministerium 22
Landesrecht 14
Landessteuern 18 ff.
Land- und Forstwirte, USt 151, **177 f.**, 246, **259**
Land- und Forstwirte, ESt 318, 331
Land- und forstwirtschaftliches Vermögen, BewG 573 f.
Lebensalter, Berechnung 52
Lebensunterhalt, notwendiger 435
Lebensversicherungen 388
Legislative 12
Leibrenten 308, 401 f.
Leistungen 84
Leistungen, unentgeltliche **102 ff.**, 106 ff.
Leistungsaustausch 90 f.
Leistungseinheit 85
Leistungsempfänger 220 f.
Lieferort, USt **92 ff.**, 116
Lieferschwelle, USt 147
Lieferungen, USt **84**, 89 ff.

Lieferungen, unbewegte **93**, 123
Lieferungen, unentgeltliche 79, **102 ff.**
Lineare AfA **297 ff.**, 344 ff.
Lohnersatzleistungen 398, **449**
Lohnkirchensteuer 403
Lohnkonto 491
Lohnsteuer, AO 59, 66
- Abführung 491
- -abzug 481
- -abzugsmerkmal 481
- Anmeldung 491 ff.
- Anmeldungszeitraum 491 ff.
- Außenprüfung 492
- Berechnung 490
- -bescheinigung, ESt 395
- -bescheinigung, LSt 491
- Erhebung 490 ff.
- Ermäßigungsverfahren 487 f.
- Faktorverfahren 483 f.
- -jahresausgleich 495 f.
- -klassen 482
- Pauschalierung 492 ff.
- -verfahren 484

Lohnsteuer, ESt 457, 459, 462
Lohnsteuer, LSt 481, 491
Lohnveredelung, USt 141
Lohnzahlungszeitraum 490
Lottogewinn, ESt 244
Luftfahrt, USt 145

M

Maßgebender Gewerbeertrag 523
Maßgeblichkeit der Handelsbilanz 336 f., 355, **373**
Mehraufwendungen für Verpflegung 326
Mehrwertsteuer (Umsatzsteuer) 78
Meldung, zusammenfassende, USt 225
Miet- und Pachtzinsen 536
Mieteinnahmen 292 ff.
Mietwohngrundstücke 572 f., **578**
Mindestabschreibung bei Gebäuden 297
Mindestbemessungsgrundlage, USt 169
Mindest-Istbesteuerung, USt 173
Mindestwert, BewG **564 f.**, 575, 580
Mini-Jobs, ESt 464, LSt 492 ff.
Mini-One-Step-Verfahren (MOSS) 99
Minuskapital 316
Mitgliedsbeiträge 407 f.
Mittelbehörde 21 f.
Mitunternehmer **450 ff.**, 454
Monatsfrist 50
Mutterschaftsgeld **449**, 453

N

Nachfeststellung 568
Nachhaltigkeit 81
- Einkommensteuer 260
- Gewerbesteuer **526**, 529

Nachprüfung, Vorbehalt der, AO 40
Nachträgliche Herstellungskosten, Gebäude 298
Nachweisgrenze 273
Nachzahlung, ESt 462
Natürliche Personen, ESt 237
Nebeneinkünfte 459
Nebengeschäfte 84
Nebenleistung, AO **17 f.**, 29, 55, USt **86**, 100
Negative Wirtschaftsgüter, ESt 317, **334**
Nennkapital 513 f.
Nennwert, ESt 366, GewSt 565
Nettomethode, Vorsteuer 227
Nettoumsatzsteuer 78
Nicht abnutzbares Anlagevermögen 354 ff.
Nicht abziehbare Vorsteuer, USt 186
Nicht buchführungspflichtige Körperschaften 505
Nichteheliches Kind 427, **438**
Nichterhebung der Umsatzsteuer 207
Nicht realisierte Gewinne 364
Nicht steuerbare Umsätze 78
Nichtunternehmer 119
Nichtunternehmerische Zwecke 106 f.
Nichtveranlagungsbescheinigung 280
Niederschlagung, AO 66
Niederstwertprinzip
- eingeschränktes 337
- gemildertes 338
- strenges 338

Normalbesteuerung (Regelbesteuerung) 206
Nutzungsentnahmen, ESt 358
Nutzungsvergütungen 443
NV-Bescheinigung 287

O

Oberbehörden 21 f.
Oberfinanzdirektionen 21 f.
Objektsteuern 20
Offenbare Unrichtigkeit, AO 40
Öffentlich-rechtliche Abgaben 11, **16 ff.**
Öffentliche Ausgaben 11
Öffentliche Bekanntgabe, AO 39
Öffentliche Einnahmen 11, **16**
Öffentliche Zustellung 39
Option, USt 121, 137, **150 f.**, **206**, ESt 282
Ordnungsmäßigkeit der Buchführung, AO 65
Organgesellschaft, KSt 515 f.
Organisation der Finanzämter 23
Organschaft, KSt 515 f.
Organträger, KSt 515 f.
Originäre Bewertungsmaßstäbe, BewG **562 ff.**, 565
Originäre Buchführungspflicht, AO 63
Örtliche Behörden 21 f.
Örtliche Verbrauch- und Aufwandsteuern 15
Örtliche Zuständigkeit, AO **30**, GewSt 523 f.
Ort
- der Leistung 92 ff.
- der Lieferung 92 ff.
- der sonstigen Leistung 95 ff.
- der unentgeltlichen Lieferung 105
- der unentgeltlichen sonstigen Leistung 108
- der Werkleistung 131
- der Werklieferung 131
- des innergemeinschaftlichen Erwerbs 118

P

Pauschalabgabe 492 ff.
Pauschalierung der Lohnsteuer 492 ff.
Pauschalierung von Sachentnahmen 162
Pauschalsteuer 492 ff.
Pauschbeträge
- für Behinderte 437 ff.

- für Hinterbliebene 437
- für Kfz-Kosten 273
- für Pflegepersonen 437
- für Sachentnahmen 162
- für Sonderausgaben 411
- für Werbungskosten 249 f.

Pauschsteuersatz, ESt 273, LSt 492
Pensionen, ESt 274, **308**
Personengesellschaft 237, 261 f., **279**, 454, 533
Personensteuer, AO 20, USt **237**, KSt **499**, 506 f.
Personenvereinigungen, ESt 327, KSt **499**, 501 f.
Pflegekinder, ESt 419, LSt 485
Pflege-Pauschbetrag 437
Pflegeversicherung 379, 383, 388 ff.
Praxiswert 326, **338**, 351
Private Aufwendungen 249
Privateinlagen 317
Private Kinderbetreuungskosten 428
Private Pkw-Nutzung, USt 107
Private Rentenversicherung 309
Private Veräußerungsgeschäfte 310 ff.
Private Verwendung von betrieblichen Gegenständen 106
Privatsteuer 237
Privatvermögen, notwendiges 332 f.
Progression 399
Progressionsvorbehalt, ESt 240, **449**
Progressiver Einkommensteuertarif 443
Provision, USt 157

Q

Quellenspezifischer Verlustabzug 246

R

Rahmen des Unternehmens, USt 83
Realsplitting 240 f., 310, 401
Realsteuer **18 ff.**, 523
Rechnungen, USt 214 ff.
- Ausstellung von 214 f.
- Ausstellung von (besondere Fälle) 214
- Fahrausweise als 218

Rechtsbehelfe, AO 44 ff., GewSt 554
- außergerichtliche 44 f.

Rechtsbehelfsbelehrung 37
Rechtsbehelfsverfahren
- Änderung von Verwaltungsakten 40
- außergerichtliches 44 f.
- gerichtliches 46 f.
- GewSt 554

Rechtsfähige Vereine, GewSt 528
Rechtsnormen 12
Rechtsprechung 14
Rechtsschutz 44
Rechtsverordnungen 13 f.
Regelbesteuerung, USt 159
Regelmäßig wiederkehrende Einnahmen und Ausgaben, ESt 294, 322
Reihengeschäft, USt 122 ff.
Reisegewerbebetrieb, GewSt 523, **527**, 551
Reiseleistungen 215
Renten, ESt 253, **308 ff.**, 402 ff., GewSt 536
Rentenanpassungen 309
Rentenbezugsmitteilung 395
Rentenversicherung 308 f., **378 f.**
Renten wegen verminderter Erwerbsfähigkeit 308
Reserven, stille 364
Restbuchwert, ESt 323, **337**, 348
Restnutzungsdauer 337 ff.
Restwert 345 ff.
Reverse-Charge-Verfahren 214, **220 f.**
Revision, FGO 46 f.
Rückkaufswert, BewG 565
Rücklage 327, 364
Rücknahmepreis, BewG 565
Rückstellung, GewSt 553

S

Sachbezüge, ESt 272 f.
Sacheinlagen, ESt 325
Sachentnahmen, USt 162, ESt 323, 357 ff.
Sachliche Zuständigkeit, AO 29
Sachsteuern 20
Sachversicherungen 380
Sachwertverfahren 563, 578, **580**
Sachzuwendungen 104, 161, **166 f.**
Sammelbeförderung 272
Sammelbewertung 368 f.
Säumniszuschlag **17**, 53, 224
Schadenersatz 91
Schiffe, USt 87, 239
Schiffsregister 239
Schlechtwettergeld 495
Schonfrist **53**, 224
Schreib- und Rechenfehler 43
Schulbesuch 404, 418, 436
Schulden 566
Schuldzinsen 295
Schulgeld 404
Schwellenerwerber 120
Schwerbehindertenausweis 437
Seeschiffe, EStG 239
Seeschifffahrt, USt 145
Selbstanzeige, AO 62
Selbstbehalt 386
Selbstständigkeit, USt 81, ESt 526
Sitzort des Leistungsempfängers 96, **98 f.**
Sitzort des Unternehmers 96
Solidaritätszuschlag 285 ff., 447
Sonderabschreibungen 311, 349 ff.
Sonderausgaben, ESt 256, **309 f.**, 377 ff., 401 ff., LSt 486 ff.
Sonderausgabenabzug 392
Sonderausgaben, übrige 377 f., 401
Sonderausgaben-Pauschbetrag 411
Sonderfall der Lieferung, USt 116
Sondervorauszahlung, USt 224
Sonstige bebaute Grundstücke 572
Sonstige Bezüge, ESt 271, 279, 285
Sonstige Einkünfte 307 ff.
Sonstige Kapitalforderungen 282 ff.
Sonstige Leistungen **85 f.**, 89 ff., 95 ff., 108
Sonstige Leistungen, unentgeltliche 79, **106 ff.**, 163 ff.
Sonstige Vorsorgeaufwendungen 378 ff., **383**, 388
Sonstige Zinserträge 282
Sparer-Pauschbetrag 285 ff.
Spediteur, USt **93**, 228
Spekulationsgewinn, ESt 279
Spenden, ESt 377, 407 ff., KSt 509, GewSt 536

4497592

Splittingtabelle 243, 447
Splittingtarif **240**, 425, 448 ff.
Splittingverfahren 239
Staat
- Aufgaben 12
- Einnahmequellen 11
Staatsgewalt 12
Steuerabzugsbeträge, AO 55, ESt 462
Steuerbare Einnahmen, ESt 243
Steuerbare Leistungen, USt 81 ff.
Steuerbare Umsätze 78
Steuerbefreiung **137 ff.**, 146, KSt 503
Steuerberatungskosten 403
Steuerbescheide **37**
- Änderung 41
- Aufhebung 41
- Berichtigung 39
Steuerbescheinigung 281
Steuerbevollmächtigte 25
Steuerbilanz 336 ff.
Steuerbilanzkapital 512
Steuererklärung 287, 318, 326
Steuerermäßigung 399, 408, 435, 437, **450 f.**
Steuererstattung
- Verzinsung 55
Steuerfestsetzung 37, **40**, 57
Steuerfestsetzungsverfahren 454 f.
Steuerfreie Einnahmen 244 f.
Steuerfreie Umsätze **137**, 148 f.
Steuergefährdung 62
Steuergesetze
- allgemeine 13
- Einzelsteuergesetze 13
Steuergesetzgebung 13
Steuerhehlerei 62
Steuerhinterziehung 61 f.
Steuerklassen, LSt 482 f.
Steuerklassenkombination, LSt 483
Steuerliche Nebenleistungen, AO 17
Steuerliche Zuwiderhandlungen, AO 61 f.
Steuerliches Einlagekonto 513
Steuerliches Wertaufholungsgebot 338, 356
Steuermessbetrag 523 f., 531, **539**, 543
- abweichendes Wirtschaftsjahr 547
- Gewerbeertrag 523
- Umstellung des Wirtschaftsjahrs 548
- Zerlegung 550 f.
Steuermesszahl
- Gewerbeertrag 539 f., **545 ff.**, 553
Steuern 11, **16**
- Einteilung, AO 18 ff.
Steuern, nicht abzugsfähige 20
Steuernachforderung
- Verzinsung 55
Steuerordnungswidrigkeiten 61 f.
Steuerpflicht
- beschränkte, KSt 501 f.
- beschränkte erweiterte 238 f.
- unbeschränkte erweiterte 238 f.
- ESt 238 ff.
- GewSt 531
- KSt 500 ff.
- USt 150
Steuersätze 175 ff.
Steuerschuld 447, 452, 457
Steuerschuldner, AO 18 f., GewSt 533
Steuerstraftaten, AO 61 f.
Steuerträger, AO 18 f.
Steuervergünstigung nach § 34 EStG 408, **431**
Steuerverkürzung, AO 61 f.
Steuerverwaltungsakt, AO 36
Steuerverwaltungshoheit 21
Stichtagsprinzip, ESt 372 f., BewG 567
Stille Reserven 364
Stiller Gesellschafter, ESt 282, 285
Straßenanliegerbeiträge, ESt 299
Strenges Niederstwertprinzip 320, 338, **355 f.**
Stundung, AO 66
Stundungsantrag, AO 54
Stundungszinsen, AO 54, ESt 325
Summe der Einkünfte 243, 245 ff., 252 ff., 426, 457

T
Tafelpapiere 285
Tagesfrist, AO 51
Tantieme 271
Tarifformel 490
Tätigkeitsfinanzamt 33
Tätigkeitsort, USt 97 f.
Tausch **90**, 155
Tauschähnlicher Umsatz **90**, 166
Tausch mit Baraufgabe 159
Teileinkünfteverfahren 244, **279**
Teilleistung 86
Teilpauschalierung 184 f.
Teilwert, ESt 320 ff., 336 ff., 354 ff., BewG **562 f.**, 565
Teilwertabschreibung 320, 338, 351
Teilwertzuschreibung 245
Termine, AO 48 ff.
Territorialprinzip 238, 241
Traglast, USt 78, 90
Transithandel 116
Trennung der Entgelte 201 f.
Trinkgelder, ESt 245

U
Übergang, AfA-Methoden 347
Überlassung von Rechten 536
Überschusseinkünfte 243, 246, **248**
Überschussrechnung 316, 322 ff.
Übertragung stiller Reserven 364
Überzahlung 463
Übriges Drittlandsgebiet 138
Umlaufvermögen, ESt 355 f.
Umsätze, nicht steuerbare 78
Umsätze, steuerbare 78
Umsätze für die Seeschifffahrt und für die Luftfahrt 145
Umsätze im Geld- und Kapitalverkehr 148
Umsatzsteuer 77 ff.
- Durchführungsverordnung (UStDV) 77
- Entstehung 173 f.
- Erklärung 223 ff.
- -gesetz (UStG) 77
- Jahreserklärung 225
- -nachzahlung 225
- -schuld 78

- Sonderprüfer 66
- Traglast **78 f.**, 90, 175, 179
- verausgabte 326
- vereinnahmte 326
- Voranmeldung 82, 173, 206, **223 f.**
- Voranmeldungszeitraum 173 f., **223 f.**
- Vorauszahlung 223 f.

Unbebaute Grundstücke, BewG 563, **572**
- Bewertung 563, 577 f.

Unberechtigte Rechnungserteilung, USt 216
Unbeschränkte
- Einkommensteuerpflicht 238 f.
- Körperschaftsteuerpflicht 502

Unbewegliche Wirtschaftsgüter (keine Gebäude) 351
Unbewegte Lieferung 93
Unentgeltliche Leistungen 102
Unentgeltliche Lieferung 102
Unentgeltliche Sachzuwendungen 104
Unentgeltliche sonstige Leistung 106
Unentgeltliche Zuwendungen, andere 104
Unfallversicherung 388
Unrichtiger Steuerausweis 217 f.
Untätigkeitseinspruch 45
Untätigkeitsklage 45
Unterbringungskosten, Kur 432
Unterhalt 434 ff.
Unterhaltsaufwendungen 435 ff.
Unterhaltsfreibetrag 434
Unterhaltsleistungen 308, 310, **401**, 434
Unterhaltsverpflichtung 385, **423**
Unternehmen 82 f.
Unternehmensfremde Zwecke 102 f.
Unternehmer, USt 81 f.
Unternehmerort 108
Unternehmersitzprinzip 95
Unterschiedsbetrag 55 f.

V

Veranlagung
- Arbeitnehmer 457 ff.
- ESt 452 ff.
- KSt 514
- von Ehegatten 452 ff.

Veranlagungsarten 452 ff.
Veranlagungssteuer **237**, 452
Veranlagungsverfahren 457 ff.
Veranlagungszeitraum, ESt 452, KSt 504
Veräußerungen von Anteilen an Kapitalgesellschaften 265
Veräußerungsgewinnbesteuerung 283 f.
Veräußerungsgewinne 259 ff., 270, 283, 311, 443
Verböserung 45
Verbrauchsort 99
Verbrauchsteuern 18 f.
Verbringen **118**, 143
Verdeckte Einlagen, KSt 509
Verdeckte Gewinnausschüttung **508 f.**, 513
Vereine 500, 510
Vereinfachungsregel, AfA 339
Verfrachter 93
Verfügungsmacht 84 f.
Verjährung 57 ff.
Verjährungsfrist **52**, 59 f.
Verkaufsentgelte 202
Verkehrsteuer **18 f.**, 77
Verletztengeld 449
Verlustabzug 256, 412 f.
Verlustausgleich 246, 411 f., 457
Verluste aus Aktien 283
Verluste aus privaten Veräußerungsgeschäften 311 ff.
Verlustrücktrag, AO 56, ESt 412 f.
Verlustverrechnungsbeschränkung 282
Verlustverrechnungsmöglichkeit 412
Verlustvortrag, ESt 412 ff., GewSt 538
Vermietung 292 f.
Vermietungsort 97
Vermietung und Verpachtung von Grundstücken 150
Vermittlungsort 98
Vermögensarten 573 ff.
Vermögensvergleich 318, **331**, 336, 341
Vermögensverwaltung **260**, 527 f.
Vermögenswirksame Leistungen 380
Verordnungen 13
Verpachtung 292
Versandhandel 146 f.
Versendungslieferung 92 f.
Versicherungsbeiträge, ESt **274**, 377 ff.
Versicherungsmakler, USt 148
Versicherungsvertreter, USt 148
Versorgungsbezüge **249**, 274 ff., 308, 311
Versorgungsfreibetrag **249**, 274 ff., 308, 311
Verspätungszuschlag **17**, 53, 223
Vertikaler Verlustausgleich 411
Vertretbare Sachen, USt 182
Vertreter, AO **50**, 53
Vertriebskosten, ESt 340
Verwaltung der Gewerbesteuer 523
Verwaltung der Steuern 21
Verwaltungsakt, AO 35 ff.
- Änderung eines 40
- Arten 36 f.
- begünstigender 36
- Bekanntgabe 38
- belastender 37
- Form 36
- Wirksamkeit 38

Verwaltungsfinanzamt 33
Verwaltungsgebühren 16
Verwaltungshoheit 21
Verwaltungszustellungsgesetz 39
Verwitwet 447, 452
Verzehr an Ort und Stelle, USt 98
Verzicht auf Steuerbefreiungen, KSt 150 f.
Verzinsung **17**, 55 f.
Verzögerungsgeld **18**
Verzugszinsen, USt 209
Vollpauschalierung, Vorsteuer 184
Vollstreckung 54
Vollziehende Gewalt 12
Voranmeldungszeitraum 223
Voraussichtlich dauernde Wertminderung 337
Vorauszahlungen, USt 173, **223 f.**, ESt 462, GewSt 542 f.
Vorauszahlungsbescheid, ESt 462, GewSt 542
Vorauszahlungssoll, USt 223
Vorbehalt der Nachprüfung 40
Vorläufiger Gewerbeertrag 534, **539**
Vorläufige Steuerfestsetzung 41

4497594

Vorratsvermögen, ESt 355, 368 ff.
Vorsätzliche Steuerverfehlung 65
Vorsorgeaufwendungen, ESt 308, **377 ff.**, LSt 488
Vorsorgepauschale 389
Vorsteuer 78, **179 ff.**
- abziehbare, USt 78 f., **179 ff.**
- Aufteilung, USt 188 ff.
- nicht abziehbare, USt 186, **189 f.**
Vorsteuerabzug, USt 78, **179 ff.**
- Ausschluss vom 186 f.
- bei Kleinbetragsrechnungen 183
- bei steuerfreien Umsätzen 187
- Berichtigung 192 ff.
- in besonderen Fällen 182 ff.
- Kleinunternehmer 180
- nach Durchschnittssätzen 184 f.
Vorsteuerberichtigung
- beim Anlagevermögen 192 f.
- beim Umlaufvermögen 193
Vorsteuerguthaben 207
Vortragsfähiger Fehlbetrag 537

W
Wahlrecht **333**, 337, 349, 354
Warenentnahmen 162
Warenverluste, ESt 325
Weisungsgebundenheit 272
Weiterbildungskosten 404
Welteinkommensprinzip, ESt 238, KSt 502
Werbungskosten, ESt 248 f., 273 ff., **285 f.**, 294, 300 f., 312 f., 380, LSt 486 ff.
Werbungskosten-Pauschbeträge 249
- wiederkehrende Bezüge 308
Werbungskostenabzug 282 f.
Werkleistung 130 f.
Werklieferung 130 f.
Werkzeuggeld 272
Wertabgabetheorie 507
Wertaufholungsgebot 338
Wertfortschreibung 568
Wertpapiere, USt 148, ESt 283 f., **355 ff.**, BewG **565 f.**, 574
Wertschöpfung 78
Wesentliche Beteiligung 282
Wiedereinsetzung in den vorigen Stand 50
Wiederkehrende Bezüge 308
Wiederverkäufer 158 f.
Wirtschaftsgebäude 297, **300**
Wirtschaftsgüter **334 ff.**, 344 ff. (AfA)
- Anlagevermögen 336 ff., 354 ff.
- positive und negative 334
- Umlaufvermögen **332 f.**, 338
- Wahlrecht (Gewillkürtes Betriebsvermögen) 333
Wirtschaftsjahr
- abweichendes, KSt 504 f., GewSt 542, **547 f.**
- Land- und Forstwirte 246
Witwensplitting 448
Wochenfrist, AO 51
Wohngebäude 299
Wohngeld, ESt **245**, 434
Wohnort 139
Wohnsitz, USt 98, ESt 238
Wohnsitzfinanzamt 31
Wohnsitzstaat 422, **436**
Wohnungseigentum **572**, 574, 578

Z
Zählkinder 425
Zahllast, USt 78 f., 177 ff., 223
Zahlungsmittel, BewG (Landwirte) 574
Zahlungsverjährung 59 ff.
- Hemmung 60
Zeitpunkt der Lieferung 93
Zerlegungsmaßstab 550 f.
Zinsabschlag 285
Zinsähnliche Erträge 285
Zinsen 285 ff.
Zivildienst 417 f.
Zölle 14, **19**, 41, 58
Zollfreigebiete, USt 221
Zollgebiet 116
Zollverwaltung 116
Zuflussprinzip, ESt **294 f.**, 312, 322
Zugangsvermutung 38
Zukauf, Land- und Forstwirte, ESt 266, GewSt 526 f.
Zukunftssicherung, ESt 273
Zumutbare Belastung 431 ff., 434
Zurechnungsfortschreibung 568 f.
Zusammenfassende Meldung 225
Zusammenveranlagung 237 ff., **252**, 287, 391, 403, 408, 411, 421, 438, 448, 454 ff.
Zusatzentgelt, USt 156
Zuschläge 325
Zuschüsse aus öffentlichen Mitteln 436
Zuständigkeit der Finanzbehörden 29
Zustimmungsgesetze 15
Zu versteuerndes Einkommen 243, **256**
Zuwendungen, USt **104**, ESt 272 f.
Zwangsgeld 54
Zwangsmittel 17
Zwangsveranlagung 457
Zweifamilienhäuser **572**, 578
Zwölfseemeilengebiet **87 f.**, 138 f.

Abkürzungen

A/Abschn.	=	Abschnitt
Abs.	=	Absatz
AEAO	=	Anwendungserlass Abgabenordnung
a.F.	=	alte Fassung
AG	=	Aktiengesellschaft
AK	=	Anschaffungskosten
AktG	=	Aktiengesetz
AltEinkG	=	Alterseinkünftegesetz
AO	=	Abgabenordnung
BAföG	=	Bundesausbildungsförderungsgesetz
BdF	=	Bundesminister der Finanzen
BewG	=	Bewertungsgesetz
BewRGr	=	Richtlinien für die Bewertung des Grundvermögens
BFH	=	Bundesfinanzhof
BGB	=	Bürgerliches Gesetzbuch
BiRiLiG	=	Bilanzrichtliniengesetz
BKGG	=	Bundeskindergeldgesetz
BMF	=	Bundesministerium der Finanzen
BStBl.	=	Bundessteuerblatt
Buchst.	=	Buchstabe
BVerfG	=	Bundesverfassungsgericht
DBA	=	Doppelbesteuerungsabkommen
EG	=	Europäische Gemeinschaft
EGAO	=	Einführungsgesetz zur Abgabenordnung
EigZulG	=	Eigenheimzulagengesetz
ErbStG	=	Erbschaftsteuer- und Schenkungsteuergesetz
ErbStR	=	Erbschaftsteuer-Richtlinien
ESt	=	Einkommensteuer
EStDV	=	Einkommensteuer-Durchführungsverordnung
EStG	=	Einkommensteuergesetz
EStH	=	Einkommensteuer-Handbuch
EStR	=	Einkommensteuer-Richtlinien
EU	=	Europäische Union
EuGH	=	Europäischer Gerichtshof
EUSt	=	Einfuhrumsatzsteuer
e. V.	=	eingetragener Verein
EWR	=	Europäischer Währungsraum
FG	=	Finanzgericht
FGO	=	Finanzgerichtsordnung
FördG	=	Fördergebietsgesetz
FVG	=	Finanzverwaltungsgesetz
GesbR	=	Gesellschaft bürgerlichen Rechts
GewSt	=	Gewerbesteuer
GewStDV	=	Gewerbesteuer-Durchführungsverordnung
GewStG	=	Gewerbesteuergesetz
GewStR	=	Gewerbesteuer-Richtlinien
GG	=	Grundgesetz
GmbH	=	Gesellschaft mit beschränkter Haftung
GmbHG	=	GmbH-Gesetz
GNOFÄ	=	Grundsätze zur Neuorganisation der Finanzämter
GrEStG	=	Grunderwerbsteuergesetz
GrSt	=	Grundsteuer
GrStG	=	Grundsteuergesetz
HBeglG	=	Haushaltsbegleitgesetz
HGB	=	Handelsgesetzbuch
HK	=	Herstellungskosten
i. d. R.	=	in der Regel
InvZulG	=	Investitionszulagengesetz
i. S. d.	=	im Sinne des
i. V. m.	=	in Verbindung mit
KapESt	=	Kapitalertragsteuer
KG	=	Kommanditgesellschaft
KGaA	=	Kommanditgesellschaft auf Aktien
KSt	=	Körperschaftsteuer
KStDV	=	Körperschaftsteuer-Durchführungsverordnung
KStG	=	Körperschaftsteuergesetz
KStR	=	Körperschaftsteuer-Richtlinien
LStDV	=	Lohnsteuer-Durchführungsverordnung
LStR	=	Lohnsteuer-Richtlinien
OHG	=	offene Handelsgesellschaft
R/Richtl.	=	Richtlinien
SGB	=	Sozialgesetzbuch
StandOG	=	Standortsicherungsgesetz
StAnpG	=	Steueranpassungsgesetz
StBerG	=	Steuerberatungsgesetz
StBGebV	=	Steuerberatergebührenverordnung
StMBG	=	Missbrauchsbekämpfungs- und Steuerbereinigungsgesetz
StSäumG	=	Steuersäumnisgesetz
StSenkErgG	=	Steuersenkungsergänzungsgesetz
StVergAbG	=	Steuervergünstigungsabbaugesetz
USt	=	Umsatzsteuer
UStAE	=	Umsatzsteuer-Anwendungserlass
UStDV	=	Umsatzsteuer-Durchführungsverordnung
UStG	=	Umsatzsteuergesetz
VBZ	=	Veranlagungsbezirke
VermBG	=	Vermögensbildungsgesetz
VStR	=	Vermögensteuer-Richtlinien
VwGO	=	Verwaltungsgerichtsordnung
VwV	=	Verwaltungsvorschrift
VwZG	=	Verwaltungszustellgesetz
VZ	=	Veranlagungszeitraum
WohneigFG	=	Wohneigentumsförderungsgesetz
WoPG	=	Wohnungsbau-Prämiengesetz

4497596

fotolia.com, New York: Dan Race 28; eyewave Titel; Jackal, Sandor 560; m.schuckart 236; N Media 10; PeJo 76; PhotographyByMK 480; Sanders, Gina 498.

|Hild, Claudia, Angelburg: 13, 16, 18, 22, 30, 42, 44, 46, 48, 48, 57, 61, 66, 79, 79, 81, 82, 84, 87, 89, 89, 90, 92, 92, 102, 116, 122, 123, 124, 125, 126, 127, 129, 137, 138, 150, 155, 157, 158, 169, 173, 175, 179, 189, 204, 205, 212, 218, 226, 243, 243, 245, 246, 252, 255, 256, 271, 271, 279, 281, 285, 289, 292, 293, 299, 301, 307, 311, 316, 319, 324, 331, 334, 339, 340, 344, 345, 348, 351, 355, 359, 370, 376, 377, 378, 383, 384, 389, 390, 419, 501, 524, 527, 527, 529, 533, 554, 563, 565, 566, 569, 572, 573.

|iStockphoto.com, Calgary: Cannon, Marje 10, 28, 76, 236, 480, 498, 522, 560.

|Picture-Alliance GmbH, Frankfurt/M.: dpa-infografik 11 1, 11 2; Wolf, Jens 522.

Umschlag: stock.adobe.com, Dublin: Andrea; sharplaninac

Wir arbeiten sehr sorgfältig daran, für alle verwendeten Abbildungen die Rechteinhaberinnen und Rechteinhaber zu ermitteln. Sollte uns dies im Einzelfall nicht vollständig gelungen sein, werden berechtigte Ansprüche selbstverständlich im Rahmen der üblichen Vereinbarungen abgegolten.